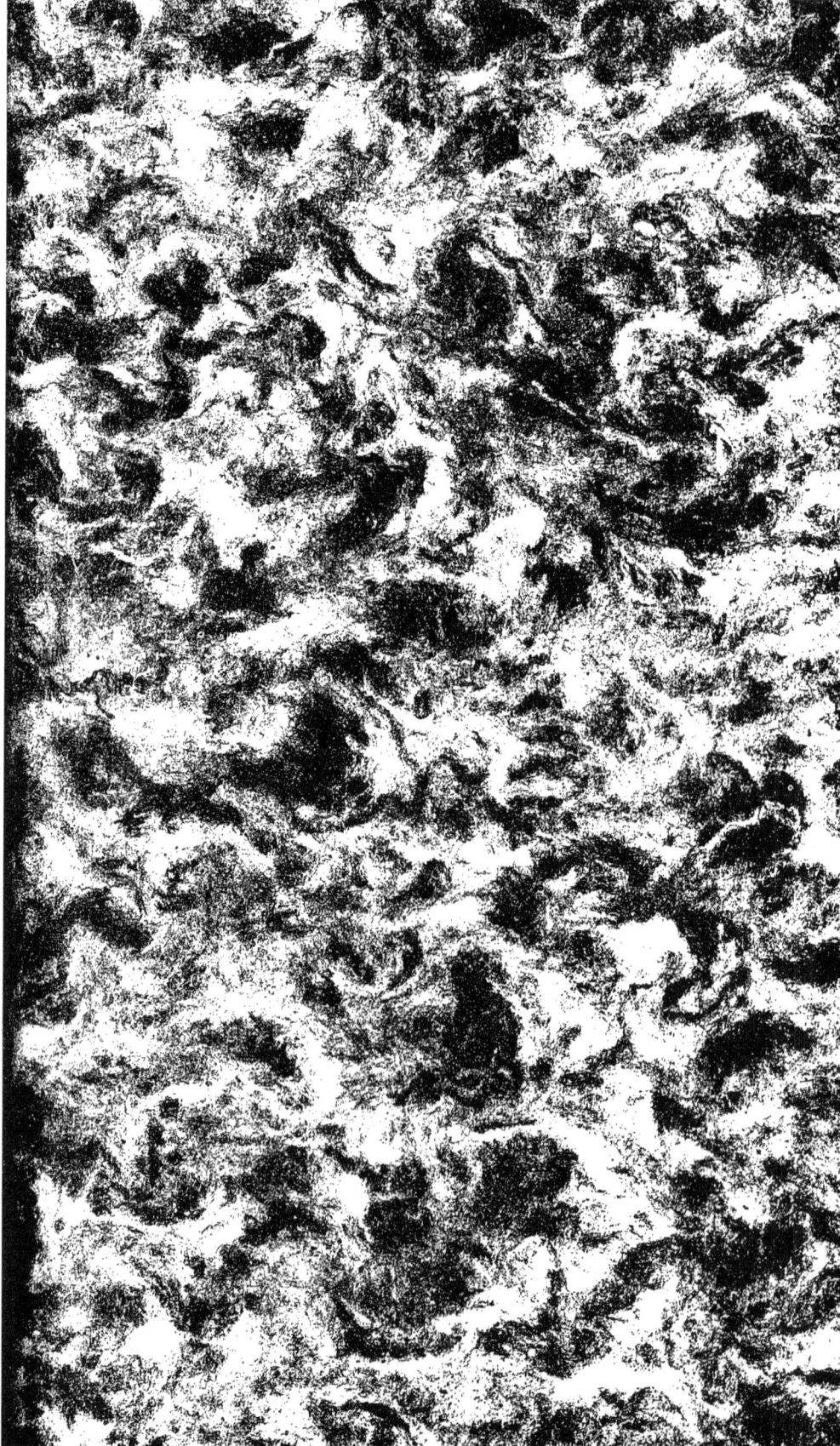

HISTOIRE

des Croyances religieuses

et des Opinions philosophiques

en Chine

depuis l'origine, jusqu'à nos jours.

L. Wieger S.J.

1917

HISTOIRE

des Croyances religieuses

et des Opinions philosophiques

en Chine

depuis l'origine, jusqu'à nos jours.

L. Wieger S.J.

1917

Imprimi potest.

C. Héraulle S.J.

Superior regularis Missionis.

Nil obstat.
Æm. Becker S.J.

Imprimatur.
† H. Maquet S.J.
Episc. Amathont. Vicar. apost. Tche-li M.O.

Préface.

J'ai écrit ces *Leçons*, à la demande de l Institut Catholique de Paris. Je les lui offre, comme un modeste apport à ses grands travaux pour la religion et pour la science. Elles représentent trente années de recherches et d'études faites en Chine, en vue de la propagation du royaume de Dieu.

献縣 Hien-hien, 河間府 Ho-kien-fou, Chine, le 7 Mars 1917.

L. Wieger S.J.
Dr med.

L'empereur 堯 Yao.

Table des Leçons.

Première Période.

Théisme antique.
Depuis l'origine, jusqu'en 500 avant J.-C.

1. Le peuple chinois à l'origine. Empereurs électifs. Première dynastie.
2. Deuxième dynastie. Empire héréditaire. Textes et chants.
3. Deuxième dynastie. Bronzes. Graphies.
4. Troisième dynastie. Le Ciel, Souverain d'en haut.
5. Troisième dynastie. Êtres transcendants. Mânes.
6. Troisième dynastie. La Grande Règle. Théorie du gouvernement antique.
7. Troisième dynastie. Constitution des *Tcheou*. Pratique du gouvernement antique.
8. Troisième dynastie. Divination officielle par la tortue.
9. Troisième dynastie. Divination officielle par les diagrammes.
10. Troisième dynastie, divination officielle par les songes, par les anomalies naturelles.
11. Troisième dynastie. Le rituel. Souverain d'en haut. Cinq Souverains. Êtres transcendants.
12. Troisième dynastie. Le rituel. Mânes. Sorciers.
13. Troisième dynastie. Décadence. Souverain d'en haut. Cinq Souverains.
14. Troisième dynastie. Décadence. Êtres transcendants. Mânes. Question de la survivance.
15. Confucius.
16. Les disciples personnels de Confucius.

Deuxième Période.

Philosophie et Politique.
De 500 avant J.-C., à 65 après J.-C.

17. *Lao-tzeu.*
18. Les Pères taoïstes. Leur Monisme. Le Principe et l'Univers.
19. Les Pères taoïstes. Identité des contraires. Vie et mort.
20. Les Pères taoïstes. Non-agir. Non-paraître. Indépendance farouche.
21. Les Pères taoïstes. Vision. Extase. Inconscience. Invulnérabilité.
22. Les Pères taoïstes. Leurs luttes pour le naturel, contre l'artificiel confuciiste.
23. L'âge de fer. *Yang-tchou.* Égoïsme. Fatalisme.
24. L'âge de fer. *Mei-ti.* Altruisme. Foi.
25. L'âge de fer. Les Sophistes. Leur rôle.
26. L'âge de fer. Confuciisme utopique. *Tzeu-seu. Mong-tzeu.*
27. L'âge de sang. Les Légistes. *Teng-si. Cheu-kiao.*
28. L'âge de sang. *Wei-yang.*
29. L'âge de sang. *Koei-kou-tzeu. Yinn-wenn-tzeu. Heue-koan-tzeu.*
30. L'âge de sang. *Koan-tzeu. Han-fei-tzeu.*
31. L'empire un et absolu des *Ts'inn.*
32. *Ts'inn.* L'œuvre de *Lu-pouwei.*
33. Exotisme. L'école des *Tseou* dans le royaume de *Ts'i. Sunn-k'ing.*
34. Confuciisme pragmatique. *Sunn-tzeu.*
35. Avènement de la première dynastie *Han.* Géomancie de l'empereur *Wenn. Lou-kia* et *Kia-i.*

36. Première dynastie *Han*. Taoïsme de l'empereur *Ou. Tchang-k'ien*. Entrée en relations avec les Grecs et les Indiens.
37. L'hymnaire de l'empereur *Ou*.
38. L'astrologie officielle sous l'empereur *Ou. Seuma-ts'ien*.
39. Les princes *Liou-tei* et *Liou-nan. Hoai-nan-tzeu*. Apogée du Monisme taoïste.
40. Confuciisme bâtard de *Tongtchoung-chou*. Théisme-naturisme.
41. Le *Sou-wenn*. Codification de la physiologie et de la psychologie antiques.
42. L'œuvre de *Liou-hiang* et de *Liouhinn*. Classification des matières, et Catalogue des livres.
43. *Yang-hioung*. Fin de la première, et avènement de la seconde dynastie *Han*. Faits cultuels.
44. *Wang-tch'oung* fataliste.
45. *Wang-tch'oung* controversiste.
46. L'œuvre de *Pan-kou*, *Ying-chao*, *Sunn-ue*, *Su-kan*.

Troisième Période.

Buddhisme et Taoïsme.
De l'an 65, à l'an 1000.

47. Premier siècle de l'ère chrétienne. Admission officielle du Buddhisme en Chine. Le *Sûtra* en quarante-deux articles.
48. Deuxième siècle de l'ère chrétienne. Le Buddhisme prend pied en Chine. Le prince parthe *An-cheu-kao*.
49. Deuxième siècle de l'ère chrétienne. Buddhisme. *Amitabha*. *Mañjuśri*. *Meou-tzeu*.
50. Deuxième siècle. Confuciisme et Taoïsme. Les Confuciistes se groupent en caste fermée. Les Taoïstes s'organisent en puissance politique.
51. Troisième siècle. Période des Trois Royaumes. Buddhisme. Taoïsme.
52. Quatrième siècle. Taoïsme. *Keuehoung* dit *Pao-p'ou-tzeu*.
53. Quatrième au cinquième siècle. Buddhisme. Moines célèbres.
54. Quatrième au cinquième siècle. Buddhisme. *Mahāyāna*. La contemplation.
55. Quatrième au cinquième siècle. Buddhisme. *Mahāyāna*. Ascétisme.
56. Quatrième au cinquième siècle. Buddhisme. *Mahāyāna*. Philosophie de *Harivarman* et de *Nāgarjuna*.
57. Quatrième au cinquième siècle. Buddhisme. *Hīnayāna*. *Milinda* et *Nāgasena*.
58. Quatrième au cinquième siècle. Buddhisme. *Hīnayāna*. Les *āgama*.
59. Quatrième au cinquième siècle. Buddhisme. Monachisme.
60. Le culte officiel au cinquième siècle. Hymnes.
61. Le Taoïsme mystique, du troisième au sixième siècle.
62. Sixième siècle. *Wei* et *Leang*. Buddhisme. La reine *Hou*. L'empereur *Ou*. — *Bodhidharma*. Védantisme chinois.
63. Septième siècle. Sous les *T'ang*. Buddhisme. Mazdéisme. Manichéisme. Nestorianisme. Mahométisme. Tantrisme.
64. Septième au neuvième siècle. Confuciisme. Nouveau Commentaire des Canoniques. Culte et hymnes. Polémique.

65. Neuvième siècle. Taoïsme. Historique. *Koan-yinn-tzeu*. *Lu-tong-pinn*. L'index des mérites et des démérites.
66. Vers le dixième siècle. Triomphe de l'Amidisme. La religion de la Terre Pure.
67. Onzième au douzième siècle. Taoïsme théiste. Le Pur Auguste. Culte du Génie de l'âtre.
68. Folk-lore hybride.

Quatrième Période.

Rationalisme et Indifférentisme.
Depuis l'an 1000, jusqu'à nos jours.

69. Onzième au treizième siècle. Sous les *Song*. Néo-Confuciisme philosophique. *Tch'enn-t'oan*. Maîtres *Tcheou*, *Tchang*, les deux *Tch'eng*, *Tchou-hi*.
70. Treizième au quatorzième siècle. Cultes sous la dynastie mongole *Yuan*.
71. Quinzième siècle. Sous la dynastie chinoise *Ming*. Doctrine des Lettrés.
72. Seizième siècle. Confuciisme subjectif, intuitif, de *Wang-yangming*. Le Confuciisme au Japon.
73. Mahométisme chinois.
74. Temps modernes. Sous la dynastie mandchoue *Ts'ing*. Sous la République.

Épilogue.

Appendice. La littérature chinoise. Esquisse.

Table des Dynasties.

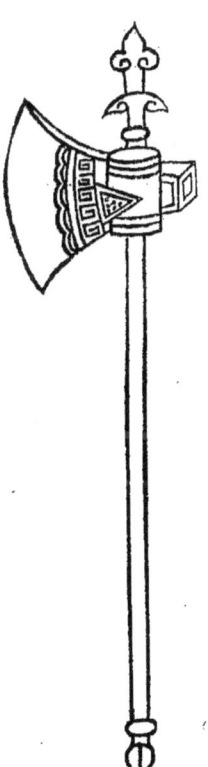

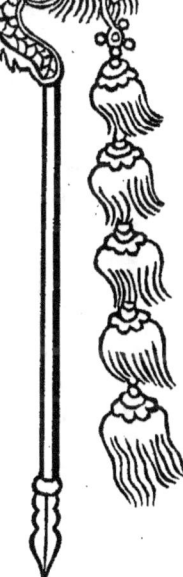

Les *Hia* 夏, 1989 à 1559.
Les *Chang-Yinn* 商殷, 1558 à 1050.
Les *Tcheou* 周, 1050 à 256.
Les *Ts'inn* 秦, 221 à 206.
Premiers *Han* 前漢, 202 avant, à 8 de l'ère chrétienne.
Seconds *Han* 後漢, 25 à 220.
Trois Royaumes 三國 *San Kouo*, 221 à 264.
Les *Tsinn* 晉, occidentaux 265 à 316.
orientaux 317 à 419.
Premiers *Song* 宋, 420 à 478.
Les *Ts'i* 齊, 479 à 501.
Les *Leang* 梁, 502 à 556.
Les *Tch'enn* 陳, 557 à 588.
Les *Soei* 隋, 589 à 619.
Les *T'ang* 唐, 620 à 906.
Petites dynasties 五代 *Ou-tai*, 907 à 959.
Seconds *Song* 宋, 960 à 1279, cités *Song* tout court.
Les Mongols *Yuan* 元, 1280 à 1367.
Les Chinois *Ming* 明, 1368 à 1643.
Les Mandchoux *Ts'ing* 清, 1644 à 1912.
Puis 中華民國 *Tchoung-hoa Minn-kouo*, la République de Chine.

Avant-propos.

Pour les dates anciennes de l'histoire chinoise, antérieures à l'an 827 avant J.-C., il existe deux systèmes de chronologie :

1º la chronologie *conventionnelle*, lentement élaborée durant les dix premiers siècles de l'ère chrétienne, fixée au onzième siècle, vulgarisée au douzième par le manuel d'histoire 通鑑綱目 *T'oung-kien kang-mou*. Elle s'appuie, pour les temps anciens, sur des supputations souvent conjecturales.

2º la chronologie *traditionnelle*, basée sur un manuscrit écrit sur des lattes en bambou, enfoui dans une tombe princière en 299 avant J.-C., exhumé en l'an 281 après J.-C. C'est 竹書紀年 *Tchou-chou ki-nien*, la chronique écrite sur bambou. Elle nous a conservé les dates, telles qu'on les admettait avant la destruction des anciennes archives (en 213 avant J.-C.), alors que tous les documents permettant leur contrôle existaient encore. Elle inspire donc plus de confiance.

Dans mes Textes Historiques, sommaire de l'histoire *T'oung-kien kang-mou*, j'ai dû suivre la chronologie conventionnelle employée par son auteur. Dans cette *Histoire des Croyances religieuses et des Opinions philosophiques*, je suivrai, pour les dates anciennes, la chronologie traditionnelle. Non que je croie à son absolue exactitude ; mais parce que je la trouve mieux fondée que l'autre. L'écart entre les deux systèmes n'est d'ailleurs pas très considérable ; 216 ans pour l'avènement de la première dynastie, 209 ans pour l'avènement de la seconde, 72 ans pour l'avènement de la troisième ; en 827 avant J.-C. l'écart est devenu zéro. Cependant, à cause des synchronismes à établir éventuellement avec l'histoire religieuse d'autres nations anciennes, l'écart à l'origine n'est pas insignifiant. Ainsi la chronologie traditionnelle fait d'Abraham et de Hammourabi les contemporains du premier souverain historique chinois 堯 *Yao*, tandis que la chronologie conventionnelle les fait vivre plus de deux siècles après lui. D'après la chronologie traditionnelle, *Yao* régna cinq siècles après Sargon l'ancien, peu après la fin de la dynastie d'Isin de Sumer-Accad, etc.

Ci-dessous la table chronologique des temps anciens. Dans la première colonne, les chiffres forts, sont ceux de la chronologie conventionnelle. Les dates plus faibles de la seconde colonne, sont celles de la chronologie traditionnelle. L'année indiquée est celle de l'avènement.

Table chronologique des temps anciens.

伏羲 *Fou-hi*, âge pastoral.		Première dynastie 夏 *Hia*.	
神農 *Chenn-noung*, âge agricole.			
黃帝 *Hoang-ti* créa l'empire.		大禹 *U le Grand*.	2205 1989
少昊 *Chao-hao*.		啟 *K'i*.	2197 1978
顓頊 *Tchoan-hu*.		太康 *T'ai-k'ang*.	2188 1958
嚳 *K'ou*.		仲康 *Tchoung-k'ang*.	2159 1952
摯 *Tcheu*.		相 *Siang*.	2146 1943
堯 *Yao*.	2357 2145	Interrègne.	2119 1915
舜 *Chounn*.	2255 2042		

少 康	Chao-k'ang.	2079	1875
杼	Tchou.	2057	1852
槐	Hoai.	2040	1833
芒	Mang.	2014	1789
泄	Sie.	1996	1730
不 降	Pou-kiang.	1980	1702
扃	Kioung.	1921	1643
廑	Kinn.	1900	1622
孔 甲	K'oung-kia.	1879	1612
皋	Kao.	1848	1601
發	Fa.	1837	1596
桀 癸	Kie. Koei.	1818	1589

Deuxième dynastie 商 殷 Chang-Yinn.

成 湯	Tch'eng-t'ang.	1766	1558
外 丙	Wai-ping.		1546
仲 壬	Tchoung-jenn.		1544
太 甲	T'ai-kia.	1753	1540
沃 丁	Wo-ting.	1720	1528
太 康	T'ai-k'ang.	1691	1509
小 甲	Siao-kia.	1666	1504
雍 己	Young-ki.	1649	1487
太 戊	T'ai-ou.	1637	1475
仲 丁	Tchoung-ting.	1562	1400
外 壬	Wai-jenn.	1549	1391
河 亶 甲	Heue-tan-kia.	1534	1381
祖 乙	Tsou-i.	1525	1372
祖 辛	Tsou-sinn.	1506	1353
沃 甲	Wo-kia.	1490	1339

祖 丁	Tsou-ting.	1465	1334
南 庚	Nan-keng.	1433	1325
陽 甲	Yang-kia.	1408	1319
盤 庚	P'an-keng.	1401	1315
小 辛	Siao-sinn.	1373	1287
小 乙	Siao-i.	1352	1284
武 丁	Ou-ting.	1324	1274
祖 庚	Tsou-keng.	1265	1215
祖 甲	Tsou-kia.	1258	1204
廩 辛	Linn-sinn.	1225	1171
庚 丁	Keng-ting.	1219	1167
武 乙	Ou-i.	1198	1159
太 丁	T'ai-ting.	1194	1124
帝 乙	Ti-i.	1191	1111
辛	Sinn. Tcheou.	1154	1102

Troisième dynastie 周 Tcheou.

武 王	Ou-wang.	1122	1050
成 王	Tch'eng-wang.	1115	1044
康 王	K'ang-wang.	1078	1007
昭 王	Tchao-wang.	1052	981
穆 王	Mou-wang.	1001	962
共 王	Koung-wang.	946	907
懿 王	I-wang.	934	895
孝 王	Hiao-wang.	909	870
夷 王	I-wang.	894	861
厲 王	Li-wang.	878	853
共 和	Régence.	841	
宣 王	Suan-wang.	827	827

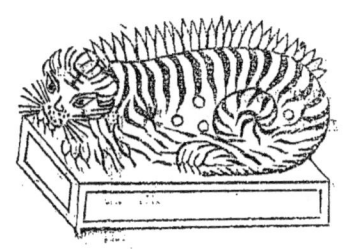

Première Période.

Théisme antique
depuis l'origine, jusqu'en 500 avant J.-C.

Première Leçon.

Sommaire. — **A.** Le peuple chinois au début de son histoire. Religion primitive. — **B.** Les empereurs électifs 堯 *Yao* et 舜 *Chounn*. Culte impérial. Le Ciel, Souverain d'en haut; les monts et fleuves; les Génies locaux. Le bûcher. Les sept Recteurs et les six Météores. — **C.** Notion antique de la mort. Après la mort, Génies du ciel, Génies de la terre, Mânes non glorieux. La musique évocatrice avant l'offrande. — **D.** Le Ciel, Souverain universel. Son mandat. — **E.** Superstitions prohibées. — **F.** Divination par l'écaille de tortue. — **G.** La première dynastie. Historique. Texte unique. — **H.** Résumé.

A. Au lever de la toile, vingt-deuxième siècle avant J.-C., le peuple chinois, venu on ne sait d'où, nous apparaît d'emblée comme un peuple sédentaire, civilisé, n'ayant rien du primitif. Établi dans le pays qu'il habite encore, appliqué à l'agriculture comme il l'est encore, ses mœurs étaient en bien des points ce qu'elles sont encore. Des clans puissants étaient les vrais dépositaires du pouvoir. Ils avaient à leur tête un empereur, chef suprême de la nation. Celui-ci pouvait choisir son successeur, avec leur assentiment; ou les chefs des clans se chargeaient de pourvoir à la succession; en tout cas, dans les premiers temps, l'empire ne fut pas héréditaire, et l'influence de l'aristocratie est sensible. Au-dessous de cette aristocratie gardienne du trône, des officiers, prolongements de l'empereur. Puis, en bas, très bas, le peuple, assez bien soigné, pas trop exploité, protégé avec sollicitude; délibérément privé de toute instruction théorique; dirigé, en pratique, pour tout et jusque dans les moindres détails, comme on dirige des mineurs incapables de se conduire. Cependant, tout en haut, l'empereur a peur du petit peuple, et se garde de le tyranniser. Non qu'il craigne une révolte. Il craint pis que cela. Croyant que son mandat impérial lui a été donné par le Ciel pour qu'il fasse du bien au peuple, il craint que le Ciel ne lui retire ce mandat, si le peuple venait à se plaindre de lui avec raison.

Père de son peuple, l'empereur est aussi son pontife. C'est pour le bien du peuple, qu'il honore le Ciel, le Souverain d'en haut. C'est pour le bien du peuple, qu'il invoque les Génies des monts et des fleuves. C'est pour le bien du peuple, qu'il salue les Génies des localités. Culte officiel, auquel les seigneurs avaient une part subordonnée, chacun dans son ressort et dans une certaine mesure. Le peuple était spectateur de ce culte officiel; mais il n'avait pas droit d'y participer, sous peine de lèse-majesté. Son culte à lui, se rendait au Génie tutélaire de son hameau, au Patron des terres cultivées par ceux de son village, devant un tertre élevé au nom de l'empereur. Ce Génie, ce Patron local, être transcendant innomé, était censé délégué par le Génie de la principauté ou de la préfecture, qui l'était par celui de l'empire, qui l'était par le Ciel. Hiérarchie du monde invisible, à l'instar de celle du monde visible. — Ciel, Génies et Mânes, ces deux dernières catégories n'en faisant au fond qu'une seule, les Génies étant l'aristocratie des Mânes, les Mânes glorifiés. Culte officiel impérial, pour la totalité de l'empire; culte officiel délégué aux seigneurs ou aux fonctionnaires, dans les diverses sections du territoire; culte privé des particuliers à leur tertre natal. Voilà, dans ses grandes lignes, la religion chinoise d'avant le vingtième siècle. Animisme, sous un Être suprême unique, dont aucun texte ancien n'explique la nature ni l'origine. — Laissons parler les documents de cette période, peu nombreux mais très clairs. Ils sont tous tirés des Annales. Je n'emploierai que ceux qui sont reconnus comme authentiques par tous les critiques.

B. Le premier empereur historique 堯 *Yao*, abdiqua, en 2073, en faveur de 舜 *Chounn*, et mourut en 2045. *Chounn* mourut en 1992, laissant l'empire à 禹 *U*, dont le règne commença en 1989, les trois années du deuil impérial étant retranchées. *U le Grand* ayant eu pour successeur son fils, est compté comme le premier empereur de la première dynastie 夏 *Hia*, 1989-1559.

Au premier jour de l'an 2073, *Chounn* reçut l'abdication de *Yao*, dans le temple et devant la tablette de l'Ancêtre chef de la lignée... L'Ancêtre étant ainsi informé, *Chounn* annonça son entrée en fonctions, par un sacrifice, au Souverain d'en haut, au Ciel... Ces deux termes désignent le même Être, disent les Commentateurs unanimement. Le terme Ciel s'applique à son essence, le terme Souverain exprime sa puissance.

Ce sacrifice fut offert au tertre impérial de la capitale. — Après avoir ainsi vénéré le Ciel, *Chounn* salua en esprit, de loin, les monts et les fleuves principaux de l'empire, en se tournant vers leurs positions géographiques. Il les salua, disent les Commentateurs, pour que l'empire obtînt les pluies nécessaires, et fût préservé de toute inondation. — Enfin, dit le même texte, *Chounn* fit le tour de la foule des Génies; c'est-à-dire qu'il leur adressa un salut circulaire collectif, par lequel ils furent censés salués tous, dans toutes les régions de l'espace... La foule des Génies, ce sont, disent les Commentateurs, les Génies moins importants que ceux des monts et des fleuves; ceux des collines, des digues, des canaux, etc. Âmes d'hommes célèbres défunts, logées, ou dans des lieux terrestres plus notables, ou dans les ouvrages jadis édifiés par eux. On les supposait plus ou moins puissants, et influents dans un certain rayon.

L'empire était divisé en quatre régions. Chaque région avait, comme centre politique et hiératique, une haute montagne. En 2073, après les cérémonies de l'avènement à la capitale, *Chounn* visita successivement ces quatre centres. Sur chacune des quatre montagnes, il alluma un bûcher, pour avertir le Ciel de sa présence, du zèle qu'il mettait à s'acquitter des ses fonctions d'empereur... Le ciel est si haut, disent les Commentateurs, qu'il n'est pas possible de s'aboucher avec lui directement; mais la flamme et la fumée établissent communication. — Cela fait, *Chounn* s'inclina vers les monts et les fleuves de la région. La foule des Génies n'est pas nommée ici, mais il est moralement certain qu'elle reçut son salut. — Enfin l'empereur conféra avec les seigneurs réunis en comices, renouvela leurs investitures, s'enquit si les régales étaient bien observées, etc. Sa tournée dura toute l'année. Rentré à la capitale, *Chounn* annonça son retour à l'Ancêtre, et lui offrit un bœuf. Cette tournée impériale se faisait alors tous les cinq ans, toujours avec le même cérémonial.

Les Annales racontent que, en 2073, lors de son entrée en charge, *Chounn* constata la position harmonieuse des sept Recteurs, et fit une offrande aux six Météores. Les sept Recteurs sont les sept corps célestes mobiles, soleil lune et cinq planètes. Les six Météores, sont le vent, les nuées, le tonnerre, la pluie, la froidure, la chaleur. — Les corps célestes étaient considérés par les Anciens d'alors, comme le sémaphore du Ciel, un appareil complexe au moyen duquel le Souverain d'en haut donnait des indications et des avertissements aux hommes. Les météores, favorables ou défavorables, étaient aussi censés produits par lui. Le culte chinois antique des corps célestes et des météores, ne fut donc pas inspiré par des théories animistes ou naturistes. Il fut une expression de la foi religieuse du temps.

-◇- -◆-

C. En l'an 2045, le vieil empereur *Yao* « monta et descendit » disent les Annales, c'est-à-dire qu'il mourut. L'idée de survivance après la mort, dans un état différent, ressort clairement des textes des Anciens. Ils crurent que la mort divise l'homme en deux parties, l'âme supérieure plus subtile qui monte dans les hauteurs, et l'âme inférieure plus dense qui descend en terre unie au cadavre. Ils n'entendirent pas la division du composé humain, comme résultant adéquatement en âme et cadavre. Ils n'eurent, à aucune époque, la notion d'une âme spirituelle au sens chrétien du mot. L'âme supérieure subtile est toujours dite ressembler à la vapeur, à la fumée. — Le peuple fit pour l'empereur *Yao* défunt, « comme pour père et mère », disent les Annales; c'est-à-dire qu'il pleura sa mort durant trois ans. Le principe chinois fut toujours que, les parents ayant souffert et travaillé durant trois ans pour engendrer un enfant et lui donner sa première éducation, après leur décès l'enfant leur doit en retour trois années de pleurs.

En l'an 2042, nommant ses divers ministres, l'empereur *Chounn* prépose un certain 伯夷 *Pai-I* aux trois sortes de rits, c'est-à-dire au culte en général, et spécialement au culte des Ancêtres dans leur temple. Les trois sortes de rits s'adressaient aux trois sortes d'êtres transcendants, Génies des régions célestes, Génies des régions terrestres, Mânes non-glorieux entre deux. Ces derniers sont nommés ici pour la première fois. Tous êtres de même nature d'ailleurs. — Un certain 夔 *K'oei* est préposé à la musique, en vue d'établir les relations entre les Génies, les Mânes et les hommes. C'est là, en effet, le but de la musique, art sacré et non profane chez les Anciens. Les sons des instruments et les voix des chanteurs, avertissaient, attiraient, les Génies et les Mânes. Leur effet allait plus loin. Intimement liés aux nombres mère de la gamme, les accords de la musique étaient censés avoir, comme certains chiffres, une répercussion cosmique; faire vibrer harmonieusement l'éther mondial, quand ils sont consonants et non dissonants, et attirer ainsi paix et prospérité. *K'oei* lui-même se vante, en 2202, que sa musique produit cet effet: «quand les phonolithes résonnent, quand les cordes vibrent, quand les chants retentissent, les Ancêtres viennent visiter», dit-il... Visite spirituelle, mentale, imaginaire, diront plus tard les Commentateurs. Est-il bien sûr que les Anciens l'aient entendu ainsi?.. Sans doute ils ne crurent jamais que les Ancêtres viendraient manger et boire leurs offrandes. Mais les bronzes de la deuxième dynastie nous montreront qu'ils venaient au moins humer les offrandes, et qu'on relevait, sur le sable ou sur la cendre, les empreintes de leurs pieds et de leurs mains.

-✧- -✧-

D. Cueillons, dans des conversations familières tenues, en 2002, par le vieil empereur 舜 *Chounn*, avec ses ministres 禹 *U* et 臯陶 *Kao-yao*, et conservées dans les Annales, les sentences suivantes qui vont à notre sujet, et montrent comment on parlait en ce temps-là. — *U* dit: Prince, veillez sur vous dans l'exercice de votre charge; que votre conduite montre à tous que vous êtes le mandataire du Souverain d'en haut; alors le Ciel vous continuera votre mandat, vous comblera de biens. — *Kao-yao* dit: L'œuvre du Ciel, un homme (l'empereur) est chargé de l'accomplir pour lui sur la terre... C'est le Ciel qui a déterminé les relations, c'est le Ciel qui a déterminé les rits... Le Ciel avance celui qui a mérité, le Ciel dégrade celui qui a démérité... Veillez à satisfaire le peuple, à ne pas indisposer le peuple. Car le Ciel écoute les appréciations du peuple, et voit les choses par ses yeux. Le Ciel récompense ou punit le prince, selon que le peuple le loue ou le blâme. Il y a communication entre le haut et le bas. — Et le vieil empereur *Chounn* conclut ces discours édifiants par ces paroles: Oui, soyons attentifs à ce que le Ciel demande de nous, à tout moment et dans les moindres choses. — Il ressort avec évidence de ces textes, que le Souverain d'en haut, le Ciel, dont ces Anciens parlent ainsi en l'an 2002, était pour eux un être personnel et intelligent. Il est clair aussi, par les attributs généraux qu'ils lui donnent, qu'ils le considéraient comme le maître universel, non comme le législateur de leur race seulement.

-✧- -✧-

E. Avant l'an 2073, au nom de l'empereur 堯 *Yao* encore régnant, 舜 *Chounn* dut sévir contre une confédération de peuplades 苗 *Miao*, établies dans le bassin du fleuve 淮 *Hoai* ou sur les rives du Fleuve Bleu; parentes des peuplades 黎 *Li* dont l'histoire ancienne chinoise parle plusieurs fois. Ces *Li*, ces *Miao*, dont les 苗子 *Miao-tzeu* actuels du 貴州 *Koei-tcheou* sont probablement les derniers restes, n'étaient pas de même race que les Chinois, avaient d'autres mœurs et une autre religion. Ils paraissent avoir été très superstitieux, adonnés au fétichisme et à la magie. Les Annales nous apprennent que, après sa campagne, *Chounn* chargea deux personnages «de rompre les communications

Leçon 1.

entre la terre et le ciel, afin qu'il n'y eût plus de descendre et visiter»... Tous les Commentateurs interprètent que, au contact de ces étrangers, le peuple chinois avait commencé à s'adonner à des superstitions, et que *Chounn* rétablit le culte national dans sa pureté primitive. Tous affirment, à la même occasion, que plus tard la décadence de la religion primitive chinoise, fut le résultat de la contamination des Chinois par les superstitions des *Li* et des *Miao*. « Les deux catégories des Génies et des hommes, doivent avoir chacune son habitat propre. Chacune doit rester chez elle. Quand les hommes rendent aux Génies le culte officiel, les Génies les bénissent et les hommes sont heureux. C'est là le seul rapport permis. Les *Li*, puis les *Miao*, troublèrent l'ordre. Les Génies et les hommes s'entremêlèrent. Tout le monde se permit de faire des offrandes aux Génies, et de leur demander des faveurs par l'intermédiaire d'évocateurs particuliers. Il en résulta une promiscuité indécente. *Chounn* fit rompre ces communications privées de la terre avec le ciel, et remit en vigueur les lois du culte antique. L'ordre rétabli par lui dura jusqu'au temps où la troisième dynastie tomba en décadence (770 avant J.-C.). Alors le culte ancien fut perverti définitivement. »

F.   Un texte des Annales, qui peut remonter à l'an 2065, nous apprend que le pays de *Kiou-kiang* était tenu de fournir à l'empereur les grandes tortues. Il s'agit des tortues dont les écailles servaient à consulter si telle ou telle décision serait faste ou néfaste, si un projet conçu réussirait ou non. Elles devaient avoir douze pouces de diamètre. L'animal dont la carapace atteignait ces dimensions, était censé âgé d'au moins mille ans. Mais ce n'est pas à sa longue expérience de la vie qu'on en appelait; c'est au fait que sa carapace dorsale bombée et sa plaque ventrale plate, ressemblaient à la cloche céleste tournant par son bord sur le plateau terrestre, ce qui est la notion chinoise antique du cosmos. L'animal logé entre les deux écailles, représentait l'humanité. Analogie de figure, donc correspondance essentielle !.. J'expliquerai plus tard au long, comment se pratiquait la divination officielle par l'écaille de tortue. Constatons seulement ici, qu'elle date des origines.

G.   禹 *U* le canalisateur du nord de la Chine, que la postérité appela *le Grand* par reconnaissance pour ce service, étant mort en 1979, son fils lui succéda. L'empire devint ainsi héréditaire. La première dynastie prit pour titre, le nom de la nation, 夏 *Hia*. Elle dura, d'après la chronologie traditionnelle, 430 ans. Sous le troisième empereur, le petit-fils de *U le Grand*, elle était déjà en pleine décadence. Révoltes continuelles des seigneurs, un empereur expulsé, un autre assassiné, un fils posthume (?) renouant le fil de la succession interrompu pendant quarante années, plusieurs règnes incroyablement longs et absolument vides d'événements, une suite de blancs et de lacunes; enfin *Kie* un tyran détrôné par le fondateur de la seconde dynastie; voilà, en peu de mots, le bilan des *Hia*, dont l'histoire n'inspire aucune confiance. Il se peut que la durée assignée à cette dynastie, soit surfaite de deux siècles et plus. — Notons, en passant, que, vers l'an 1610, furent faits les premiers instruments chinois en fer. Jusque là le cuivre et le silex avaient été seuls employés. Le fer se substitua peu à peu au cuivre. Le silex continua longtemps encore à servir pour divers usages.

Il ne nous reste, de toute cette période, dans les Annales, qu'une seule pièce authentique. Comme elle est du fils de *U le Grand* et date de l'an 1976, elle se rattache plutôt à la période précédente. Un grand feudataire, le seigneur de 扈 *Hou*, ne voulut pas reconnaître 啟 *K'i* le nouvel empereur, et se déclara indépendant en refusant les signes de vassalité, dont le principal était l'usage du calendrier impérial, fixant le premier jour de l'année et des lunaisons. L'empereur marcha contre ce rebelle. Avant la bataille qu'il lui livra à 甘 *Kan*, il fit à ses troupes une harangue, dont voici les passages ayant trait à notre sujet. Après avoir exposé que le seigneur de *Hou* a rejeté le calendrier impérial, l'empereur continue : «En conséquence le Ciel a annulé son mandat. Ce que moi je vais faire contre lui, ce n'est pas une vengeance personnelle, c'est l'application du châtiment prononcé par le Ciel, et dont le Ciel m'a chargé. Hommes de gauche et de droite, et vous conducteurs des chars de guerre, obéissez bien aux commandements. Ceux qui auront obéi, seront récompensés en présence de mes ancêtres. Ceux qui auront désobéi, seront exécutés devant le tertre du Patron du sol.» — Nous savons ce que cela veut dire. L'empereur est le mandataire du Ciel. Il invoque ce mandat, quand il exige l'obéissance de ses sujets. — En campagne, l'empereur transportait avec lui, sur un char, les tablettes du temple de ses ancêtres. C'est devant elles qu'il les avertissait et les priait ; qu'il récompensait, comme en leur nom, ceux qui s'étaient distingués. — Le grand tertre du Patron du sol de l'empire, était à la capitale. Un moindre se trouvait dans le chef-lieu de chaque fief. Un petit, dans chaque agglomération humaine. Quand l'empereur était en tournée ou en campagne, on en élevait un temporaire, là où il stationnait. C'est devant ce tertre que se faisaient les exécutions des coupables.

-◆- -◆-

H. Voilà tout ce que nous apprennent les textes d'avant le vingtième siècle. Ils sont des temps où Hammourabi régnait à Babylone, où Abraham quitta la Mésopotamie. Ils sont antérieurs de bien des siècles, peut-être d'un millénaire et plus, au Brahmanisme et au Mazdéisme. — En résumé : Culte religieux d'un Être suprême, Ciel, Souverain d'en haut, Souverain universel, qui voit et entend tout, qui récompense et punit, qui fait et défait les princes ses mandataires ; ce culte réservé au gouvernement, est interdit au peuple. — Culte animiste rendu aux Génies des monts, des fleuves, de certains lieux ; âmes d'hommes glorieuses ; défunts célèbres, bienfaiteurs de la nation ; culte réservé au gouvernement et interdit au peuple. — Culte du Patron local du sol, au tertre de chaque village ; le seul culte public permis au peuple. — Culte privé des Ancêtres, par toutes les familles, chacune honorant les siens. On est avec eux en communication incessante. On les informe de tout. On les invite par la musique. On leur fait des offrandes. On espère leur bénédiction. — Divination officielle, espèce de science exacte, pour s'assurer des intentions et de l'assentiment du Ciel. Astrologie et météorologie cultivées dans le même but, pour savoir si le Ciel est content ou non.

En terminant, j'appelle l'attention sur ce fait important. Absence complète, dans la religion primitive chinoise, de tout mythe, de toute fable, de toute poésie. Quelques dogmes assez clairs, un culte uniforme très simple, une barrière officielle s'opposant aux innovations du dedans et aux importations du dehors.

Notes. — La proche parenté des Chinois primitifs avec les Sumériens (C. J. Ball... P. S. P. Handcock), n'est pas prouvée; elle est peu probable. — Il n'est pas démontré jusqu'ici, que les Chinois soient entrés en Chine par le nord-ouest, ni par le sud-ouest. J'ai cru jadis (Textes Historiques, 1903, page 16) à leur venue par le sud-ouest, sur la foi des éléments exotiques, faune et flore tropicale, contenus dans les caractères anciens, au dire des Commentateurs chinois. L'argument est sans valeur, car des études faites depuis, m'ont appris qu'aucun des éléments en question n'est réellement tropical. — A quel tronc ethnique se rattachaient les *Miao* et les *Li?* — Les 夏 *Hia*, les 苗 *Miao* et les 黎 *Li*, furent-ils des nations distinctes, ou des peuplades parentes qui se développèrent avec le temps selon des lignes différentes? — La civilisation chinoise fut-elle importée ou indigène? — Autant de questions auxquelles aucune réponse décisive n'a été faite jusqu'ici.

Sources. — 書經 *Chou-king*, les Annales, chapitres 舜典 *Chounn-tien*, 益稷 *I-tsi*, 皋陶謨 *Kao-yao mouo*, 禹貢 *U-koung*, 甘誓 *Kan-cheu*, 呂刑 *Lu-hing*. — Les 繫詞 *Hi-ts'eu*, un appendice du 易經 *I-king* Livre des Mutations, que l'on attribue à Confucius. — Le 外記 *Wai-ki* de 劉恕 *Liou-chou*, résumé de la préhistoire.

Ouvrages utiles. — Traductions du *Chou-king*; en anglais par J. Legge (Chinese Classics); en français par S. Couvreur S.J.; les traductions de ces deux auteurs sont parfois idéalisées; le texte chinois est moins élevé, plus vulgaire... Traduction latine par A. Zottoli S. J. Cursus litteraturæ sinicæ vol. III. — Ed. Chavannes. Les Mémoires historiques de *Se-ma ts'ien*. Introduction. — L. Wieger S. J. Textes Historiques. — Fr. Hirth. The ancient History of China. — H. Cordier. Origine des Chinois, dans le 通報 *T'oung-pao*, depuis 1916. — A. Deimel S.J. Veteris Testamenti Chronologia, monumentis babylonico-assyriis illustrata.

Ouvrages périmés. — Les écrits de G. Pauthier, Sinico-Aegyptiaca, et autres. — Les livres de Terrien de Lacouperie, Western Origin of the Early Chinese Civilization, et autres. — Non, les anciens caractères chinois n'ont rien eu de commun, ni avec les hiéroglyphes, ni avec le cunéiforme. Consulter L. Wieger S.J. Caractères chinois, troisième édition 1916, appendice Graphies antiques. — Pratiquement parlant, sauf quelques exceptions, les travaux faits sur les antiquités chinoises avant le présent siècle, sont vieillis. La science marche, et vite de nos jours.

Deuxième Leçon.

Sommaire. — **A.** La deuxième dynastie. Historique. Apogée du culte primitif. I. Textes et chants. — **B.** Le mandat contre les *Hia*. — **C.** Offrande à l'Ancêtre. — **D.** Le Ciel et la tortue. Survivance. L'Empyrée. — **E.** Le Ciel prédestine à longue échéance, et suit son plan à travers les siècles. Origine prétendue céleste des chefs de certains clans célèbres. — **F.** Sanction du bien et du mal, en cette vie. Perte du mandat. Suppression par ordre du Ciel. — **G.** Génies célestes et terrestres. — **H.** Tableau final.

A. A la tête d'une coalition des feudataires, en 1559, 湯 *T'ang* seigneur de 商 *Chang* renversa 桀 *Kie* le dernier des 夏 *Hia*, monta sur le trône et fonda la seconde dynastie, appelée d'abord 商 *Chang* du nom de son fief; plus tard 殷 *Yinn* par espoir d'une plus grande prospérité. Cette dynastie dura 507 années, du seizième au onzième siècle. Elle eut aussi une existence bien tourmentée. Outre les chefs de clan devenus princes feudataires, toujours remuants, que nous connaissons, une aristocratie frondeuse, composée d'officiers retraités et de leurs descendants, rend le gouvernement impérial de plus en plus difficile, à partir du quatorzième siècle. Vers 1254, 武丁 *Ou-ting*, un souverain plus énergique, ayant battu les tribus barbares qui menaçaient d'envahir l'empire, la considération que lui acquit cet exploit militaire lui permit de raffermir pour un temps le pouvoir suprême. 武乙 *Ou-i*, 1159 à 1125, se distingua par son extraordinaire impiété. Enfin 辛 *Sinn* ayant renouvelé les excès tyranniques de 桀 *Kie*, fut comme lui renversé par une coalition des feudataires commandés par 發 *Fa* seigneur de 周 *Tcheou*, lequel fonda en 1050 la troisième dynastie. — Mêmes observations critiques, que pour la première dynastie. L'histoire de la seconde, un peu plus croyable en général, est suspecte en bien des points. La durée qu'on lui prête est probablement exagérée; et la tragédie qui la termina, est trop évidemment calquée sur celle qui mit fin à la première dynastie, pour ne pas inspirer de la défiance à l'historien.

Les auteurs chinois affirment unanimement, que le culte de cette dynastie, Ciel et Mânes, fut l'apogée du culte chinois primitif, encore pur de tout mélange. Et de fait, la seconde dynastie nous a laissé des textes, des chants, des bronzes rituels, extrêmement instructifs. Je consacrerai deux Leçons à leur étude. — D'abord les textes et les chants, conservés dans les Annales et les Odes.

B. En 1558, quand *T'ang* de *Chang* se leva contre la dynastie régnante *Hia* représentée par le tyran *Kie*, il s'agit pour lui de faire accepter à ses propres sujets d'abord, puis à la nation chinoise tout entière, cette nouveauté inouïe jusque là, d'un vassal châtiant son souverain. *T'ang* imputa donc la chose au Ciel, au Souverain d'en haut. Voici le texte: « Approchez, multitude! Écoutez toutes mes paroles! Ce n'est pas moi, faible enfant, qui ose lancer une révolution. Le seigneur de *Hia* ayant commis des crimes nombreux, le Ciel a ordonné de l'exécuter... L seigneur de *Hia* est coupable. Moi, par crainte du Souverain d'en haut, je n'ose pas ne pas le punir... Je suis décidé à marcher contre lui de suite. Je compte que vous m'aiderez, moi votre prince, à lui appliquer le châtiment décrété par le Ciel.» (Annales, *T'ang-cheu*.)

-◆- -◆-

C. Vers 1538, dans le temple des Ancêtres de la deuxième dynastie, tandis que l'empereur 太甲 *T'ai-kia* faisait les offrandes rituelles à feu son aïeul l'empereur *T'ang*, le chœur chantait en son nom: «Les tambours battent à coups redoublés, célébrant mon glorieux aïeul. Moi le petit-fils de *T'ang*, je l'appelle pour qu'il vienne; je lui fais cette offrande pour que mon souhait s'accomplisse. Oh! qu'il daigne regarder favorablement ce que j'ai cuit pour qu'il le goûte, moi son petit-fils. — O glorieux ancêtre, toi qui m'assistes toujours en temps voulu, toi qui étends tes bienfaits sans limites, oh! viens à moi en ce lieu!.. Puisque je t'ai versé une pure liqueur, accorde-moi que mon espoir se réalise... Accorde-moi une grande longévité, une vieillesse sans fin. — Sur leurs chars de parade, les feudataires sont venus, pour t'inviter et te faire des offrandes avec moi. Je suis souverain d'un grand pays. Le Ciel m'a donné l'abondance. L'année ayant été très fertile, j'ai de quoi te bien traiter. Viens à moi, viens recevoir mon offrande. Fais descendre sur moi une bénédiction illimitée... Oh! daigne regarder favorablement ce que j'ai cuit pour que tu le goûtes, moi ton petit-fils!» (Odes, *Na* et *Lie-tsou*.)

-◆- -◆-

D. Vers l'an 1315, l'empereur 盤庚 *P'an-keng* décide la translation de sa capitale. Parce que le site était trop exposé aux inondations, prétexte-t-il. Son but fut, en réalité, d'appauvrir et d'affaiblir une aristocratie gênante. Il rencontra naturellement une très vive opposition, contre laquelle il lui fallut recourir aux arguments majeurs d'alors. Les Annales nous ont conservé ses harangues. Elles furent adressées au peuple entier, plus docile que l'aristocratie. Le palais lui fut ouvert. L'empereur dit: «La tortue a déclaré que nous n'avons plus aucun bien à attendre si nous restons ici... Vouloir y rester, c'est s'aveugler, c'est ne pas vouloir voir que le Ciel va supprimer le mandat de la dynastie... Si je propose le déplacement de la capitale, c'est pour obtenir du Ciel la continuation de ce mandat. Dans la nouvelle capitale, le Ciel perpétuera notre mandat... Vous officiers, jadis vos ancêtres servirent avec dévouement mes ancêtres. Maintenant, quand je fais les grandes offrandes à mes prédécesseurs, vos aïeux viennent avec eux pour jouir de l'offrande, pour vous bénir ou vous maudire selon que vous l'aurez mérité... Hommes du peuple, si vous me faites opposition, mes prédécesseurs feront descendre sur vous de grands maux. D'en haut ils vous puniront. Vos aïeux et vos pères vous renieront, et ne vous sauveront pas de la mort. Vos aïeux et vos pères prieront avec instance *T'ang* le fondateur de la dynastie, de vous punir sévèrement, vous leurs descendants. Ils obtiendront que cet illustre empereur fasse descendre sur vous tous les malheurs.» — Enfin quand il eut réussi à se faire obéir, non sans peine, *P'an-keng* se promet que le Souverain d'en haut va rendre à sa dynastie l'éclat qu'elle eut sous l'empereur *T'ang*, et il félicite son peuple de n'avoir pas désobéi «aux ordres du Ciel intimés par la tortue». (Annales, *P'an-keng*.)

Ce texte est décisif pour la question de la croyance, dans l'antiquité chinoise, à la survivance des âmes. Il nous montre princes et peuple réunis dans un ciel empyrée, au courant des affaires de ce bas monde, s'y intéressant et y intervenant. Tous les Commentateurs ont reconnu la chose. Écoutons 朱熹 Tchou-hi qui les résume tous, qui lui ne croyait pas à la survivance, à qui la clarté de ce texte arracha les aveux suivants: « Il est indubitable que, avant la troisième dynastie, on considérait les défunts comme existants, comme vivants. De cette croyance découlait la crainte révérencielle de tous à l'égard des morts. Cette foi, ce culte, furent à leur apogée sous la deuxième dynastie. Voilà pourquoi, dans des conjonctures fort difficiles, *P'an-keng* en appela, comme suprême argument, à ses ancêtres, aux ancêtres de ses ministres et de son peuple. Il le fit pour en imposer à leurs descendants. *P'an-keng* leur parla de ses aïeux et des leurs, comme d'êtres existant réellement au-dessus d'eux, pouvant les affliger et les punir, avec lesquels il entretenait des relations suivies et traitait des affaires courantes. En ce faisant, il profita d'une conviction alors générale et incontestée. Il tira parti de la foi profonde des hommes de la deuxième dynastie, dans la survivance des défunts. » (Lettres de *Tchou-hi*.)

Le même texte prouve de plus, que, sous la deuxième dynastie, les oracles rendus par la tortue, étaient considérés comme indubitables, et constituaient un puissant instrument de gouvernement.

-◆-◆-

E. Vers l'an 1250, alors que les succès militaires de l'empereur 武丁 *Ou-ting* eurent donné à la deuxième dynastie quelque regain de popularité, plusieurs Odes furent composées, pour être chantées, ou dans le temple des Ancêtres, ou durant les banquets impériaux. J'en extrais les passages suivants: « Jadis le Ciel fit descendre une hirondelle, et donna ainsi naissance à 契 *Sie*. Le Souverain d'en haut voulut que ce sien fils fût l'ancêtre de la future dynastie 商 *Chang*. Durant les six siècles qui suivirent, les descendants de *Sie* n'ayant rien fait qui fût de nature à leur faire perdre le mandat du Souverain d'en haut, alors que 湯 *T'ang* était le chef de la maison de *Chang*, la destinée de cette maison se réalisa. *T'ang* ayant servi avec respect le Souverain d'en haut, le Souverain le proposa comme modèle à l'empire, en l'élevant sur le trône impérial. *T'ang* fut comblé des bienfaits et des faveurs du Ciel. A ce fils du Ciel fut accordé l'excellent ministre 伊尹 *I-yinn*. » (Odes, *Huan-niao, Tch'ang-fa*.)

D'abord, une remarque: L'hirondelle dont il est question dans ce texte, laissa tomber un œuf dans la bouche de 簡狄 *Kien-ti*, une femme mariée, qui conçut ainsi *Sie* l'ancêtre des *Chang*. Cette conception est attribuée à l'action du Ciel. — Plusieurs clans anciens racontaient des légendes analogues, sur la naissance de leur premier ancêtre. Il paraît même que ce fut là la première origine des noms de clan, et de l'appellatif *Fils du Ciel*. Résumant ces légendes, le 說文 *Chouo-wenn*, la grande autorité en matière d'étymologie, explique ainsi le caractère 姓 *sing*, nom de clan: « Ce caractère se compose de 女 femme et de 生 naître; car les hommes célèbres de l'antiquité naquirent, parce que leurs mères avaient subi l'influx du Ciel; de là vient qu'on les appela *Fils du Ciel*. D'après la tradition les noms de clan se donnaient, pour perpétuer la mémoire de cette filiation céleste.» — Rien d'étonnant que des familles anciennes aient cherché à se donner du relief de cette manière; mais les historiens chinois passent placidement par-dessus ces prétentions, en les annotant ainsi: «Si ce qu'on raconte de la conception extraordinaire de certains grands hommes arriva, ce fut en songe, non en réalité».

Ceci posé, revenons à notre texte de l'an 1250. Il prouve, avec évidence, la foi des Chinois de ce temps-là, en la prescience, à très longue échéance, du Souverain d'en haut, du Ciel. Les Commentateurs insistent sur ce point; laissons-les parler.» Le Souverain qui éleva 契 *Sie*, ce ne fut pas l'empereur 舜 *Chounn* qui l'investit d'un fief, ce fut le Souverain d'en haut qui le prédestina à l'empire, dans la personne de son descendant 湯 *T'ang*, à naître plus de six siècles plus tard. C'est de *Chounn* que *Sie* reçut le fief de 商 *Chang*, mais c'est le Souverain d'en haut qui voulut que *Chounn* lui en donnât l'investiture. Dans cette investiture de *Sie*, était contenue l'élévation future sur le trône impérial, de *T'ang* son descendant. Le Ciel prorogea d'âge en âge le mandat accordé à *Sie*. C'est à cause de ce mandat dont ils étaient les dépositaires, que le Sublime Ciel chérit et honora toujours les descendants de *Sie*. Enfin, quand le temps fut venu, le Ciel fit de *T'ang* le maître de l'empire.»

-◆-◆-

F. En 1213, le ministre 祖 己 *Tsou-ki* dit à l'empereur 祖 庚 *Tsou-keng*: «Le Ciel considère les hommes sur la terre, et juge de leur justice. Après cet examen, le Ciel donne à chacun vie longue ou courte, selon ses œuvres. De sorte que, si quelqu'un meurt prématurément, c'est par sa propre faute, non parce que le Ciel ne lui voulait pas de bien. C'est lui-même qui a fait rogner le lot qui lui était destiné. — Quand un homme a mal fait, et que le Ciel l'avertit par des signes ou l'instruit par des malheurs, il devrait reconnaître ses torts et ne pas s'aveugler au point de dire avec humeur: pourquoi ceci m'arrive-t-il?» (Annales, *Kao-tsoung young-jeu*.)

En l'an 1052, le ministre 祖 伊 *Tsou-i* dit au tyran 辛 *Sinn*, dernier empereur de la deuxième dynastie: «Cette disette persistante signifie que le Ciel a rejeté notre maison, parce que vous avez perdu la conscience que le Ciel vous avait donnée et n'observez plus ses lois.» — Exaspéré contre le tyran, le peuple crie: «Pourquoi le Ciel ne frappe-t-il pas cet homme? pourquoi ne donne-t-il pas à un autre le mandat de régner?» — Le ministre *Tsou-i* adjure à nouveau l'empereur: «Fils du Ciel, le Ciel nous rejette!» — Le tyran blasphème: «Ma vie n'est-elle pas assurée, quoi que je puisse faire, puisque je tiens le mandat du Ciel.» — *Tsou-i* gémit: «Tes crimes sans nombre sont connus en haut, et tu oses encore compter sur le mandat du Ciel!» — Enfin *Tsou-i* déclare au tyran: «Il est évident que le Ciel vous a rejeté. Ni les sages, ni la tortue, n'osent plus vous promettre rien de faste.» — En 1051, l'oncle du tyran, le vicomte de 箕 *Ki* dit: «Dans sa colère, le Ciel ruine notre dynastie.» — Puis, dans le conseil des princes du sang, *Tsou-i* gémit: «Ce ne sont pas les Ancêtres qui ont voulu nous rejeter, nous leurs descendants; c'est *Sinn* qui nous a fait rejeter, par ses excès et ses débauches.» — Enfin, conseillant à chacun de pourvoir à son salut personnel, le vicomte de *Ki* dit: « Que chacun de vous se recueille, prenne sa détermination, puis l'annonce lui-même aux Ancêtres. » (Annales, *Si-pai k'an-li* et *Wei-tzeu*.)

—◇—◇—

G. Dans un texte de l'an 1051, est énoncée clairement la distinction des êtres transcendants, des Génies, en 神 *Chenn* génies célestes, et 祇 *K'i* génies terrestres. Ce sont tous des êtres de même nature, Mânes glorieux, anciens grands hommes, bienfaiteurs de la société, dit la tradition unanimement. Mais les *Chenn* flottent libres dans l'espace, tandis que les *K'i* sont fixés dans un lieu. Quand le terme *chenn* est employé seul, il comprend les deux catégories. (Annales, *Wei-tzeu*.)

—◇—◇—

H. Le tyran 辛 *Sinn* fut renversé par une coalition des feudataires, commandés par 發 *Fa* de 周 *Tcheou*, qui se mit à sa place et fonda la troisième dynastie. A ce propos, recueillons dans les Annales ce texte de l'an 1050. Avant la bataille de 牧野 *Mou-ie*, haranguant ses troupes, *Fa* de *Tcheou* leur dit: « *Sinn* empereur des *Chang* ayant, dans son aveuglement, négligé de faire les offrandes auxquelles il était tenu, moi *Fa* je vais lui livrer bataille et le châtier au nom du Ciel. »... Il s'agit des offrandes régulières, que l'empereur est tenu de faire au Ciel pour la nation. S'il ne les fait pas, il a omis le premier de ses devoirs et forfait à son mandat. — L'armée répondit à *Fa* de *Tcheou*, par cette acclamation: « Le Souverain d'en haut est avec vous. Allez! N'hésitez pas dans votre cœur! » (Annales, *Mou-cheu*, Odes, *Ta-ming*.)

Notes. — Voici le texte du 說文 *Chouo-wenn*, cité page 20... 姓、从女、从生。會意。古之神聖、母感天而生子、稱天子。傳曰、天子、因生从賜姓。

Sources. — 書經 *Chou-king*, les Annales, chapitres 湯誓 *T'ang-cheu*, 盤庚 *P'an-keng*, 高宗肜日 *Kao-tsoung young-jeu*, 西伯戡黎 *Si-pai k'an-li*, 微子 *Wei-tzeu*, 牧誓 *Mou-cheu*. — 詩經 *Cheu-king*, les Odes, 那 *Na*, 烈祖 *Lie-tsou*, 大明 *Ta-ming*.

Ouvrages. — Comme pour la première Leçon.

Troisième Leçon.

Sommaire. — La deuxième dynastie. II. Bronzes rituels. Graphies.
A. **Symboles.** — Mets offerts. Libation. Cauris, amphore et quenouille. Victime égorgée, viande crue, peau, sang. — Les offrants; le fils, les petits-fils. — L'Ancêtre. Son talon. Ses vestiges. Sa figure. Ses yeux. Sa niche. Sa silhouette. Sa venue. — L'entrée du sanctuaire. Transport extatique de l'offrant, à la rencontre de l'Ancêtre. — Présentation à l'Ancêtre, des nouveau-nés, d'objets divers. Annonces d'événements. — Offrande aux monts, aux nuées.
B. **Textes.**

Je consacre un chapitre spécial aux graphies de la deuxième dynastie, à cause de leur importance. Inédites jusqu'ici, je les ai publiées pour la première fois, en 1916, dans la troisième édition de mes *Caractères chinois*, appendice *Graphies antiques*.

C'était l'usage des Anciens de ce temps-là, quand ils désiraient quelque faveur, quand un bonheur leur était échu, quand une entreprise leur avait réussi, de couler en bronze un vase, portant *à l'intérieur* des symboles et des caractères qui exprimaient l'impétration ou la reconnaissance. *A l'extérieur* du vase étaient figurés les deux yeux de l'Ancêtre, représentant son attention bienveillante. Le vase commémoratif était placé dans le temple de la famille, pour servir aux offrandes, de génération en génération. Tout ce que nous possédons de symboles et de caractères antiques, nous a été conservé par les quelques bronzes de cette sorte, qui ont échappé à la destruction. Car les anciens Chinois ne gravèrent pas sur pierre; et la fragilité de la matière employée par eux pour les écritures, bois, soie ou papier, n'a pas permis que des écrits antiques parvinssent jusqu'à nous tels quels. Ci-dessous un échantillon de ces vases rituels.

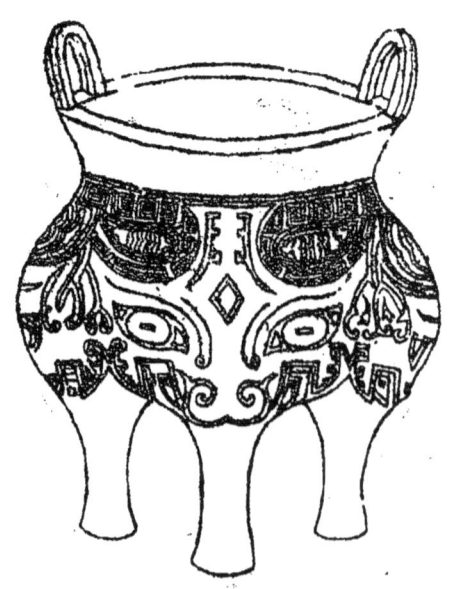

Le symbole le plus fréquent, est une ⇒ main droite, qui offre un ◊ semblable à une flamme. Emblème de mets offerts, dont le fumet s'élève. Il ne s'agit pas d'encens, de parfums; les anciens Chinois n'en offraient pas. — Presque toujours, sous la figure précédente, une sorte de ⌒ larme tombante, ou une ● tache sur le sol, représentent le liquide, un vin aromatique spécial, répandu en libation. Parfois la libation est reçue dans un vase, ou sur une espèce de coussin, ou sur des rameaux feuillus souvent disposés en étoile.

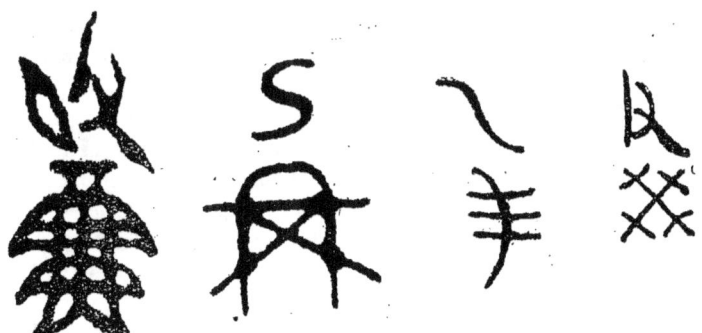

Leçon 3. A.

Le fils qui offre, est représenté, le plus souvent, sous la figure 子, qui doit exprimer qu'il est comme éthérifié, comme transporté vers l'Ancêtre, par son amour et son désir. Parfois il est représenté par une figurine en pied, tête et quatre membres.

Les petits-fils qui savent marcher, sont figurés, au-dessous de leur père, debout, élevant les deux mains plus haut que leur tête. Ou bien ils portent au bras un 玄 écheveau, symbole de la succession des générations. — Quand les petits-fils ne savent pas encore se tenir debout, ils sont représentés accroupis entre les jambes de leur père, dans une position qui rappelle celle d'une grenouille assise.

Outre les 丨 mets et la 丨 libation, trois objets font partie de toute offrande ancienne un peu solennelle. Ils sont figurés sur nombre de bronzes. Ce sont:

1° 󰀀 une sorte de coffre ou de châsse, contenant un échantillon de 玉 jade, un 貝 cauris, un 缶 vase en poterie.

2° 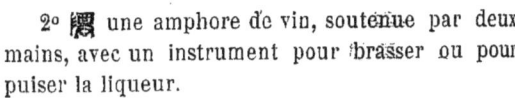 une amphore de vin, soutenue par deux mains, avec un instrument pour brasser ou pour puiser la liqueur.

3° 󰀀 une quenouille, que deux ou quatre mains filent.

L'idée est claire. On offrait aux défunts les choses qui, pour les vivants, sont les plus nécessaires; du numéraire, de la vaisselle, du vin, la matière textile des vêtements. Voyez la première graphie ci-contre, colonne de gauche; et les deux colonnes de la seconde graphie.

Les 貝 cauris s'offraient parfois enfilés en chapelet, en grande quantité, par charges d'homme. Ci-contre, offrande de mets, libation, et une charge de cauris.

Leçon 3. A.

L'offrande de viande crue est symbolisée...
ou par une 且 crédence à rayons, sur laquelle la viande (non figurée) se disposait.

ou par la figure de l'offrant, armé du couteau avec lequel il a égorgé ou va égorger la victime, laquelle est parfois représentée, parfois non.

ou par la peau de la victime écorchée, fichée sur un pal à pied fourchu. Le trident qui pend, représente la queue. Rarement le vase à sang accompagne cette figure.

La présence de l'Ancêtre, à qui l'offrande est faite, est figurée, le plus souvent, par 止 le talon de son pied. Maintenant encore, *en présence de*, se dit en chinois 在 跟 前 *tsai kenn-ts'ien*, littéralement *devant le talon*, ou *devant les talons*.

Parfois c'est à l'empreinte du pied de l'Ancêtre, que l'offrande est faite. Maintenant encore, lors des offrandes aux défunts, les Chinois cherchent à reconnaître leurs vestiges, sur une planche sablée ou cendrée *ad hoc*. Les figures reproduites sur cette page, se rapportent à des faits de ce genre. Dans la quatrième, l'Ancêtre a marché tout autour de l'offrande, l'admirant ou la humant. Dans la cinquième, ses deux jambes sont représentées. — Le cadre qui entoure trois de ces graphies, va être expliqué.

Rarement l'Ancêtre est représenté en pied, et l'offrande lui est faite directement.

Sa présence est parfois figurée par ses deux yeux qui regardent. Ou par un triangle, qui symbolise aussi son regard attentif.

Le temple des ancêtres, ou plutôt, au fond de ce temple, la niche d'où leur influence était censée émaner, est figurée par un cadre, le plus souvent carré ou rectangulaire, à angles rentrants. Ci-contre.

 Mais, le plus souvent, le temple et la présence de l'Ancêtre sont figurés, ou par la balustrade qui séparait le chœur de la nef; ou par l'entrée du chœur, un défilé formé probablement par deux ou quatre colonnes. C'est devant cette entrée que se tiennent les suppliants, fils et petits-fils; c'est là que se fait l'offrande. — Ci-contre, dans le sanctuaire, une peau de victime exposée, et les yeux de l'Ancêtre qui la regardent. Devant le sanctuaire, la crédence à viande, et la trace de la libation.

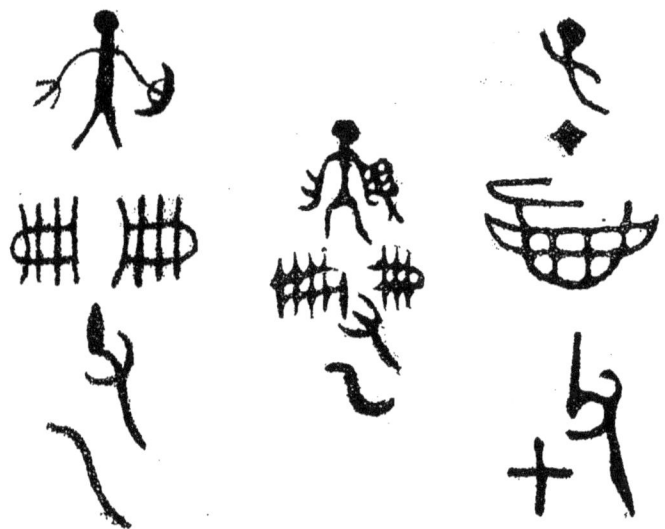

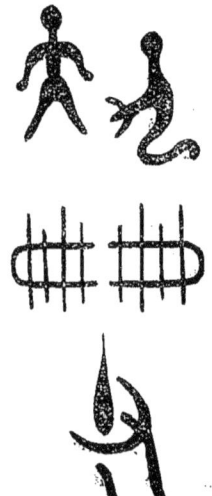

Parfois, emporté par l'ardeur de son désir, l'offrant est transporté en esprit, jusque par delà la grille et les colonnes, jusque dans le sanctuaire, vers la niche, en présence de l'Ancêtre. — Ci-contre la plus belle figure que la deuxième dynastie nous ait léguée; un fils ravi en esprit aux pieds de son père. — Ci-dessus, de gauche à droite, hommage de l'égorgement d'une victime, hommage d'une enfilade de cauris, hommage d'un grand vase bien réussi (il est mutilé sur le bronze). Dans les trois cas, l'offrant s'élance vers l'Ancêtre. En bas toujours offrande et libation.

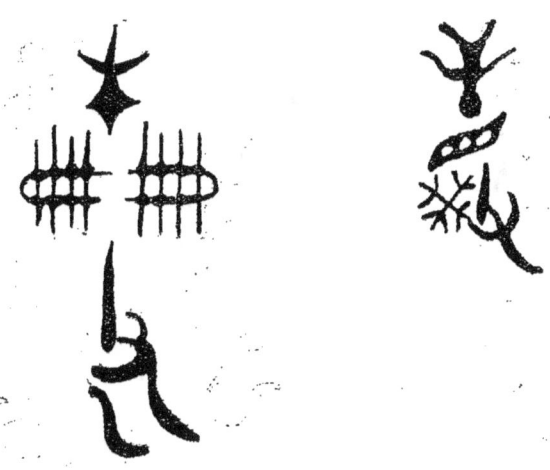

Parfois l'Ancêtre est représenté, dans le sanctuaire, fonçant d'en haut vers la main de l'offrant, vers l'offrande.

Assez souvent l'Ancêtre est figuré par une silhouette flottante, à gros œil unique, parfois surmonté d'un triangle. Un simple triangle symbolise parfois son œil, son regard.

Nous pouvons interpréter maintenant les graphies suivantes:

Présentation d'un nouveau-né aux regards (triangle) de l'Ancêtre.

Présentation d'un nouveau-né, les fontanelles encore béantes, devant la niche de l'Ancêtre, avec libation.

Présentation de deux jumeaux, avec offrande de viande crue et libation.

Présentation à l'Ancêtre debout dans sa niche, de deux jumeaux, un garçon et une fille, avec offrande de fruits probablement.

En présence 止 de l'aïeul, libation, offrande à deux mains de 王 jade, vin et filasse, *pour la naissance d'un petit-fils*.

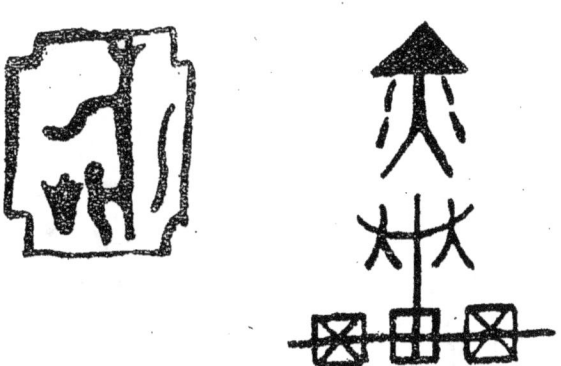

Offrande d'une bannière, avec libation, devant la niche, pour remercier de l'apparition d'un vestige du pied de l'Ancêtre.

Présentation d'un char nouvellement construit, avec offrande de viande crue saignante, sur le pal.

Offrande de javelles, après une bonne moisson.
Annonce qu'une cuisson de poteries a bien réussi.
Avis qu'une maison a été construite.

Annonce qu'on a achevé un arc, des flèches, une barque.

Leçon 3. A.

Annonce, aux ancêtres, d'exploits cynégétiques.
Un tigre, des volatiles, ont été tués à la chasse.

Offrande et libation, aux monts, aux nuées.

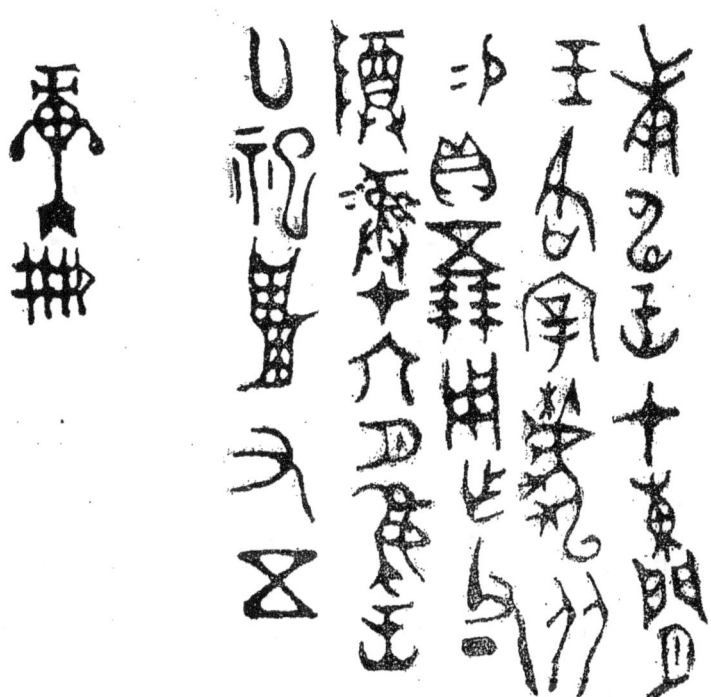

B. Textes. — Le jour 庚申 *keng-chenn*, (le deuil étant fini), le nouvel empereur se rendit à la porte de l'Est (pour saluer le soleil levant, au commencement de son règne). Le soir de ce jour, l'empereur ordonna au ministre *Hou*, de prélever, sur le fonds de cauris destiné aux munificences, cinq charges, qui seraient employées à offrir, 止 en sa présence, 又 mets et ● libation, 酉 vin et 爵 filasse, pour remercier des cinq empreintes du pied et de la main de feu son père 乙 *I*, apparues durant les seize mois du deuil. En mémoire de quoi, ce vase fut placé dans le sanctuaire. — Comme il s'agit des empereurs 小 乙 *Siao-i* et 武 丁 *Ou-ting*, ce bronze date de l'an 1273.

Leçon 3. B.

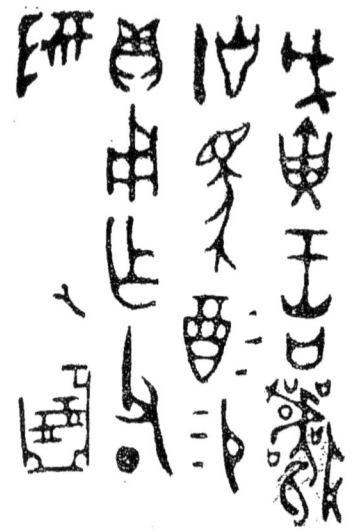

Au jour 戊寅 *ou-yinn*, un 月 mois après les 喪 funérailles du 王 prince, des vestiges de ses pas et sa silhouette (*les deux premiers signes de la seconde colonne, en comptant de droite à gauche*) apparurent. Ce pourquoi des largesses furent faites aux officiers. De plus, en présence du défunt, nous offrons mets et libation, vin et filasse, devant la niche du sanctuaire.

Notes. — Les Chinois ont eu trois écritures. *L'ancienne*, datant de l'origine, et dont les textes ci-dessus sont des spécimens. La *moyenne* depuis 213 avant J.-C., et la *moderne*. La moyenne et la moderne sont des transformations successives de l'ancienne, faites uniquement en vue de simplifier l'écriture, sans aucun scrupule scientifique. La seule écriture chinoise idéographique vraie, est donc l'ancienne. Là gît le vice radical de certains ouvrages, dans lesquels les écritures sumérienne ou cunéiforme ont été comparées avec les écritures chinoises moyenne ou moderne, inventées plus de mille ans plus tard et arbitrairement déformées. Toutes les déductions de pareilles comparaisons, sont naturellement de nulle valeur.

Sources. — 歷代鐘鼎彝器款識法帖 *Li-tai tchoung-ting i-k'i k'oan-cheu fa-t'ie*, de 薛尚功 *Sue-changkoung*, entre 1136 et 1162. — 六書統 *Liou-chou-t'oung*, de 楊桓 *Yang-hoan*, vers 1340. — 積古齋鐘鼎彝器款識 *Tsi kou tchai tchoung-ting i-k'i k'oan-cheu*, de 阮元 *Yuan-yuan*, 1804. — 筠清館金文 *Yunn-ts'ing-koan kinn-wenn*, de 吳榮光 *Ou-joungkoang*, 1842. — 鐘鼎字源 *Tchoung-ting tzeu-yuan*, de 注立名 *Wang-liming*, 1876. — 神州國光集 *Chenn-tcheou kouo-koang-tsi*, et 神州大觀 *Chenn-tcheou ta-koan*, tout récents. — Dans ces collections se trouvent les figures des vases, les estampages ou les copies des inscriptions, tout ce qui nous reste.

Ouvrages. — L. Wieger S.J., *Caractères chinois*, troisième édition 1916, augmentée de l'appendice *Graphies antiques* (photogravures). Ce livre épuise les sources indiquées ci-dessus.

Troisième dynastie, 發 Fa de 周 Tcheou, empereur 武 Ou.

Quatrième Leçon.

Sommaire. — Troisième dynastie. **A.** Historique. — **B.** Textes des Annales et des Odes. Le Ciel, le Souverain d'en haut. Conception extraordinaire du chef du clan. Le Ciel prédestine et protège sa lignée, lui donne enfin l'empire. — **C.** C'est le Ciel qui récompense et qui punit par ses mandataires. Les crimes du tyran *Kie* le firent rejeter. — **D.** Évocation des ancêtres par *Tan* de *Tcheou*. Ses discours. — **E.** Fondation de la ville de *Lao-yang*. Tertre du Ciel. Tertre du Patron du sol. Empereurs défunts associés au Ciel; ministres défunts associés à leur empereur. — **F.** Offrande impériale. — **G.** Mort de l'empereur *Tch'eng*. Avènement de l'empereur *K'ang*. — **H.** Textes divers. — **I.** Le Souverain, le Ciel, être personnel, anthropomorphe.

A. La troisième dynastie, qui occupa le trône impérial de la Chine de l'an 1050 à l'an 256, c'est-à-dire pendant huit longs siècles, fut fondée par 發 *Fa* duc de 周 *Tcheou*, gouverneur des Marches occidentales, lequel détrôna et tua 辛 *Sinn*, le dernier empereur de la deuxième dynastie. Je rappelle que cette dynastie, d'abord appelée 商 *Chang*, s'appela 殷 *Yinn* après 1315. — *Fa* descendait de 棄 *K'i*, ministre de l'agriculture, investi du fief 邰 *T'ai* en 2065. En 1589, la famille se transporta à 豳 *Pinn*. En 1275, le duc 亶父 *Tan-fou*, chef du clan, s'établit dans la plaine 周 *Tcheou*, au pied du mont 岐 *K'i*. Depuis lors ses descendants portèrent le titre de ducs de *Tcheou*, et gouvernèrent pour l'empereur la vallée de la 渭 *Wei*, boulevard de l'empire contre les incursions des barbares du nord-ouest. — Notons, pour l'intelligence des textes, que quand, en 1050, le duc *Fa* fut devenu l'empereur 武 *Ou*, il passa à son frère 旦 *Tan* le titre de 周公 duc de *Tcheou*, conféra le titre impérial à son père 昌 *Tch'ang*, à son aïeul 季歷 *Ki-li*, et à son bisaïeul 亶父 *Tan-fou*, lesquels n'avaient été que ducs de leur vivant. Car la piété filiale interdit à un fils de porter un titre supérieur à celui que porta son père. S'il l'acquiert, il faut que ce titre soit conféré d'abord au père, pour que le fils puisse le porter sans impiété. Nous allons donc entendre nommer continuellement l'empereur 文 *Wenn* et le duc de *Tcheou*; c'est-à-dire *Tch'ang* le père de l'empereur *Ou*, et *Tan* le frère de l'empereur.

-✧- -✧-

B. Je consacrerai cette Leçon à prouver, par les textes contemporains des Annales et des Odes, que, durant les quatre premiers siècles de sa durée, les notions sur l'Être suprême, le Ciel, le Souverain d'en haut, léguées par les Anciens, transmises par les deux premières dynasties, furent conservées intactes par la troisième, la dynastie *Tcheou*.

Devenus les maîtres de l'empire, les *Tcheou* chantèrent, dans le temple des ancêtres, la gloire de leur clan. Nous savons que tout clan illustre prétendait que le Souverain d'en haut avait été pour quelque chose dans la naissance de son fondateur (page 20). Les *Tcheou* honoraient, comme né du Ciel, 棄 *K'i* dont la mère fut 姜嫄 *Kiang-yuan*. Voici les textes: « C'est *Kiang-yuan* qui fut la mère de la race des *Tcheou*. Comment cela se fit-il?.. Voici... Après une offrande faite pour obtenir de ne pas rester stérile, comme elle s'en revenait, elle posa son pied dans l'empreinte du gros orteil du Souverain, frémit, conçut, mit au monde un fils qui devint ministre de l'agriculture. »... Cette ode date du commencement de la dynastie, onzième siècle. Plus tard la même légende sera rappelée en ces termes: « *Kiang-yuan* fut sans faute. C'est le Souverain d'en haut qui la rendit mère. » (Odes *Cheng-minn* et *Pi-koung*.)

Vers 1048, un chant solennel résume ainsi la prédestination des *Tcheou* par le Souverain d'en haut, et le soin spécial qu'il prit d'eux durant plus de deux siècles, de 1275 a 1065: « Auguste est le Souverain d'en haut. Il s'inclina vers la terre avec majesté. Il contempla les quatre régions, cherchant le site où il établirait notre peuple. — Le gouvernement des deux premières dynasties n'ayant pas été bon, le Souverain d'en haut chercha un homme dans les principautés des quatre régions. Il découvrit *Tan-fou*, l'aima et l'établit dans l'Ouest. — Le Souverain le fit prospérer; le Ciel le maria et lui conserva son mandat. Il étendit ensuite sa faveur à son fils, puis au fils de celui-ci; il fixa sa faveur dans cette famille. — Le Souverain parla à l'empereur 文 *Wenn*. Élève tes aspirations, lui dit-il, plus haut que le niveau vulgaire. J'aime ta distinction et ta soumission. Attaque tes ennemis. Tu seras victorieux. — Fort de ce mandat, l'empereur *Wenn* défit les barbares, puis les seigneurs qui lui étaient hostiles. Il prépara la gloire future des *Tcheou*, par l'ordre exprès du Ciel. » (Odes, *Hoang-i, Wenn-wang you cheng*.)

Les passages suivants sont tirés de six odes rituelles officielles, toutes antérieures à l'an 1030. « Ses trois ancêtres étant au ciel, l'empereur *Ou* continue leur œuvre sur la terre. L'empereur *Wenn* son père est là-haut; oh! comme il brille dans le ciel; il assiste le Souverain. — Quand une vertu brille sur la terre, une gloire lui est destinée au ciel. A cause de sa vertu, un décret émané du Ciel statua que l'empereur *Wenn* régnerait sur le pays de *Tcheou*. Dans sa sollicitude, le Ciel lui procura, pour être son épouse, une fille de noble race, si vertueuse qu'elle paraissait être la petite sœur du Ciel. L'empereur *Wenn* servit parfaitement le Souverain d'en haut, qui le combla de biens. — Grand est le mandat du Ciel! Il n'est pas perpétuel. Il n'est pas aisé de le conserver. Jadis les *Yinn* virent de beaux jours, tant qu'ils se conformèrent aux intentions du Souverain d'en haut. Puis ils perdirent sa faveur par leur infidélité. Leur ruine est un exemple manifeste de la justice du Ciel, du Sublime Ciel, de Lui qui observe sans que sa présence soit perçue ni par l'ouïe ni par l'odorat. — Le Souverain d'en haut l'ayant ordonné, les *Yinn* furent vaincus par les *Tcheou*. Maintenant c'est l'empereur *Ou* qui fait, au temps marqué, la tournée d'inspection des fiefs; c'est lui que maintenant le Splendide Ciel traite comme son fils. »... Enfin l'empereur *Ou* dit lui-même: « Craignant jour et nuit les jugements du Ciel, je me conduis en conséquence. J'amène en offrande un bœuf et un mouton. Daigne le Ciel les mettre à sa droite! » c'est-à-dire les agréer.

-◆-◆-

C. En 1050, donnant l'investiture du fief de 衛 *Wei* à son frère cadet 封 *Fong*, l'empereur *Ou* lui dit: « Pour bien gouverner, imite nos ancêtres; apprends toi aussi du Ciel, qui les instruisit eux. Sans doute le Ciel est redoutable, mais quiconque est droit, peut compter sur sa bonté. Applique la loi, de peur que les bonnes mœurs, données jadis par le Ciel à notre peuple, ne se perdent. Applique la loi, de peur que le peuple ayant commis des fautes, le Ciel ne l'apprenne et ne nous tienne pour responsables. En appliquant la loi, ce n'est pas toi *Fong* qui châtieras, qui tueras; c'est le Ciel, de qui la loi émane, qui châtiera, qui tuera, par toi. » (Annales, *K'ang-kao*).

Vers 1048, invectivant contre l'ivrognerie, l'empereur *Ou* dit: « Mon père l'empereur *Wenn* ne se lassait pas de répéter, que le vin doit servir uniquement à faire des libations. Le Ciel l'a donné à notre peuple, pour qu'il servit dans les offrandes seulement. Le tyran *Kie* ne fit pas monter vers le ciel le parfum des vertus. Sous son règne, les plaintes du peuple et les fumées du vin montèrent en puanteur vers le ciel. Aussi le Ciel fit-il périr les *Yinn*. Ce ne fut pas cruauté de sa part, ce fut justice. Les *Yinn* méritèrent leur perte par leurs excès. » (Annales, *Tsiou-kao*.)

—◆—◆—

D. En l'an 1049, l'empereur *Ou* étant tombé gravement malade, son frère *Tan* duc de *Tcheou* évoque leur père, leur aïeul et leur bisaïeul, et leur dit: « Si le Ciel entend punir par cette maladie une faute que l'empereur aurait commise contre le peuple, je m'offre à porter sa peine, à mourir à sa place, afin qu'il ait le temps d'exécuter le mandat issu de la cour du Souverain », c'est-à-dire de consolider la dynastie encore mal assise. — Après la mort de l'empereur *Ou*, son fils le jeune empereur 成 *Tch'eng* s'étant laissé influencer par des calomniateurs, se brouilla avec *Tan* duc de *Tcheou* son oncle. En 1042, le Ciel manifesta son indignation de cette conduite, par un violent ouragan. Le jeune empereur trouva dans une cassette l'acte par lequel le duc s'était offert à mourir à la place de son père, sept ans auparavant. Touché, le neveu se réconcilia avec l'oncle. Aussitôt le Ciel manifesta sa satisfaction, en faisant souffler le vent en sens inverse, et en accordant une année d'une fertilité extraordinaire. (Annales, *Kinn-t'eng*.)

Encore en l'an 1042, les partisans de l'ancienne dynastie *Yinn* se révoltèrent. Avant de se mettre en campagne contre eux, l'empereur *Tch'eng* déclara dans un manifeste, que le Ciel avait sévi contre les *Yinn* par les mains de feu son père, que lui allait derechef sévir contre eux comme ministre du Ciel; qu'il y était tenu, sous peine d'encourir la disgrâce du Souverain d'en haut; que le Ciel qui s'était déjà prononcé si visiblement pour la nouvelle dynastie, la ferait certainement sortir victorieuse de cette épreuve passagère; que le Ciel avait permis cette révolte, pour légitimer l'extermination des partisans restants des *Yinn;* etc. (Annales, *Ta-kao*.)

Après la suppression de la révolte, en l'an 1038, la nouvelle dynastie s'organisa. Il nous reste, de cette année, d'importants discours des deux ducs de 周 *Tcheou* et de 召 *Chao*, les principaux soutiens de l'empire. D'un long discours du duc de *Chao* au jeune empereur *Tch'eng*, j'extrais les passages suivants: « Si l'auguste Ciel, Souverain d'en haut, a destitué *Kie* (le dernier des *Hia*), lequel avait été son fils aîné, c'est que les innocents que ce tyran persécutait, fuyant avec leurs femmes et leurs enfants, poussaient des cris de détresse vers le Ciel.

Le Ciel eut pitié d'eux, et fit périr les persécuteurs. Comme jadis le Ciel éleva *U le Grand* (le fondateur de la première dynastie) parce qu'il s'étudiait à suivre en tout les intentions du Ciel; comme jadis le Ciel exalta *T'ang le Victorieux* (le fondateur de la seconde dynastie) parce qu'il s'appliquait à satisfaire en tout le Ciel; ainsi l'empereur *Ou* votre père, fut choisi par le Ciel pour fonder les *Tcheou* (la troisième dynastie). Vous, son jeune fils, ayez soin d'écouter vos vieux conseillers, afin de ne pas vous exposer à perdre, par quelque maladresse, le mandat du Ciel. Ils vous dirigeront d'après les desseins du Ciel... Quoique bien jeune encore, c'est vous qui êtes maintenant le fils aîné du Ciel. Venez, prolongement du Souverain d'en haut sur la terre, venez le servir dans la nouvelle capitale centrale. Avant de la bâtir, le duc de *Tcheou* a fait cette proclamation : Je bâtis cette grande ville, afin que d'ici l'empereur influe sur tout l'empire, comme lieutenant de l'auguste Ciel, et sacrifie ici au haut et au bas (c'est-à-dire aux Génies du ciel et de la terre). Les deux dynasties précédentes ont perdu le mandat céleste par leur faute. C'est nous qui le possédons maintenant. Faisons notre possible pour le conserver. Nous ne faisons que commencer. Prospérerons-nous? Verrons-nous de longs jours?.. Prince, obtenez du Ciel la perpétuité de votre mandat, par l'exercice de toutes les vertus, par un dévouement entier au bien du peuple. » (Annales, *Chao-kao.*)

Le duc de *Tcheou* dit au jeune empereur *Tch'eng* son neveu : « Jadis l'empereur 太戊 *T'ai-ou* des *Chang* (1475) examinait et jugeait sa conduite d'après le mandat du Ciel. Faites comme lui. Ne dites jamais, je me relâche, c'est vrai, mais ce ne sera que pour cette fois. Vous relâcher un seul jour durant, suffirait pour malédifier le peuple et pour indisposer le Ciel. Écoutez vos conseillers. Jadis, alors qu'il était au comble de la prospérité, *U le Grand* appelait encore à lui les Sages, pour apprendre d'eux à mieux servir le Souverain d'en haut. » (Annales, *Ou-i, Li-tcheng.*)

Exhortant son collègue le duc de *Chao*, le duc de *Tcheou* lui dit : « Nous les *Tcheou*, nous venons de succéder aux *Yinn*. Notre avenir sera-t-il long, sera-t-il prospère? rien de plus incertain. Mais le Ciel étant bon pour ceux qui sont droits, j'espère que notre bonheur durera. Tâchons de contenter le Ciel. — Avoir reçu le mandat du Ciel, est une grande faveur, mais aussi une lourde charge. Le fait qu'on l'a reçu, ne garantit pas qu'on le conservera. Le Ciel est difficile à contenter. Car il n'est content, que de qui contente le peuple, ce qui n'est pas aisé. Aussi le fait que le Souverain d'en haut nous a donné le mandat, ne m'inspire-t-il aucune sécurité; je médite plutôt sur la sévérité des jugements du Ciel. — Grâce aux bons ministres qui les conseillèrent bien, plusieurs empereurs de la dernière dynastie eurent l'honneur d'être associés au Ciel, lors de l'offrande au tertre. Ces ministres furent associés à leur empereur, lors des offrandes du temple, selon le rituel des *Yinn*, et jouirent de cette distinction durant de longues années. Le Ciel n'accorde la durée qu'à ceux qui le contentent. A cause de leurs excellents ministres, il fit durer les *Yinn*. Le Souverain d'en haut ne les supprima, que quand ils furent irrémédiablement pervertis. — Grâce à ses excellents ministres, l'empereur *Wenn* fut aussi remarqué et choisi par le Souverain d'en haut. Nous les ministres de son petit-fils, dévouons-nous pour lui, afin de lui obtenir la conservation de son mandat. » (Annales, *Kiunn-cheu.*)

Leçon 4.

Encore en l'an 1038, le duc de *Tcheou* adressa aux partisans de la dynastie précédente, vaincus mais non soumis, deux importants discours dont j'extrais les passages suivants: «Jadis le Ciel irrité châtia le tyran *Kie*. Celui-ci ne se soumit pas au Souverain. Le Ciel le réprouva donc, éleva les *Yinn*, et les employa à renverser les *Hia*. Fidèles au Souverain, les *Yinn* s'appliquèrent, de concert avec le Ciel, à faire du bien au peuple. — Quand à leur tour les *Yinn* furent tombés en décadence, le tyran *Sinn* prévariqua contre le Ciel et contre le peuple. Alors le Souverain d'en haut cessa de le protéger. Le Ciel ne lui voulut plus de bien, parce qu'il s'était mal conduit. Le Ciel sévère réprouva les *Yinn*. Il nous éleva, nous les *Tcheou*. Il nous chargea d'exécuter son arrêt, d'appliquer la peine. Nous avons rempli la mission à nous confiée par le Souverain. Nous avons enlevé aux *Yinn* leur mandat. — Maintenant ce n'est pas par ma propre volonté, mais par l'ordre du Ciel, que je vous déporte, remuants rebelles. Ne vous plaignez pas de moi. Je n'ai rien contre vous. Je vous applique l'arrêt du Ciel. Je vous enlève de la ville où le Ciel avait jadis fixé le siège de votre dynastie. Si vous vous décidez enfin à vous soumettre, le Ciel vous pardonnera avec bonté. Sinon, après vous avoir privé de vos biens, j'appliquerai encore à vos corps l'arrêt du Ciel», c'est-à-dire la peine de mort. (Annales, *Touo-cheu*.)

-◆- -◆-

E.   En l'an 1038, alors qu'il fonda la cité de 洛陽 *Lao-yang* qui fut si souvent et si longtemps la capitale de la Chine, le duc de *Tcheou* commença par élever, dans la banlieue du sud, le tertre du Ciel pivot de tout le culte, et offrit le sacrifice dit *de la banlieue*, le sacrifice au Ciel. Il éleva ensuite, dans l'intérieur de la ville, le tertre du Patron du sol de l'empire, et y fit des offrandes. — Nous voici en pleins faits cultuels de première importance. — Depuis l'origine, les sacrifices chinois au Ciel, furent toujours offerts en plein air, sous la voûte céleste, après minuit, avant l'aube, devant un monticule en terre élevé dans la banlieue, au sud de la capitale. Le caractère qui désigne ce tertre et les sacrifices au Ciel, est 郊 *Kiao* composé des deux éléments 交 transaction et 阝 ville, le premier étant devant et le second derrière. Le sens est, transaction *devant* la ville, dans la banlieue. C'est là que se tiennent, encore maintenant, la plupart des marchés, et toutes les grandes foires. C'est là que les Anciens installèrent le tertre pour les transactions de l'empereur avec le Ciel. Et le tertre, et le sacrifice, furent appelés *kiao* banlieue. — Nous avons vu (page 42) que, dès la seconde dynastie, des empereurs éminents furent associés au Ciel lors des sacrifices au tertre, des ministres méritants furent associés à leur empereur lors des offrandes au temple des ancêtres. C'est-à-dire que les tablettes de ces empereurs, placées près du tertre lors du sacrifice au ciel, recevaient des offrandes accessoires. Nous savons qu'on croyait (page 40) que leurs âmes étaient au ciel, à droite et à gauche du Souverain. Donc rien d'étonnant que, lors du sacrifice au Souverain, on mit leurs tablettes à droite et à gauche du tertre, et qu'on leur offrît aussi quelque chose; l'usage chinois ayant toujours voulu et voulant encore, que, lorsqu'on reçoit et traite un personnage, on traite accessoirement ses assistants et sa suite. Pour la même raison, les ministres recevaient quelque chose, quand les empereurs qu'ils avaient servis étaient traités dans le temple des Ancêtres. Pour eux il n'y eut jamais rien, dans l'antiquité, au tertre du Ciel. Seuls les Fils du Ciel trouvaient place au tertre, dans l'entourage du Souverain. (Annales, *Chao-kao*.)

-◆- -◆-

F.   Dans les odes rituelles qui se chantaient durant les offrandes, au temps de l'empereur *Tch'eng*, entre 1044 et 1008, je cueille les passages suivants. — L'empereur chante: «Oh! prenons garde, prenons garde! Le Ciel observe et juge. Son mandat n'est pas facile à conserver. Ne dites pas, il est tout en haut, il est bien loin. Non, il monte et descend sans cesse, il est présent à nos actions. Tout le jour il est là, examinant toutes choses. L'action du Ciel sur tous les êtres, est imperceptible, mais incessante. Je brûle de la graisse pétrie avec de l'armoise, pour obtenir une heureuse année. L'odeur de cette offrande s'élève, et le Souverain d'en haut en est réjoui. Glorieux et resplendissant Souverain d'en haut, j'attends de toi une moisson abondante.» — Au nom des Ancêtres, le Cérémoniaire dit à l'empereur après l'offrande: «Le Ciel vous a comblé de biens, vous a protégé, vous a donné le mandat. De par le Ciel, toutes ces faveurs sont confirmées, sont augmentées.» — Les hôtes de l'empereur qui ont assisté à l'offrande, concluent: «Que le Ciel vous protège et vous conforte, vous comble de biens et de prospérité! Puissiez-vous jouir de ses bienfaits sans cesse!» (Odes, *King-tcheu, Wei T'ien-tcheu ming, Cheng-minn, Tch'enn-koung, Kia-lao, T'ien-pao*.)

En 1008, se sentant mortellement atteint, l'empereur 成 *Tch'eng* dit: «C'est le Ciel qui m'a envoyé cette maladie.» — Dans son discours d'avènement, le nouvel empereur 康 *K'ang* reconnaît qu'il tient son mandat du Souverain d'en haut, de l'Auguste Ciel. Plus tard on chantera dans le temple des Ancêtres des *Tcheou*: «Les trois empereurs *Ou, Tch'eng* et *K'ang*, ont été glorifiés par le Souverain d'en haut. Puissions-nous jouir de la faveur du Ciel, durant des myriades d'années.» (Annales, *Kou-ming, K'ang-wang-tcheu kao*. — Odes, *Tcheu-king, Hia-ou*.)

-◆- -◆-

G.   Quoiqu'il doive interrompre pour un moment la série de mes textes, je crois utile de donner ici le récit de la mort de l'empereur 成 *Tch'eng*, et de l'intronisation de son fils l'empereur 康 *K'ang*, tel que les scribes du temps le fixèrent, et que les Annales nous l'ont conservé. Mieux qu'aucune autre, cette page fait revivre la Chine antique, et aide à comprendre ses idées et ses mœurs. Nous sommes en 1008 avant J.-C... «Au quatrième mois de l'année, alors que la lune commençait à décroître, l'empereur se trouva plus mal. Le premier jour du cycle, il se lava les mains et le visage. On l'aida à revêtir le costume impérial. Il s'assit sur son trône. Puis, les princes du sang et les grands officiers ayant été introduits, l'empereur leur parla ainsi... Hélas! mon mal s'aggrave. J'ai tenu à vous donner mes dernières instructions, avant qu'il ne soit trop tard. Mes prédécesseurs les empereurs *Wenn* et *Ou*, ont régné glorieusement et se sont fait obéir. Moi, homme sans valeur, leur ayant succédé, j'ai tâché de satisfaire le redoutable Ciel et mes augustes Ancêtres. Voici que le Ciel a fait descendre sur moi la maladie. Bientôt je ne pourrai plus ni remuer ni entendre. Écoutez l'expression dernière de ma volonté. Protégez respectueusement mon fils aîné 釗 Tchao, aidez-le efficacement dans les difficultés de sa charge, préservez-le de toute imprudence. — L'empereur ayant fini de parler, les princes et les officiers se retirèrent. Le lendemain, deuxième jour du cycle, l'empereur mourut. Le troisième jour du cycle, le prince Tchao fut installé dans l'appartement qu'il habiterait durant le deuil. Le quatrième jour du cycle, les dernières volontés de l'empereur Tch'eng furent transcrites au net par les Annalistes, sur des lattes de bambou. Le dixième jour du cycle, les apprêts des funérailles commencèrent. Tout fut disposé comme pour les audiences impériales. Le trésor de l'empereur fut étalé. Des gardes furent postés à toutes les avenues. Le prince Tchao et les officiers, tous en grand deuil, montèrent par l'escalier latéral, à la salle haute où se trouvait le cercueil contenant le corps de l'empereur Tch'eng, et se rangèrent des deux côtés. Alors le Grand Tuteur maire du palais durant la période du deuil, le Grand Annaliste et le Grand Cérémoniaire, montèrent par l'escalier principal. Le Grand Tuteur portait le sceptre impérial, le Grand Annaliste portait ses tablettes, le Grand Cérémoniaire portait la forme de contrôle des sceptres d'investiture et la coupe pour les libations... Devant le cercueil, le Grand Annaliste lut d'abord au prince Tchao, ce qui était écrit sur les tablettes: Assis sur son trône, l'auguste empereur a déclaré ses dernières volontés. C'est vous qu'il a chargé de régner sur l'empire des Tcheou; de continuer le gouvernement des empereurs Wenn, Ou, et le sien; de donner la paix au peuple en appliquant les lois. — Le prince Tchao qui avait écouté cette lecture agenouillé à côté du cercueil, se prosterna deux fois, puis dit: Moi le plus faible des enfants, serai-je capable de gouverner comme mes pères les quatre régions, et de m'acquitter comme eux du redoutable mandat du Ciel?.. Puis, s'étant relevé, il toucha le sceptre impérial et la forme des sceptres d'investiture, signe de la collation du pouvoir suprême. Prenant ensuite la coupe pleine, il fit trois libations devant le cercueil de son père. Après la troisième, le Grand Cérémoniaire lui dit: Votre offrande a été agréée. — Ensuite le Grand Tuteur prenant une autre coupe, fit aussi trois libations au nom des officiers, puis salua à genoux le cercueil du défunt. Près du cercueil, le nouvel empereur lui rendit son salut, au nom de son père. Alors la grande salle, devenue temple provisoire, fut évacuée par tous. — Cependant le nouvel empereur ayant revêtu le costume impérial, reçut dans la cour entre la quatrième et la cinquième porte, l'hommage des feudataires accourus à la capitale durant ces dix jours. Ils étaient rangés en deux lignes se faisant face, des deux côtés de la cour, chacun tenant son sceptre d'investiture. Quand le nouvel empereur parut, ils levèrent tous leurs sceptres, tendirent des présents et dirent: Nous vos sujets et les défenseurs de l'empire, nous prenons la liberté de vous offrir ces produits de nos régions... Ensuite, s'étant mis à genoux, ils se prosternèrent deux fois. — L'empereur leur rendit leur salut, puis parla ainsi: Mes ancêtres les empereurs Wenn et Ou, ont créé les fiefs, pour qu'ils fussent les boulevards de l'empire. En ce faisant, ils ont travaillé pour moi leur successeur. Vous aurez tous soin, j'espère, de m'obéir et de me servir, comme vos pères ont servi mes prédécesseurs. Présents de corps dans vos fiefs, soyez toujours présents de cœur à la cour de l'empereur. Partagez ma sollicitude, secondez mes efforts, ne vous attirez aucun déshonneur qui rejaillirait sur moi. — Après avoir entendu ce discours de l'empereur, tous les feudataires se saluèrent les uns les autres par une inclination profonde, signe d'acquiescement général. Puis ils se retirèrent en toute hâte, pour ne pas troubler plus longtemps le grand silence du deuil. — L'empereur déposa alors le costume impérial, et revêtit la robe de chanvre, dans laquelle il allait pleurer son père durant trois ans.» C'est-à-dire, pratiquement, durant le reste de l'année du décès, une seconde année complète, enfin le commencement de la troisième année. (Annales, *Kou-ming* et *K'ang-wang-tcheu kao*).

—◆—◆—

H.   Après cette digression non inutile, reprenons la série chronologique des textes de la troisième dynastie, relatifs au Souverain d'en haut, au Ciel. — En 912, à l'occasion de la promulgation d'un nouveau Code, il est dit des juges, qu'ils sont les délégués du Ciel sur la terre; il est dit des gouverneurs, qu'ils sont pasteurs du peuple pour le compte du Ciel. — En 831, l'empereur 厲 *Li* gouvernant mal, les plaintes au Ciel, les adjurations au nom du Ciel, se multiplient. Je relève les expressions, le Ciel est irrité, le Ciel s'agite, le Ciel sévit, le Ciel nous afflige, le Ciel surveille, le Ciel voit tout, craignons la colère du Ciel, etc. A l'empereur qui traite le peuple brutalement, il est conseillé d'imiter l'influence douce du Ciel sur le peuple. Grâce à la douceur de cette influence, dit le texte, l'obéissance répond au commandement, comme, dans les symphonies, le son de la flûte répond à celui de l'ocarine. Volonté du Ciel et volonté du peuple s'adaptent l'une à l'autre, comme un sceptre d'investiture et sa forme de contrôle. Gagner le peuple est chose facile. Il cède toujours à une douce influence. (Annales, *Lu-hing*. — Odes, *Pan*.)

En 822, la sécheresse et la famine désolant l'empire, l'empereur *Suan* gémit: «Le Ciel ne nous envoie plus que deuils et malheurs. Le Souverain d'en haut ne nous vient plus en aide. Le Splendide Ciel Souverain d'en haut semble ne pas vouloir nous laisser vivre.» — En 820, un ministre de l'empereur *Suan* dit que, par considération pour l'empereur, le Ciel s'est incliné vers la terre, et a donné au Fils du Ciel l'habile ministre 仲山甫 *Tchoung-chanfou*. Ce texte contient la phrase suivante, qui est importante: «Le Ciel qui produit les hommes, leur donne, avec l'être, une loi, qui les porte à se bien conduire.» (Odes, *Yunn-han, Tcheng-minn*.)

En 773, l'empereur 幽 *You* se conduisant et gouvernant fort mal, un officier gémit: «Le Ciel jadis miséricordieux, est devenu inexorable. Le Ciel jettera bientôt son filet sur les coupables.» — Un autre officier calomnié, se lamente ainsi: «O lointain Splendide Ciel qu'on appelle Père et Mère, ô vois à quelle misère je suis réduit, moi innocent!» — Un autre dit: «Le miséricordieux Ciel est devenu impitoyable. Qu'il sévisse contre les coupables, c'est justice; mais pourquoi enveloppe-t-il les innocents dans leur châtiment? Le peuple étonné lève les yeux vers le Ciel, se demandant si le Ciel aussi est devenu injuste. Non, l'auguste Souverain d'en haut ne fait de mal à personne injustement.» (Odes, *Chao-minn, K'iao-yen, U-ou-tcheng, Tcheng-ue*.)

Leçon 4.

I. Nous avons vu (page 40) que, au onzième siècle, l'épouse de l'empereur 文 *Wenn* est qualifiée de «belle comme la petite sœur du Ciel». — Vers l'an 700, il est dit de la belle 宣姜 *Suan-kiang*, qu'elle est «majestueuse comme le Ciel, comme le Souverain». On se figure donc, de plus en plus, le Souverain et le Ciel comme une personne, et sous figure anthropomorphe. Le bronze de la troisième dynastie reproduit ci-contre, en dit d'ailleurs plus long sur ce sujet que n'importe quel discours. Le premier caractère des deux premières colonnes (en comptant de droite à gauche), est 帝 *ti* le Souverain. Le cinquième caractère de la première colonne, est 天 *t'ien* le Ciel. (Odes, *Kiunn-tzeu hie lao*.)

Notes. — G. Un cycle de soixante signes sert à compter les années. Le même sert à compter les jours.

Sources. — Annales 書經 *Chou-king*, chapitres 康誥 *K'ang-kao*, 酒誥 *Tsiou-kao*, 金縢 *Kinn-t'eng*, 大誥 *Ta-kao*, 召誥 *Chao-kao*, 無逸 *Ou-i*, 立政 *Li-tcheng*, 君奭 *Kiunn-cheu*, 多士 *Touo-cheu*, 顧命 *Kou-ming*, 康王之誥 *K'ang-wang-tcheu kao*, 呂刑 *Lu-hing*.
Odes 詩經 *Cheu-king*, odes 生民 *Cheng-minn*, 閟宮 *Pi-koung*, 皇矣 *Hoang-i*, 文王有聲 *Wenn-wang you cheng*, 下武 *Hia-ou*, 文王 *Wenn-wang*, 大明 *Ta-ming*, 昊天有成命 *Hao-t'ien you tch'eng ming*, 時邁 *Cheu-mai*, 我將 *Neue-tsiang*, 敬之 *King-tcheu*, 維天之命 *Wei-t'ien-tcheu ming*, 臣工 *Tch'enn-koung*, 假樂 *Kia-lao*, 天保 *T'ien-pao*, 執競 *Tcheu-king*, 板 *Pan*, 雲漢 *Yunn-han*, 烝民 *Tcheng-minn*, 召旻 *Chao-minn*, 巧言 *K'iao-yen*, 雨無正 *U-ou-tcheng*, 正月 *Tcheng-ue*, 君子偕老 *Kiunn-tzeu hie-lao*.

Ouvrages. — Traductions J. Legge, S. Couvreur, A. Zottoli, des Annales et des Odes. Voyez Leçon 1, ouvrages utiles.

Le char de guerre antique.

Cinquième Leçon.

Sommaire. — Troisième dynastie...
I. Les Êtres transcendants, Génies. — **A.** L'empereur est le maître et l'appui des Génies. Génies des monts et des fleuves. — **B.** Patrons du sol et des moissons. — **C.** Génie des chemins. L'inventeur des chars de guerre. Le Premier Agriculteur. — **D.** Citations diverses. — **E.** Présence des Génies partout possible.
II. Les Mânes. — **F.** Odes rituelles; offrandes impériales. — **G.** Odes rituelles; offrandes privées. — **H.** Le Représentant. — **I.** Les 鬼 神 koei-chenn, et les 鬼 koei tout court.

Je consacrerai cette Leçon à montrer que, durant les quatre premiers siècles de la troisième dynastie, les notions traditionnelles sur les Êtres transcendants, Mânes glorieux ou Génies, et sur les Mânes vulgaires, ne furent pas altérées essentiellement. Elles sont ce qu'elles furent depuis l'origine. Les textes que je vais citer, sont tous tirés des Annales et des Odes, et sont reçus comme authentiques par tous les critiques.

I. Les Génies. — A. Vers l'an 1048, une ode rituelle fait dire à l'empereur 武 Ou: «J'ai gagné, par mes offrandes, la bienveillance de tous les Génies, même de ceux des monts et des fleuves, les plus nobles de tous. Les Génies m'exauceront, et accorderont à mon règne, jusqu'à la fin, concorde et paix.» (Odes, *Cheu-mai, Fa-mou.*)

Vers l'an 1039, le duc de 召 Chao dit à l'empereur 成 Tch'eng: «Vous êtes le maître et l'appui de tous les Génies. Faites toutes les offrandes que faisaient les 殷 Yinn, et même les offrandes plus anciennes qui ne sont plus écrites. Faites noter avec soin les mérites des officiers, qui leur vaudront des offrandes après leur mort.» (Annales, *Lao-kao.*)

Il me faut ajouter ici, pour l'intelligence de ce dernier texte, une courte note provisoire. L'empereur est le *maître* et *l'appui* des Génies, en tant qu'il pourvoit à ce que les offrandes officielles leur soient faites au temps marqué. Car ces glorieux sont besogneux. — Chaque dynastie fit des offrandes fréquentes, aux Génies qu'elle honorait; et des offrandes rares, aux Génies anciens périmés, qu'on avait honorés avant elle, qui n'étaient *plus écrits* c'est-à-dire qui ne figuraient plus sur l'index cultuel, et dont le nom était oublié. — Les ministres et officiers méritants, devenus Génies, recevaient des offrandes, ou en compagnie de leur ancien maître, ou comme patrons tutélaires locaux. — Empereurs, ministres et officiers, étaient donc intéressés dans la durée de leur dynastie. Pour avoir leurs offrandes, comme les textes disent si souvent. Phrase mélancolique! Soupir anticipé de la faim!

B. Une ode du onzième siècle, raconte que jadis, en 1275, quand le duc 亶父 Tan-fou se fut établi dans la plaine 周 Tcheou, il y éleva le tertre du Patron de sa terre, qui devint le point de départ de toutes ses expéditions militaires contre les barbares du nord-ouest. C'est-à-dire que chacune de ces expéditions, fut d'abord

Leçon 5.

annoncée au Patron du sol du duché, à ce tertre, avec demande de bénédiction pour la campagne. — A la même époque les *Tcheou* chantent: «O noble Patron des moissons, coopérateur du Ciel!» (Odes, *Mien, Seu-wenn.*)

Le Patron des Moissons ne date pas de la première origine. Mention en est faite cependant, dès la première dynastie. C'est le Patron du sol, en tant que protecteur de la moisson de l'année. Distinction de raison, à laquelle le peuple ne comprit jamais rien. Il ne connut que le Patron du sol, et ignora le Patron des moissons; ou plutôt, il pria et remercia le Patron du sol, pour ses moissons. L'identité des deux personnages est bien prouvée par ce fait, que plus tard, et plus d'une fois, des empereurs peu au courant des rits ayant voulu dédoubler le tertre et en élever un spécial au Patron des moissons, chaque fois les Lettrés clamèrent à l'innovation déraisonnable, et démolirent le second tertre dès qu'ils purent le faire.

-⋅♦⋅ ⋅♦⋅-

C. Encore au onzième siècle, offrande au Génie innomé des chemins, l'homme qui les inventa, probablement. — En 1063, offrande à l'inventeur des chars de guerre, base de la tactique chinoise. — Au neuvième siècle, une ode chante le Premier Agriculteur, le légendaire 神農 *Chenn-noung* (page 9). Voici le texte: «Avec accompagnement de luth et de guitare, en battant le tambour de terre cuite, j'invoque le Premier Agriculteur, pour obtenir de lui que la pluie tombe. Qu'il veuille bien aussi faire périr, dans le feu, les insectes qui détruisent les moissons.» — Pour demander de la pluie, on battait un tambour de terre cuite, représentant la terre desséchée et durcie. Le son sec de cet instrument devait donner à entendre au Génie compétent, combien le besoin de pluie était grand. — Les insectes sont plus nombreux et plus nuisibles en temps de sécheresse. Pour les détruire, on allumait la nuit un feu entouré d'un fossé. Le Premier Agriculteur est prié de les faire se jeter dans le brasier ou dans le fossé. (Odes, *Cheng-minn, Hoang-i, Fou-t'ien, Ta-t'ien.*)

-⋅♦⋅ ⋅♦⋅-

D. Au cours du neuvième siècle, les textes abondent. En 822, une de ces famines périodiques qui mettent toute la nation aux abois, désola la Chine. L'empereur 宣 *Suan* alors régnant gémit: «Je n'ai pourtant pas négligé le Patron du sol, ni les Génies des quatre régions. De très bonne heure, j'ai demandé que l'année fût fertile. Parmi les Glorieux Génies, il n'en est pas un que je n'aie honoré. Je n'ai pas lésiné en matière d'offrandes. J'ai dépensé tout ce que j'avais de jade. Pourquoi ne suis-je pas exaucé? — Hélas! le cruel lutin de la sécheresse dévaste les campagnes, comme un feu dévorant. Le Patron des moissons est impuissant contre lui. — Sans désemparer j'ai fait des offrandes, et au tertre du Ciel, et au temple des Ancêtres. J'ai fait des libations et enterré des dons, pour le haut et pour le bas, pour les Génies de l'espace et pour les Génies de la terre. Il n'est pas d'être transcendant que je n'aie honoré. Hélas! le Souverain d'en haut ne me vient pas en aide, les anciens princes et officiers maintenant Génies ne m'écoutent pas. Mon père! ma mère! mes aïeux! comment pouvez-vous me laisser périr ainsi? Si

Leçon 5.

je péris, vous n'aurez plus d'offrandes. — Le Splendide Ciel, Souverain d'en haut, devrait me punir moi seul si je suis coupable, et épargner le pauvre peuple. Levant les yeux vers le Splendide Ciel, je me demande, quand serai-je exaucé?» — J'observe, en passant, que ces textes ne laissent aucun doute sur l'identité des Génies de l'espace et des Génies de la terre, avec les âmes d'hommes notables défunts. (Odes, *Yunn-han*.)

E. Vers la fin du neuvième siècle, un texte très important affirme que la présence des Génies est partout possible. Le marquis 武 *Ou* de 衛 *Wei* s'exhorte ainsi lui-même à toujours bien agir: «A deux, ou tout seul, dans la maison, dans le lieu le plus secret, ne fais jamais rien dont tu doives rougir. Ne dis pas, aucun regard ne pénètre en ce lieu. L'approche des Génies ne peut pas être devinée. Respecte donc, partout et toujours, leur présence possible.».. Le Commentaire interprète: «Tiens-toi toujours, comme si les Génies étaient présents à ta droite et à ta gauche. Qui sait; ils sont peut-être présents. On ne perçoit pas leur venue. Au grand jour, les hommes voient et jugent; dans l'ombre et le secret, les Génies voient et jugent. Il faut se conduire de manière à n'encourir la censure, ni des hommes, ni des Génies.».. Voilà la conscience chinoise du neuvième siècle avant J.-C. (Odes, *I*.)

II. **Les Mânes.** — Les textes du commencement de la troisième dynastie relatifs aux Mânes, sont très explicites. Je ne citerai pas ceux des Annales, lesquels répètent, toujours dans les mêmes termes, ce que nous savons déjà. Mais plusieurs odes rituelles sont très intéressantes. Je vais les citer au long.

F. D'abord les chants impériaux, officiels...
Premier groupe d'odes, de la fin du onzième siècle. «Jadis (en 1275) 亶父 *Tan-fou* de 周 *Tcheou* éleva un temple à ses ancêtres. 昌 *Tch'ang* de *Tcheou* suivit si bien les exemples de ses ancêtres, que ceux-ci ne furent jamais ni mécontentés ni contristés par lui. Aussi fut-il aimé et béni par eux. Depuis que, à son tour, les *Tcheou* font des offrandes à l'empereur *Wenn* (c'est-à-dire à *Tch'ang* de *Tcheou* défunt), tout leur réussit. L'empereur *Wenn* est la fortune des *Tcheou*.» (Odes, *Mien, Seu-ts'i, Han-lou, Wei-ts'ing*.)

Deuxième groupe d'odes, de la même époque. «L'empereur 武 *Ou* (fils de l'empereur *Wenn*) est lui aussi au ciel. Maintenant, quand les feudataires viennent faire leur cour, son fils, l'empereur 成 *Tch'eng*, les conduit devant la tablette de l'empereur *Ou* dans le temple, et lui fait des offrandes en leur présence, pour attirer sur soi et sur eux longévité et bonheur. Devant la tablette, il dit à l'empereur *Ou*: O mon père, vous qui aviez toujours présente à l'esprit la mémoire de votre auguste père; j'espère, mon vénéré père, que vous me protégerez et m'éclairerez, moi qui garde aussi mémoire de vous.» (Odes, *Hoan, Tsai-kien, Minn u siao-tzeu*.)

Leçon 5.

Troisième groupe d'odes, de la même époque. «Dans le temple les instruments de musique résonnent avec force et harmonie. Les Ancêtres les entendent. Ils descendent et apportent avec eux tous les bonheurs. Par l'intermédiaire du personnage qui les représente, ils reçoivent l'offrande. Par la bouche du Cérémoniaire, ils disent: Aussi vrai qu'oracle de tortue, vous aurez une vie longue, vous aurez une vie sans fin... Le Représentant des ancêtres a mangé et bu ; bonheur et fortune vont descendre sur nous; jamais aucun malheur ne nous visitera plus... Les Mânes des ancêtres étant rassasiés de mets et de boissons, bonheur et fortune vont venir... La récolte de l'année ayant été bonne, nous allons faire des liqueurs diverses, pour nos aïeux et nos aïeules. Nous leur ferons toutes les offrandes rituelles, pour qu'ils nous procurent tous les bonheurs.» (Odes, *You-kou, T'ien-pao, Fou-i, Tcheu-king, Fong-nien.*)

-◆- -◆-

G. Les deux odes que je vais citer maintenant, émanent de particuliers. Elles datent du commencement du neuvième siècle.

Un petit officier commence par vanter ses grains, dont l'abondance le met à même de bien traiter ses ancêtres. Il vante ensuite son bétail, et raconte comment il a préparé son offrande. Enfin voici que tout est prêt et disposé. Le Cérémoniaire prend position près de la porte du temple familial. Alors, sur son invitation, les ancêtres personnifiés par le Représentant et sa suite, arrivent du dehors en un cortège majestueux, et entrent dans le temple. Le Représentant muet, s'assied, est salué et servi, déguste. Parlant en son nom, le Cérémoniaire remercie l'offrant, et promet en retour un accroissement de bonheur, dix mille années de vie. L'officier se réjouit et se félicite. C'est que, se dit-il, en vérité, j'ai fait tout mon possible. En fait de rits, je n'ai rien omis. Aussi le Cérémoniaire m'a-t-il dit, au nom du Représentant: Ton offrande est agréée. Les Ancêtres ont bu et mangé en ma personne. Ils te promettent toutes les félicités. Ta piété leur a plu. Tu auras bonheur et années, sans nombre et sans fin. — Suit le départ des Ancêtres, en cortège solennel, comme ils sont venus... Les cloches et les tambours résonnent. L'auguste Représentant se lève et se retire majestueusement. — Enfin, dernier acte, les invités mangent les mets et boivent le vin offerts, que le Représentant a seulement goûtés. Quand tout est consommé, quand tous sont rassasiés, ils saluent l'hôte de la tête, et lui disent cette formule: Les Ancêtres ont bu et mangé; ils vous feront vivre longtemps. (Odes, *Tch'ou-ts'eu.*)

Dans la deuxième ode, un petit propriétaire remercie ses ancêtres de lui avoir légué ses propriétés. Elles ont produit, cette année, des aliments et des boissons qu'il leur offre. Il présente des concombres, les poils le sang et la graisse d'un bœuf immolé; il répand en libation du vin parfumé. L'offrande sentant très bon, les Ancêtres arrivent avec majesté, promettent bonheur et longue vie, et le reste, comme dans l'ode précédente. — On présentait les poils de l'animal offert, pour prouver que la victime était pure. On présentait le sang, pour prouver qu'on l'avait vraiment tuée. On faisait des libations de vin parfumé, pour que l'odeur évoquât les Mânes dans le bas. On brûlait la graisse pétrie avec de l'armoise, pour que l'odeur évoquât les Mânes dans le haut. (Odes, *Sinn-nan-chan.*)

-◆- -◆-

Leçon 5.

H. Assez de textes, je pense. Pas besoin, non plus, que je commente. Les choses sont claires. — Il me reste à expliquer ce qu'était le *Représentant*. C'était un membre de la famille, un descendant masculin direct de l'Ancêtre, ordinairement un adolescent, qu'on revêtait du costume du défunt soigneusement conservé, et auquel l'offrande était principalement adressée. Ce personnage était le centre et le pivot de toutes les cérémonies. C'est lui qu'on amenait en cortège solennel, c'est lui qu'on reconduisait avec la même solennité. Dans le temple, c'est lui qui, assis, recevait tous les saluts et tous les hommages. Il goûtait aux mets et au vin, mais ne disait pas un mot, ne faisait pas un geste. — L'usage du Représentant fut introduit, disent les Commentateurs, pour qu'il y eût de la vie dans les rits, pas plus pourtant que la vérité n'en comportait. L'Ancêtre était représenté par un des siens, tel qu'il avait été de son vivant, mais non comme vivant et agissant. — Une tradition attribue l'invention du Représentant, à un ministre de l'empereur 黃帝 *Hoang-ti*, le fondateur peu connu, mais historiquement certain, de l'empire chinois. Inconsolable de la mort de son maître, ce ministre conserva son costume, sa chaise et sa canne, et créa le rôle du Représentant, usage qui se généralisa dans la suite. Quoi qu'il en soit de cette assertion qui ne peut pas être prouvée, les critiques chinois sont assez unanimes à affirmer que l'usage du Représentant précéda même celui de la tablette; que primitivement on offrait, à des jours fixes, anniversaires probablement, des hommages à l'Ancêtre personnifié par l'un des siens; que l'usage de la tablette, assignant à chaque ancêtre sa place dans le temple, servant de médium pour son évocation et considérée comme centre d'émanation de ses bénédictions, fut postérieur à la pantomime du Représentant. C'est possible; c'est même probable, je pense; mais la chose ne peut pas être prouvée. Depuis les temps à nous connus par les textes, tablette et Représentant coexistèrent. Le Représentant disparut, quand disparurent tant d'usages anciens, surtout les usages dispendieux, au troisième siècle avant J.-C., sous les 秦 *Ts'inn*. La très économique tablette, a été conservée jusqu'à nos jours.

— ✦ ✧ —

I. Depuis la deuxième dynastie, les défunts auxquels on offre mets et libations, sont appelés 鬼神 *koei-chenn*. *Koei* signifiant défunt, et *chenn* signifiant génie, d'après l'inflexible règle grammaticale de position relative, *koei* étant au génitif et *chenn* au nominatif, le terme complexe *koei-chenn* désigne *ceux des défunts qui sont Génies*, qui sont capables de bénir, de donner du bonheur. Et les autres, les défunts qui ne sont pas Génies, les *koei* tout court, dont les textes ne disent rien avant l'an 773; sont-ils passés sous silence, comme incapables de bénir, ou comme n'existant plus? Grave question, qu'il me faut soulever ici, mais dont je remets la discussion à plus tard. — En 773, une ode (*Heue-jenn-seu*) nous fournit cette phrase: «si tu étais un *koei*, tu serais invisible». C'est à partir de ce texte, que les Commentateurs expliquent le terme *koei*; et j'attire l'attention sur leur interprétation, car elle est d'une haute importance, et a été souvent mal comprise. Après avoir dit que le caractère 鬼 *koèi* est une figure, la silhouette vaporeuse du défunt, ils expliquent que le sens de cette figure est 歸 *koèi*. Or ce caractère 歸 *koēi* employé pour définir le caractère 鬼 *koèi*, a deux sens distincts, l'un étymologique, l'autre dérivé. Étymologiquement, il signifie l'entrée d'une jeune fille dans la famille de son époux, famille à laquelle elle va appartenir, et dont elle va dépendre désormais pour son entretien. Le sens d'appartenance, *de dépendance*, est le sens propre du caractère 歸 *koëi*, et c'est dans ce sens propre que les interprètes orthodoxes, non sectaires, l'ont pris, pour interpréter le caractère 鬼 *koëi*. (Voyez ci-après, en note, le texte du 說文 *Chouo-wenn*, la grande autorité en matière d'étymologie.) Donc, après sa mort, le défunt est un *dépendant*. Il dépend de son ancienne famille, pour l'entretien de son existence post-vitale, par les offrandes. — Plus tard, quand les Taoïstes enseigneront que l'état de vie et l'état de mort ne sont que deux phases; que l'homme, en mourant, sort de scène, et dépouille dans les coulisses le costume de l'acte précédent, pour revêtir celui avec lequel il rentrera en scène pour l'acte suivant; ces sectaires s'emparèrent de l'interprétation 鬼、歸也 *koëi* c'est *koëi*, mais au second sens, au sens dérivé du caractère 歸 *koëi, retourner;* et ils appelèrent les mânes, *les retournés;* retournés pour un temps dans la paix, dans le vrai, dans le tout; la grande thèse taoïste. Ce terme plut à nombre de lecteurs chinois de basse époque, et séduisit presque tous les lecteurs non chinois, plus sentimentaux que scientifiques. Je répète avec insistance que le terme est taoïste. En réalité, les 鬼 *koëi*, les défunts, sont *les dépendants;* ceux qui dépendent de leur postérité, pour les offrandes et les libations qui leur sont nécessaires. Il importe de bien retenir ceci, car c'est la clef du culte chinois des Mânes, que nous verrons se développer d'après cette ligne unique.

Notes. — H. Le Rituel de la dynastie *Tcheou*, le 周禮 *Tcheou-li*, nous apprend ce qui suit: «L'officier préposé aux tablettes, conservait les tablettes des défunts, et les vêtements qu'ils avaient portés de leur vivant. Quand on devait leur faire des offrandes, il revêtait de ces habits le représentant du défunt. Après la cérémonie, il serrait les habits avec soin.» Section 司尊彝 *Seu-tsounn-i*. — Le Mémorial des Rits 禮記 *Li-ki*, attribue à Confucius les paroles suivantes: «Il ne saurait y avoir de cérémonie funèbre sans représentant. Ce doit être un descendant masculin direct. S'il est trop petit pour se tenir debout ou assis, que quelqu'un le porte dans ses bras. Qu'on prenne un collatéral, dans le cas où la lignée directe serait éteinte. Mais il faut absolument qu'il y ait un représentant, pour donner corps à la majesté du défunt.» Chapitre 曾子問 *Tseng-tzeu wenn.*

I. Voici le texte du 說文 *Chouo-wenn*: 人所歸、爲鬼。歸、女嫁也 鬼之爲言、歸也。— C'est, je pense, le Père taoïste 列子 *Lie-tzeu*, qui inventa les *retournés*, vers l'an 400 avant J.-C. «L'homme devient, par l'union de l'esprit vital avec la matière. Quand l'esprit vital quitte la matière, chacun des deux composants retourne à son origine. De là vient qu'on appelle les 鬼 morts, les 歸 retournés.» Voyez mes *Pères du Système taoïste*, traduction de *Lie-tzeu*, chapitre 1 F.

Sources. — Les Annales 書經 *Chou-king*, 洛誥 *Lao-kao*. — Les Odes 詩經 *Cheu-king*, 時邁 *Cheu-mai*, 伐木 *Fa-mou*, 緜 *Mien*, 思文 *Seu-wenn*, 生民 *Cheng-minn*, 皇矣 *Hoang-i*, 甫田 *Fou-t'ien*, 大田 *Ta-t'ien*, 雲漢 *Yunn-han*, 抑 *I*, 思齊 *Seu-ts'i*, 旱麓 *Han-lou*, 維淸 *Wei-ts'ing*, 桓 *Hoan*, 載見 *Tsai-kien*, 閟予小子 *Minn u siao-tzeu*, 有瞽 *You-kou*, 天保 *T'ien-pao*, 鳧鷖 *Fou-i*, 執競 *Tcheu-king*, 豐年 *Fong-nien*, 楚茨 *Tch'ou-ts'eu*, 信南山 *Sinn-nan-chan*, 何人斯 *Heue-jenn-seu*.

Ouvrages. — Traductions des Odes, voyez Leçon 4, ouvrages.

Sixième Leçon.

Sommaire. — Troisième dynastie. La Grande Règle. Théorie du gouvernement antique. — **A.** Historique. — **B.** Le dessin du Fleuve Jaune, le tracé de la rivière *Lao*. — **C.** Ordre des neuf thèmes. — **D.** Les cinq agents et ce qui s'y rattache. Avant tout, laisser à la nature son libre cours. — **E.** Les cinq facultés et activités humaines. — **F.** Les huit thèmes administratifs. — **G.** Les temps et les nombres. — **H.** L'empereur pivot et pôle universel. Répercussion au ciel des faits terrestres. — **I.** Conduite à tenir envers les citoyens. — **J.** Biens à rechercher, maux à éviter.

Je consacrerai cette Leçon au chapitre 洪範 *Houng-fan*, la Grande Règle, des Annales. Descendu en droite ligne de *Yao*, *Chounn* et *U le Grand*, le contenu de cette pièce est le résumé de la sagesse des siècles qui précédèrent la troisième dynastie. D'après la tradition commune et acceptable, elle fut rédigée en l'an 1050, et fait transition entre la haute et la moyenne antiquité. Vénérée par les Lettrés de tous les âges comme un texte sacré, elle est appelée la Grande Règle, parce qu'elle est censée contenir les principes de solution de tous les cas éventuels possibles. Elle nous montre les pauvres rouages qui firent marcher le mécanisme de la Chine antique. Elle contient de plus le résumé des notions de philosophie et de politique d'alors, et est à ce titre d'un spécial intérêt pour nous. J'aurai à y revenir bien des fois, au cours de ces Leçons.

—◆— —◆—

A. Poussé par le souci de complaire au Ciel dont il est devenu le mandataire, le fondateur de la troisième dynastie, l'empereur 武 *Ou*, consulte l'oncle du défunt tyran 辛 *Sinn*, le vicomte de 箕 *Ki*, réputé pour sa sagesse. Il voudrait bien se l'attacher, mais le vicomte refuse, le principe chinois étant dès lors qu'on ne se rallie pas au vainqueur, quand on a servi le vaincu. Alors l'empereur s'efforce d'obtenir du Sage, au moins la quintessence de sa science, le résumé des traditions anciennes dont il est le dépositaire. Le vicomte se prête à son désir, et dicte aux scribes officiels la Grande Règle. Les auteurs de tous les siècles l'ont loué d'avoir agi ainsi. Il ne pouvait décemment servir les *Tcheou*, disent-ils; mais il put légitimement leur léguer sa science. Et il fit bien de la leur léguer. Car, sans cela, cette science transmise depuis l'origine jusqu'à lui, aurait disparu avec lui.

Le vicomte de *Ki* commence par mettre ce qu'il va dire, au compte d'une autorité indiscutable. C'est le Ciel, dit-il, qui donna à *U le Grand* les neuf articles de la Grande Règle, lesquels gouvernent les relations et les lois. Voici le texte: «Le vicomte de *Ki* dit: J'ai appris que jadis 鯀 *Kounn* ayant opposé des barrages à la grande inondation, gêna le libre cours des cinq agents naturels. Le Souverain d'en haut se mit en colère, et ne donna pas les neuf articles qui règlent les relations et les lois. 禹 *U* ayant remplacé son père *Kounn* et rétabli l'ordre, en rendant aux eaux leur libre cours par ses canaux, le Ciel satisfait lui donna les neuf articles de la Grande Règle, par lesquels sont réglées les relations et les lois. » (Annales, *Houng-fan*.) — Nous avons vu qu'un texte de l'an 2002 attribuait déjà formellement au Ciel les relations, les rits et les lois (page 14). Toute la tradition est unanime sur son interprétation. Tous les âges l'ont accepté sans conteste. C'est le Ciel qui a fait les relations et les lois. Le Sage ne peut pas imposer des lois à sa guise. Son rôle est de veiller à ce que chacun se conforme aux intentions du Ciel, et à son influence sur le peuple.

—◊— —◊—

B. C'est en l'an 2065, pour le récompenser d'avoir remis l'ordre dans la nature en remédiant à une grande inondation, que le Ciel donna à *U* les neuf articles. Mais sous quelle forme et de quelle manière le Ciel lui fit-il ce don? Sur ce point le texte de la Grande Règle est muet. — En 1008, le chapitre authentique 顧命 *Kou-ming* des Annales, énumère parmi les objets les plus précieux du trésor impérial (page 45), 河圖 *Heue-t'ou* le dessin sorti du Fleuve Jaune. — Au cinquième siècle avant J.-C., l'appendice 繫辭 *Hi-ts'eu* du 易經 *I-king* Livre des Mutations, appendice qu'on attribue généralement à Confucius, dit: Du 河 Fleuve Jaune sortit un dessin, de la rivière 洛 *Lao* sortit un tracé; des deux, les Sages déduisirent les règles. — Le chapitre 禮運 *Li-yunn* du 禮記 *Li-ki* Mémorial des Rits, fait dire à Confucius: Du Fleuve Jaune sortit le dessin du cheval. — Dans les 論語 *Lunn-u* Entretiens de Confucius avec ses disciples, le Maître gémit: Hélas! en ce temps mauvais, le Fleuve ne donne plus de dessin. — La 竹書紀年 Chronique écrite sur bambou dit: Le dessin du dragon sortit du Fleuve. — Le 世本 *Cheu-penn*, une autre vieille chronique, dit que du Fleuve Jaune sortit le dessin du dragon, et de la rivière *Lao* le tracé de la tortue. — 孔安國 *K'oung-nankouo*, ou l'auteur qui se cache sous le couvert de ce nom discuté, dit: Au temps où 伏羲 *Fou-hi* régnait sur l'empire, un cheval-dragon étant sorti du Fleuve Jaune, *Fou-hi* lut les huit diagrammes sur le dos de cet animal. Le Ciel ayant accordé à *U le Grand* une tortue transcendante qui sortit de la rivière *Lao* sous ses yeux, *U* vit sur son écaille les neuf catégories. — Omettons ici les diagrammes de *Fou-hi*, auxquels je consacrerai une Leçon spéciale. Voici comment les Commentateurs résument le cas de *U le Grand*: La tortue transcendante qui lui apparut, portait sur son dos les nombres, de un à neuf. *U le Grand* pénétra l'intention du Ciel. A ces neuf nombres, il rattacha neuf catégories, qu'on appela les neuf articles. — Certains auteurs ont remarqué avec justesse, que, autant vaudrait dire plus simplement que, inspiré par le Ciel, *U* exposa en neuf articles la science pratique de son temps. Mais Confucius ayant mentionné, et le dessin du Fleuve Jaune, et le tracé de la rivière *Lao*, les Lettrés n'ont pas admis que la chose fût expliquée plus simplement. Ils tiennent à ce que l'on dise, que les chiffres furent révélés par le Ciel à *U le Grand*, lequel est censé les avoir ignorés auparavant, et que *U* écrivit sous ces chiffres ce qu'il jugea à propos d'y écrire. Puérilité dont nous verrons d'autres exemples.

Leçon 6.

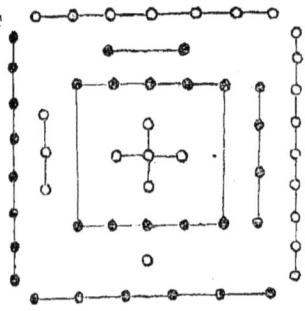

Le dessin du Fleuve Jaune représente les chiffres de un à dix, rangés en carré triple, autour du chiffre 5 au centre, les impairs étant blancs et les pairs noirs, dix étant divisé en deux fois cinq.

Le tracé de la rivière *Lao* représente les chiffres de un à neuf, rangés en carré simple, autour du chiffre 5 central, les impairs étant blancs et les pairs noirs.

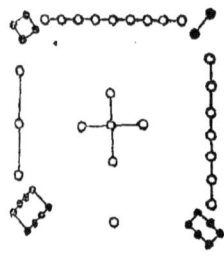

Tous les âges ont parlé du dessin et du tracé. Leur représentation graphique, telle que nous l'avons maintenant (ci-contre), paraît ne dater que du douzième siècle après J.-C. S'il y en eut plus anciennement une différente, elle est perdue.

—⋄— —⋄—

C. Le sujet rattaché par *U le Grand* à chaque chiffre, n'a aucune relation avec ce chiffre. Mais il y a un certain ordre dans la série des sujets, de un à neuf. Cet ordre, les Commentateurs chinois l'expliquent comme suit.

1. Tous les phénomènes du monde visible, sont régis par 五行 *ou-hing* les cinq agents naturels, forces inhérentes au binôme matériel ciel et terre. Ces cinq agents régissent toutes les productions, transformations, destructions. Le gouvernement doit suivre leur évolution. Son premier souci doit être de leur laisser toujours libre cours, de ne jamais les contrecarrer.

2. Aux cinq agents du macrocosme répondent, dans le microcosme humain, 五事 *ou-chen* cinq puissances ou activités. Le gouvernement doit veiller à ce que ces activités ne soient exercées qu'en harmonie avec l'action des cinq agents. De cet accord *unisono* de l'humanité avec la nature, dépend l'ordre universel.

3. Pour conserver l'ordre et la paix, le gouvernement doit donner ses soins à 八政 *pa-tcheng* huit objets, les thèmes administratifs classiques.

4. Encore pour arriver à ce que le microcosme et le macrocosme marchent toujours dans un accord parfait, le gouvernement doit veiller avec soin à l'observation 五紀 *ou-ki* des temps et des nombres, condition du synchronisme ciel-terre-humanité.

5. Surtout l'empereur doit remplir parfaitement son rôle de 皇極 *hoang-ki* pivot des affaires humaines, de l'empire chinois, du monde entier. Tout devant graviter autour de lui, il faut que la vertu du Fils du Ciel soit immobile et immuable. Son cas est traité sous le chiffre 5, lequel est central et dans le dessin et dans le tracé, parce que l'empereur est le centre de tout.

6. L'empereur devra agir d'après 三德 *san-tei* trois règles, avec les trois sortes de citoyens.

7. Il devra se décider 稽疑 *ki-i* dans tous les doutes, non d'après son caprice, mais d'après les lois de la divination officielle, qui lui indiquera chaque fois la volonté du Ciel.

8. Il devra 庶徵 *chou-tcheng* faire observer avec le plus grand soin, les météores et les phénomènes, par lesquels le Ciel l'avertira s'il est content de lui, si son gouvernement est bien ce qu'il doit être; ou s'il y a des changements à y apporter.

9. Sous ce chiffre, *U le Grand* a inscrit un précis de morale, combien fruste et combien utilitaire! Cinq biens à rechercher, six maux à éviter; 五福六極 *ou-fou liou-ki*. Le gouvernement doit aider les gouvernés à se conduire, de manière à obtenir ces biens, à éviter ces maux.

L'enchaînement est réel. La pauvreté du système est visible. Il a pourtant régi la Chine jusqu'au commencement du présent siècle. Ses divisions se sont maintenues jusqu'ici, dans tous les ouvrages de philosophie, de morale, d'histoire. — Reprenons, avec les développements nécessaires.

-◊- -◊-

D. D'abord, sous le chiffre un, les cinq agents naturels. Il ne s'agit pas, comme on a trop souvent traduit, de cinq *éléments*, de parties qui se mélangent pour former des composés. Il s'agit de cinq puissances, qui se produisent ou se détruisent l'une l'autre, cette production et destruction régissant tout, non seulement dans le monde physique, mais aussi dans le monde moral. Les cinq agents naturels sont nommés en premier lieu, disent tous les Commentateurs, parce que, dans les voies du ciel, c'est-à-dire dans l'évolution de toutes choses, ils sont pratiquement le principal.

L'ordre d'énumération des cinq agents est, dans la Grande Règle, eau feu bois métal humus. C'est l'ordre antique, ordre de la première genèse des cinq agents, abstrayant de leur évolution et de leur révolution. L'eau est nommée en premier lieu, parce qu'elle est produite par le ciel, sous forme de pluie. Le feu est nommé en second lieu, parce qu'il est produit par la terre; l'idée étant celle de sécheresse. Le bois, c'est-à-dire la substance végétale, vient en troisième lieu, parce qu'elle est produite par l'eau; tous les végétaux ayant besoin d'eau pour croître. Le métal, c'est-à-dire la substance métallique, vient en quatrième lieu, parce qu'elle est produite par le feu, lequel la fait découler des minerais fondus. Enfin l'humus vient en dernier lieu, la poussière étant le terme de toutes choses, le résidu de toutes les actions et réactions. — Dans ce système, le ciel et la terre sont considérés comme deux principes matériels mais ténus, légers et limpides, disent les Commentateurs. D'eux sortent des agents de plus en plus compacts, lourds et troubles. Eau et feu, en première ligne; matières végétale et minérale, en second ligne; humus, en dernier lieu.

Plus tard ce système physique binaire (deux agents issus du ciel, deux de la terre, un résidu final) sera abandonné, et fera place au système quinaire à révolution, à la roue des cinq agents, dans l'ordre de leur production l'un par l'autre

Leçon 6.

roue sans cesse tournante, évolution sans cesse marchante. Dans ce système, le binôme ciel-terre est le producteur commun, sans qu'on distingue ce qui est du ciel et ce qui est de la terre. Entre ciel et terre, comme disent les textes; entre la voûte céleste qui influence, et le plateau terrestre qui est influencé, les cinq agents tournent, dans l'ordre suivant, bois feu humus métal eau; ou mieux, substance végétale, substance ignée, substance terreuse, substance métallique, substance aqueuse. C'est l'ordre de *production réciproque*. Car le bois produit le feu ; les anciens Chinois s'étant servis, pour allumer, d'un tourniquet à cheville de bois mou tournant dans un bois dur. Le feu produit l'humus, la matière terreuse, sous forme de cendres. La matière terreuse fondue produit le métal, qui découle des minerais. Le métal engendre l'eau, car un miroir métallique exposé à l'air durant la nuit, se couvre de rosée. Enfin l'eau produit le bois, la substance végétale, qui a besoin de pluie pour croître. Et le tour recommence et continue indéfiniment.

Encore plus tard, à l'ordre de production des cinq agents l'un par l'autre, sera substitué l'ordre de *triomphe réciproque* des cinq agents l'un sur l'autre, avec révolution interminée. Dans cet ordre, la succession est, métal bois eau feu humus. Le métal triomphe du bois en le coupant, le bois triomphe de l'eau en surnageant, l'eau triomphe du feu en l'éteignant, le feu triomphe de la matière terreuse en la fondant; la matière terreuse, l'humus, triomphe du métal, en l'oxydant, en le corrodant. Et le cercle recommence et tourne indéfiniment.

Tout ceci parait être un jeu d'esprit, puéril, insignifiant. Pas du tout! En Chine ces théories simplistes furent grosses de conséquences importantes. A priori elles autorisèrent, a posteriori elles légitimèrent bien des entreprises. Par exemple : Les 夏 *Hia* régnaient par la vertu du métal. La vertu des 商 *Chang* était celle de l'eau. Donc (deuxième système, ordre de production réciproque) les *Chang* devaient succéder aux *Hia*. Donc ils purent légitimement les renverser...Les *Chang* régnèrent par la vertu de l'eau. 發 *Fa* de 周 *Tcheou* découvrit que sa vertu à lui, était celle du bois, lequel (troisième système) triomphe de l'eau. Et voilà *Fa* de *Tcheou* certain de triompher dans sa révolte, et autorisé aussi à se révolter. Car le bois *doit* vaincre l'eau. *Fa* ne sera pas un rebelle. Il sera l'exécuteur de l'inexorable loi naturelle; il aura coopéré avec la giration universelle; il aura donc bien fait... On voit les applications possibles; elles sont innombrables; l'histoire de Chine en est pleine, et la vie privée chinoise aussi. — On voit aussi que, à cause de ce système, l'idée du gouvernement des choses de ce monde par le Souverain d'en haut, est pratiquement beaucoup moins pure, que les textes des Annales et des Odes ne le faisaient croire. Cette idée fut plus pure, probablement, pour le peuple, pour les simples, qui durent s'occuper peu ou pas des cinq agents; mais elle fut certainement plutôt confuse, pour les intellectuels, les philosophes, les politiciens. Pour ceux-là, à côté de la Providence, il y eut un rouage. Quelque chose comme un fatum se dessine. Fatum, non pas moralement aveugle, mais physiquement inexorable. Il n'est pas dit que le Souverain d'en haut dirige les cinq agents; il n'est pas dit qu'il soit réduit à leur obéir; mais il est dit qu'il *respecte* leur révolution, et que son Fils sur la terre doit aussi la respecter et la faire respecter. Et des casses lamentables, sur lesquelles l'Histoire pleure, sont déclarées n'être *pas injustes*, parce qu'elles *devaient* arriver, de par les cinq agents. Et jamais aucune indemnité dans une autre vie, n'est promise positivement à ces écrasés innocents de la giration cosmique. — Il est évident que cette manière de voir, rabaisse considérablement la notion chinoise du Souverain d'en haut.

Nous n'en avons pas fini, avec les cinq agents. Toutes les propriétés physiques des êtres, proviennent et dépendent d'eux. La lourdeur (tendance à descendre) dérive de l'eau. La légèreté (tendance à monter) dérive du feu. L'élasticité dérive du bois, la plasticité dérive du métal, la fécondité dérive de l'humus. — Les couleurs fondamentales chinoises, se rattachent aussi aux cinq agents, en cette manière : noir, l'eau profonde; rouge, le feu; vert-bleu, le bois, le feuillage végétal; blanc, le métal poli, argent étain fer; jaune, le lœss et les alluvions chinois. — Les saveurs s'y rattachent de même: salure, à l'eau, car l'eau de mer est salée; amertume, au feu, car les produits empyreumatiques sont amers; acidité, au bois, goût de beaucoup de sucs végétaux; âcreté, au métal, les oxydes ayant généralement cette saveur; saveur fade, l'humus alcalin. — Les cinq régions de l'espace, sont aussi apparentées avec les cinq agents: le nord pluvieux et sombre, répond à l'eau noire; le sud chaud et lumineux, répond au feu rouge; l'orient vert-bleu quand le soleil se lève, répond au bois vert; l'occident blanc quand le soleil se couche, répond au métal blanc; le centre défriché et labouré par les hommes, répond à l'humus jaune.

Enfin le système quinaire des agents naturels, s'applique à l'homme de la manière suivante. Dans chaque agent, on distingue sa substance plus lourde, et son émanation plus subtile. Les cinq viscères de la physiologie chinoise, rein poumon rate foie cœur, sont autant de parcelles de la substance lourde des cinq agents. Les vertus et les vices, le moral, le tempérament, le caractère, sont leur émanation subtile. La giration en grand des cinq agents dans le macrocosme universel, se reproduit en petit dans le microcosme humain. Les termes de cette giration sont, la santé ou la maladie physique, le bien ou le mal moral. Donc un système matérialiste, qui restera tel au cours des temps.

— ✧ ✧ —

E. Sous le chiffre deux, la Grande Règle traite des facultés et activités humaines. Le gouvernement doit en régler l'exercice.

Les cinq facultés sont énumérées dans l'ordre de leur développement, au fur et à mesure de la croissance de l'être humain. Faculté de se mouvoir, celle qui paraît la première. Faculté d'émettre des sons, vagissements d'abord, paroles plus tard. Faculté de voir, de considérer. Faculté d'ouïr, de comprendre. Faculté de penser, de se déterminer. — Les cinq activités doivent être réglées comme suit: Le mouvement doit être contenu et modeste. Les paroles doivent être pesées et mesurées. Le regard doit être observateur. L'ouïe doit être attentive. La pensée doit être pénétrante. — Les cinq résultats du bon fonctionnement des facultés doivent être: la possession de soi, un discours clair, le discernement, la prudence, la sagesse.

Tel est le premier traité de psychologie chinoise. Traité d'éducation aussi, car c'est à ce titre qu'il est placé ici. Ce qui est dit ci-dessus, l'éducation doit le développer. Cela doit être exigé, de tout sujet dans une certaine mesure, et de tout officier dans la perfection. On voit que, d'une âme, il n'est pas question, dans ce traité scientifique. Il paraît bien que la théorie des émanations viscérales, fut jagée suffisante alors pour expliquer les phénomènes psychiques, comme elle l'est encore aujourd'hui. Encore de nos jours, le caractère d'un homme est l'émanation de sa rate, sa pensée est l'émanation de son cœur, etc. — La Glose classique de la Grande Règle explique, que la pensée, la volonté, la conscience confondues, sont produites par le cœur comme l'eau est produite par le puits. Un puits nouvellement creusé, donne de l'eau trouble. Plus le puits vieillit, plus l'eau qu'il donne est claire. Ainsi en est-il de la pensée humaine. Trouble dans la jeunesse, elle se clarifie avec le temps et l'âge. — Ailleurs la pensée est dite être une sorte de phosphorescence intermittente du cœur.

-◆- -◆-

F. Sous le chiffre trois, *U le Grand* inscrivit les huit thèmes administratifs dont le gouvernement devait s'occuper, pour que l'ordre fût parfait en ce monde. — 1. Avant tout l'agriculture, qui procure au peuple le nécessaire; comme elle est la base de tout, elle doit être le premier souci du gouvernement. — 2. Ensuite le commerce, qui procure au peuple des commodités accessoires. — 3. Puis les rits religieux, spécialement les offrandes, par lesquelles l'homme propitie les Êtres transcendants, gagne leur bienveillance, s'attire leurs bénédictions. — En quatrième lieu, le cadastre, la division des terres et la protection des biens, fiefs, alleux, lots des familles. — En cinquième lieu, l'instruction publique, par laquelle est préservée et continuée l'uniformité de toutes les institutions. — En sixième lieu, la répression des crimes et des délits, les sanctions pénales. — En septième lieu, le soin des hôtes et des étrangers de passage, sollicitude doublée de surveillance et d'espionnage. — Enfin, en huitième et dernier lieu, l'armée, la guerre. Elle fut toujours considérée par les Sages, dit le Commentaire, comme le pire des expédients; comme un mal nécessaire, non comme un bien; voilà pourquoi elle est nommée en tout dernier lieu.

-◆- -◆-

G. Sous le chiffre quatre, la Grande Règle traite des temps et des nombres. Série des années, des mois, des jours; mouvements et position des corps célestes; science des calculs. En d'autres termes, astronomie officielle pratique, confection du calendrier. Ces sujets doivent être l'objet de l'attention constante du gouvernement; car, ne peut réussir, que ce qui est fait à l'heure du Ciel, au temps voulu par le Ciel. La science des nombres sert à déterminer si l'époque ou le moment sont fastes ou néfastes.

-◆- -◆-

H. Le chiffre cinq, chiffre central dans les deux diagrammes du Fleuve et de la *Lao*, est consacré au pôle impérial, c'est-à-dire à la dignité de l'empereur et à son rôle. L'empereur est le pivot autour duquel tout tourne sur la terre, comme au ciel tout gravite autour du pôle, siège du Souverain d'en haut. Il est père et mère du peuple. Ses enseignements sont les enseignements du Ciel même. — Il doit bien traiter ses officiers, et les bien payer, pour qu'ils puissent être désintéressés et fidèles. Il doit surtout bien traiter le peuple, pourvoir à tous ses besoins, et se tenir en communication avec lui, afin de connaître ses sentiments. Si le peuple est content de lui, qu'il tienne pour certain que le Ciel l'est aussi. Si le peuple se désaffectionne et se plaint, qu'il tienne pour certain que le Ciel est mécontent de lui, et qu'il s'amende au plus vite pour ne pas être rejeté. Les sentiments du peuple à son égard, doivent être pour le prince, comme un miroir qui lui révèle les sentiments, la disposition favorable ou défavorable, du Ciel, du Souverain d'en haut, pour lui.

Je passe au chiffre huit, qui est connexe. Le gouvernement doit faire observer constamment et avec soin les météores et phénomènes, lesquels sont la répercussion sur le macrocosme de la nature, de l'ordre ou du désordre dans le microcosme gouvernemental. Cela, en vue d'amender aussitôt, ce qui est signalé comme défectueux. Quand tout dans la nature suit le cours normal, c'est signe que le gouvernement est bon. Dès qu'il y a dans la nature quelque anomalie, c'est signe qu'il y a quelque vice dans le gouvernement. La nature de l'anomalie dénonce celle du vice, d'après des tables déterminées. Tout désordre dans le soleil, dénonce l'empereur ; autour du soleil, sa cour, ses ministres ; dans la lune, l'impératrice, le harem. Beau temps trop prolongé, indique que l'empereur est inactif. Temps couvert persistant, indique qu'il est inintelligent. Pluies excessives signifient qu'il est injuste. Sécheresse excessive annonce qu'il est négligent. Froid exagéré, qu'il est inconsidéré. Vent violent, qu'il est paresseux. Une bonne moisson prouve que tout est bien ; une mauvaise, que le gouvernement est en faute. Quand un poirier fleurissait en automne, il fallait prévenir la cour qu'il devait y avoir quelque désordre secret. Etc. — J'aurai à revenir souvent, sur cette répercussion au ciel du bien et du mal dans l'administration. Cette croyance a mis son empreinte sur toutes les pages de l'histoire de la Chine. Elle a été invoquée, expliquée, appliquée, dans des documents officiels innombrables, depuis la troisième dynastie, jusque dans les premières années du vingtième siècle.

— ❖ ❖ —

I. Je renvoie à la huitième Leçon, la solution des doutes pratiques par le sort, qui figure sous le chiffre sept. Sous le chiffre six, est traitée la manière dont le gouvernement doit agir à l'égard des trois classes de citoyens. Équité froide, pour ceux qui font leur devoir. Répression des trop entreprenants. Coaction des trop indolents. — Il n'y eut de place, ni pour l'affection, ni pour l'encouragement, dans le gouvernement antique.

— ❖ ❖ —

J. Enfin, sous le chiffre neuf, il est parlé du bien et du mal ; des sanctions célestes, naturelles ou artificielles.

Les biens, les choses heureuses louables désirables, sont au nombre de cinq. La longévité est le premier des biens, parce qu'il permet de jouir longtemps des autres. Le second bien est l'opulence. Le troisième est la santé du corps avec la paix du cœur. Le quatrième est l'habitude de bien agir. Le cinquième est de mourir de mort naturelle et le corps intact, au bout du nombre de jours alloués par le destin. Tous ces biens sont destinés par le Ciel à qui les mérite, et leur jouissance doit être assurée aux bons par la protection du gouvernement.

Les six maux sont: Une mort prématurée ou violente. La souffrance physique. Le chagrin moral. La pauvreté. L'habitude de mal agir par excès. L'habitude de faillir par déficit. Ces maux sont destinés par le Ciel à qui les mérite, et doivent être infligés par le gouvernement au nom du Ciel.

On aura remarqué que le bien agir et le mal agir, sont classés parmi les biens et les maux, et non signalés comme cause des biens et des maux. C'est qu'ils sont considérés comme des états fixes, résultant de l'éducation reçue ou pas reçue, reçue avec ou sans profit. Être bon est l'état résultant d'une jeunesse bien employée. Être mauvais est l'état résultant d'une jeunesse mal employée.

Notes. — D et J. Ni dans la Grande Règle, ni dans aucun autre texte ancien, mention n'est faite d'un dédommagement pour les bons, d'un châtiment pour les méchants, dans une autre vie. Nous verrons pourquoi, dans la quatorzième Leçon, où je montrerai ce qu'était au juste l'outre-tombe pour les anciens Chinois.

Sources. — Annales 書經 *Chou-king*, le chapitre 洪範 *Houng-fan*.

Ouvrages. — Les traductions des Annales, citées Leçon 1 ouvrages utiles. — Mes Textes Historiques, vol. I.

Phonolithe.

Cloche.

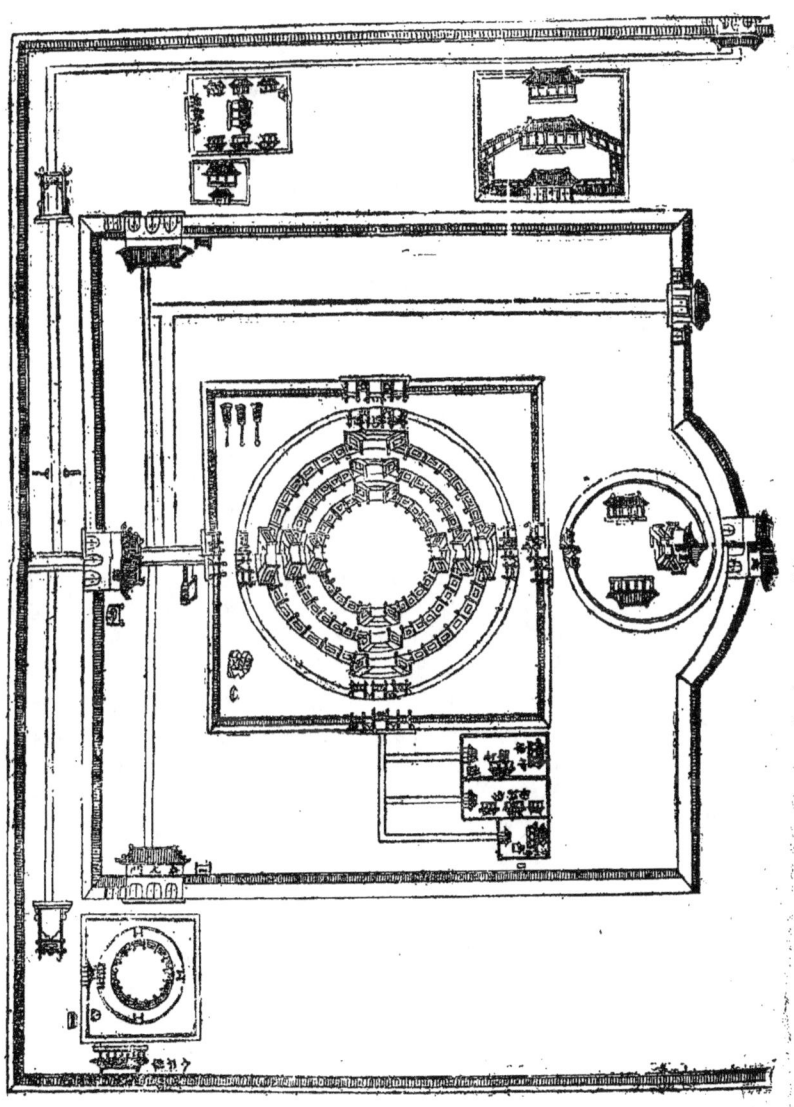

Terrasse ronde du Ciel, et ses dépendances,
à la capitale.

Septième Leçon.

Sommaire. — Troisième dynastie. Pratique du gouvernement antique. Résumé de la Constitution des *Tcheou*. — **A.** Division territoriale. Provinces. Fiefs et alleux. — **B.** Le peuple en tutelle. — **C.** Le rouage administratif. Grand conseil. Six ministères. — **D.** Archives et archivistes. Les 儒 *Jou* anciens. Les Prétaoïstes.

Maintenant que nous connaissons les théories des *Tcheou*, voyons comment ils les appliquaient en pratique. Je vais résumer leur Constitution.

-◆- -◆-

A. L'empire était divisé en 九州 neuf provinces, équivalant chacune à un carré théorique de 360 kilomètres de côté; superficie théorique, à peu près 130 mille kilomètres carrés. L'une de ces provinces, celle qui contenait la capitale, était domaine impérial. Les huit autres ne payaient à l'empereur que certaines redevances définies, produits locaux formant leur spécialité respective. Au-delà des neuf provinces, s'étendait la zone barbare, sorte de Marche, servant de terre de relégation et d'exil. Toutes les neuf provinces étaient divisées en 國 fiefs; avec cette différence, que les fiefs, héréditaires dans les huit autres provinces, n'étaient pas héréditaires dans le domaine impérial.

Tous les feudataires dépendaient immédiatement de l'empereur. Lui seul investissait d'un fief. Lui seul en dépossédait. — Le titre collectif des feudataires, était 諸侯 les Archers. Car, dans l'antiquité, c'est l'excellence du tir à l'arc, la spécialité chinoise, celle qui les rendait supérieurs aux barbares, qui désignait les chefs. — Les feudataires étaient classés en cinq degrés d'après leur dignité, en trois catégories d'après la superficie de leurs territoires. Les cinq degrés étaient ceux de duc, marquis, comte, vicomte, baron. Les trois territoires comprenaient respectivement 1300, 625, 324 kilomètres carrés. Dans ces grands fiefs étaient contenus les alleux des petits vassaux, lesquels relevaient des feudataires, non de l'empereur. — Le sol de tous les fiefs et alleux, était morcelé en carrés théoriques de 300 mètres de côté. Chacun de ces morceaux, ayant un puits central commun, devait nourrir huit familles, le neuvième du revenu du morceau étant payé en nature au seigneur ou à l'empereur. — Tous les rapports entre l'empereur et les seigneurs, étaient réglés par des rits invariables et inflexibles, lesquels spécifiaient jusqu'aux gestes et aux paroles, supprimant toute spontanéité; faisant, et de l'empereur et des officiers, des automates, et de l'empire une machine.

-◆- -◆-

B. L'empereur, et par lui les seigneurs, sont seuls propriétaires de la terre. A eux aussi le monopole de l'intelligence et de la science, supposée plutôt que réelle, car les portraits que l'Histoire nous a conservés, sont ceux de bien piètres individus. Quoi qu'il en soit, ils dominaient de très haut le peuple, *le stupide peuple*, comme disent les textes. Voici quelle était la condition de ce peuple. Parqués par groupes de huit familles, les hommes cultivaient la terre du maître; les femmes élevaient les vers à soie, filaient et tissaient. Ils étaient dirigés dans tous leurs travaux, à peu près comme des enfants, par des officiers impériaux ou seigneuriaux, qui les obligeaient à labourer, à ensemencer, à biner, à arroser, le tout à jour fixe. Même tutelle administrative, sur la vie de famille, sur la procréation, sur les rapports et les relations. En un mot, l'homme supposé absolument dépourvu d'intelligence, était élevé et gouverné comme le premier des animaux domestiques, en vue du plus grand rendement possible. Constatons que, là aussi, ce que disent les Annales, ce que chantent les Odes, est plus beau que la vérité vraie. — Outre l'impôt du neuvième des produits de la terre, les sujets mâles des *Tcheou* étaient corvéables à raison de trois jours sur dix, pour creuser des canaux, frayer des routes, élever des digues ou des remparts. Ils étaient réquisitionnés en masse, pour les expéditions militaires, ou pour les battues impériales périodiques, lesquelles, sous prétexte de chasse, étaient un exercice de guerre. Toutes ces impositions et corvées exigées par le gouvernement en gros, étaient appliquées, dans le détail, par les chefs des groupes de huit familles. — Les bûcherons et les pâtres, jugés inférieurs aux paysans, exploitaient les forêts et les lieux vagues, payant à l'état la dîme du bois ou des troupeaux. Plus bas encore, dans l'estime du gouvernement, étaient les marchands, race ambulante peu nombreuse, mal vue, un peu parce qu'elle poussait au luxe, surtout parce qu'elle colportait les rumeurs de foire en foire. La théorie économique était, que le peuple devait se suffire, par sa propre production, ou par troc dans son rayon. — Enfin, tout au bas de l'échelle sociale, venaient les serviteurs pour cause de misère, et les esclaves pour cause de délit, êtres sans droits, assimilés au bétail, vendus et revendus comme lui. — Les captives de guerre remplissaient les harems et les ateliers, bêtes de plaisir ou de travail. — La réduction en servitude pour crime, était toujours à vie, et accompagnée d'une mutilation spécifique pour chaque genre de servitude. On marquait au visage, ceux qui étaient condamnés à garder les portes des villes, palais, bâtiments publics. On coupait le nez, à ceux qui étaient affectés à la garde des barrières de péage sur les routes. On amputait les deux pieds aux rameurs de la chiourme. Ceux qui étaient destinés au service des harems, subissaient la castration. Que devenaient tous ces malheureux dans leurs vieux jours? Je suppose qu'ils mouraient de misère dans quelque coin, comme font les mendiants modernes. Pas trace d'institutions charitables, dans cette antiquité que l'humain Confucius admira tant.

-+- -+-

C. Le rouage administratif suivant, fonctionnait entre le trône et le peuple. — Trois Grands Ducs, formant le grand conseil de l'empire. Six Ministères, qui se partageaient les thèmes administratifs de la Grande Règle.

Le premier ministère avait pour président le 冢宰 Maire du palais, chancelier de l'empire. Celui-ci remplaçait l'empereur, comme vicaire, durant le deuil triennal, en cas de maladie ou d'empêchement. Il l'assistait toujours, comme son aide et son censeur, dans toutes les fonctions impériales. Il gouvernait le palais, le harem, le trésor, les archives, les magasins et les offices. — L'immense palais devait faire tout son travail, et se suffire à lui-même. Les matières premières payées à l'empereur comme redevances, y étaient élaborées en meubles, vêtements, bijoux, aliments, et le reste. Tout le service y était fait par des gens qui, une fois entrés, n'en sortaient plus de leur vie. Tous relevaient d'un tribunal spécial à procédure extrasommaire, et le palais avait son bourreau particulier, tout ce qui se passait à l'intérieur devant être ignoré du reste du monde. — Le palais avait aussi son école, où le prince impérial était élevé en compagnie des héritiers des grands fiefs. Manière de faire connaître au futur empereur, ses futurs grands vassaux.

Le deuxième ministère avait pour président le 司徒 Grand Directeur, chargé de diriger la procréation et l'éducation des hommes, la multiplication et l'élevage des bêtes. Il tenait les registres du peuple et des troupeaux. Il s'occupait du culte des Patrons du sol et des moissons. C'est de lui qu'émanaient les ordres pour les travaux agricoles, à chaque époque de l'année. Il dressait les listes annuelles des levées et des corvées. Il levait les impôts, décidait et dirigeait tous les grands travaux, délivrait le soleil ou la lune lors des éclipses, réorganisait le peuple en cas de calamité. Ses officiers ne traitaient pas directement avec les hommes du peuple. Ils s'adressaient aux chefs locaux des groupes de la population. — Du Grand Directeur dépendaient aussi toutes les voies de communication, les barrières, les octrois, les greniers publics, le cadastre. Ses officiers veillaient à ce que tous les hommes vécussent par familles. Tout célibataire âgé de trente ans, toute fille âgée de vingt ans, tout dépareillé veuf ou veuve, était marié par eux, d'office. Ils veillaient aussi à ce que toutes les sépultures fussent disposées d'après l'arbre généalogique, les non-mariés étant enterrés en dehors du cimetière, comme ayant été inutiles à la société. — Dans les archives de ce ministère se trouvaient toutes les statistiques, toute la comptabilité.

Le troisième ministère avait pour président le 宗伯 Grand Cérémoniaire, chef du culte officiel, chargé aussi de veiller à ce que toutes les classes observassent ponctuellement les rits. Ses officiers avaient charge de toutes les annexes du culte, musique, chants, etc. Ils étaient chargés aussi de l'astrologie officielle, de la divination officielle, de la confection du calendrier, de l'observation du ciel et des météores, de toutes les tâches transcendantes. Le bureau des Annalistes, historiographes, scribes officiels, dépendait aussi de ce ministère.

Le quatrième ministère avait pour président le 司馬 Grand Maréchal, commandant de la garde du palais en temps de paix, de l'armée impériale en temps de guerre. Mais ce n'est pas lui qui recrutait l'armée. Celle-ci était levée, et lui était livrée telle quelle, par le Grand Directeur, pour la campagne projetée. Deux hommes au moins, trois au plus, étaient pris à cet effet à chaque foyer. Un grand fief pouvait ainsi fournir 36000 hommes, un fief moyen 24000, un petit fief 12000. Sous les drapeaux, peine de mort immédiate pour toute infraction, pour toute désobéissance. Pris sur leurs champs, les pauvres rustres étaient affublés d'une cuirasse et armés d'une lance, puis conduits au combat en masses profondes, bâillonnés pour les empêcher d'exprimer leur mécontentement ou leur terreur, encadrés de manière à rendre toute fuite impossible; aussi les défaites étaient-elles toujours accompagnées de carnages sans nom. — Le Grand Maréchal dirigeait aussi le service d'ordre lors des grandes cérémonies, et abattait à coups de flèche les victimes lors des sacrifices impériaux.

Le cinquième ministère était présidé par le 司寇 Grand Justicier. Il était chargé des procès et des peines, lesquelles étaient atroces, surtout pour intimider les restes des 黎 *Li* et des 苗 *Miao,* encore mêlés aux Chinois, disent les Commentateurs. Les 夏 *Hia* pouvaient se racheter des peines légales encourues, en tout ou en partie. J'ai énuméré plus haut les différentes formes de servitude pénale à vie, avec mutilation spécifique. Les condamnés à mort étaient, ou décapités, ou bouillis vifs (ce qui coûtait moins de bois que de les brûler vifs), ou coupés en deux par le milieu du corps avec un couperet ad hoc, ou écartelés, ou déchiquetés lentement. Les criminels odieux au peuple, étaient d'ordinaire simplement *jetés dans le marché* comme disent les textes. C'est-à-dire que, un jour de grand marché, on les livrait liés à la populace, qui les mettait à mort en les frappant et en les piétinant. Il paraît que c'était là, pour les brutes d'alors, le comble de la liesse. Maintenant encore, en Chine, une exécution capitale est une réjouissance populaire, ce dont je puis témoigner. Enfin les cadavres de tous les suppliciés, étaient exposés en plein marché durant trois jours. — Parmi les crimes passibles de mort, figurèrent toujours, sous les trois premières dynasties, toutes les tentatives d'innovation matérielle, toute introduction d'une doctrine nouvelle... Le type de tous les vêtements, ustensiles, instruments, procédés, était officiel. Quiconque aurait tenté de modifier quelqu'un de ces types, eût été traité en révolutionnaire. Le génie inventif était ainsi réduit à néant. Celui qui aurait fait une découverte, aurait sans doute pu la faire connaître au gouvernement et solliciter la permission de l'exploiter, comme fit 儀狄 *I-ti,* l'inventeur de l'eau-de-vie de grain, sous *U le Grand.* Mais *I-ti* ayant été banni pour sa peine, les inventeurs postérieurs préférèrent ne pas l'imiter. Ils turent leurs inventions, et le monde chinois resta absolument figé jusque vers l'ère chrétienne, et plus ou moins jusqu'à nos jours. Quant aux tentatives d'innovation doctrinale, elles furent toujours punies de mort comme crime de lèse-majesté, le délinquant ayant osé se croire plus éclairé que l'empereur et ses ministres. Sous la dernière dynastie 清 *Ts'ing,* un lettré fut encore mis à mort, pour avoir critiqué quelques caractères du dictionnaire de 康熙 *K'ang-hi.*

Le sixième ministère, présidé par le 司空 Grand Ingénieur, dirigeait les travaux publics, et surveillait les arts et les métiers, tisserands, brodeurs, pelletiers, vanniers, ouvriers en métaux, orfèvres, joailliers, potiers, menuisiers, fabricants d'arcs et de flèches. Ce que nous savons de l'art chinois vers le dixième siècle avant J.-C., est presque identique à ce que les textes hébreux nous apprennent des arts juifs sous Salomon.

— ✦ ✦ —

D. Il me reste à ajouter ici une note, qui aura dans la suite une grande importance. Il s'agit des dépôts de documents officiels, écrits sur lattes en bambou ou planchettes en bois; ce qu'on appellerait maintenant les archives ou les bibliothèques officielles; et des divers groupes de scribes qui y étaient attachés, à titre de rédacteurs et de conservateurs. De ces bureaux sortiront bientôt les deux écoles propres à la Chine. — Durant les premiers siècles de la troisième dynastie, il n'exista aucune science littéraire privée. Tout le peuple était illettré, et devait l'être. Les caractères et leur usage étaient enseignés aux seuls jeunes gens, destinés à remplir les vides qui se produiraient avec le temps dans les rangs des scribes officiels. En dehors des documents nationaux, il n'existait pas d'autres

Leçon 7.

écrits; il n'y avait encore aucun livre. — Trois dépôts de documents et trois groupes de scribes étaient surtout importants.

Premièrement les scribes nombreux attachés au premier ministère, celui de l'administration. Confiés à leur garde et livrés à leurs études, étaient tous les documents administratifs, les rôles et les statistiques, les registres concernant la prospérité nationale, cens des hommes, élevage des animaux, production, revenus, etc. Ces spécialistes en économie politique et science sociale, formaient la corporation des 儒 *Jou* (depuis mal écrits 儒), les 亻 hommes à 而 而 favoris. Ce nom leur vint, de ce qu'ils mettaient leur gloire dans deux mèches de crins rares et longs, qui pendaient de leurs joues vers les oreilles. Leurs descendants portent encore sur eux, ostensiblement, un minuscule petit peigne, avec lequel ils soignent cet appendice, dont ils sont très fiers. — L'usage étranger est de donner aux *Jou* le nom de *Lettrés*, ce qui n'est pas tout à fait exact, beaucoup d'excellents lettrés, taoïstes ou buddhistes, n'ayant pas été des *Jou* aux yeux des Chinois. Les appeler Confucianistes ou Confuciistes, avant le temps de Confucius, est un anachronisme. Économistes officiels, voilà ce que furent primitivement les *Jou*. Dès les *Tcheou*, l'économie utilitaire fut la formule du gouvernement chinois. Confucius ne l'inventa pas. Il fut un *Jou*, et pratiqua le système *Jou*, dans le duché de 魯 *Lou*. Son mérite spécial, si c'en est un, c'est de l'avoir fait survivre, par ses écrits, à l'incendie des archives nationales en 213 avant J.-C., et d'en avoir doté la postérité. Donc, après lui, et après que le système *Jou* eut cessé d'être officiel, appeler ce système *Confuciisme*, peut passer, à la rigueur; mais à la condition de ne pas oublier que Confucius n'en fut pas l'auteur; qu'il en fut le conservateur et le vulgarisateur seulement.

Au troisième ministère se rattachent deux dépôts d'archives et deux groupes de lettrés; le bureau des Annalistes et celui des Astrologues. — Les Annalistes notaient tous les faits et gestes de l'empereur, et rédigeaient tous les actes officiels. Ils recevaient aussi, conservaient et étudiaient, tous les documents et renseignements venus des principautés et des fiefs, ou des pays circonvoisins; ceci est à noter. — Les Astrologues observaient et notaient les phénomènes célestes et les météores terrestres. — Annalistes et Astrologues confrontaient ensuite leurs observations, examinaient si la rotation des cinq agents naturels procédait librement ou était gênée, si la répercussion céleste était faste ou néfaste; puis ils faisaient leurs rapports en conséquence, discutant les causes, déduisant les enseignements, vaticinant sur la prospérité et sur la décadence. Des spéculations naturistes de ces gens-là, rehaussées plus tard par quelque peu de monisme importé de l'Inde, sortira en son temps le Taoïsme. Les prétaoïstes furent les Annalistes et les Astrologues des *Tcheou*. 老子 *Lao-tzeu* qui formula le système, fut l'un d'entre eux.

Sources. — 書經 *Chou-king*, chapitre 周官 *Tcheou-koan*. — Le 周禮 *Tcheou-li*, Rituel des *Tcheou*, en entier. — Pour les investitures, Annales, 康誥 *K'ang-kao*, 畢命 *Pi-ming*.

Ouvrages. — L'excellente traduction du *Tcheou-li*, par Ed. Biot, 1851. — d. Chavannes. Les Mémoires Historiques de *Se-ma Ts'ien*. Tome I. — Mes Textes Historiques, vol. I.

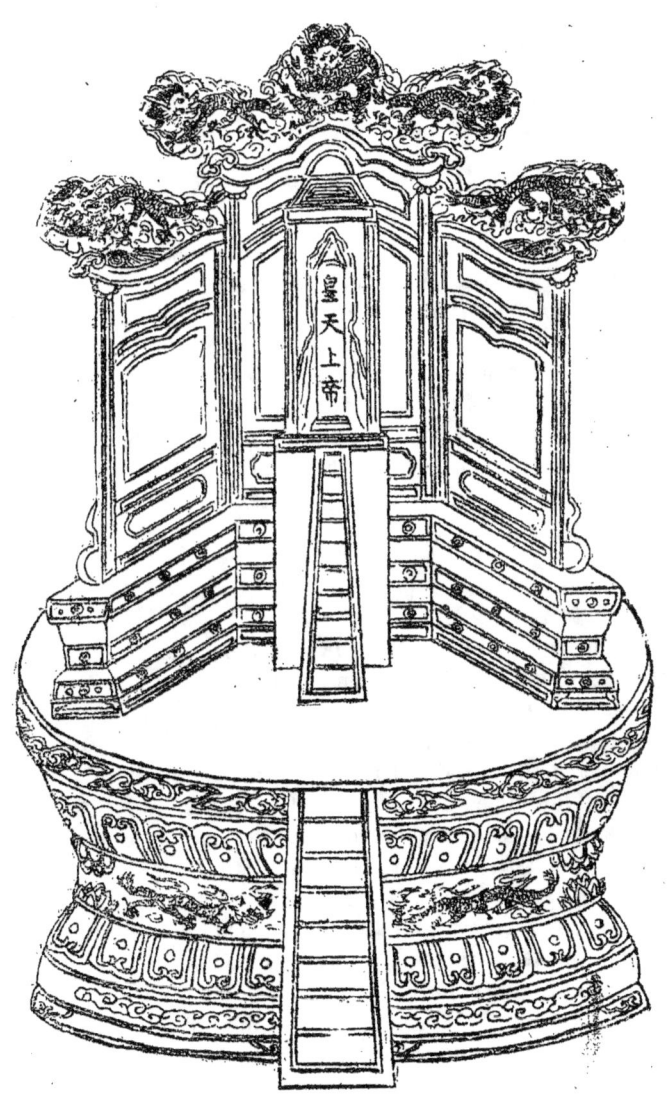

Tablette de l'auguste Ciel, Souverain d'en haut.

Huitième Leçon.

Sommaire. — La divination officielle sous la troisième dynastie. **I** par l'écaille de tortue, ou par les brins d'achillée. — **A.** Texte de la Grande Règle. Origine inconnue. Le but, apprendre *la voie du Ciel*. Les raisons intimes qui firent la vogue. — **B.** Le manuel opératoire. — **C.** Textes tirés des Annales. — **D.** Textes tirés des Odes. — **E.** Textes divers. — **F.** Procédé mixte, écaille perforée et brins d'achillée. Textes de *Tchoang-tzeu*.

Cette Leçon, et les deux suivantes, seront consacrées à l'étude des systèmes divinatoires, qui jouèrent un si grand rôle dans le gouvernement chinois antique. — Le principe fondamental de ce gouvernement, était, se conformer, et aux intentions du Ciel, et à la giration cosmique, conditions sine qua non du succès et de la prospérité. Mais comment arriver à connaître la volonté céleste, le sens de la révolution naturelle, 天道 *la voie du Ciel*, le fil de l'avenir, ce qu'on devait faire, ce qui allait arriver? Dans ce but, dès la plus haute antiquité, les Chinois recourureut à deux moyens, le tirage au sort avec des brins d'achillée, et le grillage de l'écaille de tortue. Laissons parler les textes.

-◆- -◆-

A. Sous le chiffre *sept* de la Grande Règle, il est dit: « Quand il surgira quelque doute grave, que le prince y pense d'abord, puis consulte les ministres et prenne l'avis du peuple ; enfin qu'il interroge la tortue et l'achillée. En cas de conflit des réponses à un cas proposé, si la tortue et l'achillée sont contre, faire la chose sera toujours néfaste. Si la tortue l'achillée et le prince sont pour, quoique les ministres et le peuple soient contre, faire la chose sera faste. Si la tortue l'achillée et les ministres sont pour, quoique le prince et le peuple soient contre, faire la chose sera faste. Si la tortue l'achillée et le peuple sont pour, quoique le prince et les ministres soient contre, faire la chose sera faste. En suivant ces règles, on sera toujours dans la *voie du Ciel*. ».. Quand un conflit se produisait entre l'achillée et la tortue, l'achillée était censée avoir indiqué ce qui serait expédient pour le présent, temporairement; la tortue était censée avoir indiqué la solution pour le futur, ferme, stable, définitive. L'achillée avait la vue courte ; la tortue voyait jusque dans le plus lointain avenir.

On ne sait pas qui inventa la divination par l'achillée, ni celle par l'écaille de tortue. Les deux sont aussi vieilles que la Chine à nous connue. — La divination par l'achillée, fut une application des nombres, considérés comme une émanation du ciel et de la terre (du binôme ciel-terre). La plante n'y était pour rien. J'imagine qu'on préféra ses tiges à d'autres, parce que leur odeur forte les préservait des insectes, très destructeurs en Chine. — La divination par l'écaille de tortue, fut basée sur cette idée, que la tortue était un résumé du macrocosme, sa carapace dorsale bombée et ronde figurant la voûte céleste, sa plaque ventrale plate et carrée figurant le plateau terrestre, l'animal entre les deux figurant l'humanité. — La raison intime qui donna, de si bonne heure, tant de vogue à la divination officielle en Chine, est double. D'abord l'indécision propre au caractère de la race chinoise, dont la raison est vacillante et la volonté très débile, les impressions et les sensations primant presque toujours. Ensuite la nécessité, pour le prince au pouvoir faible, d'avoir un argument sans réplique à opposer à des vassaux insoumis et à un peuple turbulent, quand ses mesures leur déplaisaient.

—◆—◆—

B. Voici comment on consultait l'achillée et la tortue. — D'abord la question était formulée nettement, catégoriquement, de manière à exiger une réponse par *oui* ou par *non*, sans détails, sans accessoires. Puis les brins d'achillée étaient soumis à un nombre défini de coupes compliquées, dont la dernière répondait oui ou non, selon qu'elle était paire ou impaire probablement. — Quand c'est l'écaille de tortue qu'on interrogeait, primitivement, après avoir posé la question, on flambait l'écaille à une flamme claire de bois très sec. Les craquelures produites répondaient oui ou non, d'après un code d'interprétation qui n'est pas parvenu jusqu'à nous. Pour rendre ces craquelures plus visibles, on enduisait l'écaille flambée avec de l'encre, puis on l'essuyait; à peu près comme font les Hindous, pour rendre plus apparente l'écriture tracée au stylet sur feuilles de bananier. — Plus tard, par motif d'économie probablement, au lieu de flamber une écaille entière, on en toucha seulement un point avec un fer chaud. Les fissures parties du point touché, répondaient oui ou non, par leur forme, d'après le code. Dans les cas officiels importants, quand l'opération était terminée, on écrivait sur l'écaille la question posée, à côté des fissures qui lui avaient répondu; puis on détachait à la scie cette partie, question et réponse, pour la conserver dans les archives; le reste de l'écaille servant pour d'autres consultations au fer chaud.

—◆—◆—

C. Laissons maintenant parler les Textes, qui vont nous dire comment les choses se passaient. D'abord les textes tirés des Annales.

Vers l'an 1315, l'empereur 盤庚 *P'an-keng* de la deuxième dynastie, désirant changer le site de sa capitale, recourt à la tortue pour décider à l'émigration son peuple récalcitrant. Ce fut une laborieuse affaire. Les Annales nous ont conservé ses discours. « *P'an-keng* désirait transférer la capitale à 殷 *Yinn*. Le peuple refusa d'obéir. L'empereur convoqua tous ceux qui faisaient opposition à son projet, et leur dit: Se conformant aux ordres du Ciel, mes Ancêtres ont jadis, pour le bien de leur peuple, déplacé cinq fois leur capitale. A présent les choses vont ici de mal en pis. La question, *verrons-nous ici des jours meilleurs*, ayant été posée à la tortue, celle-ci a répondu *non*. A *Yinn* nous redeviendrons prospères, comme le rejeton qui pousse de la racine d'un arbre coupé. ».. Après l'émigration, dans un nouveau discours, l'empereur constate avec satisfaction qu'aucun de ses sujets n'avait eu la témérité de s'opposer à l'oracle de la tortue. — Il est évident que, dans ce texte, la réponse de la tortue est considérée comme l'expression de

Leçon 8.

la volonté du Ciel ; et l'usage que *P'an-keng* fait de cette croyance, prouve qu'elle était solidement enracinée dans l'esprit du peuple ; un dogme sur lequel on pouvait s'appuyer, sans avoir de contradiction à craindre. (Annales, *P'an-keng*.)

En l'an 1052, 祖伊 *Tsou-i* dit au tyran 辛 *Sinn :* « Il est clair que le Ciel vous a rejeté. Car, à aucune question que vous lui posez, la tortue ne donne plus de réponse faste. » (Annales, *Si-pai k'an Li*.)

En l'an 1275, 亶父 *Tan-fou* se fixa dans la vallée de la 渭 *Wei*, au pied du mont 岐 *K'i*, et y fonda le duché de 周 *Tcheou*, sur la foi d'une réponse favorable, obtenue de la tortue. — En l'an 1050, 發 *Fa* duc de *Tcheou* son descendant, transféra la capitale de son duché à 鎬 *Hao*, sur la foi d'un oracle de la tortue. C'est de là qu'il partit, pour conquérir l'empire. — L'année suivante, *Fa* devenu l'empereur 武 *Ou* de la troisième dynastie, tomba malade. Le cas était grave, car son pouvoir était encore bien mal assis. Les deux principaux soutiens de son trône, les ducs 奭 *Cheu* et 尚 *Chang* décidèrent qu'il fallait consulter la tortue, sur la maladie de l'empereur. Le duc 旦 *Tan* de *Tcheou*, son propre frère, se chargea de la consultation. Après avoir proposé aux trois ancêtres immédiats de l'empereur, qu'il suppose être au ciel dans l'entourage du Souverain d'en haut, de mourir à la place de son frère, *Tan* conclut en leur disant : Veuillez me répondre par l'entremise de la tortue. Sur ce, il grilla trois écailles, une pour chacun des trois ancêtres interrogés. Toutes trois donnèrent chacune une réponse rassurante. Alors *Tan* dit : l'empereur ne mourra pas... Le lendemain, l'empereur était hors de danger. (Annales, *Kinn-t'eng*.)

En l'an 1042, l'empereur *Ou* étant mort, et le jeune empereur 成 *Tch'eng* s'étant laissé indisposer contre son oncle le duc *Tan* de *Tcheou*, celui-ci s'éloigna de la cour. Le Ciel manifesta son mécontentement, par un violent ouragan. L'empereur reconnut qu'il avait mal agi. Touché de repentir, il dit : le sens de cette tempête est évident ; inutile de le demander à la tortue ; le Ciel a voulu me faire reconnaître ma faute... Et il se réconcilia avec le duc de *Tcheou*. (Annales, *Kinn-t'eng*.)

La même année 1042, les autres oncles de l'empereur qui avaient desservi *Tan*, mécontents de sa rentrée en faveur et craignant sa vengeance, se révoltèrent ouvertement. La nouvelle dynastie, encore mal assise, se trouva dans un très grand danger. Les oncles rebelles avaient des partisans dans le peuple. Il s'agit, pour l'empereur *Tch'eng*, de prévenir la défection du peuple, et son passage aux révoltés. Il fait donc jouer la tortue dans ce sens. « Avant tous mes actes, dit-il, j'ai consulté le Ciel, par le moyen de la grande et précieuse écaille de tortue, que mon père m'a léguée. Je sais par elle, que je dois combattre la sédition, qui vient d'éclater dans l'Ouest. Vous au contraire, vous me dites, patientez. Si je suivais votre avis, j'irais contre la volonté du Souverain d'en haut. Jadis, quand le Ciel eut mis ses complaisances en mon père, c'est en se conformant aux avis reçus du Ciel par la tortue, que mon père fonda son empire. De même moi, pour conserver cet empire, dois-je recourir à la tortue. La volonté du Ciel une fois connue, doit être exécutée soigneusement. Or toutes les réponses de la tortue concordant, la volonté du Ciel n'est pas douteuse. » (Annales, *Ta-kao*.)

En 1038, *Tan* duc de *Tcheou* est chargé par le jeune empereur *Tch'eng*, de fonder la capitale du nouvel empire. Affaire de haute importance, car, à la capitale, sont les tertres du Ciel, des Patrons du sol et des moissons; le temple des Ancêtres; toutes les sources d'où émanent les influences fastes. — Après avoir fait les diligences convenables, l'oncle mande à son neveu l'empereur: Vous avez désiré que je cherchasse l'emplacement de la future capitale. La tortue m'a donné une réponse favorable à 洛 *Lao*. La question est donc décidée. Je vous envoie l'écaille qui a donné l'oracle, et le plan sur lequel je compte bâtir la nouvelle ville. — L'empereur reçut à genoux l'écaille et le plan. Il approuva le duc de *Tcheou* en ces termes: Vous avez agi d'après les intentions du Ciel connues par la tortue. L'écaille nous promet toute prospérité. Contentons le Ciel, afin que cette prospérité dure longtemps. (Annales, *Lao-kao*).

Vers 1038, parlant des empereurs de la seconde dynastie, *Tun* duc de *Tcheou* dit que jadis, dans tout leur empire, le peuple respectait leurs décisions, à l'égal de celles de la tortue et de l'achillée; c'est-à-dire qu'il les tenait pour infaillibles et immuables. (Annales, *Kiunn Cheu*.)

-◆- -◆-

D. Les Odes nous fournissent, sur l'achillée et la tortue, quelques textes excellents, parce qu'ils prouvent que ces procédés servaient aussi dans la vie privée.

Vers l'an 827, une femme inquiète demande à l'achillée et à la tortue, si son mari absent reviendra ou non. L'achillée et la tortue lui répondent: il reviendra. (Odes, *Ti-tou*.)

Vers l'an 773, l'empereur 幽 *You* gouvernant mal, un petit officier gémit: «Même les tortues sont si indignées de sa conduite, qu'elles ne nous répondent plus.» — Et un autre, à la même époque: «Tenant une poignée de grain, je sors pour faire consulter la tortue; pour apprendre d'elle comment je pourrai rester bon, dans ce monde mauvais.»... La poignée de grain est un trait satyrique, disent les Commentateurs. On devait plus que cela, au devin qui interrogeait la tortue. Mais la misère publique, causée par le mauvais gouvernement de l'empereur, était telle, qu'on n'avait que cela à lui donner. (Odes, *Siao-minn, Siao-wan*.)

Vers l'an 659, le marquis 文 *Wenn* de 衛 *Wei* consulte la tortue, sur un projet de changement de résidence. Elle lui répond que son projet est faste. (Odes, *Ting-tcheu fang-tchoung*.)

A la même époque, une jeune fille donnant son consentement au jeune homme qui la demande en mariage, lui dit: Consulte la tortue, consulte l'achillée. S'il n'y a rien que de faste dans leurs réponses, attelle ton char et apporte à mes parents les présents d'usage pour m'avoir. (Odes, *Mang*.)

-◆- -◆-

E. Textes de provenance diverse.

En 677, la tortue promet au comte 德 *Tei* de 秦 *Ts'inn*, établi dans la haute vallée de la 渭 *Wei*, que ses descendants abreuveront un jour leurs chevaux au Fleuve Jaune. (*Cheu-ki*.)

En 673, dans le pays de 齊 *Ts'i*, un officier ayant donné un festin à son prince, celui-ci mis en gaieté par le vin, voulut continuer la fête durant la nuit, com-

Leçon 8.

trairement à l'usage. Craignant un malheur, en ce temps où les assassinats princiers étaient à la mode, l'officier s'excusa. Avant de vous inviter, dit-il, j'ai consulté la tortue, mais sur le jour seulement. Elle a répondu: faste. Si vous restiez ici la nuit, ce serait peut-être néfaste. (*Tsouo-tchoan.*)

En 629, pour éviter les incursions des barbares 戎 *Joung*, le marquis de 衛 *Wei* s'établit à 商丘 *Ti-k'iou*. La tortue lui promet qu'il y goûtera trois siècles de prospérité. (*Tsouo-tchoan.*)

En 614, le vicomte 文 *Wenn* de 邾 *Tchou* fait consulter la tortue sur la translation de sa capitale à 繹 *I*. Le devin répond: cette translation sera avantageuse pour le peuple, et fatale au prince. Le vicomte dit: si elle doit être avantageuse pour le peuple, elle le sera aussi pour moi. Car le Ciel fait les princes pour le peuple. Si mon peuple doit être heureux, je le serai aussi, quoi qu'il m'arrive personnellement... Ayant donc transporté sa résidence à *I*, le vicomte y mourut au cinquième mois de la même année. Les Sages dirent de lui, qu'il avait compris comment un prince doit envisager le destin. (*Tsouo-tchoan.*)

En 609, le marquis de 齊 *Ts'i* étant tombé malade, son médecin lui déclara qu'il mourrait avant l'automne. Or il allait faire la guerre au duc de 魯 *Lou*. Celui-ci l'ayant appris, consulta la tortue. Est-il vrai, lui demanda-t-il, que le marquis de *Ts'i* mourra avant l'automne?.. Oui, répondit la tortue; et vous mourrez avant lui... L'oracle se réalisa. (*Tsouo-tchoan.*)

Vers 600, effrayé par l'apparition d'un spectre, le ministre 趙盾 *Tchao-tounn* consulte la tortue, qui prédit de grands malheurs à ses descendants. (*Cheu-ki.*)

En 582, la tortue déclare au marquis 景 *King* de 晉 *Tsinn* tombé malade, qu'il est puni pour avoir privé d'offrandes les mânes de la famille de *Tchao-tounn*. (*Cheu-ki.*)

En 575, avant de livrer bataille, ceux de 晉 *Tsinn* prient leurs ancêtres, et les consultent par l'entremise de la tortue sur l'issue du combat. (*Tsouo-tchoan.*)

En 566, consultée à contretemps, la tortue ne répond pas. C'est bien, dit un officier; il ne convenait pas qu'elle répondît; cela augmente ma confiance dans ses solutions. (*Tsouo-tchoan.*)

Un texte de l'an 541 déclare que, avant d'acheter une concubine, si la famille de cette personne n'est pas connue, il faut consulter la tortue, pour éviter de violer par ignorance la loi qui défend de s'unir à une femme du même clan. (*Tsouotchoan.*)

Un texte de l'an 539 dit: Avant d'élire un domicile, il faut consulter la tortue, non seulement sur l'immeuble, mais encore sur son voisinage. S'installer sans cette précaution, ou contre une réponse défavorable, serait imprudent ou néfaste. (*Tsouo-tchoan.*)

En 530, le roi 靈 *Ling* de 楚 *Tch'ou* demande à la tortue, s'il pourrait s'emparer de l'empire... Non! dit la tortue... Furieux, le roi jette l'écaille à terre, et, dressant la tête, dit au Ciel: Ah! tu ne veux pas! Eh bien j'essayerai quand même! — Il essaya, et ne réussit pas. — Ce texte est très précieux. Il montre avec évidence, que c'est le Ciel qu'on prétendait interroger, par l'écaille de tortue. (*Tsouo-tchoan.*)

En 525, 吳 *Ou* et 楚 *Tch'ou* étant en guerre, le ministre de *Tch'ou* consulta la tortue, qui prédit que *Tch'ou* serait vaincu. Peu satisfait de cet oracle, le général de *Tch'ou* consulta à son tour. Si je me dévoue à la mort, demanda-t-il, vaincrai-je?.. Oui, dit la tortue. — La bataille s'engage, le général est tué, les *Tch'ou* ont le dessus. Durant la nuit suivante, alors qu'ils dorment sur leurs lauriers, un retour offensif des *Ou* met les *Tch'ou* en pleine déroute. — Ce texte est important. La réponse spontanée de la tortue, est toujours la solution éloignée, définitive. La tortue ne se dédit jamais, l'avenir qu'elle dévoile étant fixé immuablement. Le général de *Tch'ou* aurait donc dû se douter que l'amendement apparent concédé à son sacrifice, qui contredisait le premier oracle, l'oracle définitif, ne serait que transitoire, et que la défaite suivrait. (*Tsouo-tchoan.*)

Un texte de l'an 477, nous apprend que les anciens n'importunaient jamais la tortue et l'achillée, en les consultant sans raison suffisante. On ne devait pas non plus les presser, leur faire quasi violence, en réitérant la consultation sur le même objet. (*Tsouo-tchoan.*)

Le Rituel de la dynastie *Tcheou* nous apprend que, avant toute offrande solennelle, on consultait la tortue sur le jour. Avant de creuser une tombe, on la consultait sur l'emplacement. C'est à elle qu'on demandait, au printemps de chaque année, quelles céréales il convenait de semer; celles qui réussissent dans une année sèche, ou celles qui réussissent dans une année pluvieuse... Travaux agricoles, expéditions militaires, projets ou entreprises de toute sorte, la tortue disait le mot décisif sur tout. Que de migraines avant, que de regrets après, furent épargnés par ce procédé commode; mais aussi quelle atrophie du jugement et de la décision! — Le même Rituel nous apprend que, chaque année, au premier printemps, alors que la sève monte, les devins oignaient avec du sang les écailles conservées dans leurs magasins. C'était une manière de les ravigoter. On leur prêtait comme une sorte de vitalité transcendante. (*Tcheou-li.*)

J'imagine que le désir de contenter un maître, l'espoir d'une bonne gratification, et autres motifs analogues, durent influencer bien souvent les devins qui manipulaient l'achillée et la tortue. La prudence dut aussi les guider parfois, comme dans le cas de 屈原 *K'iu-yuan*, si ressassé dans la littérature chinoise. Vers l'an 295, ce prince du sang royal de 楚 *Tch'ou*, idéaliste, poète, toqué, insupportable, perdit la faveur du roi 懷 *Hoai* et tomba en disgrâce. Il alla consulter le grand devin de *Tch'ou*. J'ai un doute, lui dit-il, dont je viens vous demander la solution — Le devin disposa ses brins d'achillée et prépara une écaille de tortue, puis dit: veuillez énoncer le doute sur lequel vous désirez être fixé. — *K'iu-yuan* dit: Resterai-je intègre comme les Sages, ou me ferai-je vénal comme les courtisans? Dirai-je la vérité au risque de déplaire, ou mentirai-je pour flatter? Volerai-je avec les cygnes au haut des airs, ou me disputerai-je pour une bouchée avec les oies de la basse-cour? Indiquez-moi où est, dans mon cas, le faste et le néfaste? Que ferai-je, que ne ferai-je pas? — Peu soucieux évidemment de se compromettre pour le prince disgracié, le devin s'excusa en ces termes: Il y a des choses trop grandes pour qu'on les mesure au pied, il y en a qui sont trop petites pour qu'on les mesure au pouce. Il y a des nombres incalculables, des choses impénétrables, des difficultés sans solution, des situations sans remède. Dans votre cas, la tortue et l'achillée ne sont pas compétentes. — *K'iu-yuan* se suicida. (*Tch'ou-ts'eu.*)

-◆- -◆-

F. Outre le grillage de la plaque ventrale de la tortue, un autre système consistant à faire tomber des brins d'achillée secoués dans la carapace dorsale trouée, paraît avoir été en usage, sinon au commencement, du moins vers la fin de la dynastie *Tcheou*. Ce système ne nous est connu, que par le texte de 莊子 *Tchoang-tzeu*, philosophe taoïste du quatrième siècle avant l'ère chrétienne, que voici: «Une nuit, le prince 元 *Yuan* de 宋 *Song* vit en songe un être éploré se présenter à la porte de sa chambre à coucher et lui dire: j'ai été pris par le pêcheur 余且 *U-ts'ie*, sauvez-moi! — A son réveil, le prince *Yuan* fit appeler les interprètes des songes, et leur demanda ce que cela signifiait. — Ils répondirent: l'être qui vous a apparu, est une tortue transcendante. — Le prince demanda: y a-t-il parmi les pêcheurs d'ici, un nommé *U-ts'ie*? — Oui, dirent les assistants. — Qu'il paraisse devant moi, dit le prince. — Le lendemain, à l'audience publique, le pêcheur se présenta. — Qu'as-tu pris? lui demanda le prince. — J'ai trouvé dans mon filet, dit le pêcheur, une tortue blanche, dont la carapace mesure cinq pieds de circonférence. — Présente-moi cette tortue, ordonna le prince. — Quand elle lui eut été livrée, le prince se demanda s'il la ferait tuer, ou s'il la conserverait en vie. Il proposa son doute à une vieille écaille. La réponse fut: tuer cette tortue, sera avantageux pour la divination. La tortue fut donc tuée. Sa carapace fut perforée en soixante-douze endroits. Jamais un brin d'achillée n'en tomba à faux. — Le texte conclut: Ainsi cette tortue transcendante put apparaître après sa capture au prince *Yuan*, mais ne put ni prévoir ni éviter sa capture. Après sa mort, sa carapace continua à faire aux autres des prédictions infaillibles, alors qu'elle n'avait pas su prédire à celle qui la portait qu'elle serait tuée.» — C'est que l'animal porteur de l'écaille, n'est pour rien dans la divination. L'écaille préparée prédit, en tant qu'abrégé du macrocosme.

Terminons par un autre texte du même *Tchoang-tzeu*. «Alors que *Tchoang-tzeu* pêchait à la ligne au bord de la rivière 漢 *P'ou*, le roi de 楚 *Tch'ou* lui envoya deux de ses grands officiers, pour lui offrir la charge de ministre. Sans relever sa ligne, sans détourner les yeux de son flotteur, *Tchoang-tzeu* leur dit: J'ai ouï raconter que le roi de *Tch'ou* conserve précieusement dans le temple de ses ancêtres, la carapace d'une tortue transcendante, immolée pour servir à la divination. Dites-moi, si on lui avait laissé le choix, cette tortue aurait-elle préféré mourir pour qu'on honorât ainsi sa carapace, ou aurait-elle préféré vivre en traînant sa queue dans la boue des marais? — Elle aurait préféré vivre en traînant sa queue dans la boue des marais, dirent les deux grands officiers, à l'unisson. — Alors, dit *Tchoang-tzeu*, retournez d'où vous êtes venus. Moi aussi je préfère traîner ma queue dans la boue des marais. Je continuerai à vivre pauvre mais libre. Je ne veux pas d'une charge, qui coûte toujours la liberté, et souvent la vie.» (*Tchoang-tzeu*, 26 F, 17 E.)

Notes. — B. En 1899, de nombreux fragments d'écaille de tortue, ayant servi à la divination au fer chaud vers la fin de la deuxième dynastie, furent exhumés auprès de 安陽 *Nan-yang*, préfecture de 彰德府 *Tchang-tei-fou*, province du 河南 *Heue-nan*.

Leçon 8.

Sources. — Annales 書經 *Chou-king*, 盤庚 *P'an-keng*, 西伯戡黎 *Si-paï k'an Li*, 金縢 *Kinn-t'eng*, 洛誥 *Lao-kao*, 君奭 *Kiunn Cheu*. — Odes 詩經 *Cheu-king*, 杕杜 *Ti-tou*, 小旻 *Siao-minn*, 小宛 *Siao-wan*, 定之方中 *Ting-tcheu fang-tchoung*, 氓 *Mang*. — Le 周禮 *Tcheou-li*, Rituel des Tcheou. — Le 左傳 *Tsouo-tchoan*, Récits de Tsouo, attribués à 左邱明 *Tsouo-k'iouming*. — Les 楚辭 *Tch'ou-ts'eu*, Élégies de Tch'ou. — Le 史記 *Cheu-ki*, Mémoires Historiques de 司馬遷 *Seuma-ts'ien*.

Ouvrages. — Traduction française du *Tcheou-li*, par Ed. Biot. — Traductions du *Tsouo-tchoan*, anglaise par J. Legge, française par S. Couvreur S.J. — Traduction du *Cheu-ki*, par Ed. Chavannes. — L. Wieger S.J., les Pères du Système taoïste, *Tchoang-tzeu*, chapitres 26 F et 17 E... et Textes Historiques vol. I.

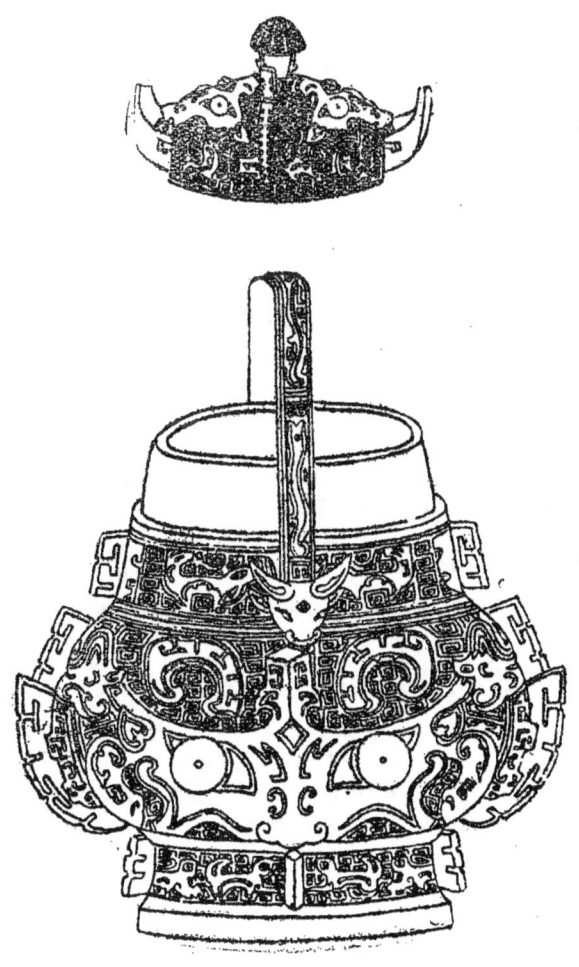

Vase rituel antique.

Neuvième Leçon.

Sommaire. — La divination officielle sous la troisième dynastie. **II** par les diagrammes et les brins d'achillée. — **A.** Origine du système. Son but, apprendre *la Voie du Ciel*. Trigrammes. Hexagrammes. Textes annexes. — **B.** La réponse est donnée par la *mutation*, de trigramme à trigramme. Les textes annexes confirment parfois cette réponse, ne l'infirment jamais. — **C.** Exemple: l'hexagramme 坎 *k'an*. — **D.** Consultations antiques qui nous ont été conservées. Textes. — **E.** Les Mutations sont encore consultées, en Chine et au Japon.

L'auguration par l'écaille de tortue était dispendieuse, les tortues ne se trouvant pas partout. Avec la troisième dynastie 周 *Tcheou*, fut introduit un système de divination plus à la portée de tous, celui des diagrammes, que l'on tirait au sort par des coupes faites au moyen des brins d'achillée.

—✧ ✧—

A. Le système fut imaginé par le duc 昌 *Tch'ang* de *Tcheou*, père du fondateur de la troisième dynastie, celui dont le titre posthume est l'empereur 文 *Wenn*. Emprisonné, de 1092 à 1090, à 羑 里 *You-li*, par le tyran 辛 *Sinn* qui le suspectait de trahison ; en grand danger de perdre la vie, *Tch'ang* charma son ennui, ou plutôt je pense chercha à deviner le sort qui l'attendait, en inventant les Mutations.

Huit trigrammes forment la base du système. Ils sont composés de lignes entières ou brisées. Aucun mystère d'ailleurs. Toutes les combinaisons possibles de deux éléments en trigrammes, voilà tout. Ces trigrammes sont souvent attribués au légendaire 伏 羲 *Fou-hi* (page 9). C'est là une fable inventée pour les rendre plus vénérables. En tout cas *Tch'ang* de *Tcheou* est l'inventeur des 64 hexagrammes, formés par la combinaison deux par deux des huit trigrammes. Mais j'appelle l'attention sur ce point, qui est la clef de l'arcane. Les hexagrammes ne sont pas des trigrammes fondus ensemble. Ce sont deux trigrammes superposés, dans le sens vertical, dont le second (le supérieur) est censé se substituer au premier (à l'inférieur). Il y a changement, dans l'hexagramme, du trigramme inférieur au trigramme supérieur; d'où le nom de 易 *I* Mutation, que porte le système. C'est la nature, le sens de ce changement, que le devin interprète et applique au doute proposé. — Ce fut là la forme primitive. Plus tard on inventa une forme plus compliquée, deux hexagrammes servant à la solution du cas, et la mutation étant considérée, d'un trigramme inférieur à l'autre, et d'un trigramme supérieur à l'autre, dans les deux hexagrammes.

A cette œuvre graphique, *Tch'ang* de *Tcheou* ajouta les éléments d'interprétation suivants :

乾 k'ien, ciel.

兌 toei, lac, eau dormante.

離 li, feu, soleil.

震 tchenn, tonnerre.

巽 suan, vent.

坎 k'an, fleuve, eau courante.

艮 kenn, montagne.

坤 k'ounn, terre.

1°, à chaque trigramme, un nom, entièrement indépendant de la figure, absolument arbitraire, mais extrêmement important, car c'est sur ces noms et leur symbolisme, non sur les figures, qu'est basée l'interprétation. Les noms des huit trigrammes sont: ciel, lac (eau dormante), soleil, tonnerre, vent, fleuve (eau courante), montagne, terre. Un système naturiste, comme on voit.

2°, à chaque hexagramme, un appellatif, qui sert à le désigner, mais qui n'a aucune importance pour la divination.

3°, à chaque hexagramme, un texte bref, explication symbolique, plus ou moins approprié au nom.

4°, à chaque hexagramme, une amplification de ce texte bref, appelée 彖 *t'oan*. Phrases vagues, morales ou banales, qui eurent avec le titre, dans l'esprit de l'inventeur, une relation réelle ou imaginaire, laquelle nous échappe souvent.

Telle fut l'œuvre de *Tch'ang* de *Tcheou* (l'empereur *Wenn*). Plus tard son fils 旦 *Tan* duc de *Tcheou*, frère de l'empereur 武 *Ou* fondateur de la troisième dynastie, y ajouta ce qui suit :

5°, à chaque ligne de chaque hexagramme, une phrase plate, souvent inepte, ayant quelque lointaine analogie avec l'idée contenue dans le titre de l'hexagramme.

6°, une seconde série semblable à la précédente, plus concise et plus claire.

-◆- -◆-

B. Telle est la structure du fameux traité des Mutations. Voici maintenant comment on s'en servait. On disposait un nombre donné de brins d'achillée. Une série de coupes fournissait un numéro. On cherchait, dans le traité, l'hexagramme portant ce numéro. On comparait le trigramme supérieur au trigramme inférieur, et on jugeait si, dans le cas proposé, la mutation était en bien ou en mal, donnait un pronostic faste ou néfaste... Exemple: La question posée étant l'avenir d'un fonctionnaire, supposé qu'on eût obtenu l'hexagramme composé des deux trigrammes, montagne en bas, lac en haut; un lac succédant à une montagne; cela veut dire que la montagne a été plus que nivelée, que son emplacement a été creusé; c'est néfaste. Si, au contraire, une montagne avait succédé à un lac; une élévation remplaçant un abaissement; c'eût été faste. — Telle était l'opération fondamentale, celle qui fournissait le pronostic, que rien d'accessoire ne pouvait contredire après coup. On cherchait ensuite à découvrir des détails, des indications complémentaires, dans les sentences attachées aux lignes changées d'un trigramme à l'autre. Si, dans le cas susdit, quelqu'une de ces sentences exprimait une idée d'abaissement, le pronostic était confirmé. C'est dans cet enjolivement du *oui* ou du *non* sec donné par l'opération fondamentale, que l'imagination et la faconde du devin se donnaient carrière. Mais, je le répète, aucune glose ne pouvait infirmer le sens général de la mutation. Lac succédant à montagne, était et restait un verdict néfaste, l'annonce d'un abaissement, qu'aucune interprétation ne pouvait rendre faste.

Outre les 64 hexagrammes, avec leurs titres textes et gloses, le livre des Mutations contient encore quatre appendices, théories générales que la tradition attribue à Confucius. De plus, aux deux trigrammes *ciel* et *terre*, sont ajoutés des développements dont Confucius fut peut-être aussi l'auteur. Il aurait composé ces pièces, tout à la fin de sa vie, peu de temps avant sa mort.

C. Je vais exposer maintenant, par manière d'exemple, le texte entier de l'hexagramme n° 29, 坎 *k'an* fosse, qui servit de motto à la révolte des Boxeurs de l'an 1900.

L'hexagramme *k'an* est composé du même trigramme ☵ fleuve, eau courante, en bas et en haut. Eau sur eau. Il n'y a donc pas changement; il y a surenchère.

Texte bref de *Tch'ang* de *Tcheou*.. Eau sur eau, danger, dévouement triomphera.

Amplification du même... Eau sur eau, danger sur danger. L'eau coule sans déborder. Il reste fidèle. Le dévouement fortifie son cœur. Il a du mérite. Le malheur qui vient du ciel, ne peut pas être évité. Aux maux qui viennent de la terre, on peut échapper. Les gouvernants doivent prévoir et prévenir les dangers de l'état. Dans les temps malheureux, tenir ferme.

Première glose linéaire de *Tan* de *Tcheou*. — Première ligne (de bas en haut : une fosse, c'est dangereux; y tomber, c'est fatal. — Deuxième ligne: dans le danger, il y aura du secours. — Troisième ligne: fosse sur fosse, danger sur danger; c'est partie perdue — Quatrième ligne: s'il a des vivres pour subsister dans la fosse, s'il trouve une issue pour en sortir, il sera sauvé. — Cinquième ligne: par l'abstinence et la modération, sa situation pourra s'améliorer. — Sixième ligne: s'il est lié avec des cordes, s'il est empêtré dans les ronces, durant trois ans il ne réussira pas.

Deuxième glose linéaire de *Tan* de *Tcheou*. — Première ligne: l'eau s'étend en nappe; le Sage propage la vertu par son exemple. — Deuxième ligne: tomber dans une fosse, c'est néfaste. — Troisième ligne: il y aura quelque succès, à condition qu'il n'excède pas. — Quatrième ligne: danger sur danger; insuccès final certain. — Cinquième ligne: il s'en tirera peut-être, s'il allie la ruse à la force. — Sixième ligne: il s'est livré à des excès, il a perdu sa voie; c'est néfaste pour trois ans.

Augurant sur les chances d'un soulèvement contre les étrangers et d'une extermination des chrétiens, les Boxeurs de 1900 tirèrent au sort cet hexagramme qu'ils inscrivirent sur leurs drapeaux. Ils l'interprétèrent ainsi: Eau sur eau, inondation de la Chine par les étrangers et les chrétiens. Le dévouement des Boxeurs en triomphera. — Les gloses linéaires préconisant l'abstinence, ils ne mangèrent d'abord que du riz et ne burent que du thé. Quelques succès faciles firent évaporer tant de vertu. Ils mangèrent du porc, burent du vin, et furent battus. Cela devait être, d'après le texte, puisqu'ils avaient perdu leur voie. Comme, pendant trois ans, rien ne réussirait, il n'y avait plus qu'à se reposer provisoirement. Après trois ans révolus, on y repenserait.

D. Voyons maintenant les consultations divinatoires qui nous ont été conservées dans l'Histoire. D'abord celles qui s'appuient sur un seul hexagramme, la mutation se produisant du trigramme inférieur au trigramme supérieur.

Vers l'an 680, le marquis 獻 *Hien* de 晉 *Tsinn* songeant à épouser une certaine 姬 *Ki* de 驪 *Li*, consulte les sorts. La tortue répond: c'est néfaste. L'achillée indique un hexagramme, dont la mutation, de trigramme à trigramme, est faste. Le marquis dit: je suivrai l'achillée. Le devin lui dit: la tortue voit plus loin que l'achillée (page 76); suivez plutôt la tortue. Contre l'avis du devin, le marquis épousa, et s'attira de grands malheurs.

En 645, le comte 穆 *Mou* de 秦 *Ts'inn* consulte les sorts sur une expédition qu'il projette contre le marquis 惠 *Hoei* de 晉 *Tsinn*. L'hexagramme indiqué par l'achillée, se compose des deux trigrammes, vent en bas, montagne en haut. Le devin attribue le vent à *Ts'inn* et la montagne à *Tsinn*, puis il prononce... C'est maintenant l'automne; les arbres des montagnes sont chargés de fruits; si un grand vent souffle, il les fera tous tomber. C'est faste. *Ts'inn* dépouillera *Tsinn*... D'autant que, dans la glose linéaire, à la deuxième ligne, la seule changée, sont attachés ces mots: les mille chars de guerre fuient trois fois, et finalement maître renard est pris... C'est faste! allez! vous vaincrez *Tsinn* trois fois et prendrez son marquis. — Les choses se passèrent ainsi.

En 575, lors du conflit de deux ligues formées par les seigneurs féodaux, avant d'en venir aux mains à 鄢陵 *Yen-ling*, les chefs de la ligue du nord augurèrent. L'achillée indiqua l'hexagramme composé du trigramme tonnerre en bas, terre en haut. Tonnerre veut dire ébranlement. Terre c'est symbole de fermeté. Après une secousse, affermissement. C'est faste et signe de victoire, pour celui qui consulte sur l'issue d'un combat... D'autant que la glose attachée à l'unique ligne changée dit: grande défaite; malheur au prince; il ne voit plus les quatre directions. — Dans la bataille qui suivit cet oracle, la ligue du sud fut entièrement défaite, et son chef le roi de 楚 *Tch'ou* eut un œil crevé par une flèche.

Leçon 9. 83

Les consultations suivantes s'appuient sur deux hexagrammes.

Entre 706 et 701, le marquis 厲 *Li* de 陳 *Tch'enn* donnant l'hospitalité à un annaliste impérial de passage, lequel portait sur lui le traité des Mutations, le prie de consulter ce livre sur l'avenir de son jeune fils. L'annaliste tire au sort deux hexagrammes, dont le trigramme inférieur était le même, le trigramme supérieur du premier étant *soleil*, celui du second étant *ciel*. Donc mutation du soleil en ciel. Le ciel étant plus élevé que le soleil, c'est faste ; pronostic d'exaltation future... D'autant que, à la seule ligne changée, la quatrième, étaient accrochées ces paroles : lumière d'une principauté, hôte cher à l'empereur. Sans aucun doute, le fils succéderait à son père et aurait la faveur du suzerain. — L'oracle se vérifia.

En 680, consultation presque identique. — En 661, 畢 萬 *Pi-wan* chef d'une famille ruinée, consulte les sorts pour apprendre s'il avancera sa fortune, en se mettant au service des 晉 *Tsinn*. L'achillée désigna deux hexagrammes, dont le trigramme supérieur était identique, le trigramme inférieur *tonnerre* du premier, étant changé au trigramme *terre* du second. Après un ébranlement, stabilité. Le pronostic était faste... D'autant que, à la ligne changée, la première, était accrochée cette sentence : ses pieds foulent un sol plus ferme. Confirmation de la mutation en mieux.

En 635, le comte de 秦 *Ts'inn* se demande s'il aidera l'empereur 襄 *Siang* détrôné par son frère 帶 *Tai*, ou s'il fera cause commune avec cet usurpateur. Il consulte les sorts. La tortue répond que, s'il aide l'empereur, il y aura profit pour lui. L'achillée indique deux hexagrammes, dont le trigramme supérieur est identique. Le trigramme inférieur *ciel* du premier, est changé au trigramme *lac* dans le second. Le devin interprète : l'empereur s'abaissera vers vous, vous prouvera sa reconnaissance. De plus, dans les sentences linéaires, se trouvent ces mots : le prince doit hommage au Fils du Ciel. La conduite que vous devez tenir et qui vous profitera, vous est nettement indiquée. Prenez le parti de l'empereur.

En 597, consultation sur une armée alors en campagne. L'achillée indique deux hexagrammes, dont le trigramme supérieur est identique, le trigramme inférieur *fleuve* du premier, étant devenu *lac* dans le second. Eau courante changée en eau stagnante. L'oracle est jugé néfaste.

En 548, un certain 崔 杼 *Ts'oei-tchou* songeant à épouser une veuve, consulte les sorts sur son projet. L'achillée indique deux hexagrammes, à trigramme supérieur identique, le trigramme inférieur *eau* du premier, étant devenu le trigramme *vent* dans le second. Le pronostic est néfaste, dit le devin ; d'abord, parce que le vent bouleverse l'eau ; ensuite, parce que la glose de la ligne changée, la troisième, est ainsi conçue... il se heurte aux rochers, il s'accroche aux ronces, il rentre chez lui pour trouver que sa femme a disparu. Ces paroles sont évidemment néfastes. N'épousez pas ! — *Ts'oei-tchou* passa outre, et s'en trouva mal.

E. Voilà la divination antique, au moyen des diagrammes. Inventée vers le onzième siècle avant l'ère chrétienne, elle sert encore de nos jours, à résoudre les doutes en Chine et au Japon. Oui, au Japon, où les difficultés de la politique moderne lui sont soumises, comme lui furent soumises les difficultés de la politique chinoise d'il y a trente siècles. L'écaille de tortue fut abandonnée après le troisième siècle avant l'ère chrétienne, l'antique clef d'interprétation des fissures s'étant perdue. Mais les diagrammes demeurèrent, et sont encore journellement consultés. C'est que ce système, à l'apparence scientifique, ne répugne pas à certains esprits cultivés, qui ne recourraient pas à un procédé ouvertement superstitieux. Les devins qui pratiquent ce système, se sont aussi perpétués, les mutations leur laissant de la marge, et leur permettant de se faire une réputation et une clientèle, s'ils sont habiles gens. Témoin ce *Takashima Kaemon* de *Tôkyô*, dont les consultations imprimées au fur et à mesure, en étaient au dix-huitième volume en 1906. Voici un exemple de ces consultations, de tout point conformes aux consultations antiques : « En 1872, Mr Mutsu, alors préfet de Kanagawa (depuis ambassadeur à Washington, puis ministre du Commerce, enfin comte et ministre des Affaires étrangères), esquissa un système d'impôts destiné à remplacer celui des temps féodaux. Avant de présenter son projet au gouvernement, il me demanda de consulter pour lui les Mutations. Je tirai le septième hexagramme, *fleuve* changé en *terre*, stabilité après la mutabilité, avec changement de la deuxième ligne. Votre projet, dis-je à Mr Mutsu, sera reçu et adopté. Vous serez de plus, par trois fois, promu à des dignités de plus en plus hautes. Car le texte attaché à la deuxième ligne dit : il jouira de la faveur impériale ; l'empereur lui parlera trois fois. — Le projet de Mr Mutsu fut en effet adopté par le gouvernement, et lui-même reçut de l'avancement par trois fois. »

Notes. — A. En ces jours de civilisation effervescente, les actions des Mutations ne baissent pas ; elles montent au contraire. Le livre devient de plus en plus une gloire nationale. — Vers l'an 1890, voulant obtenir du trône, chose difficile alors, qu'on s'occupât de sciences européennes, 李 鴻 章 *Li-houngtchang* raconta à l'empereur d'alors, ce qui suit : « Comme chacun sait, toutes choses sont contenues dans les Mutations. Nous Chinois possédons ce livre depuis l'origine. Entièrement appliqués à méditer la haute sagesse abstraite qu'il contient, nous n'avons pas eu le loisir d'en tirer les basses applications pratiques. Les Européens, gens oisifs, s'en sont occupés. De là leurs sciences. Reprenons-les donc, ces sciences, sans la moindre vergogne. Elles nous appartiennent de droit, étant les applications des principes de nos Mutations. Récupérons les intérêts de notre capital. » — Maintenant les Monistes japonais et chinois, prônent le fameux livre, comme étant le premier traité de naturisme scientifique, la première tentative faite par l'homme de tâter le pouls cosmique, le premier pas vers l'unification de l'homme avec la nature.

C. 義 和 拳 *I-houo-k'uan*, Poing serré pour la justice et la paix, c'est-à-dire réaction violente contre ceux qui lèsent la justice et la paix. Tel est le beau nom que se donnèrent, en 1900, les vilains brigands qui en voulaient proprement au gouvernement mandchou, mais que celui-ci dirigea habilement contre les étrangers et les chrétiens. Induits en erreur par le mot *poing*, les autres nations ont appelé ces gens-là les *Boxeurs*. Quoique absolument erroné, le terme restera dans l'Histoire.

Leçon 9.

Sources. — 易經 *I-king*, le Livre des Mutations. C'est un des livres canoniques. Mgr C. de Harlez est, que je sache, le seul Européen qui ait parlé de son contenu, avec quelque exactitude. Sa notice a été traduite en anglais par J.P. Val D'Eremao. The *Yih-King*. Publications of the Oriental universitary Institute, Woking. — 左傳 *Tsouo-tchoan*, les Récits de Tsouo, nous ont conservé les consultations historiques. — 高島易斷 *Takashima Ekidan*, par Mr Takashima Kaemon de Tōkyō. Des extraits de cet ouvrage, traduits en anglais, ont été publiés par Mr Sugiura, Shigetake, 1893. — G. Cesselin. L'art de la divination au Japon. Mélanges Japonais, 1909, page 197.

Ouvrages périmés. — *Y-King* antiquissimus Sinarum liber, quem ex latinâ interpretatione P. Regis S.J. (1736), edidit Julius Mohl, Stuttgartiae et Tubingae, 1834. — J. Legge. The *Yi-King*, in Sacred Books of the East, vol. *XVI*. N'a pas trouvé le joint.

Vase rituel antique.

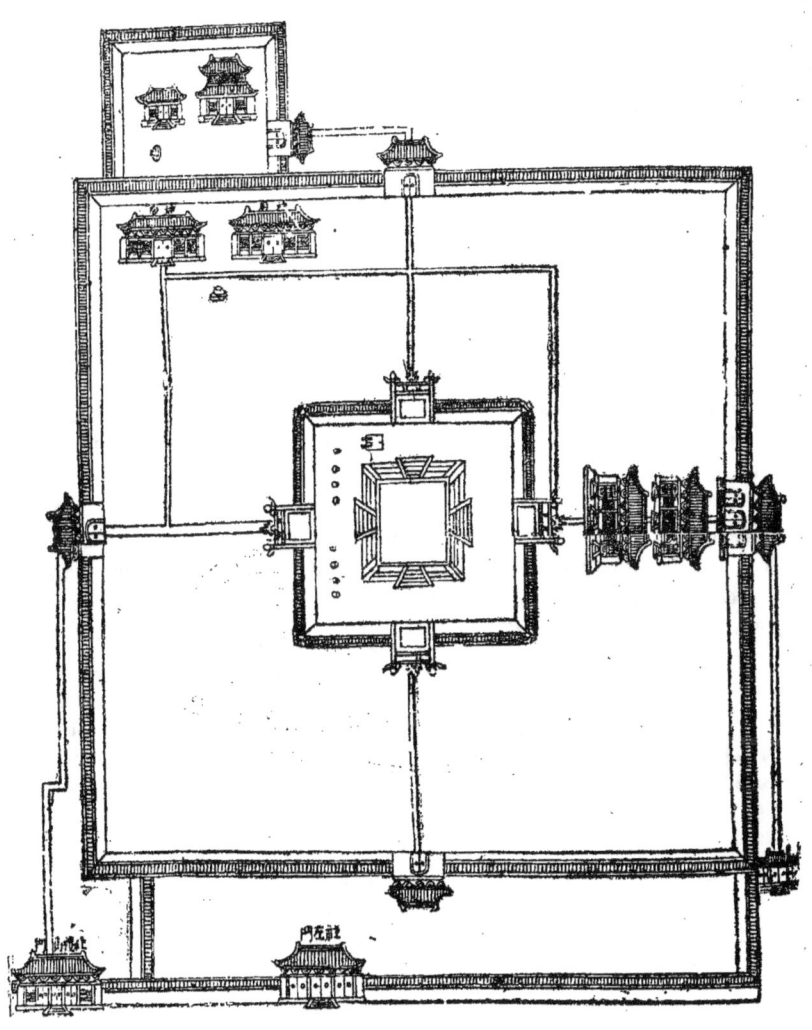

Tertre du Patron du sol, à la capitale,
avec ses dépendances.

Dixième Leçon.

Sommaire. — La divination officielle sous la troisième dynastie. **III** pronostics et conjectures. — **A** par l'étude des songes. — **B** par l'étude des anomalies et des monstruosités de la nature. — **C**. Conclusion.

Pour en finir avec la divination antique, il me reste à parler des songes et des monstres.

-*- -*-

A. D'abord l'interprétation officielle des songes dans l'antiquité. — C'était une affaire scientifique, considérée comme très grave, voici pourquoi. J'ai exposé, en parlant de la Grande Règle (page 60), que les cinq gros viscères du corps humain étaient considérés comme une participation, comme une parcelle des cinq agents naturels. Il s'ensuit que cette parcelle reste sous l'influence de son tout, est impressionnée par son principe. Cette espèce d'induction produite dans les organes par les agents cosmiques, imperceptible dans l'agitation de la veille, devient sensible durant le silence de la nuit dans la paix du sommeil. Elle constitue les songes, répercussion du macrocosme universel dans le microcosme humain, sympathie et covibration du principe vital avec la nature. Étant donnée une clef scientifique indiquant à quel agent se rapportait telle ou telle sorte de songe, on concluait à l'agent actuellement régnant, à sa croissance, à son déclin; et on prenait des conclusions pratiques en conséquence. La chose était jugée tellement importante, que des officiers spéciaux étaient chargés de s'enquérir, à époque fixe, des songes faits par l'empereur, par les officiers, par les citoyens. Ces songes étaient comparés avec les phénomènes célestes et les météores terrestres, signes externes visibles, les songes étant des signes internes invisibles, mais les deux sortes de signes ayant et décelant la même cause, l'altération cosmique. — Il nous reste quelques textes anciens, sur cette matière...

Vers la fin du neuvième siècle, à son réveil, l'empereur 宣 *Suan* fait appeler les interprètes des songes, et leur demande de lui expliquer le sens de ceux qu'il vient d'avoir. — Sous le même règne, le Grand Augure interprète les songes des pâtres des pacages impériaux. — Au huitième siècle, l'empereur 幽 *You* demande aussi qu'on lui interprète ses songes. (Odes, *Seu-kan, Ou-yang, Tcheng-ue*.)

Vers l'an 670, une concubine du comte 文 *Wenn* de 鄭 *Tcheng* eut un songe. Un envoyé du Ciel lui apparut, et lui remit un plant d'orchis. La concubine devint enceinte, et accoucha d'un enfant mâle, qui fut appelé 蘭 *Lan* Orchis, et devint le comte 穆 *Mou* de *Tcheng*. Plus tard, le comte *Mou* étant tombé malade, dit: tant que l'orchis vivra, je ne mourrai pas, car sa vie est la mienne... Quelqu'un ayant détruit l'orchis, le comte mourut, en 606. (*Tsouo-tchoan*.)

En 575, la nuit avant une bataille entre 晉 *Tsinn* et 楚 *Tch'ou*, l'archer 錡 *I* de 呂 *Lu* rêve qu'il blesse la lune, puis s'enlize dans un marais en voulant se retirer. Il demande l'interprétation de son songe. Le devin lui dit: tu blesseras le roi de *Tch'ou*, et périras ensuite. L'oracle s'accomplit. (*Tsouo-tchoan*.)

Leçon 10.

Vers 571, un conseiller dit à l'empereur 靈 *Ling*: Jadis l'empereur 武丁 *Ou-ting* des 殷 *Yinn* (1274) ayant fait chercher le Sage dont l'image lui avait été montrée en rêve, il fut découvert en la personne de 傅說 *Fou-ue*. (*Kouo-u*). — Dans le chapitre des Annales qui raconte cette histoire, le choix du ministre et le songe de l'empereur sont attribués au Souverain d'en haut. Ce chapitre, au moins remanié, est d'une authenticité douteuse.

Ajoutez l'histoire racontée page 77.

Le Rituel de la dynastie *Tcheou* nous apprend que le Grand Augure conservait la clef traditionnelle de l'interprétation des songes. Les Commentaires du rituel ajoutent à ce texte la note suivante, qui résume bien mes trois Leçons sur la divination antique. « Sous les trois premières dynasties, le faste et le néfaste se déterminaient par l'achillée et la tortue. Le Ciel qui ne s'exprime pas en paroles, se sert de ces êtres, pour indiquer ce qui doit arriver. Ce sont les anciens Sages, qui ont appris aux hommes à s'en servir. L'avis donné par la tortue, prime celui qui est donné par l'achillée. L'avis donné par l'achillée ou la tortue, prime celui qui est donné par un homme, quel qu'il soit. En outre, il y a les songes, communication directe du ciel et de la terre avec les deux âmes de l'homme; communication confuse, mais dont se tirent des pronostics précis. » (*Tcheou-li, T'ai-pouo.*)

-◆- -◆-

B. Les songes sont une induction, produite dans le microcosme par le macrocosme. Les météores sont la répercussion céleste de ce qui se passe sur la terre, un reflet du microcosme sur le macrocosme. Une autre catégorie bien curieuse, ce sont les Monstres (怪物 *koai-ou* ou 妖怪 *yao-koai*), êtres physiques produits par les passions humaines extériorisées. Leur apparition est aussi censée fournir des pronostics utiles. — La théorie de leur genèse, cent fois répétée depuis, nous est donnée, pour la première fois, dans un texte de l'an 679. « A 鄭 *Tcheng*, en plein jour, deux grands serpents se battirent dans la porte de la ville, l'un défendant l'entrée, l'autre cherchant à la forcer. Le défenseur fut tué. L'agresseur pénétra dans la ville et disparut. Six ans plus tard, le comte de *Tcheng* fut attaqué et tué par un compétiteur. Le duc de 魯 *Lou* demanda à 申繻 *Chenn-su*, si c'était ce fait, que l'apparition des deux monstres avait présagé... Dites plutôt, dit *Chenn-su*, que ce fait étant dès lors attendu et redouté par beaucoup d'hommes, cette atteinte et cette crainte produisit les deux monstres et leur lutte. Les monstres naissent des anxiétés des hommes. Les appréhensions humaines extériorisées, devenues existantes objectivement, constituent les monstres. Quand les cœurs des hommes sont en paix, il ne paraît pas de monstres. Quand les cœurs des hommes sont troublés, les monstres pullulent. » (*Tsouo-tchoan, Tchoang-koung.*) — Ceci est profond. Ne voit-on pas, dans le monde entier, en temps de trouble, de folles terreurs prises pour des réalités vraies? L'original, dans la conception chinoise, c'est qu'elle va jusqu'à la concrétion physique de ces chimères morbides particulières, lesquelles deviennent phénomènes publics apparents. — Retenons que cette théorie fut toujours crue. Elle est encore crue de nos jours.

-◆- -◆-

Leçon 10.

C. Concluons: La divination chinoise ancienne ne s'adressa jamais à des esprits proprement dits, bons ou mauvais, anges ou démons, car l'antiquité chinoise ne connut ni les uns ni les autres. Elle prétendait reconnaître 天道 la *Voie du Ciel*. Dans les textes les plus anciens, la question est posée, la demande est faite, au Souverain d'en haut, au Ciel lui-même. Au cours des siècles, on s'adressa de plus au binôme ciel-terre, aux cinq agents naturels, à la rotation cosmique; le principe que ces êtres matériels manifestent l'intention du Souverain d'en haut, du Ciel, restant d'ailleurs toujours incontesté. Le peuple crut toujours simplement à une réponse de Celui qui dirige toutes choses. Les intellectuels devenus peu à peu matérialistes, expliquèrent par le fatum, par la loi.

Sources. — A. 詩經 *Cheu-king*, Odes 斯干 *Seu-kan*, 無羊 *Ou-yang*, 正月 *Tcheng-ue*. — 左傳 *Tsouo-tchoan*, les Récits de Tsouo. — 國語 *Kouo-u*, les Discours des Royaumes. — 書經 *Chou-king*, les Annales, chapitre 說命 *Ue-ming*. — 周禮 *Tcheou-li*, le Rituel des Tcheou, chapitre 太卜 *T'ai-pouo*.

B. *Tsouo-tchoan* 莊公十四年 *Tchoang-koung cheu-seu-nien*. — Les sections 庶徵 *Chou-tcheng* et 物異 *Ou-i*, dans les Histoires dynastiques et les Répertoires historiques.

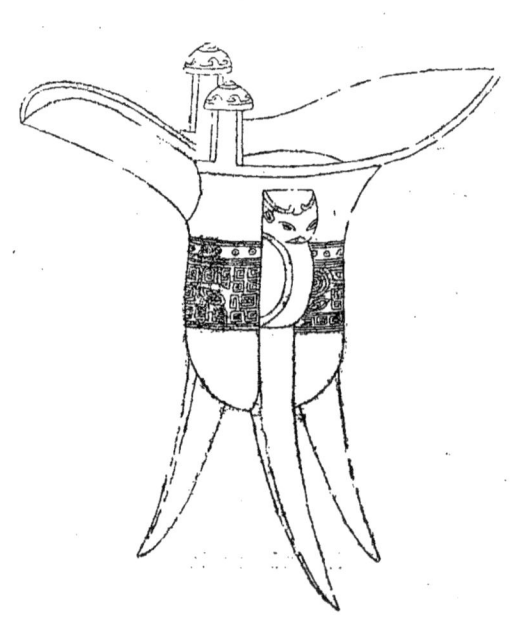

Vase rituel antique.

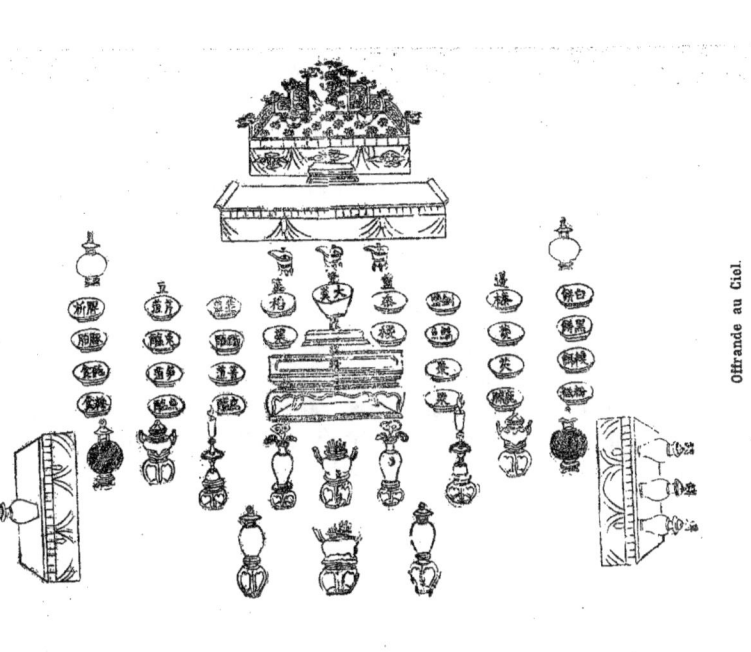

Offrande au Ciel.

Onzième Leçon.

Sommaire. — Le Rituel officiel de la troisième dynastie. Innovations et altérations. — I. Historique. — **A.** Le Ciel, le Souverain d'en haut. — **B.** Les Cinq Souverains. Histoire complète de cette nouveauté. — **C.** Les êtres transcendants. Altération des notions. — **D.** Patrons du sol et des moissons. — **E.** Monts et fleuves. — **F.** Corps célestes et météores. — **G.** Culte des anciens inventeurs. Offrande du dernier mois. Culte des cinq pénates. — **H.** Grandes offrandes impériales.

I. Cette Leçon et la suivante, seront consacrées à l'étude du Rituel officiel de la dynastie 周 *Tcheou*. Les deux premières dynasties avaient eu chacune son rituel officiel. Aussitôt qu'elle fut installée, la troisième dynastie dut créer le sien, le rituel étant partie intégrante de la constitution chinoise. Le travail prit plusieurs années, l'ouvrage devant être complet d'emblée, car le principe est qu'on n'y ajoute rien ensuite. La tradition rapporte que ce fut 旦 *Tan* duc de *Tcheou*, le frère du fondateur de la dynastie, qui le rédigea; et que l'empereur 成 *Tch'eng*, fils du fondateur et neveu de *Tan*, le mit en vigueur en l'an 1039. Une partie relativement peu importante, a été perdue. Ce qui a été conservé, forme maintenant deux livres, le 周禮 *Tcheou-li* qui contient les rits officiels, et le 儀禮 *I-li* qui renferme les rits privés. Hautement estimé, et méritant de l'être, comme document contemporain authentique qui révèle la Chine ancienne, ce Rituel des *Tcheou* tient une place d'honneur parmi les anciens livres, car seul il est parvenu jusqu'à nous tel quel, non fragmenté, non remanié, et à peu près entier. Je vais en extraire les textes relatifs à la religion antique, que je grouperai sous les mêmes chefs que dans les Leçons précédentes.

A. Et d'abord le Ciel, le Splendide Ciel Souverain d'en haut... «Quand l'empereur fait les offrandes ordinaires au Ciel, il revêt une robe doublée de peau d'agneau. Il lui offre un morceau de lapis-lazuli, couleur d'azur. — Dans les cas extraordinaires, l'empereur informe le Souverain d'en haut, et lui fait une offrande. — Quand l'empire éprouve une grande calamité, l'empereur adresse une supplique au Souverain d'en haut, et lui fait une offrande. La supplique est gravée sur une lame d'or. — C'est au Splendide Ciel Souverain d'en haut, qu'est faite l'offrande 禮 *yinn*.»... Les Commentateurs ajoutent à ce texte la glose suivante: Ciel et Souverain d'en haut, sont des termes synonymes. On dit *Ciel*, quand on parle de son gouvernement. Son être étant immense, on l'appelle Splendide Ciel. Le siège de son gouvernement étant en haut, on l'appelle Souverain d'en haut. N'ayant rien à lui offrir qui soit digne de lui, on lui offre les sentiments intimes du cœur, représentés par quelque objet symbolique, pur et précieux, lapis-lazuli ou or. C'est là ce qu'on appelait l'offrande *yinn*.

Leçon 11.

B. Ce qui précède, est parfaitement clair, et aussi parfaitement conforme à ce que nous avons vu dans les périodes précédentes. Mais ce qui va suivre est du neuf. Il s'agit des 五帝 *Ou-ti, Cinq Souverains*. — Contre mon habitude, je vais anticiper, et traiter cette importante question tout d'une haleine, en son entier, car elle n'est intelligible que traitée ainsi.

Le Rituel dit: «On engraisse préalablement durant trois mois entiers, les victimes destinées aux Cinq Souverains. Lors de l'offrande, une pierre jaune est offerte à la région orientale, une pierre rouge à la région méridionale, une pierre blanche à la région occidentale, une pierre noire à la région septentrionale.»

Ce texte n'est pas interpolé; il est authentique. Les Cinq Souverains n'étant nommés dans aucun document antérieur, les Commentateurs en parlent ici au long. Donnons-leur la parole.

«Les anciens Lettrés ont interprété le terme Cinq Souverains par le terme Ciel. Mais, le Ciel étant *un*, comment peut-il y avoir *cinq* Souverains? Voici comment il faut l'entendre. Souverain, se dit de l'action, de la mise en œuvre de la puissance. Au ciel, les cinq agents naturels ont chacun son action propre. L'action des cinq agents, voilà les cinq Souverains. Ils agissent dans les cinq régions, dans l'Est vert, dans le Sud rouge, dans l'Ouest blanc, dans le Nord noir, dans le Centre jaune (page 60). — Jadis quand les comtes de 秦 *Ts'inn* commencèrent à s'affranchir de l'empire, ils se cherchèrent un patron céleste. N'osant pas accaparer le Souverain d'en haut unique, de peur d'exciter contre lui l'animosité universelle, en l'an 756 le comte 文 *Wenn* imagina de démembrer les Cinq Souverains. Son territoire étant à l'Ouest, il s'appropria le Souverain blanc, en fit son génie protecteur et lui éleva un tertre. En 675, le comte 宣 *Suan* éleva à l'Est un tertre au Souverain vert. En 422, le comte 靈 *Ling* éleva au centre un tertre au Souverain jaune. En 205, le premier empereur de la dynastie 漢 *Han*, fit élever un tertre au Souverain noir. En 165, parfaisant le groupe quinaire, l'empereur 文 *Wenn* de la même dynastie fit élever cinq tertres aux Cinq Souverains. Pour les rendre plus intéressants, en cette même année 165, l'imposteur 新垣平 *Sinhyuan p'ing* leur donna des noms, et fit des personnages de ces entités impersonnelles.»

Les protestations des Lettrés, des Cérémoniaires et des Annalistes, contre ces novations, furent énergiques et constantes. «Voilà qu'on prétend, dirent-ils, qu'il y a au ciel six Souverains, le Splendide Ciel Souverain d'en haut, et les Souverains des cinq régions. Comment cela se peut-il faire? Sur la terre il ne saurait y avoir simultanément deux empereurs; alors comment y aurait-il simultanément six Souverains au ciel? Les Cinq Souverains sont l'action du Ciel unique, exercée dans les cinq régions de l'espace. On peut les appeler Souverains, à la rigueur, en tant qu'ils sont l'action du Souverain d'en haut. Mais il ne faut pas en faire des collaborateurs distincts du Ciel, du Souverain d'en haut; car, en réalité, il n'y a au ciel qu'une seule puissance. L'homme, qui est un, agit par ses quatre membres. Ciel, qui est un, agit par les cinq agents, dans les cinq régions. Eu égard à son immensité lumineuse, on l'appelle Splendide Ciel. Eu égard à son éloignement dans l'azur, on l'appelle Ciel azuré. Quant à son être, on l'appelle Ciel; quant à son action, on l'appelle Souverain. Les Cinq Souverains, ce n'est qu'un nom spécial, pour le Ciel agissant. Il n'y a pas, au ciel, cinq génies, comme certains se l'imaginent. Il y a cinq agents, par lesquels l'action du Ciel unique se manifeste comme il y a, sur la terre, cinq monts principaux, par lesquels l'influx de la terre émane.» — En résumé, les Cinq Souverains ne furent jamais considérés comme des multiples ou des collègues du Souverain d'en haut, que par des ignorants ou des magiciens, dont quelques empereurs furent les dupes, mais que les Lettrés réprouvèrent. L'histoire dynastique le prouve bien. En l'an 113 avant J.-C., l'empereur 武 *Ou* de la dynastie 漢 *Han* fait des offrandes au Souverain d'en haut et aux Cinq Souverains, mais avec un cérémonial absolument différent dans les deux cas. En l'an 106, le même fait des offrandes au Souverain d'en haut, au sommet du mont 泰山 *T'ai-chan;* et aux Cinq Souverains, au pied de la montagne. En l'an 32 avant J.-C., le lettré 匡衡 *K'oang-heng* déclare à l'empereur 成 *Tch'eng*, que le seul vrai culte du Ciel, consistait à faire les offrandes au Souverain d'en haut devant le tertre de la banlieue du sud, et que les Cinq Souverains n'étant que l'action du Souverain d'en haut dans les cinq régions, ne devaient avoir ni tertres spéciaux ni offrandes spéciales; qu'agir autrement, c'était contrevenir à la tradition de tous les siècles. — En l'an 266 après J.-C., l'empereur 武 *Ou* de la dynastie 晉 *Tsinn*, supprime les offrandes aux Cinq Souverains, son grand-père maternel le célèbre lettré 王肅 *Wang-sou* lui ayant représenté, que les Cinq Souverains ne sont que le Souverain d'en haut agissant diversement d'après les saisons, et auquel les hommes ont donné bien à tort cinq appellatifs différents. — Les Cinq Souverains reparurent en 656, sous la dynastie 唐 *T'ang*, mais à leur rang, en sous-ordre. Quand l'empereur 玄宗 *Huan-tsoung* visita, en l'an 725, le mont *T'ai-chan*, il fit en personne l'offrande au Souverain d'en haut sur la cime de la montagne, tandis que ses officiers faisaient des offrandes aux Cinq Souverains au pied de la montagne. — Sous la dynastie 宋 *Song*, en l'an 1008, l'empereur 眞宗 *Tchenn-tsoung* offre au Souverain d'en haut sur la cime du mont *T'ai-chan*, tandis que ses officiers font dans la plaine des offrandes aux Cinq Souverains. — Certains novateurs ayant ensuite de nouveau additionné les Cinq Souverains avec le Souverain d'en haut, et parlé de Six Souverains, l'empereur 神宗 *Chenn-tsoung* donna, en l'an 1067, l'édit suivant: «Voilà assez longtemps qu'on parle de six cieux, de six souverains. Je n'admets pas cette doctrine. Il n'y a qu'un seul Souverain d'en haut. Que toutes les autres offrandes soient supprimées.».. Le Rituel officiel des *Song* ajoute: «Dans le Rituel des *Tcheou* se trouvent les trois appellatifs, Splendide Ciel Souverain d'en haut, Souverain d'en haut tout court, et Cinq Souverains. Ces trois dénominations désignent un seul et même Souverain, lequel est unique. C'est le Commentateur (du deuxième siècle) 鄭康成 *Tcheng-k'angtch'eng*, qui a imaginé six cieux et y a logé six Souverains, par une erreur d'interprétation. Son dire ne concordant pas avec les Canoniques et la tradition, doit être rejeté.».. Cette décision nette et ferme, termina la cause des Cinq Souverains. Leur culte n'a jamais plus reparu. (*Histoires dynastiques*.)

C. Parlons maintenant des êtres transcendants. Là aussi nous allons constater, sous la troisième dynastie, des innovations et des altérations importantes.

«Le Grand Cérémoniaire, dit le texte, est chargé de tout ce qui se rattache au culte des 神 *chenn* du ciel, des 鬼 *koei* de l'espace médian, et des 祇 *k'i* de la terre. Il aide ainsi l'empereur à faire prospérer l'empire et les fiefs.» — L'ordre de cette énumération, disent les Commentateurs, est l'ordre d'habitat, haut milieu bas. L'ordre de dignité serait *chenn k'i koei*. — Nous savons que, essentiellement, ces trois sortes d'êtres sont de même nature, étant tous des Mânes; les *chenn* puissants et actifs étant fixés au ciel ou libres dans l'espace, les *k'i* moins nobles étant attachés à certains lieux terrestres, les *koei* vulgaires flottant et vaguant entre deux. Le texte exprime que le culte ordinaire de ces êtres attire la prospérité sur l'empire et sur les fiefs. De plus, dit-il, en cas de calamité publique, le Sous-Cérémoniaire dirige les prières extraordinaires, adressées aux *chenn* du haut et aux *k'i* du bas, en vue d'obtenir leur secours. Le Grand Prieur est dépositaire des formules immuables, qui servent à évoquer les *chenn* les *k'i* et les *koei*, à leur demander prospérité succès bonheur, des signes fastes, etc. Les Commentateurs ajoutent que ces formules avaient été composées par 旦 *Tan* duc de *Tcheou*, au onzième siècle.

Le texte suivant est à méditer: «C'est par la musique et les danses figurées, qu'on atteint les *chenn* les *koei* et les *k'i*, qu'on procure la paix à l'empire et aux fiefs. On bat le tambour 雷 *lei*, pour avertir les *chenn* de l'espace, qu'on va leur faire des offrandes. On bat le tambour 靈 *ling*, pour avertir les Patrons du sol et des moissons (lesquels sont des *k'i*, étant fixés à la terre). On bat le tambour 路 *lou*, pour avertir les *koei* vulgaires. Toute offrande aux êtres transcendants, est accompagnée de batteries et de sonneries, de danses avec des lances ou des guidons. Un seul signal suffit, pour appeler les *k'i* des eaux, légers comme les oiseaux aquatiques. Il en faut deux pour appeler les *k'i* des bois, lourds comme les bêtes sylvestres. Il en faut trois pour appeler les *k'i* des rivages, lents comme sont les êtres à écailles, crocodiles et tortues. Il en faut quatre pour appeler les *k'i* des plaines, traînards comme sont les bestiaux des pacages. Il en faut cinq pour faire sortir les *k'i* terrés, les moins ingambes de tous, les êtres à carapace ou à coquille, crabes moules et autres. Il faut six appels, pour faire descendre les *chenn* du ciel, car ils logent bien loin dans les astérismes, sont fiers et se font prier; cependant au sixième appel ils descendent tous, et se laissent honorer. Si l'on continue, au huitième appel, les derniers et les plus nobles *k'i* terrestres, les Patrons du sol et des moissons, les *k'i* des grandes montagnes, sortent et se laissent honorer. Enfin, au neuvième appel, les *koei* arrivent.». Ces *koei* sont les âmes des défunts vulgaires, qui ne sont devenues ni *chenn* ni *k'i*. Elles flottent dans l'espace médian, à demi dissoutes, semi-conscientes seulement; voilà pourquoi il faut neuf appels, pour les éveiller et les mettre en branle. — Ce texte capital nous révèle, qu'on se figurait déjà les *chenn* et les *k'i*, les Mânes glorieux en partie du moins sous des formes diverses, animales et autres. Aussi ne serons nous pas étonnés, quand, sous peu, nous ferons connaissance avec des grues transcendantes, des ours transcendants, des serpents transcendants, etc... Comme les notions antiques ont baissé !

Quand on jurait avec solennité, par exemple pour conclure un traité, les contractants se tournaient face au nord et invoquaient les 神 *chenn*, qu'on traitait de *clairvoyants* pour la circonstance. Le Souverain d'en haut était censé résider dans les constellations polaires, voilà pourquoi l'on se tournait vers le nord. Pour convaincre autrui des sentiments cachés dans son cœur, on énonçait ces sentiments intimes, disent les Commentateurs, en présence des *chenn* du ciel, s'offrant à être châtié par eux, si l'on manquait à son serment.

Dans les fiefs, des officiers spéciaux étaient chargés de faire respecter les lieux consacrés aux nombreux petits *k'i* locaux. Quand un *chenn* nouveau se manifestait, ils devaient découvrir qui ce pouvait bien être, établir son identité. Car, dit le commentaire, pour traiter avec lui, il fallait d'abord savoir qui il avait été de son vivant, quel avait été son caractère, ce qu'il prétendait, etc. — Au jour du solstice d'hiver, les mêmes officiers priaient, avec accompagnement d'offrandes, les *chenn* du ciel et les *koei* de l'espace; pas les *k'i* supposés terrés à cette froide époque. Au jour du solstice d'été, ils priaient, avec offrandes, les *k'i* de la terre et les âmes des êtres, c'est-à-dire des animaux, des végétaux (surtout des arbres), et de certains minéraux remarquables, par exemple de tel ou tel rocher. Tout cela, en vue de détourner du fief, la guerre, la famine, et autres malheurs; et de préserver le peuple des épidémies et de la mortalité.

D. Sur le 社 *Chee* et le 稷 *Tsi*, les Patrons du sol et des moissons, qui sont des *k'i* comme nous savons, le Rituel des *Tcheou* donne des détails très précis… «A la capitale, le tertre commun des deux Patrons, faisait face au temple des Ancêtres». — Le Patron du sol est souvent désigné par un appellatif nouveau, 后土 *Heou-t'ou* Seigneur du sol, qui le désigne plus personnellement, le terme 社 *chee* désignant plutôt son tertre. Avant toute expédition militaire, avant chaque tournée impériale pour l'inspection des feudataires, avant les grandes chasses, il y avait annonce et offrande au Patron du sol de l'empire. Quand l'empereur voyageait, quand une armée marchait, à chaque campement, dans chaque station temporaire, on élevait un tertre au Patron du sol du lieu. Au retour d'une expédition, d'une tournée, de nouveau annonce et offrande au Patron du sol de l'empire. — Chaque fois qu'il arrive un malheur extraordinaire céleste ou terrestre, une éclipse, une sécheresse, une inondation, annonce en est faite au Patron du sol, pour l'apitoyer, disent les Commentateurs. — Chaque fois que l'empereur crée un fief nouveau et y fait élever le tertre qui sera comme le centre de la juridiction du feudataire, il fait d'abord prier le Patron du sol du lieu, afin que celui-ci veuille bien, de ce nouveau tertre, étendre sa bienveillante influence au district qui en dépend. On enterrait dans ce tertre, une motte de terre prise au tertre impérial. — Toute agglomération humaine élevait son propre tertre à son Patron du sol et des moissons, dès qu'elle comptait vingt-cinq feux. Tous les Patrons du sol de toutes les localités de l'empire, recevaient des offrandes à des époques déterminées. Un officier spécial était chargé de convoquer le peuple pour la circonstance. Au second mois, on demandait au Patron du sol une bonne année; au huitième mois, on le remerciait pour la moisson. Ce jour-là, 社日 jour du Patron du sol, le peuple chômait, assistait à l'offrande faite par le chef du village, puis faisait bombance et s'amusait. — L'officier qui avait la garde du tertre du Patron du sol, était aussi chargé de planter et de soigner l'arbre qui ombrageait ce tertre. Il devait aussi soigner d'autres arbres, qui servaient de bornes ou de repères dans les campagnes. Ces Termes étaient censés protégés par le Patron du sol. Le peuple les priait, leur faisait des offrandes. Certains, comme l'orme blanc de 豐 *Fong*, devinrent célèbres dans l'Histoire. — Après la chute d'une dynastie, celle qui lui succédait, élevait un nouveau tertre à la capitale, et un nouveau tertre dans le chef-lieu de chaque fief. Les anciens tertres n'étaient pas détruits, mais emmurés. L'enceinte qui les contenait, était considérée comme le lieu le plus néfaste possible; car c'est d eux qu'était partie, pensait-on, la malédiction qui avait renversé la dynastie coupable. C'est dans cette enceinte maudite, qu'on jugeait les crimes qui, en ruinant les mœurs, ruinent les nations; l'adultère, le viol, le rapt, et autres du même genre. C'était là le huis-clos antique.

E. Le culte antique des Monts et des Fleuves, continua sous la troisième dynastie. Nous savons que leurs génies sont des 祇 *k'i*, puisqu'ils sont fixés à des lieux. Lors de ses tournées d'empire, l'empereur offrait un poulain, à chaque mont qu'il visitait, à chaque fleuve qu'il traversait. On enterrait l'animal offert à une montagne, on immergeait celui offert à un fleuve.

F. Le culte antique des corps célestes et des météores, continua aussi, et se développa, durant la troisième dynastie. Voici les textes de son Rituel: « Au printemps, quand il allait saluer, à la porte orientale de la capitale, le soleil censé revenir de sa retraite hivernale vers le sud, l'empereur portait le grand sceptre impérial, car il saluait le soleil au nom de l'empire. — A époque fixe, on offrait un bœuf au soleil, à la lune, aux cinq planètes, aux mansions zodiacales. On allumait un feu de joie, en l'honneur de l'astérisme qui donne la vie, le quadrilatère de la Grande Ourse; de l'astérisme qui mesure la vie, la queue de la Grande Ourse; du maître du vent, le Sagittaire; du maître de la pluie, les Hyades. Ces hommages, disent les Commentateurs, s'adressaient proprement au Splendide Ciel Souverain d'en haut, qui donne et mesure la vie, qui fait souffler le vent et tomber la pluie. Si les anciens empereurs détaillèrent ainsi le culte, ce fut pour inspirer au peuple grossier, une plus grande estime pour le don de la vie, et plus de soin pour sa conservation. Ce fut aussi pour le porter à demander, selon les conjonctures, ce qui était nécessaire à l'agriculture, dont la vie du peuple dépend.

Au commencement de l'hiver, on faisait une offrande à l'astérisme protecteur du peuple, pour qu'il rendît féconde la vie conjugale, durant le repos de l'hiver. Au printemps, époque de la saillie, on faisait une offrande à l'astérisme protecteur des chevaux, pareillement en vue de leur reproduction. Après chaque récolte, on remerciait l'astérisme protecteur de l'agriculture. Après chaque recensement de la population, s'il y avait augmentation, on remerciait l'astérisme protecteur du peuple.

Divers officiers étaient chargés d'observer l'aspect du soleil de la lune et du ciel stellaire, les mouvements des planètes, l'apparition des météores, et d'en déduire ce qui se préparait de faste ou de néfaste pour l'empire. Ils devaient observer, avec un soin tout spécial, les astérismes des fiefs, pour prévoir à temps les conspirations et les rébellions possibles. — Les Anciens avaient divisé le ciel en districts, répondant aux districts de la terre. Ce qui se passait dans un district céleste, pronostiquait ce qui se préparait dans le district terrestre correspondant. Quand la révolte couvait dans un fief, le moins que pût faire son astérisme, c'était de cligner de l'œil. Un traité officiel interprétait ces signes célestes. Il est perdu, mais le chapitre 天官 *t'ien-koan* des 史記 Mémoires Historiques, nous a conservé la substance de cette astrologie politique, laquelle joua un très grand rôle.

G. Voici maintenant quelques 祇 *k'i* nouveaux, ou du moins qui font leur première apparition dans le Rituel de la troisième dynastie. — D'abord l'Inventeur de l'élevage des chevaux. Il avait son tertre et recevait des offrandes dans les pacages et les haras. — Puis l'Inventeur du tir à l'arc, qui recevait une offrande avant les grands tirs de concours officiels. — Puis l'Inventeur des applications du feu, remercié lors de la cuisson des poteries, de la fonte des métaux, etc. — Dans tous les festins et repas, on offrait les prémices des mets et des boissons, en action de grâce, à l'Inventeur de l'art culinaire. Une parcelle du mets était déposée sur une assiette *ad hoc*, un peu de liquide était versé à terre en libation.

Première apparition, dans le Rituel des *Tcheou*, de l'offrande 蜡 *la*, durant la dernière lune de l'année, aux quatre régions et aux *cent êtres;* c'est-à-dire à tous les êtres supposés utiles à l'agriculture. Génies protecteurs des digues, des canaux d'irrigation, des sentiers, des aires. Le Génie des tigres, qu'on priait de faire dévorer par les siens tous les sangliers. Le Génie des chats, pour qu'il fît exterminer par sa gent tous les rongeurs. Etc.

Première apparition aussi des *cinq pénates*, petits Génies sans nom, protecteurs des habitations, auxquels on offrait 五祀 les cinq offrandes. C'étaient les Génies, 門 de la porte, 行 des galeries, 戶 des fenêtres, 竈 de l'âtre, 中霤 de l'atrium central. On leur offrait quelque chose, de temps en temps. Quand quelqu'un était mort dans la maison, avant d'emporter le cadavre, on avertissait séparément ces cinq pénates, que un tel partait pour ne plus revenir. — Il n'est resté, de ces cultes, que celui du Génie de l'âtre, lequel s'est considérablement développé avec le temps, et se pratiquait encore, en ces derniers temps, dans toutes les familles.

H. Les grandes offrandes impériales furent les mêmes, sous les *Tcheou,* que sous les deux dynasties précédentes. Le Rituel de la troisième dynastie nous apprend les détails intéressants que voici:

La veille de l'offrande, l'empereur gardait l'abstinence. Le nombre des plats servis sur sa table était diminué, le vin et la musique étaient supprimés; il ne visitait pas ses femmes. Il portait un vêtement en toile écrue, s'excitait à la dévotion, et ingérait du jade pulvérisé... Le jade est en Chine le symbole de la pureté, comme le cristal en Europe. Avalé, il est censé communiquer sa pureté à l'âme.

Des officiers écartaient des offrandes toutes les personnes néfastes; les forçats, les mutilés, tout homme ou femme portant le deuil, les veuves. Ils chassaient, à

Leçon 11.

coups de flèches, les oiseaux de mauvais augure. Ils faisaient observer un religieux silence par tous les assistants.

Le feu qui servait à allumer les flambeaux et le bûcher, était tiré du soleil, au moyen du miroir concave, que les Chinois paraissent avoir connu de bonne heure. L'eau qui servait à asperger les offrandes, était censée tirée de la lune, au moyen de grands plateaux métalliques exposés durant la nuit, et qui se couvraient de rosée. Ce feu et cette eau étaient censés absolument purs.

L'empereur resserrait l'union existante entre sa personne et ses parents ou feudataires, en leur envoyant, après les offrandes, une part des viandes offertes. L'idée était que, en ce faisant, il cédait à celui qui recevait ce don, une partie de la bénédiction qu'il avait reçue du Ciel et des Ancêtres, pour son offrande.

Sources. — Le 周禮 *Tcheou-li,* et le 儀禮 *I-li,* passim.

Ouvrages. — Traduction du *Tcheou-li* par Ed. Biot. — Traduction du *I-li* par S. Couvreur S.J.

Vase rituel antique.

Douzième Leçon.

Sommaire. — Le Rituel officiel de la troisième dynastie. Innovations et altérations.

II. Culte des Mânes. — **A.** Les sept tablettes du temple des Ancêtres. Les offrandes. — **B.** Le champ impérial. — **C.** Le rappel de l'âme. — **D.** Disposition du cadavre. — **E.** Funérailles.

III. Sorcellerie. — **F.** Sorciers et sorcières. — **G.** Incantations. Exorcismes. Adjurations.

II. Passons au culte officiel des Mânes, sous la troisième dynastie, tel qu'il est décrit dans son Rituel.

—❖ ❖—

A. « Le Sous-Cérémoniaire était chargé de l'ordre des tablettes des Ancêtres dans leur temple. »... Il y avait, dans le temple, sept tablettes au plus. La première, celle du fondateur de la dynastie, placée au fond et au milieu, était inamovible. Les six autres, disposées sur deux rangs alternatifs appelés 昭 *tchao* et 穆 *mou*, avançaient à l'ancienneté, rang par rang, poussées par les nouvelles survenantes. Quand, les deux rangées de trois étant complètes, un nouveau défunt devait trouver place, la tablette en tête de son rang sortait du temple, et était remisée dans un dépôt *ad hoc*. Ces tablettes remisées s'appelaient 祧 *t'iao*. — Les deux premières dynasties avaient déjà connu quelque chose d'analogue.

« L'empereur régnant honorait ses ancêtres défunts, par des libations de vin et des oblations de mets, faites devant leurs tablettes, dans le temple, aux offrandes particulières des quatre saisons, aux offrandes communes triennales, lors de l'offrande quinquennale du souvenir. »... C'est-à-dire que, tous les trois mois, il offrait aliments et boissons, à chacune des sept tablettes du temple des Ancêtres. Tous les trois ans, en place de l'offrande trimestrielle d'hiver, on groupait les six tablettes du temple autour de celle du fondateur, et on offrait un festin commun aux sept Ancêtres du temple. Et une seule fois, tous les cinq ans, on faisait une offrande commune, l'offrande *du souvenir*, aux ancêtres anciens, périmés, dont les tablettes étaient remisées dans le dépôt. — Je reviendrai, en son temps, sur ce texte tristement important.

Lors des offrandes devant les tablettes, on rappelait d'abord séparément les deux âmes des Mânes; leur âme supérieure, des régions de l'espace, par les sons de la musique; leur âme inférieure, de l'intérieur de la terre, des profondeurs de la tombe, par l'odeur du vin répandu en libation. La théorie de la double âme, qui fut peut-être inventée ou du moins développée sous la troisième dynastie, nous sera expliquée par un texte, en son temps. — Les Mânes ne mangeaient ni ne buvaient, mais ils humaient. Les exhalaisons des viandes et les fumées du vin, étaient censées les réjouir et les ravigoter. C'est là la glose unanime de tous les Commentateurs, absolument certaine. — Des sièges étaient préparés pour les défunts évoqués. Ils étaient censés se reposer sur ces sièges, et non du tout sur leurs tablettes. Les Commentateurs avertissent que, les défunts n'ayant pas de corps, ce repos ne doit pas s'entendre à la manière des vivants.

Le Préposé aux tablettes, c'est-à-dire l'officier préposé au culte des Mânes, conservait le dernier costume que le défunt avait porté avant sa mort. Lors de l'offrande trimestrielle, il en revêt it le Représentant, le descendant mâle qui tenait la place du défunt (page 53). Après la cérémonie, il le dévêtait et serrait de nouveau ces habits. — Je rappelle que les offrandes, libations, prostrations, étaient toutes faites au Représentant. On ne les fit jamais à la tablette, simple médium d'évocation.

Avant toute grande expédition commandée par l'empereur en personne, on avertissait les Ancêtres devant leurs tablettes, et on leur faisait une offrande pour les propitier. Puis on emportait les tablettes sur un char spécial. En cas de défaite, durant la retraite, le Grand Cérémoniaire et le Grand Maréchal, les deux officiers les plus qualifiés, marchaient aux deux côtés de ce char, censé porter le palladium de la dynastie.

B. L'empereur et l'impératrice devaient produire par leur travail personnel, le froment et la soie qui seraient offerts aux Ancêtres, en témoignage de filial souvenir. Chaque année l'empereur labourait un champ. L'impératrice conservait le grain produit par ce champ, et élevait des vers à soie dans sa propre magnanerie. — La cérémonie du labour impérial est racontée au long, en l'an 816. Je fais remarquer que ce rit, qui fut pratiqué jusqu'à ces derniers temps, n'était pas, comme on l'a dit, un encouragement donné aux agriculteurs, une glorification des travaux agricoles. Son but était de nourrir les Ancêtres, dans le sens dit plus haut, et d'obtenir d'eux en échange divers avantages, spécialement la fécondité des femmes du harem. Sur ce point, les exégètes sont formels.

C. Aussitôt après le décès de l'empereur, divers officiers rappelaient son âme, d'abord, à l'intérieur du palais, dans les lieux qu'il aimait à fréquenter durant sa vie; puis plus loin, dans les lieux souvent visités par le défunt, par exemple au temple des Ancêtres. Ceux qui poussaient ces appels, présentaient des habits du défunt. L'idée était que, à la vue de ces objets bien connus, l'âme sortie du corps, désorientée, comme égarée, s'y glisserait, et qu'on pourrait la rapporter... Enfin, avec le char du défunt surmonté de son drapeau déployé, on allait rappeler son âme hors de la ville, dans la campagne, vers les quatre points cardinaux. La mort n'était censée certaine, le départ de l'âme n'était censé définitif, et les lamentations officielles ne commençaient, qu'après ces divers rappels... Ce que je viens de dire, n'est d'ailleurs qu'un cas particulier de l'usage alors général. Voici comment, d'après les Commentateurs, on procédait alors à tous les décès. Dès que quelqu'un avait expiré, un homme montait sur le toit de la maison mortuaire, avec un habit ayant appartenu au défunt. Face au nord, il l'appelait trois fois par son petit nom « un tel, reviens! »... Puis, fermant l'habit, il le jetait dans l'atrium, où quelqu'un le recevait dans une corbeille, et allait vite le passer au cadavre. Si l'âme était

Leçon 12.

dans l'habit, le mort reviendrait à la vie, pensait-on. S'il ne revenait pas, les lamentations commençaient alors. Jusque là, dit le commentaire, on avait espéré qu'il reviendrait. On l'appelait face au nord, parce que les âmes vont dans la région ténébreuse. . Encore de nos jours, on rappelle l'âme du mort en criant et en lui présentant ses habits, on lui indique le chemin avec un guidon spécial, etc. Mêmes idées et mêmes procédés qu'il y a trois mille ans, à quelques détails près. — Le fait qu'on ne se hâtait pas de croire à la mort, qu'on rappelait dans diverses zones l'âme censée s'éloigner lentement et à regret, qu'on ne se décidait à commencer les lamentations qu'après tout ce mouvement et tous ces efforts, est moins risible en réalité qu'il ne paraît. Les Chinois d'alors n'avaient aucun moyen de discerner la mort réelle d'une syncope profonde. Leurs livres sont pleins d'histoires de retours tardifs, de prétendues résurrections, qui ne furent que des réveils de léthargie ou de catalepsie.

D.   Après que le défunt a été lavé et habillé, dit le Rituel, on lui emplit la bouche de riz cuit. On introduit ensuite trois pièces de jade, dont deux soutiennent les joues et les empêchent de se creuser, tandis que la troisième, ciselée *ad hoc*, représente les deux rangées des incisives, et ferme la cavité buccale. Puis on dispose, autour du cadavre, quelques victuailles. — Ces choses sont répétées plusieurs fois, en divers endroits du Rituel. Les Commentateurs en donnent unanimement une interprétation très simple et très plausible. Il ne s'agit, disent-ils, dans l'antiquité, ni de nourriture donnée au cadavre, ni de provisions préparées pour l'âme. On voulait éviter la déformation du visage, empêcher les mouches de pondre dans la bouche du cadavre, tenir les termites à distance par l'appât de comestibles mis à leur portée. Pour les pauvres, trois coquillages remplaçaient les trois pièces de jade.

E.   Avant de creuser la fosse pour un mort, on avertissait le Patron du sol du lieu, qu'on allait entailler son domaine, et on lui faisait une offrande pour le propitier. Autour du cercueil, dans le caveau en briques, on disposait des vivres. Encore pour attirer la vermine et la détourner du cadavre; comme ci-dessus.

On ensevelissait avec l'empereur, ou on brûlait au moment de son ensevelissement, des chevaux, un char, des mannequins divers faits en paille ou en papier. Origine des figurines, qui figurent encore dans les cortèges funèbres de nos jours. — Plus tard on fit des figures mieux travaillées, en bois, en poterie et autres matières. Confucius a parlé avec éloge des anciennes et informes poupées de paille. Il a réprouvé énergiquement les hommes de bois. Car, dit-il, c'est après leur invention, par besoin croissant de réalisme, pour faire mieux encore, qu'on commença à immoler sur les tombes et à enterrer avec les grands personnages, une suite d'hommes vivants. Cette coutume barbare commença vers l'an 678.

Les suppliciés n'étaient pas ensevelis dans les cimetières à leur rang et place, n'avaient pas de tablettes dans les temples et ne recevaient par conséquent pas d'offrandes. Parce que, par leur faute, ils étaient morts mutilés, crime contre le

Ciel et contre les parents auteurs de leurs corps. Ce crime les vouait, après leur mort violente, à l'agonie de la faim, terminée par l'extinction. — Tout autre, disent les Commentateurs, est le cas de ceux qui sont morts pour la défense des tertres des Patrons du sol et des moissons, c'est-à-dire de ceux qui avaient péri à la guerre pour la patrie. Leur mutilation est méritoire, non coupable. Ils étaient ensevelis, et recevaient des offrandes.

III. Parlons maintenant des sorciers officiels et des exorcismes, nouveautés dont l'antiquité ne nous avait rien dit jusqu'ici.

F. Sous les *Tcheou,* les sorciers et les sorcières étaient considérés comme des personnes possédées par des Mânes, âmes de défunts, dites 神 *chenn* ou 鬼 *koei* selon les cas. Cette manière de voir s'est perpétuée jusqu'à nos jours. « Quand un *chenn* possède un sorcier, dit le commentaire du Rituel, le corps est celui du sorcier, l'esprit est celui du *chenn*. Comme on peut apprendre, par les sorciers, les secrets des *chenn*, les anciens Sages se sont servis d'eux. Il est regrettable que les vices personnels des sorciers, les aient discrédités. »… On voit que les Commentateurs ajoutent foi à l'efficacité de la sorcellerie.

Un certain nombre de sorciers et de sorcières, avaient une position officielle et des fonctions déterminées. Les sorcières étaient plus nombreuses et plus employées que les sorciers, sans doute parce que les harems étaient les meilleurs clients de la secte. Le caractère qui désigne les sorciers et les sorcières, un pictogramme 巫, nous apprend que ces 从 gens-là dansaient en rond, pour faire 工 leur œuvre, laquelle consista primitivement surtout 靈 à faire tomber la pluie. C'est aussi par des pirouettes échevelées, comme font encore certains derviches et fakirs, que les sorcières chinoises étaient censées faire descendre sur elles, avec le vertige, les Génies qui les rendaient clairvoyantes.

Le Rituel dit: « Un chef gouverne la gent des sorciers et des sorcières. Il les forme, les exerce, leur apprend à évoquer les Génies et à les faire descendre. » — Quand une calamité affligeait le pays, ce chef dirigeait les conjurations des sorciers, conjurations dont les formules très anciennes étaient transmises par la tradition. — Quand sévissait une sécheresse, le pire fléau de la Chine, le chef dirigeait la danse des sorcières, pour obtenir la pluie. Elles dansaient, en plein soleil, jusqu'à ce qu'elles tombassent d'épuisement, pour attendrir le Ciel par le spectacle de leur souffrance, et le décider à pleuvoir par pitié. Parfois on les exposait liées à l'ardeur du soleil. A l'occasion on en brûla même quelques-unes vives… Il reste quelque chose de cet ancien usage. Quand la sécheresse est extrême, on fait balayer le fond d'un étang desséché, par des femmes veuves, au son du tambour, afin que la poussière s'élevant de ce lieu ordinairement couvert d'eau, montre au Ciel à quel point la terre est désolée. On emploie pour cela des veuves, seules femmes célibataires disponibles, les filles ne devant pas sortir de la maison. Il est plus que probable d'ailleurs, que les sorcières antiques, vouées par leur profession au célibat, étaient aussi des veuves, non des vierges.

Leçon 12.

Quand le prince saluait de loin les Génies des monts et des fleuves, les sorciers officiels appelaient ces Génies par leur nom, et leur faisaient des signes, pour attirer leur attention. Lors des offrandes aux Mânes, ils appelaient de même, par des cris et des gestes, l'âme du défunt, l'invitant à descendre.

Quand le prince allait pleurer au domicile d'un parent ou d'un officier défunt, les sorciers officiels l'accompagnaient, brandissant des branches de pêcher. En chinois, 桃 *t'ao* signifie pêcher; un autre caractère 逃 qui se lit aussi *t'ao*, signifie fuir, fuyez. Ce jeu de mots fit des branches de pêcher l'arme obligée des sorciers. En les brandissant, ils intimaient aux 鬼 *koei* mal intentionnés possiblement présents, l'ordre de déguerpir. — Les sorcières escortaient la princesse, dans les mêmes circonstances et avec le même attirail. Car toute maison mortuaire était considérée comme un lieu dangereux, l'âme du défunt pouvant tenter de venger ses anciennes injures, avant de s'éloigner.

Un sorcier spécial assistait le vétérinaire chargé de guérir les chevaux de l'empereur ou des princes. Car la maladie pouvait venir, ou d'une cause naturelle, ou d'un mauvais sort. Tandis que le vétérinaire s'attaquait à la cause naturelle, le sorcier conjurait le sort.

Aux quatre saisons de l'année, les sorcières faisaient, dans le harem, sur les personnes, sur le mobilier et les objets, des incantations et des aspersions jugées salutaires.

A cette section du Rituel des *Tcheou*, sur les sorciers et les sorcières, les Commentateurs ont ajouté la note que voici: «La tolérance de ces pratiques, montre que les anciens Sages connaissaient bien leur peuple. Interdire les superstitions au peuple, c'est s'attirer un échec certain. En réglementant la superstition populaire, ils l'empêchèrent du moins d'excéder, d'empiéter sur le culte officiel (comparez page 14 E). Sous les *Tcheou*, cérémoniaires et sorciers eurent leurs attributions bien distinctes, bien définies. Chacun fit son affaire, et tout le monde fut content.» — Le texte suivant nous apprend pourtant, que le peuple eut parfois à souffrir de l'engeance vouée à la sorcellerie: «Vers l'an 850, le peuple se plaignit du gouvernement tyrannique de l'empereur 厲 *Li*. Celui-ci se fâcha. Il se procura une sorcière du pays de 衛 *Wei*. C'étaient les plus fameuses de toutes. Cette femme prétendait pouvoir distinguer, par sa vue transcendante, ceux qui avaient mal parlé du souverain. Elle indiquait les coupables, que l'empereur faisait mettre à mort aussitôt, sans jugement. Le peuple ne parla plus. — Hein! dit l'empereur au duc de 召 *Chao*, que je sais faire taire les médisants! — Hélas! oui, dit le duc de *Chao*. Vous avez mis un barrage aux propos du peuple. Or c'est là chose plus dangereuse que de barrer un fleuve. Un fleuve barré rompt sa digue et inonde. Quand on laisse les eaux couler librement, elles ne font aucun dégât. Ainsi en est-il du peuple. Ce qu'il a dans le cœur, il l'épanche en paroles par la bouche; ensuite, soulagé, il reste tranquille; et de plus, on a appris ce qu'il pense; donc double avantage. Si au contraire on lui ferme la bouche, une révolte pourra se préparer et aboutir, sans qu'on en ait eu auparavant aucun indice. — L'empereur ne voulut rien entendre. En 842, un soulèvement du peuple exaspéré le détrôna.» *(Miroir historique.)*

Leçon 12.

G. Voici maintenant quelques exorcismes officiels, réputés très importants sous la dynastie *Tcheou*, dans lesquels les sorciers et les sorcières jouaient un rôle prépondérant.

En cas d'éclipse de soleil ou de lune, on donnait l'alarme en battant le tambour, puis on tirait des flèches contre l'envahisseur supposé, on faisait un grand vacarme pour l'effrayer et lui faire lâcher sa proie. Conjurations, exorcismes, et le reste.

On écartait avec soin, de l'abord des demeures, les oiseaux néfastes, surtout les hiboux. Quand on entendait de nuit un cri sinistre, on devait tirer une flèche au jugé dans sa direction, pour conjurer un influx malfaisant possible.

Deux fois par an, on exorcisait les contages morbides, les microbes, ces êtres venimeux qui rongent les viscères des hommes et tarissent la vie, disent les Commentateurs. Cette opération se faisait en commun, avec grandissime tapage et coups de balais dans tous les sens, sous la direction d'un officier affublé d'une peau d'ours ornée de quatre yeux en or, braqués vers les quatre directions de l'espace. Les microbes seraient terrifiés par cet appareil, pensait le peuple. Le peuple serait tranquillisé par cette farce, pensaient les intellectuels.

Un coq se dit 鷄 *ki*; un autre caractère 吉 *ki* signifie *fuste*. Un chien se dit 狗 *keou*; un autre caractère 穀 *keou* signifie suffisance, abondance. Ces calembours furent l'origine des consécrations, au moyen du sang de coq et de chien. — On oignait avec le sang d'un coq, les écailles de tortue employées pour la divination, les vases rituels, les tambours de guerre, etc. — Une aspersion faite avec du sang de chien, était censée rompre tous les charmes.

Quand le char de l'empereur ou d'un prince sortait pour un voyage, on lui faisait d'abord écraser un chien, qu'on enterrait ensuite en offrande, aux Génies des chemins. — Avant d'engager son char dans une passe de montagne, le cocher faisait un petit tas de terre, y piquait quelques rameaux, remplissait une coupe de vin, faisait une libation aux deux fusées de l'essieu et au timon, avalait le reste, puis faisait passer le char sur le tas de terre... Adjuration au Génie de la montagne, disent les Commentateurs. Comme si le cocher eût dit : « qu'aucun escarpement ne m'arrête, qu'aucun arbre ne m'accroche ! puissé-je passer partout, aussi aisément que je vais écraser ce tas de terre, sans accident ni à l'essieu ni au timon. » En avalant le reste du vin, le cocher était censé s'incorporer la faveur sollicitée par lui.

Sources. — 周禮 *Tcheou-li*, rituel des *Tcheou*.

Ouvrages. — La traduction du *Tcheou-li*, par Ed. Biot. — L. Wieger S.J. Caractères chinois, troisième édition 1916, Leçons étymologiques 27 E... et, pour les textes chinois de cette Leçon et de la précédente, les Textes philosophiques du même auteur, page 63 seq.

Treizième Leçon.

Sommaire. — Décadence de la troisième dynastie. Huitième au cinquième siècle. — I. Le Ciel, Souverain d'en haut. Les Cinq Souverains. Textes.

Pour cette période, les Annales et les Odes ne nous fourniront plus de renseignements. Elle est couverte par des écrits plus modernes. Ses dates sont fermes. La source principale est 春秋 la Chronique de Confucius, développée dans 左傳 les Récits de *Tsouo*. Puis viennent les 國語 Discours des Royaumes, attribués au même 左邱明 *Tsouo-k'iouming* ; les Récits de 晏嬰 *Yen-ying*, de 公羊高 *Koungyang-kao*, de 穀梁赤 *Kouleang-tch'eu*; 戰國策 les Luttes des Royaumes, dont l'auteur est inconnu ; certains passages des 史記 Mémoires historiques, et quelques opuscules. Ces documents sont extrêmement importants, car ils nous montrent au vif quelles étaient les croyances des Chinois, au moment précis où *Lao-tzeu* et *Confucius* vont entrer en scène ; où les écoles philosophiques et politiques, non-existantes jusque là, vont commencer à influencer le théisme traditionnel décadent. De l'intelligence de cette période, dépend l'intelligence de ce que furent et ne furent pas *Lao-tzeu* et *Confucius*. Je vais lui consacrer deux Leçons, celle-ci et la suivante.

I. Divisons les textes, comme nous avons fait dans les Leçons précédentes. D'abord l'Être suprême, le Ciel Souverain d'en haut, et les Cinq Souverains.

En 770, pour se mettre à l'abri des incursions des Barbares du nord-ouest, l'empereur 平 *P'ing* transporta la capitale de l'empire, de la vallée de la 渭 *Wei* dans celle de la 洛 *Lao*, de 長安 *Tch'ang-nan* à 洛陽 *Lao-yang*. A partir de cette époque, le pouvoir des 周 *Tcheou* fut plus nominal que réel. Les seigneurs féodaux furent pratiquement indépendants. Quelques-uns de ces seigneurs, 晉 *Tsinn*, 齊 *Ts'i*, 楚 *Tch'ou*, 秦 *Ts'inn*, devenus prépondérants, opprimèrent peu à peu ceux qui étaient plus faibles. Ce fut, pendant plusieurs siècles, l'ère des hégémonies et des ligues, sans cesse faites défaites et refaites ; l'âge des crimes féodaux, parricides et fratricides incessants ; le temps de la guerre continuelle, barbare, atroce. Nous allons voir les conséquences, que cet état de choses eut sur le culte. — Lorsque, fuyant les Barbares, l'empereur se transporta de *Tch'ang-nan* à *Lao-yang*, le seigneur 襄 *Siang* de 秦 *Ts'inn* couvrit sa retraite avec ses troupes. *Siang* était Gouverneur des Marches du nord-ouest ; mais *Ts'inn*, son domaine, n'était qu'un alleu insignifiant dans la vallée de la 渭 *Wei*. Pour récompenser ses services, l'empereur y ajouta le pays au pied du mont 岐 *K'i*, l'ancien patrimoine des 周 *Tcheou*, et l'éleva au rang de comté. — L'idée vint aussitôt au comte *Siang* de *Ts'inn*, que, de même que les *Tcheou* étaient jadis sortis de la vallée de la *Wei* pour renverser la deuxième dynastie, ainsi lui ou ses descendants pourraient bien en sortir quelque jour, pour renverser la troisième dynastie et prendre sa place. Il se mit aussitôt à préparer cet avenir, et, en homme religieux qu'il était à sa manière, il commença par offrir au Souverain d'en haut le sacrifice impérial, crime de lèse-majesté au premier chef, auquel les historiens ont trouvé ce palliatif, que les *Ts'inn* guerroyant sans cesse contre les Barbares, étaient devenus barbares eux-mêmes par contagion. La mort empêcha le comte *Siang* d'en faire davantage.

Leçon 13.

Son fils le comte 文 *Wenn* continua. En l'an 756, une nuit, il vit en songe un serpent qui se défilait du ciel vers la terre, au-dessus du mont 鄜 *Fou*. A son réveil, le comte consulta son Annaliste. C'est signe, lui dit ce savant complaisant, que vous devez sacrifier au Souverain d'en haut à cet endroit. Le comte *Wenn* éleva donc un tertre au pied du mont *Fou*, et y offrit le sacrifice impérial. Mais, plus avisé que son père, pour ne pas indisposer les autres feudataires, il offrit son sacrifice au Souverain blanc, le Souverain d'en haut en tant que protecteur de l'Ouest, région dans laquelle se trouvait le comté de *Ts'inn*. L'empereur ne dit rien, le Souverain d'en haut ne se fâcha pas. En 750, le comte *Wenn* écrasa complètement les Barbares du Nord-ouest, et conquit pour lui-même toute la vallée de la *Wei*, dont il fit son aire incontestée et inaccessible. La même année, l'ancien palais des ducs de *Tcheou*, lequel existait encore dans leur première capitale 鎬 *Hao*, s'écroula de vétusté. On jugea que, coïncidant avec la victoire des *Ts'inn*, cet effondrement présageait la ruine future des *Tcheou*. Les *Ts'inn* devinrent très dévots au Souverain blanc. (*Cheu-ki.*)

En 659, le comte 穆 *Mou* de 秦 *Ts'inn* étant tombé malade, perdit connaissance et resta dans cet état durant sept jours entiers. Quand il fut revenu à lui, il dit: J'ai vu le Souverain d'en haut, qui m'a ordonné de mettre fin aux troubles du marquisat de 晉 *Tsinn*. — Or le marquis 惠 *Hoei* de 晉 *Tsinn* était un brouillon, frère de la femme du comte de 秦 *Ts'inn*. Il est probable que cette parenté fut cause, que le comte *Mou* ne se pressa pas d'exécuter les ordres du Souverain d'en haut. Mais en 645, attaqué par son beau-frère, il entra résolument en campagne contre lui. Les deux princes se rencontrèrent, en avant de leurs troupes, dans la plaine de 韓 *Han*, et foncèrent l'un sur l'autre. Le comte *Mou* allait succomber, quand trois cents hommes auxquels il avait jadis fait grâce de la vie, le dégagèrent et firent prisonnier le marquis *Hoei* de *Tsinn*. — L'épisode est assez joli. Jadis, dit l'Histoire, le coursier du comte *Mou* s'étant échappé, trois cents campagnards le prirent et le mangèrent. Saisis par les officiers de justice, ils allaient payer cet attentat de leur vie. Le comte l'ayant appris, dit: quand on a mangé du cheval, il faut boire du vin, sous peine d'indigestion; qu'on donne du vin à ces pauvres diables, puis qu'on les laisse courir!.. Lorsque le comte *Mou* dut faire la guerre au marquis *Hoei*, ces hommes reconnaissants demandèrent à former sa garde. Quand ils le virent dans la détresse, ils chargèrent en désespérés, le sauvèrent et prirent son adversaire. (*Cheu-ki.*)

En 655, le seigneur de 虢 *Koai* vit en songe un 神 *chenn* à l'air terrible, debout dans le temple de ses ancêtres. Le *chenn* lui dit: «Le Souverain d'en haut m'a chargé de te faire exterminer par ceux de 晉 *Tsinn*.».. A son réveil, le seigneur de *Koai* consulta son devin. C'est le bourreau du Ciel que vous avez vu, lui dit celui-ci. — Cette année-même, *Tsinn* détruisit *Koai*. (*Kouo-u.*)

En 651, l'empereur 襄 *Siang* venait de monter sur le trône. Il envoya le premier officier du palais, porter à l'hégémon marquis de 齊 *Ts'i*, une part des viandes offertes à ses ancêtres. J'ai expliqué précédemment le sens de cet usage (page 98)... Le marquis de *Ts'i* allait se prosterner pour remercier, quand l'envoyé ajouta: de plus, le Fils du Ciel m'a chargé de dire que, vous son oncle étant avancé en âge et chargé de soucis, l'empereur vous accordait la faveur de recevoir ses dons sans devoir vous prosterner.».. Le marquis répondit: «La crainte du Ciel

Leçon 13.

ne me quitte jamais d'un pied. Si j'osais profiter de cette dispense de l'empereur, je mériterais que le Ciel me détruise pour crime de lèse-majesté. »... Cela dit, il se prosterna, puis s'assit sur son siège et reçut le présent impérial. (*Kouo-u.*)

En 650, dans une adresse à l'empereur 襄 *Siang*, il est dit: «Les empereurs anciens reconnurent tous humblement, qu'ils devaient leur exaltation au Souverain d'en haut et aux Mânes glorieux. Aussi les servirent-ils avec respect et dévotion.»... Les Mânes glorieux sont ici les Ancêtres. (*Kouo-u.*)

En 649, texte célèbre. Contre l'avis formel de la tortue, le marquis 獻 *Hien* de 晉 *Tsinn* qui était veuf, avait épousé une femme étrangère, laquelle lui donna un fils. Cette femme résolut de se défaire du prince héritier 申生 *Chenn-cheng*, fils de la défunte marquise, pour que la succession revînt à son propre fils. Un jour elle dit à *Chenn-cheng*: votre feue mère est apparue en songe à votre père; allez vite lui faire des offrandes... *Chenn-cheng* alla donc faire des offrandes aux mânes de sa mère. Selon l'usage, il rapporta pour son père une part des viandes offertes. La marâtre empoisonna cette viande. Quand, avant d'en manger, le marquis en offrit les prémices, un chien qui happa le morceau mourut aussitôt. Le marquis résolut de faire mourir son héritier. — Disculpez-vous, dit à *Chenn-cheng* son frère utérin... Je ne le ferai pas, dit le prince. Notre père aime cette femme. Si je lui prouvais que c'est elle qui a failli l'empoisonner, je le blesserais dans ses plus chères affections... Alors fuyez, dit le frère... Je ne fuirai pas, dit *Chenn-cheng*. Car, si je fuyais, les simples me croiraient vraiment coupable de parricide, le plus grand de tous les crimes. — *Chenn-cheng* fut exécuté (en 662), et son frère utérin s'exila. Après la mort du marquis *Hien*, le fils de l'étrangère fut assassiné, et un prince plus jeune, 夷吾 *I-ou*, fut intronisé. Ce fut le marquis 惠 *Hoei*. Voulant effacer le souvenir de la fatale erreur de son père, il fit disparaître la sépulture de l'infortuné *Chenn-cheng*, et supprima les offrandes qui lui étaient faites. — Durant l'automne de cette année, comme 狐突 *Hou-t'ou* jadis précepteur de *Chenn-cheng* allait à la campagne, il rencontra feu le prince *Chenn-cheng* qui le fit monter dans son char et lui dit: Mon frère *I-ou* a agi contre les rits, en supprimant mes offrandes. Je l'ai accusé auprès du Souverain d'en haut. Le Souverain d'en haut m'a permis de livrer 晉 *Tsinn* à 秦 *Ts'inn*, qui me donnera ce qui me revient... *Hou-t'ou* lui dit: D'après la tradition, un 神 *chenn* ne saurait goûter ce qui lui est offert par des gens qui ne sont pas de sa race. Si *Ts'inn* vous fait des offrandes, ces offrandes ne seront pas à votre goût. Et puis, ne serait-il pas injuste, que vous livriez *Tsinn* à *Ts'inn*? Que vous a fait le peuple de *Tsinn*? C'est votre père qui vous a fait mourir. C'est votre frère qui vous a privé de vos offrandes. Le peuple de *Tsinn* ne vous a fait aucun tort... C'est vrai, dit *Chenn-cheng*. Je vais faire une nouvelle pétition au Souverain d'en haut. Dans sept jours, hors la porte de l'Ouest, vous trouverez une sorcière, qui vous mettra en communication avec moi... Bien, dit le précepteur... Aussitôt *Chenn-cheng* disparut. — Au jour indiqué, le médium dit à *Hou-t'ou* au nom de *Chenn-cheng*: Le Souverain d'en haut a accordé ma nouvelle requête. Je me vengerai du seul *I-ou*, dans la plaine de 韓 *Han*. — La vengeance s'accomplit en 645, lors de la prise du marquis 惠 *Hoei* de 晉 *Tsinn* par le comte 穆 *Mou* de *Ts'inn*, fait que j'ai raconté plus haut (page 106). — Ce texte (du *Tsouo-tchoan*) en dit très long sur les croyances chinoises au septième siècle.

Leçon 13.

En 645, la foudre tomba sur le temple des Ancêtres d'un certain 夷伯 *I-pai* du clan 展 *Tchan*. Signe certain, dit le texte, que ce clan était coupable de quelque grand crime resté secret. — La foudre est l'instrument avec lequel le Ciel châtie les grands pécheurs. C'est là un premier principe, cru en Chine depuis l'origine jusqu'à nos jours, et qui ne se discute pas. Quand un homme est mort foudroyé, on cherche à déchiffrer, dans les vergetures que la foudre a tracées sur le cadavre, la sentence qui a motivé l'exécution. Ce sont des caractères antiques, dit le peuple. (*Tsouo-tchoan.*)

En 637, je relève les phrases suivantes dans un discours du roitelet de 楚 *Tch'ou*: «Celui que le Ciel veut faire prospérer, qui le ruinera? Celui que le Ciel veut ruiner, qui le sauvera? Tenter de tenir tête au Ciel, c'est vouloir sa perte.» (*Tsouo-tchoan.*) — J'ajoute la phrase suivante, tirée d'un discours fait en l'an 600 à l'empereur 定 *Ting:* «La voie du Ciel, son usage constant, c'est de récompenser les bons et de punir les méchants.» (*Kouo-u.*)

Vers 636, la bonne 姜氏 *Kiang-cheu* exhorte ainsi au courage son mari, le frère utérin de feu *Chenn-cheng* (page 107), encore errant dans l'exil: «Le Souverain d'en haut te protège, ne désespère pas, disent les Odes. Le Ciel ne peut pas vouloir la ruine complète de 晉 *Tsinn*. Vous restez seul prince de cette maison. Ayez bon courage, c'est vous qui la relèverez. Le Souverain d'en haut vous aidera. Si vous désespérez, vous vous rendrez coupable.» — Et quand de fait, après dix-neuf années d'exil, le prince fugitif est devenu le marquis 文 *Wenn* de 晉 *Tsinn*, son fidèle 介之推 *Kie-tcheu-t'oei*, un de ceux qui avaient le plus fait pour le succès de sa cause, repousse en ces termes les éloges qui lui sont décernés: «C'est le Ciel qui a remis mon marquis sur son trône. Ses officiers se vanteraient à tort d'en avoir le mérite. S'approprier le bien d'autrui, c'est mal. S'attribuer les œuvres du Ciel, ce serait pis encore.» (*Tsouo-tchoan.*)

En 609, après la mort du duc 文 *Wenn* de 魯 *Lou*, un certain 仲 *Tchoung* assassina les deux fils de la duchesse 姜 *Kiang*, et mit sur le trône le fils d'une concubine du feu duc. La duchesse retourna dans sa propre famille. Avant de quitter la capitale de *Lou*, en plein marché public, elle en appela solennellement à la justice du Ciel: «O Ciel! cria-t-elle, *Tchoung* est un misérable! Il a tué les fils de l'épouse, et élevé le fils de la concubine!».. La foule qui remplissait le marché, pleura avec elle. (*Tsouo-tchoan.*)

En 581, histoire dramatique des plus instructives. Le marquis 靈 *Ling* de 晉 *Tsinn*, un polisson, avait tenté de faire assassiner son digne ministre 趙盾 *Tchao-tounn*, dont la censure le gênait. Un cousin du ministre tua le marquis. *Tchao-tounn* mourut de mort naturelle, prévenu toutefois par un oracle de la tortue, que sa famille passerait par une crise terrible, mais qu'elle se relèverait. — Sous le marquis 景 *King* de *Tsinn*, 屠岸賈 *T'ounan-kou*, jadis favori du marquis *Ling*, étant devenu Grand Justicier, abusa, pour sa vengeance privée, du pouvoir que lui donnait sa charge, et massacra, à l'insu du marquis, toute la famille 趙 *Tchao*. Une seule femme eut la vie sauve, parce qu'elle était du sang des marquis de *Tsinn*. Or cette femme était enceinte. Elle se retira dans le harem du palais. Deux serviteurs fidèles de la famille *Tchao*, qui savaient le fait, se dirent: si l'enfant à naître est un garçon, nous dévouerons nos vies à la restauration de sa famille; si c'est une fille, nous nous suiciderons, pour suivre nos maîtres dans la

Leçon 13.

mort. — Or la veuve accoucha d'un garçon. *T'ounan-kou* en ayant eu vent, fît faire une perquisition dans le harem. La veuve prit le nouveau-né et l'adjura en ces termes: Si le Ciel veut que la race des *Tchao* s'éteigne, vagis! S'il veut qu'elle se perpétue, tais-toi!.. cela dit, elle glissa l'enfant dans son large pantalon. Or, pendant tout le temps que la perquisition dura, l'enfant se tut et fut sauvé ainsi. — Cependant 杵臼 *Tch'ou-kiou* et 程嬰 *Tch'eng-ying*, les deux fidèles, se dirent: pour cette fois l'enfant a échappé, mais cela ne pourra pas durer ainsi... Après s'être concertés, ils se procurèrent un enfant nouveau-né, et convinrent du plan suivant pour mettre fin aux recherches. *Tch'eng-ying* cacha le fils de la veuve dans sa maison, parmi ses propres enfants. *Tch'ou-kiou* se réfugia dans un village des montagnes, avec l'enfant supposé. Alors *Tch'eng-ying* alla trouver les officiers de la police et leur dit: si vous me donnez mille lingots, je vous révélerai où le descendant des *Tchao* est caché. Les officiers ravis lui promirent la somme. A la tête d'une troupe de satellites, ils suivirent *Tch'eng-ying*, qui les conduisit au village où *Tch'ou-kiou* était caché. Quand celui-ci eut été pris, jouant le rôle convenu, il s'écria: «Ah! misérable *Tch'eng-ying*, qui as vendu à ses ennemis le dernier rejeton de tes maîtres!».. Puis étreignant l'enfant supposé, il cria: «O Ciel! ô Ciel! de quelle faute ce nouveau-né est-il coupable? pourquoi doit-il périr?».. Ainsi trompés, les officiers exécutèrent sur place *Tch'ou-kiou* et l'enfant. Ensuite, croyant en avoir bien fini avec les *Tchao*, ils ne firent plus aucune recherche. Le fils posthume grandit tranquillement dans la maison de *Tch'eng-ying*. — Or le marquis 景 *King* de *Tsinn* étant tombé malade, consulta la tortue, laquelle déclara qu'il était puni ainsi, parce qu'il ne traitait pas selon son rang le descendant d'une grande famille. Le marquis se déclara prêt à toutes les réparations. *Tch'eng-ying* parla. Les ennemis de *T'ounan-kou* le massacrèrent, pour avoir causé la maladie du marquis, crime de lèse-majesté. Le marquis *King* rendit à 趙武 *Tchao-ou*, l'enfant posthume, tous les biens et titres de ses ancêtres. Il guérit aussitôt. — Alors *Tch'eng-ying* parla ainsi à *Tchao-ou*: «Jadis, après le massacre de vos parents, leurs domestiques se sont suicidés pour les suivre dans la mort. Seuls *Tch'ou-kiou* et moi nous avons différé, afin de vous sauver. Maintenant que la maison de *Tchao* est rétablie dans sa gloire, je vais aller en porter la nouvelle à vos ancêtres les *Tchao* et à mon ami *Tch'ou-kiou*.».. *Tchao-ou* se prosterna en sanglotant, et le supplia de consentir à vivre, en disant: «je me mettrai en pièces pour vous prouver ma reconnaissance; toute ma vie, je vous honorerai comme mon père; si vous me quittez, j'en serai navré de douleur.».. «Je ne saurais vivre davantage, dit *Tch'eng-ying*. *Tch'ou-kiou* et moi, nous avons juré de mourir pour les *Tchao*. Lui a tenu parole. A mon tour maintenant!».. et il se suicida. *Tchao-ou* porta pour lui, durant trois ans, le deuil d'un fils pour son père. — Cependant, quoique le marquis *King* n'eût pas ordonné le massacre des *Tchao*, quoiqu'il eût réparé ce massacre comme je viens de dire, le Ciel ne désarma pas; l'Histoire ne dit pas pourquoi. En 581, l'ancien ministre *Tchao-tounn* lui apparut en songe, les cheveux épars, sautant de douleur, se frappant la poitrine et criant: «tu as tué injustement mes enfants; j'ai obtenu du Souverain d'en haut la permission de les venger sur toi.».. A ces mots, le spectre brisa la porte et pénétra dans l'appartement du marquis. Épouvanté, celui-ci se réfugia dans le harem, dont *Tchao-tounn* enfonça une fenêtre. A ce moment le marquis s'éveilla. Il fit aussitôt appeler la sorcière de 桑田 *Sang-t'ien*. Que me présage ce rêve? lui demanda-t-il... Il présage, dit la sorcière, que vous ne mangerez pas du blé de cette année. — Peu après, le marquis fut atteint d'une maladie, qui prit bientôt une tournure grave. Les médecins de 晉 *Tsinn* n'y pouvant rien, il fit demander un médecin au comte de 秦 *Ts'inn*, ceux de ce pays-là étant les plus famés. Avant l'arrivée du médecin attendu, le marquis eut un nouveau songe. Il vit sa maladie, sous la forme de deux lutins logés dans son corps. L'un des deux dit: il va venir un médecin habile, qui nous maltraitera; allons-nous-en !.. Non, dit l'autre; logeons-nous entre le diaphragme et le péricarde; aucun médecin ne nous atteindra là... Le médecin étant arrivé, examina le malade, puis prononça en ces termes: le mal siège entre le diaphragme et le péricarde; il est incurable; car la vertu d'aucune drogue ne pénètre à cet endroit... Voilà un médecin vraiment savant, dit le marquis; et il le renvoya comblé de présents. — Cependant la maladie traînait en longueur. Le temps de la moisson du blé arriva. Le marquis eut envie de manger du blé nouveau. On en envoya quérir à la ferme, et les cuisiniers se mirent en devoir de l'apprêter. C'était au sixième mois, le quarante-troisième jour du cycle. Le blé nouveau cuit, fut servi. Le marquis donna ordre qu'on punît la sorcière de *Sang-t'ien* pour lui avoir menti. Puis, avant de se mettre à table, pris d'un besoin naturel, il alla aux cabinets, se trouva mal, tomba dans la fosse et y mourut. Son valet de chambre avait rêvé, la nuit précédente, qu'il portait au ciel le marquis chargé sur ses épaules. A midi, il portait sur ses épaules son cadavre retiré de la fosse d'aisances, puis se suicida pour le suivre dans la mort. (*Tsouo-tchoan* et *Cheu-ki*.) — J'ai cité au long cette histoire instructive. Elle prouve bien des choses, et se passe de commentaires.

En 550, grande inondation autour de la capitale. L'empereur 靈 *Ling* veut faire construire un barrage. Le prince impérial 晉 *Tsinn* lui fit, pour le dissuader, un discours qui nous a été conservé; fort heureusement, car il est typique... «Gardez-vous de construire une digue, dit le prince à son père. Jadis le père de *U le Grand* ayant endigué les eaux, l'Auguste Ciel ne le bénit pas. *U le Grand* ayant fait écouler les eaux, le cœur du Souverain fut si touché, le Ciel fut si content, qu'il lui donna l'empire. Les Anciens ne nivelaient aucune hauteur, ne comblaient aucune profondeur, ne barraient pas les rivières, ne draguaient pas les étangs. Il faut toujours laisser leur libre cours aux forces naturelles. Etc. (*Kouo-u*.)

Vers l'an 540, le marquis 景 *King* de 齊 *Ts'i* étant malade, recourut d'abord aux *chenn* des monts et des fleuves de son marquisat. Rien n'y fit. Il imagina alors d'immoler son sorcier officiel, pour l'envoyer demander sa guérison au Souverain d'en haut. Un conseiller l'exhorta à ne pas le faire. Car, lui dit-il, ou le Souverain d'en haut est intelligent, ou il ne l'est pas. S'il n'est pas intelligent, votre sorcier lui parlera en vain. S'il est intelligent, votre sorcier n'arrivera pas à le tromper, en disant du bien de vous, puisque notoirement vous gouvernez très mal; d'autant que tant de gens ont sans doute déjà dit du mal de vous au Souverain d'en haut, que son opinion doit être faite sur votre compte. Si vous immolez votre sorcier, je crains bien qu'il ne se joigne aux autres, pour vous charger davantage... Le marquis *King* se désista. (*Yen-tzeu tch'ounn-ts'iou*.) — Notez que ce texte n'exprime en réalité aucun doute sur l'intelligence du Souverain d'en haut.

Leçon 13.

Le doute apparent qu'il contient, est pure figure de rhétorique. Depuis l'origine jusqu'à nos jours, les Chinois ont affectionné le dilemme. Nous en verrons bientôt d'autres exemples, surtout à propos des Mânes.

En 535, l'empereur 景 King dit du défunt duc 襄 Siang de 衞 Wei: «Il est monté au ciel, pour servir le Souverain d'en haut, en compagnie de mes ancêtres...» Ceci est parfaitement conforme au texte de l'an 1315, que j'ai cité jadis (page 19 D). La croyance n'a pas varié. (Tsouo-tchoan.)

Les textes suivants sont tous découpés dans les Récits de Tsouo. — En 515, à propos du duc de 魯 Lou: Celui que le Ciel ruine, comment se sauverait-il? Les Ancêtres ne pourront rien pour lui. — En 510: Nul n'échappe au jugement du Ciel. Aussi, pour s'élever, faut-il faire le bien; faire le mal, c'est vouloir sa perte. — En 506: Quand un prince châtie un sujet, personne n'a le droit de lui en vouloir. L'ordre du prince vient du Ciel. Si le sujet en meurt, c'est que le Ciel l'a voulu. Il n'est pas permis d'en vouloir au prince... Ceci est une notable amplification et exagération des paroles de 皋 陶 Kao-yao en l'an 2002 (page 14 D).

Innombrables sont, durant toute cette période, les textes de moindre importance dans lesquels le Ciel est cité, dans lesquels son autorité et son action sont reconnues. Par exemple «Après une longue période de dissensions, voilà que le Ciel incline les cœurs à la concorde... Ceux qui accueillent avec égards les malheureux, le Ciel leur donne du bonheur... Le Ciel est mon maître; si je lui désobéissais, comment lui échapperais-je?.. La prospérité et la ruine des états, sont l'œuvre du Ciel. La loi du Ciel, c'est que les bons soient substitués aux méchants.» Etc. (Tsouo-tchoan.)

Vers l'an 500, 趙簡子 Tchao-kientzeu (un descendant de Tchao-ou, page 109) étant tombé malade, perdit toute connaissance. Au cinquième jour, le célèbre médecin 扁鵲 Pien-ts'iao ayant examiné le malade, dit au conseil de ses familiers très anxieux: «Vu son pouls, votre maître doit guérir. Jadis (en 659) le comte 穆 Mou de 秦 Ts'inn resta ainsi sept jours sans connaissance (page 106). Quand il fut revenu à lui, il dit: Je me suis bien amusé. Si j'ai tardé à revenir, c'est que j'ai vu bien des choses... Or la maladie de votre maître est la même que celle du comte Mou de Ts'inn. Avant trois jours, il reviendra à lui, et aura sans doute bien des choses à vous raconter.».. De fait, au huitième jour, Tchao-kientzeu revint à lui et dit à ses officiers: «J'ai été au séjour du Souverain d'en haut. Je me suis bien amusé et ai appris beaucoup de choses.» Suit une longue révélation sur les destinées de sa famille. (Cheu-ki.)

Avertissements donnés au roi de 越 Ue, par son ministre: Après 494 «le libertinage et l'indolence, sont choses que le Souverain d'en haut interdit.» — En 473 «à l'heure où le Ciel offre, si l'homme refuse, c'en est fait, la chance ne reviendra pas.» (Kouo-u.)

J'ajoute ici trois textes postérieurs à la période indiquée en titre, pour clore cette série sur laquelle je ne pourrai pas revenir dans la suite.

En 333, dans un apologue, le renard dit au tigre: «Gardez-vous de me dévorer. Le Souverain du ciel m'a privilégié parmi tous les animaux, en me donnant plus de malice qu'aux autres. Si vous me dévoriez, vous lui déplairiez certainement.» (Kouo-u.)

Leçon 13.

Vers 295, après le suicide du poète 屈原 *K'iu-yuan* (page 76), dans une élégie célèbre, le Souverain d'en haut fait chercher par ses envoyés l'âme du défunt errante sur la terre. (楚辭 *Tch'ou-ts'eu*.)

De comté qu'il était au commencement de cette période, 秦 *Ts'inn* était devenu royaume vers la fin de la période, et la destruction de la dynastie 周 *Tcheou*, absolument décadente, formait son objectif avéré. En 253, se considérant déjà comme le maître de l'empire, au lieu du sacrifice au Souverain blanc qu'offraient ses prédécesseurs, le roi 昭襄 *Tchao-siang* offrit le sacrifice impérial au Souverain d'en haut. Il manifesta ainsi, à la face de tous, que pour lui les *Tcheou* n'existaient plus. (*Cheu-ki*.)

Il ressort, ce me semble, de tous ces textes, que jusqu'à la fin de la dynastie 周 *Tcheou*, la notion de l'Être suprême, du Ciel, du Souverain d'en haut, resta ce qu'elle avait été primitivement, s'accentua même, sans dégradation essentielle. Il devint de plus en plus personnel, fut conçu sous une forme de plus en plus anthropomorphe et avec des mœurs de plus en plus humaines, mais sans avilissement notable, sans diminution de ses attributs. Seul il règne, gouverne, récompense et châtie. Il apparaît en songe. Il reçoit chez lui des privilégiés. Les opprimés lui portent plainte. Il fait droit à leurs requêtes et leur rend justice. On ne le trompe pas. Aucun coupable n'échappe à sa vindicte. Il bénit et exalte les hommes de bien. Il est toujours le même, à travers les temps, au-dessus des vicissitudes. Il n'a pas de pair, ni aucun semblable. Il est essentiellement distinct de la triple catégorie des êtres transcendants *chenn k'i kœi*, qu'il domine de très haut. Rien ne se fait, ni n'arrive, contre sa volonté. Donc, un théisme, qu'on peut appeler un monothéisme. Pas d'anges, pas de démons. La cour du Souverain d'en haut est formée par des Génies, Mânes glorieux, âmes de défunts illustres, admises à le servir pour un temps.

Sources. 春秋 *Tch'ounn-ts'iou*, la Chronique de Confucius, avec ses développements, 左傳 *Tsouo-tchoan* Récits de *Tsouo*, 公羊傳 *Koungyang-tchoan* Récits de *Koungyang-kao*, 穀梁傳 *Kouleang-tchoan* Récits de *Kouleang-tch'eu*. — 國語 *Kouo-u* Discours des Royaumes, attribués à 左丘明 *Tsouo-k'iouming* l'auteur du *Tsouo-tchoan*. — 晏氏春秋 *Yen-cheu tch'ounn-ts'iou* Chronique de 晏嬰 *Yen-ying*. — 戰國策 *Tchan-kouo-tch'ai* Luttes des Royaumes. — 楚辭 *Tch'ou-ts'eu* de 宋玉 *Song-u* et autres. Poèmes élégiaques. — 史記 *Cheu-ki* Mémoires Historiques de 司馬遷 *Seuma-ts'ien*. — Le *Tsouo-tchoan* et le *Cheu-ki* citent nombre d'anciennes légendes, sans addition d'aucune preuve. Ces légendes sont admises par tous, sur la foi de ces deux importants ouvrages.

Ouvrages. — Les traductions du *Tsouo-tchoan*, par J. Legge, par S. Couvreur S.J. — La traduction (incomplète) du *Cheu-ki*, par Ed. Chavannes. — L. Wieger S.J., Textes philosophiques, page 94 seq.

Quatorzième Leçon.

Sommaire. — Décadence de la troisième dynastie. Huitième au cinquième siècle.
II. Les Êtres transcendants. Textes.
III. Les Mânes. Textes.
La question de la survivance.

———

II. Voyons d'abord ce que la période de décadence des 周 *Tcheou*, période féconde en textes, nous apprendra sur les Êtres transcendants, les Génies célestes et terrestres *chenn* et *k'i*.

Vers 773, un texte raconte que jadis, les *chenn* de deux seigneurs défunts de la maison 褒 *Pao*, apparurent sous la forme de dragons. (*Kouo-u*.)

Vers 740 nous apprenons que le duc 隱 *Yinn* de 魯 *Lou* honorait d'un culte particulier un ancien sorcier de la principauté 鄭 *Tcheng*. (*Tsouo-tchoan*.)

En 662, un *chenn* descend à 莘 *Sinn* dans la principauté de 虢 *Koai*, on ne dit pas sous quelle forme, et y séjourne durant six mois. Ce texte est l'un des plus célèbres de toute la littérature chinoise, cent fois cité, et admis comme authentique par tous. Le *chenn* est un grand personnage antique, envoyé par le Ciel, pour enquêter. Le seigneur de *Koai*, lequel gouvernait mal, prétend le gagner par des offrandes, pour lui fermer la bouche *more sinico*. Les annalistes prédisent que cette tentative sera infructueuse. Les *chenn* apparaissent, disent-ils, ou pour bénir, ou pour maudire. On ne les achète pas. Ils examinent, puis agissent d'après ce qu'ils ont constaté eux-mêmes, et d'après ce qu'ils ont appris du peuple. La principauté étant mal gouvernée, cette enquête sera certainement suivie d'un châtiment, quelque offrande que le seigneur de Koai fasse pour le prévenir. — En effet *Koai* fut détruit peu d'années après, en 655. (*Tsouo-tchoan*.)

En 662, allusion à la mort de l'empereur 宣 *Suan*, arrivée en 782. Le comte de 杜 *Tou* tua l'empereur d'un coup de flèche, à 鄗 *Hao*, disent les Discours des Royaumes. Rapportée par divers auteurs anciens comme fait incontestable, cette légende a été supprimée par les historiens rationalistes modernes. La voici: En 785, l'empereur *Suan* résolut de mettre à mort le comte de *Tou*, quoique celui-ci ne fût coupable d'aucune faute. Le lettré 左 *Tsouo*, ami du comte, s'opposa à l'empereur. Il revint neuf fois à la charge. Enfin l'empereur lui dit avec colère: tu soutiens ton ami contre ton prince! — *Tsouo* dit: si mon prince avait raison, si mon ami avait tort, j'aiderais mon prince à tuer mon ami. Mais puisque mon ami a raison, mon prince ayant tort, je soutiens mon ami contre mon prince. — Rétracte ce que tu viens de dire, dit l'empereur, et tu vivras; sinon, tu mourras. — *Tsouo* répondit: un homme sage ne parle pas imprudemment pour s'attirer la mort, mais il ne parle pas non plus contre sa conscience pour conserver sa vie. Or j'ai la preuve que c'est vous qui avez tort, et que le comte de *Tou* est innocent. — L'empereur fit mourir le comte de *Tou*. Son ami *Tsouo* se suicida. — Trois ans après, en 782, l'empereur *Suan* fit le tour de l'empire, pour inspecter les fiefs. Comme il chassait en forêt, en plein midi, le spectre du comte de *Tou* se dressa tout à coup au bord du chemin, vêtu et coiffé de rouge, tenant à la main un arc et des flèches rouges. Il décocha un trait qui transperça le cœur de l'empereur, et le fit tomber mort sur place. (*Kouo-u.*)

En 641, par ordre du duc de 宋 *Song*, un officier est immolé au Génie de la rivière 睢 *Soei*, en vue d'obtenir sa protection contre les Barbares. Le général 子魚, *Tzeu-u* proteste. Quand ils font leurs offrandes, dit-il, les hommes sont les maîtres d'hôtel des Génies. Or les Génies, anciens hommes, ne sont pas anthropophages. Aucun d'eux n'acceptera une offrande de chair humaine. (*Tsouo-tchoan.*)

En 632, plusieurs traités furent jurés entre les grands feudataires. Dans les formules de ces serments, je relève les phrases suivantes: «Quiconque ne tiendra pas sa promesse, que les clairvoyants Génies, que ses Ancêtres, le punissent, le fassent périr... C'est en votre présence, grands *Chenn*, que nous jurons, selon la droiture native de notre cœur, tel que le Ciel nous l'a donné... Violer un serment, est toujours néfaste. Quiconque l'a fait, ne doit plus compter, ni sur les *Chenn*, ni sur les hommes. (*Tsouo-tchoan.*)

En 606, un texte célèbre raconte que jadis, en 1986, «quand 禹 *U le Grand* fit fondre les neuf urnes de bronze, qui furent si longtemps comme le palladium de l'empire, il les orna des figures de tous les êtres singuliers des pays du sud, pour apprendre au peuple ce qu'étaient en réalité les choses qu'il prenait pour 神姦 des mauvais coups des Génies. Le résultat fut que le peuple ne craignit plus tant les dryades et les ondins, des fleuves, des lacs, des montagnes et des forêts. Sachant qu'il y avait paix entre le haut et le bas, il put profiter des dons du Ciel.» — Ce texte a besoin d'être expliqué. Sous *U le Grand*, les Chinois habitant encore au nord, commençaient à envahir le midi. Ils y rencontrèrent bien des animaux inconnus et dangereux, l'éléphant, le rhinocéros, des crocodiles, de grands serpents. Ils rencontrèrent des ennemis mystérieux plus meurtriers encore, pour ne citer que la malaria, la dysenterie, le choléra, la redoutable fièvre des bois. Ils attribuèrent ces maux soudains et terribles, à des lutins habitant les cavernes des montagnes, aux âmes errantes des arbres morts des grandes forêts, *chenn* malfaisants dans leur opinion erronée. *U le Grand* chercha à les tranquilliser, en leur montrant qu'il s'agissait, non de *chenn* hostiles, mais d'animaux ou d'agents naturels contre lesquels on pourrait se défendre. — La phrase sur la paix entre le haut et le bas, est une allusion au texte sur les superstitions des *Li* et des *Miao*, que j'ai cité jadis (page 14 E). — Le peuple put profiter des dons du Ciel, parce que, devenu moins timide, il osa s'aventurer dans les régions étrangères, pour les prendre. (*Tsouo-tchoan.*)

Vers 560, le roi 共 *Koung* de 楚 *Tch'ou* n'ayant pas eu de fils de sa reine, prie les *chenn* de son royaume de vouloir bien désigner celui des cinq fils que lui ont donnés ses concubines, qui devrait lui succéder. Après avoir fait une grande offrande aux Génies des monts et des fleuves, il leur dit: «Je vous prie de désigner celui qui devra devenir un jour, à ma place, le maître des Patrons du sol et des moissons de *Tch'ou*.»... Ensuite, ayant présenté aux Génies un bijou, il leur dit: «Celui de mes fils qui se prosternera sur ce bijou, je le tiendrai pour votre élu, et ne permettrai pas que qui que ce soit s'oppose à lui.»... Cela dit, il cacha le bijou sous le dallage de la grande salle. Il fit ensuite appeler ses cinq fils. Ceux-ci saluèrent leur père, en se prosternant, selon l'usage. Le plus jeune se prosterna

Leçon 14.

sur la dalle sous laquelle le bijou était caché. Son père le nomma prince héritier. Il devint le roi 平 P'ing. (Tsouo-tchoan.)

En 541, le marquis de 晉 Tsinn malade, s'imagine qu'il est persécuté par les *chenn* de deux astérismes, anciens personnages qu'il croit lui être hostiles. Un conseiller lui explique, que les *chenn* des astérismes ont d'autres occupations, et que sa maladie est la suite naturelle de son inconduite. Un médecin célèbre de 秦 Ts'inn appelé en consultation, confirme le dire du conseiller. (Tsouo-tchoan.)

En 535, le même marquis de *Tsinn* ayant vu en rêve un ours jaune, le fameux 子產 *Tzeu-tch'an* lui explique que cet ours est le *chenn* famélique de 鯀 *Kounn*, le père de *U le Grand*. Le marquis avait négligé de continuer les offrandes, faites à ce personnage jusque là. On fit donc vite une offrande aux mânes de *Kounn*, et le marquis guérit. (*Tsouo-tchoan.*)

En 533, lors d'une grande sécheresse, le marquis 景 *King* de 齊 *Ts'i* songe à offrir un sacrifice aux *chenn* du mont 靈 *Ling* et du 河 Fleuve Jaune. Inutile de les prier, lui dit le conseiller 晏 *Yen*. Il est clair qu'ils n'y peuvent rien. La sécheresse a tué les arbres de l'un et séché le lit de l'autre. S'ils y avaient pu quelque chose, cela ne serait pas arrivé. Réformez les abus de votre gouvernement, et le Ciel pleuvra. (*Yen-cheu tch'ounn-ts'iou.*) — Le vent et la pluie sont le monopole du Ciel, du Souverain d'en haut, dit le peuple chinois, encore de nos jours.

Vers l'an 500, le marquis de 齊 *Ts'i* faisant la guerre au duc de 宋 *Song*, son armée passa au pied du mont 泰山 *T'ai-chan*, sans saluer le *chenn* de la montagne. Celui-ci apparut en songe au marquis, et le menaça de le châtier, s'il ne lui faisait pas faire des excuses. (*Yen-cheu tch'ounn-ts'iou.*)

En 417, les comtes de 秦 *Ts'inn* commencent à noyer de temps en temps quelqu'une de leurs filles dans le Fleuve Jaune, pour la marier au 河伯 Génie du Fleuve, comme on disait, afin d'obtenir de lui l'accroissement de leur puissance. — On ne mariait pas que des princesses à ce *chenn*. La principauté de 魏 *Wei*, limitrophe de 秦 *Ts'inn*, avait appris de ce barbare voisin ce barbare usage. 豹 *Pao*, dit de 西門 *Si-menn*, gouverneur de la ville de 鄴 *Ie*, l'en délivra. Le peuple pleurait ses filles ainsi jetées au fleuve. *Pao* fit savoir aux notables, fauteurs de la coutume, qu'il honorerait de sa présence, par dévotion, la première noce de ce genre, à venir. Vite les notables en organisèrent une. Quand le jour fut venu, arrivé sur les lieux, *Pao* fit d'abord jeter à l'eau la sorcière qui dirigeait la cérémonie, afin qu'elle allât avertir le Génie du Fleuve de la prochaine arrivée de sa fiancée. Puis il fit jeter à l'eau le premier notable, afin qu'il fît fonctions de paranymphe. Il allait continuer par les autres organisateurs, sous prétexte de former le cortège nuptial, quand ceux-ci demandèrent grâce. Grâce leur fut faite, à condition que l'usage d'offrir des filles au Génie du Fleuve, fût supprimé à dater de ce jour. Ce qui fut fait. (*Cheu-ki.*)

Vers 333, dans un discours au roi de 楚 *Tch'ou*, se trouvent de nombreuses phrases comme celles-ci: contrister les Patrons du sol et des moissons... mettre en danger les Patrons du sol et des moissons, en provoquant une guerre, une invasion... nourrir avec du sang les Patrons du sol et des moissons, c'est-à-dire leur faire des offrandes sanglantes. Etc. (*Tchan-kouo-tch'ai.*)

Il ressort, ce me semble, des textes cités ci-dessus, que jusqu'à la fin de la dynastie 周 *Tcheou*, la notion primitive des êtres transcendants se précise de plus en plus, et n'est modifiée en rien d'essentiel. Si la distinction des *chenn* et des *k'i* est souvent omise, si tous les êtres transcendants sont souvent nommés *chenn*, c'est uniquement pour rendre le discours plus concis, ou par exigence du rythme de la phrase, non pour cause d'aucun changement dans la théorie. Il est clair que les *chenn* sont des défunts illustres et puissants. Ils bénissent et maudissent comme jadis. Ils sont toujours révérés et redoutés. Mais il est évident aussi, que leurs mœurs deviennent vulgaires, que leur tenue est moins distinguée, qu'ils mangent plus ou se cachent moins de le faire que leurs anciens. Ils revêtent des formes animales. Leur catégorie s'élargit, pour recevoir des êtres qui ressemblent singulièrement aux *nāga* et aux *preta* indiens de la même époque.

III. Passons maintenant au culte des Mânes. Les textes de la troisième dynastie, nombreux et clairs, vont préciser ceux des périodes précédentes.

En 706, un conseiller dit au marquis de 隋 *Soei*: « Le peuple est le pourvoyeur des Mânes. Aussi les princes sages ont-ils toujours veillé à ce que le peuple pût pourvoir aux besoins des Mânes. Alors tous étaient contents, tout allait bien. Maintenant vos exactions sont cause que le peuple n'est plus à même de bien traiter les Mânes. De là vient que tout va mal. (*Tsouo-tchoan.*)

En 689, comme il allait se mettre en campagne, le roi 武 *Ou* de 楚 *Tch'ou* se sent singulièrement ému. Il le dit à sa femme, qui lui répond en soupirant: « alors vous allez mourir. Après la prospérité, l'infortune ; telle est la voie du Ciel. Vos ancêtres défunts doivent en savoir quelque chose. Ce sont eux, sans doute, qui vous préviennent par cette émotion. » — Le roi partit, et mourut de syncope, tandis qu'il se reposait au pied d'un arbre. (*Tsouo-tchoan.*)

Vers l'an 680, le marquis 桓 *Hoan* de 齊 *Ts'i* fit pour la première fois deux tablettes au même défunt. Jusque là la tablette, le médium d'évocation, avait été strictement unique... Il le fit, dit l'Histoire, pour ne pas risquer de perdre les tablettes de ses ancêtres, durant ses guerres. Il laissait les vraies tablettes dans leur temple, et emportait avec lui les fausses. Confucius le blâma énergiquement de cette innovation hérétique. Car si un double valait l'original comme efficacité, pourquoi ne pas multiplier les tablettes ad libitum,... ce qui de fait se fit plus tard. (*Li-ki.*)

En 678, aux funérailles du comte 武 *Ou* de 秦 *Ts'inn*, pour la première fois, dit l'Histoire, on fit suivre le mort par des vivants, c'est-à-dire qu'on enterra avec le défunt, des hommes destinés à le servir dans l'au-delà. Ceux qui suivirent le comte dans la mort, furent au nombre de soixante-six, dit le texte. — Une ancienne tradition, qui date des 漢 *Han*, prétend qu'on clouait ce personnel de serviteurs et de servantes, sur deux rangs, aux parois du caveau funéraire, au milieu duquel était placé le cercueil. (*Cheu-ki.*)

En 662, une princesse défunte est censée avoir apparu en rêve à son mari, pour lui dire qu'elle avait faim et demander des offrandes. (*Tsouo-tchoan.*)

En 649, le marquis 惠 *Hoei* de 晉 *Tsinn* ayant supprimé les offrandes du feu prince 申生 *Chenn-cheng* son frère, celui-ci apparaît à son ancien précepteur 狐突 *Hou-t'ou*, en plein jour, avec tout l'attirail des vivants, conduisant un char

Leçon 14.

dans lequel il le fait monter. Il se plaint, menace, parle de se faire servir par ceux de 秦 *Ts'inn*. Le précepteur lui représente que la cuisine de ces étrangers ne plaira pas à son goût. *Chenn-cheng* transige... J'ai raconté plus haut au long (page 107) toute cette histoire très instructive. (*Tsouo-tchoan*)

En 629, fuyant les barbares 戎 *Joung*, le marquis de 衛 *Wei* s'établit à 商丘 *Ti-k'iou*, qui avait été capitale de l'empereur 相 *Siang* de la première dynastie, vers 1943, donc treize siècles auparavant. Les mânes de cette dynastie ruinée, ne recevaient plus d'offrandes, depuis bien longtemps. — Le marquis ayant fait les offrandes rituelles à son ancêtre 康叔 *K'ang-chou*, celui-ci lui apparut en songe, et lui dit que le famélique ex-empereur *Siang*, encore survivant, lui enlevait au fur et à mesure tout ce qu'on lui offrait. — Le marquis ordonna donc de faire chaque fois simultanément une offrande à l'empereur *Siang*, afin que son ancêtre *K'ang-chou* pût jouir en paix de sa pitance. (*Tsouo-tchoan*.)

En 611, le duc 文 *Wenn* de 魯 *Lou* ayant quelque peu déplacé sa capitale, et y ayant fait bâtir un nouveau palais, décida que l'ancien palais des ducs de *Lou* serait démoli, aussitôt après la mort de sa mère la douairière qui l'habitait encore. Dès que cette décision eut été publiée, de grands serpents, en nombre juste égal aux anciens ducs de *Lou*, sortirent du vieux palais et entrèrent dans la nouvelle ville. On jugea que c'étaient les Mânes des ancêtres, qui se transportaient dans le nouveau palais. (*Tsouo-tchoan*.)

En 604, prévoyant l'extinction prochaine de sa famille, 子文 *Tzeu-wenn* de 楚 *Tch'ou* gémit: «Si, comme on le prétend, les Mânes vivent tous d'aumônes, ceux de ma maison seront bientôt morts de faim, car personne ne leur donnera rien. (*Tsouo-tchoan*.)

En 589, le duc de 宋 *Song* étant mort, des hommes, des chevaux et des chars, furent enterrés avec lui. (*Tsouo-tchoan*.)

En 582, le fidèle 程嬰 *Tch'eng-ying* se suicide, pour aller porter dans l'au-delà, aux ancêtres de la noble famille 趙 *Tchao*, la bonne nouvelle de la restauration de cette famille, fruit de son dévouement. (*Cheu-ki*. Voyez page 109.)

En 559, le marquis de 衛 *Wei* ayant indisposé ses officiers, est obligé de fuir précipitamment, pour mettre sa vie en sûreté. Il envoie un Cérémoniaire avertir en son nom les tablettes de ses ancêtres, qu'il a dû s'éloigner pour un temps, mais sans qu'il y eût faute de sa part. — Ce qu'ayant appris, la marquise douairière dit: «Si les ancêtres n'existent plus, à quoi bon les avertir? S'ils existent encore, ils savent la vérité; alors à quoi bon leur mentir? Le marquis étant réellement coupable, aurait dû seulement faire dire aux Ancêtres qu'il allait s'absenter, sans ajouter un mensonge. (*Tsouo-tchoan*.)

En 535, un envoyé du roi de 楚 *Tch'ou* chargé d'inviter le duc de 魯 *Lou*, lui dit: «Si vous venez, le roi et tous ses ancêtres vous en sauront gré.» (*Tsouo-tchoan*.)

En 535, texte capital. Dans le comté de 鄭 *Tcheng*, le feu prince du sang 伯有 *Pai-you* avait apparu plusieurs fois pour annoncer que, tel jour, il tuerait telle personne; et les personnes ainsi désignées, étaient toutes mortes au jour fixé. Un autre prince du sang, alors ministre, le célèbre politique et philosophe 子產 *Tzeu-tch'an*, ayant réfléchi sur le cas, fit donner au fils de *Pai-you* de quoi faire d'abondantes offrandes aux mânes de son père. Les apparitions et les assassinats cessèrent aussitôt. — Questionné sur cette affaire, *Tzeu-tch'an* donn[a] les explications suivantes, admises jusqu'à nos jours par tous les philosophes ch[i]nois, comme l'expression de ce que l'on sait sur l'âme et la survivance. « L'homm[e] a deux âmes. L'une matérielle 魄 *p'ai*, issue du sperme, est produite d'abor[d]. L'autre aérienne 魂 *hounn*, n'est produite qu'après la naissance, peu à peu, p[ar] condensation interne d'une partie de l'air respiré. Ceci explique pourquoi la v[ie] animale précède, pourquoi l'intelligence ne se développe qu'avec les années. A la mort, l'âme matérielle suit le corps dans la tombe; l'âme aérienne subsis[te] libre. Les deux âmes survivent et agissent, à proportion de la vigueur physique [et] morale qu'elles ont acquise durant la vie, par l'alimentation et par l'étude. Apr[ès] la mort, leur préoccupation, à toutes deux, est de se procurer, par tous les m[o]yens, le nécessaire pour l'entretien de leur vie spectrale, si on ne le leur of[fre] pas. Quand une âme a des pourvoyeurs, elle ne fait ni bruit ni mal; mais si [on] l'affame, elle brigande, par nécessité. La famille de *Pai-you* ayant été ruiné[e] avait cessé les offrandes, ce qui réduisit l'âme de *Pai-you* à brigander pour s[e] vivre. Dès que son fils lui refit les offrandes rituelles, ses brigandages cessèrent (*Tsouo-tchoan*.) Ceci est clair, je pense.

En 534, la nuit, dans les roseaux de la rivière 濮 *P'ou*, l'âme du musicien [fa]vori du tyran 辛 *Sinn* (onzième siècle), jouait ses anciennes mélodies. Elle av[ait] donc survécu plus de cinq siècles. Voici le texte: « Le marquis 靈 *Ling* de 衛 W[ei] allant visiter le marquis 平 *P'ing* de 晉 *Tsinn*, campa, la nuit, près de la riviè[re] *P'ou*. Vers minuit il entendit le son d'un luth. Ayant demandé à son entoura[ge] d'où venait cette musique, tous dirent qu'ils n'entendaient rien. Alors le marquis [fit] appeler son maître de musique 涓 *Kuan* et lui dit: J'entends un luth que les a[u]tres n'entendent pas. Ce doit être un *koei* transcendant qui joue. Écoutez po[ur] moi et notez cet air. — Maître *Kuan* s'étant assis en position rituelle, écouta, e[n]tendit l'air et le nota. Le lendemain il dit au marquis: j'ai l'air, mais je ne le po[s]sède pas encore parfaitement; je vous prie de passer encore une nuit ici. — L[e] marquis y ayant consenti, on campa encore cette nuit au bord de la rivière P'o[u]. Le lendemain maître *Kuan* dit au marquis: je possède l'air. Alors on reprit [le] chemin de *Tsinn*. — Le marquis *P'ing* de *Tsinn* donna un grand banquet [au] marquis *Ling* de *Wei*, sur une terrasse couverte par un pavillon. Quand ils f[u]rent tous les deux échauffés par le vin, le marquis *Ling* dit à son hôte: En vena[nt] ici, j'ai entendu un air nouveau; je demande la permission de vous le faire ente[n]dre... Bien volontiers, dit le marquis *P'ing*... Alors on fit asseoir le maître de m[u]sique *Kuan* de *Wei* à côté du maître de musique 曠 *K'oang* de *Tsinn*, qui l[ui] prêta son luth. Au milieu du morceau, maître *K'oang* posant sa main sur les co[r]des, arrêta soudain le jeu et dit: Cessez! c'est là l'air d'un état détruit, c'est [un] air néfaste. Cessez! ou il nous arrivera malheur. — D'où vient cet air? demanda [le] marquis *P'ing*. — Maître *K'oang* dit: C'est maître 延 *Yen* qui composa jad[is] pour le tyran 辛 *Sinn* cette musique de malheur. Quand l'empereur 武 *Ou* e[ut] fait périr *Sinn*, maître *Yen* fuyant vers l'Est, se noya au passage de la riviè[re] *P'ou*. C'est certainement sur les rives de la *P'ou*, que vous lui avez entendu jou[er] cet air. — Bah! dit le marquis *P'ing*; y a-t-il d'autres airs néfastes? — Oui, d[it] maître *K'oang*. Il y a celui par lequel l'empereur 黃帝 *Hoang-ti* évoquait l[es] êtres transcendants. — Je veux l'entendre, dit le marquis. — Malgré lui, maît[re]

Leçon 14.

K'oang prit son luth et le toucha. Au premier accord, le ciel se couvrit de nuages. Au second accord, une rafale de vent enleva la toiture du pavillon. Tous les assistants s'enfuirent épouvantés. Le marquis *P'ing* se cacha au fin fond de son palais. Son marquisat fut affligé d'une sécheresse telle, que la terre resta nue, sans trace de végétation, durant trois années entières. (*Cheu-ki*.)

En 532, après une victoire, le duc de 魯 *Lou* immola des prisonniers au tertre de 亳 *Pouo*. Un officier lui dit : Vos ancêtres ne furent pas anthropophages. Ils ne goûteront donc pas cette offrande. Elle ne vous procurera aucun bonheur. (*Tsouo-tchoan*.)

En 531, le roi de 楚 *Tch'ou* ayant éteint le marquisat de 蔡 *Ts'ai*, sacrifia le fils du dernier marquis, sur le mont 岡 *Kang*, à ses propres ancêtres. Un officier lui dit : Cette offrande ne peut pas être agréée ; elle ne vous portera pas bonheur. (*Tsouo-tchoan*.)

Vers 500, un Sage rappelle au marquis de 齊 *Ts'i*, que quand les Mânes sont pourvus d'offrandes par les vivants, tout va bien ; que quand on les néglige, tout va mal. (*Yen-tzeu tch'ounn-ts'iou*.)

En 473, 夫差 *Fou-tch'a* roi de 吳 *Ou*, vaincu et ruiné pour avoir agi contre l'avis de tous ses officiers, se suicide. Avant de mourir, il dit : « Si les morts sont dépourvus de connaissance, alors bien, tout est dit. Mais s'ils sont doués de connaissance, hélas ! quelle figure ferai-je quand je reverrai mes officiers dans l'au-delà?! » (*Kouo-u*.) — Il ne doute pas de l'intelligence des morts qui survivent. C'est le dilemme, la figure de rhétorique, dont j'ai parlé plus haut (page 111).

Vers l'an 300, une reine veuve de 秦 *Ts'inn* étant tombée malade, ordonne que, si elle vient à mourir, son amant soit enterré avec elle. Fort ennuyé de cet honneur, l'amant lui fait tenir, par un tiers, le discours suivant : « Ou les défunts sont doués de connaissance, ou ils en sont dépourvus. S'ils sont dépourvus de connaissance, à quoi vous servira que votre amant soit enterré avec vous ? S'ils sont doués de connaissance, le feu roi votre mari doit être déjà bien assez furieux de votre libertinage ; ne vous hasardez pas à mener votre amant en sa présence. »... La reine trouva le raisonnement bon et se désista. (*Tchan-kouo-tch'ai*.) — Autre exemple du dilemme.

Vers 295, après que le poète 屈原 *K'iu-yuan* eut mis fin à ses jours en se noyant, on rappela ainsi son âme : « O âme reviens ! O âme reviens !.. Ne t'égare, ni à l'Est, ni à l'Ouest, ni au Sud, ni au Nord. A l'Est s'étend l'océan, à l'Ouest c'est le désert. Le Sud est brûlant, le Nord est glacé. » Etc. (*Tch'ou-ts'eu*.)

Ces deux derniers textes ont été ajoutés pour clore la série (cf. page 111).

Je pense que ces citations prouvent surabondamment que, à l'époque où nous sommes arrivés, vers l'an 500 en chiffres ronds, les notions animistes chinoises sont essentiellement les mêmes que sous les dynasties précédentes. Même la théorie du dédoublement, désormais nettement formulée, ne leur porte aucune atteinte grave, l'âme aérienne étant seule la vraie âme. Mais les Mânes, que les Chinois n'ont d'ailleurs jamais conçus comme de vrais *esprits*, deviennent de plus en plus matériels, vulgaires, grossiers. Leur état de mendicité est affirmé souvent, de plus en plus crûment, et n'est jamais contredit. *Tzeu-tch'an* (page 118) nous a livré la croyance des intellectuels vers l'an 500, à savoir que la survie de l'âme est temporaire et dépendante de sa sustentation. J'ai dit, en son temps, que pour les Anciens, les morts étaient les *dépendants* (page 54 I). Nous savons maintenant dans quel sens.

Question de la survivance.

Le moment est venu, avant de clore la période antique, de résoudre le doute angoissant auquel j'ai fait allusion jadis (page 99 A). C'est en vue de cette solution nécessaire, que j'ai cité, avec grand soin et au grand complet, tous les textes relatifs aux Mânes que l'antiquité nous a légués. Il ressort de ces textes, avec évidence, que les anciens Chinois crurent à la survivance de l'âme des hommes de marque, de ceux qui avaient été charnus au physique et instruits au moral; ceci est certain, indubitable. Ces Mânes censés avoir quelque dignité dans l'au-delà, vivaient des offrandes de leurs descendants et du gouvernement. On les appelait 鬼神 *koei-chenn*, ceux d'entre les *koei* qui étaient devenus *chenn*; il y avait donc des *koei* qui ne devenaient pas *chenn*. On les appelait aussi 神明 *chenn-ming*, ceux d'entre les *chenn* qui étaient intelligents; il y avait donc des *chenn* qui avaient cessé d'être intelligents. Que devenaient les âmes de tous les manants, de tous ceux qui n'avaient été ni charnus ni savants? survivaient-elles? et combien de temps?... Que devenaient, à la longue, les âmes des aristocrates privées d'offrandes? survivaient-elles toujours?.. A ces questions, aucun texte ancien ne répond franchement dans le sens de l'affirmative; et l'ensemble des textes crée une présomption négative très forte. Relisez et pesez les textes cités. Je ne puis les reprendre. J'appelle seulement l'attention sur les deux faits suivants, lesquels me paraissent, à eux seuls, résoudre la question.

Premièrement, les Mânes les mieux nourris et les plus éduqués, étaient sans aucun doute les âmes des empereurs défunts, censées aller tenir compagnie au Souverain d'en haut. C'étaient là certainement les Mânes les plus qualifiés pour survivre toujours... Crut-on qu'ils survivraient toujours?.. Nullement! — Outre le fondateur de la dynastie, celui que le Ciel avait privilégié d'une manière spéciale, celui qu'on croyait être Fils du Ciel plus que les autres, la même dynastie régnant, six tablettes seulement étaient conservées dans le temple et recevaient des offrandes régulières (page 99). La septième tablette allait, au fur et à mesure, au dépôt; et son titulaire était soumis à un régime d'abstinence; une offrande tous les cinq ans! — Que conclure de cette manière d'agir de la première famille de la nation, sinon qu'elle pensait que, à la septième génération, le défunt était certainement débilité au point de ne pouvoir plus rien pour ses descendants; alors pourquoi lui faire encore des offrandes fréquentes?.. D'un autre côté, comme il survivait cependant peut-être encore, engourdi, inerte, il eût été tout de même impie de le condamner formellement à la seconde mort par inanition. De là l'offrande de tous les cinq ans; une aumône faite dans le doute, à tout hasard, pour n'avoir pas à se reprocher peut-être un meurtre. — Et, après la chute de chaque dynastie, celui qui la fonda jadis et qui avait eu sa tablette au temple durant toute sa durée, disgracié maintenant par le Souverain d'en haut, avait le même sort. La dynastie nouvelle logeait sa tablette dans un dépôt encore plus écarté, celui des souverains des dynasties ruinées, auxquels on faisait une offrande en cas de calamité publique

Leçon 14.

que, dans la crainte vague que quelqu'un de ces anciens personnages, encore survivant et naturellement hostile à ceux qui renversèrent sa maison, n'en fût la cause. — Aucun auteur, aucun commentateur ancien, n'a osé dire ouvertement et brutalement que, à la longue, toute âme se dissipe. C'eût été trop dur, et surtout trop gros de conséquences sociales, comme Confucius nous l'expliquera bientôt. Cependant, mis au pied du mur, 鄭鍔 *Tcheng-neue* le meilleur commentateur du *Rituel des Tcheou*, a dit des 祧 tablettes remisées: «l'état des Ancêtres dont la tablette est remisée, est à l'état des Ancêtres dont la tablette est dans le temple, comme l'état de sommeil est à l'état de veille.».. et une autre fois, plus clairement encore: «祧 之 爲 言、其 神 已 逺 超 而 去 也 les tablettes remisées, sont celles dont les *chenn* s'en sont allés au loin et sont partis.».. Euphémisme pour dire qu'ils ont cessé d'exister, et qu'on a remisé des morceaux de bois désormais sans valeur.

Deuxièmement, que devenaient les âmes des méchants, des criminels?.. A cette question, l'antiquité ne donne aucune réponse. Aucun, absolument aucun texte chinois ancien, ne parle de peines, d'une expiation après la mort. — C'est que, disent certains auteurs non-chinois, dans les textes parvenus jusqu'à nous, il n'y avait pas lieu de traiter ce sujet. — Je récuse cette échappatoire. Il y eut lieu de traiter le sujet. — Dans les textes des Annales parvenus jusqu'à nous, il est souvent et abondamment parlé des crimes de deux abominables tyrans, 桀 *Kie* et 辛 *Sinn*. Il est parlé *ex professo*, très au long et avec complaisance, du châtiment que le Ciel leur infligea en les détrônant. C'était le lieu, ou jamais, de faire quelque allusion à un châtiment supplémentaire dans l'au-delà, de ces deux hommes détestés et maudits, si une croyance pareille avait existé. Or, pas un mot! Silence absolu! — Durant près de deux mille ans, aucune allusion à des châtiments d'outre-tombe pour les méchants; aucune allusion à un habitat spécial des méchants dans l'au-delà... Il manque là, dans le système chinois, dans l'hypothèse de la survivance de toutes les âmes, un point si essentiel, que ce déficit n'aurait pas pu leur échapper, aurait été certainement relevé dans des discussions. Il ne manque rien du tout, au contraire, et le système est complet, si on admet l'hypothèse, que je crois vraie, de la croyance des anciens Chinois à l'extinction immédiate des méchants, à la survivance temporaire des bons. Ils croyaient, je pense, que tous les 鬼 *koei* vulgaires (les criminels étant tous de ce nombre), s'éteignaient tout de suite; que les 鬼 神 *koei-chenn* distingués, l'aristocratie des Mânes (tous les bons étant compris dans ce nombre), survivaient tant que la charité des vivants leur faisait des offrandes, ou tant qu'ils arrivaient à se procurer le vivre par leur industrie; survivance temporaire que terminait enfin l'inanition, la seconde mort. — Appliquez cette théorie aux textes de la période antique, et vous verrez qu'elle les résout tous, ce dont aucune autre théorie n'est capable. Les philosophes chinois du moyen-âge et des temps modernes, la formulent d'ailleurs sans vergogne et la développent avec luxe. L'extinction immédiate est la sanction du mal; la survie à temps est la sanction du bien. Donc pas d'enfer; et, en fait de paradis, l'hospitalité du Souverain d'en haut pour ceux qui sont de sa cour, tant qu'ils en sont. — Et il se trouve, de la sorte, que la croyance officielle des Chinois, vers 500 avant J.-C., fut la même, à très peu près, que celle des Hindous à la même époque.

Leçon 14.

J'ai dit, *la croyance officielle;* celle des intellectuels qui théorisaient. Et le peuple qui ne théorise pas? Quelle fut la *croyance populaire* chinoise, dans l'antiquité? — Aucun texte ne nous le dit positivement. Mais la mentalité populaire des derniers siècles avant l'ère chrétienne, laquelle nous est mieux connue, et qui paraît bien avoir été la continuation de la mentalité ancienne, fut que tout mort survivait d'abord comme 鬼 *koei* avide d'offrandes, volant si on ne lui donnait pas. Quant à la durée de cette survivance, le peuple dont le souci chronologique ne dépasse guère l'époque de grand-papa, ne s'en préoccupa point, fit chaque année les offrandes communes au cimetière familial, et dormit tranquille sur ce devoir accompli. Le rit était fait. Les morts avaient ce qui leur revenait. A eux de savoir s'ils existaient ou non.

Notes. — Voyez, pour la doctrine indienne contemporaine, P. Oltramare, La théosophie brahmanique, 1907... et L. Wieger S.J. Buddhisme Chinois, 1912. Tome I, Introduction, pages 28 à 32, 36 et 37, qui résument les travaux des Indianologues sur la question.

Sources. — Tous les livres cités à la fin de la Leçon précédente. Plus 禮記 *Li-ki,* le Mémorial des Rits.

Ouvrages. — Cités à la fin de la Leçon précédente. Ajoutez L. Wieger S.J. Textes philosophiques, page 103 seq... et Textes historiques, aux dates des textes

---

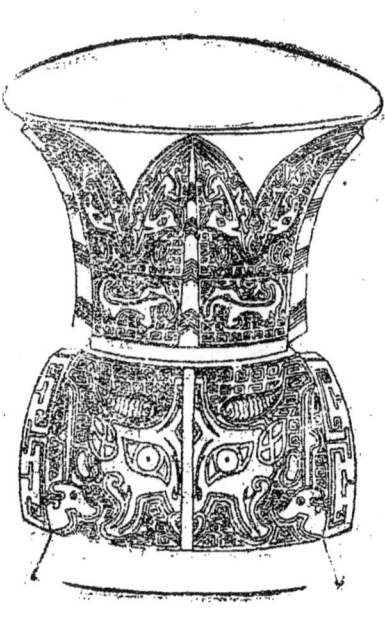

Vase rituel antique.

Quinzième Leçon.

Sommaire. — Confucius. **A**. Historique. — **B**. L'Être suprême. — **C**. Les Êtres transcendants. — **D**. Les Mânes. — **E**. La divination. — **F**. Éthique et politique. — **G**. La voie moyenne. — **H**. La piété filiale. — **I**. 仁 *jenn*, l'altruisme confuciiste, de l'esprit, non du cœur. — **J**. Le Sage. — **K**. Le peuple. — **L**. Conclusion.

A. Confucius, proprement 孔夫子 *K'oung-foutzeu*, Maître *K'oung*, naquit en 551 et mourut en 479 avant J.-C.. Originaire du marquisat de 魯 *Lou* (province actuelle du 山東 *Chan-tong*), il fut fils d'un officier militaire obscur, qui le laissa orphelin à trois ans. Tout ce qu'on sait de son enfance, c'est qu'il raffolait des cérémonies et excellait dans les rits. Marié à dix-neuf ans, il devint avec le temps intendant des greniers, puis des pacages, du marquis de *Lou*. Il avait cinquante ans, quand, en 501, il fut promu préfet. En 500 il devint Grand Juge, et en 497 vice-ministre du marquisat. Dans ces diverses fonctions, il se montra étroit, raide, cassant. Trouvant le marquis de *Lou* trop peu déférant et trop peu souple, il le quitta brusquement, et se mit à errer, colporteur de politique à la disposition du plus offrant, à travers les principautés féodales pratiquement indépendantes, qui composaient alors l'empire des 周 *Tcheou*, prêchant partout le retour aux mœurs antiques, parfois écouté pour un temps, plus souvent éconduit sur le champ, l'acrimonie de son caractère servant mal ses intérêts. — En 484, après treize années de vie errante, âgé de 67 ans, il revint à *Lou*, mais ne rentra pas au service du marquis. L'empire était caduc, les princes se moquaient des principes du gouvernement antique, les rits et la musique dégénéraient, les Odes et les Annales étaient oubliées. Confucius chercha à rajeunir toutes ces vieilles choses, à réformer son temps en le ramenant de dix-huit siècles en arrière. A cette fin, il tria les Rits, il fit une sélection des Annales et un choix des Odes, il commenta le traité des Mutations. C'est pour l'usage de ses élèves, que Confucius compila ces choix de textes, ces anthologies. Or, par suite de la destruction des anciennes archives en l'an 213 avant J.-C., il est arrivé que ces manuels scolaires, en somme moins de deux cents pages in-8º de textes, sont à peu près tout ce qui nous reste de la Chine antique. Ces petits livres ont fait la grande réputation de l'homme. — Confucius tint école privée jusqu'à la fin de sa vie. Il enseigna successivement, dit la tradition, environ trois mille élèves, dont soixante-douze qui le satisfirent plus particulièrement, sont appelés ses disciples. — Avec l'âge et les mécomptes, car il n'agréa jamais à ses contemporains, qui ne virent en lui qu'un censeur morose et rirent de ses utopies; avec l'âge, dis-je, et les mécomptes, son caractère alla s'aigrissant et il devint superstitieux. Il regretta de n'avoir pas cultivé plus tôt et davantage l'art divinatoire. Des chasseurs ayant tué un animal extraordinaire, il en conclut que le Ciel l'avertissait de sa mort prochaine et de la faillite future de son œuvre. Il consacra ses dernières années à la rédaction de sa Chronique du marquisat de *Lou*, ouvrage dans lequel il créa cet art des réticences calculées, des travestissements délibérés, des euphémismes trompeurs; art mauvais dont les Lettrés chinois ont depuis lors tant usé et abusé. — En 479, Confucius annonça que le mont sacré allait s'écrouler, que la maîtresse poutre allait se briser, que le Sage allait disparaître. Ses dernières paroles furent: «Puisqu'aucun prince de ce temps n'a assez d'esprit pour me comprendre, autant vaut que je meure, car mes plans n'aboutiront pas.».. Il s'alita, ne parla plus, et s'éteignit le septième jour, à l'âge de 73 ans. Ses disciples l'ensevelirent au nord de la ville de 曲阜 *K'iu-fou*, alors capitale de *Lou*. Sa tombe existe encore, inviolée. — Le fils unique de Confucius, 伯魚 *Pai-u*, était mort avant son père, laissant un fils nommé 伋 *Ki*, lequel contribuera beaucoup à propager les idées de son aïeul. — Retournés dans leurs patries respectives, les disciples de Confucius tinrent école privée, chacun pour soi, à l'instar de leur Maître. Ils furent généralement aussi mal vus de leurs contemporains, que lui l'avait été.

 Confucius a affirmé solennellement, qu'il n'était pas l'auteur de ce qu'il enseignait; que c'était l'enseignement des Anciens. En cela, il dit vrai, pour le fond. Membre de la corporation des 儒 *Jou*, officier d'administration dans une principauté de la troisième dynastie, il pratiqua d'abord, puis enseigna les principes traditionnels de sa corporation. La mission qu'il crut avoir, qu'il se donna, fut de préserver ces principes traditionnels de toute corruption, et aussi de tout progrès. Il restaura, propagea et transmit à la postérité 儒教 la doctrine des *Jou*, comme les Chinois l'ont appelée, à tous les âges. Il ne faudrait donc pas parler de Confuciisme, ni de Confuciistes. Pas plus que leur Maître, les disciples ne fondèrent une école. Ils prêchèrent le retour à l'antique, et prônèrent, comme moyen de ce retour, les règles frustes que j'exposerai plus bas. En dehors de cela, chacun pensa et fit ce qu'il voulut. Aussi fraternisèrent-ils, durant plusieurs siècles, avec des hommes que les *Jou* modernes ont depuis anathématisés. Nous verrons, au cours

Leçon 15.

de ce volume, la séparation graduelle de cette secte conservatrice hargneuse, d'avec les écoles progressistes ou novatrices. Les *Jou* reculèrent d'un pas, chaque fois que d'autres firent un pas en avant. — Disons encore ici, par anticipation, qu'il arriva un peu à Confucius, ce qui arriva au Buddha en plein. La doctrine qu'on lui attribue de nos jours, n'est plus la sienne, en bien des points. S'il savait tout ce que ses modernes admirateurs font passer sous le couvert de son nom, il s'étonnerait sans doute et se fâcherait peut-être.

Confucius paraît n'avoir écrit que sa Chronique, et les appendices aux Mutations que la tradition lui attribue, la paternité étant douteuse dans ce dernier cas. Nous ne connaissons ses propos et ses aphorismes moraux et politiques, que médiatement par ses disciples, et sommes réduits à les accepter tels que ceux-ci nous les ont transmis, sous cette rubrique tant de fois répétée 子曰 le Maître dit... A-t-il vraiment dit ces choses? et les a-t-il dites comme ils les rapportent, fond, ton et nuance? questions à tout jamais insolubles, tous les éléments de critique manquant. Nous jugerons donc le Confucius des disciples, laissant à son Créateur le soin de juger l'homme tel qu'il fut en réalité.

Procédant avec le même ordre que dans les Leçons précédentes, je vais exposer d'abord les idées de Confucius sur l'Être suprême, sur les Êtres transcendants, sur les Mânes. A priori, ces idées doivent cadrer avec les idées des Anciens, conservées dans les textes des Annales et des Odes que j'ai cités plus haut. Car c'est Confucius, ne l'oublions pas, qui choisit ces textes, un à un, dans la masse des documents alors existants, pour servir de fond aux études de ses disciples. Il les fit donc siens. — J'exposerai ensuite l'éthique et la politique du Maître, d'après ses disciples.

-◊- -◊-

B. D'abord l'Être suprême. — Confucius dit: Au tertre de la banlieue, on vénère le Ciel; dans le temple, on honore les Ancêtres. L'ancêtre associé à l'offrande faite au Ciel (page 43 E), n'est qu'un accessoire.

Seul le Ciel est vraiment grand. On ne trompe pas le Ciel. Celui qui aura offensé le Ciel, se trouvera sans recours.

Ayant été blâmé d'avoir visité une femme de mœurs légères, Confucius proteste en ces termes: Si j'ai mal agi, que le Ciel me rejette! que le Ciel me rejette!

Quand Confucius entendait un éclat de tonnerre ou le bruit d'un grand vent, il se composait aussitôt, pour témoigner sa révérence au Ciel irrité.

Je ne me plains pas du Ciel, dit-il; je n'en veux à aucun homme. Je m'en remets de tout au Ciel, qui me connaît à fond. — Le Sage ne se plaint pas du Ciel, et n'en veut pas aux hommes. Il attend tranquille, que l'intention du Ciel se manifeste. — Le Sage cherche à savoir la volonté du Ciel; le sot ne se soucie pas de la connaître. Qui ne connaît pas la volonté du Ciel, manque de ce qui fait précisément le Sage. — Vouloir absolument que ceux qu'on aime vivent, désirer absolument que ceux qu'on hait meurent, c'est empiéter sur le domaine du Ciel, seul maître de la vie et de la mort. — Qu'il réussît ou qu'il ne réussît pas, Confucius disait toujours « c'est la volonté du Ciel ».

Confucius dit: C'est le Ciel qui m'a donné ma mission; un homme ne peut rien contre moi. — Si la doctrine que j'enseigne se propage, c'est que le Ciel l'aura voulu; si elle s'éteint, c'est que le Ciel l'aura voulu. Aucun homme ne la ruinera. Car que peut un homme contre la volonté du Ciel? — Si le Ciel avait voulu la ruine de cette doctrine, il ne m'aurait pas confié ce legs de l'empereur 文 Wenn (page 39 A). Puisque, ne voulant pas sa ruine, il m'en a fait le dépositaire, personne ne pourra rien contre moi.

Le disciple 伯牛 Pai-niou étant tombé malade: Il mourra, dit Confucius; c'est la volonté du Ciel. — Quand son disciple de prédilection 顏回 Yen-hoei fut mort tout jeune, le Maître gémit: Hélas! le Ciel m'accable! le Ciel m'accable!

Confucius dit: Quiconque veut connaître les hommes, doit connaître d'abord le Ciel, lequel a donné aux hommes leur nature et sa loi. — Il ne parlait qu'à ses intimes, aux disciples ayant sa confiance, de la nature humaine et du gouvernement des hommes par le Ciel (ces sujets profonds pouvant être mal compris par des commençants ou par des esprits vulgaires). — Il disait: Le Ciel auteur de tous les êtres, les traite selon la tournure qu'ils prennent. Il soutient ceux qui se dressent, et abat ceux qui penchent.

Confucius dit: Produire sans agir, voilà la méthode du Ciel. — Le Ciel agit sans rien dire. Il dirige la succession régulière des saisons, donnant ainsi la vie à tous les êtres, sans prononcer une seule parole. — Par leur concours, le ciel et la terre ont produit tous les êtres. Tous naquirent après le ciel et la terre, (c'est-à-dire par l'action combinée du ciel et de la terre).

Confucius dit: Qu'un homme naisse parfait, le Ciel peut le faire, et il le fait pour les grands Sages, mais par exception. Se faire parfait, petit à petit, par l'étude et l'effort, c'est au pouvoir de l'homme, et c'est la voie commune.

Le gouvernement, dit Confucius, a sa racine au ciel. Le Sage qui l'exerce, fait le tiers avec le ciel et la terre. Il agit aussi de concert avec les Mânes glorieux (patrons actuels de la dynastie, lesquels désirent sa prospérité, pour cause). Sa personnalité doit s'effacer le plus possible, pour laisser agir le ciel et la terre. — Le Fils du Ciel fait le tiers avec le ciel et la terre, les aidant à faire du bien à tous les êtres. — Le Fils du Ciel est le dépositaire du mandat du Ciel.

Les rits, dit Confucius, viennent du Ciel. Par eux, les anciens souverains ont réalisé les intentions du Ciel sur l'humanité, et rectifié les penchants naturels des hommes. Ceux qui s'en affranchissent, périssent; ceux qui les observent bien, prospèrent.

-◊-◊-

C. Passons aux Êtres transcendants. — Confucius dit: L'alternance des deux modalités physiques 陰 yinn et 陽 yang, régression et progression, constitue la voie de la nature, le cours normal des choses. Quand un phénomène ne peut pas être expliqué par les deux modalités naturelles, il doit être considéré comme transcendant et attribué à l'action d'un Génie. Des Génies vient ce qu'il y a de mystérieux dans le monde. — Oh! combien l'action des Mânes devenus Génies est puissante! On ne les voit pas, on ne les entend pas, mais ils voisinent avec les vivants, ils ne les quittent pas. C'est pour eux que les hommes se purifient, se costument, font les cérémonies et les offrandes rituelles. Ils sont partout, en haut, à droite et à gauche. Les Odes disent: «La présence des Génies est imperceptible mais réelle; quoique invisibles, ils sont présents.»

Leçon 15.

En conversation, Confucius évitait quatre sujets: les phénomènes extraordinaires, les violences arbitraires, les soulèvements révolutionnaires, les apparitions des Génies. — Car, disent les Commentateurs, comme ces choses s'écartent des lois ordinaires, il n'en découle que peu ou pas d'enseignements pratiques. Ce sont de plus des sujets obscurs, difficiles à vérifier.

Confucius dit: «La première dynastie adora la volonté du Ciel, servit les Mânes, et honora les Génies en se tenant à distance respectueuse. La deuxième dynastie excéda, outrepassant les rits dans le service des Mânes. La troisième dynastie remit les choses en place. Celui-là est vraiment sage, qui remplit bien tous ses devoirs de citoyen, et honore les Mânes glorieux à distance respectueuse.».. Ceci est à noter. Confucius, et après lui tous les *Jou*, proscrivent la piété tendre. Les Lettrés la reprochent au Christianisme. Le culte doit se borner, d'après eux, au rit accompli exactement, avec un froid respect. Tout sentiment plus chaud causerait, d'après eux, des aberrations et des innovations.

Quand Confucius faisait des offrandes aux Génies, il était aussi pénétré de respect, que si les Génies eussent été réellement présents... Ils ne l'étaient donc pas, ou du moins pas certainement, même au moment de l'offrande... Respect froid, comme je viens de dire. — Ce texte très clair a été ressassé par les auteurs de tous les âges.

Confucius étant tombé malade, un disciple lui proposa de prier, pour son rétablissement, les Génies du haut et du bas, du ciel et de la terre. Le Maître répondit: à quoi bon? ma vie est une prière. — C'est-à-dire, d'après tous les Commentateurs: ma prière date de loin, de toujours. Les Génies me connaissent. Ils savent à quel but j'ai consacré ma vie. Ils savent que maintenant je suis malade. S'ils désirent que mon entreprise réussisse, ils me guériront, sans que je le leur demande. Sinon, inutile que je vive plus longtemps.

Confucius vit souvent en songe le fameux 旦 *Tan* duc de 周 *Tcheou*, l'auteur des lois et des rits de la troisième dynastie, que nous connaissons. Il paraît qu'il le considéra comme son Génie familier, comme le patron de son œuvre de restauration. Aussi, quand ces apparitions cessèrent, Confucius jugea que sa carrière touchait à son terme.

Chaque année, au jour où l'on faisait la cérémonie d'expulser les influx malins et les contages morbides (page 104 G), Confucius se tenait en grand costume sur le perron de sa maison, pour empêcher qu'on ne fît peur à ses pénates.

Flatter les génies domestiques, cajoler le génie de l'âtre, ne sert de rien à l'homme qui pèche contre le Ciel, dit Confucius.

D. Passons aux propos de Confucius relatifs aux Mânes. — D'abord un texte, dont nous avons deux versions identiques pour le fond, s'éclaircissant l'une l'autre par les variantes de leurs termes. — Expliquant la composition de l'homme au disciple 宰我 *Tsai-neue*, Confucius dit: «L'homme est composé de deux parties; l'une dont la substance est aérienne, l'autre dont la substance est spermatique. Réunir ces deux parties séparées; reconstituer *moralement* le défunt, pour un moment, par les offrandes; voilà la grande chose. Tout homme meurt. Le cadavre et l'âme inférieure vont en terre et s'y décomposent. L'âme aérienne monte et devient glorieuse *s'il y a lieu*. — Comparez ceci avec l'explication de la survivance par 子產 *Tzeu-tch'an*, que j'ai donnée précédemment (page 118). *Tzeu-tch'an* fut un contemporain de Confucius, un peu plus âgé que lui. Confucius pleura amèrement sa mort, ce qui suppose qu'il était avec lui en parfaite communauté de sentiments. En tout cas le texte que je viens de citer, prouve que, sur l'âme double, leur opinion à tous deux fut la même. — A noter que, dans ce texte, le caractère employé pour qualifier la substance de l'âme supérieure aérienne, 氣 *k'i*, signifie étymologiquement la vapeur qui s'exhale du riz bouilli chaud. Donc une matière, très ténue, mais matérielle. L'âme inférieure spermatique, est plus grossière, naturellement. J'ai dit et je répète, que les Chinois ne connurent pas la substance spirituelle, dans l'acception chrétienne du mot. C'est pourquoi, dans tout cet ouvrage, je me suis interdit absolument l'emploi du terme *esprit*.

Voici un autre texte important, dont nous avons aussi deux variantes qui se complètent. — «Le disciple 子貢 *Tzeu-koung* demanda à Confucius: Les morts sont-ils doués de connaissance, ou en sont-ils dépourvus?.. Confucius répondit: Si je dis qu'ils sont doués de connaissance, des fils pieux se suicideront pour aller retrouver leurs parents défunts. Si je dis qu'ils sont dépourvus de connaissance, des fils impies ne se donneront plus la peine d'ensevelir convenablement leurs parents morts. Laissons donc la chose sans la décider. D'ailleurs, rien ne presse. Après ta mort, tu sauras ce qui en est.» — Tous les Commentateurs disent, et je pense avec eux, que Confucius répondit ainsi par prudence, non par ignorance. Il partageait, sur l'état des défunts, la conviction alors commune, survivance provisoire, puis extinction à une date inconnue. Il tenait donc à ce que les funérailles des morts récents fussent bien faites, leur survivance étant presque certaine; il tenait à ce que les morts anciens ne fussent pas privés d'offrandes, dans l'hypothèse qu'ils n'étaient peut-être pas encore éteints.

Confucius dit: Quand un homme est mort, on monte sur le toit et on l'appelle ainsi: Allô! un tel, reviens!.. On le rappelle du ciel, on l'ensevelit en terre. Le corps et l'âme inférieure descendent. L'âme supérieure est en haut.

En 515, un père ayant perdu son fils durant un voyage, ensevelit son corps, puis invite son âme à revenir avec lui à la maison. Debout devant la tombe, il cria: «Que les os et la chair soient ensevelis en terre, c'est leur destinée. Mais l'âme aérienne va où elle veut, va où elle veut.» — C'est-à-dire: «ô âme de mon fils, reviens avec moi, puisque tu le peux.» — Confucius loua grandement ce père. Il trouva donc son opinion sur l'âme aérienne irréprochable.

Confucius disait: «Ceux qui ont inventé la glorieuse vaisselle, entendaient bien le véritable sens du culte des défunts. Ils firent cette vaisselle telle, qu'elle n'eût pas pu servir aux vivants. Si on avait servi les morts dans la même vaisselle que les vivants, des sots se seraient figuré les morts comme semblables aux vivants, et auraient fini par leur immoler aussi des hommes pour leur servir de domestiques (ce qui arriva réellement, voyez page 116). On appelle cette vaisselle spéciale, la vaisselle glorieuse, parce qu'elle ne sert qu'aux *chenn* glorieux. Il faut en dire autant des ustensiles des défunts, du char d'argile, des poupées de paille.».. Confucius connut et approuva tous ces objets. Il réprouva seulement les poupées de bois, parce qu'elles avaient, à son avis, donné l'idée d'immoler de véritables hommes, par leur trop parfaite ressemblance.

Leçon 15.

Confucius dit : «Traiter les morts en morts, comme s'ils avaient cessé d'être, ne plus s'en occuper, les oublier, ce serait inhumain. Mais les traiter en vivants, ce serait déraisonnable, car ils ne sont plus comme les vivants. On leur fait donc des offrandes de comestibles, mais dans des vases de forme inusitée, obsolète. On appelle ces vases la vaisselle glorieuse, parce qu'elle est spéciale aux *chenn* glorieux. »

Confucius dit : « A l'origine des rits, on faisait pour les Mânes ce qu'on pouvait. On leur préparait des aliments et des boissons. Quand ils étaient servis, on les avertissait, en frappant avec une baguette sur un pot de terre... Plus tard les anciens empereurs ayant civilisé le peuple et lui ayant procuré le bien-être, on fut à même de mieux servir les Mânes glorieux et le Souverain d'en haut. (Suit le détail des offrandes.) La musique appelle d'en haut les Génies et les Ancêtres. Les offrandes assurent le secours du Ciel, réjouissent les deux âmes des défunts et les unissent aux vivants. Dans les formules soigneusement élaborées qui accompagnent ces rits, les paroles prononcées au nom des vivants, expriment la piété filiale ; celles prononcées au nom des morts, expriment leur bienveillance. »

U le Grand, si sobre pour lui-même, était extrêmement libéral quand il faisait des offrandes aux Mânes, dit Confucius.

Chaque particulier, chaque famille, doit faire des offrandes aux siens, non à d'autres. Confucius dit : « Si quelqu'un fait des offrandes à un défunt qui ne lui est rien, il le fait évidemment pour obtenir une faveur à laquelle il n'a pas droit ; captation de bienveillance répréhensible. »

«Toi qui ne sais pas servir les vivants comme il faut, pourquoi t'apprendrais-je à servir les morts ? Toi qui n'entends rien à la vie, pourquoi te parlerais-je de la mort ?» dit Confucius à 子路 *Tzeu-lou*, lequel ne méritait pas, pour lors, d'en apprendre davantage.

«Au printemps et en automne, dit Confucius, les Anciens ornaient le temple de leurs Ancêtres. Ils exposaient les ustensiles dont ils s'étaient servis, et les habits qu'ils avaient portés, afin de se les rappeler d'une manière plus vivante. Ils leur offraient les mets et les fruits de la saison.»

«Continuer les Ancêtres, faire les mêmes rits et la même musique qu'ils firent de leur vivant, vénérer ce qu'ils vénérèrent, aimer ce qu'ils aimèrent, les servir après leur mort comme on les servait durant leur vie, les servir disparus comme s'ils existaient encore, voilà la piété filiale parfaite», dit Confucius.

Trois mois après le mariage, la jeune femme était présentée aux Ancêtres dans leur temple, avec cette formule «une telle est venue chez nous, pour être épouse». Au jour désigné par les sorts, elle faisait son offrande devant les tablettes, et comptait depuis lors comme membre de la famille de son mari. — Si elle était morte avant cette présentation et cette offrande, quoiqu'elle eût cohabité avec son mari, elle n'eût pas été considérée comme épouse, et son cadavre aurait été rendu à ses parents... dit Confucius.

Dans une famille noble, en cas de naissance d'un fils posthume, le cercueil du père étant encore dans la maison, l'invocateur l'ayant appelé par trois fois, annonçait «une telle a accouché d'un fils ; je vous le fais savoir !».. Deux jours plus tard, l'enfant était présenté devant le cercueil, avec cette formule «un tel, fils de une telle, se présente à vous !» — Si le père était déjà enseveli, le nouveau-né était présenté devant sa tablette. — Ensuite son nom était annoncé aux Patrons du sol et des moissons, aux Génies des monts et des fleuves, aux pénates de la maison... dit Confucius.

Confucius déclare que, lors des grandes offrandes, et lors des funérailles, tout défunt doit avoir son 尸 Représentant. — Commentaire: Les fils ne voyant plus leur père défunt, leur cœur était désolé. De là l'institution du Représentant, qu'on costumait de manière à en faire la vivante image du défunt. Le cœur des fils se raccrochait à cette figure de la réalité disparue.

« Un défunt, dit Confucius, ne peut pas avoir deux tablettes; pas plus qu'il ne peut y avoir deux soleils au ciel, deux empereurs sur la terre. » — Seule la tablette du temple des Ancêtres, substituée au défunt d'après les régles rituelles, était censée constituer son médium d'évocation, son foyer d'émanation. En tout cas, aucune vertu n'était reconnue aux duplicata de cette tablette, érigés *honoris causâ* à certains défunts qui avaient plusieurs temples. Jamais il ne vint à l'esprit des Chinois de considérer, même la vraie tablette, comme un siège, un reposoir réel du défunt. Les termes 神位 *chenn-wei* ou 神主 *chenn-tchou* inscrits sur les tablettes, signifient simplement que, là où la tablette se dresse, là est le *lieu rituel* de la personne honorée par la cérémonie, le point vers lequel les rits doivent converger, le point d'où ses bénédictions sont censées émaner, et rien de plus. D'un *siège de l'âme* proprement dit, séjour ou fixation sur la tablette, il ne fut jamais question. J'ai dit jadis (page 99 A) que, dans certains cas, on mettait pour les âmes de vrais sièges près de leur tablette, pour qu'elles pussent se reposer à leur manière.

« Avant les grandes offrandes aux Ancêtres, la purification par l'abstinence doit durer trois jours, dit Confucius. Un jour ne suffit pas pour produire le recueillement voulu — Dans les offrandes, mieux vaut beaucoup de respect avec peu de mise en scène, que beaucoup d'ostentation avec peu de dévotion. — De même, lors des funérailles, mieux vaut un peu de douleur simple et vraie, que beaucoup de lamentations feintes. »

—◊—◊—

E.   Pour ce qui est de la divination, Confucius crut fermement qu'elle révélait aux hommes la volonté du Ciel. — « Jadis, dit-il avec louange, on consultait toujours la tortue et l'achillée, avant de fixer la date d'une offrande au Souverain d'en haut, ou aux Génies clairvoyants On n'aurait pas osé prendre une décision en matière de culte, d'après son sens particulier, sans avoir consulté. — Le Ciel a produit les objets transcendants, la tortue et l'achillée. Le Fleuve Jaune et la rivière *Lao* ont donné leurs diagrammes (page 57). Les Sages tirèrent de ces choses leurs réglements. »

Confucius se moqua d'un préfet qui logeait et nourrissait somptueusement une tortue vivante, comme si cet animal eût pu attirer sur lui quelque bonheur. La tortue vivante n'est pas transcendante. L'écaille de tortue dévoile l'avenir, mais ne porte pas bonheur.

Au soir de sa vie, Confucius dit: « Si quelques années m'étaient encore données, je les emploierais à approfondir le Traité des Mutations (page 79 A). » De cette époque datent ses dissertations sur les Mutations, si elles sont vraiment de lui.

« Le phénix ne vient pas, le Fleuve ne donne pas de diagramme, c'en est fait de moi ! » dit-il peu avant sa fin. — L'apparition du phénix annonce le commencement d'une ère nouvelle. Confucius estima que, pour le retour au système antique qu'il projetait, le Ciel lui devait tous les présages et signes, qu'il donna jadis, d'après la tradition, à ceux qui fondèrent ce système. Rien n'étant venu, il mourut désespéré.

Chose à remarquer, jadis, dans son enseignement, il avait prononcé son propre arrêt. Son petit-fils nous a conservé de lui cette parole : « Celui qui, en ce temps-ci, tenterait de revenir au système antique, serait bien malheureux. »

F. Après avoir exposé les croyances traditionnelles de Confucius, qu'il hérita des Anciens et qui lui furent communes avec ses contemporains, j'en viens à l'exposé de son système éthique et politique. Les deux sont inséparables, car sa politique dériva de son éthique. Sa forme d'administration et de gouvernement fut adaptée à la nature humaine, telle qu'il la concevait.

Peut-on dire de ce système, qu'il fut le sien ? Y a-t-il un système de Confucius ?.. Lui-même s'en défend énergiquement. Il assure que le système qu'il expose, ne fut pas inventé par lui ; que c'est le système des Anciens ; qu'il le transmet simplement, fidèlement, sans modifications ni additions. « Ce fut en effet, tout simplement, le système du deuxième ministère des 周 *Tcheou,* » dit l'Index littéraire des 漢 *Han*, la grande autorité. Ce que la *Grande Règle* et le *Rituel des Tcheou* nous ont appris, rend cette assertion acceptable. Il n'y aurait donc de personnel, de proprement confucéen dans le système de Confucius, que certains soulignements, qui donnèrent à quelques points un relief intense, et en firent des dogmes dans l'esprit de ses disciples. — Le Maître proteste de plus, qu'il n'a rien caché de ce qu'il savait, qu'il a livré à ses disciples sa pensée tout entière. Ceci est aussi acceptable. S'il refusa parfois de s'expliquer, c'est qu'il jugea le disciple qui l'interrogeait, incapable de comprendre sa réponse. Il paraît n'avoir pas eu deux enseignements, l'un exotérique, l'autre ésotérique, comme cela se pratiqua dans d'autres écoles. D'ailleurs, quel article de sa doctrine sans profondeur, se serait prêté au mystère ?

Le point fondamental de son éthique, c'est la *rectitude native*. L'homme naît parfaitement droit, avec une propension au bien, sans aucune propension au mal. Ses bonnes propensions doivent être secondées, développées, par le bon exemple et le bon enseignement. — Le mal, qui est une déviation, est toujours artificiel, contre nature. Il est produit, dans l'individu, par l'erreur d'appréciation, en plus ou en moins, suite d'une influence de la passion sur la raison ; faussage de l'esprit, d'où corruption du cœur. Il est communiqué à autrui, par le mauvais exemple et le mauvais enseignement, qui faussent les esprits et corrompent les cœurs.

Par suite, point fondamental de la politique, le premier devoir du prince, du gouvernement, c'est l'exemple et l'enseignement. L'empereur, *étoile polaire* du monde moral, doit, en luisant, en éclairant, orienter son empire vers le bien. Il devrait ne jamais intervenir davantage, il ne devrait même pas parler. Toute contrainte, toute répression, doivent être inutiles, si le gouvernement a bien fait son

Confucius. Portrait traditionnel.
Costume du temps.

Leçon 15.

devoir. Car l'homme naturellement bon, bien instruit et bien dirigé, ne dévie pas. Si le peuple a dévié, c'est que le gouvernement a manqué à son devoir de l'éclairer et de le diriger. — Or l'empereur ne saurait éclairer et édifier par lui-même tous ses sujets. De là la nécessité de fonctionnaires, d'officiers; rayons de l'étoile polaire impériale, qui propagent son influence au loin; auxiliaires qui n'ont d'autre raison d'être, que le devoir d'éclairer et d'édifier le peuple. — Enfin, tous les pères de famille de l'empire, dirigés par ces officiers, doivent éclairer et édifier chacun sa maisonnée. — Et voilà, dans sa simplicité, le système antique, basé sur la monade familiale, culminant dans le pôle impérial, toutes les familles de l'empire étant régies par l'étoile polaire, par l'empereur, dont les officiers sont les rayons. Voilà la *grande unité*, la grande fraternité, l'empire-famille, l'idéal utopique de Confucius, qui crut bonnement que le régime patriarcal pourrait toujours suffire à l'humanité multipliée et dispersée sur la terre.

Maintenant, d'où vient la passion, source du mal, dans l'homme né tout bon et n'ayant que des inclinations bonnes?.. Elle vient de l'égoïsme, cause de toute déviation, de toute rupture de l'équilibre moral. Poursuite de son intérêt propre, recherche de son bien-être, voilà la pierre d'achoppement. Pour que la nature bonne se développe en bien, il faut, dit le texte, 丹 我 que l'homme n'ait *pas de moi*... L'homme supérieur, aux yeux de Confucius, c'est l'altruiste, qui fait de l'intérêt commun sa propre affaire. L'homme inférieur, c'est l'égoïste, qui ne connaît et n'aime que soi. Et il avoue que, même parmi les 儒 *Jou*, les égoïstes sont la grande majorité, les altruistes sont le petit nombre.

G. Ceci posé, du prince et de ses auxiliaires, de l'homme supérieur, de l'altruiste conçu à sa manière, Confucius exige, quoi?.. la charité, le dévouement?.. oh! pas du tout. — Il exige, la *neutralité de l'esprit* et cette *froideur du cœur*, que nous avons vu préconisées par la Grande Règle (page 62 I). «Pas de sympathie, pas d'antipathie, pas d'idée préconçue, pas de conviction ferme, pas de volonté tenace, pas de moi personnel... D'abord, à première vue, ne pas approuver, ne pas désapprouver; ne pas embrasser, ne pas repousser... Ensuite, après réflexion, ne jamais se déterminer pour un extrême, car excès et déficit sont également mauvais. Suivre toujours *la voie moyenne*, prendre une position moyenne.» Jamais de chaud enthousiasme; jamais de désespoir glacé; toujours un calme opportunisme. Imiter la froide impartialité du Ciel, et, dans l'action, temporiser comme lui et louvoyer. Tout coup direct est une faute. Toute solution nette blesse quelqu'un. Urger un droit c'est commettre un tort. S'en tenir à un *à peu près* qui ne plaise ni ne déplaise entièrement à personne, voilà l'idéal pour la classe dirigeante. — Quant à l'homme du peuple, incapable de déterminer, dans les affaires qui le concernent, cette mesure moyenne opportune, les rits ont été inventés pour lui par les Sages. Qu'il ne cherche pas, qu'il ne discute pas; qu'il observe les rits. Qui les observe bien, aura fait dans tous les cas ce qu'il fallait faire, ni trop ni trop peu. Lui aussi aura pratiqué la *voie moyenne*, dont les rits sont la formule pratique. Ils sont aussi, comme on voit, un succédané de la conscience.

H. Pour renforcer la morale familiale, base de sa politique, Confucius prêcha sans cesse et exagéra à outrance les devoirs de la piété filiale. Il éleva l'exercice de cette piété au niveau du culte officiel du Ciel, et pensa qu'elle devait suffire au peuple comme religion. Écoutons-le, car son enseignement sur ce sujet fut gros de conséquences, et fit autorité en Chine jusqu'à nos jours... «Servir ses parents comme le Ciel, voilà la loi de la piété filiale, dit Confucius. — De tous les êtres produits par le ciel et la terre, l'homme est le plus noble. Grâce à ses parents, il est né entier. Il doit mourir entier, s'il prétend au titre de fils pieux. Qu'il ne mutile donc, ni ne souille son corps. A chaque pas qu'il fait, le fils pieux devrait se souvenir des précautions que la piété filiale lui impose. — La piété filiale exige que, durant la vie des parents, on n'aille pas au loin; ou du moins, que le lieu où l'on va soit connu des parents, et qu'on n'y aille qu'avec leur consentement. — Tant qu'on a ses parents, il faut demander leur avis avant toute entreprise, et n'agir qu'avec leur approbation. — Un fils pieux doit avoir toujours présent à la mémoire l'âge exact de ses parents, pour se réjouir de leur longévité, pour s'affliger de leur mort future. — Durant leur vie, il faut servir les parents comme les rits l'exigent; après leur mort, il faut les ensevelir comme les rits l'exigent; ensuite il faut continuer à leur faire les offrandes que les rits exigent. — Il faut obéir aux parents tant qu'ils vivent. Après leur mort, il faut continuer à faire comme ils faisaient. Celui qui, trois ans après la mort de son père, n'aura encore fait aucune innovation dans sa maison, mérite d'être appelé fils pieux. — Un fils dont le père a été assassiné, continuera, même après le temps du deuil écoulé, à dormir sur la natte funèbre, avec ses armes pour oreiller. Il n'acceptera aucune charge, aucun emploi, mais sera tout à sa vengeance. Car il ne doit pas laisser le meurtrier de son père, vivre en même temps que lui sous le ciel. S'il le rencontre, fût-ce au marché, fût-ce au palais, qu'il fonce sur lui aussitôt.»

Une conséquence logique de la piété filiale à la Confucius, c'est l'interdiction de la virginité pour les garçons et les filles, du célibat pour l'homme veuf... «Le pire des crimes, c'est de ne pas donner de postérité à ses Ancêtres, de les priver d'offrandes par conséquent. — Eût-il soixante-dix ans, un chef de famille devenu veuf doit se remarier, car l'épouse a son rôle nécessaire dans les offrandes.» J'ai dit (page 67) que, d'après la Constitution des *Tcheou*, célibataires et veufs étaient mariés ou remariés d'office, s'ils ne le faisaient pas à temps volontairement.

-◆-◆-

I. Comme la manière d'entendre l'altruisme, causera de longues controverses des 儒 *Jou* avec diverses écoles et finalement avec les chrétiens, je crois bon de revenir sur ce sujet que j'ai effleuré ci-dessus (page 133 G), et de préciser ce que Confucius entend au juste par le 仁 *jenn* dont il a tant parlé. Étymologiquement, ce caractère signifie les relations entre hommes, le lien qui doit relier les hommes entre eux. Comme on lui demandait de définir ce lien, «c'est aimer autrui, dit Confucius... C'est étendre son intérêt à tous... C'est être affable... C'est ne pas refuser d'instruire... Ce qui te déplairait, si on te le faisait, ne le fais pas aux autres. Ce qui te plaît, quand on te le fait, fais-le aux autres.»... Puis viennent des restrictions: «pas trop d'intimité... ne pas se livrer... ne pas rendre le bien pour le mal.»... Il y a sans doute beaucoup de bon dans ces maximes qui sonnent bien;

mais la connaissance exacte de la valeur pratique qui leur fut donnée, m'oblige à redire «ne traduisez pas 仁 *jenn* par *charité*». Les *Jou* désirèrent toujours beaucoup communiquer leurs idées; faire des disciples, le plus possible. Aimer à accaparer les esprits, voilà leur amour des hommes. Ils ne donnèrent jamais rien de leur cœur; ils ne comprirent jamais rien au dévouement qui se prive pour le bien d'autrui gratuitement. Et pourquoi l'auraient-ils fait, eux si terre à terre, qu'aucun idéal ne soulève. La Chine qu'ils firent, fut de glace. Depuis, le souffle tiède de l'Amidisme l'a réchauffée quelque peu; mais il faudra l'haleine ardente du Christianisme, pour fondre le vieux glaçon.

—◊— —◊—

J. De son *Sage*, Confucius a fait la description suivante: «Le Sage n'est pas un spécialiste étroit; c'est un homme capable de plusieurs choses. Il n'enseigne rien, qu'il n'ait d'abord pratiqué. Il est sobre dans sa nourriture, modeste dans son logement, décidé quand il agit, et prudent quand il parle. Il se tient content dans la situation que le Ciel lui a faite, et n'en ambitionne pas d'autre. Il ne se plaint pas de ce qu'on l'ignore, de ce qu'on l'oublie; il pense que lui ne connaît pas assez les hommes, n'est pas digne d'être connu d'eux, n'a pas le talent voulu pour leur être utile.»… Ce dernier point, le Maître le pratiqua assez mal. Le prurit de placer sa politique le tourmenta toujours au point que, chaque fois qu'il s'était fait remercier, s'il n'avait pas trouvé un nouveau preneur avant trois mois, il en tombait dans le marasme. Quand il voyageait à la recherche d'un patron, il portait toujours avec lui les arrhes usuelles, pour être à même de toper à la première proposition… C'est Mencius, le plus dévoué de ses disciples, qui nous a transmis ces savoureux détails.

—◊— —◊—

K. Pour ce qui est du *peuple*, Confucius maintint énergiquement le système de la tutelle, de la domestication, cher aux Anciens (page 65 B). Voici ses principes: «Au peuple, il faut d'abord procurer le bien-être, puis l'instruire de ses devoirs. Mais, en l'instruisant, il faut ne lui donner que des préceptes concrets et positifs, non des raisons abstraites qu'il est incapable de comprendre. Il faut le préserver de tout enseignement autre que l'enseignement officiel. — Il faut nourrir et défendre le peuple. Agriculture et armes. Que si l'on ne peut pas faire les deux en même temps, alors renoncer provisoirement à la défense, qui est la chose moins importante, et se résigner temporairement au joug. Si on n'arrive pas à nourrir le peuple, alors se dire qu'après tout les hommes meurent tous tôt ou tard.»… Confucius n'aima pas la guerre, et n'estima pas la valeur militaire. Cependant il fit donner la sépulture des hommes faits, à un adolescent tombé pour son pays. «Celui, dit-il, qui a pris un bouclier et une lance pour défendre les tertres des Patrons du sol et des moissons, est digne d'une sépulture d'homme.»

—◊— —◊—

L. En résumé, voici à quoi revient le système des 儒 *Jou*, vulgarisé par Confucius. Bonté native des gouvernés. Altruisme et opportunisme froids des gouvernants. Culte officiel du Ciel par l'empereur. Piété filiale tenant lieu de religion au peuple. Lois et rits. Et c'est tout.

Notes. — A et F. 儒家者、流蓋出於司徒之官。助人君順陰陽明教化者也。 La corporation des *Jou* descend des officiers attachés au deuxième ministère des *Tcheou*, lesquels aidaient le prince à éclairer et à diriger le peuple, dans le sens de sa nature (les économistes officiels). 漢藝文志 Index littéraire de la première dynastie *Han*.

C. Si ce texte, tiré de l'appendice *Hi-ts'eu* du Livre des Mutations, est vraiment de Confucius, c'est le plus ancien que nous possédions, sur les deux modalités naturelles 陰 *yinn* et 陽 *yang*, qui joueront bientôt un si grand rôle. Il est vrai que trois textes parlent de ces modalités, à propos d'événements arrivés en 816, 780 et 644, respectivement. Mais ces trois textes ont été rédigés après Confucius. — Ci-contre le célèbre schéma de l'alternance circulaire de ces deux modalités, *yang* blanc, *yinn* noir. Au moment où l'une est à son apogée (partie renflée), l'autre se substitue à elle insensiblement (partie effilée). Chacune porte en elle le germe de l'autre, figuré par l'œil de couleur contraire dans la partie renflée.

Sources. — Avant tout 論語 *Lunn-u*, les Entretiens de Confucius, conservés par ses disciples. — Puis 中庸 *Tchoung-joung*, la Voie moyenne, œuvre de son petit-fils 孔伋 *K'oung-ki*, dit 子思 *Tzeu-seu*. — Puis les écrits de Mencius, 孟軻 *Mong-k'eue*, vulgo 孟子 *Mong-tzeu*, le plus brillant de ses disciples. — Quelques chapitres du 禮記 *Li-ki*, Mémorial des Rits; 檀弓 *Tan-koung*, 祭義 *Tsi-i*, 郊特牲 *Kiao-tei-cheng*, 禮運 *Li-yunn*, 表記 *Piao-ki*, 曾子問 *Tseng-tzeu-wenn*, 哀公問 *Nai-koung-wenn*, et autres. — Enfin les appendices du 易經 *I-king* livre des Mutations, 繫辭 *Hi-ts'eu*, 序卦 *Su-koa*, 說卦 *Chouo-koa*, attribués à Confucius.

Ouvrages. — Depuis le P. Ph. Couplet S.J., auteur du *Confucius Sinarum philosophus* au dix-septième siècle, beaucoup d'écrivains ont parlé de Confucius. Je n'en citerai aucun, parce que tous ont écrit, chacun pour sa thèse, et dans l'hypothèse fausse que le Confucianisme tel qu'il est actuellement, sortit tel quel du cerveau de Confucius. J'exposerai successivement, sous leurs dates, les interprétations et altérations qui produisirent la doctrine moderne, au cours de vingt-cinq siècles. Je parlerai au long de cette doctrine, de son rôle présent et futur, dans mes dernières Leçons. Dans cette quinzième Leçon, j'ai dit ce que fut l'œuvre personnelle de Confucius, une vulgarisation de vieilles idées. Il serait inopportun d'anticiper ici, toute anticipation créant facilement un préjugé.

Traductions des *Entretiens de Confucius*, de la *Voie moyenne*, des écrits de *Mencius*; anglaise, par J. Legge, Chinese Classics; française, par S. Couvreur S.J., les Quatre Livres. — Traduction française du Mémorial des Rits, par S Couvreur S.J. — Textes chinois, en abrégé, dans L. Wieger S.J., Textes philosophiques, page 128 seq. — Se défier de toutes les nombreuses analyses, qui prétendent exhiber le vrai système, la pensée intime, de Confucius, de Mencius, etc.; ces ouvrages exhibant généralement plutôt les vues de leur auteur, que celles des hommes dont ils traitent.

Seizième Leçon.

Sommaire. — Les disciples personnels de Confucius. Textes. **A.** L'Être suprême et les Êtres transcendants. — **B.** Les Mânes. — **C.** La divination. — **D.** Bonté native. Voie moyenne. — **E.** Piété filiale. — **F.** Conclusion de la période antique.

Je consacrerai cette Leçon aux textes provenant des disciples personnels de Confucius. Ils sont l'écho de l'enseignement du Maître. Même ordre que dans la Leçon précédente.

-◆- -◆-

A. D'abord les textes relatifs à l'Être suprême et aux Êtres transcendants.

«Quand le fils du Ciel visitait les quatre régions, à son arrivée il allumait, sur la montagne sacrée, un bûcher dont la flamme devait avertir le Ciel. L'offrande du solstice d'hiver, était le grand remerciement annuel au Ciel. On la faisait au moment où les jours allaient recommencer à croître, parce qu'on considérait le soleil comme le représentant du Ciel. Rien d'artificiel ne devait figurer dans cette offrande. On l'offrait sur le sol nu, battu et balayé. Toute la vaisselle était en terre et en calebasse, produits de la nature.»

«Quand lors de ses tournées d'inspection, l'empereur constatait quelque négligence dans le culte des Monts et des Fleuves, des Génies du ciel et de la terre, ou dans le culte des Ancêtres, il devait aussitôt punir le feudataire coupable, en diminuant son territoire. — Avant de partir pour une tournée, pour une chasse ou pour la guerre, l'empereur faisait une offrande au Souverain d'en haut, au Patron du sol, à ses Ancêtres.»

«Tous les êtres sont issus du Ciel, et l'homme est de plus issu de son Ancêtre. Voilà pourquoi cet Ancêtre recevait aussi quelque chose, quand on faisait l'offrande au Souverain d'en haut. Ce jour-là, en remerciant, on remontait à sa double origine.»

«Les anciens empereurs faisaient leurs offrandes, au Ciel dans la banlieue, au Patron du sol devant son tertre, aux Ancêtres dans leur temple, aux Monts et aux Fleuves, aux cinq Pénates. Ils firent un usage constant de l'achillée et de la tortue. Les sorciers se tenaient devant eux, les annalistes derrière, les devins par la tortue et l'achillée à leur droite et à leur gauche. Eux, tenant leur cœur dans le repos, lui conservaient sa rectitude parfaite. Tout se passait d'après le rituel. La racine première des rits, c'est l'Unité suprême, laquelle s'étant différenciée en ciel et terre, agit par la rotation du 陰 *yinn* et du 陽 *yang*. Ces deux modalités gouvernent du haut du ciel; leur expression sur la terre, ce sont les rits. C'est ainsi que les rits émanent du Ciel.»

«Le tertre impérial du Patron du sol, devait être exposé au givre et à la rosée, au vent et à la pluie, communiquant ainsi avec les émanations du ciel et de la terre. Le tertre d'une dynastie déchue, doit être emmuré et couvert, pour le priver désormais de tout influx du ciel et de la terre. On élevait le tertre du Patron du sol, pour donner une expression transcendante à l'action bienfaisante de la terre. Le ciel donne son influx et la terre produit les êtres. Le ciel donne les saisons et la terre les fruits. On honore donc le ciel et on aime la terre. On apprenait au peuple à leur être reconnaissant. De même que l'empereur remerciait devant le tertre du sol de l'empire, chaque feudataire devant le tertre du sol de son fief, chaque communauté humaine devant le tertre du sol du district ; ainsi chaque particulier remerciait, dans l'atrium central de son habitation, le petit patron de sa parcelle de sol. On remontait ainsi à la souche, à l'origine des dons reçus. »

«Le ciel est supérieur, la terre est inférieure. L'alternance des deux modalités, mouvement et repos, est soumise à une règle fixe. Les émanations de la terre montent, les influx du ciel descendent. Le ciel donne, la terre reçoit. Les deux modalités alternant, font apparaître et disparaître tous les êtres, dans l'entre-deux du ciel et de la terre. »

«Le ciel est *yang* et agit par les corps célestes. La terre est *yinn*; ses pôles d'émanation sont les monts et les fleuves. Le binôme ciel-terre émet les cinq agents et les quatre saisons, qui se succèdent en se supplantant. »

«L'homme est le cœur du ciel et de la terre. Il est la quintessence des deux modalités, des cinq agents. L'ordre dans le monde humain se réfléchit en ordre dans la nature. Le désordre humain se répercute au ciel, sous forme d'éclipses de soleil ou de lune. »

On voit qu'une dose considérable de naturisme, se mêle aux anciennes notions théistes et animistes, encore subsistantes, mais affaiblies.

—◆— ◆—

B. Passons au culte des Mânes.

«Quand un homme est mort, il inspire naturellement de l'horreur. Comme il n'agit plus, il ne compte plus pour rien. Les rits tendent à atténuer la rudesse de ces sentiments spontanés. On habille le mort, pour qu'il n'inspire plus d'horreur. On lui fait des offrandes et des libations, après la mort, aux funérailles, même après qu'il a été enseveli, pour montrer qu'on se souvient, qu'on s'occupe encore du défunt. Personne n'a jamais omis ces démonstrations rituelles, quoique tous sachent que les morts ne mangent ni ne boivent ce qu'on leur offre. »

«Pour les offrandes, le maître de maison fait tout son possible. Et comment sait-il que ses offrandes sont agréées des Mânes ? Par la conscience qu'il a, d'avoir fait tout son devoir ; par sa sensation subjective de dévotion. »

«On met dans la bouche du mort, des coquilles et du riz ; non dans l'idée qu'il mangera, mais pour empêcher la déformation du visage. »

«Trois jours après le décès, on mettait le mort en bière ; car, après trois jours, un mort ne revit plus. Durant les mois qui suivaient le décès, offrandes quotidiennes, comme si on n'eût pu se faire à l'idée de son départ. Cependant on ne le nommait plus par son appellatif ordinaire, mais on parlait de lui avec respect, comme d'un *chenn*. »

«Avant d'être transporté au cimetière, le défunt dans sa bière était porté au temple des Ancêtres, pour les saluer une dernière fois et prendre congé d'eux. »

«Le besoin de faire des offrandes, n'est pas chose factice. Il est naturel, inné. Il sort du fond du cœur. — On affectait aux offrandes la dîme des produits de l'année, n'ajoutant rien en temps d'abondance, ne retranchant rien en temps de disette. — Les offrandes doivent être plutôt rares. Trop souvent répétées, elles ennuient et dégénèrent en routine. »

« Le but de l'abstinence et de la purification rituelles qui précédent les offrandes, c'est de mettre, dans l'homme intérieur, l'ordre et l'harmonie sans lesquels on ne peut pas communiquer avec les Mânes glorifiés. — Durant l'abstinence, le fils se remettait en mémoire, par la méditation, comme jadis ses ancêtres parlaient et riaient, quel était leur caractère, ce qu'ils aimaient, ce qu'ils mangeaient. Après trois jours passés dans ces pensées, quand il entrait dans leur temple, il lui semblait les voir à leurs places rituelles. — A qui fait bien les offrandes, elles rapportent une bénédiction, qui fait que tout lui réussira au gré de ses désirs. »

J'omets quantité de textes, qui redisent, sans y rien ajouter, des choses que nous savons déjà.

C. Pour ce qui concerne la divination, les disciples de Confucius parlent comme les Anciens.

« C'est par la tortue et l'achillée, que les sages souverains de l'antiquité obtinrent que le peuple crût aux temps fastes et obéit à leurs ordres. C'est par la tortue et l'achillée, qu'ils triomphaient de ses répugnances et de ses indécisions. C'était un principe incontesté, que, après avoir consulté la tortue et l'achillée, on acceptait leur détermination et ou l'exécutait. Quand on les interrogeait, on les adjurait en ces termes: Pour telle chose, nous recourons à vous, ô vénérable tortue, ô vénérable achillée, qui suivez des règles invariables. On ne consultait jamais les sorts sur une chose, que la conscience jugeait injuste ou immorale. »

« Un officier de Wei étant mort sans laisser aucun fils né de son épouse en titre, mais six fils nés de concubines, on consulta la tortue pour apprendre lequel des six devrait succéder. La tortue répondit: « Qu'ils se baignent, revêtent de riches costumes, et on verra un signe. » Cinq des fils firent ainsi; le sixième refusa. « Les rits, dit-il, défendent de se baigner et de revêtir un riche costume, à qui porte le grand deuil pour son père. »... Ce refus d'enfreindre les rits du deuil, fut considéré par les gens de Wei comme le signe promis par la tortue. »

D. Voici ce que les disciples nous disent des grands principes du Maître, *bonté native* et *voie moyenne*.

« Quand l'homme naît, son cœur est paisible, car le Ciel l'a fait ainsi. Quand les êtres extérieurs agiront sur lui, il s'émouvra et concevra des passions. Un être étant perçu, aussitôt une affection ou une répulsion se manifeste. Si l'homme ne maîtrise pas ces mouvements intérieurs, la raison que le Ciel lui a donnée s'obscurcira en lui, et il perdra son libre arbitre. — Le cœur intelligent de l'homme, est sujet à de grossières passions. De sa nature, le cœur est calme, sans peine ni joie, sans affection ni aversion. Les passions naissent au contact des êtres. C'est provoquées par les êtres extérieurs, que les propensions du cœur se révèlent. — Une image, une musique, peuvent faire que des sentiments dépravés s'élèvent dans le cœur. Aussi le Sage gouverne-t-il avec soin ses oreilles, ses yeux, son nez, sa bouche, son corps, son cœur, les obligeant à agir toujours comme il convient.»

«L'homme est homme, par l'observation de la convenance (voie moyenne) à l'intérieur, et des rits à l'extérieur.»

—-♦—-♦—

E. Voici comment les disciples appliquèrent les principes sur la *piété filiale* de leur Maître.

«Un fils pieux doit traiter ses vieux parents en cette manière: réjouir leur cœur, ne pas contrarier leurs inclinations, faire plaisir à leurs oreilles et à leurs yeux, leur procurer le repos de la nuit et la nourriture du jour. Il fera cela, jusqu'à la mort; non jusqu'à la mort des parents, mais jusqu'à la sienne propre. Il vénère ce qu'ils ont vénéré et aime ce qu'ils ont aimé, leurs gens, leurs chevaux et leurs chiens. — Le Sage entretient ses parents durant leur vie, et leur fait des offrandes après leur mort. Il s'efforce de leur faire honneur en tout. Son deuil dure autant que sa vie. — D'après les Anciens, la piété filiale consiste, à avoir toujours devant les yeux le visage des parents défunts, à entendre toujours leur voix retentir aux oreilles, à avoir toujours présents à l'esprit leur caractère, leurs goûts et leurs désirs. — Les offrandes continuent, après leur mort, les soins du fils pour ses parents durant leur vie.»

«Un bon fils avertit ses parents avant de sortir, et se présente devant eux dès qu'il est rentré. Les parents doivent toujours savoir où il est. Dehors il ne fait rien que d'honorable pour eux. — Il ne monte sur aucune hauteur, et n'approche d'aucune profondeur, de peur d'un accident qui affligerait ses parents. Il évite de même de s'attirer, par des provocations ou des moqueries, une affaire qui les chagrinerait. Tant que ses parents sont en vie, un fils ne thésaurise ni ne possède.»

«Quel que soit son âge, un fils ne s'assied pas en présence de ses parents. — Quand son père appelle, le fils ne se contente pas de répondre. S'il tient un objet, il le jette. S'il mâche un morceau, il le crache. Il ne vient pas; il accourt, il vole. — Quand les parents doivent prendre une médecine, le fils la goûte d'abord. — Quand les parents sont en faute, le fils les avertit modestement, affablement. Quand il les a avertis trois fois ainsi, s'ils persistent, il gémit mais fait leur volonté.»

«Non content de se dévouer personnellement pour ses parents, un bon fils cherche encore un auxiliaire qui l'aide dans ce service. C'est là le sens et le but du mariage. On se marie, pour engendrer une postérité qui serve les parents, qui fera les offrandes aux Ancêtres. — Si, le fils étant content de sa femme, celle-ci déplaît à ses parents, le fils est tenu de la répudier. Il doit la garder, au contraire, si elle lui déplaît à lui, mais plaît à ses parents. — Si son épouse est stérile, le fils doit prendre une concubine, pour donner des petits-enfants à ses parents.»

«Le corps étant un legs de leur substance fait par les parents, il doit être respecté à cause d'eux. — Durant le deuil, un fils ne doit pas affliger son corps, au point de mettre sa vie en danger. Car il est tenu de laisser des descendants, qui continueront les offrandes aux Ancêtres.»

La tradition rapporte que, étant près de mourir, le disciple 曾參 *Tseng-chenn* (vulgo 曾子 *Tseng-tzeu*) se fit découvrir les bras et les jambes par ses élèves, pour leur montrer qu'il emportait au tombeau intacte, la substance reçue de ses

Leçon 16.

ancêtres. — Quelqu'un ayant remarqué alors, que la natte sur laquelle il agonisait, n'était pas conforme à son degré social, il ordonna de la changer, opération qui l'acheva. Il mourut ainsi martyr des rits.

— ⋄ ⋄ —

F. Conclusion. — Les textes nous ont ainsi conduits, d'une enfilade, depuis le vingt-deuxième siècle, jusqu'au commencement du cinquième; mettons jusqu'à l'an 500 avant J.-C. Nous avons constaté que, durant cette longue période, que j'ai intitulée *Théisme antique,* la chaîne est une, malgré une décadence graduelle, des innovations et des altérations. Mais tout à l'heure nous allons entendre le son d'autres cloches. Le Taoïsme va naître, et avec lui la philosophie chinoise, laquelle mettra en branle les politiciens. Les 儒 *Jou* vont trouver des contradicteurs et des adversaires.

Sources. — Surtout le 禮記 *Li-ki,* Mémorial des Rits. Chapitres 曲禮 *K'iu-li,* 內則 *Nei-tsai,* 祭義 *Tsi-i,* 祭統 *Tsi-t'oung,* 祭法 *Tsi-fa,* 郊特牲 *Kiao-tei-cheng,* 禮運 *Li-yunn,* 樂記 *Yao-ki,* 雜記 *Tsa-ki,* 檀弓 *T'an-koung,* 玉藻 *U-tsao,* 昏義 *Hounn-i,* 問喪 *Wenn-sang,* et autres.

Ouvrages. — Traduction du *Li-ki,* par S. Couvreur S.J. — Textes résumés dans, L. Wieger S.J., Textes philosophiques, page 151 seq.

Écriture chinoise, sous la troisième dynastie.

老子 Lao-tzeu partant pour l'Occident.

Deuxième Période.

Philosophie et Politique.
de 500 avant, à 65 après J.-C.

Dix-septième Leçon.

Sommaire. Le Taoïsme. — **A.** Historique. *Lao-tzeu. Lie-tzeu. Tchoang-tzeu.* — **B.** 道 *Tao* le Principe. Ciel-terre. Émanation des êtres sensibles. — **C.** 德 *Teï* la vertu, l'action du Principe. Les deux modalités. Le soufflet. Le dévidage. — **D.** Le cosmos étant un, l'identité des contraires, de la vie et de la mort, s'ensuit. Le *yinn* et le *yang* girant sans cesse, rien n'est stable, rien ne dure. La phase actuelle, le présent, est un point sur le cercle d'une roue qui tourne. — **E.** Les deux âmes. Survivance. Entretien de la vie. — **F.** Le Sage taoïste. — **G.** Politique taoïste. Le non-agir. — **H.** Effacement systématique, non par humilité, mais par égoïsme. — **I.** Opportunisme. Ignorantisme. — **J.** Naturalisme contre le Conventionalisme. — **K.** L'extase mentale. — **L.** Le fléau de la guerre. — **M.** Résumé.

A. 老子 *Lao-tzeu*, le *Vieux Maître*, fut un contemporain de Confucius, plus âgé que lui d'une vingtaine d'années. Sa vie dut s'écouler entre les dates 570-490, les dates de Confucius étant 552-479. Rien de ce qu'on raconte de cet homme, n'est historiquement certain. Il fut archiviste à la cour des 周 *Tcheou*, dit la tradition taoïste; ceci est probable. Il vit Confucius au moins une fois, vers l'an 501, dit encore la tradition taoïste; ceci est possible. Las du désordre de l'empire, il finit par le quitter, et ne revint jamais. Au moment de franchir la passe de l'Ouest, il composa pour son ami 尹喜 *Yinn-hi*, le gardien de cette passe, l'écrit célèbre que j'analyserai dans cette Leçon, 道德經 *Tao-teï-king* le traité du Principe et de son Action, texte fondamental du Taoïsme. Ceci encore est tradition taoïste, fort mal assise, vu que, des deux plus anciens écrivains taoïstes, l'un (*Tchoang-tzeu chap. 3*) le fait mourir dans son lit en Chine, tandis que l'autre (*Lie-tzeu chap. 3*) admet la version du départ. On ne sait même quel fut au juste le nom de famille du *Vieux Maître*. Vers l'an 100 avant J.-C., le célèbre historien 司馬遷 *Seuma-ts'ien*, pourtant très favorable au Taoïsme, dit des légendes relatives à *Lao-tzeu:* «les uns disent ainsi, les autres disent autrement, et, du *Vieux Maître*, on peut seulement affirmer ceci, que, ayant aimé l'obscurité par-dessus tout, cet homme effaça délibérément la trace de sa vie.»

Lao-tzeu n'inventa pas le Taoïsme. Il le trouva dans les archives du troisième ministère (page 69); l'index littéraire de la dynastie 漢 *Han*, est formel sur ce point. Il ne fut même pas le premier à l'enseigner. Il eut des précurseurs, il y eut des prétaoïstes, dont quelques noms sont connus, mais qui n'écrivirent pas. *Lao-tzeu* fut le rédacteur du premier écrit taoïste, qui servit de base au développement ultérieur de la doctrine. De là vient qu'on lui en a souvent attribué la paternité. — Et d'où cette doctrine vint-elle aux archives du troisième ministère?.. Ce ministère enregistrait tout ce qui venait des pays étrangers. Or le Taoïsme est, dans ses grandes lignes, une adaptation chinoise de la doctrine indienne contemporaine des *Upanishad*. Le fait de l'importation ne peut pas être démontré, aucun document donnant le nom du colporteur et la date de sa venue n'existant. Mais l'argument « doctrine non-chinoise alors courante dans l'Inde, épanouie en Chine tout d'un coup » crée, pour l'importation, une présomption qui frise la certitude, à mon avis. J'ai dit (page 136 C que le dualisme *yinn-yang* figure pour la première fois dans un texte de Confucius, un contemporain de *Lao-tzeu*, qui put apprendre de lui. Nous allons voir tantôt, le grand rôle que ces deux modalités jouent dans le Taoïsme. Je pense que si les Indianologues s'en donnent la peine, ils trouveront l'original indien de cette roue binaire neuve, qui va remplacer en Chine la vieille roue quinaire des agents naturels. — Ce dualisme une fois accepté, la vogue du Taoïsme parmi les penseurs chinois, vogue qui dura jusqu'à l'invention du Néo-confuciisme, s'explique. J'ai signalé, dans ma sixième Leçon (page 59), l'incohérence de l'admission, par les Anciens décadents, d'une roue des cinq agents tournant à côté du Souverain d'en haut, sans que celui-ci la fît tourner. Les penseurs chinois sentirent le déficit du système, mais n'osèrent jamais mettre au Souverain d'en haut la manivelle en main. Grand fut le soulagement de ces intellectuels, quand *Lao-tzeu* leur offrit la roue taoïste binaire, actionnée par le Principe, par l'Unité. Ce monisme remplaça dans leur esprit le vieux théisme. Il le remplace encore de nos jours, les Néo-confuciistes ayant changé les termes plutôt que la chose, comme nous verrons en son temps. Tout monisme chinois descend de *Lao-tzeu*.

Les textes, concis jusqu'à l'obscurité, du Patriarche, furent développés, un à deux siècles plus tard, en un magnifique langage, par *Lie-tzeu* et *Tchoang-tzeu*, les Pères du Taoïsme. — 列子 *Lie-tzeu*, maître *Lie*, de son nom 列禦寇 *Lie-uk'eou*, vécut obscur et pauvre, dans la principauté de 鄭 *Tcheng*, durant quarante ans. Il en fut chassé par la famine, en l'an 398. A cette occasion, ses disciples mirent par écrit la substance de son enseignement. C'est tout ce que nous savons et avons de lui. On ne sait pas ce qu'il devint. — 莊子 *Tchoang-tzeu*, maître *Tchoang*, de son nom 莊周 *Tchoang-tcheou*, originaire du pays de 梁 *Leang*, ne nous est guère mieux connu. Une charge lui fut offerte en 339, ce qui suppose qu'il avait alors au moins quarante ans, plutôt cinquante. Il mourut vers 320, probablement. Très instruit, plein de verve, il passa lui aussi volontairement sa vie dans l'obscurité et la pauvreté, bataillant en chevalier sans peur contre les erreurs et les abus de son temps. — Aux deux Pères on peut appliquer les paroles dites par *Seuma-ts'ien* de *Lao-tzeu* « ayant aimé la retraite et l'obscurité par dessus tout, ils effacèrent délibérément la trace de leur vie ». A noter, que tous les deux sont pratiquement antérieurs au contact gréco-indien sur l'Indus, sous Alexandre. A noter aussi, que le premier développement du Taoïsme, se fit dans les provinces méridionales de la Chine. Il ne passa dans les provinces septentrionales que plus tard, mais y eut ensuite un succès intense.

La doctrine de *Lie-tzeu* et de *Tchoang-tzeu* est la même que celle de *Lao-tzeu*, plus étendue, plus riche, seulement. Les idées de ces hommes, les seuls penseurs que la Chine ait produits, sont à étudier avec soin, car leur influence sur

Leçon 17.

l'esprit chinois fut considérable; dans la littérature chinoise, on en retrouve les vestiges partout. Comme puissance et comme envolée, aucun auteur chinois ne les a dépassés. — Leur système est un panthéisme réaliste, pas idéaliste. Au commencement était un être unique, non pas intelligent mais loi fatale, non spirituel mais matériel, imperceptible à force de ténuité, d'abord immobile, qu'ils appellent 道 *Tao* le Principe, parce que tout dériva de lui. Vint un moment où, on ne dit pas pourquoi, ce Principe se mit à émettre 德 *Tei* sa Vertu, laquelle agissant en deux modes alternatifs *yinn* et *yang*, produisit, comme par une condensation, le ciel la terre et l'air entre deux, agents inintelligents de la production de tous les êtres sensibles, le Principe étant en tout, et tout étant en lui. Les êtres sensibles vont et viennent, au fil d'une évolution circulaire, naissance, croissance, décroissance, mort, renaissance, et ainsi de suite. Le Souverain d'en haut des Annales et des Odes, n'est pas nié expressément, mais on s'en passe; il n'a ni place ni rôle dans le système. L'homme n'a pas une origine autre que la foule des êtres. Il est plus réussi que les autres, voilà tout. Et cela, pour cette existence seulement. Après sa mort, il passera dans une nouvelle existence quelconque, pas nécessairement humaine; peut-être animale, ou végétale, ou même minérale. Transformisme, dans le sens le plus large du mot. — Le Sage fait durer sa vie, par la tempérance, la paix mentale, la suppression de toute passion, l'abstention de tout ce qui fatigue ou use. C'est pour cela qu'il se tient dans la retraite et l'obscurité; dans un effacement, qui n'est motivé, ni par un sentiment d'humilité, ni par une dévotion pour des méditations plus hautes; qui est amour de soi, paresse et dédain. S'il est tiré de force de sa retraite et mis en charge, le Sage taoïste gouverne et administre d'après les mêmes principes, sans se fatiguer l'esprit, sans user son cœur, agissant le moins possible, si possible n'intervenant pas du tout, afin de ne pas gêner la rotation cosmique et l'évolution universelle. Apathie par l'abstraction, farniente systématique. Tout regarder, de si haut, de si loin, que tout apparaisse comme fondu en un, qu'il n'y ait plus ni individus ni détails, partant plus ni sympathie ni antipathie. Vue globale du tout, intérêt global pour le tout, ou plutôt indifférence pour tout. Surtout pas de système, de règle, d'art, de rits, de morale; car tout cela est artificiel et fausse la nature. Suivre soi-même, et laisser suivre aux autres, les instincts naturels Il n'y a, ni bien ni mal, ni sanction aucune. Laisser aller le monde au jour le jour. Évoluer avec le grand tout. Traiter avec une pitié bienveillante, amusée et narquoise, le vulgaire qui ne voit pas si loin, le populaire qui prend au sérieux les choses de ce monde, tous ceux enfin qui croient naïvement « que c'est arrivé ».

Dans cette dix-septième Leçon, je vais citer les textes principaux de *Lao-tzeu*. Je citerai ceux des Pères taoïstes, dans les Leçons suivantes.

-◊- -◊-

B. Textes sur le Principe. Ciel-terre. Émanation des êtres sensibles. — Avant le temps, et de tout temps, fut un être existant de lui-même, éternel, infini, complet, omniprésent. Impossible de le nommer, de le définir, parce que les termes humains ne s'appliquent qu'aux êtres sensibles. Or l'être primordial fut et est essentiellement imperceptible aux sens. En dehors de lui, avant l'origine, il n'y eut rien. Appelons-le 無 *Ou* le néant de forme, ou 玄 *Huan* le mystère, ou 道 *Tao* le Principe.

Primitivement l'essence du Principe existait seule. Cette essence possédait deux propriétés immanentes, 陰 *yinn* la concentration et 陽 *yang* l'expansion. Soudain ces propriétés furent extériorisées, sous les formes sensibles ciel (*yang*) et terre (*yinn*). Ce moment fut *l'origine*, le commencement du temps. Depuis lors le Principe put être désigné par le terme double ciel-terre. Ensuite le binôme ciel-terre émit tous les êtres sensibles existants (*chap. 1*).

L'état *yinn* de concentration et de repos, d'imperceptibilité, qui fut celui du Principe avant le temps, est son état propre. L'état *yang* d'expansion et d'action, de manifestation dans les êtres sensibles, est son état dans le temps, en quelque sorte impropre (*chap. 1*).

Je ne sais pas, dit *Lao-tzeu*, de qui le Principe procéda. Il paraît avoir été avant le Souverain. Il foisonne et produit sans se remplir. Se répandant à flots, il ne se vide pas. Tous les êtres sont sortis de cet abîme, dans lequel il n'y a rien (*chap. 4*)... *Lao-tzeu* ne se prononce pas sur l'origine du Principe, parce qu'il le crut sans origine. Il le fait antérieur au Souverain d'en haut des Annales et des Odes. Son « il paraît » n'exprime pas un vrai doute; c'est une simple précaution oratoire; un officier des 周 *Tcheou* ne devait pas attaquer de front la doctrine officielle des *Tcheou*. Le Souverain des Odes et des Annales n'est donc pas, pour *Lao-tzeu*, un Dieu créateur de l'univers; ni un Dieu gouverneur de l'univers, comme il constera par l'ensemble de son système, monisme qui ruina l'ancien théisme.

Le Principe en lui-même, est comme un gouffre immense, comme une source infinie. Tous les êtres sensibles sont produits par son extériorisation. Mais les êtres sensibles, terminaisons du Principe, ne s'ajoutent pas au Principe, ne le grandissent pas, ne l'augmentent pas, ne le remplissent pas comme dit le texte. Comme ils ne sortent pas de lui, ils ne le diminuent, ne le vident pas non plus, et le Principe reste toujours le même (*chap. 4*). — Ceci est développé, comme suit, dans un autre chapitre: Il en est du Principe et des êtres, comme de l'Océan et des filets d'eau. Le Principe ne se communique pas d'une manière qui l'épuise, mais par des prolongements qui ne le quittent pas. Chaque être qui existe, est un prolongement du Principe. Ses prolongements n'étant pas détachés du Principe, celui-ci ne diminue pas en se communiquant. La terminaison du Principe dans l'être, est la nature de cet être. Le Principe est la nature universelle, étant la somme de toutes les natures individuelles, ses terminaisons (*chap. 32*).

Lao-tzeu résume ainsi tout ce qui précède: Il est un être d'origine inconnue, qui exista avant le ciel et la terre, unique, imperceptible, immuable, omniprésent, la mère de tout ce qui est. Je ne lui connais pas de nom propre. Je le désigne par le mot *Principe*. Au besoin on pourrait l'appeler *le Grand*, en tant qu'il est le grand aller et revenir (c'est-à-dire le principe de la révolution cyclique du cosmos, du devenir et du finir de tous les êtres). L'épithète *grand* se donne improprement à l'empereur, à la terre, au ciel. Elle ne convient proprement qu'au Principe, cause de tout (*chap. 25*).

-❖-❖-

C. Textes sur l'action du Principe. Les deux modalités. Le soufflet. Le dévidage. — L'entre-deux du ciel et de la terre, lieu où se manifeste la vertu du Principe, est comme le sac d'un soufflet, dont le ciel et la terre seraient les deux planches; soufflet qui souffle sans s'épuiser, qui externe sans cesse. C'est là tout ce que nous pouvons entendre de l'action productrice du Principe. Chercher à préciser, par des paroles ou des nombres, serait peine perdue. Tenons-nous-en à cette notion globale. — La puissance expansive du Principe, qui réside dans l'espace médian, ne meurt pas. Elle est la mère mystérieuse de tous les êtres. Le va-et-vient de cette mère mystérieuse, l'alternance des deux modalités du Principe, produisent le ciel et la terre. Pullulant, elle ne se dépense pas. Agissant, elle ne se fatigue pas. — En d'autres termes: c'est par le Principe que furent extériorisés le ciel et la terre, les deux planches du soufflet. C'est du Principe qu'émane la vertu productrice universelle, laquelle opère, par le ciel et la terre, entre le ciel et la terre, dans l'espace médian, produisant tous les êtres sensibles, sans épuisement et sans fatigue (*chaps. 5 et 6*).

Le Principe ayant émis sa vertu une, celle-ci se mit à agir selon deux modalités alternantes. Cette action produisit d'abord l'air médian, 氣 *k'i* la matière ténue. Ensuite, de cette matière ténue, sous l'influence des deux modalités *yinn* et *yang*, furent produits tous les êtres sensibles. Sortant de la puissance, ils passent en acte, par l'influence des deux modalités sur la matière médiane ténue (*chap. 42*).

C'est le Principe primordial, qui a régi tout ce qui fut, qui régit tout ce qui est. Tous les êtres, depuis l'antique origine, sont le dévidage du Principe (*chap. 14*). — Description pittoresque de l'action continue du Principe. La chaîne infinie des produits de cette action se déroule, comme le fil d'une bobine se dévide.

La gnosiologie taoïste est résumée dans les lignes suivantes: Aux deux états *yinn* et *yang* cosmiques, répondent, dans la faculté de connaître de l'homme, l'arrêt et l'activité. Quand l'esprit humain pense, se remplit d'images, s'émeut de passions, alors il ne perçoit que les effets du Principe, les êtres sensibles distincts. Quand, au contraire, l'esprit humain est arrêté, est vide et fixe, alors, miroir net et pur, il mire l'essence ineffable et innommable du Principe lui-même (*chap. 1*). — Les Pères nous parleront au long de cette intuition.

—❀ ❀—

D. Textes sur l'unité cosmique, l'identité des contraires, l'instabilité universelle. — Les corrélatifs, les opposés, les contraires, le *oui* et le *non*, sont tous sortis du même soufflet, ont été dévidés de la même bobine, sont tous issus du même Principe un et immuable. Toute contrariété n'est qu'apparente. Les contraires ne sont pas des illusions subjectives de l'esprit humain. Ils sont des apparences objectives, double aspect d'un objet unique, répondant aux deux modalités alternantes *yinn* et *yang*. La réalité profonde, l'essence du Principe, reste toujours la même, essentiellement; mais l'alternance de son évolution, donne lieu aux points de vue variables, positif et négatif, cause ou effet, etc. (*chap. 2*).

La vie et la mort, ou mieux l'état de vie et l'état de mort, ne sont aussi que deux phases. Les êtres innombrables sortent du non-être, puis y retournent. Ils apparaissent pour un temps, puis disparaissent. Ils retournent à leur racine, dans l'état de repos. De ce repos, ils sortent, pour une nouvelle destinée active. Et ainsi de suite, continuellement, sans fin. Reconnaître la loi de cette continuité immuable à travers les deux phases de vie et de mort, c'est la grande sagesse (*chap. 16*). — Les Commentateurs expliquent par la révolution lunaire, la lune restant toujours la même, la pleine lune étant la vie, la nouvelle lune étant la mort, avec deux périodes intermédiaires de croissance et de décroissance.

Le *yinn* et le *yang* girant toujours, rien n'est stable, tout est soumis fatalement à l'alternance des deux phases. Le commencement de la rétraction suit nécessairement l'apogée de l'expansion. L'affaiblissement suit la force, la décadence suit la prospérité, la spoliation suit l'opulence. Toute puissance et supériorité précédente, se compense par la débilité et l'infériorité subséquente. — Tenir un vase plein, sans que le liquide s'écoule, c'est impossible. Conserver une lame affilée, sans que son tranchant s'émousse, c'est impossible. Garder un magasin plein d'objets précieux, sans que rien soit détourné, c'est impossible (*chaps. 36 et 9*) – Commentaire: Aucun extrême ne se soutient. Le plus appelle le moins, le moins appelle le plus. Arrivé au zénith, le soleil baisse. Quand elle est pleine, la lune commence à décroître. Sur une roue qui tourne, le point qui a monté jusqu'au faîte, redescend aussitôt, pour remonter ensuite, tour par tour. Le cosmos est en équilibre; mais cet équilibre n'est pas l'équilibre stable; c'est l'équilibre par compensation alternante. Des deux phases, l'une compense, au fur et à mesure, l'excès ou le déficit de l'autre. — Rien de moral n'entre dans ce brutal système. L'alternance n'est pas sanction; elle n'est pas destin; elle n'est pas hasard. Elle est loi physique, aveugle, immuable, éternelle.

Se retirer de la scène, alors qu'on est à l'apogée de son mérite, de sa renommée, de sa fortune, est donc prudence élémentaire. Qui ne fait pas ainsi, montre qu'il ne connaît pas la voie du ciel (taoïste), la loi inéluctable de la diminution suivant nécessairement l'augmentation (*chap. 9*).

-·◊· ·◊·-

E. Textes sur l'âme, sur l'entretien de la vie, sur la survivance. — L'homme a deux âmes. De la conception à la naissance, une âme inférieure seulement (魄 *p'ai*), laquelle est issue du sperme paternel. Elle préside au développement du corps. Plus cette âme est intimement unie au corps, plus l'homme sera sain et solide. Après la naissance, une seconde âme, l'âme aérienne (魂 *hounn*) est formée petit à petit, par la condensation dans le corps d'une partie de l'air inspiré. Cette âme aérienne est le principe de l'intelligence et de la survivance personnelle, tandis que les fonctions de l'âme spermatique sont purement végétatives. Le travail, les excès, l'étude, les soucis, usent les deux âmes, abrégeant la vie et hâtant la mort. Les deux âmes sont entretenues au contraire, et la vie est prolongée, par une bonne hygiène, l'inaction, et une certaine aérothérapie, consistant à retenir et à assimiler de l'air sous pression (*chaps. 10 et 52*). — On voit que, pour le fond, la théorie de *Lao-tzeu* sur la double âme, est la théorie chinoise commune alors (page 118). Sa manière d'envisager la survivance, fut aussi la manière alors commune, à très peu près. Il crut que certains défunts survivaient personnellement, pas tous (*chap. 33*). Il crut que la vie d'outre-tombe de ces survivants, était prolongée par les offrandes (*chap. 54*), mais finissait par s'éteindre. Donc pas d'immortalité, pour personne. Et quand il dit que, sortis de scène par la porte de la mort, les êtres rentrent en scène par la porte de la vie, cela ne signifie pas que

Leçon 17.

les mêmes personnes, les mêmes individus, subsistent puis reparaissent. En réalité, un prolongement du Principe est rentré en lui, et un nouveau en sort; les deux étant identiques, dans ce sens seulement, qu'ils tiennent au même Principe. — Sur le sujet de l'entretien de la vie, *Lao-tzeu* devient prolixe. Toute forme d'action usant la vie, il faut modérer l'action des muscles, des sens, l'action mentale surtout (*chap. 12*). Il faut avoir soin de son ventre. S'abstenir des recherches curieuses (*chap. 52*), des considérations profondes (*chap. 10*). N'avoir aucune ambition; aucun souci de la faveur, de la renommée, de la fortune (*chaps. 13 et 44*). Surtout n'aimer qui ou quoi que ce soit fortement, car rien n'use davantage que l'amour (*chap. 44*).

—◆—◆—

F. Textes relatifs au Sage. — Uni au Principe, le Sage ne parle pas. Il règle sa respiration, il émousse son activité, il évite tout embarras, il tempère sa lumière, il s'efface dans le vulgaire. — Un pareil homme, personne ne peut le gagner par des faveurs, ni le rebuter par des affronts. Il est indifférent au profit et à la perte, à l'exaltation et à l'humiliation. Étant tel, il est le plus noble des êtres. Il converse avec le Principe, l'auteur des êtres (chap. 56).

Reculer instinctivement, s'atténuer volontairement, sont les mouvements caractéristiques des disciples du Principe. Considérant que tout ce qui est, est issu de l'être simple, et que l'être est né du non-être, ils tendent, en se simplifiant, en se diminuant, en s'annihilant, à revenir à l'état d'origine (*chap. 40*).

Le Sage renonce à toute science, pour être libre de tout souci. Il cherche à se maintenir, incolore et indéfini, neutre comme l'enfançon qui n'a pas encore éprouvé sa première émotion; comme sans dessein, sans plan, sans but. — Le vulgaire est riche en connaissances variées, tandis que le Sage est comme pauvre, réduit qu'il est à sa connaissance globale. Le vulgaire cherche et scrute, tandis que le Sage reste concentré en soi, indéterminé, comme l'onde immense. Le vulgaire est plein de talents pratiques, tandis que le Sage, qui vit dans l'abstraction, paraît comme borné et inculte (*chap. 20*).

L'étude multiplie chaque jour les notions particulières inutiles et nuisibles. La concentration de l'esprit sur le Principe, les diminue de jour en jour. Poussée jusqu'au bout, cette diminution aboutit au non-agir, suite de l'absence de notions particulières (*chap. 48*). — A quoi bon se remuer pour apprendre? On peut connaître le monde entier, sans être sorti de sa maison; on peut se rendre compte des voies du ciel, sans regarder par sa fenêtre. Plus on va loin, moins on apprend. Le Sage arrive au but, sans avoir fait un pas pour l'atteindre. Il connaît, avant d'avoir vu, par les principes supérieurs. Il achève, sans avoir agi, par son influence transcendante (*chap. 47*).

—◆—◆—

G. Textes sur la politique taoïste, le non-agir. — Le Principe donne la vie aux êtres, puis les entretient, les fait croître, les protège, les parfait, par sa vertu. Il ne s'impose pas à eux, comme un maître, pour les avoir produits et nourris. Il les laisse agir librement, sans les asservir, sans les exploiter (*chaps. 51 et 34*). — A l'instar du Principe, le Sage laisse les êtres devenir sans les gêner, vivre sans les accaparer, agir sans les exploiter (*chap. 2*). — Produire, élever, sans faire sien ce qu'on a produit, sans exiger de retour pour son action, sans s'imposer à ceux qu'on gouverne, voilà l'influence transcendante (*chap. 10*).

Dans les premiers temps, alors que tout était encore conforme à l'action du Principe, les sujets sentaient à peine qu'ils avaient un prince ; en lui obéissant, le peuple croyait faire sa propre volonté. Oh ! combien délicate fut la touche de ces anciens souverains (*chap. 17*). — Le Principe n'agit pas activement, et cependant tout émane de lui. Si le prince et les seigneurs pouvaient gouverner ainsi, sans y mettre la main, leurs sujets deviendraient nécessairement parfaits, par retour à la nature (*chap. 37*).

La conduite invariable du ciel, c'est de ne pas intervenir positivement. Il vainc sans lutter. Il se fait obéir sans ordonner. Il fait venir sans appeler. Il fait tout aboutir, en ayant l'air de tout laisser traîner (*chap. 73*). — Tout effort est contre nature, ne se soutient donc pas. Le Sage conforme son agir et son non-agir, à l'action et à l'inaction alternant du Principe. Ainsi, et ses interventions, et ses abstentions, lui donneront toujours le contentement d'un succès. Car, quoi qu'il arrive ou n'arrive pas, le Principe a évolué, donc le Sage est content (*chap. 23*).

Agir sans agir, s'occuper sans s'occuper, goûter sans goûter, regarder tout avec la même indifférence, ne faire cas ni de la reconnaissance ni de l'ingratitude, voilà comment fait le Sage (*chap. 63*). — Il ne se passionne pour rien. Il ne prise aucun objet. Il ne s'attache à aucun système. Neutre et indifférent, il n'agit pas, mais laisse aller, pour ne pas gêner l'évolution universelle (*chap. 64*).

En fait d'amour du peuple et de sollicitude pour l'état, le Sage se borne à ne pas intervenir (*chap. 10*). — Il n'est rien qui ne s'arrange, par la pratique du non-agir (*chap. 3*). — Il n'est rien, dont le laisser aller ne vienne à bout (*chap. 48*).

Pour devenir Sage taoïste, il n'est pas nécessaire de sortir du monde, ce que beaucoup de Taoïstes firent pourtant plus tard. *Lao-tzeu* dit : chercher la paix et la pureté dans la séparation d'avec le monde, c'est exagération. Elles peuvent s'obtenir dans le monde. La pureté s'obtient dans l'impureté du monde, à condition de ne pas se chagriner de l'impureté du monde. La paix s'obtient dans le tumulte du monde, par celui qui sait prendre son parti de ce tumulte. Se tenir en dehors. Considérer, en spectateur amusé, qui n'a aucun intérêt dans la dispute. Surtout, pas de désirs stériles d'un état chimérique, aucune prétention à réformer le monde (*chap. 15*).

-◆- ◆-

H. Textes sur l'effacement. — L'eau est l'image de la bonté du Principe, le modèle de celle du Sage. L'eau fait volontiers du bien à tous les êtres. Elle ne lutte pour aucune forme ou position définie. Elle s'adapte à tous les vases, elle s'écoule vers les lieux bas dont personne ne veut. Ainsi ceux qui imitent le Principe, s'accommodent, s'abaissent, se creusent. Ils sont bienfaisants et simples. Ils s'adaptent aux temps et aux circonstances. Ils ne luttent pas pour leur intérêt propre, mais cèdent à autrui. Aussi sont-ils aimés, et n'ont-ils ni jaloux, ni envieux, ni ennemis. En s'effaçant, le Sage se conserve. Comme il ne cherche pas son avantage, tout tourne à son avantage (*chaps. 8 et 7*).

Leçon 17.

Savoir qu'on est supérieur, et se tenir néanmoins volontairement dans un rôle inférieur. Étant éclairé, consentir à passer pour ignare. Accepter d'être comme le marchepied de tous. Se mettre au plus bas point, alors qu'on est digne de gloire. Voilà les preuves qu'on est uni au Principe, qu'on a conservé la vertu primordiale, à savoir, le désintéressement absolu, participation du désintéressement du Principe. — Si l'homme ainsi désintéressé est contraint d'accepter la charge de gouverner, qu'il se souvienne que les êtres multiples sont tous sortis de l'unité primordiale. Qu'il ne s'occupe pas lui-même de ces êtres divers, mais gouverne par ses officiers, de loin, de haut, comme premier moteur, ne s'appliquant qu'au bien général, sans entrer dans les détails (*chap. 28*). — Que ceux qui gouvernent, réduisent la multitude de leurs sujets à l'unité, les considérant comme une masse indivise, avec une impartialité sereine; n'estimant pas les uns comme des pierres précieuses, ne méprisant pas les autres comme de vils cailloux (*chap. 39*). — Vouloir manipuler l'empire, c'est vouloir l'insuccès. Qui touche à ce mécanisme délicat, le détraque. Il faut le laisser aller tout seul... De même, il faut laisser aller tous les êtres, au gré de leurs natures diverses. Se borner à réprimer les formes d'excès qui seraient nuisibles à l'ensemble des êtres, comme le trop de puissance, la trop grande richesse, l'ambition excessive d'un particulier (*chap. 29*).

Tous les fleuves se jettent d'eux-mêmes dans la mer, parce que la mer est basse et creuse. Si le Sage se met au-dessous de tous, choisit la dernière place, tous iront à lui avec joie. Mis en charge, personne ne sentira son poids; quoique le premier, personne ne le jalousera. Car lui ne gênant personne, personne n'aura rien contre lui. Ce n'est pas en les opprimant, c'est en les servant, que l'on conquiert les hommes (*chaps. 66 et 68*). — Le Sage ne thésaurise pas, il dépense. Plus il fait pour autrui, plus il peut; plus il lui donne, plus il a. Le Ciel fait du bien à tous, ne fait de mal à personne. Le Sage l'imite, faisant du bien à tous, ne nuisant à personne (*chap. 81*).

A première vue, on croit voir, dans ces belles phrases, de l'humilité, de la charité. Hélas! l'humilité n'est que pose et égoïsme intéressé. Après tout, le Sage taoïste s'efface, pour ne pas s'user, pour ne pas s'attirer d'affaires. Quant à la charité, les textes suivants vont nous apprendre comment *Lao-tzeu* l'entendit au juste.

-◆- -◆-

I. Opportunisme. Ignorantisme. — Le ciel et la terre ne sont pas bons pour les êtres qu'ils produisent, mais les traitent comme chiens de paille. A l'instar du ciel et de la terre, le Sage ne doit pas être bon pour le peuple qu'il gouverne, mais doit le traiter comme chiens de paille (*chap. 5*). — Le Sage a les mêmes sentiments pour tous les hommes, les traitant tous comme des enfants (*chap. 49*).

Voici comment les textes qui vantent la bonté du Sage, se concilient avec ceux qui veulent qu'il ne soit pas bon. — Il y a deux sortes de bonté: 1º la bonté d'ordre supérieur, qui aime l'ensemble pour l'ensemble, et n'aime les parties intégrantes de cet ensemble, que, en tant qu'elles sont parties intégrantes, pas pour elles-mêmes, ni pour leur bien propre; et 2º la bonté d'ordre inférieur, qui aime les individus, en eux-mêmes et pour leur bien particulier. Le ciel et la terre qui produisent tous les êtres comme agents du Principe, les produisent inconsciemment, et ne sont pas bons pour eux, dit le texte; sont bons pour eux, de bonté supérieure, non de bonté inférieure, disent les Commentateurs. Cela revient à dire qu'ils les traitent avec un froid opportunisme, n'envisageant que le bien universel, non leur bien particulier; les faisant prospérer, si utiles, et les supprimant, quand inutiles. Cet opportunisme utilitaire est exprimé, il ne se peut plus clairement, par la comparaison des chiens de paille. Dans l'antiquité, en tête des cortèges funèbres, on portait des figures de chiens en paille, lesquelles devaient happer au passage toutes les influences néfastes. Avant les funérailles, on les préparait et on les conservait avec soin, parce que bientôt ils seraient utiles. Après les funérailles, on les détruisait, parce que devenus inutiles ou même nuisibles, farcis qu'ils étaient d'influx malins happés. Or, dit *Lao-tzeu*, dans le gouvernement, le Sage doit agir à l'instar du ciel et de la terre. Il doit aimer l'état, non les particuliers. Il doit favoriser les sujets utiles, et supprimer les sujets nuisibles, gênants, ou simplement inutiles, selon l'intérêt de l'état, sans aucun autre égard. L'histoire de Chine est pleine des applications de ce principe taoïste. Que de fois un ministre, longtemps choyé, fut subitement exécuté, parce que, l'orientation politique ayant changé, il aurait gêné dans la suite, quels qu'eussent été ses mérites antérieurs. Dans la révolution universelle, son heure était venue; chien de paille, il est supprimé. — Le Sage taoïste est choqué par la doctrine chrétienne de l'amour de Dieu pour chacune de ses créatures, des grâces accordées à chacun; il s'étonne du soin chrétien des vieillards infirmes, des aliénés, des mutilés, et autres chiens de paille. Bonté d'ordre inférieur, que cela, dit-il, avec un sourire dédaigneux.

Rendons la parole au *Vieux Maître*... Le gouvernement des Sages, dit-il, doit viser à vider les esprits des hommes et à remplir leurs ventres, à atténuer leurs désirs et à fortifier leurs os. Tenir le peuple dans une ignorance apathique, voilà quel doit être le souci principal et constant (*chap. 3*). — En d'autres termes, supprimez tous les objets capables de tenter, supprimez même leur connaissance, et le monde jouira d'une paix parfaite. Faites, des hommes, des bêtes de travail dociles et productives. Veillez à ce que, bien repus, ils ne pensent pas. Entravez toute initiative, empêchez toute entreprise. Ne sachant rien, les hommes n'auront pas d'envies, ne coûteront que peu de surveillance, et rapporteront gros à l'état.

Ce fut là le secret du gouvernement des anciens disciples du Principe. Quand un peuple devient difficile à gouverner, c'est qu'il en a appris trop long. Celui qui prétend procurer le bien d'un pays en y répandant l'instruction, se trompe et ruine ce pays. Tenir le peuple dans l'ignorance, voilà qui fait le salut d'un pays (*chap. 65*). — Si j'étais roi d'un état, dit *Lao-tzeu*, je mettrais de côté tous les hommes intelligents, je ramènerais le peuple à l'ignorance primitive, j'empêcherais toute communication avec les pays voisins (*chap 80*).

Ces principes de gouvernement de *Lao-tzeu*, appliqués par presque toutes les dynasties, ont causé les deux traits caractéristiques suivants de l'histoire de Chine... 1º. A toutes les époques, le gouvernement redouta, suspecta et finalement ruina, tout fonctionnaire intelligent, tout officier habile; ses faveurs furent toujours, par prudence politique, pour les médiocrités, pour les nullités... 2º. Ce qu'on a appelé la xénophobie chinoise, terme maladroit qui prête à erreur. Le peuple chinois est très sociable, curieux et ouvert. Mais le gouvernement eut toujours une peur horrible que, au contact d'étrangers, son peuple n'en apprît trop long et ne perdît de sa souplesse. De là l'effort constant pour tenir l'empire fermé, et les calomnies contre les étrangers, répandues préventivement dans le peuple, par les officiers du gouvernement, leurs agents et leurs satellites.

—◊— —◊—

J. Voici maintenant, au nom du naturel, la déclaration de guerre à l'artificiel, au conventionnel. Dans ce conventionnel figurent, la morale, les lois, les rits. L'artificiel, les Pères taoïstes en rendent responsable Confucius, que *Lao-tzeu* ne nomme pas, mais qu'il vise certainement. Parce que, disent les Pères, Confucius prôna les rits, lesquels sont contre nature.

Lao-tzeu dit: Inutiles dans l'âge du bien spontané, les principes, les préceptes et les règles, furent inventés quand le monde tomba en décadence, comme devant être un remède à cette décadence. L'invention de ce palliatif fut plutôt malheureuse. Le vrai remède eût été le retour au Principe, à la simplicité primitive. — C'est quand les hommes cessèrent d'agir spontanément, qu'on inventa les principes conventionnels de l'humanité et de l'équité; et ceux de la prudence et de la sagesse, d'où sortit la politique fausse et menteuse. C'est quand les parents et les enfants ne vécurent plus dans l'harmonie naturelle ancienne, qu'on inventa les principes artificiels de la piété filiale et de l'affection paternelle. C'est quand les rébellions désolèrent les états, qu'on inventa le type des ministres fidèles *(chap. 18)*. — Rejetez la politique et les lois conventionnelles, effacez les principes et les préceptes artificiels. Tenez-vous-en à ceci: être naturel, être simple; peu d'intérêts particuliers; pas de désirs du tout *(chap. 19)*.

Le fait que les hommes inventèrent les vertus, prouve qu'ils avaient perdu la vertu primitive, la conformité au Principe. Le bon sens naturel global étant perdu, vint la multiplicité des principes et des préceptes, des rits et des lois, toutes choses artificielles, de pure convention. Pauvres expédients, pour pallier la perte de la droiture et de la franchise originelles. Le dernier terme de cette décadence morale, fut l'invention de la politique, commencement de tous les abus. L'homme vraiment homme, s'en tient à la droiture et au bon sens naturels. Il méprise et rejette tous les principes artificiels *(chap. 38)*.

—◊— —◊—

K. Sur l'extase taoïste, nous n'avons de *Lao-tzeu* qu'un texte fort court, mais qui prouve que la pratique date de lui, ou d'avant lui... «De dix hommes, un seul conserve sa vie jusqu'à son terme, parce qu'il en est détaché. Celui qui est détaché de la vie, est à l'épreuve de la corne du rhinocéros, de la griffe du tigre, des armes des combattants. Pourquoi cela? Parce que, extériorisé par son indifférence totale, il ne donne pas prise à la mort.» — L'extase joue un grand rôle dans le Taoïsme; les Pères nous le prouveront bientôt. Censée être une union directe et immédiate au Principe, elle renouvelle, dans celui qui s'y livre, sa participation au Principe, sa foi, ses convictions, etc. Elle produit le détachement absolu de tout, même du corps. De là l'invulnérabilité de l'extatique. Tandis que l'âme est comme transportée, ou réellement transportée hors du corps par l'extase, le corps ne peut pas être frappé à mort. L'idée paraît être que, pour être mortel, un coup doit atteindre le nœud vital, la jonction du corps et de l'âme. Or ce nœud est dénoué, cette jonction n'existe pas, temporairement, chez l'extatique. Il ne peut donc être tué, tandis qu'il est en extase (*chap. 50*).

— ❖ ❖ —

L. *Lao-tzeu* exécra la guerre et en parla avec horreur. « De tous les actes, le plus préjudiciable, le plus damnable, c'est la guerre. Que ceux qui conseillent les princes, se gardent du recours aux armes, car toute guerre appelle la revanche. Là où une armée a passé, des années de malheur, famine et brigandage, suivent. Là où une armée a séjourné, les terres abandonnées par les laboureurs, ne produisent plus que des épines. Un bon général se contente donc de faire tout juste ce qu'il faut pour rétablir l'ordre et la paix, et cela par nécessité et à contre-cœur, sans intention de procurer sa propre gloire ou d'augmenter la puissance de son prince. Car, à la gloire et à la puissance, succèdent la décadence et la ruine; c'est la loi inéluctable (*chap. 30*). — Il ne convient pas de se réjouir d'une victoire. Quiconque le ferait, montrerait qu'il a un cœur d'assassin. De par les rits, l'empereur met un général victorieux, non à sa gauche, la place d'honneur; mais à sa droite, la première place dans les rits funèbres, la place du conducteur du deuil, du chef des pleureurs. Car, à celui qui a fait tuer beaucoup d'hommes, incombe le devoir de les pleurer, avec larmes et lamentations. La seule place qui convienne à un général vainqueur, c'est celle de pleureur en chef, de conducteur du deuil de ceux dont il a causé la mort (*chap. 31*).

— ❖ ❖ —

M. Les traits fondamentaux du Taoïsme primitif de *Lao-tzeu*, sont : Le monisme. Tout est un avec le Principe. — L'égoïsme déguisé en abstraction sublime, en union au Principe. — Le farniente systématique. — L'amoralité absolue. Suivre ses instincts naturels.
Donc un système très inférieur à celui des 儒 *Jou*, de Confucius.

Notes. — A. *Lao-tzeu* et Confucius furent contemporains. Dans l'Inde, le Buddha vécut à la même époque, et mourut probablement en 479, la même année que Confucius. De sorte que les trois doctrines qui se disputèrent la Chine, furent élaborées simultanément.

漢藝文志 l'index littéraire des *Han*, affirme que le Taoïsme sortit des bureaux du troisième ministère des *Tcheou*, élaboré par les officiers chargés de calculer les succès et les revers, les prospérités et les décadences, la transition du passé au présent, et d'en déduire des pronostics sur le bonheur ou le malheur à venir. Voyez page 69. 道家者、流蓋出於史官。歷記成敗存亡禍福古今之道。

Sources. — Le 道德經 *Tao-tei-king* de 老子 *Lao-tzeu*, avec ses nombreux commentaires.

Ouvrages. — Le livre de la voie et de la vertu, par Stan. Julien, Paris 1842, fut, en son temps, un grand et louable effort. — J. Legge. The *Tao teh king*, in Sacred Books of the East, vol. 39, 1891. Diffus. N'a pas mis bien au clair les points principaux du système. — L. Wieger S.J. Les Pères du système taoïste. *Lao-tzeu*. Texte, traduction, résumé des commentaires, bibliographie, 1913.

Dix-huitième Leçon.

Sommaire. — Les Pères taoïstes, 列 子 *Lie-tzeu* et 莊 子 *Tchoang-tzeu*. Textes choisis sur le monisme. — Le Principe, être primordial indéterminé. Son aséité et son éternité. Il ne peut être compris, en soi, adéquatement. Il est connu confusément par ses effets, et plus intimement dans une sorte d'intuition extatique. — Émanation de l'univers. Le *yinn* et le *yang*. La nature. — Tous les êtres sont des terminaisons du Principe. Donc tous les êtres sont, en lui, un seul grand Tout. De là vient que les premiers principes sont communs à tous. Il s'ensuit aussi qu'aucun être n'est vraiment libre, une même loi les mouvant tous. — Le Tout évolue. Transformisme. Va-et-vient des êtres. — Hypothèse de la pluralité des mondes. Doute sur l'éternité de l'univers.

Je n'ai pas découpé ces textes, pour ne pas les mutiler. Ils contiennent encore d'autres choses. Je n'ai relevé ici, que les points pour lesquels je les ai cités dans ce chapitre. Tels quels ils montreront aussi la manière de discourir et de raisonner de ces vieux philosophes.

Lie-tzeu dit : Il y a un producteur qui n'a pas été produit, un transformeur qui n'est pas transformé. Ce non-produit a produit tous les êtres, ce non-transformé transforme tous les êtres. Depuis le commencement de la production, le producteur ne peut plus ne pas produire ; depuis le commencement des transformations, le transformeur ne peut plus ne pas transformer. La chaîne des productions et des transformations est donc ininterrompue, le producteur et le transformeur produisant et transformant sans cesse. Le producteur, c'est le *yinn-yang*, le Principe sous sa double modalité alternante. Le transformeur, c'est le cycle des quatre saisons, la révolution du binôme ciel-terre. Le producteur est immobile, le transformeur va et vient. Et le mobile, et l'immobile, dureront toujours. — Le producteur n'est pas produit, le transformeur n'est pas transformé. Le producteur-transformeur produit et transforme, devient sensible, revêt des figures, parvient à l'intelligence, acquiert des énergies, agit et sommeille, restant toujours lui. Dire que des êtres distincts sont produits et transformés, deviennent sensibles, revêtent des figures, parviennent à l'intelligence, acquièrent des énergies, agissent et sommeillent, c'est errer. Le cosmos est un, sans distinctions réelles. — Analysant la production du cosmos par le Principe sous sa double modalité *yinn* et *yang*, l'éclosion du sensible du non-sensible, le germe de l'action génératrice paisible du ciel et de la terre, les anciens Sages y distinguèrent les stades suivants : grande mutation, grande origine, grand commencement, grand flux. La grande mutation, c'est le stade antérieur à l'apparition de la matière ténue (giration des deux modalités, dans l'être indéfini, dans le néant de forme, dans le Principe, sorti de son immobilité absolue). La grande origine, c'est le stade de la matière ténue. Le grand commencement, c'est le stade de la matière palpable. Le grand flux, c'est le stade de la matière plastique, des substances corporelles, des êtres matériels actuels. — L'état primitif, alors que la matière était encore imperceptible, s'appelle aussi le Chaos ; c'est-à-dire que, alors, tous les êtres à venir dans la suite, étaient contenus comme dans une houle confuse, indiscernables, inconnaissables. Son nom ordinaire est la Mutation, parce que de lui tout sortira par voie de transformation. — Partant de l'état non-sensible et non-différencié, commençant par un, la progression passant par sept (le nombre des corps célestes), alla jusqu'à neuf (le plus fort nombre simple, après lequel multiples à l'infini); la régression ramènerait tout à l'unité. — Un fut le point de départ de la genèse des êtres sensibles, laquelle se produisit en cette manière: La matière plus pure et plus légère étant montée, devint le ciel; la matière moins pure et plus lourde étant descendue, devint la terre; de la matière la mieux tempérée, restée dans le vide médian, sortirent les hommes. L'essence de tous les êtres fit d'abord partie du ciel et de la terre, d'où tous les êtres sortirent successivement par voie de transformation. — Parce qu'il y a des produits, il y a un producteur de ces produits. Il y a un auteur des formes corporelles, des sons, des couleurs, des saveurs. Les produits sont mortels, leur producteur ne l'est pas. L'auteur des formes corporelles n'est pas corporel, celui des sons n'est pas perceptible à l'ouïe, celui des couleurs n'est pas visible à l'œil, celui des saveurs n'est pas perçu par le goût. Sauf son infinité et son immortalité, le producteur, l'auteur, le Principe, est indéterminé, capable de devenir, dans les êtres, *yinn* ou *yang*, actif ou passif; contracté ou étendu, rond ou carré, agent de vie ou de mort, chaud ou froid, léger ou lourd, noble ou vil, visible ou invisible, noir ou jaune, doux ou amer, puant ou parfumé. Dépourvu de toute connaissance intellectuelle et de toute puissance intentionnelle, il sait tout et peut tout, car il est immanent dans tout ce qui sait et peut, ce qui est, dit la Glose, la connaissance et la puissance suprême. (*Lie-tzeu chap. 1*)

—·◇—◇—

Le mode d'engendrer humain, consiste en ce que des êtres déterminés communiquent leur principe de vie à des rejetons de même nature. Tout autre fut la genèse du ciel et de la terre (pseudo-enfants), de tous les êtres (pseudo petits-enfants du Principe). Ce qui fut avant le ciel et la terre (le Principe), fut-ce un être déterminé, ayant forme et figure? Non!.. Celui qui détermina tous les êtres (le Principe), ne fut pas lui-même un être déterminé. Ce fut l'être primordial indéterminé. Il répugne logiquement que les êtres sensibles aient été produits par d'autres êtres sensibles en chaîne infinie. Cette chaîne eut un commencement, le Principe, l'être non-sensible, dont l'influx s'étend depuis à son dévidage. (*Tchoang-tzeu chap. 22.*)

Le Principe ne peut pas être entendu; ce qui s'entend, ce n'est pas lui. Le Principe ne peut pas être vu; ce qui se voit, ce n'est pas lui. Le Principe ne peut pas être énoncé; ce qui s'énonce, ce n'est pas lui. Peut-on concevoir autrement que par la raison (pas par l'imagination), l'être non-sensible qui a produit tous les êtres sensibles? Non sans doute! Par conséquent le Principe, qui est cet être non-sensible, ne pouvant être imaginé, ne peut pas non plus être décrit. Retenez bien ceci: celui qui pose des questions sur le Principe, et celui qui y répond, montrent tous deux qu'ils ignorent ce qu'est le Principe. On ne peut, du Principe, demander ni répondre ce qu'il est. Questions vaines, réponses ineptes, qui supposent, chez ceux qui les font, l'ignorance de ce qu'est l'univers et de ce que fut la grande origine. Ceux-là ne s'élèveront pas au-dessus des hauteurs terrestres (le mont *K'ounn-lunn*). Ils n'atteindront pas le vide absolu de l'abstraction parfaite. (*Tchoang-tzeu chap. 22.*)

-♢- -♢-

L'homme dont le corps n'occupe qu'une si petite place sur la terre, atteint par son esprit à travers l'espace jusqu'au ciel. Il connaît la grande unité, son état premier de concentration, la multiplication des êtres, l'évolution universelle, l'immensité du monde, la réalité de tout ce qu'il contient, la fermeté des lois qui le régissent. Au fond de tout est la nature. Dans les profondeurs de la nature, est le pivot de tout (le Principe), qui paraît double (*yinn* et *yang*) sans l'être réellement, qui est connaissable mais non adéquatement. L'homme arriva à le connaître, à force de le chercher. S'étendant au delà des limites du monde, son esprit atteignit le Principe, la réalité insaisissable, toujours la même, toujours sans défaut. C'est là son plus grand succès. Il l'obtint en raisonnant, d'après les certitudes déjà acquises, sur les choses encore incertaines, qui devinrent peu à peu certaines à leur tour, la connaissance du Principe étant la certitude finale suprême. (*Tchoang-tzeu chap. 24.*)

-♢- -♢-

Le ciel et la terre, si majestueux, sont muets. Le cours des astres et des saisons, si régulier, n'est pas réfléchi. L'évolution des êtres, suit une loi immanente, non formulée. Imitant ces modèles, le sur-homme, le Sage par excellence, n'intervient pas, n'agit pas, laisse tout suivre son cours. Le binôme transcendant ciel-terre, préside à toutes les transformations, à la succession des morts et des vies, aux mutations de tous les êtres, sans qu'aucun de ces êtres ait une connaissance explicite de la cause première de tous ces mouvements, du Principe qui fait tout durer depuis le commencement. L'espace immense est l'entre-deux du ciel et de la terre. Le moindre fétu doit son existence au ciel et à la terre. Le ciel et la terre président à l'évolution continuelle des êtres, qui tour à tour s'élèvent ou s'enfoncent; à la rotation régulière du *yinn* et du *yang*, des quatre saisons, etc. Des êtres, certains semblent disparaître, et continuent pourtant d'exister; d'autres, pour avoir perdu leur corps, n'en deviennent que plus transcendants. Le ciel et la terre nourrissent tous les êtres, sans que ceux-ci le sachent. De cette notion de l'univers, nous pouvons remonter à la connaissance confuse de sa cause, le Principe. C'est la seule voie. On peut dire du Principe seulement qu'il est l'origine de tout, qu'il influence tout en restant indifférent. (*Tchoang-tzeu chap. 22.*)

-♢- -♢-

東郭子 *Tong-kouo-tzeu* demanda à *Tchoang-tzeu*: où est ce qu'on appelle le Principe? — Partout, dit *Tchoang-tzeu*. — Par exemple? demanda *Tong-kouo-tzeu*. — Par exemple dans cette fourmi, dit *Tchoang-tzeu*. — Et plus bas? demanda *Tong-kouo-tzeu*. — Par exemple dans ce brin d'herbe. — Et plus bas? — Dans ce fragment de tuile. — Et plus bas? — Dans ce fumier, dit *Tchoang-tzeu*. — *Tong-kouo-tzeu* ne demanda plus rien. — Alors *Tchoang-tzeu* prenant la parole, lui dit: Maître, interroger comme vous venez de faire, ne vous mènera à rien. Ce procédé est trop imparfait. Ne demandez pas si le Principe est dans ceci ou dans cela. Il est dans tous les êtres. C'est pour cela qu'on lui donne les épithètes de grand, de suprême, d'entier, d'universel, de total. Tous ces termes différents, s'appliquent à une seule et même réalité, à l'unité cosmique. — Transportons-nous en esprit, en dehors de cet univers des dimensions et des localisations, et il n'y aura plus lieu de vouloir situer le Principe. Transportons-nous en dehors du monde de l'activité, dans le règne de l'inaction, de l'indifférence, du repos, du vague, de la simplicité, du loisir, de l'harmonie, et il n'y aura plus lieu de vouloir qualifier le Principe. Il est l'infini indéterminé. C'est peine perdue, que de vouloir l'atteindre, que de vouloir le situer, que de vouloir étudier ses mouvements. Aucune science n'atteint là. Celui (le Principe) qui a fait que les êtres fussent des êtres, n'est pas lui-même soumis aux mêmes lois que les êtres. Celui (le Principe) qui a fait que tous les êtres fussent limités, est lui-même illimité, infini. Il est donc oiseux de demander où il se trouve. — Pour ce qui est de l'évolution et de ses phases, plénitude et vacuité, prospérité et décadence, le Principe produit cette succession, mais n'est pas cette succession. Il est l'auteur des causes et des effets (la cause première), mais n'est pas les causes et les effets. Il est l'auteur des condensations et des dissipations (naissances et morts), mais n'est pas lui-même condensation ou dissipation. Tout procède de lui, et évolue par et sous son influence. Il est dans tous les êtres, par une terminaison de norme; mais il n'est pas identique aux êtres, n'étant ni différencié ni limité. (*Tchoang-tzeu chap. 22.*)

—✦ ✦—

Au grand commencement de toutes choses, il y avait le néant de forme, l'être imperceptible; il n'y avait aucun être sensible, et par suite aucun nom. Le premier être qui fut, fut l'Un, non sensible, le Principe. On appelle *tei* norme, la vertu émanée de l'Un, qui donna naissance à tous les êtres. Se multipliant sans fin dans ses produits, cette vertu participée s'appelle en chacun d'eux *ming* son partage, son lot, son destin. C'est par concentration et expansion alternantes, que la norme donne ainsi naissance aux êtres. Dans l'être qui naît, certaines lignes déterminées spécifient sa forme corporelle. Dans cette forme corporelle, est renfermé le principe vital. Chaque être a sa manière de faire, qui constitue sa nature propre. C'est ainsi que les êtres descendent du Principe. Ils y remontent, par la culture *taoïste* mentale et morale, qui ramène la nature individuelle à la conformité avec la vertu agissante universelle, et l'être particulier à l'union avec le Principe primordial, le grand Vide, le grand Tout. Ce retour, cette union se font, non par action, mais par cessation. Tel un oiseau, qui, fermant son bec, cesse son chant; se tait. Fusion silencieuse avec le ciel et la terre, dans une apathie qui paraît stupide à ceux qui n'y entendent rien, mais qui est en réalité vertu mystique, communion à l'évolution cosmique. (*Tchoang-tzeu chap. 12.*)

—✦ ✦—

Confucius étant allé visiter 老聃 *Lao-tan*, le trouva assis immobile et ravi en extase. Le transport l'avait saisi, alors qu'il séchait sa chevelure, après ses ablutions. Confucius attendit discrètement qu'il fût revenu à lui, puis dit: Vous vous étiez retiré dans l'isolement du moi? — Non, dit *Lao-tan*. Je m'ébattais dans l'origine des choses. — Qu'est-ce à dire ? demanda Confucius. — Je suis encore mal remis, dit *Lao-tan ;* mon esprit fatigué n'est pas encore libre de penser, ma bouche serrée peut à peine articuler ; je vais pourtant essayer de vous satisfaire... Les deux modalités de l'être s'étant différenciées dans l'être primordial, leur giration commença, et l'évolution cosmique s'ensuivit. L'apogée du *yinn* condensé dans la terre, c'est la passivité tranquille. L'apogée du *yang* condensé dans le ciel, c'est l'activité féconde. La passivité de la terre s'offrant au ciel, l'activité du ciel s'exerçant sur la terre, des deux naquirent tous les êtres. Force invisible, l'action et la réaction du binôme ciel-terre, produit toute l'évolution. Commencement et cessation, plénitude et vide, révolutions astronomiques, phases du soleil et de la lune, tout cela est produit par cette cause unique, que personne ne voit, mais qui fonctionne toujours. La vie se développe vers un but, la mort est un retour vers un terme. Les genèses se succèdent sans cesse, sans qu'on en sache l'origine, sans qu'on en voie le terme. L'action et la réaction du ciel et de la terre, sont l'unique moteur de ce mouvement. Là est la beauté, la joie suprême. S'ébattre dans ce ravissement, c'est le lot du sur-homme. — Mais comment y atteindre ? demanda Confucius. — Par l'indifférence absolue, reprit *Lao-tan.* Les animaux qui peuplent la steppe, n'ont d'attrait pour aucun pâturage en particulier ; les poissons qui vivent dans les eaux, ne tiennent à aucun habitat déterminé ; par suite aucun déplacement n'altère leur paix. Tous les êtres sont un tout immense. Celui qui est uni à cette unité, jusqu'à avoir perdu le sens de sa personnalité, celui-là considère son corps du même œil que la poussière, la vie et la mort du même œil que le jour et la nuit. Qu'est-ce qui pourra émouvoir cet homme, pour lequel gain et perte, bonheur et malheur ne sont rien ? Il méprise les dignités comme la boue, parce qu'il se sait plus noble que ces choses. Et cette noblesse de son moi, aucune vicissitude ne peut lui porter atteinte. De tous les changements possibles, aucun n'altèrera sa paix. Celui qui a atteint le Principe, comprend ceci. (*Tchoang-tzeu chap. 21.*)

—◆ ◆—

Le Sage comprend que, reliés les uns aux autres, tous les êtres forment un corps, un tout ; mais il ne cherche pas à pénétrer la nature intime de leur lien, qui est le mystère de la norme cosmique. (*Tchoang-tzeu chap. 25.*)

Comment expliquer le fait d'expérience, que tous les hommes perçoivent spontanément si une chose convient ou non, si c'est ainsi ou pas ainsi. Cette perception ne peut pas s'expliquer autrement. C'est ainsi, parce que c'est ainsi ; ce n'est pas ainsi, parce que ce n'est pas ainsi. Cela convient, parce que cela convient ; cela ne convient pas, parce que cela ne convient pas. Tout homme est doué de ce sens d'approbation et de réprobation. Il vibre à l'unisson dans tous les hommes. Les paroles qui lui sont conformes, sont acceptées parce que consonantes, et durent parce que naturelles. — Et d'où vient cette unité du sens naturel ? Elle vient de l'unité de toutes les natures. Sous les distinctions spécifiques et individuelles multiples, sous les transformations innombrables et incessantes, au fond de l'évolution circulaire sans commencement ni fin, se cache une loi, la nature une, participée par tous les êtres, dans lesquels cette participation commune produit un fond d'harmonie commun. (*Tchoang-tzeu chap. 27.*)

Leçon 18.

Tous les êtres appartenant au Tout, leurs actions ne sont pas libres, mais nécessitées par ses lois... Un jour la pénombre demanda à l'ombre: pourquoi vous mouvez-vous dans tel sens?.. Je ne me meus pas, dit l'ombre. Je suis projetée par un corps quelconque, lequel me produit et m'oriente, d'après les lois de l'opacité et du mouvement... Ainsi en est-il de tous les actes. (*Tchoang-tzeu chap. 2.*)

-◆- -◆-

Le Principe, indifférent, impartial, laisse toutes les choses suivre leur cours, sans les influencer. Il ne prétend à aucun titre (seigneur, gouverneur). Il n'agit pas. Ne faisant rien, il n'est rien qu'il ne fasse (non en intervenant activement, mais comme norme évolutive contenue dans tout). En apparence, à notre manière humaine de voir, les temps se succèdent, l'univers se transforme, l'adversité et la prospérité alternent. En réalité, ces variations, effets d'une norme unique, ne modifient pas le tout immuable. Tous les contrastes trouvent place dans ce tout, sans se heurter; comme, dans un marais, toute sorte d'herbes voisinent; comme, sur une montagne, arbres et rochers sont mélangés. — Au-dessus des êtres terrestres, sont le ciel et la terre, l'immensité visible. Au-dessus du ciel et de la terre, sont le *yinn* et le *yang*, l'immensité invisible. Au-dessus de tout, est le Principe, commun à tout, contenant et pénétrant tout, dont l'infinité est l'attribut propre, le seul par lequel on puisse le désigner, car il n'a pas de nom propre. — Émanés du Principe, le *yinn* et le *yang* s'influencent, se détruisent, se reproduisent réciproquement. De là le monde physique, avec la succession des saisons, qui se produisent et se détruisent les unes les autres. De là le monde moral, avec ses attractions et ses répulsions, ses amours et ses haines. De là la distinction des sexes, et leur union pour la procréation. De là certains états corrélatifs et successifs, comme l'adversité et la prospérité, la sécurité et le danger. De là les notions abstraites, d'influence mutuelle, de causalité réciproque, d'une certaine évolution circulaire dans laquelle les commencements succèdent aux terminaisons. Voilà à peu près ce qui, tiré de l'observation, exprimé en paroles, constitue la somme des connaissances humaines. Ceux qui connaissent le Principe, ne scrutent pas davantage. Ils ne spéculent, ni sur la nature de l'émanation primordiale, ni sur la fin éventuelle de l'ordre de choses existant. — Ces questions sont insolubles. Certains ont voulu les résoudre, bien en vain. Cet univers est l'œuvre d'un auteur préexistant, a dit 接子 *Tsie-tzeu*. Non, il est devenu de rien, a dit 季眞 *Ki-tchenn*. Aucun des deux n'a prouvé son dire. Tous les deux sont dans l'erreur. Il est impossible que l'univers ait eu un auteur préexistant. Il est impossible que l'être soit sorti du néant d'être. L'homme ne peut rien sur sa propre vie, parce que la loi qui régit la vie et la mort, ses transformations à lui, lui échappe; que peut-il alors savoir de la loi qui régit les grandes transformations cosmiques, l'évolution universelle? Dire de l'univers, quelqu'un l'a fait; ou, il est devenu de rien; ce sont là, non des propositions démontrables, mais des suppositions gratuites. Pour moi, quand je regarde en arrière vers l'origine, je la vois se perdre dans un lointain infini; quand je regarde en avant vers l'avenir, je n'entrevois aucun terme. Or les paroles humaines ne peuvent pas exprimer ce qui est infini, ce qui n'a pas de terme. Limitées comme les êtres qui s'en servent, elles ne peuvent exprimer que les af-

Leçon 18.

faires du monde limité de ces êtres, choses bornées et changeantes. Elles ne peuvent pas s'appliquer au Principe, qui est infini, immuable et éternel. Maintenant, après l'émanation, le Principe duquel émanèrent les êtres, étant inhérent à ces êtres, ne peut pas proprement être appelé l'auteur des êtres; ceci réfute *Tsie-tzeu*. Le Principe inhérent à tous les êtres, ayant existé avant les êtres, on ne peut pas dire proprement que ces êtres sont devenus de rien; ceci réfute *Ki-tchenn*. Quand on dit maintenant *le Principe*, ce terme ne désigne plus l'être solitaire, tel qu'il fut au temps primordial; il désigne l'être qui existe dans tous les êtres, norme universelle qui préside à l'évolution cosmique. La nature du Principe, la nature de l'Être, sont incompréhensibles et ineffables. Seul le limité peut se comprendre et s'exprimer. Le Principe agissant comme le pôle, comme l'axe, de l'universalité des êtres, disons de lui seulement qu'il est le pôle, qu'il est l'axe de l'évolution universelle, sans tenter ni de comprendre ni d'expliquer. (*Tchoang-tzeu* chap. 25.)

Confucius dit à 老耼 *Lao-tan :* Comme aujourd'hui j'ai quelque loisir, je voudrais bien vous entendre parler sur l'essence du Principe. — *Lao-tan* dit: Vous auriez dû d'abord éclairer votre cœur par l'abstinence, purifier votre esprit vital, et vous défaire de vos idées préconçues. Car le sujet est abstrus, difficile à énoncer et à entendre. Je vais toutefois essayer de vous en dire quelque chose... Le lumineux naquit de l'obscur, les formes naquirent de l'amorphe. L'esprit vital universel, dont les esprits vitaux particuliers sont des participations, naquit du Principe; la matière naquit du sperme universel, dont le sperme particulier est une participation. Puis les êtres s'engendrèrent mutuellement, par communication de leur matière, soit par voie de gestation utérine, soit par production d'œufs. Leur entrée sur la scène de la vie n'est pas remarquée, leur sortie ne fait aucun bruit. Pas de porte visible, pas de logis déterminés. Ils viennent de tous les côtés, et remplissent l'immensité du monde, êtres contingents et éphémères... Ceux qui, sachant cela, ne se préoccupent de rien, ceux-là se portent bien, ont l'esprit libre, conservent leurs organes des sens en parfait état. Sans fatiguer leur intelligence, ils sont capables de toute tâche. Car ils agissent (ou plutôt n'agissent pas, laissent faire,) spontanément, naturellement, comme le ciel est élevé par nature, comme la terre est étendue par nature, comme le soleil et la lune sont lumineux par nature, comme les êtres pullulent naturellement... L'étude, la discussion, n'en apprennent pas plus long sur le Principe, aussi les Sages s'abstiennent-ils d'étudier et de discuter. Sachant que le Principe est une infinité que rien ne peut augmenter ni diminuer, les Sages se contentent de l'embrasser dans son ensemble... Oui, il est immense comme l'océan. Quelle majesté dans cette révolution incessante, dans laquelle le recommencement suit immédiatement la cessation... Suivre le flux des êtres en faisant du bien à tous, voilà la voie des Sages ordinaires (confuciistes). Mais avoir pris position en dehors de ce flux, et faire du bien à ceux qu'il entraîne, voilà la voie du Sage supérieur (taoïste, qui agit à l'instar du Principe). — Considérons un être humain, à l'état d'embryon à peine conçu, dont le sexe n'est même pas encore déterminé. Il est devenu, entre le ciel et la terre. A peine devenu, il se peut qu'il retourne à son origine (mort-né). Considéré dans ce commencement, qu'est-il autre chose qu'un mélange de souffle et de sperme? Et s'il

Leçon 18.

survit, ce ne sera que pour peu d'années. La différence est si petite, entre ce qu'on appelle une vie longue et une vie courte! Somme toute, c'est un moment, dans le cours infini des temps. Beaucoup n'ont même pas le loisir de montrer s'ils ont l'esprit d'un *Yao* (empereur vertueux) ou d'un *Kie* (tyran vicieux). — L'évolution de chaque individu du règne végétal, suit une loi déterminée. De même la loi qui préside à l'évolution humaine, est comme un engrenage. Le Sage suit le mouvement, sans regimber, sans s'accrocher. Prévoir et calculer, c'est artifice; se laisser faire, c'est suivre le Principe. C'est en laissant faire, que les empereurs et les rois de la haute antiquité, se sont élevés et rendus célèbres. — Le passage de l'homme, entre le ciel et la terre, de la vie à la mort, est comme le saut du coursier blanc, qui franchit un ravin d'un bord à l'autre; l'affaire d'un instant. Comme par l'effet d'un bouillonnement, les êtres entrent dans la vie; comme par l'effet d'un écoulement, ils rentrent dans la mort. Une transformation les a faits vivants, une transformation les fait morts. La mort, tous les vivants la trouvent déplaisante, les hommes la pleurent. Et cependant, qu'est-elle autre chose, que le débandage de l'arc, et sa remise au fourreau; que le vidage du sac corporel, et la remise en liberté des deux âmes qu'il emprisonnait? Après les embarras et les vicissitudes de la vie, les deux âmes partent, le corps les suit dans le repos. C'est là le grand retour, âmes et corps retournant dans le tout. — Que l'incorporel a produit le corporel, que le corps retourne à l'incorporéité, cette notion de la giration perpétuelle est connue de bien des hommes, mais l'élite seule en tire les conséquences pratiques. Le vulgaire disserte volontiers sur ce sujet, tandis que le sur-homme garde un profond silence. S'il essayait d'en parler, il aurait forfait à sa science, par laquelle il sait qu'en parler est impossible, et qu'on ne peut que la méditer. Avoir compris qu'on ne gagne rien à interroger sur le Principe, mais qu'il faut le contempler en silence, voilà ce qu'on appelle avoir obtenu le grand résultat, avoir atteint le but. (*Tchoang-tzeu chap. 22.*)

-◆- ◆-

Comme *Lie-tzeu*, qui se rendait dans la principauté de 衛 *Wei*, prenait son repas au bord du chemin, quelqu'un de ceux qui l'accompagnaient ayant vu un crâne séculaire qui gisait là, le ramassa et le lui montra. *Lie-tzeu* le regarda, puis dit à son disciple *Pai-fong*: Lui et moi savons que la distinction entre la vie et la mort n'est qu'imaginaire, lui par expérience, moi par raisonnement. Lui et moi savons, que tenir à la vie et craindre la mort est déraisonnable, la vie et la mort n'étant que deux phases fatalement successives. Tout passe, selon les temps ou les milieux, par des états successifs, sans changer essentiellement. Ainsi les grenouilles deviennent cailles, et les cailles deviennent grenouilles, selon que le milieu est humide ou sec. Un même germe deviendra nappe de lentilles d'eau sur un étang, ou tapis de mousse sur une colline. Du frai de poisson sortent des sauterelles, en temps de sécheresse; des œufs de sauterelle sortent des poissons, en cas d'inondation... A sa mort, l'homme rentre dans le métier à tisser cosmique; le va-et-vient de la navette, la série des transformations recommence pour lui. Tous les êtres sortent ainsi du grand métier cosmique, pour y rentrer ensuite, puis en ressortir. (*Lie-tzeu chap. 1.*)

-◆- ◆-

Leçon 18.

La vie succède à la mort, la mort est l'origine de la vie. Le pourquoi de cette alternance est inscrutable... La vie d'un homme tient à une condensation de matière, dont la dissipation sera sa mort; et ainsi de suite. Cela étant, y a-t-il lieu de se chagriner de quoi que ce soit?.. Tous les êtres sont un tout, qui se transforme sans cesse. On appelle les uns beaux, et les autres laids. Abus de mots, car rien ne dure. A sa prochaine métamorphose, ce qui fut beau deviendra peut-être laid, ce qui fut laid deviendra peut-être beau... C'est ce que résume cet adage: Tout l'univers est une seule et même hypostase. Le Sage n'estimant et ne méprisant aucun être en particulier, donne toute son estime à l'unité cosmique, au grand tout. (*Tchoang-tzeu chap. 22.*)

子貢 *Tzeu-koung* dit au pauvre 林類 *Linn-lei*: tout homme aime la vie, et craint la mort. Comment pouvez-vous faire si bon marché de la vie, et aimer la mort? — Parce que, dit *Linn-lei*, la mort est à la vie, ce que le retour est à l'aller. Quand je mourrai ici, ne renaîtrai-je pas ailleurs? Et si je renais, ne sera-ce pas dans des circonstances différentes? Or comme je n'ai qu'à gagner au change, quel qu'il soit, ne serait-ce pas sottise si je craignais la mort, par laquelle j'obtiendrai mieux que ce que j'ai? (*Lie-tzeu chap. 1.*)

—◆—◇—

La substance qui se projette, ne produit pas une substance nouvelle, mais une ombre; le son qui résonne, ne produit pas un son nouveau, mais un écho; quand le néant de forme se meut, il ne produit pas un néant nouveau, mais l'être sensible. Toute substance aura une fin. Le ciel et la terre étant des substances, finiront comme moi; si toutefois l'on peut appeler fin, ce qui n'est qu'un changement d'état. Car le Principe, de qui tout émane, n'aura pas de fin, puisqu'il n'a pas eu de commencement, et n'est pas soumis aux lois de la durée. Les êtres passent successivement par les états d'être vivants et d'être non-vivants, d'être matériels et d'être non-matériels. L'état de non-vie n'est pas produit par la non-vie, mais fait suite à l'état de vie (comme son ombre). L'état de non-matérialité n'est pas produit par l'immatérialité, mais fait suite à l'état de matérialité (comme son écho). Cette alternance successive, est fatale, inévitable. Tout vivant cessera nécessairement de vivre, et cessera ensuite nécessairement d'être non-vivant, reviendra nécessairement à la vie. Donc vouloir faire durer sa vie et échapper à la mort toujours, c'est vouloir l'impossible. — Dans le composé humain, l'esprit vital est l'apport du ciel, le corps est la contribution de la terre. L'homme commence par l'agrégation de son esprit vital avec les grossiers éléments terrestres, et finit par l'union du même esprit avec les purs éléments célestes. Quand l'esprit vital quitte la matière, chacun des deux composants retourne à son origine. De là vient qu'on appelle les morts *les retournés*. Ils sont retournés, en effet, à leur demeure, le cosmos. L'esprit rentre par une porte nouvelle, la matière retourne à son origine. Logiquement, on devrait appeler les vivants *les revenus*. (*Lie-tzeu chap. 1.*) — Voyez Leçon 5 I, avec la note.

Le va-et-vient des êtres est imperceptible. Celui qui finit ici, recommence ailleurs; celui qui s'ajoute ici, se retranche ailleurs. Décadence et prospérité, devenir et cesser, les allées et les venues s'enchaînent, sans que le fil de cet enchaînement soit saisissable. Si insensibles sont la venue de ceux qui viennent et le départ dé ceux qui partent, que l'univers présente toujours le même aspect. (*Lie-tzeu chap. 1.*)

-◆- -◆-

舜 *Chounn* demanda à son ministre 丞 *Tch'eng* : peut-on arriver à posséder le Principe ? — *Tch'eng* répondit : Ne possédant pas votre propre corps, comment prétendez-vous posséder le Principe ? — Si mon corps n'est pas à moi, à qui est-il ? demanda *Chounn*. — Votre corps, dit *Tch'eng*, est un prêt de matière grossière, que le ciel et la terre vous ont fait pour un temps. Votre vie est une combinaison transitoire de matière subtile, que vous tenez aussi du ciel et de la terre. Votre destinée, votre activité, font partie intégrante du flux des êtres, sous l'action du ciel et de la terre. Vos enfants et vos petits-enfants, sont un renouveau que le ciel et la terre vous ont donné. Vous avancez dans la vie sans savoir ce qui vous pousse, vous stationnez sans savoir ce qui vous arrête, vous mangez sans savoir comment vous assimilez, l'action puissante mais inconnaissable du ciel et de la terre vous mouvant en tout ; et vous prétendriez vous approprier quelque chose ?! (*Tchoang-tzeu chap. 22.*)

-◆- -◆-

Dans le pays de 齊 *Ts'i*, un certain 國 *Kouo* était très riche. Dans le pays de 宋 *Song*, un certain 向 *Hiang* était très pauvre. Le pauvre alla demander au riche, comment il avait fait pour s'enrichir. En volant, lui dit celui-ci. Quand je commençai à voler, au bout d'un an j'eus le nécessaire, au bout de deux ans j'eus l'abondance, au bout de trois ans j'eus l'opulence, puis je devins un gros notable. — Se méprenant sur le terme *voler*, le *Hiang* n'en demanda pas davantage. Au comble de la joie, il prit congé, et se mit aussitôt à l'œuvre, escaladant ou perçant les murs, faisant main basse sur tout ce qui lui convenait. Bientôt arrêté, il dut rendre gorge, et perdit encore le peu qu'il possédait auparavant, trop heureux d'en être quitte à ce compte. Persuadé que le *Kouo* l'avait trompé, il alla lui faire d'amers reproches. — Comment t'y es-tu pris ? demanda le *Kouo*, tout étonné. — Quand le *Hiang* lui eut raconté ses procédés,.. ah ! mais, fit le *Kouo*, ce n'est pas par cette sorte de vol-là, que je me suis enrichi. Moi, suivant les temps et les circonstances, j'ai volé leurs richesses au ciel et à la terre, à la pluie, aux monts et aux plaines. Je me suis approprié ce qu'ils avaient fait croître et mûrir, les animaux sauvages des prairies, les poissons et les tortues des eaux. Tout ce que j'ai, je l'ai volé à la nature, mais avant que ce ne fût à personne ; tandis que toi, tu as volé ce que le ciel avait déjà donné à d'autres hommes. — Le *Hiang* s'en alla mécontent, persuadé que le *Kouo* le trompait encore. Il rencontra le Maître du faubourg de l'est, et lui raconta son cas. Mais oui, lui dit celui-ci, toute appropriation est un vol. Même l'être, la vie, est un vol d'une parcelle de l'harmonie du *yinn* et du *yang*; combien plus toute appropriation d'un être matériel est-elle un vol fait à la nature. Mais il faut distinguer vol et vol. Voler la nature, c'est le vol commun que tous commettent, et qui n'est pas puni. Voler autrui, c'est le vol privé que les voleurs commettent, et qui est puni. Tous les hommes vivent de voler le ciel et la terre, sans être pour cela des voleurs. (*Lie-tzeu chap. 1.*)

-◆- -◆-

Leçon 18.

L'empereur 湯 *T'ang* de la dynastie 商 *Chang*, demanda à 夏革 *Hia-keue* : Jadis, tout au commencement, y eut-il des êtres? — *Hia-keue* dit : S'il n'y en avait pas eu, comment y en aurait-il maintenant? Si nous doutions qu'il y en ait eu jadis, les hommes futurs pourraient douter qu'il y en ait eu maintenant, notre présent devant être un jour leur passé, ce qui serait absurde. — Alors, dit *T'ang*, dans le temps, y a-t-il division ou continuité? qu'est-ce qui détermine l'antériorité et la postériorité? — *Hia-keue* dit : On parle, depuis l'origine, de fins et de commencements d'êtres. Au fond, y a-t-il vraiment commencement et fin, ou transition successive continue, qui peut le savoir? Étant extérieur aux autres êtres, et antérieur à mes propres états futurs, comment puis-je savoir si les fins, les morts, sont des cessations ou des transformations? — En tout cas, dit *T'ang*, selon vous le temps est infini. Que pensez-vous de l'espace? Est-il également infini? — Je n'en sais rien, dit *Hia-keue*. — *T'ang* insistant, *Hia-keue* dit : Le vide est infini, car au vide on ne peut pas ajouter un vide; mais comme, aux êtres existants, on peut ajouter des êtres, le cosmos est-il fini ou infini, je n'en sais rien. Je suis allé à l'Est jusqu'à *Ying*, et j'ai demandé, au delà qu'y a-t-il? On m'a répondu, au delà, c'est comme en deçà... Puis je suis allé vers l'Ouest jusqu'à *Pinn*, et j'ai demandé, au delà qu'y a-t-il? On m'a répondu, au delà, c'est comme en deçà... J'ai conclu de cette expérience, que les termes, quatre mers, quatre régions, quatre pôles, ne sont peut-être pas absolus. Car enfin, en ajoutant toujours, on arrive à une valeur infinie. Si notre cosmos (ciel-terre) est fini, n'est-il pas continué sans fin par d'autres cosmos (ciel-terre) limitrophes? Qui sait si notre monde (ciel-terre) est plus qu'une unité dans l'infinité? (*Lie-tzeu chap. 5.*) — Ce texte dont les acteurs sont fictifs comme c'est le cas dans beaucoup de textes taoïstes, est antérieur à l'introduction du Buddhisme en Chine, mais postérieur de 150 ans au moins à sa propagation dans l'Inde. On sait que les Buddhistes croyaient à un nombre infini de mondes distincts. L'idée est absolument neuve en Chine. Je doute qu'elle y ait été inventée. Je croirais plutôt qu'elle y fut apportée.

Lie-tzeu dit : affirmer que le ciel et la terre cesseront un jour d'exister, ce serait trop s'avancer; affirmer qu'ils existeront toujours, ce serait aussi trop s'avancer. Il est impossible de savoir, avec certitude, ce qui en sera; si oui ou non. (*Lie-tzeu chap. 1.*)

Sources. — L'œuvre de *Lie-tzeu*, en librairie 列子 *Lie-tzeu*, ou 冲虛眞經 *Tch'oung-hu tchenn-king*, 8 chapitres. — L'œuvre de *Tchoang-tzeu*, en librairie 莊子 *Tchoang-tzeu*, ou 南華眞經 *Nan-hoa tchenn-king*, 33 chapitres.

Ouvrages. — J. Legge. The writings of *Chuang-tzu*, in Sacred Books of the East, vols 39 et 40, 1891. Diffus, imprécis. — L. Wieger S.J. Les Pères du système taoïste. *Lie-tzeu. Tchoang-tzeu.* Texte, traduction, bibliographie, 1913.

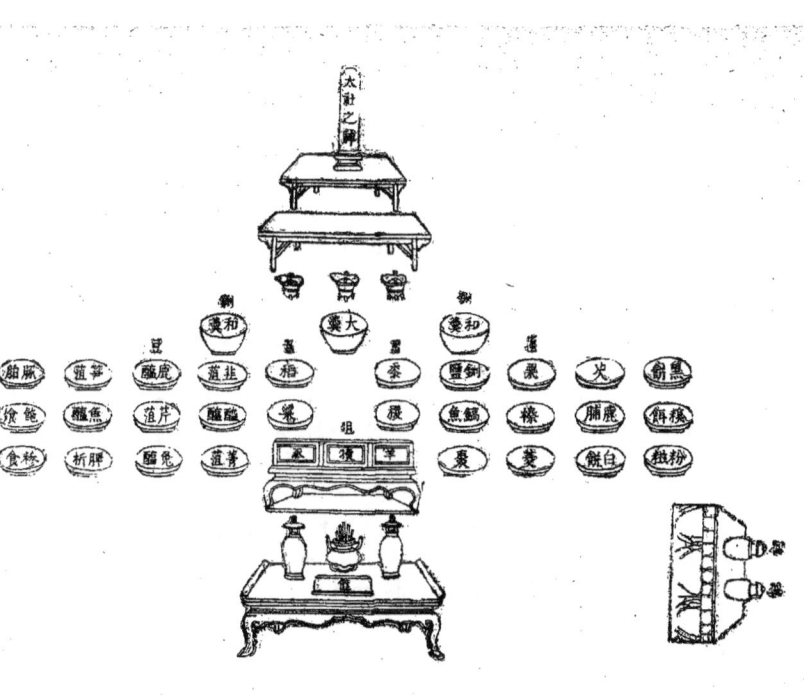

Offrande au Patron du sol de l'empire.

Dix-neuvième Leçon.

Sommaire. — Les Pères taoïstes, 列子 *Lie-tzeu* et 莊子 *Tchoang-tzeu*, suite. — I. L'indistinction universelle; l'identité des contraires, du bien et du mal; suites de leur monisme. Textes. — II. Identité des états de vie et de mort. Textes.

I. L'univers existant actuel, n'est pas l'expression de la grandeur absolue. Car cette quantité n'est pas constante. Elle varie, dans la durée des temps, au cours de l'évolution, selon les genèses et les cessations. Envisagées ainsi, par la haute science, les choses changent d'aspect, l'absolu devenant relatif. Ainsi la différence du grand et du petit s'efface, dans la vision à distance infinie. La différence du passé et du présent s'efface de même, l'antériorité et la postériorité disparaissant, dans la chaîne illimitée ; et par suite, le passé n'inspire plus de mélancolie, et le présent plus d'intérêt. La différence entre la prospérité et la misère s'efface de même, ces phases éphémères disparaissant dans l'éternelle évolution ; et par suite, avoir ne cause plus de plaisir, perdre ne cause plus de chagrin. Pour ceux qui voient de cette distance et de cette hauteur, la vie n'est plus un bonheur, la mort n'est plus un malheur; car ils savent que les périodes se succèdent, que rien ne saurait durer. — La parole peut décrire la matière concrète; la pensée atteint l'essence abstraite. Par delà, les intuitions métaphysiques, les dictamens intérieurs, qui ne sont ni matière ni essence, ne sont connus que par appréciation subjective. C'est en suivant ces intuitions inexprimables, que l'homme supérieur fait bien des choses tout autrement que le vulgaire, mais sans mépriser celui-ci, parce qu'il n'a pas les mêmes lumières. Ce sont elles qui le mettent au-dessus de l'honneur et de l'ignominie, des récompenses et des châtiments. Ce sont elles qui lui font oublier les distinctions du grand et du petit, du bien et du mal. — Si l'on considère les êtres à la lumière du Principe, les distinctions comme noble et vil, grand et petit, n'existent pas, tout étant un. A leurs propres yeux, les êtres sont tous nobles, et considèrent les autres comme vils, par rapport à soi; point de vue subjectif. Aux yeux du vulgaire, ils sont nobles ou vils, selon une certaine appréciation routinière, indépendante de la réalité; point de vue conventionnel. Considérés objectivement et relativement, tous les êtres sont grands par rapport aux plus petits que soi, tous sont petits par rapport aux plus grands que soi ; le ciel et la terre ne sont qu'un grain, un poil est une montagne. Considérés quant à leur utilité, tous les êtres sont utiles pour ce qu'ils peuvent faire, tous sont inutiles pour ce qu'ils ne peuvent pas; l'Est et l'Ouest coexistent, par opposition, nécessairement, chacun ayant ses attributions propres que l'autre n'a pas. Enfin, par rapport au goût de l'observateur, les êtres ont tous quelque côté par où ils plaisent à certains, et quelque côté par lequel ils déplaisent à d'autres. Selon les temps et les circonstances, le résultat des mêmes actions n'est pas le même ; ce qui est expédient pour l'un ou dans telles circonstances, ne l'est pas pour l'autre ou dans d'autres circonstances. Il en est de même, pour la qualification des actes; ce qui est bien dans l'un ou dans telles circonstances, sera mal dans l'autre ou dans d'autres circonstances. Tout est relatif. Rien de fixe. Tout est sujet à double aspect. —

Leçon 19.

Par suite, vouloir le bien sans le mal, la raison sans le tort, l'ordre sans le désordre, c'est montrer qu'on ne comprend rien aux lois de l'univers; c'est rêver un ciel sans terre, un *yinn* sans *yang* ; le double aspect coexistant pour tout. Vouloir distinguer, comme des entités réelles, ces deux corrélatifs inséparables, c'est montrer une faible raison. Le ciel et la terre sont un, le *yinn* et le *yang* sont un; et de même les aspects opposés de tous les contraires sont un. Il n'y a ni grandeur ni petitesse, ni noblesse ni bassesse, ni bien ni mal absolu; mais toutes ces choses sont relatives, dépendantes des temps et des circonstances, de l'appréciation des hommes, de l'opportunité. — Certains demandent: n'y a-t-il pas une morale, quelque règle des mœurs? Que faut-il faire; que faut-il omettre?.. Je réponds: au point de vue du Principe, il n'y a qu'une unité réelle absolue, et des aspects subjectifs relatifs et changeants. Mettre quoi que ce soit d'absolu, en dehors du Principe, ce serait errer sur le Principe. Donc pas de morale absolue, mais une convenance opportuniste seulement. Pratiquement, suivez les temps et les circonstances. Soyez uniformément juste comme prince régnant, uniformément indifférent comme particulier; embrassez tous les êtres, car tous sont un. — Le Principe est immuable, n'ayant pas eu de commencement, ne devant pas avoir de fin. Les êtres sont changeants, naissent et meurent, sans permanence stable. Du non-être ils passent à l'être, sans repos sous aucune forme, au cours des années et des temps. Commencements et fins, croissances et décadences, se suivent. C'est tout ce que nous pouvons constater, en fait de règle, de loi, régissant les êtres. Leur vie passe sur la scène du monde, comme passe devant les yeux un cheval emporté. Pas un moment, sans changements, sans vicissitudes. Et vous demandez, que faire? que ne pas faire?.. Suivez le cours des transformations, agissez d'après les circonstances du moment, c'est tout ce qu'il y a à faire. (*Tchoang-tzeu chap. 17.*)

— ✧ ✧ —

Après avoir expliqué à son disciple 游 You l'accord humain des instruments de musique, puis l'accord terrestre des voix de la nature, le maître taoïste 綦 Ki lui explique enfin l'accord céleste. C'est, dit-il, l'harmonie de tous les êtres, dans leur commun être. Là, pas de distinction, de contraste, de conflit. Embrasser voilà la science; distinguer, c'est faire erreur. Tout est un. Durant le sommeil l'âme recueillie s'absorbe dans cette unité; durant la veille, distraite, elle distingue des êtres divers. Elles naquirent, ces distinctions imaginaires, de l'activité, des relations, des conflits de la vie. Dans le tir à la cible, on distingua bien et mal. Dans les transactions, on distingua droit et tort. A force de répéter ces mots, on finit par croire à ces notions irréelles, on les attribua au Ciel, on les imposa à autrui; impossible maintenant d'en faire revenir les humains. Et cependant, oui, bien et mal, droit et tort, tous les contrastes, tous les contraires, sont des sons sortis de la même flûte, des champignons nés de la même humidité; non des êtres réels, mais des aspects divers de l'être universel unique. Dans le cours du temps, tout cela se présente. D'où est-ce venu? C'est devenu! C'est né, entre un matin et un soir, de soi-même, non comme un être réel, mais comme une apparence. Il n'y a pas d'êtres réels distincts. Il n'y a un moi, que par contraste avec un lui. Lui et moi n'étant que des êtres de raison, il n'y a pas non plus, en réalité, ce quelque chose de plus rapproché qu'on appelle le mien, et ce quelque chose plus éloigné qu'on appelle le tien. — Mais, qui est l'agent de cet état de choses, le moteur du grand Tout?.. Tout se passe comme s'il y avait un *vrai gouverneur*, mais dont la personnalité ne peut être constatée. L'hypothèse expliquant les phénomènes, est acceptable, à condition qu'on ne fasse pas, de ce gouverneur universel, un être distinct. Il est une tendance sans forme palpable, la norme inhérente à l'univers, sa formule évolutive immanente. Les normes de toute sorte, comme celle qui fait un corps de plusieurs organes, une famille de plusieurs personnes, un état de nombreux sujets, sont autant de participations du recteur universel ainsi entendu. Ces participations ne l'augmentent ni ne le diminuent, car elles sont communiquées par lui, non détachées de lui. Prolongement de la norme universelle, la norme de tel être, qui est son être, ne cesse pas d'être quand il finit. Elle fut avant lui, elle est après lui, inaltérable, indestructible. Le reste de lui, ne fut qu'apparence. — C'est de l'ignorance de ce principe, que dérivent toutes les peines et tous les chagrins des hommes, lutte pour l'existence, crainte de la mort, appréhension du mystérieux au-delà. L'aveuglement est presque général, pas universel toutefois. Il est encore des hommes, peu nombreux, que le traditionalisme conventionnel n'a pas séduits, qui ne reconnaissent de maître que leur raison, et qui, par l'effort de cette raison, ont déduit la doctrine exposée ci-dessus, de leurs méditations sur l'univers. Ceux-là savent qu'il n'y a de réel que la norme universelle. Le vulgaire irréfléchi croit à l'existence réelle des êtres distincts.

Mais, me dira-t-on, si tout était un, si tout se réduisait à une norme unique, cette norme comprendrait simultanément la vérité et l'erreur, ce qui répugne. — Je réponds: cela ne répugne pas, parce qu'il n'y a, en réalité, ni vérité ni erreur, ni oui ni non, ni autre distinction quelconque, tout étant un, jusqu'aux contraires. Il n'y a que des aspects divers, lesquels dépendent du point de vue. De mon point de vue, je vois ainsi; d'un autre point de vue, je verrais autrement. *Moi* et *autrui* sont deux positions différentes, qui font juger et parler différemment de ce qui est un. Ainsi parle-t-on, de vie et de mort, de possible et d'impossible, de licite et d'illicite. On discute, les uns disant oui, et les autres non. Erreurs d'appréhension subjectives, dues au point de vue. Le Sage, au contraire, commence par éclairer l'objet avec la lumière de sa raison. Il constate d'abord, que ceci est cela, que cela est ceci, que tout est un. Il constate ensuite, qu'il y a pourtant oui et non, opposition, contraste. Il conclut à la réalité de l'unité, à la non-réalité de la diversité. Son point de vue à lui, c'est un point, d'où ceci et cela, oui et non, paraissent encore non distingués. Ce point est le pivot de la norme. C'est le centre immobile d'une circonférence, sur le contour de laquelle roulent toutes les contingences, les distinctions et les individualités; d'où l'on ne voit qu'un infini, qui n'est ni ceci ni cela, ni oui ni non. Tout voir, dans l'unité primordiale non encore différenciée, ou d'une distance telle que tout se fond en un, voilà la vraie intelligence. — Les sophistes se trompent, en cherchant à y arriver, par des arguments positifs et négatifs, par voie d'analyse ou de synthèse. Ils n'aboutissent qu'à des manières de voir subjectives, lesquelles, additionnées, forment l'opinion, passent pour des principes. Comme un sentier est formé par les pas multipliés des passants, ainsi les choses finissent par être qualifiées d'après ce que beaucoup en ont dit. C'est ainsi, dit-on, parce que c'est ainsi; c'est un principe. Ce n'est pas ainsi, dit-on, parce que ce n'est pas ainsi ; c'est un principe. En est-il vraiment ainsi, dans la réalité ? Pas du tout. Envisagées dans la norme, une paille et une poutre, un laideron et une beauté, tous les contraires sont un. La prospérité et la ruine, les états successifs, ne sont que des phases ; tout est un. Mais ceci, les grands esprits seuls sont aptes à le comprendre. Ne nous occupons pas de distinguer, mais voyons tout dans l'unité de la norme. Ne discutons pas pour l'emporter, mais employons, avec autrui, le procédé de l'éleveur de singes. Cet homme dit aux singes qu'il élevait : Je vous donnerai trois taros le matin, et quatre le soir. Les singes furent tous mécontents. Alors, dit-il, je vous donnerai quatre taros le matin, et trois le soir. Les singes furent tous contents. Avec l'avantage de les avoir contentés, cet homme ne leur donna en définitive, par jour, que les sept taros qu'il leur avait primitivement destinés. Ainsi fait le Sage. Il dit oui ou non, selon qu'il est opportun, pour avoir la paix, et reste tranquille au centre de la roue universelle qu'il laisse tourner.

Parmi les anciens, les uns pensaient que, à l'origine, il n'y eut rien de préexistant. C'est là une position extrême. — D'autres pensèrent qu'un être distinct préexista. C'est la position extrême opposée. — D'autres enfin pensèrent qu'il y eut un tout indistinct, non-différencié. C'est là la position moyenne, la vraie. — Cet être primordial non-différencié, c'est le Principe, la norme. Quand on imagina les distinctions, on ruina sa notion.

Vous dites, m'objecte-t-on, qu'il n'y a pas de distinctions. Passe pour les termes assez semblables ; mettons que la distinction entre ceux-là n'est qu'apparente. Mais les termes absolument opposés, ceux-là comment pouvez-vous les réduire à la simple unité ? Ainsi, comment concilier ces termes : petit et grand ; jeune et vieux ; etc. Ces termes s'excluent ; c'est oui ou non. — Je réponds : ces termes ne s'excluent, que si on les envisage comme existants. Antérieurement au devenir, dans l'unité du principe primordial, il n'y a pas d'opposition. Envisagés dans cette position, un poil n'est pas petit, une montagne n'est pas grande ; un mort-né n'est pas jeune, un centenaire n'est pas âgé. Le ciel, la terre, et moi, sommes du même âge. Tous les êtres, et moi, sommes un dans l'origine. Puisque tout est un objectivement et en réalité, pourquoi distinguer des entités par des mots, lesquels n'expriment que des appréhensions subjectives et imaginaires ? Si vous commencez à nommer et à compter, vous ne vous arrêterez plus, la série des vues subjectives étant infinie. — Avant le temps, tout était un, dans le Principe fermé comme un pli scellé. Il n'y avait alors, en fait de termes, qu'un verbe général. Tout ce qui fut ajouté depuis, est subjectif, imaginaire. Telles, la différence entre la droite et la gauche, les distinctions, les oppositions, les devoirs. Autant d'êtres de raison, qu'on désigne par des mots, auxquels rien ne répond dans la réalité. Aussi le Sage étudie-t-il tout, dans le monde matériel et dans le monde des idées, mais sans se prononcer sur rien, pour ne pas ajouter une vue subjective de plus, à celles qui ont déjà été formulées. Il se tait recueilli, tandis que le vulgaire parore, non pour la vérité, mais pour la montre, dit l'adage. — Que peut-on dire, de l'être universel, sinon qu'il est ? Est-ce affirmer quelque chose, que de dire, l'être est ? Est-ce affirmer quelque chose, que de dire, l'humanité est humaine, la modestie est modeste, la bravoure est brave? Ne sont-ce pas là des phrases vides qui ne signifient rien?.. Si l'on pouvait distinguer dans le principe, et lui appliquer des attributs, il ne serait pas le principe universel. Savoir s'arrêter là où l'intelligence et la parole font défaut, voilà la sagesse. A quoi bon chercher des termes impossibles pour exprimer un être ineffable? Celui qui comprend qu'il a tout en un, a conquis le trésor céleste, inépuisable, mais aussi inscrutable. Il a l'illumination compréhensive, qui éclaire l'ensemble sans faire paraître de détails.

Le Sage abstrait du temps, et voit tout en un. Il se tait, gardant pour lui ses impressions personnelles, s'abstenant de disserter sur les questions obscures et insolubles. Ce recueillement, cette concentration, lui donnent, au milieu de l'affairage passionné des hommes vulgaires, un air apathique, presque bête. En réalité, intérieurement, il est appliqué à l'occupation la plus haute, la synthèse de tous les âges, la réduction de tous les êtres à l'unité. (*Tchoang-tzeu chap. 2.*)

II

Et pour ce qui est de la distinction qui tourmente le plus les hommes, celle de la vie et de la mort,... l'amour de la vie n'est-il pas une illusion? la crainte de la mort n'est-elle pas une erreur? Ce départ est-il réellement un malheur? Ne conduit-il pas, comme celui de la fiancée qui quitte la maison paternelle, à un autre bonheur?.. Jadis, quand la belle *Ki* de *Li* fut enlevée, elle pleura à mouiller sa robe. Quand elle fut devenue la favorite du roi de *Tsinn*, elle constata qu'elle avait eu tort de pleurer. N'en est-il pas ainsi de bien des morts? Partis à regret jadis, ne pensent-ils pas maintenant, que c'est bien à tort qu'ils aimaient la vie?.. La vie ne serait-elle pas un rêve? Certains, tirés par le réveil d'un rêve gai, se désolent; d'autres, délivrés par le réveil d'un rêve triste, se réjouissent. Les uns et les autres, tandis qu'ils rêvaient, ont cru à la réalité de leur rêve. Après le réveil, ils se sont dit, ce n'était qu'un vain rêve. Ainsi en est-il du grand réveil, la mort, après lequel on dit de la vie, ce ne fut qu'un long rêve. Mais, parmi les vivants, peu comprennent ceci. Presque tous croient être bien éveillés. Ils se croient vraiment, les uns rois, les autres valets. Nous rêvons tous, vous et moi. Moi qui vous dis que vous rêvez, je rêve aussi mon rêve. — L'identité de la vie et de la mort, paraît incroyable à bien des gens. La leur persuadera-t-on jamais? C'est peu probable. Car, en cette matière, pas de démonstration évidente, aucune autorité décisive, une foule de sentiments subjectifs. Seule la règle céleste résoudra cette question. Et qu'est-ce que cette règle céleste? C'est se placer, pour juger, à l'infini... Impossible de résoudre le conflit des contradictoires, de décider laquelle est fausse. Alors plaçons-nous en dehors du temps, au-delà des raisonnements. Envisageons la question à l'infini, distance à laquelle tout se fond en un tout indéterminé. (*Tchoang-tzeu chap. 2.*)

-ф- -ф-

Jadis les Hommes Vrais (parfaits taoïstes), les détenteurs du Vrai Savoir, ignoraient l'amour de la vie et l'horreur de la mort. Leur entrée en scène, dans la vie, ne leur causait aucune joie; leur rentrée dans les coulisses, à la mort, ne leur causait aucune horreur. Calmes ils venaient, calmes ils partaient, doucement, sans secousse, comme en planant. Se souvenant seulement de leur dernier commencement (naissance), ils ne se préoccupaient pas de leur prochaine fin (mort). Ils aimaient cette vie tant qu'elle durait, et l'oubliaient au départ pour une autre vie, à la mort. Ainsi leurs sentiments humains ne contrecarraient pas le Principe en eux; l'humain en eux ne gênait pas le céleste. Tels étaient les Hommes Vrais. — Par suite, leur cœur était ferme, leur attitude était recueillie, leur mine était simple, leur conduite était tempérée, leurs sentiments étaient réglés. Ils faisaient, en toute occasion, ce qu'il fallait faire, sans confier à personne leurs motifs intérieurs. Ils faisaient la guerre sans haïr, et du bien sans aimer. Celui-là n'est pas un Sage, qui aime à se communiquer, qui cherche à se faire des amis, qui calcule les temps et les circonstances, qui n'est pas indifférent au succès et à l'insuccès, qui expose sa personne pour la gloire ou pour la faveur. Les Hommes Vrais anciens, étaient toujours équitables, jamais aimables. Leur mépris pour tout était manifeste, mais non affecté. Leur extérieur était paisiblement joyeux. Tous leurs actes étaient naturels et spontanés. Sous un air de condescendance apparente, ils se tenaient fièrement à distance du vulgaire. Ils affectionnaient la retraite et ne composaient jamais leurs discours. Ils tenaient pour science de laisser agir le temps, et pour vertu de suivre le flot. Ceux qui crurent qu'ils se mouvaient, ne les ont pas compris. En réalité ils se laissaient aller au fil des événements. A la manière du ciel, ils considéraient tout comme essentiellement un; à la manière des hommes, ils distinguaient artificiellement des cas particuliers. Ainsi, en eux, jamais de conflit entre le céleste et l'humain. Et voilà justement ce qui fait l'Homme Vrai. (*Tchoang-tzeu chap. 6.*)

—◆— —◆—

L'alternance de la vie et de la mort, est prédéterminée, comme celle du jour et de la nuit, par le Ciel. Que l'homme se soumette stoïquement à la fatalité, et rien n'arrivera plus contre son gré. S'il arrive quelque chose qui le blesse, c'est qu'il avait conçu de l'affection pour quelque être. Qu'il n'aime rien, et il sera invulnérable. — Mon corps fait partie de la grande masse du cosmos, de la nature, du tout. En elle, le soutien de mon enfance, l'activité durant mon âge mûr, la paix dans ma vieillesse, le repos à ma mort. Bonne elle m'a été durant l'état de vie, bonne elle me sera durant l'état de mort. De tout lieu particulier, un objet déposé peut être dérobé; mais un objet confié au tout lui-même, ne sera pas enlevé. Identifiez-vous avec la grande masse; en elle est la permanence. Permanence pas immobile. Chaîne de transformations. Moi persistant à travers des mutations sans fin. Cette fois je suis content d'être dans une forme humaine. J'ai déjà éprouvé antérieurement et j'éprouverai postérieurement le même contentement d'être, dans une succession illimitée de formes diverses, suite infinie de contentements. Alors pourquoi haïrais-je la mort, le commencement de mon prochain contentement? Le Sage s'attache au tout dont il fait partie, qui le contient, dans lequel il évolue. S'abandonnant au fil de cette évolution, il sourit à la mort prématurée, il sourit à l'âge suranné, il sourit au commencement, il sourit à la fin; il sourit et veut qu'on sourie à toutes les vicissitudes. Car il sait que tous les êtres font partie du tout qui évolue. (*Tchoang-tzeu chap. 6.*)

Leçon 19.   173

Or ce tout est le Principe, volonté, réalité, non-agissant, non-apparent. Il peut être transmis mais non saisi, appréhendé mais pas vu. Il a en lui-même, son essence et sa racine. Avant que le ciel et la terre ne fussent, toujours il existait immuable. Il est la source de la transcendance des Mânes, et du Souverain des Annales et des Odes. Il engendra le ciel et la terre des Annales et des Odes. Il fut avant la matière informe, avant l'espace, avant le monde, avant le temps; sans qu'on puisse l'appeler pour cela haut, profond, durable, ancien. (*Tchoang-tzeu chap. 6.*)

Le maître taoïste 女偶 *Niu-u* ayant entrepris la formation d'un disciple, après trois jours celui-ci eut oublié le monde extérieur. Sept jours de plus, et il perdit la notion des objets qui l'entouraient. Neuf jours de plus, et il eut perdu la notion de sa propre existence. Il acquit alors la claire pénétration, et par elle la science de l'existence momentanée dans la chaîne ininterrompue. Ayant acquis cette connaissance, il cessa de distinguer le passé du présent et du futur, la vie de la mort. Il comprit que, en réalité, tuer ne fait pas mourir, engendrer ne fait pas naître, le Principe soutenant l'être à travers ses finir et ses devenir. Aussi l'appelle-t-on justement le fixateur permanent. C'est de lui, du fixe, que dérivent toutes les mutations. (*Tchoang-tzeu chap. 6.*)

-◊- -◊-

子祀 *Tzeu-seu,* 子輿 *Tzeu-u,* 子犂 *Tzeu-li,* 子來 *Tzeu-lai,* causaient ensemble. L'un d'entre eux dit: celui qui penserait comme moi, que tout être est éternel, que la vie et la mort se succèdent, qu'être vivant ou mort sont deux phases du même être, celui-là j'en ferais mon ami... Or, les trois autres pensant de même, les quatre hommes rirent tous ensemble et devinrent amis intimes. — Or il advint que *Tzeu-u* tomba gravement malade. Il était affreusement bossu et contrefait. *Tzeu-seu* alla le visiter. Respirant péniblement, mais le cœur calme, le mourant lui dit: Bon est l'auteur des êtres (le Principe, la Nature), qui m'a fait pour cette fois comme je suis. Je ne me plains pas de lui. Si, quand j'aurai quitté cette forme, il fait de mon bras gauche un coq, je chanterai pour annoncer l'aube. S'il fait de mon bras droit une arbalète, j'abattrai des hiboux. S'il fait de mon tronc une voiture, et y attelle mon esprit transformé en cheval, j'en serai encore satisfait. Chaque être reçoit sa forme en son temps, et la quitte à son heure. Cela étant, pourquoi concevoir de la joie ou de la tristesse, dans ces vicissitudes? Il n'y a pas lieu. Comme disaient les anciens, le fagot est successivement lié et délié. L'être ne se délie, ni ne se lie, lui-même. Il dépend du ciel, pour la mort et la vie. Moi qui suis un être parmi les êtres, pourquoi me plaindrais-je de mourir? — Ensuite *Tzeu-lai* tomba lui aussi malade. La respiration haletante, il était près d'expirer. Sa femme et ses enfants l'entouraient en pleurant. *Tzeu-li* étant allé le visiter, dit à ces importuns: taisez-vous! sortez! ne troublez pas son passage!.. Puis, appuyé contre le montant de la porte, il dit au malade: Bonne est la transformation. Que va-t-elle faire de toi? Où vas-tu passer? Deviendras-tu organe d'un rat, ou patte d'un insecte?.. Peu m'importe, dit le mourant. Dans quelque direction que ses parents l'envoient, l'enfant doit aller. Or le *yinn* et le *yang* sont à l'homme plus que ses parents. Quand leur révolution aura amené ma mort, si je ne me soumettais pas volontiers, je serais un rebelle... La grande masse (cosmos) m'a porté durant cette existence, m'a servi pour me faire vivre, m'a consolé dans ma vieillesse, me donne la paix dans le trépas. Bonne elle m'a été dans la vie, bonne elle m'est dans la mort... Supposons un fondeur occupé à brasser son métal en fusion. Si une partie de ce métal, sautant dans le creuset, lui disait: moi je veux devenir un glaive, pas autre chose! le fondeur trouverait certainement ce métal inconvenant. De même, si, au moment de sa transformation, un mourant criait: je veux redevenir un homme, pas autre chose! bien sûr que le transformateur le trouverait impertinent. Le ciel et la terre (le cosmos) sont la grande fournaise, la transformation est le grand fondeur; tout ce qu'il fera de nous, doit nous agréer. Abandonnons-nous à lui avec paix. La vie se termine par un sommeil, que suit un nouvel éveil. (*Tchoang-tzeu chap. 6.*)

-φ- -φ-

Le maître taoïste 桑戶 *Sang-hou* étant mort, Confucius envoya son disciple 子貢 *Tzeu-koung* à la maison mortuaire, pour s'informer s'il ne faudrait pas aider aux funérailles. Quand *Tzeu-koung* arriva, deux amis du défunt, maîtres taoïstes comme lui, chantaient devant le cadavre, avec accompagnement de cithare, le refrain suivant: O *Sang-hou!* O *Sang-hou!*.. Te voilà uni à la transcendance, tandis que nous sommes encore des hommes, hélas!.. *Tzeu-koung* les ayant abordés, leur demanda: est-il conforme aux rits, de chanter ainsi, en présence d'un cadavre?.. Les deux hommes s'entre-regardèrent, éclatèrent de rire, et se dirent: Qu'est-ce que celui-ci peut comprendre à nos rits à nous? — *Tzeu-koung* retourna vers Confucius, lui dit ce qu'il avait vu, puis demanda: qu'est-ce que ces gens-là, sans manières, sans tenue, qui chantent devant un cadavre, sans trace de douleur? Je n'y comprends rien. — Ces gens-là, dit Confucius, se meuvent en dehors du monde, tandis que nous nous mouvons dans le monde. D'après eux, l'homme doit vivre en communion avec l'auteur des êtres (le Principe cosmique), en se reportant au temps où le ciel et la terre n'étaient pas encore séparés. Pour eux, la forme qu'ils portent durant cette existence, est un accessoire, un appendice, dont la mort les délivrera, en attendant qu'ils renaissent dans une autre. Par suite, pour eux, pas de mort et de vie, de passé et de futur, dans le sens usuel de ces mots. Selon eux, la matière de leur corps a servi, et servira successivement, à quantité d'êtres différents. Peu importent leurs viscères et leurs organes, à des gens qui croient à une succession continue de commencements et de fins. Ils se promènent en esprit hors de ce monde poussiéreux, et s'abstiennent de toute immixtion dans ses affaires. Pourquoi se donneraient-ils le mal d'accomplir les rits vulgaires? (*Tchoang-tzeu chap. 6.*)

-φ- -φ-

顏回 *Yen-hoei* demanda à Confucius: Quand la mère de 孟孫才 *Mong-sounn-ts'ai* fut morte, lors de ses funérailles, son fils poussa les lamentations d'usage sans verser une larme, et fit toutes les cérémonies sans le moindre chagrin. Néanmoins, dans le pays de 魯 *Lou*, il passe pour avoir satisfait à la piété filiale. Je n'y comprends rien. — Il a en effet satisfait, répondit Confucius, en illuminé qu'il est. Il ne pouvait pas s'abstenir des cérémonies extérieures, cela aurait trop choqué le vulgaire ; mais il s'abstint des sentiments intérieurs du vulgaire, que lui ne partage pas. Pour lui, l'état de vie et l'état de mort, sont une même chose ; et il ne distingue, entre ces états, ni antériorité ni postériorité, car il les tient pour chaînons d'une chaîne infinie. Il croit que les êtres subissent fatalement des transformations successives, qu'ils n'ont qu'à subir en paix, sans s'en préoccuper. Immergé dans le courant de ces transformations, l'être n'a qu'une connaissance confuse de ce qui lui arrive. Toute vie est comme un rêve. Toi et moi qui causons à cette heure, nous sommes deux rêveurs non-réveillés... Donc, la mort n'étant pour *Mongsounn-ts'ai* qu'un changement de forme, elle ne vaut pas que l'on s'en afflige ; pas plus que de quitter une demeure, qu'on n'a habitée qu'un seul jour. Cela étant, il se borna strictement au rit extérieur. Ainsi il ne choqua, ni le public, ni ses convictions. — Personne ne sait au juste ce par quoi il est lui, la nature intime de son moi. Le même homme qui vient de rêver qu'il est oiseau planant dans les cieux, rêve ensuite qu'il est poisson plongeant dans les abîmes. Ce qu'il dit, il ne peut pas se rendre compte, s'il le dit éveillé ou endormi. Rien de ce qui arrive, ne vaut qu'on s'en émeuve. La paix consiste à attendre soumis les dispositions du Principe. A l'heure de son départ de la vie présente, l'être rentre dans le courant des transformations. C'est là le sens de la formule « entrer dans l'union avec l'infini céleste ». (*Tchoang-tzeu chap. 6.*)

—⁂—

Il n'y a pas d'individus réellement tels, mais seulement des prolongements de la norme... Jadis, raconte *Tchoang-tzeu*, une nuit, je fus un papillon, voltigeant content de son sort. Puis je m'éveillai, étant *Tchoang-tcheou*. Qui suis-je, en réalité ? Un papillon qui rêve qu'il est *Tchoang-tcheou*, ou *Tchoang-tcheou* qui s'imagine qu'il fut papillon ? Dans mon cas, y a-t-il deux individus réels ? Y a-t-il eu transformation réelle d'un individu en un autre ? — Ni l'un, ni l'autre, dit la Glose. Il y a eu deux modifications irréelles, de l'être unique, de la norme universelle, dans laquelle tous les êtres dans tous leurs états sont un. (*Tchoang-tzeu chap. 2.*)

—⁂—

Quand 老耼 *Lao-tan* fut mort, 秦失 *Ts'inn-cheu* étant allé le pleurer, ne poussa, devant son cercueil, que les trois lamentations exigées de tout le monde par le rituel. Quand il fut sorti : n'étiez-vous pas l'ami de *Lao-tan* ? lui demandèrent les disciples... Je le fus, dit *Ts'inn-cheu*... Alors, dirent les disciples, pourquoi n'avez-vous pas pleuré davantage ?.. Parce que, dit *Ts'inn-cheu*, ce cadavre n'est plus mon ami. Tous ces pleureurs qui remplissent la maison, hurlant à qui mieux mieux, agissent par pure sentimentalité, d'une manière déraisonnable, presque damnable. La loi, oubliée du vulgaire, mais dont le Sage se souvient, c'est que chacun vient en ce monde à son heure, et le quitte en son temps. Le Sage ne se réjouit donc pas des naissances, et ne s'afflige pas des décès. Les anciens ont comparé l'homme à un fagot que le Seigneur fait (naissance) et défait (mort). Quand la flamme a consumé un fagot, elle passe à un autre, et ne s'éteint pas. (*Tchoang-tzeu chap. 3.*) — Ce texte est extrêmement important pour l'intelligence de la notion taoïste de la survivance. Les Commentateurs l'ont expliqué avec complaisance. « Durant l'état de vie, l'homme est comme un fagot lié; le déliement du fagot, c'est la mort. Mort et vie se succèdent, comme aller et revenir. L'être reste le même. Celui- qui est un avec l'être universel, où qu'il aille, il garde son moi. L'âme est au corps, ce que le feu est au bois; elle passe à un corps nouveau, comme le feu d'un bois consumé passe à un autre bois. Le feu se propage sans s'éteindre, la vie continue sans cesser. » — Fort bien, mais cette survivance n'est pas personnelle, au sens strict du mot. Ou tout de suite, ou après des passages éventuels dans d'autres corps quelconques, finalement la fonte dans l'être universel fera cesser l'individualité, la personne, le moi personnel, quoi que les Commentateurs disent. — De plus, ce texte suggère d'autres pensées. Le fagot rappelle le faisceau des *skandha*; c'est la même image... Quels sont les *Anciens* qui ont comparé l'homme à un fagot? pas des Chinois; il n'y a pas trace de cette comparaison dans la littérature chinoise antérieure... Et qui est le *Seigneur* qui fait et défait le fagot? pas le Souverain d'en haut chinois, qui ne s'est jamais appliqué à une besogne pareille; alors, le *Prajāpati* védique, ou l'*Isvara* des Yogis? — En résumé, ce texte sans précédent dans la philosophie chinoise, reproduit exactement des idées indiennes contemporaines. N'est-il pas légitime d'y voir une importation?

Le soleil se lève à l'orient et se couche à l'occident. Il illumine tous les êtres, qui tous s'orientent vers lui. Avec son apparition, leur action commence; avec sa disparition, ils deviennent inertes. Tel est le rythme diurne, jour et nuit. Le rythme vie et mort, lui ressemble. Tour à tour, l'être meurt, l'être vit (revit). Quand il a reçu une forme définie, il la conserve telle jusqu'à la fin de cette existence, période de jour durant laquelle il agit. Puis vient pour lui la mort, période de nuit durant laquelle il se repose. Et ainsi de suite, sans interruption, comme la chaîne des temps. — A la fin de chaque existence, les êtres qui y furent en contact intime, épaule contre épaule, se quittent avec douleur. Que si le survivant cherche à savoir l'état du défunt, c'est bien en vain, car il a cessé d'être lui. S'enquérir de lui, c'est donc chercher à la foire son cheval volé, lequel a déjà trouvé un autre maître. Porter le deuil, l'un de l'autre, c'est faire preuve d'un grave oubli doctrinal; c'est oublier que l'autre n'existe plus dans sa précédente personnalité. Il ne faut pas s'affliger de cette cessation de la personnalité comme d'un malheur. Car l'annihilation n'est pas totale. Le moi physique a cessé d'être, c'est vrai, et ce serait une erreur que de penser à lui comme persistant. Mais la part de norme qui fut à cet être subsistant, on peut penser à lui comme existant (fondu dans le grand Tout, existence impersonnelle). (*Tchoang-tzeu chap.* 21.)

Le Principe un et universel subsiste dans la multiplicité des êtres, dans leurs genèses et leurs destructions. Tous les êtres distincts, sont tels par différenciation accidentelle et temporaire (individuation) d'avec le Tout, et leur destinée est de rentrer dans ce Tout, dont leur essence est une participation. De ce retour, le vulgaire dit que ceux qui n'en trouvent pas le chemin, errent comme fantômes; et que ceux qui ont trouvé le chemin, sont éteints. Survivance, extinction, ce sont là deux manières de parler d'un retour identique, qui proviennent de ce qu'on a

Leçon 19.

appliqué à l'état d'être non-sensible, les notions propres à l'être sensible. La vérité est que, sortis par leur génération du néant *de forme* (l'être indéterminé), rentrés par leur trépas dans le néant *de forme,* les êtres conservent une réalité, celle du Tout universel, mais n'ont plus de lieu; ils gardent une durée, celle du Tout éternel, mais n'ont plus de temps. La réalité sans lieu, la durée sans temps, c'est l'unité cosmique, le Tout, le Principe. C'est dans le sein de cette unité, que se produisent les naissances et les morts, les apparitions et les disparitions, silencieuses et imperceptibles. On l'a appelée la porte naturelle, porte d'entrée et de sortie de l'existence. Cette porte est le non-être de forme, l'être indéfini. Tout en est sorti. L'être sensible ne peut pas être en dernière instance issu de l'être sensible. Il est nécessairement issu du non-être de forme. Ce non-être de forme, est l'unité, le Principe. Voilà le secret des Sages (le pépin de la science ésotérique). — Dans leurs dissertations sur l'origine, ceux des anciens qui atteignirent un degré supérieur de science, émirent trois opinions. Les uns pensèrent que, de toute éternité, fut l'être défini infini, auteur de tous les êtres limités. Les autres, supprimant l'être infini, pensèrent que, de toute éternité, des êtres limités existèrent, passant par des phases alternatives de vie et de mort. D'autres enfin pensèrent, que d'abord fut le néant *de forme*, l'être indéfini infini, duquel émanèrent tous les êtres définis, avec leurs genèses et leurs cessations. Être indéfini, genèse, cessation, ces trois termes se tiennent, comme la tête, la croupe et la queue d'un animal. Moi *Tchoang-tzeu,* je soutiens cette thèse. Pour moi l'être indéfini, tous les devenir, toutes les cessations, forment un complexe, un tout. Je mets ma main dans la main de ceux qui pensent ainsi. Cependant, à la rigueur, les trois opinions susdites pourraient se concilier. Elles sont parentes, comme branches d'un même arbre. — L'être particulier est à l'être indéfini, ce que la suie (dépôt palpable) est à la fumée (type de l'impalpable). Quand la suie se dépose, il n'y a pas eu de production nouvelle, mais seulement un passage de l'impalpable au palpable, la suie étant de la fumée concrète. Et de même, si cette suie se redissipe en fumée, il n'y aura encore eu qu'une conversion, sans modification essentielle. Je sais que le terme *conversion* que j'emploie, pour exprimer la succession des vies et des morts dans le sein du Principe, n'est pas vulgaire; mais il me faut dire ainsi, sous peine de ne pas pouvoir m'exprimer... Les membres disjoints d'un bœuf sacrifié, sont une victime. Plusieurs appartements sont un logis. La vie et la mort sont un même état. De la vie à la mort, il n'y a pas transformation, il y a conversion. Les philosophes s'échauffent, quand il s'agit de définir la différence entre ces deux états. Pour moi, il n'y a pas de différence; les deux états n'en sont qu'un. (*Tchoang-tzeu chap 23.*) — Les trois systèmes, indiens, non chinois, cités ci-dessus par *Tchoang-tzeu,* sont bien connus. — 1. Système *Yoga* de Nataputta, *Iśvara.* — 2. Système *Sāmkhya* de Kapila. — 3. Brahmanisme des Upanishad, l'*advaita.* — J'ai résumé ces systèmes dans mon Buddhisme chinois. Tome I. Introduction.

-☙ ☙-

老成子 *Lao-tch'eng-tzeu* s'était mis à l'école de maître 尹文 *Yinn-wenn* pour apprendre de lui le secret de la fantasmagorie universelle. Durant trois années entières, celui-ci ne lui enseigna rien. Attribuant cette froideur de son maître à ce qu'il le jugeait peu capable, *Lao-tch'eng-tzeu* s'excusa et offrit de se retirer.

Leçon 19.

Maître *Yinn-wenn* l'ayant salué (marque d'estime extraordinaire), le conduisit dans sa chambre, et là, sans témoins (communication de la science ésotérique), il lui dit: « Jadis, quand *Lao-tan* partit pour l'Ouest, il résuma pour moi sa doctrine en ces mots: Tout, y compris l'esprit vital et le corps matériel, est soumis à l'évolution cosmique. Les termes vie et mort désignent deux états, deux phases de l'être. La succession des genèses et des transformations, quand le nombre est plein, quand l'heure est venue, voilà la fantasmagorie universelle. Nous ne connaissons que ces phénomènes visibles et manifestes. Celui qui les produit, le moteur universel, le Principe premier des êtres et de l'évolution, est trop mystérieux, trop profond, pour que nous puissions l'atteindre. Voilà le secret. » *(Lie-tzeu chap. 8.)*

支離 *Tcheu-li* et 滑介 *Hoa-kie* (personnages fictifs) contemplaient ensemble les tombes des anciens, éparses dans la plaine au pied des monts *K'ounn-lunn*, là où *Hoang-ti* se fixa et trouva son repos. Soudain tous deux constatèrent qu'ils avaient chacun un anthrax au bras gauche (mal souvent mortel en Chine). Après le premier moment de surprise, *Tcheu-li* demanda: cela vous fait-il peur? — Pourquoi cela me ferait-il peur? répondit *Hoa-kie*. La vie est chose d'emprunt, un état passager, un stage dans la poussière et l'ordure de ce monde. La mort et la vie se succèdent, comme le jour et la nuit. Et puis, ne venons-nous pas de contempler, dans les tombes des anciens, l'effet de la loi de transformation? Quand cette loi nous atteindra à notre tour, pourquoi nous plaindrions-nous? *(Tchoang-tzeu chap. 18.)*

-◊- -◊-

La femme de *Tchoang-tzeu* étant morte, 惠子 *Hoei-tzeu* alla la pleurer, selon l'usage. Il trouva *Tchoang-tzeu* accroupi, chantant, et battant la mesure sur une écuelle, qu'il tenait entre ses jambes. Choqué, *Hoei-tzeu* lui dit: que vous ne pleuriez pas la mort de celle qui fut la compagne de votre vie et qui vous donna des fils, c'est déjà bien singulier; mais que, devant son cadavre, vous chantiez en tambourinant, ça c'est par trop fort. — Du tout! dit *Tchoang-tzeu*. Au moment de sa mort, je fus un instant affecté. Puis, réfléchissant sur l'événement, je compris qu'il n'y avait pas lieu. Il fut un temps, où cet être n'était pas né, n'avait pas de corps organisé, n'avait même pas un peu de matière ténue, mais était contenu indistinct dans la grande masse. Un tour de cette masse lui donna sa matière ténue, qui devint un corps organisé, lequel s'anima et naquit. Un autre tour de la masse, et le voilà mort. Les phases de mort et de vie s'enchaînent, comme les périodes dites quatre saisons. Celle qui fut ma femme, dort maintenant dans le grand dortoir, l'entre-deux du ciel et de la terre, en attendant sa transformation ultérieure. Si je la pleurais, j'aurais l'air de ne rien savoir du destin (de la loi universelle et inéluctable des transformations). Or comme j'en sais quelque chose, je ne la pleure pas. *(Tchoang-tzeu chap. 18.)*

-◊- -◊-

Quand *Tchoang-tzeu* fut près de mourir, ses disciples manifestèrent l'intention de se cotiser pour lui faire des funérailles plus décentes. Pas de cela! dit le mourant. J'aurai assez du ciel et de la terre comme bière, du soleil de la lune et des étoiles comme bijoux (on en mettait dans les cercueils), de la nature entière comme cortège. Pourrez-vous me donner mieux, que ce grand luxe? — Non, dirent les disciples, nous ne laisserons pas votre cadavre non enseveli, en proie aux corbeaux et aux vautours. — Et, pour lui éviter ce sort, dit *Tchoang-tzeu*, vous le ferez dévorer enseveli par les fourmis. En priver les oiseaux, pour le livrer aux insectes, est-ce juste? — Par ces paroles suprêmes, *Tchoang-tzeu* montra sa foi dans l'identité de la vie et de la mort, son mépris de toutes les vaines et inutiles conventions. Quelle proportion ont, avec le mystère de l'au-delà, les rits et les offrandes? *(Tchoang-tzeu chap. 32.)*

Notes. — Commentaire sur le fagot, cité page 175.

以生爲縣、以死爲解。死生一去一來。冥然與造化爲一、則無往而非我矣。火之傳於薪、猶神之傳於形。火之傳異薪、猶神之傳於形。火傳而不滅、命續而不絕。

Sources et Ouvrages. — Comme pour la dix-huitième Leçon.

Révolution des deux modalités et des huit trigrammes.

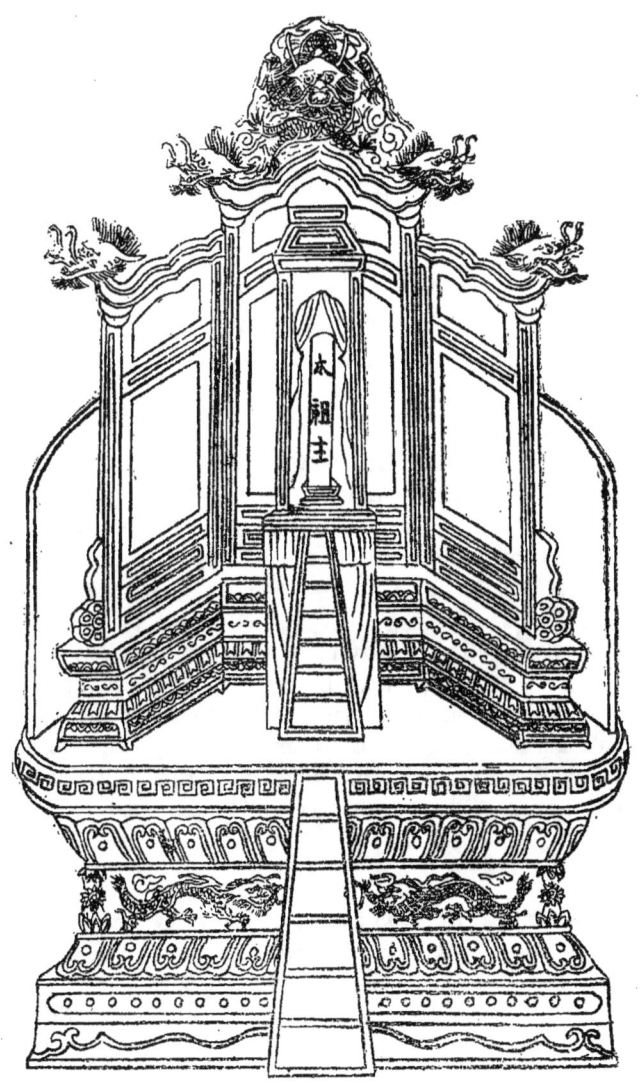

Tablette de l'Ancêtre de la dynastie.

Vingtième Leçon.

Sommaire. — Les Pères taoïstes 列子 *Lie-tzeu* et 莊子 *Tchoang-tzeu*. — I. Le grand principe de la paix avant tout, avec ses conséquences pratiques, le non-agir, le non-intervenir, l'intérêt général, l'affection globale, fut développé à profusion par les Pères taoïstes. J'ai réuni, dans cette Leçon, leurs meilleurs passages sur ce sujet. — II. Au non-agir se rattache le non-paraître, l'obscurité voulue, la retraite délibérée, dont les avantages sont exposés abondamment et en termes savoureux. Rien ne protège, ne conserve mieux un homme, que son incapacité vraie ou simulée, disent-ils. De là l'esprit d'indépendance farouche des Maîtres taoïstes, doublé d'un mépris profond pour tous les serviles, pour tous les salariés. Ils différent par là radicalement des 儒 *Jou* de leur temps, toujours en quête de la faveur et d'une place. De là, dans ces textes, de nombreux coups de griffe, aux *Jou* en général, à Confucius en particulier.

I

Quelqu'un demanda à *Lie-tzeu* : pourquoi estimez-vous tant le vide ? — Le vide, dit *Lie-tzeu*, ne peut pas être estimé pour lui-même. Il est estimable pour la paix qu'on y trouve. La paix dans le vide, est un état indéfinissable. On arrive à s'y établir. On ne la prend ni ne la donne. Jadis on y tendait. Maintenant on préfère l'exercice de la bonté et de l'équité, qui ne donne pas le même résultat. (*Lie-tzeu chap. 1.*)

Faites du non-agir votre gloire, votre ambition, votre métier, votre science. Le non-agir n'use pas. Il est impersonnel. Il rend ce qu'il a reçu du ciel, sans rien garder pour lui. Il est essentiellement un vide. — Le surhomme n'exerce son intelligence qu'à la manière d'un miroir. Il sait et connaît, sans qu'il s'ensuive ni attraction ni répulsion, sans qu'aucune empreinte persiste. Cela étant, il est supérieur à toutes choses, et neutre à leur égard. (*Tchoang-tzeu chap. 7.*)

--◆-◆--

La bonté suprême, dit *Tchoang-tzeu*, c'est une bienveillance abstraite globale, qui n'est pas contraire aux bienveillances concrètes détaillées, mais qui en abstrait. C'est aimer, de si haut, de si loin, que l'objet est perdu de vue. Ainsi de *Ying* on ne voit pas, au Nord, le mont *Minn*. Il y est cependant. Effet de la distance. (*Tchoang-tzeu chap. 14.*)

Le Sage n'est pas liant. Il déteste la popularité par-dessus tout. Il n'est pas familier. Il ne se livre pas. Tout à ses principes supérieurs abstraits, il est bien avec tous et n'est l'ami de personne. (*Tchoang-tzeu chap. 24.*)

En soixante années de vie, *Kiu-pai-u* changea soixante fois d'opinion. Cinquante-neuf fois il avait cru fermement posséder la vérité, cinquante-neuf fois il avait soudain reconnu qu'il était dans l'erreur. Et qui sait si sa soixantième opinion, avec laquelle il mourut, était mieux fondée que les cinquante-neuf précédentes ?.. Ainsi en arrive-t-il à tout homme, qui s'attache aux êtres en détail, qui

Leçon 20.

cherche autre chose que la science confuse du Principe. Les êtres deviennent, c'est un fait; mais la racine de ce devenir est invisible. De sa fausse science de détail, le vulgaire tire des conséquences erronées; tandis que, s'il partait de son ignorance, il pourrait arriver à la vraie science, celle du Principe, de l'absolu, origine de tout. C'est là la grande erreur. Hélas! peu y échappent... Alors, quand les hommes disent oui, est-ce bien oui? quand ils disent non, est-ce bien non? Quelle est la valeur, la vérité, des assertions humaines?.. L'absolu seul est vrai, parce que seul il est. *(Tchoang-tzeu chap. 25.)*

—◊—◊—

Pour moi, dit *Tchoang-tzeu*, le bonheur consiste dans l'inaction, tandis que le vulgaire se démène. Je tiens pour vrai l'adage qui dit: le contentement suprême, c'est de n'avoir rien qui contente; la gloire suprême, c'est de n'être pas glorifié. Tout acte posé, est discuté, et sera qualifié bon par les uns, mauvais par les autres. Seul, ce qui n'a pas été fait, ne peut pas être critiqué. L'inaction, voilà le contentement suprême, voilà ce qui fait durer la vie du corps. Permettez-moi d'appuyer mon assertion par un illustre exemple. Le ciel doit au non-agir sa limpidité, la terre doit au non-agir sa stabilité; conjointement, ces deux non-agir, le céleste et le terrestre, produisent tous les êtres. Le ciel et la terre, dit l'adage, font tout en ne faisant rien. Où est l'homme qui arrivera à ne rien faire?! cet homme sera lui aussi capable de tout faire. *(Tchoang-tzeu chap. 18.)*

—◊—◊—

Avoir des aspirations élevées, sans préjugés préconçus; tendre à la perfection, mais non d'après le schéma bonté-équité; gouverner sans viser à se faire un nom; ne pas se retirer du monde; tout avoir, et ne faire cas de rien; attirer tout le monde, sans rien faire pour cela, voilà la voie du ciel et de la terre, celle que suit le Sage *taoïste*. — Vide, paix, contentement, apathie, silence, vue globale, non-intervention, voilà la formule du ciel et de la terre, le secret du Principe et de sa Vertu. Le Sage *taoïste* agit à l'instar. Paisible, simple, désintéressé, aucune tristesse ne se glisse dans son cœur, aucune convoitise ne peut l'émouvoir; sa conduite est parfaite; ses esprits vitaux restent intacts. Durant toute sa vie il agit à l'instar du ciel, à sa mort il rentre dans la grande transformation. En repos, il communie au mode *yinn*; en mouvement, au mode *yang*, de l'univers. Il ne cause, à autrui, ni bonheur, ni malheur. Il ne se détermine à agir, que quand il y est contraint, quand il ne peut pas faire autrement. Il rejette toute science, toute tradition, tout précédent. Il imite en tout l'indifférent opportunisme du ciel. Aussi n'a-t-il rien à souffrir, ni du ciel, ni des êtres, ni des hommes, ni des fantômes. Durant la vie il vogue au gré des événements; à la mort il s'arrête. Il ne pense pas à l'avenir, et ne fait pas de plans. Il luit sans éblouir; il est fidèle sans s'être engagé. Durant le sommeil il n'éprouve pas de rêves, durant la veille il n'est pas mélancolique. Ses esprits vitaux étant toujours dispos, son âme est toujours prête à agir. Vide, paisible, content, simple, il communie à la vertu céleste. — La douleur et la joie sont également des vices, l'affection et le ressentiment sont pareillement des excès; qui aime ou hait, a perdu son équilibre. Ne connaître ni déplaisir ni plaisir, voilà l'apogée de la vertu ; être toujours le même, sans altération, voilà l'apogée de la paix ; ne tenir à rien, voilà l'apogée du vide ; n'avoir de rapports avec personne, voilà l'apogée de l'apathie ; laisser aller, laisser faire, voilà l'apogée du désintéressement. — La fatigue musculaire incessante, use le corps ; la dépense incessante d'énergie, l'épuise. Voyez l'eau. De sa nature, elle est pure et calme. Elle n'est impure ou agitée, que quand on l'a troublée en la violentant. Voilà la parfaite image de la vertu céleste, calme spontanéité. Pureté sans mélange, repos sans altération, apathie sans action ; mouvement conforme à celui du ciel, inconscient, sans dépense de pensée ni d'effort ; voilà ce qui conserve les esprits vitaux. Le possesseur d'un excellent sabre de *Kan-ue*, le conserve soigneusement dans un fourreau, et ne s'en sert qu'aux grandes occasions, de peur de l'user en vain. Chose étrange, la plupart des hommes se donnent moins de peine pour la conservation de leur esprit vital, plus précieux pourtant que la meilleure lame. *(Tchoang-tzeu chap. 15.)*

—⋄—

L'influx du ciel s'exerçant libéralement, produit tous les êtres. L'influx impérial s'étendant impartialement, attire à lui tous les citoyens. L'influx du Sage se propageant uniformément, tout le monde se soumet à lui. Ceux qui ont l'intelligence du mode de cet influx du ciel, du Sage, du chef d'état idéal, se concentrent dans la paix méditative, qui est la source de l'action naturelle. Cette paix n'est pas un objectif, que le Sage atteint par des efforts directs. Elle consiste dans le fait négatif qu'aucun être n'émeut plus son cœur, et s'acquiert par l'abstraction. Elle est le principe de la claire vue du Sage. Telle une eau parfaitement tranquille, est limpide au point de refléter jusqu'aux poils de la barbe et des sourcils de celui qui s'y mire. Rien qui tende plus à l'équilibre, au repos, que l'eau ; tellement, que c'est d'elle, qu'on a dérivé le niveau parfait (niveau d'eau). Or de même que le repos clarifie l'eau, de même il éclaircit les esprits vitaux, parmi lesquels l'intelligence. Le cœur du Sage, parfaitement calme, est comme un miroir, qui reflète le ciel et la terre, tous les êtres. Vide, paix, contentement, apathie, silence, vue globale, non-intervention ; cet ensemble est la formule de l'influx du ciel et de la terre, du Principe. Les empereurs et les Sages de l'antiquité connurent cette formule. Vides de toute passion, ils ont saisi dans leur vérité les lois générales. Paisibles sans aucune émotion, ils ont agi efficacement. N'intervenant pas par eux-mêmes, laissant le soin des détails à leurs officiers, ils ont été exempts de plaisir et de peine, et ont par suite vécu longtemps. N'est-il pas évident que le vide, la paix, le contentement, l'apathie, le silence, la vue globale, la non-intervention, sont la racine de tout bien ? Qui a compris cela, vaudra comme empereur un *Yao*, et comme ministre un *Chounn*. Bien comprendre la nature de l'influx du ciel et de la terre, qui est une non-intervention bienveillante et tolérante, voilà la grande racine, l'entente avec le ciel. Pratiquer une non-intervention analogue dans le gouvernement de l'empire, voilà l'entente avec les hommes. Or l'accord avec les hommes, c'est le bonheur sur terre ; l'accord avec le ciel, c'est le bonheur suprême. — Dans un paroxysme d'admiration pour son idéal, le Vide, le Repos, le Principe, *Tchoang-tzeu* lui adresse cette prosopopée : O mon Maître! mon Maître! Toi qui détruis sans être méchant! Toi qui édifies sans être bon! Toi qui fus avant les temps, et qui n'es pas vieux! Toi qui couvres tout comme ciel, qui portes tout comme terre, qui es l'auteur de tout sans être habile (action inconsciente)! Te comprendre ainsi, voilà la joie céleste. Savoir que je suis né par ton influence, qu'à ma mort je rentrerai dans ta voie; que reposant je communie au *yinn* ta modalité passive, qu'agissant je communie au *yang* ta modalité active; voilà le bonheur suprême. Pour l'illuminé qui possède ce bonheur, plus de plaintes contre le ciel (intermédiaire inintelligent, fatal), plus de ressentiment contre les hommes (qui suivent leurs voies, comme moi), plus de soucis pour les affaires (qui n'en valent pas la peine), plus de crainte des revenants (qui ne peuvent rien). L'action de l'illuminé se confond avec l'action du ciel, son repos avec le repos de la terre; son esprit ferme domine le monde; à la mort, son âme inférieure ne sera pas malfaisante (se dissipera paisiblement), son âme supérieure n'errera pas famélique (passera sous une autre forme). Oui, suivre l'évolution du Principe, dans le ciel et la terre, dans tous les êtres, voilà la joie céleste. Cette joie, c'est le tréfond du cœur du Sage. C'est d'elle qu'il tire ses principes de gouvernement. — Fidèles imitateurs du ciel et de la terre, du Principe et de son influence, les anciens souverains n'intervenaient pas directement, ne s'occupaient pas des détails. De là vient qu'ils pouvaient gouverner l'empire tout entier. Inactifs, ils laissaient agir leurs sujets. Immobiles, ils laissaient les hommes se mouvoir. Leur pensée s'étendait à tout, sans qu'ils pensassent à rien; ils voyaient tout en principe, sans rien distinguer en détail; leur pouvoir, capable de tout, ne s'appliquait à rien. Tel le ciel ne faisant pas naître, les êtres naissent; la terre ne faisant pas croître, les êtres croissent. Ainsi, le souverain n'agissant pas, les sujets prospèrent. Qu'il est transcendant, l'influx du ciel, de la terre, du souverain, ainsi entendu! Et qu'on a raison de dire, dans ce sens, que l'influx du souverain s'unit à celui du ciel et de la terre! Indéfini comme celui du ciel et de la terre, il entraîne tous les êtres et meut la foule des humains. — Unique, dans sa sphère supérieure, cet influx se répand, en descendant. Le souverain formule la loi abstraite; ses ministres l'appliquent aux cas concrets. Art militaire, lois et sanctions, rits et usages, musique et danses, noces et funérailles, et autres choses qui tourmentent les Confuciistes, tout cela ce sont menus détails, que le Sage laisse à ses officiers. — Il ne faudrait pas penser, toutefois, qu'il n'y a, dans les choses humaines, ni degrés, ni subordination, ni succession. Il y a un ordre naturel, fondé sur la relation réciproque du ciel et de la terre, et sur l'évolution cosmique. Le souverain est supérieur au ministre, le père à ses fils, les aînés aux cadets, les vieillards aux jeunes gens, l'homme à la femme, le mari à l'épouse; parce que le ciel est supérieur à la terre. Dans le cycle des saisons, les deux saisons productives précèdent les deux saisons improductives; chaque être passe par les deux phases successives de vigueur et de déclin; cela, du fait de l'évolution cosmique; et par suite, les parents ont le pas dans la famille, à la cour c'est le rang qui prime, dans les villages les vieillards sont honorés, dans les affaires on s'en remet au plus sage. Manquer en ces choses, ce serait manquer au Principe, dont ces règles sont des conclusions. *(Tchoang-tzeu chap. 13.)*

Leçon 20.

Jadis on ne dissertait, on n'ergotait pas, sur les entités et les dénominations, comme font les sophistes de nos jours. On ne prétendait pas récompenser ou punir adéquatement tout bien ou tout mal, comme le voudraient nos légistes. Les Sages s'adressaient, pour toute solution, à la racine, à l'origine, au Principe qui les contient toutes; et c'est cette vue de haut, qui faisait la supériorité de leur gouvernement. Tandis que, par le fait qu'ils se perdent dans les détails, nos sophistes et nos légistes ne sont propres à rien. *(Tchoang-tzeu chap. 13.)*

C'est dans l'abstraction, qu'il faut chercher le Principe. C'est de l'infini, qu'il faut regarder les êtres particuliers. Or la plupart des hommes font tout le contraire. — Les philosophes se perdent dans leurs spéculations, les sophistes dans leurs distinctions, les chercheurs dans leurs investigations. Tous ces hommes sont captifs dans les limites de l'espace, aveuglés par les êtres particuliers. — Item, ceux qui font leur cour aux princes pour obtenir des charges, ceux qui briguent la faveur du peuple, ceux qui s'efforcent d'obtenir des prix. Item, les ascètes qui se macèrent pour devenir célèbres; les légistes, les cérémoniaires, les musiciens, qui se poussent dans leur partie; enfin ceux qui font métier d'exercer la bonté et l'équité (les Confuciistes). Le paysan est absorbé par ses travaux, le négociant par son commerce, l'artisan par son métier, le vulgaire par ses petites affaires de chaque jour. Et cela, toute leur vie. Hélas! *(Tchoang-tzeu chap. 24.)*

—◆— —◆—

Lao-tzeu dit: Infini en lui-même, le Principe pénètre par sa vertu les plus petits des êtres. Tous sont pleins de lui. Immensité quant à son extension, abîme quant à sa profondeur, il embrasse tout et n'a pas de fond. Tous les êtres sensibles et leurs qualités, toutes les abstractions comme la bonté et l'équité, sont des ramifications du Principe, mais dérivées, lointaines. C'est ce que le sur-homme seul comprend; Confucius, sage vulgaire, s'est trompé sur ce point. Aussi, quand il gouverne, le sur-homme ne s'embarrasse pas dans ces détails, et par suite le gouvernement du monde n'est pour lui qu'un poids léger. Il ne s'occupe que du manche (la barre du gouvernail), et se garde d'entrer en contact avec les affaires. De haut, son coup d'œil domine tout. Aucun intérêt particulier ne le touche. Il ne s'enquiert que de l'essence des choses. Il laisse faire le ciel et la terre, il laisse aller tous les êtres, sans la moindre fatigue d'esprit, puisqu'il est sans passion. Ayant pénétré jusqu'au Principe et identifié son action avec la sienne, il rejette la bonté et l'équité artificielles, les rits et la musique conventionnels. Car l'esprit du sur-homme est dominé par une idée unique et fixe, ne pas intervenir, laisser agir la nature et le temps. *(Tchoang-tzeu chap. 13.)*

—◆— —◆—

Le maître charpentier 石 *Cheu*, se rendant dans le pays de 齊 *Ts'i*, passa près du chêne fameux, qui ombrageait le tertre du Génie du sol à 曲轅 *K'iu-yuan*. Le tronc de cet arbre célèbre pouvait cacher un bœuf. Il s'élevait droit, à quatre-vingt pieds de hauteur, puis étalait une dizaine de branches énormes. On venait en foule pour l'admirer. — Le charpentier passa auprès, sans lui donner un regard. — Mais voyez donc, lui dit son apprenti. Depuis que je manie la hache, je n'ai pas vu une aussi belle pièce de bois. Et vous ne la regardez même pas! — J'ai vu, dit le maître. Trop grand pour faire un canot ou un cercueil, trop dur pour en faire des meubles. Bois sans usage pratique. Cet arbre vivra longtemps. *(Tchoang-tzeu chap. 4.)*

Dans le pays de 宋 *Song*, à 荊 氏 *King-cheu*, les arbres poussent en masse. Les tout petits sont coupés, pour en faire des cages aux singes. Les moyens sont coupés, pour faire des maisons aux hommes. Les gros sont coupés, pour faire des cercueils aux morts. Tous périssent, par la hache, avant le temps, parce qu'ils peuvent servir. S'ils étaient sans usage, ils vieilliraient à l'aise. — Le traité sur les victimes, déclare que les bœufs à tête blanche, les porcs au groin retroussé, les hommes atteints de fistules, ne peuvent pas être sacrifiés au Génie du Fleuve; car, disent les aruspices, ces êtres-là sont néfastes. Les hommes intelligents pensent que c'est faste pour eux, puisque cela leur sauve la vie. *(Tchoang-tzeu chap. 4.)*

En produisant des forêts, la montagne attire ceux qui la dépouilleront. En laissant dégoutter sa graisse, le rôti active le feu qui le grille. Le cannellier est abattu, parce que son écorce est un condiment recherché. On incise l'arbre à vernis, pour lui ravir sa sève précieuse. La presque totalité des hommes s'imagine que, être jugé apte à quelque chose, est un bien. En réalité, c'est être jugé inapte à tout, qui est un avantage. *(Tchoang-tzeu chap. 4.)*

II

Lie-tzeu était réduit à la misère noire, et les souffrances de la faim se lisaient sur son visage. Un visiteur parla de lui à 子 陽 *Tzeu-yang*, ministre de la principauté 鄭 *Tcheng*, en ces termes: *Lie-uk'eou* est fort connu. Sa misère fera dire du prince de *Tcheng*, qu'il ne prend pas soin des lettrés. — Piqué par cette observation, *Tzeu-yang* fit immédiatement donner ordre à l'officier de son district, d'envoyer du grain à *Lie-tzeu*. Quand l'envoyé de l'officier se présenta chez lui, *Lie-tzeu* le salua très civilement, mais refusa le don. Après son départ, la femme de *Lie-tzeu*, se frappant la poitrine de douleur, lui dit: L'épouse et les enfants d'un Sage, devraient vivre à l'aise et heureux. Jusqu'ici nous avons souffert de la faim, parce que le prince nous a oubliés. Or voici que, se souvenant de nous, il nous a envoyé de quoi manger. Et vous l'avez refusé! N'avez-vous pas agi contre le destin? — Non, dit *Lie-tzeu* en riant, je n'ai pas agi contre le destin, car ce n'est pas le prince qui nous a envoyé ce grain. Quelqu'un a parlé favorablement de moi au ministre, lequel a envoyé ce grain; si ce quelqu'un avait parlé de moi défavorablement, il aurait envoyé ses sbires, tout aussi bêtement. Hasard et non destin, voilà pourquoi j'ai refusé. *(Tchoang-tzeu chap. 28.)*

Le prince de 魯 *Lou* ayant entendu parler avantageusement de 顏 闔 *Yen-heue*, envoya un messager, lui porter en cadeau de sa part, un lot de soieries. Vêtu de grosse toile, *Yen-heue* donnait sa provende à son bœuf, à la porte de sa maisonnette. C'est à lui-même que le messager du prince, qui ne le connaissait pas, demanda: Est-ce ici que demeure *Yen-heue*? — Oui, dit celui-ci; c'est moi. — Comme le messager exhibait les soieries: Pas possible, fit *Yen-heue*; mon ami, vous aurez mal compris vos instructions; informez-vous, de peur de vous attirer une mauvaise af-

Leçon 20.

faire. — Le messager retourna donc à la ville, et s'informa. Quand il revint, *Yenheue* fut introuvable. *(Tchoang-tzeu chap. 28.)*

Habillé d'une robe en grosse toile rapiécée, ses souliers attachés aux pieds avec des ficelles, *Tchoang-tzeu* rencontra le roitelet de *Wei*. — Dans quelle détresse je vous vois, maître, dit le roi. — Pardon, roi, dit *Tchoang-tzeu*; pauvreté, pas détresse. Le lettré qui possède la science du Principe et de son action, n'est jamais dans la détresse. Il peut éprouver la pauvreté, s'il est né dans des temps malheureux. *(Tchoang-tzeu chap. 20.)*

肩吾 *Kien-ou* dit à 孫叔敖 *Sounnchou-nao*: Vous avez été mis en charge trois fois sans vous exalter, et avez été congédié trois fois sans vous affecter. J'ai d'abord soupçonné que vous posiez pour l'indifférence. Mais, m'étant convaincu que, dans ces occurrences, votre respiration reste parfaitement calme, je crois maintenant que vous êtes vraiment indifférent. Comment avez-vous fait pour en arriver là? — Je n'ai rien fait du tout, dit *Sounnchou-nao*. Je n'ai été pour rien, ni dans mes nominations, ni dans mes dégradations. Il n'y a eu, dans ces aventures, ni gain ni perte pour mon moi, voilà pourquoi je ne me suis ni exalté ni affecté. Qu'y a-t-il en cela d'extraordinaire? Rien de plus naturel, au contraire. Ma charge n'était pas mon moi, mon moi n'était pas ma charge. Faveur et défaveur tenaient à ma charge, non à mon moi. Alors pourquoi me serais-je donné l'inquiétude et la fatigue de m'en préoccuper? N'eussé-je pas perdu mon temps à penser à l'estime ou à la mésestime des hommes? *(Tchoang-tzeu chap. 21.)*

Comme *Tchoang-tzeu* pêchait à la ligne au bord de la rivière 濮 *P'ou*, le roi de 楚 *Tch'ou* lui envoya deux de ses grands officiers, pour lui offrir la charge de ministre. Sans relever sa ligne, sans détourner les yeux de son flotteur, *Tchoang-tzeu* leur dit: J'ai ouï raconter que le roi de *Tch'ou* conserve précieusement dans le temple de ses ancêtres, la carapace d'une tortue transcendante, sacrifiée, pour servir à la divination, il y a trois mille ans. Dites-moi, si on lui avait laissé le choix, cette tortue aurait-elle préféré mourir pour qu'on honorât sa carapace, aurait-elle préféré vivre en traînant sa queue dans la boue des marais? — Elle aurait préféré vivre en traînant sa queue dans la boue des marais, dirent les deux grands officiers, à l'unisson. — Alors, dit *Tchoang-tzeu*, retournez d'où vous êtes venus; moi aussi je préfère traîner ma queue dans la boue des marais. Je continuerai à vivre obscur mais libre; je ne veux pas d'une charge, qui coûte souvent la vie à celui qui la porte, et qui lui coûte la paix toujours. *(Tchoang-tzeu chap. 17.)*

Tchoang-tzeu ayant visité le duc 哀 *Nai* de 魯 *Lou*, celui-ci lui dit: Il y a, dans le duché de *Lou*, beaucoup de lettrés; mais aucun, Maître, n'est comparable à vous. — Il n'y a que peu de lettrés dans le duché de *Lou*, repartit *Tchoang-tzeu*. — Comment pouvez-vous parler ainsi, fit le duc, alors qu'on ne voit partout qu'hommes portant le costume des lettrés? — Le costume, oui, fit *Tchoang-tzeu*.

Ils annoncent, par leur bonnet rond, qu'ils savent les choses du ciel; par leurs souliers carrés, qu'ils savent les choses de la terre; par leurs pendeloques sonores, qu'ils savent mettre l'harmonie partout. D'autres savent tout cela, sans porter leur costume. Eux portent le costume, sans savoir la chose. Si vous ne me croyez pas, faites cette expérience: interdisez par un édit, sous peine de mort, le port de l'habit de lettré, à quiconque n'a pas la capacité compétente. — Le duc *Naï* fit ainsi. Cinq jours plus tard, tous les lettrés de *Lou*, un seul excepté, avaient changé de costume. Le duc interrogea lui-même sur le gouvernement de l'état, cet être unique. Il répondit à tout pertinemment, sans qu'il fût possible de le démonter. — Vous disiez, dit *Tchoang-tzeu* au duc, qu'il y avait, dans le duché de *Lou*, beaucoup de lettrés. Un, ce n'est pas beaucoup. (*Tchoang-tzeu chap.* 21.)

-·✧·✦·-

子 輿 *Tzeu-u* et 子 桑 *Tzeu-sang* étaient amis. Une fois la pluie tomba à verse durant dix jours de suite. Craignant que *Tzeu-sang*, qui était très pauvre, empêché de sortir, ne se trouvât sans provisions, *Tzeu-u* fit un paquet de vivres, et alla le lui porter. Comme il approchait de sa porte, il entendit sa voix, moitié chantante, moitié pleurante, qui disait, en s'accompagnant sur la cithare: O père, o mère! O ciel, o humanité!.. La voix était défaillante, et le chant saccadé. *Tzeu-u* étant entré, trouva *Tzeu-sang* mourant de faim. Que chantiez-vous là? lui demanda-t-il. — Je songeais, dit *Tzeu-sang*, aux causes possibles de mon extrême détresse. Elle ne vient pas certes, de la volonté de mes père et mère. Ni, non plus, de celle du ciel et de la terre, qui couvrent et sustentent tous les êtres. Aucune cause logique de ma misère. Donc c'était mon destin! (*Tchoang-tzeu chap.* 6.)

Sources et Ouvrages. — Comme pour la dix-huitième Leçon.

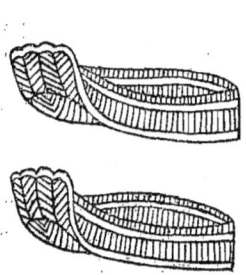 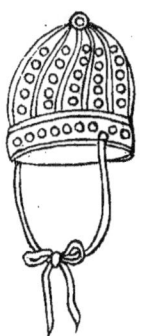 

Souliers, bonnet, pendeloques.

Vingt-et-unième Leçon.

Sommaire. — Les Pères taoïstes 列子 Lie-tzeu et 莊子 Tchoang-tzeu. — Phénomènes psychiques. — Raisonner logiquement, est pour les Taoïstes le fait d'une mentalité inférieure. Ils doivent tendre plus haut, à une forme d'intuition habituelle, agrémentée par des extases de temps en temps. Ces extases d'ont j'ai déjà parlé (page 158), sont des randonnées de l'âme, accompagnées de perte du sentiment et de lévitation. Les disciples taoïstes sont préparés à ces états, par une sorte d'éducation mentale graduelle, qui est censée produire à la longue certaines modifications physiques des organes. Les grands maîtres sont censés pouvoir enlever à volonté leurs disciples, dans un rapt hypnotique. — De l'extase, les Taoïstes rapprochent l'inconscience de l'enfance, de l'ivresse, de la narcose. J'ai expliqué jadis (page 153 K) l'invulnérabilité produite par l'extase. Aux autres formes d'inconscience, sont aussi attribuées des vertus protectrices extraordinaires. L'idée est que l'homme conscient est comme déployé et étendu, état qui l'expose à être lésé par un choc physique ou moral ; tandis que l'inconscient est comme contracté et pelotonné, ce qui le rend quasi-invulnérable. — L'union intime aux forces naturelles, confère aussi comme une sorte d'invulnérabilité, parce que, les choses qui s'aiment, sont censées ne pas se nuire réciproquement. — Le vertige est considéré comme un signe de faiblesse morale. Enfin un dernier texte nous parlera de la transmission physique de la volonté, comme d'un fluide, à travers un médium que les Taoïstes appellent le continu.

A qui demeure dans son néant (de forme intérieur, état indéterminé), tous les êtres se manifestent. Il est sensible à leur impression comme une eau tranquille ; il les reflète comme un miroir ; il les répète comme un écho. Uni au Principe, il est en harmonie par lui, avec tous les êtres. Uni au Principe, il connaît tout par les raisons générales supérieures, et n'use plus, par suite, de ses divers sens, pour connaître en particulier et en détail. La vraie raison des choses est invisible, insaisissable, indéfinissable, indéterminable. Seul l'esprit rétabli dans l'état de simplicité naturelle parfaite, peut l'entrevoir confusément dans la contemplation profonde. Après cette révélation, ne plus rien vouloir et ne plus rien faire, voilà la vraie science et le vrai talent. Que voudrait encore, que ferait encore, celui à qui a été révélé le néant de tout vouloir et de tout agir. Se bornât-il à ramasser une motte de terre, à mettre en tas de la poussière, quoique ce ne soit pas là proprement faire quelque chose, il aurait cependant manqué aux principes, car il aurait agi. *(Lie-tzeu chap. 4.)*

—◆ ◆—

Le rêve provient d'une rencontre faite par l'esprit, la pensée naît d'une perception du corps. Les pensées diurnes et les rêves nocturnes, ont également pour origine des impressions. Aussi ceux dont l'esprit est froid et tranquille, pensent et rêvent peu, et attachent peu d'importance à leurs pensées et à leurs rêves, phénomènes subjectifs, reflets de la fantasmagorie cosmique. *(Lie-tzeu chap. 3.)*

—◆ ◆—

龍叔 *Loung-chou* dit au médecin 文摯 *Wenn-tcheu :* Vous êtes un diagnosticien habile. Je suis malade. Pourrez-vous me guérir ? — S'il plaît au destin, je le pourrai, dit *Wenn-tcheu*. Dites-moi ce dont vous souffrez. — Je souffre, dit *Loung-chou*, d'un mal étrange. La louange me laisse froid, le dédain ne m'affecte pas ; un gain ne me réjouit pas, une perte ne m'attriste pas ; je regarde avec la même indifférence, la mort et la vie, la richesse et la pauvreté. Je ne fais pas plus de cas des hommes que des porcs, et de moi que des autres. Je me sens aussi étranger dans ma maison que dans une hôtellerie, et dans mon district natal que dans un pays barbare. Aucune distinction ne m'allèche, aucun supplice ne m'effraye ; fortune ou infortune, avantage ou désavantage, joie ou tristesse, tout m'est égal. Cela étant, je ne puis me résoudre à servir mon prince, à frayer avec mes parents et amis, à vivre avec ma femme et mes enfants, à m'occuper de mes serviteurs. Qu'est-ce que cette maladie-là ? Par quel remède peut-elle être guérie ? — *Wenn-tcheu* dit à *Loung-chou* de découvrir son buste. Puis, l'ayant placé de manière que le soleil donnât en plein sur son dos nu, il se plaça devant sa poitrine, pour examiner ses viscères, par transparence... Ah ! dit-il soudain, j'y suis ! Je vois votre cœur, comme un petit objet vide, d'un pouce carré. Six orifices sont déjà parfaitement ouverts, le septième va se déboucher. Vous souffrez de la sagesse des Sages. Que peuvent mes pauvres remèdes contre un mal pareil ? *(Lie-tzeu chap. 4.)* — *Loung-chou* est un indifférent taoïste, qui touche à la perfection. Il ne lui reste plus qu'à se défaire de l'illusion de prendre sa sagesse pour une maladie et de vouloir en guérir. Dès que cela sera fait, il deviendra extatique.

—◆◇—

Jadis quand *Lie-tzeu* était disciple, il mit trois ans à désapprendre de juger et de qualifier en paroles ; alors son maître 老商 *Lao-chang* l'honora pour la première fois d'un regard. Au bout de cinq ans, il ne jugea ni ne qualifia plus même mentalement ; alors *Lao-chang* lui sourit pour la première fois. Au bout de sept ans, quand il eut oublié la distinction du oui et du non, de l'avantage et de l'inconvénient, son maître le fit pour la première fois asseoir sur sa natte. Au bout de neuf ans, quand il eut perdu toute notion du droit et du tort, du bien et du mal, et pour soi et pour autrui ; quand il fut devenu absolument indifférent à tout, alors la communication parfaite s'établit pour lui entre le monde extérieur et son propre intérieur. Il cessa de se servir de ses sens, et connut tout par science supérieure universelle et abstraite. Son esprit se solidifia à mesure que son corps se fluidifiait ; ses os et ses chairs s'éthérisèrent ; il perdit toute sensation du siège sur lequel il était assis, du sol sur lequel ses pieds appuyaient (lévitation) ; il perdit toute intelligence des idées formulées, des paroles prononcées. Enfin son esprit partit, au gré du vent, vers l'Est, vers l'Ouest, dans toutes les directions, comme une feuille emportée, sans qu'il se rendît compte si c'est le vent qui l'enlevait, ou si c'est lui qui enfourchait le vent. — Plus tard un certain 尹生 *Yinn-cheng* alla demeurer avec lui, pour assister à ses extases, qui le privaient de sentiment pour un temps notable. *(Lie-tzeu chap. 2 et 4.)*

—◆◇—

Leçon 21.

Au temps de l'empereur 穆 *Mou* des 周 *Tcheou*, il vint, à la cour de cet empereur, un magicien d'un pays situé à l'Extrême-Occident. Cet homme entrait impunément dans l'eau et dans le feu, traversait le métal et la pierre, faisait remonter les torrents vers leur source, changeait de place les remparts des villes, se soutenait dans les airs sans tomber, pénétrait les solides sans éprouver de résistance, prenait à volonté toutes les figures, gardait son intelligence d'homme sous la forme d'un objet inanimé, etc. L'empereur *Mou* le vénéra comme un Génie, le servit comme son maître, lui donna le meilleur de son avoir en fait de logement d'aliments et de femmes. Cependant le magicien trouva le palais impérial inhabitable, la cuisine impériale immangeable, les femmes du harem indignes de son affection. Alors l'empereur lui fit bâtir un palais spécial. Matériaux et main-d'œuvre, tout fut exquis. Les frais épuisèrent le trésor impérial. Quand l'édifice fut achevé, l'empereur le peupla de jeunes gens choisis, y installa des bains et un harem, y accumula les objets précieux, les fins tissus, les fards, les parfums, les bibelots. Il y fit exécuter les plus célèbres symphonies. Chaque mois il offrit une provision de vêtements superbes, chaque jour une profusion de mets exquis... Rien n'y fit. Le magicien ne trouva rien à son goût, habita son nouveau logis sans s'y plaire, et fit de fréquentes absences. — Un jour que, durant un festin, l'empereur s'étonnait de sa conduite ; venez avec moi, lui dit-il... L'empereur saisit la manche du magicien, qui l'enleva aussitôt dans l'espace, jusqu'au palais des hommes transcendants, situé au milieu du ciel. Ce palais était fait d'or et d'argent, orné de perles et de jade, sis plus haut que la région des nimbus pluvieux, sans fondements apparents, flottant dans l'espace comme un nuage. Dans ce monde supraterrestre, vues, harmonies, parfums, saveurs, rien n'était comme dans le monde des hommes. L'empereur comprit qu'il était dans la cité du Souverain céleste. Vu de là-haut, son palais terrestre lui apparut comme un tout petit tas de mottes et de brindilles. Il serait resté là durant des années, sans même se souvenir de son empire ; mais le magicien l'invita à le suivre plus haut... Cette fois il l'enleva, par delà le soleil et la lune, hors de vue de la terre et des mers, dans une lumière aveuglante, dans une harmonie assourdissante. Saisi de terreur et de vertige, l'empereur demanda à redescendre. La descente s'effectua avec la rapidité d'un aérolithe qui tombe dans le vide. — Quand il revint à lui, l'empereur se retrouva assis sur son siège, entouré de ses courtisans, sa coupe à demi pleine, son ragoût à demi mangé. Que m'est-il arrivé? demanda-t-il à son entourage. — Vous avez paru vous recueillir, durant un instant, dirent ses gens. — L'empereur estimait avoir été absent durant trois mois au moins. Qu'est-ce que cela? demanda-t-il au magicien. — Oh! rien de plus simple, dit celui-ci. J'ai enlevé votre esprit. Votre corps n'a pas bougé. *(Lie-tzeu chap. 3.)*

-◆- -◆-

Lie-tzeu demanda à 關 尹 子 *Koan-yinn-tzeu:* Que le sur-homme passe là où il n'y a pas d'ouverture, traverse le feu sans être brûlé, s'élève très haut sans éprouver de vertige ; dites-moi, s'il vous plaît, comment fait-il pour en arriver là? — En conservant, dit *Koan-yinn-tzeu*, sa nature parfaitement pure ; non par aucun procédé savant ou ingénieux. Je vais t'expliquer cela. Tout ce qui a forme, figure, son et couleur, tout cela ce sont les êtres. Pourquoi ces êtres se feraient-ils opposition les uns aux autres? Pourquoi y aurait-il entre eux un autre ordre, que la priorité dans le temps? Pourquoi leur évolution cesserait-elle, avec la déposition de leur forme actuelle? Comprendre cela à fond, voilà la vraie science. Celui qui l'a compris, ayant une base ferme, embrassera toute la chaîne des êtres, unifiera ses puissances, fortifiera son corps, rentrera ses énergies, communiquera avec l'évolution universelle. Sa nature conservant sa parfaite intégrité, son esprit conservant son entière liberté, rien d'extérieur n'aura prise sur lui. Si cet homme, en état d'ivresse, tombe d'un char, il ne sera pas blessé mortellement. Quoique ses os et ses articulations soient comme ceux des autres hommes, le même traumatisme n'aura pas sur lui le même effet; parce que son esprit, étant entier, protège son corps. L'inconscience agit comme une enveloppe protectrice. Rien n'a prise sur le corps, quand l'esprit n'est pas ému. Aucun être ne peut nuire au Sage, enveloppé dans l'intégrité de sa nature, protégé par la liberté de son esprit. (*Lie-tzeu chap.* 2.) — *Tchoang-tzeu* qui raconte ce fait, presque dans les mêmes termes (*chap.* 19.), conclut: En toute circonstance, le Sage parfait sera conservé intact, par son état d'union avec la nature. Le Sage étant fondu dans la nature, rien ne saurait le blesser.

-◆- -◆-

Confucius admirait la cataracte de 呂梁 *Lu-leang*. Tombant de trente fois la hauteur d'un homme, elle produisait un torrent écumant dans un chenal long de quarante stades, si tourmenté que ni tortue ni caïman ni poisson même, ne pouvait s'y ébattre. Soudain Confucius vit un homme qui nageait parmi les remous. Le prenant pour un désespéré qui avait voulu se noyer, il dit à ses disciples de suivre la berge, pour le retirer de l'eau, si possible. Quelques centaines de pas plus bas, l'homme sortit de l'eau lui-même, dénoua sa chevelure pour la faire sécher, et se mit à marcher en chantant. Confucius l'ayant rejoint, lui dit: J'ai failli vous prendre pour un être transcendant, mais maintenant je vois que vous êtes un homme. Comment peut-on arriver à se mouvoir dans l'eau avec une aisance pareille? Veuillez me dire votre secret. — Je n'ai pas de secret, dit l'homme. Je commençai par nager méthodiquement; puis la chose me devint naturelle; maintenant je flotte comme un être aquatique. Je fais corps avec l'eau, descendant avec le tourbillon, remontant dans le remous. Je suis le mouvement de l'eau, non ma volonté propre. Voilà tout mon secret... Je voulus apprendre à nager, étant né au bord de cette eau. A force de nager, la chose me devint naturelle. Depuis que j'ai perdu toute notion de ce que je fais pour nager, je suis dans l'eau comme dans mon élément, et l'eau me supporte parce que je suis un avec elle. (*Tchoang-tzeu chap.* 19.)

-◆- -◆-

Le continu et la cohésion sont deux choses distinctes. Soit un cheveu. On y suspend des poids. Il y a rupture. C'est la cohésion du cheveu qui est rompue, pas le continu. Le continu ne peut pas être rompu (tout étant un Tout). C'est à travers lui, que se propage l'action à distance. — Exemple: 詹何 *Tchan-heue* pêchait avec une ligne faite d'un seul filament naturel de soie, une aiguille courbée lui servant d'hameçon, une baguette de gaule, un grain de blé, d'amorce. Or, avec cet appareil rudimentaire, il retirait des poissons énormes d'un gouffre profond, sans que sa ligne se rompît, sans que son aiguille se redressât, sans que sa baguette pliât. Le roi de *Tch'ou* l'ayant appris, lui demanda des explications. *Tchan-heue* lui dit: Mon esprit entièrement concentré, va droit au poisson, par ma main et ma ligne, établissant une continuité qui supporte tout l'effort. *(Lie-tzeu chap. 5.)* — Cette idée jouera un grand rôle dans la magie taoïste, mauvais œil, envoûtement, etc.

Sources et Ouvrages. — Comme pour la dix-huitième Leçon.

La bannière impériale antique.

Offrande aux Ancêtres de la dynastie.

Vingt-deuxième Leçon.

Sommaire. — Les Pères taoïstes 列子 *Lie-tzeu* et 莊子 *Tchoang-tzeu*, persifflèrent et honnirent Confucius, comme le destructeur du peu qui restait encore de naturel à son époque, comme le champion de l'artificiel dans les principes et les mœurs. Je vais réunir, dans cette Leçon, leurs meilleurs textes sur ce sujet. Ils formulent l'antagonisme primitif du Taoïsme contre le Confuciisme, du naturel contre le rituel, du spontané contre le compassé. Je parlerai, dans la vingt-quatrième Leçon, du *Mei-ti* qu'ils nomment à plusieurs reprises.

老聃 *Lao-tan* dit: Le sur-homme vit, comme les autres hommes, des fruits de la terre, des bienfaits du ciel. Mais il ne s'attache, ni à homme, ni à chose. Profit et perte le laissent également indifférent. Il ne s'affecte de rien, ne se réjouit de rien. Il plane, concentré en lui-même. — Celui dont le cœur est parfaitement indifférent, voit par la lumière naturelle (raison pure) ce qui reste encore en lui d'artificiel. Plus il se défait de cet artificiel, plus il devient stable. Avec le temps, l'artificiel disparaîtra entièrement, le naturel seul restant en lui. Les hommes qui ont atteint cet état, s'appellent fils célestes, peuple céleste; parce qu'ils sont redevenus tels que le ciel les avait faits primitivement. *(Tchoang-tzeu chap. 23.)*

Confucius dit à *Lao-tan*: J'ai donné mes soins aux Odes, aux Annales, aux Rits et à la Musique, aux Mutations, à la Chronique. Je me suis appliqué longtemps à l'étude de ces six traités, et me les suis rendus familiers. J'ai parlé devant soixante-douze princes déréglés, leur exposant les principes des anciens souverains, des ducs de *Tcheou* et de *Chao*, pour leur amendement. Aucun d'eux n'a profité de mes discours. C'est difficile de persuader pareilles gens! — Quel bonheur! dit *Lao-tzeu*, qu'aucun d'eux ne vous ait écouté! S'ils l'avaient fait, ils seraient devenus pires. Vos six traités, ce sont des vieilleries, récits de faits qui sont arrivés dans des circonstances qui ne sont plus, de gestes qui seraient déplacés dans les circonstances actuelles. Que déduire de l'empreinte d'un pied, sinon qu'elle a été faite par un pied?.. Qui? comment? et autres circonstances, l'empreinte est muette sur tout cela. Il en est de même des empreintes laissées par les hommes dans l'histoire. Elles ne nous apprennent pas la réalité telle qu'elle fut, vivante et vraie, et chacun les interprète dans son sens. *(Tchoang-tzeu chap. 14.)*

Une autre fois, Confucius ayant visité *Lao-tan*, lui exposa ses idées sur la bonté et l'équité. Écoutez, lui dit celui-ci, les vanneurs n'y voient pas, à force de poussière; quand les moustiques sont légion, impossible de reposer. Vos discours sur la bonté et l'équité, me produisent un effet analogue; j'en suis aveuglé, affolé. Allons! laissez les gens tranquilles! Croyez ce que vous voudrez, en théorie; mais pratiquement, pliez au vent, acceptez les changements survenus dans le monde. Les oies sauvages sont naturellement blanches, les corbeaux sont naturellement noirs; aucune dissertation ne changera rien à ce fait. Il en est de même des temps successifs, et des hommes de ces temps. Vos discours ne changeront pas les corbeaux modernes en oies antiques. *(Tchoang-tzeu chap. 14.)*

—◇— —◇—

Alors que Confucius voyageait à l'ouest de la principauté de 衛 *Wei*, son disciple 顏淵 *Yen-yuan* demanda au maître musicien 金 *Kinn* : Que pensez-vous de l'avenir de mon maître? — Je pense, dit maître *Kinn*, avec un soupir; je pense qu'il n'aboutira à rien. — Pourquoi cela? fit *Yen-yuan*. — Voyez, dit *Kinn*, les chiens de paille, qui figurent dans les funérailles. Avant la cérémonie, on les conserve dans des coffres, enveloppés de belles toiles. Après la cérémonie, on les brûle. C'est qu'ils n'ont plus de raison d'être. De plus, si on les remettait dans les coffres, tout le monde, dans la maison, serait tourmenté par des cauchemars, ces filtres à maléfices dégorgeant les influx néfastes dont ils se sont remplis. Or voilà que Confucius ramasse dans son école les chiens de paille des souverains de l'antiquité (ses livres, pleins de vieux souvenirs périmés et devenus néfastes). De là les persécutions dont il a été l'objet en divers lieux; cauchemars que lui ont procurés ses vieux chiens de paille. — Le passé est défunt et ne revivra pas. Vouloir appliquer maintenant les principes surannés des anciens, vouloir employer dans le duché de 魯 *Lou* les procédés de l'empire des 周 *Tcheou*, c'est tenter l'impossible. Confucius travaille en vain et s'attirera des malheurs, comme tous ceux qui ont tenté d'appliquer un système donné, dans des circonstances différentes. — De nos jours, pour élever l'eau, on a abandonné le seau des anciens, pour la cuiller à bascule, et personne n'éprouve le besoin de revenir au seau. Ainsi les procédés de gouvernement des anciens empereurs, qui furent aptes en leur temps et sont périmés maintenant, ne doivent pas être imposés de force au temps actuel. A chaque saison on mange certains fruits, dont le goût plaît à ce moment-là, tandis qu'il ne plairait pas en un autre temps. Ainsi en est-il des règlements et des usages; ils doivent varier selon les temps. — Mettez à un singe la robe du duc de *Tcheou*. Qu'arrivera-t-il? Il la déchirera de colère, avec ses dents et ses griffes, et ne restera tranquille, que quand il en aura arraché le dernier lambeau. Or l'antiquité et le temps actuel, diffèrent autant, que le duc de *Tcheou* et un singe. N'affublez pas les modernes de la défroque des anciens. — Jadis quand la belle 西施 *Si-cheu* avait ses nerfs, elle n'en était que plus séduisante. Une femme très mal faite l'ayant vue dans cet état, fit un jour comme elle lui avait vu faire. Le résultat fut, que les habitants du village se barricadèrent dans leurs maisons. C'est que le laideron n'avait reproduit que les fureurs, non la beauté de la belle. Ainsi en est-il de la parodie que Confucius nous donne de l'antiquité. Elle fait enfuir les gens. Cet homme n'aboutira pas. *(Tchoang-tzeu chap. 14.)*

—◇— —◇—

Confucius se rendait, de la principauté de *Lou* à l'Est, à la capitale des *Tcheou* (alors *Lao-ang*) à l'Ouest. Il voulait offrir ses livres à la bibliothèque impériale. Son disciple 子路 *Tzeu-lou* lui dit: J'ai ouï dire qu'un certain *Lao-tan* fût longtemps gardien de cette bibliothèque. Maintenant il vit dans la retraite. Faites-lui visite. Il pourra vous aider à obtenir que vos livres soient reçus. — Soit ! dit Con-

Leçon 22.

fucius; et il alla chez *Lao-tan*. Celui-ci refusa net de patronner ses livres. Pour l'amadouer, Confucius commença à lui en exposer le contenu. — Pas tant de verbiage, fit *Lao-tan*; dites-moi, en deux mots, ce qu'il y a dedans. — Bonté et équité, dit Confucius. — Ah! fit *Lao-tan*. S'agit-il de la bonté et de l'équité naturelles? — Mais oui, dit Confucius; de celles qui font l'homme. — Alors définissez, dit *Lao-tan*. — Aimer tous les êtres, et les bien traiter, voilà la bonté et l'équité, dit Confucius. — Et vous prêchez cela, étant ambitieux et égoïste, dit *Lao-tan*. Maître, si vous voulez vraiment du bien à l'empire, commencez par constater que, sous l'influence paisible et constante du Principe, tout évolue et se transforme; puis cessez de vouloir imposer à notre temps vos principes périmés et contraires à la nature... Un homme dont le fils s'était enfui, fit battre le tambour pour qu'on lui donnât la chasse, au lieu de chercher à le ramener en douceur. Le résultat fut, que le fugitif alla au loin, et ne put jamais être retrouvé. Vos efforts pour rappeler, à son de caisse, la bonté et l'équité dans le monde, auront, je le crains, le même résultat négatif. Maître, vous faites fuir ce qui reste de nature. *(Tchoang-tzeu chap. 13.)*

-◆- -◆-

Dans le monde actuel, la vogue est aux livres. Les livres sont des assemblages de mots. Les mots rendent des idées. Or les idées vraies, dérivent du Principe, et ne peuvent guère mieux être exprimées en paroles que lui. Les formules qui remplissent les livres, n'expriment que des idées conventionnelles, lesquelles répondent peu ou pas à la nature des choses, à la vérité. Ceux qui savent la nature, n'essaient pas de l'exprimer en paroles; et ceux qui l'essaient, montrent par là qu'ils ne savent pas. Le vulgaire se trompe en cherchant dans les livres des vérités; ils ne contiennent que des idées truquées. Ils sont le fumier des anciens, le détritus des temps où ils vécurent. *(Tchoang-tzeu chap 13.)*

-◆- -◆-

Les chevaux ont naturellement des sabots capables de fouler la neige, et un poil impénétrable à la bise. Ils broutent l'herbe, boivent de l'eau, courent et sautent. Voilà leur véritable nature. Ils n'ont que faire de palais et de dortoirs... Quand 伯樂 *Pai-lao*, le premier écuyer, prétendit avoir trouvé la vraie manière de traiter les chevaux; quand il eut appris aux hommes à marquer au fer, à tondre, à ferrer, à brider, à entraver, à parquer ces pauvres bêtes, alors deux ou trois chevaux sur dix moururent prématurément, par suite de ces violences faites à leur nature. Quand, l'art du dressage progressant toujours, on leur fit souffrir la faim et la soif pour les endurcir; quand on les contraignit à galoper par escadrons, en ordre et en mesure, pour les aguerrir; quand le mors tourmenta leur bouche, quand la cravache cingla leur croupe; alors, sur dix chevaux, cinq moururent prématurément par suite de ces violences contre nature. — Quand le premier potier eut annoncé qu'il s'entendait à traiter l'argile, on fit de cette matière des vases ronds sur la roue et des briques rectangulaires au moule. — Quand le premier charpentier eut déclaré qu'il s'entendait à traiter le bois, on donna à cette matière des formes courbes ou droites, au moyen du pistolet et du cordeau. —

Est-ce là vraiment traiter les chevaux, l'argile et le bois, d'après leur nature? Certes non! Et cependant, d'âge en âge, les hommes ont loué le premier écuyer, le premier potier et le premier charpentier, pour leur génie et leurs inventions. — On loue de même, pour leur génie et leurs inventions, ceux qui imaginèrent la forme de gouvernement moderne. C'est là une erreur, à mon sens. La condition des hommes fut tout autre, sous les bons souverains de l'antiquité. Leur peuple suivait sa nature, et rien que sa nature. Tous les hommes, uniformément, se procuraient leurs vêtements par le tissage et leurs aliments par le labourage. Ils formaient un tout sans divisions, régi par la seule loi naturelle. En ces temps de naturalisme parfait, les hommes marchaient comme il leur plaisait et laissaient errer leurs yeux en toute liberté, aucun rituel ne réglementant la démarche et les regards. Dans les montagnes, il n'y avait ni sentiers ni tranchées; sur les eaux, il n'y avait ni bateaux ni barrages. Tous les êtres naissaient et habitaient en commun. Volatiles et quadrupèdes vivaient de l'herbe qui croissait spontanément. L'homme ne leur faisant pas de mal, les animaux se laissaient conduire par lui sans défiance, les oiseaux ne s'inquiétaient pas qu'on regardât dans leur nid. Oui, en ces temps de naturalisme parfait, l'homme vivait en frère avec les animaux, sur le pied d'égalité avec tous les êtres. On ignorait alors heureusement la distinction rendue si fameuse par Confucius, entre le Sage et le vulgaire. Également dépourvus de science, les hommes agissaient tous selon leur nature. Également sans ambition, tous agissaient simplement. En tout la nature s'épanouissait librement. — C'en fut fait, quand parut le premier Sage. A le voir se guinder et se tortiller rituellement, à l'entendre pérorer sur la bonté et l'équité, étonnés, les hommes se demandèrent s'ils ne s'étaient pas trompés jusque là. Puis vinrent l'enivrement de la musique, l'entichement des cérémonies. Hélas! l'artificiel l'emporta sur le naturel. Par suite, la paix et la charité disparurent du monde. L'homme fit la guerre aux animaux, sacrifiés à son luxe. Pour faire ses vases à offrandes, il mit le bois à la torture. Pour faire les sceptres rituels, il infligea la taille au jade. Sous prétexte de bonté et d'équité, il violenta la nature. Les rits et la musique ruinèrent le naturel des mouvements. Les règles de la peinture mirent le désordre dans les couleurs. La gamme officielle mit le désordre dans les tons. En résumé, les artistes sont coupables d'avoir tourmenté la matière pour exécuter leurs œuvres d'art, et les Sages sont exécrables pour avoir substitué au naturel la bonté et l'équité factices. — Jadis, dans l'état de nature, les chevaux broutaient de l'herbe et buvaient de l'eau. Quand ils étaient contents, ils frottaient leur cou l'un contre l'autre. Quand ils étaient fâchés, ils faisaient demi-tour et se donnaient des ruades. N'en sachant pas plus long, ils étaient parfaitement simples et naturels. Mais quand *Pai-lao* les eut attelés et harnachés, ils devinrent fourbes et malins, par haine du mors et de la bride. Cet homme est coupable du crime d'avoir perverti les chevaux. — Au temps du vieil empereur 赫胥 *Heue-su*, les hommes restaient dans leurs habitations à ne rien faire, ou se promenaient sans savoir où ils allaient. Quand leur bouche était bien pleine, ils se tapaient sur le ventre en signe de contentement. N'en sachant pas plus long, ils étaient parfaitement simples et naturels. Mais quand le premier Sage leur eut appris à faire les courbettes rituelles au son de la musique, et des contorsions sentimentales au nom de la bonté et de l'équité, alors commencèrent les compétitions pour le savoir et pour la richesse, les prétentions démesurées et les ambitions insatiables. C'est le crime du Sage, d'avoir ainsi désorienté l'humanité. *(Tchoang-tzeu chap. 9.)*

—◆–◆—

Oui, c'est parce qu'il y eut des Sages, qu'il y a des brigands. Ce sont les Sages qui les produisirent, par leurs inventions contre nature. Par l'invention des mesures de capacité, des balances et des poids, des contrats découpés et des sceaux, ils ont appris à beaucoup la fraude. Par l'invention de la bonté et de l'équité, ils ont enseigné à beaucoup la malice et la fourberie. — Qu'un pauvre diable vole une boucle de ceinture, il sera décapité. Qu'un grand brigand vole une principauté, il deviendra seigneur, et les prôneurs de bonté et d'équité (les Sages, politiciens à gages) afflueront chez lui, et mettront à son service toute leur sagesse. La conclusion logique de ceci, c'est qu'il ne faudrait pas perdre son temps à commettre d'abord de petits vols, mais commencer d'emblée par voler une principauté. Alors on n'aura plus à se donner la peine d'y revenir; on n'aura plus à craindre la hache de l'exécuteur. Alors on aura pour soi tous les Sages avec toutes leurs inventions. Oui, faire des brigands, et empêcher qu'on ne les défasse, voilà l'œuvre des Sages (des politiciens de profession). *(Tchoung-tzeu chap. 10.)*

—◆–◆—

A l'origine, au temps de la nature parfaite, les hommes trouvaient bonne leur grossière nourriture, bons aussi leurs simples vêtements. Ils étaient heureux avec leurs mœurs primitives, et paisibles dans leurs pauvres habitations. Le besoin d'avoir des relations avec autrui, ne les tourmentait pas. Ils mouraient de vieillesse, avant d'avoir fait visite à la principauté voisine, qu'ils avaient vue de loin toute leur vie, dont ils avaient entendu chaque jour les coqs et les chiens. En ces temps-là, à cause de ces mœurs-là, la paix et l'ordre étaient absolus. — Pourquoi en est-il tout autrement de nos jours? Parce que les gouvernants se sont entichés des Sages et de leurs inventions. Le peuple tend le cou, et se dresse sur la pointe des pieds, pour regarder dans la direction d'où vient, à ce qu'on dit, quelque Sage. On abandonne ses parents, on quitte son maître, pour courir à cet homme. Les piétons se suivent à la queue-leu-leu, une file de chars creuse de profondes ornières, dans le chemin qui mène à sa porte. Tout cela, parce que, imitant les princes, le vulgaire lui aussi s'est entiché de science. Or rien n'est plus funeste, pour les états, que ce malheureux entichement. *(Tchoang-tzeu chap. 10.)*

—◆–◆—

C'est la science artificielle, contre nature, qui a causé tous les maux de ce monde, et le malheur de tous ceux qui l'habitent. L'invention des arcs, des arbalètes, des flèches captives, des pièges à ressort, a fait le malheur des oiseaux de l'air. L'invention des hameçons, des appâts, des filets, des nasses, a fait le malheur des poissons dans les eaux. L'invention des rêts, des lacs, des trappes, a fait le malheur des quadrupèdes dans leurs halliers. L'invention de la politique, de la sophistique, des arts, des rits, des lois, a fait le malheur des hommes. — Revenons à la nature. Pulvérisez le jade et les perles, et il n'y aura plus de voleurs. Brûlez les contrats, brisez les sceaux, et les hommes redeviendront honnêtes. Supprimez les mesures et les poids, et il n'y aura plus de querelles. Détruisez radicalement toutes les institutions artificielles des Sages, et le peuple retrouvera son bon sens naturel. Abolissez la gamme des tons, brisez les instruments de musique, bouchez les oreilles des musiciens, et les hommes retrouveront l'ouïe naturelle. Abolissez l'échelle des couleurs et les lois de la peinture, crevez les yeux des peintres, et les hommes retrouveront la vue naturelle. Prohibez le compas et l'équerre, cassez les doigts des menuisiers, et les hommes retrouveront les procédés naturels. Flétrissez les légistes, bâillonnez les sophistes, mettez au ban les disciples de Confucius avec leurs formules artificielles, et les instincts naturels pourront de nouveau exercer sur les hommes leur mystérieuse et unifiante vertu. Oui, revenons à la nature, et c'en sera fait des grimaces factices. Philosophes, politiciens, légistes, sophistes, artistes, ont été les pervertisseurs de l'humanité. *(Tchoang-tzeu chap. 10.)*

--*--*--

C'est par les deux sectes des disciples de Confucius et de *Mei-ti*, que fut inventé le gouvernement géométrique. Ils équarrirent l'empire avec la hache et la scie. Ils appliquèrent aux mœurs le marteau et le ciseau. Le résultat fut une révolution générale des peuples. Les Sages durent se cacher dans les cavernes des montagnes, et les princes ne furent plus en sûreté dans leurs temples de famille. Des réactions violentes suivirent, quand Sages et princes revinrent au pouvoir. Actuellement les cadavres des suppliciés s'entassent par monceaux, ceux qui portent la cangue défilent en longues chaînes, on ne voit partout qu'hommes punis de supplices divers. Et, au milieu de ce décor atroce, parmi les menottes, les entraves, les instruments de torture, les disciples de *K'oung-tzeu* et de 墨 子 *Mei-tzeu* se dressent sur leurs orteils pour se grandir, et retroussent leurs manches avec complaisance, dans l'admiration de leur œuvre. Ah! extrême est l'endurcissement de ces hommes! extrême est leur impudeur! La cangue résumerait-elle la sagesse des Sages? Les menottes, les entraves, les tortures, seraient-elles l'expression de leur bonté et de leur équité? Ces politiciens ne sont-ils pas plus malfaisants, que les tyrans dont l'histoire a flétri les noms? Il a raison, l'adage qui dit: exterminez la sagesse, détruisez la science, et l'empire reviendra à l'ordre spontanément. *(Tchoang-tzeu chap. 11.)*

--*--*--

柏 矩 *Pai-kiu* qui étudiait sous *Lao-tan*, lui dit un jour: donnez-moi congé pour faire un tour d'empire. — A quoi bon? fit *Lao-tan*. Dans l'empire, c'est partout comme ici. — *Pai-kiu* insistant, *Lao-tan* lui demanda: par quelle principauté commenceras-tu ta tournée? — Par celle de *Ts'i*, dit *Pai-kiu*. Quand j'y serai arrivé, j'irai droit au cadavre de quelqu'un de ces suppliciés, que le roi de *Ts'i* laisse gisants sans sépulture; je le redresserai, je le couvrirai de ma robe, je crierai justice au Ciel en son nom, je lui dirai en pleurant: frère! frère! a-t-il fallu que tu fusses la victime de l'inconséquence de ceux qui tiennent en main l'empire? Les gouvernants défendent, sous peine de la vie, de voler, de tuer. Et ces mêmes hommes poussent au vol et au meurtre, en honorant la noblesse et la richesse, qui sont l'appât des crimes. Tant que les titres et la propriété seront conservés, verra-t-on jamais la fin des conflits entre les hommes ? — Jadis les princes savaient gré de l'ordre à leurs sujets, et s'imputaient tous les désordres. Quand un homme périssait, ils se reprochaient sa perte. Maintenant il en va tout autrement. Lois et ordonnances sont des traquenards dont personne ne se tire. Peine de mort pour ceux qui ne sont pas venus à bout de tâches infaisables. Ainsi réduit aux abois, le peuple perd son bonnêteté naturelle, et commet des excès. A qui faut-il imputer ces excès? aux malheureux qui les expient? ou aux princes qui les ont provoqués? *[Tchoang-tzeu chap. 25.]*

Sources et Ouvrages. — Comme pour la dix-huitième Leçon.

Vase rituel antique.

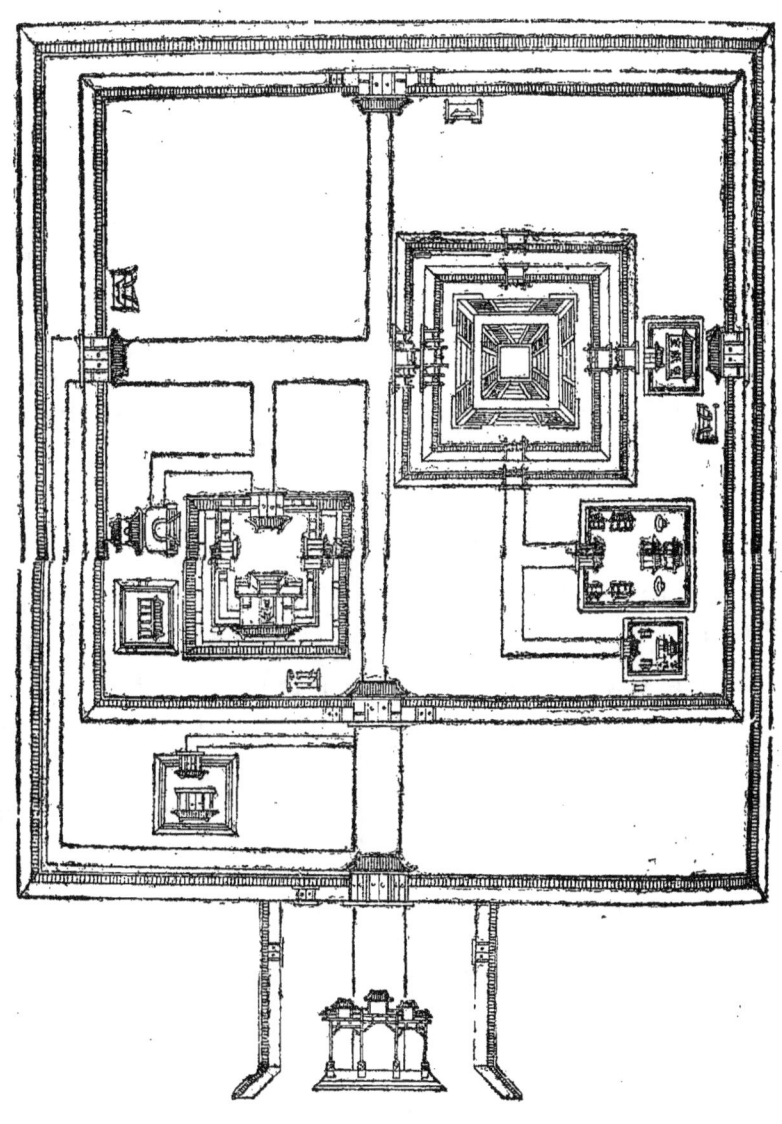

Terrasse carrée de la Terre, et ses dépendances, à la capitale.

Vingt-troisième Leçon.

L'âge de fer. 楊朱 *Yang-tchou*. Égoïsme. Fatalisme.

Sommaire. — **A**. L'âge de fer. Deux courants. — **B**. *Yang-tchou*. Historique. — Textes. **C**. Le personnage. — **D**. Fatalisme. — **E**. Épicurisme. — **F**. Égoïsme.

A. Au cinquième siècle avant J.-C., l'empire des 周 *Tcheou* est tombé en pleine décadence. L'empereur n'a plus ni pouvoir ni influence. Les seigneurs, ignares, viveurs, ambitieux, jaloux, n'ont d'autre préoccupation que celle d'arracher à leurs voisins plus faibles des lopins de territoire, s'ils ne peuvent pas les conquérir en entier. Des politiciens sans conscience aident ces nobles sans cervelle, combinant et défaisant des ligues, servant toujours le plus offrant, écrasant tantôt l'un tantôt l'autre pour s'entretenir la main. Guerres ou plutôt guet-apens incessants. C'est le pauvre peuple qui paie ce jeu barbare, de ses biens et de son sang. Asservissement sans précédent, misère indescriptible, existence précaire au jour le jour. Plus de droit, plus de justice, plus d'humanité. La force et le fer uniquement.

Cet état de choses créa, parmi les rares êtres pensants de l'époque, deux courants, l'un égoïste, l'autre altruiste. Ils sont représentés par deux hommes, 楊朱 *Yang-tchou* et 墨翟 *Mei-ti*, auxquels je vais consacrer deux Leçons. J'avertis préalablement qu'il ne faut pas les considérer comme les fondateurs de deux écoles. Ce furent les champions de deux manières de voir et de faire, dont leurs noms, célèbres dans l'histoire, sont devenus comme les personnifications.

B. *Yang-tchou* fut un disciple personnel de *Lao-tzeu*; un texte authentique en fait foi. Il faut donc placer sa vie dans la première moitié du cinquième siècle, avant 450. Ce fut un Taoïste orthodoxe pour le fond. Son monisme est plus fataliste, son idée de la survivance est plus matérialiste, son rejet de toute morale est plus épicurien, que ce que nous avons vu dans les textes des Pères. Mais cela tient peut-être plutôt à l'expression. Si *Tchoang-tzeu* avait été poussé à fond, il se serait, je pense, finalement exprimé comme *Yang-tchou*. — Alors pourquoi assigner à cet homme une place spéciale, et lui consacrer une Leçon? Parce que Mencius en a fait le prototype de l'égoïsme. Parce que, depuis lors, dans la littérature confuciiste, pour dire *égoïsme systématique*, on a toujours dit *Yang-tchou*. Il importe donc, pour l'intelligence de bien des passages, de connaître l'homme et ses idées. Je vais citer les textes, assez rares, qui nous renseignent sur lui. Ils datent de cinquante à cent ans après sa mort.

C. Le personnage.

Yang-tchou allant à *P'ei* et *Lao-tzeu* allant à *Ts'inn*, les deux se rencontrèrent à *Leang*. A la vue de *Yang-tchou*, *Lao-tzeu* leva les yeux au ciel, et dit avec un soupir: J'espérais pouvoir vous instruire, mais je constate qu'il n'y a pas moyen. — *Yang-tchou* ne répondit rien. Quand les deux voyageurs furent arrivés à l'hôtellerie où ils devaient passer la nuit, *Yang-tchou* apporta d'abord lui-même tous les objets nécessaires pour la toilette. Ensuite, quand *Lao-tzeu* fut installé dans sa

chambre, ayant quitté ses chaussures à la porte, *Yang-tchou* entra en marchant sur ses genoux, et dit à *Lao-tzeu :* Je n'ai pas compris ce que vous avez dit de moi, en levant les yeux au ciel et soupirant. Ne voulant pas retarder votre marche, je ne vous ai pas demandé d'explication alors. Mais maintenant que vous êtes libre, veuillez m'expliquer le sens de vos paroles. — Vous avez, dit *Lao-tzeu*, un air altier qui rebute ; tandis que le Sage est comme confus quelque irréprochable qu'il soit, et se juge insuffisant quelle que soit sa perfection. — Je profiterai de votre leçon, dit *Yang-tchou*, très morfondu. — Cette nuit-là même *Yang-tchou* s'humilia tellement, que le personnel de l'auberge qui l'avait servi avec respect le soir à son arrivée, n'eut plus aucune sorte d'égards pour lui le matin à son départ. Le respect des valets étant, en Chine, en proportion de la morgue du voyageur.
(Lie-tzeu chap. 2.)

Yang-tchou ayant été reçu par le roi de *Leang*, lui dit que, avec sa recette, gouverner l'empire serait aussi facile que de retourner la main. Le roi de *Leang*, lui dit : Maître, vous avez une épouse et une concubine, deux personnes, que vous n'arrivez pas à faire tenir tranquilles ; vous possédez trois arpents de jardin, que vous ne savez pas cultiver ; et vous osez me dire que, avec votre recette, gouverner l'empire serait aussi facile que de retourner la main. Est-ce que vous voulez vous moquer de moi ? — *Yang-tchou* dit : Avez-vous jamais vu un pastoureau conduire un troupeau de cent moutons, marchant derrière tranquillement avec son fouet, et laissant aller les moutons où il leur plaît ? Voilà mon système, abandonner chacun à son instinct. Tandis que avec leur système de la coercition artificielle, Yao tirant et *Chounn* poussant, n'arriveraient pas à deux à faire marcher un seul mouton. Et pour ce qui est de mes affaires domestiques, auxquelles vous venez de faire allusion, je dirai seulement ceci. Ceux qui sont aptes à gouverner les grandes choses, n'aiment pas à s'occuper de vétilles. Je pense que vous m'aurez compris.
(Lie-tzeu chap. 7.)

D. Fatalisme.

Yang-tchou dit : Quatre désirs agitent les hommes, au point de ne leur laisser aucun repos ; à savoir, le désir de la longévité, celui de la réputation, celui d'une dignité, celui de la richesse. Ceux qui ont obtenu ces choses, craignant qu'on ne les leur enlève, ont peur des morts, des vivants, des princes, des supplices. Ils tremblent toujours, en se demandant s'ils mourront ou s'ils vivront, parce qu'ils n'ont rien compris à la fatalité, et croient que les choses extérieures ont pouvoir sur eux. Il est au contraire des hommes, qui, s'en remettant au destin, ne se préoccupent pas de la durée de la vie ; qui dédaignent la réputation, les dignités, les richesses. Toujours satisfaits, ceux-là jouissent d'une paix incomparable, parce qu'ils ont compris que, tout étant régi par la fatalité, rien n'a pouvoir sur eux. *(Lie-tzeu chap. 7.)*

Ki-leang, un ami de *Yang-tchou*, étant tombé malade, se trouva à l'extrémité, au bout de sept jours. Tout en larmes, son fils courut chez tous les médecins des alentours. Le malade dit à *Yang-tchou* : tâche de faire entendre raison à mon imbécile de fils... *Yang-tchou* récita donc au fils la strophe : Ce que le ciel même ne sait pas, comment les hommes pourraient-ils le conjecturer ? Il n'est pas vrai que le ciel bénit, ni que personne soit maudit. La fatalité est aveugle et inéluctable. Qu'est-ce que les médecins et les magiciens y pourront? *(Lie-tzeu chap. 6.)*

Yang-pou le frère cadet de *Yang-tchou* dit à son aîné: Il est des hommes tout semblables pour l'âge, l'extérieur, tous les dons naturels, qui diffèrent absolument, pour la durée de la vie, la fortune, le succès. Je ne m'explique pas ce mystère. — *Yang-tchou* lui répondit: Tu as encore oublié l'adage des anciens que je t'ai répété si souvent; le mystère qu'on ne peut pas expliquer, c'est la fatalité. Il est fait d'obscurités impénétrables, de complications inextricables, d'actions et d'omissions qui s'ajoutent au jour le jour. Ceux qui sont persuadés de l'existence de cette fatalité, ne croient plus à la possibilité d'arriver, par efforts, à prolonger leur vie, à réussir dans leurs entreprises, à éviter le malheur. Ils ne comptent plus sur rien, se sachant les jouets d'un destin aveugle. Droits et intègres, ils ne tendent plus dans aucun sens; ils ne s'affligent ni ne se réjouissent plus de rien; ils n'agissent plus, mais laissent aller toutes choses... Les sentences suivantes de *Hoang-ti*, résument bien la conduite à tenir par l'illuminé. Que le sur-homme reste inerte comme un cadavre, et ne se meuve que passivement, parce qu'on le meut. Qu'il ne raisonne pas, sur son inertie, sur ses mouvements. Qu'il ne se préoccupe jamais de l'avis des hommes, et ne modifie jamais ses sentiments d'après les leurs. Qu'il aille son chemin à lui, suive sa voie propre personnelle. Car personne ne peut lui nuire, la fatalité seule disposant de lui. *(Lie-tzeu chap. 6.)*

E. Épicurisme.

Il faut se donner toute liberté d'écouter, de regarder, de flairer, de goûter; toute licence pour les aises du corps et le repos de l'esprit. Toute restriction mise à quelqu'une de ces facultés, afflige la nature, est une tyrannie. Être libre de toute contrainte, pouvoir satisfaire tous ses instincts, au jour le jour, jusqu'à la mort, voilà ce que j'appelle vivre. Se contraindre, se morigéner, être toujours souffrant, à mon avis, cela n'est pas vivre. *(Lie-tzeu chap. 7.)*

Yang-tchou dit: un logement luxueux, de beaux habits, de bons aliments, de belles femmes, quand on a tout cela, que désirerait-on de plus? qui désirerait davantage, serait un insatiable. Or l'insatiabilité use le cœur, comme les vers rongent le bois. *(Lie-tzeu chap. 7.)*

Yang-tchou dit: *Yuan-hien* fut pauvre à *Lou*, *Tzeu-koung* fut riche à *Wei*. La pauvreté de *Yuan-hien* abrégea sa vie, la richesse de *Tzeu-koung* l'usa de soucis. Mais alors, si la pauvreté et la richesse sont également nuisibles, que faire? Voilà: vivre joyeux, bien traiter son corps, voilà ce qu'il faut faire. Au joyeux, même la pauvreté ne peut nuire, parce qu'il ne s'en afflige pas. A celui qui traite bien son corps, la richesse ne nuira pas non plus, parce qu'il ne s'usera pas de soucis. — *Yang-tchou* dit: s'aider durant la vie, cesser à la mort; j'aime cette parole des anciens. J'entends par s'aider, se procurer les aises de la vie, aliments et chauffage, tous les secours de la vie. J'entends par cesser à la mort, non la suppression des lamentations d'usage, mais celle des gaspillages, tels que la perle ou le jade mis dans la bouche du cadavre, les riches habits, les victimes immolées, les objets offerts au mort. *(Lie-tzeu chap. 7.)*

Yang-tchou dit: Sur mille hommes, pas un ne vit jusqu'à cent ans. Mais mettons que, sur mille, il y ait un centenaire. Une grande partie de sa vie aura été passée dans l'impuissance de la première enfance et la décrépitude de l'extrême vieillesse. Une grande partie aura été consumée, par le sommeil de la nuit, par les distractions du jour. Une grande partie aura été stérilisée par la tristesse ou la crainte. Reste une fraction relativement bien faible, pour l'action et pour la jouissance. — Mais qu'est-ce qui le décidera à agir? de quoi jouira-t-il?.. Sera-ce la beauté des formes et des sons? Ces choses-là, ou lassent, ou ne durent pas... Sera-ce la loi, avec ses récompenses et ses châtiments, ses distinctions et ses flétrissures? Ces motifs-là sont trop faibles. Un blâme est-il si redoutable? Un titre posthume est-il si enviable? Y a-t-il lieu, pour si peu, de renoncer au plaisir des yeux et des oreilles, d'appliquer le frein moral à son extérieur et à son intérieur? Passer sa vie ainsi, dans la privation et la contrainte, est-ce moins dur que de la passer en prison et dans les entraves? Non sans doute. Aussi les anciens qui savaient que la vie et la mort sont deux phases alternatives et passagères, laissaient-ils leurs instincts se manifester librement, sans contraindre leurs appétits naturels, sans priver leur corps de ses plaisirs. Peu leur importait l'éloge ou le blâme durant la vie ou après la mort. Ils donnaient à leur nature ses satisfactions, et laissaient les autres prendre les leurs. *(Lie-tzeu chap. 7.)*

Yang-tchou dit: Les choses de la plus haute antiquité ont si bien disparu, que personne ne pourra plus les conter. Les affaires des trois Augustes, sont à peu près oubliées. Celles des cinq Souverains, sont confuses comme un rêve. Celles des trois Empereurs, on en sait la cent-millième partie. Des affaires contemporaines, on sait la dix-millième partie. De ce qu'on a vu soi-même, on retient la millième partie. La haute antiquité est si loin de nous! *Fou-hi* régna il y a plus de trois cent mille ans, et depuis lors, dans le monde, il y a des sages et des sots, des choses belles et d'autres laides, des succès et des insuccès, du bien et du mal. Tout cela se suit sans cesse, en chaîne continue, tantôt plus lentement, tantôt plus vite. Est-ce bien la peine de fatiguer son esprit et son corps, pour obtenir une réputation posthume de bon prince, laquelle durera quelques siècles, et dont on n'aura même pas connaissance? Cela coûte le plaisir de toute la vie, et ne rafraîchit pas les os après la mort. *(Lie-tzeu chap. 7.)*

Yang-tchou dit: Les êtres diffèrent dans la vie, mais non dans la mort. Durant la vie, les uns sont sages et les autres sots, les uns sont nobles et les autres vils; à la mort, tous sont également une masse de charogne fondante. Ces différences dans la vie, cette égalité dans la mort, sont l'œuvre de la fatalité. Il ne faut pas considérer comme des entités réelles, la sagesse et la sottise, la noblesse et la vulgarité, qui ne sont que des modalités réparties au hasard sur la masse des hommes. Quelle qu'ait été la durée et la forme de la vie, elle est terminée par la mort. Le bon et le sage, le méchant et le sot, meurent tous également. A la mort des empereurs *Yao* et *Chounn,* des tyrans *Kie* et *Sinn,* il ne resta que des cadavres putrides, impossibles à distinguer. Donc, vivre la vie présente, sans se préoccuper de ce qui suivra la mort. *(Lie-tzeu chap. 7.)*

Chounn, U, Tan duc de *Tcheou* et *Confucius,* les quatre Sages (des Confuciistes), n'eurent pas, durant leur vie, un seul jour de vrai contentement. Après leur mort, leur réputation grandit d'âge en âge. Ce vain renom posthume est-il une compensation pour les vrais plaisirs dont ils se privèrent durant leur vie? Maintenant on les loue, on leur fait des offrandes, sans qu'ils en sachent rien, pas plus qu'un soliveau ou une motte de terre. — Tandis que *Kie*, riche, puissant, savant, redouté, jouit de tous les plaisirs, satisfit tous ses appétits, fut glorieux jusqu'à sa mort, eut tout ce que les hommes qui vivent selon la nature désirent. — *Sinn* lui aussi se moqua des rits, et s'amusa jusqu'à sa mort, sort que les hommes qui vivent selon la nature préfèrent. — Ces deux hommes eurent, durant leur vie, tout ce qu'ils voulurent. Maintenant, sans doute, on les appelle sots, méchants, tyrans; mais qu'est-ce que cela peut leur faire? ils n'en savent rien, pas plus qu'un soliveau ou une motte de terre. — Les quatre Sages ont souffert tous les maux, sont morts tristement, et n'ont pour toute compensation que leur vaine renommée. Les deux Tyrans ont joui de tous les biens jusqu'à la mort, et ne souffrent pas maintenant de leur mauvaise réputation. *(Lie-tzeu chap. 7.)*

Mongsounn-yang demanda à *Yang-tchou:* Un homme qui veille sur sa vie et qui soigne son corps, peut-il arriver à ne jamais mourir? — Il arrivera certainement à vivre plus longtemps, dit *Yang-tchou*. Mais, vivre plus longtemps, est-ce un résultat qui vaille qu'on se donne tant de mal, que l'on fasse tant d'efforts? Le monde a toujours été, et sera toujours, plein de passions, de dangers, de maux, de vicissitudes. On y entend, on y voit toujours les mêmes choses; les changements même n'y aboutissent à rien de nouveau. Au bout de cent ans d'existence, ceux qui ne sont pas morts de douleur, meurent d'ennui. — Alors, dit *Mongsounn-yang*, d'après vous, l'idéal serait le suicide? — Du tout, dit *Yang-tchou*. Il faut supporter la vie tant qu'elle dure, en s'ingéniant à se procurer toutes les satisfactions possibles. Il faut accepter la mort quand elle vient, en se consolant par la pensée que tout va être fini. On peut ne pas prolonger sa vie, mais on ne doit pas hâter sa mort. *(Lie-tzeu chap. 7.)*

Toanmou-chou de la maison princière de *Wei*, employa la grande fortune amassée par ses ancêtres, à faire plaisir à soi et aux autres. Bâtiments, jardins, mets, costumes, musique, harem, pour tout cela il éclipsa les princes de *Ts'i* et de *Tch'ou*. Il satisfit, pour lui et pour ses hôtes, tous les désirs du cœur, des oreilles, des yeux, de la bouche, faisant venir à cette fin les objets les plus rares des pays les plus lointains. Il voyageait avec le même luxe et les mêmes commodités. Les hôtes affluaient chez lui par centaines, le feu ne s'éteignait jamais dans ses cuisines, la musique ne cessait jamais de retentir dans ses salles. Il répandait le surplus de ses richesses, sur ses parents, sur ses concitoyens, sur son pays. Il soutint ce train durant soixante années. Alors sentant ses forces l'abandonner et la mort approcher, en un an il distribua en cadeaux toutes ses possessions, n'en donnant rien à ses enfants. Il se dépouilla si bien, que, dans sa dernière maladie, il manqua des médicaments nécessaires, et que, après sa mort, l'argent pour ses funérailles fit défaut. Ceux qui avaient bénéficié de ses largesses, se cotisèrent alors, l'ensevelirent, et constituèrent un pécule à ses descendants... Que faut-il penser de la conduite de cet homme?.. Certains jugent qu'il agit en fou, et déshonora ses ancêtres. Moi je pense qu'il se conduisit en homme supérieur, et fut beaucoup plus sage que ses économes devanciers. *(Lie-tzeu chap. 7.)*

F. Égoïsme.

Yang-tchou dit: *Tzeu-kao* n'aurait pas sacrifié un poil, pour l'amour de qui que ce fût. Il quitta la capitale, et se fit laboureur dans un recoin ignoré. Le grand

U au contraire se dépensa et s'usa tout entier pour les autres. — Les anciens ne donnaient pas un poil à l'état, et n'auraient pas accepté qu'on se dévouât pour eux au nom de l'état. C'est dans ces temps-là, alors que les particuliers ne faisaient rien pour l'état, et que l'état ne faisait rien pour les particuliers; c'est dans ces temps-là, que l'état se portait bien. — Et vous, demanda *K'inn-kou-li* à *Yang-tchou*, sacrifieriez-vous un poil de votre corps, pour le bien de l'état? — Un poil, dit *Yang-tchou*, ne lui profiterait guère. — Mais enfin, s'il lui profitait, le sacrifieriez-vous? insista *K'inn-kou-li*. — *Yang-tchou* ne répondit pas. *(Lie-tzeu chap. 7.)* — C'est ce texte qui a servi à Mencius de thème pour ses attaques contre *Yang-tchou*. Maître *Yang*, dit-il, préconisa le «chacun pour soi». Il ne se serait pas arraché un poil, pour le bien de l'empire. 楊子取爲我。拔一毛而利天下、不爲也。 Cette phrase est des plus célèbres, dans la littérature chinoise. Désespérant de son malheureux temps, *Yang-tchou* pensa et prêcha-t-il que, s'amuser de son mieux, était la meilleure chose à faire? En tout cas, à toutes les périodes troublées de l'histoire, de nombreux taoïstes tinrent cette conduite, noyèrent leurs soucis dans le vin, nocèrent en attendant la mort.

Sources et Ouvrages. — Le septième chapitre de l'œuvre de 列子 *Lie-tzeu*. Vous le trouverez, texte et traduction, dans L. Wieger S.J. Les Pères du système taoïste. — Le texte de Mencius se trouve dans S. Couvreur S.J. Les Quatre Livres, page 620.

Vase rituel antique.

Vingt-quatrième Leçon.

L'âge de fer. 墨翟 *Mei-ti*. Altruisme. Foi.

Sommaire. — **A**. Les thèmes de *Mei-ti*. — **B**. Charité pour tous. Pas de guerres. — **C**. Économie. Vie simple et frugale. — D. Croire au Ciel et aux Mânes.

———

Le même spectacle de l'âge de fer qui fit l'égoïste 楊朱 *Yang-tchou*, fit aussi l'altruiste 墨翟 *Mei-ti*, le seul écrivain chinois dont on puisse penser qu'il crut en Dieu, le seul apôtre de la charité et chevalier du droit que la Chine ait produit. Je consacrerai la présente Leçon à cette belle figure. Les dates précises de sa vie, naissance et mort, ne nous sont pas connues. On sait seulement qu'il vécut au cinquième siècle, plutôt dans la seconde moitié du cinquième siècle, après *Lao-tzeu* et Confucius, avant *Lie-tzeu* et *Tchoang-tzeu*. Il mourut avant l'an 400, probablement. J'ai dit (page 203) que *Mei-ti* ne tint pas école, à proprement parler. Mais il fut un modèle et eut des imitateurs.

———

A. Voici les thèmes principaux de *Mei-ti*.

1º Les princes se battaient, par ambition égoïste, pour s'agrandir. *Mei-ti* leur prêcha hardiment que la charité, charité s'étendant à tous, est le premier devoir. Au nom de cette charité, il exigea qu'ils cessassent leurs aggressions.

2º. Parfois les guerres avaient pour raison la cupidité, le désir de s'emparer d'un riche butin, d'un objet rare. *Mei-ti* prêcha la simplicité de la vie, la frugalité et l'économie.

3º. Cherchant la racine profonde des maux de son temps, de la ruine des mœurs, *Mei-ti* la trouve dans la substitution de la philosophie moderne à la religion antique. Le Souverain d'en haut et les Mânes glorieux sont oubliés. La croyance au fatalisme dispense les princes d'avoir une morale et de la conscience. *Mei-ti* prêcha, en des pages magnifiques, la nécessité du retour à la foi des Anciens, la crainte du Ciel et des Mânes, le néant des théories fatalistes.

4º. Des politiciens rhéteurs et des sophistes de profession, trompaient les princes et les engageaient dans leurs criminelles entreprises. *Mei-ti* voulut que ses imitateurs possédassent l'art d'argumenter solidement, pour confondre ces mauvais conseillers et détromper leurs dupes. Il créa à cet effet le premier traité chinois de logique, que d'autres développèrent.

5º. Mais aux coups de main de cette sauvage époque, il fallait opposer quelque chose de plus fort que des arguments. *Mei-ti* le sentit. Par son exemple se forma une sorte de chevalerie, politiques et guerriers, qui volait au secours du faible injustement attaqué. Il composa un traité de guerre défensive, que d'autres augmentèrent. Il paraît que *Mei-ti* fut un ingénieur habile. Sa réputation comme constructeur de machines, a traversé les âges, incontestée.

Comme je l'ai dit en commençant, cet homme ne fut pas banal. Son élévation morale arracha des cris d'admiration à ses contradicteurs les plus acharnés. Je vais résumer les principaux chapitres de son œuvre, trop prolixes pour que je puisse les citer en entier.

-◊-◊-

B. Chapitres 兼愛 *kien-nai* charité pour tous, et 非攻 *fei-koung* n'attaquez pas.

«Pour remédier au triste état de l'empire, il faut, comme font les bons médecins, aller à la racine du mal. Or cette racine de tous les maux actuels, c'est que les hommes ne s'aiment plus les uns les autres. Chacun cherche son intérêt seul, son intérêt avant tout, au mépris de l'intérêt d'autrui. Pour l'amour de sa principauté, on cherche à ruiner les autres principautés. Pour l'amour de sa famille, on cherche à nuire aux autres familles. Pour l'amour de soi-même, le père travaille contre son fils, le fils machine contre son père. Oui, tout mal vient de l'amour exclusif de soi-même, de l'égoïsme. Tout bien viendrait, pour les particuliers et pour l'état, de la charité pour tous, du respect réciproque des titres et des droits d'un chacun. Considérez les affaires d'autrui comme les vôtres propres, aidez avec bienveillance les autres à obtenir leur avantage, et le monde sera transformé du coup. Tout mal est venu de la distinction du moi et du toi, du mien et du tien. De là tous les litiges, de là toutes les guerres. Cessez d'être égoïstes, devenez altruistes; faites céder votre bien particulier au bien commun, et tout changera de face.» (*Chap. kien-nai.*)

«L'homme qui s'est emparé, par la force ou la ruse, des fruits, des poules ou des porcs, des chevaux d'autrui, tout le monde l'appelle un voleur ou un brigand. Combien plus faut-il appliquer ces épithètes, à celui qui s'est approprié, par la force ou la ruse, un fief autre que le sien. — Celui qui a tué un homme, est une fois assassin ; celui qui a tué dix hommes, est dix fois assassin ; quiconque a tué cent hommes, est cent fois assassin. Alors le prince conquérant est assassin, autant de fois qu'il a fait périr d'hommes. Et pourtant, trop souvent, cet archi-assassin s'admire et trouve des admirateurs. Quelle perversion du sens moral!.. Est-ce que, multiplié à l'infini, le mal deviendrait bien? Autant vaudrait dire que, multiplié à l'infini, un point noir devient une surface blanche… Toute conquête est un crime, par le fait qu'elle est contre le droit, quoi qu'en disent les politiciens sans conscience… Faut-il parler des maux qui accompagnent ces iniquités? mort prématurée et violente d'un grand nombre d'hommes, souffrances de toute sorte de ceux qui survivent, destruction des provisions et ressources d'un pays, exactions pour couvrir les frais de la campagne ; les Mânes privés de leurs soutiens, de leurs offrandes!.. Tout cela, parce qu'un prince s'est dit : moi je veux devenir célèbre comme conquérant! moi je veux agrandir mon territoire!.. Or on n'est pas prince, pour sa gloire, pour son profit. On est prince, pour servir le Souverain d'en haut, les Monts et les Fleuves, les Mânes glorieux. Qui fait bien cela, le Ciel le récompense, les Mânes l'enrichissent, le peuple le loue. Ces princes-là, sont rares de nos jours. Au contraire, parmi les princes actuels, c'est à qui détruira le plus de moissons en herbe, coupera le plus d'arbres fruitiers, tuera le plus d'animaux domestiques, rasera le plus de villes, fera mourir le plus d'hommes, privera le plus de Mânes de leurs appuis. Et que vous servira de vous emparer de plus de terres que vous n'en pourrez gouverner et cultiver?! L'institution et la délimitation des fiefs, furent faites par les empereurs, au nom du Ciel. Ils furent ainsi divisés et délimités, précisément pour qu'ils pussent être bien gouvernés et cultivés. C'est donc le devoir de chaque prince feudataire, de maintenir les fiefs dans leur nombre et état initial. Que les grands fiefs protègent les petits, s'entremettent quand ils ont des différends, les aident à entretenir les murs de leurs villes, leur prêtent du grain dans les années de disette. Que personne ne se laisse séduire par cette maxime des égoïstes «le malheur d'autrui est mon bonheur à moi». Surtout qu'on n'abuse pas de sa grandeur et de sa force, pour conquérir et annexer plus petit et plus faible que soi.» (*Chap. fei-koung.*)

— ⋄ ⋄ —

C. Chapitres 節 用 *tsie-young* économie dans la dépense, 節 葬 *tsie-tsang* économie dans les funérailles, 非 樂 *fei-yao* pas de fêtes ruineuses.

«Les Anciens avaient organisé la propriété et les impôts, de telle sorte que chaque ménage pût vivre à l'aise du produit de ses champs. Tout homme devait être marié à vingt ans; toute fille devait prendre un mari à quinze ans; chaque ménage devait avoir un enfant, tous les deux ou trois ans en moyenne. Grâce à la surveillance paternelle de l'état, nourriture, vêtements, armes, moyens de transport, tout suffisait. On ne tolérait, en fait d'artisans, que ceux qui fabriquaient les objets nécessaires, le luxe et l'art étant prohibés. — Les princes de nos jours ont détruit cette organisation si sage. Hommes et biens, tout est sacrifié pour leurs guerres. Enrôlés, les jeunes gens ne peuvent pas se marier, les hommes mariés sont tués; on ne voit partout que filles et veuves. Les exactions du fisc enlèvent au peuple le fruit de son travail, le privent de nourriture et de vêtements; tandis que les armes et les moyens de transport, lui sont arrachés par les réquisitions.» (*Chap. tsie-young.*)

«Un autre motif d'exactions ruineuses pour le peuple, c'est le luxe que les princes modernes ont introduit dans les funérailles. A quoi bon enterrer tant d'objets précieux, avec les cadavres des princes ou des officiers? A quoi bon des tombes si fastueuses, un deuil si prolongé? Les Anciens n'ont jamais voulu, que la dépense pour les morts ruinât les vivants; ni qu'un deuil d'une longueur et d'une rigueur exagérées, arrêtât la procréation de leurs descendants et diminuât la fortune de leur famille. Les Anciens exigeaient seulement, que le cadavre fût revêtu de trois habits, que le bois du cercueil eût trois pouces d'épaisseur; que la fosse ne fût pas creusée jusqu'à l'eau pour ne pas la souiller, et qu'elle ne fût pas si peu profonde qu'on sentît l'odeur de la décomposition; dans leur idée, le deuil ne devait nuire, ni à la procréation, ni à la fortune. Or maintenant, de par les princes, pour ne pas parler des objets gaspillés aux funérailles, on exige que ceux qui portent le deuil, s'exténuent par le jeûne, au point de ne pouvoir se lever de terre qu'en s'aidant de leurs mains, au point de ne pouvoir marcher qu'en s'appuyant sur une canne. On exige que, durant trois ans, ils négligent tous leurs intérêts domestiques, et ne s'occupent d'aucune affaire; on exige que leurs femmes gardent strictement, durant tout ce temps, la continence des veuves. Ce sont là des principes faux et des usages ruineux. En ce faisant, vous n'obtiendrez pas la bénédiction des Mânes; vous encourrez leur malédiction. Car vous appauvrissez, diminuez, éteignez même les familles, privant les Mânes de leurs appuis et de leurs offrandes. » (*Chap. tsie-tsang.*)

Un troisième motif d'exaction, c'étaient les orchestres et les corps de ballet, musiciens, danseurs, baladins et mimes, que les princes d'alors entretenaient en grand nombre et à très grands frais. Cette tourbe égayait les orgies princières. *Mei-ti* flétrit les princes qui négligeaient le soin du gouvernement pour ces plaisirs vulgaires, et les accuse d'inhumanité parce qu'ils arrachaient au peuple le nécessaire pour se payer ces superfluités. » (*Chap. fei-yao.*)

-◇- -◇-

D. Chapitres 非命 *fei-ming* contre la croyance au fatalisme; 天志 *t'ien-tchen* la volonté du Ciel, loi suprême; 明鬼 *ming-koei* faire revivre la foi aux Mânes.

« La théorie du fatalisme, est le grand mal de l'empire. C'est la croyance à un destin aveugle, qui a éteint la foi au Ciel et aux Mânes, qui a par suite privé les hommes des bénédictions du Ciel et des Mânes. C'est la croyance que tout dépend du destin seulement, qui a ruiné la morale, en supprimant la foi aux sanctions diverses du bien et du mal. Les fatalistes disent: le bonheur ne se mérite pas, le malheur ne s'évite pas; bien traiter autrui ne profite pas, maltraiter autrui ne nuit pas. Cette doctrine perverse a plu aux princes. Depuis qu'elle a cours, ils font tout ce qu'ils veulent, se permettent sans vergogne toutes les injustices, osent sans remords tous les attentats. Le fatalisme, c'est la doctrine des supérieurs tyranniques et des inférieurs désespérés. Tout homme aimant la justice et l'humanité, doit s'opposer à elle de tout son pouvoir. » (*Chap. fei-ming.*)

Ceux qui, de nos jours, ont encore quelque peu de conduite, se tiennent par peur de leurs familiers, de leurs voisins, des officiers du gouvernement. Quel petit motif! — Le grand motif de se bien conduire, ce doit être la crainte du Ciel, du Seigneur du monde, celui qui voit tout ce qui se fait, dans les bois, les vallées, les lieux obscurs, là où l'œil d'aucun homme ne pénètre. C'est Lui qu'il ne faut pas irriter, c'est à Lui qu'il faut tâcher de plaire. Or le Ciel veut le bien et hait le mal, il aime la justice et déteste l'injustice. Tout pouvoir, sur la terre, lui est subordonné, doit s'exercer selon ses vues. L'empereur est l'homme le plus puissant de ce monde, mais le Ciel est au-dessus de lui. L'empereur gouverne au nom du Ciel, mais c'est le Ciel qui donne le succès, le bonheur, à condition que sa volonté ait été faite. Jadis on savait bien cela; maintenant on l'ignore trop; il faudrait que ces vérités fussent de nouveau bien enseignées à tous. — Le Ciel veut que le prince fasse du bien au peuple, que tous les hommes s'aiment les uns les autres, parce que le Ciel aime tous les hommes. Quand le Ciel voit un homme bienfaisant, il se dit: celui-là aime tous ceux que j'aime et fait du bien à tous ceux à qui je veux du bien; et il élève cet homme. Quand le Ciel voit un homme malfaisant, il se dit: celui-là hait tous ceux que j'aime et fait du mal à tous ceux à qui je veux du bien; et il abaisse cet homme. Non, la raison dernière n'est pas la volonté d'un prince ou de l'empereur; c'est la volonté du Ciel. Le Ciel abomine qu'on opprime, qu'on tue un innocent. Alors quels doivent être ses sentiments à l'égard de ces princes conquérants, puissants qui écrasent les faibles, malins qui trompent les simples, hommes iniques pour lesquels il n'y a ni droit ni justice?! —

On ne voit plus qu'aggressions et invasions, moissons foulées, arbres coupés, bestiaux tués, murailles rasées, temples brûlés, hommes ou massacrés ou réduits en servage, femmes veuves et enfants orphelins. Et quand ils ont accompli quelqu'un de ces coups, ils notifient ce *succès* à leurs amis, et ces amis les félicitent. Se peut-il que le sens moral des hommes soit perverti à ce point-là! On félicite les voleurs de principautés! Alors pourquoi punit-on les voleurs de pêches, de poires, de pastèques? Serait-ce parce qu'ils ont volé trop peu?.. On ignorait jadis, que le noir multiplié devînt blanc, que l'amertume renforcée devînt sucre, que l'assassinat en masse soit une vertu. Il a fallu les princes de nos jours et leurs politiciens, pour qu'on en vînt à croire cela. — Ils se trompent, ces malfaiteurs, quand ils se félicitent, quand ils se promettent l'impunité. Le Ciel les exècre. Le Ciel les châtiera. Quand l'homme ne fait pas ce que le Ciel veut, ou fait ce que le Ciel ne veut pas, le Ciel ne fait pas non plus ce que l'homme voudrait, ou fait ce que l'homme ne veut pas. Il sévit, dans ces cas, par les maladies, la disette, les fléaux de toute sorte. Les Anciens le savaient bien, et cherchaient le bonheur dans la conformité aux intentions du Ciel. Les modernes font autrement. Leur crime contre le Ciel, est pire que la rébellion d'un fils contre son père, d'un officier contre son prince. Aussi périront-ils certainement. Ceux qui sont coupables de lèse-majesté humaine, peuvent parfois se sauver par la fuite. Mais où se réfugiera le coupable de lèse-majesté divine? Pour lui pas de salut!» *(Chap. t'ien-tcheu.)*

«Le fait qu'on ne croit plus à l'existence des Mânes, à l'effet de leur bénédiction et de leur malédiction, est un grand malheur pour les gouvernants et pour les peuples. Comment peut-on douter de leur existence, de leur puissance, alors qu'ils se sont manifestés tant de fois, en plein jour, devant de nombreux spectateurs?.. L'empereur 宣 *Suan* des *Tcheou*, fut tué en plein midi, en présence d'une grande foule, par 杜伯 *Tou-pai* qu'il avait fait périr injustement (page 113). Le fait est consigné dans les *Annales des Tcheou*, et les maîtres l'enseignaient jadis à tous les enfants... Tout récemment, dans le duché de 齊 *Ts'i*, deux plaideurs ayant poursuivi un litige durant trois ans, et le procès restant insoluble, le duc 莊 *Tchoang* (553-548) leur déféra le serment, devant le tertre du Patron du sol, sur un bélier qui serait ensuite immolé. Le premier des deux processifs jura tranquillement. Tandis que le second récitait la formule d'imprécation, le bélier se précipita sur lui, le plaqua contre le tertre, et le tua à coups de corne. (J'omets plusieurs autres anecdotes semblables.)... Oui, conclut *Mei-tzeu*, quelque profonde que soit une vallée, quelque sombre que soit une forêt, quelque obscure que soit une caverne, les Mânes voient ce qui s'y passe; on peut échapper aux regards des hommes, mais pas aux leurs. — Quelle foi les Anciens avaient en eux! Comme ils avaient confiance en eux! Comme ils les révéraient et les craignaient! Tout acte important se faisait, toute résolution grave se prenait, devant le tertre du Patron du sol, ou devant les tablettes des Ancêtres. Dans toute fondation nouvelle, l'érection du tertre et du temple passait avant tout. Durant toute la vie, les offrandes aux Mânes étaient le souci principal. Les hommes vivants et les affaires humaines, ne venaient qu'au second rang. En vue de transmettre leur foi à leurs descendants, les Anciens la formulèrent par écrit à chaque occasion, plus que souvent. Pas un pied de leurs écrits sur soie, pas une planchette de leurs écrits sur bois sur lesquels les Mânes ne soient nommés, une ou plusieurs fois... Tant que cette foi sera conservée vive, le gouvernement sera facile, les mœurs seront bonnes. Si elle venait à s'éteindre, tout serait perdu. Il faut que princes officiers et peuple, espèrent être bénis par les Mânes, et craignent d'être maudits par eux. » *(Chap. ming-koei.)*

Sources. — L'œuvre de *Mei-ti*, en librairie 墨 子 *Mei-tzeu*, non traduite jusqu'ici. Elle se compose, chapitre par chapitre, de une, deux, jusqu'à trois répétitions du même sujet, en paroles différentes. Ce qui prouve que *Mei-ti* n'écrivit pas, et que ses discours, recueillis et rédigés par divers auditeurs indépendants, furent plus tard colligés en cette manière, qu'on mit bout à bout les fragments relatifs au même sujet.

Troisième dynastie, costumes.

Vingt-cinquième Leçon.

L'âge de fer. Les Sophistes des 5ᵉ-3ᵉ siècles. Leur rôle.

Sommaire. — **A.** La dialectique de 墨翟 *Mei-ti*, probablement exotique. — **B.** Exemples de ses thèmes d'exercice. — **C.** Le sophiste 惠施 *Hoei-cheu*. — **D.** Le sophiste 公孫龍 *Koungsounn-loung*. — **E.** Résumé de l'opuscule de ce dernier. — **F.** Anecdotes.

A. J'ai dit, dans la Leçon précédente, que, pour rendre plus efficaces les discours de ses imitateurs en faveur de la paix, *Mei-ti* voulut qu'ils apprissent la logique et s'exerçassent à la dialectique. Un chapitre de ses œuvres est consacré à ce sujet. Ce chapitre a été probablement retouché par d'autres mains, et date, sous sa forme actuelle, de la fin du cinquième, ou du commencement du quatrième siècle. C'est le premier texte de ce qu'on appela plus tard 名家 *ming-kia*, l'école de la dénomination, des noms et des définitions, etc. Cette dialectique, qui dégénéra très vite en sophistique, est-elle vraiment d'origine chinoise? Je ne le crois pas. — J'observe d'abord que le texte attribué à *Mei-ti*, est antérieur, de cent ans au plus, de cinquante ans au moins, au premier contact de l'hellénisme avec l'Inde (Alexandre, 327). Aussi bien n'est-ce pas aux Grecs qu'il faut penser. Précisément au temps de *Mei-ti*, la logique *Nyāya* de *Gautama* faisait fureur dans l'Inde. Je pense que si quelque Indianologue confrontait les élucubrations de *Mei-ti* et de ses successeurs, avec le *Nyāya-sūtra*, spécialement avec la section *jalpa* sur la dispute, il y trouverait peut-être, non seulement les matières, mais les termes mêmes dont les dialecticiens et les sophistes chinois se sont servis. Je crois à l'emprunt, parce que rien d'analogue n'avait existé auparavant en Chine; que rien, dans la mentalité chinoise, n'avait préparé cette éclosion. Comme le Taoïsme, la sophistique apparut soudain. Elle fermenta pour un temps tumultueusement, pour disparaître ensuite tout à coup, avec la fin de l'âge féodal, quand disparurent simultanément, et la race des princes imbéciles, et celle des politiciens iniques qui vivaient de les exploiter.

Honnête en tout, *Mei-ti* visa à la formation de l'esprit de ses disciples, non à l'exploitation des princes. Il voulut que les siens s'exerçassent à préciser l'idée d'abord, puis à préciser la définition, la qualification, le 名 terme. Il dressa, pour leurs exercices, une série de thèmes à discuter, de questions à résoudre. Je vais citer les plus typiques de ces thèmes et questions, et pour montrer ce que fut l'œuvre de *Mei-ti*, et dans l'espoir que ces données aideront quelque Indianiste à élucider la question de leur provenance.

B. «Le but de la discussion, dit *Mei-ti*, doit être de distinguer le oui et le non, le vrai et le faux, en vue de produire l'ordre et d'éviter le désordre. L'art de la discussion suppose l'étude préalable du semblable et du dissemblable, de la chose et des termes, du certain et du douteux. Son but est de mettre en évidence la vérité objective, souvent obscurcie ou altérée par les termes, les épithètes, les comparaisons et les abstractions. Ce qui est vrai de soi-même, doit être tenu pour vrai des autres ; ce qui n'est pas vrai de soi-même, ne doit pas être tenu pour vrai des autres. Ce qui est conforme à la nature, voilà le vrai dans tous les êtres; ce qui est contraire à la nature, voilà le faux, l'erreur L'opération qui fait discerner le vrai du faux, c'est l'analyse suivie de la comparaison des éléments obtenus. Ce qui a supporté l'analyse, voilà la vérité; ce qui n'a pas résisté à l'analyse, voilà l'erreur. L'analyse suivie du raisonnement, se termine par l'évidence. Il y a aussi la voie de synthèse, qui groupe des vérités, aboutissant à une conclusion. En résumé, quatre actes font arriver à la vérité; séparer, réunir, formuler, raisonner. La vérité une fois établie, reste à en tirer les applications pratiques. Là interviennent souvent d'autres considérations. Une chose peut être vraie, mais pas applicable. Il se peut qu'il y ait deux manières possibles, une avantageuse et une désavantageuse. De là vient que la conclusion pratique ne suivra pas toujours la conclusion logique.

Après ces principes généraux, voici venir les thèmes et questions d'exercice.

Un cheval blanc, c'est un cheval; monter un cheval blanc, c'est monter un cheval. Un cheval bai, c'est un cheval; monter un cheval bai, c'est aussi monter un cheval. Pourquoi monter un cheval blanc et un cheval bai, est-ce également monter un cheval?

Un esclave est un homme qui sert quelqu'un. Un esclave qui rend des services à ses parents, ne sert pas quelqu'un. Pourquoi?

D'un homme qui aime son frère très bien fait, on ne dit pas qu'il aime un bel homme. Pourquoi?

Un char est fait en bois, mais monter sur un char n'est pas monter sur du bois. Pourquoi?

Un brigand est un homme. Dire qu'il y a beaucoup de brigands, ce n'est pas dire qu'il y a beaucoup d'hommes. Désirer qu'il n'y ait plus de brigands, n'est pas désirer qu'il n'y ait plus d'hommes. Expliquez!

Un coq de combat n'est pas un coq. Tuer un brigand n'est pas tuer un homme. Lire un livre n'est pas aimer ce livre. Pourquoi?

Se jeter dans un puits et s'y être jeté, sortir par une porte et en être sorti, ces termes diffèrent. Comment?

Vie courte et vie longue ne diffèrent pas. Dans quel sens?

Habiter un pays, ce n'est pas avoir ce pays. Pourquoi?

Les pêches étant les fruits des pêchers, pourquoi les épines ne sont-elles pas les fruits des broussailles?

Demander comment va un malade, c'est s'enquérir d'un homme; s'affliger de la maladie d'un malade, ce n'est pas s'affliger d'un homme. — L'âme d'un mort n'est pas un homme, mais l'âme de mon frère défunt c'est mon frère. Expliquez!

D'un cheval qui a de grands yeux, on ne dit pas qu'il est grand. D'un bœuf dont les poils sont jaunes, on dit qu'il est jaune. Mais on ne dit pas d'un bœuf qu'il est nombreux, parce que ses poils sont nombreux. Pourquoi?

Leçon 25.

Du fait que deux chevaux sont blancs, il ne s'ensuit pas que le cheval est blanc. Expliquez!.... Etc.

C. Au quatrième siècle, le sophiste qui nous est le mieux connu, fut 惠施 *Hoei-cheu*, vulgo 惠子 *Hoei-tzeu* maître *Hoei*, compatriote, contemporain et plastron préféré de 莊子 *Tchoang-tzeu*. Il mourut avant 330 probablement. *Hoei-tzeu* fit école. Voici ce qui est dit de lui, dans le chapitre trente-troisième de *Tchoang-tzeu*, rédigé par les disciples de ce dernier... « *Hoei-cheu* fut doué d'un esprit fertile. Il écrivit de quoi charger cinq charrettes (on écrivait alors sur des planchettes). Mais ses discours partaient de rien et n'aboutissaient à rien. Il pérorait en rhéteur, soutenant ou réfutant des propositions dans le genre de celles-ci : Le ciel est plus bas que la terre. Une montagne est plus plane qu'un lac. Il n'y a aucune différence, entre le soleil en son plein et le soleil couchant, ni entre la naissance et la mort d'un être. Parti pour le pays de Ue aujourd'hui, j'en suis revenu hier. La grande unité, c'est ce qui est si grand, qu'il n'y a rien en dehors ; et la petite unité, c'est ce qui est si petit, qu'il n'y a rien en dedans. — *Hoei-cheu* raffolait de ces discussions, qui lui valurent, par tout l'empire, la réputation d'un sophiste habile. A son imitation, d'autres s'exercèrent aux mêmes joutes. Voici des exemples de leurs thèmes favoris : Un œuf a des plumes. Un coq a trois pattes. Il n'y a aucune différence entre un chien et un mouton. Les chevaux pondent des œufs. Les clous ont des queues. Le feu n'est pas chaud. Les roues d'un char en marche, ne touchent pas la terre. L'œil ne voit pas. Le doigt ne touche pas. Le continu ne peut être interrompu. Une tortue est plus allongée qu'un serpent. L'équerre n'étant pas carrée, le compas n'étant pas rond, ne peuvent tracer des carrés et des ronds. La mortaise n'enferme pas le tenon. L'ombre d'un oiseau qui vole, ne se meut pas. Un tour qui tourne, ne marche pas et n'est pas arrêté. Un cheval brun, plus un bœuf noir, font trois. Un poulain orphelin n'eut pas de mère. Une longueur de un pied, qu'on diminue chaque jour de moitié, ne sera jamais réduite à zéro. — C'est sur ces sujets, et d'autres semblables, que ces sophistes discutèrent leur vie durant, sans être jamais à court de paroles. Ils excellèrent à donner le change, à soulever des doutes, à multiplier les incertitudes, à mettre les gens à quia, mais sans jamais convaincre personne de quoi que ce soit, enlaçant seulement leurs patients dans le filet de leurs fallacies, triomphant de voir qu'ils n'arrivaient pas à se dépêtrer. C'est là tout ce qu'ils voulaient. Ils ne prouvèrent jamais rien, et ne réfutèrent jamais personne. *Hoei-cheu* usa tout son temps et toute son intelligence, à inventer des arguties plus subtiles que celles de ses émules. C'était là son ambition, sa gloire. Hélas, quand il avait réduit son adversaire au silence, il n'avait pas raison pour cela. — Il était toujours prêt et dispos, pour de nouvelles acrobaties. Un jour un méridional malin lui demanda de lui expliquer, pourquoi le ciel ne s'effondrait pas, et pourquoi la terre ne s'enfonçait pas. Aussitôt, gravement et bravement, *Hoei-cheu* se mit en devoir de satisfaire ce farceur. Sans un moment de réflexion préalable, il parla, parla, parla encore, sans prendre haleine, sans arriver à aucun bout. — Contredire était son bonheur, mettre à quia était son triomphe. Tous les autres sophistes avaient peur de lui... Pauvre homme! Comme résultat, son activité prodigieuse ne produisit, dans l'univers, pas plus que ne produit le bourdonnement d'un moustique; un peu de bruit inutile. »

Tchoang-tzeu nous apprend *(chap. 24)* que, après la mort de *Hoei-tzeu*, il lui manqua quelque chose; qu'il n'avait jamais disputé contre personne avec autant de plaisir, que contre cet homme-là. Il nous a laissé, sur son plastron préféré, les anecdotes savoureuses que voici:

« *Tchoang-tzeu* demanda à *Hoei-tzeu:* Du fait qu'un archer a atteint par hasard un but qu'il n'avait pas visé, peut-on conclure que c'est un bon archer?.. oui, dit *Hoei-tzeu*. — *Tchoang-tzeu* reprit: Du fait que quelques hommes appellent bonne une doctrine qui leur plaît, peut-on conclure que cette doctrine est bonne?.. oui, dit *Hoei-tzeu*. — Alors, dit *Tchoang-tzeu*, comme vous avez parfois dit vrai, et que quelques-uns vous goûtent, vous valez les maîtres actuels, Confucius et autres. — Je vaux mieux qu'eux, dit *Hoei-tzeu*. C'est celui qui dit le dernier mot, qui a raison. Or voilà beau temps que les disciples de Confucius et autres, épluchent mes arguments et pérorent pour m'étourdir. Jamais ils n'ont pu me faire taire. J'ai toujours parlé le dernier. Donc c'est moi qui l'emporte. » (*Tchoang-tzeu. chap. 24.*)

« *Hoei-tzeu* dit à *Tchoang-tzeu:* Vous ne parlez que de choses inutiles... Lui rendant la monnaie de sa pièce, *Tchoang-tzeu* repartit: Si vous savez ce qui est inutile, vous devez savoir aussi ce qui est utile. La terre est utile à l'homme, puisqu'elle supporte ses pas, n'est-ce pas?.. oui, dit *Hoei-tzeu*. — Et supposé que, devant ses pieds, elle se creuse en abîme, lui sera-t-elle encore utile? demanda *Tchoang-tzeu*... non, dit *Hoei-tzeu*. — Alors, dit *Tchoang-tzeu*, il est démontré que inutile et utile sont synonymes, puisque vous venez d'appeler utile et inutile la même terre. Donc mes discours que vous appelez inutiles, sont utiles. » (*Tchoang-tzeu. chap. 26.*)

« *Tchoang-tzeu* et *Hoei-tzeu* prenaient leur récréation sur la passerelle d'un ruisseau. *Tchoang-tzeu* dit: voyez comme les poissons sautent; c'est là le plaisir des poissons. — Vous n'êtes pas un poisson, dit *Hoei-tzeu*; alors comment savez-vous ce qui est le plaisir des poissons? — Vous n'êtes pas moi, dit *Tchoang-tzeu*; alors comment savez-vous que je ne sais pas ce qui est le plaisir des poissons? — Je ne suis pas vous, dit *Hoei-tzeu*, et par suite je ne sais pas tout ce que vous savez ou ne savez pas, je l'accorde; mais, en tout cas, je sais que vous n'êtes pas un poisson, et il demeure établi, par conséquent, que vous ne savez pas ce qui fait le plaisir des poissons. — Vous êtes pris, dit *Tchoang-tzeu*. Revenons à votre première question. Vous m'avez demandé « comment savez-vous ce qui est le plaisir des poissons?».. par cette phrase, vous avez admis que je le savais; car vous ne m'auriez pas demandé le comment de ce que vous saviez que je ne savais pas. » (*Tchoang-tzeu chap. 17.*)

D. Un autre sophiste, 公孫龍 *Koungsounn-loung*, est à connaître, car il a laissé un opuscule, unique dans son genre, qui est parvenu jusqu'à nous. Ce fut un collatéral de la maison princière de 趙 *Tchao*. Il est nommé dans les œuvres de *Lie-tzeu* et de *Tchoang-tzeu*, mais ces passages furent ajoutés plus tard par des disciples. Les dates de sa naissance et de sa mort sont inconnues. Ce qu'on sait de positif de son histoire, oblige à situer sa vie active, entre 320 et 280, probablement. Il est donc postérieur au contact gréco-indien (327); mais rien d'hellénique n'est perceptible dans son opuscule. Et cet écrit, et les choses que la tradition rapporte de lui, l'assimilent à *Hoei-tzeu* et consorts.

« *Tzeu-u* dit à *Meou* de la maison princière de *Wei: Koungsounn-loung* ne reconnait pas de maître, ne s'entend avec personne, rejette tous les principes reçus, combat toutes les écoles existantes, n'aime que les idées singulières et ne tient que des discours étranges. Tout le but de son verbiage, c'est d'embrouiller les gens et de les mettre au pied du mur. Voici quelques-uns de ses sujets favoris: On peut penser sans exercer son intelligence. On peut toucher sans atteindre. Ce qui est, ne peut pas cesser d'être. Une ombre ne peut pas se mouvoir. Un cheveu peut porter trente mille livres. Un cheval blanc n'est pas un cheval. Un veau orphelin n'a pas eu de mère. Etc. — Vous n'y entendez rien, dit *Meou*. Penser dans l'intelligence concentrée, non active, c'est la pensée la plus profonde. Dans le continu universel, les êtres se touchent sans s'atteindre. Les autres paradoxes apparents qui vous choquent, sont des titres pour introduire la discussion contradictoire des notions de changement, de quantité, de pesanteur, l'identité ou la différence de la substance et des accidents, la relation entre l'état passé et l'état présent, etc. » *(Lie-tzeu, chap. 4.)* — C'est là l'interprétation charitable d'un disciple de *Mei-ti*, d'un brave homme. Il paraît bien cependant que *Koungsounn-loung* fut, non un honnête dialecticien, mais un franc sophiste, à la *Hoei-tzeu*. Dans les pages suivantes, je vais résumer son opuscule inédit.

-+- -+-

E. Chapitre 白馬論 *Pai-ma-lunn*.

Thèse: un blanc-cheval n'est pas un cheval.

Démonstration... Cheval désigne une certaine essence générale et illimitée. Blanc désigne une certaine couleur, notion pareillement générale et illimitée. Si vous composez cheval et blancheur, logiquement, sans porter atteinte aux deux termes, vous aurez cheval blanc; cela peut exister et se dire; car les deux termes composent, sans se nuire l'un à l'autre. Mais si vous qualifiez et dites blanc-cheval, blanc déterminant et limitant la notion générale et illimitée cheval, la détruit; donc blanc-cheval ne peut ni exister ni se dire; blanc-cheval, c'est non-cheval.

Conclusion: un blanc-cheval est un non-cheval, n'est pas un cheval.

Développement... Il n'y a pas, en réalité, de chevaux sans couleur. Pour qui cherche un cheval, un bai fait l'affaire, un pommelé fait aussi l'affaire. Pour qui cherche un blanc-cheval, un bai, un pommelé, ne font plus l'affaire. Si un blanc-cheval était un cheval, un bai ou un pommelé devraient aussi faire l'affaire. Donc un blanc-cheval n'est pas un cheval.

On voit que *Koungsounn-loung* considère son cheval blanc, comme composé de deux éléments généraux subsistants, qui coexistent dans le même individu, à savoir la nature équine et la blancheur. Il n'admet pas la notion d'accident, modifiant la substance sans l'altérer. A ses yeux, toute délimitation détruit l'essence générale.

-+- -+-

Chapitre 指物論 *Tcheu-ou-lunn.*
Thèse: les êtres sont distincts, mais la distinction n'est pas distincte.

Démonstration... Que les êtres sont distincts, cela est évident. Donc il y a distinction; il n'y a pas non-distinction. Mais si on peut constater que les êtres sont distincts, la distinction qui les distingue est inconstatable. Donc la distinction n'est pas distincte.

Développement... Le concept de la distinction se tire, par abstraction, de la constatation d'une multitude d'êtres réels si bien distincts, que chacun a son appellatif propre. C'est donc un concept général. On ne peut pas le nier, puisque l'esprit l'a conçu. Mais on ne peut pas non plus affirmer qu'il existe dans la réalité. — Si l'indistinction existait, il n'y aurait pas d'êtres distincts. Il y a des êtres distincts, donc l'indistinction n'existe pas, donc la distinction existe. Elle n'existe pas en réalité, étant notion abstraite; mais se tire de l'observation globale de la foule des êtres distincts. Donc la distinction n'est pas distincte.

—◆ ◆—

Chapitre 通變論 *T'oung-pien-lunn.*
La dualité vraie, faite de deux entités complètes, ne se ramène pas à l'unité. Mais droit et gauche peuvent se ramener à l'unité; car ce sont deux entités incomplètes, se rapportant à un.

En effet, si *droit* se convertit, il cesse d'être; si *gauche* se convertit, il cesse d'être. Les deux *sont*, par rapport à une entité, et par rapport réciproque.

Droit et gauche font deux, mais ne sont pas une dualité. Car ils n'ont pas de caractéristique absolue propre. — Leur être étant relatif, droit et gauche peuvent se ramener à une entité, et partant à l'unité.

Un bélier et un bœuf ne font pas un, parce que le bélier a des incisives, sa caractéristique, le bœuf n'ayant pas d'incisives, sa caractéristique. Étant ainsi caractérisés, bélier et bœuf diffèrent, et ne peuvent faire un, quant à leurs dents. — Un bélier a des cornes, un bœuf a des cornes; les cornes sont trait commun aux deux; donc un bélier et un bœuf font un, quant à leurs cornes. — Donc un bélier est un bœuf quant aux cornes, un bélier n'est pas un bœuf quant aux dents; un bélier ou un bœuf ne sont pas un cheval, quant à la queue de crins qui caractérise le cheval; et, quant à l'absence de cette queue, le bélier et le bœuf sont encore identiques entre eux, comme ils sont aussi identiques par le fait qu'ils ne sont pas cheval.

Les coqs ont *un* nombre fixe de pattes. Ils en ont *deux*. Ils ont donc, un plus deux, *trois* pattes. — Les bœufs et les moutons ont *un* nombre déterminé de pieds. Ils en ont *quatre*. Donc les bœufs et les moutons, un plus quatre, ont *cinq* pieds. — Prouvez le contraire.

—◆ ◆—

Chapitre 堅白論 *Kien-pai-lunn.*
Soit une pierre dure et blanche. Dureté-blancheur-pierre, cela fait deux, cela ne fait pas trois.

Leçon 25.

En effet, *dureté* est une notion générale abstraite, *blancheur* est une notion générale abstraite. Ces deux notions étant soustraites, *pierre* n'existe plus. Car, ni dur, ni blanc, c'est non-pierre.

La dureté se constate par le tact, la blancheur se constate par la vue; ces deux entités étant soustraites, l'existence de la pierre ne peut plus être constatée; donc elle n'existe plus; elle est non-pierre. Donc, dans dureté-blancheur-pierre, il n'y a que deux réalités; cela fait deux, cela ne fait pas trois.

Quand on a dit d'une pierre qu'elle est dure qu'elle est blanche, tout ce qu'on peut en dire est dit. Du moment qu'on ne peut rien dire de propre de la pierre, c'est qu'elle n'existe pas, c'est qu'elle n'a pas de soi.

On ne peut pas dire que la dureté et la blancheur soient un avec la pierre, et qu'ainsi la pierre se cacherait dans la dureté dans la blancheur. Car l'œil ne constate que la blancheur, le tact ne constate que la dureté. Par quel sens constaterez-vous la pierre?

On infère son existence, direz-vous, du fait qu'il n'y a pas de dureté subsistante en soi, de blancheur existante en soi; donc pierre doit être le support de la dureté et de la blancheur.

Je réponds : c'est là une hypothèse. Votre support supposé est inconstatable. — L'œil voit, par la parcelle de feu qu'il contient et par laquelle l'esprit vital est éclairé; ce processus s'arrête à l'apparence superficielle et n'apprend rien de ce qu'il y a ou non dessous. Le tact estime le poids soupesé et la résistance éprouvée, et passe cette constatation plus intime à l'esprit vital, lequel n'en apprend pas davantage, l'investigation par ce sens n'allant pas plus loin. L'homme ne connaît des êtres extérieurs, que ce que ses sens lui apprennent. S'arrêter là est donc la seule règle de certitude. Vouloir prouver l'existence d'une entité support des apparences perceptibles, c'est illusion.

—✧— —✧—

Chapitre 名寶 *Ming-cheu*.

Le ciel, la terre, et tout ce qu'ils ont produit, sont des êtres. Ce par quoi l'être est tel être, c'est son essence. Ce par quoi une essence est telle essence, c'est son degré dans l'échelle des êtres. Ce degré est fixé par la loi. La loi détermine l'essence, laquelle étant individuée, est ensuite exprimée par un nom. — Si le nom est précis, l'être est bien défini, et distingué des autres; ceci est ceci, cela est cela; ceci n'est pas pris pour cela, ni cela pour ceci. L'imprécision dans la dénomination, cause méprise et désordre. — L'être étant dénommé avec précision, on dit de lui ce qui est à lui, on ne lui attribue pas ce qui n'est pas à lui; on ne dit pas de ceci ce qui convient à cela, on n'attribue pas à cela ce qui appartient à ceci. — Aussi les Anciens attachaient-ils une grande importance à l'étude de l'essence et du nom, à la juste dénomination.

F. Voilà ce qui nous reste des vieux sophistes chinois. Je n'ai pu retrouver, dans ces fragments, un syllogisme *nyâya* entier, en forme. Cela n'ébranle pas mon opinion, que toute cette sophistique est exotique. Les textes que j'ai réunis dans ce chapitre, ne donnent-ils pas l'idée de lectures ou de leçons mal répétées, parce que mal comprises. *Koungsounn-loung* ne fait-il pas l'effet d'un homme, qui a entendu parler de quelque chose de trop profond pour lui, en a retenu les points les plus saillants, et ressert, vaille que vaille, cette science incomplète et non digérée; comme font, de nos jours, certains étudiants chinois, qui débitent des pages de philosophie européenne apprise par cœur, sans guère rien comprenà leur fond? N'importe, ce ramage suffisait pour ahurir les princes sur lesquels les sophistes opéraient. C'est tout ce qu'ils voulaient obtenir.

Tchoang-tzeu nous a laissé, sur la matière, un paragraphe délicieux. — Les principautés *Wei* et *Ts'i* étaient sans cesse en guerre, par la faute, surtout, du roitelet de *Wei*. Un sophiste nommé *Tai* résolut de dire son fait à ce bouteleu. S'étant présenté devant le roi, il entra en matière par l'allégorie suivante: O roi, soit une limace. Cette limace a deux cornes. Sa corne de gauche est le royaume du roi Brutal, sa corne de droite est le royaume du roi Sauvage. Entre ces deux royaumes, la guerre est continuelle. Les morts non inhumés jonchent le sol. Quinze jours après avoir fait la paix, le vaincu cherche de nouveau sa revanche. — Venez au fait, dit le roi de *Wei*. — J'y viens, dit *Tai*. O roi, l'espace est-il limité dans quelqu'une de ses dimensions? — L'espace est illimité dans toutes ses dimensions, dit le roi. — Si l'immense espace est illimité dans tous les sens, dit *Tai*, les deux petits pays de *Wei* et de *Ts'i* ont-ils des frontières? — Ils n'ont pas de frontières, dit le roi, jugeant qu'il ne pouvait pas exiger pour le plus petit, ce qu'il avait refusé au plus grand. — Pas de frontières, dit *Tai*; donc pas de causes de litiges. Mais alors dites-moi, ô roi, en quoi vous différez du roi Sauvage de la corne de droite? — Je ne sais pas, dit le roi. — Le sophiste *Tai* s'éclipsa. — La dispute entre *Wei* et *Ts'i* en resta là. *(Tchoang-tzeu chap. 25.)*

Autre anecdote du même genre, rapportée dans *Lie-tzeu*. — Un sophiste célèbre alla voir le roi de *Song* et demanda à parler devant lui. Le roi commença par lui dire: ce que je n'aime pas entendre, c'est la doctrine de Confucius et de *Mei-ti*; ce que j'aime entendre, ce sont les discours sur la force et la bravoure. Vous voilà averti. Parlez! — Comme c'était l'habitude de ses pareils, le sophiste visa immédiatement à mettre le roi en contradiction avec lui-même. Bien, dit-il. O roi, ne parlons pas de Confucius et de *Mei-ti*. Je vais vous exposer pourquoi les coups des forts et des braves restent souvent sans effet. — Bon sujet, dit le roi. — Ils restent sans effet, dit le sophiste, quand ils ne les portent pas. Or ils ne les portent pas, ou parce qu'ils ne veulent pas, ou parce qu'ils ne peuvent pas. O roi, s'il y avait un coup que vous puissiez faire, qui vous gagnerait les Sages, qui vous attacherait le peuple, qui vous délivrerait de tous les ennuis et vous procurerait tous les biens... S'il y avait un coup pareil à faire, ne voudriez-vous pas le faire? — Je le ferais certainement, dit le roi. — Alors, dit le sophiste, embrassez et propagez la doctrine de Confucius et de *Mei-ti*, et le coup sera fait, et tout ce que j'ai dit s'ensuivra. — Cela dit, le sophiste sortit triomphant. Il était déjà loin, quand le roi de *Song*, revenant de sa stupeur, interpella ses courtisans: «Mais répondez donc! Vous voyez bien que cet homme m'a mis hors d'haleine.» **(*Lie-tzeu* chap. 2.)**

Leçon 25.

Sources. — L'œuvre de *Mei-ti*, en librairie 墨子 *Mei-tzeu*, surtout les chapitres 大取 *Ta-ts'u* et 小取 *Siao-ts'u*. — Les chapitres cités de 列子 *Lie-tzeu* et de 莊子 *Tchoang-tzeu*. Se trouvent, texte et traduction, dans L. Wieger S. J. Les Pères du système taoïste, 1913. — L'opuscule de 公孫龍 *Koungsounn-loung* se trouve en librairie sous son nom.

Troisième dynastie, empereur et impératrice.

孟子 Mencius, costume de son temps.

Vingt-sixième Leçon.

L'âge de fer. Confuciisme utopique.

Sommaire. — I. 子思 *Tzeu-seu.* — Bonté native. Le point neutre, la voie moyenne. Gouverne du cœur. — Les Sages. La triade Ciel-Terre-Sage. Cinq relations et trois qualités.

II. 孟子 *Mong-tzeu*, Mencius. — Psychologie et morale. Bonté naturelle. Le cœur d'enfant. L'intuition. — Convenance. Humanité et équité. — Le sens. La raison. — Tendance à la perfection. — Le Sage. Les disciples. — Piété filiale. — L'étoile polaire. L'empereur-père. Politique et administration. — Polémique.

Les disciples de 老子 *Lao-tzeu* et ceux de 墨子 *Mei-tzeu* voulurent traiter l'âge de fer avec les formules de leurs écoles. Les 儒 Confuciistes ne restèrent pas en arrière. Eux aussi voulurent guérir leur âge, en lui appliquant les formules du Maître, bon exemple du Prince, opportunisme du Sage, piété filiale, etc. J'appelle *utopique* cette première forme du Confuciisme, l'originale, la seule vraie, celle du Maître... parce que, supposant l'homme naturellement bon, ce qu'il n'est pas, et n'admettant que des procédés de gouvernement paternes, elle dut faire et fit en effet fiasco. — Deux noms personnifient le Confuciisme utopique, 子思 *Tzeu-seu* et 孟子 *Mong-tzeu*. Tous deux ont laissé des œuvres importantes, que je vais analyser.

I. 子思 *Tzeu-seu* est le nom littéraire de 孔伋 *K'oung-ki*, le propre et unique petit-fils de Confucius. Né peu avant l'an 500, il vit et entendit son aïeul, jusqu'à l'âge de vingt ans au moins, trente ans au plus, car Confucius mourut en 479. Il vécut jusque vers l'an 440 selon les uns, beaucoup plus longtemps selon d'autres. Le traité 中庸 de la *Voie moyenne*, qui est son œuvre, développe l'opportunisme confuciiste. Il fut conservé d'abord dans le 禮記 *Mémorial des rits*, puis inséré dans le manuel scolaire 四書 les *Quatre Livres*. En voici la substance.

Le décret du Ciel qui fait devenir un être, détermine la nature de cet être. Si l'être suit sa nature, en tout, sans dévier, il sera bon et sa conduite sera bonne. Sinon, il devra être ramené au bien par l'enseignement.

Pour ce qui concerne l'intérieur, la grande loi, c'est de se tenir en repos dans la concentration centrale, *au point neutre*, sans émettre aucun mouvement de passion, plaisir ou colère, complaisance ou aversion. — Suivre toujours *la voie moyenne*, entre l'aversion et la complaisance, sans aversion ni complaisance, c'est la caractéristique du Sage. — Se tenir toujours au point neutre, suivre toujours la voie moyenne, suppose qu'on réprime, même les premiers mouvements du cœur. C'est là l'étude et l'exercice de l'aspirant à la sagesse. — Se tenir toujours au point central, pratiquer en tout l'opportunisme neutre, voilà le but, l'apogée. Peu y atteignent. Le vulgaire reste toujours en deçà; ceux qui ne sont pas parfaitement sages, vont parfois au delà. Car, se tenir ainsi en équilibre, sans incliner d'aucun côté, cela suppose une force d'âme qui manque à beaucoup.

Leçon 26.

Il y a deux sortes de Sages. Les 聖 *Cheng* qui sont sages de naissance, le Ciel leur ayant donné une nature parfaite, et eux l'ayant conservée parfaite; c'est la première catégorie. — Les 賢 *Hien* sont la seconde catégorie. Ils sont devenus sages, par l'enseignement reçu et l'exercice pratiqué. La nature reçue par eux à la naissance fut bonne, mais pas au maximum; ou peut-être fut-elle négligée durant la jeunesse. L'enseignement et l'exercice corrigèrent leurs défauts, augmentèrent leur fonds.

Par leur harmonieuse coopération, le ciel et la terre produisent tous les êtres. Le Sage parfait, dépourvu de vues égoïstes, vraiment altruiste, fait le tiers avec le ciel et la terre. C'est-à-dire qu'il agit sans cesse, comme le ciel et la terre, pour le bien des autres, non pour son propre bien.

Tzeu-seu reconnaît au Sage parfait, une sorte d'instinct qui lui dévoile l'avenir. Cet instinct lui vient de son union au cosmos. Il perçoit confusément le sens de l'évolution du binôme ciel-terre, avant que cette évolution ait abouti à son terme; prévoyant, devinant ainsi, ce que sera ce terme. C'est, dit *Tzeu-seu*, une participation à la qualité de prescience que possèdent les Mânes, les âmes séparées des corps qui flottent dans le cosmos.

Voici le portrait que *Tzeu-seu* fait du Sage: Il ne vexe pas ses inférieurs, et ne flatte pas ses supérieurs. Il exige beaucoup de lui-même, et peu des autres. Il ne se plaint jamais du Ciel, et n'en veut jamais aux hommes. Allant au fil des circonstances changeantes, il attend l'accomplissement de son destin.

Le fondement des mœurs, de la morale, de tout, ce sont les *cinq relations*, entre prince et sujet, entre père et fils, entre mari et femme, entre frères aînés et cadets, entre compagnons et amis. — *Trois qualités* doivent être l'objectif de tous, à savoir: la sagesse qui prévoit qui dispose, la bienveillance dans les rapports entre hommes, la force d'âme contre les difficultés. Tout cela se résume dans le seul mot 誠 *tch'eng* perfection.

II. Après *Tzeu-seu*, 孟軻 *Mong-k'eue*, vulgo *Mong-tzeu* maître *Mong*. d'où la latinisation *Mencius*. Né dans le pays de 魯 *Lou* comme Confucius, il vécut de 372 à 289. Des élèves de *Tzeu-seu* furent ses maîtres. On sait très peu de choses de sa vie. Il erra, à peu près comme Confucius, cherchant à qui donner des leçons de politique. Il nous reste de lui un livre intact, fond important et style superbe. Personne ne contribua autant à la conservation et à la diffusion du Confuciisme original, du Confuciisme utopique, que Mencius, qui est 亞聖 le *second Sage* de la secte. Il est resté, jusqu'à nos jours, le porte-étendard du système. Aussi vais-je analyser son œuvre avec une certaine ampleur.

Son but, Mencius l'a défini lui-même. Je désire, dit-il, rectifier les cœurs des hommes, arrêter la diffusion des doctrines perverses, mettre un frein à la licence, bannir les discours immoraux, afin de faire aboutir l'œuvre des trois grands Sages, 禹 *U* le Grand, le duc de 周 *Tcheou*, et Confucius.

Mencius renvoie souvent, dans son enseignement, à des principes de psychologie et de morale, qu'il me faut exposer avant tout.

La volonté, qui est de l'esprit, doit gouverner l'instinct, lequel tient au corps. La volonté est le principal; cependant l'instinct mérite aussi considération. Il faut

Leçon 26.

être maître de sa volonté, et ne pas étouffer son instinct. Ces deux facultés agissent et réagissent l'une sur l'autre. — Quant à sa nature, Mencius considère l'instinct comme de la matière ténue, exhalaison corporelle, de l'ordre des fumées et vapeurs. Tous les philosophes chinois ont depuis pensé comme lui. Il apparente l'instinct à l'éther cosmique, et l'appelle, dans ce sens, illimité. Il le dit accordé sur la loi universelle de convenance, et devant être entretenu par des actes fréquents de convenance, sous peine de débilitation ou d'extinction. Ces actes doivent être posés avec suite et maturité. Il ne faut pas faire comme celui qui tirait de temps en temps les tiges de son blé, pour le faire pousser plus vite. — L'instinct moral, sorte d'intuition, pivot de la psychologie de Mencius, comprend la conscience, ou même la constitue. C'est lui qui prononce le dictamen moral, d'après la convenance ou la non-convenance de l'acte en question. La convenance est appréciée par l'instinct moral. Elle constitue la moralité, une qualité intrinsèque d'après Mencius. Son adversaire 高子 Kao-tzeu soutenait que c'est la convention qui constitue la moralité. — Quant à la provenance de l'instinct moral, voici l'opinion de Mencius. Inné, mais informe, il germe et se développe dans l'enfant, par suite d'un nombre d'actes positifs de convenance posés. Germé, développé, il doit être alimenté (sic) par les mêmes actes, pour pouvoir durer. Si les actes cessent, il dépérit. Des actes contraires le tueraient.

Ceci est conforme à la théorie du temps sur les deux âmes, théorie que nous connaissons. L'âme supérieure naît et grandit par absorption et condensation de la matière ténue médiane. Cette matière ténue, informée par la norme universelle, est confusément disposée dans le sens de l'ordre; c'est là la bonté originelle si souvent ressassée par Mencius. Par des actes ordonnés répétés, cette disposition confuse devient un instinct défini, l'instinct de l'ordre, l'intuition de la convenance, que Mencius appelle 良知 le *savoir naturel*. Suivre toujours ce dictamen instinctif, voilà la moralité du Confuciisme. Non raisonnée, mais intuitive, et par suite combien subjective, nous aurons à le constater plus d'une fois. Que de cas de conscience, des plus simples, diversement jugés par les Confuciistes. Parce que, en dernière instance, ils fixent plutôt l'opportunisme extrinsèque, que la moralité intrinsèque. Alors ce n'est pas la conscience instinctive qui juge; c'est le sens de l'intérêt. — Quant aux résultats que donne la convenance, comme règle des mœurs, aux mains des Confuciistes, un exemple suffira pour le montrer. La fornication avec une fille, est un grand péché, parce qu'il ne convient absolument pas qu'une fille ait un enfant. L'adultère est un petit péché, parce qu'il convient moins qu'une femme ait un enfant d'un autre que de son mari; cependant, comme l'enfant sera attribué au mari, si le secret est gardé, le désordre est insignifiant, les apparences étant sauves. La sodomie n'est nullement un péché. Au contraire, comme elle resserre la cinquième relation compagnons-amis (page 226), elle est plutôt convenable. Les Lettrés l'entendent ainsi.

Mencius suppose le cœur de l'enfant si bien incliné naturellement vers tout bien, à l'exclusion de tout mal, que l'idéal moral est pour lui la conservation de ce cœur d'enfant. Il affecte de résumer son système dans cette formule. Parmi les hommes, dit-il, ceux-là sont grands, qui, durant toute leur vie, n'ont pas perdu leur cœur d'enfant... Et ailleurs : c'est par la conservation du cœur d'enfant, que le Sage diffère du vulgaire... Cette conservation est laborieuse, dit-il. Elle exige l'exercice prolongé du bien. La paix ne s'acquiert qu'à la longue, dans l'habitude formée, dit Mencius. — Comme Missionnaire ayant pratiqué les païens, j'ajoute, que sans la grâce de Dieu, elle ne s'acquiert pas.

D'après Mencius, l'instinct moral est accompagné nécessairement de quatre dispositions essentielles : 仁 *jenn* faire à autrui le bien qui convient ; 義 *i* protéger autrui contre le mal qui ne convient pas ; 禮 *li* réprimer son égoïsme et pratiquer l'altruisme quand il convient 智 *tcheu* discerner le droit et le tort, et par conséquent ce qui convient dans la pratique. On voit que la quatrième disposition se confond presque avec 良知 le sens moral, l'instinct ; l'instinct étant plutôt théorique, le discernement plutôt pratique. — Ce sont là comme les quatre membres de l'homme moral, sans lesquels il n'est qu'un homme incomplet ; n'est pas un homme, dit Mencius. C'est par ces quatre dispositions, que l'homme diffère des animaux. Les deux premières en particulier, sont comme les traits distinctifs et caractéristiques de l'homme. — L'exercice développe ces quatre dispositions, comme il développe l'instinct moral. Il en rend les actes de plus en plus spontanés et naturels ; comme un feu qu'on attise, brûle de plus en plus ; comme un puits où l'on puise, donne de plus en plus. Tandis que l'inaction les étiole, que des actes contraires les éteignent.

Les deux premières dispositions, que j'appellerai *bienveillance* et *équité*, quoique ces deux mots ne rendent pas adéquatement les définitions précises données ci-dessus ; la bienveillance et l'équité, dis-je, sont les notes propres que le Ciel a départies à l'homme, son degré dans l'échelle des êtres, le niveau auquel il doit se maintenir, la demeure de l'homme, la voie de l'homme, dit Mencius, métaphoriquement. Elles appartiennent en propre au ciel et à la terre, que l'homme imite en les exerçant. — Reste à donner des limites pratiques à ces notions abstraites. Il faut, dit Mencius, éviter, et le purisme rigoriste qui rebute, et la familiarité vulgaire qui rapproche trop. Il ne faut pas, par crainte de se souiller au contact des hommes, faire l'ermite, quand les temps sont mauvais. Il ne faut pas non plus de loyalisme outré et de dévouement aveugle. Il faut, comme Confucius, peser froidement la convenance, dans chaque cas particulier... Et nous voilà revenus à l'instinct personnel, à l'appréciation subjective.. Aussi bien Mencius est-il obligé d'avouer que les intuitions de Confucius ne furent jamais comprises par le vulgaire, et furent souvent discutées par les intellectuels.

Voilà le système. Voici maintenant des textes détachés qui s'y rattachent.

Le Ciel ne parle pas, mais agit, fait aboutir sa volonté. Ce qui arrive spontanément, dans le monde physique et dans le monde moral, c'est son œuvre. Ce qui est devenu sans qu'on l'ait fait, c'est l'œuvre du Ciel.

L'homme naît porté au bien, comme l'eau est portée à couler vers le bas, naturellement. Tout mal est contre nature, autant qu'il est contre la nature de l'eau de couler vers le haut.

Les quatre bonnes dispositions naturelles innées, sont les mêmes dans tous les hommes, comme tous les grains de blé semés dans un champ sont identiques. Donc les hommes devraient tous être également bons. Pourquoi ne le sont-ils pas ? — Les touffes du blé levé ne sont pas identiques, ou par suite d'inégalité du terrain, ou parce qu'on a marché sur telle touffe, etc. De même, le défaut d'éducation, les exemples et les occasions, font que les hommes sont inégalement bons. L'ambiance surtout a une grande influence. Quand la moisson a été bonne, les hommes sont généralement honnêtes. En temps de disette, beaucoup deviennent voleurs.

Chaque espèce d'être, a reçu du Ciel sa règle, sa loi. De là l'uniformité de la nature, de l'instinct, dans l'espèce. Il en est, de l'espèce humaine, comme de toutes les autres.

La loi morale, la voici résumée en peu de mots: ne pas faire ce qui ne doit pas être fait, ne pas vouloir ce qui ne doit pas être voulu.

La pudeur morale, qui fait que, par devers soi, on n'agit pas contre la convenance, est essentielle à l'homme. L'avoir perdue, c'est n'être plus un homme.

La vue, l'ouïe, le goût de tous les hommes, se portent vers les mêmes objets. De même le cœur de tous les hommes se porte vers ce qui convient. S'il n'en est pas ainsi, chez l'un ou l'autre, c'est par le fait d'une destruction violente, comparable au déboisement d'une montagne par la hache. — Il s'agit de la destruction de l'instinct moral.

Mencius attribue un effet curatif moral au sommeil nocturne. Les petits désordres, dit-il, sont réparés, au jour le jour, par le repos de la nuit, si bien que, au matin, la bonté naturelle se trouve restaurée. Quand le désordre devient excessif, et surtout s'il devient nocturne, la réparation étant insuffisante, la perversion s'ensuit. Alors l'homme ne diffère plus de l'animal.

Il faut nourrir (sic) ses bons instincts, et surveiller la tendance au vagabondage du cœur. Ce soin doit être continuel. S'il est intermittent, il n'aura que peu ou pas de résultat. On n'arrive à rien, si on ne se surveille qu'un jour sur dix.

La condition essentielle de l'avancement, dans la culture de soi, dans la mise au point morale, c'est que la convenance ait toujours le dessus dans le conflit avec la sensualité. Une défaite en cette matière est fatale. Tout avantage, fût-ce la vie, doit être sacrifié, plutôt que de poser un acte contre la convenance, un acte qui ne conviendrait pas. — Ne jamais accepter une charge, qui serait offerte contre la convenance, ou sans les rits voulus. Mourir de faim, plutôt que d'accepter le morceau de pain donné en aumône, sans les égards voulus. — Agir contre la convenance, c'est perdre son cœur natif; c'est faire la seule perte redoutable, la seule à laquelle le Sage ne se résoudra jamais. — Hélas! il y a des hommes qui sont malheureux, d'avoir un doigt difforme, d'avoir perdu une poule ou un chien. Et la perte de leur cœur d'enfant, leur difformité morale, ne les fait pas souffrir!

La grandeur de l'homme, lui vient de son esprit, non des sens. Est grand, qui cultive son esprit; est petit, qui flatte ses sens. Les sens étant déraisonnables, sont séduits par les objets, naturellement. L'esprit raisonnable doit discerner et juger, doit se déterminer, non se laisser captiver. C'est là le don propre, fait par le Ciel à l'homme; c'est la loi de l'humanité; c'est la dignité 天爵 spéciale de l'homme, de par le Ciel. Il faut que l'homme lutte, pour conserver cette dignité. Elle s'entretient mieux dans le labeur et la souffrance; le bonheur prolongé l'anémie, l'étiole. Aussi le Ciel prépare-t-il et aide-t-il par la souffrance et le labeur, ceux qu'il destine à de grandes choses.

Une vertu imparfaite, n'est bonne à rien. Le grain qui n'est pas mûr, ne nourrit pas. Le puits qui n'a pas été foré jusqu'à l'eau, ne désaltère pas.

C'est en agissant en tout selon sa raison, que l'homme prouve qu'il comprend le degré spécifique de sa nature, et ce que le Ciel voulut en la lui conférant. Il faut conserver et perfectionner ce don, si l'on veut plaire au Ciel. Vivre raisonnablement sa vie au jour le jour, en attendre le terme en se perfectionnant chaque jour, voilà ce qui s'appelle marcher dans sa voie.

Le vulgaire marche sans savoir où il va, agit sans se demander pourquoi, est mû sa vie durant par des impressions sans loi... Rien de plus anti-humain, que cette vie irréfléchie et sans but !

Pour quiconque veut mûrir, c'est-à-dire développer son cœur natif, ses bonnes facultés, le premier pas à faire, c'est de restreindre, de diminuer ses appétences. Réduire ses désirs au minimum. Se concentrer au maximum.

Quiconque est vertueux dans son fond intérieur, sera certainement altruiste dans sa conduite extérieure. Agir pour son propre intérêt, contre celui des autres, c'est chercher délibérément sa ruine. Agir convenablement, équitablement, respectant les droits d'un chacun au soleil, cela rapporte prospérité et salut.

Voici maintenant des principes, qui firent loi parmi les Lettrés, jusqu'à ces derniers temps.

Quiconque cherche la vertu et le bonheur qu'elle donne, trouvera ; car ces choses intérieures sont à la portée de l'homme. Les biens extérieurs étant aléatoires, dépendant de circonstances dont l'homme n'est pas le maître, leur obtention est incertaine. Le vrai bonheur, c'est de constater que l'on progresse en vertu. Aussi le Sage ne s'applique-t-il qu'à cela.

Le Sage doit être très attentif à ses paroles et à ses actes. Mais il ne doit pas être étroit, inquiet, scrupuleux, morose.

Le Sage n'exige d'autrui, que ce qu'il fait lui-même. Il n'imite pas ceux qui sarclent le champ d'autrui, pas le leur; qui exigent beaucoup d'autrui, et rien de soi.

Le mauvais exemple d'un âge pervers, ne doit pas faire vaciller le Sage. — Qu'il se moque des détracteurs, lesquels ne lui manqueront pas, mais qui ne pourront pas lui nuire.

Le Sage ne doit avoir de rapports, ne doit lier amitié, qu'avec ses pareils, les Sages vivants, et les Sages morts dont l'histoire a conservé les paroles et les exemples. Qu'il ne se commette pas avec les princes.

Mencius veut que le Sage soit fièrement, farouchement indépendant. Même le prince ne doit pas faire appeler le Sage, mais doit aller le voir. S'il n'est pas invité dans les formes, le Sage doit mourir plutôt que d'accepter quoi que ce soit. Le prince lui doit une charge, comme à tous ses pareils. Si on la lui donne, il remerciera une fois, lors de sa nomination ; mais il ne remerciera plus ensuite, quand on lui servira les arrérages de son traitement, lequel lui est dû. S'il n'a pas de charge, et se trouve dans le besoin, il peut accepter un don, une fois, parce que le prince qui lui devrait plus, lui doit cela. Mais il n'acceptera pas de dons renouvelés ou réguliers, qui feraient de lui comme un animal domestique engraissé par le prince.

Leçon 26.

Cette fière indépendance est nécessaire au Sage pour l'exercice de sa mission. Celui-là n'arrivera à rien, dit Mencius, qui fait fléchir les principes pour la commodité d'autrui. Et celui qui courbe l'échine, ne redressera jamais qui que ce soit.

Les trois joies du Sage, sont : 1° que sa famille jouisse de la santé et de la paix... 2° n'avoir rien à se reprocher devant le Ciel et devant les hommes... 3° voir affluer des sujets qui désirent être enseignés par lui.

Le Ciel veut la transmission des connaissances. Il veut que ceux qui ont su les premiers, enseignent ceux qui ne savent pas encore. Le Sage se conforme à ce désir du Ciel, en enseignant. — Par l'enseignement d'autrui, le Sage gagne légitimement sa nourriture. C'est, de tous les gagne-pain, le plus noble. Mais, qui le nourrit, doit de plus l'honorer ; sinon il devra renoncer à sa place. — Qu'il maintienne aussi fièrement le niveau de son enseignement, ne rabattant jamais des principes pour un élève médiocre. Atteigne qui pourra. Il se doit d'être supérieur.

Pour Mencius, et tous les Confuciistes jusqu'à la fin de la dynastie 清 *Ts'ing*, l'instruction comprit toujours l'éducation, la formation. Formation délibérément systématique, longue, lente, dure. Qui a avancé vite, dit Mencius, reculera de même. Qui a avancé lentement, a des chances de persévérer.

Parmi les disciples, Mencius distingue trois catégories, qu'il attribue à Confucius : 1° ceux qui arrivent à l'intuition du principe même de l'opportunisme, de la convenance, et l'appliquent ensuite impeccablement. Ceux-là ont leur règle en eux-mêmes, et deviennent la règle des autres. Ce sont les merles blancs, sujets très rares. — 2° ceux qui, dépourvus d'originalité, sont épris des modèles antiques ; idéalistes qui s'acharnent à copier, à reproduire les Anciens. Sorte bien inférieure à la première, mais encore bonne. — 3° ceux qui ne cherchent qu'une certaine pureté, qui ne veulent pas se souiller au contact du mauvais ou du médiocre ; puristes qui s'abstiennent et s'épluchent. Sorte très inférieure, la dernière acceptable. — Plus bas que cela, il n'y a plus de ressort.

Sur la piété filiale, Mencius reproduit l'enseignement de Confucius. Et, comme Confucius, il pense que cette vertu peut tenir lieu de religion au peuple. — Ne cherchez pas au loin, ne tentez rien d'ardu. Ce que vous devez faire, est tout près et facile. Piété envers les parents, respect envers les supérieurs. — Pour le peuple, la piété filiale est, *in concreto*, la convenance, donc toute la morale pratique nécessaire. Elle est, pour lui, l'expression concrète de la bienveillance et de l'équité. L'oisiveté, le jeu, l'ivrognerie, l'inconduite, l'avarice, la violence, sont des péchés, parce que ces choses frustrent les parents de l'aisance et des avantages auxquels ils ont droit.

Les funérailles et les offrandes aux parents défunts, sont chose encore plus importante que le service des parents vivants. — Des fautes contre la piété filiale, la plus grave c'est de mourir sans laisser de postérité, car elle prive les Ancêtres de leurs offrandes (et en fait des faméliques voués à l'extinction).

Entre père et fils, Mencius exige l'affection cordiale. De là la conséquence, que jamais un père ne doit faire lui-même l'éducation de son fils. Car les punitions qu'il serait obligé d'infliger, lui aliéneraient le cœur de son fils. Car le fils enseigné par son père, constaterait peut-être que celui-ci ne pratique pas ce qu'il enseigne, et le mépriserait. — Le résultat de ce principe, encore reçu de nos jours, est que l'autorité du père chinois, si vantée, est décidément faible, plutôt paterne que paternelle.

L'amour des parents doit primer les autres, y compris celui de l'épouse et des enfants, durant toute la vie, jusqu'à la mort. Préférer sa femme ou ses enfants à ses parents, est un péché grave contre la piété filiale.

Inutile de démontrer que de plusieurs de ces principes, qui régissent la vie de famille chinoise, découlent des conséquences contraires à la morale chrétienne. Les chrétiens chinois savent ce que leur coûte la suppression des offrandes aux Ancêtres. Et combien de mariages rompus, parce que la bru déplaît à la belle-mère. Pour ne pas parler du reste.

En politique, Mencius reproduit et développe la doctrine du prince étoile polaire, du prince père du peuple, chère à Confucius — Jamais, dit-il, le peuple ne se révoltera contre un prince bon ; car jamais on n'a vu des enfants se révolter contre un bon père. Même excité à la révolte, il ne se révoltera pas. Car ce serait contre nature.

A quiconque lui demandait des instructions politiques, partant de ce principe que la nature est bonne de naissance, Mencius répondait : Que le prince donne le bon exemple, spécialement celui de la piété filiale ; qu'il veille à procurer à ses sujets le bien-être matériel nécessaire ; et son pays sera en bon état... On ne peut compter sur les bonnes dispositions du peuple, que quand il est bien nourri. — Ailleurs il formule sa pensée encore plus crûment. La conduite à tenir pour gagner le cœur du peuple, la voici : lui procurer abondamment ce qu'il aime ; ne pas lui faire ce qu'il n'aime pas.

Mencius insiste sur le devoir du gouvernement d'instruire le peuple. L'homme naît disposé au bien ; mais pour que cette disposition porte ses fruits pratiques, il lui faut être enseigné. Il faut donc des écoles. Au gouvernement de les établir. Mais on n'y enseignera que les devoirs sociaux, envers les parents, envers le prince ; devoirs familiaux, règles des jeunes gens et des vieillards, etc. De plus, les rits, le vernis de la vie.

Mencius parle avec force contre les politiciens sans conscience, qui foulent les peuples pour l'avantage des princes, poussent à la guerre, aux exactions, etc. Il les traite de malfaiteurs publics.

Mencius reprocha amèrement aux princes de son temps, d'avoir exagéré 1° les taxes agraires, 2° les taxes perçues sur le commerce aux barrières. Il les exhorta à ne plus exiger une taxe agraire annuelle fixe, ce système réduisant le peuple à la misère dans les mauvaises années. Il leur demanda de revenir au groupe ancien de huit familles solidaires, cultivant, outre leurs terres particulières, un terrain commun dont le produit revenait au fisc chaque année, tel quel, gras dans les bonnes années, maigre dans les mauvaises. De sorte que le peuple donnait à l'état seulement du travail, supposé le même chaque année. — Ce bon Mencius, beau discoureur, médiocre administrateur, aurait dû savoir qu'un champ commun n'est jamais cultivé comme il faut. Généralement c'est à qui n'y mettra pas la main.

Si Mencius exigeait que l'impôt ne fût pas onéreux, d'un autre côté il ne voulut pas qu'il fût trop réduit. Un revenu de l'état très faible, peut suffire à la rigueur, disait-il, dans une tribu barbare, laquelle n'a presque pas de dépenses communes. Tandis que le degré avancé de la civilisation chinoise, exige des dépenses assez fortes, pour rétribuer un nombre de fonctionnaires, pour frais de représentation, etc. Il faut qu'un impôt suffisant, mette le gouvernement à même de faire les dépenses nécessaires, sans lésiner.

Il exigeait aussi que, pour garantir son aisance et pour le mettre à même de payer les taxes facilement, l'état interdît au peuple tout luxe exagéré, toute folle dépense, et veillât à ce que cette loi somptuaire fût observée. «Que la consommation du peuple soit réglée d'après les saisons et les travaux. Qu'il ne lui soit permis de dépenser que ce que les rits exigent, pour les noces et les funérailles. Ainsi le peuple aura toujours surabondance de ressources.»

Pour ce qui est des barrières douanes et péages, Mencius flétrit les exactions des seigneurs du temps, en ces mots: «Jadis les barrières furent établies pour protéger contre le brigandage, maintenant elles servent pour exercer le brigandage.» — En utopiste qu'il est, il en demande la suppression immédiate, instantanée. A un préfet qui lui promet la suppression graduelle, il dit: «Si un homme qui jusqu'ici a volé une poule par jour, promet de n'en plus voler qu'une par mois, c'est mieux sans doute, mais le vol continue.»

Mencius flétrit la guerre avec une extrême violence. Tout général famé, mérite le pire supplice, dit-il. La mort est trop peu, pour celui qui a obligé la terre, à dévorer des cadavres humains.

Mencius polémisa contre plusieurs personnages. Ces polémiques nous ouvrent des aperçus intéressants sur les idées et les mœurs du temps.

D'abord un certain 許行 Hu-hing posa en principe, que tout homme devait vivre du travail agricole fait par lui-même, du grain produit par son propre travail. Il exigea que, même le prince, premier citoyen de l'état, gagnât ainsi sa vie, et n'eût ni traitement ni prérogatives. — Mencius le réfuta, en lui démontrant que lui et ses disciples devaient, malgré et contre leurs principes, acheter aux artisans certains objets indispensables. Que si on obligeait les artisans et le prince à cultiver la terre, ils n'auraient pas le temps de vaquer à leur métier ou au gouvernement. Il y a, dit-il, travail physique et travail intellectuel. Les mêmes hommes ne pouvant pas faire les deux, ceux qui font les travaux d'esprit doivent être nourris par ceux qui font les travaux agricoles, par voie de commerce ou de taxation.

Mencius combattit 楊朱 Yang-tchou et son égoïsme. Il le devait, puisqu'il prêchait l'altruisme. Mais il attaqua aussi l'altruisme de 墨習 Mei-ti. En cela il fut injuste. Il le fit, je pense, par amour du dilemme, pour pouvoir argumenter contre deux opinions opposées extrêmes, ce qui est le grand bonheur des orateurs chinois. Il força donc la doctrine de Mei-ti, jusqu'à lui imputer une charité universelle absolument aveugle, au point de mettre n'importe quel inconnu sur le même rang que les propres parents. Or Mei-ti n'a pas enseigné cela. Si quelque sectateur éloigné de ce grand homme dit pareille chose, Mencius n'aurait pas dû rejeter cette faute sur *Mei-ti*. Avant Mencius, les Confuciistes avaient jugé la doctrine de *Mei-tzeu* sur la charité, parfaitement orthodoxe, et avaient cordialement fraternisé avec lui, les *Jou-Mei* étant toujours cités comme formant un groupe, celui des altruistes, opposé à celui des égoïstes. C'est depuis Mencius que la charité de *Mei-tzeu* fut jugée exagérée par les Confuciistes. *Mei-tzeu* finit par être considéré par eux tout à fait comme un hérétique, quand les théories brutales de 荀子 *Sunn-tzeu* (Leçon 34) l'emportèrent. — La formule ressassée par Mencius, est que *Yang-tchou* ruina la notion du respect dû aux princes, en refusant de rien faire pour le bien de l'état ; et que *Mei-ti* ruina la notion de la piété due aux parents, en exigeant qu'on fît éventuellement, pour n'importe qui, autant que pour eux. Encore une fois, exagération manifeste, même pour *Yang-tchou* ; pour pouvoir asseoir son opinion moyenne en bonne posture, entre deux extrêmes forcés.

Il est remarquable que Mencius, qui vécut après *Lao-tzeu* et *Lie-tzeu*, qui fut contemporain de *Tchoang-tzeu* auquel il survécut de trente années au moins, n'a fait aucune allusion au Taoïsme ni aux Taoïstes. On ne peut pas admettre qu'il les ait ignorés. Car *Lao-tzeu* était connu dans tout l'empire ; et Mencius visita le pays de 梁 *Leang* où *Tchoang-tzeu* était célèbre. Deux hypothèses possibles. Ou un secret penchant vers eux, la psychologie de Mencius ayant une nuance taoïste… Ou la peur de la verve endiablée de *Tchoang-tzeu*, auquel il ne faisait pas bon se frotter. Je pense que les deux motifs peuvent avoir coopéré pour fermer la bouche à Mencius.

Sources et Ouvrages. — Le 中庸 *Tchoung-joung* de 子思 *Tzeu-seu*, et l'œuvre de 孟子 *Mong-tzeu*, qui font partie des canoniques 四書 *Seu-chou*. Les innombrables commentaires, de valeur diverse, de ces deux traités.

Traduction anglaise, très travaillée, par J. Legge. — Excellente traduction en latin et en français, par S. Couvreur S.J. *Les Quatre Livres*… parfois un peu idéalisée.

Plaque de créance.

Vingt-septième Leçon.

L'âge de sang. Les Légistes.

Sommaire. — I. Historique. — II. *Teng-si,* analyse. — III. *Cheu-kiao,* analyse.

I. Après l'âge de fer, période durant laquelle les grands fiefs, devenus petits royaumes, se battirent entre eux, voici venir l'âge de sang, période durant laquelle le royaume de 秦 *Ts'inn* anéantit tous les autres, par la guerre incessante et des massacres sans nom. Après chaque bataille, ceux de *Ts'inn* comptaient soigneusement les têtes coupées, car une prime était payée pour chaque tête. C'est en nombres de têtes coupées, que *Ts'inn* inscrivait ses hauts faits dans l'histoire. Je cite... En 364, à la bataille de 石門 *Cheu-menn,* *Ts'inn* coupa soixante mille têtes. En 312, à 丹陽 *Tan-yang,* quatre-vingt mille têtes. En 308, à 宜陽 *I-yang,* soixante mille têtes. En 293, à la bataille de la passe 伊 *I,* deux cent quarante mille têtes. En 275, quarante mille têtes. En 274, encore quarante mille têtes. En 273, cent cinquante mille têtes. En 264, cinquante mille têtes. En 260, à 長平 *Tch'ang-p'ing,* en un seul jour, quatre cent cinquante mille têtes, le plus grand massacre que l'histoire universelle ait enregistré, je crois. En 256, quarante mille, plus quatre-vingt-dix mille têtes, en deux batailles. J'ai omis les combats moindres et les prises de villes. Ce que j'ai cité, suffira je pense, pour montrer que je n'ai pas exagéré, en appelant cette période *l'âge de sang.*

Les auteurs de ces horreurs furent des philosophes-politiciens, désignés dans l'histoire de Chine par le nom collectif de 法家 *fa-kia* les Légistes. Le but théorique de ces hommes, fut de rétablir la paix en Chine, sur la base, non de l'ancien empire féodal incurablement décrépit, mais du concert des petits royaumes issus de cet empire ; quelque chose comme le concert européen jadis célèbre. Dans ce but, ils travaillèrent à fortifier à l'intérieur l'autorité des roitelets sur leurs peuples, et à les faire se tenir en respect les uns les autres à l'extérieur. Le premier résultat pratique du système, fut l'oppression inouïe et l'exploitation à outrance des peuples. Quant au résultat définitif, il fut le contraire de ce que les Légistes avaient cherché. Les comtes de 秦 *Ts'inn* s'approprièrent le système, devinrent grâce à lui très puissants, écrasèrent tous les petits royaumes, détruisirent les derniers restes de l'ancienne féodalité, et fondèrent, en 221 avant J.-C., la monarchie absolue chinoise, qui a duré jusqu'en 1912. — Je vais parler assez au long de ces légistes, nombreux surtout du quatrième au troisième siècle. Leurs personnes sont trop peu connues, et leurs œuvres sont encore inédites. J'ai consacré aux unes et aux autres une étude approfondie, dont je vais exposer les résultats. Et d'abord, les personnes, dans leur ordre chronologique.

鄧析 *Teng-si,* vulgo *Teng-si-tzeu* maître *Teng-si,* est à mettre en tête de ceux qui voulurent que 法 *fa* la loi fût la seule règle du peuple, tout ce qu'il avait besoin de savoir, la seule morale nécessaire ; et que cette loi serait ce que le prince voudrait bien la faire « sic volo, sic jubeo, sit pro ratione voluntas ». Né dans le pays de 鄭 *Tcheng,* *Teng-si* fut contemporain de *Lao-tzeu,* et de 子產 *Tzeu-tch'an* que nous connaissons par son texte sur la dualité de l'âme (page 118).

Tzeu-tch'an ayant fait un code nouveau pour la principauté *Tcheng*, *Teng-si* le critiqua. *Tzeu-tch'an* le fit mettre à mort, vers 530 probablement. Il nous reste de *Teng-si* un petit opuscule inédit.

李悝 *Li-k'oei* et 李克 *Li-k'eue* servirent tous deux le marquis 文 *Wenn* de 魏 *Wei*, entre 420 et 400. On sait peu de choses, presque rien, de ces deux hommes. Ils firent, par leurs lois, que le marquis *Wenn* tira de son marquisat le maximum possible de rendement en tout genre. *Wei* devint riche et fort. Il ne nous reste aucun écrit de ces deux hommes. — Je me permets de penser que *Li-k'oei* et *Li-k'eue* furent un seul et même personnage, dont le prénom diversement prononcé dans deux dialectes, fit deux personnes distinctes dans les histoires, alors fort mal rédigées.

公孫鞅 *Koungsounn-yang*, alias 衛鞅 *Wei-yang*, c'est-à-dire *Yang* du sang de la famille princière de *Wei*, entra, en 361, au service du duc de 秦 *Ts'inn*, dont il servit fidèlement les intérêts jusqu'en 338, date de sa mort. Il fut investi de l'apanage 商 *Chang*, d'où ses titres 商君 *Chang-kiunn*, ou 商子 *Chang-tzeu*. Il nous reste de lui un traité bien important; car, si *Teng-si* fut le premier théoricien de l'école des Légistes, *Wei-yang* fut le premier qui mit ces théories en pratique, et cela, sur une vaste échelle, et durant de longues années.

尸佼 *Cheu-kiao*, vulgo 尸子 *Cheu-tzeu* maître *Cheu*, originaire du pays de 晉 *Tsinn*, fut le conseiller de *Wei-yang* (ci-dessus) ministre de 秦 *Ts'inn*. Après la mort tragique de son patron, il s'enfuit à 蜀 *Chou*, où il composa son traité et mourut, après l'an 338.

王詡 *Wang-hu*, plus connu comme 鬼谷子 *Koei-kou-tzeu*, le Maître du Val des Morts, lieu où il tenait école, est à placer vers l'an 350. Au « sic volo sic jubeo » des Légistes, il ajouta la théorie des alliances politiques, faites et défaites selon l'intérêt du moment, sans aucune pudeur; les amis d'aujourd'hui devant se battre demain, s'il peut leur en revenir quelque avantage. C'est la fameuse théorie dite 縱橫 *tsoung-heng*, long et large, chaîne et trame; c'est-à dire des alliances en barrage, nord-sud pour isoler 齊 *Ts'i* à l'Est et 秦 *Ts'inn* à l'Ouest; est-ouest pour isoler les principautés du Nord et du Sud les unes des autres. — *Wang-hu* passa sa vie dans la retraite, mais son influence fut considérable, car il forma beaucoup d'élèves, lesquels appliquèrent ses théories comme politiciens à gages des princes du temps. Les plus célèbres furent 蘇秦 *Sou-ts'inn* mort en 318, et 張儀 *Tchang-i*. Trahissant son seigneur le marquis de *Wei*, ce *Tchang-i* lui fit la guerre, en 328, pour le compte du comte de *Ts'inn*, dont il devint ministre. En 323, nous le retrouvons, ministre de *Wei*, guerroyant contre *Ts'inn*. En 317, il rentra au service de *Ts'inn*. En 310, il rentra au service de *Wei*, où il mourut dans son lit, personne ne l'ayant pendu. Voilà le système *tsoung-heng*. Cher à deux princes rivaux, *Tchang-i* les servit et les battit alternativement, durant toute sa vie, pour l'amour de l'art et pour espèces sonnantes. Les Chinois ne trouvent pas cela vilain. Bien joué, disent-ils, et lucratif. — Il nous reste un traité de *Koei-kou-tzeu*, le maître de *Tchang-i*.

申不害 *Chenn-pouhai*, vulgo 申子 *Chenn-tzeu* maître *Chenn*, fut ministre du marquis 昭 *Tchao* de 韓 *Han*, de 351 à 337 année de sa mort. Taoïste, il composa un traité de politique en deux sections, qui n'est pas parvenu jusqu'à nous.

Leçon 27.

Au système de la loi brutale, inexorable, il fallut une théorie qui le fît accepter. Des théoriciens se trouvèrent pour cette besogne. Ce furent des Taoïstes, qui déduisirent (ou plutôt, pour parler à la mode de la secte, qui dévidèrent) la *loi du prince* de la *Loi du Principe*. Les ouvrages extrêmement importants de trois auteurs de ce genre, sont parvenus jusqu'à nous. Ce sont

1° le traité attribué à 管夷吾 *Koan-i-ou* ou 管仲 *Koan-tchoung*, le célèbre ministre du duché de 齊 *Ts'i*, mort en 645. C'est là une fiction littéraire. L'auteur inconnu de ce traité intitulé 管子 *Koan-tzeu* maître *Koan*, doit être placé dans la deuxième moitié du quatrième siècle.

2° le traité intitulé 尹文子 *Yinn-wenn-tzeu*, maître *Yinn-wenn*, fut écrit, après 330 probablement, par cet auteur, duquel on sait autant que des autres auteurs taoïstes, c'est-à-dire rien.

3° le traité du 鶡冠子 *Heue-koan-tzeu* maître au bonnet de plumes de faisan, un taoïste dont le nom même est inconnu. Je pense qu'il fut écrit avant l'an 300. Quelques passages qui relatent des faits arrivés au troisième siècle, furent ajoutés plus tard, comme c'est le cas pour presque tous ces anciens traités.

Enfin le système *des Lois*, théorie et pratique, fut exposé, vanté et défendu, par *Fei* de la famille princière de *Han*, vulgo 韓非子 *Han-fei-tzeu* maître *Han-fei*, conseiller au service de ce roi de 秦 *Ts'inn*, qui devint plus tard l'empereur 始皇帝 *Cheu-hoang-ti*. Il mourut en l'an 230, à la veille du triomphe de ses idées.

Donc, formulée d'abord par *Teng-si* vers la fin du sixième siècle, en vue de fortifier les petits royaumes d'alors et d'établir entre eux un certain équilibre qui rendît quelque paix aux peuples, la théorie de la loi arbitraire substituée à la moralité et à la conscience, se définit et s'accentua durant trois cents ans, 530 à 230, pour aboutir enfin au règne de l'autocrate 秦始皇帝 *Ts'inn Cheu-hoang-ti*, l'homme le plus grand et le plus haï que la Chine ait produit, lequel écrasa les royaumes et fonda l'empire absolu chinois.

Je vais procéder, durant quatre Leçons, au dépouillement méthodique des traités des auteurs de 法家 *Fa-kia* l'école des lois, des Légistes, encore inédits. Ce que j'en dirai, est le fruit de mes lectures. — Et d'abord celui qui formula les premiers principes du système, *Teng-si*.

II. 鄧析 *Teng-si* part de ce fait d'expérience, que les discussions des politiciens de son temps n'aboutissent à rien. «Il y a beau temps, dit-il, qu'ils discutent, sur le semblable et le dissemblable, sur le droit et le tort, sur le blanc et le noir, sur le pur et l'impur, sans aboutir à aucune conclusion. C'est que, prises comme ils les prennent, au concret, dans le détail, les questions de ce monde sont insolubles. Pour en trouver la solution, il faut remonter plus haut, jusqu'au Principe de ce monde.

Tous les êtres perceptibles, sont issus du non-perceptible; l'agir est issu du non-agir. Le Principe agit et produit, par ses deux modalités alternantes *yinn* et *yang*. Il agit d'après la loi générale prédéterminée, sans modifications subséquentes, sans considérations de détail. C'est pour cela que des hommes, mécontents de leur sort, accusent parfois le Principe d'être inintelligent, impuissant, inerte. Récriminations ineptes. C'est la loi, c'est le décret porté d'avance sur cet être, c'est son destin qui s'exécute. S'il lui déplaît, tant pis pour lui, cela n'y changera rien. Le Principe ne consulte pas les êtres ; le Ciel, son intermédiaire, n'est pas bon pour les êtres. Selon les temps, le décret leur est appliqué, voilà tout. Ainsi, après avoir aidé les végétaux à se développer durant toute la chaude saison, le Ciel les tue tous par la gelée en une nuit d'automne. Il fait de même mourir tous les hommes, non à l'heure de leur choix, mais à l'heure du destin d'un chacun. Bien fous sont ceux qui se plaignent qu'il leur faut mourir jeunes, avant le temps comme ils disent. Bien fous sont ceux qui calculent comment ils éviteront toute sorte de malheurs possibles. Ils n'entendent rien au destin. Malgré tout, la loi leur sera appliquée, à son heure, sans aucune sorte de pitié, sans considération d'aucune personne.

Puisqu'il en est ainsi au-dessus de ce monde, en ce monde il doit en être de même. Le prince doit traiter son peuple, comme le Ciel traite tous les êtres en général. Surtout qu'il ne veuille pas être bon, qu'il ne traite pas bien ses sujets. Il doit leur appliquer la loi, sans égards, en rigueur, voilà tout. — Et cette loi, d'où la tirera-t-il ? De lui-même, de sa volonté, de son intérêt. Tant pis pour ceux qu'il brisera ! Le Ciel ne brise-t-il pas chaque jour une infinité d'êtres ? C'est la loi, expression de la volonté du prince, pratiquée par tous, appliquée à tous, qui fait l'unité d'une principauté. Gouverner, ce n'est pas agir ; c'est laisser la loi s'appliquer, sans intervenir. Qu'on veille seulement à qualifier exactement les cas juridiques, puis que la loi s'applique, aveuglément, inexorablement. »

On voit que le fatalisme légal de *Teng-si* est identique, même quant aux termes, avec celui de *Lao-tzeu* (chap. 5) : « Le ciel et la terre ne sont pas bons pour les êtres qu'ils produisent, mais les traitent comme chiens de paille. A l'instar du ciel et de la terre, le Sage ne doit pas être bon pour le peuple qu'il gouverne, mais doit le traiter comme chien de paille. » J'ai expliqué le sens de ce texte (page 152). — Or *Teng-si* étant mort vers 530, si son opuscule tel que nous l'avons est vraiment de lui, il faut croire qu'il connut *Lao-tzeu* quand celui-ci avait environ quarante ans, ou le ranger parmi les prétaoïstes (page 69).

III. Je passe à l'analyse de l'opuscule inédit de 尸佼 *Cheu-kiao*, écrit peu après 338. — *Cheu-kiao*, lui, n'est pas un taoïste. Il a fréquenté les disciples de Confucius et de *Mei-ti*, et il lui reste quelque chose de cette fréquentation. Il déclare que, sur la question du gouvernement des hommes, les doctes de son temps se sont divisés en plus de dix groupes ou écoles ; bien à tort ; car, dit-il, la vérité est une. Ils se disputent donc sur des mots. Ces discussions théoriques stériles sont à remplacer par une règle pratique et efficace. C'est la loi qui doit tout régir ; et cette loi, c'est au prince seul à la déterminer. Que les titres de la loi soient bien clairs, que les cas juridiques soient bien qualifiés après enquête, puis que la loi s'applique.

Et d'où le prince tirera-t-il la loi ?.. de l'imitation du Ciel. Le Ciel considère toujours le bien général, jamais le cas particulier. Que le prince fasse de même. Quand on regarde l'image du firmament dans un puits, on n'en voit qu'une partie limitée ; quand on a gravi une montagne, on embrasse toute son immensité. Que

Leçon 27.

le prince évite de considérer les petits détails. Qu'il considère son état, et sa tâche de gouverner, en bloc. Qu'il fasse du bien, comme le Ciel, comme le soleil, à tous en général, à personne en particulier. Et s'il se juge incapable de vivre sans une affection particulière, sans un dada, 私天下 que l'empire soit l'objet de son affection particulière et le dada qu'il enfourchera.

Donc, pour le peuple, la loi. Mais cette loi, il faut la lui enseigner. L'instruction fait le peuple. Il faut lui enseigner ce qu'on veut qu'il fasse, comment on veut qu'il se conduise. Certains hommes naissent pervers ; ce sont des ratés au moral, comme les aveugles et les sourds sont des ratés au physique. D'autres, nés bons, risquent de se déformer. A tout cela, l'instruction doit pourvoir. L'eau se moule dans le vase qui la contient ; ainsi, par l'instruction, le peuple se moulera dans la volonté de son prince. Pour les rapports entre hommes, il faut enseigner à outrance, dans les écoles, les principes suivants : « Il ne faut pas faire à autrui ce qu'on n'aime pas soi-même. Il faut corriger en soi-même ce qu'on trouve déplaisant en autrui ; il faut s'exercer à pratiquer soi-même ce qu'on trouve beau et bon en autrui. Pas de jalousies, pas d'envie ! Qu'autrui profite, c'est comme si moi je profitais. Il faut se réjouir du bien reconnu en autrui, comme si on l'avait reconnu en soi-même ; et s'affliger de ses torts, comme si on les avait commis soi-même. De même qu'il faut supprimer les anarchistes fauteurs de désordre dans l'état, ainsi faut-il étouffer en soi les pensées et les sentiments qui vont au désordre moral. »

Malgré ces édulcorations, *Cheu-kiao* fut bien un légiste. Nous allons voir *Wei-yang* dont il fut le conseiller, appliquer ses idées, sans y mettre de sucre.

Sources et Ouvrages. — 鄧析子 *Teng-si-tzeu* et 尸子 *Cheu-tzeu* ; dans les collections 子書 des philosophes. — L. Wieger S.J. Textes Historiques vol. I, fin des 周 *Tcheou*, et la période 戰國 *Tchan-kouo*, 秦 *Ts'inn* détruit les Royaumes.

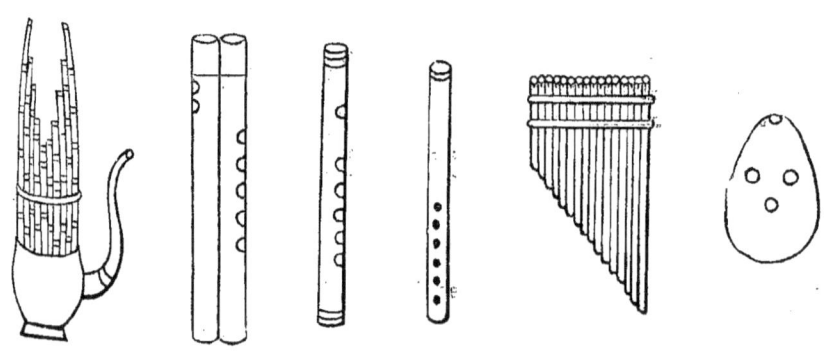

Instruments à vent anciens.

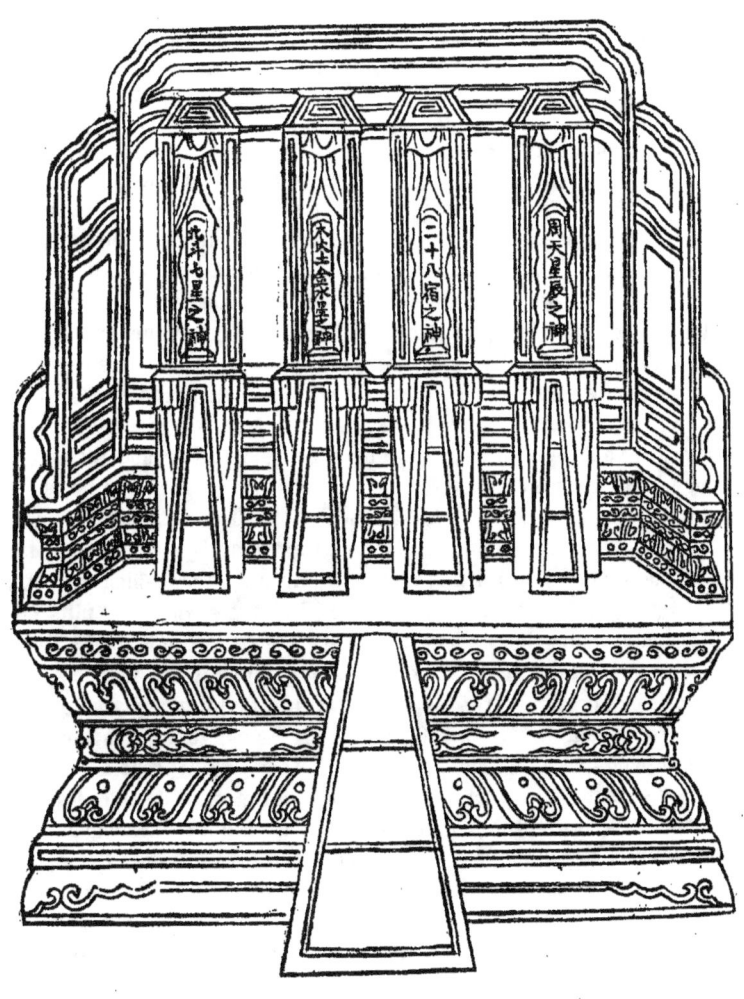

Tablettes des astérismes,
constellations zodiacales, cinq planètes, Grande Ourse.

Vingt-huitième Leçon.

L'âge de sang. 衛 鞅 *Wei-Yang*.

Sommaire. — I. L'homme. — II. Son œuvre.

Yang de *Wei* est le plus important de tous les Légistes, parce qu'il fut à même d'expérimenter son système. Avant de résumer le traité inédit dans lequel ce système est exposé, je citerai l'abrégé de sa vie contenu dans l'Histoire.

I. 鞅 *Yang* était le petit-fils d'un marquis de 衛 *Wei*, par une concubine; de là ses appellatifs divers 公孫鞅 *Koungsounn-Yang* prince Yang, ou 衛鞅 *Wei-Yang* Yang de Wei. — Passionné pour la science du gouvernement et des lois, il s'attacha comme disciple au ministre 痤 *Tsouo* du royaume de 魏 *Wei*. Celui-ci reconnut en lui une grande capacité, et lui donna tous ses soins. *Tsouo* étant tombé malade, le roi de *Wei* alla le visiter, et lui demanda, selon l'usage, qui il jugeait apte à lui succéder dans sa charge, au cas où sa maladie aurait une issue fatale. *Tsouo* répondit: parmi mes disciples, *Wei-Yang*, quoique jeune encore, est de beaucoup le plus capable; je vous conseille de le prendre pour ministre... Comme le roi, qui avait un autre personnage en vue, ne répondait pas, *Tsouo* ajouta: que si vous ne le prenez pas pour ministre, faites-le mourir; ne le laissez, à aucun prix, se donner au prince d'un état voisin; ce serait votre perte. — Le roi s'étant retiré sans rien dire, *Tsouo* fit appeler *Wei-Yang* et lui dit: Dans mes affections, mon roi tient la première place, et vous tenez la seconde. Par suite, voici ce que je viens de dire au roi. J'ai d'abord voulu procurer le bien du roi. Maintenant j'ai à pourvoir au vôtre. Fuyez au plus vite! Votre vie n'est plus en sûreté ici. (Exemple d'application de *la convenance*.) — Or le comte de 秦 *Ts'inn* avait fait publier partout, que tout Sage étranger qui viendrait lui donner des conseils susceptibles de faire prospérer ses états, recevrait de lui une charge et un apanage. *Wei-Yang* s'enfuit à *Ts'inn*. C'était en 361. Le comte le fit parler, fut enchanté de ses discours, et en fit son conseiller. *Wei-Yang* lui proposa d'exécuter des réformes. Le comte le lui permit. Le peuple ayant eu vent de ce qui se préparait, murmura. *Wei-Yang* dit au comte: Quand on médite des changements, il ne faut jamais consulter le peuple, lequel est essentiellement routinier; il faut le mettre en présence du fait accompli, et lui en faire remarquer les avantages, alors il approuve toujours. D'ailleurs les habiles gens ne s'asservissent pas aux coutumes; les hommes de génie ne consultent pas le vulgaire, dont la vue basse ne porte pas si loin. C'est en rompant avec d'anciens errements, que des Sages ont agrandi de petits pays. Les sots ne savent qu'appliquer les lois anciennes; les Sages savent en faire de nouvelles. — Le comte de *Ts'inn* dit à *Wei-Yang*: Vous avez bien parlé! et il le nomma ministre. Aussitôt les édits de réforme commencèrent à paraître. Le peuple fut réparti par groupes de cinq familles, obligées de se surveiller et de se dénoncer mutuellement. Si celui qui avait connaissance d'un manquement ne le dénonçait pas, la peine méritée par le coupable, était appliquée aux cinq familles du groupe. Celui qui dénonçait un criminel, recevait la même prime que la loi de *Ts'inn* accordait à celui qui avait coupé la tête d'un ennemi. Celui qui cachait un criminel, était puni de la même peine que les déserteurs. Toute famille ayant plus de deux enfants mâles, recevait des privilèges; celles dont le travail, agriculture ou tissage, rapportait beaucoup, étaient aussi privilégiées; tandis que des mesures de coercition étaient prises contre les paresseux et les négligents. Le luxe ne fut plus permis qu'à ceux qui avaient bien mérité de l'état, au prorata de leur mérite. Toutes les autres distinctions furent abolies. Même les princes du sang de *Ts'inn*, ne furent inscrits sur le registre de leur famille, qu'après qu'ils se furent distingués par quelque haut fait militaire. — Quand ces nouvelles lois furent promulguées, se doutant que le peuple les considérerait, à l'ordinaire, comme des paroles qui ne seraient suivies d'aucun effet, *Wei-Yang* s'avisa du moyen suivant pour frapper les esprits, et montrer qu'il parlait sérieusement. Il fit dresser une perche à la porte sud de la capitale, avec un écriteau promettant dix lingots à celui qui l'aurait transportée à la porte du nord. Le peuple rit et ne bougea pas. Alors *Wei-Yang* fit remplacer l'écriteau par un autre, qui promettait cinquante lingots, somme très considérable. Un plaisant risqua l'aventure et transporta la perche. Aussitôt qu'il fut arrivé à la porte du nord, on lui compta cinquante lingots. Alors le peuple se dit, que ce que le ministre *Wei-Yang* faisait promulguer, était à prendre au sérieux. — Cependant d'anciens personnages se montrèrent rétifs, et le prince héritier transgressa les nouvelles lois ostensiblement, par bravade. Aussitôt *Wei-Yang* dit au comte: Si les nobles violent la loi impunément, le peuple n'en fera naturellement aucun cas. Le prince héritier devant perpétuer la maison de *Ts'inn*, ne doit pas être mis à mort; mais que son précepteur soit décapité, et que son tuteur soit tatoué, pour l'avoir mal éduqué... Le comte accorda la requête, et la double exécution eut lieu. De ce jour, dans le comté de *Ts'inn*, tout le monde observa scrupuleusement les nouvelles lois. Au bout de dix ans, les mœurs furent tellement changées, qu'un objet perdu restait gisant sur la route, personne n'osant se l'approprier. Il n'y avait plus de brigands, même dans les montagnes. Alors ceux qui avaient déblatéré contre les lois nouvelles, les louèrent avec emphase. *Wei-Yang* les fit punir, comme ayant parlé de ce qui ne les regardait pas. On se tut dans le pays de *Ts'inn*. — *Wei-Yang* établit tout un réseau de canaux d'irrigation, répartit à nouveau les propriétés le long de ces canaux, remania les poids et les mesures, modifia le système de perception des impôts. En 340, le comte de *Ts'inn* le mit à la tête de ses armées, avec mission de combattre le marquis de *Wei*, celui-là même qui jadis n'avait pas voulu l'employer et qui l'avait laissé échapper. 卬 *Nang*, un fils du marquis, commandait l'armée de *Wei*. Quand les deux armées furent en contact, la veille de la bataille, *Wei-Yang* envoya à *Nang* une lettre ainsi conçue: Jadis, à la cour de *Wei*, nous étions compagnons de jeu. Je serais désolé de devoir vous combattre. Venez me voir; nous boirons et traiterons ensemble, mettant ainsi fin à la guerre qui trouble nos deux pays... Le candide *Nang* donna dans le piège. Il alla au rendez-vous et but copieusement. Quand il fut ivre, on le fit prisonnier, puis l'armée de *Ts'inn* fondant à l'improviste sur celle de *Wei* privée de son chef, l'écrasa complètement. Pour prix de cet exploit, *Wei-Yang* reçut le fief de 商 *Chang*, et une riche dotation. De là vient qu'il est souvent appelé 商君 *Chang-kiunn* le seigneur de *Chang*; ou 商子 *Chang-tzeu* le maître de *Chang*, titre que porte son opuscule. — En 338, la roue de la fortune tourna. Le comte 孝 *Hiao* de *Ts'inn* étant mort, son fils, celui-

Leçon 28.

là même dont *Wei-Yang* avait fait décapiter le précepteur et tatouer le tuteur, devint comte de *Ts'inn*. La rancune l'emporta chez lui sur l'intérêt. Feignant de croire que *Wei-Yang* méditait quelque chose contre lui, il ordonna de l'arrêter. *Wei-Yang* s'enfuit à *Wei* qu'il venait de battre. *Wei* le livra à *Ts'inn*. Le comte de *Ts'inn* le fit tirer à quatre chevaux, et extermina sa famille. Le peuple de *Ts'inn* qui l'avait maudit jadis, le regretta amèrement.

II. Voici maintenant le résumé du traité de politique de *Wei-Yang*, intitulé 商子 *Chang-tzeu*.
Avant tout il faut se défaire de ce préjugé, que les coutumes et les lois des Anciens sont choses sacrées, qui ne devront jamais être modifiées. C'est là une funeste erreur. Les coutumes et les lois des Anciens, furent bonnes pour leur temps. Mais les temps changent; et avec les temps, les mœurs et les intérêts changent. Ce qui fut bon et utile dans un temps, n'est plus tel dans un autre. Le premier souci d'un gouvernement intelligent, doit donc être de veiller à ce que les coutumes et les lois soient toujours exactement adaptées à l'utilité du temps présent.

Ceci posé, sans nommer Confucius, *Wei-Yang* démolit les fondements de sa politique. L'humanité et l'équité, dit-il, sont des dispositions personnelles, qui ne se communiquent pas à autrui à volonté. Un homme très humain aura beau faire, son humanité ne rendra pas les autres humains. Un homme très équitable aura beau faire, son équité ne rendra pas les autres équitables. Il est donc faux de dire que, puisqu'un homme est humain et équitable, il doit être mis en charge. Un prince sage ne doit se soucier ni d'humanité ni d'équité. Son unique souci doit être de faire de bonnes lois utiles, et de veiller à leur stricte application.

Pour qu'une loi soit une bonne loi, elle doit être avant tout claire... si claire qu'il soit impossible au peuple de se méprendre sur son sens... si claire qu'il soit impossible aux officiers de l'interpréter dans un autre sens... si claire qu'aucune exemption aucune exception ne soit possible. — La loi doit être générale. Son application, dans les cas particuliers, doit être brutale. — Tout officier qui aura transgressé ou laissé transgresser la loi, sera puni de mort, sans rémission possible, et tous les membres de sa famille périront avec lui.

C'est la loi uniforme pour tous, qui fait un peuple. De soi, les hommes qui peuplent un pays, sont comme une volée d'oiseaux, comme une bande de gazelles. Rien de plus incohérent, rien de plus changeant. C'est le lien de la loi, qui fait de cette cohue un ensemble un et homogène. — Un métal fondu s'écoule; quand il est figé, c'est un lingot massif. Une argile moulée s'effrite; quand elle est cuite, c'est un vase solide. Ainsi des hommes. La loi les fige, les cuit, leur donne une forme stable, en fait un tout un et homogène. Pas de loi, pas de peuple. Si la loi n'est pas observée uniformément, on n'aura encore qu'un ramassis sans consistance.

Pour empêcher que le peuple ne complote, toute ambition doit lui être interdite. Il doit être rivé à la glèbe, contraint au travail agricole, stimulé à produire, mais sans espoir de pouvoir s'élever, de sa condition plébéienne, au rang d'officier. Deux choses seulement lui seront enseignées: 1º le texte de la loi; 2º le service militaire. Tous les jeunes gens devront savoir les règles de la guerre offensive; tous les hommes âgés celles de la guerre défensive. — Ainsi le peuple de *Ts'inn* tout entier formait une milice. C'est ce qui lui permit d'écraser les royaumes, moins bien disciplinés et aguerris.

Le peuple doit être considéré et traité, a priori, non comme 民 naturellement disposé au bien, mais comme 姦 naturellement porté au mal. Il ne faut jamais compter sur lui avec confiance. Il faut toujours se défier de lui, le suspecter, le surveiller. Que la base du système civil soit le groupe de cinq familles, rivées les unes aux autres indissolublement, tenues de s'espionner et de se dénoncer mutuellement. Que jamais aucune récompense ne soit donnée pour le mérite civil, pour l'accomplissement du devoir, pour l'observation de la loi. La récompense du civisme, c'est que le bon citoyen n'est pas châtié. Il n'en faut pas d'autre.

La force de l'état, c'est son armée. Tout homme est tenu au service militaire, pendant toute sa vie. Pour l'armée, deux règles: récompenses et punitions. Les récompenses seront extrêmement libérales; alors leur espérance fera des jeunes gens des héros invincibles. Les punitions seront atrocement sévères; ainsi la terreur rendra l'observation de la discipline aveugle et absolue. — Il n'y aura dans l'état qu'une seule espèce d'aristocratie 有 爵 者, celle conférée pour hauts faits militaires. Cette aristocratie est dispensée de tout ou partie des corvées. Tous les autres citoyens forment 庶 子 la plèbe, corvéable à merci. La noblesse de naissance est supprimée. — On voit que le spectacle des désordres causés dans toutes les principautés du temps, par la foule oisive et débauchée des 公 子 *koung-tzeu* et des 公 孫 *koung-sounn*, fils et petits-fils des princes, avait impressionné *Wei-Yang*, lequel était d'ailleurs issu de cette catégorie.

En résumé, un peuple soldat. Pour la plèbe, en temps de paix, la loi civile inviolable, et aucun espoir de s'élever par aucun mérite civil. Pour le citoyen mobilisé en temps le guerre, une loi martiale épouvantable, mais la carrière des distinctions grande ouverte. Et pour juger du mérite militaire, un moyen simple, mathématique; le nombre de têtes d'ennemis coupées, rapportées par chaque brave, et les quittances des primes touchées par lui pour ces têtes. De là les comptes macabres dont j'ai cité des échantillons plus haut (page 235).

Pour que la surveillance des laboureurs et l'enrôlement des soldats fussent possibles, pour que personne ne pût échapper, *Wei-Yang* fit dresser, chose inouïe en Chine, l'état civil complet de la population du comté de *Ts'inn*. Chaque homme, chaque femme, figura sur les registres officiels. Chaque nouveau-né fut inscrit, chaque mort fut effacé.

Wei-Yang connaissait bien les princes de son temps, incapables imbéciles pour la plupart. Aussi tempère-t-il le pouvoir absolu qu'il leur confère de fabriquer des lois nouvelles, en leur conseillant de ne faire cette opération que de concert avec leurs politiciens, après mûre discussion et avec leur approbation. Conseil sage, sans doute; mais peut-être aussi intéressé. Car enfin, *Wei-Yang* était un de ces politiciens à gages, alors si nombreux.

Que nous sommes loin du Confuciisme paternel, de la douce influence de l'étoile polaire impériale, de la piété filiale, de la paix à tout prix, du Ciel père de tous, et des hommes tous frères. Plus loin encore du charitable *Mei-tzeu*... «On dit bien, écrit *Wei-Yang*, que tous les hommes sont des frères, de vrais frères..

Leçon 28.

mais c'est un fait que seule la loi, doublée de pénalités sévères, arrive à les faire se traiter fraternellement. Sans cela, les hommes ne feront que se maltraiter et se détruire les uns les autres.» — Quant aux Pères du Taoïsme, ils auraient réprouvé sans doute le système militaire de *Wei-Yang*; ils auraient trouvé qu'il pratiquait mal le non-agir; mais le reste?.. L'être trop abruti pour s'élever jusqu'au Principe, pour s'unir au Principe, ne doit-il pas, d'après *Lao-tzeu*, être traité comme chien de paille? *Wei-Yang* n'appliqua-t-il pas magistralement le principe de *Lao-tzeu* «vider les esprits et remplir les ventres, ôter toute initiative et fortifier les os»?.. Pratiquement la tyrannie absolue est la conséquence logique des principes de *Lao-tzeu*.

Sources. — Le traité de *Wei-Yang*, en librairie 商子 *Chang-tzeu*, dans les collections des 子書 philosophes chinois. — Le 史記 *Cheu-ki*, chap. 68.

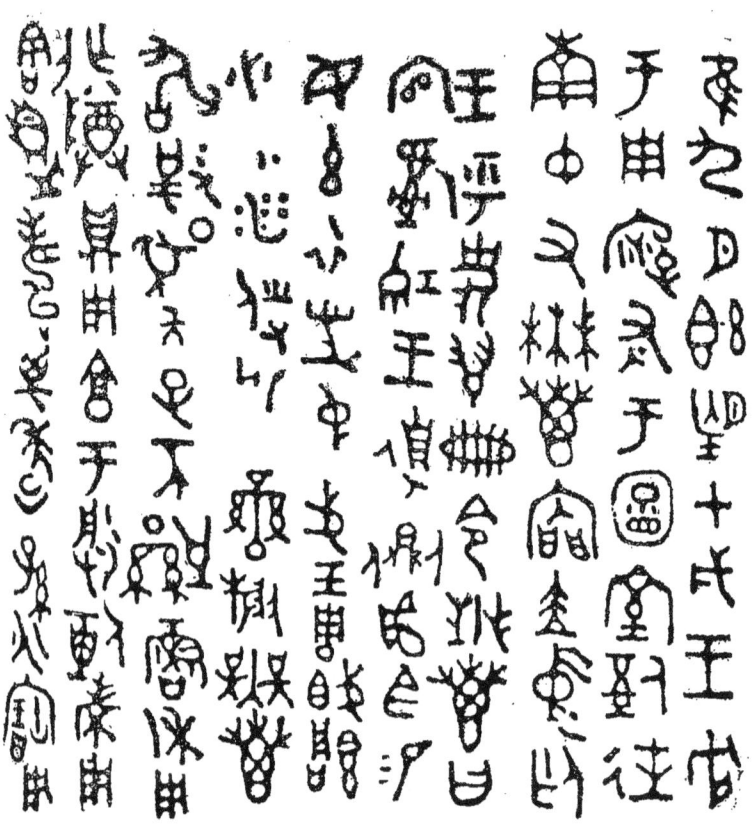

Écriture ancienne.

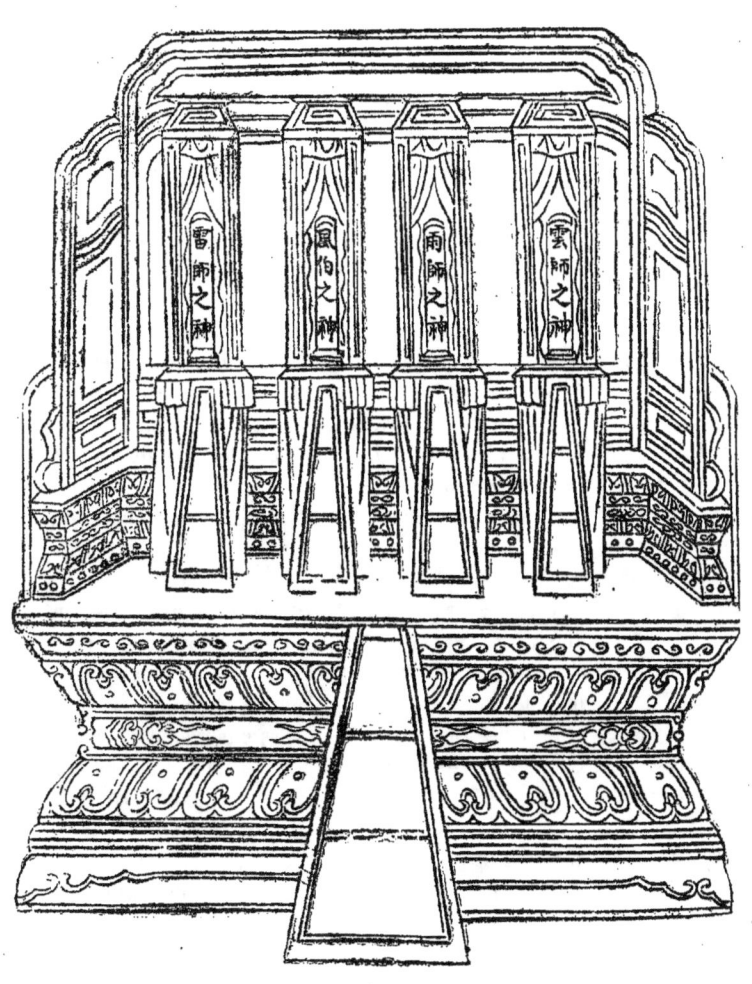

Tablettes des météores,
nuées, pluie, vent, tonnerre.

Vingt-neuvième Leçon.

L'âge de sang... I. 鬼谷子 *Koei-kou-tzeu*. — II. 尹文子 *Yinn-wenn-tzeu*. — III. 鶡冠子 *Heue-koan-tzeu*.

I. 王詡 *Wang-hu* dit *Koei-kou-tzeu* le Maître du Val des Morts, fut un taoïste, si naturiste qu'il paraît n'avoir cru à l'existence, ni du Souverain d'en haut, ni des Mânes glorieux. En cela il fut d'ailleurs conséquent avec son système. — Comme politicien, il soutint, avec *Wei-Yang* et autres, la loi expression de la volonté du prince, la domestication du peuple et son devoir d'obéir aveuglément. Mais il ne s'étend pas sur ces sujets qu'il suppose connus. Le but de son traité inédit, que je vais analyser, c'est de démontrer la nécessité pour chaque prince de s'assurer des alliances, et de changer ces alliances au gré de son intérêt, sans scrupule de parole donnée ou de serment juré.

Wang-hu part du sixième chapitre de *Lao-tzeu*, où il est dit que la vertu du Principe fonctionne comme une porte et produit tous les êtres. Le terme *porte*, chose qui s'ouvre ou se ferme, signifie le mouvement alternatif, le jeu du *yinn* et du *yang*, les deux modifications du Principe. Ce jeu, alternance d'expansion et rétraction successives, produisit d'abord le ciel et la terre, puis par eux tous les êtres. — Rien n'est stable en ce monde, conclut *Wang-hu*. Telle une porte qui va et vient sur ses gonds, ainsi vont et viennent toutes les choses de ce monde. Comme le *yinn* et le *yang* alternent dans la nature, ainsi changent continuellement les circonstances, les intérêts.

Primitivement tout est issu du Principe invisible et impalpable. En lui est la Loi, qui fut avant toutes choses, qui fut le type de toutes choses. Puis vint l'alternance du *yinn* et du *yang*, du repos et de l'action, du verbe et du silence. L'un attire l'autre naturellement, comme la pierre d'aimant attire le fer. Quand l'un a atteint son apogée, le tour de l'autre est venu. Ces changements, on les attribue au Génie du Ciel, aux Mânes glorieux, que sais-je? Ce sont là des manières de parler de l'action et de la réaction incessante, issue du Principe par le *yinn* et le *yang*.

Donc, si tout est instable et variable, si la constance n'est pas de ce monde, si les conjonctures et les intérêts changent avec les temps sous l'influence fatale de la variation cosmique... c'est une erreur de rêver des alliances politiques qui dureraient toujours; c'est une illusion de croire qu'on se déshonore, en renonçant aujourd'hui à l'alliance d'hier. Si vous considérez le changement comme un dédit, alors le ciel et la terre, le *yinn* et le *yang*, ne font que se dédire, car ils changent tous les jours. Non! la nature propre de ce monde, c'est de tourner en cercle, c'est une mutation circulaire perpétuelle, c'est de quitter son point de départ pour y revenir ensuite. Donc, défaire et refaire ses alliances, y manquer pour y revenir, selon le temps et l'intérêt, c'est naturel, c'est sage, c'est ce qu'on doit faire. Tant pis pour ceux qui jugent autrement. — Voilà pour les princes.

Et pour ce qui est des politiciens au service des princes, voici ce que *Wang-hu*, qui tint école pour ces gens-là, leur prescrit comme règle de conduite. — Le monde politique, dit-il, se compose d'un nombre de morceaux, séparés par des fissures. Le rôle du politicien, c'est de cimenter parfois, pour un temps, certaines de ces fissures, pour joindre quelques morceaux; ou d'agrandir certaines fissures, pour écarter davantage quelques morceaux. Qu'il suive avec attention les affaires des principautés. Qu'il sache, de chacune d'elles, ses richesses, sa population, si le peuple est attaché ou non au prince, ses alliances et ses inimitiés. Qu'il cherche quelle combinaison lui serait avantageuse; s'il ne serait pas bon pour elle, de renoncer à cette alliance-ci, pour contracter cette alliance-là. Tout cela froidement, sans amour et sans haine, envisageant uniquement l'intérêt, et l'intérêt présent, pas un intérêt futur. Qu'il calcule ensuite, d'après le *yinn* et le *yang*, d'après les nombres, si c'est l'heure du Ciel, si le projet qu'il a conçu peut aboutir en ce temps. S'il juge que oui, alors qu'il se présente au prince auquel les chances sont actuellement favorables, qu'il étudie d'abord par quel point il s'insinuera dans ses bonnes grâces. Puis, quand il l'aura gagné, qu'il le persuade et le décide par ses discours; non par des phrases creuses, non par des mensonges, mais en lui faisant voir et palper son intérêt. En résumé, deux choses: concevoir un plan politique par ses réflexions, puis le faire agréer et exécuter par son éloquence. — Que si le politicien est éconduit, qu'il élabore un plan nouveau, fût-ce au profit de l'adversaire; qu'il l'offre à l'heure du Ciel, et s'efforce de le faire agréer. — Voilà la science politique, dont les résultats émerveillent le vulgaire, qui les attribue aux Mânes glorieux. En réalité ils ne sont dus qu'aux méditations d'un politicien et à son éloquence. Les Mânes glorieux furent inventés par les gouvernants de l'antiquité, pour se faire obéir.

Que, tandis qu'il sert un prince, le politicien se dévoue entièrement à la réussite de son plan, pour l'avantage actuel de ce prince. Mais, quand il jugera que l'heure du Ciel est venue pour un autre et que l'avantage futur est ailleurs, il pourra aller offrir ses plans ailleurs et se donner à un autre. Aucun déshonneur à cela. C'est au contraire sagesse.

Voilà le système politique que *Wang-hu* appela 飛鉗 *la pince volante*, pince de jet que le politicien lance pour saisir l'occasion propice; nous dirions, pour la harponner. — L'opportunisme éhonté avait été pratiqué avant lui par bien des politiciens chinois, mais c'est *Wang-hu* qui le systématisa et qui l'enseigna sans pudeur, et ses disciples l'appliquèrent sans vergogne durant tout le siècle que dura l'agonie des petits royaumes sous la griffe de *Ts'inn*. Les princes du temps trouvèrent d'ailleurs un moyen pour bénéficier du système sans en subir les inconvénients. Quand un politicien s'était bien dévoué pour eux, les avait agrandis et avait humilié leurs ennemis, ils lui coupaient le cou, préventivement, pour l'empêcher d'aller se donner à leur adversaire, si le *yinn-yang* venait à tourner dans l'autre sens. Chacun sa manière d'interpréter l'heure du Ciel.

Il va sans dire que ces politiciens obéirent souvent à des mobiles encore plus vils que ceux énoncés ci-dessus. Plusieurs d'entre eux furent des êtres hideux. Par exemple ce 范雎 *Fan-soei*, dont voici l'histoire, en peu de mots... Il était du pays de 魏 *Wei*. Ayant accompagné à la cour de 齊 *Ts'i* un envoyé de *Wei*, le roi de *Ts'i* lui fit donner une gratification, pour une raison ou pour une autre. A son retour, on pensa à *Wei* qu'il devait avoir vendu des secrets politiques, et *Fan-soei* fut assommé par ordre. Laissé pour mort, il en revint, et se rendit à

Leçon 29.

Ts'inn, où il sollicita une audience du roi. C'était en 266. Or le roi de *Ts'inn* était ennuyé de la tutelle de la reine sa mère, laquelle s'appuyait sur son frère le ministre 魏 冉 *Wei-jan*. *Fan-soei* était parfaitement au courant, bien entendu. En entrant au palais, il prit hardiment l'allée centrale pavée. Cette allée est réservée au roi, lui dirent les officiers... Bah! dit *Fan-soei*, y a-t-il un roi à *Ts'inn?* Je n'ai jamais entendu parler que d'une reine et de son frère *Wei-jan*. — Le roi entendit ces paroles. Après la réception officielle, il prit *Fan-soei* en particulier, se mit à genoux devant lui, et lui dit : Maître, quel bonheur pour moi, que vous soyez venu jusqu'ici pour m'instruire. Ne craignez pas de me dire la vérité. — Si je vous la disais aujourd'hui, dit *Fan-soei*, demain vous me feriez couper la tête, comme vous avez déjà fait à plusieurs autres. Il est vrai que je mourrais volontiers pour la prospérité de *Ts'inn*. Mais je crains que, si mon nom s'ajoutait à ceux de vos précédentes victimes, personne ne viendrait plus vous offrir ses services. — Parlez sans crainte, lui dit le roi, sur quelque sujet et sur quelque personne que ce soit, sans excepter ma mère et mes ministres. — Alors, versant de l'huile sur le feu, *Fan-soei* dit au roi : Avant que je ne vinsse ici, je n'ai jamais entendu parler du roi de *Ts'inn*. Dans les autres pays, on ne connaît que la reine et *Wei-jan*. Cependant, dans un état, c'est le roi qui doit gouverner... Et puis, quelle politique que celle de *Wei-jan!* Ne vient-il pas, négligeant les principautés voisines, d'aller attaquer *Ts'i*, un pays éloigné. Ne vaudrait-il pas mieux rester en bons termes avec les principautés éloignées, et faire la guerre à celles qui sont voisines? Chaque pouce chaque pied de territoire que vous enlèverez à celles-là, sera autant d'ajouté à votre domaine; tandis que vous ne tirerez aucun profit d'une victoire sur un pays lointain... Et puis, pourquoi *Wei-jan* vous réduit-il à un rôle aussi effacé? N'aurait-il pas l'intention de vous supprimer? Pareille chose s'est vue plus d'une fois. Mettez la reine de côté, exilez *Wei-jan*, et régnez vous-même. — Le roi fit ainsi, et nomma *Fan-soei* premier ministre. En 258, celui-ci lança les armées de *Ts'inn* sur les principautés centrales, son propre pays *Wei* y compris. En 255, jugeant sa vengeance suffisante, il s'esquiva pour se mettre hors de portée de la brute dont il avait aiguisé les griffes. Il faut croire que, dans la révolution du *yinn-yang*, l'heure du Ciel était venue.

II. Maître 尹 文 *Yinn-wenn* fut un taoïste convaincu, et de plus un logicien. Dans le traité qui porte son nom, il s'applique surtout à démontrer que la Loi doit être dérivée du Principe. Cet opuscule est d'un haut intérêt pour les trois écoles, des taoïstes, des logiciens et des légistes.

Le Principe, dit Maître *Yinn-wenn*, aurait dû seul régner en ce monde, et toutes les questions auraient dû être résolues d'après lui, sans qu'il fût besoin de lois formulées et écrites. Mais puisqu'il n'en est pas ainsi, puisque les états tiennent à avoir des lois, de quelle nature devront être ces lois?.. Ici, une dissertation sur le subjectif et l'objectif; puis il continue... C'est le prince qui fait la loi. Mais la loi ne doit pas être purement subjective, une expression quelconque des lubies du prince. Elle doit avoir son fondement objectif, non dans les êtres distincts, mais dans le Principe, la grande loi, la source de toute loi. Les lois formulées, sont un pis aller. Si elles sont arbitraires, elles sont néfastes. Si elles sont tirées du Principe, passe qu'on s'en serve. — Il insiste ensuite, comme tous les logiciens chinois, sur la nécessité de bien qualifier les cas légaux, la justice consistant dans l'application au cas qualifié, du titre correspondant de la loi. Si le cas a été mal qualifié, la loi sera appliquée à faux, il y aura injustice. — Il termine en affirmant que les sectateurs de Confucius et de *Mei-ti*, qui ne reconnaissent pas le Principe, qui ne le nomment jamais explicitement, sont obligés de recourir à lui implicitement, pour donner un fondement à la nature, de laquelle ils déduisent leur règle des mœurs, l'humanité, l'équité, etc. Tout leur système, dit *Yinn-wenn*, est bâti en l'air, dépourvu de fondements, construction subjective. Il gagnerait en objectivité et solidité, s'ils consentaient à l'asseoir sur le Principe. — Ce reproche serait fondé, si Confucius et *Mei-ti* n'avaient pas reconnu, dans le Souverain d'en haut, l'auteur de la nature et le législateur universel. Il vaut pour leurs disciples dégénérés, qui oublièrent le Législateur.

III. 鶡冠子 *Heue-koan-tzeu*, le Maître au bonnet de plumes, fut un profond penseur, taoïste pour les grandes lignes, mais original et indépendant dans les détails. Voici l'analyse de son œuvre inédite.

Primitivement il n'y eut que l'Un suprême, indistinct, immobile, dans le point qui est maintenant le centre de l'univers. Cet Un suprême, c'est le grand Point d'interrogation, le grand Innomé, le grand Inconnu, Celui duquel *Lao-tzeu* a dit qu'il ne savait pas de qui il est fils, parce qu'il est de lui-même. — De lui émana la matière primordiale, dans laquelle commença la révolution alternante du *yinn* et du *yang*. La matière étant comme barattée par ce mouvement, le *subtil* se sépara et forma le ciel, le *grossier* qui resta forma la terre. — Mais, nota bene, pour *Heue-koan-tzeu*, l'univers est un monôme, non un binôme. Le ciel seul compte pour lui ; la terre est un résidu.

La dignité et l'efficacité du Ciel, vient de ce qu'il est, dans le monde matériel, comme l'expression de l'Un suprême. C'est l'unité qui fait sa grandeur. Son rôle est de tout unifier. Il est comme le pôle d'émanation de la vertu du Principe, qui est 法 la loi universelle. Est bien, tout ce qui est conforme à cette loi ; est mal, tout ce qui en diffère.

Le ciel n'est pas la voûte d'azur visible. Le ciel, c'est l'être un, qui donne, de par la vertu du Principe, leur nature à tous les êtres. Chaque être est produit par un 介 décret préalable du ciel, qui devient dans l'être 命 sa nature spéciale. Au moment où il devient dans la réalité, l'être reçoit 名 un nom qui le définit et le qualifie. La loi, volonté universelle du Principe, régit tous les êtres ; loi physique dans les choses physiques, loi morale dans les choses morales.

L'homme est composé de matière grossière terrestre, et d'une particule de matière subtile céleste. Cette particule est en lui 明 son intelligence, la note caractéristique de l'homme, sa nature spéciale. Après la mort, pas de survivance personnelle. Le corps retourne à la terre ; et, en dernière instance, la particule subtile se refond avec le ciel. S'il y a survivance temporaire, comme certains le prétendent, c'est une survivance indigente, impuissante, incertaine. Il ne faut donc pas demander des faveurs aux Mânes ; il ne faut pas avoir peur des trépassés.

Le Principe est un, le ciel est un, la loi est une. Donc, sur la terre, la grande

Leçon 29.

règle, c'est de réduire à un, c'est d'unifier. Unité, uniformité, sur ces deux points *Heue-koan-tzeu* s'élève à une éloquence presque sublime. — Le rôle du Sage, n'est pas de faire la loi. Son rôle, c'est de saisir la loi, dans le Principe, dans l'action du ciel; puis de l'appliquer dans ce monde, telle quelle, sans altération. Telle la révolution uniforme de la Grande Ourse autour du pôle, telle doit être l'uniformité de l'application de la loi unique. Le Sage doit s'efforcer de saisir, dans chaque instant du temps, le décret du ciel sur cet instant, afin de l'employer conformément à ce décret, ce qui est la condition sine qua non de tout succès. — Surtout pas d'égoïsme; ne pas tirer à soi! Car, dans les profondeurs mystérieuses du Principe, avant leur devenir déterminé, tous les êtres étaient *un* dans l'unité confuse, sans distinction de moi et de toi. Le grand secret de l'ordre, de l'harmonie, c'est de les considérer, quoique actuellement distincts, comme étant encore *un* dans leur unité primordiale. C'est là la grande règle politique. Ni égoïsme, ni altruisme. La grande fraternité des êtres, la communion dans l'unité, 彼我玄同. Ne pas jalouser le bonheur, ne pas plaindre le malheur, car ni l'un ni l'autre n'existent. A chaque être son destin, fait de phases passagères, mais toutes dominées par ce fait certain, que, issu de l'unité, il rentrera dans l'unité.

Vu l'état de la Chine de son temps, *Heue-koan-tzeu* s'exprime, sur la guerre, d'une manière moins absolue que *Lao-tzeu*. Il faudrait, dit-il, ne pas la faire, pas même une fois en cent ans; mais il ne faut laisser passer aucun jour, sans la prévoir et la préparer. — Il avait en vue, probablement, comme *Mei-ti*, la guerre défensive pour la protection de l'ordre, à l'exclusion de la guerre offensive.

Heue-koan-tzeu conclut par ce passage typique. Il y a trois espèces de médecins. D'abord, ceux qui donnent des conseils préventifs, pour préserver les gens de tomber malades. Ils sauvent la vie à beaucoup d'hommes, et personne ne leur témoigne jamais de reconnaissance. — Il y a ensuite les médecins qui ne se chargent que des maladies prises à leur début. Ils les traitent correctement, et sauvent beaucoup de vies. Mais tout s'étant passé sans feu ni fumée, on ne leur a que peu de reconnaissance. — Il y a enfin les médecins qui se chargent des cas jugés désespérés. Le danger est visible, le malade se tord, le médecin se démène, on recourt au fer et au poison, c'est une chaude affaire! Aussi quelle reconnaissance, après une cure pareille! Et quelle réputation, pour ce médecin! Tout le monde le vantera, voudra l'avoir. — Ainsi en est-il des politiciens qui traitent les états... Les Sages qui préviennent les conflits, ceux grâce auxquels des peuples vivent longtemps dans une paix profonde, personne ne les vante, personne n'en parle; et pourtant, ce sont les bienfaiteurs de l'humanité. Peu de reconnaissance et de réputation aussi, pour ceux qui remédient, au jour le jour, aux difficultés ordinaires. Mais ces artistes qui entreprennent de sauver une situation réputée perdue, et qui la sauvent, à grand fracas, per fas et nefas! Voilà, aux yeux du vulgaire, les hommes supérieurs. En réalité, c'est la catégorie infime.

Sources. — 鬼谷子 *Koei-kou-tzeu*, 尹文子 *Yinn-wenn-tzeu*, 鶡冠子 *Heue-koan-tzeu*, dans les 子書 collections des œuvres des philosophes chinois. — Inédits, donc pas d'ouvrages à citer.

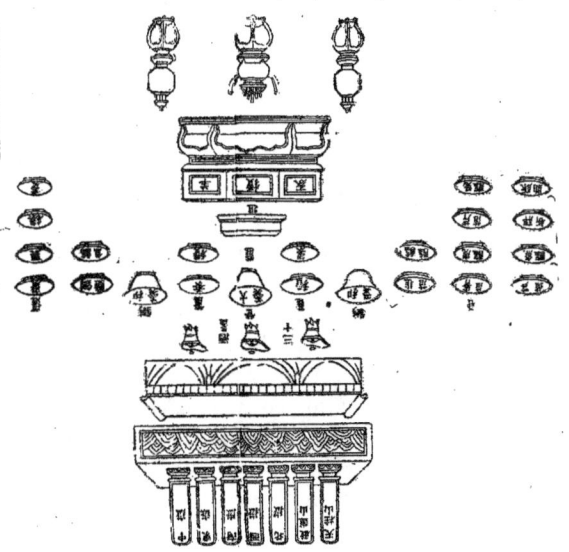

Offrande aux monts.

Trentième Leçon.

L'âge de sang... I. 管子 *Koan-tzeu*. — II. 韓非子 *Han-fei-tzeu*.

I. L'auteur inconnu du traité attribué à 管夷吾 *Koan-i-ou*, en librairie 管子 *Koan-tzeu* Maître *Koan*, fut un taoïste d'un talent non médiocre. Les chapitres 1 à 16 de son ouvrage jusqu'ici inédit, exposent l'action du Principe dans le monde, et le devoir des politiciens de coopérer avec cette action. Les chapitres 17 à 24, sont des additions postérieures insignifiantes, faites par des disciples probablement. Voici le résumé du livre.

Le Principe, c'est le néant de forme, un être invisible, impalpable, indéfinissable, dont la vertu a tout produit. De lui est issu le sperme universel, la matière subtile, qui devint en haut le firmament avec ses étoiles, en bas la terre avec ses produits, et les Mânes glorieux dans l'espace médian. Le Principe qui les produit, n'est pas séparé de ses produits. Il est avec eux, il est en eux, il les pénètre invisible. Il est la raison dernière de toutes choses. C'est à lui que se termine la chaîne des causalités. C'est lui qui fait tout commencer, durer, cesser.

Il est dans l'homme, depuis sa naissance. L'âme de l'homme, c'est une participation de lui, c'est lui résidant dans le cœur. Mais, pour que l'action de cette âme ne dévie pas, il faut qu'elle conserve la manière d'être du Principe. Le Principe habite dans le néant de forme, dans la pureté absolue, dans l'abstraction des êtres distincts qui lui doivent pourtant tous leur origine, dans le calme et le silence. Ainsi l'âme doit-elle tenir le cœur dans lequel elle habite, pur, vide, calme et silencieux. Autrement elle sera victime de l'illusion, et ses pensées dévieront.

Le repos, le non-agir, est l'équilibre, est la position normale, de laquelle il ne faut sortir que pour cause, et à laquelle il faut revenir dès que la cause a cessé; car ainsi fait le Principe. L'action est une rupture d'équilibre, un état violent, qui doit être passager et cesser le plus tôt possible. L'action intellectuelle, mentale, doit surtout être surveillée et réglée. Peu penser; le moins de connaissances particulières possible; et ne pas s'occuper des détails. Envisager fixement la raison ultime de toutes choses, et examiner seulement si le cas particulier présent est conforme à cette raison ou en dévie.

Cette concentration parfaite en un, donne une clairvoyance, une pénétration, une intuition, qui dispense de recourir à l'achillée et à la tortue, et aux révélations des Mânes transcendants, pour connaître l'invisible et l'avenir. Car l'union de l'être avec l'unité universelle, l'unit à tous les êtres distincts, à ceux qui sont comme à ceux qui seront. Il connaît tout dans le sperme universel, duquel tout est sorti, sort et sortira.

La politique doit être l'application de ces principes, par les hommes sages, aux hommes qui ne sont pas sages. Avant tout, veiller à la paix mentale du peuple. Pour cela, ne pas l'instruire, le tenir dans l'ignorance. Quiconque sait trop, a trop de désirs, devient par suite inquiet et remuant. Tandis que savoir peu ou rien, concentre et pacifie. Le point premier et principal de la bonne politique, c'est qu'il faut procurer au peuple le bien-être matériel, des aliments à satiété. Car un homme repu, est content, et se tient tranquille. D'abord engraisser, puis gouverner.

Pour les relations des hommes entre eux, il faut leur prescrire des rits, qui règlent tous leurs rapports, et dont personne ne puisse se dispenser. Cela maintiendra la paix entre les citoyens. Veiller à l'uniformité absolue de tous les citoyens, même dans le parler, même dans le penser. Dans les usages de la vie, par exemple le costume, toute innovation sera interdite. Dans les conversations, tout propos singulier sera prohibé.

Quant aux relations des citoyens avec le prince, voici les principes. — De même que le ciel est l'agent du Principe pour l'univers, ainsi le prince est l'agent du Principe pour sa principauté. Comme le ciel, il doit vouloir le bien de tous ses sujets en général; mais comme le ciel aussi, il ne doit connaître aucun de ses sujets en particulier. — C'est le prince qui fait, qui édicte la loi. Cette loi doit être conforme au Principe, et dans le sens de la vertu du Principe. Or elle sera dans ce sens, si elle est opportune quant au temps, et profitable quant au fond. — Le prince ne devra jamais expliquer au peuple les raisons de ses lois. Si on donne au peuple des motifs et des raisons, il discute son obéissance, sans terme ni fin. Qu'il connaisse seulement, de la loi, le texte précis et la sanction inexorable, et son obéissance sera parfaite. Ainsi obéie, la loi unifiera tout, les citoyens entre eux, et les citoyens avec leur prince.

Il faut endiguer le peuple comme une eau capricieuse, le nourrir abondamment comme les animaux domestiques, l'exploiter savamment comme les prés et les bois. — Pour qu'un gouvernement soit solide, trois choses sont requises et suffisent: une loi claire, la hache de l'exécuteur, des récompenses pécuniaires. Surtout jamais de clémence, qui ne sert qu'à multiplier les délits. Que tout délit qualifié subisse la peine légale. Que tout mérite constaté reçoive la récompense légale. Jamais ni pardon ni amnistie. Alors tout ira bien.

Tel est le système politique, simple et draconien de *Koan-tzeu*. — En bon taoïste, il exécra la guerre. La victoire, dit-il, est toujours incertaine. Les morts et les destructions sont au contraire certaines. Une conquête de territoire ne sert le plus souvent à rien, et devient parfois une cause de malheurs sans fin.

Koan-tzeu insiste pour que le peuple prie, à certains jours déterminés par le gouvernement, le Patron du sol, les Génies des monts et des fleuves. Nous connaissons ce culte populaire (page 50). C'est un legs des Anciens, dit *Koan-tzeu*. Il faut faire régulièrement aux Génies les offrandes prescrites, et les prier avec respect. Que, en cas de sécheresse ou d'inondation, les sorciers examinent à quel Génie on a peut-être manqué, et que la faute soit réparée, pour le propitier. Que, même quand ils font des exorcismes, les sorciers parlent avec respect à l'être transcendant qu'ils chassent, et lui offrent au moins une libation pour le consoler. — Les Mânes glorieux, les Génies, hument l'odeur de l'offrande, dit *Koan-tzeu* expressément.

Sur l'origine du pouvoir, *Koan-tzeu* expose cette théorie qui est devenue classique en Chine: «Au commencement, les premiers hommes vécurent comme les bêtes, sans lien entre eux, sans institution d'aucune sorte. Il arriva que certains, plus malins et plus forts que les autres, les brutalisèrent. Alors quelques hommes plus sages coalisèrent la masse des faibles contre ces tyrans. Pour conserver le résultat acquis, la foule voulut qu'un Sage restât à sa tête, et promit de lui obéir. Ainsi commencèrent la société humaine et le pouvoir princier.»

Leçon 30.

Dans *Koan-tzeu (chap. 16)* se trouve la première mention d'une cérémonie spéciale, la plus auguste de toutes, que certains souverains anciens auraient faite, en l'honneur du Ciel ou du Souverain d'en haut, sur la cime du mont 泰山 *T'ai-chan*. Il s'agit de la fameuse cérémonie 封禪 *fong-chan*, qui causa par la suite tant d'insomnies aux empereurs, et tant de querelles des lettrés. Il paraît certain que la cérémonie *fong-chan* ne fut jamais faite par les souverains anciens, mais fut inventée par les Taoïstes vers l'époque où le pseudo-*Koantzeu* écrivit son ouvrage, fin du quatrième siècle probablement.

II. 韓非子 *Han-fei-tzeu*, Maître *Fei* de *Han*, servit comme conseiller le roi de 秦 *Ts'inn* qui mit fin à la Chine féodale et devint l'empereur 始皇帝 *Cheu-hoang-ti*. Il nous reste de lui un recueil anecdotique assez considérable sur l'art de gouverner, résumé de ses discours et conférences probablement. Je vais analyser les chapitres de cet ouvrage inédit, qui se rapportent à mon sujet.

Fei de Han n'est pas un philosophe taoïste; il n'eut pas assez d'envergure intellectuelle pour cela. Mais c'est un taoïste convaincu. Pour lui, le Principe fut l'origine commune de toutes choses. Les notions du droit et du tort dérivent de lui, ou plutôt, se *dévident* de lui, comme disent les maîtres taoïstes, comme dit *Han-fei-tzeu* avec eux. Quiconque gouverne, doit s'efforcer de saisir ces notions dans leur origine, puis de les appliquer. Le Principe, c'est le vide (de forme), c'est le repos. Qui veut le scruter, doit avoir le cœur vide (de notions particulières) et en repos (sans sympathie ni antipathie). Qui est vide, peut percevoir les êtres dans leur réalité; qui est en repos, percevra le moindre mouvement. — Le Principe est, pour tous les êtres, l'origine de leur être, de leur nature, de leur destin. Son verbe 令 prononcé produit l'être individuel, et devient en lui 命 nature définie et destinée déterminée. La volonté du prince, qui ne fait pas l'être mais qui le régit, devrait toujours concorder avec la nature et la destinée de cet être. Il faudrait ne pas raisonner, mais contempler le Principe. Il faudrait ne pas agir, mais laisser agir le Principe. Il faudrait laisser le Principe gouverner l'état. Si on le faisait, tout irait bien. Les Anciens l'ont nommé *la Mère des états*.

Dans l'esprit du prince, le schéma abstrait de la loi (que *Han-fei* appelle 術 *chou* et distingue de 法 *fa* la loi), doit être conforme au Principe. La loi, expression concrète écrite du schéma princier, doit être formulée si simplement et rédigée si clairement, que ni les officiers ni le peuple ne puissent avoir le moindre doute sur sa signification, sa portée, ses sanctions. — Rien, dans le gouvernement, ne doit être passion, idéal, arbitraire. Le but doit être, procurer au peuple l'aisance, l'abondance. Quand il l'aura, il sera sage. S'il ne l'est pas, on sévira. — Le prince doit se faire obéir des officiers par la crainte. Les officiers doivent garder le peuple, comme les chiens gardent les troupeaux. Tous les chiens ont peur du tigre, parce que ses dents sont plus longues que les leurs. Ainsi tous les officiers doivent-ils craindre le prince, pour le cas où ils feraient mal leur devoir.

Les 儒 *Jou* et les 墨 *Mei*, disciples de Confucius et de *Mei-ti*, sont des hommes ineptes et inutiles. Ils sont ineptes, car tous leurs discours sur 堯 *Yao* et sur 舜 *Chounn*, tous leurs efforts pour ramener le monde à l'état de cet âge reculé, ne le feront jamais rétrograder d'un seul cran, ce dont ils s'apercevraient s'ils avaient quelque esprit. Ils sont inutiles, car après tout leur vie se réduit à un long radotage. — Non! dans le monde actuel dégénéré et immoral, les discours des Sages ne sauraient plus suffire. Il faut, aux hommes de ce temps, des sanctions qui les obligent à faire ce qu'on leur a dit. Les *Jou* et les *Mei* prêchent la piété filiale avant tout. Mais, même la piété filiale n'est plus observée de nos jours, que par crainte des châtiments infligés à ses violateurs. Il est passé, l'âge des Sages, l'âge de l'amendement par les discours et les exemples. Il est passé, l'âge où l'amour maternel était censé guérir les enfants par de doux procédés. Maintenant, quand une mère a un écolier indocile, elle s'entend avec le magister, qui le lui fouette comme il faut. Quand une mère a un enfant atteint d'un abcès, elle s'entend avec un chirurgien, qui le ligote solidement et puis l'opère malgré ses cris. Oui! une seule loi appuyée par des sanctions sévères, vaut mieux, pour l'ordre, que tout le verbiage de tous les Sages. Que l'état empoigne le peuple, comme par deux poignées, les châtiments et les récompenses. Les châtiments sont l'essentiel, ce sur quoi il faut insister. — Il ne pousse naturellement aucun bambou assez droit, pour servir tel quel de hampe de flèche; il ne pousse spontanément aucun bois assez courbe, pour servir tel quel de cercle de roue. L'art doit toujours intervenir, pour dresser le bambou, pour courber le bois, jusqu'à la perfection. Ainsi en est-il des hommes et du gouvernement. Aucun homme n'est naturellement un citoyen parfait, utile, et qui rapporte. Il faut que la loi, avec espérance de récompense et crainte de châtiment, le rende tel. Rien de plus ridicule, en ces temps troublés, que les déclamations idéalistes et utopiques des *Jou* et des *Mei*. Il en est, du résultat qu'ils promettent, comme des dix mille ans de vie que les incantateurs promettent aux clients qui les payent, promesse qui ne s'est pas réalisée une seule fois jusqu'ici. — Et puis, savent-ils même au juste ce qu'ils prétendent, ce qu'ils promettent? Actuellement les *Jou* sont divisés en huit sectes, et les *Mei* en trois sectes, qui toutes se disputent à qui mieux mieux. Chaque secte prétend posséder la vraie doctrine de Confucius ou de *Mei-ti*, les vrais principes de *Yao* et de *Chounn*. Or Confucius *Mei-ti Yao* et *Chounn* étant morts depuis longtemps, ne reviendront pas leur dire qui a raison et qui a tort. Ces disputes ont donc bien des chances de s'éterniser, sans jamais aboutir à rien de pratique. Laissons ces marchands de recettes politiques débiter leurs boniments. Encore une fois, quand un enfant a un abcès, le vrai procédé, c'est de le tenir solidement et d'inciser profondément, sans faire attention à ses cris. Ainsi faut-il traiter le peuple. Il ne faut jamais lui demander son assentiment, ni compter sur sa reconnaissance. 禹 *U le Grand*, le canalisateur qui sauva l'empire, faillit plus d'une fois être lapidé par la populace; et plus récemment 子產 *Tzeu-tch'an* qui fit tant de bien à la principauté 鄭 *Tcheng*, fut critiqué par le peuple durant toute sa vie.

En résumé, des lois indiscutables, une application des lois inexorable, peu de récompenses et beaucoup de châtiments. Des lois écrites courtes, et pas de Sages verbeux; voilà la vraie formule pour gouverner les hommes.

Nous allons voir le disciple de *Han-fei-tzeu*, l'autocrate 始皇帝 *Cheu-hoang-ti*, créer l'empire chinois un et absolu, par l'application des principes des Légistes.

Sources. — 管子 *Koan-tzeu*, et 韓非子 *Han-fei-tzeu*, parmi les 子書 œuvres des penseurs chinois.

Trente-et-unième Leçon.

L'empire un et absolu des 秦 *Ts'inn*.

Sommaire. — I. Le Premier Empereur. — II. Le Second Empereur.

———

I. En 256, le roi de 秦 *Ts'inn* avait mis fin à l'antique dynastie 周 *Tcheou*. Il n'y avait plus d'empire, plus d'empereur. Les anciens fiefs s'étaient entre-dévorés les uns les autres. En 256, il en restait six, 燕 *Yen* 趙 *Tchao* 齊 *Ts'i* 魏 *Wei* 韓 *Han* 楚 *Tch'ou*, dont les seigneurs s'étaient donné le titre de rois. Quatre rois successifs de *Ts'inn*, mirent trente-quatre ans, de 255 à 222, à les exterminer; besogne qui leur fut facilitée par ce fait que, tandis que *Ts'inn* leur faisait la guerre, les six royaumes se battaient entre eux. J'ai raconté en détail, dans mes *Textes Historiques*, cette période de luttes fratricides, ce coupage de têtes systématique, qui aboutit au remplacement de l'empire féodal avec ses seigneurs, par l'empire absolu avec ses fonctionnaires. Je me bornerai ici à peu de faits, ceux qui rentrent dans mon sujet. — En 247, le roi 莊 *Tchoang* de *Ts'inn* étant mort, son fils 政 *Tcheng* monta sur le trône; c'est lui qui fera l'empire. En 244, construction de la Grande Muraille; mieux couverts contre les incursions des nomades de l'extérieur, ceux de *Ts'inn* vont agir avec toutes leurs forces contre les six royaumes. Leur système militaire, organisé par 衛鞅 *Wei-Yang*, nous est connu; c'est le système de la nation armée, les jeunes formant les corps d'attaque, les vieux formant les corps de défense. En 230, conquête du royaume de 韓 *Han*. En

228, conquête du royaume de 趙 *Tchao.* En 225, conquête du royaume de 魏 *Wei.* En 223, conquête du royaume de 楚 *Tch'ou.* En 222, conquête des royaumes de 燕 *Yen* et de 齊 *Ts'i.* En 221, la Chine entière étant soumise, le roi de 秦 *Ts'inn* prit le titre de 始皇帝 *Cheu-hoang-ti*, le Premier Empereur, sous-entendu de sa dynastie, laquelle durerait éternellement pensait-il, les empereurs successifs portant simplement un numéro d'ordre. L'empire fut divisé en quarante préfectures. Toutes les armes de guerre furent confisquées et fondues. Des routes stratégiques rectilignes, traversèrent les pays dans tous les sens. Puis l'empereur commença des tournées d'empire, dans le genre de celles des souverains antiques, usage tombé en désuétude sous les 周 *Tcheou.* En 219, visitant les préfectures de l'Est, l'empereur gravit plusieurs montagnes, et fit graver l'éloge de son gouvernement sur des stèles ou sur des rochers. Il fit l'ascension du mont 泰山 *Tai-chan*, y fit dresser une stèle et célébra la cérémonie 封禪 *fong-chan* (page 255), dit l'Histoire, laquelle se borne à ce détail unique que, tandis qu'il redescendait, l'empereur essuya un violent orage, ce qui fut considéré comme de mauvais augure. — C'est durant cette tournée de l'an 219, que le penchant de l'empereur pour les fables taoïstes commença à se manifester. Arrivé à l'extrémité du promontoire du 山東 *Chan-tong*, il contempla longuement la mer qu'il n'avait jamais vue. Là on lui parla des *Îles des Génies*. Cette communication devant influer considérablement sur le reste de la vie du Premier Empereur, il me faut reprendre ce sujet de plus haut.

Dans le cinquième chapitre de l'œuvre de 列子 *Lie-tzeu*, se trouve le passage suivant: « Très loin à l'est de la mer de Chine, est un abîme immense, sans fond, qui s'appelle le confluent universel, où toutes les eaux de la terre, et celles de la voie lactée le fleuve collecteur des eaux célestes, s'écoulent, sans que jamais son contenu augmente ou diminue. Entre ce gouffre et la Chine, il y avait jadis cinq grandes îles, 岱輿 *Tai-u*, 員嶠 *Yuan-kiao*, 方壺 *Fang-hou*, 瀛洲 *Ying-tcheou*, 蓬萊 *P'eng-lai*. Les édifices qui couvrent ces îles, sont tous en or et en jade; les animaux y sont familiers; la végétation y est merveilleuse; les fleurs embaument; les fruits préservent de la vieillesse et de la mort. Les habitants de ces îles, sont tous des Génies. Ils se visitent, en volant à travers les airs. — Primitivement les îles n'étaient pas fixées au fond, mais flottaient sur la mer, s'élevant et s'abaissant avec la marée, vacillant au choc des pieds. Ennuyés de leur instabilité, les Génies se plaignirent au Souverain (d'en haut). Craignant qu'elles n'allassent de fait un jour s'échouer contre les terres occidentales, le Souverain donna ordre au Génie de la mer du nord, de remédier à ce danger. Celui-ci chargea des tortues monstrueuses de soutenir les cinq îles sur leur dos, trois par île. Elles devaient être relayées tous les soixante mille ans. Alors les îles ne vacillèrent plus. Mais voici qu'un jour un des géants du pays de 龍伯 *Loung-pai*, arriva dans ces régions à travers les airs, et y jeta sa ligne. Il prit six des quinze tortues, les mit sur son dos, et s'en retourna comme il était venu. Du coup les deux îles *Tai-u* et *Yuan-kiao*, soutenues par les six tortues prises, s'abîmèrent dans l'océan, et les îles des génies se trouvèrent réduites à trois. » — C'est à ce texte de *Lie-tzeu*, que se rattachent les faits suivants, racontés par divers historiens, en particulier par 司馬遷 *Seuma-ts'ien* (chaps 28 et 118). D'abord la version du *Miroir historique*: Jadis, un certain 宋毋忌 *Song-ouki*, disciple du célèbre 高 *Kao* dit le

Sage de 羨門 *Sien-menn*, enseignait la possibilité pour les hommes de devenir Génies, après s'être transformés comme certains insectes, par le dépouillement de leur corps matériel. Les rois 威 *Wei* et 宣 *Suan* de 齊 *Ts'i* (山東 *Chan-tong* actuel), et le roi 昭 *Tchao* de 燕 *Yen* (直隸 *Tcheu-li* actuel; les règnes de ces princes couvrent les années 378 à 279), fervents adeptes de cette doctrine, avaient envoyé des expéditions à la recherche des trois Îles des Génies. On plaçait ces îles au large du promontoire du *Chan-tong*. On disait qu'elles n'étaient pas extrêmement éloignées, mais que des vents et des courants empêchaient qui que ce fût d'y aborder. On affirmait que les Génies de ces îles possédaient la drogue d'immortalité... Or tandis que le Premier Empereur séjournait au bout du promontoire, 徐福 *Su-fou* maître ès sciences occultes lui dit: m'étant purifié par l'abstinence, je vous prie de me remettre des garçons et des filles vierges, que je puisse offrir aux Génies, en échange de la drogue d'immortalité... L'empereur envoya donc *Su-fou*, avec plusieurs milliers de garçons et de filles. Ils arrivèrent en vue des Îles des Génies, mais alors leurs bateaux furent dispersés par le vent. — Voici maintenant la version de *Seuma-ts'ien*: Le Premier Empereur ayant envoyé *Su-fou* avec mission de quérir pour lui la drogue d'immortalité, celui-ci étant revenu bredouille, lui conta l'histoire suivante: En mer j'ai rencontré un Génie, qui m'a demandé: n'es-tu pas l'envoyé de l'empereur de l'Ouest? — J'ai répondu: je le suis. — Que désires-tu pour lui?.. La drogue d'immortalité. — Le Génie dit: les présents de l'empereur des *Ts'inn* sont trop maigres. Tu verras la drogue, mais tu ne l'emporteras pas. — Puis il m'emmena jusqu'à l'île *P'eng-lai*. J'y vis la drogue, gardée dans le palais des Génies, par un dragon couleur de bronze, si étincelant que ses reflets rougissaient le ciel. Humblement prosterné, je demandai: que voulez-vous qu'on vous apporte, en échange de la drogue d'immortalité? — Le Génie dit: des garçons et des filles de bonne famille, et des artisans habiles de tout métier. — Très heureux de ce commencement de succès, le Premier Empereur renvoya *Su-fou* avec trois mille garçons et filles, des artisans et des semences. *Su-fou* gagna un pays fertile, le Japon probablement, s'y fit roi, et ne donna plus de ses nouvelles.

Continuant sa tournée, l'empereur arriva à la rivière 泗 *Seu*. Il fit chercher dans le lit de cette rivière, par plus de mille plongeurs, les urnes des 周 *Tcheou*. Ces urnes en bronze, au nombre de neuf, qui remontaient à 禹 *U le Grand*, avaient été prises, en 255, par le roi 昭襄 *Tchao-siang* de *Ts'inn*, qui mit fin à la troisième dynastie. Elles étaient considérées comme le palladium de l'empire. C'est par superstition, pour assurer la durée de sa nouvelle dynastie, que le Premier Empereur voulut absolument les retrouver. Comment avaient-elles disparu? Mystère historique. La légende prétend qu'elles s'envolèrent et se jetèrent dans la rivière *Seu*. Je pense que des hommes pratiques convertirent ces anciens objets en des vaisselles modernes. — Cet insuccès chagrina le Premier Empereur. Il poussa sa tournée fort loin vers le midi. Près de 長沙 *Tch'ang-cha*, au pied du mont 湘 *Siang*, la barque qui le portait essuya un violent coup de vent. Il demanda aussitôt le nom du Génie du mont *Siang*. On lui dit que les deux filles de l'empereur 堯 *Yao*, qui furent épouses de l'empereur 舜 *Chounn*, étaient ensevelies là. Jugeant que ces anciennes aristocrates lui en voulaient comme à un parvenu, le Premier Empereur se fâcha, fit déboiser le mont *Siang*, puis le fit racler jusqu'au vif, de sorte qu'il n'y resta pas un brin de végétation.

En 218, l'empereur fit une nouvelle tournée à l'Est. Il y revint en 215. La mer fascinait cet esprit rêveur. Cette fois il contourna le golfe vers le nord, jusqu'à la passe appelée maintenant 山海關 Chan-hai-koan, l'endroit où la Grande Muraille touche la mer. De là il envoya un magicien, maître 盧 Lou, à la recherche du sage Kao de Sien-menn, mort un ou deux siècles auparavant, mais qu'on prétendait vivre en Génie dans les montagnes avoisinantes. Maître Lou revint avec un billet de ce personnage, lequel contenait cet oracle «Hou perte de Ts'inn». Cela devait s'entendre de 胡亥 Hou-hai, fils du Premier Empereur et son successeur, qui perdit la dynastie. L'empereur l'entendit des 胡 Hou, nomades du nord. Il inspecta donc bien vite les préfectures septentrionales, et établit, le long de la Grande Muraille, une armée permanente de trois cent mille hommes, pour être le boulevard de l'empire.

En 213 arriva l'événement, qui a fait du Premier Empereur et de son ministre d'alors 李斯 Li-seu, les deux hommes les plus honnis des Lettrés jusqu'à nos jours. A tort ou à raison?.. je dirai mon avis là-dessus tout à l'heure. — Donc, en 213, à la capitale, le Premier Empereur donna un banquet aux soixante-dix principaux 儒 Jou de l'empire, pour les gagner à sa cause. Je dis délibérément Jou, et non Lettrés ou Confuciistes, comme on dit trop souvent, faussant ainsi ce fait important entre tous. Durant le banquet, les invités portèrent des toasts. La plupart louèrent l'empereur. Mais l'un d'entre eux, grognard rogue de la vieille école, éprouva le besoin de lui dire en face, que son gouvernement ne valait pas celui des trois dynasties précédentes. Séance tenante, le ministre Li-seu, un Légiste, releva cette inconvenante offense en ces termes: «Les grands empereurs de l'antiquité, puis ceux des trois dynasties 夏 Hia 商 Chang et 周 Tcheou, ne se copièrent pas servilement les uns les autres, mais chacun gouverna comme son temps l'exigeait. Ils innovèrent, non pour le plaisir de changer, mais parce que les circonstances étaient changées. Maintenant, ô empereur, vous conformant aux temps nouveaux, vous avez fait des institutions grandes et durables, qui ne peuvent pas entrer dans l'esprit borné des stupides Lettrés. Pourquoi imiteriez-vous les trois dynasties précédentes? Le temps de ces dynasties n'a-t-il pas été l'ère des luttes féodales et le règne des politiciens errants?! Maintenant l'empire est tranquille, les lois sont uniformes, le peuple est tout à ses travaux, les officiers sont tout à leur devoir. Seuls les Jou, faisant fi du présent, fouillent le passé, afin d'y trouver des raisons de critiquer l'autorité, et des motifs pour inquiéter le peuple. Dans leurs dissertations, les Jou n'exaltent ce qui fut, que pour rabaisser ce qui est; ils enjolivent leurs utopies, afin d'enlaidir par contraste la réalité; ils mettent leurs conceptions privées bien au-dessus de vos institutions. Alors qu'il n'appartient qu'à vous seul, tête unique et maître absolu de l'empire, de distinguer le blanc du noir et de dicter des lois, eux, n'estimant que leur sens personnel, s'assemblent pour juger vos actes, et font savoir ensuite au peuple qu'ils ne les approuvent pas. Tout ce que vous dites et faites, devient aussitôt le thème de leurs gloses. Ces gens-là mettent leur point d'honneur à penser autrement que vous. Ils sont les auteurs de tout mauvais esprit parmi le peuple. Si vous n'y mettez bon ordre, votre position sera insensiblement ébranlée, par leur sourde et persistante opposition. Pour votre bien, réprimez-les! Je demande que, sauf celles du royaume de Ts'inn, toutes les archives soient brûlées. Je demande que quiconque possède un livre, nommément un exemplaire des Odes ou des Annales (les deux anthologies confuciistes), soit tenu de le livrer au préfet, qui le fera brûler; sous peine du tatouage et des travaux forcés à perpétuité, passé un délai de trente jours. Je demande que quiconque aura disserté sur un texte des Odes ou des Annales, soit mis à mort; que quiconque se sera servi d'un de ces vieux textes pour dénigrer le présent, soit exterminé avec toute sa famille. Que les fonctionnaires qui sciemment auront fermé les yeux sur les infractions susdites, subissent la même peine que les délinquants ménagés par eux. Qu'on excepte de la destruction générale des vieux écrits, les seuls traités de médecine et de pharmacie, de divination, d'agriculture et de jardinage, qui sont utiles au peuple. Que désormais tous ceux qui désirent entrer dans l'administration, n'étudient plus sous des politiciens privés, mais sous des fonctionnaires officiels». — A ce réquisitoire de *Li-seu*, l'empereur donna le *placet* impérial qui en fit une loi. La loi fut appliquée. De la masse des anciens écrits chinois, il ne resta que quelques épaves, qui sortirent de leurs cachettes longtemps après. — Faut-il pleurer cette destruction comme une grande perte faite par l'humanité pensante?.. Sans doute, il se perdit en 213 bien des planchettes importantes pour l'histoire et la géographie de la Chine ancienne, pour la connaissance de ses relations avec les pays voisins et de l'échange des idées. Mais, à en juger d'après les rubriques de leurs archives, lesquelles nous sont connues, il est probable que les anciens n'avaient pas écrit ce que nous aimerions le plus connaître, les mœurs et les usages, la vie intime dans ce lointain passé. Il n'y avait ni livres ni écrivains proprement dits. Les archives se composaient presque exclusivement de registres administratifs, de collections d'ordonnances sèchement nomenclaturées par les scribes. Encore ces collections étaient-elles complètes? Il paraît que non. Mencius écrivit, un siècle environ avant la destruction des archives, les lignes suivantes: «Il est impossible de savoir, de nos jours, quel fut l'ordre établi pour les rangs et les domaines féodaux, au commencement de la troisième dynastie. Car cet ordre ayant déplu aux seigneurs dont il empêchait les empiétements, ils eurent soin d'en faire détruire tous les exemplaires.» C'était pourtant là un document impérial et fondamental... Et puis, que pouvait-il bien rester des archives des deux premières dynasties, et des premiers siècles de la troisième, après tant de changements de capitale, déménagements, saccagements, incendies, en 842 et en 770 par exemple, pour ne pas parler des accidents plus anciens? L'histoire dit expressément que, en 770, quand l'empereur 平 *P'ing*, fuyant les nomades 戎 *Joung* qui avaient envahi le pays, se transporta de l'Ouest à l'Est, à la nouvelle capitale, le Gouverneur des Marches occidentales dut couvrir sa retraite, sur tout le parcours, en combattant. Que devinrent, dans cette bagarre, les fourgons portant les planchettes des archives, un si excellent combustible?.. Sans doute il resta des documents anciens, puisque Confucius tira de ce reste ce qui est parvenu jusqu'à nous, mais la masse n'était certainement plus intacte, loin de là. Pleurons donc, mais ne pleurons que d'un œil, sur l'événement de l'an 213. — J'insiste sur ce qui suit. Le vrai motif de la destruction des anciens écrits chinois par le Premier Empereur, a été souvent mal expliqué et mal compris. L'empereur n'en voulait pas aux lettres. Il ne trouva pas, comme fera le calife Omar, que les hommes n'avaient pas besoin de livres. Il en voulait aux lettrés qui abusaient contre lui des livres. Il se lassa d'être journellement confronté avec 堯 *Yao* 舜 *Chounn* et autres fossiles; de voir ses actes critiqués au nom de principes vieux de deux mille ans. Son ministre *Li-seu* n'en voulait pas davantage aux lettres; mais il avait hérité de la haine cordiale de son maître 荀子 *Sunn-tzeu*, contre 陋儒 *les vils lettrés*, ces maîtres d'école bavards, ces politiciens faméliques, inconsolables que les jours où ils vivaient grassement aux frais des seigneurs imbéciles fussent passés. Quand donc les Lettrés geignent de la destruction des anciens écrits, il y a, ce me semble, deux réponses à leur faire: 1° si ce qui fut détruit ne contint pas des matières autres que ce qui fut conservé, la perte est médiocre... 2° si perte notable il y eut, c'est vous, frondeurs imprudents et impudents, qui l'avez provoquée.

Alors le Premier Empereur fit construire à la capitale un palais immense; et non loin de la capitale, sa future sépulture, en style pareillement grandiose. Sept cent mille forçats furent employés à ces travaux. — Gêné peut-être par l'ingérence d'autres conseillers, maître 盧 *Lou* déclara alors à l'empereur que les Génies se tenaient éloignés, et que par conséquent la drogue d'immortalité ne pouvait être obtenue, parce que l'empereur menait une vie trop bruyante, trop à jour; tandis que, pour les rapports avec les Génies, il faut la retraite, le silence, le mystère. L'empereur se laissa persuader, se tint renfermé, mais ne s'occupa que plus activement des affaires de l'état, au point dit l'Histoire qu'il expédiait lui-même chaque jour cent-vingt livres de planchettes couvertes d'écriture, et prit de plus en plus l'habitude de tout décider en personne, d'après les rapports reçus. Maître *Lou* qui avait compté être écouté seul par l'empereur qu'il avait confiné, fut donc trompé dans ses espérances. Furieux, il s'éclipsa, et parla de l'empereur le plus mal possible. — Il ressort de ces faits curieux, que, si le Premier Empereur fut très superstitieux, il fut d'un autre côté très lettré, très appliqué, très capable, un rude bûcheur, un homme de fer. Les lettrés qu'il maltraita justement, ont défiguré son caractère et sali sa mémoire. Il faut lire entre les lignes l'histoire du Premier Empereur écrite par eux, et corriger l'aberration de l'oculaire à travers lequel ils nous montrent leur bête noire dans le lointain passé. — Les médisances de maître *Lou* le déserteur, parvinrent aux oreilles de l'empereur, qui savait tout. La suite fut qu'il ordonna une enquête sur la conduite des lettrés de la capitale. Il paraît que jusque là on avait fermé les yeux sur la manière dont ils observaient ou n'observaient pas l'interdiction de gloser sur les Annales et les Odes. Il paraît aussi que les lettrés étaient divisés entre eux, les uns s'étant ralliés au gouvernement, les autres continuant leurs critiques. Les ralliés livrèrent eux-mêmes les réfractaires, quatre cent soixante personnes, coupables d'avoir dénigré le gouvernement. On leur appliqua la loi, qui, comme nous avons vu plus haut, les condamnait à l'extermination. L'imagerie populaire les représente enterrés vifs dans une immense fosse. D'après les mœurs du temps, ils devaient être livrés à la populace, pour être lapidés et assommés par elle dans le marché. Il est possible que, pour empêcher les évasions parmi tant de monde, on les fit descendre dans une fosse, dans laquelle ils furent lapidés et enterrés. De nos jours encore les exécutions populaires en masse se font parfois ainsi. A mon su, une troupe de chrétiens périt par ce supplice, lors de la persécution de l'an 1900. — Notons à nouveau que, de même que les livres furent détruits, non comme livres, mais comme instruments de désordre; ainsi certains lettrés de la capitale, pas tous, et pas ceux de tout l'empire,

Leçon 31.

furent exterminés, non comme lettrés, mais commes rebelles, aux termes de la loi. — 扶蘇 *Fou-sou*, le fils aîné du Premier empereur, s'étant montré mécontent de cette exécution, fut envoyé comme commissaire à l'armée qui gardait la Grande Muraille. Exil honorable. Les lettrés l'encensent à tour de bras.

En 211, un aérolithe étant tombé près du Fleuve Jaune, un inconnu y grava ces mots « Le Premier Empereur mourra bientôt ». On attribua ces mots au Ciel. — Puis un camée jeté par l'empereur dans le Fleuve Bleu en 219, lui fut rapporté de la part du Génie du Fleuve, avec l'annonce qu'il mourrait dans l'année... Néanmoins le Premier Empereur commença une nouvelle tournée d'empire, dans laquelle il emmena son second fils 胡亥 *Hou-hai*. Quand il fut arrivé au promontoire du *Chan-tong*, lequel exerçait sur son imagination une fascination invincible, il s'enquit des Génies des Îles. On lui répondit que les monstres marins qui infestaient la côte, les empêchaient d'y aborder. Il ordonna de les massacrer, et tua lui-même, d'un trait d'arbalète, un marsouin quelconque. Tout fier de cet exploit, et plein d'espoir, il reprit le chemin de la capitale. Au gué du Fleuve Jaune, il tomba malade. Le train impérial continua néanmoins ses étapes. Personne n'osa parler à l'empereur de son état. Il finit par s'en rendre compte lui-même, fit écrire à son fils aîné *Fou-sou* de revenir pour l'ensevelir et pour lui succéder, et mourut dans son wagon fermé. Sa mort fut tenue secrète. Les officiers firent chaque jour le simulacre d'aller prendre ses ordres; les repas furent portés au wagon comme d'habitude; l'odeur qui s'en échappait fut mise sur le compte des chars chargés de poisson sec, qui faisaient partie de l'escorte. — Cependant l'eunuque 趙高 *Tchao-kao* complota avec le ministre *Li-seu* et le prince *Hou-hai*, en vue de supprimer *Fou-sou* et de mettre *Hou-hai* sur le trône. La lettre du Premier Empereur à son fils aîné fut détruite, et remplacée par une autre pleine d'amers reproches sur sa complicité avec les lettrés coupables de la capitale. Au reçu de cette pièce, conformément aux mœurs du temps, *Fou-sou* se suicida. *Hou-hai*, alors âgé de vingt ans, devint le Second Empereur. — Au neuvième mois, on ensevelit le Premier Empereur dans le tombeau préparé de son vivant au pied du mont 驪山 *Li-chan*. On avait creusé jusqu'à l'eau, puis coulé sur place une base de bronze d'une seule pièce, afin d'intercepter les vents et les flux souterrains, redoutés par les géomanciens. Sur cette base métallique, on installa le sarcophage en pierre, puis à l'entour tout un empire en miniature, palais, ministères, villes et villages. Des rigoles remplies de mercure, représentèrent les fleuves et les rivières; une machine faisait mouvoir le mercure, qui coulait vers la mer. A la voûte du caveau, on représenta le firmament avec ses étoiles... Toutes les femmes du défunt qui n'avaient pas eu d'enfants, furent ensevelies avec lui. Nombre de serviteurs eurent le même sort. Par crainte de violation et pillage, les artisans qui avaient disposé le caveau, furent tous emmurés dans le long tunnel souterrain qui y donnait accès. Puis on planta sur la tombe des arbres et des broussailles, de telle sorte que son emplacement exact ne put plus être déterminé.

II. Telle fut la courte et tragique histoire du premier autocrate chinois. Son fils *Hou-hai* fut naturellement le serviteur docile de l'eunuque *Tchao-kao*, qui lui avait procuré le trône. Sous prétexte qu'ils complotaient, tous les princes du sang furent exterminés avec leurs familles. Puis hécatombe des fonctionnaires dont *Tchao-kao* se défiait. Les cadavres des suppliciés s'entassaient sur les places, les chaînes de forçats se suivaient sur les routes. Comme le magicien *Lou* avait jadis séquestré le père, sous prétexte de communication avec les Génies; ainsi l'eunuque *Tchao-kao* séquestra le fils, sous prétexte que, moins on le verrait, plus il serait redouté, mieux il serait obéi. Il en résulta que *Tchao-kao* gouverna seul, au nom de sa créature. Le ministre *Li-seu* qui le gênait, fut exécuté.

Cependant les innombrables forçats employés aux travaux publics, se révoltèrent un peu partout. Plusieurs de leurs bandes se donnèrent des chefs, et firent la guerre aux préfets des provinces. Leurs succès augmentèrent leur nombre. Des bandes s'étant coalisées, formèrent des armées redoutables. L'empire tout entier bourdonna, dit l'Histoire, comme un nid de frelons. Des aventuriers habiles relevèrent l'un après l'autre les royaumes détruits jadis un à un par le Premier Empereur. Le Second Empereur ignora tout ce mouvement, car tout messager qui apportait une mauvaise nouvelle était mis à mort. L'eunuque *Tchao-kao* montra une incapacité complète Quand les rebelles ne furent plus qu'à quelques lieues de la capitale, l'empereur apprit la situation et fit d'amers reproches à l'eunuque, qui le fit aussitôt assassiner, et mit sur le trône le fils de l'infortuné frère aîné *Fou-sou*. Celui-ci vengea son père, en poignardant *Tchao-kao* de sa propre main. Après quoi il se rendit, et livra le sceau de l'empire à 劉邦 *Liou-pang*, un des chefs des rebelles, lequel deviendra, après quelques années de péripéties, le premier empereur de la dynastie 漢 *Han*. — L'empire absolu des 秦 *Ts'inn* avait duré quinze ans à peine. Mais, si sa durée fut courte, son influence fut énorme. L'unité nationale créée par elle subsista, et toutes les dynasties autocratiques qui suivirent, imitèrent plus ou moins le système de gouvernement du Premier Empereur des *Ts'inn*, durant deux mille ans.

Sources. — Le 史記 *Cheu-ki* de 司馬遷 *Seuma-ts'ien*, Mémoires historiques. — Le 通鑑綱目 *Toung-kien kang-mou* de 司馬光 *Seumakoang* et 朱熹 *Tchou-hi*, Miroir historique.

Ouvrages. — L. Wieger S. J., Textes historiques, vol. 1, les 秦 *Ts'inn*.

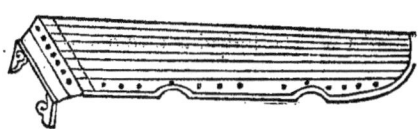

Cithare antique.

Trente-deuxième Leçon.

秦 *Ts'inn*. L'œuvre de 呂不韋 *Lu-pouwei*.

Sommaire. — I. Le calendrier administratif des *Ts'inn*. — II. Politique et morale.

Je consacrerai cette Leçon à l'analyse d'un ouvrage considérable, non traduit jusqu'ici, qui se rattache à la dynastie 秦 *Ts'inn*. Il est intitulé 呂氏春秋 *Lu-cheu tch'ounn-ts'iou*, Chronique de Maître *Lu*. Il s'agit de 呂不韋 *Lu-pouwei*, qui fut le tuteur de celui qui devint le Premier Empereur; ou même son vrai père, s'il fallait en croire les méchants Lettrés. De marchand, il devint ministre, fut longtemps tout-puissant, dut se suicider en 237. Ami des lettres, il payait bien les produits littéraires qu'on lui offrait. De là sa Chronique, qui n'est pas une chronique, mais une collection de traités administratifs, politiques et moraux, pleins d'anecdotes historiques, que divers savants lui vendirent. Cet ouvrage daté 248 avant J.-C., contient 紀 le calendrier administratif du royaume de *Ts'inn*, lequel servit ensuite à l'empire des *Ts'inn*, et dont un abrégé fut inséré dans le 禮記 *Li-ki* Mémorial des rits. Ce calendrier, résumé des institutions des *Ts'inn*, a, pour cette dynastie, la même valeur documentaire, que le Rituel 周禮 *Tcheou-li* (Leçons 11 et 12) pour la dynastie *Tcheou*.

I. Sous les *Ts'inn*, l'année de douze mois lunaires, commençait au printemps, au moment où le renouveau de la nature allant se produire, les travaux agricoles allaient reprendre. Nous avons vu (page 243) que le peuple de *Ts'inn* était un peuple obligatoirement agricole, corvéable et mobilisable à merci. Comme ce fut la règle durant toute l'antiquité chinoise, aucun mouvement de la vie nationale, fût-ce le plus ordinaire, ne devait déclancher que sur un ordre, un édit de l'empereur. Défense de devancer, défense de retarder, défense d'outrepasser. Les hommes étaient des machines à travail, actionnées par le ressort impérial.

Au premier mois du printemps, après s'être purifié par trois jours d'abstinence, accompagné des ministres des princes et des préfets, l'empereur allait au-devant du printemps, à l'Est de la capitale. Au jour propice, il demandait pour cette année une bonne récolte, au Souverain d'en haut. Il faisait la cérémonie du labour du champ, dont le grain était destiné à ses ancêtres. Cela fait, ordre était donné aux astrologues, de bien observer, durant l'année, les phénomènes célestes, avis donnés par le Ciel. Ordre aux préfets, de faire les offrandes aux monts et aux fleuves de leur région. Ordre aux directeurs des travaux agricoles, de faire relever les limites de tous les champs, de mettre en état les chemins et les sentiers, puis de faire procéder aux semailles. A partir de ce moment, sauf le cas imprévu de force majeure, les hommes ne devaient plus être convoqués, ni pour la guerre, ni pour des travaux publics. Offrande, dans toutes les familles, au Génie des portes intérieures.

Leçon 32.

Au deuxième mois, second du printemps, mois de l'équinoxe, le jour propice ayant été déterminé par le gouvernement, ordre au peuple de prier et de faire les offrandes aux tertres des Patrons du sol, par tout l'empire, pour obtenir une bonne moisson. Ordre de réparer les temples des ancêtres et les maisons. Au jour de l'arrivée des hirondelles, offrande au Génie des ménages, pour obtenir la fécondité des femmes. Au jour de l'équinoxe, vérification officielle des poids et des mesures, qui vont servir durant la période de production. Défense aux juges de recevoir aucun procès durant la saison des travaux agricoles, pour éviter la perte du temps.

Au troisième mois, dernier du printemps. Ordre de réparer et de calfater les barques, pour la réouverture de la pêche. Ordre de creuser les canaux et de réparer les digues, avant la saison pluvieuse. Interdiction de toute espèce de chasse, les animaux se reproduisant alors. Ordre de veiller à la saillie, dans les haras et les pacages, et de dresser l'état du bétail. L'impératrice fait la cérémonie de cueillir des feuilles de mûrier, et de travailler à la magnanerie. Ordre de commencer l'élevage des vers à soie. Ordre de faire partout l'exorcisme des germes morbides, de propitier par des offrandes les influences nocives, afin que l'action vivifiante du printemps obtienne tout son effet. Ordre d'inspecter les stocks des matières premières dans les magasins de l'état, et de déterminer ce qui devra être fourni en nature par le peuple, cette année-là, pour les compléter.

Au quatrième mois, premier de l'été, commencement de la saison chaude. Après s'être purifié par l'abstinence, avec les ministres les princes et les préfets, l'empereur va au-devant de l'été au Sud de la capitale. Dans chaque famille on fait les offrandes au Génie protecteur de l'âtre familial. Après la moisson du blé, l'empereur offre du blé nouveau aux Ancêtres, puis en mange; le peuple fait de même. On festine quelque peu, pour se refaire du travail de la moisson.

Au cinquième mois, second de l'été, mois du solstice. L'empereur sacrifie au Souverain d'en haut, et ordonne que des offrandes soient faites, par tout l'empire, aux Génies des monts et des fleuves, à tous les Mânes glorieux, pour obtenir les pluies nécessaires, à ce moment critique où la végétation est en plein développement. Ordre d'enseigner aux jeunes gens, le soir à la fraîche, la civilité, les chants et les danses populaires. Quand le millet nouveau a été récolté, l'empereur en offre aux Ancêtres, puis en mange; le peuple fait de même.

Au sixième mois, dernier de l'été, mois des récoltes diverses. Ordre d'exiger du peuple, par tout l'empire, les choses nécessaires pour le culte officiel du Souverain d'en haut, des Génies des monts et des fleuves, des Mânes glorieux, des Patrons des terres et des moissons; afin que les bénédictions nécessaires, puissent toujours être obtenues à temps, pour le bien du peuple. — Ordre de faire, dans les rivières et les fleuves, la chasse aux grands reptiles nuisibles, et de pêcher les tortues nécessaires pour la divination. — Ordre de préparer et de teindre la soie nouvelle de l'année.

Au septième mois, premier de l'automne. L'empereur s'étant purifié par l'abstinence, va, accompagné des ministres des princes et des préfets, recevoir l'automne à l'Ouest de la capitale. — Si quelque guerre doit être faite, ordre est donné de la préparer. — Ordre est donné aussi de réparer les prisons; de refaire la provision des liens, entraves, instruments de torture; de rechercher les délinquants. C'est l'époque des poursuites et des procès. — Ordre de procéder aux grandes

Leçon 32.

corvées, réfection des digues et des remparts. On répare tous les bâtiments endommagés par les pluies estivales. Les redevances en nature, dues au fisc, sont perçues. — Dans chaque famille, on fait des offrandes au Génie de la grande porte de la maison.

Au huitième mois, second de l'automne, mois de l'équinoxe. On fait la cérémonie d'exorciser les miasmes des maladies estivales, pour que le souffle salubre de l'automne puisse sortir son plein effet. Ordre de préparer les vêtements et les provisions pour l'hiver. Ordre d'examiner avec soin les animaux destinés aux sacrifices et aux offrandes, lesquels ne doivent avoir aucun défaut. Ordre de faire les semailles du blé. Le jour de l'équinoxe, révision officielle des poids et des mesures, qui vont servir pour le commerce. Des avances sont faites aux marchands, pour les attirer.

Au neuvième mois, dernier de l'automne. Tous les travaux des champs étant terminés, ordre est donné d'établir le total de ce que la moisson de l'année a rapporté. Pour cela on vérifie ce que chaque particulier a en magasin. — Une fois le froid commencé, les hommes ne sont plus astreints à des corvées en plein air. — L'empereur appelle à la cour tous les princes et préfets de son domaine propre, et vérifie le compte de leurs revenus et de ce qu'ils lui doivent. Puis il fait la cérémonie de la chasse impériale, pour exercer les chars de guerre. — L'empereur offre du riz nouveau aux Ancêtres, puis en mange; le peuple fait de même. — Ordre de revoir une dernière fois les causes criminelles, puis d'exécuter les condamnés.

Au dixième mois, premier de l'hiver. Purifié par l'abstinence, entouré des ministres princes et préfets, l'empereur va recevoir l'hiver au Nord de la capitale. Il fait ensuite des offrandes aux corps célestes et aux météores, pour qu'ils préparent durant l'hiver la fertilité de l'année prochaine. Il fait des offrandes au Patron du sol de l'empire, et aux Génies tutélaires des villes et des villages. Item aux Mânes de ses Ancêtres et aux Pénates du palais. — Ordre est donné de rendre transcendantes, en les frottant avec du sang, les nouvelles écailles de tortue, et les brins d'achillée de l'année, préparés pour la divination. — Ordre de veiller aux frontières, aux ponts, aux portes, car l'hiver est le temps des surprises guerrières. — Ordre d'enseigner au peuple les grands rits compliqués, surtout ceux des funérailles et du deuil. On vérifie aussi l'uniformité des costumes et des ustensiles. — Ordre d'exercer les jeunes gens, alors oisifs, au tir à l'arc et à l'arbalète, à l'escrime, aux manœuvres, à la conduite des chars de guerre. — Dans chaque famille on fait des offrandes au Génie protecteur des allées de la maison.

Au onzième mois, deuxième de l'hiver, mois du solstice. On fait des offrandes aux Monts et aux Fleuves, en prévision de l'année prochaine. Ordre de préparer les liqueurs fermentées et distillées. Ordre de couper la provision de bois et de bambous pour l'année.

Au douzième mois, troisième de l'hiver, dernier de l'année. Avec l'assistance des ministres, l'empereur révise le Code et prépare le Calendrier pour l'année suivante. Il fixe toutes les taxes à prélever sur les princes, les officiers et le peuple. — Ordre de faire des offrandes à tous les Génies du ciel et de la terre. — Ordre de remplir les glacières et de les fermer. — Ordre de préparer les semences, de mettre en état les charrues; de désigner nommément deux hommes par charrue, l'un pour conduire les bêtes, l'autre pour tenir le sep. — Ordre d'expulser les germes des maladies hivernales; et de conduire dans la campagne, enfermés dans un bœuf d'argile, les restes du froid.

On voit que, sous les Ts'inn, modifié dans quelques détails, le culte fut substantiellement le culte antique; et que le peuple fut traité en foule d'enfants mineurs, comme dans l'antiquité.

II. Voyons maintenant les principes de politique et de morale, épars dans l'ouvrage qui porte le nom de *Lu-pouwei*.

Et d'abord, l'unique moyen, selon lui, d'unir les hommes en un état et de les tenir unis, c'est la loi une, issue du prince, et que tous sont tenus d'observer, sans distinction. Pas de politiciens! Pas de sectes ni d'écoles! Tout désordre vient de ce qu'on a laissé jaser les gens de cette espèce.

Quant à l'origine du pouvoir, *Lu-pouwei* reproduit la théorie de 管子 *Koantzeu*, laquelle est d'origine taoïste. État primitif de sauvagerie et de promiscuité absolue. Oppression des plus faibles par les plus forts. Les faibles se groupèrent, se donnèrent un chef, et l'institution fut conservée depuis.

En général, l'esprit du livre de *Lu-pouwei* est celui des Légistes taoïstes. Selon lui, *Lao-tzeu* seul a donné la vraie formule de l'affection générale que le Sage doit avoir pour le peuple; à peu près celle de l'éleveur pour son bétail. Confucius, trop méticuleux, s'est perdu dans les détails. *Mei-ti*, idéaliste, a pris les choses de trop haut. Et il cite l'exemple de ce disciple de *Mei-ti*, dont le fils ayant commis un meurtre, le père alla demander au roi de *Ts'inn* de le mettre à mort. Le roi ayant voulu gracier le coupable, le père lui dit: Que votre loi permette cela, c'est votre affaire; moi je suis disciple de *Mei-ti*; mon fils doit mourir.

Lu-pouwei insiste avec force sur le grand rôle de l'enseignement. C'est l'enseignement qui fait l'homme moral, et qui le fait tel pour toute sa vie. Telle la teinture du fil (cette comparaison est primitivement de *Mei-tzeu*). Après sa sortie du baquet, le fil rouge restera toujours rouge, le fil bleu restera toujours bleu. Ainsi l'homme est imprégné par l'instruction reçue, d'une manière indélébile. Le Ciel a fait l'homme capable d'apprendre; il faut donc l'enseigner. Les ignorants sont des hommes incomplets, comme les sourds et les aveugles. Qu'on enseigne à tous, les rits communs, les droits et les devoirs particuliers.

Ce sont les 師 *Maîtres* qui doivent enseigner, et non les 聖 *Sages*, comme le veut Confucius. Les Sages sont des théoriciens, le plus souvent des utopistes, qui prônent chacun sa formule. Les Maîtres sont des praticiens, lesquels ayant étudié à fond l'histoire des temps passés, en ont tiré les conséquences qu'ils communiquent aux autres, en vue de leur faire faire ce qui est utile et omettre ce qui est nuisible.

Avant tout, bien nourrir le peuple; lui donner une grande aisance; puis l'enseigner. Tirer d'un chacun ce qu'il peut donner pour l'état, selon sa capacité. À peu près comme on fait les fourrures de renard blanc. Il n'y a pas de renards blancs. Les renards sont jaunes par tout le corps, et blancs seulement dans les aisselles. On découpe ces petits morceaux blancs, on les coud ensemble, et l'on

Leçon 32.

obtient les fourrures de renard blanc. Ainsi doit se procurer le bien général de l'état, en additionnant ce que chaque particulier peut donner. — Il ne faut pas chercher à gagner directement la faveur du peuple. Cette faveur est de même nature, que l'ombre, que l'écho, qui ne se produisent pas directement, mais indirectement, en posant la cause à laquelle ils sont attachés. Ainsi la faveur du peuple se gagne le mieux, quand on ne fait rien pour la gagner; quand on lui procure l'aisance, qu'on lui applique la loi, le laissant libre pour le reste.

L'homme digne de ce nom, doit avoir grand soin de son corps, et entretenir la vie que le Ciel lui a donnée. Les passions naturelles sont innées il est vrai, mais le devoir de l'homme n'est pas de les suivre aveuglément; son devoir est de les tenir en bride. Les désirs et les convoitises usent la racine de la vie. L'intempérance use plus encore. Elle éteint la virilité, elle rend lourd et incapable. Il ne faut jamais manger jusqu'à être repu. Il ne faut boire que par petites quantités. Que de malades recourent aux médecins ou aux sorciers, sans obtenir leur guérison! Pourquoi cela? Parce qu'ils ne font pas ce qu'il faudrait faire. Ils prétendent refroidir, en l'éventant, une chaudière sous laquelle brûle un grand feu; au lieu d'enlever le feu, l'excès de nourriture et de boisson.

L'harmonie universelle doit être entretenue avec le plus grand soin. Grande attention aux phénomènes célestes, qui dénoncent aussitôt tout trouble. Grand soin d'enseigner au peuple la musique instrumentale et les chœurs, qui établissent l'harmonie entre hommes, apprenant à chacun à jouer sa propre partition et à coopérer avec celles des autres. Que la musique soit simple, saine, morale. L'Histoire rapporte que plus d'une fois la dégénérescence de la musique eut pour suite la décadence des mœurs. Ceux qui inventèrent les instruments et la musique, copièrent la nature, dans l'intention d'unir l'homme avec la nature, dans une commune harmonie. Il ne faut pas altérer cette conception, la seule vraie. La musique fait les bonnes mœurs, et cause la bonne entente.

Quoique taoïste, *Lu-pouwei* parle de la guerre en citoyen de *Ts'inn*, la nation militaire. Il en est de l'art militaire, dit-il, comme de l'eau, du feu, des drogues, ces objets qui font si souvent du bien; et parfois du mal, parce qu'on les a mal employés. Il faut une armée, pour se faire respecter. Il faut parfois faire la guerre offensive, non pour conquérir, mais pour mettre à la raison ou pour supprimer un prince qui désobéit à son suzerain ou qui tyrannise son peuple. Voici comment il faut alors procéder. On commencera par donner avis qu'on va envahir tel pays, non par haine du peuple qui l'habite, mais pour châtier son prince. Puis on marchera droit à la capitale, sans nuire aux habitants, sans tuer ni détruire. L'armée ennemie étant composée d'hommes du peuple contraints, et qui ne veulent pas se battre, il ne faudra jamais l'encercler pour l'anéantir; il suffira de la pousser, en lui laissant où fuir; ce qui inspirera certainement aux soldats l'idée de se débander, dès que le danger sera prochain. Il ne faut pas avancer vite, mais laisser à l'ennemi le temps de réfléchir, de se décourager, de se démoraliser. — Constatons que les comptes de têtes coupées que j'ai cités jadis (page 235), ne correspondent pas tout à fait avec ces principes de *Lu-pouwei;* principes plutôt livresques. Le gouvernement de *Ts'inn* payait tant par tête; c'était là le principe pratique.

Terminons par une remarque. *Lu-pouwei* n'en appelle pas au Principe et à sa Vertu, comme à la source des lois. Il évite ces termes trop spécifiquement taoïstes, et les remplace par le terme nouveau 勝理 *cheng li*, la raison victorieuse, c'est-à-dire invincible; ce qui revient au même d'ailleurs. C'est la raison invincible, dit-il, qui doit gouverner l'état.

Sources. — 呂氏春秋 *Lu-cheu tch'ounn-ts'iou*, la Chronique de *Lupouwei*, non encore traduite.

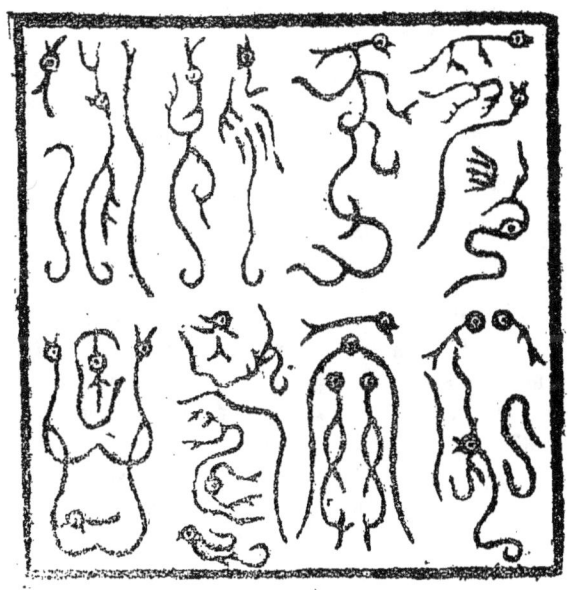

Sceau du Premier Empereur des Ts'inn.

Figures volantes, par allusion aux Génies, avec lesquels il désirait entrer en relations.

Trente-troisième Leçon.

Exotisme.

Sommaire. — I. L'école des 騶 *Tseou*, dans le royaume de 齊 *Ts'i*. — II. 荀 卿 *Sunn-k'ing*.

———

I. Durant la seconde moitié du quatrième, et la première moitié du troisième siècle, dans le royaume de 齊 *Ts'i* (maintenant province du 山東 *Chan-tong*), la famille 騶 *Tseou* produisit trois hommes illustres. Le premier 騶忌 *Tseou-ki* fut ministre. Le second 騶衍 *Tseou-yen* fut un homme politique doublé d'un savant curieux. Il voyagea beaucoup en Chine, pour des missions qui lui faisaient ouvrir partout les archives. En 336, il fut reçu avec honneur par le roi de 梁 *Leang*. Il fut cher au roi 宣 *Suan* de 齊 *Ts'i* (332-314). Enfin il servit avec dévouement, contre son propre pays, le roi 昭 *Tchao* de 燕 *Yen* (311-279). C'est tout ce que nous savons de sa carrière. Il disparaît de la scène vers l'an 280. — J'ai dit que *Tseou-yen* eut à sa disposition les archives chinoises, lesquelles contenaient ce qu'on avait appris des marchands, ambassadeurs et visiteurs, venus des pays étrangers. Il eut probablement encore d'autres sources. 膠州 *Kiao-tcheou*, dans le pays de *Ts'i*, était alors le terminus septentrional du commerce maritime de l'Inde avec l'Orient, cabotage qui desservait toute la côte depuis Ceylan. L'homme fut toujours curieux, et les idées voyagèrent de tout temps avec les marchandises. Bref, nous dit l'historien 司馬遷 *Seuma-ts'ien* dans un important article, « *Tseou-yen* dit et écrivit des choses, qui n'étaient pas du tout conformes à ce qui se débitait communément. Partant de l'instabilité des choses humaines constatée par lui en politique, il chercha les lois de ces mutations continuelles dans une étude approfondie de la giration des deux modalités cosmiques *yinn* et *yang*. Il écrivit, sur cette matière, un traité de plus de cent mille phrases (perdu depuis), en contradiction absolue avec les idées contenues dans les écrits confuciistes. Ce fut un traité de pathologie politique, étudiant les maladies des états, les signes et les causes de la prospérité et de la décadence, et les moyens de faire durer l'une en prévenant l'autre. Dans le système des 五行 cinq agents physiques, il fit une innovation radicale, abandonnant le système de la production des agents l'un par l'autre, et le remplaçant par le système de la destruction mutuelle (page 59). Il expliqua tout par ce système. Pour le mieux accréditer, il l'imputa aux savants qui entouraient, dit-il, le fondateur légendaire de l'empire chinois, l'empereur 黃帝 *Hoang-ti*. Il remonta même plus haut, par delà l'origine, jusqu'avant la genèse du ciel et de la terre, jusqu'au mystère primordial insondable, dans lequel il chercha la cause de tout. » La rédaction primitive du 黃帝素問 *Hoang-ti souwenn*, premier traité de médecine chinois, fut probablement son ouvrage. Item la rédaction primitive du 山海經 *Chan-hai-king*, le premier traité de géographie. Ce sont des thèses géographiques qu'il fut le premier à soutenir, qui nous apprennent avec une certitude touchant à l'évidence, que *Tseou-yen* apprit des Hindous. Nous savons en effet que, avant lui, 天下 le dessous du ciel, 中國

l'état central, était considéré par les Chinois comme représentant le monde dans sa presque totalité, entouré par quatre mers, dans lesquelles quelques petites îles servaient de repaire aux Barbares. « *Tseou-yen* fut le premier qui apprit à ses concitoyens, que ces théories des Lettrés étaient erronées ; que, en dehors de la Chine, il y avait des terres et des hommes en quantité ; que la Chine n'était que la quatre-vingt-unième partie du monde ; qu'il y avait encore quatre-vingt autres territoires d'égale grandeur, réunis par neuf en neuf groupes séparés par des bras de mer, le grand Océan enveloppant le tout ; que le morceau *Chine*, était le 赤縣 *District rouge*, ou le 神 州 *Continent des Mânes glorieux* »... Ces nombres et appellatifs sont indiens. — Soit dit en passant, le nom 神 州 *Chenn-tcheou*, donné à la Chine par les Hindous, à cause du culte chinois des Mânes, trait caractéristique, a été adopté depuis la dernière révolution, et se répand de plus en plus.

Seuma-ts'ien nous apprend que, si les écrits et les discours de *Tseou-yen* ahurirent les Lettrés, ils plurent aux princes qui les trouvèrent beaucoup plus intéressants que ceux de Confucius et de Mencius. Les Taoïstes ne lui furent pas hostiles, parce qu'il avait été chercher l'origine de la giration cosmique dans le premier Principe, ce qui lui fit pardonner par eux ses autres péchés. « Il se forma, dans le royaume de *Ts'i*, une importante école, qui développa et propagea les idées de 騶 子 *Tseou-tzeu*, Maître *Tseou (Tseou-yen)*. L'Histoire a retenu les noms suivants : 慎 到 *Chenn-tao*, originaire du pays de 趙 *Tchao* ; 田 駢 *T'ien-ping* et 接 子 Maître *Tsie*, originaires de 齊 *Ts'i* ; 環 淵 *Hoan-yuan*, originaire de 楚 *Tch'ou* ; 淳 于 髡 *Tch'ounn-u k'ounn*, et surtout le troisième *Tseou*, 騶 奭 *Tseou-cheu*, de *Ts'i*. Savants, habiles, intéressants, ces hommes gagnèrent la faveur de toutes les grandes familles. Le roi de *Ts'i* les fit tous préfets honoraires. Tous les pays voisins trouvèrent qu'il avait bien fait. » C'est *Seuma-ts'ien* qui nous apprend tout cela.

Or *Ts'i* était le propre pays de Confucius et de Mencius. Ce dernier mourait en 289, éclipsé par l'école des *Tseou*. Le Confuciisme allait-il périr ? . Un homme le sauva, mais en le modifiant. Du Confuciisme utopique, voué à une extinction certaine, il fit le Confuciisme pragmatique qui survécut. Cet homme fut 荀 卿 *Sunn-k'ing*.

II. Né dans le royaume de 趙 *Tchao*, dans la Chine du Nord, pays dont la grossièreté prosaïque n'a jamais goûté les mièvreries poétiques des Sudistes, *Sunn-k'ing* était un lettré de marque et d'âge mûr, cinquante ans dit l'Histoire, quand le renom des *Tseou* l'attira dans le royaume de *Ts'i*. Il y fut très bien reçu. Client et commensal de *Tch'ounn-u k'ounn*, ami de *T'ien-ping* et des autres, il étudia la doctrine nouvelle sous le troisième *Tseou*, 騶 奭 *Tseou-cheu*, qui n'arriva pas à le persuader. Cependant *Sunn-k'ing* se rendit compte, que la théorie sur la nature bonne de Confucius et de Mencius, ne cadrait pas avec la réalité, et que leur politique était inapplicable dans le monde tel qu'il est. De ses considérations sortit un système mixte, mélange des idées de Confucius-Mencius avec celles des Légistes, moins paterne que le système de Confucius-Mencius, moins brutal que celui des Légistes. *Sunn-k'ing* eut la grande habileté de ne pas désavouer Confucius. Partant d'un texte de 子 游 *Tzeu-you*, disciple immédiat de Confucius, il distingua dans l'histoire deux sortes de périodes, 大 同 les périodes de paix, et 小 康

Leçon 33.

les périodes de trouble. Le Confuciisme idéal 大同派, le vrai, celui de Confucius-Mencius, pôle impérial plus piété filiale, convenait aux périodes de paix, alors qu'un 堯 *Yao* régnait sur la terre et que tous les hommes étaient bien sages; autant dire à la Bétique ou au pays d'Utopia. Mais, aux périodes troublées, il fallait 小康派 quelque chose de plus corsé, peu de douces paroles et beaucoup de coups de rotin. — J'analyserai l'œuvre de *Sunn-k'ing*, extrêmement importante, ni traduite ni expliquée jusqu'ici, dans la prochaine Leçon. Ici, je vais esquisser sa carrière, et indiquer combien grande fut son influence. Dans le royaume de *Ts'i*, *Sunn-k'ing* gagna la confiance du roi 襄 *Siang* (282-265), qui le fit préfet honoraire, lui donna même une charge effective, et le préféra aux disciples des *Tseou*. *Inde iræ!..* Calomnié par des envieux après la mort de son protecteur, *Sunn-k'ing* dut chercher son salut dans la fuite. Il passa dans le royaume méridional de 楚 *Tch'ou*, dont le premier ministre 黃歇 *Hoang-hie* le fit nommer sous-préfet de 蘭陵 *Lan-ling*, après 263. Il paraît que les soins de sa charge, laissaient à *Sunn-k'ing* du temps libre, car il ouvrit une école. Or *Lan-ling* était le pays de 李斯 *Li-seu*. Le futur ministre du Premier Empereur des *Ts'inn*, que nous connaissons, fut l'élève de *Sunn-k'ing*, et apprit de lui le Confuciisme pragmatique. *Han-fei-tzeu*, le conseiller du Premier Empereur, fut aussi l'élève de *Sunn-k'ing*. C'est ainsi que ce lettré de *Tchao*, exilé de *Ts'i*, réfugié à *Tch'ou*, prépara l'empire absolu des *Ts'inn*, et, disons-le d'avance, tous les gouvernements confuciistes qui se sont succédé en Chine jusqu'à ce siècle. *Sunn-k'ing* écrivit son œuvre, mourut et fut enseveli à *Lan-ling*, après l'an 238, car il survécut à son patron *Hoang-hie* assassiné cette année-là. Il critiqua, dit *Seuma-ts'ien*, les principes des disciples de Confucius, de *Mei-tzeu* et de *Lao-tzeu*. J'ai dit que son esprit fut préparé, pour cette critique des systèmes de son pays, par l'étude de sciences étrangères. Le résultat fut la doctrine que j'exposerai dans la Leçon suivante. — Comme *Sunn-k'ing* ne renia jamais formellement Confucius, les Confuciistes de tous les âges n'osèrent jamais le renier formellement lui. Ils le discutèrent souvent, le regardèrent parfois de travers, mais durent après tout lui savoir toujours gré d'avoir sauvé ce qui fut sauvé du système des 儒 *Jou*.

Sources. — 史記 *Cheu-ki*, les Mémoires historiques de 司馬遷 *Seuma-ts'ien*, chapitre 74.

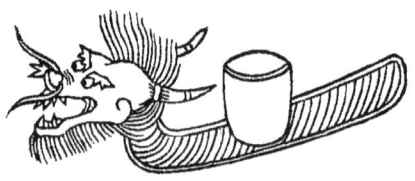

Gobelet à libations.

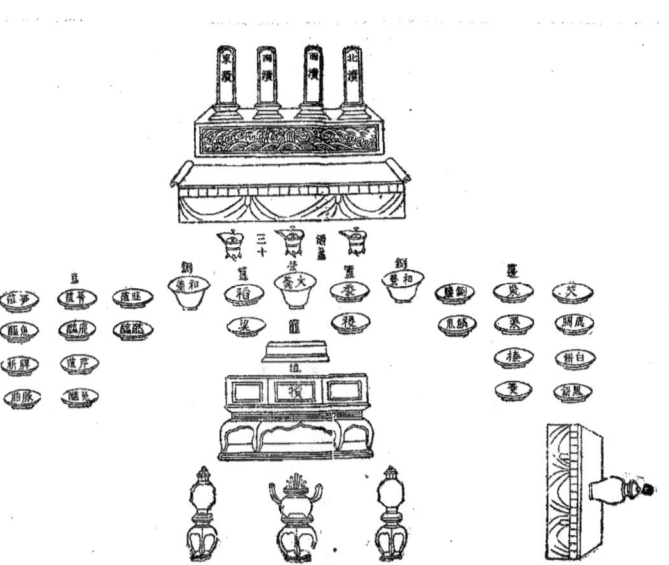

Offrande aux fleuves.

Trente-quatrième Leçon.

Le Confuciisme pragmatique de 荀子 Sunn-tzeu.

Sommaire. — **A**. La nature mauvaise. La loi. Son origine. — **B**. Naturisme. — **C**. Rationalisme. — **D**. Traditionalisme mitigé. — **E**. Contre les Sophistes. Psychologie. — **F**. Enseignement et étude. — **G**. La convenance raisonnée. — **H**. Contre l'ostéologie divinatrice. — Conclusion.

A. Nous avons vu *(Leçons 15 et 26)*, que le point fondamental du Confuciisme, c'est la bonté originale de la nature humaine. S'il suivait toujours sa nature, l'homme agirait toujours bien. Le mal est chose contre nature, produite par le mauvais exemple, le mauvais enseignement, la violence volontaire que l'individu fait à sa nature. Cette doctrine idéaliste affecte d'ignorer la pente naturelle au mal du cœur humain. — *Sunn-k'ing* ouvrit mieux les yeux que Confucius, constata la pente au mal, et son universalité dans l'espèce humaine. Il tira, de ce fait d'expérience, la conclusion exagérée, que la nature humaine est essentiellement mauvaise; que mal faire est sa pente nécessaire, et qu'elle n'agit jamais bien que par force. «Le mal, déclare-t-il solennellement, voilà le naturel; tout bien est artificiel, est contre nature *(chap. 23)*. Aucun arbuste ne pousse droit, s'il n'est dressé par des mains et fixé par des liens. Dans le monde physique, rien n'est naturellement régulier, rond ou carré; mais toutes les figures régulières sont produites par l'intervention du compas et de l'équerre. Ainsi, dans le monde moral, tout bien est produit par intervention par culture; sans intervention et sans culture, tout tourne au mal. Mencius erra, quand il affirma que le bien découle de la nature. Ce qui sort de la nature, ce sont les passions mauvaises; fait d'expérience, qu'il est inutile de démontrer. Ce n'est pas en suivant sa nature, que l'on devient bon; c'est en violentant sa nature, en agissant contre sa nature. A leur naissance, 堯 *Yao* et 舜 *Chounn* ne furent pas bons. Ils devinrent de bons princes, parce qu'ils 治 soumirent leur nature à un traitement énergique et suivi; tandis que 桀 *Kie* et 辛 *Sinn* devinrent d'odieux tyrans, parce qu'ils lâchèrent la bride à leur nature. A leur naissance, la nature de tous les hommes est la même, portée exclusivement à des actes égoïstes bas et vils, à s'approprier et à jouir. Tout ce qui sort de là, tout altruisme, tout respect pour le droit d'autrui, tout consentement à lui laisser son avantage, est un acte contre nature, qu'il faut s'extorquer par la violence. Si tous les hommes suivaient librement leur nature, le monde serait un chaos inhabitable; ce serait l'état de lutte d'un chacun contre tous.

Mais alors, la morale, c'est donc chose purement artificielle?.. Oui, c'est chose purement artificielle. Il n'y a pas, à vrai dire, de bien et de mal intrinsèque. L'ordre, voilà le bien; le désordre, voilà le mal. L'ordre, c'est-à-dire un état dans lequel l'homme égoïste obtient son avantage personnel, et laisse aux autres le leur, voilà le bien. Le désordre, c'est-à-dire un état dans lequel l'homme, privé de son avantage par les autres, prive les autres du leur, voilà le mal. La morale, c'est vivre dans l'ordre, au sens susdit. La politique, c'est obliger chacun à vivre dans l'ordre, au sens susdit. L'ensemble des règles qui produisent l'ordre et empêchent le désordre, s'appelle 法 la loi. Les deux parties principales de la loi, sont 禮 l'étiquette, qui oblige à concéder à autrui la part de *face* qui lui est due, et 義 l'équité, qui contraint à respecter sa propriété et son droit d'acquérir. La loi, l'étiquette et l'équité, contrecarrent la nature. Elles ne sont donc pas naturelles; car une chose, et sa contradictoire, ne peuvent pas couler de la même source.

Alors, d'où proviennent la loi, les règles de l'étiquette et de l'équité?.. Elles sont l'œuvre, primitivement, de quelques rares 聖 Sages; puis les 師 Maîtres de tous les temps, les codifièrent et les conservèrent (page 268). Les Sages ne furent pas des hommes différents, dès leur naissance, des autres hommes, comme Confucius *Tzeu-seu* et Mencius l'ont prétendu. Tous naquirent mauvais, comme tous les hommes. Mais ils eurent l'œil plus ouvert et la volonté plus ferme que le commun des hommes. Après avoir constaté la pente au désordre en eux-mêmes, ils la réformèrent par la contrainte morale, sorte de corset dans lequel ils lacèrent leur personne et leur conduite. Ensuite ils appliquèrent à autrui l'ensemble contre nature des lois, les règles de l'étiquette et de l'équité. Ces lois, ces règles, la sauvegarde de l'ordre et de la paix en ce monde, sont le legs des Sages, transmis par les Maîtres de tous les temps. Établies d'abord empiriquement, essayées, amendées, augmentées au fur et à mesure selon les besoins, elles sont le compas et l'équerre qui ont fait ce qu'il y eut de régulier à tous les âges. Encore une fois, les lois ne sont pas chose naturelle; elles sont chose artificielle. Confucius eut raison de soutenir, contre les Taoïstes, que tout doit être régi par l'humanité et l'équité; mais il eut tort de penser, et Mencius eut le tort plus grand de dire, que l'humanité et l'équité sont naturelles, innées, spontanées. Non, elles sont artificielles, contre nature, forcées. Ce sont des lois transmises par les Maîtres, sans lesquelles les hommes ne pourraient pas vivre en société. Elles ne dérivent pas, en dernière instance, comme les Taoïstes le prétendent, du Principe universel. Elles ne dérivent pas, comme le veulent les Confuciistes, du Ciel. Ce sont des formules trouvées empiriquement au temps jadis, formules que l'usage a prouvé être excellentes, dont l'application n'exige plus désormais de Sages théoriciens, mais seulement des Maîtres praticiens. Un médecin guérit, non parce qu'il est un Sage, mais parce qu'il a prescrit la formule traditionnelle appropriée. Un pot prend sur la roue sa forme régulière, non parce que le potier est un honnête homme, mais parce qu'il y met les doigts. Ainsi des lois, et de ceux qui les appliquent. En ce monde, tout ce qui n'est pas mal, est artificiel; tout, jusqu'à l'affection entre les parents et les enfants, jusqu'aux relations entre l'époux et l'épouse. Humanité et équité, les cinq relations (page 226), tout ce que les Confuciistes idéalistes ont prôné, tout est pure convention; mais convention nécessaire, convention obligatoire, sous peine que l'humanité civilisée à grand'peine, ne retourne rapidement à la barbarie féroce. La société ne peut subsister, que par la contrainte incessante des lois, de l'étiquette et de l'équité légales. Le minerai de fer ne devient une épée, que par nombre de fontes et de martelages, par des trempes successives. Pour qu'un cheval de course conserve ses qualités, il faut qu'il sente sans cesse le mors dans sa bouche et la cravache sur sa croupe. Ainsi en est-il de la société humaine. Créée par la contrainte des lois et des usages, c'est la contrainte des lois et des usages qui la fait durer. » *(Chaps. 23, 30, 18.)*

De ce qui précède, il résulte que *Sunn-k'ing* accorda à la loi la même souveraineté absolue que les Légistes. Mais il refusa aux princes le pouvoir de légiférer ad libitum ; l'imbécillité de ceux qu'il connut, fut probablement la cause de ce déni Il attribua ce pouvoir aux ministres, moins autoritaires et plus expérimentés que les princes ; et il l'entendit, non de la création de formules nouvelles, mais du choix, parmi les formules traditionnelles, de celle qui résoudrait la difficulté présente, qui maintiendrait ou rétablirait l'ordre.

Le fondement du système de *Sunn-k'ing* étant ainsi posé, je vais montrer que ce système... 1° se passe du Souverain d'en haut, du Ciel, des Mânes, de tout élément supra-terrestre ; que c'est un naturisme... 2° qu'il est essentiellement rationaliste, et traditionaliste mitigé.

— ⋄ — ⋄ —

B. D'abord *Sunn-tzeu* se passe du Souverain d'en haut, qu'il ne nomme jamais. Quant au Ciel et aux Mânes, il les nie implicitement. Voici le résumé du dix-septième chapitre de son œuvre : « Le Ciel, c'est le principe actif invisible et impalpable, qui pénètre le monde entier, qui existe dans tous les êtres. Il ne faut pas vouloir scruter ni définir davantage. Les organes des sens, l'activité de l'homme, sont une participation de lui. L'intelligence aussi, qui logée dans le cœur, contrôle les sens et dirige l'action. Toutes les propensions et répulsions naturelles, sont de lui. — La richesse, le bien-être, ont trois sources : l'influx fécondant appelé ciel, la complaisance de la matière appelée terre, l'industrie prévoyante productrice et compensatrice de l'homme. Il est inexact de dire que le bonheur et le malheur viennent du ciel. Le bonheur, c'est avoir ce qui convient à sa nature ; le malheur, c'est ne pas avoir ce qui convient à sa nature ; le bon gouvernement, c'est procurer à chacun ce qui convient à sa nature, et le préserver de ce qui lui est contraire. Donc le bien et le mal dépendent en majeure partie de l'industrie humaine, surtout de son industrie compensatrice. Car l'influx céleste et la complaisance terrestre suivent des lignes générales et constantes, qui ne tiennent pas toujours compte de l'intérêt momentané de tous les particuliers. Ainsi, telle année, dans cette ligne générale, sera comprise une inondation ou une sécheresse, dont beaucoup d'êtres particuliers pâtiront. A l'homme de prévoir et de compenser ces incidents, de les neutraliser par son industrie. Il faut faire des provisions, il faut régler la consommation. Ainsi arrivera-t-on à échapper complètement aux vicissitudes de ce monde. Si tout a été prévu et préparé convenablement, la révolution incessante du *yinn* et du *yang*, le fonctionnement excessif ou défectueux des agents naturels, seront pratiquement sans effet sur l'humanité. Les éclipses, les ouragans, les inondations et les sécheresses, seront des événements sans conséquence. Il ne faut pas craindre ces choses-là. Ce qu'il faut craindre, c'est la mauvaise culture, qui fait qu'on ne produit pas la quantité nécessaire de provisions ; c'est le mauvais gouvernement, qui laisse des voleurs ou des rebelles détruire les provisions amassées. Quand, d'après les expériences du passé, l'homme a bien prévu et préparé le présent, il est indépendant du ciel et de la terre, il fait lui-même son sort. Les sots attendent, les bras croisés, que le ciel agisse pour eux. Les sages, au contraire, exercent l'intelligence et la force qui sont en eux, et ne s'occupent que peu ou pas du ciel. Le sot peuple attribue la fin d'une éclipse, au mouvement qu'on s'est donné pour délivrer le soleil ou la lune ; il croit que la pluie est tombée, parce qu'on a fait telles prières et offrandes ; il s'imagine que les Mânes parlent par la tortue et l'achillée. Les sages savent que tout cela, ce sont des manières d'expliquer les choses naturelles obscures, au peuple inintelligent. Les êtres transcendants et leur influence, sont, pour les sages, des locutions fleuries, et c'est tout. Le peuple n'entend rien aux choses impalpables, aux raisons abstraites. Il lui faut une mise en scène qu'il voie, il lui faut de la musique qu'il entende. Les Sages lui concèdent la satisfaction de ces besoins, après en avoir réglé la forme et la quantité, pour éviter les folies et les excès en la matière. Ainsi les rits officiels du 郊 sacrifice au Ciel, de l'offrande 社 au Patron du sol, ont été réglés scrupuleusement, de telle sorte qu'il y eût assez pour que le peuple fût satisfait, et rien de trop ; rien d'exagéré, de ruineux, de ridicule. De même la musique et les chœurs, sont une réglementation officielle de l'expression de la liesse populaire, laquelle dégénérerait en scènes orgiaques, si on l'abandonnait à elle-même sans frein. Le Sage tient à ces choses, comme moyens de gouvernement, comme remèdes préventifs du désordre ; mais au fond il sait bien que ces choses ne sont que des expressions poétiques de l'invisible, de l'impalpable, de l'abstrait. » — Et chaque fois que *Sunn-tzeu* revient sur ce sujet, l'impression incoercible du lecteur attentif est que, pour lui, poésie est synonyme de comédie ; que invisible, impalpable et abstrait, sont, dans son esprit, équivalents de non-existant. *(Chaps. 19, 20.)*

-◆- -◆-

C. Passons au rationalisme de *Sunn-tzeu*. — On a cru que c'est 朱熹 *Tchou-hi* qui introduisit l'interprétation rationaliste du Confuciisme, au douzième siècle de l'ère chrétienne. C'est là une bien grande erreur. C'est *Sunn-tzeu* qui l'introduisit, dès le troisième siècle avant l'ère chrétienne. Dans un chapitre magistral, il parla ex professo de 理 la raison, de 大理 la grande raison humaine, comme il l'appelle avec vénération. Il déclare qu'aucune connaissance n'est recevable, que si munie du visa de la raison. Voici le résumé de ce texte hautement intéressant, écrit vers l'an 238 avant J.-C... «Le bien spécifique de l'homme, c'est sa raison capable de percevoir la vérité ; son pire mal, c'est l'occultation éventuelle de la raison, et par suite l'erreur. Il n'y a qu'une vérité. Tout ce qui en diffère, est erreur. Donc les diverses écoles, qui toutes y prétendent, ne possèdent pas toutes la vérité. Toutes en ont découvert quelque point ; mais le corps de la vérité est resté caché à leurs yeux. Cela, pour des causes diverses sans doute, mais surtout parce que leurs Maîtres, ou spéculèrent témérairement, ou s'obstinèrent aveuglément. Car, qui ne veut pas voir la vérité, ne la voit pas. Qui ne veut pas, ne distingue pas le blanc du noir, n'entend pas le son d'un gros tambour. Les causes d'erreur naturelles sont déjà très nombreuses, tous les êtres projetant réciproquement les uns sur les autres comme des reflets et des ombres, qui changent les aspects réels et occasionnent des illusions. Combien plus, quand la passion s'en mêle, quand on ne *veut* pas voir ce qui est. C'est là 蔽塞 l'obstruction mentale, à laquelle il n'y a pas de remède. La vérité rejetée délibérément, l'erreur embrassée volontairement, voilà le mal suprême. Aussi Confucius fut-il sage, en son temps, de supprimer toute spéculation, d'interdire toute discussion, d'ériger en dogme à croire les institutions des Anciens. Il agit ainsi, parce qu'il avait constaté que les hommes de son temps ne voulaient pas voir la vérité actuelle, ne voulaient se rendre à aucun argument. Il leur imposa donc, de foi, les axiomes antiques.»

«Mais, me dira-t-on (c'est *Sunn-tzeu* qui parle), vous restreignez la liberté humaine. Cette liberté n'exige-t-elle pas que l'homme puisse croire vrai ce qu'il veut? — Non, car en dehors de la vérité, le reste est erreur. La liberté ne doit servir que pour l'avantage. Or la vérité, c'est l'ordre, source de tout avantage; l'erreur, c'est le désordre, cause de tout désavantage. La liberté d'embrasser l'erreur, n'est donc pas une liberté à laquelle chacun puisse prétendre, ni que les autres doivent tolérer.»

«Et la vérité, comment la connaît-on?.. Par l'intelligence, sens interne, 心 logé dans le cœur. L'intelligence n'est pas infaillible. Pour atteindre la vérité, il faut qu'elle fonctionne droit, sans dévier; qu'elle discerne juste, sans se tromper. Ce fonctionnement parfait, exige la concentration, dans le vide et le repos. — Dans l'homme, l'intelligence doit régner en souveraine. Elle commande; on ne lui commande pas. Elle agit ou cesse, elle approuve ou désapprouve, elle permet ou défend; elle seule, à son gré, de son autorité, en dernière instance. — Pour que ce fonctionnement délicat ne se détraque pas, il faut le vide, c'est-à-dire l'absence des êtres externes qui distraient; il faut le repos, c'est-à-dire l'absence des mouvements intérieurs qui émeuvent; il faut la concentration; il faut la réduction à l'unité, au principe ultime, du problème en question. Le vulgaire s'occupe d'une multitude d'êtres, chacun en particulier, d'où bien des erreurs. L'intellectuel réduit d'abord la multitude à l'unité, puis juge de cette unité, si oui, si non. Cette concentration est difficile. Les esprits analytiques sont très nombreux, de là vient que le monde est plein d'erreurs; les esprits synthétiques sont peu nombreux, de là vient que la vérité est rare. La vérité n'apparaît que dans l'intelligence concentrée, vide et calme. Elle se manifeste, dans une intuition soudaine, qui dissipe comme un éclair l'ignorance et le doute. — Telle une eau parfaitement limpide et tranquille. Qui se penche sur elle, y voit son visage reproduit instantanément et dans les moindres détails, aucun poil de la barbe ne manquant. Que si l'eau est quelque peu trouble, ou si le vent en ride tant soit peu la surface, on voit une image floue, une grimace, ou même rien du tout. — Que de précautions il faut, à l'homme qui médite qui raisonne, pour empêcher que sa méditation que son raisonnement ne dévient, ne s'égarent! Le bourdonnement d'une mouche suffit parfois pour interrompre le fil de la pensée, pour briser l'enchaînement d'une déduction. Quelle force de caractère il faut au penseur, pour veiller toujours au fonctionnement normal de son intelligence. Quelle attention constante est nécessaire, pour rectifier, par l'intelligence, le témoignage plus ou moins exact des sens. Que de visions, que d'auditions, sont l'effet d'un éclairage insuffisant, d'un verre de vin de trop, d'une fatigue de l'œil ou de l'oreille, ou d'une maladie générale. Toutes les histoires de revenants, ont pour origine une erreur morbide visuelle ou auditive, acceptée par l'intelligence, qui aurait dû la rectifier. Croire à des choses qui n'ont pas été jugées par la raison, voilà la déraison, le pire mal de l'humanité. **La première** règle de toute science, c'est de soumettre son objet à la critique de la raison, de n'embrasser que ce que la raison aura trouvé vrai, et de s'arrêter là, laissant le reste. C'est cette sobriété mentale, qui s'arrête là où l'intelligence ne comprend plus, qui s'abstient de spéculer sur ce qui dépasse la raison; c'est elle qui constitue la sagesse. Sagesse vraie, sagesse pratique, sagesse qui considère comme non avenu, tout ce qui n'est pas du ressort de la raison. » *(Chap. 21.)*

D. «Appliquons ce principe en politique. Toutes les écoles modernes ayant fait fausse route, il faut, comme Confucius le voulait, revenir aux institutions des Anciens, lesquelles ont prouvé leur solidité par leur passage à travers tant de siècles. Mais il ne faut pas vouloir appliquer ces institutions antiques telles quelles, dans un monde qui n'est plus le monde antique. En cela Confucius se trompa, et ses disciples errèrent grièvement. Nous ne vivons pas à l'époque de la nature pure; nous vivons à l'époque de la nature viciée. Il faut donc resoumettre les institutions des Anciens à la critique de la raison, non pour les corriger, mais pour les trier, et n'en adopter, après examen, que ce qui sera jugé pratique pour le temps actuel, abandonnant le reste, non comme erroné, mais comme périmé. Il faudra, pour ces temps plus mauvais, une application plus sévère; moins de paroles et plus de poigne. Au lieu d'exhorter à la politesse et à l'équité, il faut punir ceux qui y manquent. Il faut des lois, mais des lois éprouvées, et judicieusement appliquées. Les Légistes qui crurent que le monde pouvait être gouverné par des lois improvisées appliquées aveuglément, furent des hommes néfastes qui firent un grand mal positif, tandis que Confucius et ses disciples n'avaient péché que par inefficacité.» *(Chap. 21.)*

Ainsi se trouve définie la position de *Sunn-tzeu*. Il tient de Confucius, en tant qu'il s'appuie comme lui sur les institutions des Anciens, mais révisées, modernisées. Donc rupture absolue avec Mencius, qui n'admit aucune retouche des principes antiques, qui fut pour la copie servile des Anciens. — *Sunn-tzeu* diffère des Légistes taoïstes, en ce qu'il ne dérive pas la loi d'un Principe antérieur à la nature. Il diffère des Légistes césariens, en ce qu'il nie que la volonté arbitraire d'un prince quelconque, ait force de loi pour ses sujets. — La loi est pour lui la somme de ce qui, dans les institutions anciennes, a résisté à l'épreuve des siècles. Il n'y a guère lieu d'ajouter à cette somme, car toute innovation provoque des disputes. Il suffit que la raison adapte aux temps nouveaux, aux circonstances présentes, le dépôt traditionnel ancien, lequel contient tout le nécessaire.

Voyons maintenant comment son système rationaliste et traditionaliste, amena *Sunn-tzeu* à guerroyer contre les Sophistes.

E. *Sunn-tzeu* fut probablement contemporain de 公孫龍 *Koungsounn-loung* (Leçon 25); il connut certainement les disciples de ce sophiste. Le verbiage de ces bavards le fatigua, c'est évident. Il les attaqua avec énergie. Mais, chose curieuse, il ne disputa pas avec eux, et défendit à ses disciples de discuter avec eux. Il les condamna a priori, comme novateurs, comme démolisseurs des idées

Leçon 34.

traditionnelles, comme perturbateurs du repos public. Son jugement est consigné dans le vingt-deuxième chapitre de son œuvre, un traité de psychologie et de logique fort intéressant... « Les documents existants nous apprennent, dit-il, que, au moins depuis la deuxième dynastie (allusion à la *Grande Règle*, Leçon 6, probablement), le gouvernement donna tous ses soins à ce que toutes choses fussent définies et qualifiées par les définiteurs et les qualificateurs officiels. Ceux-ci distinguèrent dans l'homme, d'abord 性 sa nature. Dans l'état de repos, la nature ne contient que 精 l'esprit vital paisible, et 心 le sentiment indéterminé. Quand un objet se présente, le repos cesse dans la nature, et 情 l'émotion naît dans le sentiment. L'émotion spontanée a six formes possibles, l'approbation ou la désapprobation, la sympathie ou l'antipathie, le plaisir ou la douleur. L'émotion doit être 慮 considérée et 擇 jugée par la raison. Si, la raison n'intervenant pas, le sentiment s'emballe, c'est l'erreur... Outre la faculté de connaître décrite ci-dessus, l'homme a encore la faculté d'agir. Connaissance et action doivent être dirigées vers 命 la fin, le terme de sa nature. — Voilà toutes les distinctions et les qualifications des Anciens. Elles furent, pendant de longs siècles, le fondement des mœurs et des lois. Grâce à leur sobriété, les lois furent alors claires et intelligibles... Maintenant les sophistes multiplient sans fin les distinctions et les qualifications. Leurs arguments déroutent le sens moral du peuple, et font perdre la tête aux juges. Des jeux d'esprit remplacent la saine logique, des chicanes embrouillent le droit et la justice. Plus de conscience! Plus de confiance! Le beau résultat, vraiment! — Ces gens-là ont commis un crime. La logique antique était une règle, comme les poids et mesures, comme les formes des contrats et des traités. Ils y ont attenté. Qu'on les poursuive comme des faussaires, ces pervertisseurs du sens commun, ces perturbateurs de la paix publique! — De par sa nature, la raison humaine discerne 可 不 可 ce qui convient et ce qui ne convient pas, ce qu'on doit faire et ce qu'on ne doit pas faire. Toutes les raisons de tous les hommes prononcent de même. De tous ces prononcés uniformes, les Anciens déduisirent les lois morales. — Examinant les êtres divers, la raison découvrit des caractères communs et des propriétés particulières. De leur analyse, les Anciens tirèrent les notions de genre, d'espèce, d'individu; de concret et d'abstrait; les lois logiques. — Il s'agit ensuite d'exprimer ces choses par la parole, par des termes définis, lesquels permissent d'en conférer entre hommes, sans erreur. Les définiteurs et les qualificateurs officiels anciens s'appliquèrent à cette tâche. Ils inventèrent des noms pour les entités physiques et pour les entités morales, des termes pour les êtres concrets et abstraits, singuliers et pluriels. Ainsi se fit le langage. Tout le monde parla avec précision. Chacun comprit ce que l'autre disait. — Mais voici que les Sophistes se mirent à discuter des thèmes comme ceux-ci; « il peut y avoir insulte sans outrage » jeu d'esprit sur les nuances des termes... « une vallée est terre plane » jeu d'esprit sur la valeur des termes... « oui et non, c'est la même chose » jeu d'esprit sur les notions abstraites. Ils tournèrent leurs sophismes avec tant d'art, que maintes fois des hommes très raisonnables en eurent la respiration coupée et ne surent comment répondre. — Il y a, à cela, un remède bien simple. Qu'aucun homme intelligent ne joue à ce jeu-là. Laissez parler les sophistes, sans vous inquiéter de ce qu'ils disent. Peu importe que vous ne sachiez pas les réfuter. Votre raison vous dira, ce qui est vrai, ce qui est faux.

Gardez votre sens commun et tenez bon! — Elles sont funestes, ces joutes d'esprit, qui ébranlent la foi simple du peuple, qui le rendent inquiet ou sceptique. Les Anciens ne les eussent pas permises. Pourquoi les tolère-t-on maintenant?.. Jadis on punissait de mort, comme coupable de lèse-majesté, quiconque altérait la forme officielle d'un caractère (signe d'écriture); et maintenant on admire ceux qui falsifient les notions officielles, sans s'apercevoir que ces hommes sapent la société par sa base. Revenons à la simple et sobre logique des Anciens, conduisons-nous par la raison; faisons fi des sophismes, sans nous en inquiéter, sans nous donner la peine de chercher à y répondre. A l'homme suffit le verdict de son bon sens naturel, qui lui dit oui ou non.» *(Chap 22).*

-◊- -◊-

F. Le traditionalisme de *Sunn-tzeu* eut pour conséquence une théorie spéciale de l'enseignement et de l'étude. *Sunn-tzeu* insiste beaucoup sur l'étude. En effet, comme nous avons vu, à son avis, ce n'est pas le génie, c'est l'étude, et l'étude seule, qui fait 師 le Maître. Mais quelle étude?.. L'étude exclusive des formules antiques, dans le seul but de les posséder parfaitement et de les transmettre fidèlement. *Sunn-tzeu* redoute l'originalité, le génie inventif. Pour lui, le maître doit être un phonographe, et le disciple un perroquet. Il a jugé le sujet si important, qu'il l'a mis en vedette, en tête de son ouvrage. Voici le résumé de son premier chapitre: «Il n'est pas de science autre, que la tradition des Anciens. Pour acquérir cette science, il ne faut pas penser, il faut écouter. Penser durant tout un jour, ne vaut pas écouter un maître durant un seul instant. A force d'entendre, on est pénétré. Quand la pénétration est complète, elle devient indélébile; tel le fil teint et reteint, qui ne peut plus déteindre. Tout le rôle de l'étudiant, doit consister à ruminer et digérer dans sa mémoire, les notions que le maître y a déposées par sa parole. Ses études seront terminées, quand il sera devenu l'écho de son maître pour une nouvelle génération; quand il saura redire à son tour, tout ce que son maître savait. Inventer, c'est témérité. Mal répéter, c'est mensonge. Perpétuer la tradition, en la redisant exactement, voilà le but de l'étude, voilà l'enseignement. Or, dans le dépôt de la tradition, le principal ce sont, non les Annales et les Odes, textes plutôt diffus; ce sont les Rits et les Lois, choses précises, la quintessence de l'expérience des siècles. Travailler à la propagation, à la conservation, à l'observation des rits et des lois, voilà le but de la vie du Maître.» *(Chap. 1.)*

-◊- -◊-

G. La théorie confuciiste de la voie moyenne, de l'opportunisme, revêt dans *Sunn-tzeu* une forme plus précise, sans être altérée pour le fond. D'après lui, il faut faire dans tous les cas, ce que la raison indique comme 當 *devant* être fait. La *convenance raisonnée* est la règle à suivre toujours. — *Sunn-tzeu* condamne, comme inconvenants et déraisonnables, tout emballement, toute résolution extrême, tout ce qui sent l'exagération dans un sens ou dans l'autre. Ainsi ces Anciens qui se suicidèrent par fidélité à un prince ou autres motifs analogues, n'ont pas son estime; ce furent pour lui des illusionnés, des exagérés, des toqués. L'idéalis-

Leçon 34.   283

me, l'héroïsme, ne trouvent pas grâce devant lui. — Il condamne spécialement, avec une grande énergie, comme dérogeant à la convenance et comme contraire au bon sens, cette morgue grossière, ce cynisme affecté, cher aux 儒 *Jou* de son époque, lesquels n'étaient jamais plus contents d'eux-mêmes, que quand ils avaient dit en face, à un prince, les pires insolences. *Sunn-tzeu* n'a pas assez d'anathèmes pour ces 陋儒 *vils Lettrés* comme il les appelle, et pour ces bravaches provocateurs. Son disciple 李斯 *Li-seu* profita de ses leçons. J'ai dit (page 260) comment il fit punir, par la destruction des archives, l'insolent discours tenu au Premier Empereur, inter pocula, par un de ces Cyniques. *(Chap. 3.)*

—◆—◆—

H.   Nous avons vu jadis comment la doctrine du *yinn* et du *yang*, développée de siècle en siècle, en vint à dominer la physique et la politique, surtout depuis 鄒衍 *Tseou-yen* de l'école de 齊 *Ts'i*. Elle fut, logiquement, appliquée à l'homme, comme au reste de l'univers. La théorie se forma, et gagna créance, que la *formule* de chaque homme, ses qualités, ses aptitudes, son avenir, toute sa destinée, était comme moulée dans ses os, et pouvait être devinée d'après certaines protubérances du crâne ou du squelette. Les princes firent donc tâter leurs ministres, palper leurs généraux. De graves mesures furent prises, d'après ces examens ostéologiques... Cette science nouvelle remontait à l'an 450 environ; du moins les premières consultations connues datent-elles de cette époque. — *Sunn-tzeu* s'élève avec force contre cette théorie, une innovation d'ailleurs. Le destin de l'homme, dit-il, ne dépend pas des protubérances de son squelette, mais du degré de raison qu'il met à se conduire, de sa prudence et de sa moralité. — Dans son cinquième chapitre, où *Sunn-tzeu* traite cette question, je relève la phrase suivante: «l'homme n'est pas homme, parce qu'il est 二足無毛者 *un bipède sans plumes*, mais parce qu'il conserve le dépôt des rits et des lois.»... La définition «bipède sans plumes», est, comme on sait, celle de l'homme de Platon, à qui Diogène le Cynique offrit pour disciple un coq plumé, au quatrième siècle, à Athènes. Y a-t-il là un jeu du hasard, ou autre chose? je ne sais. La Grèce fut mise en contact avec l'Inde, par Alexandre, en 327. *Sunn-tzeu* écrivit après 238. Et les rapports de la Chine avec l'Inde, furent anciens et constants.

Conclusion. — Voilà ce qu'il importait de savoir de *Sunn-tzeu*, dont le rôle, dans la conservation du Confuciisme, fut prépondérant. Sous la forme que lui avaient donné Confucius *Tzeu-seu* et Mencius, le Confuciisme se serait vite éteint, comme s'éteignent les utopies. Avec les modifications qu'y apporta *Sunn-tzeu*, le système devenu praticable en politique, survécut, et fut considéré, par la plupart des Lettrés chinois (pas par tous), comme le vrai Confuciisme, durant bien des siècles. La critique moderne a remis les choses en place, et établi que, si *Sunn-tzeu* conserva le vieux levain des *Jou*, il l'altéra aussi essentiellement; que le vrai Maître du moyen âge chinois, fut *Sunn-tzeu*, non Confucius. A cet homme remonte, non la prétendue xénophobie du peuple chinois, mais la phobie du gouvernement chinois pour les idées et les choses neuves, que les étrangers apportent inévitablement avec eux; et par suite, la si longue fermeture de la Chine. Sur lui pèse la responsabilité d'avoir réduit, durant vingt siècles, la formule administrative chinoise, à ces deux points: abêtissement des lettrés, et bastonnade pour le peuple. Sur lui aussi l'opposition acharnée au Christianisme, parce que cette doctrine s'appuie sur une *révélation*, et serait une *innovation*.

Sources. — 荀子 *Sunn-tzeu*, œuvre en 32 chapitres, non encore traduite.

Écriture sous les 秦 Ts'inn.

Trente-cinquième Leçon.

Première dynastie 漢 Han. L'empereur 文 Wenn.

Sommaire. — I. Avènement de la première dynastie 漢 Han. — II. Géomancie de l'empereur 文 Wenn. — III. 陸賈 Lou-kia et 賈誼 Kia-i.

I. De l'épouvantable anarchie dans laquelle s'abîma la dynastie 秦 Ts'inn, sortit, après quatre années de péripéties, la première dynastie 漢 Han. Son fondateur 劉邦 Liou-pang commença par être tout petit officier sous les Ts'inn. Chargé de conduire à la capitale une chaîne de forçats, chemin faisant il les délivra, les organisa en bande armée, et commença avec eux à… comment dirai-je?.. pas à faire la guerre, pas à brigander; mais à jouer ce sanglant jeu de hasard, qui donne en Chine le trône au gagnant. *Liou-pang* gagna. Devenu empereur, il resta aussi ignare, aussi grossier, que devant. L'Histoire rapporte, *sit venia verbis*, que quand il rencontrait un Lettré, il s'arrêtait, lui demandait son bonnet, et urinait dedans, en signe de mépris. Dans une de ses courses, passant près du tombeau de Confucius, il le visita; mais les Lettrés eux-mêmes conviennent, qu'il fit cette démarche par curiosité, non par dévotion. En tout cas, il ne rapporta pas la loi de proscription des livres, spécialement des anthologies confuciistes. La loi resta existante. 叔孫通 *Chousounn-t'oung* un lettré de l'école de 荀子 *Sunn-tzeu*, lui compila un rituel éclectique pour les cérémonies officielles, et ce fut tout. Outre le sacrifice au Souverain d'en haut, les *Ts'inn* avaient fait des offrandes officielles aux Souverains des régions de l'espace, centre est ouest et sud, qu'ils possédaient, omettant le nord, alors au pouvoir des Huns. Par amour de la symétrie, ou dans l'espoir d'un meilleur succès dans ses guerres contre les Huns, *Liou-pang* ordonna de faire aussi une offrande au Souverain du nord. Il mourut en 195 avant J.-C. — Sa veuve, la sanguinaire impératrice 呂 *Lu*, gouverna d'abord comme tutrice de son fils l'empereur 惠 *Hoei* âgé de quatorze ans. C'est durant cette tutelle, en 191, que la loi contre les livres confuciistes, fut, non pas formellement abrogée, mais escamotée, mise *ad acta* dans un lot de vieux écrits. La proscription avait duré 22 ans. — Après de graves désordres causés par l'ambition et les intrigues de l'impératrice *Lu*, celle-ci étant morte et son parti ayant été exterminé, l'empereur 文 *Wenn* monta sur le trône, et régna de 179 à 157. Ce fut un bon prince, qui consolida la dynastie encore assez mal assise. Mais, ignare comme l'avait été son père, il fut, durant plusieurs années, la dupe d'une série d'imposteurs de nuance taoïste. Il me faut raconter en détail cette affaire, d'après l'Histoire dynastique, pour montrer, par un exemple typique, ce que put et ce que ne put pas, durant bien des siècles, la sottise personnelle des empereurs. Elle put souvent introduire des cultes nouveaux, qui durèrent parfois assez longtemps. Elle ne put jamais faire admettre ces innovations, par les lettrés à la *Sunn-tzeu*, gardiens jaloux du dépôt traditionnel, lesquels eurent toujours soin, à l'heure propice, de faire supprimer la déplaisante nouveauté.

II. Donc, en 166, le grand sacrifice impérial au Ciel n'avait pas encore été offert par la nouvelle dynastie. Or, avant de l'offrir, il fallait déterminer la couleur des costumes officiels. Pour le choix de cette couleur, il fallait décider par lequel des cinq agents cosmiques, les *Han* gouvernaient l'empire. — Plus tard on décidera définitivement, d'après le système de la production primordiale des agents (page 58), que, les *Ts'inn* ayant régné par la vertu de l'eau (couleur noire), les *Han* vainqueurs des *Ts'inn* régnaient par la vertu du feu (couleur rouge). Mais, en l'an 166, s'opposant au ministre 張 蒼 *Tchang ts'ang* qui était pour le feu et le rouge, un certain 公 孫 臣 *Koungsounn-tch'enn* prétendit que les *Han* régnaient par la vertu de la terre, et que par suite leurs costumes et drapeaux devaient être jaunes. Il disait cela, sur la foi de certaines émanations de couleur jaune observées par lui. Il annonça, pour l'an 165, l'apparition d'un dragon jaune, signe du commencement d'une ère de prospérité nouvelle. De fait, *risum teneatis*, un dragon jaune ayant paru en 165, l'empereur devint très perplexe, mais n'osa pas encore se décider. En tout cas, en été, il offrit le sacrifice impérial au Ciel (page 266), en costume rouge, couleur de la saison d'été. A cette occasion il *visita* aussi, dit le texte, les tertres des cinq Souverains, mais n'y fit personnellement aucune offrande.

Cependant cette visite mit en mouvement un certain 新 垣 平 *Sinnyuan-p'ing*, géomancien de profession, lequel demanda une audience à l'empereur, pour lui dire que, autour de la capitale, il percevait des émanations actives des cinq couleurs, qui s'élevaient en forme de cônes. Que ce phénomène ne pouvait signifier, que la conjonction à la capitale des Souverains des cinq régions de l'espace, événement extraordinairement faste. — Pour célébrer cette conjonction, l'empereur fit aussitôt bâtir un temple pentagonal aux Cinq Souverains. Le toit fut commun, pour exprimer la réunion des cinq; mais chacun eut sa salle particulière, et sa porte peinte de la couleur de sa région. — Puis l'empereur Wenn fit un pas plus fatal encore. En 164, il offrit dans ce temple commun des Cinq Souverains de l'espace, le sacrifice impérial au Ciel. Au moment de l'offrande, un jet de lumière sembla s'élever depuis le temple jusqu'au ciel; c'est l'Histoire qui raconte cela. — De ce jour, le géomancien *Sinnyuan-p'ing* abusa sans vergogne de la crédulité de sa noble dupe... Un jour, comme le soleil baissait déjà, il dit à l'empereur: je perçois que le soleil va revenir au milieu du ciel; et de fait, un instant après, le soleil revint à midi; c'est encore l'Histoire qui parle. — Un autre jour, il perçut des émanations extraordinaires qui sortaient de dessous le seuil du palais. On creusa et trouva une coupe de jade, avec cette inscription «longue vie au Maître des hommes». — Une inondation ayant fait communiquer, par le Fleuve Jaune, les eaux de la rivière 泗 *Seu* avec celles de la rivière 汾 *Fenn*, *Sinnyuan-p'ing* dit à l'empereur: Jadis le palladium de l'empire, les urnes des 周 *Tcheou*, ont disparu dans les eaux de la *Seu*. Je perçois qu'une au moins de ces urnes est venue dans la *Fenn*... et il indiqua l'endroit où il fallait la chercher. Mais les officiers chargés de cette besogne, ne voulurent pas découvrir l'urne quelconque, que le géomancien avait immergée à l'endroit indiqué. Elle ne sera trouvée et vénérée, qu'en l'an 113. — Puis, diverses supercheries de *Sinnyuan-p'ing* ayant été mises au jour, l'empereur le livra aux juges, qui l'exterminèrent avec toute sa famille. Mais le sacrifice au Ciel dans le temple des Cinq Souverains, qu'il avait introduit, continua assez longtemps. — Notons que les Lettrés ne discutent pas, ne songent même pas à révoquer en doute, la rétrogradation du soleil, dont il a été question plus haut. Un geste impérieux du duc *Yang* de 魯 *Lou* (dixième siècle), suffit jadis, racontent-ils, pour faire attendre au soleil la fin d'une bataille. La résurrection d'un mort, dûment constatée, ne leur causerait pas plus d'émotion et ne leur prouverait pas davantage. Simples phénomènes de *yinn-yang*, qui sont au pouvoir de qui a la formule, disent-ils. Ils n'en veulent pas trop à l'empereur *Wenn*, de s'être laissé influencer par son géomancien, et ne disent pas carrément que celui-ci le dupa. Mais, ce qu'ils ne lui pardonnent pas, c'est d'avoir introduit un rit inconnu des Anciens, contraire à la tradition antique. Écoutons-les... «L'antiquité n'avait connu qu'un seul Souverain d'en haut, et lui avait sacrifié devant un tertre unique. Peu à peu, par la faute des *Ts'inn*, on éleva deux, trois, jusqu'à quatre tertres, devant lesquels on sacrifia au Souverain unique, en tant que protecteur des quatre régions de l'empire. *Liou-pang* ajouta le cinquième, le tertre du nord. Il fut trop grossier, et son fils l'empereur *Wenn* fut trop ignare, pour comprendre que les Cinq Souverains de l'espace, ne sont que la quintuple formalité de protecteur respectif des cinq régions, du seul et unique Souverain d'en haut, le protecteur universel.» Ceci est clair, et les Lettrés n'en ont jamais douté.

III. Pour être complet, je parlerai ici brièvement de deux hommes, dont la carrière se termina sous l'empereur 文 *Wenn*, et qui nous ont laissé deux ouvrages.

D'abord 陸 賈 *Lou-kia*, qui négocia en l'an 200, puis de nouveau en 179, la soumission du petit royaume indépendant, dont la capitale était Canton. Les dates de sa naissance et de sa mort ne nous sont pas connues. Il a laissé le traité 新 語 *Discours nouveaux*, qui révèle un disciple de *Sunn-tzeu*, un Confuciiste à poigne. D'ailleurs aucune idée neuve. Procurer au peuple le bien-être, et le faire marcher droit au moyen de lois claires et inexorables. Nous connaissons cela.

賈 誼 *Kia-i* naquit vers l'an 200. A peine âgé de vingt et quelques années, il fut employé par l'empereur *Wenn*, connut la faveur, puis la disgrâce, et mourut jeune. Politique doué d'un certain bon sens, écrivain fécond et élégant, il nous a laissé le livre intitulé 新 書 *Écrits nouveaux*, qui résume ses consultations et ses discours, et qui a servi depuis de modèle à tous les conseillers et harangueurs. Il traita les sujets administratifs les plus importants de l'époque, et par suite son ouvrage a une haute valeur pour l'histoire. Pour ce qui nous concerne, la huitième section contient quelques indications intéressantes. *Kia-i* y parle du Principe et de sa Vertu, à peu près comme un Taoïste. Ailleurs il cite volontiers *Lao-tzeu*. Mais il insiste aussi souvent sur le fait, que les temps ne sont plus les temps anciens, et développe la manière dont la Vertu du Principe se *dévide* dans le monde nouveau, en des termes que *Sunn-tzeu* aurait acceptés. Somme toute c'est un politicien, Confuciiste pragmatique pour le fond, Taoïste dans la forme seulement.

Leçon 35.

Notes. — II. Voici le texte de 淮南子 *Hoai-nan-tzeu* (Leçon 39) sur la rétrocession du soleil. Il est connu de tous les étudiants, étant inséré dans les collections de citations à leur usage. 魯陽公與韓搆難戰酣日暮,援戈揮之,日返三舍。Dans une bataille acharnée contre ceux de *Han*, comme le soleil allait se coucher, le duc *Yang* de *Lou* lui fit signe avec sa hallebarde, et le soleil revint en arrière de trois mansions. — 陽 est pour 煬, caractère homophone. — Le fait historique en question, est absolument inconnu par ailleurs.

Sources et Ouvrages. — Le 史記 *Cheu-ki*, Mémoires Historiques de 司馬遷 *Seuma-ts'ien*, chaps 8 à 10; avec l'excellente traduction de Mr Ed. Chavannes. — L'Histoire 前漢書 des Premiers Han, par 班固 *Pan-kou*, dans la série des Histoires dynastiques. — L. Wieger S.J., Textes Historiques, vol. I, les 前漢 Premiers Han.

Temple du Souverain d'en haut, à Pékin.

Trente-sixième Leçon.

Première dynastie 漢 *Han*. L'empereur 武 *Ou*.

Sommaire. — 1. Taoïsme de l'empereur *Ou*. Le Suprême Un. Musique religieuse. — II. La cérémonie 封禪 *fong-chan*. — III. Maléfices. Malheurs et conversion de l'empereur. — IV. 張騫 *Tchang-k'ien*. Entrée en relations avec les Grecs et les Indiens.

I. En l'an 140, un jeune homme de seize ans monta sur le trône des 漢 *Han*. Il l'occupera, comme empereur 武 *Ou*, durant cinquante-quatre ans. Long règne, peut-être le plus intéressant de l'histoire chinoise, pendant lequel des officiers habiles firent prospérer l'empire, tandis que la cour fut, sans interruption, le théâtre des plus abjectes et des plus sanguinaires intrigues. Je vais laisser parler les Historiens, surtout l'annaliste officiel du règne, 司馬遷 *Seuma-ts'ien;* car je tiens à faire voir ces événements dans leur naïve et cruelle stupidité.

Donc, l'impératrice douairière, dévote taoïste, écarta du jeune empereur *Ou* les Lettrés plus ou moins confuciistes, et l'entoura de Taoïstes de toute nuance. Le résultat ne se fit pas attendre. En 133, l'empereur fit élever un temple à une femme obscure morte en couches, que sa grand'mère maternelle honorait d'un culte particulier. On appela *Princesse transcendante* cette fée nouvelle. Elle ne se montrait pas, mais donnait des oracles verbaux. — Puis l'empereur *Ou* devint la dupe du magicien alchimiste 李少君 *Li-chaokiunn*. Celui-ci lui tint le discours suivant: «Appliquez-vous à la science du fourneau (l'alchimie). Par elle vous gagnerez les bonnes grâces des Génies, qui vous accorderont la formule pour convertir le cinabre en or. De l'or ainsi produit par conversion du cinabre, vous ferez des vases pour manger et pour boire. Quand vous aurez mangé et bu dans cette vaisselle, vous obtiendrez la longévité des Génies, et pourrez nouer des relations avec ceux qui habitent l'île 蓬萊 *P'eng-lai* (page 258). Ensuite vous ferez, sur le mont 泰山 *T'ai-chan*, la cérémonie 封禪 *fong-chan*, après quoi vous ne mourrez plus. C'est ainsi que l'empereur 黃帝 *Hoang-ti* obtint jadis l'immortalité. Je sais tout cela du Génie 安期 *Nan-k'i* de l'île 蓬萊 *P'eng-lai*, que j'ai rencontré jadis dans mes pérégrinations.».. Ainsi endoctriné, l'empereur 武 *Ou* s'appliqua à l'alchimie, et envoya des jonques chercher en mer l'île *P'eng-lai* et le Génie *Nan-k'i*. Or peu après *Li-chaokiunn* mourut. L'empereur ne crut pas à sa mort, pensa qu'il avait seulement changé de forme, et sa foi ne fut pas ébranlée. D'autres artistes du même genre remplacèrent *Li-chaokiunn*. «Les magiciens et alchimistes taoïstes, qui pullulaient tout le long de la mer (dans les provinces actuelles du *Chan-tong* et du *Tcheu-li*), offrirent à l'envi, à l'empereur, leurs Génies et leurs formules,» dit *Seuma-ts'ien*.

Vers l'an 123, événement important dans l'histoire du culte, première tentative d'identifier le Principe des Taoïstes, avec le Souverain d'en haut de la religion antique. Nous savons que, pour les Pères du Taoïsme, le Principe n'est pas une personne distincte du monde; c'est l'âme du monde, qui opère en tout, et fait tout évoluer vers sa fin. Le vulgaire taoïste eut tôt fait de concevoir 造物者 l'auteur des êtres sous une forme plus concrète, et le confondit avec le Souverain d'en haut national. Un certain 謬忌 Miao-ki présenta à l'empereur Ou une requête ainsi conçue: «Parmi tous les Génies du ciel, le Suprême Un est le plus noble. Les Cinq Souverains de l'espace sont ses assesseurs. L'empereur doit offrir ou faire offrir au Suprême Un des sacrifices annuels, pour expier les fautes de l'empire et attirer sur lui le bonheur.»... L'idée plut à l'empereur Ou, qui la réalisera peu à peu.

Il aimait passionnément la concubine 王 Wang. Cette dame étant morte en 121, l'empereur fut inconsolable. Un magicien nommé 少翁 Chao-wong se fit fort de pouvoir l'évoquer. L'empereur la vit, confusément, transparaissant à travers un rideau léger. C'en fut assez pour qu'il donnât à Chao-wong toute sa confiance. — Le magicien évoqua de même le Génie du fourneau alchimique, pour lequel l'empereur institua aussitôt un culte. Cette institution, détournée de son sens, eut un retentissement considérable. Nous savons que le culte populaire chinois, se réduisait au culte semi-annuel du 社 Patron du sol du village (page 95), plus le culte trimestriel des 五祀 petits pénates de l'habitation, parmi lesquels le Génie de l'âtre (page 97). Le peuple prit le Génie du fourneau alchimique de l'empereur Ou, pour le Génie de l'âtre familial, et le culte du 竈王 Tsao-wang devint et est encore le plus répandu et le mieux pratiqué des cultes chinois. Les suites morales de cette dévotion, furent plutôt avantageuses. Encore de nos jours, les païens chinois craignent ce témoin silencieux de la vie de famille, censé faire son rapport au Ciel au bout de l'an. Ils le prient, s'abstiennent parfois de mal faire à cause de lui, ou protestent devant lui de leur repentir et sollicitent leur pardon. — Le magicien Chao-wong persuada aussi à l'empereur de bâtir une tour très élevée, pour ses communications à venir avec les Génies célestes. La tour fut bâtie, mais les Génies ne vinrent pas. Jugeant qu'il n'y avait plus rien à tirer de Chao-wong, l'empereur le fit supprimer, mais sans que sa confiance dans la magie et les magiciens fût ébranlée.

En 113, il devint la dupe d'un troisième magicien, un eunuque, nommé 欒大 Luan-ta, lequel lui assura qu'il avait lui aussi, comme jadis Li-chaokiunn, rencontré le Génie Nan-k'i, et se fit fort de lui procurer des relations avec les Génies, de boucher la brèche du Fleuve Jaune qui inondait alors l'empire, etc. La fortune de cet imposteur fut plus rapide et plus haute que celle des précédents. L'empereur le nomma son Maître, maria une de ses filles à cet eunuque, et le combla d'honneurs et de richesses, jusqu'au jour où, constatant qu'il ne pouvait tenir aucune de ses promesses, il le fit supprimer.

Encore en 113, grave innovation cultuelle, institution d'un sacrifice spécial aux Génies de la terre, à l'instar de ceux du ciel, avec cinq autels pour les cinq régions de l'espace. L'Histoire accuse l'empereur d'avoir imaginé lui-même ce culte, par un besoin de symétrie mal entendu. — Au sixième mois de cette année, on trouva dans les alluvions près de la 汾 Fenn, l'urne immergée en 163, par le magicien 新垣平 Sinnyuan-p'ing de l'empereur 文 Wenn (page 286). La découverte fut considérée comme un remerciement des Génies de la terre, pour le sacrifice spécial qui venait d'être institué en leur honneur.

Cependant les Taoïstes profitaient de toutes les occasions, pour pousser leur

太 — *Suprême Un*. En 118, l'empereur était tombé gravement malade, et la *Princesse transcendante* lui avait promis sa guérison, mais en l'exhortant à plus de dévotion envers le Suprême Un. En 113, un certain 公孫卿 *Koungsounn-k'ing* profita de la découverte de la fameuse urne, pour reprendre cette question, sur laquelle l'empereur hésitait et se dérobait sans cesse, parce qu'elle touchait au Souverain d'en haut, le pivot du culte national. L'imposteur fit savoir à l'empereur, au nom du Génie *Nan-k'i*, que la découverte de cette urne était prédite comme devant être le véritable avènement de l'ère de la fortune des *Han*. Qu'il devait faire immédiatement la cérémonie *fong-chan* sur le mont *T'ai-chan*, et offrir désormais au Suprême Un le sacrifice officiel offert jusque là au Ciel. — Cette fois l'empereur *Ou* se décida. Il fit élever un tertre au Suprême Un, d'après le plan donné jadis par *Miao-ki*. Le tertre fut percé de huit trous, pour permettre aux Génies terrestres d'y circuler. Les autels des Cinq Souverains de l'espace, furent disposés en rond autour du tertre du Suprême Un, chacun selon son orientation propre; l'autel du Souverain Jaune, dépossédé du centre, étant logé au sud-est. Au jour du solstice d'hiver (24 décembre 113), qui fut proclamé premier jour de la première année de l'ère nouvelle, avant l'aube, l'empereur *Ou* offrit un bœuf blanc, un cerf et un porc, au Suprême Un, et se prosterna devant lui. Au jour, il salua des mains le soleil, et lui offrit un bœuf. Le soir, il salua des mains la lune, et lui offrit un mouton et un porc. Les Cinq Souverains de l'espace ne reçurent que des mets et du vin. Le quadrilatère de la Grande Ourse, considéré comme la résidence du Suprême Un, fut aussi salué et reçut une offrande. En dehors du tertre et des autels, aux quatre points cardinaux, on donna à boire et à manger *à la foule des êtres transcendants*, cortège supposé du Suprême Un... Et voilà le panthéon taoïste constitué. L'année suivante, il fut peint sur l'étendard de guerre impérial. Un dragon volant, symbolisait le Suprême Un; le quadrilatère de l'Ourse, son palais; la queue de la Grande Ourse, sa lance; le soleil et la lune étaient aussi figurés. Quand on décidait une expédition militaire, cet étendard était pointé vers le pays que l'on projetait de vaincre.

Jusque là, les grands sacrifices avaient été offerts dans un silence profond, interrompu seulement par les appels des cérémoniaires, et les déclamations du prieur officiel. En 111, le mignon favori de l'empereur *Ou* étant un musicien passionné, obtint de lui que de la musique instrumentale accompagnât désormais les gestes et les hymnes. Innovation souvent combattue par les Lettrés conservateurs, mais qui l'emporta et demeura.

II. Décidé à faire la cérémonie 封禪 *fong-chan*, l'empereur interrogea les Lettrés sur la manière dont cette cérémonie s'était faite dans l'antiquité. Ceux-ci ne purent pas le lui dire, pour la bonne raison que cette cérémonie était une fable taoïste, d'invention récente (page 255). Il paraît qu'ils se conduisirent aussi assez insolemment, à leur ordinaire (page 283). L'empereur rompit définitivement toute relation avec eux. — Le 17 mai 110, il fit la cérémonie *fong*, au pied du *T'ai-chan*, avec le rituel décrit plus haut du sacrifice au Suprême Un, désormais confondu par lui avec le Souverain d'en haut et le Ciel. Dans le tertre on enfouit des écrits sur jade, prières de l'empereur pour la prospérité de l'empire. Après la cérémonie, l'empereur gravit la cime du *T'ai-chan*, accompagné de son seul cocher. Il passa la nuit au sommet de la montagne. On ne sut jamais ce qu'il y fit, car l'unique témoin, le cocher, mourut subitement peu de jours après, supprimé probablement. En tout cas, au lieu des Génies qu'il espérait voir, l'empereur ne vit sur le *T'ai-chan* que les étoiles. Il redescendit le lendemain, et fit, à la terre, la cérémonie *chan*, d'après le rituel des offrandes à la terre qu'il avait instituées. — Après cela, l'empereur *Ou* se rendit à la côte du *Chan-tong*, cherchant à voir au loin l'île *P'eng-lai*, appelant à lui les Génies. Peine perdue! — Cependant, en 109, on arriva à boucher la brèche du Fleuve Jaune, par laquelle les eaux s'épandaient, inondant le pays, depuis vingt-trois ans. Mais ce ne furent ni les Génies ni les magiciens qui la bouchèrent; ce furent les innombrables travailleurs réquisitionnés pour cette corvée. — J'omets quantité d'insanités moindres, qui remplissent les années suivantes, jusqu'en 92. Il fallut un terrible drame domestique, pour tirer l'empereur *Ou* de sa folie de cinquante-deux années, et lui faire donner congé à la magie et aux magiciens.

III. Son fils et successeur désigné, le prince 據 *Kiu*, fils de l'impératrice 衛 *Wei*, était odieux à quelques officiers et eunuques du palais. Ces misérables tirèrent parti de la superstition de l'empereur, pour le perdre. La capitale était pleine de magiciens et de sorcières. Ces dernières ayant obtenu l'accès du harem, trouvèrent là un terrain propice pour leur art néfaste. Instruments des passions et des intrigues de ces centaines de recluses, dévorées par l'ambition et la jalousie, elles ensorcelaient et envoûtaient pour leur compte, au moyen de figurines en bois ou en papier, de charmes et d'incantations. L'empereur savait ces choses, mais ne s'en inquiétait pas. Cependant un jour qu'il dormait sa méridienne accoutumée, il rêva que quantité d'hommes de bois, armés de bâtons, l'entouraient et cherchaient à le frapper. Il s'éveilla de frayeur, et tomba malade. Indigestion suivie de gastrite, probablement. — Ce cauchemar eut des suites terribles. Un des pires ennemis du prince héritier, un certain 江充 *Kiang-tch'oung*, persuada à l'empereur que sa maladie provenait d'un sort jeté sur lui, et qu'une enquête rigoureuse était urgente. L'empereur lui donna tout pouvoir pour la conduire lui-même. C'est ce que *Kiang-tch'oung* désirait. Il se servit d'une sorcière stylée par lui. L'enquête commença par les familles nobles de la capitale, que *Kiang-tch'oung* haïssait. La sorcière faisait creuser le sol de leurs maisons, pour y chercher des charmes cachés. Pour peu qu'on trouvât quelque chose de suspect, tous les habitants de la maison étaient arrêtés, et torturés avec des tenailles rougies au feu, jusqu'à ce qu'ils avouassent et compromissent d'autres familles, lesquelles étaient aussitôt traitées de même, et ainsi de suite. Bientôt le nombre des exécutés pour prétendus maléfices, se monta à plusieurs dizaines de milliers, dit l'Histoire. — De plus en plus malade, l'empereur crut tous les rapports de *Kiang-tch'oung*. Alors celui-ci lui fit savoir que la capitale était purgée, mais que des émanations de maléfice s'élevaient du palais impérial. L'empereur lui permit d'y entrer et d'y opérer à discrétion. L'eunuque 蘇文 *Sou-wenn* le mit au courant de toutes les intrigues de l'intérieur. On creusa d'abord le sol autour du trône, puis dans le harem, enfin dans les appartements de l'impératrice *Wei* et de son fils le prince héritier *Kiu*. Alors *Kiang-tch'oung* répandit le bruit que, dans la chambre du prince héritier, on avait déterré quantité de figurines en bois, et de charmes écrits sur tissu de soie. — L'empereur était à 甘 泉 *Kan-ts'uan*. Outré de colère et éperdu de frayeur, le prince tua *Kiang-tch'oung* de sa propre main. L'eunuque *Sou-wenn* courut avertir l'empereur que le prince s'était révolté pour lui ravir son trône. L'empereur trompé envoya à la garnison de la capitale l'ordre d'étouffer la rébellion par les armes. Le prince réussit à s'enfuir. Tous ses familiers, amis et partisans, furent coupés en deux par le milieu du corps, et leurs familles furent exterminées. Sa mère, l'impératrice *Wei*, dut se suicider. Ses deux enfants furent mis à mort. Lui-même, traqué dans sa fuite, se pendit de désespoir. — Cette catastrophe fit nombre de mécontents. Les murmures ne purent être étouffés, les protestations devinrent violentes. La gastrite de l'empereur étant guérie, le bon sens lui revint aussi en partie. Convaincu enfin qu'il avait été indignement circonvenu, il pleura son fils, fit exterminer la famille de *Kiang-tch'oung* et brûler vif l'eunuque *Sou-wenn*. En l'an 89, recevant les hauts fonctionnaires en audience solennelle, l'empereur fit sa confession publique en ces termes : J'ai affligé le peuple par mes folies et mes cruautés. Je me repens du passé, sans pouvoir le réparer. Veillez du moins à ce que désormais le peuple n'ait plus rien à souffrir... Alors, dit le Grand Majordome, supprimez toutes les charges des magiciens et des occultistes, et renvoyez ces gens-là d'où ils sont venus, car ils n'ont jamais tenu aucune de leurs promesses, et ce sont leurs intrigues qui ont causé tous les malheurs que vous déplorez... Qu'ainsi soit fait! dit l'empereur. — Ainsi finit le Taoïsme de l'empereur *Ou*. Sans doute, ce ne furent pas les Taoïstes, en tant que Taoïstes, qui commirent les atrocités que j'ai dites plus haut. Ce furent des intrigants politiques, race qui entoura toujours le trône impérial de Chine. Mais on voit comme le Taoïsme pouvait servir ces intrigants, et l'on comprend pourquoi le gouvernement le considérera désormais, le plus souvent, avec défiance. — Il paraît que l'empereur *Ou* gémit jusqu'à sa mort: «Tout ce qu'on m'a fait croire, était faux. Il n'y a pas de Génies! Il n'y a pas de drogue d'immortalité!»... Pauvre homme!

IV. Il me reste à mentionner, du règne de l'empereur *Ou*, un fait qui aura les plus grandes conséquences, au point de vue des religions et des idées en Chine. Il s'agit de l'ouverture, en l'an 126, par le célèbre explorateur 張 騫 *Tchang-k'ien*, des relations entre la Chine et les peuples de l'Ouest. Avant l'an 330, l'empire persan de Darius avait franchi le Pamir, et le fond du bassin du Tarim (Yarkend, Kachgar) formait la satrapie persane des Casiens ou Saces. Mais aucun contact direct ne put se produire à cette époque entre Chinois et Persans, trente à quarante hordes turques s'ébattant dans les dunes et les plaines du Tarim. En 330, Alexandre conquit la Bactriane. En 328, en Sogdiane, il rebâtit Kodjend fondée jadis par Cyrus. Après sa mort, la Bactriane et la Sogdiane furent aux Séleucides. Devenue royaume grec indépendant en 256, la Bactriane eut ses roitelets grecs, jusqu'en 141 où les Gètes la conquirent. La Sogdiane était encore en 126 un petit royaume grec indépendant, capitale Ouriatioube. — Donc, parti de Chine en 126, *Tchang-k'ien* réussit à traverser le bassin du Tarim et à passer en Sogdiane. Il visita ensuite le royaume de Samarkand, puis les Gètes du Ferghana. Il situa les Daces, refoulés vers le nord-ouest par les Gètes; les Alains, et autres peuples. Il détermina les deux voies de pénétration de l'Inde, par Kaboul et par Kotan. Il déduisit enfin, de communications qui lui furent faites, qu'il devait exister un passage direct du Sud de la Chine dans l'Inde, par le Tibet actuel. — Ces données, accompagnées de nombreux renseignements ethnologiques et commerciaux, qui dénotent un observateur de premier ordre, furent une révélation pour les Chinois. L'empereur autorisa *Tchang-k'ien* à explorer la voie directe par le Tibet qu'il avait entrevue. Il n'y réussit pas, ayant été arrêté par les hordes sauvages belliqueuses, qui habitaient alors ces parages; mais il découvrit, à cette occasion, la route du *Yunn-nan* en Birmanie, par Bhamo. Il fit ainsi *le trou* 鑿空, disent les historiens chinois. Des communications s'établirent aussitôt; commerce, guerres, et le reste, suivirent. Dans ce va-et-vient, les idées passèrent aussi. Une tradition veut que des Buddhistes vinrent de l'Inde en Chine dès ce temps-là. Le fait n'est pas prouvé, mais il n'est pas improbable.

Notes. — I. Je parlerai en son lieu de l'alchimie taoïste, dont la conversion du cinabre forma toujours la base. Remarquons seulement ici, à quelle époque elle remonte.

Sources et Ouvrages. — Le 史記 *Cheu-ki*, Mémoires Historiques de 司馬遷 *Seuma-ts'ien*, chaps 12 et 28; avec l'excellente traduction de Mr Ed. Chavannes. — L'Histoire 前漢書 des Premiers Han, par 班固 *Pan-kou*, dans la série des Histoires dynastiques. — L. Wieger S.J., Textes Historiques, vol. I, les 前漢 Premiers Han.

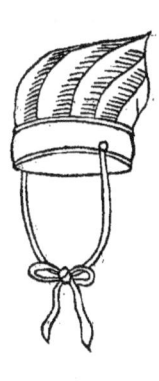

Coiffures.

Trente-septième Leçon.

Première dynastie 漢 *Han.*

L'hymnaire de l'empereur 武 *Ou.*

Quelques hymnes rituelles de la deuxième et de la troisième dynastie, nous ont été conservées dans la collection des Odes faite par Confucius, et j'en ai cité jadis ce qui peut nous intéresser. Les 秦 *Ts'inn* n'ont rien laissé. Mais des Premiers *Han* il nous reste, conservés dans leurs Annales (前漢書 *Ts'ien-Han-chou, chap.* 22), dix-neuf chants, dont sept hymnes qui se chantaient quand l'empereur *Ou* faisait les offrandes impériales au Souverain d'en haut et aux Souverains des cinq régions. On attribue le texte de ces chants à 司馬相如 *Seu-ma-siangjou*. La musique aurait été, sinon composée, du moins adaptée, par le mignon de l'empereur *Ou*, 李延年 *Li-yen-nien*. Ces chants étaient exécutés, dit l'Histoire, par un chœur d'enfants. La cérémonie était précédée par une cantate, avant l'aube. Je l'omets parce qu'elle ne contient que l'éloge de l'empereur et du bon état de l'empire, en phrases grandiloquentes. Voici la traduction des sept hymnes cultuelles. Elles datent de la période 113-110. On constatera le parfum taoïste qui s'en exhale.

I. Aux êtres transcendants en général.

Nous avons choisi le temps et le jour, dans l'espoir respectueux d'une entrevue.
Nous brûlons de la graisse mêlée d'armoise, pour inviter dans les quatre régions.
Que les neuf espaces célestes s'ouvrent, que les êtres transcendants se montrent,
qu'ils fassent descendre de grands bienfaits, et une abondante bénédiction.

Les chars des êtres transcendants roulent sur les nuées noires.
Ils sont attelés de dragons volants, et ornés de pennons en plumes.
Leur descente est rapide, comme le vent, comme un cheval lancé.
A gauche le dragon vert, à droite le tigre blanc les escortent.

La venue des êtres transcendants est soudaine et mystérieuse.
La pluie a purifié l'air devant eux, et ils arrivent comme en volant.
Quand ils sont arrivés, on les salue, sans les voir; et les cœurs s'émeuvent, comme si on les voyait.
Quand ils se sont assis, la musique résonne; on les égaye, on les contente, jusqu'à l'aube.

La victime offerte est jeune et tendre, les mets sont copieux et sentent bon.
Il y a une amphore de vin à la cannelle, pour réjouir les Génies venus des huit régions.
Satisfaits, les êtres transcendants bénissent les assistants aux costumes variés; et admirent les riches décorations du temple.

II. Au Ciel, Souverain, Suprême Un.

Le Souverain descend sur le tertre central,
les quatre régions de l'espace lui servent de temple.

Concentrez énergiquement vos pensées mobiles,
faites que votre esprit se tienne en son lieu.

Puissent régner partout la pureté et la concorde,
puisse l'empire entier jouir de la paix.

Que la reine Terre, riche et féconde,
paraisse radieuse dans sa robe jaune.

III. Au tertre de l'Est. Printemps.

Sous l'influence du *yang* printanier, la végétation renaît.
Temps des pluies fécondantes, temps de l'amour.

Le tonnerre retentit, et réveille les êtres qui hivernent.
Ce qui semblait mort ressuscite, et poursuit sa destinée.

Puissent les êtres nouveaux innombrables, vivre leur vie jusqu'à son terme.
Puisse la foule des vivants jouir pleinement du bonheur du renouveau printanier.

IV. Au tertre du Sud. Été.

La rouge lumière croît, la chaleur augmente.
Les arbres fleuris sont dans toute leur splendeur.

Après les fleurs, viendront les fruits, nombreux et savoureux.
On offrira aux Génies des produits de la terre.

Ils nous accorderont en échange des bénédictions réconfortantes.
Si les Génies nous protègent, nous nous perpétuerons sans terme.

V. Au tertre de l'Ouest. Automne.

L'Occident est la région de la lumière blanche,
le vent d'automne tue doucement la végétation.

Mais les graines des plantes sont conservées,
elles qui contiennent le germe du futur renouveau.

Leçon 37.

Puisse se dessécher et mourir tout ce qui nuit,
puisse cesser pour toujours toute influence néfaste.

Peuples barbares, obéissez avec crainte, pratiquez la vertu,
soyez soumis et non rebelles, rectifiez et amendez vos cœurs.

VI. Au tertre du Nord. Hiver.

Sombre est la région du Septentrion. Tous les êtres qui hivernent se sont terrés.
Les végétaux ont perdu leurs feuilles, le givre et le gel glacent la terre.
Que tout esprit de rébellion soit écarté. Que les mœurs et les coutumes restent bonnes.
Que la multitude du peuple, se rappelant son origine, garde l'amour de la simplicité.
Que tous, agissant avec équité, augmentent la confiance mutuelle.
Qu'on fasse les offrandes, qu'on prépare les terres, pour que la récolte prochaine soit abondante.

VII. Au ciel et à la terre. C'est l'empereur qui parle.

Nota: Cette pièce fut substituée, en l'an 32 avant J.-C., par le premier ministre d'alors, à la pièce primitive correspondante qui lui déplaisait. La pièce remplacée n'a pas été conservée.

O Ciel noble et sublime auteur, ô Terre mère riche et féconde,
firmament et sol, vous dont l'action et la réaction incessante produit les quatre saisons,
soleil lune et étoiles, à la course constante et régulière,
yinn et *yang*, et vous cinq agents naturels, qui recommencez toujours la révolution à peine achevée,
nuées, vents, tonnerre, éclairs, pluie et rosée, qui procurez l'abondance au peuple...
La série des successions m'ayant fait monter à mon tour sur le trône impérial,
c'est à moi qu'il incombe de vous exprimer la gratitude universelle, de vous remercier pour vos bienfaits.
J'ai donc fait préparer ce festin pour vous, je vous présente ces offrandes,
dans l'espoir que, les ayant agréées, vous écarterez de mon empire tout fléau et ferez tout prospérer,

Leçon 37.

Roulez tambours, résonnez flûtes, danseurs agitez vos flabelles.
Que, par la vertu transcendante de nos drapeaux, les peuples barbares soient attirés à nous.

L'empereur *Ou* espérait monter un jour vivant au ciel, comme jadis le légendaire 黄帝 *Hoang-ti,* sur un char traîné par six dragons. L'hymne que voici, se chantait en son nom, pour inviter cet attelage.

Majestueux, depuis l'antiquité, le soleil se lève et se couche ;
le temps passe, sans que les hommes aient pouvoir sur lui ;
les quatre saisons se prêtent à eux, mais ne leur appartiennent pas ;
les années s'écoulent comme l'eau ; il me faut voir que tout passe.

Ce que je désire, moi, c'est l'immortalité.
L'hymne aux six dragons réjouit mon cœur.
Pourquoi tardent-ils ? Pourquoi ne descendent-ils pas encore ?
Je les attends. Qu'ils viennent !

Source. — Histoire dynastique 前漢書 *Ts'ien-Han-chou* des Premiers *Han,* le chapitre vingt-deuxième, non traduit jusqu'ici.

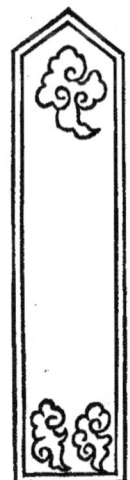 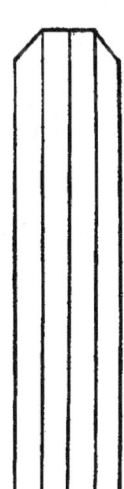  

Sceptres de créance.

Trente-huitième Leçon.

Première dynastie 漢 *Han*.

L'astrologie officielle sous l'empereur 武 *Ou*.

司馬遷 *Seuma-ts'ien*, Grand Annaliste et Astrologue sous l'empereur 武 *Ou*, après son père 司馬談 *Seuma-t'an*, continua la compilation des *Mémoires Historiques* entreprise par celui-ci. Enveloppé, en 98, dans la disgrâce d'un ami, il subit une mutilation infamante. Né vers 163, il mourut vers l'an 85 avant J.-C., probablement. Le vingt-septième chapitre de son ouvrage, intitulé 天官 *les Gouverneurs célestes*, est un traité d'astrologie officielle dont il me faut parler succinctement, pour compléter la connaissance des idées du temps.

Les Gouverneurs célestes, sont le soleil, la lune, et les cinq planètes. Nous savons que, depuis la plus haute antiquité, on cherchait à savoir, par leur observation quotidienne, si le Souverain d'en haut était content ou non (page 13 B). Nous savons aussi que, sous l'empereur *Ou*, les Taoïstes avaient identifié le 上帝 Souverain d'en haut, avec le 太一 Suprême Un. Ceci posé, résumons ce qui peut nous intéresser dans le verbiage du Grand Astrologue. — «Dans le palais central (constellations circumpolaires), l'étoile polaire est la résidence du Suprême Un. Tout près, une étoile est la résidence de la Reine principale; trois autres sont le sérail. Douze autres sont les sièges des ministres et des gardes du corps... Remarquons, proh pudor, que le Suprême Un a des épouses. Ceci est une innovation taoïste, dont les Anciens n'ont rien su, dont ils auraient rougi. La chose n'est d'ailleurs jamais expliquée, dans les traités d'astrologie officielle, par décence je pense. — Les astérismes susdits, forment le *Palais pourpre*. Puis viennent les astres, sièges du Général en chef, du Général en second, du Grand Conseiller, du Préposé aux destinées, du Préposé aux affaires, du Préposé aux sanctions. Enfin la Prison des nobles, et la Prison des roturiers... Voilà l'organisation de la cour céleste. Tout ceci est pur Taoïsme... Suit l'explication très longue et dépourvue d'intérêt des autres astérismes, que j'omets.

Passons aux planètes. — Jupiter préside au cycle duodénaire et à l'année. Le pays terrestre au-dessus duquel il se tient en paix (sic), ne peut pas être vaincu. S'il s'agite et se trémousse, s'il change de grandeur ou de couleur, c'est néfaste. — L'apparition de la planète Mars, présage la guerre. Quand elle disparait, on peut licencier les armées. Les soldats qui marchent dans le sens de la planète, sont vainqueurs; ceux qui avancent en sens contraire, sont vaincus. — L'apparition de la planète Saturne, présage du bonheur. Il y a bonne fortune, là où elle stationne. C'est la planète du Fils du Ciel. — Vénus, la Grande Blanche, est l'astre des batailles, des carnages. Ce qu'on entreprend, l'ayant à dos, réussit. Ce qu'on tente, l'ayant en face, échoue. — La section sur Mercure, si difficilement visible à l'œil nu, est absolument inepte. Cette planète était censée influer sur l'administration, les officiers et les eunuques. Sans doute parce qu'elle fait assidûment sa cour au soleil.

Leçon 38.

Signes solaires... Quand deux armées sont en présence, un grand halo simple est présage de victoire, un halo double est signe de défaite.

Signes lunaires... Ils sont donnés, par l'incursion de la lune dans l'une ou l'autre des mansions célestes, ou par sa rencontre avec telle ou telle planète.

Suit une énumération baroque de phénomènes sublunaires, comprenant évidemment les aurores boréales, la lumière zodiacale, les bolides, étoiles filantes, etc. Les grondements souterrains qui accompagnent les tremblements de terre, sont le roulement d'un tambour céleste.

Les nuées donnent des avertissements par leur forme, leur couleur, leur mouvement. Blanches, elles signifient qu'il faut s'occuper des prisonniers. Jaunes, elles indiquent que le temps est propice pour les grands travaux en terre. Roulantes, elles signifient des chars de guerre; en pelotons, des cavaliers; en boule, des masses d'infanterie. Les troupeaux de petits flocons, avertissent d'une incursion des Barbares nomades. — Le premier jour de chaque mois, on observe avec grand soin les nuées qui entourent le soleil, et leurs mouvements par rapport à lui. Indications précieuses sur ce qui se passe ou se prépare, dans l'entourage immédiat du trône impérial.

Le premier jour de l'année, on observe le vent. S'il souffle du sud, il y aura sécheresse. S'il vient de l'ouest, il y aura guerre. S'il vient du nord, il y aura une bonne moisson. S'il vient de l'est, il y aura des inondations. Le vent du sud-est présage des épidémies. — Si, le jour de l'an, il vente le matin, c'est le blé qui prospérera. S'il vente après midi, ce sera le millet. S'il vente le soir, les fèves. On règle les semailles, d'après ces indications.

Le premier jour de l'an, à la capitale, on observe avec soin quelle note musicale donne le bourdonnement de la liesse populaire. Si c'est la note *koung*, la récolte sera bonne. Si c'est la note *chang*, il y aura guerre. Si c'est la note *tcheng*, il y aura sécheresse. Si c'est la note *u*, il y aura excès d'humidité. Si c'est la note *kiao*, la moisson sera mauvaise.

Quatre comètes annoncèrent le triomphe de *Ts'inn* sur les six royaumes. Une conjonction des cinq planètes annonça l'avènement de la dynastie *Han*. Un halo lunaire annonça que l'empereur 高祖 *Kao-tsou* était enveloppé par les Huns à 平城 *P'ing-tch'eng*. Une éclipse de soleil annonça la révolte du clan 呂 *Lu* contre les *Han*. Une immense comète annonça la grande révolte des princes, en l'an 154. Mars pénétra dans la Grande Ourse, pour annoncer la destruction du royaume de 越 *Ue*. Une apparition céleste ne se produit jamais, sans qu'une cause lui réponde sur la terre.

Ainsi parle 司馬遷 *Seuma-ts'ien*. — On voit que ces pronostics pouvaient servir de thèmes à d'interminables palabres des conseillers. On voit aussi qu'ils pouvaient être exploités fructueusement par les intrigants et les séditieux. Pure superstition d'ailleurs, sans ombre d'esprit scientifique. L'astrologie chinoise officielle restera telle, jusque dans les temps modernes.

Source. — Le 史記 *Cheu-ki*, de 司馬遷 *Seuma-ts'ien*, chapitre 27 天官 *T'ien-koan*. — Un tiers environ du *Cheu-ki* a été traduit jusqu'ici (1917) magistralement, par Mr Ed. Chavannes.

Trente-neuvième Leçon.

Première dynastie 漢 Han.

Les princes 劉德 *Liou-tei* et 劉安 *Liou-nan*. — 淮南子 *Hoai-nan-tzeu*. Apogée du monisme taoïste.

Ce fut l'usage, sous les *Han*, de faire princes les très nombreux collatéraux du sang impérial, et de les obliger à résider chacun dans sa principauté. Ils y avaient leur petite cour, organisée, non par eux, mais par l'empereur, qui nommait leurs officiers. Ce système empêchait les princes de cabaler à la capitale, et de comploter dans leurs principautés. Tous ceux qui bougeaient, étaient aussitôt dénoncés par leur entourage, prestement condamnés et exécutés. La plupart de ces personnages passèrent donc leur vie dans l'oisiveté et la crapule, seul moyen de ne pas se faire suspecter. — Je consacrerai cette Leçon à deux de ces princes, *Liou-tei* et *Liou-nan*, qui firent exception et marquèrent dans les doctrines chinoises, indirectement, à des titres divers.

劉德 *Liou-tei*, roitelet de 河間 *Heue-kien*, était un frère de l'empereur 武 *Ou* (Leçon 36), né d'une autre mère. Il se passionna pour les vieux écrits, et dépensa, pour en acheter, l'argent que les autres roitelets gaspillaient en des plaisirs moins nobles. Sa principauté étant très éloignée de la capitale d'alors, l'édit de proscription de l'an 213 y avait été moins bien appliqué. Pour le bon prix qu'il payait, plusieurs textes très importants sortirent de leurs cachettes; en particulier celui des Odes, le Rituel des *Tcheou*, la Chronique de Confucius avec les Récits de *Tsouo*, l'œuvre de Mencius. On aura vu, par les copieux extraits que j'en ai faits, quelle est la valeur de ces ouvrages pour le Confuciisme. Aussi les Lettrés de cette couleur, l'ont-ils loué à outrance, de siècle en siècle. Il mourut de mort naturelle, en 129 avant J.-C. Son titre posthume est 獻王 *Hien-wang*, le roitelet *Hien*. Il est enterré non loin de la sous-préfecture de 獻縣 *Hien-hien*, qui porte son nom. C'est, près de sa tombe, que j'ai composé le présent ouvrage.

劉安 *Liou-nan*, roitelet de 淮南 *Hoai-nan*, était neveu de l'empereur 文 *Wenn* (Leçon 35). Il donna sa confiance aux Taoïstes. Bon nombre de ces gens-là, philosophes ou magiciens, affluèrent à sa petite cour. Lui aussi paya bien. Comme jadis 呂不韋 *Lu-pou-wei* (Leçon 32), il se procura, pour espèces sonnantes, les éléments d'une collection qui est parvenue jusqu'à nous, sous le titre 淮南子 *Hoai-nan-tzeu*, le Maître du *Hoai-nan*. Cet ouvrage, très inégal, n'a pas encore été traduit. Il contient, en trois chapitres, l'exposé le plus élevé, et comme pensée et comme langage, du monisme taoïste, que nous ayons. — Chose curieuse, la doctrine du livre est, d'un bout à l'autre, en contradiction absolue avec la conduite de *Liou-nan*. Celui-ci, ambitieux, malcontent, intrigant, remuant, complota avec son frère *Liou-seu*. Dénoncés, les deux princes se suicidèrent, et leurs familles furent exterminées, en 122 avant J.-C.

Voici le résumé du *Maître du Hoai-nan*. Je ne synthétiserai pas ses idées, de peur de les gâter. Elles sont plus expressives et plus intéressantes, sous leur forme originale.

« Le Principe embrasse l'univers tout entier, ce qui a forme et ce qui est sans forme, ce qui est subtil et ce qui est grossier, le ciel et la terre, le soleil la lune et les étoiles, le *yinn* et le *yang*. Il est le pivot de tout. Il est la source, d'où tout ce qui est, a coulé. Il est éternel, sans matin ni soir. Il est obscurité et lumière, puissance et inertie, force et faiblesse, hauteur incommensurable et abîme insondable. Il est également, et dans l'infiniment grand, et dans l'infiniment petit. Il éclaire dans le soleil et la lune, il marche dans les quadrupèdes, il vole dans les oiseaux. Lui qui déborde l'univers, se concentre dans un fétu. Il établit l'unité et l'harmonie universelle, en enfermant dans son sein les myriades de contrastes et d'oppositions. » *(Chap. 1.)*

Il me faut mettre une note, avant le texte suivant. Sous les Han, les deux modalités *yinn* et *yang*, figurées ordinairement par l'œuf bicolore (page 136), furent souvent figurées par deux serpents à tête humaine, l'une d'homme l'autre de femme, les corps étant entrelacés. On appela ces deux figures 伏羲 *Fou-hi* et 女媧 *Niu-wa*, ou les *deux princes* (le sens est, le prince et la princesse; les caractères chinois n'ont pas de genre). Représentation plus gracieuse de la rotation des deux modalités, qui se voit sur une multitude de stèles et autres monuments. Ceci posé, voici le texte... « Dans la plus haute antiquité, à l'origine, quand le Principe eut livré aux deux princes la manivelle de l'univers, ceux-ci s'établirent au centre cosmique. Leur pouvoir transcendant et transformateur s'étendit aux quatre régions de l'espace. Au milieu, la terre se tint immobile. Le ciel se mut, avec régularité et constance. Comme sur une roue qui tourne, parti d'un point, tout y revient. Passant par les formes les plus diverses, les plus compliquées, tout retourne à l'état brut. Tout cela est l'effet du Principe, effet produit par sa Vertu, par son influence; non par une action proprement dite, qui sortirait de lui. La nature intime des êtres distincts, ne nous est pas connue. Nous ne connaissons d'eux que leur extérieur, une apparence, comme un reflet vu dans l'eau. » *(Chap. 1.)*

« La perfection, pour la nature humaine, c'est de se tenir, à l'instar du Principe, dans le repos, sans émotion. Car toute émotion lèse la nature. — Chaque fois qu'un être extérieur, ou plutôt son apparence, se présente, il est reflété par l'esprit vital, et une connaissance est produite, nécessairement. Si cette connaissance reste à l'état abstrait et confus, aucun inconvénient ; elle s'éteint bientôt, et la paix demeure. Mais si la connaissance devient concrète et précise, inévitablement une passion, sympathie ou antipathie, s'élèvera dans l'intérieur, et l'équilibre sera rompu. Que si, ainsi ému par la connaissance, l'esprit sort par le désir et s'attache à l'objet connu, alors la raison, participation du ciel, s'éteint; le sens, participation de la terre, continuant seul à agir. — Or la raison est pureté, simplicité, droiture, blancheur. Le sens est impureté, complexité, bariolage, mensonge. Donc, que le Sage se tienne, concentré dans son intérieur, paisible et pur, dans l'apathie et l'inaction. Alors son esprit vital communiquera avec le Palais transcendant, pénétrera par la Porte du ciel, s'unira au Producteur-Transformateur (au Principe). » *(Chap. 1.)*

« L'axiome que le Sage doit se tenir dans le non-agir, doit s'entendre de cette sorte... Il ne doit pas agir ému par les êtres extérieurs, au point de blesser sa propre nature ; il ne doit pas agir sur les êtres extérieurs, d'une manière qui blesserait leur nature à eux. Il ne doit pas entreprendre, il ne doit pas intervenir. Son cœur se gardant de prendre parti, il doit se laisser aller au fil de l'évolution universelle, de cette alternance incessante du devenir et du finir, de l'ascension et de la descente, de la prospérité et de la décadence. Il doit, en tout, suivre, s'accommoder. Il doit couler sur la pente, dans le sens de la pente, à l'instar de l'eau que *Lao-tzeu* a si souvent proposée comme modèle. Il ne doit pas envisager le moment actuel qui va cesser d'être, mais le temps qui le suivra; comme l'archer envisage sa flèche décochée, non l'arc qui vient de la lancer.» *(Chap. 1.)*

Ici tout reprend, à la manière de *Lao-tzeu*. «Le néant de forme, le grand Silence, le Principe, est l'ancêtre de tout. Il produisit d'abord les deux êtres les plus nobles, le feu et l'eau, expressions les plus pures du *yang* et du *yinn*. Il produisit ensuite tous les autres êtres, lesquels vont et viennent, de l'être au non-être et du non-être à l'être, de la vie à la mort et de la mort à la vie; de la prospérité à la décadence, du minimum au maximum, et vice versa. Le repos est leur point de départ, et aussi leur point d'arrivée à tous. La révolution par plus et moins, joint ces deux termes. L'état vide-paix, est le point d'équilibre des êtres, celui qui ressemble le plus à leur état primitif, dans l'être non-différencié, dans l'unité indivise. — L'Unité, c'est ce qui n'a pas de pair; c'est l'Univers, majestueux dans sa solitude, infini dans son monisme. Il renferme, comme un sac, le ciel et la terre. O Unité immense, qui contiens les neuf régions célestes et les neuf espaces terrestres! — Tout ce qui est, est sorti du non-être. Tout ce qui est palpable, est sorti de l'impalpable. Le Principe unique a donné l'être à l'univers, à tous les êtres. Sans forme, il a produit le rond et le carré. Sans figure, il a produit les couleurs, les sons, les goûts. O unité multipliée, la foule des êtres se ramène à ton unité première. O simplicité multipliée, tout est réductible à ta simplicité première. Oui, les êtres les plus grands comme les plus petits, nuées dans les hauteurs, flots dans l'abîme, poils et fétus, tout est issu comme d'un trou (sic) unique, tout est entré dans l'existence comme par une porte unique. Il n'y a donc ni bien ni mal, ni raison ni tort, ni oui ni non. Le Sage doit tout voir en un, dans la commune origine. Il ne doit considérer que dans son ensemble, la scénerie changeante de l'univers, la chaîne successive des êtres. Fixer en détail ces êtres éphémères, fatiguerait son esprit bien en vain. Toute émotion, sympathie ou antipathie, plaisir ou douleur, est une déviation, une aberration, une faute; c'est de plus une usure de sa propre nature. Il faut le vide et le calme du cœur, pour l'union au Principe, dans le haut. Puis, dans le bas, se contenter d'une vue globale du mystérieux ensemble des formes changeantes, dans une indifférence absolue, sans distinguer entre oui et non, entre la vie et la mort.» *(Chap. 1.)*

Dans le deuxième chapitre, tout est encore repris, en termes nouveaux.
«Le Principe seul fut sans commencement. Tous les autres êtres eurent un commencement. Ils sont tous devenus, par la vertu du Principe, dans l'espace médian, par action et réaction du *yinn* et du *yang*, activité positive céleste et

réceptivité passive terrestre. — Avant le commencement, le Principe était néant de forme, invisible, impalpable. Invisible à force de pureté; comme on ne voit pas la lumière intense, parce qu'elle éblouit. Impalpable à force de ténuité; comme on ne palpe pas l'air, qui pourtant enveloppe et pénètre tout. En lui se séparèrent, le *yinn* et le *yang*, le ciel et la terre. Par eux il produisit tous les êtres, comme le potier modèle ses vases, comme le fondeur coule ses produits. Les formes innombrables alternent, se succèdent, dans le sein immense de la nature. L'état de vie, est l'état de veille, de connaissance, d'un être. L'état de mort, est l'état de sommeil, de non-connaissance, du même être. Il ne saura qu'il a dormi, que quand il se sera réveillé dans une existence nouvelle, mais ne saura pas alors ce qu'il fut dans son précédent état de veille. Un tigre ne sait pas qu'il fut homme jadis, un homme ne sait pas qu'il fut tigre jadis; cet homme, ce tigre, savent seulement qu'ils se réveillèrent homme et tigre, à leur dernier éveil, à leur entrée dans leur présente existence. Comme en été l'eau ne se souvient pas qu'elle fut figée comme glace durant l'hiver précédent; comme en hiver la glace ne se souvient pas qu'elle clapota et coula sous forme d'eau durant l'été. Deux phases alternantes du même être, sans souvenir dans la phase présente, de ce que fut la phase précédente. L'homme fait partie intégrante de la Grande Masse, de l'Univers, dont la révolution le met successivement, en action par la naissance, au repos par la mort; bon pour lui toujours d'ailleurs, et dans l'état de vie, et dans l'état de mort. Le Sage, c'est l'homme qui a compris que la roue tourne sans cesse. Pour celui-là, honneur et oubli comptent aussi peu que le vent qui caresse son visage, louange et blâme ne valent pas plus que le chant d'un moustique à son oreille. Il est détaché, il est délivré. Son corps est situé dans un lieu, mais son esprit est libre et va où il veut. — Oui, la grande science, c'est de savoir, que tout est produit par un être unique, qui n'agit pas en dehors de lui-même, qui s'étend et se rétracte alternativement, donnant par ce mouvement naissance aux êtres, lesquels sont tous un en lui. Il est le père et la mère de tous et de tout. En lui, pas de distinctions, pas de différences. En lui un sophora et un orme sont identiques. En lui les hommes de toutes les nations sont frères. Tout est compris dans une révolution circulaire immense. Tous les êtres sont des points d'une roue qui tourne.» *(Chap. 2.)*

«Quelle erreur funeste, que celle de la bonté et de l'équité, des lois et autres inventions artificielles. Elle ruina la nature, la vérité. Tel un arbre, dont le bois aurait été débité en une foule d'objets ciselés. L'arbre a disparu, a péri, dans cette opération. Ainsi de la nature humaine, violentée par les rits. — La ruine commença dès 伏羲 *Fou-hi*, l'inventeur du mariage et des institutions familiales. Elle fut aggravée par les institutions nationales de 黃帝 *Hoang-ti*. Elle fut complétée, par l'invention des lettres et des arts. Voilà la source de tous les désordres. Comme remède, il faudrait revenir à l'état primitif, au vide du cœur, à la nature pure. Tout au contraire, les modernes préconisent, comme remède, les rits et les lois *(Sunn-tzeu)*. La situation est désespérée. Aussi le Sage n'a-t-il plus qu'à se désaffecter du monde, qu'à se tenir à l'écart, qu'à vivre isolé, content d'ailleurs, tenant son esprit bien enfermé dans sa poitrine, libre au milieu de l'universel servage, comme une plume qui vole au vent, comme une algue qui vogue au gré des flots.» *(Chap. 2.)*

Leçon 39.

«Cette liberté, qui fait l'homme supérieur, est produite par sa connaissance. C'est par sa parcelle d'intelligence, participation du ciel, que l'homme diffère de la brute, au degré où il l'aura préservée et cultivée. Qu'il surveille ses sens, pour que des ombres projetées par les objets extérieurs, n'assombrissent pas son intérieur, n'y produisent pas de faux mirages. Qu'il tienne son esprit pur et en repos. L'équilibre de l'esprit humain est instable; l'auteur de la nature l'a fait ainsi. Tel un bassin d'eau très pure, placé sur une table. L'eau réfléchit les traits du visage, tous les poils de la barbe. Touchez seulement la table, et l'eau du bassin agitée, ne réfléchira plus rien, malgré sa pureté. Donc vigilance et préservation extérieure et intérieure. Réprimer la joie qui dissipe. Prendre les moyens pour éviter la douleur qui distrait. Et, pour ce qui est des grandes souffrances sans remède, se dire qu'elles sont contenues dans son destin, et les accepter comme telles stoïquement.» *(Chap. 2.)*

—◊— ◊—

Dans le septième chapitre de son œuvre, outre la reprise des sujets précédents, la théorie de *Hoai-nan-tzeu* sur la survivance est exposée. Cette théorie est singulière. L'homme est composé de deux parties *matérielles*, l'une plus subtile, parcelle du ciel; l'autre plus grossière, parcelle de la terre. Dans chacune de ces deux parcelles, est contenue une *force*, un principe d'action, une âme, matérielle elle aussi; le 魂 *hounn*, ou 神 *chenn*, ou 精神 *tsing-chenn*, dans la partie supérieure; le 魄 *p'ai*, ou 形體 *hing-t'i*, ou 骨骸 *kou-hai*, dans la partie inférieure... Si le corps est tué avant le temps, l'âme inférieure *p'ai*, pas assez mûre pour se refondre avec la terre, subsiste errante; et voilà les 鬼 *koei*, les revenants. Si, par l'excès des passions, par le labeur exagéré de la pensée, l'âme supérieure *hounn* a été consumée avant le temps, le corps n'est plus informé que par l'âme inférieure; et voilà les déments, les fous... Quand l'homme a bien ménagé son corps et ses deux âmes, à la mort les deux retournent, qui dans le ciel, qui dans la terre, les deux réservoirs d'où elles étaient sorties. — Mais alors, la survivance? Cette alternance de l'état de vie et de mort? Ces êtres qui, sortis par une porte, rentrent sans cesse par une autre; par quoi sont-ils individués?.. Eh bien, nous allons entendre *Hoai-nan-tzeu* nous avouer, qu'ils ne sont pas individués du tout; que leur individuation se perd avec la fin de cette existence; qu'ils ne subsistent pas personnellement, mais seulement en tant que leurs parties supérieure et inférieure, fondues avec la matière du ciel et celle de la terre, serviront encore, une autre fois, à constituer un être nouveau. — Du coup, toutes les belles pages citées précédemment, deviennent un ramage vide de sens. Nous sommes en présence d'un système, plus inepte que le fagot, la liasse des *skandhas* buddhiques. On sait que, pour les Buddhistes, l'individu se défait à la mort, son *karma*, sa dette morale restant seule, et se réincarnant dans un être nouveau. De *karma* il n'est pas question, dans la théorie de *Hoai-nan-tzeu*, qui ne connaît ni bien ni mal, ni morale ni sanction. L'homme se dissout. Ses deux parcelles subsistent, en tant que matière rentrée dans les deux réservoirs respectifs ciel et terre. Ces parcelles resserviront pour faire des êtres, qui seront *les mêmes* d'après *Hoai-nan-tzeu*, qui seront *différents* pour tout homme doué de bon sens.

Leçon 39.

« Avant le commencement, avant que le ciel et la terre ne fussent, alors qu'il n'y avait encore que *l'image* (le type de ce qui serait... une sorte de Verbe... cette expression est à noter) encore imperceptible, alors deux actions, le *yinn* et le *yang*, naquirent confusément. Puis, ces deux actions alternant, les huit régions de l'espace furent produites; l'action et la réaction du mâle et du femelle, du fort et du faible commença; les êtres innombrables prirent figure, les insectes sortant de la matière plus grossière, l'homme de la matière plus pure. Dans l'homme, l'âme supérieure, c'est ce que le ciel lui a donné, et son âme inférieure, c'est le don de la terre. A la mort, quand l'esprit est rentré par sa porte (refondu avec le ciel), quand le corps est retourné à son origine (en terre), il ne reste plus de *moi*, plus d'individu. C'est dans ce sens, que le ciel est le père, que la terre est la mère de l'homme. Tout, dans l'univers, est devenu, comme la ramure d'un arbre immense; mais par une racine double, l'esprit vital provenant du ciel, et le corps provenant de la terre. C'est là le sens de l'axiome, un devint deux, deux devint trois, trois devint toutes choses. Le Principe d'abord condensé en matière ténue, évolua sous la double modalité *yinn* et *yang*. Yinn, yang, et la matière, font trois. De ces trois, tout est issu. Le ciel et la terre sont un, tous les êtres sont un, dans l'unité primordiale. Qui sait cette unité, sait tout dans cette unité; sait, non seulement le présent, mais le passé et l'avenir. — Dans l'univers, il y a, en apparence, une infinité d'êtres. Moi j'en suis un aussi. Or la nature n'a pas produit les autres pour moi, ni moi pour les autres. Chacun pour soi, dans son stade actuel. L'être qui m'a engendré, ne m'a pas donné la vie. L'être qui me tuera, ne m'ôtera pas la vie. Je tiens ma vie de l'auteur des êtres, qui me la reprendra à son gré Tous les êtres sont, dans la main de l'auteur des êtres, comme les pièces d'un jeu. Les pièces ne comprennent rien à la partie, laquelle n'intéresse d'ailleurs pas leur être propre (les deux particules céleste et terrestre), puisque cet être est indestructible. Les existences se suivent et ne se ressemblent pas. Que d'hommes, ne comprenant pas cela, agissent illogiquement Un tel consent à être cautérisé, pour être guéri d'une indisposition; et refuse de se laisser étrangler, opération qui terminerait pour lui une existence misérable et en inaugurerait une meilleure; n'est-ce pas illogique? Il ne faut tenir à aucune vie, ni refuser aucune mort. Il faut se laisser aller au fil de la destinée, de la mutation continuelle. Ma dernière naissance m'a donné, pour cette fois, un corps de telle dimension, qui finira par la décomposition, dans un cercueil de même dimension. J'aurai repassé de l'état palpable à l'état impalpable. Que sais-je s'il y aura avantage ou désavantage dans ce passage?.. L'auteur des êtres appelle et congédie les êtres, comme le potier prend une poignée d'un tas de boue, la met sur la roue, la forme, et la rejette dans le tas, si l'objet formé ne lui plaît pas A cela la boue n'a rien à dire... L'eau du grand fleuve est puisée dans des vases divers, employée à toute sorte d'usages nobles et vils, puis rejetée dans le fleuve. A cela l'eau n'a rien à dire... L'homme qui se réjouit ou qui s'attriste, commet un illogisme. La roue tourne; il faut vouloir tourner avec elle; là est la paix. Ne rien embrasser, ne rien repousser. N'épuiser, ni son esprit, ni sa matière. Toujours bien réfléchir d'abord comment on fera pour s'en tirer avec le moindre effort. Aller avec le ciel, s'unir au Principe, ne rien commencer par espoir du bonheur, ne jamais cesser par crainte du malheur. Voilà l'homme transcendant, l'homme vrai, le sur-homme. Concentré en soi, il considère comme identiques

Leçon 39.

l'être et le non-être, le plein et le vide, le positif et le négatif, la vie et la mort. Il ne s'occupe que de la simplicité suprême, du non-agir, du retour à l'état brut, de l'union à la racine, de la garde de l'esprit. Libre, il voyage, comme le rayon solaire, comme le souffle du vent, par delà le monde du ciel et de la terre, par delà les régions poussiéreuses, dans les plaines du sans-souci absolu. Il connaît, non par raisonnement, mais par l'extase. Il sait tout, sans avoir rien appris. Rien n'a plus prise, sur l'homme ainsi libéré ; rien ne peut plus lui faire obstacle. C'est là le bonheur suprême. Savoir que, dans l'intervalle entre ses existences, on est un avec la transformation (ce terme abstrait est à noter ; il n'y a pas, dans le texte, qu'on est un avec le transformateur). Confucius ne sut rien donner à ses disciples, comme compensation des privations et des contraintes morales qu'il exigea d'eux. Tandis que nous Taoïstes, nous offrons à nos disciples la joie intérieure parfaite, habiter dans l'univers, se jouer dans l'immensité, atteindre la majesté sublime, frayer avec l'unité suprême, s'ébattre entre le ciel et la terre. Qui a ainsi l'immensité en partage, n'a plus rien à désirer.» *(Chap. 7).*

— ◆ ◆ —

Les autres chapitres de *Hoai-nan-tzeu*, contiennent les données suivantes utiles à connaître.

Il loge le Suprême Un, Principe, Auteur des êtres, dans les constellations polaires *(Chap. 4.)*

Il explique l'extase, comme un retrait de l'esprit dans l'imperceptible, dans le vrai absolu, dans le Principe. Retrait si profond, que le fonctionnement de la pensée et des sens est entièrement suspendu, que toute perception ou notion d'un objet distinct est impossible. *(Chap. 8.)* — Où est alors l'esprit?.. Il dit ne pas le savoir. *(Chap. 7.)* — J'avoue que moi je ne vois aucune différence entre sa doctrine chinoise, et la doctrine indienne du retrait en Brahman.

Il paraît admettre une catégorie spéciale, peu nombreuse, 眞人 *d'hommes vrais*, de sur-hommes, dont l'esprit aurait émané de l'Unité suprême avant la formation du ciel et de la terre. *(Chap. 14.)* — Ceux-ci ne se fondent pas, après leur mort, avec le ciel et la terre, comme j'ai dit plus haut. Leur *moi* subsiste. *(Chap. 7.)* — C'est une sorte d'aristocratie, sans raison d'être logique, dont *Hoai-nan-tzeu* parle sobrement et obscurément. Notons que ses hommes vrais sont supérieurs à ceux de *Tchoang-tzeu*. L'idée évolue. Elle se développera et se précisera de plus en plus. Mais l'émanation du Principe, avant la formation de l'univers physique, qui rappelle l'angélologie judaïque et avestique, sera abandonnée. Cette notion est propre à *Hoai-nan-tzeu*, et je me demande où il l'a prise.

Sources. — Le chapitre 118 des 史記 *Cheu-ki*, Mémoires Historiques de 司馬遷 *Seuma-ts'ien*, non traduit jusqu'ici. — L'œuvre de 淮南子 *Hoai-nan-tzeu*, non traduite ; dans 子書 la collection des traités philosophiques.

董仲舒 Tong-tchoungchou.

Quarantième Leçon.

Première dynastie 漢 Han.

Confuciisme bâtard de 董 仲 舒 Tong-tchoungchou. Théisme-naturisme.

Je consacrerai cette Leçon à l'analyse du 春 秋 繁 露 Tch'ounn-ts'iou fan-lou, non traduit jusqu'ici; recueil des harangues faites à l'empereur 武 Ou, en l'an 140 avant J.-C., par le lettré 董 仲 舒 Tong-tchoungchou. C'était un méridional, profondément attaché à Confucius, mais influencé par le Taoïsme. Il rejeta le système de la nature bonne, de 孟 子 Mong-tzeu. Il rejeta également le système de la nature mauvaise, de 荀 子 Sunn-tzeu. Il tira de la Grande Règle (Leçon 6), et de la philosophie taoïste, un système mixte, mi-parti théiste, mi-parti naturiste, qu'il prétendit être le système primitif de Confucius, ce qui n'est pas exact. Les discours de cet auteur, plus orateur que philosophe, sont longs et diffus. En voici la quintessence.

—◆ ◆—

«La nature de l'homme n'est pas seulement bonne; elle n'est pas seulement mauvaise. Il en sort du bien ou du mal, parce qu'elle contient deux facultés, la bonté et la convoitise. De la bonté sort le bien, de la convoitise sort le mal. — De même que, dans l'univers, la loi du Ciel c'est que le yang maîtrise le yinn, ainsi, dans l'homme, la bonté doit maîtriser la convoitise. Ceci n'est pas agir contre nature. Le Ciel en fait autant. C'est agir comme le Ciel, c'est se conformer à la loi universelle. — Il faut enseigner cela aux hommes; car peu arrivent d'eux-mêmes à cette connaissance. Il faut leur enseigner à tirer le bien de leur nature, comme on tire le grain des céréales par le battage, et le fil d'un cocon par le dévidage. — L'action du Ciel se borne à constituer une nature humaine indifférente. L'action de l'instructeur doit obtenir que cette nature se développe ensuite dans le sens 善 bien, pas dans le sens 惡 mal. Non, la nature n'est pas toute bonne; elle n'est pas non plus toute mauvaise. La céréale n'est pas toute grain, mais on en tire le grain; le cocon n'est pas tout fil, mais on en tire le fil. Ainsi, de la nature, sort le bien ou le mal, selon qu'on la sollicite. Les Anciens appelèrent le peuple 民 minn, caractère qui s'explique par l'homophone 瞑 minn, indétermination (cette explication étymologique est fausse). Ils voulurent exprimer par là, que l'homme, que le peuple, n'est naturellement ni bon ni mauvais; qu'il est indéterminé. La convoitise est une pente de la nature, qui fait un avec la nature; l'autre pente, celle au bien, est aussi inséparablement unie à la nature. De même que l'univers passe par les phases yinn et yang, ainsi l'homme passe par des phases de raison et de convoitise. La loi est, pour lui, de régler la convoitise par la raison. — En donnant des princes aux hommes, le Ciel a voulu que ces princes fussent les instructeurs des hommes, leur apprissent la doctrine exposée ci-dessus. Tout développement dépend de l'instruction reçue. La nature neutre se laisse faire. Il faut donc dire que c'est l'instruction qui rend bon; il ne faut pas dire que

c'est la nature qui est bonne. — Mencius a erré, en disant que la nature est bonne. Cette erreur dérive d'une autre qu'il commit, en affirmant que l'homme ne différait que très peu des animaux, c'est-à-dire n'était que bien peu meilleur que les animaux. Mencius conçut donc la bonté naturelle, comme une bonté bien basse, bien infime. Dans ce sens il put dire en effet que la nature est bonne, comparée à celle des animaux; un peu meilleure que celle des animaux. Mais c'est là une manière de parler impropre, faite pour induire en erreur. Il se trompa, disons-le simplement. — La nature n'est pas bonne; la nature n'est pas mauvaise; la nature est indifférente, disposée en deux sens. Elle deviendra bonne ou mauvaise, selon l'instruction reçue. Et même, il faut bien le dire, la bonté habituelle obtenue par l'instruction, ne sera jamais intrinsèque. Elle ne sera jamais que l'habitude acquise de suivre plutôt la pente au bien de sa nature, de faire plutôt ce qu'il convient de faire. Intrinsèquement, la nature restera toujours indifférente, avec deux pentes, l'une au bien, l'autre au mal. Confucius n'a-t-il pas dit : je n'ai jamais connu un homme bon; j'ai connu seulement des hommes qui agissaient bien. — Encore une fois, l'homme est indéterminé. En sortira, ce que l'enseignement en tirera. C'est l'instruction qui décidera laquelle des deux pentes prévaudra dans cet individu.»
(Chap. 10.)

Reste à nous dire d'où viennent les deux pentes. Pour la bonne. pas de doute, elle vient du Ciel ; ceci est répété à satiété. Et la mauvaise?.. là pas de réponse catégorique; *Tong-tchoungchou* titube et tergiverse dans un embarras évident. Enfin, dans son onzième chapitre, il se décide à expliquer, non l'origine du mal, mais ce qu'il est, d'après lui. Après avoir exposé que le bien au ciel est la régularité du cours des astres et des saisons, que le mal en lui ce sont les éclipses et autres météores intempestifs, il finit par arborer ce principe de morale, que le bien est ce qui est fait en son temps et en harmonie avec les circonstances, que le mal est ce qui est hors de saison et heurte les conjonctures. Au fond, le principe de la convenance, de l'opportunisme confuciiste, érigé en règle des mœurs. Cela posé, il triomphe. Tout est expliqué par 時 之 合 不 合 l'opportunité ou la non-opportunité au moment de l'action. Opportun et bien sont synonymes, intempestif et mal sont synonymes. — Les saisons sont les passions du Ciel, chaudes ou froides. L'homme doit s'y conformer; par exemple, procréer au printemps, se contenir en hiver, etc. S'il fait ainsi, ce sera bien, parce que opportun ; si autrement, ce sera mal, parce que intempestif, pas de saison, pas dans le sens de la rotation cosmique. — L'action humaine doit toujours être d'accord avec l'Unité. Et qu'est-ce que cette Unité? Pour *Tong-tchoungchou*, c'est le cours circulaire du temps, qui passe sans cesse par les quatre termes, commencement, progrès, décadence, fin. Il ne faut envisager que cela. Alors on agira toujours bien, et ou aura toujours la paix. Regarder deux choses à la fois, trouble. Tout insuccès, vient de l'éparpillement. Tout succès, vient de la concentration en un. Celui-là connaissait la voie du Ciel, qui a dit (dans les Odes): Le Souverain d'en haut vous observe. Ne divisez donc pas; concentrez au contraire votre cœur. *(Chap. 11.)*

«Tous les devoirs découlent du *yinn* et du *yang*. Comme le *yang* a, dans le *yinn*, son corrélatif de signe contraire, ainsi en est-il des relations humaines d'où découlent les devoirs. Ce que le *yang* est au *yinn*, le prince l'est aux sujets, les parents le sont aux enfants, le mari l'est à la femme. Devoir d'activité d'un côté, de passivité de l'autre. Voilà le sens de ces formules, aller avec le ciel, s'unir au ciel. — L'homme marche debout. La moitié supérieure de son corps, au-dessus de la ceinture, est *yang*, émanation du ciel. La moitié inférieure de son corps, au-dessous de la ceinture, est *yinn*, émanation de la terre. Comme ses viscères et ses membres répondent, par leur nombre, aux cinq agents et aux quatre saisons; comme le clignotement de ses paupières, les battements de son cœur, et le double mouvement de sa respiration, répondent à l'alternance des jours et des nuits et au pouls cosmique; ainsi les esprits vitaux des hommes, accordés sur le ton du ciel et de la terre, rendent tous les frémissements du ciel et de la terre, comme diverses cithares toutes accordées en *koung*, vibrent toutes quand résonne la note *koung*. — Le phénomène de l'harmonie entre le ciel la terre et l'homme, ne tient pas à une union physique, à une action directe; il tient à un accordage sur la même note, produisant vibration à l'unisson. De là tant de sympathies cosmiques, comme le malaise des hommes lorsque le temps est couvert, comme l'aggravation nocturne des maladies, comme l'impulsion irrésistible qui fait chanter les coqs avant le jour, etc. Dans l'univers, il n'y a pas de hasard, il n'y a pas de spontanéité; tout est influence et harmonie, accord répondant à l'accord. Et d'où part, en dernière instance, cette influence? qui donne le ton de cette harmonie?.. Un être unique, qui est invisible et impalpable, qui fait évoluer tout ce qui est. » *(Chap. 13.)*

«Seul le Sage sait que tout se ramène à un. Seul le Sage sait que le prince est le pivot de tout. Il correspond avec le cosmos tout entier. Pour lui le ciel donne ses météores, qui sont, non des signes de colère, mais des avertissements bienveillants. Tout désordre, qui est une rupture de l'harmonie et de l'équilibre, se répercute au ciel, pour avertir le prince, pour lui demander de porter remède. La tortue et l'achillée lui expliqueront le sens de ces signes. N'était-il pas sage, ce roi de 楚 *Tch'ou*, qui s'inquiétait quand le ciel restait longtemps au beau fixe, et se demandait pourquoi le Ciel ne l'avertissait plus?» *(Chaps 6 et 8.)*

«L'empereur est le plus noble des êtres. Lui seul offre au Ciel, comme un fils à son père. Il lui offre, même quand il porte le deuil de ses parents, car sa filiation céleste prime sa filiation terrestre. Que, dans toutes les difficultés, il recoure avant tout au Ciel son père. Les Mânes glorieux ne peuvent quelque chose, que quand le Ciel est consentant. Les 周 *Tcheou* durèrent si longtemps, parce qu'ils firent toujours plus pour le Souverain d'en haut que pour les Mânes. Les 秦 *Ts'inn* ne durèrent pas, parce qu'ils firent plus pour les Mânes, que pour le Souverain d'en haut. » *(Chap. 15.)*

«Que les offrandes soient faites parfaitement, et dans leur ordre; d'abord au Ciel, puis aux Monts et aux Fleuves, enfin aux Mânes des Ancêtres. Qu'aucune primeur ne soit consommée, avant d'avoir été offerte au Ciel et aux Ancêtres. Car c'est du Ciel que viennent tous les biens, au cours des quatre saisons; il faut donc le remercier de ses dons. Il faut aussi, par piété filiale, désirer que les Ancêtres en jouissent d'abord. — On cherche le Souverain, on cherche les Mânes par l'offrande. On tâche, par cette scénerie, de rendre l'invisible quasi-visible. — Que rien ne manque à aucune offrande! Mais l'essentiel, ce n'est pas la quantité offerte; c'est la dévotion et le désir de l'offrant. » *(Chap. 16.)*

«Qu'on s'acquitte avec grand soin du culte du 社 Patron du sol. — En temps de sécheresse excessive, on forera des trous dans son tertre, pour la lui faire sentir. Dans ces trous, on introduira des grenouilles, pour lui faire comprendre qu'elles n'ont plus de refuge ailleurs. On brûlera la queue de quelques cochons, pour que leurs cris lamentables excitent sa pitié. On séquestrera toutes les femmes, pour qu'il ne voie plus que *yang* partout. Enfin on le priera, en employant cette formule... Le Ciel lumineux fait naître les céréales, pour nourrir les hommes. Maintenant les céréales souffrent tellement de la sécheresse, qu'il est à craindre qu'elles ne donnent pas de grains. Respectueusement nous vous offrons cette pure liqueur, et vous demandons prosternés de faire tomber la pluie. — En temps de pluies excessives, on le priera en ces termes... Il est tombé trop d'eau. Les moissons en souffrent. Respectueusement nous vous offrons cette grasse victime, en vous priant, ô Génie transcendant du tertre, de faire cesser la pluie, de mettre fin à notre peine, de ne pas permettre que le *yinn* opprime davantage le *yang*. *(Chap. 16.)*

Sur la conservation de l'esprit vital et du corps, par la sobriété et le non-agir, Tong-tchoungchou parle absolument comme un Taoïste. Il prohibe tout excès dans le manger et le boire, surtout tout excès vénérien, et toute activité intellectuelle exubérante. Car ces abus usent le corps. Ils empêchent aussi l'esprit de vibrer à l'unisson de l'unité cosmique, de communiquer avec l'abîme infini. *(Chap. 17.)*

Source. — Le 春秋繁露 *Tch'ounn-ts'iou fan-lou* de 董仲舒 *Tong-tchoungchou*, non traduit jusqu'ici.

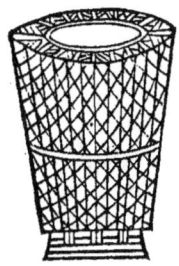 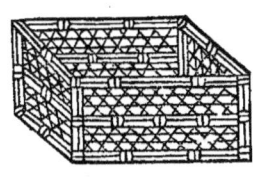 

Corbeilles rituelles.

Quarante-et-unième Leçon.

Première dynastie 漢 Han.

Le 素問 Sou-wenn. Physiologie antique.

Je place ici l'analyse du 素問 Sou-wenn, Simples questions, parce que le style de cet ouvrage ne permet guère de placer plus haut la rédaction qui est parvenue jusqu'à nous, et parce qu'il existait certainement sous cette forme à cette époque. Mais son contenu est plus ancien. Il résume les connaissances physiologiques expérimentales de tous les siècles qui précédèrent, puis il les systématise en un chapitre, le dix-neuvième, qui est du plus haut intérêt pour l'histoire des doctrines chinoises. Ce chapitre est certainement postérieur à 老子 Lao-tzeu, commencement du cinquième siècle; mais j'estime que son ébauche fut antérieure à la fin du quatrième siècle. Car le système des cinq agents sur lequel il appuie ses théories, est encore le système 行序 de la production réciproque des agents l'un par l'autre, non le système 尅序 de la destruction des agents l'un par l'autre, introduit par 騶衍 Tseou-yen au quatrième siècle. (Leçons 6 et 33.)

La mise en scène du Sou-wenn est assez originale. L'empereur 黃帝 Hoang-ti pose des questions, fort bien formulées, aux savants de son entourage, 歧伯 K'i-pai et autres, qui les résolvent. Ceci est pure fiction, bien entendu, mais donne au livre plus de clarté, et une certaine vie. Voici maintenant le résumé du système, dont la parenté avec la philosophie taoïste saute aux yeux.

-◆-◆-

Tout ce qui est, dérive d'un Être primordial sans forme ni figure, invisible et impalpable. Sous cet état, le rédacteur inconnu du Sou-wenn l'appelle 玄 le Mystère. Par son infusion dans la matière première 氣 k'i, il produisit tous les êtres. Tous tiennent de lui leur esprit vital, 神 chenn, ou 靈 ling, ou 神靈 chenn-ling, ou 眞靈 tchenn-ling. L'homme qui est fait de la quintessence de la matière, tient du Mystère, en plus, 智 tcheu son intelligence. De là les aphorismes: «tout être est fait de matière contenant de l'esprit»... «la condensation de la matière et son animation par l'esprit, font l'être»... L'esprit, c'est l'esprit vital, la participation de chaque être à l'âme du monde; non une âme séparée.

L'espace médian, entre le ciel en haut et la terre en bas, est le théâtre de la communication de l'être, par l'Être primordial, aux êtres inférieurs... Le Sou-wenn appelle cet espace médian 太虛 Grand Vide. C'est le creux du soufflet, de Lao-tzeu.

Dans cet espace médian, deux roues superposées tournent, l'une au-dessus de l'autre, en sens inverse. Les neuf constellations principales et les sept corps célestes (soleil lune et cinq planètes), sont le métronome qui règle cette double giration.

Leçon 41.

La roue supérieure, sinistrogire, est celle de l'influx céleste *yinn-yang*. Ces deux modalités alternantes, activité et passivité, lumière et obscurité, chaleur et froidure, expansion et contraction, sexe masculin ou féminin, rigidité et flexibilité, nous sont connues depuis longtemps. Mais, dans le *Sou-wenn*, elles sont subdivisées, chacune en trois degrés. Cette subdivision jouera désormais un rôle immense dans les spéculations chinoises. Ci-contre, le fameux schéma graphique de cette giration. Les deux points de couleur contraire, signifient que chaque modalité contient en elle-même le germe de sa contraire, laquelle lui succèdera; omettons cela. Les deux larmes, renflées en tête, décroissant au milieu, étirées en queue, figurent la période des deux modalités. On voit qu'à la tête de chacune, répond la queue de l'autre, et que les deux parties médianes décroissantes sont intermédiaires. Ces trois parties de chaque modalité sont définies, dans le *Sou-wenn*, par les trois termes 太 apogée, 少 diminution, 闕 terminaison; et par suite le traité parle de trois *yinn* et de trois *yang*.

Donc, la roue céleste verticale, a six secteurs, le *yinn* apogée, le *yinn* décroissant, le *yinn* expirant; le *yang* apogée, le *yang* décroissant, le *yang* expirant. A son passage au-dessus de la roue inférieure horizontale, chacun de ces secteurs l'influence, selon sa qualité et son degré; aux secteurs *yang* de la roue, répondant un effet plus ou moins grand de vie, d'activité, de puissance; aux secteurs *yinn*, répondant un effet plus ou moins fort de baisse, de décadence, de mort.

La roue inférieure, terrestre, dextrogire, a cinq secteurs répondant aux cinq agents naturels, disposés dans l'ordre de production réciproque; substance végétale, feu, humus, substance minérale, eau. Elle présente successivement ces cinq secteurs, à l'influence des six secteurs de la roue céleste. La période est de trente années. C'est-à-dire que, tous les trente ans, la position respective des deux roues est revenue au point de départ, et le mouvement recommence.

Les deux roues sont de plus divisées chacune en 360 degrés, répondant aux 360 jours de l'année (sic). Et l'art de calculer d'avance, quel degré de la roue supérieure influencera, à un jour donné, quel degré de la roue inférieure, constitue la science transcendante 數 des nombres. Il y a des tables subdivisées en heures. Ce sont ces tables qui servent, depuis vingt siècles, à calculer, en Chine, les destinées des hommes, les chances de succès des entreprises, etc.

Voilà, dit le *Sou-wenn*, 神機 la *machine transcendante;* réminiscence du métier à tisser cosmique de *Lao-tzeu;* l'engrenage duquel tout sort, et dans lequel tout rentre.

-*- -◇-

Après cette théorie du macrocosme universel, le rédacteur du *Sou-wenn* va nous expliquer le microcosme humain. Je vais le laisser parler au long, car ces théories n'ont été que peu ou pas modifiées jusqu'ici, et sont encore fondamentales en physiologie et en psychologie chinoises.

Dans son état non-actif, le Principe universel est imperceptible. Dans son état actif, il devient perceptible par son action. Il est, dans l'homme, la cause de la condensation de son corps, son esprit vital. Quand l'esprit vital quittera le corps, celui-ci se dissipera.

La roue des trois *yinn* et des trois *yang*, agit sur le microcosme humain comme sur le macrocosme universel. L'homme présente à son action ses cinq viscères, par lesquels il participe aux cinq agents naturels terrestres.

Le *cœur*, qui préside à la formation du sang, à la circulation, à la chaleur animale, tient de l'agent *feu*. Il répond à l'influx *chaleur*, à l'orientation *sud*, à la couleur *rouge*. Ce qui a un goût *amer* l'alimente. Son émanation est *l'affection*. Trop d'amertume nuit au cœur, trop d'affection l'use. Le cœur est le siège de l'esprit vital, du prince de l'organisme. De lui part la vitalité impalpable, et par suite toute activité.

Le *foie*, qui préside au bon état des *tendons*, est bilobé comme les graines dicotylédones; il tient donc de l'agent *végétal*. Il répond à l'influx *vent*, à l'orientation *est*, à la couleur *vert-bleu*. Ce qui a un goût *aigre* l'alimente. Son émanation est la *répulsion*. Trop d'acidité nuit au foie; l'antipathie exagérée l'use. Le foie est le siège de l'âme aérienne, qui dirige la distribution intérieure du souffle.

Les *poumons*, soufflet double à vingt-quatre tuyaux, président à l'entretien de la peau et des poils. Ils tiennent de l'agent *métal*. Ils répondent à l'influx *sécheresse*, à l'orientation *ouest*, à la couleur *blanche*. Ce qui a un goût *âcre*, les alimente. Leur émanation est la *gravité*. Trop d'âcreté nuit aux poumons. Poussée jusqu'à la mélancolie, la gravité les use. Le poumon est le siège de l'âme spermatique, qui dirige la distribution intérieure de la matière ingérée, laquelle s'unissant au souffle émané de l'âme aérienne (foie), est assimilée et répare au fur et à mesure tout l'organisme.

La *rate*, qui préside à l'entretien des *chairs*, est suspendue comme par un pédoncule au *milieu* de la colonne vertébrale; elle tient donc de l'agent *terre*. Elle répond à l'influx *humidité*, à l'orientation *centre*, à la couleur *jaune*. Ce qui a un goût *doux* l'alimente. Son émanation est la *réflexion*. Trop de sucre lui nuit, trop réfléchir l'use. La rate est le siège de l'intelligence et de la volonté. Elle caractérise le tempérament.

Le *rein*, organe double, préside à la formation des *os* et de leur *moelle*, et spécialement à l'entretien du cerveau qui est la moelle du crâne. Il tient de l'agent *eau*. Il répond à l'influx *froidure*, à l'orientation *nord*, à la couleur *noire*. Ce qui a un goût *salé* l'alimente. Son émanation est la *prudence*. Trop de sel nuit au rein. Poussée jusqu'à l'irrésolution et au scrupule, la prudence l'use. Le rein est le siège du sperme fécondant. De lui vient toute procréation.

Au moyen des tables à 360 degrés, on calcule l'action de la roue supérieure céleste, sur la roue inférieure des cinq agents, représentés dans l'homme par ses cinq viscères. Étant donné la date exacte et les nombres de sa naissance, on peut ainsi calculer les hauts et les bas de sa vie entière, et la fin de cette vie. Quelles palabres que celles des artistes qui font ces calculs-là!

--◆-◆--

A ces principes longuement exposés dans le *Sou-wenn*, sont joints des traités pratiques, diététiques et thérapeutiques. — Toute maladie est censée provenir du désordre dans le fonctionnement d'un viscère. Pour déterminer le viscère malade, un seul moyen est employé, l'examen du pouls. Les traits principaux du pouls, lenteur rapidité, force faiblesse, et autres, sont décrits. A priori, toujours pour des motifs de correspondance avec les cinq agents naturels, chaque variété du pouls est censée indiquer que tel organe est atteint. Il ne se peut rien de moins scientifique, de plus fantastique, de plus nul. Même pas trace d'empirie, d'une expérience rudimentaire. Rien que les six influx célestes, les cinq agents terrestres, et la rotation des secteurs... Soit dit en passant, c'est pour cette raison que la médecine est mise, dans la classification des sciences chinoises, côte à côte avec la divination; ces deux arts basant également sur la conjecture et sur le calcul. — Une fois l'organe malade déterminé, suivent d'abord des conséquences diététiques. Si le cœur est atteint, c'est que le malade aura abusé des aliments chauds et amers; il devra s'en priver désormais. Si le rein est atteint, c'est qu'il aura usé avec excès des aliments froids et salés; il devra s'en abstenir dorénavant. Etc. Ces correspondances ont été indiquées suffisamment plus haut. — De là le soin méticuleux de tout Chinois dont la santé n'est pas bonne, dans le choix de ses aliments; soin qui dégénère en manie hypocondriaque chez nombre de citoyens de cette nation. Si encore leurs règles diététiques valaient quelque chose! Mais non! La rotation des six et des cinq, comme dit la formule. On ne sort pas de là.

-ϕ- -ϕ-

Enfin parlons de la thérapeutique. Ici j'appelle l'attention sur un fait important. Avant l'ère chrétienne, les Chinois ne connurent et n'usèrent pas de médicaments proprement dits. Ce que la tradition rapporte, que l'empereur légendaire 神農 *Chenn-noung* «goûta les cent herbes»; doit s'entendre des végétaux susceptibles d'être employés comme aliments, qui furent déterminés avec plus de soin, quand à la vie nomade succéda la vie agricole. Ils connurent quelques poisons violents, l'arsenic, la noix vomique, par exemple; et s'en servirent pour produire, dans des cas jugés désespérés, non un effet curatif dosé et gradué, mais une secousse terrible, une réaction héroïque, qu'ils croyaient pouvoir remettre parfois en équilibre l'organisme détraqué. Le *Sou-wenn* fait allusion à cette pratique. Maintenant que les Chinois ont quantité de drogues, le vieux système susdit est encore employé. J'en ai vu un cas typique. Une jeune fille était atteinte de manie mélancolique. Les médecins du pays n'avaient pas pu la guérir. Passe un médecin ambulant. Les parents de la jeune fille lui demandent une consultation. Il dit: cette maladie est invétérée; elle a poussé de profondes racines; il n'y a plus qu'une chance de la déloger, à savoir *l'attaque par le poison*. J'ai la drogue voulue, mais je ne garantis pas le résultat. A vous de décider. En deux heures votre fille sera guérie ou morte... Les parents demandèrent que l'essai fût fait. Deux heures après, la jeune fille était morte. — Donc, au temps jadis, pas de médicaments proprement dits. Mais un procédé unique, censé guérir tous les maux, de par les théories exposées plus haut; à savoir, la fameuse *acuponcture* chinoise. L'antiquité ne connut que cela. L'invention doit dater des origines, car les aiguilles furent longtemps en silex. Voici la théorie de l'acuponcture... Toute maladie est un désordre viscéral. Un viscère, ou ne sécrète pas son émanation, ou n'en sécrète pas assez, ou la retient au lieu de la faire circuler. En un mot, paresse de l'organe, mauvais travail... Or, que fait-on à un bœuf qui tire mal? On lui donne un coup d'aiguillon. L'acuponcture chinoise n'est pas autre chose. On pique l'organe récalcitrant. — Le *Sou-wenn* donne les indications pour ces piqûres *directes,* mais indique aussi assez bien les inconvénients et les dangers de la méthode, si l'on emploie une aiguille trop forte, si l'on pique tant soit peu à côté, etc. La piqûre directe doit être réservée, comme l'attaque par le poison, pour les cas désespérés, quand il n'y a rien à perdre. Dans les cas ordinaires, mieux vaut pratiquer l'acuponcture *indirecte.* — Avec un arbitraire pire encore que celui qui présida à l'interprétation des variétés de pouls, les artistes chinois divisèrent la surface cutanée du corps entier en un nombre de districts, dont chacun porte un nom spécial, et est censé répondre, on ne dit pas pourquoi, à un viscère déterminé. On pique tel endroit, pour mettre tel viscère en train, d'après la carte du corps humain. Par exemple, le pouls ayant dénoncé le cœur comme étant l'auteur du désordre, on pique une certaine région du dos, qui répond au cœur, de par la théorie. Le cœur frétille de douleur, se ressaisit, et se remet à distribuer comme il faut, par tout le corps, le sang et l'esprit vital. Si son fonctionnement laisse encore à désirer, on repique à l'endroit, et ainsi de suite Système simple, comme on voit, et surtout pas dispendieux. Tous les Anciens furent ainsi piqués, et guérirent par la vertu de la nature, l'imagination satisfaite par les coups d'aiguille reçus. *(Chap. 14.)*

—✧—✧—

Je termine ce chapitre par une observation. Le *Sou-wenn* connait la circulation du sang. Elle fut connue des Chinois beaucoup plus tôt, probablement. Mais il ne faudrait pas dire qu'ils la découvrirent, vingt siècles avant W. Harvey. Car leur connaissance de la circulation du sang dans le microcosme humain, fut intuitive, non expérimentale, conjecturée à l'instar de la circulation du principe vital dans le mascrocosme universel, à laquelle ils croyaient. Ils devinèrent le fait, et ne le vérifièrent jamais. S'ils surent que le cœur foule le sang dans les artères, le réseau capillaire, les canaux veineux de retour, le jeu des valvules, tout cela leur fut inconnu. Durant plus de vingt siècles, le *comment* de la circulation devinée, ne se posa même pas dans leur esprit. Le *yinn-yang* circule en rond, les cinq agents de même, le sang item. Voilà tout... Trop réfléchir use la rate, comme nous avons vu.

Source. — 素問 Le *Sou-wenn*, auteur inconnu, base de la médecine chinoise. Non traduit jusqu'ici. Nombreux commentaires.

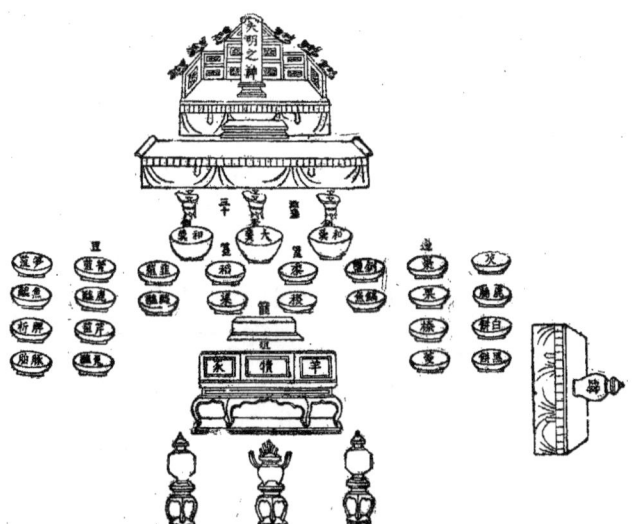

Offrande au soleil.

Quarante-deuxième Leçon.

Première dynastie 漢 Han.

L'œuvre de 劉向 Liou-hiang et de 劉歆 Liou-hinn.

Je consacrerai cette Leçon à deux collatéraux de la maison régnante des 漢 Han, lesquels exercèrent une très grande influence sur la littérature et la conservation des anciennes idées chinoises. Il s'agit de 劉向 Liou-hiang, et de son fils 劉歆 Liou-hinn.

Liou-hiang qui vécut, de l'an 80 à l'an 9 avant J.-C., eut, sous le règne de trois empereurs, une existence des plus mouvementées. Page à la cour impériale dès l'âge de douze ans, il fut durant toute sa vie conseiller, alternativement écouté avec faveur, ou incarcéré pour franchise intempestive, sort commun de tous ceux qui approchaient le trône, à cette affreuse époque. — J'ai dit jadis (Leçon 39) comment la recherche des anciens écrits avait été mise en train, surtout par le prince 劉德 Liou-tei, au second siècle. Les écrits retrouvés étaient logés dans la bibliothèque impériale, sorte de in pace, où ils n'étaient abordables qu'aux bibliothécaires. Il y aurait d'ailleurs pas mal de besogne à faire, avant de pouvoir s'en servir. Écrits encore sur des lattes en bambou dont chacune portait une ou deux lignes de caractères, les lattes étant liées en faisceaux par de fines courroies, peu de livres étaient intacts; certains étaient dans l'état d'un jeu de jonchets, les courroies ayant pourri dans les cachettes humides. — En 65 avant J.-C., l'empereur 宣 Suan institua une commission de Lettrés, à laquelle fut confié le débrouillage de ces restes de la littérature antique. Attaché à cette commission en l'an 51, Liou-hiang en devint l'âme. En 26 il en fut fait le chef. Il obtint alors que son troisième fils Liou-hinn lui fût adjoint, et le catalogue littéraire des 漢 Han fut entrepris. Quand Liou-hiang fut mort en l'an 9, Liou-hinn lui succéda dans sa charge. En 6 avant J.-C., il publia la classification de la littérature alors existante, ouvrages anciens et nouveaux, en sept catégories; plus le fameux catalogue. Un faux pas politique l'obligea à se suicider en 23 après J.-C.

Le catalogue de Liou-hiang et de Liou-hinn, légèrement augmenté et inséré par 班固 Pan-kou dans 前漢書 l'histoire des Premiers Han, est parvenu jusqu'à nous. Il constitue le document bibliographique chinois le plus important qui soit; le seul Index que nous ayions de la littérature antérieure à l'ère chrétienne. — Il mentionne 103 textes divers des ouvrages de fond confuciistes, de ce qu'on appellera plus tard les Canoniques. — 183 ouvrages des autres écoles, taoïstes, légistes, etc. — 106 recueils de poésie. — 53 traités sur l'art militaire. — 70 traités sur l'astronomie, l'astrologie, le calcul des temps. — 39 traités de divination, par la tortue et l'achillée, l'interprétation des songes, la géomancie et la physiognomonie. — 26 traités de médecine. — 10 traités sur les êtres transcendants, Génies et autres. — En tout 590 ouvrages, 13214 sections. — La plupart de ces écrits se perdirent dans la suite. Étant donné la qualité de ceux qui ont été conservés, faut-il regretter cette perte? Je répète ce que j'ai déjà dit... pleurons-la... mais d'un œil seulement.

Leçon 42.

Donc, quand on parle littérature chinoise ancienne, il ne faut pas oublier deux choses: 1° que Confucius choisit dans les anciennes archives et nous légua ce qu'il voulut bien... 2° que tout le résidu de la littérature antique, reconstitué vaille que vaille, passa par les mains de *Liou-hiang*, lequel nous transmit le texte et l'interprétation qu'il préféra, pour des raisons à lui connues. — Ainsi, du *Livre des Mutations*, livre non brûlé en 213 parce qu'il passait pour être un traité d'art divinatoire, livre qui ne fut jamais prohibé, celui des Canoniques qui a le moins souffert, il circulait avant *Liou-hiang* deux textes différents, accompagnés de cinq interprétations diverses. Or *Liou-hiang* se décida pour le texte de 商瞿 *Chang-k'iu* et le commentaire de 田何 *T'ien-heue*, rejetant les autres. Cela ne fit pas disparaître sur le coup le second texte et les quatre autres interprétations; mais cela diminua leur vogue, fit qu'on les copia moins, puis qu'on ne les copia plus du tout. Or, en Chine, vu la fragilité de la matière employée, un livre ne vit guère au-delà de deux à trois siècles. On voit la conséquence. Disparition spontanée de tout écrit, qui n'est pas fréquemment renouvelé. Ce fait domine toute l'histoire de la littérature chinoise.

-◇- -◇-

J'ai parlé jusqu'ici de *Liou-hiang* comme bibliothécaire. Il me faut maintenant parler de lui comme écrivain. Cet homme tira de la langue chinoise écrite, tout ce qu'elle peut donner. Il est le père du style régulier, soigné, châtié. — Il écrivit d'abord un grand traité 五行傳記 sur les cinq agents naturels. Sous le règne de l'empereur 成 *Tch'eng*, l'immoralité atteignit, à la cour, un degré inouï. En l'an 16 avant J.-C., *Liou-hiang* composa deux traités, l'un destiné à servir de lecture moralisatrice aux dames du harem 烈女傳; l'autre 新序 destiné à l'empereur, dans le même but. Ce dernier ouvrage est son chef-d'œuvre. Comme il fut goûté, il en composa un autre 說苑 deux fois plus long, qu'il n'eût pas le loisir de soigner autant que le précédent. Ces deux ouvrages contiennent un très grand nombre d'anecdotes tirées de l'histoire féodale, des traits de la vie de Confucius et d'autres personnages, qui ne se trouvent que là. Ils servirent de type à toutes les histoires anecdotiques écrites plus tard. Les Lettrés modernes accusent ces récits d'être infectés de Taoïsme. L'accusation est exagérée. *Liou-hiang* fut un esprit large et impartial. Il ne fut, ni Confuciiste exclusif, ni Taoïste fanatique, c'est évident. Il cite Confucius et *Lao-tzeu*, quand leurs propos vont à son sujet. Les Lettrés qui le lui reprochent, supposent erronément que la séparation et l'antipathie entre les Confuciistes et les Taoïstes furent dès lors ce qu'elles devinrent depuis. En réalité, on ne se haïssait pas alors, comme on le fit depuis. Que si maintenant les Lettrés trouvent que, dans certaines anecdotes rapportées par *Liou-hiang*, Confucius a une tenue trop taoïste, ce n'est pas que *Liou-hiang* l'ait fait poser ainsi; c'est que, du vivant du Maître, les contrastes étaient beaucoup moins tranchés, qu'ils ne le devinrent plus tard, par suite de la haine des partis. *Liou-hiang* présente le Confucius qui vivait dans la tradition de son temps. Depuis, ceux qui se donnent pour ses disciples, l'ont fait plus confuciiste.

J'ai dit que *Liou-hiang* écrivit ses livres, pour moraliser l'empereur et sa cour. Pauvre morale terre à terre, sans précision et sans sanction. Historiettes gentilles, et combien anodines. Rien du nerf et de la puissance que la religion

Leçon 42.

seule donne aux préceptes. Je vais citer quelques-unes de ces anecdotes, seule morale de la Chine au temps de l'Incarnation. Je choisirai les meilleures. Le reste est encore plus nul.

-◆- -◆-

La prospérité ou la ruine, le bonheur ou le malheur, dépendent de la conduite d'un chacun. Il faut donc veiller sur soi sans cesse. Ne dites pas «on ne l'a pas vu». Ne dites pas «c'est peu de chose». Rien d'impur dans les actions! Rien d'inconvenant dans les pensées! Il faut être circonspect, comme celui qui longe un précipice, comme celui qui marche sur la glace mince. *(Chouo-yuan 10.)*

Il ne faut pas s'obstiner à vouloir faire aboutir une chose inopportune, ni s'acharner à vouloir faire réussir une entreprise qui a été mal calculée. Mieux vaut se désister... Oh! le temps opportun, l'instant propice! Oh! le choix judicieux du moment! *(Chouo-yuan 16.)*

À vouloir tout faire, on ne fait rien; à trop désirer, on n'obtient rien. Tout être amasse, sans s'en rendre compte, une somme de bonheur ou de malheur. Ceux qui sont bons, le Ciel les fait réussir; ceux qui ne sont pas bons, le ciel fait manquer leurs entreprises. L'action doit être paisible et tranquille; semblable à celle de l'eau, pas à celle du feu. *(Chouo-yuan 16.)*

Le duc 靈 *Ling* de 衛 *Wei* avait un excellent préfet, 史 鰌 *Cheu-ts'iou*, qui ne se gênait jamais pour lui dire ses vérités. Le duc favorisait un certain 彌 *Mi*, officier indigne; et voyait d'un mauvais œil un certain 蘧 *K'iu*, officier très capable. *Cheu-ts'iou* reprit plusieurs fois le duc à ce sujet, mais en vain. Étant tombé malade, et sentant sa fin prochaine, *Cheu-ts'iou* dit à son fils: Je n'ai pas su faire écarter l'indigne *Mi*, ni faire mettre en charge le digne *K'iu*; je ne mérite donc pas que mon cercueil soit exposé dans la grande salle; tu le mettras dans un appartement retiré. — Après la mort du préfet, le duc alla pleurer devant son cercueil, selon l'usage... Qu'est-ce que cela? demanda-t-il au fils. Pourquoi le cercueil n'est-il pas dans la grande salle? Ignorez-vous les rits à ce point? — Le fils rapporta l'ordre de son père et son motif. Le duc pâlit. D'ordinaire, dit-il, les censeurs ne reprennent, que tant qu'ils vivent; *Cheu-ts'iou* m'a encore repris après sa mort... Il éloigna le *Mi*, et donna une charge au *K'iu*. *(Sinn-su 1.)*

祁奚 *K'i-hi* préfet de 晉 *Tsinn* se faisant vieux, le marquis lui demanda: qui, pensez-vous, vous remplacerait le mieux? — 解狐 *Kie-hou*, dit *K'i-hi*. — Mais, c'est votre ennemi, dit le marquis. — Peu importe, dit *K'i-hi*; c'est lui qui me remplacera le mieux. — Et qui prendrai-je comme général? demanda le marquis. — 祁午 *K'i-ou*, dit *K'i-hi*. — Vous recommandez votre propre fils, fit le marquis surpris. — Peu importe, dit *K'i-hi*; c'est lui qui fera le meilleur général. — De fait ces deux hommes remplirent parfaitement bien leurs charges. — C'est l'homme capable qu'il faut recommander, sans se laisser influencer par aucune autre considération. *(Sinn-su 1.)*

Quand le seigneur de 中行 *Tchoung-hing* vit que sa principauté allait être supprimée, il s'en prit à son incantateur et lui dit: vos bénédictions ont été sans force: voilà pourquoi je péris. — Vous vous trompez, dit l'incantateur. Vous vous êtes fait haïr par tout votre peuple, voilà pourquoi vous périssez. Que peut la voix d'un seul homme qui bénit, contre les voix de tout un peuple qui maudissent? *(Sinn-su 1.)*

Comme 發 *Fa* de 周 *Tcheou* entrait en campagne contre les 殷 *Yinn*, il fit deux prisonniers auxquels il demanda : y a-t-il eu des présages chez vous? — L'un des prisonniers dit : les étoiles ont paru en plein midi, il est tombé une pluie de sang. — Mauvais présages, dit *Fa*. — L'autre prisonnier dit : chez nous, l'anarchie est telle, que le fils n'y obéit plus à son père, ni le cadet à son aîné. — Ceci, dit *Fa*, c'est le pire de tous les présages. Je vaincrai certainement les *Yinn*. *(Sinn-su 2.)*

Le duc 文 *Wenn* de 晉 *Tsinn* ayant convoqué ses préfets et leurs contingents pour réduire la ville de 原 *Yuan*, leur promit que l'affaire ne durerait que cinq jours. Au cinquième jour, la ville tenait encore. Le duc annonça que son armée serait licenciée le lendemain. — Mais la prise de la ville est imminente, lui dirent ses intimes; différez un peu. — Je n'ai qu'une parole, dit le duc. J'ai convoqué mes préfets pour cinq jours seulement; je ne les retiendrai pas six jours. — Les assiégés l'ayant su, se dirent : trouverons-nous un meilleur seigneur, que celui qui tient ainsi sa parole?.. et ils se rendirent. *(Sinn-su 4.)*

Le roi 惠 *Hoei* de 楚 *Tch'ou* mangeant une salade, y vit une sangsue qu'il avala. Il tomba malade, souffrant de maux d'estomac, au point de ne plus pouvoir rien prendre. Un familier lui ayant demandé la cause de sa maladie, il la lui avoua. — Mais, dit le familier, pourquoi n'avez-vous pas mis de côté cette sangsue? — Parce que, dit le roi, la chose aurait été remarquée, et, conformément au règlement, les cuisiniers auraient été punis de mort; j'ai donc préféré avaler la sangsue. — Alors, dit le familier, vous ne mourrez pas de cette maladie; car le Ciel ne permet pas que l'on pâtisse d'une bonne action. — Peu après le roi vomit la sangsue et guérit. *(Sinn-su 4.)*

Comme le duc 桓 *Hoan* de 齊 *Ts'i* voyageait, il remarqua, dans la campagne, les restes d'un rempart de terre. Qu'est ceci? demanda-t-il à un paysan. — Ici, dit le paysan, fut jadis le chef-lieu du fief de 郭 *Kouo*. — Comment ce fief fut-il ruiné? demanda le duc. — Il fut ruiné, dit le paysan, parce que le seigneur de *Kouo* aimait le bien et haïssait le mal. — Mais, dit le duc, qui fait ainsi, prospère au contraire. — Le paysan reprit : il aimait le bien, mais n'avait pas l'énergie de le pratiquer; il haïssait le mal, mais n'avait pas le courage de l'éviter. Sachant ce qui eût été bien, il agit mal. C'est pour cela que le fief de *Kouo* a disparu. — Ah! fit le duc *Hoan*. *(Sinn-su 4.)*

Une comète ayant paru dans le ciel, le marquis de 齊 *Ts'i* parla de la faire exorciser par son incantateur officiel. — Ne faites pas cela, lui dit Maître 晏 *Yen* son conseiller. Quand le Ciel fait paraître un balai lumineux, c'est pour exhorter les princes à balayer de leurs états ce qui lui déplaît. Examinez l'état de votre marquisat, et mettez ordre aux déficits que vous découvrirez. Cela fait, la comète disparaîtra, sans qu'on l'exorcise. *(Sinn-su. 4.)*

Au temps où le duc 景 *King* gouvernait 宋 *Song*, la planète Mars pénétra dans l'astérisme 心 *sinn*. Effrayé, le duc fit appeler 子韋 *Tzeu-wei* et lui demanda : qu'est-ce que ce présage-là? — C'est un mauvais présage, dit *Tzeu-wei*. *Sinn* est l'astérisme de votre duché. Mars est l'exécuteur ordinaire des châtiments célestes. Punissez vos ministres. — Non, dit le duc; les ministres ont agi par mes

Leçon 42.

ordres. — Alors, dit *Tzeu-wei*, punissez le peuple. — Non, dit le duc; le peuple m'a obéi. — Alors, dit *Tzeu-wei*, demandez au Ciel une famine, plutôt que votre ruine. — Non, dit le duc; pourquoi des innocents pâtiraient-ils à cause de moi? Si le Ciel est mécontent de moi, qu'il me punisse moi seul; je me soumets d'avance. — *Tzeu-wei* salua le duc profondément et dit: le Ciel est bien haut, mais il entend toute parole prononcée en ce monde. Vous avez parlé trois fois parfaitement. Vous ne périrez pas. — La nuit suivante on constata que la planète Mars avait évacué l'astérisme *Sinn*. *(Sinn-su 4.)*

Comme le duc 昌 *Tch'ang* de 周 *Tcheou* faisait bâtir une tour, en creusant les fondations, on découvrit un ancien squelette… Jetons ces ossements, dirent les préposés au travail; ce mort n'a plus personne; il n'y a pas de réclamations à craindre. — Le duc *Tch'ang* le sut. Ceux qui n'ont plus personne, dit-il, c'est moi, le seigneur du territoire, qui dois en prendre soin. Et il ordonna que le squelette, enveloppé dans une couverture, fût placé dans une bière neuve et enseveli. Cette action lui valut une popularité extraordinaire. Le peuple se dit: celui qui protège les ossements des morts, n'aura-t-il pas soin des vivants? *(Sinn-su 5.)*

Confucius faisant une tournée dans le Nord en pays de montagnes, rencontra une femme qui se lamentait pitoyablement. Il arrêta son char, et lui demanda la cause de sa douleur. — Il y a quelques années, dit-elle, un tigre a dévoré mon mari. Maintenant, un tigre vient de dévorer mon fils. — Pourquoi ne changez-vous pas de pays? demanda Confucius. — Parce que, dit la femme, ici le gouvernement est équitable, et les officiers ne tyrannisent pas le peuple. — Retiens ceci, dit Confucius au disciple qui conduisait son char. Ainsi, d'après cette femme, des gouvernants iniques, des officiers tyranniques, sont un fléau pire que les tigres et les loups. *(Sinn-su 5.)*

L'empereur 成 *Tch'eng* jouant avec son frère cadet 虞 *U*, découpa une feuille d'arbre en forme de tablette d'investiture, et la lui remit en disant: je te donne le fief de 唐 *T'ang*. — 旦 *Tan* duc de 周 *Tcheou*, leur oncle, l'ayant su, demanda à l'empereur: quand *U* prendra-t-il possession de son fief? — C'était pour plaisanter, dit l'empereur. — Un empereur ne doit jamais plaisanter, dit l'oncle. Ce qu'il dit, les Annalistes l'écrivent, et cela a force de loi. — *U* fut fait marquis de *T'ang*. *(Chouo-yuan 1.)*

Chaque fois que 伯 俞 *Pai-u* avait commis une faute, sa mère le fustigeait, sans qu'il pleurât jamais. Un jour il pleura. — Qu'y a-t-il? demanda sa mère. — Votre main est sans force; signe de vieillesse; cela me désole, dit le fils. *(Chouo-yuan 3.)*

A 宋 *Song*, un homme offrit un morceau de jade au gouverneur de la ville 子罕 *Tzeu-han*. Celui-ci refusa. Étonné, l'homme dit: je vous l'offre, parce que c'est une pièce rare. — Moi je la refuse, dit *Tzeu-han*, parce que c'est une pièce rare. Chacun son goût. Le mien, c'est de ne vouloir d'aucun objet de valeur. On n'est incorruptible qu'à cette condition. *(Sinn-su 7.)*

Sources. — 新序 *Sinn-su*, et 說苑 *Chouo-yuan*, de 劉向 *Liouhiang*; non traduits.

昌 Tch'ang de 周 Tcheou, dit 文王 l'empereur Wenn, avec ses deux fils 發 Fa et 旦 Tan.

Quarante-troisième Leçon.

楊雄 Yang-hioung.

Fin de la première, et commencement de la seconde dynastie 漢 Han. Faits cultuels.

楊雄 Yang-hioung naquit vers l'an 54 avant, et mourut vers l'an 18 après J.-C.. Originaire de la Chine Occidentale, il étudia sans maître, dit la tradition, se faisant lui-même ses idées. Ses biographes disent qu'il avait la parole embarrassée, parlait peu, et aimait penser en silence. L'examen de ses œuvres prouve qu'il avait la pensée aussi embarrassée que la parole. Rien de clair, rien d'original, dans ce qui nous reste de lui. De plus, il écrivit en style de sa province, un style détestable. Il débuta par une interprétation du livre des Mutations, le 太玄經 Livre du Grand Mystère, écrit aussi insignifiant que possible, dans lequel il n'y a rien à prendre. Il rédigea ensuite le catalogue 方言 fang-yen des différences dialectiques entre le chinois des provinces occidentales et orientales. Enfin son opuscule 法言 fa-yen, dans lequel il vante le Confuciisme exposé à sa manière. J'aurais passé sous silence cet auteur insignifiant, n'était qu'on lui a fait l'honneur de le croire inventeur d'un système sur la nature, mitoyen entre celui de 孟子 Mong-tzeu, et de 荀子 Sunn-tzeu. La nature est bonne, dit Mong-tzeu. La nature est mauvaise, dit Sunn-tzeu. La nature est mi-parti bonne, mi-parti mauvaise, dit Yang-hioung, et l'homme devient ce que l'instruction et la pratique auront fait de lui. S'il suit sa bonne nature, il agira bien; s'il suit sa mauvaise nature, il agira mal. — Or nous avons vu (Leçon 40), que ce système fut exposé au long par 董仲舒 Tong-tchoungchou, 120 ans avant Yang-hioung, lequel ne l'expose pas, mais le cite incidemment comme chose connue. C'est tout ce que j'ai à dire de Yang-hioung, que j'élimine de la liste des hommes qui marquèrent dans le développement des idées en Chine.

-◆- -◆-

Jetons maintenant un coup d'œil d'ensemble sur le culte, durant la fin de la première et le commencement de la seconde dynastie 漢 Han.
Depuis l'empereur 武 Ou, le culte du Suprême Un et de la Souveraine Terre, les offrandes aux cinq tertres avaient continué, malgré les protestations des plus éloquents Lettrés. En l'an 31, l'empereur 成 Tch'eng revint au tertre unique du Souverain d'en haut antique. En 14, il fit démolir le tertre du Suprême Un. Peu après un ouragan ayant fort maltraité son palais, l'empereur se repentit, releva le tertre du Suprême Un, refit des offrandes aux cinq tertres, et le reste. Après sa mort, en l'an 7, l'impératrice douairière 王 Wang les fit redémolir. En l'an 5 avant J.-C., l'empereur 哀 Nai les fit rétablir. Il fit aussi installer plus de sept cents lieux saints, et ordonna de faire chaque année plus de trente-sept mille offrandes à des Génies divers. Il releva le tertre du Suprême Un, et supprima celui du Souverain d'en haut. — L'usurpation de 王莽 Wang-mang,

la suppression par lui de la 前漢 première dynastie *Han*, l'anarchie qui s'ensuivit jusqu'à la mort de l'usurpateur en l'an 23 après J.-C., la guerre civile d'où sortit la 後漢 seconde dynastie *Han*, firent que, durant plus de vingt ans, le culte et les tertres furent oubliés. — Notons que, durant cette période, on vit un peu partout des scènes de fanatisme populaire, provoquées par des prédictions taoïstes. Un devin de cette secte promit le trône à 劉秀 *Liou-siou*, et lui donna ainsi un surcroît de persévérance, que le succès finit par couronner. Devenu premier empereur de la seconde dynastie *Han* en l'an 25 après J.-C, en 26 *Liou-siou* offrit, pour la première fois, le grand sacrifice impérial au Ciel. Il le fit avec un rituel improvisé, étrange, dont le but était évidemment de concilier les opinions de tous, et qui ne satisfit personne. Sur un monticule à huit assises, fut élevé, face au sud, un tertre géminé, pour le Ciel et la Terre. Tout autour, les tablettes des Cinq Souverains des cinq régions. Puis une double enceinte, peinte en violet, l'ensemble étant censé représenter le Palais céleste nommé 紫衛 *Enceinte Violette*. A l'enceinte intérieure, étaient adossées les tablettes du soleil et de la lune, de la Grande Ourse, des cinq planètes, des constellations circumpolaires, des cinq monts sacrés. A l'enceinte extérieure étaient adossées les tablettes des autres astérismes, des Génies du tonnerre, du vent et de la pluie, de l'agriculture, des quatre mers, des quatre grands fleuves. Quatre avenues perçaient les deux enceintes, donnant accès au tertre central par huit portes. Sur chacune des huit assises du monticule géminé du Ciel et de la Terre, 58 places étaient marquées pour les libations ; en tout 464. Devant les Cinq Souverains étaient disposées les places de 5 fois 72, soit 360 Génies tutélaires des villes des cinq régions. A chaque porte de l'enceinte intérieure, une garde de 54 Génies était honorée, soit 216 en tout. Item, à chaque porte de l'enceinte extérieure, une garde de 108 Génies, soit 432 en tout. J'omets le détail des autres... 1504 Génies en tout, tous tournés face au tertre central. 劉邦 *Liou-pang*, le fondateur de la première dynastie *Han*, ancêtre de *Liou-siou*, avait au banquet la place du maître de la maison qui régale ses hôtes, au nord-ouest du tertre central. — Ce document conservé dans l'histoire de la dynastie, a une grande valeur. C'est la dernière exhibition officielle du panthéon des *Han*.

Nous avons vu l'empereur 武 *Ou* offrir, en l'an 110 avant J.-C., au sommet et au pied du mont 泰山 *T'ai-chan*, ce fameux sacrifice 封禪 *fong-chan*, dont les Lettrés n'ont jamais admis l'authenticité (page 291). — En 56 après J.-C., dans l'intention de consolider la nouvelle dynastie, *Liou-siou* refit le même sacrifice. Voici les détails de cette cérémonie, que les annales de la dynastie nous ont conservés. — Au quatrième jour du cycle, l'empereur quitta la capitale. Le seizième jour du cycle, il arriva dans le pays de 魯 *Lou*. Le vingt-huitième jour du cycle, avant le jour, à la lueur des torches, il sacrifia au Ciel au pied de la montagne, puis fit l'ascension. Vers trois heures après midi, en grand costume impérial, il appliqua son sceau sur les plaques de jade sur lesquelles sa prière était écrite en lettres d'or. Le Grand Annaliste les déposa dans un coffre de pierre préparé d'avance, qu'il scella. Puis le Grand Cérémoniaire dirigeant deux mille hommes de la garde impériale, fit dresser sur le coffre une stèle de pierre bleue. Quand la stèle fut dressée, l'empereur se prosterna. Il fut ensuite acclamé par tous les assistants. Enfin il descendit de la montagne. Il était minuit passé, quand il atteignit le pied. Rude Journée! — Le trente-et-unième jour du cycle, l'empereur sacrifia à la Terre au pied de la montagne.

Liou-siou mourut en l'an 57 après J.-C. J'ai dit plus haut qu'un Taoïste lui avait promis l'empire. Il eut toujours un secret penchant pour le Taoïsme, et recourait aux Taoïstes dans ses doutes et ses difficultés. Son fils lui succéda et devint l'empereur 明 *Ming*.

Ce prince commença par se faire censurer par les Lettrés, pour avoir voulu trop bien faire. Il alla au tombeau de son père, pour lui faire des offrandes, lui donner de ses nouvelles, etc. Grosse erreur, clamèrent les Lettrés. Quand le corps est enseveli, c'en est fait de lui. Tous les rits doivent se faire dans le temple des Ancêtres. Car c'est la tablette qui est le médium entre les descendants et leur Ancêtre. — Nous savons cela (page 116); mais il est utile de constater que, au premier siècle de l'ère chrétienne, la croyance est exactement ce qu'elle fut, durant les deux millénaires précédents. Le texte inséré dans l'Histoire à cette occasion, est une très belle pièce.

L'empereur *Ming* eut pour précepteur un Lettré célèbre, auquel il resta très attaché jusqu'à sa mort. Les historiens maudissent à l'envi ce lettré, parce que, disent-ils, il éleva mal l'empereur. Ils attribuent à cette mauvaise éducation, le fait que l'empereur *Ming* laissa le Buddhisme s'introduire en Chine. — En l'an 72, voyageant dans les provinces orientales, l'empereur visita la vieille maison de Confucius. Nouvelle colère des Lettrés, parce que l'annaliste osa écrire que l'empereur *honora de sa visite* la maison de Confucius. C'est l'empereur qui fut honoré, disent-ils.

L'empereur *Ming* n'aima pas le Taoïsme, deux de ses frères ayant cultivé cette secte, en vue de le supplanter. Tous deux durent se suicider. Il s'ensuivit un horrible procès, semblable à celui de l'an 92 avant J.-C. que j'ai raconté (page 292), et qui causa la mort d'innombrables innocents.

Sources. — Les Histoires dynastiques 前漢書 *Ts'ien-Han-chou* et 後漢 *Heou-Han-chou*. — Le 通鑑綱目 *Miroir Historique*. — L. Wieger S.J., Textes Historiques, vols I et II.

Plaque de créance.

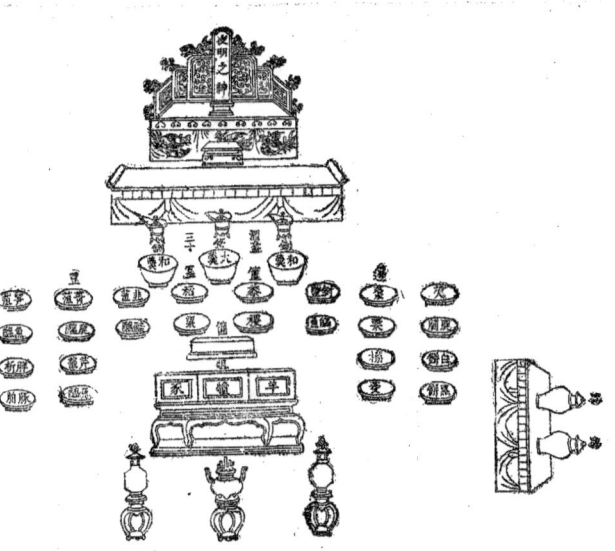

Offrande à la lune.

Quarante-quatrième Leçon.

Seconde dynastie 漢 Han.

王充 Wang-tch'oung fataliste.

Je consacrerai cette Leçon et la suivante, à 王充 Wang-tch'oung, l'écrivain le plus génial que la Chine ait produit. Fils d'un petit officier, extrêmement pauvre, élève de 班彪 Pan-piao le père de 班固 Pan-kou, il travailla, durant ses études, chez les bouquinistes, pour pouvoir lire les livres qu'ils offraient en vente. Manquant de protecteurs, il passa sa vie dans de petites charges subalternes. Retiré dans son pays en l'an 86, il écrivit son grand ouvrage critique 論衡 la Balance des Discours, et mourut entre 90 et 100 après J.-C. C'est tout ce que l'on sait de sa carrière. — Son livre, très considérable, est parvenu intact jusqu'à nous. Et c'est fort heureux, car il est extrêmement important. — Aigri par l'infortune, Wang-tch'oung fut fataliste. Persuadé que son opinion était la bonne, il observa et lui compara celles des autres. Son livre nous offre, clairement posées, toutes les thèses discutées de son temps. Là est le mérite de l'ouvrage. Mérite très grand, à cause du temps où il parut. Il résume en effet toutes les opinions de la Chine ancienne, au moment précis où le Buddhisme va s'introduire; telles qu'elles étaient, juste au moment où cet élément étranger va commencer à agir sur elles.

Donc Wang-tch'oung fut fataliste et controversiste. Je vais l'étudier successivement sous ces deux aspects.

I. Le fataliste.

Wang-tch'oung nia l'existence du Souverain d'en haut, la Providence, la survivance de l'âme humaine, toute sanction après la mort. Produits inconsciemment par le ciel et la terre, selon lui les êtres innombrables poursuivent chacun sa trajectoire. Quand il y a collision, le plus fort anéantit le plus faible. Les trajectoires, et par suite les collisions, ne sont pas prédéterminées par un destin. Elles sont effet de la fatalité, du hasard. On se rencontre et on se heurte, voilà tout — Je ne condenserai pas les idées et les arguments de Wang-tch'oung, de peur de les gâter. Je vais le laisser parler. Il y a intérêt à connaître le genre de cet homme, qui fut sans contredit le plus indépendant et le plus intéressant de tous les penseurs chinois.

«La destinée d'un être, n'est pas l'effet d'un décret, d'une sentence. Elle adhère, comme une formule évolutive, à la matière qu'il a reçue en naissant. A peu près comme la force contenue dans une graine végétale. Talent, vertu, conduite, bien ou mal, rien n'y fait. On heurte ou on ne heurte pas, on passe ou on ne passe pas, voilà tout. Tels les poissons; les uns passent à côté du filet, les autres y entrent. Telles les mouches; les unes évitent la toile de l'araignée, les autres s'y jettent. Du blé semé dans un champ, une partie arrive à maturité, l'autre est écrasée; pourquoi?.. Des rats sans nombre qui maraudent autour des chaudières à riz, l'un ou l'autre tombe dedans et est bouilli; pourquoi?.. Pourquoi tel morceau de bois devient-il colonne dans un palais, tel autre travée d'un pont, tel autre solive dans une pauvre maison, tel autre torche qu'on brûle? pourquoi ces différences?.. Indistinctement les bons et les méchants sont mordus par les chiens de garde. Vie longue ou brève, rang noble ou vulgaire, richesse ou pauvreté, à tout cela l'homme ne peut rien; tout se passera d'après la formule qu'il a apportée en naissant... Il est faux de dire que les 神 *chenn* enrichissent, et que les 鬼 *koei* ruinent les hommes. Si c'est votre destinée, cachez-vous au fond des montagnes, on ira vous y chercher pour vous mettre sur un trône. Et si ce n'est pas votre destinée, poussez-vous tant que vous pourrez, vous n'arriverez à rien. Alors à quoi bon se démener. Laissez la formule se développer. » *(Chap. 1.)*

« Les disciples de *Mei-tzeu* prétendent que le genre de mort d'un chacun, est l'effet d'un jugement, est une sanction. Les disciples de Confucius prétendent qu'il est prédéterminé par le destin. Alors comment expliquer le cas des habitants de 歷陽 *Li-yang*, qui furent tous noyés en une nuit, leur ville s'étant effondrée dans un lac souterrain? et le cas des quatre cent mille hommes, que 白起 *Pai-k'i* passa au fil de l'épée à la journée de 長平 *Tch'ang-p'ing*? — Ils avaient tous mérité ce sort par leur conduite, dit *Mei-tzeu*... Ceci est incroyable. — Le destin réunit à *Li-yang* tous ceux qui devaient être noyés, et à *Tch'ang-p'ing* tous ceux qui devaient être décapités, disent les Confuciistes... Ceci est insensé. — Voici ma solution, à moi. De même qu'il y a des chocs, des accidents, dans les carrières individuelles; ainsi y en a-t-il aussi parfois sur les trajectoires collectives d'un groupe, d'une nation. Ces catastrophes s'expliquent de la même manière que les chocs qui ne brisent qu'un seul individu. Ce sont des rencontres, des collisions collectives. » *(Chap. 2.)*

« Oui, tout dépend du Ciel, comme disent, et les disciples de *Mei-tzeu*, et ceux de Confucius; mais tout autrement qu'ils ne pensent. Toute nature existante renferme une parcelle de la matière d'un astérisme, et par elle cet être dépend du Ciel. Il en sera de sa destinée, selon l'espèce de particule astrale qu'il aura reçue... Cela étant, la destinée d'aucun être entré dans l'existence, ne peut plus être modifiée. Elle est comme un vase cuit au four, désormais fixé dans sa forme. Elle est comme un objet coulé en métal, désormais figé dans sa forme. Pour qu'une destinée changeât, il faudrait qu'elle rentrât dans la fournaise et fût refondue. L'être qui en sortirait, ne serait d'ailleurs plus le même être; ce serait un être différent, ayant par suite une destinée différente. » *(Chap. 2.)*

« Mais, me dira-t-on, certains êtres subissant des transformations, leur formule change-t-elle lors de ces changements? Par exemple le ver à soie, la cigale. — Je réponds, non. Un cycle défini de métamorphoses, fait partie de la destinée de certains êtres inférieurs, et la même destinée traverse tout ce cycle, qui constitue une existence unique. Les êtres supérieurs, l'homme par exemple, ne subissent que des changements insignifiants, comme la perte des dents, la décoloration des cheveux. Pour tous, la même formule adhère à une existence, et dirige toute son évolution. » *(Chap. 2.)*

« Il est donc faux de prétendre, que certains animaux parfaits, peuvent être transformés l'un en l'autre. Il est faux de prétendre qu'il existe des hommes immortels, et une drogue conférant l'immortalité. Il est faux de prétendre que, par un certain genre de vie, l'homme peut être transformé en Génie, ses bras devenant des ailes et son corps se couvrant de plumes. Les hommes poilus ou emplumés dont parle le *Livre des monts et des mers*, ne sont pas des hommes, mais des animaux, que quelque explorateur a pris à distance pour des hommes. — Enfin il est faux de prétendre que, pour certaines bonnes actions, un Souverain d'en haut prolonge la vie humaine, tandis qu'il l'abrège pour certains méfaits. — La vérité est que tout être, et l'homme en particulier, apporte en naissant la formule de sa destinée. Comme une pastèque, au moment où elle se noue, est destinée à renfermer, à sa maturité, un nombre donné de pépins, et une quantité donnée de jus. » *(Chap. 2.)*

« L'homme est fait de diverses matières subtiles, les unes plus fines, les autres moins. Quand il se développera, sa tendance au bien ou au mal, dépendra de la prédominance en lui, du pur ou du moins pur. Telle une cuvée qui fermente, donnera un vin bon ou mauvais, selon la pureté ou l'impureté des matériaux employés, très peu de chose suffisant pour gâter le goût de toute une masse. — L'homme naît ainsi, mélangé, complexe. A l'enseignement, à l'éducation, de le faire développer en bien. Telle une terre imprégnée de soude, qu'on purifie en l'irriguant avec de l'eau pure. Tel un minerai, qu'on affine par des refontes successives. Telle une maladie, qu'on guérit par les médicaments appropriés. Telle une toile, à laquelle on donne la couleur et la nuance voulue, en la teignant et reteignant. — Mais, après tout, l'enseignement et l'éducation ne peuvent changer, ni la nature, ni la formule apportée en naissant. Parfois l'enseignement amende la conduite extérieure. Parfois il est impuissant. *(Chap. 2.)* — L'enseignement n'agit que sur les êtres moyens, mêlés de bien et de mal, à peu près en partie égale. Pour ceux-là vaut ce que Confucius a dit de l'éducation; pas pour les autres. — *Mong-tzeu* s'est trompé, en déclarant que la nature humaine est toute bonne. *Sunn-tzeu* s'est trompé, en affirmant que la nature humaine est toute mauvaise. En réalité, la nature humaine est un alliage. S'il est très fin, peu à faire. S'il est trop impur, rien à faire. S'il est de titre moyen, l'enseignement peut développer dans le bon sens. Mais ce développement qui rendra l'individu de commerce plus agréable dans la vie, ne modifiera en rien la destinée qu'il a apportée en naissant. — Les Sages, dont les Confucistes parlent tant, et qu'ils disent faits autrement que les autres hommes, ne diffèrent du commun que par la finesse plus grande de la matière, qu'ils ont reçue en naissant. » *(Chap. 3.)*

« Les hommes parlent beaucoup et se préoccupent fort du faste et du néfaste. Or il n'y a, ni faste, ni néfaste. Il y a seulement des collisions éventuelles, sur les lignes suivies par les divers êtres. Attribuer ces collisions au Ciel, c'est inepte. Quand Confucius gémissait « le Ciel me ruine! » il parlait sottement. Plus sots encore, sont ceux qui attribuent leur malheur aux 鬼 *koei*. La réalité est qu'ils se sont heurtés, sur leur ligne, à un obstacle, à un autre être allant en sens inverse, et voilà tout. Les lignes de tous les êtres sont tracées aussi invariablement, que celles sur lesquelles courent les astres, sur lesquelles les saisons se succèdent. Même ce qui nous paraît exception, est aussi compris dans la destinée. Ainsi quand, en automne, la gelée tue les végétaux et les insectes, si une plante si un insecte conservé en serre chaude survit, c'est qu'il devait survivre, c'est que son heure à lui n'était pas venue. Ainsi en est-il de toutes les occurrences en ce monde. Le choc fatal a lieu, quand le nombre est plein, quand l'heure fatidique est venue. » *(Chap. 3.)*

« On n'est pas mangé par un tigre, parce que l'empereur gouverne mal, mais parce que, à son heure, on a rencontré cet animal affamé. — Un palais n'est pas ruiné, parce qu'une ronce, plante des ruines, a poussé dans ses caves, mais parce qu'on n'a pas entretenu ses fondements. — Les sauterelles et autres insectes ne ravagent pas les moissons, parce que les fonctionnaires sont rapaces, mais parce que des circonstances particulières de vent et d'humidité les ont fait naître en grandes masses. » *(Chap. 16.)*

« Et quelle insanité, que les signes réputés fastes, la rosée sucrée, la fontaine de vin, le phénix, la licorne! Qui a jamais vu la rosée sucrée? Qui a jamais bu de la fontaine de vin? Peut-on citer deux auteurs, qui aient décrit de la même manière le phénix et la licorne?.. Pures inventions; ou animaux inconnus des pays voisins, égarés en Chine, dont on tira des présages, en faveur ou en défaveur des intrigues politiques ou domestiques du moment. » *(Chap. 16.)*

« La destinée des hommes peut être connue, dans ses grandes lignes, par l'examen des protubérances de leurs os et des traits de leur visage. La destinée moule le squelette et forme le visage, dans le sein maternel. Les prédictions des devins qui se sont réalisées, ont toutes eu pour base l'examen des os et du visage. Il faudrait toujours, avant de conclure un mariage, avant de prendre un associé ou un domestique, faire examiner la personne en question par un savant compétent. On éviterait ainsi bien des mécomptes. » *(Chap. 3.)* — *Wang-tch'oung* croit donc fermement à la craniologie, à l'ostéologie, à la physiognomonie, que nous avons vues rejetées au troisième siècle avant J.-C. par *Sunn-tzeu* (page 283 H).

Source. — Le 論 衡 *Lunn-heng*, de 王 充 *Wang-tch'oung*, chapitres cités.

Vases rituels.

Quarante-cinquième Leçon.

Seconde dynastie 漢 *Han*.

II. 王充 *Wang-tch'oung* controversiste.

Sommaire. — **A**. Le ciel et la terre. Genèse de l'homme. — **B**. Il faut lire les livres avec discernement. — **C**. Foudre et tonnerre. — **D**. 黃帝 *Hoang-ti*. Le régime pour devenir Immortel. — **E**. Contre la foi aveugle confuciiste. — **F**. La légende de 共工 *Koung-koung* et de 女媧 *Niu-wa*. Cosmologie et météorologie. — **G**. Le dragon. — **H**. Les Mânes. Négation de la survivance. — **I**. Théorie des spectres. Passions extériorisées. — **J**. Nouvelle négation de la survivance. — **K**. Géomancie. Superstitions. Culte.

Les chapitres nombreux consacrés par *Wang-tch'oung* à la controverse, sont à mon sens, le document le plus précieux que la Chine ancienne nous ait légué. Il est absolument intact. Il nous renseigne sur une infinité de choses, dont la genèse latente n'a été exposée dans aucun ouvrage écrit. *Wang-tch'oung* est un témoin irrécusable; car, si ceux qu'il attaqua, s'extasièrent sur son impudence, ils ne purent jamais nier ses assertions ni réfuter ses arguments. Or il attaqua les Taoïstes, les Confuciistes, et les pratiques populaires superstitieuses, legs des peuplades aborigènes anciennes ou importation nouvelle de l'étranger, alors non encore rattachées à une école chinoise, qui furent presque toutes adoptées plus tard et développées par les Taoïstes. Il nous donne donc le bilan exact de l'état des croyances et des opinions au premier siècle de l'ère chrétienne, au point précis où le Buddhisme, dont aucune mention n'est encore faite dans son livre, va s'introduire. Aussi vais-je le laisser s'expliquer avec la plus grande ampleur.

-◆-◆-

A. «Les 儒 *Jou* prétendent que le ciel et la terre engendrent les êtres en général et l'homme en particulier, par un acte commun volontaire, quasi-conjugal. Cela est faux. Il n'y a pas, entre le ciel et la terre, d'union corporelle. Ce sont les émanations des deux, ténues comme la matière des nuages ou comme la fumée, qui s'unissent, pour donner naissance aux êtres. L'émanation de la terre monte, l'influx du ciel descend, les deux se mêlent; voilà la genèse *(chap. 18)*. — Les hommes naissent du ciel et de la terre, mais pas par leur volonté, comme un enfant que ses parents désirent. L'union des deux principes *yinn* et *yang* se fait, suivant leur attrait réciproque, non en vue des êtres qui résulteront de cette union. L'homme est produit sans intention, et aucune affection ne veille sur sa carrière; il ne reçoit, avec l'être, qu'un sort qui adhère à ses os. — Fausses sont donc les comparaisons du potier et du fondeur, si souvent employées par les Taoïstes. Le potier désire le vase qu'il forme, le fondeur veut l'objet qu'il coule. En s'unissant, le ciel et la terre, le *yinn* et le *yang* ne désirent rien, ne veulent rien. L'homme vit dans la nature, comme un poisson dans l'eau, comme un pou sur un corps. Il fut produit, c'est vrai, mais inconsciemment. Quand il cessera d'être, qui s'en affectera ? — Et puis, si le ciel et la terre étaient, comme le disent les Jou, le père et la mère des êtres, tous ces êtres, leurs enfants, devraient s'entr'aimer et s'entr'aider. Or ils font tout juste le contraire. Ils se nuisent et se détruisent autant qu'ils peuvent. Le taon passe sa vie à sucer le sang du bœuf. Ainsi chaque être a son instinct, instinct égoïste, qui le porte à chercher exclusivement son propre bien. Cet instinct émane de la matière qu'il a reçue en naissant. L'homme n'a pas plus que les autres. Son instinct émane de ses cinq viscères, lesquels sont une participation des cinq agents naturels, contenue dans la matière qu'il reçut en naissant. Et tous ses sentiments, tous ses actes, sont des manifestations de cet instinct humain. » (Chap. 3.)

-◆-◆-

B. « Il y a beaucoup de livres. Il faut les lire avec discernement, et ne pas croire ce qui n'est pas croyable. Trop souvent, dans les histoires, le bien est enjolivé, le mal est poussé au noir. On raconte nombre de traits de vertu des Sages, et de traits de méchanceté des tyrans, également inventés à plaisir. C'est que le peuple raffole du merveilleux; on lui en inventa donc pour son argent; par exemple l'histoire des diagrammes donnés par le Ciel à 伏羲 Fou-hi et à 禹 U le Grand (page 56 B); par exemple le conte que l'empereur 湯 T'ang obtint la pluie en priant le Ciel; par exemple tous ces officiers pieux qui conjurèrent les sauterelles; etc. — Les Jou racontent que, au temps de 堯 Yao, dix soleils parurent à la fois, brûlant la terre par leur chaleur; et que Yao sauva l'empire, en en tuant neuf à coups de flèches, ne laissant subsister que le dixième. Quelle insanité!.. Le soleil est du feu. On ne peut même pas éteindre une torche d'un coup de flèche, combien moins un soleil... Et puis, l'eau est un agent naturel, aussi bien que le feu. Si Yao triompha de neuf feux à coups de flèches, pourquoi U le Grand n'attaqua-t-il pas la grande inondation à coups de flèches? C'eût été plus simple que de creuser des canaux. — Et cette histoire du duc 襄 Siang de 魯 Lou, qui, à ce que disent les Jou, arrêta le soleil et prolongea le jour, afin de pouvoir terminer une bataille (page 288). Le soleil est du feu. Comment ce feu put-il comprendre les signaux que le duc de Lou lui faisait avec son guidon de commandement? — Que la douleur d'une femme injustement opprimée ait fait tomber une gelée blanche, que l'injustice subie par un homme ait apitoyé le Ciel au point de lui faire pleurer une pluie d'étoiles filantes, ce sont là des sornettes que tous les Jou croient fermement. — Puis Wang-tch'oung s'acharne avec rage sur l'histoire de la planète Mars, que j'ai racontée plus haut (page 322). On se souvient que 劉向 Liou-hiang raconte, que cette planète aurait rétrogradé, par égard pour les beaux sentiments du duc 景 King de 宋 Song... Insanité! clame Wang-tch'oung. Le Ciel n'entend pas ce que les hommes disent, et ne voit pas ce qu'ils font. Il est si haut, à plusieurs myriades de stades de la terre. Est-ce qu'un homme, placé au haut d'une tour, peut voir ou entendre les mouvements des fourmis au pied de cette tour?.. De plus, les étrangers ne comprennent pas la langue chinoise. Alors comment le Ciel, qui n'est pas un Chinois, qui n'est pas un homme, qui est d'une tout autre nature, comprendrait-il quelque chose à ce que nous disons?.. Non, le Ciel ne voit pas ce que les hommes font, et n'entend pas ce qu'ils disent. Il ne bénlt ni ne punit. L'interroger par la tortue et l'achillée, est inutile. Il ne s'émeut pas de pitié pour ceux qui souffrent, et n'est pas à la disposition de ceux qui le prient. Le vice n'attire pas le malheur et la vertu ne l'écarte pas. Que peut faire à un homme le petit clapotis que produit un poisson qui saute dans l'Océan? Que peuvent faire au Ciel, si élevé et si immense, les gestes des hommes sur la terre?.. Tous les présages dont les livres sont pleins, sont autant de contes. Qui donnerait des présages, puisque personne ne gouverne l'univers? Le ciel est de la 氣 matière, qui ne voit ni n'entend, qui ne s'occupe de rien. — Tout, en ce monde, est effet de l'entre-croisement de la trame et de la chaîne cosmiques. Chaque être se mouvant sur sa ligne, il y a des rencontres, des frôlements, des heurts. Alors le plus fort brise le plus faible. Voilà la seule loi de l'univers. » (*Chaps 4, 5, 24.*)

-◊- -◊-

C. « Le vulgaire prétend que, quiconque est frappé par la foudre, l'est pour ses péchés secrets. Il dit que c'est le Ciel qui frappe, et que le tonnerre qui accompagne l'éclair, est un cri de vengeance satisfaite. Alors, quand le Ciel bénit un homme, pourquoi n'entend-on pas un éclat de rire, un grognement de plaisir?.. Et que de coups de foudre portés à vide, et cependant accompagnés de tonnerre; faut-il dire alors que le Ciel n'a pas vu clair? — En réalité, le Ciel ne récompense ni ne punit. Supposé qu'il punisse, il ne conviendrait encore pas que cela se passât de cette manière. Un prince n'exécute pas les coupables, mais les fait exécuter par le bourreau. — Le vulgaire a imaginé un bourreau céleste, et les imagiers l'ont représenté. C'est le Génie du tonnerre, qu'on figure, battant de la main gauche des tambours, et lançant un trait de la main droite. C'est un 神 *chenn*, dit-on. . Or un *chenn* véritable, c'est une émanation invisible et impalpable. N'ayant pas de mains, comment battra-t-il le tambour, comment lancera-t-il un trait?.. Et si ce n'est pas un *chenn* véritable, s'il est visible et tangible, comment fait-il pour se soutenir dans les nuages et faire ce qu'on raconte de lui?.. Légendes insensées, que le peuple croit, sur la foi des images qu'on lui montre. — En réalité, voici ce qui en est, du tonnerre et de la foudre. En été, durant la chaude saison, il y a, dans la nature, un excès du principe *yang*, à l'état libre. Or le *yang* est chaud, brûlant, de sa nature. Quand ce feu vient en contact avec l'eau de la pluie, il se produit une explosion qui est la foudre, accompagnée d'un bruit qui est le tonnerre. Tous les fondeurs savent très bien, que quand ils versent du fer en fusion dans un moule bien sec, tout se passe bien; mais que, si le moule est humide, il se produit une explosion; conflit du feu *yang*, avec l'eau *yinn*. Les magiciens taoïstes, dans leurs prestiges, produisent un tonnerre artificiel, en précipitant dans l'eau d'un puits une grosse pierre chauffée à blanc. Donc la foudre n'est pas autre chose, que le conflit du *yang* de l'air chaud, avec le *yinn* de la pluie froide. Donc, être frappé par la foudre, c'est être tué par une explosion de ce genre, partie tout près de soi. De là vient que les cadavres de ceux qui ont été tués par la foudre, sentent le roussi, sont flambés et parfois brûlés. Tel homme est foudroyé, parce qu'il se tenait à tel endroit; pur effet du hasard, non d'une sentence. Bien fous sont ceux qui veulent voir, dans les vergetures, des caractères, une écriture. Le Ciel n'écrit pas plus sur les corps des foudroyés, qu'il n'écrivit sur le dos des

dragons ou tortues de *Fou-hi* et de *U le Grand*. Légendes que tout cela!.
(Chap. 6.)

–◊– –◊–

D. Dans son septième chapitre, *Wang-tch'oung* raconte toute la légende de l'empereur 黃帝 *Hoang-ti*, y compris son apothéose. Il s'en moque, bien entendu. Sa citation est précieuse, car elle prouve que les légendes taoïstes étaient fixées, dès le premier siècle de l'ère chrétienne. Les documents qui auraient pu nous permettre de suivre leur développement, ne sont malheureusement pas parvenus jusqu'à nous. — A propos de cette apothéose, *Wang-tch'oung* s'attaque à la théorie des Génies taoïstes en général. « *Lao-tzeu* prétend, dit-il, que quiconque n'userait pas son principe vital par les soucis et le travail, ne mourrait pas, vivrait toujours. Alors pourquoi tous les végétaux, tous les animaux, ne sont-ils pas immortels, eux qui ne travaillent pas et qui ne se font pas de soucis?.. Les Taoïstes prétendent que ceux qui suivent un certain régime, produisent dans leur intérieur un être, lequel finit par dépouiller le corps vieilli, comme la cigale dépouille son enveloppe larvaire, et vit libre et immortel. Qui a jamais vu de ses yeux ce phénomène? Personne... C'est que, disent les Taoïstes, cette sortie de la voie commune, n'est le partage que de ceux qui ont suivi, dans les solitudes des montagnes, le régime connu ; et la preuve qu'ils sont sortis ainsi de la vie, c'est qu'un jour ils disparurent, sans qu'on retrouvât leur corps... Ceci ne prouve rien. Ils disparurent sans qu'on retrouvât rien de leur corps, parce qu'ils furent mangés par les tigres, dans leurs ermitages solitaires. — Et pour ce qui est du fameux régime, c'est une absurdité. L'homme naît avec une bouche et des dents ; sa nature veut donc qu'il mange et mâche. Tout au contraire, les Taoïstes veulent qu'il ne mange pas, mais absorbe seulement l'air ambiant et l'assimile, le *yinn* et le *yang* imprégnés dans l'air étant censés nourrir son esprit vital directement, sans digestion... Ceci est inepte! Essayez donc! L'air ne peut pas être assimilé. Pompez-en plein votre ventre ; vous aurez faim après autant qu'avant. — Les Taoïstes préconisent encore un autre système. Ils vantent une drogue, qui serait de l'air vital condensé à un haut degré de concentration... Ceci est encore plus inepte. Une drogue est une drogue, non un aliment. Une drogue peut guérir ; elle ne peut pas nourrir. Elle remédie à un trouble passager ; elle ne peut pas entretenir l'esprit vital habituellement. Sans aliments, pas de vie. Il faut absolument que l'homme mange et respire. L'air inspiré par lui, combiné avec les aliments digérés par lui, entretient l'esprit vital ; mais, quoi qu'on fasse, cet entretien ne sera pas perpétuel. Promettre l'immortalité aux hommes, c'est leur mentir. Seul, ce qui n'est pas né, ne meurt pas. Le ciel et la terre sont immortels, le *yinn* et le *yang* sont immortels. Tous les autres êtres naissent et meurent, meurent et renaissent, sans cesse. C'est-à-dire qu'ils passent alternativement par deux stades, l'un de concentration, l'autre de raréfaction. Telle l'eau qui, restant toujours la même eau, est parfois gelée, parfois dégelée. Ainsi en est-il de l'homme, qui naît de deux humeurs (le sperme paternel et le sang maternel, dit la physiologie chinoise). Dans son stade de condensation, c'est un homme vivant ; dans son stade de raréfaction, c'est un mort. » *(Chap. 7.)*

–◊– –◊–

Leçon 45.

E. «Inepte est le système des Lettrés, spécialement des Confuciistes, entièrement basé sur la foi aveugle dans un vieux texte, et dans son exposition par le maître. Ils croient aux textes; or tous les textes sont fautifs, par suite des erreurs des copistes. Ils croient leur maître; or toutes les traditions ont été faussées, dans leur transmission orale. Ils disent: cette chose est étrange et je ne la comprends pas, mais Confucius qui l'a dite fut un grand Sage, donc la chose est vraie et je la crois... Or Confucius, le Sage, ignora bien des choses. Ses disciples, 子游 *Tzeu-you* en particulier, le mirent souvent au pied du mur. Beaucoup de ses aphorismes sont de pures idioties; mais la foi de ses disciples leur interdit de le constater. Quant aux écrits de ces disciples, ils sont pleins d'erreurs et de mensonges. Ils généralisent, ils exagèrent, ils dénaturent les faits, à plaisir... Par exemple, ils prétendent que le Premier Empereur des 秦 *Ts'inn* fit brûler les livres par haine de la doctrine qu'ils contenaient. C'est faux. Il les fit brûler, par haine de l'usage que les Confuciistes en faisaient... Ils prétendent que le même voulut exterminer les Lettrés par haine des lettres. C'est faux. Il en fit exécuter 467, pour peine de leurs propos et de leurs agissements séditieux.» — Ces passages sont tirés des chapitres 8 et 9. Dans le chapitre 27 de son œuvre, *Wang-tch'oung* répète les mêmes assertions avec plus de force encore. «Les livres que les Confuciistes appellent *canoniques*, sont délabrés et falsifiés. Eux-mêmes sont d'ineptes rabâcheurs, qui interdisent à leurs élèves toute réflexion, toute invention. Pour eux le Maître n'est qu'un transmetteur, qui doit passer à son tour, et ainsi d'âge en âge, les assertions non critiquées, mais acceptées de foi, que l'on attribue à Confucius.».. Nous avons vu en effet que, d'après 荀子 *Sunn-tzeu*, tel doit être le rôle du Lettré (page 282).

-◇- -◇-

F. Dans son onzième chapitre, *Wang-tch'oung* attaque l'épisode célèbre de 共工 *Koung-koung* et 女媧 *Niu-wa*, d'abord raconté par le Père taoïste 列子 *Lie-tzeu* (*chap.* 5.) Le texte est reproduit par divers auteurs, avec des variantes auxquelles je ne m'arrêterai pas. En substance, *Koung-koung* ministre d'un ancien empereur, se révolta et fut vaincu. De dépit, il brisa d'un coup de tête 不 之 山 *la montagne qui ne peut être tournée*, laquelle, située au nord-ouest de la Chine, soutient la cloche céleste. Par suite, cette cloche s'inclinant vers le nord-ouest, se décolla du plateau terrestre au sud-est, et les eaux de l'Océan se précipitèrent dans le vide par cette fente. Un autre ministre, *Niu-wa*, boucha la fente, mais ne put pas redresser la cloche céleste. — Je pense qu'originairement cette histoire vint de l'Inde. Le mont *Sumeru*, dont la base ne peut pas être tournée, centre des quatre continents, joue un rôle considérable dans la mythologie indienne. — Après avoir relevé tout ce que cette histoire contient d'incroyable, *Wang-tch'oung* dit que c'est une légende très ancienne, inventée primitivement pour expliquer le mouvement des astres vers l'ouest, et le flux des fleuves asiatiques vers l'est. L'état premier avait été l'équilibre, et par suite l'immobilité. L'inclination du ciel vers le nord-ouest, produisit le glissement des corps célestes dans cette direction. L'écoulement de la mer vers le sud-est, attira dans ce sens le cours des fleuves de la Chine. — Après avoir expliqué ainsi cette vieille fable cosmologique, *Wang-tch'oung* s'attaque à la description du cosmos donnée par

騶衍 *Tseou-yen*. Il lui reproche d'abord d'être une nouveauté, dont personne n'a parlé ni avant ni depuis. Il le réfute ensuite, par un argument assez original. *Tseou-yen* affirmait que la Chine, petite fraction de la terre, était située au sud-est. C'est faux, dit *Wang-tch'oung*; la Chine, 中 國 *l'état central*, est bien située au centre du plateau terrestre. C'est facile à prouver. Si la Chine était située à l'est, quand le soleil se lève par dessus le bord oriental du plateau, ce bord étant plus rapproché, le soleil paraîtrait gros; et quand le soleil se couche par dessus le bord occidental du plateau, ce bord étant plus éloigné, le soleil paraîtrait petit. Or le soleil paraît en Chine de même grandeur, tant à son lever qu'à son coucher. Donc la Chine est juste au centre du plateau terrestre.

Dans le même chapitre, *Wang-tch'oung* nous livre son opinion sur la nature du ciel stellaire, du firmament. L'idée qu'il est fait d'une matière analogue à celle des nuages ou de la fumée, lui plaît moins. Il pense que le firmament est solide, et que les vingt-huit mansions célestes sont, à l'instar des stations de la poste impériale sur la terre, des garages installés pour le repos du soleil et de la lune dans leur course. — Il nie le corbeau à trois pattes logé dans le soleil, le lièvre et le crapaud logés dans la lune; fables taoïstes, qui étaient donc déjà courantes de son temps. Car, dit-il, le soleil étant du feu, le corbeau serait brûlé; la lune étant de l'eau, le lièvre et le crapaud seraient noyés. — Il explique assez bien les conjonctions et les oppositions, les éclipses de soleil et de lune, et déclare solennellement que ce sont là des phénomènes naturels de nulle importance, qu'on ferait mieux d'en attendre la fin tranquillement sans faire le vacarme usuel en Chine à cette occasion, etc. — Il réfute ensuite les pronostics tirés des nuages, de la pluie, de la neige (page 300), et explique assez bien ces météores par l'évaporation et la condensation de la vapeur d'eau. — Vraiment, cet homme a touché presque toutes les questions qui intéressent les hommes, et en a résolu beaucoup avec un bon sens merveilleux pour son temps. (*Chop. 11.*)

—◊— —◊—

G. Dès son sixième chapitre, *Wang-tch'oung* parle du dragon, l'être fantastique si populaire en Chine, qu'il est devenu l'emblème national. Personne ne l'a jamais vu. Sur la foi d'une ancienne tradition, conservée dans le *Livre des monts et des mers*, on le représente avec un corps de serpent et une tête de cheval. Il dort au fond des lacs, des puits. Le bruit du tonnerre le réveille. Il s'élance alors dans les nuages. Le mouvement qu'il s'y donne, fait tomber la pluie... Le dragon n'est pas un 神 *chenn*, *Wang-tch'oung* le dit et le répète avec insistance. Car, s'il était un *chenn*, une émanation, une force naturelle, il serait sans forme ni figure. Or c'est un être matériel, de la catégorie des reptiles écailleux.

Dans son seizième chapitre, *Wang-tch'oung* traite de la croyance populaire que des images de dragons en terre, exposées sur les toits, font tomber la pluie. Et, à propos de cette question, il en touche plusieurs autres, d'une haute importance. «Le vrai dragon, dit-il, fait tomber la pluie des nuages, en les comprimant, quand il chevauche dessus. Mais ses images en terre exposées sur les toits, ne peuvent évidemment pas produire le même effet. En général il est vain d'espérer obtenir un résultat transcendant, par l'emploi d'un médium matériel qui ne peut

Leçon 45.

avoir normalement cet effet. Ainsi l'envoûtement et autres maléfices, au moyen d'images et de statuettes, sont des pratiques vaines et inefficaces. Vain aussi, l'espoir de mettre fin au froid de l'hiver, en brisant l'image d'un bœuf en argile. Vaine, l'espérance de se mettre en communication avec les Ancêtres défunts, par le moyen d'une tablette en bois. Vaine, l'espérance de venir en aide aux morts, en leur offrant des chars de terre, des chevaux de paille, et autres objets analogues — Tout le monde sait que ce sont là de vaines pratiques, et pourtant tout le monde fait ces choses. Pourquoi?.. Pour faire quelque chose. Pour satisfaire, d'une manière quelconque, le besoin de son cœur. Toutes ces pratiques naquirent de désirs. On fit les tablettes des temples, parce qu'on eût désiré rester en communication avec les défunts. On inventa la cérémonie du bœuf de terre, au premier printemps, alors qu'on désirait que le froid cessât, parce qu'on désirait labourer la terre. On créa les objets qu'on offre aux morts, tourmenté par le vain désir de leur être secourable. Les magiciens font leurs simagrées, parce qu'ils désirent nuire. On expose enfin des dragons de terre, quand on désire la pluie. Dans toutes ces pratiques, le désir est réel, le moyen est inepte, le résultat est nul.» *(Chap. 16.)* — Ceci est clair, et bien important.

-◆- -◆-

II. *Wang-tch'oung* consacre son vingtième chapitre presque tout entier, à nier la croyance populaire alors prédominante, que les morts survivent, sont intelligents, peuvent nuire aux vivants. «L'homme naît, dit-il, de la combinaison du sperme et de l'air. Cette combinaison subsiste, tant qu'elle est nourrie par la circulation du sang. A la mort, cette circulation s'arrête. Par suite, le corps tombe en poussière, et l'esprit vital (精神 esprit spermatique) se dissout dans l'air ambiant. Voilà le sens vrai de l'aphorisme, que l'esprit monte et que le corps descend. La vie et la mort, sont un venir et un aller, qui alternent sans cesse, comme le gel et le dégel de l'eau. Ce sont deux états du même être, son état *ynn* et son état *yang*, auxquels répondent les deux prédicats *mort* et *vie*, comme au liquide si commun à la surface de la terre répondent, selon ses deux états, les deux termes *glace* et *eau*.» — Chose bien singulière, après avoir affirmé ainsi que l'être *va et vient*, *Wang-tch'oung* va avouer dans ses explications, comme 淮南子 *Hoai-nan-tzeu* (page 305), que la personnalité de l'être ne subsiste pas. «Le va et vient consiste, dit-il, en ce que, dans l'air ambiant, sont produits de nouveaux esprits vitaux, et que, de la terre, sont produits de nouveaux corps. Mais l'être nouveau n'est pas l'être ancien. Aucune personnalité ne passe, ne transmigre. Tel un sac de riz qu'on éventre, et dont le contenu s'éparpille. A la mort, tout de l'homme est éparpillé, est dissipé. Il reste d'abord une loque, un cadavre qui se décompose; et finalement rien qui ait forme ou figure ne survit. — Tous admettent que l'esprit vital des animaux qui meurent, se dissipe aussitôt. Or l'homme n'est pas d'une autre nature ; rien de lui ne survit. — Si l'esprit vital survivait, comme beaucoup le pensent, s'il y avait vraiment des 鬼 *koei* subsistants, le monde en serait plein; il y en aurait, depuis le temps que le monde existe, bien plus que de vivants; à chaque pas on se heurterait à un *koei*; et ceux qui prétendent avoir le don de pouvoir voir les *koei*, n'en verraient jamais un isolé; ils en verraient des bandes, des foules, le monde plein. — Et puis, dans l'hypothèse que l'esprit vital puisse survivre au moins pour un temps et se manifester, sous quelle forme apparaîtra-t-il?.. Pas sous une forme humaine, sans doute, car la forme humaine tient au corps; l'esprit vital n'a pas cette forme. Quand les feux follets, qui sont quelque chose de l'esprit vital, s'élèvent du sang répandu et des cadavres en décomposition sur un champ de bataille, ces flammes n'ont pas forme humaine, ce ne sont pas des âmes, c'est la dernière lueur de l'esprit vital des tués qui s'éteint. La nature ne peut pas faire durer une flamme sans aliment; elle ne peut pas faire rebriller une flamme éteinte. Elle peut produire d'autres flammes, mais elle ne peut pas reproduire celles qui ont fini de brûler. Elle peut produire des hommes nouveaux, mais ne peut pas faire revivre ceux qui sont morts, et ne peut pas les faire réapparaître dans leur ancienne forme et figure... De plus, c'est le corps qui porte les vêtements; l'esprit vital n'est pas habillé. Si donc les apparitions que les malades voient parfois, étaient vraiment des esprits vitaux subsistants, des âmes de défunts, elles apparaîtraient toujours nues, et non pas vêtues comme le défunt l'était de son vivant. — Conclusion: Avec l'arrêt du pouls, la vie s'arrête, et l'esprit vital se dissipe. Quand les malades voient des *koei*, et le *koei* et ses vêtements n'ont aucune réalité. Ce sont des images subjectives, engendrées dans un cerveau en délire, dépourvues de toute réalité objective.

Deuxièmement, si les morts survivaient, ils seraient inintelligents, sans connaissance de soi-même ni d'aucune autre chose. En effet, avant sa naissance, alors qu'il était encore contenu dans l'air ambiant, le futur esprit vital de cet homme ne savait rien. Pourquoi saurait-il quelque chose, quand, retourné dans l'air ambiant, il sera de nouveau comme il était devant? L'intelligence est le propre de l'état de vie humaine. Elle est en effet la somme de la spiration des cinq viscères, leur émanation à tous les cinq. Elle tient donc au corps, et dure autant que le corps, suivant toutes les vicissitudes du corps. Elle est vive, dans un corps dont les viscères sont parfaitement sains. Elle est obtuse, dans un corps dont les viscères sont malades. Elle diminue avec la décadence, et s'éteint à la mort... L'homme naît de la matière ténue inintelligente, et cette matière ténue devient intelligente dans l'homme, par l'opération viscérale de l'esprit vital. Pas de flamme possible, sans matière combustible; pas d'intelligence subsistante possible, sans matière organique dont elle émane. — Le sommeil, l'évanouissement, la mort, sont trois degrés d'un même phénomène, de la relâche de l'esprit vital. Dans le sommeil, l'esprit vital est retiré en soi. Dans l'évanouissement, il perd pour un temps la maîtrise du corps. Dans la mort, il se dissipe, abandonnant le corps à la corruption... Parler à un dormeur, à un évanoui, c'est donc parler en vain; ils n'entendent pas, leur esprit vital n'étant pas dispos. Mais parler à un mort, devant son cercueil ou sa tablette, c'est prouver qu'on ne sait pas ce que c'est que la mort... L'intelligence est la flamme de la vie; quand la vie cesse, la flamme s'éteint. Dire des morts qu'ils sont intelligents, cela répugne dans les termes; comme si l'on disait que les cendres sont lumineuses, que la glace clapote. — Si les morts subsistaient intelligents, les âmes des assassinés n'avertiraient-elles pas leurs parents, n'accuseraient-elles pas leurs meurtriers? Si les morts subsistaient intelligents, quelles scènes de jalousie et de vengeance ne verrait-on pas, de la part du mari défunt, quand une veuve se remarie? Or, rien de tout cela. Donc les morts ne subsistent pas intelligents... Telle de l'eau répandue refait un avec l'eau de la terre, ainsi l'esprit vital échappé du corps refait un avec l'air médian. — Ce fut là la croyance des Anciens. Je le prouve. Confucius refusa de réparer le tombeau écroulé de sa mère, déclarant que les Anciens ne firent jamais cela. S'il avait cru que sa mère subsistante et intelligente eût été réjouie par la réparation de son tombeau, il l'aurait certainement réparé. Or il ne le fit pas. Donc il ne le crut pas. D'après les Lettrés, Confucius résume l'antiquité. Donc l'antiquité ne crut pas à la survivance intelligente.

Troisièmement, les morts ne peuvent pas nuire aux vivants. Puisqu'ils n'existent plus. Donc rien à craindre d'eux. — Et d'ailleurs, même s'ils existaient, ils ne seraient pas à craindre davantage, car ils auraient perdu le souvenir des offenses reçues, et n'auraient pas la force de se venger. — La cigale parfaite sortie de son enveloppe, oublie ou plutôt ignore tout ce qui l'affecta durant son état larvaire; ainsi en serait-il d'un esprit vital subsistant qui aurait quitté le corps. — Pour se venger, il faut d'abord se mettre en colère, ce pour quoi il faut du souffle et du sang; il faut ensuite user de ses muscles, avec énergie. Or quelle n'est pas déjà l'apathie, la débilité, des malades et des mourants, par suite de l'extinction graduelle de l'esprit vital Quel ressentiment, quelles forces, un mort conservera-t-il?.. Un rêveur qui rêve qu'il se venge, ne fait de mal à personne; combien moins un mort, qui ne peut même plus rêver. » — Et *Wang-tch'oung* termine cette longue discussion, par la triple négation proférée avec une force peu commune: « Non, les morts ne survivent pas, ne savent pas, n'apparaissent pas pour nuire. » (*Chap*. 20.)

Dans les chapitres 21 et 22 de son ouvrage, *Wang-tch'oung* applique les principes énoncés ci-dessus, à toutes les apparitions historiques que j'ai citées dans mes quatorze premières leçons. Inutile de citer ces discussions. Elles reviennent toutes à ceci : rien ne survit, donc les apparitions, si apparitions il y eut, ne furent pas des apparitions personnelles d'un défunt survivant, mais eurent une autre nature qu'il nous expliquera bientôt — Je relève seulement trois faits, qui contiennent des assertions importantes. — D'abord, rapportant la tournée que 趙簡子 *Tchao-kien-tzeu* fit au ciel dans le délire d'une grave maladie, il nie d'abord que l'esprit vital d'un homme vivant puisse monter au ciel; vu l'éloignement du ciel; vu la lenteur de l'esprit vital, dépourvu de moyens de locomotion, réduit à se faire porter par le vent, ne marchant donc pas plus vite que les nuages. Or le ciel étant à au moins soixante mille stades de la terre, quand y arrivera-t-il?.. Il nie ensuite que *Tchao-kien-tzeu* ait pu voir le Souverain d'en haut, celui-ci n'existant pas. Il vit, dans son délire, une figure imaginaire de ce Souverain, conçue à sa manière. — En second lieu, il attaque toutes les histoires de recours, par des défunts opprimés, au Souverain d'en haut, en particulier celui de 申生 *Chenn-cheng* que nous connaissons (page 107). S'il y avait un Souverain d'en haut, dit-il, et si les morts pouvaient recourir à sa justice, durant la période 春秋 *tch'ounn-ts'iou* qui vit trente-six assassinats de princes, et des exécutions injustes en bien plus grand nombre, il y aurait eu des vengeances célestes tous les jours; or il n'y en eut jamais. — Enfin troisièmement, il condamne la coutume officielle et générale alors, de rappeler l'âme des morts, après qu'ils ont rendu le dernier soupir. Puisqu'elle est dissipée, à quoi bon la rappeler? C'est là faire montre d'ignorance.

-◆- ◆-

Leçon 45.

I. Telles sont les assertions de *Wang-tch'oung* sur ce qui suit la mort. Il rend témoignage que, de son temps, la croyance populaire à la survivance de l'âme était prédominante, et il nie cette survivance personnelle pour sa part. L'esprit vital retourne à l'air, le corps retourne à la poussière, voilà son dernier mot. — On s'attendrait, après cela, à entendre *Wang-tch'oung* nier toutes les apparitions de spectres, tous les maléfices. Au contraire, il y croit. Et il appuie sa croyance sur une théorie fort singulière que je vais exposer... Cet homme qui ne crut pas à la survivance personnelle ni à la puissance d'agir d'une âme séparée, crut à la survivance matérielle temporaire des pensées et des paroles passionnées, et à la puissance nocive de ces êtres extériorisés... Il ne fut pas l'inventeur de cette théorie. J'ai exposé en son temps (page 88 B) l'opinion déjà courante au septième siècle avant J.-C., d'après laquelle les passions populaires surexcitées deviennent des spectres, des monstres, qui peuvent apparaître et agir. Dans son vingt-deuxième chapitre, *Wang-tch'oung* va développer cette théorie, qui deviendra un dogme fondamental du taoïsme magique. Il commence par exposer six opinions de ses contemporains sur la nature des spectres, opinions qu'il ne partage pas. — Première opinion: dans l'homme sain, l'esprit vital perçoit les objets extérieurs par les organes des sens; par exemple, un être matériel par les yeux, un son par les oreilles. Dans l'homme qui rêve, qui a la fièvre, qui est atteint de folie, il en est autrement. Alors l'esprit vital fuit par les organes des sens, s'échappe en filets, lesquels, à l'extérieur, deviennent des êtres qu'il perçoit subjectivement, alors qu'ils n'ont aucune réalité objective. Ainsi, chez le rêveur, le rayon oculaire se retournant vers l'extérieur, des spectres se projettent, qui paraissent extérieurs, alors qu'ils sont projetés de l'intérieur. Ce sont des fantasmes subjectifs. — Deuxième opinion, qui fut officielle sous la troisième dynastie: les spectres se forment dans l'intérieur du microcosme humain, par répercussion d'un trouble dans le macrocosme universel. De sa nature, le 氣 *k'i* céleste est limpide, et le *k'i* humain qui en est une participation, est limpide aussi. Parfois le *k'i* céleste se trouble; alors le *k'i* humain se trouble aussi, par sympathie; d'où les rêves, les spectres, les fantômes. C'est pour cela que le gouvernement s'informait, sous la troisième dynastie, des rêves du peuple; pour en tirer des conjectures sur l'état du *k'i* universel. — Troisième opinion; les spectres, les fantômes, les monstres, sont la quintessence d'êtres ou d'objets vieux ou antiques; par exemple d'un vieil arbre, d'un bibelot en jade ancien. Cette quintessence peut se détacher de l'objet, errer, rencontrer un homme. Si l'homme est en consonance avec elle, elle passera, sans qu'il la remarque. Si l'homme est en dissonance avec elle, elle le heurtera, et, par suite de ce heurt, sera vue, ou entendue, ou sentie par lui. Nous retrouverons plus tard cette singulière théorie, qui joue un rôle immense dans les contes taoïstes. Elle dut son origine, je pense, aux hallucinations de malades en délire, lesquels croient souvent voir des objets sans vie, s'animer, se mouvoir et agir. — Quatrième opinion. De tout homme, sort une émanation, un fluide. De l'homme sain sort un fluide bienfaisant, de l'homme malade sort un fluide morbide. Ce fluide se dissipe ordinairement au fur et à mesure. Parfois il subsiste. Certains fluides morbides, hautement potentiés, sont devenus ce que le vulgaire appelle le Génie de la variole, qui cause les épidémies de petite vérole; le Génie de l'éclampsie, qui caché dans les appartements mal aérés et les recoins sombres des maisons, fait peur aux petits enfants et cause les

Leçon 45.

convulsions... *Wang-tch'oung* ne nie pas cette émanation, ce fluide. Mais, dit-il, il ne faut pas lui imputer un choc, une agression brutale. Car elle n'est pas plus dense que la matière de la fumée, des nuages. Donc elle ne peut pas nuire en heurtant... Mais, issue d'une fermentation du *yinn-yang*, elle détermine, dans le *yinn-yang* de l'individu qu'elle atteint, une fermentation similaire. Voilà comment il faut expliquer ses effets nocifs... Exactement ce qu'on disait en Occident, avant la découverte des microbes, quand on expliquait les épidémies par des miasmes, des exhalaisons. — Cinquième opinion. Le spectre qui apparaît à un mourant, c'est le Génie du caractère cyclique céleste qui vient lui signifier que son heure est venue. Les dix caractères cycliques célestes, sont des 神 *chenn*. Tout homme né sous tel caractère cyclique, mourra sous tel autre; il y a pour cela des règles fixes. Et c'est le Génie de cet autre caractère cyclique, qui viendra mettre fin à sa vie... Nous avons ici la première mention du calcul de l'horoscope d'après les caractères du cycle, calcul qui joue encore un si grand rôle dans la Chine moderne. Il paraît donc que la pratique était déjà très répandue au commencement de l'ère chrétienne — Sixième opinion. Le ciel et la terre ont produit deux catégories d'êtres également nombreuses, les hommes animaux et êtres inanimés visibles, et d'autres êtres qui normalement sont invisibles aux yeux des hommes. Ces êtres ordinairement invisibles, ont, ou peuvent prendre, des formes très diverses. Les sorciers ont le don de les voir. Les mourants les voient aussi parfois. Ils sont généralement malfaisants. De là le fait qu'un incendie est parfois annoncé d'avance par une lueur, qu'avant un décès on a vu parfois un animal étrange se glisser dans la maison. De là toutes les apparitions de lutins, de spectres, de fantômes, de 鬼 *koei* en un mot.. Le quartier général de ces êtres malfaisants, est un pêcher immense sur le mont 度朔 *Tou-chouo*, dont il est parlé dans le *Livre des monts et des mers*, sur les branches duquel ils perchent. Deux Génies frères, 荼與 *Tou-u* et 鬱壘 *U-lei*, exercent une certaine surveillance sur ce pêcher. Quand des *koei* ont commis de trop grands méfaits, ils les lient avec des liens de roseaux, et les jettent en pâture aux tigres de la montagne. Voulant protéger ses sujets contre les entreprises des *koei*, l'empereur 黃帝 *Hoang-ti* leur apprit à écrire sur les portes de leurs maisons, les noms de *Tou-u* et de *U-lei*. Quand les *koei* rôdeurs les voient, se rappelant ce qui les attend s'ils font du mal, ils n'osent pas nuire... Je pense que cette légende qui se trouve de fait dans le vieux *Livre des monts et des mers*, est exotique, a été apportée en Chine je ne sais d'où. Elle y eut des suites superstitieuses graves. Encore de nos jours, au nouvel-an, beaucoup de païens peignent sur leurs portes les quatre caractères *Tou-u U-lei*, comme un ban contre les *koei*.

Après nous avoir ainsi renseignés sur les opinions de ses contemporains qu'il ne partage pas, *Wang-tch'oung* va nous développer la sienne... Toute pensée longtemps choyée 思念存想; toute parole, toute musique passionnée; toute émotion violente, amour ou haine; tout cela peut être extériorisé par le vivant, peut survivre au mort; peut subsister, peut agir, pas toujours, mais pour un temps, jusqu'à assouvissement. De là la puissance des magiciens et des sorcières, hommes et femmes exercés à concentrer une passion intense dans les formules qu'ils profèrent. De là la puissance spéciale, en bien ou en mal, des paroles proférées par les petits enfants, lesquels mettent toujours toute leur force dans ce qu'ils disent. De là les pleurs qu'on entend parfois la nuit ; plaintes d'opprimés extériorisées. De là toutes les apparitions que les hommes appellent *koei*. Ce sont des amours subsistants, ou des haines persistantes, qui tendent à s'assouvir. Ce n'est pas l'âme de 杜伯 *Tou-pai* qui tua l'empereur 宣 *Suan* de la troisième dynastie ; c'est la haine subsistante de ce malheureux, mis à mort contre toute justice, qui s'assouvit, alors que l'esprit vital de *Tou-pai* était dissipé depuis longtemps. Le chien bleu qui mordit au flanc l'impératrice 呂 *Lu* de la première dynastie 漢 *Han*, morsure dont elle mourut, n'était pas l'âme de sa victime le prince 如意 *Jou-i*, mais la malédiction subsistante de ce pauvre enfant, qui s'assouvit, et s'éteignit dans son assouvissement, longtemps après sa mort. Dans la musique qui résonne encore dans les roseaux de la rivière 濮 *P'ou*, survit, non l'âme du musicien 延 *Yen*, mais son intention perverse. L'effet des charmes écrits s'explique de même. Les apparitions qui hantent les moribonds, sont les soucis subsistants de leur vie passée. — Et qu'est-ce, essentiellement, que ce pouvoir nocif des pensées et des paroles passionnées, des apparitions que le peuple appelle *koei* ? C'est du 氣 *k'i* solaire. Le *k'i* solaire, c'est la quintessence du principe *yang*, du principe actif. En quantité modérée, le *yang* est bienfaisant ; à dose excessive, il devient un poison mortel. De là, dans les contrées trop ensoleillées, les morts si nombreuses, par insolation, malaria, choléra, etc. Tous effets d'un excès du principe *yang*… Participé, dans les mêmes régions, par certains végétaux ou animaux, cet excès de *yang* produit le poison mortel du strychnos, le venin mortel du cobra. L'homme, et l'enfant plus encore que l'homme fait, étant le plus *yang* de tous les êtres, est aussi le plus venimeux. Participation du *k'i* solaire, le venin humain se condense, dans la pensée, dans la parole, dans l'intention passionnée, amour ou haine. Quand l'homme a cessé d'être, son venin peut subsister et agir encore. Toutes les anciennes histoires doivent s'expliquer, non par des vengeances exécutées par un être encore existant et conscient, mais par la malédiction subsistante lancée par cet être jadis, laquelle finit par se ficher, comme un trait, dans son but. *(Chap. 22.)*

Ce qui précède explique pourquoi en Chine, encore de nos jours, toute imprécation, surtout si elle vient d'un enfant, est extrêmement redoutée. De là la fréquence des malédictions, qui sont comme une arme offensive et défensive à l'usage des faibles ; on les enseigne, hélas ! aux petits enfants, avant l'âge de raison. De là la fréquence des suicides, surtout de femmes exaspérées, l'acte le plus passionné possible, commis pour donner à une exécration suprême lancée en expirant, le maximum de vénénosité qui puisse lui être imprimé, et obtenir par elle sa vengeance posthume.

-◆- -◆-

J. Dans son vingt-cinquième chapitre, *Wang-tch'oung* revient sur la négation de la survivance des âmes, et ajoute aux arguments que nous savons déjà, les suivants qui sont neufs : « Le vulgaire parle sans cesse de Mânes transcendants. S'ils étaient transcendants, s'ils étaient 神 *chenn*, ils n'auraient ni forme ni figure, alors à quoi bon leur faire des offrandes ? Et s'ils survivaient sans être transcendants, la vie des hommes serait impossible sur la terre. Quel mal on a, au moment de la moisson, à chasser de l'aire les poules et autres volatiles, qui pillent le grain; dès qu'on tourne le dos, les pillards sont revenus. Si le monde était plein de *koei* invisibles, tous besogneux et faméliques, ce serait bien pire. Ils pilleraient tout, sans qu'on pût les chasser. Ils seraient plus malfaisants que les tigres et les loups.» — Cela ne rappelle-t-il pas le congé formel et navrant, donné aux mânes de leurs parents, par les Hindous, après l'offrande? «Allez-vous-en, ô Pères, par vos secrets chemins. Ne revenez que dans un mois, pour jouir de l'offrande.» Et, ce disant, l'offrant secoue le pan de son habit, pour les empêcher de s'y cramponner, pour les contraindre au départ.

K. Enfin, dans ses chapitres 23 à 25, *Wang-tch'oung* nous apprend des choses extrêmement intéressantes, sur les pratiques superstitieuses, surtout la géomancie, de son temps; choses dont les commencements ne nous sont pas connus; que *Wang-tch'oung* nous montre devenues pratique commune au premier siècle de l'ère chrétienne. Je me contenterai de les énumérer brièvement, avec la réponse qu'il y fait.

«On dit que, ajouter à sa demeure, à sa terre, dans la direction de l'ouest, du couchant, est néfaste. Pourquoi? Les conditions telluriques ne sont-elles pas les mêmes dans tous les sens? (*Chap. 23.*)

On dit que, pour certains actes, tel mois, tel jour, telle heure est propice; tout autre temps serait funeste. Pourquoi? La révolution du 氣 *k'i* sous l'action du ciel et de la terre, n'est-elle pas un cercle parfait, dont tous les points sont équivalents? (*Chap. 24.*)

On dit que, chaque année, une orientation spéciale, l'orientation de l'année, doit être déterminée par les géomanciens; que, agir dans le sens de cette orientation, porte bonheur; que, agir contre, c'est vouloir l'insuccès... Pourquoi?.. A cause du 神 *chenn* de l'année, dit-on... Mais, de tous les *chenn*, ceux du ciel et de la terre sont sans contredit les plus grands. Et pourtant on n'observe à leur égard aucune orientation. Pourquoi en faire davantage pour un *chenn* moindre?... A dire vrai, s'il existait, le *chenn* de l'année ne serait autre que le *k'i* du ciel et de la terre, l'année étant la révolution circulaire de ce *k'i*. (*Chap. 24.*)

Toute maison, dit-on, doit être non seulement orientée d'après les règles de la géomancie; il faut de plus déterminer au diapason le son du terrain, et constater s'il est en harmonie avec le ton du nom de famille des gens qui habiteront la maison. Faute de quoi, pas de bonheur. — De plus, pour chaque espèce de commerce, la porte doit être ouverte dans une direction spéciale. Sinon, pas de succès. — Bah! Quand ils construisent leurs nids, quand ils creusent leurs terriers, les oiseaux et les rongeurs font-ils tant d'embarras? Pourquoi l'homme, le premier des animaux, devrait-il en faire plus que les autres?.. Le bonheur n'a pas d'orientation spéciale. Le malheur, ce sont les collisions sur les lignes de la vie, chocs contenus dans le destin, contre lesquels l'orientation du domicile ne peut rien. (*Chap. 25.*)

On dit: tout homme mort de malemort, supplicié ou mutilé, ne doit pas être enterré dans le cimetière de sa famille, car il serait un objet de déplaisir et de dégoût pour ses parents... Mais, ces parents ne subsistant pas, ne sachant plus rien, cette raison est de nulle valeur. — On dit: tout enfant qui tette, et par suite toute femme qui allaite, est un être néfaste, qu'il faut écarter... Pourquoi?.. L'enfant n'est-il pas né du *k'i* médian, du sperme et de la matière céleste et terrestre? Il est donc faste, et sa mère aussi. (Voyez la note). — On dit qu'il faut se défaire des enfants nés durant la première et la cinquième lune; car, quand ils seront devenus grands, ils tueront leurs parents... Mais, le *k'i* de tous les mois n'est-il pas le même? Pourquoi les enfants nés durant ces deux lunaisons, différeraient-ils des autres?

On prétend que, dans chaque demeure humaine, habitent plusieurs 鬼 *koei*; qu'il y habite aussi douze 神 *chenn*, dont les principaux sont le dragon vert et le tigre blanc, lesquels combattent les *corps qui volent* et les *maléfices qui coulent*... Nous avons, dans cette phrase, la première mention historique du fameux 風水 *fong-choei*, air et eau, croyance superstitieuse en des courants d'air aériens, en des veines d'eau souterraines, qui apportent bonheur ou malheur. Les *corps qui volent*, sont les vampires ou goules dont nous aurons à reparler plus tard.

On cherche, dit *Wang-tch'oung*, à écarter des demeures les *koei* malfaisants, par le rit de l'ours aux quatre yeux (page 104 G). Or ce rit ne fut introduit que sous la dynastie 周 *Tcheou*, en un temps de décadence. Car ce sont les temps décadents, qui croient aux superstitions, qui ont peur des *koei*, qui cherchent à obtenir la paix par des pratiques étranges. S'adaptant à la croyance du peuple, les empereurs introduisirent ce rit, pour lui complaire. Vain simulacre! Jamais un rit n'a porté bonheur, jamais un rit n'a écarté le malheur. — Le premier culte et les premiers rits furent institués, pour témoigner de la vénération, pour manifester qu'on n'oubliait pas, non pour autre chose... On offrit des victimes au Ciel, en reconnaissance de ses bienfaits, sans penser qu'il les mangerait; car, si c'était pour le rassasier, étant donné ses dimensions, combien de bœufs faudrait-il lui offrir?.. On fit des offrandes aux morts, sans croire qu'ils existassent encore, uniquement pour faire quelque chose, à la mode humaine, les hommes ne connaissant que celle-là... L'empereur s'inclinait vers les Monts et les Fleuves, qui sont les os et les artères du cosmos, qui le font solide et fécond. Il saluait la foule des *chenn*, émanations des lieux, forces naturelles utiles, mais sans les prendre pour des Génies... On honorait le vent qui est la respiration du cosmos, la pluie qui est sa sueur, le tonnerre borborygme de son creux médian immense... Chaque ménage honorait le puits, l'âtre, la cour centrale de sa maison, parties de la terre à lui concédées. Donc, en somme, on honorait le cosmos impersonnel, la nature et ses dons inconscients.. Quand on creusait la terre, on priait les émanations du sol d'être favorables, rit illogique mais encore tolérable. Hélas! plus tard, quand vint la décadence, on personnifia, on vénéra comme des Génies, l'esprit de la terre, celui du puits, celui de l'âtre, celui de la cour centrale; ceux du vent, de la pluie, du tonnerre. On se figura les morts vivants, et on leur demanda du bonheur en échange des offrandes. Quelle insanité d'avoir ainsi personnifié des forces impersonnelles, de se figurer comme existants des êtres qui ne sont plus. Si un mort revenait, il ne reviendrait pas sous sa forme et avec ses habits d'autrefois, puisque cette forme et ces habits ont cessé d'être depuis longtemps. Il reviendrait, hideux squelette, vêtu et enveloppé tel qu'il est dans son cercueil. Or cela ne s'est jamais vu. Donc jamais un mort n'est revenu. Les princes ont enraciné et perpétué toutes les fausses crovances, en instituant un culte et des rits qui les supposent vraies. Ils agirent ainsi, pour complaire au peuple. Ils firent mal. Encore une fois, tout ce qui apparaît, ne revient pas de l'autre monde, mais se forme dans l'imagination affectée d'un malade ou d'un fou. » (*Chap.* 25.)

Ainsi parle *Wang-tch'oung*, et je n'ajouterai rien à ses paroles. Tout mécréant qu'il fut, cet homme eut à lui seul plus de bon sens, pour démolir les absurdités païennes, que n'en eurent ensemble tous les autres philosophes chinois. Pour construire, il fut moins fort.

Notes. — B. En osant ainsi attenter à la légende sacrée sur laquelle toute la Grande Règle est assise, *Wang-tch'oung* fait preuve de haute impiété, et d'excellent jugement. Il récidive dans ses chaps 6 et 19. — Pour l'histoire du duc de *Lou* arrêtant le soleil, comparez page 288. Trois variantes, 煬 *Yang*, 陽 *Yang*, 襄 *Siang*.

H. Les lignes suivantes du chap. 23 sont à noter. Il s'agit des funérailles. « Les disciples de *Mei-tzeu* prétendent que l'âme survit intelligente, et ils veulent qu'on enterre le cadavre chichement. Contradiction. Cela affligera l'âme. — Les disciples de Confucius prétendent que l'âme ne survit pas, au moins pas consciente, et ils veulent qu'on se ruine en frais pour le cadavre. Inconséquence. L'âme éteinte ou inconsciente n'en éprouvera aucune satisfaction. — Mais, disent-ils, nous agissons ainsi, pour montrer que nous n'oublions pas nos morts. — Alors pourquoi les enterrez-vous dans un lieu écarté, à la campagne ? Vous devriez les enterrer dans la cour centrale de votre maison. Ce serait le vrai moyen, pour ne pas pouvoir les oublier. » (*Chap.* 23.)

K. Dans tout cet ouvrage, les mots *faste* et *néfaste* sont employés pour rendre les termes 吉 *ki* et 凶 *hioung*, fondamentaux en philosophie chinoise. *Ki* ne serait traduit que très imparfaitement par heureux, par porte-bonheur ; item *hioung* par malheureux, par porte-malheur. La superstition chinoise distingue deux sortes d'êtres, les uns *essentiellement* bons et heureux, les autres *essentiellement* mauvais et malheureux. C'est dans ce sens que *faste* et *néfaste* sont pris dans tout le cours de ce volume. Je sais bien que cet usage de ces mots, n'est pas l'usage français classique. Je demande pardon de l'abus au lecteur, auquel j'aurais dû sans cela infliger deux termes chinois de plus à toutes les pages.

Source. — Le 論衡 *Lunn-heng* de 王充 *Wang-tch'oung*.

Quarante-sixième Leçon.

Seconde dynastie 漢 Han.

L'œuvre de 班固 Pan-kou, 應劭 Ying-chao, 荀悅 Sunn-ue, 徐幹 Su-kan.

J'analyserai, dans cette Leçon, les œuvres encore non traduites de quatre auteurs, qui écrivirent de la fin du premier à la fin du deuxième siècle de l'ère chrétienne. Aucun d'eux n'inventa un système particulier Mais ils éclaircissent certaines données que nous connaissons déjà, et aident ainsi à faire exactement le point des idées chinoises, un moment avant que les idées buddhiques ne commencent à les influencer, ce qui est très important.

I. D'abord 班固 Pan-kou, auteur de l'histoire de la première dynastie Han, mort en 92 après J.-C., nous a laissé le 白虎通 Pai-hou-t'oung, précieux opuscule, traité de gouvernement et de politique à la manière de Sunn-tzeu, dont les développements l'amènent à toucher à presque toutes les institutions de son temps, la seconde dynastie Han. Voici les passages de l'œuvre de Pan-kou qui vont à notre sujet.

« A l'origine fut le 混沌 hounn-tounn. Il ne faut pas traduire ce terme par chaos. Ce fut l'état gazeux de la matière, absolument homogène, si ténue que rien n'était visible ni tangible. Puis, la matière se condensant, mais toujours homogène, devint visible, comme la fumée, comme la vapeur. Puis, la condensation progressant toujours, la matière, toujours homogène, devint tangible. Ensuite, dans le sein de la matière homogène, des concrétions plus grossières et plus lourdes se formèrent. L'équilibre fut alors rompu. La masse cosmique se fendit (sic), le subtil montant, le solide descendant. Le subtil devint le ciel, le solide devint la terre. L'influx du ciel sur la terre commença aussitôt. Le ciel agit, la terre se prêta. Dans l'entre-deux jaillit la lumière-chaleur, qui mit en mouvement les deux roues, celle du yinn-yang en haut, celle des cinq agents en bas. »

La roue supérieure du yinn-yang n'a pas six jantes (page 314), mais cinq seulement; trois yinn et yang, le yang mourant étant supprimé. Il semble que Pan-kou ait trouvé logiquement répugnante l'idée d'une cessation entière de l'activité yang; c'eût été la mort cosmique, selon lui. Donc le yinn règne, diminue, s'éteint; le yang règne, diminue, mais ne meurt jamais entièrement, parce qu'il est la vie. Ainsi les deux roues ayant chacune cinq secteurs, le calcul des nombres est simplifié, la période de trente ans est supprimée. — Dans l'ordre des cinq agents de la roue inférieure, Pan-kou ne suit pas l'ordre ancien de la production réciproque donné dans le 素問 Sou-wenn. Il suit l'ordre de la destruction réciproque inventé par 騶衍 Tseou-yen. De plus, il met en relation avec les cinq secteurs, les Cinq Souverains des régions de l'espace, popularisés par l'empereur 文 Wenn (page 286), et mis en bonne place dans le panthéon de la seconde dynastie Han (page 326).

« Le ciel et la terre ne font pas proprement une paire, un couple. Car le ciel est rond, la terre est carrée, donc ils ne sont pas de même espèce. — Les êtres sexués, l'homme en particulier, se propagent par couples de même espèce. Voici comment se produit la génération humaine. De la parcelle des cinq agents contenue dans les viscères de l'homme, émane l'affection sexuelle. Cette affection produit les liquides générateurs, sperme et sang. Dans ces liquides unis, l'esprit vital est produit, lequel dirige ensuite le développement de l'être selon sa norme. Dans l'homme, cette norme comprend la raison et la conduite raisonnable, plus la culture rituelle, littéraire et artistique. » *(Chap. 4.)*

Pas un mot du Souverain d'en haut, d'une Providence. Mais un système fataliste, ressemblant à celui de *Wang-tch'oung*, plus adouci, et partant moins logique. L'homme apporte en naissant un triple destin : 1° celui qui lui assigne un lot fixe d'années à vivre. Celui-là est absolu, et sortira certainement son effet, sauf le cas de suicide volontaire ou de collision. — 2° un destin qui lui assigne un lot de succès et de bonheur donné. Celui-ci est relatif. Il est rogné, diminué, par l'administrateur du destin, le 司 *seu-ming*, dont *Pan-kou* ne définit pas la nature. Il admit probablement qu'un astérisme produisait cet effet. — Enfin 3° le destin accidentel, les collisions qui se produisent éventuellement à l'intersection des trajectoires des destinées, chocs et heurts qui ne peuvent pas être calculés, catastrophes auxquels les meilleurs des hommes n'échappent pas. C'est de ces collisions fatales que Confucius disait en gémissant : « Ô destin ! ô destin ! » — Cette conception de la destinée, est cause que les Lettrés considèrent *Pan-kou* comme quelque peu entaché d'hérésie. *(Chap. 3.)*

-◆- -◆-

Dans ses notes sur le culte, *Pan-kou* nous donne des renseignements intéressants sur le culte des cinq Pénates, et sur celui du Patron du sol.

Il prétend que ceux-là seuls faisaient les offrandes aux Pénates, qui possédaient un apanage donné par le gouvernement en propre, une propriété à eux. Le vil peuple ne possédant pas, n'avait pas de Pénates, ne faisait donc pas d'offrandes. L'offrande était trimestrielle. Au printemps, alors qu'on allait recommencer à sortir après le confinement hivernal, on offrait à la porte intérieure. En été, saison chaude, à l'âtre, siège du feu. En automne, une fois les moissons rentrées, à la porte extérieure, celle de la propriété, qu'on allait fermer sur les richesses entassées. Au sixième mois, milieu de l'année, dans l'atrium, centre de la propriété, à la terre.

Le culte des Patrons du sol et des moissons, est, au temps de *Pan-kou*, le grand culte populaire, celui de tout le monde, depuis l'empereur jusqu'au dernier manant. L'homme vit du sol par les récoltes, dit *Pan-kou*; de là ce culte. Une offrande au printemps pour demander, une autre en automne pour remercier, tout le peuple étant convoqué par les autorités du lieu. — Le tertre du Patron du sol de l'empire, était une pyramide quadrangulaire tronquée, une face (trapèze) tournée vers chaque région de l'espace et colorée de la couleur propre à cette région; le sommet carré étant jaune, couleur du centre, de la terre. Quand l'empereur créait une nouvelle seigneurie, il autorisait le seigneur à élever un tertre au Patron du sol de son apanage, et lui envoyait une poignée de la terre du tertre impérial, prise du côté du nouvel apanage, pour l'enfouir dans le nouveau tertre. — Dans l'idée du peuple, le Patron du sol était censé gouverner le monde souterrain, et les influences *yinn*. Aussi chaque fois que le *yinn* empiétait sur le *yang*, lors des éclipses de soleil par exemple, en cas de pluie trop continue, on faisait au Patron du sol des offrandes extraordinaires pour l'amadouer; mais on employait aussi contre lui des moyens de coercition, pour l'empêcher d'en faire davantage; on battait le tambour pour l'intimider, on liait son tertre avec une corde rouge pour l'entraver, etc. (Comparez page 312). Tout cela est bien chinois, puéril et vulgaire.

—✦ ✧—

Les notes de *Pan-kou* sur la physiologie et la psychologie de son temps, montrent que, depuis trois ou quatre siècles, le 素問 *Sou-wenn* (Leçon 41) avait été, non amélioré, mais surchargé, et cela assez malhabilement. Aux cinq viscères charnus, auxquels étaient déjà rattachées tant de choses, ont encore été rattachés les organes des sens (conçus à la chinoise), les organes membraneux comme magasins, et les vertus confuciistes comme sécrétions. — L'œil répond au foie, le nez au poumon, l'oreille au cœur, les organes génitaux au rein, la bouche à la rate. — Le gros intestin et l'intestin grêle sont les magasins du cœur et du poumon, l'estomac est le magasin de la rate, la vessie celui des reins, la vésicule biliaire celui du foie. — Le foie sécrète la bénignité, le poumon l'équité, le cœur les rits, le rein la sagesse, la rate la confiance. — Pourquoi?.. pour des raisons, qui ne sont pas des raisons; qui sont des arrangements quinaires quelconques. — Pour *Pan-kou*, qui est pratiquement un matérialiste, l'esprit vital est composé de deux particules, l'une *yinn*, l'autre *yang*. Alors l'âme spermatique et l'âme aérienne n'ont plus de rôle défini. Il les admet néanmoins. Double usage.

II. Le 風俗通 *Fong-su-t'oung* de 應劭 *Ying-chao*, qui fut écrit probablement entre 130 et 140, est un complément utile de l'œuvre de 王充 *Wang-tch'oung*. — *Ying-chao* en veut à mort aux superstitions populaires. Il raconte, non sans pittoresque, comme souvent des superstitions généralement crues et pratiquées, sont nées d'une parole mal comprise, d'un fait mal interprété. — Par exemple, dans un pays où les puits étaient rares faute de puisatiers pour en creuser, un homme embaucha un puisatier étranger qui lui creusa un puits. Tout heureux du succès de son affaire, l'homme disait à tout venant: j'ai creusé un puits; j'ai trouvé un homme... Il parlait de son puisatier. Le vulgaire comprit que, en creusant son puits, il avait déterré tout au fond un homme vivant, *chenn* ou *koei* par conséquent, et la croyance à l'homme du fond des puits se forma. Il fallut une enquête du seigneur du lieu, pour réduire à néant cette fable, et faire cesser les pratiques qui s'ensuivaient. — Ailleurs un homme vivait à l'aise sans travailler, parce qu'il avait enterré le magot laissé par son père et le ménageait sagement. Le bruit se répandit qu'il savait fabriquer de l'argent. Tout le monde voulut avoir la formule. Une épidémie d'alchimie s'ensuivit. — Ailleurs un homme poursuivant un chevreuil; l'animal se jeta dans un fourré. Quand il y eut pénétré, l'homme trouva, non le chevreuil, mais une flaque d'eau laissée par la dernière inondation, dans laquelle se prélassait une grosse carpe. Il crut que le chevreuil poursuivi s'était changé en carpe pour lui échapper; que la carpe était *chenn* par conséquent. Il la prit donc respectueusement, la porta chez lui, l'installa dans un vivier, la nourrit bien et lui fit ses prières. Un jour, ayant eu mal aux yeux, il se recommanda à elle et guérit. Le résultat fut, que tous ceux qui souffraient des yeux, vinrent de près et de loin demander leur guérison à la carpe transcendante.

Ying-chao proteste, comme *Wang-tch'oung*, contre la survivance de l'âme; même contre la survivance temporaire d'une âme bien nourrie, conformément à la théorie de 子 產 *Tzeu-tch'an* (page 118). Il croit cependant à certains prestiges et maléfices. Mais l'explication de *Wang-tch'oung*, comme quoi ces prestiges sont produits par des passions subsistantes, lui paraît trop subtile. Il a recours à un autre expédient. A son avis, certains animaux, surtout les chiens et les renards, puis les rats, les hérissons et les serpents, sont un peu transcendants et peuvent faire parfois des prestiges remarquables. Il faut se défier de ces bêtes. Tout vieux chien est suspect. Un chien qui se dresse et fait l'homme, doit être tué sur le champ, car il est en passe de devenir dangereusement transcendant. Il raconte des histoires assez maladroites, de possession de personnes vivantes, de possession de cadavres, de révélation de secrets, par des chiens-garous et des renards-garous. C'est la première mention de ces choses. Notons l'époque. Nous verrons plus tard quelle importance énorme elles acquerront dans le folk-lore.

III. 荀 悅 *Sunn-ue* issu d'une famille célèbre de Lettrés, dont les membres s'illustrèrent durant plusieurs générations; Confuciiste à la manière de *Sunn-tzeu*; nous a laissé dans son 申 鑒 *Chenn-kien*, son opinion sur les questions agitées de son temps. Il vécut de 148 à 209. Voici ce qui, dans son œuvre encore non traduite, a quelque intérêt pour nous.

Il n'y a pas de lieu, d'orientation, de temps, de conjonction d'astres, absolument faste ou néfaste; puisque la même heure vit la ruine de la dynastie 殷 *Yinn* et le triomphe de la dynastie 周 *Tcheou* (page 22 H); puisque la même terre (vallée de la 渭 *Wei*) vit la fin des 秦 *Ts'inn* et le commencement des 漢 *Han*. — Le destin gouverne tout. Il est inéluctable. Inclus, lors de la conception, dans l'esprit vital, il s'imprime dans le corps, car c'est l'esprit vital qui moule le corps à sa ressemblance. Il peut donc être pronostiqué, en gros, d'après certains signes physiques. La vertu ne peut rien, ni pour ni contre le destin. Si les hommes vertueux vivent souvent plus longtemps, c'est qu'ils usent moins leur corps, se font moins de soucis, et ont moins d'ennemis que les méchants. — Tout est soumis à la rotation des cinq agents, à la succession des nombres. Vouloir éviter son destin par un moyen quelconque, c'est faire comme un enfant qui, voyant un géant prêt à le saisir, se couvrirait les yeux et se croirait sauf. — Les Immortels, dont les Taoïstes parlent tant, n'existent pas. Certains hommes naissent avec une taille plus grande que la moyenne, certains dépassent la longévité moyenne, le destin leur ayant assigné ce lot. Contre le destin, personne ne peut ajouter à sa taille, à ses années, par aucune drogue, par aucun moyen. Tout ce qu'on peut faire, c'est de conserver son corps en bon état, jusqu'à l'heure du destin ; ce qui s'obtient par la tempérance et la tranquillité. — *Sunn-ue* admet qu'il arrive parfois des faits extraordinaires ; par exemple, en l'an 199, un garçon fut changé en fille ; en 201, une fille morte ressuscita après quatorze jours. Ces cas ne le gênent pas. Tout comme, dans la distribution rapide de billets à un guichet, il arrive parfois que deux billets soient donnés par mégarde à une même personne ; ainsi, dans ces cas en apparence extraordinaires, le sujet avait reçu par hasard deux destins, lesquels sortirent leur effet à leur heure. *(Chap. 3.)*

Comme *Wang-tch'oung*, *Sunn-ue* reconnaît trois espèces de natures, les tout à fait bonnes, les tout à fait mauvaises, et les moyennes. Pourquoi l'un naît-il bon et l'autre mauvais?.. pure fatalité. A cela, rien à dire, rien à faire. Quant au corps, l'un naît avec une peau claire, l'autre avec une peau foncée. Quant à l'esprit, l'un naît avec un penchant pour le bien, l'autre naît invinciblement porté au mal. Rien à dire, rien à faire ; c'est leur destin. — Les moyens doivent être traités par l'enseignement et par les supplices. Suivant la division par neuf, classique en Chine, et omettant les tout bons, quantité négligeable tant ils sont rares, *Sunn-ue* déclare que les méchants incorrigibles constituent un neuvième de l'humanité. Des huit autres neuvièmes, bien éduqués et dûment terrorisés, cinq finiront par se bien conduire par conviction, trois par peur des supplices. — Voici comment il décrit le progrès moral de ceux qui travaillent à s'amender par conviction. D'abord ils font de lourdes chutes, mais se ressaisissent et reprennent. Ensuite les chutes deviennent plus légères, le retour se fait plus vite. Ensuite, plus de chutes ; seulement des mouvements intérieurs désordonnés, lesquels ne sont pas suivis. Enfin même plus de mouvements intérieurs. — *Sunn-ue* veut que l'on tende au bien, non pour plaire à autrui, non pour profit ou lucre, mais uniquement par désir de sa propre beauté morale. Interrogé, si bien agir par respect pour les Mânes censés présents partout d'après le texte classique (page 126 C), n'est pas plus parfait, il répond que non ; que le respect de soi est un motif plus parfait que le respect des Mânes. — L'amendement, le perfectionnement, dit-il, doit avancer sur deux roulettes, la pudeur et l'idéal. Par pudeur, on doit repousser les mouvements bas et vils qui s'élèvent en soi. Par amour de l'idéal, on doit tendre à quelque chose de grand, d'élevé. Il cite, en exemple, l'audace du fameux explorateur 張騫 *Tchang-k'ien*, la fidélité de l'ambassadeur 蘇武 *Sou-ou*, etc. Ces hommes eurent un idéal, et par suite de la flamme. — Ces idées de *Sunn-ue* sont restées, jusqu'à nos jours, ce que le Confuciisme a conçu de plus sublime. Pauvre morale cependant, parce que sans base, sans code, sans sanctions. Morale de l'honnête homme, avec le gendarme à l'arrière-plan. *(Chap. 5.)*

IV. Vers l'an 200, 徐幹 *Su-kan*, un autre Confuciiste à la mode de *Sunn-tzeu*, produisit son 中論 *Tchoung-lunn* (qu'il ne faut pas confondre avec le *madhyamika-sâstra* de *Nâgarjuna*, lequel porte en chinois le même nom). Il n'y a rien à prendre, dans ce traité incolore et diffus, qui est pourtant souvent cité, parce que *Su-kan* exerça, de son vivant, une grande influence. Sa doctrine est identique à celle de *Sunn-ue*. Belles phrases, morale nulle. Le bien est *yang*,

Leçon 46.

parce qu'il est action et effort; le mal est *yinn*, parce qu'il est lâcheté et laisser-aller.

Voilà le point fait, pour les doctrines et les idées chinoises, sous la deuxième dynastie *Han*. Nous pouvons assister à l'entrée en scène du Buddhisme, auquel ces fatalistes frayèrent les voies.

Sources. — Les traités non traduits: 白虎通 *Pai-hou-t'oung* de 班固 *Pan-kou.* — 風俗通 *Fong-su-t'oung* de 應劭 *Ying-chao.* — 申鑑 *Chenn-kien* de 旬悅 *Sunn-ue.* — 中論 *Tchoung-lunn* de 徐幹 *Su-kan.*

Le Buddha enfant. Dessin chinois.

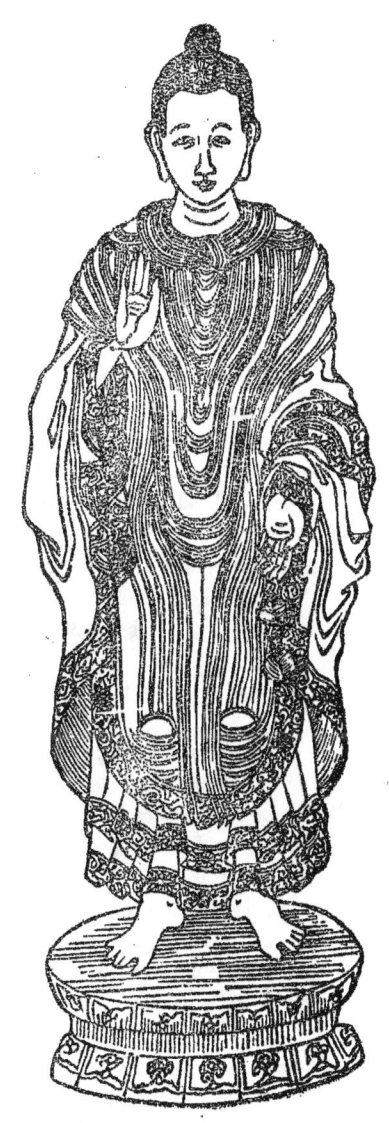

Le Buddha. Type indien.

Troisième Période

Buddhisme et Taoïsme,
de l'an 65, à l'an 1000.

Quarante-septième Leçon.

Premier siècle de l'ère chrétienne.

Admission officielle du Buddhisme en Chine. Le *Sūtra* en quarante-deux articles.

En 65-67 après J.-C., l'empereur 明 *Ming* de la 後漢 seconde dynastie *Han*, admit officiellement le Buddhisme en Chine. La chose est diversement racontée et très discutée, les textes ne concordant pas. Le *Buddha*, ou un *deva*, lui apparut en songe, en l'an 65, racontent les Buddhistes. Disons simplement que l'heure était venue. Le Buddhisme fleurissait depuis longtemps dans le Tarim, à *Kotan* surtout. Il était aux portes de la Chine, où ses émissaires avaient probablement fait déjà maintes incursions. Désireux de le mieux connaître, l'empereur *Ming* fit quérir des moines. Il en vint deux, auxquels il fit bâtir, en 67, à la capitale 洛陽 *Lao-yang* (maintenant 河南府 *Heue-nan-fou*), le couvent 白馬寺 du Cheval Blanc. Je consacrerai cette Leçon à ces premiers pionniers du Buddhisme en Chine, et à leur œuvre.

Ils furent tous deux Indiens, originaires de l'Inde centrale, le terrain du Buddhisme primitif. 迦葉摩騰 *Kia-ie Mouo-teng*, probablement *Kāśyapa Mātaṅga*, était de la caste des Brahmes. Le nom chinois du second, 法蘭 *Fa-lan*, Parfum de la loi, est la traduction de son nom indien, peut-être *Dharma-āraṇya*. *Mouo-teng* mourut au bout d'un an, en 67. *Fa-lan* écrivit pour la bibliothèque impériale jusqu'en 70. Il mourut aussi à *Lao-yang*. — Il nous reste, de ces deux hommes, un seul opuscule, et quatre titres d'ouvrages perdus. Ils ne traduisirent pas des traités indiens complets, mais exposèrent brièvement les doctrines fondamentales du Buddhisme. Cela, pour des raisons obvies. D'abord c'est là tout ce que l'empereur désirait. Il les avait fait venir, non pour étudier à fond le Buddhisme, mais pour apprendre à peu près de quoi il s'agissait. Il est clair aussi qu'ils ne purent pas acquérir une connaissance bien étendue de la langue chinoise, durant le peu de temps qu'ils vécurent en Chine. Ils se contentèrent donc de faire pour l'empereur, 1° un résumé des légendes sur la naissance et l'enfance du Buddha ; 2° un résumé de sa prédication ; 3° un court exposé de principes buddhiques ; 4° un résumé d'un discours du Buddha, sur la pureté de vie requise dans les moines, pour faire valoir leur profession probablement ; 5° un résumé de la voie ascétique à suivre par les aspirants à la perfection, destiné apparemment aux novices, s'il arrivait qu'il s'en présentât. Ces ouvrages furent enfermés, dit la tradition buddhiste, dans le quatorzième coffre en pierre de la bibliothèque impériale, où ils dormirent paisiblement. Ce qui explique pourquoi les auteurs, même contemporains (Leçons 44 à 48), sont absolument muets sur l'œuvre des deux premiers moines. Il n'y eut, à cette époque, aucun essai de propagande, et il est inexact de dire que l'empereur *Ming* introduisit le Buddhisme *en Chine*, si on l'entend du peuple chinois.

De ces œuvres de la première heure, tout a disparu, détruit dans les incendies, ou peut-être supprimé plus tard comme inutile; car des écrits postérieurs mieux faits, les remplacèrent avec avantage. Seul le court exposé de principes buddhiques, dit *le sûtra en 42 articles*, a été pieusement conservé, comme « le premier rayon de la loi » qui ait pénétré en Chine. Je vais donner le résumé complet de cet opuscule vénérable, pour la raison que je dirai en terminant.

« Celui qui a quitté sa famille pour suivre la loi, s'appelle 沙門 *cha-menn* (*śramaṇa*). Il observe 250 règles. Selon l'effort fait et la pureté acquise, quatre degrés (*ārya*) peuvent être atteints. — Le degré supérieur, celui des *a-louo-han* (*arhan*), confère le pouvoir de voler dans les airs et de se transformer à volonté. — Le second degré est celui de *a-na-han* (*anāgāmin*). Après la mort, l'âme de l'*a-na-han* monte dans quelqu'un des dix-neuf cieux, où elle atteindra au degré d'*arhan*. — Le troisième degré est celui de *seu-t'ouo-han* (*sakridāgāmin*). Après sa mort, le *seu-t'ouo-han* montera dans quelqu'un des cieux, renaîtra, et deviendra *arhan* sur la terre durant sa première vie terrestre. — Enfin le degré inférieur est celui des *su-t'ouo-heng* (*srotāpanna*), lesquels deviendront *arhan* après sept morts et sept renaissances futures. *A-louo-han* veut dire, que tout désir est éteint dans cet homme, que rien ne bouge plus en lui ; pas plus que ne bougerait un tronc dont les quatre membres auraient été coupés.

Les *cha-menn* se rasent la barbe et les cheveux, renoncent à toute propriété, mendient leur nourriture au jour le jour, ne mangent qu'une seule fois vers le milieu de la journée, passent la nuit sous un arbre et jamais deux nuits sous le même. Tout cela, pour éteindre l'affection et le désir, qui aveuglent et affolent les hommes.

La bonne conduite, conforme à la loi, exige que dix points soient observés. Le corps ne doit pas tuer, voler, s'adonner à la luxure. La bouche ne doit pas tromper, maudire, mentir, hâbler. Le cœur ne doit pas envier, haïr, être obstinément incrédule. Cinq de ces points sont exigés de tout aspirant ; tous les dix sont exigés des adeptes.

Toute faute commise, que l'homme approuve, qu'il ne réprouve pas, devient un péché qui est porté à son passif. Les péchés multipliés s'additionnent, comme les gouttes d'eau forment les mers. Quiconque veut avancer, doit s'efforcer d'effacer, jour par jour, ses péchés, par de bonnes actions.

Quand on est offensé, il faut penser que l'offenseur est ignorant, non malveillant, et lui faire du bien. S'il offense encore, il faut encore lui faire du bien, pour l'amour de la vertu. Du bonheur reviendra à celui qui agit bien, et du malheur à celui qui fait le mal. — Un jour un homme abusa de la patience bien connue

Leçon 47.

du Buddha et l'injuria grossièrement. Un assistant indigné demanda au Buddha: faut-il être patient à ce point-là?.. Si je répondais à cet insulteur, dit le Buddha, ne commettrais-je pas le même péché que lui? Le bonheur suit le bien, le malheur suit le mal, comme l'ombre suit le corps opaque, comme l'écho suit le son. Du mal fait par autrui, il faut tirer du bien pour soi, et ne pas s'attirer le même châtiment que l'autre.

Le Buddha a dit qu'il en est du sot qui injurie un sage, comme de celui qui cracherait contre le ciel. Ce crachat n'atteindra jamais le ciel, mais il retombera sur son auteur et le souillera. La poussière jetée contre un homme qui se tient sur le vent, ne l'atteindra pas, et reviendra sur celui qui l'a jetée. Ainsi le sot qui attaque le sage, ne nuit qu'à soi-même.

La grande loi, dit le Buddha, c'est l'affection universelle, la pitié pour tous, faire le bien à autrui avec constance quand on le peut, et, quand on n'en a pas les moyens, approuver le bien fait par les autres, s'en réjouir et le louer; on a part ainsi aux mérites des autres. — Mais, dit un auditeur, alors on fera tort à ceux qui font le bien, en leur prenant quelque chose de leurs mérites. — Tu n'as pas compris, dit le Buddha. Supposé qu'un homme tienne en main une torche allumée, et que des centaines de milliers d'hommes viennent tous allumer leurs torches à la sienne, pour chauffer ensuite ou éclairer leurs maisons, quel tort lui auront-ils fait en prenant de son feu?.. Ainsi en est-il de la participation au mérite d'autrui par la complaisance. Chacun mérite, au contact de celui qui mérite, sans nuire à son mérite.

Le Buddha dit: le bien fait à autrui, est méritoire à proportion du degré atteint par celui à qui on le fait. Donner à manger à un homme quelconque, est moins méritoire que nourrir un homme de bien. Nourir un aspirant, est plus méritoire que nourrir un homme de bien ordinaire. Nourrir un adepte, est plus méritoire que nourrir un aspirant. Et ainsi de suite, de tous les degrés, jusqu'à celui d'arhan, de Buddha. Car celui qui fait du bien à un homme qui travaille au salut des autres êtres, coopère au salut de tous les êtres que cet homme sauvera.

Cinq choses, grandement désirables, sont difficiles et rares, savoir: Se résoudre à faire l'aumône, quand on n'est pas aisé. Se laisser instruire dans la loi, quand on est très noble. Conserver sa vie jusqu'au jour du destin. Pénétrer la doctrine des Buddhas. Obtenir de voir de ses yeux un Buddha vivant.

Avant tout, dit le Buddha, il faut accepter la loi, puis mettre toute sa volonté à la pratiquer. Cette pratique n'exige pas des actes de force, de vigueur. Elle consiste surtout dans la patience qui supporte l'affront extérieur sans se plaindre, et dans la sollicitude à ne conserver dans son intérieur aucune souillure. Elle ne suppose pas la science de toutes choses, que personne ne posséda jamais complète. Qui sait la loi, est assez intelligent.

Toute affection brouille le cœur, lui enlève sa transparence et sa clairvoyance; comme une matière colorante jetée dans l'eau, lui enlève sa limpidité et la propriété de réfléter les corps. La cupidité, la haine, l'imagination, font bouillonner le cœur avec violence. Qui n'étouffe pas ces passions, en sera la victime. Seul l'esprit purifié comprend d'où 魂 靈 l'âme est venue, et où elle ira après la mort; vers les terres des Buddhas, où la vertu règne.

Comme les ténèbres d'un appartement disparaissent, quand on y entre avec

Leçon 47.

Le Buddha. Type chinois.

une torche allumée; ainsi les obscurités de l'ignorance se dissipent, quand la loi éclaire l'esprit.

Le Buddha dit: Je ne pense qu'à la loi, je ne pratique que la loi, je ne parle que de la loi. Pas un instant, sans que je pense à la loi.

Voici, dit le Buddha, comment vous arriverez vite à l'illumination. Regardez le ciel et la terre, et dites-vous: ceci passera. Regardez les monts et les fleuves, et dites-vous: ceci passera. Regardez la multitude des êtres, le monde matériel et sa splendeur, et dites-vous: rien de tout cela ne durera.

Tout le long du jour, pensez à la loi, agissez conformément à la loi. Si vous faites cela, la foi naîtra et se fortifiera en vous, et vous finirez par jouir d'un immense bonheur.

Pensez souvent, en vous-même, que vous n'existez pas en réalité. Votre *moi* ne durera, que ce que durera votre présente existence, laquelle passe comme un songe.

Chercher la réputation, c'est comme brûler un parfum. L'odeur suave a duré un instant, mais le parfum est détruit sans retour. Souvent la ruine suit de près la renommée. Quand elle est venue, il est trop tard pour regretter son erreur.

A ceux qui jouent avec la richesse et la volupté, il en arrive comme à l'enfant qui joue avec un couteau tranchant. Ou encore, comme à celui qui, ayant volé du miel, a la langue coupée en punition.

L'affection qui lie un homme à son épouse, à ses enfants, à ses biens, asservit cet homme, plus que ne feraient la prison, les menottes et les entraves. Car un prisonnier aura peut-être la chance d'être libéré par une amnistie. Tandis que celui qui meurt lié par une affection, la paiera, sans amnistie possible, par des peines après cette vie. Mieux vaudrait vraiment se jeter dans la gueule d'un tigre, que de se lier par une affection. Et pourtant, que d'hommes aiment, et avec quelle ténacité!

La pire des affections, c'est l'amour charnel. S'il y avait encore une autre passion d'une égale intensité, aucun homme n'arriverait à l'illumination. Celle-ci suffit déjà pour ruiner la presque universalité des hommes.

Céder à ses convoitises, c'est aller contre le vent en tenant une torche allumée, dont la flamme rabattue brûlera la main. Si l'intelligence de la loi ne délivre pas l'homme de bonne heure, de la convoitise, de la haine et de l'illusion, il périra brûlé par ces feux intérieurs.

Indra offrit une *devi* au Buddha, dans l'intention de l'éprouver. Le Buddha dit à la *devi*: Sac de peau rempli d'ordures, pourquoi es-tu venue ici? Va-t-en, je n'ai que faire de toi! — Édifié, Indra se prosterna devant le Buddha, et le pria de l'instruire. Le Buddha le fit, et Indra fut initié.

Il en est de ceux qui suivent fidèlement la loi, comme d'un bois qui nage au fil de l'eau, tout au milieu d'un fleuve; qui ne heurte pas contre l'une, et qui ne s'échoue pas sur l'autre, des deux rives; dont les hommes ne peuvent pas s'emparer; que rien ne peut détruire; qui arrivera certainement jusqu'à la mer. Ainsi celui que les passions ne peuvent pervertir, que les hommes ne peuvent corrompre, qui marche droit devant lui, dans la foi, sans douter; celui-là arrivera certainement à l'illumination.

Prenez garde, dit le Buddha à ses moines; ne suivez pas les désirs, car ils

Leçon 47.

Le Buddha. Type japonais.

trompent; ne cédez pas à l'amour charnel, car il ruine; ne vous fiez à vous-même, que quand vous serez arhans (immuables).

Le Buddha dit à ses moines: Gardez-vous de regarder aucune fille ou femme! S'il en passe quelqu'une devant vos yeux, ne la considérez pas!.. Ne leur parlez, que dans le cas d'absolue nécessité, et alors contenez votre cœur dans la rectitude, en vous disant intérieurement: «Moi *cha-menn*, je dois être en ce monde, comme le lotus qui croît dans la boue, mais que la boue ne souille pas». Si la femme est âgée, pensez qu'elle est votre mère. Si elle est jeune, pensez à vos sœurs. Tenez-vous-en, avec elles, à ce que la politesse exige, strictement. Que votre regard ne s'arrête pas à la surface de leur corps, mais plonge dans la corruption de leur intérieur.

Approchée du feu, l'herbe sèche flambe. S'il n'évite pas l'amour de très loin, le moine lui aussi prendra feu.

Le Buddha dit: Pour se délivrer des assauts de la chair, certains ont eu recours à la castration. Ils ont été déçus. La castration ne suffit pas. Pour se délivrer de l'amour charnel, il faudrait s'arracher le cœur, ce qui ne peut pas se faire. Et si cela pouvait se faire, cela supprimerait le mérite de la résistance, ce qui serait un détriment.

Une jeune fille avait promis un rendez-vous à un jeune homme. Elle y manqua. Refroidi à son égard, le jeune homme se rappela la strophe : «Désir, je sais ce qui te cause... tu nais quand on pense à un objet... Désormais je ne penserai plus à elle... et c'en sera fait du désir de la voir».

Le Buddha dit: L'amour rend inquiet, puis l'inquiétude produit la crainte. Qui n'aime pas, est exempt d'inquiétude et de crainte.

Il en est de l'homme qui tend à l'illumination, comme d'un guerrier qui aurait à lutter envers et contre tous. Ce guerrier passera par bien des vicissitudes; il sera parfois battu, mais finalement vainqueur. — Ainsi de celui qui a pris la mâle résolution d'arriver au terme, malgré les préjugés mondains, malgré les critiques du vulgaire. Il passera par des heures bien dures; mais, s'il persévère, il arrivera à l'illumination.

Un moine récitait des textes, la nuit, sur un ton très ému. Il était en effet tenté de découragement, et songeait à retourner dans le monde. Le Buddha le devina et lui demanda: qu'étais-tu, dans le siècle?.. J'étais joueur de cithare, dit le moine... Bien, dit le Buddha. Quand les cordes de ton instrument étaient détendues, qu'advenait-il?.. Elles ne résonnaient plus, dit le moine... Et quand elles étaient trop tendues?.. Elles ne donnaient plus de son, dit le moine... Et quand elles étaient bien accordées?.. Oh alors, dit le moine, elles faisaient une belle musique. — Ainsi en est-il, dit le Buddha, de la tendance à l'illumination. Pas de paresse! pas de violence! Tenir son cœur dans une paisible harmonie. Si tu fais cela, tu arriveras.

Il en est, de l'apprentissage de la vertu, comme du polissage du fer ou de l'acier. L'opération commence par l'enlèvement de la rouille. Il faut, pour cela, frotter avec constance, mais sans violence. La violence use le corps, abat l'esprit, cause le découragement et le retour au péché.

En ce monde, tout homme souffre, qu'il tende au bien ou qu'il n'y tende pas. Personne n'est exempt de la souffrance. Naissance, vieillesse, maladie, mort, ces

Leçon 47.

Le Buddha. Type indien.

A sa droite *Ananda*. A sa gauche *Kāśyapa*.

Leçon 47.

choses se succèdent, et finissent pour recommencer, tant que dureront l'affection et le déplaisir, qui causent les péchés.

Le Buddha dit : Quels efforts il faut, pour se tirer des trois états de punition, preta, damné, animal ; et pour obtenir de renaître dans un corps humain. Quels nouveaux efforts il faut, pour naître homme et non pas femme, pour naître dans l'Inde centrale (pays buddhiste) et pas dans un pays barbare, pour obtenir d'entendre la loi du Buddha. Quels efforts il faut enfin, pour bien pratiquer cette loi, pour conserver sa foi, pour arriver au degré de *p'ou-sa (bodhisattva)*.

Le Buddha demanda aux *cha-menn* : Qu'est-ce que la vie de l'homme ? — C'est le lot de temps qui lui est assigné par le destin, dit l'un... Tu n'es pas mûr pour l'illumination, dit le Maître. — C'est le résultat de ce qu'il mange et boit, dit un autre... Tu n'es pas mûr pour l'illumination, dit le Maître. — C'est la succession de nombreux moments, dit un autre... Toi, dit le Buddha, tu approches. *(Voir Notes.)*

A quelque distance que vous soyez de moi, dit le Buddha, si vous vous rappelez mes préceptes, vous serez éclairés sur la voie à suivre, comme si vous étiez tout près de moi. Si la bonne inspiration vous faisait défaut, c'est que, par votre mauvaise conduite, vous vous seriez rendus indignes de la recevoir.

Il en est de ma doctrine, dit le Buddha, comme du miel ; elle est toute douceur, dans son entier.

Il faut éteindre ses affections, peu à peu, comme si d'un collier de perles on détachait les perles une à une, successivement. Quand toutes les affections sont supprimées, l'illumination se produit comme naturellement.

Un *cha-menn* doit marcher dans sa voie, comme un bœuf de charge qui traverse une fondrière. Ce bœuf ne fera certainement aucun écart, mais ira au plus court, le plus droit possible, afin de ne pas patauger inutilement, afin de ne pas s'enlizer dans la boue. Faites comme lui, tant qu'il vous faudra traverser la boue de ce monde. Dirigez votre cœur droit au but d'après la loi, et vous éviterez tous les accidents et malheurs.

Pour moi, dit le Buddha, je regarde tous les temps comme passés, l'or et le jade comme broyés, les tapis et le brocart comme usés.

J'ai tenu à traduire en entier ce premier texte buddhiste chinois, afin de pouvoir répondre avec assurance à l'importante question « quel fut le Buddhisme tout d'abord importé en Chine » ?.. Je réponds : Ce fut le vrai Buddhisme primitif égoïste, le petit véhicule *hīnayāna*, dans lequel chacun ne songe qu'à son propre salut, qu'à arriver au *nirvana*, la fin des métamorphoses. Ce ne fut pas le Buddhisme dérivé altruiste, le grand véhicule *mahāyāna*. Le moi successif, fait de moments instantanés, caractéristique du *hīnayāna*, est clairement affirmé. — Cependant la survivance du Buddha, comme protecteur des siens, est indiquée. Il est parlé des Terres des Buddhas, et de la félicité temporaire que les bons y goûtent. Notions postérieures, que le Buddhisme original ne connut probablement pas. Mais aucune allusion expresse à l'Amidisme, au Maitreyisme.

Notes. — Maintenant la survivance, les écrivains buddhistes *hīnayāna* nient tout être spirituel indépendant immanent, toute âme. D'après eux, les *skandhas*, éléments spirituels et matériels au nombre de cinq, constituent l'être complexe, dont le *moi* est fonction. Chaque acte modifie substantiellement l'être et le moi. Cependant l'être est *un*, le moi est *un*, de par la série, en vertu de la succession. La série des êtres instantanés, constitue un individu moral responsable. Ils expliquent cet être singulier, par des comparaisons. — Soit la flamme d'une bougie, par exemple. Elle est en réalité faite de la déflagration successive des atomes du suif brûlé. Elle est un être unique (flamme), fait d'éléments instantanés successifs (déflagrations) en série continue. — Autre comparaison: Si l'on fait tourner rapidement, à tour de bras, une corde enflammée par un bout, tenue par l'autre, l'œil perçoit un cercle de feu. Ce cercle est une unité, composée d'un grand nombre de points lumineux successifs. — Une comparaison moderne, rend je crois parfaitement leur pensée. L'être vivant et agissant sur l'écran d'un cinématographe, est le moi-série des nombreux clichés successifs qui défilent dans l'appareil, somme de nombreuses projections momentanées. — Pratiquement, cette conception erronée du moi, fut sans conséquences morales graves, les *hīnayānistes* ayant maintenu, par un tour de force d'illogisme, l'unité et la responsabilité du moi, et la permanence définitive du moi final.

Sources. — 四十二章經 *Seu-cheu-eull tchang King*, le sutra en 42 articles. — 高僧傳 *Kao-seng Tch'oan*, souvenirs des moines illustres.

Ouvrages. — L. de La Vallée-Poussin. Bouddhisme. Opinions sur l'Histoire de la Dogmatique. 1909. — H. Hackmann. Buddhism as a Religion. 1910. — H. Oldenberg. Le Bouddha. 1903. — T.W. Rhys Davids. Non-Christian Religious Systems. Buddhism. 1903. (anticatholique). — L. Wieger S.J. Buddhisme chinois. Tome I. 1910. Introduction.

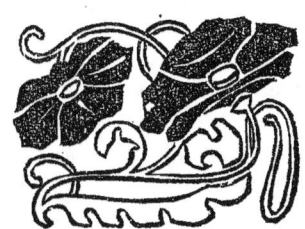

Quarante-huitième Leçon.

Deuxième siècle de l'ère chrétienne.

Le Buddhisme prend pied en Chine. Le prince parthe 安世高 An-cheukao.

Il semble que, après la mort des deux premiers moines buddhistes venus à la cour de Chine, personne ne leur ait succédé. L'interruption dura plus de soixante-dix années. Enfin, en 148, arriva à la cour de Chine, un homme dont la personne et l'œuvre présentent un grand intérêt. Je leur consacrerai cette Lecon.

C'était un Parthe; un prince qui aurait dû régner, dit l'histoire buddhiste; un Arsacide bien authentique, qui céda le trône à son oncle, le frère cadet de son père, se fit moine buddhiste, mena longtemps une vie errante, arriva à 洛陽 Lao-yang en 148, s'y fixa et y mourut en 170. Des êtres auxquels il avait fait du mal, le poursuivaient, disait-il; et il prédit qu'il mourrait de mort violente. En effet, un jour qu'il s'interposa pour faire cesser une rixe, il reçut à la tête un projectile lancé au hasard, qui le tua. Il porte en chinois le nom 安 An contraction de Arsace, 世高 cheu-kao celui qui avait été grand dans le siècle. En japonais An-seikō.

A qui avons-nous affaire? — Pacore II monta sur le trône royal des Parthes, en 90 après J.-C. En 97, il eut pour successeur, non son fils, mais son frère cadet, dont le nom a été diversement écrit par les auteurs, Osroes, Osdroes, Cosdroes, Chosroes (ne pas confondre avec le roi Sassanide de ce nom), enfin Corroès. Celui-ci eut pour successeur, en 134, son fils Vologès II. — Pacore II avait été l'ami et l'allié de Décébale, le fameux roi des Daces. Il avait *un seul fils*, dit expressément Theodosius Minor. Le nom de ce fils était Parthamasiris, d'après Pausanias, Xiphilinus, Theodosius Minor, Capitolinus, S. Rufus; Psarmatossorim, d'après Aelius Spartianus. Pourquoi ne succéda-t-il pas à son père? Très probablement, parce-qu'il était trop jeune. Les temps étaient troublés. Les entreprises de Décébale firent marcher Trajan contre les Daces en 101-102, et en 105. Corroès ayant ensuite fait son neveu Parthamasiris roi d'Arménie, Trajan qui considérait l'Arménie comme dépendante de Rome, marcha contre les Parthes et les battit. Dans une entrevue où il l'humilia à plaisir, il arracha au jeune roi la cession de l'Arménie, fit mine ensuite de vouloir le faire roi des Parthes en place de son oncle Corroès, mais abandonna ce projet quand il eut constaté que les Parthes l'estimaient peu. En 114, près de Suse, une troupe romaine fit prisonnière la propre fille de Corroès, qui fut envoyée à Rome comme otage (Dion Cassius in Trajano). Trajan étant mort en 117, son successeur Hadrien se montra plus traitable. La paix finit par être conclue, et la fille de Corroès, otage à Rome depuis seize ans, lui fut renvoyée en 130 (L. Aelius Spartianus in Hadriano). De Parthamasiris, il n'est plus question. — Si, comme Theodosius Minor l'affirme expressément, Pacore II n'eut qu'un seul fils, il faut croire que ce fils Parthamasiris, et *An-cheukao*, sont une seule et même personne. Où et quand se fit-il Buddhiste et moine? Probablement après ses malheurs. Il est à croire qu'il évita son oncle, auquel Trajan avait voulu

Leçon 48.

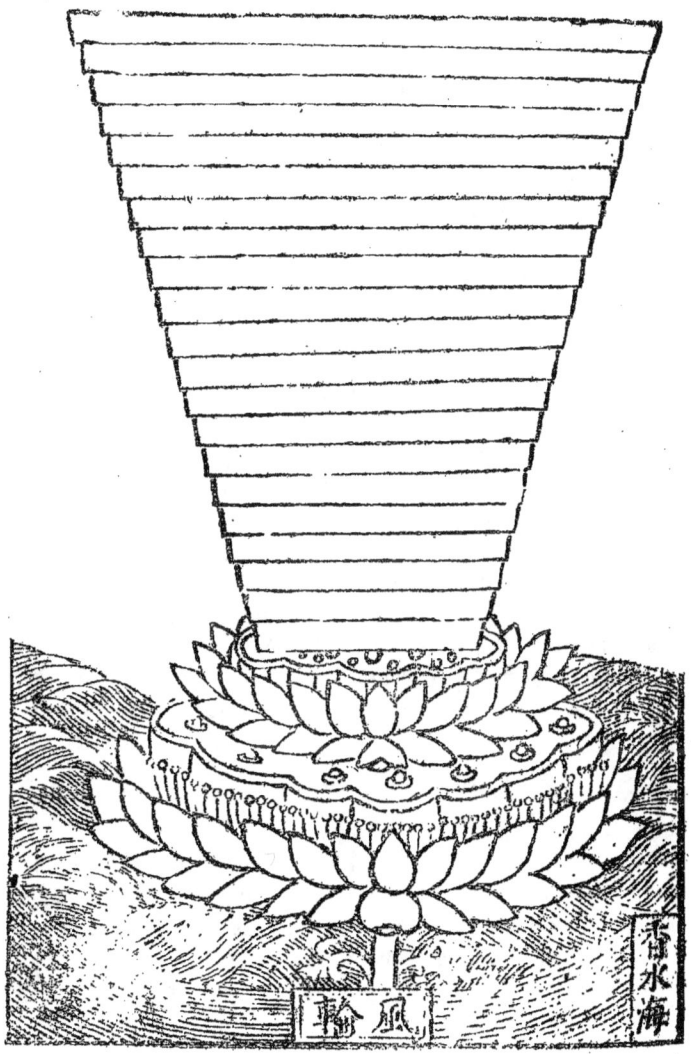

Schéma d'un monde buddhique, en forme de lotus.

Au-dessus, les cieux superposés.

Leçon 48.

l'opposer, et qu'il ne revit pas sa cousine revenue de Rome. Les historiens buddhistes insinuent, sans le dire clairement (l'à peu près étant leur genre favori), qu'il passa dans l'Inde, et de là en Chine. Il put entendre parler, dans l'Inde centrale, des deux moines partis de là jadis pour la capitale de la Chine, et aura tenté l'aventure. Intelligent et travailleur, il arriva bientôt à se faire comprendre, et se mit à traduire, avec l'aide d'interprètes, des textes buddhistes, pour l'empereur. Les catalogues buddhiques lui attribuent 176 ouvrages, dont 55 existent encore.

C'est ce prince parthe, qui donna vraiment le branle au Buddhisme en Chine. Son œuvre, non traduite, que j'ai lue en entier, révèle un esprit judicieux, qui choisit dans la masse des écrits buddhiques, sans distinction d'écoles, sans parti pris doctrinal, ce qui était de nature à intéresser et à donner une bonne vue d'ensemble des systèmes. — La forme sous laquelle cette œuvre est venue jusqu'à nous, est aussi intéressante, car elle montre la manière dont ces premiers traducteurs, peu au courant de la si difficile langue chinoise écrite, s'y prenaient pour accomplir leur tâche. Nous avons de *An-cheukao* des pièces traduites mot-à-mot du sanscrit, lesquelles sont illisibles. D'autres pièces, traduites ainsi, sont ornées, phrase par phrase, d'une courte explication du sens, par un lettré chinois. D'autres pièces enfin sont en style chinois limpide, parfois élégant, tel qu'un étranger ne sut jamais l'écrire ; mais, dans ces pièces-là, le texte a évidemment souffert, ayant été élagué et accommodé au goût chinois. Il est clair que le Parthe traduisait d'abord lui-même mot-à-mot, un scribe mettant la traduction en caractères ; puis il l'expliquait à un lettré, qui l'annotait d'abord, et la rédigeait ensuite à sa manière, si le contenu était jugé en valoir la peine. Les étrangers qui écrivent en style chinois de nos jours, font encore à peu près de même.

L'œuvre de *An-cheukao* se décompose en deux parties, textes *hīnayāna*, textes *mahāyāna*. Les premiers plutôt pour le peuple, les seconds plutôt à l'usage des moines.

I. Spécimens des textes *hīnayāna*.

Les principaux sujets traités sont : Le cosmos buddhique, cieux et enfers. Le karma, dette morale. La roue des renaissances. La chaîne sans fin des maux et des douleurs. La cause de cette chaîne, amour et désir. Le salut possible, uniquement par la foi buddhiste. La nécessité de l'observation des préceptes, pour le salut. La paix dont jouissent ceux qui ont compris, qu'il n'y a ni moi ni autrui, que tout est impermanent, un vain songe.

Sur tout homme pèse une déchéance, causée par ses péchés. L'attachement, voilà le péché. — L'attachement cause la renaissance. L'attachement mauvais fait renaître dans les états de punition, preta damné ou animal. L'attachement bon fait renaître dans les cieux. Dans les deux cas, la chaîne continue. Elle n'est rompue que par la cessation de tout attachement. — Telle une plante qui produit une graine. Cette graine reproduira une plante pareille. Et ainsi de suite, indéfiniment. Ainsi l'attachement, qui est la graine de l'homme, cause sa renaissance, d'existence en existence. La doctrine buddhique est comme le contrepoison de l'attachement. Dans ce monde plein d'appâts physiques et moraux, ceux qui en usent de-

Leçon 48.

Supplices de l'enfer buddhique.

Leçon 48.

viennent invulnérables. L'abstraction détruit leurs attaches. Quand l'indifférence est devenue parfaite, la succession des vies et des morts cesse pour cet homme. — Les rêves qu'on peut s'expliquer, sont la sensation des attaches actuelles du cœur. Ou, s'ils sont inexplicables, ce sont des sensations d'attaches qui restent d'existences antérieures. Ce qu'on rêve aujourd'hui, fut jadis, ou en cette vie, ou dans quelqu'une des précédentes. — Ce sont les attaches de la vie, qui font les délires des malades et les souvenirs des morts. (佛說罵意經)

Quand il voit les flots écumer puis l'écume disparaître, quand il voit la pluie tombant dans l'eau former des bulles qui crèvent, quand il voit au ciel le phénomène du mirage ou les jeux de lumière dans les nuages, que doit se dire l'homme pensant?.. Il doit se dire: c'est ainsi que tout passe; rien n'est permanent. (水沫所漂經)

Pour arriver à la délivrance, il faut solder sans cesse sa dette passée, et ne rien faire qui crée une dette nouvelle. Ceci suppose une application vigilante et surtout constante. Qui se relâche par moments, n'aboutira pas. Tout comme celui qui veut faire du feu avec un briquet à cheville tournante, s'il cesse de temps en temps de tourner pour se reposer, le feu ne jaillira jamais. (道地經)

Un jour que le Buddha parlait devant l'assemblée de ses disciples, un objet comme une roue apparut aux yeux de tous et se mit à tourner devant lui. Le Buddha regarda la roue et dit: Oui, depuis des temps sans nombre, j'ai tourné dans le cercle des existences successives, souffrant et malheureux. Maintenant mon intelligence est illuminée et mes affections sont éteintes. J'ai atteint à la stabilité; il n'y aura plus de renaissance pour moi... Comme il disait ces mots, le mouvement de la roue s'arrêta. (轉法輪經)

-◆-◆-

C'est l'ignorance qui cause les renaissances; ignorance du but à atteindre et des moyens à prendre. L'immense majorité des hommes ne connaissent pas le Buddha, ou ne croient pas en lui, n'étudient pas sa loi, évitent les moines, n'écoutent pas leurs parents, ne réfléchissent pas sur la cause de leurs maux, ne pensent pas aux peines qu'ils subiront dans les enfers. Voilà l'ignorance qui cause les renaissances, les vies et les morts qui s'enchaînent comme se succèdent les inspirations et les expirations. A la mort, 魂神 l'âme part, et va dans l'une des trois voies d'expiation, ou parmi les deva, ou renaît homme. Et ainsi de suite, tant qu'il restera une dette, une attache. — Le Buddha quitta sa famille, renonça à la dignité royale, pour délivrer soi-même et autrui des renaissances, pour obtenir le *nirvana* et en montrer le chemin aux hommes. La voie du *nirvana* comprend quatre degrés (page 356). Ceux qui ne peuvent pas encore entrer dans cette voie, peuvent du moins s'acheminer de loin vers le but, en gardant les cinq préceptes des laïques, ne pas tuer, ne pas voler, ne pas tromper, ne pas s'adonner à la luxure, ne pas s'enivrer. — Il faut avoir des égards pour autrui, et ne pas chercher toujours son propre avantage. Quand un instinct portant au mal s'élève dans le cœur, il faut, pour se distraire, se lever si on est assis, marcher si on est debout. L'homme doit maîtriser son cœur, s'il veut arriver à la délivrance. C'est pour la délivrance, que le moine quitte sa famille, renonce à avoir femme et enfants, se

Leçon 48.

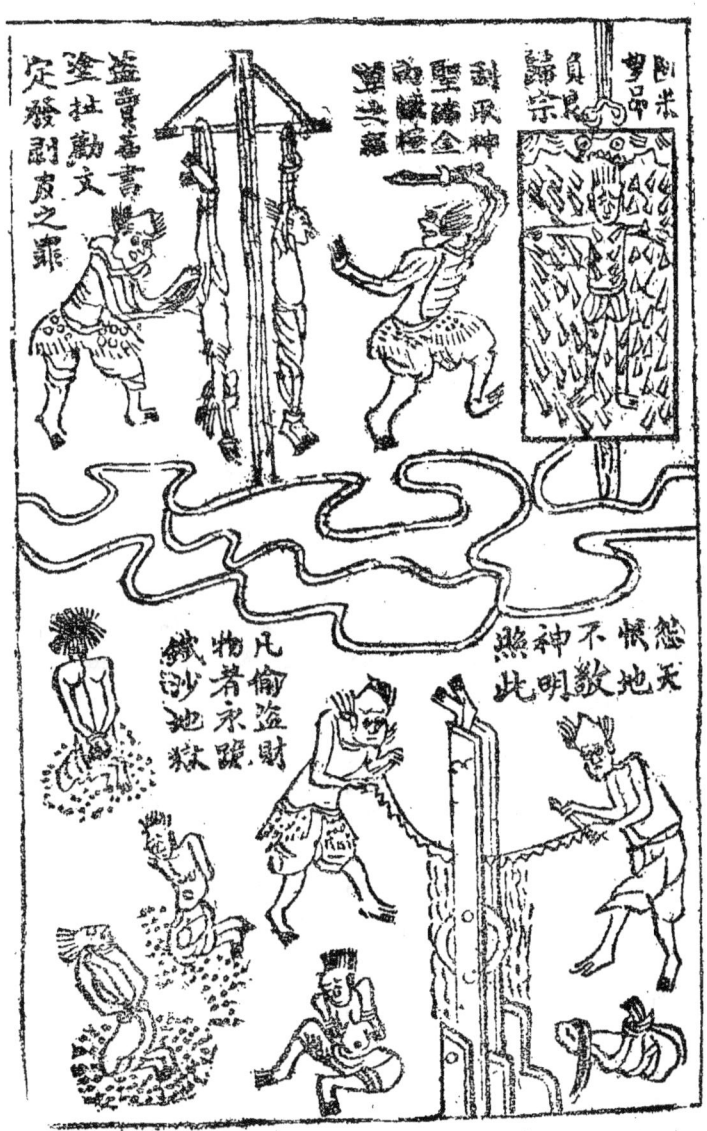

Supplices de l'enfer buddhique.

rase la tête et mène une dure vie. C'est pour elle, que l'adepte laïque parfait se tient dans une sérénité constante, vit avec sa femme comme avec une sœur, traite ses enfants comme n'étant pas siens, veut du bien à tous les êtres dans quelque voie qu'ils se trouvent, est charitable pour les plus petits animaux dans l'espoir qu'ils s'élèveront de vie en vie jusqu'à la connaissance. Le Buddha aima tous les êtres, avec un cœur de père et de mère. Tous ceux qui sont maintenant dans la voie de la délivrance, ont connu cette voie par lui. Supposé que quelqu'un tire de sa prison un condamné à mort; quelle reconnaissance ce malheureux ne vouera-t-il pas à son sauveur. C'est ainsi que tous les hommes devraient être reconnaissants au Buddha leur sauveur. Le désir d'apprendre sa doctrine, devrait l'emporter chez eux sur le désir de manger.

Entre moines, entre adeptes, entre hommes quelconques, il faut s'éclairer, s'aider mutuellement. Que celui qui ne sait pas, interroge; que celui qui sait, l'instruise. Que le savoir et la charité soient parmi vous, comme la lampe et le foyer d'un appartement, qui sont le bien commun de tous. Ne vous disputez jamais. Méprisez l'or et l'argent. Ne dites du mal de personne. Ne rapportez pas les médisances d'autrui. Ne faites de peine à qui que ce soit. N'écrasez exprès aucun insecte. Ne regardez avec intention aucune femme.

Pour apprendre à maintenir votre cœur dans la paix perpétuelle, renfermez-vous parfois dans une chambre solitaire et vide; asseyez-vous; respirez posément, longuement, profondément. Quand vous sentirez le bien-être envahir tout votre être, pensez qu'il est produit par un double mouvement d'inspiration et d'expiration; le corps prenant de l'air inspiré ce qui lui est bon, et rejetant le reste par l'expiration. Faites de même pour les impressions qui arrivent à votre cœur par les sens. Gardez ce qui entretient la paix intérieure et la concorde extérieure. Rejetez avec soin tout le reste. — Un peu de poussière, sur un miroir, suffit pour l'empêcher de mirer; il faut alors l'essuyer. Vous, essuyez souvent votre cœur. — Que sont les choses de ce monde? Le mot *impermanence* les résume toutes. Rien de réel, rien de durable. Votre cœur devrait être comme ces rochers, sur lesquels ni la pluie, ni le soleil, ni le vent, n'ont d'action.

Dans les grands fleuves, au gré des flots, au fil de l'eau, une infinité de feuilles, de pailles, d'épaves flottent, sans savoir où elles vont, sans relation ni liaison réciproque. Ainsi en est-il des pensées de la plupart des hommes. Ils pensent sans cesse et sans fruit; idées éphémères, qui se perdent et s'éteignent. Heureux celui qui a trouvé le Maître, et a appris de lui à quoi l'homme doit appliquer sa pensée. Qu'il aime comme son père et sa mère, celui qui lui aura appris à concentrer son esprit sur l'unique idée du salut. (佛說阿含正行經)

—☙ ☙—

Le vrai disciple du Buddha, vénère soir et matin son image; allume souvent une lampe devant elle, pour l'honorer; observe les abstinences et les préceptes; est toujours résigné à son sort. Celui-là, les bons devas le gardent.

Les faux disciples, savent les préceptes mais ne les observent pas, n'ont pas l'image du Buddha, ne brûlent pas de parfums, n'observent pas les abstinences; n'invoquent pas le Buddha quand ils sont malades, mais invitent des sorciers, ou

Leçon 48.

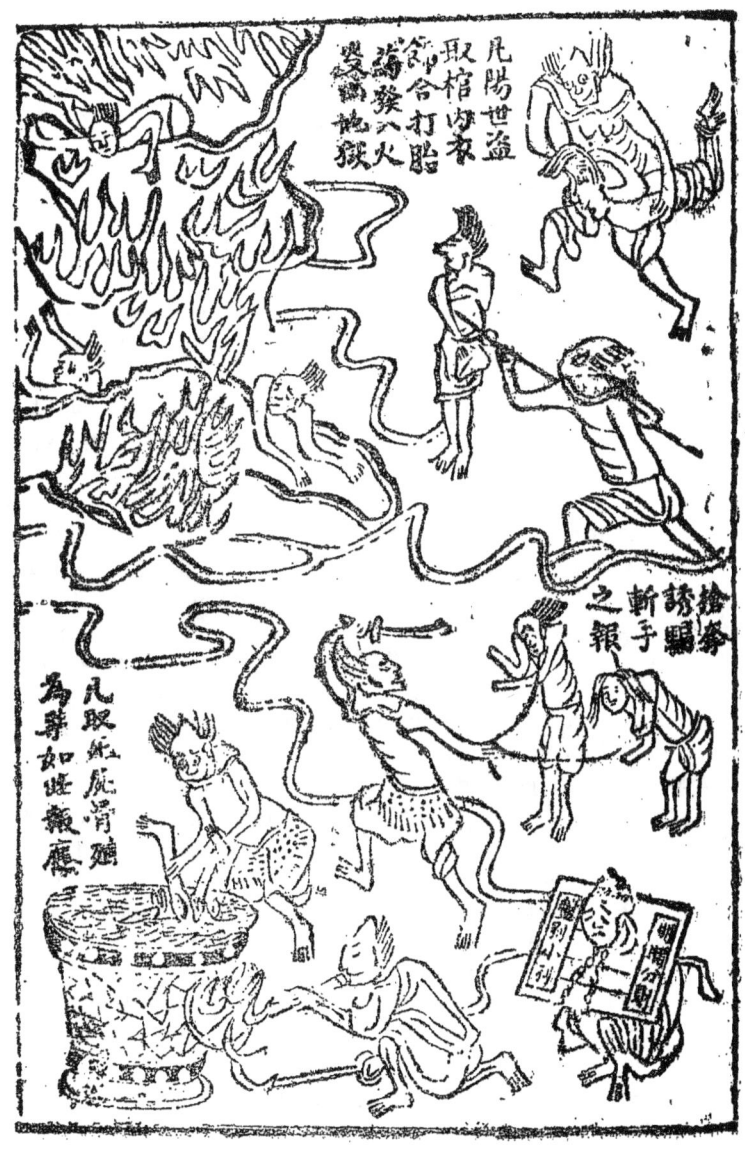

Supplices de l'enfer buddhique.

font faire des offrandes aux temples des Génies. Ceux-là, les démons de toute sorte assiégent leur porte, et ruinent sans cesse leurs entreprises. Après leur mort, ils iront dans les enfers. (阿難問事佛吉凶經)

Quiconque ne tue pas, aura sa vie allongée, ne mourra pas de mort violente, sera longtemps deva dans les cieux, puis renaîtra homme et vivra vieux. Tous les centenaires actuels, doivent leur longévité, à ce qu'ils ont respecté dans leurs vies précédentes, la vie des autres. — Quiconque aura tué délibérément, sera, dans les enfers, brûlé et déchiqueté; ses entrailles seront arrachées, ses os seront moulus; puis il renaîtra homme, pour mourir avant le temps, ou de malemort, et cela des fois et des fois. Actuellement, tous ceux qui naissent estropiés, ou qui meurent à la fleur de l'âge, sont punis ainsi pour avoir mutilé ou tué dans leurs vies passées.

Qui ne vole pas et ne fait pas l'usure, aura son avoir augmenté, ne sera jamais ruiné, sera riche dans les cieux, renaîtra riche sur la terre, sera protégé par son bon destin contre les entreprises des mandarins et des brigands. Tous les riches actuels doivent leur bien-être, à ce qu'ils ont respecté jadis le bien d'autrui. — Celui qui vole, qui emploie de faux poids et de fausses mesures, qui exige plus qu'on ne lui doit, sera puni en cette manière: Après avoir été torturé dans les enfers, il renaîtra dans la maison de celui à qui il a fait tort, ou comme esclave, ou comme bête de somme, bœuf cheval mulet âne ou chameau, porc mouton oie ou chien. Sous cette forme, par son travail, ou par sa chair et sa peau, il indemnisera son créancier. Les animaux domestiques actuels, sont tous des débiteurs qui paient les dettes de leurs vies passées.

Qui n'abuse pas de la femme ou de la fille d'autrui, qui ne se complaît pas dans des pensées impures, gardera son argent, vivra en paix, aura dans les cieux les plus belles devi pour épouses, renaîtra homme et aura quantité de jolies concubines. Ceux qui maintenant ont des harems bien montés, jouissent de ce bonheur pour avoir respecté jadis les femmes et les filles d'autrui. — Quiconque abuse de la femme ou de la fille d'autrui, sera d'abord puni par des chagrins domestiques et des inimitiés avec ses voisins. Dans les enfers, il sera rôti, attaché à une colonne de fer creuse, pleine de feu. Puis il renaîtra poulet ou canard, et sera nombre de fois tué et mangé. Tous les poulets et les canards actuels, furent des impudiques dans leurs vies précédentes.

Ceux qui ne trompent, ne mentent, ne maudissent, ne flattent pas, seront récompensés en cette sorte. On croira à ce qu'ils diront, on les estimera, leur haleine sera parfumée, au ciel tous les deva feront leur éloge, sur terre tous les hommes parleront bien d'eux. Maintenant tous ceux que le public estime et loue, sont ainsi récompensés, parce que jadis ils n'ont pas trompé autrui. — Quiconque, trompe, dupe ou ment, dans les enfers on lui arrachera la langue par la nuque avec un croc de fer rougi, puis il renaîtra sourd et muet. Tous les sourds-muets actuels, furent jadis des fourbes et des escrocs.

Qui ne boit pas jusqu'à s'enivrer, gèrera bien sa maison, verra ses affaires prospérer, trouvera facilement qui l'aide ou qui lui prête, sera coté dans les cieux et renaîtra sage sur la terre. Maintenant tous ceux dont on vante le bon sens et

Leçon 48.

Tribunal infernal.

La présentation au miroir, qui décide de la réincarnation.

Leçon 48.

le jugement, doivent ce don à ce qu'ils ont évité jadis l'ivrognerie. — Les ivrognes sont méprisés de tous, même de leurs propres enfants, et s'attirent bien des mésaventures. N'en a-t-on pas vu maudire le Ciel, uriner contre le tertre du Patron du sol, commettre toutes les inconvenances ? Y a-t-il rien de plus hideux, qu'un homme atteint de delirium tremens, ou ivre-mort ?.. Dans les enfers, on ingurgitera aux ivrognes du cuivre fondu, qui traversera leurs entrailles bout à bout. Puis ils renaîtront crétins, idiots, sans intelligence. Tous les déments actuels, furent des ivrognes jadis.

Ceux qui, étant riches, auront refusé de faire l'aumône, spécialement aux moines quêteurs, seront punis en cette manière: Après avoir été torturés dans les enfers, ils renaîtront d'abord pretas, tourmentés sans cesse par la faim et la soif. Quand ils approcheront de l'eau pour boire, l'eau fuira devant eux. Quand ils porteront des aliments à leur bouche, ceux-ci se changeront en braises ardentes ou en ordures infectes. Puis ils renaîtront mendiants, repoussés de partout avec coups et injures. Ceux que nous voyons maintenant dans cet état, furent tous jadis des riches sans cœur.

Qui sème du riz, récoltera du riz ; qui sème des fèves, récoltera des fèves ; on récolte ce qu'on a semé. De même, qui fait le bien, s'en trouvera bien ; qui fait le mal, s'en trouvera mal. (分別善惡所起經)

-◊- -◊-

En haut, il y a 32 cieux superposés. Dans les cieux inférieurs, les devas sont matériels, palpables. Dans les cieux supérieurs, ils sont immatériels, impalpables; semblables à la lumière, qui luit et se voit, mais ne peut pas être saisie.

En bas, il y a 18 enfers. — Dans le premier, les damnés se battent, se blessent, s'entre-déchirent ; et cela pendant des années sans nombre, sans pouvoir mourir. — Dans le second, ils brûlent dans le feu. — Dans le troisième, ils sont écrasés entre les parois de montagnes mouvantes. — Dans le quatrième, ils sont rôtis dans des fours. — Dans le cinquième, ils sont frappés avec des barres de fer rouges. — Dans le sixième, ils sont pressés sous des masses de fer rougies. — Dans le septième, brûlés d'un feu intérieur, ils se précipitent vers une porte de sortie, qui se ferme au moment où ils y touchent. — Dans le huitième, ils sont plongés dans une boue pleine de reptiles et d'insectes venimeux. — Dans le neuvième, ils souffrent d'un froid extrême dans des ténèbres absolues, le châtiment des incrédules. — (Les enfers suivants ne sont pas décrits dans ce texte, qui se termine par ces mots): Le Buddha a expliqué les 32 cieux et les 18 enfers. Qui fait le bien, renaîtra dans les cieux ; qui fait le mal, renaîtra dans les enfers. Par dessus tout, il y a le *nirvana*, la cessation de toute souffrance. (十八泥犂經)

-◊- -◊-

Les animaux qui portent des cornes, furent jadis querelleurs et agressifs. Les oiseaux au plumage éclatant, furent jadis des femmes coquettes. Les lascifs renaissent singes. Les Brahmanes qui sacrifient, renaîtront moutons pour être égorgés. Quiconque tue, renaîtra porc et sera saigné. Ceux qui intimident autrui, renaîtront gazelles, et passeront une vie dans des frayeurs continuelles. Ceux qui refusent un

Le pavillon de la métempsycose.

Leçon 48.

vêtement au pauvre nu, renaîtront vers à soie; en expiation, ils fileront pour autrui, et mourront de froid dépouillés de leur cocon. Les gourmands renaîtront mouches. Ceux qui maltraitent autrui, renaîtront bourriquets qu'on brutalisera à plaisir. Ceux qui meurent endettés, renaissent bœufs, pour acquitter leurs dettes par leur travail. (佛說罵意經)

— ❀ ❀ —

Une bande de pretas consultèrent l'arhan 目連 Mou-lien (Maudgalyāyana) sur les causes de leur châtiment. — Moi, dit l'un, j'ai toujours mal à la tête; qu'ai-je fait?.. Jadis, lui dit Mou-lien, tu donnais injustement des soufflets aux gens. — Moi, dit un autre, je ne tiens pas en place; il me faut errer sans cesse, sans trouver de repos; qu'ai-je fait?.. Jadis tu as repoussé ceux qui frappaient à ta porte, refusant l'hospitalité à qui que ce fût. — Moi, dit un autre, une faim insatiable me dévore sans cesse; qu'ai-je fait?.. Jadis tu as refusé de nourrir les affamés. — Moi, dit un autre, partout où je quête, je reçois des coups de bâton, de sabre ou de pique; qu'ai-je fait?.. Tu fus chasseur, blessas et tuas bien des animaux. — Moi, dit un autre, je souffre d'étranges ardeurs par tout le corps; qu'ai-je fait?.. Jadis, étant pêcheur, tu jetais les poissons sur le sable du rivage, et les y laissais mourir brûlés par le soleil. — Moi, dit un autre, je suis partout poursuivi par une odeur infecte; qu'ai-je fait?.. Jadis, étant Brahme, pour te défaire d'un moine quêteur qui te demandait sa pitance, tu lui as mis dans son écuelle des excréments couverts avec du riz. Etc. (鬼問目連經)

— ❀ ❀ —

L'essentiel, c'est de se souvenir toujours, 知身非身 que le corps n'est pas un corps, c'est-à-dire n'est pas permanent. Cela s'obtient, par la méditation. — La méditation est la vue de l'esprit, plus pénétrante que celle des yeux. Tel le coup d'œil des experts, qui voient comme à l'intérieur du métal qu'on leur présente, si c'est de l'or pur ou un alliage, sans avoir besoin de recourir à la pierre de touche. Ainsi la méditation fait voir, sous les apparences gracieuses d'un corps, un amas d'ordures où grouillent les vers. Peu à peu, elle rend fixe cette vue accompagnée de dégoût. On peut même arriver à considérer en esprit, cet agrégat qui se décomposera un jour, comme n'existant déjà plus, par anticipation, et à n'en tenir aucun compte. (道地經)

II. Spécimens de textes *mahāyāna*.

D'abord, la différence entre le *hīnayāna* égoïste, et le *mahāyāna* altruiste, est clairement établie.

Le disciple 彌勒 Mi-lei (Maitreya) dit au Buddha son étonnement, de ce que certains 菩薩 p'ou-sa (bodhisattva) ne se souciaient que peu ou pas des pratiques positives, spécialement des abstinences et autres austérités, qui tirent des voies inférieures et font renaître plus haut dans l'échelle; et cela, dit-il, sous prétexte de 大乘 grand véhicule, de *mahāyāna*... C'est que, lui dit le Buddha, leur voie est autre que celle du commun. Ils se sauvent, en sauvant les autres.

Leur voie à eux, c'est la commisération pour le malheur d'autrui, et l'ardent désir de le rendre heureux. C'est là la science et la pratique suprême. (大乘要慧經)

Dans un autre texte, le Buddha dit : Il y a deux sortes d'arhans. Les uns n'ont en vue que leur propre délivrance (*hīnayāna*) ; les autres désirent délivrer le monde entier. Les uns sont comme une lampe qui ne luirait que pour elle-même ; les autres luisent pour qui veut profiter de leur lumière. (處處經)

On sait que, attribuer le *mahāyāna* au Buddha, est une fiction des *mahāyānistes*. Je n'ai pas à traiter cette question, dans le présent ouvrage. J'en ai dit le nécessaire, dans mon *Buddhisme chinois*, tome I. Introduction VIII.

—◆ ◆—

Quitter sa famille et le monde pour se faire moine, est l'action la plus méritoire qu'un homme puisse faire. Plus méritoire que d'affranchir ses esclaves, que de nourrir les moines, que d'élever des *stūpa*. Car ces œuvres ne produisent qu'un bien relatif et transitoire ; tandis que, se faire moine, produit un bien absolu et permanent, la libération définitive de soi-même, et la mise sur le chemin du salut de tous les êtres qu'on instruira sa vie durant. Se faire moine, délivre des tentations de *Māra*, des séductions de la famille, de toute impureté, de tout mal. Aussi le Buddha disait-il avec raison que, se faire moine, est un mérite plus grand, que le mont Sumeru n'est haut, que l'Océan n'est profond, que l'espace n'est vaste. Aussi, après s'être fait moine, retourner au siècle, est-ce un grand mal, une faute dont la gravité se mesure d'après la grandeur du bien rejeté. Tous les malheurs fondront sur cet être, qui pouvait et n'a pas voulu faire son bonheur. — Concevez donc un ardent désir de votre salut et de celui des autres, et travaillez-y avec zèle, dans l'humilité et la patience. (出家功德因緣經)

—◆ ◆—

Si le moine désire que son propos aboutisse, s'il ne veut pas manger en vain la nourriture que les bienfaiteurs lui donnent, qu'il soit, à chaque instant de sa vie, occupé mentalement d'un des sujets suivants... Tout, en ce monde, est impureté, est douleur, est impermanence... Rien n'est réel ; tout est vain et vide... Le *moi* même n'existe pas... J'ai donc bien fait de tout quitter, pour ne plus me souiller, pour travailler à éteindre ma dette... Quant au corps, après la mort, il enfle, crève, fourmille de vers, se fond en une bouillie infecte. Il en reste quelques os, d'abord blancs, puis bruns, puis noirs, qui s'effriteront finalement et tomberont en poussière... En ce monde, rien de solide, rien de stable, aucune base, aucun appui... Tout est doute et incertitude... Rien ne profite vraiment ; beaucoup de choses nuisent... Qui est sage, doit tendre au *nirvana*, qui est le repos et le bonheur. — Voilà les sujets dont un moine doit s'entretenir sans cesse, s'il veut avancer, s'il veut aboutir, s'il ne veut pas avoir reçu en vain la doctrine du Buddha et les dons des bienfaiteurs. (禪行法想經)

—◆ ◆—

Il ne faut pas compter sur la vie, pas pour dix ans, pas pour un an, pas pour un jour, pas pour un instant. La vie se joue à chaque respiration. Si cette expira-

Leçon 48.

tion n'est pas suivie d'une inspiration, c'en est fait de l'homme. Donc ne pas remettre à plus tard le soin d'éteindre sa dette ; donc veiller à n'y pas ajouter. Un arhan mourut, croyant fermement qu'il allait renaître dans les cieux ; or il renaquit bœuf sur la terre, pour un reste de dette qu'il avait négligé de solder. Un autre arhan mort sur une pensée incongrue, renaquit dans les enfers. (處 處 經)

-◆- -◆-

Dans l'enseignement des laïques, il faut user de discernement, et être prudent. Un moine fervent prêchait une femme laïque. Celle-ci l'écoutait agenouillée, les mains jointes, les yeux baignés de larmes. Une telle dévotion enflamma le zèle du moine, qui parla jusqu'à minuit passé. La femme pleurait toujours. Qu'est-ce qui vous touche ainsi ? lui demanda enfin le moine... Ah ! dit-elle ; notre âne est mort la nuit dernière ; n'est-ce pas désolant ?! — Un brave aspirant, très simple, se plaignit au Buddha, que le moine chargé de l'instruire, lui avait voilé la tête par dérision. Interrogé, le moine expliqua qu'il lui avait couvert durant un moment les yeux et les oreilles, pour lui faire comprendre que rien d'extérieur ne devait pénétrer à l'intérieur par les sens. (處 處 經)

-◆- -◆-

An-cheukao a traduit, au grand complet, les règles des moines. La traduction est soignée, polie même. Elle servit en effet dans les premiers couvents de Chine, où elle fut mise en bonne forme, sans altération du sens. Je ne puis donner ici, même un résumé, de ce répertoire compliqué de choses nombreuses et minimes. Il me faut renvoyer à mon *Buddhisme chinois*, tome I... Les *trois mille* règles des moines, dit le titre. Les sujets principaux sont... L'instruction des novices ; doctrines fondamentales et observance ; puis leur admission dans l'Ordre après les épreuves suffisantes, et la surveillance des jeunes par les Anciens. — L'aveu des fautes, la pénitence, les cas de renvoi. — Règles relatives aux rapports sociaux entre moines dans le couvent ; propreté, politesse ; vêtement, literie, nourriture, études, travaux et corvées, culte. — Règles relatives à la conduite hors du couvent ; rapports avec les laïques, spécialement avec les femmes ; modestie, humilité et patience dans les quêtes. — Règles des tournées de prédication et des voyages. — Règles pour la vie commune obligatoire chaque année durant la saison des grandes chaleurs et des pluies, du 16 de la 4ᵉ lune, au 15 de la 7ᵉ lune. — Règles spéciales pour la sauvegarde de la continence. (大 比 丘 三 千 威 儀)

-◆- -◆-

À l'usage des novices, *An-cheukao* a traduit de terribles histoires. — Un novice mettait peu de zèle à apprendre les *sûtra*. Son maître jeta une pierre très dure dans les enfers, avec ordre de revenir. La pierre revint, calcinée, tombant en poussière... Qu'est-ce que ce feu-là ? demanda le novice, qui n'avait jamais vu brûler que des argols... C'est, dit le maître, le feu qui te brûlera dans les enfers, si tu n'étudies pas mieux. — Un novice récitait un *sûtra*, à l'intention d'un laïque, dans une position assez incommode. Le laïque l'ayant invité à changer de place, il interrompit sa récitation pour le faire. A cause de cette interruption d'un texte saint pour l'amour de ses aises, il fut, pendant des renaissances innombrables, tourmenté de toute sorte d'infirmités. (處處經)

C'est un fait physiologique bien connu, que les émotions passionnelles, colère, volupté, et autres, sont accompagnées d'une accélération de la respiration. Les anciens Indiens et Chinois interprétèrent le phénomène dans ce sens, que c'est le souffle qui active la passion, comme un soufflet active un feu de forge. Ils conclurent que, régler la respiration diminue la passion, supprimer la respiration supprime la passion. De là le système de la respiration rythmée d'après le métronome (les *mâtra)*, pratique chère aux Yogis de l'Inde, aux Taoïstes et aux Buddhistes de la Chine. *An-cheukao* a traduit tout un traité sur la 行息 respiration réglée, ou 數息 nombrée, en vue de 滅意 l'extinction des mouvements de passion. Il assure que, plus les respirations sont rares, plus rares et plus calmes sont les affections; que, si la méthode est appliquée avec suite et constance, la dernière affection s'éteindra avec la dernière respiration, ce qui conduit directement au *nirvana*. — J'aurai à revenir plus d'une fois, dans cet ouvrage, sur la respiration rythmée. Le rôle qu'elle joue dans l'ascèse chinoise, m'a intrigué. Voulant en avoir le cœur net, j'ai expérimenté sérieusement et scientifiquement le procédé. Je résume mes impressions en deux points: 1º pour être bien pratiqué, le système, qui est très compliqué, exige toute l'attention de l'homme. Le moment le plus difficile, c'est quand, la respiration ayant été retenue jusqu'à la limite du possible, l'air vicié doit être expiré sans aucune hâte, aussi lentement que l'air sain a été inspiré. L'attention requise par tous ces mouvements, empêche toute autre pensée. Elle empêche donc ou éteint toute imagination, toute passion, à titre de distraction intense. — 2º la compression énergique que subit le cœur dans le thorax gonflé au maximum, pendant le temps que la rétention de l'air dure, ralentit considérablement ses battements, et est efficace contre certains mouvements passionnels, par exemple ceux de colère, comme agent mécanique. (佛說大安般守意經)

Sources. — Les *sûtra* traduits par 安世高 *An-cheukao*, dans le *Tripitaka* chinois. J'ai cité le *sûtra* à la fin de chaque texte.

Quarante-neuvième Leçon.

Deuxième siècle de l'ère chrétienne. Buddhisme.

Amitabha. — *Mañjuśrī.* —

牟子 *Meou-tzeu.*

Le Buddhisme poussa en Chine deux branches principales, dont nous aurons à reparler au long plus tard. — Une branche, toute de foi, de piété, de repentir et d'espérance, à la portée de tout le monde. — L'autre, réservée aux intellectuels, toute de spéculation, idéaliste, nihiliste, tendant à la sapience, laquelle consiste à reconnaître que tout est rien, que rien n'existe, que le moi et l'univers sont pure illusion. — La première branche est caractérisée par le culte d'*Amitabha*; la seconde par celui de *Mañjuśrī*. Ces deux personnages ne sont pas historiques. Ce sont deux personnifications; l'une de la miséricorde et du salut par la foi; l'autre de la libération de toute illusion par la science, en attendant l'extinction.

Les Indianologues discutent sur le temps où le culte d'*Amitabha* prit naissance. Les livres buddhistes chinois ne contiennent aucune donnée, qui puisse aider à préciser ce temps. Dans le *sūtra en 42 articles*, entre 65 et 70 après J.-C., *Amitabha* n'est pas nommé. Par contre, entre 148 et 186, le Parthe 安世高 *An-cheukao*, et un Indo-scythe 婁迦讖 *Leou-kiatch'an* qui l'avait rejoint à la capitale, produisirent en Chine deux textes fondamentaux de l'Amidisme, le 無量壽經 *Ou-leang-cheou-king*, et le 無量清淨經 *Ou-leang-ts'ing-tsing-king*. Les mêmes auteurs traduisirent aussi des *sūtra* se rattachant à *Mañjuśrī*. Je vais parler très succinctement de ces deux séries d'ouvrages, devant revenir plus tard sur le fond des systèmes.

I. *Amitabha.*

Jadis le jeune moine *Dharmākara* reçut du Buddha de ce temps-là la promesse, qu'un jour lui aussi deviendrait un Buddha-sauveur. Il prononça aussitôt sa formule d'acquiescement 願, mais en y mettant vingt-quatre conditions; à savoir... que son nom serait connu dans toutes les régions existantes; que quiconque se réclamerait de lui, relèverait aussitôt de sa juridiction, entièrement et exclusivement; qu'il pourrait, par un rayon émané de son cœur, illuminer tout être qu'il voudrait, à n'importe quelle distance; que tout mourant, quelque grand pécheur qu'il fût, qui repentant voudrait sincèrement renaître dans son royaume, y renaîtrait aussitôt après sa mort; etc. Bref, le pardon de tout et pour tous, le salut au rabais, le bonheur pour une bonne intention. — En son temps, *Dharmākara* devint le Buddha *Amitabha*, et ce qu'il avait exigé s'est réalisé. Il est maintenant le premier de tous les Buddhas qui régnent dans les dix mille mondes. Son rayon porte l'intelligence et la consolation partout. Quand ce rayon pénètre dans les enfers, toute souffrance y cesse. Etc.

Leçon 49.

Renaissance dans les fleurs des lotus, chez Amitabha.

Leçon 49.

La terre du Buddha *Amitabha*, en chinois 阿彌陀 *A-mi-t'ouo* (d'où *Amida* et *Amidisme*), la 須摩提 *sukhavatī*, est à l'ouest de notre terre, par delà des milliers de royaumes de Buddhas plus rapprochés. Le printemps y est perpétuel. Tous ceux qui l'habitent, sont du sexe masculin, intellectuels de haute volée, dont le commerce est plein de charmes. Tous ont le même âge, l'âge adulte. La renaissance se fait dans les fleurs des lotus, qui croissent en de merveilleux étangs. Les corps ne sont pas matériels, mais éthérés. Les vêtements se présentent sur un simple désir, les aliments de même. La durée de la félicité n'est pas indéfinie, ce qui serait contre toutes les doctrines fondamentales du Buddhisme; mais elle aura une durée si longue, que pratiquement sa fin ne s'envisage pas. Le premier après *Amitabha*, dans son royaume, c'est le *p'ou-sa Avalokiteśvara*, qui 總領 *gouverne les fidèles* et les 過度 *fait passer*. — Il y a longtemps qu'on a remarqué combien les textes amidistes indiens rappellent les doctrines avestiques sur *Ahura-Mazda* et sur l'ange *Srôsh*. Nombre de termes, dans les textes amidistes chinois, m'ont fait croire que, primitivement, l'Amidisme dériva du Mazdéisme. On comprend alors pourquoi le Parthe *An-cheukao* élevé dans le Mazdéisme, et l'Indoscythe *Leou-kiatch'an* qui le connut certainement bien, s'empressèrent de doter la Chine de textes amidistes. — Le trait caractéristique de l'Amidisme, c'est son amour de la lumière et de la pureté. *Amitabha* prévient par son illumination. Quand on est né chez lui, il instruit, il éclaire, il élève. Sa terre est une grande école de sainteté, dans laquelle il n'y a pas une ombre, pas un élément vulgaire. Chez lui, grâce à sa lumière, aucune obscurité, aucune impureté. Sa doctrine est la miséricorde illimitée pour tout et pour tous, débordant de 我淨潔心 son cœur très pur; cette expression revient sans cesse. Il vient en personne chercher, à la mort, l'âme de ceux qui lui ont été dévots, et leur apparaît alors visiblement, pour consoler leur agonie. — Voilà ce que les Chinois surent d'*Amitabha*, avant la fin du second siècle.

II. *Mañjuśrī*.

Mañjuśrī est la personnification de la spéculation philosophique, cette chose que le Buddha abhorra, qu'il interdit aux siens, qu'il condamna si souvent et si sévèrement. Malgré cela, les *mahāyānistes* confrontent souvent *Mañjuśrī* avec le Buddha, auquel il pose des questions difficiles, avec lequel il discute, parfois modestement et amicalement, plus souvent avec un air hautain et sur un ton de mauvaise humeur. Les théories les plus abstraites du *mahāyāna*, sont déjà touchées, dans ces discussions, par *An-cheukao* et *Leou-kiatch'an*. Par exemple, la *vision extatique* par laquelle le Buddha embrasse tous les êtres, leur passé et leur avenir (佛印三昧經)... le *corps mystique* par lequel tous les Buddhas sont un Buddha (問法身經). La différence d'esprit entre le Buddha et *Mañjuśrī*, est finement indiquée par un texte, qui raconte ce qui suit: Le roi *Ajātaśatru*, meurtrier de son père et de sa mère, ayant grand'peur de l'enfer, demande au Buddha si le salut est possible pour lui... Le Buddha se dérobe... Le roi s'adresse à *Mañjuśrī*. Celui-ci lui dit d'être sans crainte, parce que, tout étant rien, le péché n'est rien non plus, et l'enfer pas davantage. (阿闍世王經)

Voici comme échantillon de cette littérature nihiliste de la première époque, un texte traduit par *Leou-kiatch'an* (般舟三昧經). Le pauvre Buddha y est mis en scène, prêchant le *mahāyāna* le plus outré... Parlant à une immense assemblée, il déclare que le premier devoir de tout aspirant à la perfection, c'est de se tenir continuellement dans le 三昧 *samādhi*, l'abstraction extatique, qu'il va expliquer. Le premier pas, dans cette voie, c'est la foi absolue, la foi aveugle, dans l'enseignement d'un Maître ou Directeur spirituel. Ce maître n'enseigne qu'une chose, à savoir que *tout est rien*. Appuyé sur la foi en cette sentence, l'aspirant s'exerce d'abord à l'indifférence absolue entre les termes contraires. Quand l'indifférence est acquise, il s'exerce à effacer de son esprit l'idée même de leur distinction. — Le Buddha donne une longue liste de termes contraires, de l'identité desquels il faut se persuader par le *samādhi*. Par exemple : petit-grand, large-étroit, long-court, léger-lourd, vide-plein, profond-superficiel, froid-chaud, droite-gauche, devant-derrière, loin-près, beau-laid, vieux-jeune, riche-pauvre, noble-vil, malade-sain, assis-debout, en mouvement-au repos, avancer-reculer, réussir-rater, perdre-gagner, recevoir-donner, continuer-cesser, avoir-ne pas avoir, facile-difficile, peine-plaisir, pur-impur, affamé-rassasié, parents-étrangers, ami-ennemi, vie courte-vie longue, ce corps ou un autre, ce destin ou un autre, mort-vie, oui-non, être-n'être pas. Etc... Partant de la foi dans l'assertion du Maître, le novice doit se persuader, un à un, de l'identité de tous ces contraires ; ou plutôt 無 de leur non-existence. Il doit se fixer dans cette pensée unique, qu'un *karma* (dette morale) réunissant en faisceau des éléments *(skandha)*, forme l'être ; et qu'un autre *karma*, défaisant le faisceau à son heure, met fin à cet être. Que tout est donc fantasmagorie, tellement mouvante qu'elle est pratiquement irréelle, ne peut servir de base à aucune affection légitime ni à aucune pensée juste ; le penseur étant aussi mobile que les êtres auxquels il pense. — Ceci posé, il semblerait que le Buddha va conseiller l'indifférence absolue pour soi et pour autrui. Du tout. Il conseille, pour soi, la sobriété, la simplicité, la chasteté, comme donnant une tenue plus digne... et pour autrui, une grande charité et un grand zèle à l'instruire que tout n'est rien.

Le Buddha dit et répète, que chercher dans le *samadhi* joie et consolation, est une illusion ; que son but, ce qu'on doit y chercher, c'est la persuasion du vide universel, de la non-existence de soi et de tout. La pensée même est erreur. La seule vérité, c'est le *nirvaṇa*, qui est le néant. — Nous verrons plus tard ce nihilisme poussé jusqu'à ses dernières conséquences. Notons seulement ici que ses principes furent connus en Chine, avant la fin du second siècle.

Dans le même discours, le Buddha parle de la contemplation des terres des Buddhas, et spécialement de celle d'*Amitabha*. Il permet aux commençants d'y penser, d'en rêver ; distraction irréelle, mais qui repose. *Amitabha* est, pour les nihilistes, aussi non-existant que tous les autres êtres, et son règne est pure imagination, tous les lieux, les distances et les temps, étant créés par la pensée, dans le moi, lequel n'existe pas.

Le succès ou l'insuccès dans la pratique du *samādhi* décrit ci-dessus, dépend du *karma*. Ceux qui y réussissent, sont mûrs pour le *nirvana*. Ceux qui n'y réussissent pas, ne doivent pas insister, car leurs efforts ne serviraient à rien ; ils ne sont pas encore mûrs pour l'extinction.

Leçon 49.

III. *Dhāraṇī*.

On a prétendu que les incantations, conjurations, exorcismes buddhiques *dhāraṇī*, n'avaient été apportés en Chine que sous la dynastie 唐 *T'ang*. C'est une erreur. Un *riddhi-mantra* bien authentique, se trouve parmi les traductions faites par *Leou-kiatch'an*. Le voici : Des laïques viennent se plaindre au Buddha, que leur maison est hantée. Il s'y rend, les console, puis cite devant lui les Pénates de la maison, et leur déclare que désormais aucun fantôme ne devra plus troubler la paix, sinon un Génie puissant viendra les piler jusqu'à ce qu'ils soient réduits en poudre fine. — Puis le Buddha annonce à Ananda qui l'accompagne, que, cinq cents ans après son *nirvaṇa*, une secte de magiciens (tantrisme śivaïte) se répandra, et sera cause que les lutins malfaisants pulluleront. Qu'alors ses disciples, gardant bien les abstinences et les observances, devront invoquer les trois appuis, le Buddha sa Loi et son Ordre. Qu'ils se prosternent et prient six fois par jour, brûlent des parfums, allument des lampes, et récitent cet exorcisme: « Par la vertu du Buddha, qu'aucun génie, démon, fantôme, dragon, serpent, vampire, lutin, n'ose troubler la paix de cette maison et de ses dépendances, de son âtre et de son puits. Car ses habitants sont disciples du Buddha et ses fils spirituels. Ceux qui les molesteraient, que leurs têtes éclatent en sept morceaux... Que par la vertu du Buddha, de sa Loi et de son Ordre, personne ne leur nuise. Que tous les bons devas les protègent. Que tous les êtres malfaisants s'en aillent d'ici en leur lieu! Car ce terrain est consacré au Buddha. A deux cents pas, dans tous les sens, sa protection le couvre. Qu'il porte bonheur à ses habitants, que leurs désirs soient comblés, qu'ils prospèrent et dans le civil et dans le militaire, qu'ils aient cent fils et mille petits-fils, qu'hommes et femmes vivent en paix et bonne entente. » Conserve bien cette formule, dit le Buddha à Ananda. Que chaque fois, avant de la réciter, on allume quarante-neuf lampes, qu'on balaye et asperge le sol, qu'on brûle des parfums, qu'on regrette ses fautes et ravive sa dévotion. (安宅神咒經)

IV. 牟子 *Meou-tzeu*.

Il nous reste, de la fin du second siècle, entre 190 et 200 probablement, un opuscule sur le Buddhisme, par un certain 牟子 *Maître Meou*. Le prénom du personnage est inconnu. Très versé dans les doctrines de Confucius et de *Lao-tzeu*, il fut fonctionnaire chinois dans le pays de Canton. Où apprit-il à connaître le Buddhisme ? Est-ce à la capitale, ou au lieu où il exerça sa charge ? On ne sait pas au juste. En tout cas il écrivit, pour le Buddhisme, contre les Lettrés, un intéressant petit traité. Hostile au Taoïsme, jugeant le Confuciisme insuffisant, il s'efforça de faire au Buddhisme une place au soleil. Dans sa pensée, le Confuciisme devait être en Chine la règle de gouvernement, le Buddhisme devait être la religion du peuple, les deux s'aidant mutuellement.

Il commence par raconter assez exactement, et sans trop de merveilleux, la légende du Buddha, son mariage, son évasion, sa vie érémitique durant six années. Né dans l'Inde, dit-il, au centre de la terre, pour pouvoir mieux répandre ses enseignements dans toutes les directions, il prêcha une doctrine destinée à sauver tous les hommes. Quand il quitta ce monde, il laissa une société qui s'occupe du salut de tous. Qui veut arriver au bonheur, doit observer cinq préceptes, et garder l'abstinence six jours chaque mois. Les moines observent 250 règles, et gardent l'abstinence tous les jours. Le nom de Buddha est une épithète, qui signifie l'Illuminé. De son vivant, le Buddha pouvait se transformer, se multiplier, apparaître et disparaître, prendre n'importe quelle forme, à volonté. La voie qu'il a enseignée, mène au bonheur. Elle n'est pas contraire à la doctrine des anciens Sages, résumée par Confucius. Le but des deux doctrines est différent. Un même homme peut pratiquer les deux. Il ne faut pas rejeter le Buddhisme a priori, parce que Confucius ne l'a pas connu. N'y a-t-il pas, dans les pharmacies, nombre de médicaments excellents, inconnus du temps de 扁鵲 Pien-ts'iao ? Un bon livre en plus de ceux de Confucius, c'est tant mieux. L'homme raisonnable prend le bien partout où il le trouve, et apprend de qui l'enseigne.

Mais, objectent les Lettrés, les moines buddhistes se rasent la tête, ce qui est contre la piété filiale, les cheveux faisant partie du corps donné par les parents. De plus, ils ne se marient pas, privant leurs parents de postérité, ce qui est bien pire. — Ils sont excusés, dit *Meou-tzeu*, par le but supérieur auquel ils tendent.

Ils prétendent, disent les Lettrés, que, après sa mort, l'homme renaît, ce qui est impossible. — Vous admettez, dit *Meou-tzeu*, que l'âme survit à la mort, puisque vous l'appelez et lui faites des offrandes. Si elle survit, l'homme peut renaître, comme une nouvelle touffe de blé naît de la graine d'une touffe ancienne. Et j'ajoute, la doctrine du Buddha rend mieux compte de l'au-delà que la vôtre. Car on sait par lui que les bons vont au palais du Buddha (Amidisme probablement), et les méchants en un lieu de supplices.

Le Buddhisme, disent les Lettrés, est trop exigeant, prend trop de temps, rend la vie amère par la multiplicité de ses observances. — Il faut cela, pour le but, dit *Meou-tzeu*. Marcher droit, au moral, exige bien des précautions. Vos Odes ne disent-elles pas « marchons en tremblant, en prenant bien garde, comme au bord d'un abîme, comme sur la glace mince ».

Le Buddhisme, disent les Lettrés, fait trop dépenser en aumônes et en frais de culte, ce qui est contraire à l'économie prescrite par Confucius. — *Meou-tzeu* répond: L'aumône et le culte ne sont pas gaspillage. Les Buddhistes font ces dépenses, pour se préserver de grands malheurs. Elles sont donc raisonnables et légitimes. Ils sèment pour la vie future.

Les moines ne raisonnent pas, disent les Lettrés, mais appuient leurs assertions doctrinales sur des comparaisons fictives ou des histoires sans preuves. — Vous parlez bien, dit *Meou-tzeu*, du phénix et de la licorne, et vous donnez leur apparition en preuve de la bonté du gouvernement. Or qui a jamais vu le phénix ou la licorne?.. Personne!.. Quant aux discours basés sur des comparaisons, ils sont souvent très solides. Vos livres, celui des Odes en particulier, en sont pleins.

Le mépris du Buddha pour la richesse et l'honneur, est contre nature, disent les Lettrés. — Il serait contre nature, dit *Meou-tzeu*, s'il allait contre le devoir ou contre la raison. Mais il ne va pas contre le devoir, aucune loi n'obligeant à vouloir être riche et honoré. Il ne va pas non plus contre la raison ; car, si les Buddhistes vivent pauvres et humbles, c'est pour éviter bien des maux, en cette vie et au-delà.

J'ai été à la cour, dit un Lettré, et jamais je n'y ai entendu parler en bien des Buddhistes par les personnes distinguées. — Pur effet de la routine, dit *Meou-tzeu*. Chacun suit l'ornière. Tous cherchent, non la vérité, mais la faveur.

J'ai été à Kotan, dit un Lettré. Les moines y sont nombreux. Or beaucoup quittent leur genre de vie, après l'avoir pratiqué. — Ceci, dit *Meou-tzeu*, prouve contre l'apostat, pas contre le genre de vie qu'il quitte. Il y a des plumes qui volent à tout vent, et il y a des pierres qui ne bougent jamais.

Alors, dit un Lettré, si les Buddhistes ont tant et de si bons arguments, pourquoi ne les citez-vous pas; pourquoi ne nous citez-vous que les Annales et les Odes? — C'est que, répond *Meou-tzeu*, les bœufs n'aiment que les beuglements de leurs semblables, et les moustiques le chant de leurs pareils. Vous ne comprenez que cela.

Sources. — Les *sūtra* dont les titres sont indiqués au bout des citations, dans le *Tripiṭaka* chinois. — L'opuscule 牟 子 *Meou-tzeu*.

La roue de la métempsycose.

鄭玄 Tcheng-huan (康成 k'ang-tch'eng), le commentateur.

Cinquantième Leçon.

Deuxième siècle de l'ère chrétienne. Confuciisme et Taoïsme.

Les Confuciistes se groupent en caste fermée. Les Taoïstes s'organisent en puissance politique.

Sommaire. — **A**. Fixation du texte des Canoniques confuciistes. Premier Commentaire. — **B**. L'épisode de la Pléiade. — — **C**. Taoïsme. Culte de *Lao-tzeu*. — **D**. *Tchang-ling*. — **E**. Insurrection des Turbans jaunes.

A. Au second siècle de l'ère chrétienne, se produisit un événement, qui eut pour le Confuciisme une importance capitale. Après la mort du Maître (479 avant J.-C.), la plupart de ses disciples rentrèrent dans la vie privée, et leurs copies des anthologies confuciistes, à supposer qu'ils en avaient, se perdirent avec le temps. Quelques familles seulement conservèrent les textes écrits, et transmirent dans leur sein, oralement, de génération en génération, ce qu'elles prétendaient être la vraie manière de les expliquer. Quand le catalogue littéraire des 漢 Han fut établi (page 319), on admit deux lignes de transmission pour les Annales, une pour les Mutations, une pour les Odes, trois pour la Chronique de Confucius, écartant les autres versions, lesquelles se perdirent du fait qu'elles n'eurent plus la vogue. Or, ce choix des textes et des gloses, fut-il impeccable?.. grave question!.. les meilleurs critiques en doutent. Ils avouent que la glose des Odes reçue, et une des trois de la Chronique, représentent l'opinion de 荀子 *Sunn-tzeu,* un novateur, comme nous savons, au moins en partie. Ils admettent de plus que toutes les gloses, d'abord orales puis écrites, peuvent bien avoir été modifiées par les maîtres qui les enseignèrent et les rédigèrent, à leur gré et sans contrôle, depuis le cinquième jusqu'au deuxième siècle. De sorte que, disent-ils, la tradition, au commencement de l'ère chrétienne, ne rendait peut-être plus exactement le sens des auteurs des anciens textes des Annales et des Odes; peut-être même plus le sens de Confucius et de ses premiers disciples; mais bien une sorte de sens moyen, formé peu à peu dans les familles gardiennes du dépôt, non sans infiltrations taoïstes et autres résultant de l'ambiance; ou parfois le sens particulier d'un maître, qui fut préféré par les intéressés, pour des raisons à eux connues. Ainsi nous savons que les *Mutations*, telles que nous les avons, texte et glose, sont l'amalgame de la tradition de deux écoles antérieures aux *Han,* lesquelles se défendaient de concorder. Le cas des *Annales* est encore plus grave; de ce qui est parvenu jusqu'à nous, la moitié seulement est authentique, et combien détériorée. Les *Odes,* telles que nous les avons, sont une quatrième version, à laquelle *Sunn-tzeu* mit la main; tandis que trois autres versions antérieures, probablement plus authentiques, ayant été rejetées, périrent. Pour la *Chronique de Confucius,* trois versions ont été conservées; or elles sont très disparates. Pour les *Rits,* ce que nous avons, est une compilation faite par un seul auteur, selon son bon plaisir. Les *Entretiens de Confucius,* si importants, ont subi les mêmes vicissitudes. Je ne puis pas m'étendre ici davantage sur ce sujet, qui est du domaine de la bibliographie et de la critique. — En 79 après J.-C., par ordre impérial, une commission de Lettrés fixa le texte qui serait désormais tenu pour classique. Elle fit ce travail comme il lui plut, et ce qui ne lui plut pas fut perdu, donc plus de confrontation possible depuis lors. Ce texte se détériora encore pendant près d'un siècle, la copie à la main étant le seul moyen de multiplication, et les fautes étant inévitables avec une écriture aussi compliquée. En 175 après J.-C., encore par ordre impérial, le texte, tel qu'il était alors, non critiqué, non révisé, fut gravé sur une série de stèles en pierre, que l'on pouvait estamper. Cela le fixa définitivement, *tel qu'il était alors* (c'est à dessein que je répète), avec toutes les transpositions de passages et les erreurs de caractères que six siècles y avaient introduites, et qui y sont restées jusqu'à présent.

Cette édition d'un texte désormais officiel et unique, provoqua la rédaction du premier commentaire littéral, base de tous ceux qui furent produits depuis. Il fut l'œuvre du fameux 鄭玄 *Tcheng-huan* (alias 鄭康成 *Tcheng-k'angtch'eng*, 127-200). *Tcheng-huan* avait été l'élève de 馬融 *Ma-joung* (79-166), fonctionnaire lettré, toujours original, souvent fantasque, plus Taoïste que Confuciste. Aux tares de son maître, *Tcheng-huan* ajouta celle d'une ivrognerie stupéfiante même en Chine. On comprend alors qu'il ait si bravement tranché toutes les questions gênantes, et fait de la littérature ancienne le pot-pourri dont la postérité dut se contenter, faute de mieux, pendant un millier d'années. — Pour bien comprendre combien l'œuvre de cet homme fut néfaste, il faut se rappeler que, quand il écrivit, l'ancienne Chine avec ses institutions ayant disparu depuis plusieurs siècles et les vieilles choses signifiées par les anciens caractères étant oubliées, les textes ne pouvaient plus être compris que grâce au commentaire. *Tchenghuan* rédigea ce commentaire, au petit bonheur; et désormais, dans toutes les écoles, les maîtres expliquèrent le texte d'après lui. Car le sens critique ne tourmenta jamais les maîtres chinois ordinaires. Tous ces êtres vulgaires qui, de génération en génération, ne visèrent qu'à faire passer leurs élèves aux examens officiels, se soucièrent peu de ce que pouvaient valoir le texte et le commentaire qu'ils enseignaient. Ils gagnaient leur vie à ce métier, et eussent traité d'insolent l'élève qui n'aurait pas accepté aveuglément leur dire. Il résulta de ce fidéisme, que, quand le texte de 蔡邕 *Ts'ai-young* eut été gravé, quand le commentaire de *Tcheng-huan* eut été édité, tout le reste fut abandonné aux insectes, et le Confuciisme se résuma en ce texte tel quel avec son commentaire unique. — J'insiste sur ce fait qui est généralement ignoré, et qui est capital pour l'intelligence de ce que vaut au juste la doctrine confuciiste si longtemps officielle. Pour l'éclairer davantage, je vais donner un exemple des improvisations du taoïste *Ma-joung* et de l'ivrogne *Tcheng-huan*.

Soit le texte si important des Annales (que j'ai cité page 13 B), où il est dit que 舜 *Chounn* salua dans le temple des Ancêtres 文祖 le premier de sa race. *Ma-joung* interprète: *Chounn salua le Ciel ancêtre de tous les hommes*. Erreur inepte, car jamais le Ciel ne fut salué dans le temple des Ancêtres; erreur taoïste, car jamais les *Jou* ne considérèrent le Ciel comme l'ancêtre des hommes. — A la suite: *Chounn fit une offrande au Souverain d'en haut...* *Ma-joung* explique: *Le Souverain d'en haut, c'est le Génie aussi appelé Suprême Un*, qui loge dans le quadrilatère de la Grande Ourse, et qui est le plus noble de tous les Génies du ciel... Ceci est du Taoïsme tout pur. Les Anciens ne connurent pas de logements dans le ciel, et le Suprême Un fut inventé en l'an 123 avant J.-C., comme nous avons vu (page 290). — A la suite: *Chounn* allume un bûcher sur le sommet du mont *T'ai-chan*... *Ma-joung* explique que ce fut pour offrir une victime en holocauste. C'est absolument faux. Jamais aucune victime n'était offerte sur le bûcher, dont la flamme devait avertir le Souverain d'en haut que son Fils était à son poste et le saluait. — *Tchang-huan*, lui, escamote la difficulté, au moyen d'une phrase buddhiste bien commode. Tout cela, dit-il, c'étaient des manières de prier et d'offrir... Prier qui?.. Offrir à qui?.. peu importe. — Encore une fois, depuis l'an 1000 jusque vers 1800, les critiques auront fort à faire, pour arriver, par la confrontation des divers textes, à remplacer par des explications sérieuses les élucubrations de ces deux artistes.

-ф- -ф-

B. La détermination plus précise de la doctrine soi-disant confuciiste, eut pour effet une cohésion plus intime des Lettrés, lesquels devinrent, à partir de ce temps (seconde moitié du deuxième siècle), une caste définie et fermée. D'autres facteurs contribuèrent à cette évolution; l'introduction du Buddhisme, secte adverse; l'organisation du Taoïsme, secte rivale; enfin et surtout, l'hostilité des eunuques du palais impérial. Massés autour de leurs livres canoniques, faisant corps pour prôner la politique de *Sunn-tzeu*, les Confuciistes recrutèrent des disciples, intermarièrent leurs fils et leurs filles, se crurent trop tôt une puissance, et reprirent les traditions hargneuses et frondeuses qui leur avaient coûté si cher jadis, sous le Premier Empereur des 秦 *Ts'inn* (page 260). Vers l'an 175, ils se heurtèrent à un parti redoutable. Le palais impérial était alors plein d'intrigues. Une impératrice régente avait nommé son propre père tuteur de son fils légal, le jeune empereur encore mineur. Confuciiste fervent, ce tuteur, 竇 武 *Teou-ou*, s'entoura d'une élite de Confuciistes, la fameuse Pléiade. Les eunuques et les femmes du palais se rebiffèrent. Les Lettrés méconnurent la force de ces adversaires et les attaquèrent directement. Une éclipse de soleil s'étant produite, ils y virent, d'après leurs principes, une entreprise de la modalité *yinn* contre la modalité *yang*, des eunuques et du harem contre le jeune empereur; et ils adressèrent hardiment à la régente, la demande que les eunuques fussent supprimés, que le harem fût évacué... Survint une promenade de la planète Vénus dans les mansions polaires, autre empiétement du *yinn* sur le *yang*, qui fut cause que les Lettrés urgèrent leur demande, la déclarant nécessaire, urgente, etc... Sur ce, révolte des eunuques, qui accusèrent le père de l'impératrice de vouloir se faire empereur. Dans un conflit armé, les eunuques eurent le dessus, tuèrent plusieurs des principaux Lettrés et exterminèrent leurs familles. Le père de l'impératrice dut se suicider. Sa fille l'impératrice fut séquestrée. Toute sa famille fut massacrée. Les eunuques s'emparèrent du jeune empereur et lui firent signer leurs décisions. Les Lettrés furent mis hors la loi, et traqués à outrance par tout l'empire, sous prétexte qu'ils avaient soutenu le Tuteur qui visait au trône. Beaucoup furent mis à mort. On estime que, de 175 à 179, cinq mille personnes périrent dans cette bagarre. Ce sont les martyrs du Confuciisme, vénérés d'âge en âge par ceux de leur couleur. Ils montrèrent, dans tous leurs faits et gestes, la maladresse caractéristique de leur caste, entassèrent des paperasses et des bourdes, coururent tant qu'ils purent pour sauver leur vie, moururent enfin gauchement mais bravement. — Les eunuques gouvernèrent l'empire, au nom de l'imbécile empereur 靈 Ling, durant vingt-deux ans. Après sa mort, ils s'emparèrent de son fils mineur, et continuèrent leur jeu. En 189, ils furent massacrés, au nombre de plus de deux mille, par le général 袁紹 Yuan-chao. Mais les Lettrés ne revinrent pas pour cela au pouvoir. Il leur fallut du temps pour se remettre de leur saignée.

C. C'est aussi durant la seconde moitié du deuxième siècle, époque lamentable où une bande d'eunuques gouverna pour des empereurs enfants, que le Taoïsme s'organisa en une puissance politique redoutable, avec des chefs et une hiérarchie. C'est lui qui depuis lors a donné le branle à toutes les révolutions chinoises, lesquelles commencent toujours par des brigandages isolés pour cause de misère populaire, violences coordonnées ensuite et unifiées sous un prétexte superstitieux. Il en fut ainsi, depuis les Turbans jaunes en 184, jusqu'aux Boxeurs en 1900. Ce sujet ayant une importance considérable, je vais reprendre d'un peu plus haut.

En 165 après J.-C., l'empereur 桓 Hoan fit, pour la première fois, une démonstration officielle en faveur de 老子 Lao-tzeu, le père du Taoïsme. Il lui fit d'abord faire des offrandes, au lieu prétendu de sa naissance, dans la province actuelle du 河南 Heue-nan. Puis, ayant fait construire un temple taoïste à la capitale, il fit lui-même des offrandes à Lao-tzeu en l'an 166, avec le rituel des sacrifices impériaux au Ciel. Inutile de dire que l'empereur Hoan est flétri dans l'histoire pour cette action. «L'empereur 文 Wenn des premiers 漢 Han, disent les historiens, fit le premier pas dans les voies taoïstes, en introduisant le culte des Cinq Souverains. L'empereur 武 Ou de la même dynastie, fit le second pas, en introduisant le culte du fourneau alchimique. L'empereur 桓 Hoan de la deuxième dynastie Han, fit le troisième pas, en autorisant le culte de Lao-tzeu. Tous les trois ont mal agi.»

D. Voici maintenant des textes importants tirés de l'Histoire officielle. Ils datent du troisième siècle, sont donc presque contemporains, et jettent une vive lumière sur l'évolution politique du Taoïsme, sur la manière dont les meneurs taoïstes s'y prenaient pour exploiter à l'occasion la superstition latente du peuple chinois, superstition qui fait que cette masse immense est toujours prête à s'enflammer et à exploser.

Donc, au premier siècle de l'ère chrétienne, un certain 張陵 Tchang-ling né probablement dans la Chine orientale vers l'an 34, se transporta à l'Ouest, au 四川 Seu-tch'oan actuel. Il apprit là la doctrine taoïste, et s'en servit pour agiter le peuple. Il fonda une société secrète, en vue de propager cette agitation. Quiconque s'y affiliait, devait verser cinq boisseaux de riz, ce qui valut à la secte le sobriquet de Voleurs de riz. Tchang-ling étant mort, son fils 張衡 Tchang-

Leçon 50.

heng lui succéda, comme chef de la secte. A son tour *Tchang-heng* fut remplacé par son fils 張 魯 *Tchang-lou*. Employé par un préfet impérial comme commandant militaire, *Tchang-lou* s'appropria d'abord les soldats qu'on lui avait confiés, puis s'empara du pays de 漢 中 *Han-tchoung*, qu'il s'attacha en lui imposant un culte religieux particulier. Il eut des officiers militaires et civils. Les civils jugeaient les différends, dans des locaux dits *Maisons de justice*. On y servait un repas à ceux qui venaient se plaindre, et leur affaire était expédiée immédiatement. L'administration des eunuques étant alors ce que nous savons, le peuple de *Han-tchoung* accepta volontiers *Tchang-lou*. Incapables de le déloger, les eunuques lui envoyèrent, *more sinico*, les patentes de gouverneur du *Han-tchoung*, et ordonnèrent aux préfets limitrophes de le laisser tranquille, et de lui payer même une sorte de tribut. *Tchang-lou* se maintint dans sa position durant plus de trente années, et mourut de vieillesse dans son lit. — Telles sont, d'après l'Histoire, les origines de la famille 張 *Tchang*, dont un membre est resté, jusqu'à nos jours, chef honoraire, sinon effectif, de la secte taoïste. Les écrivains protestants affectent d'appeler ces individus les *papes* du Taoïsme; avec quelle raison? Le lecteur en jugera. — La vie assez obscure de *Tchang-ling*, fut plus tard embellie par la légende, cela va de soi. On le fit descendre, sans preuves d'ailleurs, de 張 良 *Tchang-leang*, souteneur de 劉 邦 *Liou-pang*, le fondateur de la première dynastie *Han* (page 285), un assez singulier personnage. On prétend que *Lao-tzeu* lui apparut en personne, qu'il trouva la drogue d'immortalité, qu'il s'établit sur le mont 龍 虎 *Loung-hou (dragon-tigre)* dans le 江 西 *Kiang-si* actuel, enfin qu'il finit par monter vivant au ciel. Cette apothéose fut l'œuvre d'un disciple du cinquième siècle, dont j'aurai à parler en son temps.

—◆—◇—

E. Passons à d'autres textes... Un certain 張 角 *Tchang-kiao* de 鉅 鹿 *Kiu-lou*, agitateur taoïste, communiquait à ses adeptes des recettes magiques. Il appela sa secte, la Voie de la paix parfaite. Il prit les titres de *Grand Sage*, et de *Bon Maître*. Il passait pour un grand guérisseur. Il récitait des formules sur un vase plein d'eau. Les malades, d'abord mis en retraite, examinaient leur conscience et regrettaient leurs péchés. Leur confession et leur acte de contrition était copié à trois exemplaires. Le premier, adressé aux Génies célestes, était porté sur une montagne. Le second, adressé aux Génies terrestres, était enfoui dans une fosse. Le troisième, adressé aux Génies aquatiques, était immergé dans un cours d'eau. Ensuite, humblement prosternés, les malades buvaient l'eau adjurée par le *Bon Maître*. S'ils guérissaient, ils étaient considérés comme sujets sincères, et enrôlés dans la secte. S'ils ne guérissaient pas, ils étaient congédiés comme sujets louches. Le *Bon Maître* promettait la rémission des péchés pour certaines bonnes œuvres, surtout pour la réparation bénévole des chemins et des ponts. Il interdisait le vin et la luxure, pour donner à sa secte une devanture digne. — Les frères et amis de *Tchang-kiao* prêchaient partout la nouvelle doctrine. Au bout de dix années de ce manége, il eut des centaines de milliers d'adeptes inscrits. Alors *Tchang-kiao* créa trente-six grands chefs, dont chacun commandait de cinq à dix mille hommes. Puis il fit courir le bruit que l'année 184, première d'un cycle sexagénaire, serait aussi, de par les diagrammes et les nombres, la première année d'une ère nouvelle. Quand les cerveaux populaires furent suffisamment échauffés par cette nouvelle, *Tchang-kiao* déclancha le soulèvement général. Ses hommes se coiffèrent d'un turban jaune, comme signe distinctif de la secte. *Tchang-kiao* s'appela le *Duc du ciel*; son frère 張 寶 *Tchang-pao* fut *Duc de la terre*; le cadet 張 梁 *Tchang-leang* fut *Duc de l'humanité*. Toujours la Triade ; nous connaissons cela. — La poussée fut si soudaine et si irrésistible, que partout les officiers du gouvernement durent chercher leur salut dans une fuite précipitée. Au bout d'un mois à peine, tout le nord du Fleuve Jaune était aux mains des *Turbans jaunes*, ou déclaré pour eux. Cependant quand ces bandes se heurtèrent aux troupes régulières exercées, elles éprouvèrent des revers de détail assez nombreux. *Tchang-kiao* concentra son armée dans la ville de 廣 宗 *Koang-tsoung*. Il y mourut de maladie. Ses frères ne le valaient pas. Le cadet *Tchang-leang* fut tué dans une bataille, qui coûta la vie à quatre-vingt mille insurgés. Une autre bataille, dans laquelle *Tchang-pao* périt, coûta la vie à cent mille Turbans jaunes. Puis une répression atroce commença. Pas de district dans lequel plusieurs milliers de suspects ne furent mis à mort. — Toutes les insurrections lancées depuis par les Taoïstes, furent des copies de celle-ci. Quelques-unes aboutirent à un changement de dynastie Les autres furent noyées dans le sang.

Source. — 後 漢 書 Histoire officielle de la deuxième dynastie *Han*. — Tous les documents importants se trouvent dans mes *Textes Historiques* vol. II.

Cinquante-et-unième Leçon.

Troisième siècle de l'ère chrétienne.

Période des *Trois Royaumes*. — I. Buddhisme. — II. Taoïsme.

La deuxième dynastie 漢 *Han* s'effondra dans le sang et la boue. En 220, la Chine se trouva partagée, par trois compétiteurs au trône impérial, en 三 國 Trois Royaumes, 漢 *Han* à l'Ouest, 吳 *Ou* au Sud, 魏 *Wei* au Nord. En chiffres ronds, la division dura soixante ans, de 220 à 280. — Rien à dire, au point de vue religieux et philosophique, du royaume occidental *Han*. Je note seulement en passant, que la favorite du harem de son second roi, fut une Persane. Les rapports avec les pays étrangers étaient alors fréquents et faciles, et bien des notions exotiques furent importées en Chine à cette époque, durant laquelle, les Confuciistes ne comptant pour rien, les idées furent plus larges et les esprits plus éveillés qu'en d'autres temps. — Mais il me faut traiter plus longuement des faits arrivés, durant cette période, dans le royaume de *Ou*, capitale 建業 *Kien-ie*, le Nankin actuel; et dans le royaume de *Wei*, capitale 洛陽 *Lao-yang*, maintenant 河南府 *Hcue-nan-fou*.

I. Buddhisme. — Malgré les guerres continuelles, les missionnaires buddhistes, moines et laïques, continuaient à arriver en Chine, apportant leurs livres, les traduisant, s'attachant des adeptes indigènes. Par la force des choses, ils se partagèrent en deux groupes, un dans chaque capitale.

Dans le groupe de *Lao-yang*, je remarque le moine indien *Dharmakâla*, le moine touranien *Samghavarman*; et deux moines parthes, *Dharmasatya* et *Dharmabhadra*. Parmi leurs œuvres, qui n'ajoutèrent d'ailleurs que peu de connaissances essentiellement neuves à celles que la Chine possédait déjà, je relève une nouvelle et excellente traduction du *sûtra* fondamental de l'Amidisme 無量壽經 *Ou-leang-cheou-king*; et la traduction 甘露味論 *Kan-lou-wei lunn* d'un très bon résumé du système primitif *hînayâna*, composé au troisième siècle avant J.-C. par l'Indien *Ghosha*. Dans ce dernier ouvrage, le progrès de la terminologie est remarquable, presque tous les termes abstraits, jadis translittérés du sanscrit ou du *pâli*, étant maintenant traduits par des termes chinois clairs et précis. Désormais les aspirants chinois eurent entre les mains un traité intelligible, qui facilita grandement leur formation. La section qui traite de la contemplation est surtout soignée. Je ne m'y arrêterai pas maintenant, devant revenir sur ce sujet au long.

Le groupe des traducteurs de *Kien-ie* fut encore plus intéressant. Deux noms sont surtout à souligner, à savoir, celui du moine indien *Vighna*, ancien *jatila* adorateur du feu converti au Buddhisme, et celui du laïque *Kou-chan* (Indo-scythe) 支謙 *Tcheu-k'ien* (c'est son nom chinois; son nom *Kou-chan* n'est pas connu), précepteur du fils du premier roi de *Ou*, lequel déploya à *Kien-ie*, de 223 à 253, une activité inlassable. Il nous reste encore de lui quarante-neuf traduc-

Leçon 51.

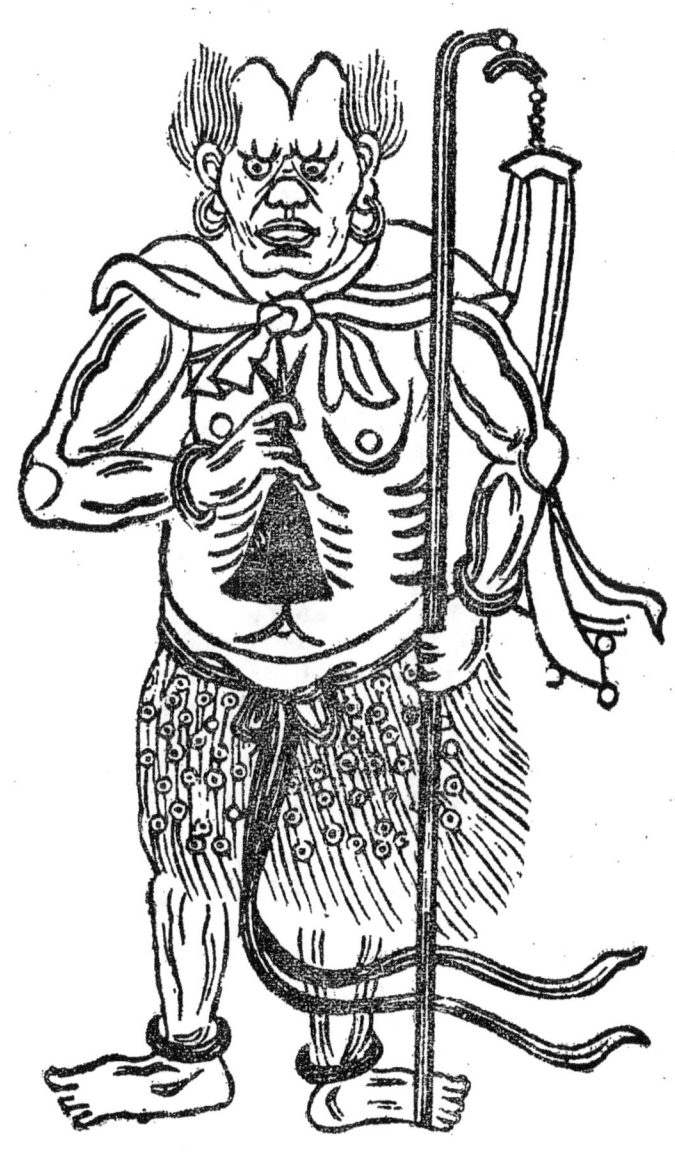

Māra, le Tentateur.

Leçon 51.

tions. — Parmi les œuvres de ce groupe, je relève le 法句經 *Fa-kiu-king*, une adaptation, par *Vighna*, du *Dharmapada*, œuvre de l'Indien *Dharmatrāta* au premier siècle de l'ère chrétienne probablement, avec addition de chapitres supplémentaires, qui en font un petit manuel de Buddhisme très intéressant. Puis le 阿彌陀經 *A-mi-touo king*, abrégé du texte amidiste cité plus haut, lequel acquerra en Chine une importance capitale; traduit par *Tcheu-k'ien*. Enfin la première traduction incomplète d'une de ces collections de petits *sūtra*, qui portent le nom générique *āgama*, le 雜阿含經 *Tsa a-han king*, dont une traduction complète et meilleure sera faite plus tard.

-◊-◊-

Vu son importance, il me faut donner ici un résumé du *Fa-kiu-king* de *Vighna*. C'est une collection de textes brefs, thèmes à discours, faciles à apprendre, faciles à retenir.

«Rien de ce qui est, ne reste comme c'est. La prospérité et la décadence alternent. Tout homme qui est né, devra mourir. La cessation de cette impermanence serait le bonheur. Il en est des hommes comme des vases que forme un potier; tous serviront durant un temps, et finiront par être brisés.

Comme l'eau courante qui s'en va et ne revient pas, ainsi s'écoule la vie humaine, flux qui passe et ne retourne jamais. Chaque jour, chaque nuit, emporte une certaine quantité de vie.

Dans l'incertitude générale, quatre choses seulement sont assurées; à savoir que... 1 l'état actuel ne durera pas... 2 à la richesse succèdera la pauvreté... 3 à l'union succèdera la discorde... 4 la vie sera terminée par la mort.

La mort ne s'évite pas. Ne fuyez, ni dans les airs, ni dans les mers, ni dans les montagnes. Envisagez-la avec calme. C'est par la considération de l'impermanence, que le moine triomphe des armées de *Māra* (le tentateur) et se tire de la roue des renaissances.

La foule ignare des mortels ne pouvant arriver en masse au salut, le Sage s'isole et suit sa voie, heureux comme l'éléphant échappé d'un troupeau, qui a recouvré la liberté.

L'aspirant doit se protéger par l'observance, et s'avancer en augmentant sa science. Avec la science, la foi grandit et s'enracine. Ainsi parvient-on au *nirvāna*, l'état qui ne change plus.

Recevoir l'instruction, c'est comme si, étant aveugle, on recevait des yeux. C'est le plus grand de tous les bonheurs. Plus on écoute humblement, plus on grandit en science. La science donne la foi.

La foi traverse les ténèbres de ce monde, comme un navire franchit l'océan. Laissant en arrière les maux et les soucis, elle aborde à l'autre rive. Foi ferme, humble acquiescement, durable persévérance, voilà la voie du salut.

Celui qui veut vraiment mener une vie réglée, doit garder ses sens de toute dissipation, manger et boire modérément, ne dormir que le temps nécessaire, surveiller et gouverner ses pensées. Qu'il ne perde pas de vue le Buddha, sa Loi et son Ordre. Qu'il n'oublie jamais, que tout ce qui l'entoure, est vide et vain. Qu'il remplisse ses devoirs et soit charitable.

Il ne faut pas tuer un être qui a vie. Il ne faut blesser ni même heurter per-

Leçon 51.

sonne. Sauver une vie est plus méritoire que tous les sacrifices (brahmaniques) aux dieux. Il faut être patient et poli, évitant ainsi les conflits et les haines.

C'est la pensée qui fait l'homme ; qui le fait bon ou mauvais, selon qu'elle est bonne ou mauvaise. L'esprit dirige, l'esprit oriente. Un esprit bon produit des actes bons et de bonnes paroles. Un esprit mauvais produit tout le contraire.

Rien de plus pernicieux que l'erreur. Rien de plus important, que de discerner le vrai du faux. Rien de plus nécessaire, que de réprimer ses propres imaginations, et de repousser les insinuations d'autrui.

Qui fait le bien, est heureux maintenant, et sera heureux dans la suite. Qui fait le mal, est malheureux maintenant, et sera malheureux dans l'avenir. Mal agir, empoisonne la vie présente, et pèsera sur les vies futures.

Les préceptes et les règles paraissent être peu de chose. Mais ce peu de chose, en détruisant le reliquat de la dette morale, procure le plus considérable de tous les biens. Quiconque s'est converti sincèrement, deviendra, par l'observance, de plus en plus ferme. Il fera du bien, à soi-même et à autrui.

Le corps sera détruit tôt ou tard, et l'esprit devra émigrer ailleurs. Alors pourquoi tenir à son corps ? pourquoi le considérer comme une demeure stable ?.. Il faut vous détacher de tout, y compris de vous-même ; personne, même votre père et votre mère, ne pourra faire cela pour vous. Il faut vous garder des séductions de ce monde, comme la tortue qui ramasse ses quatre pattes, sa tête et sa queue, sous sa carapace, pour les mettre à couvert. Seul l'Illuminé, le Détaché, qui considère la terre comme un tas de sable et l'univers comme un mirage, triomphe dans la lutte contre *Māra* (le tentateur). Semblable au lotus qui s'épanouit glorieux dans l'étang près de la route, charmant les yeux et embaumant l'air ; ainsi, en dehors de la voie où se pressent ceux qui vont d'existence en existence, le Sage s'épanouit dans la dignité et la paix des vrais disciples du Buddha.

Le salut n'est pas dans la multiplicité des textes récités ou des offrandes faites. Réciter mille strophes qu'on ne comprend pas, n'est rien. Réciter une seule sentence que l'on goûte, c'est beaucoup. S'assimiler une vérité puis agir en conséquence, voilà ce qui achemine vers le salut. Et pour ce qui est des offrandes, le mérite n'est pas dans leur valeur intrinsèque ; il est proportionné au cœur avec lequel elles sont faites.

Avoir la tête rasée, quêter sa nourriture, garder le silence, sauver la vie des petites bêtes, ces choses-là ne suffisent pas pour faire un moine. Ce qui fait essentiellement le moine, c'est l'extinction de toute passion, la suppression de toute pensée frivole, le soin quotidien de solder le reste de sa dette ancienne et de n'en plus contracter aucune nouvelle ; être indifférent à tout, et bienveillant pour tous. Voilà ce qui fait le moine. Quelque simple et fruste que soit un homme, s'il est ainsi soumis à la Loi, c'est un véritable disciple du Buddha.

Que d'hommes passent leur vie à se préoccuper de leur famille, de leur argent, de leurs affaires ; et la mort les emporte, comme un torrent emporte des pailles, en un instant. A l'heure de la mort, que pourront pour vous vos parents, même les plus proches ? Ils seront aussi impuissants à prolonger votre vie, qu'un aveugle est incapable d'écarbouiller une lampe qui s'éteint. Donc, si vous êtes sages, appliquez-vous à l'observance, la seule voie de la paix, du contentement, de la stabilité.

Sans doute, vivre dans la contrainte morale et l'abstinence physique, est dur ;

mais la vie en apparence libre et aisée des mondains, est en réalité beaucoup plus dure. Sans doute, vivre en communauté, dans une égalité et fraternité parfaite, humble et soumis, est dur; mais gouverner une maison et gérer une fortune dans le monde, est bien plus dur. Sans doute, mendier sa nourriture est dur; mais les maux qui découlent de l'intempérance, et que le moine mendiant évite, sont bien plus durs. Avec le temps, on s'habitue à tout, même aux austérités, et on finit par ne plus vouloir vivre moins durement. A qui a la foi, le devoir ne pèse pas, car il sait qu'il s'enrichit moralement chaque jour. Quel bonheur, que de pouvoir être seul dans sa cellule, de n'avoir à partager sa couche avec personne, de pouvoir suivre en toute liberté son idéal de perfection.

O désirs! j'ai découvert votre origine. Vous naissez des pensées choyées par l'esprit. Désormais, pour vous faire mourir, je ne penserai plus. Que de temps, jour et nuit, j'ai été votre esclave, votre victime. Me voici délivré. Plus de désirs, donc plus de distractions, plus d'appréhensions, plus de craintes... Si le ciel faisait tomber sur lui les richesses et les honneurs comme la pluie, l'homme qui n'est pas maître de ses convoitises, n'en aurait jamais assez. Seul celui qui supprime ses désirs, sait être satisfait et content.

O moine, pourquoi as-tu quitté ta famille, pourquoi portes-tu la robe de l'Ordre, si, dans le secret de ton cœur, tu choies encore des désirs mondains, peut-être des convoitises impures? Recueille-toi et considère la suite des morts et des renaissances qui t'attendent. C'est le flux continu de tes vaines pensées et de tes vains désirs, qui t'emporte ainsi de vie en vie, toujours inquiet, toujours souffrant. Arrête ce torrent, franchis l'abîme une fois pour toutes, passe au *nirvāṇa* en cessant de désirer. Alors je dirai de toi que tu es un vrai moine, car tu auras visé et atteint le but de cette profession. »

On aura remarqué que, dans ces textes *hīnayāna*, il est plusieurs fois parlé d'un *esprit* qui émigre, d'une *âme* subsistante après la mort, contrairement au premier principe de la secte. C'est que, le *moi successif*, ne peut s'exprimer par aucun caractère chinois. Il est décrit et expliqué dans les textes philosophiques; mais dans les textes populaires, les traducteurs employèrent bravement les caractères chinois signifiant esprit ou âme. Il s'ensuivit que le bon peuple buddhiste chinois crut et croit encore fermement à la survivance personnelle, fort heureusement pour lui. L'Amidisme paracheva cette croyance.

II. Quant au Taoïsme, il ne se fit remarquer, durant la période des Trois Royaumes, que par les personnages épicuriens, nihilistes et ivrognes, qu'il produisit. L'Histoire a gardé mémoire de ceux d'entre eux qui occupèrent des charges. Ces gens-là pratiquèrent de leur mieux le grand principe de *Lao-tzeu* sur la non-usure du soi par le non-agir. Ils burent pour ravigoter leur principe vital, l'alcool ayant cet effet, d'après la théorie chinoise. Laissons parler l'Histoire: En 26?, dans le royaume de 魏 *Wei*, le préfet 稽康 *Ki-k'ang*, littérateur éminent, taoïste convaincu, fonda, avec six de ses pareils, le club des *Sept Sages du Bosquet de Bambous*. Considérant que, d'après *Lao-tzeu* et *Tchoang-tzeu*, tout n'est rien, ces gais compères se moquaient des rits et des lois, buvaient nuit et jour, et laissaient aller les choses. — 阮籍 *Yuan-tsie*, l'un des sept, jouait aux échecs, quand on lui annonça la mort de sa mère. Il acheva tranquillement sa partie, but deux mesures de vin pour s'humecter le gosier, puis poussa quelques lamentations ridicules, et ce fut tout. — 劉伶 *Liou-ling*, un autre membre du club, ne sortait jamais sans emporter un broc de vin dans sa voiture. — Le sens moral populaire s'offusqua de ce mépris des convenances. On accusa le club de ruiner l'état, en ruinant les mœurs et spécialement la piété filiale, le fondement de tout en Chine. D'obscures intrigues aboutirent à l'exécution de *Ki-k'ang*. Il mourut, dit la tradition, en jouant de la guitare.

Je remets à plus tard de parler des premiers commencements du Taoïsme mystique, lesquels datent de cette époque, ce sujet difficile demandant à être présenté dans son ensemble.

Sources. — Les *sûtra* cités, dans le *Tripiṭaka* chinois. — L'histoire officielle 三國志 *San-kouo tcheu* de la période des Trois Royaumes. Elle est résumée dans mes *Textes Historiques* vol. II.

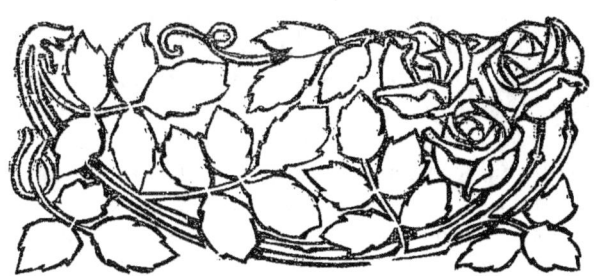

Cinquante-deuxième Leçon.

Quatrième siècle de l'ère chrétienne. Taoïsme. *Keue-houng* dit *Pao-p'ou-tzeu*.

Sommaire. — **A**. Historique. *Keue-houng.* — **B**. Sa doctrine sur le Principe, l'univers, l'âme humaine. — **C**. Le mérite et le démérite. Sanction, une vie longue ou courte. — **D**. Doctrine de *Keue-houng* sur les Génies. Un nombre défini de bonnes actions, est requis essentiellement pour arriver à cet état. — Moyens physiques accessoires : **E**. Assimilation de l'air. **F**. Ménagement du sperme. **G**. La drogue de pérennité. — **H**. Jeûne. — **I**. Médecine. — **J**. Charmes. — **K**. Divination. — **L**. Varia. — **M**. Dévotion inepte. — **N**. *Keue-houng* et les Confuciistes. — **O**. Conclusion.

A. En 280 après J.-C., les Trois Royaumes se trouvèrent refondus en un seul empire, gouverné par la dynastie 晉 *Tsinn*. Jusqu'en 317, la capitale fut 洛陽 *Lao-yang (Heue-nan-fou)* ou 長安 *Tch'ang-nan (Si-nan-fou)*, d'où le nom de *Tsinn Occidentaux*, donné à cette période. De 317 à 419, la capitale fut 建康 *Kien-k'ang*, le Nankin actuel, situé plus à l'Est, d'où le nom de *Tsinn Orientaux* que porte cette période, la plus lamentable que la Chine ait connue. L'empire était réduit aux pays au Sud du Fleuve Bleu, tout le Nord ayant été envahi et partagé en petits royaumes, par des peuples nomades, Huns, Tongouses, Tibétains, et autres. J'ai tiré au clair, non sans peine, l'histoire mouvementée de ces tristes temps, dans mes Textes Historiques, volume II.

Je vais analyser, dans cette Leçon, l'œuvre non traduite et pratiquement ignorée d'un homme, qui joua un rôle prépondérant dans l'évolution du Taoïsme, et qui est responsable, plus que personne, de la diffusion des superstitions taoïstes dans le peuple chinois. Il s'agit de 葛洪 *Keue-houng*, plus souvent désigné par son nom de religion taoïste 抱朴子 *Pao-p'ou-tzeu*, le Maître tenant à la simplicité. J'ai consacré à cet homme pas mal de temps et de labeur. — *Keue-houng* nous raconte, avec force détails, qu'il fut l'élève, le disciple préféré, de 鄭思遠 *Tcheng-seuyuan*, lequel avait été le disciple préféré de son grand-oncle 葛玄 *Keue-huan*. Il prétend que la doctrine qu'il enseigne, remonte à 左慈 *Tsouo-ts'eu* (mort en 220). Je dirai plus tard (Leçon 61), que *Keue-huan* qui n'a pas laissé d'écrits, est à considérer comme un novateur, le fondateur du Taoïsme mystique. Nous allons voir son petit-neveu *Keue-houng* innover lui aussi, et devenir pratiquement, sinon le fondateur, du moins le vulgarisateur du Taoïsme alchimique, diététique et magique.

B. Commençons par établir la doctrine de *Keue-houng* sur le Principe, sur l'univers et l'âme humaine. — A plusieurs reprises (surtout chaps 9 et 18) *Keue-houng* parle au long de l'unité du cosmos, et de l'identité du cosmos avec le Principe. Dans ces passages, même lyrisme que dans les Pères (Leçon 18), que

Leçon 52.

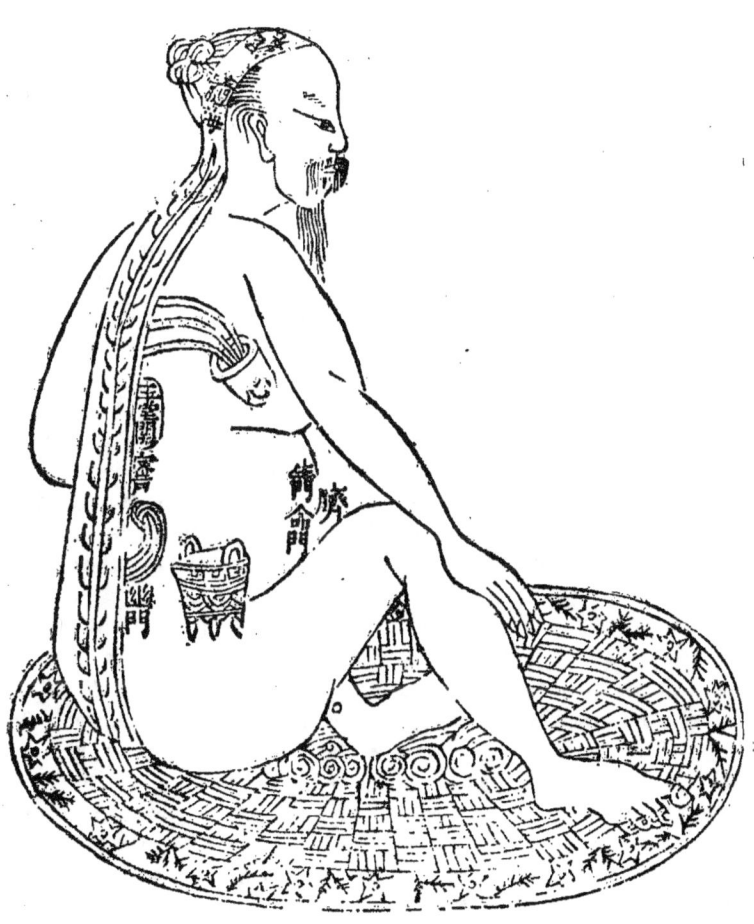

Endogénie de l'être transcendant. Schéma alchimique.

Du cerveau descend le sperme, cervelle liquéfiée.

Le cœur fournit l'air assimilable et l'esprit vital.

Le fourneau, matrice de l'être transcendant.

Leçon 52.   403

dans *Hoai-nan-tzeu* (Leçon 3?), etc. «Le Principe est tout en tout. Tout est de lui et en lui. Tous les êtres sont un en lui. Tous émanent de lui et rentrent en lui.»... En apparence, c'est le monisme des Pères. En réalité, il y a des différences.

Et d'abord *Keue-houng* combat vivement la doctrine des Pères, sur l'identité de l'état de vie et de l'état de mort; sur l'incessante sortie de scène et rentrée sur le théâtre de la vie, d'êtres qui restent individués, qui conservent leur *moi* sous les deux phases (Leçon 19). Il rejette aussi leur doctrine sur l'identité des contraires, spécialement sur l'identité du bien et du mal. Pour lui, l'existence de tout être est un phénomène terminé en lui-même. Issu du Principe quant à son essence, et porteur d'un destin qui régira sa vie dans les grandes lignes seulement, à sa mort l'être retournera dans le Principe, perdant son individualité. Pratiquement parlant, c'en est fait de lui. Et par suite, pour *Keue-houng*, la vie n'est pas, comme pour les Pères, un état passager indifférent. La vie est pour lui un bien, qu'il faut aimer, qu'il faut conserver, qu'il faut faire durer le plus longtemps possible. Comment cela? D'abord, en faisant le bien, en évitant le mal. Ensuite, par trois procédés, que j'exposerai au long tout à l'heure. *(Chap. 8.)*

-◆- -◆-

C. D'abord, ai-je dit, en faisant le bien, en évitant le mal... Car au ciel le 司命 *Seu-ming*, le *Gouverneur des destins*, tient le compte des actions des hommes, prolonge leur vie au prorata de leurs bonnes actions, rogne la durée de leur vie selon le nombre de leurs mauvaises actions... *Keue-houng* parle au long sur ce sujet, à deux reprises *(chaps 3 et 6)*. Voici le résumé de ces importants passages.

«Personne ne peut prolonger sa vie par la vertu seule; il faut de plus employer les autres moyens. Mais il faut pratiquer la vertu et éviter le vice. Car le *Gouverneur des destins* compte toutes les mauvaises actions, et rogne la vie en conséquence. Car il faut un nombre déterminé de bonnes actions, pour devenir Génie. Pour devenir Génie céleste, il en faut 1200. Pour devenir Génie terrestre, il en faut 300. Et ces bonnes actions doivent avoir été faites à la suite, sans interruption de la chaîne par une mauvaise action, laquelle ferait effacer, par le *Gouverneur des destins*, toutes les bonnes actions précédentes. Et leur nombre doit être complet; quiconque n'aurait fait que 1199 bonnes actions, ne deviendra pas Génie céleste, car le chiffre fixé est 1200. Et toutes ces bonnes actions doivent avoir été faites uniquement par amour du bien. Si on a cherché l'éloge ou le profit, l'action ne compte pas comme bonne *(chap. 3)*.»

«On dit que, outre son âme intelligente, trois Génies habitent dans le corps de l'homme, lesquels montent au ciel chaque cinquante-septième jour du cycle, sont reçus par le *Gouverneur des destins* et lui font leur rapport. Le Génie de l'âtre familial, va aussi au ciel, pour accuser les péchés des personnes de la maison, chaque dernier jour du mois. Pour chaque grand péché, le *Gouverneur* retranche, selon la justice, jusqu'à 300 jours de vie au maximum. Pour chaque petit péché, il retranche jusqu'à 3 jours au maximum. — Je ne sais (dit *Keue-houng*) si les choses se passent ainsi réellement dans tous les détails. Mais ce monde, corps unique, organisme immense, a évidemment un 神 esprit pour âme; et, du moment

Leçon 52.

Endogénie de l'être transcendant. Schéma physiologique.

精 sperme, 氣 air, 神 esprit vital.

qu'il y a un esprit universel, il y a un jugement et une sanction. Donc aucune espérance de vivre longtemps, pour qui pèche. Donc, quiconque espère vivre, devra pratiquer la vertu (*chap. 6*). » — Dans l'idée floue de *Keue-houng*, l'esprit âme du monde paraît être le Principe. Le *Gouverneur du destin* est-il identique au *Principe*, ou est-ce un Génie distinct ? cela n'est pas expliqué clairement ; je pense que *Keue-houng* crut à l'identité des deux. En tout cas, aucune sanction du bien et du mal après la mort. L'unique sanction consiste précisément en prolongation ou abréviation de la vie. C'est tout. — La liste des péchés spécifiés par *Keue-houng*, contient des choses bien étranges, et dénote un sens de la moralité très imparfait. Je n'insiste pas ici sur ce point, devant y revenir plus tard très au long.

-◆- -◆-

D. Passons maintenant à la nature de la survie. — *Keue-houng* croit fermement à une survivance des deux âmes de l'homme, 魂 l'âme intelligente et 魄 l'âme végétative ; survivance temporaire seulement, dans l'état de 鬼 *koei*, qui se termine par la rentrée dans le Grand Tout, avec perte de la personnalité. C'est là, à bref délai, le sort commun du vulgaire. — Mais, pour une certaine élite, *Keue-houng* admet une autre espèce de survivance plus longue, dans l'état de Génie, 仙 *Sien*. Nous savons que les Taoïstes croyaient à cet état, dès les temps du Premier Empereur des 秦 *Ts'inn* et de l'empereur 武 *Ou* des 漢 *Han* (Leçons 31 et 36). Mais *Keue-houng* est le premier qui ait traité ce sujet systématiquement. Voici sa doctrine...

Il affirme d'abord qu'il y a deux espèces de Génies, les célestes et les terrestres, c'est-à-dire ceux qui sont montés dans les hauteurs, et ceux qui errent sur la terre. J'observe qu'il ne faut pas appeler *Immortels* ces Génies taoïstes, comme on l'a fait trop souvent. Car leur survivance n'est que temporaire. Tous s'éteindront dans le Principe, après un certain nombre de siècles. — Tous les Génies sont des hommes, qui ont pratiqué le système taoïste ; c'est-à-dire qui ont fait le bien et employé les moyens, en particulier la drogue de longue vie, condition sine qua non. — Quant à la différence entre les Génies célestes et terrestres, *Keue-houng* rejette l'hypothèse que les Génies terrestres auraient absorbé une dose de la drogue, insuffisante pour les élever dans les hauteurs. Il déclare nettement, que c'est l'insuffisance des bonnes actions, qui fait la différence. Comme nous avons vu, il ne faut que 300 bonnes actions pour devenir Génie terrestre, tandis qu'il en faut 1200 pour devenir Génie céleste. — L'habitat des Génies est très mal défini. Les Génies terrestres errent sur les 名山 montagnes célèbres, les grandes chaînes de montagnes, spécialement sur les monts 崑崙 *K'ounn-lunn*. Les Génies célestes flottent dans l'espace, chevauchent sur les nuages, logent dans les astérismes, visitent le palais du 天帝 Souverain du ciel, s'ébattent dans les jardins du 上帝 Souverain d'en haut. *Keue-houng* accepte toutes les légendes, et n'émet aucune opinion personnelle sur ce sujet. — Les Génies susdits n'étant pas morts, mais étant montés vivants vers les hauteurs sur une grue blanche, sur un dragon ; ou s'étant simplement retirés vivants dans les montagnes ; ils portent tous leur ancien corps... corps de vieillard généralement, souvent laid et difforme, cheveux et ongles incultes. De béatitude, de félicité, il n'est pas question. Ils ne souffrent

Leçon 52.

Développement de l'être transcendant.

de rien, ni du froid, ni du chaud. Ils ne mangent ni ne boivent. Ils errent, leur plaisir paraissant être de se moquer des humains et de se taper sur le ventre.

A ces deux catégories de Génies qui ne sont pas morts, *Keue-houng* dut, à contre-cœur, en ajouter une troisième, qui gâte son système. Il y fut obligé par ses coreligionnaires, qui ne voulaient pas concéder la mort de certains des leurs, dont le décès avait pourtant été constaté. Nombre de légendes taoïstes racontent que, un tel *étant décédé*, quand ensuite, pour une raison ou pour une autre, on ouvrit son cercueil, on n'y trouva que ses habits mortuaires, et une sorte de dépouille vide. De là la théorie généralement reçue du 尸解 dépouillement *après le décès*, dans le cercueil, d'une sorte d'enveloppe, phénomène analogue à ce qui se passe lors de l'éclosion des chrysalides et des larves, cigales ou papillons. L'être rajeuni et comme éthéré devient Génie terrestre. On ne dit pas comment il fait pour sortir du cercueil. Son décès ne fut pas une mort véritable, mais comme le sommeil des cocons... Cette opinion étant admise, on entrevoit que le miracle de la Résurrection de Jésus ne prouve rien aux Taoïstes.

Keue-houng parle du fait de l'existence des Génies, comme d'une chose connue de tous, acceptée par tous, vérifiée par nombre d'expériences. Il dit qu'il y avait, déjà de son temps, plus de mille cas constatés et consignés par écrit. Il insiste sur ce point, que devenir Génie, est possible à quiconque le veut réellement, et dispose des ressources nécessaires. Mais, dit-il, le courage manque aux uns, les moyens manquent aux autres. De là le nombre relativement restreint des Génies.

—◦— —◦—

Voyons maintenant quels sont, d'après *Keue-houng*, les moyens nécessaires pour arriver à l'état de Génie. J'ai dit qu'il considère comme nécessaire, en premier lieu, un nombre fixe de bonnes actions. Mettons cela de côté. — Les moyens physiques accessoires, sont au nombre de trois : 行氣 assimilation de l'air ; 還精 ménagement du sperme ; 金丹 absorption d'une dose suffisante de la vraie drogue de pérennité, cette dernière condition étant sine qua non.

—◦— —◦—

E. 1° assimilation de l'air. Il expose cette pratique exactement comme le font les traités des *Yogi* indiens. La ressemblance est telle, que je ne puis m'empêcher de croire à un plagiat. — L'air doit être inspiré par les narines, lentement, si doucement qu'aucun bruit d'inspiration ne soit perceptible, et jusqu'à dilatation du thorax au maximum. Puis il doit être retenu aussi longtemps que possible, au moins durant le temps de compter depuis *un* jusqu'à *cent-vingt*. Ensuite il doit être expiré par la bouche, complètement, et si doucement qu'une plume de cygne suspendue devant le visage ne bouge pas. Puis, nouvelle inspiration, rétention, expiration ; et ainsi de suite. Le but théorique du procédé, c'est le retour à 胎息 la respiration fœtale intra-utérine (sic), par laquelle l'embryon augmente sans cesse sans rien dépenser. Le retour complet est impossible, mais il faudrait revenir le plus près possible de cet état premier. L'idéal serait de retenir l'air inspiré, le temps de compter depuis *un* jusqu'à *mille* (!). Car, retenu sous pression durant ce temps, l'air est assimilé, restaure et vivifie le corps. — Pour être assimilable,

Leçon 52.

Extériorisation de l'être transcendant,

par la fontanelle, durant l'extase

Leçon 52.

l'air inspiré doit être de l'air *vif*, non de l'air *mort* ; c'est-à-dire que l'exercice de respiration rythmée doit être fait entre minuit et midi, période durant laquelle l'air est *yang* ; non entre midi et minuit, période durant laquelle l'air est *yinn*. — Le régime de ceux qui pratiquent cet exercice, doit être végétarien ; car avec une alimentation carnée, le corps serait trop agité pour se prêter à la manœuvre. *Keue-houng* raconte que son grand-oncle *Keue-huan* s'immergeait préalablement dans l'eau froide. — Outre la rénovation de l'organisme, cet exercice produit, dit *Keue-houng*, la parfaite abstraction, et par suite la parfaite concentration de l'esprit. Il donne donc au corps la santé et la paix absolues... J'ai déjà dit (page 380) que les assertions si positives des *Yogi* indiens et des Taoïstes chinois, m'ont induit à tenter l'expérience du système. Il est compliqué et pénible. L'attention soutenue qu'exige la manœuvre respiratoire, rend impossible toute application de l'esprit à autre chose. De plus, la compression énergique du cœur durant la période de rétention du souffle, produit un ralentissement notable de la circulation, accompagné d'un calme général qui peut aller jusqu'à l'apathie. C'est là tout ce que j'ai constaté. — Cependant, d'après *Keue-houng*, la respiration rythmée produit encore des effets transcendants remarquables. Elle rend invulnérable, supprime la sensation de la faim et de la soif, permet de vivre sous l'eau et de marcher sur l'eau. Le souffle de ceux qui sont arrivés à une virtuosité éminente dans l'art, empêche le flux de l'eau, éteint le feu d'un incendie, paralyse les serpents venimeux et les bêtes féroces, arrête le sang qui coule d'une blessure. Enfin il guérit les maladies, même à distance, fût-ce à cent stades. Il suffit pour cela que le guérisseur, ayant formé son intention, souffle dans sa main gauche si le malade est un homme, dans sa main droite s'il s'agit de guérir une femme. Ainsi faisait Jésus, pensent les Taoïstes... Mes expériences ne m'ont valu aucune de ces facultés transcendantes.

-◆- -◆-

F. 2° ménagement du sperme. — *Keue-houng* commence par avertir, que cette matière n'est jamais expliquée dans les livres avec les détails qu'il faudrait, pour raison de décence. Elle s'enseigne, dit-il, entre Taoïstes, en particulier, oralement... Il doit se cacher de jolies choses, sous cette phrase anodine. La voix publique accuse les Taoïstes de grosse immoralité. — En tout cas, *Keue-houng* ne prêche pas la continence. La continence absolue, dit-il, est mauvaise ; car elle rend toujours morose et souvent malade. Les actes sexuels ne sont interdits à personne, même pas aux candidats à l'état de Génie. Mais la dépense doit être strictement réglée. Elle ne doit jamais excéder la production. Hélas ! dit-il, c'est à peine si un homme sur dix mille arrive à réaliser cette formule. Or la dépense excessive ruine l'organisme plus qu'aucun autre excès, car le sperme est de la cervelle liquéfiée (sic). — *Keue-houng* termine cette brève note, en se vantant que lui fut parfaitement instruit en la matière, par son maître *Tcheng-seuyuan*.

-◆- -◆-

G. 3°. *Keue-houng* déclare que personne n'est jamais devenu Génie, autrement que par l'ingestion d'une dose suffisante de la vraie drogue de pérennité. Il

Leçon 52.

Départ de l'être transcendant, à dos de grüe.

reproche amèrement à certains Taoïstes anciens, même aux Pères, d'avoir beaucoup parlé sur le vide, et d'avoir été muets sur la drogue. Il expose ensuite la fabrication de la drogue de pérennité, 金 丹 de l'or assimilable, telle que son maître *Tcheng-seuyuan* la lui enseigna. — Je ne puis entrer ici dans l'énumération des substances et l'explication des manipulations de l'alchimie taoïste. J'exposerai seulement succinctement la théorie de cette alchimie, qui fit travailler les esprits chinois durant tant de siècles.

Le principe fondamental est « *embaumer* le corps *vivant*, de manière à conserver sa vie le plus longtemps possible »... Le sel, dit *Keue-houng*, conserve la viande morte; reste à trouver l'ingrédient qui conservera la chair vivante. — Or l'or étant pratiquement inattaquable par les agents naturels ordinaires, les Taoïstes pensèrent qu'il fallait chercher de ce côté-là la drogue qui conférerait au corps la pérennité. Ils cherchaient déjà, comme nous avons vu, sous les 秦 *Ts'inn*, sous les 漢 *Han*,... non le moyen de fabriquer de l'or pour s'enrichir, mais le moyen de fabriquer l'or comestible, l'élixir de pérennité. — Ils savaient bien que le mercure amalgame l'or, le liquéfie. Mais le mercure est *yinn*. Un mélange contenant une part de *yinn* (mort), fut jugé inapte à entretenir *yang* la vie. — D'un autre côté, le cinabre, composé de mercure et de soufre, abonde en Chine. On constata que ce composé se décomposait et se recomposait facilement sans perte. On vit dans ce phénomène comme un type de renaissance périodique, un gage de pérennité. Beaucoup mangèrent du cinabre, sans vivre plus longtemps pour cela. — Puis des opérations faites avec des minerais arsénifères, ayant donné des traces d'orpiment, un sulfure d'arsenic jaune qui fut pris pour de l'or, l'idée d'extraire l'or comestible du cinabre naquit. Cet or, né d'un corps immortel, puisqu'il renaît sans cesse, serait la vraie drogue de pérennité. — Les alchimistes taoïstes se mirent donc à décomposer et à recomposer le cinabre, d'après le fameux cycle 九 轉 des neuf transformations, pendant 九 九 neuf fois neuf jours de chauffage ininterrompu, durant lesquels, par l'addition de telle ou telle substance, on sollicitait le cinabre de se changer en 金 丹 *kinn-tan*, alias 神 丹 *chenn-tan*, cinabre-or ou cinabre transcendant, la drogue de longue vie. — Il va sans dire, qu'un procédé qui ne pouvait pas en produire, ne produisit jamais d'or. Mais l'insuccès constant n'ébranla point la foi des alchimistes dans leurs théories. Ils l'attribuèrent toujours, ou à l'impureté des ingrédients employés, ou à quelque faute dans les manipulations. — Ces vaines opérations coûtaient fort cher. *Keue-houng* avoue franchement que, s'il ne devint pas Génie, la raison en fut à sa pauvreté, qui l'empêcha de rechercher la drogue.

Nota: Le célèbre moine buddhiste indien *Nāgarjuna*, dont plusieurs traités furent traduits en chinois (Leçon 56), écrivit, probablement entre les années 172 et 202, le *rasaratnākara*, recueil de formules alchimiques dont aucune traduction chinoise n'est parvenue jusqu'à nous. Ce livre parle de la conversion du cuivre et de l'argent en or, du mercure et de ses amalgames, du mercure solidifié couleur d'or; d'une poudre qui, projetée dans un métal quelconque en fusion, en transforme dix mille fois son poids en or fin. Je cueille enfin la phrase suivante: « Si on ajoute à du mercure son poids d'or, puis du soufre; si on chauffe ce mélange à feu doux, dans un creuset bien fermé; on obtient un élixir qui rend incorruptible le corps de celui qui l'absorbe. »... Nous avons ici réunis, l'or, et les éléments du ci-

Leçon 52.

老子 Lao-tzeu patron de l'alchimie.

Leçon 52.

nabre. [P.C. Ray, Hindu Chemistry, vol. II p. 6, Calcutta 1909.] — Or *Tsouo-ts'eu* mourut en 220. *Keue-huan* fut son élève. *Tcheng-seuyuan* fut l'élève de *Keue-huan*. C'est de ces hommes que *Keue-houng* apprit son alchimie. Ne remonterait-elle pas à *Nāgarjuna ?* — Mon soupçon d'un emprunt indien, est aggravé par le fait que, parlant dans son seizième chapitre de la transformation de l'argent en or, *Keue-houng* dit avoir étudié sur la matière un traité écrit en strophes. Or les traités chinois ne sont pas écrits en strophes. Mais beaucoup de traités indiens (forme *gâtha*), sont écrits en strophes *(śloka)*. — De plus, la forme littéraire même de *Keue-houng*, rappelle celle de *Nāgarjuna* dans son *rasaratnākara*. Je cite d'après P.C. Ray... «Quoi d'étonnant que, digéré avec le suc de l'acacia sirisa, l'argent se change en or ?! Quoi d'étonnant, que la calamine change le cuivre en or ?! Quoi d'étonnant, que le cinabre change l'argent en or ?! ».. Ces «quoi d'étonnant» se retrouvent dans le seizième chapitre de *Keue-houng :* «Quoi d'étonnant, que l'argent puisse être transformé en or ?! Tous les êtres ne sont-ils pas un même être par leur fond? Ne sont-ils pas tous des rejetons d'une racine unique ?.. Quoi d'étonnant alors, que la forme de l'un remplace la forme de l'autre?»

—❦—

H.   Écoutons maintenant *Keue-houng* nous dire ce qu'il pense des pratiques et des espérances des Taoïstes de son temps.

Sur 斷穀 l'abstention du grain, c'est-à-dire sur l'espoir de pouvoir vivre exclusivement d'air et de rosée, renonçant absolument au riz et autres grains, but que tous les Taoïstes cherchaient alors à atteindre, *Keue-houng* s'exprime ainsi... «D'abord, il ne faut pas se tromper soi-même et tromper les autres, comme font ceux qui mâchent des aliments, avalent le suc et rejettent la pulpe. Ce n'est pas là une abstinence.» — Il parle ensuite au long des jeûneurs, nombreux de son temps... «Beaucoup, dit-il, emploient des médicaments, qui leur permettent de rester quarante ou cinquante, jusqu'à cent et deux cents jours, sans prendre aucune nourriture, les médicaments employés supprimant les affres de la faim.» Ceci, dit-il, est chose naturelle, certaine, connue de tous. — «D'autres, dit-il, usent d'eau sur laquelle des formules ont été récitées, dans laquelle des talismans ont été trempés (page 393).» Nous voilà en plein Tantrisme. *Keue-houng* affirme, comme chose incontestable, que nombre de 道士 *tao-cheu*, Maîtres taoïstes, ont vécu par ce procédé durant deux, trois, dix ans, sans pâlir ni défaillir. Il dit en avoir vu et connu plusieurs. Il raconte l'expérience faite par le roi 景 *King* de 吳 *Ou* (258-263), qui encagea le *tao-cheu* 石春 *Cheu-tch'ounn* durant plus d'un an, et le soumit à la plus rigoureuse surveillance de jour et de nuit, pour qu'aucun aliment ne pût lui être donné. Le *tao-cheu* ne demandait qu'un peu d'eau, de loin en loin, récitait ses formules puis buvait. Il ne dépérit aucunement. «Je continuerai ainsi tant que vous voudrez, disait-il. Je mourrai peut-être dans cette cage, mais de vieillesse, non de faim.» Édifié, le roi *King* le fit mettre en liberté. — *Keue-houng* conclut: Des médicaments permettent de s'abstenir de nourriture durant plusieurs dizaines de jours. Des formules permettent de s'abstenir de nourriture des dizaines d'années. Mais jeûner ne suffit pas pour arriver à l'état de Génie. Que

Leçon 52.

Génies taoïstes.

Leçon 52.

ceux qui visent à cet état, se contentent de s'adonner à 節量 une sage sobriété. A quoi bon jeûner? Seul l'or comestible assure l'état de Génie, à ceux qui ont fait le nombre requis de bonnes œuvres. *(Chap. 15.)*

-✧-✧-

I. *Keue-houng* affirme que la diététique taoïste préserve de toutes les maladies, c'est-à-dire de tous les détraquements internes de l'organisme. Il met en garde contre les médecins de son temps, qui tuent beaucoup de gens, dit-il, par des médicaments mal choisis, par l'acuponcture et les moxas. Ces gens-là, dit-il, ne veulent que réputation et argent. Il renvoie à un petit traité de médecine rationnelle 玉函方 *les prescriptions de la boîte de jade*, écrit par lui, qui n'est pas parvenu jusqu'à nous. — Les miasmes et les contages qui causent les épidémies, doivent être conjurés, dit-il, par l'auto-suggestion. Il faut, par la pensée profonde et unifiante, considérer son corps comme un agrégat de jade des cinq couleurs, la tête comme coiffée d'un casque en or, le cœur comme un foyer dans lequel flambe un feu ardent. Ou bien, se voir comme enveloppé des étoiles de tous les astérismes protecteurs. Ou bien, voir l'émanation de ses cinq viscères sains, sortant par les deux yeux, s'étendant sur toute la surface du corps, comme une couche protectrice de cinq couleurs. Cette imagination intense rend indemne. Qui en est capable, peut coucher dans le même lit avec un typhique ou un varioleux, sans danger de contagion. *(Chap. 15.)*

-✧-✧-

J. Certains charmes avalés, font qu'on ne souffre plus ni du chaud ni du froid. D'autres confèrent l'invulnérabilité contre les armes de guerre. Mais, dit-il, les armes doivent être énoncées dans le charme. Autrement on peut être tué par une arme non énoncée, comme il arriva à ce magicien, lequel étant à l'épreuve de toute arme perforante ou tranchante, fut tué d'un coup de bâton, arme vulgaire qu'il n'avait pas prévue. — D'autres charmes donnent le pouvoir de se rendre invisible. Il avertit d'en user avec discrétion, afin de ne pas s'attirer une réputation de voleur. — D'autres confèrent le pouvoir de changer de forme à volonté; de se donner l'apparence d'un enfant, d'un vieillard, d'un animal, d'une plante, d'un minéral. — La faculté de se délivrer de tous les liens, est identique avec celle de se transformer. Quand on est lié, on change de forme; aussitôt les liens fixés sur la forme précédente, ne tiennent plus et tombent. — Il y a enfin des charmes contre les maux de dents, la surdité, la cécité, etc.

-✧-✧-

K. Pour apprendre ce qu'on ne sait pas, pour lire dans l'avenir, *Keue-houng* admet l'efficacité des anciens procédés de divination, l'achillée et la tortue. C'est le *Gouverneur des destins* qu'on interroge par ces procédés, dit-il. — Mais il préfère le système de la fixation intense d'un miroir 明鏡 ou de plusieurs miroirs. Quiconque fixe un miroir, durant sept jours et sept nuits, sans désemparer, aura certainement des apparitions. Des Génies viendront lui révéler ce qu'il désire

Leçon 52.

分形 la multiplication de soi-même.

Leçon 52.

savoir. Il faut connaître le signalement des principaux Génies, afin de parler à chacun comme il convient, dès son apparition. *(Chap. 15.)*

L. Certains charmes donnent le pouvoir de s'élever et de se transporter dans l'espace à volonté. On avale le charme, en spécifiant mentalement où l'on veut aller, et le transport s'effectue. — Ce qui suit, est tiré de l'observation du vol plané des grands oiseaux, et du phénomène fréquent dans les immenses plaines de la Chine, d'un ou plusieurs nuages voguant sur un courant atmosphérique si nettement tranché, que leur base forme une ligne droite comme coupée au couteau. «Quiconque s'est élevé à quarante stades au-dessus de la terre, n'a plus qu'à se laisser aller, sans faire aucun effort. Il est en équilibre, et ne redescendra que quand il le voudra formellement.

Un charme permet de traverser sans danger, en flottant dans l'eau, les fleuves et les rivières. Pour qui le possède, il suffit de formuler son intention, au moment où il se met à l'eau. — Une pilule assez simple, confère la faculté de marcher sur l'eau. Seulement il faut en prendre sept, trois fois par jour, durant trois ans, sans oublier une seule fois. — Un poisson sculpté dans une corne de rhinocéros, entr'ouvre les eaux, permettant de passer à pied sec. Le même talisman dissipe le brouillard, décèle les poisons, fait surnager les métaux, etc.

Un sceau magique imprimé dans la poussière ou dans la boue, empêche les bêtes féroces ou les lutins malfaisants de passer. Le même, appliqué sur les portes des magasins et des écuries, protège les provisions et le bétail.

Enfin, après tous ces charmes, *Keue-houng* donne comme un moyen infaillible de salut dans tout danger soudain, la concentration mentale intense, avec arrêt complet de la respiration. Ce procédé est aussi efficace contre les tigres et les serpents, que contre les spectres qui attaquent souvent les hommes dans les cimetières ou dans les temples des Ancêtres. — Il y a là, je pense, un plagiat du *samâdhi* indien, répandu en Chine par les Buddhistes à cette époque. J'en suis d'autant plus convaincu, que, aussitôt après ce passage, *Keue-houng* ajoute, sans expliquer ni développer, une chose absolument neuve et inouïe dans le Taoïsme, mais très connue dans le Buddhisme, à savoir la multiplication du moi à l'infini. «Appliquez-vous, dit-il, à voir dans la contemplation votre personne se multiplier en trois personnes identiques, puis en dix personnes identiques, puis en des dizaines de personnes identiques. C'est là la doctrine de 分 形 la multiplication de l'être matériel, que *Tsouo-ts'eu* et *Ki-tzeu* enseignèrent jadis à mon grand-oncle *Keue-huan*. On peut arriver à cette vision plus vite, par la fixation de miroirs.»..
Nous connaissons 左 慈 *Tsouo-ts'eu*. Je n'ai pas pu découvrir qui est ce 薊 子 *Ki-tzeu*. — A quoi sert cette forme de contemplation? *Keue-houng* ne le dit pas. C'est le *samâdhi* du lotus à mille pétales des Amidistes. Adaptation de la doctrine mahayaniste de la communion de tous les contemplatifs au 法 身 *dharma-kâya* corps mystique du Buddha. Qui se retire dans ce refuge, est invulnérable, etc. — Retenons, pour plus tard, que le *samâdhi* buddhiste fut connu des premiers novateurs taoïstes, des deux 葛 *Keue*. *(Chap. 18.)*

Leçon 52.

Génie taoïste.

Leçon 52.

M. A plusieurs reprises *Keue-houng* se moque méchamment de la manie du peuple de réciter des prières et de faire des offrandes. A quoi bon? dit-il. Le Génie du ciel est trop noble, les Mânes glorieux sont trop distingués, pour se laisser influencer par ces simagrées. Faut-il être sot, pour se laisser promettre du bonheur par de vulgaires sorciers, pour se laisser dire la bonne aventure par les portefaix des greniers publics?!. D'ailleurs, les Mânes étant sans pouvoir, à quoi bon les prier? J'ai connu, dit-il, nombre de gens, qui n'ont rendu aucun culte aux Mânes, qui de leur vie n'ont ni prié ni fait d'offrandes, et qui, après une longue et heureuse vie, sont morts honorés et laissant une nombreuse postérité. (*Chap. 9.*) — Même parmi les Taoïstes, dit-il, la plupart sont de vulgaires imbéciles, qui ne savent que se prosterner en invoquant et en faisant des offrandes. Sous les *Han* on pria beaucoup le *Suprême Un*. Le résultat fut nul. Ces marmottages de prières ne sont, pour ces gens-là, qu'un moyen de gagner leur pain et celui de leurs élèves. Pour arriver à la pérennité, il faut mieux que cela. *(Chap. 14.)*

N. *Keue-houng* fut attaqué par les Confuciistes, naturellement. Ils ne lui firent pas peur. Il déclina Confucius comme incompétent en matière transcendante, et se moqua de lui. «Il y a deux voies, dit-il; l'idéal et la vulgarité. *Lao-tzeu* et après lui les Taoïstes, tendent à l'idéal, à tout ce qu'il y a de plus noble, à l'état de Génie. Tandis que les Confuciistes se cantonnent dans la vulgarité, le gouvernement des états, le bien-être du peuple, et autres sujets analogues, bas et mesquins. Primitivement Taoïsme et Confuciisme eurent une souche commune. Puis, les Taoïstes conservant les grands principes, les Confuciistes se contentèrent de quelques déductions éloignées et d'ordre inférieur. C'est cette plate vulgarité, qui leur a valu tant de disciples. Tous les petits esprits, incapables d'autre chose, vont à eux. — Confucius n'a vu du monde, volontairement, que ce qu'on en voit quand on le regarde par un tuyau, c'est-à-dire une partie restreinte, le peu qui allait à son but. Il ne s'est pas occupé et n'a pas parlé du reste. Donc dire, il n'y a pas de Génies, parce que Confucius n'en a pas parlé, ce serait inepte. Confucius fut un entrepreneur d'ordre public, et rien de plus. Il n'entendit que cela. Il ne sut même pas ce qu'il faut entendre par l'état de Génie. Il ne dit d'ailleurs pas qu'il n'y a pas de Génies. Et en cela il fit bien, car autrement il aurait agi comme cet homme qui ayant attaché à son seau une corde trop courte, déclara qu'il n'y avait pas d'eau dans le puits, parce qu'il n'avait pas su l'atteindre.» *(Chaps 7, 8, 12.)*

O. En résumé, nous avons à considérer *Keue-houng* dit *Pao-p'ou-tzeu*, dont l'ouvrage très répandu en Chine y eut un grand retentissement, comme un novateur taoïste. — Il restreignit et humanisa la notion du *Principe*, préparant ainsi les voies à l'avènement du 玉皇 *Pur Auguste*. — Il accrédita plus que tout autre la croyance à la survivance temporaire dans l'état de Génie, supprimant par contre l'ancien dogme taoïste de la succession ininterrompue des deux états de vie et de mort. — Il vulgarisa la recherche de la drogue de longue vie, et donna ainsi un grand essor à l'alchimie taoïste, uniquement occupée de la production de cette

Leçon 52.

La fée taoïste 西王母 Si-wang-mou.

Leçon 52.

drogue. — Il fortifia, dans l'esprit du peuple, la foi aux formules et aux talismans, aux pouvoirs et performances extraordinaires, semblables aux *siddhi* des *Yogi*. Depuis lors les charmes se multiplièrent à l'infini. — Cet homme eut une grande influence, qu'il n'exerça pas pour le bien. On ne sait pas la date exacte, ni le genre de sa mort. J'ai dit que, s'il ne devint pas Génie, ce fut, selon lui, parce qu'il fut trop pauvre pour acquérir les ingrédients et le matériel nécessaires pour les opérations alchimiques.

Notes. — J'ai observé deux fois que les miracles ne prouvent rien aux Taoïstes. Il n'y a pas de miracles, pour ces gens-là. Toute chose est possible, pourvu qu'on en ait la formule. La littérature taoïste est fantastique à l'excès. Jamais de preuves, jamais de doute, jamais d'étonnement. On constate simplement que le magicien possédait une formule puissante.

G. Nous avons vu que l'alchimie était pratiquée en Chine, dès le troisième siècle avant J.-C. — 葛洪 **Keue-houng** nous apprend, au quatrième siècle de l'ère chrétienne, qu'on cherchait à extraire du cinabre, du mercure et du soufre, l'or comestible, la drogue de pérennité. — De Chine, ces idées passèrent ailleurs. Voici quelques textes intéressants. — Vers le neuvième siècle, l'Indien **Sayana** dans son *Rasçvara darśana* « Le mercure et l'air préservent de toute maladie. Le mercure et l'air entretiennent la vie. Y a-t-il mieux qu'un corps incorruptible ? Or c'est le mercure qui rend le corps immortel. Il sauve de la métempsycose ; il délivre l'homme des réincarnations. » — Au neuvième siècle, l'Arabe **Geber** dans son *Summa perfectionis* Argentum vivum est materia metallorum cum sulfure... Principia naturalia metallorum tria sunt, sulfur, arsenicum, et argentum vivum... Quisquis metallum radicitus citrinat et mundat, ex omni metallorum genere aurum facit. » — **Avicenne** (980-1036) dans son *Tractatulus* « Argentum vivum est frigidum et humidum, et Deus ex eo vel cum eo creavit omnia minera... Certum est omnem rem esse ex eo in quod resolvitur. Nam gelu convertitur in aquam, calore mediante. Clarum est ergo illud prius fuisse aquam quam glaciem. Omnia vero metalla ex mercurio sunt generata, ideo ipsa in ipsum resolvuntur. » — **Albertus Magnus** (1205-1280) dans son *de Alchemia* « Mercurius est materia metallorum cum sulfure, scilicet lapis rubeus de quo extrahitur argentum vivum (cinabre), et invenitur in montibus in multâ quantitate, et est fons omnium metallorum. » — **Rogerii Bachonis** (1214-1294) *Speculum alchemiae* «Principia mineralia in mineris, sunt argentum vivum et sulfur. Ex istis procreantur cuncta metalla... Nec argentum vivum per se solum, nec sulfur per se solum, aliquod generat metallum, sed ex amborum commistione diversa metalla diversimode procreantur... Natura semper proposuit et contendit ad perfectionem auri. Sed secundum puritatem et impuritatem prædictorum duorum, scilicet argenti vivi et sulfuris, pura et impura metalla generantur... De jure oportet nos accipere argentum vivum et sulfur, pro *lapidis philosophorum* materia... Alchemia est scientia docens transformare omne genus metalli in alterum, et hoc per medicinam propriam, quæ *Elixir* nuncupatur, quæ quando projicitur super metalla imperfecta, perficit ipsa complete in momento. » — L'élixir est une sorte de

Leçon 52.

ferment, spécial pour chaque sorte de métal à produire; *sol* c'est le ferment d'or, *luna* c'est le ferment d'argent... **Raymondi Lullii** (1235-1315) *Apertorium* «Qui noverit sulfur et argentum vivum tingere cum sole et luna, ille pervenit ad maximum arcanum» la production de l'or et de l'argent. — **Arnoldus de Villanova**, dans son *Thesaurus Thesaurorum*. Arnoldus de nova Villa, Papæ Benedicto undecimo, dans son *Semita semitae*, anno 1305. «Reverende pater, pias aures inclina, et intellige quod mercurius est sperma omnium metallorum decoctum in ventre terræ calore sulphureo, et secundum varietatem sulphuream ipsius, metalla in terrâ generantur diversa. Et sic ipsorum primordialis materia est una. In hoc omnes philosophi concordant. Et hoc demonstrabo taliter: quia certum est, quod omnis res de eo et ex eo est in quod resolvitur. Si glacies commutatur in aquam mediante calore, ergo prius fuit aqua. Sed omnia metalla convertuntur in mercurium. Ergo iste mercurius est prima materia eorum.» — Je dois ces textes à la munificence du *British Museum*.

Source. — Le traité intitulé 抱朴子 *Pao-p'ou-tzeu*, par 葛洪 *Keue-houng*.

Génie taoïste.

Cinquante-troisième Leçon.

Quatrième au cinquième siècle de l'ère chrétienne. Buddhisme. Moines célèbres. — I. *Dharma-raksha*. — II. *Buddha-janga*. — III. *Kumāra-jiva*. — IV. *Fa-hien*.

C'est durant cette période, quatrième au cinquième siècle de l'ère chrétienne, que le Buddhisme inonda la Chine, laquelle devint pratiquement un pays buddhiste, je dirai bientôt dans quel sens. Ce grand succès eut plusieurs causes. L'empire étant alors réduit à presque rien, les Lettrés ne purent pas s'opposer par la force à l'invasion de la chaude doctrine, qui plaisait au peuple précisément parce qu'elle suppléait à la froideur de la leur. Puis les moines indiens plurent extrêmement aux roitelets barbares qui s'étaient partagé la Chine septentrionale, parce que, outre le Buddhisme, ils leur apportaient quelque chose de la civilisation indienne. Enfin, à cette époque, il y eut, parmi les moines buddhistes, de très habiles gens. Les uns surent choisir, parmi les pratiques disparates artificiellement groupées sous la rubrique *Buddhisme*, celles qui pouvaient convenir au goût du peuple chinois. Les autres firent servir la faveur personnelle dont ils jouissaient, au développement du monachisme indigène, et par suite à l'extension de la propagande parmi le peuple. Enfin des moines chinois, pieux et braves, peu contents de l'instruction et de la formation incomplètes qu'il recevaient en Chine de moines étrangers, allèrent à leurs risques et périls jusque dans l'Inde, y passèrent des années dans les grands couvents buddhistes, apprirent le sanscrit, choisirent les textes, puis revinrent, rapportant dans les couvents de la Chine, et la science doctrinale théorique, et l'expérience pratique de l'ascèse. Ce fut le grand essor. — Je vais tâcher de donner quelque idée de la manière dont ces choses se passèrent, en racontant les œuvres de quatre moines des plus célèbres, d'après l'histoire chinoise. Je citerai, sans commenter, et sans relever les absurdités mêlées aux vérités, dans ces curieux récits.

I. *Dharma-raksha*.

Tant que la capitale de la dynastie 晉 *Tsinn* fut à 洛 陽 *Lao-yang* (*Tsinn* Occidentaux), les traducteurs buddhistes n'y chômèrent pas. Il y eut parmi eux des hommes de haute valeur. Le plus remarquable fut, sans contredit, 法 護 *Dharma-raksha*, un Gète, né de parents établis à 燉 煌 *Tounn-hoang*, la passe à l'entrée du bassin du Tarim, par laquelle se faisait tout le commerce entre la Chine, l'Inde, le Gandhara et la Sogdiane. Il savait parfaitement trente-six langues ou dialectes. Arrivé à *Lao-yang* en 266, il y traduisit jusque vers l'an 317, et y mourut âgé de 87 ans. Il nous reste 90 de ses 175 traductions. — Outre ce Gète, un Indien de Kotan la citadelle du Buddhisme dans le Tarim, un Parthe, deux moines et deux laïques chinois, se distinguèrent par le nombre et l'importance de leurs traductions.

Plus que tout autre, *Dharma-raksha* eut l'intuition de ce qui conviendrait au génie populaire chinois. Il traduisit pour la première fois le fameux texte, qui de-

Leçon 53.

La paradis d'Amitabha.

Leçon 53.

vint la base en Chine du culte de *Avalokiteśvara*. Il me faut dire ici quelques mots à ce sujet. Nous avons vu (Leçon 49) que le culte du Buddha *Amitabha*, est un rabais sur le Buddhisme vrai du Buddha *Śākyamuni*, lequel exige l'effort continuel, pour la destruction du *karma* ancien, contre la reformation d'un *karma* nouveau. Moyennant un acte bien facile, il fait renaître n'importe qui, dans un paradis théoriquement non-permanent, pratiquement éternel. Dans ce paradis, les assesseurs de droite et de gauche du Buddha *Amitabha*, sont les deux *p'ou-sa* (*bodhisattva*) *Avalokiteśvara* et *Mahasthāma*. Le sens étymologique du nom *Avalokiteśvara*, est Seigneur qui perçoit, qui considère (*Iśvara Avalokita*). Par erreur, ou intentionnellement, les Chinois traduisirent 觀音 *Koan-yinn*, Celui qui perçoit les accents (*svara*); ou 觀世音 *Koan-cheu-yinn*, Celui qui perçoit les accents du monde; accents du repentir, de la prière, de la supplication. Un texte indien, le *saddharma puṇḍarīka sūtra*, contient un chapitre consacré à *Avalokiteśvara*, qui fait de lui le *sauveur dans tous les maux de ce monde*. Mais, à la fin de ce texte indien, se trouve ce qui suit : « A l'Ouest, dans la terre pure *sukhakara* (alias *sukhavatī*), réside le Souverain *Amitabha*, dans la terre où il n'y a pas de femmes, dans la terre absolument pure, dans la terre où l'on renaît de la corolle d'un lotus. Là le Souverain *Amitabha* trône dans un lotus pur et beau. Et le grand *Avalokiteśvara*, debout, tantôt à sa droite, tantôt à sa gauche, l'évente, méditant sur le salut des êtres de tous les mondes. »... Ce passage qui met *Avalokiteśvara* à sa place classique, place secondaire de *p'ou-sa* assesseur du Buddha *Amitabha*, a été omis dans la traduction de *Dharma-raksha*. Manquait-il dans le texte indien qu'il traduisit? J'en doute. Je pense que l'omission fut intentionnelle, car elle fut reproduite dans deux traductions faites postérieurement par d'autres traducteurs, en 406 et en 601. *Dharma-raksha* pensa sans doute que, *Amitabha* étant suffisamment connu par les deux textes 無量壽經 *Ou-leang-cheou king* et 阿彌陀經 *A-mi-touo king* dont j'ai parlé jadis, mieux valait ne pas parler de lui cette fois, pour mettre *Avalokiteśvara* plus en lumière. Il en résulta, en Chine, un culte très étendu de ce *p'ou-sa*, indépendant de celui de son Buddha et le primant presque. — Le paradis si facile à gagner d'*Amitabha*, la protection si facile à obtenir d'*Avalokiteśvara*, sont pratiquement tout ce que le peuple chinois a accepté de Buddhisme. Le *hīnayāna* trop exigeant, ne lui plut pas. Le *mahāyāna* trop abstrait, ne lui entra pas dans la tête. Il se jeta sur l'Amidisme, et son complément le culte de *Koan-cheu-yinn*. Buddhisme qui n'en est pas un; religion spéciale introduite sous couvert buddhique.

Que *Koan-cheu-yinn* ait trouvé de nombreux clients parmi les pauvres Chinois si souffrants et si besogneux, cela n'est pas étonnant, vu le mirifique boniment que le texte traduit par *Dharma-raksha* fait en sa faveur... « De quelque malheur qu'un homme soit atteint, s'il invoque *Koan-cheu-yinn*, celui-ci écoutera immédiatement son appel 觀其音聲 et le délivrera. Quiconque l'invoque, est sauvé du feu, de l'eau, des attaques des brigands ou des démons. Si un condamné l'invoque, le sabre qui devait le décapiter, se brisera sur sa nuque. Le prisonnier qui l'invoquera, sera délivré de ses liens et de ses fers. Si, dans une caravane de voyageurs ou de marchands, il se trouve un dévot qui invoque *Koan-cheu-yinn*, toute la caravane échappera à tous les dangers, à cause de lui. Pas n'est besoin, avec *Koan-cheu-yinn*, de longues paroles. Il suffit de crier, dans son malheur, du fond

Leçon 53.

Koan-cheu-yinn, type tibétain.

Leçon 53.

du cœur «Ô *Koan-cheu-yinn* je te salue», pour être aussitôt secouru. Quiconque l'invoque, se voit délivré des pensées lubriques, des spasmes de la haine, de l'inintelligence et de l'endurcissement. Toute femme qui recourra à lui pour obtenir un enfant, garçon bien doué ou fille bien faite, sera exaucée. Tous les hommes devraient recourir sans cesse à un *p'ou-sa* aussi puissant et aussi bon. — Son bonheur est de travailler à la délivrance (au salut) de tous les êtres. Il revêt pour cela les formes les plus diverses, apparaissant en Buddha, en *p'ou-sa*, en Brahma, en Indra, en *Vaiśramana*, en *Vajrapāṇi*, en roi, en brahmane, en moine, en homme du commun, en femme, en nonne, ou sous les traits d'un enfant; en un mot, sous la forme dans laquelle il sait qu'il sera écouté par celui qu'il désire sauver. Invoquez-le donc, et vous n'aurez plus jamais lieu de craindre.».. Ici finit le boniment en prose. Il est repris aussitôt en vers, encore plus emphatiques, si possible «Ayez en *Koan-cheu-yinn* toute confiance. Vous eût-on jeté dans une fosse pleine de feu, si vous l'invoquez, ce brasier ardent se changera en un frais étang. Fussiez-vous roulé par la mer en furie, entouré de monstres et de démons, si vous l'invoquez, vous ne serez ni submergé ni dévoré. Si vous tombez du haut d'une montagne, invoquez-le et vous resterez suspendu dans les airs, comme le soleil est suspendu dans l'espace. Si vous l'invoquez, tous les méchants prêts à vous détruire, ne pourront pas vous arracher un seul cheveu. A son nom, les brigands qui vous auront pris deviendront humains, aucun bourreau ne pourra vous exécuter, les liens et les entraves ne pourront pas vous retenir. Aucun venin ne vous nuira. Tout sort jeté sur vous, se retournera contre son auteur. Tigres et serpents ne pourront rien contre vous. La foudre, la grêle, la tempête, ne vous feront aucun mal. Oh! parmi tant de maux qui environnent les hommes sur la terre, invoquez souvent son nom, car il est le sauveur dans tous les maux terrestres. Pour ceux qui l'invoquent, à quelque monde qu'ils appartiennent, les voies de châtiment se fermeront; ils ne renaîtront, ni dans les enfers, ni pretas, ni animaux (mais dans le paradis d'*Amitabha*); ils seront délivrés des souffrances de la maladie et de la vieillesse... Ô regard pénétrant, regard pur, regard compatissant, de Celui qui écoute les accents du monde! Ô Sollicitude sans cesse attentive! Ô Lumière sans mélange d'impureté! Ô Soleil de sagesse qui perce toutes les ombres, dont le rayon dompte tous les maux! Toi qui éclaires le monde entier, miséricorde qui illumines comme l'éclair, charité qui couvres tous les êtres comme un nuage protecteur, douce rosée et pluie bienfaisante! Toi qui éteins les haines et les discordes, les disputes et les procès; toi qui donnes la paix jusque dans les batailles; ô *Koancheu-yinn!*... Oh! que je pense à toi sans cesse! que de ma vie je ne doute de toi!.. Toi si pur et si saint, protège-moi dans les peines et les souffrances, dans les dangers et dans la mort. Sois mon appui et ma force. Aide-moi à remplir tous mes devoirs. Toi qui considères avec pitié tous les êtres, océan de bienfaisante miséricorde, je t'invoque en me prosternant devant toi. » (正法華經)

-◆- -◆-

Pour les Buddhistes chinois, *Dharma-raksha* donna au grand culte national des morts, une forme plus précise et plus tendre. Il traduisit, pour la première fois, le célèbre 孟蘭盆經 *Ullambana-sûtra*. — Après le salut au rabais des

Leçon 53.

Koan-cheu-yinn, toujours secourable. Type chinois.

Leçon 53.

vivants par l'Amidisme, voici la délivrance des défunts pour presque rien, par des intercessions obtenues pour une légère offrande. Nous sommes loin de la justice inexorable, et des milliers d'années de purgatoire, du *hīnayāna* primitif. Aussi la pratique nouvelle obtint-elle un succès grandiose.

Voici le résumé de la traduction de *Dharma-raksha*. « *Mou-lien (Maudgalyāyana)* le disciple du Buddha, venait d'obtenir les six facultés transcendantes des arhans. Le premier usage qu'il en fit, fut d'examiner ce qu'étaient devenus ses parents défunts. Il vit que feu son père était déjà réincarné, mais que sa feue mère faisait encore pénitence dans l'état de preta famélique. Ému de compassion, *Mou-lien* remplit son écuelle d'aliments, et se transporta à travers les airs auprès de sa mère, qu'il trouva émaciée au point que sa peau collait à ses os. *Mou-lien* lui donna l'écuelle. Sa mère la prit et essaya de manger. Mais, au moment de toucher ses lèvres, chaque bouchée se trouva changée en un charbon ardent. *Mou-lien* pleura amèrement, puis revint demander conseil au Buddha. — Celui-ci lui dit: Par suite de ses nombreux péchés, ta mère est chargée d'une lourde dette; si lourde, que toi seul tu ne pourras pas la délivrer. Tous les brahmes et les *yogi* n'y pourraient rien. Seule la communauté des moines de mon Ordre, pourra délivrer ta mère, par son intercession. Voici ce qu'il te faut faire. Le quinzième jour de la septième lune, dernier jour du synode d'été, tu rempliras une grande écuelle de toute sorte d'aliments et de fruits. Tu ajouteras de l'huile, des bougies, des habits et de la literie, et tu offriras le tout à l'assemblée des moines, pour le bien de ceux qui furent tes parents, et de tes ancêtres durant sept générations, au cas où quelqu'un d'entre eux souffrirait encore dans les états d'expiation. Les moines ayant reçu ce jour-là ton offrande, formeront un désir intense que ta mère soit sauvée, par la vertu de tous les moines cénobites, des ermites des forêts, des illuminés de tous les degrés, des *p'ou-sa* de tous les mondes, qui forment un corps moral. Cela fait, ils mangeront les aliments devant le *stūpa* de leur couvent, et se partageront le reste selon leurs besoins. C'est là le rit de l'*Ullambana*, qui délivre les âmes en peine. — *Mou-lien* fit ainsi. Le jour-même il connut que sa mère avait été délivrée de l'état de preta, dans lequel elle aurait encore dû languir sans cela durant un *kalpa* tout entier. — Alors *Mou-lien* demanda au Buddha: Si d'autres moines accomplissent le même rit, pour leurs parents et leurs ancêtres défunts, obtiendront-ils le même résultat?.. Ils l'obtiendront, dit le Buddha. — *Mou-lien* demanda encore: Et si n'importe quel laïque fait de même, obtiendra-t-il le même résultat?.. Il l'obtiendra, dit le Buddha. — Puis, résumant lui-même sa doctrine pour l'instruction du peuple, le Buddha dit: Bons hommes et bonnes femmes, tout vrai disciple du Buddha doit se souvenir avec reconnaissance de ce que ses parents ont jadis fait pour lui. Il doit reconnaissance à ses ancêtres, jusqu'à la septième génération. En preuve de cette reconnaissance, il fera bien d'offrir pour leur délivrance, l'*Ullambana*, au quinzième jour du septième mois. Tout vrai disciple du Buddha devrait faire cela. » — Depuis le temps de *Dharma-raksha*, le rituel de la cérémonie a changé; mais le quinzième jour de la septième lunaison est resté, en Chine, la fête des morts.

Leçon 53.

Quand, reculant devant les Huns et les Tongouses, l'empire des 晉 *Tsinn* réfugié au Sud du Fleuve Bleu eut établi sa capitale à 建康 *Kien-k'ang* (Nan-kin), des moines buddhistes travaillèrent encore dans cette ville, mais ne produisirent guère, chose nouvelle d'ailleurs, que des *dhāraṇī*, formules d'incantation et de conjuration, non traduites en chinois, mais sanscrites translittérées en sons chinois. — C'est que la Chine du Sud était alors taoïste. Il fallait aux Buddhistes ces formules, pour faire contrepoids à celles de *Pao-p'ou-tzeu* et consorts (Leçon 52). — Pourquoi des translittérations, non des traductions?.. Peut-être par amour d'une forme plus cabalistique, l'inintelligible faisant plus d'effet sur les esprits superstitieux. Plutôt, je pense, par crainte du ridicule. Car le fond de ces formules est généralement inepte. — Il y en a, contre les morsures des serpents, contre les brigands si nombreux alors, contre les démons qui remplissent le monde, contre les épidémies, contre les maux de dents, contre les maux d'yeux, contre l'éclampsie des petits enfants. — Contre les voleurs, on invoque ainsi quatre sœurs : « *An-tan-ni* aveugle-les! *Yen-mouo-ni* arrête-les! *Ki-mouo-ni* empêche-les de fuir! *Ou-a-ni* fais-leur perdre la raison!» — Sur les petits enfants atteints de convulsions, on récite sept fois : « *louo-na-touo-louo mouo-louo-ti-li.* » — Les maux de dents étant censés causés par un ver qui ronge la racine de la dent, on demande au roi de cette sorte de vermine, d'enjoindre à son sujet de se tenir tranquille. — Avant de réciter un *dhāraṇī*, on invoque toujours dévotement le Buddha, sa Loi et son Ordre. Or le Buddha ne connut rien de ces dévotions tantriques. — Dans les cas graves, si l'on a été exaucé, on allume en l'honneur du Buddha sept lampes, de préférence durant la nuit du vingt-neuvième jour du mois. Etc.

II. *Buddha-janga.*

J'observe d'abord que les Indianologues ne sont pas d'accord sur le nom de cet homme, que les Chinois appellent 佛圖澄 *Fout'ou-teng*. *Fout'ou* est certainement la translittération de Buddha, mais *teng* = *janga* est douteux. Quoi qu'il en soit, voici ce que l'histoire officielle des 晉 *Tsinn*, chapitre 95, raconte de lui. — « *Buddha-janga* était né dans l'Inde. Dès son enfance, il s'appliqua à l'étude de la doctrine buddhique. En 310 il arriva à *Lao-yang*, où il se donna pour avoir cent ans. Se nourrissant principalement d'air, il restait plusieurs jours de suite sans manger. Il récitait admirablement les textes et les formules. — Au côté de l'abdomen, il avait une ouverture, qu'il bouchait avec un tampon de coton. Quand il voulait lire, la nuit, il enlevait le tampon. Alors un rayon de sa lumière intérieure, sortant par l'ouverture, éclairait son livre et l'appartement. Aux jours de purification, de grand matin, il se rendait au bord d'une eau courante, retirait un à un par l'ouverture tous ses viscères, les lavait, puis les remettait en place. — Mais ce en quoi il excellait, c'était la prévision de l'avenir, par l'interprétation du tintouin des clochettes suspendues au bord de son toit. Ses prédictions étaient infaillibles. — Sa réputation était déjà très grande, quand il fut présenté au roi hun 石勒 *Cheu-lei*, en 311. Celui-ci lui ayant demandé un signe, *Buddha-janga* se fit apporter un bassin rempli d'eau, brûla des parfums et récita ses formules. Soudain, du bassin s'éleva un lotus magnifique, aux fleurs azurées et lumineuses. Le roi lui donna aussitôt toute sa confiance, et le mena désormais partout à sa

Leçon 53.

suite. — Un jour le moine lui dit: faites faire bonne garde cette nuit... De fait, au milieu de la nuit, on prit des assassins qui cherchaient à s'introduire dans la tente du roi. Celui-ci voulut faire la contre-épreuve. Un autre jour il feignit d'avoir reçu avis d'un attentat imminent, mit le palais en état de défense, et envoya avertir *Buddha-janga* de veiller à sa propre sûreté. Quand l'envoyé royal se présenta devant celui-ci, sans lui permettre d'ouvrir la bouche, le moine lui dit: les préparatifs de ton maître sont inutiles; il n'y a rien dans l'air. — La ville capitale de *Cheu-lei* buvait l'eau d'une source située à quelque distance. Un jour la source tarit. *Cheu-lei* pria le moine de remédier à ce malheur. *Buddha-janga* se rendit à la source, s'y mit en oraison, brûla des parfums exotiques, et récita de longues formules. Il pria, sans discontinuer, durant trois jours de suite. Enfin l'eau suinta, puis ruissela, puis un torrent d'eau jaillit qui remplit en peu d'instants les fossés de la ville. — Un jour un chef tongouse vint courir autour de la capitale, à la tête d'une nuée de cavaliers. *Cheu-lei* les compta, du haut du rempart, et devint fort inquiet. Rassurez-vous, lui dit *Buddha-janga*; hier mes clochettes ont tinté, que leur chef sera pris demain, avant l'heure du dîner... Qui le prendra, dit *Cheu-lei*, au milieu de ses escadrons?.. Le lendemain, sur le midi, comme les Tongouses voltigeaient toujours autour de la ville, *Cheu-lei* dit au moine: eh bien?.. Eh bien, dit celui-ci, leur chef est pris... Or ce chef s'étant approché du rempart pour en reconnaître les points faibles, venait d'être enlevé par un peloton de Huns; on l'amena prisonnier peu d'instants après. *Cheu-lei* lui rendit la liberté, à la condition qu'il s'en irait, ce qu'il fit. — En 328, *Cheu-lei* marcha en personne contre le roi de *Tchao*, sur la parole de *Buddha-janga*, contre l'avis unanime de ses conseillers. Mes clochettes ont tinté, lui dit le moine, que vous ferez un prisonnier de marque. Et appelant un jeune novice qui venait de garder l'abstinence durant sept jours, il prit dans la paume de sa main un peu d'huile et de farine, et en pétrit une boulette qu'il fit avaler à l'enfant. Entrant aussitôt en extase, celui-ci s'écria: Je vois une foule de cavaliers. Je vois un homme de haute taille, vêtu de blanc, à qui on lie les bras avec des cordons rouges... C'est le roi de *Tchao*, dit le moine à *Cheu-lei*; il est à vous... *Cheu-lei* partit plein d'enthousiasme, et prit le roi de *Tchao*. — *Cheu-pinn* l'enfant chéri de *Cheu-lei* étant mort, dans sa douleur celui-ci dit au moine: Jadis le médecin *Pien-ts'iao* fit revivre par son art le fils défunt de son prince; pourquoi n'en feriez-vous pas autant pour le mien, par vos prières?.. *Buddha-janga* prit un rameau de peuplier, le trempa dans l'eau, et aspergea le cadavre du petit prince, en récitant ses formules; puis, le prenant par la main, il lui dit de se lever... Aussitôt l'enfant revint à lui. Quelques instants après, il était plein de vie. — En 333, alors qu'aucun souffle n'agitait l'air, soudain une des clochettes de la pagode se mit à carillonner. Ceci, dit le moine, c'est le glas du roi. Peu de jours après, *Cheu-lei* mourut. — — Quand 石虎 *Cheu-hou* se fut fait roi, il voua à *Buddha-janga* une vénération et une confiance plus grandes encore. Il le fit habiller magnifiquement, et lui donna une suite splendide. Quand le moine venait assister, de cinq en cinq jours, aux cours plénières, le prince héritier et les principaux officiers allaient à sa rencontre, et toute l'assistance se levait quand il faisait son entrée. Cette faveur accordée à un moine, donna, dit l'Histoire, un essor prodigieux au Buddhisme. Les Buddhistes devinrent légion, dans la Chine septentrionale. Ils bâtirent nombre de temples. Beaucoup de

Chinois se firent moines. — Une grande sécheresse désolant le pays, Cheu-hou députa le prince royal pour demander la pluie nécessaire. Le ciel resta d'airain. Alors *Cheu-hou* pria *Buddha-janga* de prier pour le peuple. Dès que celui-ci eut commencé ses incantations, la pluie tomba par torrents. — Il faisait chercher à Kachgar, par ses disciples, les parfums venus du pays des Parthes, qui lui servaient dans ses opérations transcendantes. Durant leur long voyage, il les suivait en esprit et les protégeait. Un jour il dit à ceux qui l'entouraient: à cette heure, à tel endroit, mes envoyés sont attaqués par des brigands. Et allumant des parfums, il se mit à réciter ses formules... Les envoyés étant revenus, racontèrent que, tel jour, à tel endroit, ils avaient été attaqués par des brigands, qu'un singulier parfum avait soudain mis en fuite. — Un jour que *Cheu-hou* se promenait avec *Buddha-janga* sur une terrasse, le moine s'arrêta soudain et dit: il y a un malheur au Nord. S'étant fait apporter un gobelet de vin, il le souffla dans cette direction, puis dit en souriant: le malheur est conjuré. On apprit quelques jours plus tard, qu'un grand incendie menaçant les magasins royaux de *You-tcheou*, soudain une nuée noire, venue du Sud, avait éteint le feu sous les torrents d'une pluie qui sentait le vin. — Le général *Kouo-heileao* combattait les Tibétains, dans la haute vallée de la *Wei*. Un jour, durant sa contemplation, le moine soupira: mon ami *Kouo* est en grand danger... Puis, un cheval, dit-il; par le sud-est... Enfin, avec un soupir de soulagement: mon ami *Kouo* est sauvé... Quand le général fut revenu, on apprit de lui que, cerné par les Tibétains, il allait être pris, quand un inconnu lui présenta un cheval frais en lui disant: fuyez par le sud-est qui n'est pas gardé. On constata que la chose s'était passée, au jour et à l'heure de la vision du moine. — Un jour de grande fête à la cour, soudain *Buddha-janga* se recueillit et gémit: Ô palais! la ronce des ruines pousse déjà sous tes fondements!.. *Cheu-hou* fit examiner, dans les caves, s'il y poussait réellement des ronces. On comprit plus tard, que le moine avait prophétisé l'extermination future des 石 *Cheu*, par l'homme dont le nom d'enfant avait été *la Ronce*. — Peu de temps après, dans une extase, *Buddha-janga* se parlant à lui-même, dit: trois ans? deux ans? un an? cent jours? pas même un mois? Il avait eu révélation de sa très prochaine transmigration. Revenu à lui, il dit à ses disciples: le malheur commencera en l'an 348; les *Cheu* finiront en l'an 349; je vais m'en aller, pour ne pas voir ces choses... Il mourut à la capitale, dans le couvent attenant au palais. Son corps ne fut pas incinéré; on l'ensevelit dans un sarcophage en pierre. Peu de jours après, un moine arrivé à la capitale, raconta qu'il avait rencontré *Buddha-janga* allant vers l'Occident. *Cheu-hou* ordonna d'ouvrir le sarcophage. Le corps n'y était plus (page 407). » — Inutile que j'insiste sur l'importance de pareils textes, insérés dans l'Histoire dynastique, sans un mot de critique.

III. *Kumâra-jiva.*

La biographie de ce moine célèbre, se trouve dans le même chapitre 95 de l'Histoire officielle de la dynastie 晉 *Tsinn*. En voici le résumé. « Son père, noble Hindou, ministre d'un rajah, renonça au monde, quitta l'Inde, et passa dans le paradis buddhiste du Tarim, Kotan, Yarkend, Kachgar. Le roi de Koutcha ayant entendu vanter son mérite, l'invita à venir se fixer auprès de lui, pour être son

Leçon 53.

conseiller. Il fut si content de ses services, que, pour se l'attacher définitivement, il lui fit épouser sa sœur, jeune fille de vingt ans, très belle et très recherchée. Instruite par son mari, celle-ci devint fervente buddhiste. Elle conçut *Kumāra-jiva*. Ce nom signifie *Mûr dès le bas âge*. Le père étant mort, là mère donna aux moines son fils âgé de sept ans, et se fit nonne. Il se trouva que l'enfant était doué d'une mémoire prodigieuse. Il apprit tous les textes buddhistes, et de plus les sciences profanes, surtout les mathématiques et l'astronomie. Esprit libertin, de mœurs dissolues, *Kumāra-jiva* méprisa l'austère *hīnayāna*, et se donna pour mission de propager le facile *mahāyāna*. A l'âge de vingt ans, sous le patronage du roi son oncle, il commença à enseigner à Koutcha, et gagna peu à peu à ses vues presque tous les couvents du Tarim. En 383, les Chinois ayant pris Koutcha, l'oncle disparut et le neveu fut fait prisonnier. Le général chinois trouva plaisant de mettre sa vertu à l'épreuve. Il le fit enfermer avec sa cousine, après avoir enivré les deux jeunes gens. Dans ces conjonctures, dit l'Histoire, *Kumāra-jiva* ne put pas ne pas épouser la princesse. Il devint ministre de ce général, quand celui-ci, sur ses conseils probablement, se fut fait roitelet de *Leang*. Pris une seconde fois, en 401, par les Tibétains alors maîtres de 長安 *Tch'ang-nan*, il gagna la confiance de leur roi, qui le mit à la tête de tous les moines buddhistes de ses états. *Kumāra-jiva* introduisit parmi eux le laxisme mahayaniste. Ses mœurs furent toujours mauvaises, et l'Histoire cite des anecdotes que je ne puis pas répéter. Certains de ses moines ayant voulu l'imiter, il leur dit qu'il le permettrait à ceux qui feraient ce qu'il allait faire. Sur ce, ayant fait remplir d'aiguilles à coudre l'écuelle qui lui servait à quêter, il les mangea toutes, par cuillérées, comme on mange un potage. Aucun n'ayant osé l'imiter, les moines de *Tch'ang-nan* durent garder la continence. — *Kumāra-jiva* laissa une œuvre écrite très considérable, à laquelle je consacrerai trois Leçons. Ayant constaté que la forme diffuse des textes indiens répugnait aux Chinois, et que l'incorrection des traductions existantes les choquait, il publia un nombre considérable d'ouvrages indiens condensés, tassés, abrégés quant à la forme non quant au sens, et rendus en bon chinois. Ces livres lui firent une grande réputation, et eurent une influence très étendue. La tradition veut qu'il forma plus de trois mille disciples. Cinquante ouvrages considérables, signés par lui, existent encore. — *Kumāra-jiva* mourut à *Tch'ang-nan* après 412. Son corps fut incinéré, à la mode indienne. On trouva, dans les cendres du bûcher, sa langue parfaitement intacte ; ce qui fut considéré comme un signe que, si sa vie avait été peu édifiante, sa doctrine par contre avait été excellente.

IV. 法顯 *Fa-hien*.

C'est le plus célèbre des moines chinois pèlerins. Il naquit dans la vallée de la 汾 *Fenn*, 山西 *Chan-si* actuel. Trois petits frères étant morts, l'un après l'autre, des convulsions durant la dentition, le père de l'enfant craignant pour lui un sort semblable, le consacra au Buddha et le mit en pension dans un couvent. Quand il eut fait ses dents, il le ramena chez lui. L'enfant tomba aussitôt gravement malade. Le père le reconduisit au couvent, où il guérit sur-le-champ. Devenu grandelet, l'enfant s'affectionna tellement au genre de vie des moines, qu'aucune séduction ne fut plus capable de le faire retourner dans le siècle. Il avait dix ans,

Leçon 53.

Moine chinois pélerin, en grand costume.

quand son père mourut. Sa mère se logea dans une cellule, près du couvent, pour voir du moins passer et repasser son fils. Quand elle aussi fut morte, *Fa-hien* ensevelit ses parents, puis fut admis à faire les promesses des moines. Il se distingua entre tous, par son esprit de foi et son zèle pour la discipline. L'observance était très imparfaite dans les couvents chinois. Ce n'est pas que les traités de vie monastique manquassent; mais l'expérience manquait, les moines chinois peu nombreux n'ayant pas vu, jusque là, fonctionner le rouage d'une grande communauté. Âme ardente éprise d'idéal, *Fa-hien* sentit vivement ce déficit, et résolut d'aller apprendre dans l'Inde parfaitement la pratique de l'observance. Parti de *Tch'ang-nan* en 399, il traversa le désert de Gobi, attendit à Tourfan l'occasion d'une caravane, franchit en trente-cinq jours de marche, avec des souffrances inexprimables, les plaines de sable du Tarim, et arriva à Kotan. Cette ville était alors un éden buddhique. Un seul couvent comptait plus de trois mille moines. Tous prenaient leurs repas dans un réfectoire commun. Ils y entraient graves et recueillis, s'asseyaient dans un ordre déterminé, recevaient et mangeaient leur portion en silence. On n'entendait aucun bruit de vaisselle, aucun mot prononcé. Les indications nécessaires se donnaient par un geste des doigts... Ces choses furent une révélation pour *Fa-hien*, qui n'avait vu jusque là que des moines flânant pour cause ou sous prétexte de quêter leur pitance quotidienne. — De Kotan, *Fa-hien* passa, en cinquante-quatre étapes, dans le Ladak; puis, en suivant le cours de l'Indus, dans le Pendjab. — Nous ne suivrons pas *Fa-hien* dans sa pérégrination à travers une trentaine des petits royaumes de l'Inde, de couvent en couvent, de lieu saint en lieu saint. Il releva, sur les lieux, un à un, tous les souvenirs buddhiques. Il étudia l'observance de diverses communautés, copia leurs règles, fouilla leurs bibliothèques. Finalement il descendit le Gange jusqu'à son embouchure, et passa par mer à Ceylan, où il fit encore un long et fructueux séjour dans un couvent dont dépendaient plus de cinq mille moines. Enfin, après quinze années de voyages et d'observations, jugeant qu'il avait assez glané, en 414 il prit passage à Ceylan sur une jonque de commerce qui faisait voile vers l'Orient. Il y avait à bord plus de deux-cents hommes. Durant une tempête, la jonque fit eau. Le patron fit jeter les marchandises à la mer. Craignant d'y voir jeter aussi sa caisse de livres, fruit de ses longs voyages, *Fa-hien* pria ardemment *Koan-cheu-yinn* de lui venir en aide, pour l'amour des moines de la Chine à l'intention desquels il avait tant travaillé et souffert. Les livres ne furent pas jetés à la mer. La jonque échoua, à marée haute, sur un banc de sable. A marée basse, les navigateurs purent aveugler la voie d'eau. La marée suivante remit la jonque à flot. Reprise par une violente tempête, ballottée durant quatre-vingt-dix jours par les flots d'une mer phosphorescente, elle finit par être jetée sur la côte de Java. Après cinq mois d'attente, *Fa-hien* s'embarqua pour la Chine sur une autre jonque de commerce, laquelle portait aussi plus de deux-cents personnes. Il y avait pour cinquante jours de vivres et d'eau. Or la jonque fut le jouet des vents et des flots durant quatre-vingt-deux jours. *Fa-hien* priait toujours *Koan-cheu-yinn*, à l'intention des moines de la Chine. Le capitaine avait perdu toute notion de situation géographique; nous approchons de Canton, disait-il. Au moment où tous allaient mourir de soif, ils aperçurent la terre. Quand ils eurent abordé, ils apprirent qu'ils étaient en Chine, au 山東 *Chan-tong*. Le préfet du lieu ayant su qu'il y avait à bord un moine qui rapportait des livres de l'Inde, le fit conduire à *Kien-k'ang* (Nankin) avec son trésor. *Fa-hien* consacra le reste de sa vie à promouvoir l'observance dans les couvents de la Chine. Il mourut à l'âge de quatre-vingt-six ans. — Nombreux furent, à partir de cette époque, les moines chinois qui l'imitèrent. Plus des quatre cinquièmes payèrent leur entreprise de leur vie. Puisse Dieu avoir trouvé des âmes de bonne volonté, parmi ces hommes qui se donnèrent tant de peine et souffrirent tant de maux, pour ce qu'ils croyaient être le vrai et le bien.

Sources. — 晉書 l'histoire de la dynastie *Tsinn*, parmi les histoires dynastiques; chap. 95. — Le *sûtra* 正法華經 *Tcheng-fa-hoa king*. Le *sûtra* 盂蘭盆經 *U-lan-p'enn king*. Le recueil biographique 高僧傳 *Kao-seng tch'oan*. La biographie de *Fa-hien* 高僧法顯傳 *Kao-seng Fa-hien tch'oan*. Tous ces textes, dans le *Tripiṭaka* chinois.

Cinquante-quatrième Leçon.

Du quatrième au cinquième siècle de l'ère chrétienne. Buddhisme. *Mahâyâna*. La contemplation.

Jusque là la contemplation buddhique, âme du monachisme, n'avait été traitée en chinois que très insuffisamment. *Kumâra-jîva* lui consacra quatre traités didactiques, dont voici le résumé.

«Quand celui qui désire avancer dans la voie, demandera sa première instruction, le Maître l'interrogera d'abord pour savoir de lui comment il a observé les cinq préceptes des laïques, et s'il est encore tourmenté par des passions charnelles. Si oui, il commencera par lui apprendre à méditer sur l'impureté du corps, afin de lui faire concevoir un profond dégoût pour les formes corporelles. Qu'il se figure d'abord le cadavre d'un homme qui vient d'expirer, froid, sans mouvement, sans parole. Qu'il voie ensuite ce cadavre se décomposer sous ses yeux, lentement, phase par phase, moment par moment, considérant en détail ce que deviennent les cheveux, la peau, les yeux, le cœur, le foie, les chairs, etc. Qu'il contemple enfin le squelette qui reste, noir, puis couleur de terre, enfin desséché et blanchi. — Que l'aspirant, ayant reçu cette instruction, se retire aussitôt dans un lieu écarté et secret, ou sous un arbre en forêt, ou dans sa cellule vide. Là, qu'il fixe avec une attention intense les scènes que le Maître lui a suggérées, s'efforçant, à chacune, de concevoir le dégoût le plus profond possible, car c'est là la fin de cette contemplation. Qu'il se pénètre de cette vérité, que ce qu'on appelle vulgairement un corps, n'est qu'un amas des plus immondes ordures, le corps personnel aussi bien que les corps d'autrui. Cela fait, qu'il invective, qu'il gourmande son cœur, en lui disant: Voilà ce que tu aimes! Voilà ce pourquoi tu m'obliges à rester dans la roue des transformations, à naître, à vieillir, à mourir, à renaître sans cesse. Mon existence actuelle va encore passer comme les précédentes, avec la rapidité d'un éclair. Or cette fois j'ai trouvé un bon maître, j'ai entendu la doctrine salvifique du Buddha; si je perdais cette occasion, quel dommage! Sans doute mes rébellions intérieures sont nombreuses, sans doute les attaques extérieures de *Mâra* (le tentateur) et des mondains ne discontinuent pas. Eux sont forts et moi je suis faible; mais si j'entretiens ma résolution par la contemplation, je vaincrai. Si je ne le fais pas, il n'y aura pas de salut pour moi, même sous la robe du moine; je ne serai, comme les laïques, qu'un pécheur. Oui, je veux par l'exercice du bien, réprimer en moi le mal. Je ne veux pas me condamner, par ma paresse, à renaître sac d'ordures, comme je le suis actuellement. — Après qu'il aura ainsi fouetté son cœur (sic) jusqu'à la conviction profonde, quand il aura conçu un dégoût parfait, l'aspirant se remontera le moral par les pensées suivantes: Tout est contenu dans la règle du Buddha, et l'observation de cette règle est facile. Si je servais un roi, je serais sans cesse dans l'anxiété; avec un aussi bon maître que le Buddha, je serai toujours dans la paix. Tous les arhans se sont affranchis des misères de l'existence, en observant sa règle; pourquoi moi ne le pourrais-je pas? Oui, si je le veux vraiment, moi aussi j'arriverai à réduire mon cœur à l'obéissance, à le régler, à lui faire produire des actes de vertu. C'est là l'unique voie du salut. Mes ennuis inté-

Leçon 54.

Moine en contemplation.

Tentation; crainte et volupté. En Chine, la grenouille est le symbole de l'obscénité. — L'âme extériorisée plane dans les hauteurs sereines.

rieurs ne sont pas plus sérieux que des bouffées de vent; je les laisserai passer. Les attaques extérieures n'iront pas jusqu'à me faire une violence irrésistible; je n'y céderai pas. — Voilà la contemplation par laquelle l'aspirant fortifiera peu à peu sa volonté, et s'affermira dans sa résolution. C'est un fait d'expérience que, si cet exercice est fait sérieusement, les mouvements passionnels violents seront domptés en sept jours; les mouvements modérés, auront cessé après trois fois sept jours; les mouvements légers seront éteints après neuf fois neuf jours. Comme la crême battue se fige en beurre sous les coups redoublés, ainsi le cœur fustigé (sic) par la méditation, se fixe et cesse son libertinage. — Que si quelques-uns, malgré la contemplation assidue, n'arrivent pas à cesser de pécher, il faut croire que leur *karma* ne permet pas qu'ils deviennent moines durant leur existence présente; ils ne sont apparemment pas mûrs. Que, retournés dans l'état laïque, ils fassent des aumônes et contribuent au culte, se préparant ainsi à monter plus haut dans leurs existences subséquentes.

Ceux qui profitent, qui avancent, pourront se consoler et s'encourager dans leur labeur, par les considérations suivantes... Qu'ils fixent du regard leur corps, à la place du cœur, et voient comme celui-ci commence d'abord à briller à la manière d'un miroir, puis arrive peu à peu à luire de sa propre lumière. — Qu'ils pensent souvent aux puisatiers qui creusent un puits. Tant qu'ils ne retirent que de la terre sèche, ces hommes ont peu d'entrain. Mais voici que la terre retirée devient humide; leur ardeur s'éveille; l'eau n'est pas loin. Enfin voilà la terre mouillée, puis la boue; leur zèle s'enflamme; ils touchent à l'eau... Ainsi de l'aspirant. Son travail est d'abord dur et paraît stérile; mais peu à peu il reconnaît qu'il approche, aux actes de vertu posés, plus intimes et plus faciles. Que ces succès le consolent et l'encouragent. La source de la vraie joie est là, et là seulement. Bien fous sont ceux qui la cherchent dans les plaisirs du monde. Devant l'effort sérieux, tout obstacle finit par céder. Dans ce monde matériel, sauf la tendance énergique à l'affranchissement, tout est misère. — Voilà le premier degré de l'art de contempler. Il enlève les illusions qui couvraient le cœur. Tel un fort coup de vent, qui crève l'écran des nuages, et fait que les rayons solaires puissent passer. Il se résume en cette décision ferme: je veux sortir de la roue, je ne veux plus renaître. Cette sentence, il faut se la remémorer, chaque fois que, comme un voleur, comme un cobra, une pensée désordonnée cherche à s'introduire dans le cœur. — Rejetez les plaisirs mondains, même ceux qui ne sont pas criminels. Qui a soif, s'il boit une boisson épicée, il aura plus soif ensuite. Qui souffre d'un eczéma, s'il se gratte, il sera tourmenté de démangeaisons pires. Ces petites sensualités et complaisances vous feront renaître. N'est-ce pas là précisément ce que vous vouliez éviter? Quant aux jouissances criminelles, si pareille pensée s'élève en vous, figurez-vous que le bourreau vous saisira aussitôt la chose faite, figurez-vous qu'il vous tient déjà. Qui craint les maux de la vie, doit craindre à plus forte raison ceux des enfers. — Encore une fois, la vraie joie ne s'obtient que par la contemplation. Pas de vraie joie, hors de là. Tant que vous n'aurez pas pratiqué la contemplation jusqu'à avoir trouvé la joie, vous n'aurez rien fait, vous languirez, vous serez tenté d'inconstance.

Prenez garde à cet état (la tiédeur), où le cœur étant comme engourdi, ne discerne plus entre le bien et le mal, comme il arrive à ceux qui sommeillent.

Secouez-vous vite! Dites-vous: alors que je suis entouré d'ennemis, irais-je bien m'assoupir?! Est-ce qu'on dort sur un champ de bataille?! Alors que je n'ai pas encore mérité ma délivrance, alors que je suis encore exposé à tomber dans les trois voies d'expiation, je me laisserais aller à la somnolence? quelle folie! — Et si cela ne suffit pas pour vous éveiller, levez-vous, marchez, lavez-vous le visage avec de l'eau froide; examinez la campagne si c'est le jour, le ciel étoilé si c'est la nuit... La mort vous guette. Elle viendra comme un voleur. Le glaive est levé sur votre nuque. Et vous dormiriez, vous un disciple du Buddha, vous qui savez ce que vous pouvez perdre et ce que vous devez espérer?! — Durant la contemplation, ne vous laissez pas non plus aller aux distractions. Que votre esprit soit intimement accolé à votre sujet. Ne le laissez pas divaguer comme un singe échappé de sa cage, qui gambade sur les arbres... La distraction volontaire a pour suite la tristesse et le remords. Si vous vous en êtes rendu coupable, ne restez pas tranquille là-dessus, mais formulez au plus tôt votre repentir en ces termes: j'ai manqué à mon devoir; je m'en repens; je ne le ferai plus... Car les fautes négligées s'étendent sur le cœur, comme un voile qui l'aveugle; et produisent, si elles ne sont pas reniées, une dette de péché qui l'endurcit. Donc, quand il le faudra, grondez-vous, secouez-vous, repentez-vous. Tenez votre cœur bien lié. Ne le laissez pas flâner. — Défiez-vous surtout des pensées qui iraient à ébranler et à ruiner votre foi. L'incrédulité rend la vie malheureuse, et précipite dans les enfers après la mort. Une faute d'incrédulité annule tous les progrès faits, et empêche d'en faire de nouveaux. Comment marcherait-il vers le but, celui qui a perdu son orientation? Quel chemin prendra-t-il, celui qui ne sait plus où il veut aller? Rejetez à l'instant même toute pensée contraire à la foi buddhique. Dites-vous: le Buddha qui savait tout, a enseigné la distinction du bien et du mal, a défini les règles qui conduisent au salut, a indiqué la voie à suivre et les obstacles à éviter. Quel grand bonheur pour moi! Je ne veux pas perdre cet immense avantage, par mon incrédulité et mon obstination. La foi est mon arme contre mes ennemis; sans elle je serais sans défense. Que les mécréants disent ce qui leur plaira; moi je suis un disciple du Buddha; j'ai accepté sa loi; comment irais-je bien la rejeter ensuite? L'incrédulité affole. Refuser de croire, c'est une sorte de suicide. Comment, quand je suis malade, j'ai foi aux médecins, à cause de leur science; et je ne croirais pas le Buddha, qui sait tout, quand il s'agit de la grande cure de mon salut?.. Voilà comment il faut se gourmander, dès qu'un doute s'élève, car ce danger est très grand. — Telles sont les considérations qui aident à la contemplation du premier degré, qui font l'adepte du premier degré, insensible à la volupté et à la jouissance, avide seulement de bien et de vertu. Il a calmé ses ardeurs dans le bain froid de la contemplation, il a guéri sa folie par le médicament calmant de la contemplation. Il est heureux comme un pauvre qui aurait trouvé un trésor.

-•- -•-

Mais cette joie, trop naturelle, souvent exagérée, devient alors un obstacle au progrès futur. Avant la contemplation du premier degré, le cœur de l'homme était comme de la boue, un mélange d'eau et de terre, de bien et de mal. La contemplation du premier degré a clarifié l'eau en faisant déposer la terre. Mais cette

Leçon 54.

eau maintenant pure, ne reflète pas encore parfaitement la vérité entière. Pourquoi?.. parce que le frémissement de la joie ride sa surface. Pour que l'eau reflète en perfection, il faut qu'elle soit, non seulement limpide, mais absolument calme. L'obtention de ce calme, est le but de la contemplation du deuxième degré. La contemplation du premier degré a éteint la peur; la contemplation du deuxième degré doit éteindre la joie, doit procurer 無喜之樂 le bonheur sans joie. Ce bonheur sans joie prépare à la contemplation du troisième degré, dont l'objet est 慧 la sapience, la félicité abstraite. Exemple : Soit un homme qui se baigne, à la chaude saison. Tout en se lavant, il jouit de la fraîcheur de son bain; premier degré, bonheur et joie. Il n'agrée de son bain que la propreté de son corps; deuxième degré, bonheur sans joie. Il se perd dans l'idée abstraite de purification, de pureté, au point d'ignorer le bain qu'il prend; troisième degré, félicité abstraite.

Cet état est entaché d'une dernière impureté. Qui dit félicité, dit crainte de la perdre. Quelque atténuée qu'elle soit, cette crainte est une crainte. Mais elle tient indissolublement à la félicité acquise par les trois premières contemplations, puisqu'elle en est comme le revers. Il faut donc, pour la détruire, détruire 禪樂 cette félicité abstraite, obtenue par tant d'efforts. Il faut lui substituer 安隱 la quiétude atone, ce qui est l'effet du quatrième et dernier degré de contemplation. Quiétude sans pensée, atonie sans un sentiment, *nirvāna* anticipé qui prépare au *nirvāna* futur, extinction avant l'annihilation. Voilà quel doit être l'exercice final de l'arhan, du Buddha, de celui qui touche ou qui est au terme. Renonciation même à la félicité abstraite, voilà le pas décisif dans leur voie. — Les trois premières contemplations sont une préparation graduelle, la quatrième est la fixation. Les trois premières sont comme l'ascension de la montagne, la quatrième est le repos sur le sommet. De là son nom de *quiétude atone*. État sans peine et sans joie, sans perception et sans pensée. État de simplicité et de pureté parfaite. État du vase d'or fondu par l'orfèvre avec un métal absolument pur, et qui reste toujours inaltérable et immuable.

Pour aider à l'extase du premier degré, *Kumāra-jīva* indique des procédés de détail très nombreux et très originaux, que je ne saurais tous exposer. — Ainsi, dans la contemplation du squelette décharné, il conseille de procéder de la manière suivante... D'abord fixer le grand orteil de l'un de ses pieds, jusqu'à captivation complète et immobilisation de l'esprit. Ensuite évoquer dans son imagination une lumière blafarde, comme celle de la lune éclairant faiblement. Puis, dans cette lumière, évoquer le squelette et le fixer d'un regard intense. Vouloir d'abord le voir noir, et le fixer jusqu'à ce qu'on le voie noir. Vouloir ensuite le voir brun, et le fixer jusqu'à ce qu'on le voie brun. Vouloir ensuite le voir blanc, et le fixer jusqu'à ce qu'on ait cette vision... Tous les sujets et objets sont ainsi débités en détail, et l'effort doit toujours être continué jusqu'à ce que l'image soit fixée sur l'écran de l'imagination comme sur un cliché photographique.

Pour les états de contemplation deux trois et quatre, les sujets ne sont plus des figures positives, comme pour le premier état. Le sujet des trois degrés supérieurs est unique, creusé de plus en plus profondément; à savoir, l'irréalité de tout en ce monde, dont la conviction croissante induit le contemplatif à tout jeter par-dessus bord, pièce par pièce. — Au fond, les objets vus par l'œil, existent-ils en réalité? Et s'ils ont quelque réalité, l'analyse intellectuelle ne les réduit-elle pas en parties, en poussière, en atomes? Donc l'agrégat n'était qu'une forme accidentelle, occasionnelle, impermanente, irréelle; une bulle sur l'eau, un fantôme, un mirage, une erreur. La seule vérité invariable, est la notion de la fantasmagorie universelle, la science que tout est impermanent et irréel. C'est elle qu'il faut loger seule dans 虛 空 le vide du cœur. Posséder cette science consciemment, c'est le troisième degré. La posséder sans plus s'en rendre compte, c'est le quatrième degré. — Le pas décisif, c'est le pas entre ces deux degrés; c'est la perte de la conscience, chez le possesseur de la sapience. Aucun moyen, aucun acte positif, n'aide à faire ce pas, car il est une cessation, non un progrès. Chez ceux qui aboutissent, le pas se fait soudainement, tandis qu'ils fixent d'un regard intense le mirage cosmique le vide universel, par l'entrée dans une sorte d'extase hypnotique. J'insiste sur ce mot. Appeler méditation ou contemplation les opérations mentales imposées aux moines buddhistes pour les conduire 入 無 邊 虛 空 *au vide sans limites*, c'est un abus de mots. Tous les procédés indiqués, tiennent de la suggestion, et aboutissent à l'hypnose.

Au quatrième degré se rattachent (!) des facultés extraordinaires, qui sont la caractéristique de cet état. Faculté de s'élever dans les airs et de se transporter dans l'espace. Faculté de répandre de l'eau ou de souffler des flammes. Faculté de se rendre invisible ou de changer de forme. Faculté de produire tel objet ou tel effet à volonté. L'oreille céleste 天 耳 qui permet d'entendre, non seulement les plaintes et les prières, mais les désirs et les aspirations du cœur de tous les êtres. L'œil céleste 天 眼 qui permet de voir à toute distance, non seulement ce qui est visible, mais aussi ce qui est caché, jusqu'au secret des cœurs et des consciences. Enfin 知 宿 命 la révélation du *karma* qui pèse sur chaque être, de tous ses antécédents au cours de toutes ses existences antérieures, de son *doit et avoir* moral tout entier; et par conséquent, jusqu'à un certain degré, la révélation de son avenir.

Les quatre états de contemplation ou d'extase, correspondent à l'état mental des habitants de quatre groupes de sièges supraterrestres, les dix-huit cieux supérieurs à la région sensuelle. Le premier degré est l'état mental des habitants des trois cieux de Brahma, onzième au treizième ciel. Le second degré répond aux trois cieux suivants, de bas en haut, quatorzième au seizième. Le troisième degré est l'état mental des habitants des trois cieux suivants, dix-septième au dix-neuvième. Le quatrième degré enfin répond aux neuf cieux suprêmes, vingtième au vingt-huitième. — Durant chaque grande période de soixante-quatre *kalpas*, le premier groupe est détruit cinquante-six fois par le feu, le deuxième sept fois par l'eau, le troisième une fois par le vent. Le quatrième groupe n'est jamais détruit. Bénéficiant de l'immutabilité de ses habitants, il est seul permanent dans l'univers.

-·◆·◆·-

Tout ce qui précède, sur les quatre degrés d'extase, est du *mahāyāna*, mais acceptable pour les Hinayanistes, le système aboutissant au *nirvāṇa*, leur but uni-

Leçon 54.

que à eux. La catégorie, spéciale au *mahāyāna*, des *P'ou-sa* sauveurs, s'y rattache par un lien lâche, comme un appendice que les Hinayanistes rejettent. Les *P'ou-sa* (*bodhisattva*) sont des extatiques du quatrième degré, lesquels décident volontairement de différer pour un temps le *nirvāṇa* qui leur est acquis, en vue d'enseigner aux hommes la voie du salut, durant une période apostolique courte ou longue à leur gré. *Kumāra-jīva* a beaucoup écrit sur 菩 提 心 *le cœur de P'ou-sa*, c'est-à-dire cette intention salvifique qui fait le *bodhisattva* mahayaniste. Voici le sommaire de ses deux principaux traités...

« La racine, dit-il, de cette intention salvifique universelle, est la pitié. Ému de compassion pour le malheur des êtres innombrables qui ne savent ou ne peuvent pas se tirer des misères de l'existence, celui qui a pris la noble résolution de se dévouer en son temps au rôle de *P'ou-sa* sauveur, doit poser avec énergie les actes de volonté que voici... Tout ce que j'ai acquis de mérites et d'aptitudes, dans toutes mes existences antérieures, je veux le consacrer au salut de tous les êtres; et je veux que, d'existence en existence, ce vœu de dévouement universel reste fixe dans mon cœur. Puissé-je renaître sur cette terre, aux époques où il y aura un Buddha, pour me faire son auxiliaire, son serviteur, son ombre, afin d'apprendre de lui comment on sauve les hommes en les instruisant. Que jamais le découragement ou le dégoût, qu'aucun rebut aucun outrage, ne me détourne de cette voie. Puissé-je y marcher toujours avec joie et entrain! — Puis, quand j'aurai acquis les facultés transcendantes, je me transporterai successivement dans les mondes des divers Buddhas, pour apprendre d'eux à prêcher et à opérer la délivrance. Puisse ma parole convertir et sauver tous les êtres; puisse mon nom seul les faire penser à la doctrine du salut! Que, par mes efforts, eux aussi tendent à cette sapience, qui donne le *nirvāṇa*. Je sacrifierai à cet effet, dans toutes mes existences à venir, tous les biens qui pourront m'échoir, y compris ma vie. Puissé-je être toujours le messager et le propagateur de la doctrine qui sauve. Que mon rôle de sauveur dure autant qu'il y aura des êtres; et s'il doit toujours y avoir des êtres, je m'y dévoue pour toujours. »

Ce qui précède est le vœu de l'aspirant *P'ou-sa*, du *bodhisattva* futur. A l'objection que, chez le *bodhisattva* formé, l'exercice de cette sollicitude du salut d'autrui, est incompatible avec l'état de quiétude atone qui fait le quatrième degré, *Kumāra-jīva* répond: non, il n'y a pas incompatibilité. « Car celui qui désire ainsi le salut des autres, les envisage, non en eux-mêmes, non au concret, mais dans l'abstrait. Il les considère, comme un mirage, comme un rêve, comme le reflet de la lune dans l'eau, comme l'écume des flots, comme l'écho d'un son, comme le sillage de l'oiseau qui a passé dans l'air. » — Mais, reprend le contradicteur, peut-on appeler pitié *réelle*, la pitié pour des êtres envisagés d'une manière si impersonnelle, si abstraite?.. Oui, dit *Kumāra-jīva*. Parce que le *P'ou-sa* offre vraiment pour les êtres ainsi envisagés, toute sa peine et tous ses mérites, qui sont *réels*.

Il est clair que les réponses de *Kumāra-jīva* ne satisfont pas. Car enfin, le quatrième degré suppose l'inconscience... Aussi est-il dit souvent, plus simplement, dans les histoires des *bodhisattvas* et des *buddhas* sauveurs, qu'ils *sortent* volontairement de leur état de quiétude atone quand ils prêchent et agissent, pour y *rentrer* la nuit ou dans la solitude, quand ils ont besoin de repos.

On sait que le Buddhisme n'admet aucune divinité. Le monde éternel est régi par une loi morale, servie par les phénomènes physiques. Tout acte de la volonté crée un *karma*, un poids, qui agira sur la destinée de son auteur, dans le sens qu'il a voulu et autant qu'il a voulu. Ainsi s'explique l'efficacité du *je veux* des futurs *P'ou-sa*, qui n'est pas un vœu ou un désir. Du jour où il a été prononcé, s'il n'est pas révoqué par lui, le poids de ce *je veux* entraînera cet être, jusqu'à réalisation de ce qu'il a voulu. D'existence en existence, il expiera, il avancera, il aboutira. De par son *je veux*, tout ce que nous appelons *lois naturelles*, fléchira devant lui, se mettra à son service. Car, comme j'ai dit plus haut, pour les Buddhistes, la seule *loi* est la loi morale. C'est elle qui règne, servie par les *phénomènes* naturels.

Sources. — Dans le *Tripitaka* chinois, les traités 禪法要解 *tch'an-fa yao-kie*; 思惟略要法 *seu-wei leao yao-fa*; 禪祕要法經 *tch'an-mi yao-fa king*; 坐禪三昧經 *tsouo-tch'an san-mei king*. — 發菩提心經 *fa p'ou-t'i-sinn king*; 維摩詰所説經 *Wei-mouo-kie chouo-chouo king*. — Le tout, non traduit jusqu'ici.

Cinquante-cinquième Leçon.

Du quatrième au cinquième siècle de l'ère chrétienne. Buddhisme. Mahāyāna. L'ascétisme.

En l'an 406, *Kumāra-jīva* traduisit un texte, qui eut une influence considérable sur le *mahāyāna* en Chine, car il servit depuis lors, et sert encore, de catéchisme des vertus propres de leur état, à tous les moines mahayanistes. Il s'agit du *Fan-wang-king* 梵網經 *Filet de Brahma*. Ce titre est une expression employée dans le texte, pour exprimer que les mondes, en nombre infini, sont disposés dans l'espace régulièrement, comme les mailles d'un immense filet. L'idée est que les principes ascétiques contenus dans le traité (si tant est qu'on puisse appeler cela de l'ascétisme), sont universels, valent pour tous les mondes.

Premier acte. — Le texte commence par un tableau majestueux. L'antique Buddha *Rocana* siège dans le cœur du Lotus aux mille pétales, chaque pétale étant un monde. Un rayon de lumière, jaillissant à travers les espaces, convoque autour de son trône les *P''ou-sa* de tous les mondes. Puis, laissant transparaître à travers son corps matériel, le corps mystique dans lequel tous les Buddhas sont un, Rocana dit: « Disciples des divers Buddhas, après avoir pratiqué le renoncement durant des kalpas sans nombre, j'ai obtenu la sapience. Apprenez de moi comment vous atteindrez la perfection de votre état. 捨心 Renoncez absolument aux biens de ce monde. 戒心 Observez exactement les dix préceptes fondamentaux. 忍心 Supportez les difficultés avec patience. 進心 Efforcez-vous d'avancer avec zèle. 定心 Soyez constants dans vos propos. 慧心 Contemplez le néant de tout à la lumière de la sapience. 願心 Ayez toujours le désir de vous dévouer pour le bien d'autrui. 護心 Veillez à l'intégrité de la doctrine, à sa conservation, à sa propagation, à sa mise en pratique. 喜心 Soyez toujours joyeux. 頂心 Ayez la passion des sommets, c'est-à-dire visez toujours au plus parfait. — Avec autrui, soyez doux, compatissants, désintéressés, généreux. Aimez à parler au prochain de sujets qui puissent lui être utiles. Aimez à lui procurer son avantage. Aimez à voir les autres profiter et avancer. Songez que les autres êtres et vos personnes ne font qu'un *tout* unique, et tâchez de promouvoir les intérêts de ce *tout*. — Soyez ferme dans la foi. Pensez, réfléchissez, efforcez-vous de pénétrer la doctrine. Marchez avec constance dans la voie du *mahāyāna* altruiste, sans vous laisser séduire par l'égoïste *hīnayāna*. Ainsi arriverez-vous à la quiétude atone (page 441), à la permanence, au *nirvāna* anticipé. Cet état vous procurera, dans votre mission de *P'ou-sa* sauveur, la lumière éclatante de l'intelligence, l'ardeur brûlante du cœur, le resplendissement extérieur du corps, la voix victorieuse (littéralement le rugissement de lion) des Buddhas.

Deuxième acte. — Après avoir remarqué que les mondes sont le *filet de Brahma*, c'est-à-dire que Brahma le créateur les a disposés dans leur ordre; après avoir rendu visite dans son palais à *Maheśvara* qui n'est autre que *Śiva*, le Buddha *Śākyamuni* descend de la gloire des cieux supérieurs sur cette terre... Cet exorde, absolument inutile pour la doctrine, révèle, et la révélation est intéressante, que notre texte mahayaniste est frotté d'Hindouisme, *Brahma* y étant reconnu comme le créateur du monde visible, et *Śiva* comme un grand dieu. — Après avoir ainsi donné à entendre qu'il était en communion avec les dieux du Brahmanisme, *Śākyamuni* déclare qu'il est en communion avec tous les Buddhas du Buddhisme; qu'il a, dans le temps présent, l'autorité et le pouvoir qu'eut *Rocana* dans le temps passé. *Rocana*, dit-il, a dicté jadis une loi abstraite, un ensemble de directions plutôt que de règles. Moi *Śākyamuni* je vais énoncer les règles concrètes, qui devront régir l'orbe buddhique mahayaniste... Suit un long discours, dont voici le résumé.

-☙ ❧-

D'abord dix fautes grièves font que celui qui est coupable de l'une d'entre elles, est retranché, est rejeté. Il ne s'agit pas d'une excommunication, d'une expulsion, par une autorité. La chose est plus simple. Par le fait de sa faute, le coupable perd le fruit de sa conversion antérieure, et retombe dans les voies d'aveuglement, d'endurcissement, de châtiment. Il est, dit le texte, 棄 佛 海 邊 外 rejeté par la *mer buddhique*. Cette comparaison du rejet par la mer, revient souvent dans les *sûtra*, où elle a toujours le même sens. La mer est censée ne garder dans son sein aucune impureté. Ses eaux rejettent, sur le rivage, tout cadavre, toute épave. Ainsi le moine infidèle sera rejeté du sein de l'église buddhique, de la doctrine salvifique, dans le monde, dans le malheur, comme par une force interne inhérente à la communauté, laquelle ne supporte aucun mélange d'impureté. — Donc, par les dix grandes fautes, le moine s'excommunie lui-même. Ces dix grandes fautes sont:

1. Tuer volontairement, de quelque manière que ce soit, soi-même ou par d'autres, directement ou indirectement, un être vivant quelconque. L'approbation d'un meurtre équivaut à l'acte.
2. S'approprier le bien d'autrui, par un procédé injuste; ne fût-ce qu'une aiguille, un brin d'herbe.
3. La luxure commise avec autrui. Il n'est pas fait mention des autres formes d'impureté.
4. Le mensonge délibéré, en vue de tromper.
5. La vente de liqueurs alcooliques.
6. La divulgation des fautes secrètes des moines ou des nonnes.
7. Déprécier autrui pour se faire valoir soi-même.
8. Le refus formel de l'aumône matérielle ou spirituelle.
9. La haine volontairement entretenue, et toute vengeance.
10. Toute parole dite contre le Buddha, contre sa Loi ou son Ordre.

-☙ ❧-

Suivent quarante-huit actions ou omissions, qui n'éteignent pas la vie buddhique, mais qui seront punies en ce monde ou en l'autre, si elles ne sont pas expiées à temps par la pénitence.

1. Quiconque manque de soumission ou d'obéissance à un supérieur, de respect et de déférence à un égal, a failli.

Leçon 55.

2. Quiconque boit une liqueur enivrante pèche. Pour avoir versé du vin à autrui, on renaît cinq cents fois de suite manchot.

3. Quiconque mange de la viande, pèche contre la charité.

4. Quiconque mange des alliacées, pèche par sensualité.

5. Quiconque n'avertit pas celui qui agit mal, ou ne le dénonce pas à qui doit le redresser, se rend coupable.

6. Quiconque manque de sollicitude pour les hôtes, ne leur donne pas tout ce dont ils ont besoin, ne leur demande pas quelque avis pour son bien spirituel, celui-là pèche.

7. Quiconque perd volontairement l'occasion d'assister à un sermon sur la loi qui lui aurait profité, celui-là pèche.

8. Quiconque doute en son cœur de l'enseignement *mahāyāna*, et se demande si le *hinayāna* n'est pas plutôt la vraie parole du Buddha, celui-là pèche. A fortiori s'il s'éprend de doctrines hétérodoxes.

9. Quiconque, ayant rencontré un être humain malade, ne lui donne pas ses soins comme il les donnerait au Buddha en personne, celui-là a péché.

10. Quiconque détient et conserve un objet, arme ou autre, pouvant servir à la vengeance, pèche. Car toute vengeance est défendue, même pour le meurtre de père ou mère. Et avoir une arme sous la main, peut induire à s'en servir.

11. Quiconque porte des ordres officiels à des chefs, ou se met en contact avec les soldats d'une armée, pèche par connivence ou complicité avec la dureté et la cruauté des gens de guerre.

12. Quiconque vend des esclaves, des animaux domestiques, des cercueils ou du bois pour cercueils, pèche, car ce sont là des commerces inhumains.

13. Quiconque calomnie un homme de bien, pèche.

14. Quiconque cause un incendie de maison, de forêt ou de steppe, pèche, car il occasionne la mort de nombreux animaux.

15. Quiconque, par malveillance ou par négligence, n'enseigne pas le salut ou le progrès à qui il pourrait l'enseigner, celui-là pèche. A fortiori, s'il lui enseigne le *hinayāna*, ou quelque doctrine hérétique.

16. Quiconque, enseignant un disciple, lui cèlerait les pratiques difficiles, comme les cautérisations et les moxas, aurait péché. Car ces brûlures sont obligatoires, pour assurer la persévérance. Tout moine doit être disposé à donner son corps en pâture aux tigres ou aux pretas. A fortiori doit-il être disposé à se laisser marquer par le feu, pour son propre bien. (Je parlerai plus loin de ces brûlures.)

17. Quiconque, jouissant de la faveur des grands, en abuse pour manifester des exigences ou se conduire avec insolence, a péché.

18. Quiconque, étant ignorant, se mêle d'enseigner, pèche.

19. Quiconque cherche des occasions de quereller, dans les faits et gestes des autres, a péché.

20. Quiconque omet de sauver la vie d'un être quand il le peut; quiconque ne soulage et ne console pas un mourant qu'il peut secourir, au moins par sa prière, a péché.

21. Quiconque rend injure pour injure, ou coup pour coup, pèche.

22. Quiconque, étant de noble extraction, méprise le moine qui l'enseigne ou le dirige, parce qu'il est de basse origine, a péché.

23. Celui qui refuse à un autre l'exhortation qui le conduirait à une repentance parfaite, a péché.

24. Celui qui, par des lectures frivoles ou hérétiques, entrave ou diffère en soi l'illumination, celui-là pèche.

25. Celui qui, étant chargé d'un office monacal, s'en acquitte mal, pèche.

26. Celui qui empêche les moines étrangers de passage au couvent, d'avoir part aux aumônes des fidèles du lieu, pour n'en pas priver les moines de son couvent, a péché.

27. Quiconque accepte une invitation pour lui seul, à l'exclusion des moines ses frères, a péché.

28. Le bienfaiteur qui invite un moine seul, à l'exclusion des moines ses frères, pèche aussi.

29. Quiconque s'adonne, pour gagner quelque argent, à un métier vulgaire, à la divination, à la magie, à l'alchimie, a péché.

30. Quiconque fait croire à autrui qu'il est doué de pouvoirs transcendants, pour lui soutirer des aumônes, a péché.

31. Quiconque ne s'oppose pas au trafic des images des Buddhas, des *P'ou-sas*, des moines et nonnes, d'un père ou d'une mère, des livres de doctrine, a péché.

32. Quiconque conserve des armes dangereuses ou des ustensiles pour mal faire (par exemple de faux poids), quiconque élève des porcs des chiens ou des chats (qui dévorent beaucoup de petits animaux), quiconque détruit des objets utiles, a péché.

33. Quiconque contemple avec complaisance les exercices des jongleurs, des lutteurs, des musiciens et des bayadères; quiconque consulte les sorts, au moyen des baguettes, des formules, ou d'un crâne, a péché.

34. Que le moine s'entretienne sans cesse exclusivement de pensées mahayanistes, s'exhortant à progresser vers l'état final de Buddha. S'il consent à une pensée hinayaniste ou hérétique, il a péché.

35. Quiconque ne forme pas souvent des souhaits et des vœux pour son avancement dans le bien, en science et en vertu, celui-là a péché.

36. Quiconque ne prononce pas souvent contre lui-même des exécrations, pour le cas où il manquerait à ses règles, celui-là a péché. — Il faut prononcer les exécrations en cette sorte: Que je sois précipité dans les feux infernaux, que je sois jeté sur la montagne hérissée de glaives, si je commets jamais un acte impur! Que mon corps soit enveloppé d'un réseau de fils de fer rouges de feu, si j'accepte jamais le don d'un vêtement contre la règle! Que je sois condamné à avaler des balles de fer rougies, si j'accepte jamais des aliments contre la règle! Etc. — A péché aussi, celui qui omet de renouveler souvent en son cœur, le vœu que les êtres vivants deviennent finalement tous Buddhas.

37. Quiconque manque d'assister au chapitre bimensuel, a péché. Quiconque ne rentre pas en communauté à la saison des pluies, pèche, et parce qu'il manque à la règle, et parce qu'il expose son corps à des dangers plus fréquents alors (serpents, fauves, maladies).

38. Quiconque manque, dans la communauté, aux convenances ou à la politesse, pèche.

39. Quiconque ne fait pas son possible, pour l'expansion de l'Ordre, pour le

bien de l'État, par sa prédication, ses prières et ses efforts, celui-là pèche. Il faut redoubler de prières, en temps de calamité publique, en cas de malheur privé; quand les hommes sont stupides, quand les mœurs sont mauvaises.

40. Quiconque fait acception des personnes qu'il instruit, préférant les unes, traitant froidement les autres, celui-là pèche. La charité doit être uniforme, comme la couleur des robes des moines. Celui qui ferait seulement attendre un homme qui est venu de loin pour lui demander d'être enseigné, aurait péché.

41. Quiconque est trop indulgent et facile dans l'examen des aspirants, surtout s'il se laisse acheter par argent, leur nuit et pèche. L'aspirant doit d'abord s'appliquer tout entier, et de jour et de nuit, à la repentance de ses péchés passés. Il le fera au moins durant sept jours, durant deux ou trois fois sept jours, ou durant une année entière et plus, jusqu'à ce que le signe que sa contrition est agréée lui soit donné. Et quel sera ce signe?.. Par exemple, que le Buddha apparaissant, lui caresse le sommet de la tête; ou qu'une douce lumière luise à ses yeux; ou qu'un objet beau et consolant se montre à lui. Tant que le signe n'aura pas été reçu, le fruit de la repentance n'est pas atteint.

42. Quiconque prêche devant de mauvaises gens, notoirement dépourvues de toute bonne intention, pèche, parce qu'il expose la doctrine à la dérision. Exception est faite pour l'exposition de la Loi faite à un prince mécréant qui l'exige.

43. Quiconque ayant accepté la Loi et s'étant fait moine, conçoit ensuite délibérément le projet de nuire à la Loi et aux moines, celui-là pèche grièvement. De ce moment, il n'a plus droit aux dons des fidèles. Il abuse du sol sur lequel il marche, et de l'eau qu'il boit. Une foule de démons le suit sans cesse, l'appelant entre eux *le rebelle*. Partout où il est allé, ils effacent aussitôt avec soin la trace de ses pas néfastes. Dans la famille du Buddha, le révolté contre la loi déchoit au-dessous d'un animal.

44. Les écrits *mahâyâna* devant être sans cesse lus et récités, qu'on les conserve avec le plus grand soin. Qu'on les recopie souvent. Qu'on les serre dans des étuis précieux. Quiconque leur manque de respect, a péché.

45. Chaque fois qu'un moine rencontre un être humain, il doit lui souhaiter la délivrance par l'acceptation de la Loi et la pratique des préceptes. Chaque fois qu'il rencontre un animal, il doit lui souhaiter l'entrée dans la voie du salut, par l'éveil de la raison nécessaire. Qu'en tout lieu, montagne ou plaine, le disciple du Buddha ait au cœur ce vœu pour tous les êtres vivants de la région, même pour ceux qui sont invisibles à ses yeux. Celui qui laisse éteindre dans son cœur le désir du salut de tous les êtres vivants, a péché.

46. Invité à expliquer la loi, par un bienfaiteur, par une assemblée, le moine ne parlera pas debout, ni placé au même niveau que ses auditeurs. Il doit prêcher assis sur un siège plus élevé que les sièges de l'auditoire, après que des parfums auront été brûlés et que des fleurs lui auront été offertes. Les auditeurs lui doivent au moins autant de respect qu'à leur père et mère. Quiconque explique la Loi sans ce cérémonial, a péché.

47. Pèchent grièvement, les princes ou officiers qui s'opposent à la prédication de la Loi, qui empêchent leurs sujets de se faire moines ou nonnes, qui défendent de bâtir de nouveaux temples ou couvents et de multiplier les écrits buddhiques, qui interdisent les dons des laïques ou confisquent les biens des communautés.

48. Si, un moine étant en grand crédit auprès de quelque puissant du monde, un autre moine détruit son crédit par jalousie, le jaloux a péché grièvement. Tout disciple du Buddha doit avoir pour la prospérité de sa Loi, la tendre sollicitude qu'un enfant a pour les affaires de son père et de sa mère. Quand il entend un hérétique blasphémer le Buddha et insulter à sa Loi, il doit en ressentir une douleur plus vive, que si des centaines de lances lui perçaient le cœur, que si des milliers de sabres et de bâtons s'abattaient sur son corps. Il doit, en son cœur, préférer souffrir les tortures de l'enfer durant cent kalpas, que de voir la loi du Buddha souffrir le moindre dommage.

Enfin Śākyamuni conclut: Voilà les dix préceptes et les quarante-huit règles du *mahāyāna*. Tous les *P'ou-sas* du passé les ont observés, tous les *P'ou-sas* à venir les observeront. Embrassez-les, copiez-les, expliquez-les, afin que tout ce qui a vie se convertisse, et arrive à la contemplation des mille Buddhas. Que ces mille Buddhas vous tendent une main secourable, vous retirent des voies d'expiation, vous fassent monter graduellement vers les degrés supérieurs.

On aura remarqué le décousu de ces règles. Il en est ainsi de tous les écrits buddhiques. La précision n'est pas leur fort. L'ordre leur est indifférent. Les divisions sont rarement nettes. Des maximes élevées voisinent d'ordinaire avec des platitudes. — Mais n'est-il pas piquant d'entendre, dans cette pièce qui eut sur le Buddhisme chinois une si grande influence; d'entendre, dis-je, le pauvre Śākyamuni anathématiser le *hīnayāna*, sa propre doctrine, et recommander des choses auxquelles il ne pensa jamais?

Il me faut revenir sur trois des règles du *Filet de Brahma*, la quarante-et-unième, la quarante-cinquième, et la seizième, qui sont à expliquer plus au long.

La quarante-et-unième règle enjoint à l'aspirant de se repentir de ses péchés passés, jusqu'à ce qu'il ait obtenu un signe de leur rémission. Voici l'acte de contrition qui doit être produit à cet effet, d'après le formulaire 大乘三聚懺悔經 *Ta-tch'eng san-tsu tch'an-hoei-king*... «Moi le disciple un tel, je me repens du plus profond de mon être. Depuis des temps sans commencement, jusqu'à ce jour, lorsque j'ignorais le Buddha sa Loi et son Ordre, je ne savais pas la différence entre le bien et le mal, je ne connaissais pas la doctrine du salut. Alors, à chaque sollicitation, chaque fois que j'en avais l'occasion, je péchais, par mon corps, par ma bouche, par mes pensées. Par mon corps, j'ai peut-être tué, volé, commis des actes de luxure. Par ma bouche, j'ai peut-être menti, trompé, calomnié. Par mes pensées, j'ai peut-être péché en convoitant, en haïssant, en repoussant la vérité. J'ai peut-être commis de grands crimes, et violé de nombreux préceptes. J'ai peut-être induit autrui à mal faire, ou me suis réjoui du mal fait par d'autres. Aujourd'hui je confesse mes péchés que je connais, et ceux que je ne connais pas; tout le mal que j'ai peut-être fait, je m'en repens, sans exception. Daignent le Buddha, sa Loi et son Ordre, avoir pitié de moi, et faire disparaître mes péchés, comme le givre fond au soleil. Puissé-je redevenir entièrement pur et sans souillure. Je désire aussi que tout obstacle à mon progrès, venant de mes péchés passés, disparaisse. Je désire que mon aveuglement cesse, et que la lumière luise pour moi.» — Un autre formulaire ajoute: «Si dans mes existences précédentes, et dans ma vie présente, j'ai fait quelque bien, secouru des hommes ou des animaux, je désire que cela me soit compté, en vue de l'extinction de mes fautes et de mon avancement vers mon but. Là où se dirigèrent tous les Buddhas du passé, là moi aussi je veux tendre. » — Puis vient, dans tous les formulaires, la phrase finale «Je mets mon espoir dans le Buddha, sa Loi et son Ordre. »

A noter que les signes de pardon demandés, apparition du Buddha qui impose les mains, apparitions lumineuses ou consolantes, sont des hallucinations qui peuvent être produites par voie de suggestion et d'hypnotisation. J'ai déjà dit (Leçon 54) que les méthodes buddhiques de contemplation, d'intuition, de fixation, tendent toutes plus ou moins à l'hypnose. — A noter aussi, que la notion d'intercession, ignorée du *hīnayāna*, s'introduit dans le *mahāyāna*, adoucissant, exténuant la doctrine du *karma* mathématique inexorable. Les Buddhas deviennent de plus en plus des dieux, semblables à ceux de l'Hindouïsme, rivalisant de générosité à l'égard de leurs clients humains, se disputant à qui leur offrira le paradis à meilleur marché. Un vrai polythéisme, duquel l'Amidisme finira par émerger comme une sorte de monothéisme, *Amitabha* et son paradis ayant fait oublier les autres.

La quarante-cinquième règle prescrit aux moines de *vouloir* du bien à tout être vivant, homme ou animal. Les mahayanistes croient que tout acte intense de la volonté, produit sur autrui un effet réel, en bien ou en mal. Vouloir du mal, fait du mal; vouloir du bien, fait du bien. Ce que la règle prescrit, ce n'est pas un simple bon souhait, c'est ce bon vouloir énergique et efficace, le bien fait à autrui mentalement. Nous avons vu que les règles quinze et vingt prescrivent au moine de lui en faire aussi de bouche et de fait, chaque fois qu'il en aura l'occasion. — Pour tous les Buddhistes, les animaux sont des êtres de même nature que l'homme, des frères affligés présentement de déraison et de mutisme, pour peine des péchés qu'ils commirent jadis. Le *mahāyāna* oblige tout laïque à leur conserver la vie durant laquelle ils peuvent être éclairés, et oblige tout moine à les remettre sur la voie du salut en les éclairant. — De là, dans les *sūtra*, tant de prédications à des animaux. De là, dans les rituels, des pièces comme celle que je vais citer. Ces textes paraissent ridicules, à qui n'en connaît pas la signification profonde; ils touchent au contraire, quand on sait. Entretien de la vie des bêtes, parce que la vie est le temps de l'instruction et du progrès possibles; prédication aux bêtes, dans l'espoir qu'elles s'élèveront, dans l'échelle des êtres, vers un sort meilleur.

«Quand un pieux laïque a apporté au couvent des animaux vivants, quadrupèdes oiseaux ou poissons, auxquels il veut rendre la liberté, et les a présentés à un moine, celui-ci doit d'abord, conformément à la règle quarante-cinquième, leur dire cordialement: « Oh! que vous êtes plongés dans l'ignorance!.. Oh! que j'ai pitié de vous!.. Oh! que je désire votre salut!» — Puis il récitera sur eux la formule suivante: «J'invoque le Buddha, sa Loi et son Ordre. Voici des êtres vivants qui, ayant été pris dans des filets, étaient près d'être mis à mort. Fort heureusement ils ont rencontré *un tel*, homme pieux et compatissant, qui leur a sauvé la vie. Maintenant moi le moine *un tel*, je veux, d'après le rituel du *mahâ-yāna*, les amener à se recommander au Buddha, à sa Loi et à son Ordre. Mais ils sont, en peine de leurs péchés passés, privés d'intelligence au point de ne pouvoir me comprendre. Je prie donc le Buddha, sa Loi et son Ordre, d'éclairer les ténèbres de leur entendement, et de les attirer miséricordieusement vers eux.».. Puis, après une pause, l'illumination étant censée obtenue, s'adressant aux animaux, le moine dit: «Êtres vivants qui êtes ici présents devant moi, recommandez-vous au Buddha, à sa Loi et à son Ordre.» — Les animaux étant censés avoir obéi, le moine les appellera désormais *disciples du Buddha*. Il leur enseigne le dogme fondamental, que la succession des existences est le grand mal; qu'on se tire de cette roue, par la foi au Buddha et par la pratique de ses préceptes. Il les exhorte à croire et à pratiquer, à persévérer et à avancer durant leurs existences futures, à se bien préserver des enseignements hérétiques, etc. J'abrège ce long catéchisme. Enfin le moine dit aux animaux: «Disciples du Buddha, vous voilà admis et instruits. Je vais maintenant confesser pour vous vos péchés passés, afin que vous en obteniez la rémission. Suivez, en vous repentant, les paroles que je vais prononcer... Tout le mal que j'ai fait dans les temps passés, par suite de mon ignorance, de mes convoitises, de mon insoumission; tous les péchés que je puis avoir commis, de corps, de bouche, ou par pensée, je les confesse et m'en repens.» — Ensuite le moine asperge les animaux, avec de l'eau sur laquelle il a préalablement prononcé cette invocation «O Buddhas qui habitez dans les hauteurs, faites descendre votre vertu dans cette eau, afin qu'une force y soit déposée pour la purification de tous les êtres.» — L'aspersion étant faite, le moine conclut: «J'espère qu'après cette libération, ces disciples du Buddha ne retomberont plus dans les mains des méchants, ne seront plus enlacés dans des filets, n'avaleront plus d'hameçons. J'espère qu'ils vivront libres et paisibles, jusqu'à leur mort naturelle. J'espère que, après cette mort, ils renaîtront hommes ou devas, feront le bien, s'avanceront dans la voie, arriveront finalement au terme... J'espère aussi que leur bienfaiteur *un tel*, sera béni dans cette vie, et éclairé de plus en plus.»

(金光明經)

-◆-◆-

Il me reste à parler des cautérisations faites, au fer rouge ou avec des moxas, pour assurer la persévérance, comme dit la règle seizième. Ces brûlures indélébiles, marquent le moine buddhiste. Elles doivent lui rappeler sa dévotion première et ses engagements, sans doute; mais elles sont plus encore, je pense, une précaution prise par l'Ordre, contre les défections possibles. Le moine ainsi marqué, sera toujours reconnu par les laïques comme étant un défroqué, s'il apostasie. — La cérémonie de ces cautérisations n'est pas décrite dans les rituels, parce qu'elle n'est pas accompagnée de paroles. Mais nous en avons une excellente description, par Mr J J. M. De Groot, un témoin sûr, qui y assista au couvent 湧泉寺 de la Source jaillissante, sur le mont 鼓山 *Kou-chan*, province du 福建 *Fou-kien*. Je cite en abrégeant.

«Vers trois heures après midi, les candidats viennent un à un s'agenouiller, dans la salle qu'ils occupent d'ordinaire, devant le Maître des cérémonies, qui leur

Leçon 55.

imprime à l'encre sur le crâne rasé, au moyen d'un timbre en bois, des ronds marquant les places qui devront être brûlées. Ces ronds doivent être au nombre de trois, neuf, douze ou dix-huit, au gré du candidat, et disposés par rangs de trois. — Cependant des moines anciens ont préparé dans la salle du *Triratna* des tables longues, devant lesquelles sont rangés des agenouilloirs ronds. Ils placent sur les tables, à intervalles réguliers, des clous d'encens, des chandeliers allumés, et, sur des feuilles d'arbre, une pâte brune très gluante, faite avec la chair d'une espèce de nèfle. Droit en face de la grande image du Buddha, se dresse le siège destiné à l'Abbé, devant lequel on met une petite table et un agenouilloir unique. Derrière le siège de l'Abbé, est une peinture représentant le moine premier fondateur du couvent. — Le peuple est admis à la cérémonie. Longtemps d'avance, la foule attend impatiente, criant, crachant, grignotant de la canne à sucre, comme font les foules chinoises. Enfin les portes s'ouvrent devant la longue file des initiés, qui s'avancent revêtus de la robe jaune. Ils vont directement s'agenouiller en file devant les tables, que la foule entoure déjà. Deux moines au moins s'emparent de chaque patient. L'un lui tient des deux mains la tête par derrière. L'autre, à côté de lui, ou debout derrière la table, lui enduit rapidement chaque rond fait à l'encre, avec un peu de la pâte de nèfles, et lui colle par ce moyen sur la tête le nombre voulu de clous d'encens, longs de deux centimètres environ. Cela fait, il allume à l'une des bougies un bâtonnet d'encens, et, avec ce bâtonnet, tous les clous collés sur le crâne du néophyte. On voit le feu descendre peu à peu, et atteindre enfin la peau. La pâte de nèfle se met à cuire, puis l'encens tombe en cendres. Pendant toute l'opération, le patient, les mains respectueusement levées, invoque sans discontinuer le Buddha ; et le moine qui lui tient la tête, lui passe avec force ses pouces sur les tempes, ce qui, dit-on, atténue la douleur. — Le premier de la promotion, est agenouillé devant le siège de l'Abbé, qui lui colle lui-même les clous d'encens, mais laisse à ses acolytes le soin de les allumer. Cependant l'Abbé est censé avoir marqué la troupe entière, et chaque initié se prosternera devant lui à la fin de la cérémonie, pour le remercier. — Tous ces moines occupés à brûler ainsi leurs nouveaux collègues, chantent à tue-tête, pendant tout le temps, « salut à toi, ô notre maître *Çâkyamuni!* ».. Pour que cela aille en mesure, on frappe à chaque syllabe un coup sur une boule de bois creux et sur des sonnettes en métal ; et le commencement de chaque salut est marqué par un grand coup sur la grosse caisse et sur la grosse cloche. C'est un bruit assourdissant, auquel se mêle le murmure de la foule. Celle-ci, enfiévrée, se bouscule autour des tables, pour ne rien perdre du spectacle. Ces masses grouillantes, dans le demi-jour de la vaste salle ; ces cris, ces chants, ce tintamarre ; ces odeurs d'encens et de peau brûlée ; tout cela forme une scène inimaginable, qu'on ne saurait oublier après y avoir assisté. — Du reste, l'opération ne semble pas causer des douleurs aussi atroces, qu'on le supposerait. Du moins on peut voir ceux qui viennent de la subir, se prosterner pleins d'extase devant les saintes images ; d'autres, la figure rayonnante, se prosternent devant tous les moines anciens qu'ils rencontrent. Enfin, rentrés dans leur dortoir, ils se couchent ; car, dit-on, la douleur devient plus forte après quelque temps. — La croûte de cendre d'encens et de pâte de nèfle reste en place, jusqu'à ce que, la brûlure étant guérie, elle se détache d'elle-même. Les cheveux ne repoussent plus là où les brûlures ont été pratiquées, de sorte que les moines portent les marques indélébiles de leur consécration.»

Sources. — Dans le *Tripiṭaka* chinois, 梵網經 *Fan-wang-king*; 大乘三聚懺悔經 *Ta-tch'eng san-tsu tch'an-hoei king*; 金光明經 *Kinn-koang ming king*. — J.J. M. De Groot, in Verhandelingen der Koninklijke Akademie van Wetenschappen te Amsterdam. Afdeeling letterkunde. Deel I, n° 2. 1893.

文昌 Génie taoïste de l'inspiration littéraire.

Cinquante-sixième Leçon.

Du quatrième au cinquième siècle de l'ère chrétienne. Buddhisme. *Mahāyāna*. Philosophie de *Harivarman* et de *Nāgarjuna*.

L'effort principal, comme traducteur, de *Kumāra-jīva*, fut l'introduction en Chine de la philosophie buddhiste mahayaniste. C'est évidemment celle de Nāgarjuna, lequel vécut probablement du deuxième au troisième siècle de l'ère chrétienne, qu'il voulut introduire. Mais, en très habile homme qu'il était, il n'osa pas produire d'emblée ce nihilisme dialectique, qui aurait trop choqué les Chinois. Il commença par traduire, par manière de préparation, le traité de fond de l'école *Sautrāntika*, œuvre de *Harivarman*; puis il consacra au système *madhyamika* de *Nāgarjuna*, un effort qu'on peut, sans exagération, appeler colossal.

I. *Harivarman.*

Le mot *néant* avait été le point d'orgue final de tous les discours du Buddha Śākyamuni. Pas d'âme, pas de moi, rien de réel, le néant. Il exigea de ses vrais disciples la foi aveugle en sa parole, leur interdisant de raisonner, de philosopher. A sa mort, c'en fut fait de ce fidéisme rigide. Les premières générations de disciples, élaborèrent une philosophie, qui sera qualifiée plus tard de *hīnayāna*, la voie inférieure. Ils donnèrent une interprétation adoucie des termes *néant* et *non-moi* employés par le Maître. Les *shandhas*, complexe qui fait l'être, sont réels, dirent-ils. Le *moi* est un phénomène instantané, et successif en série (page 364). C'est dans ce sens que le Buddha a dit de lui *qu'il n'est pas*, parce qu'il n'existe pas *durablement*. Le groupe principal de ces réalistes (*Vaibhāshika*), fut celui des *Sarvāstivāda*, lesquels se réclament de *Rāhula*, le propre fils du Buddha. Ils ajoutèrent aux textes *sūtra* dont le disciple chéri *Ananda* est principalement responsable, des dissertations *śāstra* conçues dans le sens susdit. — Cela fut accepté, ou du moins toléré, jusqu'au troisième concile (vers 246 avant J.-C.). Mais, peu après cette époque, *Kumāra-labdha* s'insurgea contre l'interprétation réaliste des *sarvāstivāda*, rejeta leurs dissertations *śāstra*, déclara qu'il fallait s'en tenir strictement aux textes *sūtra*, et interpréter les négations du Buddha dans le sens absolu. Pas de *skandhas* réels, pas de *moi* réel même successif, puisque le Maître a dit *que tout est irréel*. — La doctrine de cette école phénoméniste *sautrāntika*, fut exposée magistralement par *Harivarman* (date imprécise, deuxième siècle avant l'ère chrétienne probablement), dans le *Satya-siddhi-śāstra*. C'est ce traité, que *Kumāra-jīva* traduisit en chinois, à sa manière, c'est-à-dire en l'adaptant, sous le titre 成實論 *Tch'eng-cheu-lunn*, discours pour la production de le vérité. Je ne puis pas analyser ici en entier ce traité non traduit jusqu'ici, à cause de sa longueur. Je me bornerai à en extraire les passages caractéristiques du système, pour montrer la position prise par les *sautrāntika*.

-ゆ- -❖-

«Lors de la renaissance, y a-t-il un être qui subsiste entre la mort et la naissance, qui passe, qui transmigre, ou n'y en a-t-il pas? — Les uns prétendent tirer des *sûtra* qu'il y en a un. Car un texte dit: les êtres désincarnés, profitent du commerce d'un homme avec une femme, pour se réincarner; ils subsistent donc dans un état intermédiaire, ils passent, ils transmigrent. — Un autre texte dit: les êtres vont de-ci de-là, se réincarner sur la terre; donc ils subsistent, passent, transmigrent. — Un autre texte énumère, en les mettant sur le même niveau, quatre stades de l'être, le stade du vivant, le stade du mourant, le stade intermédiaire, le stade du naissant. Or comme, d'après ce texte, dans les trois autres stades l'être existe, dans le stade intermédiaire il subsiste aussi. — D'autres textes disent que *Yama* juge et condamne les pécheurs; donc ils subsistent. — Dans d'autres textes nombreux, le Buddha a raconté tout une suite de vies, comme ayant été vécues antérieurement par un même être; donc, durant les intervalles entre ces vies, l'être a subsisté. — Dans d'autres textes, il est dit que le Buddha, par sa vue transcendante, vit que, tel être étant mort, était rené dans tel lieu et sous telle forme; donc, de la vie antérieure, à travers la mort, jusqu'à la renaissance, cet être avait subsisté, identique, le même. — Une foule de textes disent que, après cette vie, il y en aura une autre, il y en aura une série d'autres. Cela ne pourrait pas se réaliser, si, à la mort, l'être cessait d'exister. — Tels sont les arguments de ceux qui soutiennent que l'être subsiste, passe, transmigre réellement. — — Voici maintenant les raisons de ceux qui soutiennent le contraire. Bien des textes nient formellement la subsistance et le passage, taxant cette opinion d'erreur, et l'assimilant au dogme des Brahmanes qui croient que dans le corps réel de l'homme habite une âme réelle, laquelle survit au corps. — Les textes qui disent que les êtres vont de-ci de-là chercher un père et une mère, sont métaphoriques. — Le jugement de *Yama* s'exerce, non sur l'être fini, mais sur sa vie passée. — Ce que le Buddha a raconté des vies d'un être, prouve qu'il connut ces vies; mais ne prouve pas que l'être subsista personnellement entre ces vies. Il suffit que son *karma*, sa dette morale ait subsisté, pour que tous les récits du Buddha s'expliquent. Quand un être meurt, c'est le *doit et avoir* du mort qui subsiste. Ce doit et avoir s'impose à un être qui naît. Si vous tenez à appeler cela improprement un *passage*, dites qu'une dette morale a passé d'un corps dans un autre; ou mieux, qu'une dette morale ayant ôté son habit usé, a mis un habit neuf. Mais, sous quel état subsiste cette dette morale, alors que le corps dans lequel elle fut produite, que la volonté qui la conçut, n'existent plus? Question insoluble. — — Et *Harivarman* conclut: Voilà les deux thèses opposées. Leurs arguments se contre-balancent. Qui a raison? Cela n'est pas évident. Or le Buddha a dit: ne philosophons pas! Croyons sa parole et restons-en là.

—◊— —◊—

Y a-t-il un *moi* réel, ou n'y en a-t-il pas? Les uns affirment, les autres nient. — Ceux qui nient, disent: Le Buddha a dit du *moi*, que c'est un appellatif, un vocable; donc une non-réalité. — Le Buddha a dit, que le moi c'est la douleur, donc une modalité transitoire, non une entité réelle. — Le Buddha a dit que, parler de soi comme d'un être réel, c'est parler comme fait le vulgaire ignare. — Les textes affirment à chaque page, que le monde est une immense fantasmagorie; que ce que l'homme prend pour connaissance, est un rêve qu'il fait éveillé; que tout est

Leçon 56.

vide; que le vide est tout; qu'il n'y a aucun être, donc pas de moi. — D'autres textes disent qu'il n'y a qu'une chaîne d'illusions momentanées; que croire à la réalité des êtres extérieurs, c'est l'erreur qui perd les hommes. Si rien n'est réel, il n'y a donc ni moi, ni autrui, ni êtres quelconques. Il n'y a qu'une sarabande de groupements changeants (*skandhas*), qui tourbillonnent, se faisant et se défaisant sans cesse. Ces combinaisons sont faites d'atomes physico-moraux (法 *dharma*), que la loi des rétributions (業 ou 果 報) agglomèrera puis dispersera, tant que l'état d'équilibre ou plutôt d'inertie ne sera pas produit. C'est parce qu'il pensait ainsi, que, dans des passages sans nombre, le Buddha a évité de parler du *moi*, ou a dit qu'il n'y a pas de *moi*. — Traitant de la gnosiologie, des textes nombreux disent que, partant de la science de l'irréalité des formes, la connaissance aboutit à des agrégats d'atomes, et s'arrête là; aucun texte ne disant qu'elle découvre jamais un moi. — Un jour un moine ayant objecté au Buddha: mais alors, quand on mange, qui est-ce qui mange?.. le Buddha répondit: je n'ose pas dire que quelqu'un mange (qu'il y ait un mangeur réel). Il dit cela, parce qu'il savait qu'il n'y a pas de personne, pas de moi. — Et quand le roi *Bimbisāra* lui eut fait visite, la gloire du roi ayant trop impressionné les moines, le Buddha leur dit: Le monde est fait d'irréalités, auxquelles on a donné de vains appellatifs. Il n'y a que des combinaisons changeantes. Pas de moi, donc pas de vraie dignité ni grandeur. C'est à un agrégat impermanent, que s'adressent les noms et les titres. — Enfin le Buddha a dit expressément: Celui qui aura pénétré l'irréalité de tout le monde extérieur, et qui aura arraché de son cœur la croyance à son moi personnel, celui-là touchera au terme et ne renaîtra plus. — Tels sont les arguments de ceux qui nient la réalité du moi. — — Voici maintenant les arguments du parti adverse. S'il n'y a pas de moi, disent-ils, il n'y aura pas de vie future; nous peinons donc en vain, pour nous en préparer une meilleure. S'il n'y a pas de moi, on ne renaît pas. — Le Buddha a dit: qui fait le bien, se réjouira dans cette vie et se réjouira dans l'autre. C'est donc le même être qui, après cette vie, renaîtra dans l'autre. Il y a donc un moi. — Le Buddha a parlé d'hommes qui consolent, qui affligent, qui purifient, qui souillent les autres. Il y a donc des *moi* personnels distincts. — A toutes les pages des *sûtra*, le Buddha se donne comme l'illuminateur de tous les êtres. Comment cela peut-il être, si le Buddha n'a pas son moi propre, si les êtres n'ont pas le leur? — S'il n'y a pas de moi, il n'y a pas de criminels, pas de suppliciés non plus; et décapiter un homme ne sera pas plus que démolir un bœuf d'argile. — S'il n'y a que des appellations fictives, alors inutile de faire le bien, un vain mot comme les autres. — S'il n'y a pas de moi, les enseignements de tous les Sages et du Buddha lui-même sont sans finalité, sont une duperie; car ils ne peuvent être compris que dans l'hypothèse d'un moi auquel ils s'appliquent, d'un moi pour le bien duquel on les pratique. — S'il n'y a rien de réel, alors à quoi bon lire les *sûtra* et discuter sur la valeur de leurs termes. A quoi bon s'appliquer à la contemplation? à quoi bon pratiquer l'ascétisme? — Tels sont les arguments des partisans de la réalité du moi. — — Et *Harivarman* conclut: Les deux thèses se contredisent. Les arguments se contre-balancent. Qui a raison? Cela n'est pas évident. C'est donc le cas d'appliquer la maxime du Buddha: ne philosophons pas! Croyons sa parole et restons-en là.

Telle est la structure du 成寶論 Tch'eng-cheu-lunn. C'est un exposé magnifique du pour et du contre, sur toutes les questions difficiles du Buddhisme, tous les textes étant tirés des *sûtras* exclusivement. La question posée, élaborée, est finalement laissée en suspens, n'est pas tranchée. Non pas que l'auteur soit indécis. On sent, à son exposé même, que, quoi qu'il en ait, l'une des deux opinions en conflit l'emporte dans son esprit. Mais il ne formule pas son jugement, par déférence pour le vœu du Maître, que les siens ne philosophent pas. Chaque question se termine par la profession de fidéisme des vrais fils du Buddha, par un acte de foi en sa parole. — En laquelle de ses nombreuses paroles?.. En celle-ci, dit le texte: 深觀則皆無 quiconque verrait le fond de toutes choses, constaterait que toutes choses sont pur néant. — Donc un phénoménisme, non de raison, mais de foi.

II. *Nāgarjuna.*

Nāgarjuna, le grand dialecticien buddhiste du deuxième-troisième siècle de l'ère chrétienne, jugea que, cinq cents ans après la mort du Buddha, le fidéisme était périmé, l'ère de la foi terminée; et que, les hommes de son temps étant par trop inintelligents (sic), lui *Nāgarjuna* devait leur prouver, *par la dialectique*, la vérité capitale, la vérité unique, le grand dogme du Buddhisme, la *prajña*, à savoir *que tout est néant*. Il consacra à ce sujet abstrus de nombreux ouvrages, dont l'un en cent livres. Trois traités (deux de lui, et un de son disciple *Deva*) adaptés par *Kumāra-jīva*, devinrent en Chine les livres de fond d'une école de nihilistes dite l'école 三論宗 *des trois śāstra*. Les titres de ces adaptations chinoises, donnent à penser que ceux des originaux indiens furent *madhyamika-śāstra, dvādaśa-nikāya-śāstra*, et *śāta-śāstra*. Je vais citer, de ces trois traités non traduits jusqu'ici, et dont la doctrine est identique, ce qui sera nécessaire pour l'intelligence du système de *Nāgarjuna*.

—◦-◦—

Et d'abord l'exorde, un pompeux éloge du *Mahāyāna*, est très habile. Le *Mahāyāna* seul contient tout, résout tout. Il se résume dans la sapience *prajñā*, dans la science du vide universel. C'est lui qui a formé les *P'ou-sa Avalokiteśvara Mahasthāma Mañjuśrī Maitreya* (ainsi sont accaparés les chefs des sectes mahayanistes non nihilistes). Le *hinayāna* lui est bien inférieur (voilà toute observance et toute contrainte dépréciées). — Le monde actuel est plein d'opinions diverses. Les uns prétendent que l'univers a été fait par 大自在天 le deva *Śiva*, les autres soutiennent qu'il est l'œuvre du deva 韋紐 *Vishnu*. D'autres lui donnent pour auteur l'harmonie, ou le temps, ou la nature, ou l'évolution, ou le hasard, ou un concours d'atomes. Presque toutes ces opinions dérivent de la croyance erronée à une chaîne des causes. — Il est vrai que le Buddha, quand il instruisait un commençant, lui expliquait d'abord les douze anneaux *(nidana)* de cette chaîne. Mais il faisait cela, par manière d'exercice intellectuel seulement. Dès qu'il avait reconnu dans son élève une capacité suffisante, il lui enseignait le *mahāyāna*, la doctrine supérieure, la non-permanence des atomes physico-moraux, et par conséquent de tous les complexes; la vérité que le cosmos n'est pas une unité, et qu'il n'y a pas d'êtres distincts; le dogme que, en dernière analyse, tout est vide, que rien n'existe. En un mot, il élevait qui en était capable, à la sapience *prajñā*, à l'intelligence de l'irréalité universelle. — Mais voici que, cinq cents ans après la mort du Buddha, une génération d'hommes de faible esprit prétend que la doctrine des causes, avec laquelle le Buddha essayait la portée de ses élèves, était sa vraie doctrine et devait être prise au sens littéral; que le *mahāyāna* était une doctrine nouvelle; etc. Ce mouvement m'a engagé, moi Nāgarjuna, à écrire ce livre, pour montrer que le *mahāyāna* et spécialement la *prajñā*, la science du néant universel, fut la véritable et fondamentale doctrine du Buddha.

—✧— —✧—

Après avoir exposé le pour et le contre, les *Sautrāntika* déclaraient l'un et l'autre irréfutable, et se réfugiaient dans la foi. Tout autre est le procédé de Nāgarjuna. S'emparant des listes d'arguments pour et contre dressées par les *Sautrāntika*, il les pulvérise, article par article, avec le marteau de sa sophistique, concluant chaque fois triomphalement que, aucune raison n'ayant tenu, la question n'existait pas, était néant, *comme le Buddha l'a si bien dit*. — Et quel est ce marteau unique, toujours le même, qui servit à Nāgarjuna à pulvériser toutes les questions? C'est la négation de toute causalité, ainsi formulée dans son exorde: «Il n'y a pas d'effets, donc il n'y a pas de causes. S'il y avait un effet, il aurait été dans la cause, ou il n'y aurait pas été. S'il ne fut pas dedans, il ne put pas en sortir, du fait qu'il n'y était pas. S'il fut dedans, il fut un avec la cause, et ne put encore pas en sortir, du fait de cette union. Donc il n'y a pas d'effets. Donc il n'y a pas de causes.»

Je ne m'attarderai pas à qualifier ces sophismes, ni à citer leurs verbeux développements. J'ai dit qu'un des traités de *Nāgarjuna* compte cent livres. Voici, en bien peu de lignes, la somme de tout ce baffouillage, le système phénoméniste de *Nāgarjuna* le pulvérisateur.

«Puisqu'il n'y a ni causes ni effets, alors, en réalité, rien ne devient, rien ne cesse; rien ne dure, et rien n'est interrompu; il n'y a, ni unité, ni différence; rien n'entre et rien ne sort.

Il n'y a pas de temps; pas de succession d'un passé, d'un présent, d'un futur. Car, pour expliquer la succession, il faudrait dire que le présent était contenu dans le passé, que le futur est contenu dans le présent. Or, ce qui est contenu, ne peut pas sortir. Donc le passé, le présent, le futur, sont un. Il n'y a, ni commencement, ni durée, ni cessation, de quoi que ce soit.

Aucune matière, ni substance, ni agrégat, n'existe en réalité. Aucune distinction réelle n'étant possible, il n'y a pas d'êtres distincts réels. Tout ce qu'on dit être, n'existe qu'en vertu d'une hypothèse, laquelle est sans fondement. Il n'y a qu'une fantasmagorie, un mirage. Aucun terme ne peut être vérifié dans la réalité. — La théorie des éléments *skandha* réels, formant des composés réels, est donc insoutenable. Il ne peut y avoir, ni conjonction, ni séparation réelle. Prêter aux êtres une *nature*, est un vain mot. Les atomes physico-moraux qui produisent la fantasmagorie cosmique, sont irréels. S'ils étaient réels, ils seraient immuables; la crème serait déjà beurre, le beurre serait encore crème; ce qui n'est pas le cas. Qui dit changement, dit irréalité.

Il n'y a pas d'âme, pas de principe vital réel. Certains disent que, dans le corps de l'homme, habite un 神 esprit; et ils prétendent le prouver par la raison que, sans cela, le mouvement de la respiration serait inexplicable. Ils sont dans l'erreur. — S'il y avait une âme, elle serait logée à l'intérieur du corps, ou elle envelopperait le corps à l'extérieur. Si elle était dans le corps, comme le soutien de l'organisme, l'âme existant toujours par définition, le corps existerait aussi toujours, ce qui est contre l'expérience. Si elle entourait le corps comme une cuirasse, d'abord on ne verrait pas le corps; ensuite elle entretiendrait aussi le corps indéfiniment, ce qui n'est pas le cas. — Il est inadmissible, par définition, que l'on puisse couper une partie d'un esprit. Or on coupe à des hommes un pied ou une main, donc un morceau de leur âme, dans l'hypothèse... Lors de ces amputations, l'esprit se retire dans le tronc, dites-vous. Alors pourquoi ne s'y retire-t-il pas aussi, quand on coupe la tête à un homme? — S'il y avait un esprit, il adhérerait au corps. Alors, tel corps, tel esprit: mêmes dimensions. Donc, dans les grands corps, il y aurait de grands esprits. Les hommes grands seraient donc les plus intelligents, comme les grosses lampes sont les plus lumineuses. — Et où serait l'esprit des fous? Ils font des choses inconvenantes. Si un esprit habitait en eux, cela n'arriverait pas. — Non, aucun esprit n'habite dans le corps, lequel n'est d'ailleurs pas apte à servir d'habitation, n'étant qu'un agrégat d'atomes irréels.

Il n'y a, en réalité, aucun moi. Il n'y a, ni agent ni action, ni patient ni passion. Si le pot était dans le potier, comment en est-il sorti? Si la natte était dans les joncs, comment s'en est-elle tirée? Non, le potier n'est pas la cause du pot, la natte n'est pas l'effet des joncs. — Et, du moment qu'il n'y a, ni moi réel, ni action réelle, il n'y a donc ni péché ni mérite. Il n'y a pas de *karma*, de doit et avoir moral. Il n'y a pas de morale, pas de sanction, pas d'enfers, pas de *nirvāna*. Il n'y a ni Buddha, ni Loi, ni Ordre. La vie et la mort sont irréelles. La joie et la douleur n'existent pas. Tout le *hīnayāna* s'écroule, son fondement étant néant. »

Enfin, un dernier coup de marteau pulvérise aussi le *mahāyāna*, en détruisant la foi à *samsāra* la roue, à la chaîne des renaissances, fondement de tout Buddhisme. A la fin de son livre, *Nāgarjuna* déclare que cette doctrine fut inventée par 無明者 des hommes inintelligents: que ceux 智者 qui ont atteint la sapience, n'y croient plus... Pauvre Buddha! Et dire que c'est la découverte de ce dogme, qui constitua son illumination.

—◆— —◆—

Nāgarjuna crut-il à son système?.. J'avoue que j'en doutai assez longtemps, voici pour quelles raisons. Il appelle souvent 戲論 *discours pour jouer*, sa dialectique pulvérisante. Il la vante, comme seule capable de mettre l'adversaire à quia dans tous les cas, comme permettant d'avoir le dernier mot dans toutes les disputes. Ne l'envisagea-t-il pas comme une sorte d'escrime intellectuelle, dont les victoires prouvaient seulement les faiblesses de l'esprit humain? Au fond, dans la pratique, ne fut-il pas fidéiste? ne crut-il pas lui aussi, de foi aveugle, à la parole du Buddha, après avoir pulvérisé dialectiquement sa doctrine?.. D'autant qu'il fut l'auteur d'un traité sur la *voie des P'ou-sa,* dans lequel il parle en termes élevés de ces hommes « pour lesquels la mort est un hôte chéri ; qui quittent la vie, comme on va à une fête, sans crainte aucune des états de châtiment, parce qu'ils ont acquis beaucoup de mérites. » Bien plus, dans lequel il préconise la contemplation assidue du ciel d'*Amitabha,* et le désir fervent d'y renaître. — Hélas! l'étude approfondie précisément de ce traité 十 住 毗 婆 沙 論 *daśabhūmi-vibhāsha-śāstra,* m'obligea à renoncer à cette illusion. — *Nāgarjuna* crut à son phénoménisme absolu ; et si lui, qui ne connut ni bien ni mal, conseilla à ses disciples de faire ce qu'on appelle le bien plutôt que le contraire, ce fut dit-il, parce que faire le bien rend la vie plus agréable, procure une certaine jouissance esthétique supérieure aux jouissances plus vulgaires. Il permet donc aux laïques d'être mariés, d'avoir des propriétés, de jouir de tout, pourvu qu'ils gardent un certain décorum, et croient bien que tous leurs plaisirs sont 如 幻 une fantasmagorie, un rêve. Il déconseille fortement aux moines les austérités des fakirs, les exhorte à être joyeux, leur conseille de jouir, mais en intellectuels plus raffinés que le commun. La vie monacale est, dit-il, plus excellente que la vie ordinaire. Somme toute, tous les hommes ne font qu'un rêve ; mais le rêve du moine est plus beau que les rêves des laïques. Les contemplations amidistes sont de magnifiques féeries, plaisir intellectuel d'artiste. Que chacun se procure, durant cette vie irréelle, tous les plaisirs irréels qu'il pourra ; n'importe lesquels, puisqu'il n'y a ni bien ni mal ; mais le plaisir esthétique vaut mieux, puisqu'il est d'ordre plus relevé. — Et *Nāgarjuna* finit par ce mensonge, que ce fut là l'idée mère du Buddha, lequel eut selon lui deux doctrines ; 不 了 義 l'exotérique, la chaîne des causes, pour les esprits ordinaires ; 了 義 l'ésotérique, la science du néant, pour les esprits supérieurs.

Ces théories qui rappellent « l'ombre d'un carrosse brossé avec l'ombre d'une brosse », cette félicité impalpable d'esthète, dirent-elles quelque chose aux Chinois ?.. Nenni !.. Ce peuple aussi positif que les Hindous sont rêveurs, ne comprit rien à ces belles choses. On ne persuada jamais, même aux moines chinois, que le riz qu'ils travaillaient avec leurs bâtonnets, que la sensation de plénitude stomacale qui suivait ce travail, étaient des phénomènes irréels.

Sources. — Dans le *Tripitaka* chinois, les traité 成 實 論 *Tch'en i-cheu lunn* ; 中 論 *Tchoung-lunn* ; 十 二 門 論 *Cheu-eull menn lunn* ; 百 論 *Pai lunn* ; 十 住 毗 婆 沙 論 *Cheu-tchou pi-pouo-cha lunn.* Aucun de ces traités n'a encore été traduit, que je sache.

Le Buddha. Type mahayaniste.
Maudgalyāyana. Śāriputra.

Cinquante-septième Leçon.

Du quatrième au cinquième siècle de l'ère chrétienne. Buddhisme. *Hînayâna*. *Milinda* et *Nâgasena*.

Le philosophisme de plus en plus outrancier des mahayanistes, appela une réaction. Les circonstances la favorisèrent. L'occupation du Nord de la Chine par des Barbares, Huns Tongouses et autres, gens simples et sans culture, réduisit à néant, dans ces provinces, l'influence des Lettrés, dont les moqueries avaient rendu jusque là impossible la prédication du vrai vieux Buddhisme *hînayâna*, si gentil dans sa naïveté, et si faible devant la critique. De ce Buddhisme authentique, quelques historiettes, sans couleur doctrinale définie, avaient seules été traduites jusque là; si bien qu'il n'était guère connu que par les anathèmes des mahayanistes. Vers la fin du quatrième siècle, parut le premier traité dans lequel les fondements du système sont franchement et clairement exposés. La traduction n'étant pas achevée, n'est ni signée, ni datée. En tout cas, son auteur fut un habile homme. Pour faire estimer sa doctrine par les roitelets barbares d'alors, pour en imposer aux Lettrés, il jeta son dévolu sur les dialogues entre le roi grec de Bactriane *Ménandre*, et le philosophe buddhiste *Nâgasena*, le chef-d'œuvre de la littérature *pâli*, au jugement des savants compétents. Il ne traduisit pas servilement ce texte, car les choses indiennes qu'il contient auraient rendu une traduction littérale inintelligible. Il le résuma et l'adapta, restant parfois au-dessous du texte *pâli*, disant parfois mieux que lui. Le roi grec Ménandre, bien connu des historiens et des numismates, régna en Bactriane, entre 140 et 115 avant J.-C. (T. W. Rhys Davids). Dans l'ouvrage chinois que je vais analyser, Ménandre, en *pâli Milinda*, est appelé 彌 蘭 *Milan*; *Nâgasena* est appelé 那 先 *Nasien*.

Après des préliminaires longs et alambiqués, comme c'est l'usage dans tout écrit buddhique, *Milan*, bienveillant et narquois, dont le plaisir est de rouler les philosophes, est mis en présence de *Nasien*. La joute commence dès la première phrase... « Vous vous appelez? demande le roi. — *Nasien*, sire. — Et qui est ce *Nasien*? Est-ce votre tête, votre nez? Sont-ce vos yeux, vos oreilles?.. Non, n'est-ce pas?.. Alors je soutiens qu'il n'y a pas de *Nasien*. — Ô roi, demande *Nasien*, comment êtes-vous venu ici? — En char. — Qu'est-ce qu'un char? Est-ce le timon, est-ce la caisse, sont-ce les roues?.. Non, n'est-ce pas?.. Alors je soutiens qu'il n'y a pas de char .. Ô roi, *char* est le nom d'un complexe; *Nasien* est aussi le nom d'un complexe. » — Dogme fondamental du vieux Buddhisme, qui nie l'âme et soutient une personnalité complexe. L'homme est l'agrégat formé par les cinq éléments dits *skandhas*, la forme, la sensation, la perception, l'activité, la réflexion.

Content d'avoir trouvé son homme, le roi *Milan* invite *Nasien* à venir le lendemain, discuter à l'aise dans son palais. — Le roi fait chercher *Nasien* par un officier. Chemin faisant, celui-ci cherche à s'instruire. « Moi, dit-il, je pense que ce qui fait l'homme, c'est son souffle. — Alors, dit *Nasien*, si le souffle exhalé ne rentrait pas, c'en serait fait de l'homme? — Bien sûr, dit l'officier. — Dans ce cas, demanda *Nasien*, comment se fait-il que les musiciens qui soufflent dans leurs trompettes, que les orfèvres qui soufflent dans leurs chalumeaux, continuent de vivre, alors que leur souffle sort sans cesse et ne rentre pas? — Vous êtes trop fort pour moi, dit l'officier. »

Au palais, *Milan* fit d'abord manger *Nasien*, comme le veut la règle buddhique. Puis la discussion commença... «Vous n'êtes pas un sot, dit le roi. Alors pourquoi avez-vous embrassé un pareil genre de vie? — Pour échapper, dit *Nasien*, aux misères de la vie, et surtout aux maux d'après la vie, aux renaissances malheureuses. — Tous les hommes renaissent-ils après la mort? — Non; ceux-là seuls renaissent, qui, au moment où ils expirent, se prolongent par des affections, par des désirs. Celui en qui toute affection tout désir est éteint, ne renaît plus. — Comment en arriver là, demanda le roi? — Par le discernement et la décision. Discernement de son intérêt, retranchement de tout ce qui n'est pas utile. Tel le moissonneur qui saisit les épis d'une main, et de l'autre donne un coup de faucille qui les détache et les lui livre.» — Deuxième dogme de l'égoïste doctrine *hinayāna*. Le salut personnel, unique but à poursuivre. Pas un mot d'altruisme, du rôle de *P'ou-sa* sauveur, etc.

« Et sur quoi, demande le roi; sur quoi appuyez-vous cette tendance soutenue, votre persévérance? — Sur la foi, répond *Nasien*», énonçant l'article fondamental du système hinayaniste, la foi aveugle; la foi à laquelle tout doute, toute discussion, toute recherche même est défendue... « Foi dans toute parole du Buddha, de l'Illuminé; de celui qui ayant vu, instruit pour sauver. Croire que tout ce qu'on fait dans une vie, se paie dans une autre vie. Croire que le bien rapporte du bonheur, et que le mal rapporte des malheurs. C'est la foi qui dissipe les troubles intérieurs; comme cette pierre précieuse fabuleuse, qui trempée dans de l'eau bourbeuse, la clarifie en un instant. C'est la foi qui soutient ceux qui tendent à l'état d'arhan. C'est la foi qui leur fait finalement sauter le torrent des passions qui arrête les autres hommes, et obtenir le *nirvāṇa*. Or cette foi se puise dans l'étude de la doctrine du Buddha; elle s'entretient par les bonnes actions. Il faut la protéger, en s'écartant de la mondanité; comme on protège un parfum contre l'évaporation, dans un flacon bien bouché; comme on protège son or contre les voleurs, dans une caisse bien fermée. Il faut la protéger, même contre ses propres pensées, rejetant aussitôt les mauvaises, ne conservant que les bonnes. Il faut l'étayer par la méditation assidue, la consolider par la concentration du cœur en un. Comme un édifice repose sur une pierre fondamentale, comme une armée est appuyée sur un seul chef, ainsi tout l'ensemble des pratiques buddhiques est assis sur la contemplation recueillie et fréquente. La vie passe comme une eau qui coule. Seul ce qui est assis sur la méditation, est fixe, ayant son point d'appui en dehors du flux. »

—⋄—⋄—

Les principes fondamentaux du *hinayāna* étant ainsi éclaircis, *Milan* en relève très habilement les points faibles. Le point le plus faible, c'est la négation de l'âme; c'est l'assertion que l'homme est un complexe dont le *moi* est fonction, ce *moi* étant successif et pourtant un; ce *moi* passant enfin, difficulté suprême, d'un

Leçon 57.

corps précédent mort dans un corps suivant vivant, alors qu'il n'a pas d'être propre, indépendant et subsistant. Les Indianologues discutent si ce fut bien là la doctrine personnelle du Buddha. Je pense que ce fut sa doctrine personnelle, et qu'il l'adopta pour séparer nettement son école des deux écoles *sāmkhya* (*Kāpila*) et *yoga* (*Nataputta*), toutes deux animistes. Quoi qu'il en soit, la littérature buddhique chinoise *hīnayāna*, ne dérive pas des *Permanentistes* (*Pudgalavādins* buddhistes animistes, s'il y en eut jamais), mais des *Momentanistes* (*Skandhavādins*, tenants du *moi* instantané, qui se reproduit en série). Soit la flamme d'un cierge. Elle est en réalité faite de la déflagration successive des atomes de la cire brûlée. Elle est un être unique (flamme), fait d'éléments momentanés (déflagrations) successifs en série continue. Voilà l'idée hīnayāniste, que *Milan* va tourner et retourner.

Il va droit au fait... «Ô *Nasien*, l'homme qui renaît, qui a repris un corps, son 神 *chenn* a-t-il passé du corps ancien dans le corps nouveau? est-ce le même homme?». Nous savons que le terme chinois *chenn*, employé par le traducteur, désigne une âme subsistante, indubitablement. — «O roi, répond *Nasien*, êtes-vous le même, que l'enfant portant votre nom, qui téta jadis? — Je ne suis pas le même, dit le roi. — Alors, dit *Nasien*, votre mère ne vous a pas non plus conçu vous; elle en a enfanté un autre; vous n'êtes pas le fils de votre mère. — Se ravisant, le roi dit: Je suis le même. Je voulais dire que j'ai passé par des états divers. — Très bien, dit *Nasien*; votre vie de tant d'années a été une succession d'états divers. Et maintenant, dites-moi, la lumière qui éclaire votre chambre à coucher le matin, est-elle la même que celle qui éclaira votre chambre à coucher le soir? — Non, dit le roi. — Alors, dit *Nasien*, il y eut dans votre chambre deux veilleuses, une le soir et une le matin? — Non, dit le roi; la même veilleuse a brûlé dans ma chambre durant toute la nuit; mais la flamme du matin fut autre que la flamme du soir. — Et si la flamme avait baissé? — Si la flamme avait baissé, de cette veilleuse on en aurait allumé une autre. — Très bien, dit *Nasien*. O roi, ainsi en est-il de l'homme. Son corps dure un temps donné, mais sa vie se renouvelle par instants en série; et, à la mort, s'éteignant dans un corps, elle se rallume dans un autre, sans qu'on puisse dire proprement qu'elle a passé du corps ancien dans le corps nouveau. — Pourquoi, demanda le roi, ne pas admettre qu'il y ait passage? — O roi, dit *Nasien*, quand, dans votre enfance, votre maître vous enseignait, c'est sa science qui a passé de lui en vous, n'est-ce pas? — Non, dit le roi; ma science est née en moi, par l'influence de la sienne. — Fort bien, dit *Nasien*. Ainsi en est-il de la renaissance. Le premier acte vital est produit dans l'être nouveau, par l'influence du dernier acte vital de l'être ancien. Rien n'a passé. L'être continue cependant, du fait de cette influence.»

-◆- -◆-

«Peut-on savoir d'avance, demanda le roi, si après cette vie l'on renaîtra ou non? — Oui, dit *Nasien*. — Par quel signe? — Que l'homme s'examine, dit *Nasien*. S'il se découvre une attache, quelle qu'elle soit, il renaîtra encore. S'il est vraiment libre de toute attache, il ne renaîtra plus... Au printemps, le paysan sait-il s'il récoltera du millet en été, quoiqu'aucun signe de végétation ne soit encore visible? — Oui. — Pourquoi le sait-il? — Parce qu'il a conscience d'avoir déposé en terre des graines de millet. Il sait que ces graines germeront, croîtront, mûriront. S'il n'avait rien semé, il aurait conscience que rien ne poussera. — Ainsi en est-il de l'homme. Les affections et les attaches sont les graines de la renaissance. Quiconque est conscient que son cœur en contient, cet homme sait qu'il renaîtra après sa mort. C'est la stérilisation définitive du cœur, qui met fin aux renaissances. »

« Que fut, demanda le roi, l'illumination qui fit le Buddha *Śākyamuni*? — L'illumination du Buddha, dit *Nasien*, ce fut une vue intérieure, instantanée et éblouissante, de l'impermanence et par suite de la souffrance universelle ; ce fut l'intuition de cette vérité unique, qu'il n'y a de repos possible que par l'obtention de la stabilité. — Mais, dit le roi, cette illumination ayant été instantanée, maintenant il n'en reste rien. — Pardon, dit *Nasien*. O roi, quand une idée vous étant venue durant la nuit, vous la dictez à un secrétaire ; une fois la dictée finie et la lampe soufflée, reste-t-il quelque chose? — Sans doute, dit le roi ; il reste ce que le secrétaire a écrit. — Ainsi de l'illumination, dit *Nasien*. Le Buddha, l'illuminé, a écrit pour les hommes sa Loi, fruit de son illumination. Cette Loi éclaire qui la lit, et l'oriente vers son illumination personnelle à venir. »

« Celui qui sait qu'il ne renaîtra plus, souffre-t-il encore ? demanda *Milan*. — Il ne souffre, dit *Nasien*, d'aucune peine morale, car il se sait arrivé au terme et près d'entrer dans le repos. Mais il souffre encore des maux physiques, car cette dernière existence fait encore partie de l'expiation due pour son passé. Il achève de payer sa dette. »

« Pourquoi, demanda le roi, les hommes étant tous des hommes, sont-ils faits de tant de manières, ont-ils tant de destins divers? — Pourquoi, demanda *Nasien*, les végétaux sont-ils si différents, les uns sucrés, les autres acides, etc. ? — Parce que, dit le roi, ils sont issus de graines différentes. — Très bien, dit *Nasien*. Et toutes les différences entre les hommes, viennent de la graine diverse qui cause les renaissances, le doit et avoir moral personnel, le *karma* propre qu'un chacun s'est fait. »

« *Nasien* dit : La cause première de la mangue qui mûrit maintenant sur l'arbre, c'est l'homme qui mit en terre la graine d'où cet arbre est sorti. Ainsi en est-il dans chaque ligne de causalité, bonne ou mauvaise. Certains actes sont le point de départ d'une longue lignée de conséquences. — Quand l'homme meurt, son doit et avoir moral, qui est comme l'ombre de sa vie écoulée, subsiste. Le corps meurt, le *karma* ne meurt pas. Les *karma* s'additionnent, de vie en vie. Des soustractions sont aussi faites de cette masse. Masse sans cesse changeante ; compte toujours ouvert. »

« Mais enfin, dit le roi, je ne comprends pas comment vous pouvez appeler votre système *saṃsāra* succession. Je ne vois pas où est la succession, s'il n'y a pas de transmigration. — Il y a succession, dit *Nasien*. L'être qui vient de mourir ici, renaît ailleurs immédiatement. Son *moi* ne se transporte pas. C'est le *karma* de cet ancien *moi*, qui fait renaître son nouveau *moi*. Et le *karma* de ce *moi* nouveau, fera renaître un autre *moi* en son temps ; et ainsi de suite. Tel un arbre fruitier, qui produit une graine. La graine plantée ailleurs, reproduit l'arbre. Et ainsi de suite, en série. Vous voyez qu'il y a succession. »

«Pour faire le bien, demanda le roi, faut-il s'y prendre de bonne heure, ou peut-on différer à plus tard? — O roi, demanda *Nasien*, c'est quand vous avez soif, que vous faites creuser un puits; c'est quand vous sentez la faim, que vous faites labourer et ensemencer la terre; c'est quand la guerre est déclarée, que vous faites entourer vos villes de remparts; n'est-ce pas? — Oh non! dit le roi. Je fais faire ces choses longtemps à l'avance. — Pourvoyez donc aussi d'avance, dit *Nasien*, à votre sort futur. Toujours se dire qu'on se conduira mieux *plus tard*, c'est bien risqué. Ce temps ne viendra peut-être pas, et l'on en est réduit à un repentir stérile.»

«Le roi dit: Vous autres Buddhistes, vous prétendez qu'une pierre jetée dans les enfers y est réduite en cendres, tant le feu infernal est intense; et d'un autre côté vous assurez, que des pécheurs brûlent dans ce feu durant des milliers d'années, sans être réduits en cendres. Comment ces deux propositions peuvent-elles s'accorder? — O roi, demanda *Nasien*, les femelles des crocodiles digèrent-elles dans leur ventre les cailloux qu'elles avalent? — Oui, dit le roi (croyance indienne). — Et digèrent-elles aussi les œufs qu'elles ont dans le ventre? — Non, dit le roi. — Pourtant, dit *Nasien*, les cailloux sont durs, et les œufs sont mous. — C'est sans doute, dit le roi, que le *karma* des cailloux et des œufs n'est pas le même. — Justement, dit *Nasien*. Si les pécheurs sont brûlés dans les enfers sans être réduits en cendre, c'est que tel est précisément leur *karma*, la formule de leur expiation. Ils renaissent dans les enfers, *pour* y être torturés, donc avec un corps que le feu infernal fait souffrir, mais qu'il ne détruit pas. Ils vivent dans ces tortures jusqu'à satisfaction complète, puis meurent et renaissent ailleurs sous une forme nouvelle.»

—◊— —◊—

«Et le *nirvāna* auquel vous Buddhistes aspirez, qu'est-ce au juste? demanda le roi. — C'est, dit *Nasien*, ne plus recommencer à être, après avoir une dernière fois cessé d'être. C'est la fin, l'arrêt, obtenu en tranchant l'attachement, lequel cause la succession, la continuation. — Alors, dit le roi, quiconque a tranché toutes ses attaches, entre à sa mort dans ce non-être? — Il y entre aussitôt, dit *Nasien*, s'il a préalablement payé tout son *doit* moral. Sinon, il entrera dans le non-être, à sa première mort qui suivra le paiement entier de sa dette.»

«Le roi demanda: Les moines buddhistes aiment-ils leur corps? — Non, dit *Nasien*. — Alors, dit le roi, pourquoi le soignent-ils? — O roi, dit *Nasien*, vous avez fait la guerre bien souvent, vous avez été blessé plus d'une fois? — Sans doute, dit le roi. — Et vous avez mis, sur vos blessures, les meilleurs emplâtres? — Bien sûr, dit le roi. — Vous les aimiez donc bien, ces blessures? — Mais du tout! dit le roi; je voulais continuer à vivre. — O roi, dit *Nasien*, c'est uniquement pour entretenir leur vie jusqu'à son terme, sans affection ni attache, que les moines soignent leur corps. Parce que la vie est pour eux temps d'expiation et d'avancement.»

«A quoi, demanda le roi, faut-il s'appliquer davantage; à faire le bien, ou à éviter le mal? — A faire le bien, dit *Nasien*. Car le bien détruit le mal. Faire le bien, rend la vie plus courageuse et plus joyeuse, élève au lieu de déprimer. Un homme auquel on aura coupé les deux mains, et qui offrira au Buddha, avec ses moignons et de tout cœur, une simple fleur de lotus ; cet homme n'ira pas dans les enfers, durant 91 kalpas, croyez-le bien. »

«Vous prétendez, vous Buddhistes, dit le roi, que, quelque mal qu'un homme ait fait, si avant d'expirer il invoque le Buddha, il renaît dans les cieux, non dans les enfers. Cela n'est pas croyable. — O roi, dit *Nasien*, une toute petite pierre posée sur l'eau, s'enfonce-t-elle ? — Oui, dit le roi. — Et une très grosse pierre, posée sur un radeau, s'enfonce-t-elle ? — Non, dit le roi. — Pourquoi pas ? fit *Nasien*. — Parce que, dit le roi, la puissance du radeau détruit l'effet de la pesanteur. — Justement, dit *Nasien* ; et la bonne œuvre d'avoir invoqué le Buddha, détruit le poids des péchés antérieurs. »

—◆— —◆—

«En toute occasion et en dernière instance, dit le roi, vous en appelez au Buddha. Vous *Nasien* avez-vous vu le Buddha ? — Non sire, dit *Nasien*. — Alors moi je soutiens qu'il n'y a pas de Buddha, dit le roi. — Et moi, dit *Nasien*, je soutiens que le Gange n'a pas de source. — Comment cela ? fit le roi. — Parce que vous ne l'avez pas vue. »

«Et où est maintenant le Buddha ? demanda le roi. — On ne peut plus lui assigner aucun lieu, dit *Nasien*, puisqu'il est nirvané. Quand un feu est éteint, dites-moi, en quel lieu est sa flamme ? — Elle n'est dans aucun lieu, dit le roi, puisqu'elle a cessé d'être. Ainsi en est-il des nirvanés, dit *Nasien*. »

«Est-il vrai, demanda le roi, que le Buddha naquit avec trente-deux marques, couleur d'or par tout le corps, et rayonnant de lumière ? — C'est vrai, dit *Nasien*. — Alors ses parents étaient-ils faits de la sorte ? — Non, dit *Nasien* ; ses parents étaient des hommes comme les autres. — Alors, demanda le roi, pourquoi leur fils ne leur ressembla-t-il pas ? — O roi, dit *Nasien*, n'est-elle pas merveilleusement belle et pure et parfumée, la fleur de lotus à cent pétales ? Et pourtant, elle est née de la boue. Pourquoi ne lui ressemble-t-elle pas ? »

—◆— —◆—

«Quelle distance, demanda le roi, y a-t-il d'ici au ciel de Brahma ? — La distance est telle, dit *Nasien*, qu'une pierre tombant du ciel de Brahma, mettrait six jours (dans le texte *pâli* quatre mois) à atteindre la terre. — Et cependant, dit le roi, vous Buddhistes prétendez, que tout arhan peut s'élever jusqu'au ciel de Brahma, et cela instantanément. — O roi, dit *Nasien*, vous êtes né à *Alassanda*. A quelle distance d'ici est cette ville ? — A plus de deux cents lieues, dit le roi. — Y allez-vous parfois en pensée ? — Oh ! bien souvent, dit le roi. — Et combien de temps prend ce voyage ? — Le temps d'y penser, dit le roi. — C'est ainsi, dit *Nasien*, que les arhans s'élèvent dans les cieux supérieurs. »

«Et, continue le roi, si deux hommes mouraient ici au même moment, et que l'un dût renaître à Kaboul, et l'autre dans le ciel de Brahma, lequel sera arrivé et réincarné le premier ? — Ils arriveront et renaîtront tous les deux au même moment, dit *Nasien*. — Malgré la différence de distance ? fit le roi. — Sire, demanda *Nasien*, mettez-vous plus de temps à penser au ciel de Brahma qu'à Kaboul ? — Non, dit le roi. — Malgré la différence de distance ? fit *Nasien*… Le transfert du *karma*, lors des renaissances, est plus rapide que la pensée, est instantané, abstrait de la distance. »

-◆- -◆-

Finalement, convaincu et devenu Buddhiste dans son cœur, le roi congédie *Nasien* avec de grands honneurs. « Ah ! lui dit-il, au moment des adieux, je me sens, dans mon palais, comme un lion captif dans une cage dorée. Combien je voudrais tout quitter, et vivre libre comme vous ! »... Le texte chinois finit ici. Le texte *pâli* ajoute « Mais je ne le puis pas, hélas ! Car j'ai tant d'ennemis, que si j'abdiquais, je serais assassiné le jour même. »... Le traducteur chinois malin, a jugé qu'il ne fallait pas dire cela aux roitelets huns et autres, auxquels il destinait son œuvre, lesquels étaient tous dans le même cas.

Notes. — *Alassanda*, une ville bâtie dans une île de l'Indus (T. W. Rhys Davids); ou Alexandrie en Egypte (P. Pelliot).

Sources. Dans le *Tripiṭaka* chinois, 那先比丘經 *Nasien bhikshu king*. — The Questions of King Milinda, traduction d'un texte *pâli* considérablement augmenté par des additions postérieures, je pense. T. W. Rhys Davids. The Sacred Books of the East, vols 35 et 36. — L. Wieger S.J. Buddhisme chinois, tome I, Introduction.

Le Buddha instruisant tous les êtres.

Cinquante-huitième Leçon.

Du quatrième au cinquième siècle de l'ère chrétienne. Buddhisme. *Hīnayāna*. Les *āgamas*.

C'est à la fin du quatrième, et au commencement du cinquième siècle, que furent produits les si importants 阿含經 *A-han-king*, recueils hinayanistes pour l'enseignement systématique. *A-han* est la translittération du sanscrit *āgama*. Ils sont au nombre de quatre, répondant évidemment aux quatre collections bien connues des Indianologues, *Dīrghāgama*, *Madhyamāgama*, *Ekōttarāgama*, *Samyuktāgama-sūtra*. Mais quel massacre les traducteurs ont fait de ces pauvres textes! L'ordre des pièces est bouleversé; beaucoup manquent; le reste est écourté, paraphrasé, adapté. Quoi qu'il en soit, les *āgamas* dont la somme égale à peu près un in-folio, sont bien intéressants et bien instructifs. C'est le vieux buddhisme du Buddha, pieux, pénétrant, avec ses envolées parfois admirables, et ses puérilités souvent risibles. Il me faut me borner à citer quelques échantillons de ces recueils, dans lesquels il y a de tout.

«Un jour un homme qui traversait un désert, fut attaqué par un éléphant sauvage. Près de là se trouvait un vieux puits desséché, dans lequel un grand arbre avait prolongé l'une de ses racines. Saisissant cette racine, l'homme se laissa glisser dans le puits, pour échapper à l'éléphant. Il ne descendit pas jusqu'au fond, car il aperçut un serpent venimeux qui l'y guettait. Quand il leva la tête, il vit deux rats, l'un blanc l'autre noir, qui rongeaient la racine à laquelle il se tenait suspendu. Dans cette position précaire, notre homme aperçut, dans une fente, un rayon de miel construit là par des abeilles sauvages. La convoitise fut plus forte que le sentiment du danger, et il étendit une main vers le miel, au péril de sa vie. — Voilà, en raccourci, le monde moral. Suspendu entre la vie et la mort par sa destinée, le lot de temps qui lui est concédé, que le jour et la nuit rongent et diminuent sans trêve; guetté par des ennemis de tous les côtés; l'homme oublie et aggrave sa situation, risque tous les dangers et souvent se perd, pour un plaisir futile et passager.»

«Un prince de la caste des Brahmes, avait un ministre brahmane, qu'il vénérait comme son maître et dont il faisait toutes les volontés. Un jour un voleur ayant dérobé quelques fruits de son jardin, le Brahmane exigea du roi que cet homme fût exécuté, ce que le roi lui accorda. — A peu de temps de là, un paysan battit un bœuf qui avait brouté un peu de son riz, si cruellement qu'il lui cassa une corne. Le front saignant, l'animal se précipita dans la salle où le prince rendait la justice, et déposa plainte... Que veux-tu que je fasse à celui qui t'a ainsi mutilé? demanda le prince; dois-je le faire mourir?.. Oh non! dit le bœuf; faites seulement renouveler votre défense de traiter cruellement les animaux. — Touché, le roi se dit que ce bœuf était meilleur que son ministre. A force d'y penser, il en vint à douter de la doctrine des Brahmanes. Finalement il convoqua une assemblée de ceux-ci, et leur demanda : parfaitement pratiquée, votre doctrine sauve-t-elle de la métempsycose?.. Non, dirent les Brahmanes. — Le prince fit atteler son char, et alla trouver le Buddha. Peut-on se tirer de la métempsycose? lui demanda-t-il... Oui, dit le Buddha. Et il lui expliqua, doucement, aimablement, le mérite de l'aumône, les préceptes essentiels, la possibilité de l'amendement et de l'avancement progressif. Si bien que le prince devint sur l'heure un adepte convaincu. »

« Le fils d'une riche et noble famille venait de se marier. Durant les fêtes de la noce, il se promenait dans le parc avec sa jeune femme. Celle-ci eut envie d'une fleur de *shorea*. Le jeune homme grimpa à l'arbre, tomba et se tua sur le coup. Ce fut une désolation inexprimable. Le père tenait les pieds du mort. La mère pressait sa tête sur son sein. Tous les deux se lamentaient à cœur fendre. — Le Buddha passa par là. Qui pleurez-vous ainsi? demanda-t-il. — Notre fils, dirent les parents. — Votre fils, dit le Buddha. Cet être redescendu du ciel d'Indra, où les devas le pleurent encore, s'est réincarné chez vous pour un temps, puis vous a planté là ainsi. Depuis que vous le pleurez, il est déjà rené reptile, et a déjà été dévoré par un grand oiseau, de sorte qu'on le pleure maintenant en trois endroits. Inutile de vous dire ce qu'il deviendra ultérieurement, en continuant sa course, sous le poids de la dette morale qui le pousse. Mais, je vous le demande, est-ce bien la peine de s'attacher à un hôte de passage, au point de le regretter comme vous faites, quand il s'en va? Le monde n'est-il pas une fantasmagorie, où rien ne dure, où rien n'est réel? — Ce discours du Buddha éclaira les parents du jeune homme, qui cessèrent de pleurer et se résignèrent. »

« Le fils d'un Brahme (défunt) se levait chaque jour de grand matin, se lavait, se baignait, mettait sa robe, puis se prosternait successivement vers les quatre points cardinaux, vers la terre et vers le ciel. — Le Buddha étant venu dans son pays, ce jeune homme alla le voir. Par sa science transcendante, le Buddha connut son cas. Pourquoi, lui demanda-t-il, te prosternes-tu chaque matin vers les six directions?.. Je n'en sais rien, dit le jeune homme; c'est feu mon père qui m'a imposé cette pratique... Ton père, fit le Buddha, n'a pas voulu que tu te prosternasses de corps seulement... Le jeune homme s'agenouillant, dit au Buddha : Veuillez m'instruire... Écoute bien, dit le Buddha. — 1. Voici le sens du prosternement vers le Nord. Pour honorer ses parents comme il faut, un fils doit faire cinq choses : se préoccuper de leur conserver la vie, faire préparer à temps leur nourriture par les serviteurs, ne jamais les contrister, se souvenir toujours de leurs bienfaits, les soigner dans leurs maladies. Aux parents incombent aussi cinq devoirs : préserver leurs enfants du mal et leur apprendre le bien, leur faire donner l'éducation convenable, leur enseigner les préceptes de la morale, leur choisir une femme, leur préparer un héritage. — 2. Voici le sens du prosternement

Leçon 58.

vers le Sud. Pour honorer leur maître comme il faut, les disciples doivent faire cinq choses; le respecter, lui être reconnaissant, accepter son enseignement, s'appliquer sans se lasser, parler de lui avec éloge. Aux maîtres incombent aussi cinq devoirs; ne pas laisser leurs élèves perdre leur temps, les rendre supérieurs aux élèves des autres maîtres, leur apprendre beaucoup et faire qu'ils le retiennent, résoudre leurs doutes et difficultés, tâcher de les rendre un jour supérieurs à soi-même. — 3. Voici le sens du prosternement vers l'Ouest. Pour honorer leur mari comme il faut, les femmes doivent faire cinq choses; quand le mari rentre à la maison, la femme doit se lever et s'avancer à sa rencontre; pendant que le mari est dehors, la femme doit s'acquitter avec soin des travaux du ménage; elle ne doit pas aimer un autre homme, ni se montrer mécontente quand son mari la gronde; il ne lui est pas permis de s'approprier quoi que ce soit en cachette; elle doit tenir compagnie à son mari durant la nuit. Aux maris incombent aussi cinq devoirs; ils doivent respecter leurs femmes, leur fournir les aliments et les habits nécessaires, leur acheter des bijoux, leur donner part à tout ce qu'il y a à la maison, ne pas leur manquer de fidélité dehors. — 4. Voici le sens du prosternement vers l'Est. A l'égard de ses parents et amis, un homme doit faire cinq choses; quand il les voit mal agir, il doit les reprendre et les exhorter en secret; il doit voler à leur secours, chaque fois qu'il les sait dans la détresse; il ne doit pas divulguer leurs secrets; il doit les respecter; il doit leur donner quelque chose de son bien. — 5. Voici le sens du prosternement vers la terre. A l'égard de ses esclaves, un maître doit faire cinq choses; il doit les nourrir et les habiller, les faire soigner dans leurs maladies; il ne doit pas les battre sans motif ou avec excès; il ne doit pas leur ravir leur pécule; il doit les faire tous participer également à ses bienfaits, sans préférences. Aux esclaves incombent aussi cinq devoirs; ils doivent se lever de grand matin sans attendre qu'on les y force; ils doivent faire avec soin ce dont ils sont chargés; ils ne doivent pas détériorer ce qui appartient à leur maître; ils doivent être pour lui pleins de prévenance et de déférence; ils doivent parler de lui en bonne part, et taire ses défauts. — 6. Voici le sens du prosternement vers le ciel. Envers les moines, les laïques doivent remplir cinq devoirs; ils doivent les voir avec plaisir, leur parler avec douceur, les saluer poliment, les aimer cordialement, les vénérer comme l'élite des hommes et les prier de leur enseigner la voie du salut. Quant aux moines, voici leurs six devoirs à l'égard des laïques; qu'ils se gardent de toute avarice quand ils reçoivent leurs libéralités; qu'en leur enseignant à ne pas pécher, ils ne pèchent pas eux-mêmes; qu'ils soient patients et non colères, zélés et non paresseux; qu'ils se gardent, dans leurs rapports avec eux, de toute légèreté, de toute maladresse. — Fais toutes ces choses, conclut le Buddha, et tu auras rempli les vœux de feu ton père. »

—◆ ◆—

« *Rāhula*, le fils du Buddha, novice sous la direction de son père, ne fut pas parfait du premier coup. Il était porté à l'impertinence et au mensonge. Le Buddha son père lui dit : puisque tu habites un couvent, surveille tes pensées et ta bouche, observe exactement la règle... *Rāhula* reçut cette instruction avec respect, salua, se retira, et médita durant 90 jours entiers dans la honte et le repentir. Au bout de ce temps, le Buddha alla le visiter. Très content, *Rāhula* salua son père et disposa son siège. Le Buddha s'assit et dit : mets de l'eau dans le bassin, pour que je lave mes pieds. *Rāhula* obéit. Le Buddha se lava les pieds, puis dit à *Rāhula* : vois-tu cette eau ?.. Oui, je la vois... Peut-elle encore servir à apprêter la nourriture, à préparer une boisson ?.. Non, elle n'est plus bonne à rien ; jadis elle était propre, mais maintenant elle est souillée ; elle ne peut plus servir à rien... Ainsi de toi, dit le Buddha. Tu es né mon fils, le petit-fils d'un roi, le rejeton d'une race illustre. Bien plus, tu as eu l'honneur d'être reçu moine. Si maintenant tu ne surveilles pas ta bouche, si tu laisses ton cœur s'emplir de souillures, comme cette eau tu deviendras un rebut propre à rien. Vide le bassin ! — Quand *Rāhula* eut obéi, le Buddha lui demanda : ce bassin peut-il servir à contenir des aliments ou des boissons ?.. Non, dit *Rāhula*, car c'est un bassin pour bains de pieds : quoiqu'il soit vide maintenant, c'est toujours un objet immonde... Ainsi de toi ! dit le Buddha. Si tu continues à mentir et à dire des impertinences, si tu ne remplis pas les obligations d'un vrai moine, l'infamie s'attachera à ta personne, tu deviendras un être ignoble comme ce bassin. — Ce disant, le Buddha donna un coup de son pied au bassin vide, lequel se mit à sauter et à rouler. Quand il se fut arrêté : as-tu eu peur qu'il ne se brisât ? demanda le Buddha à son fils... Pas trop, dit *Rāhula*. Un bassin pour bains de pieds, on y tient un peu, mais pas beaucoup, l'objet n'ayant pas une valeur considérable... Ainsi de toi ! fit le Buddha. Sous ta robe de moine, tu n'es qu'un être sans valeur. Si tu continues à malédifier la communauté par tes mauvaises paroles et ta mauvaise conduite, si tu te rends odieux à tout le monde, un jour tu seras expulsé ; ensuite tu finiras mal ; au lieu d'arriver à la délivrance, ton âme tombera dans les enfers, puis renaîtra preta ou animal ; tu rouleras sans fin à travers les existences, sans qu'aucun Buddha ni *P'ousa* ait pitié de toi. — Ce sermon de son père convertit *Rāhula*. Il devint, en peu de temps, fervent, doux, patient et recueilli au possible, un véritable arhan. »

— ◆ ◆ —

« Un jeune homme désireux de perfection, songeait à embrasser la secte des *yogi*. Quelqu'un l'engagea à faire d'abord visite au Buddha, qui le reçut aimablement, le fit asseoir et lui dit : Les *yogi* vont tout nus, couvrant leur honte avec leurs mains, ou avec des haillons enlevés aux cadavres et jetés près des crématoires. Ils mendient, mais n'acceptent de nourriture, que dans les maisons où il n'y a ni chiens ni mouches. Ils ne font qu'un repas de sept bouchées par jour, ou tous les deux jours, tous les trois ou quatre jours, tous les cinq six sept jours et plus, ingérant entre temps, pour calmer les affres de la faim, de l'herbe ou des argols. Ils dorment sur un fumier, ou sur des fagots. Ils s'immergent dans l'eau, trois fois le jour et trois fois la nuit. Ils laissent pousser, sans jamais y toucher, leur barbe et leur chevelure. Les uns se tiennent debout sur un pied, les autres tiennent toujours un bras levé, d'autres ne s'asseoient jamais. Vous trouvez cette vie pure ? — Je la trouve pure, dit le jeune homme. — Moi, dit le Buddha, je la trouve impure. Parce que ceux qui la pratiquent, le font pour qu'on les admire, pour qu'on les vénère, pour qu'on leur fasse l'aumône. Très détachés en apparence, ils sont liés par des liens très forts. Sous prétexte de contemplation extatique, ils ne font attention à personne, ne répondent à personne, se conduisent en tout lieu

Leçon 58.

comme s'il n'y avait personne. Ils critiquent et dénigrent tous ceux qui vivent autrement, et déconseillent de leur faire l'aumône. Ils ne tendent, ni au repentir, ni à la paix, ni à la sapience. Tous leurs efforts vont à se rendre semblables aux animaux. Et plus ils avancent dans cette voie, plus ils deviennent orgueilleux, obstinés, méprisants. Moi je trouve ce genre de vie impur. Et vous, qu'en pensez-vous? demanda le Buddha. — De fait, dit le jeune homme. — Voici, dit le Buddha, la vie que moi je considère comme pure. Ne pas chercher à se faire honorer et bien traiter. Agir de la même manière, en tout lieu et en tout temps, en secret comme en public. Ne mésestimer et ne dénigrer personne. Ne pas critiquer ce qu'on ne comprend pas. Ne pas tuer, ne commettre aucune impudicité, ne pas mentir, ne pas se laisser aller à l'envie ou à la colère. Être assidu à méditer, afin de progresser en sapience. Tendre à une perfection humaine, non à une perfection animale. Surtout, être humble, être modeste, être déférent. Voilà ce que moi j'appelle une vie pure. C'est celle que mes moines pratiquent, acceptant mes instructions et observant ma règle. Je tiens pour erronée et impure, toute manière de vivre qui aboutit à l'orgueil et à l'arrogance. »

«Deux jeunes Brahmes s'étant décidés à embrasser la loi du Buddha, leurs parents leur firent les plus vifs reproches. Avez-vous oublié, leur dirent-ils, que nous Brahmes, nous avons une origine supérieure, étant sortis de la bouche de Brahma. Grâce à nos rits, sur cette terre nous sommes les purs, et nous serons aussi les purs dans l'autre monde. Comment pouvez-vous vouloir vous ravaler au niveau des castes inférieures? — Les deux jeunes gens rapportèrent ces paroles au Buddha. Quelle n'est pas, leur dit celui-ci, l'ignorance et l'arrogance de ces gens-là?!. Moi je ne reconnais pas de castes. L'abandon de tout esprit de caste, et la reconnaissance que tous les hommes sont égaux, est la première condition que j'exige de quiconque prétend entrer dans mon Ordre. C'est à prendre ou à laisser. Les disciples que j'ai reçus, sont sortis de toute caste et de tout rang social. Il ne paraît plus rien de ce qu'ils furent dans le monde. A quiconque leur demanderait «de quelle caste êtes-vous?».. la consigne est de répondre «je suis un moine buddhiste». Il n'y a, en ce monde, qu'un seul être plus noble que les autres; c'est le Buddha; parce qu'il est l'œil et la science de ce monde, la loi qui dirige et la rosée qui console. Les Brahmes ont tort de croire, qu'ils eurent une origine et sont une race spéciale. — Voici ce qui en est, des castes en général, et des Brahmes en particulier. A chaque destruction du monde, tous les êtres non nirvanés, renaissent dans le seizième ciel. Là leur pensée est leur nourriture, et la splendeur de leur corps est leur lumière. Ils possèdent toutes les facultés transcendantes, peuvent voler à travers l'espace, etc. Une fois la terre nouvelle ressortie des ténèbres et du chaos, les devas du seizième ciel, dont le lot de jouissance touche à son terme, y descendent, encore glorieux. De la terre renouvelée jaillit une source sucrée. Un deva y trempe son doigt et la goûte. Les autres l'imitent. Aussitôt tous perdent leur gloire et les facultés transcendantes. Puis l'un d'entre eux goûte au riz né spontanément de la terre vierge. Les autres l'imitent. Aussitôt leur corps se matérialise, s'épaissit. Ceux qui ont mangé beaucoup de riz, prennent une teinte plus sombre; ceux qui en ont peu mangé, gardent un teint plus clair. Ainsi se différencient les races des hommes. Les sexes aussi se différencient. La nourriture matérielle fait fermenter les passions. La première qui s'éveille est l'esprit de propriété, que suit la jalousie son inséparable compagne. Alors certains arrachent aux autres et accaparent les fruits produits spontanément par la terre. Aussitôt celle-ci cesse de les offrir, et il faut que les hommes travaillent pour vivre. Ils se partagent les terrains, bâtissent des maisons et des magasins. Puis viennent, par suite des intérêts particuliers, les rivalités et les disputes. Un homme plus fort et plus habile que les autres, se fait roi pour maintenir la paix, et la plèbe reconnaissante lui donne en tribut une partie de ses produits; ainsi se constitue la caste des *kshatriyas*. Ensuite certains hommes qui se distinguent par des talents spéciaux, constituent la caste des *sûdras*. Enfin, les misères et les ennuis se multipliant dans le monde, l'idée vient à un homme intelligent et pacifique, de les éviter en allant vivre en solitaire dans les bois. Il le fait, a des imitateurs, et voilà la caste des *Brahmes* constituée. Ces mêmes choses se passent, à chaque renouveau du monde. Quant à la dignité morale des membres de ces castes, elle dépend entièrement, non de leur appartenance à telle caste, mais du *karma*, du doit et avoir de chaque individu. L'effet principal du *karma*, est la renaissance en fonction du *karma*. Chacun renaît selon ses œuvres. Le Brahme ne renaîtra peut-être pas Brahme, ni le *sûdra sûdra*. La condition variant ainsi avec chaque vie, les castes ne sont rien. C'est ce que reconnaît le moine de mon Ordre, lequel porte un costume spécial et se rase la tête, pour se différencier de toutes les castes; et qui se préoccupe, non de mesquines prérogatives d'état social, mais de son ascension dans l'échelle des êtres, de renaissance en renaissance.»

—✧—✧—

Il y avait un vieux Brahme, chef d'un village, riche et considéré, mais absolument incrédule. Il disait à qui voulait l'entendre: non, il n'y a pas d'autre monde, il n'y a pas de renaissance; il n'y a pas de rétribution, ni pour le bien, ni pour le mal. — Un jour, du haut de sa terrasse, il vit quantité de ses vassaux qui sortaient du village... Où vont-ils? demanda-t-il... Ils vont, lui dit-on, entendre discourir la célèbre nonne *Kia-ye*, laquelle traverse le pays avec une bande de moines... Ces sots vont se laisser endoctriner, dit le Brahme. Qu'ils attendent! J'irai avec eux. — Aussitôt que son char fut attelé, suivi de la foule de ses vassaux, le vieux Brahme se rendit au bois où *Kia-ye* discourait, déjà entourée d'un nombreux auditoire. Il se présenta, la salua, puis énonça avec emphase sa thèse favorite «non, il n'y a pas de rétribution, ni pour le bien, ni pour le mal! Je ne crois rien de tout cela.» — Pourquoi pas? fit la nonne *Kia-ye*. — Parce que, dit le Brahme, ceux qui le disent, sont tous des vivants. Jamais un mort n'est revenu, pour attester la vérité de ces dires. J'avais un parent, auquel je dis avant sa mort: D'après les moines, étant donné ce que tu as fait, tu iras au fond de l'enfer. Si cela t'arrive, reviens sans faute pour me le dire, et je croirai qu'à la mort tout n'est pas fini... C'était mon parent. Il n'a pas pu me manquer de parole. Or il n'est pas revenu. Donc il n'y a rien après la mort. — Ah! dit *Kia-ye*. Eh bien, je suppose que sur la place où l'on torture des condamnés, l'un de ceux-ci dise au bourreau... permet-

Leçon 58.

...ez-moi de m'absenter, j'ai une visite à faire... Croyez-vous que sa requête lui sera accordée? — Bien sûr que non, dit le Brahme. — Il en aura été de même pour votre parent dans les enfers, dit *Kia-ye*. S'il n'est pas revenu, ce n'est pas parce qu'il n'y a pas d'enfer, c'est parce qu'on ne lui permet pas d'en sortir. Et quand on le lâchera, ce sera pour renaître, et non pour venir vous faire visite. — — Je ne crois pas non plus, dit le Brahme, qu'il y ait des cieux. Et voici ma raison. J'avais un ami, un excellent homme. Avant sa mort, je lui dis: Si ce que les moines disent est vrai, tu renaîtras certainement dans quelque ciel. Si cela t'arrive, viens me le dire, et je croirai qu'il y a des cieux... Or il n'est pas revenu, lui mon ami. Donc je ne crois pas qu'il y ait des cieux. — Ah! fit *Kia-ye*. Eh bien, je suppose qu'un homme soit tombé dans une fosse d'aisance. On l'en retire. On le racle, on le lave, on l'essuie, on l'oint, on le parfume, on l'habille, on l'installe dans une belle salle. Et voilà qu'il manifeste le désir de retourner dans la fosse. — Pas possible, dit le Brahme. — Pas possible, dites-vous. Vous avez raison. Et voilà pourquoi votre ami n'est pas redescendu des splendeurs des cieux dans les ordures de ce monde. Qu'il ne soit pas revenu, cela ne prouve pas qu'il n'y a pas de cieux. Cela prouve au contraire que votre ancien ami s'y trouve si bien, qu'il a oublié ce monde et vous. — — Quoi que vous disiez, dit le vieux Brahme, il n'y a pas d'autre monde; car je ne l'ai pas vu. — Alors, dit *Kia-ye*, je suppose qu'on dise à un aveugle-né, qu'il y a un soleil, une lune, des couleurs, des éléphants; et qu'il réponde, allons donc, vous m'en contez, je n'ai rien vu de tout cela... Cela prouvera-t-il qu'il n'y a, ni soleil, ni lune, ni couleurs, ni éléphants?.. Non, n'est-ce pas?.. Donc le fait qu'on ne l'a pas vue, ne prouve pas qu'une chose n'existe pas. Réfléchissez à cela. — — Il n'y a pas d'autre vie, dit le vieux Brahme, car il n'y a pas d'âme qui survit. Et ceci, j'en ai la preuve expérimentale. Comme chef de village, je fais exécuter les malfaiteurs. Ayant une fois pris un brigand fameux, je le fis distiller dans un alambic de fer. Je pris toutes mes précautions. L'alambic était entouré d'un cordon de gardes. J'observai moi-même l'orifice, sans détourner les yeux un seul instant. Or ni moi ni personne ne vit partir son âme. Finalement, ayant fait ouvrir l'appareil, je constatai qu'il ne restait que des cendres... Une autre fois je fis disséquer un criminel tout vif, et on n'y trouva pas davantage une âme. Donc il n'y a pas d'âme survivante, et par conséquent pas d'autre vie. Et je suis curieux de voir, ce que vous répliquerez à celle-là. — Ce que je répliquerai, fit *Kia-ye*... Vous est-il jamais arrivé, quand vous dormiez, de voir des montagnes et des fleuves, des villes et des rues pleines de monde? — Bien souvent, dit le Brahme. — Bien souvent, dit *Kia-ye*... Alors votre épouse qui couchait avec vous, a vu sortir et rentrer votre âme bien souvent? — Jamais, dit le Brahme. — Pourtant, dit *Kia-ye*, votre âme est sortie et rentrée. Les rêves sont des randonnées de l'âme, chacun sait cela. Et si votre épouse n'a pas vu votre âme sortir et rentrer, c'est que l'œil charnel est un instrument trop grossier pour pouvoir voir la pure substance de l'âme. — — J'ai, dit le vieux Brahme, une autre preuve expérimentale de la non-existence de l'âme. J'ai fait peser un mourant, puis j'ai fait repeser son cadavre après qu'il eut expiré. Le pesage fut fait avec le plus grand soin. Or on ne trouva aucune diminution de poids. Donc il n'y a pas d'âme. Que répondez-vous à celle-là? — Savez-vous, demanda *Kia-ye*, si un morceau de fer chauffé à blanc, qui luit et qui brûle, est plus lourd ou plus léger que le même morceau obscur et froid? — Le poids est exactement le même, dit le Brahme. — Alors, dit *Kia-ye*, il n'y a ni chaleur ni lumière, puisque leur présence n'augmente pas, et que leur absence ne diminue pas le poids. — La chaleur et la lumière sont impondérables, dit le Brahme. — Et l'âme aussi est impondérable, dit *Kia-ye*; voilà ce que je réponds. Et maintenant je vous exhorte, pour votre salut futur, à renoncer à votre incrédulité. — — Comment y renoncerais-je? dit le Brahme, après tant d'années, alors que j'y suis si habitué? — Écoutez, dit *Kia-ye*. Deux hommes récoltèrent chacun une charge de chanvre, qu'ils portèrent au marché. Là, de boutique en boutique, le premier s'informa, trouva des acheteurs, vendit petit à petit tout son chanvre. Au contraire, de boutique en boutique, le second refusa de céder son chanvre, disant toujours: voilà si longtemps que je le porte; j'y suis habitué... Et il rapporta son chanvre à la maison. Et quand sa famille s'étonna: je n'ai pas pu m'en séparer, dit-il, après l'avoir porté si longtemps... Brahme, cet homme, c'est vous! Vous faites mal votre négoce. Vous vous préparez la pauvreté et des regrets dans la longue nuit.» — — L'histoire finit par la conversion du vieux Brahme et de tous ses vassaux.

— ◊ ◊ —

«Deux Brahmes, dont les familles étaient nobles et honorées depuis plus de sept générations, que tout le monde vénérait et consultait, discutèrent un matin sur la voie qui mène à l'union avec Brahma, chacun vantant la doctrine de son maître. Comme ils n'arrivaient pas à s'accorder, ils convinrent d'aller demander l'avis du *śramaṇa* Gautama (le Buddha), dont on parlait beaucoup alors. Étant donc allés trouver le Buddha, ils le saluèrent avec respect et s'assirent. — Avant qu'ils lui eussent posé aucune question, le Buddha qui sait tout, leur dit: Vous avez discuté sur la voie, ce matin, chacun soutenant l'opinion de son maître. — Les deux Brahmes se regardèrent stupéfaits. — Le Buddha reprit: Vos maîtres qui vous ont parlé de l'union avec Brahma, ont-ils jamais vu Brahma? — Jamais, dirent les deux Brahmes. — Et leurs maîtres à eux? — Pas davantage. — Et les ermites anciens, les célèbres *rishis* qui ont les premiers prêché cette doctrine, avaient-ils vu Brahma? — Non, dirent les deux Brahmes; personne n'a jamais vu Brahma. — Alors, demanda le Buddha, quelle confiance peut-on accorder à ceux qui enseignent comment on peut s'unir à lui?.. Si quelqu'un disait: je suis l'amant de la plus belle femme qui soit au monde, seulement je ne sais pas où elle habite... ne rirait-on pas de lui? Ainsi en est-il des rapports avec Brahma, de ceux qui prétendent pourtant enseigner aux autres comment s'unir à Brahma... Et le soleil, et la lune, que ces Maîtres saluent matin et soir, joignant les mains et faisant des offrandes, parce que, disent-ils, des dieux habitent dans ces astres; ces dieux, les ont-ils vus? — Non, dirent les deux Brahmes. — Et leurs maîtres à eux? et les anciens? — Pas davantage. — Mais alors, dit le Buddha, quand ils dogmatisent, ces hommes sont comme une chaîne d'aveugles qui tous, jusqu'au dernier, répéteraient ce que le premier a imaginé sans l'avoir vu. Et quand ils enseignent la manière de s'unir à Brahma, ils sont comme un homme qui tenterait de dresser une échelle en pleine campagne, sans aucun appui, pour permettre aux gens de monter au ciel. Ne sont-ils pas de vains parleurs? — Ce sont de

Leçon 58.

vains parleurs, dirent les deux Brahmes. — Oui, dit le Buddha, leurs propos ne sont que billevesées, paroles vides auxquelles ne répond aucune réalité. Comment ces hommes, dont plusieurs furent notoirement souillés de divers vices, passeraient-ils à volonté dans l'intimité avec Brahma, et y feraient-ils passer les autres? — Si quelqu'un, debout sur cette rive d'un grand fleuve, disait à l'autre rive: viens çà, ô rive, pour que je passe et fasse passer mes gens... ne rirait-on pas de lui? — Et si quelqu'un se faisait fort, de faire passer à ses clients l'immense mer, sur un faible radeau de son invention, ne serait-ce pas là une prétention bien outrecuidante? — Tous les maîtres grandiloquents du Brahmanisme, ont péché ainsi par présomption, promettant aux hommes bien plus qu'ils ne pouvaient tenir. »

Voici quel fut le dernier discours du Buddha à ses disciples, la nuit où il mourut... Avant tout, gardez fidèlement la règle, et tenez régulièrement les chapitres. Tant que vous ferez cela, tout ira aussi bien que si j'étais encore présent au milieu de vous. Ne faites aucune sorte de trafic. N'ayez pas de propriétés, pas d'esclaves, pas de bestiaux. Craignez la richesse comme on craint le feu. Ne labourez pas la terre, n'abattez pas les bois, n'exercez ni la médecine ni la divination. Ne recherchez pas la faveur et le commerce des grands. Méditez souvent votre règle. Elle vous affranchira des maux terrestres, et vous procurera le bonheur. Ceux-là seuls qui l'observent bien, obtiennent la paix, dès en ce monde.

Surveillez et contenez vos pensées et vos désirs, comme un berger surveille et contient ses bêtes, les obligeant à brouter, ne leur permettant pas de folâtrer. Matez votre corps, comme un cavalier mate un cheval trop fringant, par le mors et la martingale, pour ne pas être jeté dans un fossé par un caprice de sa monture. — Les convoitises sont une bande de voleurs ; traitez-les en conséquence. Défiez-vous surtout de votre cœur. Ses écarts sont à redouter, plus que la morsure d'un cobra. Ne commettez jamais la faute, de considérer l'appât seulement, oubliant le piège qu'il amorce ; autrement il vous arrivera ce qui arrive aux singes et aux éléphants; vous perdrez votre liberté ; vous deviendrez esclaves.

Mangez, comme on prend médecine, pour ne pas mourir, ni plus ni moins, et sans examiner si les aliments plaisent ou déplaisent au goût. Mangez, comme font les abeilles, si délicates, qui ne souillent ni les fleurs ni elles-mêmes. N'acceptez des bienfaiteurs que le nécessaire. Dans votre carrière de travail mental, non de labeur physique, vous n'avez pas besoin d'être forts comme des bœufs.

Durant le jour, faites le bien avec zèle; ne perdez pas le temps paresseusement. Vers le milieu de la nuit, entre le sommeil du soir et celui du matin, récitez des prières afin que la nuit, partie considérable de l'existence, ne passe pas sans quelque fruit. — Songez que le monde brûle, c'est-à-dire que l'impermanence le réduit en cendres moment par moment. Ne dormez pas au point d'oublier votre salut. — Les passions vous guettent comme des assassins. Ne dormez pas au point de négliger votre sécurité. — Le mal caché au fond de votre cœur, est plus dangereux que le cobra peut-être caché sous votre lit. Il faut l'arracher de son gîte, avec le crochet de la vigilance. — La pudeur et la continence sont les premières vertus à cultiver, sans lesquelles les autres ne serviraient à rien. Quand on s'habille, on met d'abord les pièces qui couvrent la nudité, ensuite celles qui embellissent. Ainsi faut-il faire aussi au moral.

N'offensez personne, ni par vos actions, ni par vos paroles. Cédez aux autres. Ne vous fâchez pas. Ne gardez pas rancune. Que votre bouche ne profère aucune parole méchante. La patience triomphe de tout; c'est la grande force. Quiconque ne s'est pas exercé à la patience jusqu'à se réjouir des injures qu'il reçoit, celui-là n'a pas encore fait le premier pas dans la voie.

Vous qui vous rasez la tête, portez un pauvre habit et quêtez votre nourriture, pour manifester à l'extérieur que vous avez renoncé à toute vanité mondaine; si vous alliez après cela montrer de l'orgueil et de l'arrogance, quelle inconséquence! Les laïques ne vous le pardonneraient pas. Humiliez donc votre cœur, tandis que vous mendiez. — La duplicité, l'intrigue, la flatterie, sont aussi choses contraires à votre profession. Soyez simples et droits. Moine et fourbe, sont deux termes qui s'excluent l'un l'autre.

Heureux ceux qui ont peu ou pas de désirs. Qui en a beaucoup, s'attire bien des tracas. Les désirs tourmentent. Leur absence est la condition absolue de la paix. Sachez être contents du nécessaire. Quiconque a bridé ses convoitises, se trouve bien, étendu sur la terre nue. Quiconque ne les a pas maîtrisées, se trouvera mal, même sur un trône dans les cieux. Ne visez-vous pas au *nirvāṇa*, qui est l'extinction de tout vouloir?

Votre profession exige aussi que vous vous teniez à l'écart des laïques. Plus vous vivrez retirés, et moins vous aurez de chagrins. Si vous fréquentez les laïques, vous serez affecté, par contagion, de leur affairage et de leurs soucis. Les liens sociaux sont les pires liens.

Ayez du zèle pour votre progrès, et travaillez-y avec constance. Un filet d'eau, mais qui coule toujours, creuse la roche dure. — L'ardeur intermittente ne mène à rien. Un homme qui a mis en train un briquet à cheville, n'obtiendra jamais de feu, s'il se repose par intervalles. Pour que le bois s'enflamme, il faut aller vivement et d'un trait jusqu'au bout. — Retenez cet exemple, et mettez-le en pratique.

Pour protéger votre sagesse ascétique acquise, ne donnez pas accès aux larrons que sont les vaines pensées. Fermez-leur votre cœur. Elles pilleraient vos mérites, et énerveraient votre volonté. Un homme cuirassé ne sera pas blessé même dans la mêlée d'une bataille. S'il n'a pas de cuirasse, il y sera en grand danger.

C'est la méditation, qui entretient les résolutions, qui conserve au cœur son énergie. Un fermier a bien soin d'entretenir le canal, qui lui amène l'eau pour irriguer son champ. Or l'eau de la sagesse coule en vous par le canal de la méditation. Examinez-vous souvent, pour découvrir et boucher à temps les fuites qui pourraient se produire.

Voilà les choses qui font le moine. Qui les omet, est un déclassé, car il n'est ni moine ni laïque. On se fait moine, pour se tirer du flux des renaissances. N'oubliez jamais ce propos fondamental. Qu'il soit, dans ce monde ténébreux, le fanal qui vous guide. Qu'il soit, dans ce monde malheureux, la drogue qui adoucira vos peines. Qu'il soit la serpe avec laquelle vous retrancherez toute végétation de désirs exubérante. Pour la conduite personnelle, la lumière de la sagesse acquise

Leçon 58.

par la méditation continuelle, éclaire autant ou mieux que la lumière extraordinaire dite l'œil céleste.

Ne discutez pas vos croyances, à la manière des philosophes, car ces discussions brouillent l'esprit, au lieu de l'éclairer. Ne serait-il pas regrettable que, vous étant fait moines, vous n'obteniez pas le fruit de la vie monacale? Or ce fruit, les vaines discussions ne vous le donneront pas. Plus vous vous abstiendrez de discuter, plus vous aurez de paix et de joie.

Observez les enseignements que vous avez reçus, en tout temps et en tout lieu. Dans vos tournées, dans la solitude, parmi les hommes, dans le secret de votre cellule, soyez toujours et partout le même. Ne vous chargez pas de nouvelles fautes. N'omettez pas d'augmenter vos mérites. Ne vous préparez pas le regret de vous trouver les mains vides à la mort. — J'ai fait pour vous le bon médecin. Je vous ai préparé d'excellents remèdes. A vous maintenant de les prendre. Si vous ne le voulez pas, je n'y pourrai rien. — J'ai été pour vous un bon guide. Je vous ai montré le vrai chemin. A vous maintenant de le suivre. Allez avec confiance. Ne doutez pas. »

Sources. — Dans le *Tripiṭaka* chinois, les quatre ouvrages: 長阿含經 *Tch'ang A-han king;* 中阿含經 *Tchoung A-han king;* 增壹阿含經 *Tseng-i A-han king;* 雜阿含經 *Tsa A-han king.*

Moines buddhistes chinois.

Cinquante-neuvième Leçon.

Du quatrième au cinquième siècle de l'ère chrétienne. Buddhisme. Monachisme.

A la fin du quatrième et au commencement du cinquième siècle, en même temps que les traductions des *Āgama*, furent aussi faites celles des *Sommes disciplinaires* réglant le monachisme, des diverses écoles indiennes. Ces Sommes ne diffèrent entre elles que par des détails insignifiants, le fond étant à peu de chose près le même. Elles furent ainsi multipliées, parce que chaque école voulut avoir la sienne propre, par esprit de corps, pour n'avoir pas l'air d'être tributaire de l'école voisine. Toutes sont basées sur les mœurs et les coutumes indiennes, sans même un essai d'adaptation aux mœurs et aux coutumes chinoises. La Somme qui eut en Chine la plus grande influence, est celle de l'école *Dharmagupta*, 分律 *la Loi en quatre parties*, traduite en 405. Le cadre de ces Leçons ne me permet pas de m'engager dans les mille détails de ces grands ouvrages, qui prévoient et décident tous les cas possibles de la vie buddhique, et même bon nombre de cas absolument impossibles. J'en ai exposé l'essentiel dans mon *Buddhisme chinois, Tome I*. Dans la présente Leçon, je me bornerai à deux points importants, la réception des sujets, adeptes, novices, moines ou nonnes; et le chapitre des moines. Je laisserai parler les textes, qui sont très clairs.

I. Réceptions.

D'abord la réception d'un adepte laïque perpétuel, qui s'engage à observer les cinq préceptes.

«Quand un laïque se présente, demandant à faire la profession de foi, et à embrasser les cinq préceptes, on lui enseigne d'abord ce que c'est que le Buddha, sa Loi, son Ordre. Puis on lui apprend à fléchir le genou, à élever les mains jointes, à se repentir de tous les excès qu'il a commis, en pensées paroles et actions. Puis, devant le chapitre assemblé, le cérémoniaire lui fait prononcer la profession de foi:

Moi un tel, de ce jour, pour toute ma vie, je donne ma foi au Buddha, à sa Loi, à son Ordre.

Le candidat répète cette formule trois fois de suite. Puis, le rit étant censé avoir produit son effet, il reprend:

Moi un tel, j'ai donné ma foi au Buddha, à sa Loi, à son Ordre. Je demande maintenant avec joie, à embrasser, selon la doctrine du Buddha *Śākyamuni*, les cinq préceptes des adeptes laïques. Je l'affirme, pour qu'on le sache.

Après que le candidat a répété trois fois cette formule, le cérémoniaire lui dit:

Un tel, écoute attentivement! Ce chapitre de moines du Vertueux, du Buddha *Śākyamuni*, de Celui qui est venu, t'annonce (par ma bouche) les cinq préceptes, que tous les adeptes sont tenus d'observer durant toute leur vie. Voici ces cinq préceptes:

1. Durant toute la vie, ne tuer aucun être vivant. Cela comprend bien des choses. Pourras-tu les observer toutes ?.. (Le candidat répond) Je le puis.

2. Durant toute la vie, ne s'approprier rien qui ne soit donné. Cela comprend bien des choses. Pourras-tu les observer toutes?.. Je le puis.

3. Durant toute la vie, se garder de toute impudicité. Cela comprend bien des choses. Pourras-tu les observer toutes?.. Je le puis.

4. Durant toute la vie, s'abstenir de mentir. Cela comprend bien des choses. Pourras-tu les observer toutes?.. Je le puis.

5. Durant toute la vie, ne boire aucune liqueur fermentée. Toute liqueur tombe sous cette prohibition; qu'elle soit tirée du grain, de la canne à sucre, du raisin, ou de toute autre substance, peu importe. Tout ce qui peut enivrer, est défendu. Pourras-tu observer cette défense?.. Je le puis.»

Voici maintenant la formule de réception d'un adepte laïque temporaire. — Un curieux usage, que la tradition fait remonter jusqu'au Buddha, permettait aux laïques pieux, que leur condition ou leur profession empêchait de quitter le monde ou de garder les cinq préceptes, de faire à l'occasion, temporairement, huit des dix promesses des moines; par exemple, pour un an, ou pour un mois, dit la glose; mais surtout, pour un demi-jour et une nuit, chaque mois. Cette dernière pratique, une sorte de retraite du mois, paraît avoir eu une grande vogue. Le pieux laïque se rendait à un couvent, après midi. Il y faisait la profession de foi, l'aveu général de ses fautes, la promesse de garder jusqu'au lendemain les préceptes des moines, excepté celui de ne pas manger ni boire depuis midi jusqu'au matin, et celui de ne toucher aucun métal précieux. Pratiquement, dit la glose, la plupart jeûnaient cette nuit; mais, à cause des vieillards et des malades qui n'auraient pas pu le faire, il n'était pas fait mention de la neuvième règle. Ni de la dixième, à cause des bijoux que portent tous les Indiens laïques aisés, et de l'argent de poche. Par cette pratique mensuelle, le pieux laïque espérait mériter la rémission de ses fautes du mois, et l'amélioration de son karma, par les mérites de l'Ordre. Voici les formules rituelles :

«Moi un tel, depuis ce moment, jusqu'au matin de demain, je donne ma foi au Buddha, à sa Loi, à son Ordre. Il répète cette formule trois fois, puis continue)

Moi un tel, depuis ce moment, jusqu'au matin de demain, j'ai donné ma foi au Buddha, à sa Loi, à son Ordre. (Il répète trois fois, puis continue)

Durant des temps qui n'ont pas eu de commencement, durant toutes mes existences précédentes, jusqu'à ce jour, j'ai fait beaucoup de mal. Par actions, en tuant, volant, me livrant à l'impudicité. Par paroles, en mentant, en parlant artificieusement ou méchamment, en trompant. Par pensées, en convoitant, haïssant, errant, imaginant des choses impures. De tous ces péchés, devant tous les Buddhas les Saints et les Sages, et devant vous moine *un tel* mon maître, avec douleur je demande pardon, vu mon repentir.

Le pardon étant censé obtenu par le repentir, le laïque continue:

Moi un tel, ayant reçu mon pardon ; mes actions paroles et pensées, étant effacées, et toute ma personne étant maintenant pure, je promets de rester ici, jusqu'à demain matin, pratiquant la loi de tous les Buddhas, sans tuer, sans voler, sans commettre aucune impudicité, sans mentir, sans boire aucune liqueur fermentée ; sans m'asseoir ou m'étendre sur un divan élevé ou spacieux ; sans m'orner de fleurs, m'oindre ou me farder; sans visiter les histrions et les courtisanes... De plus je jeûnerai. — J'offre ce mérite, non pour renaître roi sur la terre, ou deva dans les cieux ; mais pour me tirer de la souffrance, pour m'avancer vers la délivrance, pour me rapprocher de ma fin. »

Les femmes pieuses faisaient de même, dans les couvents de nonnes.

— ❖ ❖ —

Ceci est le formulaire de la réception d'un novice masculin...

«S'adressant au chapitre assemblé, le cérémoniaire qui présente le postulant, dit :

Vénérable chapitre, un tel, ici présent, demande que un tel (le parrain préalablement choisi par le postulant) lui rase la chevelure. Si le chapitre le juge à propos, qu'il veuille bien accorder à un tel, qu'on lui rase la chevelure, sur la demande que j'en fais.

La chevelure étant rasée, le cérémoniaire reprend :

Vénérable chapitre, un tel, ici présent, demande à quitter sa famille (le siècle), et à s'attacher à un tel (comme à son parrain). Si le chapitre le juge à propos, qu'il veuille bien accorder à un tel de quitter sa famille, sur la demande que j'en fais.

Le chapitre ayant consenti, le maître désigné pour instruire le novice, lui fait découvrir l'épaule et le bras droit, ôter sa chaussure, fléchir le genou droit, et élever les mains jointes. Dans cette position, le postulant prononce trois fois, à haute voix, devant le chapitre, la formule suivante :

Moi un tel, je donne ma foi au Buddha, à sa Loi, à son Ordre. A l'imitation du Buddha, je quitte ma famille. Je reconnais un tel pour mon parrain. Celui qui est venu, le Véridique, et tous les Illuminés, sont les objets de ma vénération.

Cette profession de foi étant censée avoir produit son effet, le postulant, toujours un genou en terre et les mains jointes élevées, dit trois fois :

Moi un tel, j'ai donné ma foi au Buddha, à sa Loi, à son Ordre. A l'imitation du Buddha, j'ai quitté ma famille. Un tel est mon parrain. Celui qui est venu, le Véridique, et tous les Illuminés, sont les objets de ma vénération.

Alors le maître du novice lui propose, article par article, les dix préceptes.

1. Ne jamais tuer, voilà le premier précepte des novices. Te sens-tu la force de l'observer ?.. Le postulant répond : Je l'observerai.

2. Ne jamais voler, voilà le deuxième précepte des novices. Te sens-tu capable de l'observer ?.. Je l'observerai.

3. Ne jamais commettre d'impudicité, voilà le troisième précepte des novices. Te sens-tu la force de l'observer ?.. Je l'observerai.

4. Ne jamais mentir, voilà le quatrième précepte des novices. Te sens-tu capable de l'observer?.. Je l'observerai.

5. Ne jamais boire de vin, voilà le cinquième précepte des novices. Te sens-tu capable de l'observer?.. Je l'observerai.

6. Ne jamais orner sa tête de fleurs, ni oindre son corps de parfums, voilà le sixième précepte des novices. Te sens-tu capable de l'observer?.. Je l'observerai.

7. Ne jamais chanter ni danser, comme font les histrions et les courtisanes; ne jamais regarder pareil spectacle, ni écouter de tels chants; voilà le septième précepte des novices. Te sens-tu capable de l'observer?.. Je l'observerai.

8. Ne jamais s'asseoir sur un siège élevé, sur un spacieux divan, voilà le huitième précepte des novices. Te sens-tu capable de l'observer?.. Je l'observerai.

9. Ne jamais manger en dehors du temps (permis, lequel va de l'aube jusqu'à midi), voilà le neuvième précepte des novices. Te sens-tu capable de l'observer?.. Je l'observerai.

10. Ne jamais toucher ni or ni argent, qu'il soit en barres, ou monnayé, ou façonné en bijoux précieux, voilà le dixième précepte des novices. Te sens-tu capable de l'observer?.. Je l'observerai.

Ce sont là les dix préceptes des novices, que tu ne devras pas violer, jusqu'à la fin des jours de ton corps. Le pourras-tu?.. Je le pourrai.

Puisque tu t'es soumis aux dix préceptes des novices, observe-les toujours avec respect et ne les viole jamais. Fais honneur au Buddha, à sa Loi, à son Ordre. Respecte ton parrain et ton maître, et tous ceux qui auront à t'enseigner, selon la règle. Ne manque pas à la subordination que tu dois aux divers degrés. Respecte de cœur tous les moines, et efforce-toi d'apprendre d'eux, pour ton bien, à méditer, à psalmodier, à étudier. Ils t'aideront à arriver au bonheur, à éviter les voies d'expiation (enfer, preta famélique, réincarnation animale). Ils t'ouvriront la porte du *nirvāṇa*. »

Ceci est le formulaire de la réception d'une novice féminine...

« S'adressant au chapitre assemblé, la cérémoniaire qui présente la postulante, dit:

Chapitre des grandes sœurs, une telle, ici présente, demande que une telle (la marraine préalablement choisie par la postulante) lui rase la chevelure. Si le chapitre le juge à propos, qu'il veuille bien accorder à une telle, qu'on lui rase la chevelure, sur la demande que j'en fais.

La chevelure étant rasée, la cérémoniaire reprend:

Chapitre des grandes sœurs, une telle, ici présente, demande à quitter sa famille (le siècle), et à s'attacher à une telle (comme à sa marraine): Si le chapitre le juge à propos, qu'il veuille bien accorder à une telle de quitter sa famille, sur la demande que j'en fais.

Le chapitre ayant consenti, la maîtresse désignée pour instruire la novice, lui fait découvrir l'épaule et le bras droit, ôter ses souliers, fléchir le genou droit, et élever les mains jointes. Dans cette position, la postulante prononce trois fois, à haute voix, devant le chapitre, la formule suivante:

Leçon 59.

Moi une telle, je donne ma foi au Buddha, à sa Loi, à son Ordre. A la suite du Buddha, je quitte ma famille. Je reconnais une telle pour ma marraine. Celui qui est venu, l'Invisible, et tous les Illuminés, sont les objets de ma vénération.

Cette profession de foi étant censée avoir produit son effet, la postulante, toujours un genou en terre et les mains jointes élevées, dit trois fois:

Moi une telle, j'ai donné ma foi au Buddha, à sa Loi, à son Ordre. A la suite du Buddha, j'ai quitté ma famille. Une telle est ma marraine. Celui qui est venu, l'Invisible, et tous les Illuminés, sont les objets de ma vénération.

Alors la maîtresse de la novice lui propose, article par article, les dix préceptes.

1. Ne jamais tuer, voilà le premier précepte des novices. Pourras-tu le garder?.. Je le garderai.
2. Ne se rien approprier, voilà le deuxième précepte des novices. Pourras-tu le garder?.. Je le garderai.
3. Ne commettre aucune impudicité, voilà le troisième précepte des novices. Pourras-tu le garder?.. Je le garderai.
4. Ne jamais mentir, voilà le quatrième précepte des novices. Pourras-tu le garder?.. Je le garderai.
5. Ne jamais boire de vin, voilà le cinquième précepte des novices. Pourras-tu le garder?.. Je le garderai.
6. Ne jamais orner sa tête de fleurs, ni oindre son corps de parfums, voilà le sixième précepte des novices. Pourras-tu le garder?.. Je le garderai.
7. Ne jamais chanter ni danser, comme font les histrions et les courtisanes; ne jamais regarder pareil spectacle, ni écouter de tels chants; voilà le septième précepte des novices. Pourras-tu le garder?.. Je le garderai.
8. Ne jamais s'asseoir sur un siège élevé, sur un spacieux divan, voilà le huitième précepte des novices. Pourras-tu le garder?.. Je le garderai.
9. Ne jamais manger en dehors du temps permis (entre midi et l'aube du jour suivant), voilà le neuvième précepte des novices. Pourras-tu le garder?.. Je le garderai.
10. Ne jamais toucher ni or ni argent, qu'il soit en lingots ou monnayé, ou façonné en bijoux précieux, voilà le dixième précepte des novices. Pourras-tu le garder?.. Je le garderai.

Ce sont là les dix préceptes des novices, que tu devras te garder de violer, jusqu'à la fin des jours de ton corps. Le pourras-tu?.. Je le pourrai.

Puisque te voilà soumise aux préceptes, ton devoir est, désormais, d'honorer et de faire honorer le Buddha, sa Loi et son Ordre. Tu devras t'appliquer diligemment à morigéner tes pensées, tes paroles et tes actes. Tu devras méditer, étudier, et faire ta part des travaux communs.»

Voici le formulaire de la réception d'un moine.

«Devant le chapitre assemblé, le novice dit au parrain qu'il a choisi:

Vénérable, veuillez m'écouter avec bienveillance. Moi un tel, je vous prie, ô Vénérable, de vouloir bien être mon parrain. Je me soumets à vous, ô Vénérable, comme à mon parrain. Je me confie à vous, ô Vénérable, pour être reçu moine, par charité.

Le novice répète cette demande trois fois de suite. Si le parrain répond « bien » ou « soit », les moines qui composent le chapitre doivent incliner à recevoir le novice. Celui-ci ayant été éloigné hors de portée de l'ouïe et de la vue, le Cérémoniaire pose au chapitre la question suivante :

Qui, d'entre les membres de la Communauté, peut se charger de un tel, comme instructeur?

Un moine s'étant offert, le Cérémoniaire le propose au chapitre, en ces termes:

Vénérable chapitre, écoutez-moi! Un tel, ayant demandé à son parrain un tel, d'être reçu comme moine, si la Communauté le juge opportun, si la Communauté l'agrée, un tel sera son instructeur. (Si personne de vous ne proteste), il est nommé par cette proclamation.

Alors l'instructeur ainsi nommé, se rend auprès du candidat, et lui demande:
As-tu le pagne, la robe intérieure, la robe extérieure, et l'écuelle?

Le novice ayant exhibé ces quatre pièces que tout moine doit avoir, l'instructeur lui adresse en particulier l'adjuration suivante:

Bon homme, écoute bien! Voici le moment de dire ouvertement la vérité, de répondre franchement oui ou non. N'es-tu affilié à aucune secte hétérodoxe? N'as-tu jamais abusé d'une nonne? N'as-tu pas embrassé cet état, dans des intentions perverses? N'as-tu pas, étant novice, violé grièvement quelque règle essentielle intérieure ou extérieure? N'es-tu pas eunuque? N'as-tu pas tué ton père ou ta mère? N'as-tu pas tué un arhan, un moine? N'as-tu jamais versé méchamment le sang d'un Buddha? Es-tu vraiment un être humain (et non un démon, un *nāga*, un animal déguisé)? Es-tu bien de sexe masculin, pas de sexe féminin, et pas hermaphrodite? Comment t'appelles-tu? Comment s'appelle ton parrain? As-tu vingt ans accomplis? As-tu le consentement de tes parents? N'as-tu pas de dettes? N'es-tu pas esclave? N'appartiens-tu pas au roi? N'es-tu pas marié? N'as-tu aucune maladie de peau hideuse et contagieuse? N'es-tu pas atteint de quelque maladie mentale?

Si le candidat déclare n'être entaché d'aucun de ces vices rédhibitoires, l'instructeur lui dit:

Tout à l'heure, quand on te reposera les mêmes questions devant la Communauté, aie soin d'y répondre comme tu viens de faire, et non autrement.

Cela dit, laissant le candidat en son lieu, l'instructeur retourne vers la Communauté, la salue à l'ordinaire, se tient debout, étend les mains, et dit:

Vénérable chapitre, écoutez-moi! Le candidat un tel, ayant demandé, avec l'approbation de son parrain un tel, à être reçu comme moine, s'il vous agrée, je vous fais savoir que je l'ai examiné. Permettez maintenant qu'il vienne vous présenter sa requête.

Personne n'ayant fait opposition, l'instructeur crie à haute voix au candidat « viens! ». Quand il est venu en présence de la Communauté, il remet ses habits et son écuelle au Cérémoniaire, qui lui fait saluer le chapitre par un prosternement. Ensuite, assisté du Cérémoniaire et de l'Instructeur, le genou droit en terre, l'épaule droite découverte, les deux mains étendues vers les moines, le candidat prononce la formule:

Vénérable chapitre, écoutez-moi! Moi un tel, j'ai demandé à mon parrain un tel, d'être reçu comme moine. Maintenant je demande à l'Ordre, de vouloir bien me retirer du monde, par déférence pour le désir de mon parrain un tel, et par charité pour moi.

Après que le candidat a répété trois fois cette formule, le Cérémoniaire s'adressant au chapitre dit:

Vénérable chapitre, écoutez-moi! Avec l'approbation de son parrain un tel, le candidat un tel vient de vous demander à être reçu comme moine. S'il vous plaît, je vais lui faire subir, en votre présence, l'examen de règle, sur les empêchements:

Bon homme, écoute bien! Voici le moment de dire ouvertement la vérité, de répondre franchement oui ou non. N'es-tu affilié à aucune secte hétérodoxe? N'as-tu jamais abusé d'une nonne? N'as-tu pas embrassé cet état, dans des intentions perverses? N'as-tu pas, étant novice, violé grièvement quelque règle essentielle intérieure ou extérieure? N'as-tu pas tué ton père ou ta mère? N'as-tu pas tué un arhan, un moine? N'as-tu jamais versé méchamment le sang d'un Buddha? Es-tu vraiment un être humain? N'es-tu pas hermaphrodite? Comment t'appelles-tu? Comment s'appelle ton parrain? As-tu vingt ans accomplis? As-tu les trois pièces du vêtement et l'écuelle? As-tu le consentement de tes parents? N'as-tu pas de dettes? N'es-tu pas esclave? N'appartiens-tu pas au roi? N'es-tu pas marié? N'as-tu aucune maladie de peau hideuse et contagieuse? N'es-tu pas atteint de quelque maladie mentale?

Le candidat ayant déclaré que non, le Cérémoniaire s'adressant au chapitre, dit:

Vénérable chapitre, écoutez-moi! Avec l'approbation de son parrain un tel, ce candidat un tel, vous demande à être reçu dans la Communauté. Il a déclaré être libre de tout empêchement. Il a vingt ans, l'habit et l'écuelle. S'il plaît au chapitre, que le chapitre reçoive le candidat un tel, présenté par son parrain un tel. — Vénérable chapitre, écoutez-moi! Un tel, approuvé par son parrain un tel, vous demande à être reçu dans la Communauté. Il a déclaré être libre de tout empêchement. Il a vingt ans, l'habit et l'écuelle. Que le chapitre veuille bien le recevoir comme moine!.. Vénérables anciens, que ceux qui sont pour l'admettre, se taisent. Que ceux qui sont pour le refuser, parlent. Ceci est la première réquisition.

Il répète cette formule, une seconde et une troisième fois, en concluant successivement, ceci est la seconde, la troisième réquisition. Après la troisième réquisition, si personne n'a protesté, le Cérémoniaire conclut:

Le chapitre n'ayant pas fait opposition à la demande du candidat un tel, appuyée par son parrain un tel, je le déclare admis.

S'adressant alors au nouveau moine, le Cérémoniaire lui intime les quatre cas d'expulsion, en ces termes:

Bon homme, écoute bien! Le Buddha, l'Invisible, l'Illuminé, a établi quatre cas, incompatibles avec la dignité de moine, de fils du Buddha, et entraînant l'expulsion de celui qui les commettrait. Voici ces cas:

Leçon 59.

1. Tu devras désormais te garder de commettre aucune impudicité avec autrui, même avec un animal. Autrement c'en serait fait de ta dignité de moine, de fils du Buddha. Tu serais comme une dalle de pierre brisée, qui ne peut plus être ressoudée. Pourras-tu garder la chasteté durant toute ta vie?.. Le moine répond: Je le puis.

2. Tu devras t'abstenir de toute appropriation, fût-ce d'une paille, d'une feuille. Cinq pièces constituent la quantité irrémissible. Quiconque lèse le prochain dans ses biens, de quelque manière que ce soit, ou le fait léser par un autre, celui-là est déchu de sa dignité de moine, ce n'est plus un fils du Buddha. La tête étant coupée, un corps ne peut plus vivre. Pourras-tu garder ce précepte durant toute ta vie?.. Le moine répond : Je le puis.

3. Tu devras t'abstenir de tuer délibérément aucun être vivant, fût-ce une fourmi. Tuer, blesser, empoisonner, faire avorter, user d'incantations ou de maléfices mortels, ce sont là autant de cas de dégradation, d'expulsion. Un palmier dont le cœur est gâté, ne peut plus vivre. Pourras-tu, durant toute ta vie, t'abstenir de ces choses?.. Le moine répond: Je le puis.

4. Tu devras t'abstenir de toute vanterie. Affirmer qu'on possède tel ou tel don transcendant, le don de contemplation, le parfait détachement, l'immutabilité, le vide des sens et du cœur; prétendre qu'on a atteint à tel ou tel degré, par exemple à celui d'arhan; dire qu'on est en communication avec les devas, les démons et les âmes; ce sont là autant de cas de dégradation, d'expulsion. Quand le chas d'une aiguille est brisé, c'en est fait d'elle, elle n'est plus bonne à rien. Pourras-tu, durant toute ta vie, t'abstenir de semblables propos?.. Le moine répond: Je le puis.

Alors le Cérémoniaire lui propose les quatre principes fondamentaux de l'état de moine mendiant buddhique, dits les « quatre assises ».

Bon homme, écoute bien! Le Buddha, l'Invisible, l'Illuminé, a fondé la vie des moines mendiants sur quatre assises:

Premièrement, le moine mendiant doit se vêtir de rebuts d'étoffe ramassés dans les balayures. Pourras-tu observer cette loi, ta vie durant?.. Le moine répond: Je le pourrai. — La Glose ajoute: Si un bienfaiteur offre des coupons de toile, ou de vieilles loques, il est permis de s'en servir.

Deuxièmement, le moine mendiant ne doit se nourrir que d'aliments mendiés. Pourras-tu observer cette loi, ta vie durant?.. Le moine répond: Je le pourrai. — La Glose ajoute: Si des bienfaiteurs envoient leur repas aux moines, les premier, huitième et quinzième jours de chaque mois (jours de chapitre et d'instruction au peuple), il faudra accepter (les moines n'ayant pas le temps de quêter, ces jours-là)

Troisièmement, le couvert d'un arbre doit suffire au moine mendiant, comme abri. Pourras-tu t'en contenter, ta vie durant?. Le moine répond: Je le pourrai. — La Glose ajoute : Si un bienfaiteur fait don d'une hutte, paillote ou réduit en pierres sèches, avec une seule ouverture, on pourra l'accepter.

Quatrièmement, le purin doit tenir lieu au moine mendiant de tout médicament. Pourras-tu t'en contenter, pour la vie?.. Le moine répond: Je le pourrai. — La Glose ajoute: On pourra accepter, de la main des bienfaiteurs, du lait

Leçon 59.

caillé, de l'huile et du miel.

Enfin le Cérémoniaire conclut : Te voilà reçu moine, et averti des cas d'expulsion. Si tu te conduis bien, ce sera pour ton avantage. Rends à ton parrain, à ton maître, à la Communauté, ce que tu leur dois d'après la règle. Reçois docilement leurs instructions. Travaille à ton bonheur, et fais honneur à ton couvent. Interroge, médite, étudie, tire ton bien de la doctrine du Buddha. Ainsi t'élèveras-tu, de degré en degré, jusqu'à celui d'arhan (vestibule du *nirvāṇa*). C'est dans ce but que tu as quitté le monde. Ne te prive pas, par ta faute, du fruit de ton renoncement. Du reste, dans tous les doutes et toutes les difficultés, recours à ton parrain et à ton maître. Maintenant retire-toi ! »

— ⚜ ⚜ —

Réception d'une nonne. — Des novices masculins, il est dit seulement qu'ils doivent avoir vingt ans accomplis, pour être reçus moines, la durée du noviciat n'étant pas spécifiée. Pour la réception des nonnes, deux ans de noviciat, et vingt ans d'âge, sont requis. — La cérémonie de leur réception est double. La novice doit être reçue d'abord dans le chapitre des nonnes de sa communauté, puis dans le chapitre du couvent de moines dont cette communauté dépend. — Malgré les répétitions, voici ce double cérémonial en entier, à cause de son importance.

1. Réception dans la Communauté des nonnes.

Devant le chapitre assemblé, la novice dit à la marraine qu'elle a choisie :
Grande sœur, veuillez m'écouter favorablement. Moi une telle, je vous prie de vouloir bien être ma marraine. Je me soumets à vous, comme à ma marraine. Je me confie à vous, pour être reçue nonne.

La novice répète cette formule trois fois de suite. Si la marraine consent, on fait retirer la postulante, si loin qu'elle ne puisse ni entendre ni voir. Puis la Cérémoniaire demande à la Communauté.

Qui d'entre vous, peut se charger de une telle, comme Instructrice ?
Une nonne s'étant offerte, la Cérémoniaire la propose au chapitre, en ces termes :
Chapitre des grandes sœurs, écoutez-moi ! Une telle, ayant demandé à sa marraine une telle, d'être reçue comme nonne, si la Communauté le juge opportun, si la Communauté l'agrée, une telle sera son Instructrice. (Si personne de vous ne proteste), elle est nommée, par cette proclamation.

Alors l'Instructrice ainsi nommée, se rend auprès de la postulante, et lui demande :
As-tu le pagne, la robe intérieure, la robe extérieure, l'huméral, et l'écuelle ?
La postulante ayant exhibé son trousseau, l'Instructrice lui adresse l'adjuration suivante :
Bonne femme, écoute bien ! voici le moment d'être sincère et franche. Réponds, par oui ou non, aux questions que je vais te faire. N'as-tu aucune liaison avec les hérétiques ? N'aurais-tu pas péché avec un moine ? Ne serais-tu pas entrée ici avec des intentions perverses ? N'as-tu pas violé grièvement durant ton noviciat, quel-

Leçon 59.

que règle intérieure ou extérieure? N'as-tu pas tué ton père ou ta mère, un arhan ou un moine? As-tu jamais versé le sang d'un Buddha? Es-tu vraiment un être humain, et non un animal déguisé? Comment t'appelles-tu? Comment s'appelle ta marraine? As-tu l'âge requis? As-tu la permission de tes parents, de ton mari? N'es-tu pas endettée? N'es-tu pas esclave? Es-tu vraiment une femme conformée normalement? N'as-tu pas quelque maladie secrète, hideuse, contagieuse ou dangereuse, comme la lèpre, un eczéma, la phtisie, la frénésie, une fistule dégoûtante, un flux intarissable, ou autre infirmité de ce genre?

La postulante ayant répondu négativement à toutes ces questions, l'Instructrice lui dit:

Tout à l'heure, quand on te reposera les mêmes questions devant la Communauté, aie soin d'y répondre comme tu viens de faire, et non autrement.

Cela dit, laissant la postulante en son lieu, l'Instructrice retourne vers la Communauté, la salue à l'ordinaire, se tient debout, étend les mains, et dit:

Chapitre des grandes sœurs, écoutez-moi! La postulante une telle, ayant demandé, avec l'approbation de sa marraine une telle, à être reçue comme nonne, je vous fais savoir que je l'ai examinée. Permettez maintenant qu'elle vienne vous présenter sa requête.

Personne n'ayant fait opposition, l'Instructrice crie à la postulante « viens! ». Quand elle est venue en présence de la Communauté, elle remet son trousseau à la Cérémoniaire, qui lui fait saluer le chapitre par un prosternement. Ensuite, assistée de la Cérémoniaire et de l'Instructrice, le genou droit en terre, l'épaule droite découverte, les deux mains étendues vers les nonnes, la postulante prononce la formule:

Chapitre des grandes sœurs, écoutez-moi! Moi une telle, j'ai demandé à ma marraine une telle, d'être reçue comme nonne. Maintenant je demande au chapitre, de vouloir bien me retirer du monde, par déférence pour le désir de ma marraine, et par charité pour moi.

Elle répète cette requête par trois fois. Puis la Cérémoniaire, s'adressant à la Communauté, dit:

Chapitre des grandes sœurs, écoutez-moi! Avec l'agrément de sa marraine une telle, la novice une telle vient de vous demander à être reçue comme nonne. S'il vous plaît, je vais lui faire subir, en votre présence, l'examen de règle, sur les vices rédhibitoires:

Écoute bien! Voici le moment d'être sincère et franche. Réponds, par oui ou non, à mes questions. N'as-tu aucune liaison avec les hérétiques? N'aurais-tu pas péché avec un moine? Ne serais-tu pas entrée ici, avec des intentions perverses? N'as-tu pas violé la règle en matière grave? N'as-tu pas tué ton père ou ta mère, un arhan ou un moine? As-tu jamais versé le sang d'un Buddha? Es-tu vraiment un être humain, et non un animal déguisé? Comment t'appelles-tu? Comment s'appelle ta marraine? As-tu l'âge requis? As-tu l'habit complet et l'écuelle? As-tu l'autorisation de tes parents, de ton mari? N'es-tu pas endettée? N'es-tu pas esclave? Es-tu vraiment une femme conformée normalement? N'as-tu pas quelque maladie secrète, hideuse, contagieuse ou dangereuse, comme la lèpre, un eczéma, la phtisie, la frénésie, une fistule dégoûtante, un flux intarissable, ou autre infir-

Leçon 59.

mité de ce genre?

La postulante ayant déclaré que non, la Cérémoniaire s'adressant au chapitre, dit:

Chapitre des grandes sœurs, écoutez-moi! Avec l'approbation de sa marraine une telle, cette novice une telle, vous demande à être reçue dans la Communauté. Elle a déclaré être libre de tout empêchement. Elle a vingt ans accomplis, l'habit et l'écuelle. S'il vous convient, s'il vous agrée, veuillez recevoir la postulante une telle, présentée par sa marraine une telle. — Chapitre des grandes sœurs, écoutez-moi! Une telle, approuvée par sa marraine une telle, vous demande à être reçue dans la Communauté. Elle a déclaré être libre de tout empêchement. Elle a vingt ans, l'habit et l'écuelle. Que le chapitre veuille bien la recevoir comme nonne!.. Que celles des sœurs qui sont pour la recevoir, se taisent. Que celles qui sont pour la refuser, le disent. Ceci est la première réquisition.

Elle répète cette formule, une seconde et une troisième fois, en concluant successivement, ceci est la seconde, la troisième réquisition. Après la troisième réquisition, si personne n'a protesté, la Cérémoniaire ajoute:

Le chapitre n'ayant pas fait opposition à la demande de la postulante une telle, appuyée par sa marraine une telle, je la déclare reçue.

2. Réception dans le chapitre des moines.

Conduite par les nonnes de sa Communauté, la postulante se présente devant le chapitre des moines, qu'elle salue par un prosternement. Ensuite, le genou droit en terre, et les mains jointes, elle dit:

Vénérable chapitre, écoutez-moi! Moi une telle, avec l'assentiment de ma marraine une telle, j'ai demandé à être reçue comme nonne. Maintenant je demande au chapitre de me recevoir comme nonne, par déférence pour ma marraine, et par charité pour moi.

Après qu'elle a répété cette demande par trois fois, le Cérémoniaire s'adresse au chapitre, en ces termes:

Vénérable chapitre, écoutez-moi! Avec l'approbation de sa marraine une telle, la postulante une telle vient de vous demander à être reçue comme nonne. S'il vous plaît, je vais lui faire subir, en votre présence, l'examen de règle, sur les empêchements.

Bonne femme, écoute bien! Voici le moment d'être sincère et franche. Réponds, par oui ou non, à mes questions. N'as-tu rien de commun avec les hérétiques? N'as-tu péché avec aucun moine? N'es-tu pas entrée au couvent pour des motifs pervers? N'as-tu pas violé grièvement la règle? N'as-tu pas tué ton père ou la mère, un arhan ou un moine? As-tu jamais versé le sang d'un Buddha? Es-tu vraiment un être humain, et non un animal déguisé? Comment t'appelles-tu? Comment s'appelle ta marraine? As-tu l'âge requis? As-tu l'habit complet et l'écuelle? As-tu l'autorisation de tes parents, de ton mari? N'es-tu pas endettée. N'es-tu pas esclave? Es-tu vraiment du sexe féminin et conformée normalement? N'as-tu pas quelque maladie secrète, hideuse, contagieuse ou dangereuse, comme la lèpre, un eczéma, la phtisie, la frénésie, une fistule dégoûtante, un flux intarissable, ou autre infirmité de ce genre?

La postulante ayant répondu négativement à toutes ces questions, le Cérémoniaire lui demande: « Durant ton noviciat, as-tu gardé la continence?».. La postulante ayant répondu affirmativement, le Cérémoniaire demande aux nonnes qui l'accompagnent: « Durant son noviciat, a-t-elle gardé la continence?».. Les nonnes ayant affirmé que oui, le Cérémoniaire s'adresse au chapitre, en ces termes:

Vénérable chapitre, écoutez-moi! Avec l'assentiment de sa marraine une telle, cette postulante une telle, vous demande à être reçue nonne. Elle dit être libre de tout empêchement. Elle a l'âge, l'habit et l'écuelle. Elle a gardé la continence durant son noviciat. S'il vous convient, s'il vous agrée, veuillez recevoir la postulante une telle, présentée par la marraine une telle. — Vénérable chapitre, écoutez-moi! Une telle, approuvée par sa marraine une telle, vous demande à être reçue nonne. Elle a déclaré être libre de tout empêchement. Elle a vingt ans, l'habit et l'écuelle. Elle a gardé la continence durant son noviciat. Que le chapitre veuille bien la recevoir comme nonne!.. Que ceux qui sont pour son admission, se taisent. Que ceux qui sont pour la refuser, le disent. Ceci est la première réquisition. » — Après la troisième réquisition, si personne n'a protesté, le Cérémoniaire conclut: « Le chapitre n'ayant pas fait opposition à la demande de la postulante une telle, appuyée par sa marraine une telle, je la déclare reçue.

S'adressant alors à la nouvelle nonne, le Cérémoniaire lui intime les huit cas d'expulsion, en ces termes:

Bonne femme, écoute bien! Le Buddha, l'Invisible, l'Illuminé, a établi huit cas, incompatibles avec la dignité de nonne, de fille du Buddha, et entraînant l'expulsion de celle qui en commettrait quelqu'un. Voici ces cas:

1. Tu devras t'abstenir désormais de toute impudicité, fût-ce avec un animal. Tout acte de ce genre, entraîne la dégradation et le renvoi. Pourras-tu t'en abstenir durant toute ta vie?.. La nonne répond: Je le pourrai.

2. Tu devras t'abstenir aussi de tout vol, fût-ce d'un fétu, d'une feuille. S'approprier la valeur de cinq pièces, est un cas de renvoi. Celle qui nuit ou fait nuire au prochain, par le fer, le feu, ou autrement, celle-là n'est plus une nonne, n'est plus une fille du Buddha. Pourras-tu t'abstenir de ces choses durant toute ta vie?.. La nonne répond: Je le pourrai.

3. Tu devras t'abstenir aussi de mettre à mort aucun être vivant, fût-ce une fourmi. Tuer, blesser, empoisonner, faire avorter, user d'incantations ou de maléfices, pour son profit ou pour celui d'autrui, tous ces actes entraînent la dégradation et le renvoi. Pourras-tu t'en abstenir durant toute ta vie?.. La nonne répond: Je le pourrai.

4. Tu devras t'abstenir de tout mensonge, même plaisant. Il est surtout défendu de prétendre qu'on est douée de vertus supranaturelles, du don de contemplation, du détachement absolu; qu'on a atteint tel ou tel degré, jusqu'à celui d'arhane; qu'on a commerce avec les devas, les *nâgas*, les démons ou les âmes. Toutes ces vanteries entraînent la dégradation, l'expulsion. Pourras-tu t'en abstenir durant toute ta vie?.. La nonne répond: Je le pourrai.

5. Il est défendu de mettre son corps en contact, avec celui d'une autre personne ou d'un animal, depuis les aisselles jusqu'aux genoux. Tous les contacts lascifs avec un homme, palper, caresser, tirer, pousser; tous ces actes entraînent la

dégradation et le renvoi. Pourras-tu t'en abstenir durant toute ta vie?.. La nonne répond: Je le pourrai.

6. Les cas suivants, qui paraissent moins graves, entraînent aussi le renvoi. Toucher la main, ou les habits d'un homme. Se retirer avec lui dans un lieu écarté, y rester, y causer en tête-à-tête. Ou se promener avec lui, s'approcher très près de lui, convenir avec lui d'un rendez-vous. Tout cela mérite la dégradation. Pourras-tu t'en abstenir durant toute ta vie?.. La nonne répond: Je le pourrai.

7. Il est défendu de dissimuler les fautes graves d'autrui, spécifiées dans le formulaire de l'examen bi-mensuel, surtout celles qui sont passibles d'expulsion. Si une nonne ayant quitté son état, ou ayant été dégradée, ou ayant passé à l'hérésie, une autre nonne dit: je me doutais bien qu'elle finirait mal; elle faisait ceci et cela... Celle qui a parlé ainsi, qui savait la faute de l'autre et qui l'a cachée, devra être expulsée. Pourras-tu éviter cette faute?.. La nonne répond: Je le pourrai.

8. Il est défendu de prendre le parti d'un moine ou d'un novice qui a été censuré. Si une nonne sait qu'un moine a été censuré, pour violation de la règle et obstination à ne pas s'amender, ou qu'il a été mis en pénitence... Si, sachant cela, elle s'attache à ce moine... Si, avertie par une autre, elle ne se désiste pas... après la troisième monition restée infructueuse, elle sera renvoyée. Pourras-tu t'abstenir de faire ainsi, ta vie durant?.. La nonne répond: Je le pourrai.

Alors le Cérémoniaire reprend:

Bonne femme, écoute! Le Buddha, l'Invisible, l'Illuminé, a établi l'état des nonnes sur quatre assises:

Premièrement, pour vêtements, se contenter de haillons ramassés dans les balayures. Pourras-tu t'en contenter durant toute ta vie? — La nonne répond: Je le pourrai — La glose ajoute: Si un bienfaiteur fait don d'habits usés, ou de coupons de toile, on peut accepter.

Deuxièmement, pour nourriture, se contenter de ce qui a été obtenu en quêtant. Pourras-tu t'en contenter, jusqu'à la fin de ta vie? — La nonne répond: Je le pourrai. — La glose ajoute: Les repas offerts par des bienfaiteurs, à la Communauté entière ou à quelqu'un de ses membres; les repas communs des premier, huitième et quinzième jour de chaque lune, jours de réunion et de chapitre, doivent être acceptés, mais comme aubaines exceptionnelles. Quêter est la règle.

Troisièmement, pour logement, se contenter du couvert d'un arbre. Pourras-tu t'en contenter jusqu'à la fin de ta vie? — La nonne répond: Je le pourrai. — La glose ajoute: Être logée dans un couvent, dans une chambre, dans une cellule, c'est là une faveur exceptionnelle, qu'on peut accepter comme telle.

Quatrièmement, pour médicament à toute fin, se contenter de purin. Pourras-tu t'en contenter jusqu'à la fin de ta vie? — La nonne répond: Je le pourrai. — La glose ajoute: Si des bienfaiteurs offrent du lait caillé, de l'huile, du lait frais, ou du miel, ces dons peuvent être acceptés.

Enfin le Cérémoniaire conclut: Te voilà reçue nonne, et instruite des cas de dégradation. Observe la règle, pour ton bien. Rends à ta marraine et à ta maîtresse, ce que tu leur dois d'après la règle. Accepte volontiers les avis que tu recevras des deux chapitres, et n'y contreviens pas. Cherche ton avantage, dans la doctrine du Buddha, par l'étude et la prière. Ainsi monteras-tu, de degré en degré, jusqu'à celui d'arhane (après lequel il n'y a plus de métempsycose). Ne perds pas, par ta négligence, le fruit du sacrifice que tu as fait en quittant le monde. Du reste, dans les doutes et les difficultés, recours, au fur et à mesure, à ta marraine et à ta maîtresse. Maintenant retire-toi! »

II. Chapitre bi-mensuel.

Le chapitre bi-mensuel des moines et des nonnes, paraît avoir été institué par le Buddha assez tard. Mais il devint, encore de son vivant, le ressort principal du monachisme buddhique. Près de mourir, le patriarche enjoignait encore à ses disciples de le tenir toujours fidèlement (page 479). Voici l'occasion de l'institution de cet usage, d'après la Somme *Dharmagupta*.

Alors que le Buddha résidait à *Râjagriha*, les Brahmanes et les membres des autres sectes se réunissaient trois fois par mois, à savoir, le 8, le 14 (dernier jour de la lune croissante), et le 29 (quinzième et dernier jour de la lune décroissante) de chaque mois. Ces réunions avaient pour résultat, que tous se connaissaient et s'aimaient les uns les autres. Ils récitaient des textes en commun, banquetaient, recevaient les hommages et les offrandes de leurs adhérents. — Un jour, à la vue de tout ce mouvement, l'idée vint a *Bimbisâra* roi du *Magadha*, que cette institution manquait aux disciples du Buddha, et qu'il y aurait avantage à l'introduire dans le nouvel Ordre. — Le roi *Bimbisâra* sortit donc de son palais, alla trouver le Buddha, le salua avec vénération, s'assit de côté, et lui dit: Dans cette ville de *Râjagriha*, les Brahmanes et autres se réunissent trois fois par mois, les 8, 14 et 29, de chaque lunaison. Grâce à ces réunions, ils se connaissent et s'aiment. Ils reçoivent aussi beaucoup d'offrandes des fidèles. Vous devriez aussi introduire cet usage dans votre Ordre. Je viendrais à vos réunions, avec mes ministres. — Le Buddha ne répondit pas (signe qu'il acceptait). — Voyant que sa demande était agréée, le roi *Bimbisâra* se leva, salua, et se retira, avec le rituel accoutumé. — Le Buddha convoqua aussitôt les moines en chapitre, et leur dit: Dans cette ville, les Brahmanes et autres se réunissent, les 8, 14 et 29, de chaque lunaison. Grâce à ces réunions, ils sont tous amis, et reçoivent plus d'offrandes. J'institue le même usage pour mon Ordre. — A partir de cette proclamation du Buddha, les réunions se tinrent aux jours fixés. Mais, aucun emploi du temps n'ayant été déterminé, quand les moines étaient réunis, ils restaient assis en silence, plongés chacun dans sa méditation. Les notables avaient beau les prier de leur adresser quelques paroles d'édification. Le Buddha n'ayant rien prescrit de semblable, aucun moine n'ouvrit la bouche. Mécontents, les notables s'adressèrent au Buddha, qui statua que les moines expliqueraient, à ceux qui voudraient les entendre, les textes écrits. — Cette décision mit les moines dans l'embarras. Devraient-ils expliquer la lettre (ce dont les illettrés étaient incapables), ou gloser sur le sens?.. Le Buddha décida que ceux qui ne pourraient pas expliquer la lettre, gloseraient sur le sens. — Alors les moines s'y mirent avec trop d'enthousiasme. Ils déclamèrent à deux ou plus, du haut d'une même chaire. Le Buddha leur dit: pas ainsi! — Ils se contredirent dans leurs explications, et polémisèrent les uns contre les autres. Le Buddha leur dit: pas ainsi! — D'autres refusèrent de prendre la parole. Le

Leçon 59.

Buddha leur dit : pas ainsi. Dites au moins aux laïques le minimum que voici : «ne faites aucun mal, pratiquez tout bien, purifiez vos intentions, voilà le résumé de la doctrine de tous les Buddhas». — Alors les moines demandèrent au Buddha de tenir des réunions nocturnes. Le Buddha le leur permit. Mais, à ces réunions, beaucoup s'endormirent. Alors le Buddha édicta les règles suivantes : On s'asseoira coude à coude, afin que, si quelqu'un s'endort, son voisin puisse lui donner des coups de coude, ou des coups de pointe avec la clef de sa cellule (sorte de grosse cheville, en bois ou en fer). Si on ne peut pas atteindre celui qui ronfle, qu'on lui jette ses souliers, qu'on le frappe avec une gaule préparée pour cet usage, qu'on l'asperge avec de l'eau. Si ceux qui auront été ainsi réveillés réclament, ils seront de plus punis... Prévenez le sommeil, par les moyens suivants : frottez-vous les yeux, lavez-vous le visage, tirez-vous les oreilles ou le nez, pincez votre peau ; au besoin, sortez un instant pour prendre l'air, regardez les astres, faites un tour sous les vérandas, pour vous remettre le cœur en place. — Cependant le Buddha finit par se rendre compte, que l'intérêt de ces réunions était trop médiocre. Comment leur ferai-je employer ce temps ? se demanda-t-il. Voici ! Je leur ferai lire le formulaire. Cela les occupera utilement. Au moins ne pourront-ils plus dire, qu'ils ignoraient la règle. — Le Buddha convoqua donc les moines en chapitre, et leur dit : J'ai résolu que désormais, aux réunions, on lira le formulaire. Ainsi les nouveaux seront mieux instruits. Personne ne pourra plus dire, qu'il ne savait pas. L'Ancien qui présidera, commencera par annoncer le but de la réunion ; puis il déclarera que les coupables aient à se dénoncer, pour être redressés et effacer leur faute ; puis il lira les diverses séries de cas. — Des moines pieux ayant demandé au Buddha, que quelques chants fussent ajoutés à la lecture du formulaire, le Buddha le permit (de là les strophes initiales et finales, et les sentences). — Quelques exagérés s'étant imaginés qu'il fallait réciter le formulaire au petit chapitre tenu par les moines présents chaque jour, le Buddha déclara qu'on ne le lirait que deux fois par mois, à savoir, le quatorzième jour de la lune croissante, et le quinzième jour de la lune décroissante. (Les réunions du huit de la lune, paraissent avoir cessé de très bonne heure.) — Désormais les moines errants durent compter les jours de la lunaison, pour ne pas manquer le jour du grand chapitre avec lecture du formulaire. Or il arriva qu'ils se trompèrent. Les laïques rirent d'eux. Alors le Buddha imposa aux moines de toujours porter sur eux une série de boules en os, ivoire, corne, cuivre, fer, étain ou pierre, enfilées sur un cordon. Cet appareil leur servirait à compter les jours (origine de ce qu'on a appelé le chapelet buddhique). — Il arriva que les moines se trompèrent encore, confondant les jours de la lune croissante avec ceux de la lune décroissante. Le Buddha ordonna donc que le chapelet fût fait de trente grains, divisés en deux séries de quatorze et de quinze, affectées aux deux phases de la lune. — Les moines ayant confondu les deux séries, le Buddha ordonna que les quatorze grains de la lune croissante seraient blancs, et les quinze de la lune décroissante noirs. — Il arriva encore que, dans les couvents, les contemplatifs oubliaient quel jour c'était. Le Buddha statua que, chaque jour de chapitre, l'annonce de la lecture du formulaire serait criée par l'Ancien dans tout le couvent. »

Leçon 59.

Formulaire du chapitre.

Allocution préliminaire (rythmée) de l'Ancien qui préside.

«Inclinant la tête, nous vénérons le Buddha, sa Loi et son Ordre. Nous voici réunis pour accomplir la règle disciplinaire, dont l'observation fera durer la vraie doctrine toujours. Vaste comme la mer est l'étendue des préceptes. Précieux sont-ils, plus que ces trésors qu'on ne se lasse pas de chercher. C'est pour protéger le trésor des préceptes du Sage, que nous sommes ici réunis. Écoutez-moi donc, afin que soient évités les cas de dégradation et les cas de pénitence. Écoutez-moi, vous tous qui êtes assemblés ici. Et vous Buddhas du passé, *Vipaśyin, Śikhin, Viśvabhū, Krakucchanda, Kanakamuni, Kāśyapa, Śākyamuni*, vous tous, pleins de toute vertu et dignes de la vénération universelle, aidez-moi à parler. Je voudrais bien dire, ce que j'ai à dire. Sages auditeurs, veuillez tous m'écouter. — Un homme privé de pieds, ne peut pas marcher. De même celui qui vit sans règle, ne peut pas renaître deva dans les cieux. Quiconque souhaite renaître dans les cieux, doit, durant cette vie terrestre, garder avec soin et sans cesse les préceptes, qui sont comme ses pieds (moraux), et ne pas les léser. — Un cocher qui, devant traverser une passe dangereuse, s'aperçoit qu'il a perdu une clavette de roue, ou que son essieu est fêlé, n'est-il pas inquiet? Ainsi celui qui a violé les préceptes, sera inquiet à l'heure de la mort. — Un homme qui regarde son visage dans un miroir, se réjouit ou s'afflige, selon qu'il se trouve joli ou laid. La lecture des préceptes produit un effet analogue. Selon qu'ils les ont observés ou violés, les auditeurs se réjouissent ou s'affligent. — Quand deux armées se livrent bataille, les braves avancent, les lâches reculent. Ainsi en est-il, quand les préceptes sont promulgués; ceux qui sont purs ont confiance, ceux qui sont coupables ont peur. — Comme le roi prime les autres hommes, comme l'océan prime toutes les eaux, comme la lune prime toutes les étoiles, comme le Buddha prime tous les Sages, ainsi, parmi tous les traités de discipline, c'est le formulaire qui prime tous les autres. Aussi le Buddha a-t-il établi, comme une règle dont on ne peut obtenir dispense, qu'il soit lu chaque demi-mois.»

-◆- -◆-

Ici commencent les formalités de la tenue du chapitre. C'est toujours l'Ancien qui parle...

Le chapitre est-il assemblé?.. Il est assemblé.

Le chapitre est-il au complet?.. Il est au complet.

Que les novices sortent! — S'il y a des novices, on les fait sortir, puis on répond: ils sont sortis. Ou l'on répond: il n'y a pas de novices.

Les moines qui n'ont pas pu venir, ont-ils notifié par procureur qu'ils sont purs? — Réponse: tous sont venus; ou, ils l'ont notifié.

S'il y a des nonnes députées par leur Communauté, pour demander qu'on lui envoie un moine qui fasse l'exhortation, qu'elles présentent leur requête! — Les exhortateurs ayant été désignés, l'Ancien continue:

Dans quel but ce chapitre est-il assemblé? — Réponse: pour la lecture du formulaire *pratimoksha*.

Leçon 59.

Vénérable chapitre, écoutez-moi! C'est aujourd'hui le dernier jour de la quinzaine. Le chapitre est réuni pour entendre la lecture du formulaire. Si vous jugez que le moment soit venu, si vous l'avez pour agréable, si le chapitre est prêt à entendre la lecture du formulaire, veuillez le dire! — S'il n'y a aucune affaire extraordinaire à expédier auparavant, la réponse est: Le chapitre est prêt.

Alors, Vénérable chapitre, je vais lire le formulaire *pratimoksha*. Écoutez attentivement. Réfléchissez bien. Que ceux qui se sentiront coupables, avouent leur faute. Que ceux qui se savent innocents, gardent le silence. Je conclurai de votre silence, que vous êtes purs. Mes interrogations publiques équivaudront à autant d'interrogations particulières faites à chacun de vous. Quiconque, étant coupable, laissera passer la triple interrogation sans avouer sa faute, celui-là sera coupable de mensonge formel. Or vous savez que le Buddha a dit, que, au minimum, un mensonge formel rend incapable de tout avancement spirituel, jusqu'à ce qu'il soit désavoué. Ne vous exposez pas à un si grand mal. Que celui qui se sait coupable d'une transgression, et désire s'en purifier, l'avoue. L'aveu ayant été fait, il retrouvera la paix du cœur et la joie... Vénérables, voilà l'introduction lue. Je vous demande si vous êtes purs, quant à ce qu'elle contient? — Cette question est répétée trois fois. Elle ne peut se rapporter qu'à la dissimulation de fautes, dans les chapitres précédents. Après une pause, si personne n'a élevé la voix, l'Ancien conclut: Les Vénérables ont déclaré qu'ils se jugent purs quant au contenu de l'introduction. C'est ainsi que j'interprète leur silence.

-◆- -◆-

Suit la lecture, par l'Ancien, des quatre cas de dégradation, qui se termine par cette formule.. « Vénérables, voilà que j'ai exposé, un à un, les quatre cas de dégradation. Quiconque a encouru l'un de ces cas, s'est retranché de la Communauté. Maintenant, Vénérables, je vous pose la question: Êtes-vous exempts de ces cas?» — La question ayant été posée trois fois de suite, si personne n'a élevé la voix pour confesser ou dénoncer, l'Ancien conclut: « Les Vénérables sont purs des cas de dégradation. C'est ainsi que j'interprète leur silence. »

Suit la lecture des treize cas obligeant à la pénitence canonique. Elle se termine par cette formule... « Vénérables, voici que j'ai lu jusqu'au bout les treize cas de pénitence. Maintenant, Vénérables, je vous pose la question: Êtes-vous exempts de ces cas?.. Une fois, deux fois, trois fois!.. Les Vénérables sont purs des cas de pénitence. C'est ainsi que j'interprète leur silence »

Voici en quoi consistaient, et comment se faisaient les pénitences. — D'abord, la pénitence était la même pour tous les cas, sans distinction de gravité plus ou moins grande de la faute. Elle consistait en six jours de retraite, de séparation, entendue comme nous verrons tout à l'heure. — Si la faute avait été confessée aussitôt, sans délai, la pénitence se réduisait, pour n'importe quelle faute, à ces six jours de retraite. — Si la faute avait été dissimulée pendant un certain temps, la pénitence de six jours n'était pas aggravée, mais elle était précédée par une réclusion, laquelle durait mathématiquement et sans dispense possible, le nombre exact de jours qu'avait duré la dissimulation. — D'ailleurs l'état de réclusion et celui de retraite, revenaient pratiquement au même. De sorte que, quiconque avait dissimulé une faute durant 10 jours, avait 16 jours de pénitence à faire. Quiconque avait dissimulé une faute durant 60 jours, avait 66 jours de pénitence à faire. Etc. — Le pénitent devait d'abord solliciter du chapitre l'imposition de la pénitence de réclusion pour le délai (s'il y avait lieu), sollicitation appuyée par le cérémoniaire, dans le style ordinaire de ces procédures, que nous connaissons. Il devait ensuite, une fois chaque jour, rappeler à sa Communauté qu'il était en réclusion, pourquoi, depuis quand, et pour combien de jours encore. — A l'expiration de la pénitence de réclusion pour le délai, il devait solliciter l'imposition de la pénitence de retraite de six jours, avec les formalités d'usage. Durant ces six jours, il devait, une fois chaque jour, rappeler à sa Communauté qu'il était en retraite, pourquoi, depuis combien de jours, et pour combien de jours encore. Les six jours écoulés, il devait demander au chapitre sa réhabilitation. — Durant leur pénitence, réclusion ou retraite, les pénitents ne logeaient pas sous le même toit que les autres moines. Ils étaient confinés dans un bâtiment spécial, n'ayant pour literie, vêtement et nourriture, que le plus mauvais, le rebut de la Communauté, des objets usés ou cassés. Obligés de s'effacer devant tous les autres, ils ne recevaient aucune marque de civilité de personne. Ils étaient suspendus de tous offices et fonctions, privés des services des novices, appliqués aux travaux durs et vils. Balayer et arroser les cours et les vérandas, vider et nettoyer les latrines et les fosses d'aisance, tous les services rebutants leur incombent, dit le texte. Intérieurement ils devaient penser avec douleur à leur faute. Bref, humiliation publique chaque jour ravivée, travail forcé et jeûne relatif.

Voici les formules de demande et d'annonce des pénitents, tirées du Rituel. J'ai omis celles du Cérémoniaire, lequel répète la même chose dans les mêmes termes.

Demande de la réclusion pour le délai: Vénérable chapitre, daignez m'entendre. Moi, le moine un tel, j'ai commis telle faute, de celles qui comportent pénitence. Je l'ai dissimulée durant tant de jours. Je demande maintenant au chapitre l'imposition de la peine de tant de jours de réclusion, que j'ai méritée. Par pitié pour moi!

Annonce journalière: Vénérable chapitre, daignez m'entendre. Moi, le moine un tel, ayant commis telle faute, de celles qui comportent pénitence, et l'ayant dissimulée durant tant de jours, j'ai été puni d'autant de jours de réclusion. J'en ai déjà fait tant. Il m'en reste tant à faire. Je fais savoir que je suis en réclusion.

Demande de la retraite de six jours: Vénérable chapitre, daignez m'entendre. Moi, le moine un tel, ayant commis telle faute, de celles qui comportent pénitence, et l'ayant dissimulée durant tant de jours, puis ayant été puni pour ce délai d'autant de jours de réclusion, j'ai terminé cette peine. Je demande maintenant au chapitre l'imposition de la retraite de six jours, que j'ai méritée. Par pitié pour moi!

Annonce journalière: Vénérable chapitre, daignez m'entendre. Moi, le moine un tel, ayant commis telle faute, de celles qui comportent pénitence, et l'ayant dissimulée durant tant de jours, j'ai été puni pour ce délai d'autant de jours de réclusion. Ayant subi cette peine, j'ai commencé les six jours de retraite. J'en ai déjà fait tant. Il m'en reste tant à faire. Je fais savoir que je suis en retraite.

Leçon 59.

Demande de réhabilitation: Vénérable chapitre, daignez m'entendre. Moi, le moine un tel, ayant commis telle faute, de celles qui comportent pénitence, et l'ayant dissimulée durant tant de jours, j'ai été puni pour ce délai d'autant de jours de réclusion, que j'ai faits. Puis six jours de retraite m'ayant été imposés, je les ai faits. Maintenant je demande au chapitre qu'il daigne me réhabiliter. Par pitié pour moi!

—✧— —✧—

Suit la lecture des 90 cas, qui obligent le délinquant à dire sa coulpe. — Puis la lecture de cent petites règles, dont la transgression est remise par le seul repentir intérieur. Elles sont relues tous les quinze jours, pour que personne ne les oublie. — Enfin la conclusion générale «Vénérables, je vous ai lu l'Introduction, les 4 cas de dégradation, les 13 cas de pénitence, les 90 cas de coulpe, les 100 petites règles. C'est tout ce que le Buddha a ordonné de lire tous les quinze jours. Le chapitre est donc clos.»

—✧— —✧—

Ce qui suit, était psalmodié en commun, avant la séparation. Ce sont des stances...

«Le Buddha *Vipaśyin* dit: «Supporter patiemment les affronts, c'est la première règle... celle sur laquelle les Buddhas ont le plus insisté... Celui qui, ayant quitté le siècle, garde du ressentiment contre qui que ce soit... n'est pas digne du nom de moine.»

Le Buddha *Śikhin* dit: «Quand on a bon œil... on peut franchir les précipices... Ainsi le sage... échappe aux maux.»

Le Buddha *Viśvabhū* dit: «Se garder de la médisance et de l'envie... observer les préceptes... se contenter du nécessaire pour la nourriture et la boisson... être toujours content dans sa cellule solitaire... constance dans sa détermination, et désir de progresser... voilà les principes fondamentaux de l'enseignement de tous les Buddhas.»

Le Buddha *Krakucchanda* dit: «Butinant sur les fleurs, l'abeille... n'en gâte ni la couleur ni le parfum... mais prend pour elle le miel. — Ainsi le moine qui vit en communauté... ne doit pas se rendre à charge aux autres... ne doit pas examiner ce qu'ils font ou ne font pas... Qu'il s'occupe de sa propre personne... et examine si sa conduite est parfaite ou non.»

Le Buddha *Kanakamuni* dit: «Ne laisse pas errer ton cœur... Apprends avec zèle les règles des sages... Tu éviteras ainsi toute tristesse... et persévéreras jusqu'au *nirvāṇa*.»

Le Buddha *Kāśyapa* dit: «Ne fais aucun mal... Applique-toi à tous les biens... Que ton intention soit toujours pure... Voilà la somme des enseignements des Buddhas»

Le Buddha *Śākyamuni* dit: «Veille sur tes paroles... Purifie tes intentions... Ne fais aucune mauvaise action... L'observation de ces trois préceptes, constitue la voie pure, la voie des *rishis*.»

Les moines qui gardent les préceptes, en retirent trois avantages: une bonne réputation, les aumônes des fidèles, et la renaissance dans les cieux après la mort (s'ils n'ont pas encore atteint au degré d'arhan, lequel donne accès au *nirvāṇa* après la mort).

Regardez comment, dans la Communauté, les sages et les fervents gardent la règle. Garder la règle et vivre pur, ces deux choses donnent la sagesse. Elles sont le fondement de tout le reste.

Par l'enseignement des Buddhas passés, présents, et à venir, on se délivre de toute tristesse.

Or ces Buddhas ont tous insisté sur l'observation respectueuse des préceptes. Tous les sept ont prêché que cette observance délivrait de tous les liens, et aboutissait au *nirvāṇa*, la fin de toute agitation. (Agitation des existences successives. Le terme chinois 戲 *hi*, jeu scénique, drame, est très expressif. Il y a dans le texte, littéralement... et aboutissait au *nirvāṇa*, lequel met fin pour toujours au drame.)

Conformément aux enseignements des Buddhas, des *rishis*, de tous les sages, tendons donc à la quiétude du *nirvāṇa*.

Au moment de quitter la terre, le Vénérable *Śākyamuni* encouragea et exhorta encore les moines, en ces termes:

Quand je vous aurai quittés, ne dites pas de moi, « entré dans son *nirvāṇa*, le Pur ne nous garde plus ». Je vous laisse ma règle, qui vous gardera.

Continuez à me considérer comme votre maître. Tant que ma règle sera conservée dans le monde, la doctrine buddhique luira et prospérera.

Si vous contribuez à la faire luire et prospérer, en observant ma règle, vous obtiendrez aussi le *nirvāṇa*. Si vous la laissez éteindre, le monde sera replongé dans les ténèbres, comme il arrive le soir, après le soleil couché.

Gardez soigneusement ma règle, comme le yak garde jalousement sa queue, sa gloire et son orgueil. Réunissez-vous pour la répéter, telle que moi je l'ai enseignée. Afin qu'elle se conserve, pour le bien de tous les êtres, pour leur permettre à tous de suivre la voie du Buddha. »

Le chapitre bi-mensuel des nonnes, des *grandes sœurs* comme dit le texte, est calqué sur celui des moines. Les défauts plus spécialement féminins, surtout la jalousie, la médisance, l'intrigue, y sont soignés, naturellement. Il y a 8 cas de dégradation, 17 cas de pénitence, 30 cas de transgression de la pauvreté, 178 cas de coulpe. Les cent petites règles sont les mêmes que dans le formulaire des moines.

Quelle fut l'influence du chapitre bi-mensuel sur les communautés buddhistes?.. D'abord la tenue régulière du chapitre, empêcha les moines d'oublier leur règle, et contribua par suite plus que toute autre pratique, à maintenir le niveau moral. Les bons moines, les consciencieux, toujours nombreux dans le Buddhisme, l'observèrent et l'observent encore, tirant de cette observance un profit indéniable. Les mauvais moines de tous les temps, furent au moins gênés, par le chapitre, dans leur libertinage, et souvent obligés à confesser leurs fredaines, de peur que

Leçon 59.

celles-ci, ayant été révélées par voie de dénonciation, ne les fissent expulser. Car la formule solennelle dit: «Celui qui, étant en faute, laissera passer la triple interrogation sans se déclarer, sera coupable de mensonge formel. Or le mensonge formel est, selon sa gravité, cas de pénitence ou de dégradation. Et le cas de non-dénonciation d'un moine coupable de faute grave, par celui qui connaît sa faute, est puni de la même peine.

Notes. — Pages 490 et 495. Usages indiens, conservés tels quels dans le texte, mais que les Chinois adaptèrent à leurs mœurs. Le purin, primitivement employé dans l'Inde comme vomitif, en cas de morsure par un cobra, est encore le seul émétique que connaisse le peuple chinois.

Sources. — La Somme hinayāna de l'école dharmayupta 四分律 Seu-fenn lu, dans le Tripiṭaka chinois.

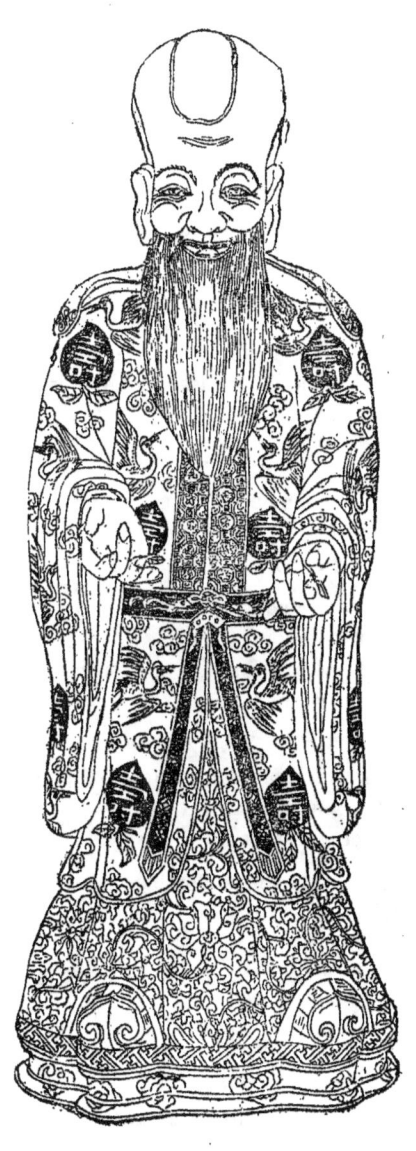

老壽星 l'Astre de la longévité Génie taoïste.

Soixantième Leçon.

Le culte officiel au cinquième siècle. Hymnes.

L'Histoire officielle nous apprend que, en l'an 405 après J.-C., en Chine, sur dix familles, neuf pratiquaient le Buddhisme. Or, dans ce milieu buddhiste, la vieille religion chinoise, avec son culte officiel, se conservait, comme institution d'état, telle que les premiers 漢 *Han* l'avaient faite, au second siècle avant l'ère chrétienne. La seconde dynastie *Han*, puis la période agitée des *Trois Royaumes*, ne nous ont pas légué de documents liturgiques. Mais de la dynastie 晉 *Tsinn*, il nous reste de belles hymnes, la plupart en vers de quatre caractères; d'autres, dans ce mètre si allègre de trois caractères à rimes croisées, pimpant et sautillant, inventé pour accompagner les pas des danseurs. Le style de ces pièces est excellent. En voici trois spécimens :

«Augustes sont les Tsinn,
lesquels, en récompense de leurs bonnes œuvres,
ont reçu du Ciel le mandat durable
de procurer le bonheur de toutes les principautés.

Toutes les principautés étant heureuses,
et tous les signes étant fastes,
avec respect nous offrons, sur son tertre,
ce sacrifice à l'Auguste d'en haut.

Que ce sacrifice à l'Auguste d'en haut
soit pour nous le gage de tous les bonheurs !
Que glorifiés soient nos ancêtres,
qui ont coopéré avec le Ciel.

Offrons des victimes, des chants,
et le parfum des vertus,
afin que le Ciel nous bénisse,
et fasse tout tourner à bien dans les quatre régions. »

«Depuis l'origine, dans ce temple,
les offrandes ont été faites avec diligence
aux ancêtres de l'empereur régnant,
lesquels sont, dans la gloire, avec le Souverain d'en haut.

O majestueux Souverain d'en haut,
Suprême, Adorable,
les sages ancêtres sont auprès de toi,
tu as glorifié leur vertus et leurs mérites.

Leçon 60.

Fais que les peuples soient respectueusement soumis,
et de toutes parts on viendra t'offrir des sacrifices.
Accorde-nous, selon les temps,
protection et bonheur toujours. »

—◊— —◊—

Chant durant l'offrande aux Génies célestes :

« Préparons le grand tertre,
pour recevoir les Génies d'en haut.
Excitons notre ardeur,
car les êtres transcendants approchent.

Les feux rouges brillent,
les bûchers odoriférants fument,
il s'en échappe des flammes violettes,
qui forment ensuite une nuée noire.

Le corps des Génies
n'a ni forme, ni figure.
Il se transporte partout,
invisible à cause de sa ténuité.

L'arrivée des Génies,
une lueur l'annonce,
sans qu'on entende aucun son,
sans qu'on voie aucun signe.

Quand ils sont arrivés,
s'ils sont contents,
leur joie et leur paix
se communiquent à nos cœurs.

Quand ils se sont assis
et éjouis avec nous,
les nuées donnent la pluie,
les vents favorables soufflent.

Que les accents de la musique
s'unissent aux paroles des chants.
Que la symphonie retentisse,
car les Génies sont là qui écoutent.

Ils sont là rassemblés,
jouissant des parfums brûlés pour eux,
jouissant des viandes offertes,
jouissant du contenu du grand rhyton.

Ils acceptent avec plaisir,
ils se réjouissent des offrandes,
ils bénissent les grands Tsinn,
et font descendre sur eux le bonheur.

Leçon 60.

De la capitale impériale,
cette bénédiction s'étend entre les quatre mers,
garantissant que la dynastie régnera prospère,
jusqu'à épuisement du lot que le Ciel lui a alloué. »

Je ne traduis pas l'hymne aux Génies terrestres, parallèle, vers par vers, à la précédente.

Le cinquième siècle après J.-C. fut une triste période. Guerres, émiettement, joug barbare. La Chine faillit périr. A de pareilles époques, on ne chante guère. Nous avons pourtant quelques hymnes des éphémères petites dynasties qui succédèrent aux 晉 *Tsinn*. Vu le malheur des temps, presque rien que des pastiches. Ni souffle, ni originalité. Aussi ne citerai-je qu'une hymne des 南齊 *Nan-Ts'i*, composée en 480 ou 484 après J.-C.

« Le Ciel fait descendre son influx favorable ;
l'empereur y répond par ses offrandes.
Viandes et liqueurs sont disposées,
bûchers de bois et liasses de soie flambent.

Les ministres sont disposés en bel ordre,
présentant avec respect jade et parfums.
S'élevant de l'aire des sacrifices,
la fumée monte dans l'azur lumineux.

La musique retentit, les demandes au Ciel sont écrites,
les ancêtres aussi ont leurs offrandes.
Nous ne demandons pas d'être bénis, pour ce que nous offrons.
Nous demandons à être bénis, vu notre bon cœur. »

Je rappelle ce que j'ai dit plusieurs fois déjà, à savoir que, à ce culte officiel, le peuple n'avait aucune part. Le culte officiel pour lui, c'étaient les offrandes au tertre des 社稷 Patrons du sol et des moissons ; culte qui subsista durant toute cette période, comme de nombreux documents l'attestent. Dans ces textes est affirmée l'obligation, pour chaque groupe de vingt-cinq familles, d'avoir un tertre des Patrons du sol et des moissons, et d'y faire des offrandes, deux fois par an, ordinairement au deuxième et au huitième mois, pour demander une bonne année et pour remercier de l'avoir obtenue. Des prières avec offrandes doivent aussi être faites, chaque fois que la sécheresse ou l'excès de pluie compromettent les récoltes. — Souventes fois est discutée, entre ritualistes, la question de savoir s'il ne conviendrait pas d'élever deux tertres distincts, l'un pour le Patron du sol, l'autre pour le Patron des moissons ; et presque toujours la réponse est, qu'il faut s'en tenir à l'usage ancien, au tertre unique du Patron du sol, à qui s'adresse le culte principal ; le culte du Patron des moissons étant un accessoire surajouté. — Pratiquement, le peuple ignore le Patron des moissons, ne connaît que le Patron du sol. Le texte dit : Les agriculteurs vivent du sol. Chaque groupe vit de son sol.

Leçon 60.

On a donc multiplié les tertres des Patrons du sol, afin que chaque groupe pût demander et remercier lui-même, et prier pour ses propres besoins.

Le petit poème que voici, date de la dynastie 晉 *Tsinn*.

«C'est aujourd'hui le jour faste
du Génie du tertre, Patron du sol.
Toute la population est rassemblée,
pour prier et offrir sous son arbre.
Offrons-lui des œufs, de la viande, du poireau,
de l'ail et de la saumure.
Le temps est beau, nos cœurs sont joyeux.
Que le hanap passe et repasse.»

Enfin, comme un grand personnage célibataire, est en Chine une étrange anomalie, les textes de cette époque commencent à faire mention, oh! bien discrètement, à côté du père-patron du sol, de la mère-patronne son épouse. Intention très bonne, sans doute; mais hélas!

Sources. — Histoires dynastiques 晉 書 *Tsinn-chou*, chap. 22. — 南 齊 書 *Nan-Ts'i-chou*, chap. 11.

Soixante-et-unième Leçon.

Le Taoïsme mystique, du troisième au sixième siècle.

Du troisième au sixième siècle, le Taoïsme subit une notable évolution. Cette évolution fut double, 1 politique, 2 doctrinale. J'exposerai d'abord l'évolution politique.

I. J'ai raconté (Leçon 50) la première organisation du Taoïsme en puissance politique, au deuxième siècle de l'ère chrétienne. Au cinquième siècle, la Chine septentrionale formait le royaume tongouse de 魏 *Wei*. Le Chinois 崔浩 *Ts'oei-hao* était conseiller du roi tongouse 拓跋燾 *Topa-tao*, intronisé en l'an 423. *Ts'oei-hao* détestait le Buddhisme alors très puissant chez les *Wei*. Des princes et des ministres fervents buddhistes, choqués de son incrédulité, le desservirent auprès du roi, qui le priva de sa charge. Par esprit de vengeance, *Ts'oei-hao* passa aux Taoïstes, les ennemis jurés des Buddhistes.

Or un certain 寇謙之 *K'eou-k'ientcheu*, moine taoïste sur le mont 嵩 *Song*, ayant étudié des grimoires attribués à 張陵 *Tchang-ling* (page 392 D), et ayant de plus été favorisé d'apparitions de 老子 *Lao-tzeu*, s'appliqua à faire reconnaître *Tchang-ling* comme patriarche du Taoïsme moderne, avec le titre de 天師 *Maître céleste*. Un Génie lui apparut aussi, et lui remit les 天宮之法 *Lois du palais céleste*, grimoire destiné au roi de *Wei*. — Quand *K'eou-k'ientcheu* arriva à la cour de *Wei* pour présenter ce don transcendant, les princes et ministres buddhistes l'accueillirent mal, naturellement. *Ts'oei-hao* jugea l'occasion bonne pour chercher à rentrer en grâce. Il se fit patron de *K'eou-k'ientcheu*, et écrivit au roi ce qui suit : « Chaque fois qu'un Sage occupe un trône, le Ciel lui fait quelque faveur. C'est ainsi que jadis il donna à *Fou-hi* et à *U le Grand* les diagrammes mystérieux. Et voici qu'il envoie à Votre Majesté des écrits d'un sens profond. C'est là une faveur supérieure à celle que reçurent les anciens Sages. Vous qui vous appliquez à tant de soins mondains, négligeriez-vous de prêter l'oreille aux avis des Intelligences supérieures ? »... *Ts'oei-hao* avait bien jugé son homme. Le Tongouse *Topa-tao* fut énormément flatté de se voir mis au-dessus de *Fou-hi* et de *U le Grand*. Il reçut à sa cour *K'eou-k'ientcheu*, lui donna le titre de *Maître céleste*, et lui permit de propager les doctrines taoïstes sous son patronage royal. — Il paraît bien que le titre de *Maître céleste*, donné primitivement à *K'eou-k'ientcheu*, ne fut attribué à *Tchang-ling*, officiellement et définitivement, qu'au huitième siècle, sous la dynastie 唐 *T'ang*.

Petit à petit *Topa-tao* devint lui-même taoïste pratiquant et fervent. *Ts'oei-hao* triomphait. Il fit payer cher aux Buddhistes l'affront qu'ils lui avaient fait subir jadis. A son instigation, en 438, *Topa-tao* fit d'abord renvoyer des couvents de ses états, tous les moines buddhistes qui n'avaient pas cinquante ans, et défendit de recevoir désormais des novices. — Et 446, ce fut bien pis. L'Histoire raconte que, à 長安 *Tch'ang-nan* (maintenant 西安府 *Si-nan-fou*), *Topa-tao* entra inopinément dans un temple buddhiste. Tandis qu'il le visitait, les moines régalèrent les gens de sa suite, comme c'est l'usage en Chine. Ceux-ci flânant dans le couvent, y découvrirent un dépôt d'armes. Le roi averti, fit aussitôt perquisitionner à fond. Dans les dépendances du couvent, on découvrit une distillerie d'eau-de-vie, et un souterrain où étaient gardées des femmes et des filles. *Topa-tao* ordonna l'exécution immédiate de tous les moines du couvent. — *Ts'oei-hao* qui avait probablement monté ce coup, battit le fer pendant qu'il était chaud. Je vous disais bien, dit-il au roi, que les Buddhistes sont des hommes sans mœurs. Faites-en autant à tous les moines de vos états ; détruisez leurs temples, leurs livres et images... Soit! dit le roi ; et il fit rédiger un édit ainsi conçu: « Jadis un prince imbécile de la dynastie 漢 *Han*, permit l'établissement en Chine du Buddhisme, doctrine fausse et perverse, secte qui ruine les rits et les mœurs. Moi j'ai résolu d'abolir la fausseté, de rétablir la vérité, d'éteindre jusqu'aux derniers vestiges de la funeste erreur de l'empereur 明 *Ming* (page 355). Que les moines buddhistes, sans distinction d'âge, soient tous mis à mort. Que tous les temples buddhistes soient détruits. Que les officiers de la police recherchent avec soin les livres et les images buddhistes, surtout les écrits hindous, et les brûlent tous, sans exception. Que désormais quiconque fera des images buddhistes en cuivre ou en argile, quiconque vénérera ces images, soit mis à mort avec toute sa famille. » — Or le prince héritier de *Wei* était un fervent Buddhiste. Il chercha, mais en vain, à obtenir que l'édit de proscription de son père, ne fût pas promulgué. Du moins arriva-t-il à en retarder la promulgation, assez de temps pour prévenir les moines de ce qui se tramait contre eux. Ils se dispersèrent. La plupart des vies furent sauves. Même beaucoup de livres et d'images purent être mis en lieu sûr. Mais tous les temples furent détruits, dit l'Histoire, qui ajoute cette note importante: « Depuis quatre siècles que le Buddhisme s'était introduit en Chine, beaucoup de gens l'avaient reçu avec révérence, et lui avaient demandé leur bonheur ou leur profit. Il n'avait éprouvé jusque là aucune contradiction violente. Ceci fut la première persécution. » — Six ans plus tard, en 452, *Topa-tao* étant mort, son successeur *Topa-tsounn* annula sa loi de proscription. L'orage n'avait nullement ébranlé la foi buddhique très vivace. Temples et couvents furent aussitôt relevés et repeuplés. L'Histoire confesse ingénument, que tout ce que *Topa-tao* avait démoli, se trouva rebâti comme par enchantement. Chose facile d'ailleurs, car les constructions du Nord de la Chine, faites en briques et boue, plus de boue que de briques, se démolissent à la pioche et se rebâtissent à la main. Les Buddhistes ne rendirent pas aux Taoïstes le mal pour le mal, le Buddha ayant défendu la vengeance.

II. Je vais exposer maintenant l'évolution doctrinale du Taoïsme du troisième au sixième siècle, la naissance et le développement du *Taoïsme mystique*, question absolument neuve. Je laisse parler les textes très rares, que j'ai pu exhumer, par faveur spéciale, à Pékin dans la bibliothèque du couvent taoïste 白雲觀 *Pai-yunn-koan*, et à Tokyo dans la bibliothèque réservée de S. M. Impériale le Mikado.

Leçon 61.

Premier acte. — Durant la période 赤烏 *Tch'eu-ou*, entre 238 et 250, un certain 葛玄 *Keue-huan*, taoïste originaire de 建業 *Kien-ie* (Nankin), jadis disciple du fameux 左慈 *Tsouo-ts'eu* (155-220) dont l'Histoire officielle raconte les exploits magiques, se retira dans les montagnes, et commença à avoir des visions et des révélations. 太上 *T'ai-chang*, le Suprême, lui envoya 三聖眞人 *trois Saints transcendants*, lesquels étant descendus du ciel sur la terre, lui enseignèrent 靈寶經 le texte du *Ling-pao*. Leurs noms étaient *U-louo-hiao* premier être transcendant de la suprême et originale unité. *Koang-miao-yinn* resplendissante mystérieuse parole, deuxième être transcendant de la suprême et originale unité. *Tchenn-ting-koang* lumière vérifiante et confirmante, troisième être transcendant de la suprême et originale unité. Le *Suprême* envoya de plus à *Keue-huan* un personnage mystérieux, qui fut son 三洞法師 *maître dans la doctrine du triple mystère*. Ce personnage lui communiqua trente-trois livres. — D'autres textes taoïstes disent plus brièvement, que *Keue-huan* fut favorisé de révélations par le 天眞王 *Roi transcendant du ciel*. — — Je remarque, sur ce texte, que *Ling-pao*, transcendant-trésor, est un terme inconnu dans la littérature chinoise jusque là... Que *U-louo-hiao* est certainement la translittération d'un mot étranger, probablement de *Eloha*, que les Nestoriens translittèreront *A-louo-heue*.. Que la *Parole* et la *Lumière* font penser à la deuxième et à la troisième personne de la Trinité chrétienne... Qu'il n'y aurait pas lieu de s'étonner qu'un païen eût additionné Dieu *le Suprême* avec ses trois Personnes... Enfin que, si ceci était un texte chinois chrétien, il serait antérieur à Dèce et à Dioclétien... Mais suspendons notre jugement pour le moment. — Le nombre (33) des livres ne concordant pas avec la Bible des Juifs de Babylone et des Juifs de l'Inde, je pense qu'il n'y a pas lieu de chercher dans cette direction. — — La tradition taoïste raconte que *Keue-huan* transmit ses révélations à son disciple 鄭思遠 *Tcheng-seuyuan*, lequel les transmit à son élève 葛洪 *Keue-houng*, alias 抱朴子 *Pao-p'ou-tzeu*, petit-neveu de *Keue-huan*, à l'œuvre duquel j'ai consacré ma cinquante-deuxième Leçon. Or pas trace, dans cette œuvre alchimique et diététique, de la doctrine du *Ling-pao*. Le petit-neveu ne partagea donc pas les idées du grand-oncle.

— ◆ ◆ —

Deuxième acte. — Sous le règne de l'empereur 成 *Tch'eng* des 晉 *Tsinn* (326 à 342), un certain 王褒 *Wang-pao*, mort depuis trois cents ans, apparut à la contemplative taoïste 魏華存 *Wei-hoats'ounn*, et lui remit les grimoires par l'étude desquels lui-même, dit-il, était arrivé à l'état de 眞 Génie. Cette femme mourut (le texte dit, monta au ciel) en 334, laissant ces écrits à son fils, lequel les donna à un certain 楊羲 *Yang-hi*, visionnaire qui paraît avoir joué un rôle important dans l'évolution du Taoïsme. A l'occasion de leur remise à *Yang-hi*, les livres sont appelés *Textes révélés du grand mystère du plus haut des cieux*. *Yang-hi* mourut (le texte dit, monta au ciel) en 386.

— ◆ ◆ —

Troisième acte. — Un certain 許映 *Hu-ying*, descendant d'une ancienne famille de notables, reçut l'initiation taoïste de 鮑靚 *Pao-tsing*, haut fonction-

Leçon 61.

Solitaire taoïste.

Leçon 61.

naire, Taoïste zélé, beau-père de 葛洪 Keue-houng dont j'ai parlé plus haut. Ce Pao-tsing avait aussi des livres anciens, venus on ne sait d'où. Devenu très fervent, sous un aussi bon maître, Hu-ying se retira, en 313, dans une solitude au sud du Fleuve Bleu, et ne revint jamais. — Son frère cadet 許謐 Hu-mi, vécut aussi en solitaire, et mourut en 373. Il légua à son fils 許玉斧 Hu-ufou, trente-et-un traités sur *la droite loi de la triple divinité du suprême ciel*. Hu-ufou communiqua ces traités à son contemporain Yang-hi (ci-dessus), qui put les comparer avec les trente-et-une sections de son texte à lui. A sa mort, il les légua à son fils 許黃民 Hu hoang-minn, lequel les transmit à son fils 許豫之 Hu-utcheu. En 435, quand il se sentit près de mourir, Hu-utcheu ferma et scella ses livres, appelés à cette occasion *précieux textes du ciel suprême contenant la loi merveilleuse du triple mystère*, et les confia à un certain 馬朗 Ma-lang. En 465, l'empereur 明 Ming des premiers 宋 Song ayant entendu parler de ces livres, se les fit apporter et rompit les sceaux. Une vive lumière jaillit aussitôt, et l'empereur tomba malade. Repentant, il s'excusa, et restitua les livres. La famille 馬 Ma les déposa dans la bibliothèque du couvent taoïste 崇虛觀 Tch'oung-hu-koan, où ils furent étudiés par le célèbre 陸修靜 Lou-siou-tsing, qui les transmit à son disciple 孫遊嶽 Sounn-you-yao. A sa mort, en 489, celui-ci les passa au fameux 陶弘景 T'ao-houng-king, lequel, dit la tradition, parvint à se procurer aussi les livres de Yang-hi. Usés par l'âge, dit le texte, les deux exemplaires périrent entre ses mains, tandis qu'il les étudiait; mais il en publia la substance, avant sa mort arrivée en 536.

-◆- -◆-

J'ai pu me procurer et étudier à loisir l'ouvrage de T'ao-houng-king, intitulé *Déclarations des Génies*. C'est bien en effet une collection de prétendues révélations, reçues par Yang-hi et par Hu-ying. Toutes sont datées, tel jour de tel mois; mais l'année est rarement indiquée. Cependant deux révélations portent le millésime 365, époque de Yang-hi. — La mise en scène est la même pour toutes ces révélations. La nuit, un ou plusieurs Génies, une ou plusieurs Fées, entrent, toujours par la porte, dans la cellule du solitaire. Ce sont, le *Génie du pur Vide*, le *Génie de la pure Transcendance*, *la Dame des Monts du Sud*, la *Dame du Palais pourpre*, etc. On se salue, on s'assied, on cause, on rit, on se fait des compliments; tout le rituel chinois des visites entre personnes distinguées. Puis le Génie ou la Fée dicte des sentences ou des vers de sa façon, ou les donne écrits de sa main. Enfin vient le départ, au premier chant du coq, lequel s'effectue toujours en cette manière: étant descendu du divan, l'être transcendant va vers la porte, mais disparaît avant d'y être arrivé. — Le lecteur est averti que, quand une ou plusieurs fées viennent et passent la nuit seules avec le solitaire, il ne se passe jamais rien d'inconvenant. — Les discours de ces Génies et Fées ne sont pas très profonds. Ils ne contiennent rien qui ne se trouve dans les traités taoïstes classiques. Cependant un trait est à noter. Ils prétendent tous, que les instructions laissées par le patriarche 張陵 Tchang-ling (page 392 D) à ses disciples ne sont pas mauvaises, que 黃赤之道 l'alchimie basée sur le cinabre n'est pas inefficace; mais que les révélations, l'enseignement direct par les Génies, prime tout.

-◆- -◆-

D'autres textes, doctrinaux ceux-là, ont peut-être passé par les hommes que je viens de citer, mais remontent spécialement, je pense, à 葛玄 Keue-huan. Je vais résumer les traits principaux du nouveau *Taoïsme mystique* contenu dans ces écrits, dans lesquels, soit dit en passant, aucun trait emprunté au Buddhisme ou à l'Amidisme n'est reconnaissable, alors que *Keue-huan* connut pourtant, à *Kien-ie*, le fameux 支謙 *Tcheu-k'ien*, un Amidiste notoire.

«Au-dessus de tout, est le 元始天尊 *Vénérable céleste de la première origine*, qui fut avant l'émanation primordiale, et dont personne ne sait l'origine; qui est, toujours le même, sans aucun changement. Il réside au-dessus de 玉京 la capitale de jade, par delà les orbes des *Trois Purs*, au plus haut des cieux. Il veille à ce que les hommes soient instruits de ce qui concerne leur délivrance. — Au-dessus des cieux des Génies, s'étendent les trois orbes des *Trois Purs*. Plus haut, c'est le ciel suprême, où réside le *Vénérable céleste de la première origine*, qui dirige l'évolution et répand l'enseignement. — Il fut avant le vide et le silence, avant le chaos primordial. L'œil de chair 肉眼 ne peut pas voir sa vraie substance. Cette vraie substance est pure et merveilleuse, contenant toutes les vertus, présente dans tous les lieux. Elle est le principe premier, la cause de tous les mouvements, l'origine de toutes les productions. — Dans le vide primordial, sans intérieur ni extérieur, une lumière brilla. Cette lumière était esprit. L'esprit s'épanouissant, devint les *Trois Purs*. Puis il y eut le ciel et la terre, puis le reste des êtres. — Le Seigneur du vide, le Maître de l'origine, est esprit, est lumière, est de lui-même. C'est lui qui mit en rotation l'univers, primitivement immobile.»

Voici un échantillon de la liturgie qui se rattache à ces textes. Elle se compose de passages rythmés évidemment faits pour être psalmodiés, et de leçons en prose.

«Essence du Suprême Un,
esprit de l'obscur mystère,
toi qui produisis tous les êtres
et qui peux les purifier tous,
avant de t'invoquer je m'asperge
et me place en ce lieu pur.

Par l'ordre du Souverain Seigneur
furent allumés les sept flambeaux célestes.
Ils envoient leurs rayons sur cette terre,
éclairant et protégeant tous les vivants.

Assistants et ministres de droite et de gauche,
brillantes et redoutables intelligences;
ô chef de la milice céleste
et vous cinq préposés aux foudres.

Quittez pour un instant le palais d'or,
venez dans ce monde poussiéreux,
pour nous délivrer des dangers et des malheurs,
pour protéger et prolonger nos vies.

Leçon 61.

Étendez jusqu'à nous votre puissance,
éteignez ce qui est mal et impur,
bénissez tous ceux qui vivent,
donnez le repos aux morts.

Que ceux qui vous désobéiront, périssent.
Que ceux qui vous obéiront, prospèrent.
Les sept flambeaux célestes brillent,
répandant leur lumière sur nos personnes.

Que cette lumière protectrice
nous donne de vivre toujours!
Avec respect nous offrons des parfums,
avec révérence nous exprimons notre dévotion.

Suit une longue leçon en prose, sur le Souverain Seigneur de l'immense espace et des trois orbes, Père Saint de l'univers. Ce terme 聖父 *Saint Père* est répété bien des fois, ainsi que ceux de 人神之主宰 Seigneur arbitre des hommes et des esprits, et de 造化之樞機 Pivot des genèses et des transformations. — Enfin la conclusion psalmodiée

Mystérieuse vertu et gloire,
donne-nous de vivre toujours.
Suprême et mystérieux Trois-Un,
daigne protéger nos personnes.

--✧--✧--

Qu'est-ce que cette doctrine-là?.. J'avoue que je crus d'abord fermement, que le 太玄三一 *Suprême et mystérieux Trois-Un* était la Trinité chrétienne. Depuis, ma foi a été ébranlée. J'ai en effet découvert, dans des fragments insoupçonnés, conservés par les Taoïstes chinois, des mentions nettes de 七域 et 八紘 l'Hebdomade et l'Ogdoade, et autres points substantiels du système gnostique de *Basilide*. Et il me faut avouer que ce système très ancien (*Basilides non longo post nostrorum Apostolorum tempore*), avec son *Deus non-ens*, sa *Filietas tripartita*, ses trois orbes, ses deux *Archon* plus *Jésus le fils de Marie*, explique à peu près tous les textes du cycle 靈寶 *Ling-pao*, que les Taoïstes chinois incorporèrent à leur doctrine, depuis *Kouc-huan* probablement. Je touche à la conviction, que les Taoïstes de la Chine, qui plus tard frayèrent avec les Manichéens puis rejetèrent leurs dogmes, qui empruntèrent à l'Amidisme certaines pratiques pour s'assurer des revenus, sont au fond, depuis le troisième siècle de l'ère chrétienne, des disciples du gnostique Basilide. — La tradition taoïste non-écrite est d'accord avec les vieux textes. Actuellement les intellectuels, les savants, sont rares dans cette secte. Il en reste cependant. Quand l'Abbé du *Pai-yunn-koan*, un homme intelligent, me vit assez au courant de leurs doctrines, il me dit : «Entre nous, vous et nous, nous fûmes voisins à l'origine. Nous Taoïstes nous savons cela.»... Je ne veux pas en dire plus long, provisoirement, sur des recherches qui ne sont pas encore terminées.

Notes. — Le Canon Taoïste, dont j'ai donné la première traduction et analyse en 1911, contient plusieurs traités, surtout liturgiques, attribués à un certain 許遜 *Hu-sunn* (probablement un parent des *Hu* cités page 513). Cet homme mourut en 374. Cette date me mit en éveil, naturellement. J'obtins de l'Abbé du *Pai-yunn-koan*, communication de ces écrits introuvables en librairie. Je constatai qu'ils sont faussement attribués à *Hu-sunn*, et ne remontent pas au quatrième siècle. Ce sont des traités de Taoïsme théiste moderne (Leçon 67), simplement supposés, ou peut-être confectionnés pour remplacer les traités de *Hu-sunn* perdus, truc assez souvent employé dans toutes les branches de la littérature chinoise.

Sources. — Histoire officielle 魏書 *Wei-chou*, parmi les Histoires dynastiques. Elle fut rédigée dès le sixième siècle. — Je réserve provisoirement les titres des traités taoïstes exploités dans cette Leçon, auxquels je consacrerai une étude ultérieure.

Consulter L. Wieger S.J. Le Canon taoïste 1911. — Saint Irénée, contra hæreses, lib. I cap. 24, de Saturnino et Basilide. — Saint Epiphane, adversus hæreses, tom. II lib. I hæres. 24. — Les Philosophumena (Hippolyte), édition Patricius Cruice, Paris 1860, in typographeo imperiali, lib. VII et lib. X. — A. S. Peake, Basilides, Basilidians, in Encyclopædia of Religion and Ethics, edited by James Hastings, Edinburgh, 1909.

Soixante-deuxième Leçon.

Sixième siècle. *Wei* et *Leang*. Buddhisme. — La reine *Hou*. L'empereur *Ou*. — *Bodhidharma*. Védantisme chinois.

Au commencement du sixième siècle, il y avait deux Chines; le royaume tongouse des 魏 *Wei* au Nord, l'empire des 梁 *Leang* au Sud. Nord et Sud étaient Buddhistes, surtout le Nord. Un dénombrement officiel, fait entre 512 et 515, accuse, dans le royaume de *Wei,* l'existence de treize mille temples et couvents buddhistes, et la présence à la capitale de plus de trois mille moines étrangers, sans compter les moines indigènes beaucoup plus nombreux répandus par tout le pays. — En 515, un enfant de cinq ans ayant été mis sur le trône, le pouvoir tomba aux mains d'une régente, la fameuse reine 胡 *Hou*. Buddhiste plus que fervente, celle-ci dépensa sans compter, pour l'érection de monuments buddhistes splendides. En 518, elle envoya dans le *Gāndhāra* et l'*Udyāna*, l'ambassadeur 宋雲 *Song-yunn* et le moine 慧生 *Hoei-cheng*, quérir des livres buddhistes. Ils revinrent en 521, rapportant 170 ouvrages encore inconnus en Chine. Les Lettrés chinois insinuent malignement, que le goût pour la mousseline indienne, dont la reine *Hou* raffolait, fut pour beaucoup, peut-être pour plus que la dévotion aux *sûtra*, dans cette ambassade. En tout cas elle nous valut une relation de voyage encore existante, qui est un des documents les plus importants de la géographie indo-chinoise ancienne. — L'Histoire officielle nous dépeint la reine *Hou*, comme une politicienne sans scrupules, de mœurs très dissolues. Elle fut séquestrée en 520, revint au pouvoir en 525, empoisonna le roi son fils en 528, et fut noyée dans le Fleuve Jaune par un général révolté. — En 538 l'Histoire donne, pour la Chine du Nord, les chiffres suivants assez suggestifs. Dans les seules provinces actuelles *Tcheu-li* et *Chan-tong*, trente mille temples et couvents, peuplés par deux millions de moines et de nonnes.

Dans la Chine du Sud, l'empereur 武 *Ou* de la dynastie 梁 *Leang*, fut le digne pendant de la reine *Hou*. Les premiers symptômes de sa conversion au Buddhisme, parurent en 517. Il défendit d'immoler des animaux pour les offrandes chinoises aux Ancêtres, lesquels furent condamnés au régime végétarien. Il défendit ensuite de tisser dans les étoffes des figures humaines ou animales, l'action de couper ces figures en taillant dans l'étoffe, lui paraissant une sorte d'assassinat. Avec le temps, l'empereur *Ou* devint de plus en plus croyant et pratiquant. En 527, il *céda sa personne* à un temple de la capitale (le Nankin actuel), c'est-à-dire qu'il abdiqua et se fit moine. Les ministres le rachetèrent pour une grosse somme, et le remirent de force sur le trône. En 529, récidive de l'empereur, et nouveau rachat par les ministres. En 538, des reliques du Buddha ayant été apportées à la capitale, l'empereur leur fit bâtir un temple monumental, et accorda une grande amnistie à l'empire. En 547, il se fit moine pour la troisième fois. En

Leçon 62.

Bodhidharma. Dessin chinois.

Leçon 62.

549, à l'âge de quatre-vingt-six ans, il mourut, tristement mais dignement, détrôné par un général rebelle. Les Lettrés chinois lui ont fait cette oraison funèbre : «Personne n'a jamais cru plus fermement que l'empereur *Ou* des *Leang*, la doctrine buddhique qui affirme que les chiens, les porcs, les moutons, les bœufs et les hommes, sont frères. *Yao, Chounn, Tan* duc de *Tcheou*, et Confucius, lesquels tuèrent des animaux pour les offrandes aux Ancêtres, furent, à ses yeux, des êtres inhumains. Vraiment, si les dogmes buddhiques de la rétribution et de la renaissance étaient vrais, tous les bonheurs auraient dû pleuvoir sur l'empereur *Ou*. Or, tout au contraire, son règne fut malheureux, sa fin fut lamentable. Après avoir vécu de légumes pour n'abréger l'existence d'aucun être vivant, il mit fin à sa propre vie en se laissant mourir de faim. L'histoire de cet homme suffit, pour persuader du néant des promesses buddhiques, quiconque sait réfléchir et méditer.»

Un événement extrêmement important pour le Buddhisme chinois, se place dans cette période. Il s'agit de l'arrivée à Canton, par mer, le vingt-et-unième jour du neuvième mois de l'an 520, du prince indien devenu missionnaire, *Bodhidharma*, en chinois 達磨大師 *Ta-mouo ta-cheu*, le Grand Maître *Tamouo (dharma)*. De Canton il se rendit à 建康 *Kien-k'ang*, le Nankin actuel, capitale de l'empereur 武 *Ou*, auquel il exposa sa doctrine. L'hostilité des moines de *Kien-k'ang*, le décida à passer dans la Chine septentrionale soumise aux 魏 *Wei*. Il refusa de demeurer à leur capitale 洛陽 *Lao-yang (Heue-nan-fou)*, et se fixa dans le couvent 少林寺 *Chao-linn-seu* des monts 嵩 *Song*, où il mourut, vers l'an 529 probablement, après y avoir fait des disciples, puis passé ses dernières années assis, immobile, le visage tourné contre un mur, absorbé dans l'extase. Du moins, c'est ce que la tradition raconte de lui.

Des documents historiques, sinon parfaitement explicites, du moins suffisamment transparents, nous apprennent que *Bodhidharma*, troisième fils d'un roitelet de l'Inde méridionale, partit pour la Chine à un âge avancé, moitié pour cause de querelles doctrinales avec les moines de l'Inde, moitié pour cause de dissensions de famille. — Une sorte de patriarcat buddhiste, plutôt honoraire que réel, se transmettait depuis *Kāsyapa*, par la collation, les uns disent de l'écuelle, les autres disent de la robe, de *Śākyamuni*. *Bodhidharma* fut, affirment ses disciples, l'élève du vingt-septième patriarche *Prajñātara* (lequel n'est déjà plus reconnu par les vrais Buddhistes). *Prajñātara* l'aurait investi du patriarcat, lui aurait confié la doctrine ésotérique, et lui aurait donné mission d'aller convertir la Chine. — La vérité est, que *Bodhidharma* fut rejeté par les moines de l'Inde comme un mécréant, et repoussé par ceux de la Chine au même titre. Et cela avec raison. *Bodhidharma* ne fut pas un Buddhiste. Après sa mort, sa doctrine se répandit en Chine, et ses disciples formèrent une secte, faussement classée parmi les sectes buddhistes; la secte 禪那 *Tch'an-na*, vulgo *Tch'an* tout court, translittération du mot indien *dhyāna* vision.

J'ai fait des écrits de cette secte, terre à peu près vierge, une laborieuse étude, laquelle a abouti à une grande déception. Alléché par le titre qu'elle se donne, je m'imaginai que je trouverais chez elle quelques nouveautés mystiques intéressantes. Hélas! je dus constater que les *Tch'an* n'ont fait que propager en Chine une doctrine indienne ancienne et bien connue. — Procédons avec ordre…

Nous avons vu (Leçon 56) que, malgré la défense formelle du Buddha, après sa mort ses disciples *(Sarvastivāda)* ne s'étaient pas contentés des *sūtra* récits rédigés par *Ananda*, mais y avaient ajouté des *śāstra* dissertations. J'ai dit que les *Sautrāntika* rejetèrent ensuite ces dissertations, et déclarèrent qu'il fallait s'en tenir aux récits, qui étaient la seule *vraie parole* du Buddha. Or *Bodhidharma* rejeta aussi les récits, inutiles à son avis. Prohibant tous les livres et toute étude, il posa le principe unique, de la *buddhification* personnelle et individuelle, par une sorte de contemplation de son intérieur, que j'appellerai *endovision*. De même, dit-il, que le Buddha obtint l'illumination par sa méditation nocturne sous l'arbre de *Gayā*, ainsi tout aspirant à la *buddhification*, doit la rechercher et l'obtenir lui-même par soi-même, par la contemplation de son être intérieur. Cette contemplation, sans thème, sans procédés, non pas méthodique comme celle des Mahayanistes (Leçon 54), mais purement intuitive, doit former l'unique occupation de l'aspirant à la perfection. C'est à elle que *Bodhidharma* s'appliqua sans interruption durant ses dernières années. C'est en la pratiquant, qu'il mourut. Or pareille contemplation ne peut pas être soutenue, comme acte intellectuel. L'unique résultat qu'elle puisse produire, si elle est pratiquée sérieusement, c'est l'idiotie. Et si elle n'est pas pratiquée sérieusement, cette oisiveté mentale conduit fatalement à l'immoralité.

-ϕ- -ϕ-

Je laisse la parole au patriarche. Toutes les citations qui vont suivre, sont extraites du discours qu'il fit à la cour de l'empereur 武 *Ou*, en l'an 520. Ce texte 達磨血脉論 n'a été mentionné jusqu'ici, que je sache, par aucun auteur.

«Le monde tout entier est pensé *dans le cœur*. Tous les Buddhas, passés et futurs, ont été et seront formés dans le cœur. La connaissance se transmet de cœur à cœur, par la parole. Alors à quoi bon tous les écrits? — Le cœur de chaque homme communie à ce qui fut dans tous les temps, à ce qui est dans tous les lieux. Le cœur est le Buddha. Il n'y a pas de Buddha en dehors du cœur. Considérer l'illumination et le *nirvāṇa* comme des choses extérieures au cœur, c'est une erreur. Il n'y a pas d'illumination en dehors du cœur vivant, il n'y a pas de lieu où se trouvent des êtres *nirvāṇés*. Hors la réalité du cœur, tout est imaginaire. Il n'y a pas de causes, il n'y a pas d'effets. Il n'y a d'activité que la pensée du cœur, et son repos c'est le *nirvāṇa*. Chercher quelque chose en dehors de son cœur, serait vouloir saisir le vide. Le Buddha, chacun le crée dans son cœur, par sa pensée. Le cœur est Buddha, et Buddha c'est le cœur. Imaginer un Buddha en dehors de son cœur, se figurer qu'on le voit dans un lieu extérieur, c'est du délire. Donc il faut tourner son regard, non vers le dehors, mais vers le dedans; il faut le concentrer en soi-même, et contempler en soi sa *buddhéité*. — Tous les êtres sont Buddha comme moi, donc je n'ai à sauver personne. Aucun Buddha ne peut plus que moi, donc je n'ai pas à les prier. Aucun Buddha ne sut plus que moi, donc je n'ai rien à apprendre dans leurs livres. Un Buddha n'est tenu par aucune loi, donc je n'ai à observer aucune règle. Un Buddha ne peut pas faillir, donc je n'ai pas à craindre de pécher. Il n'y a ni bien ni mal, mais seulement des actes du cœur, le-

Leçon 62.

quel étant Buddha, est impeccable par nature. A quoi bon le culte, la propagande, le zèle, l'observance, l'aumône, la prière, la lecture, et le reste?! Une seule chose compte, à savoir, voir en soi-même le Buddha qui y habite. Cette *endovision* opère la délivrance, et constitue le *nirvāṇa*. »

La tradition rapporte que, quand *Bodhidharma* fut présenté à l'empereur *Ou*, celui-ci, très dévot Buddhiste comme nous savons, lui demanda : qui êtes-vous ? — Je ne sais pas, dit *Bodhidharma*. — L'empereur reprit : Maître, j'ai bâti beaucoup de temples et de couvents ; j'ai entretenu beaucoup de moines ; j'ai fait copier beaucoup de livres ; puis-je espérer avoir acquis quelques mérites ? — Vous n'avez acquis aucun mérite, dit *Bodhidharma*. Car une seule chose compte ; regarder dans son cœur. — Le bon empereur *Ou* ne se fâcha pas. Il composa même un éloge de *Bodhidharma*, après que celui-ci fut mort. Mais on comprend que les moines de la capitale, qui vivaient de la munificence impériale, désirèrent que *Bodhidharma* allât prêcher ailleurs.

Rendons la parole au patriarche... « Aucun *sūtra*, aucun genre d'austérité, ne tire de la roue des renaissances. L'étude et l'ascétisme sont également vains. Aucun livre ne vaut qu'on l'ouvre. Contemplez, dans son repos, dans l'inaction parfaite, l'être qui est en vous, le fond de votre nature, votre cœur. Voilà le vrai Buddha; et apprendre à le voir, doit être la seule étude. Toute autre vision n'est que brouillard et mirage. Voir le Buddha qui est en soi, est la seule vision vraie. — La 佛性 *nature de Buddha* dont on parle tant, est en chaque homme, est la même dans tous les hommes. Avoir tout oublié pour ne retenir que cette réalité unique, voilà ce qui tire de la roue des renaissances, et cause l'absorption, le *nirvāṇa*. Tous les doctrinaires qui enseignent ceci ou cela, sont les auxiliaires de *Māra*, qu'ils aident à illusionner les hommes. Tous les systèmes sont également faux et trompeurs. C'est mentir aux gens, que de leur parler de purification, de bonnes œuvres, d'application et de progrès. Chacun est Buddha pour soi, chacun est son propre Buddha, et tout ce qu'il a à faire pour atteindre le terme, c'est de reconnaître l'immanence en soi de cette seule et unique réalité et vérité. Il n'y a pas de péché ; ou plutôt, il n'y a qu'un seul péché, l'ignorance de sa propre *buddhéité*. Et ce péché est grave, car il maintient dans l'impermanence. — Le corps est une forme éphémère, la vie passe vite ; il faudrait, durant cette courte période, se sauver en se découvrant soi-même. »

Quelqu'un lui ayant dit : « je n'arrive pas à voir mon être intérieur... Rêves-tu parfois ? lui demanda *Bodhidharma*. — Oui, dit l'autre. — Alors tu as vu ton être intérieur. Dans le rêve, c'est lui qu'on voit. La veille distrait de sa vision. Il faudrait arriver à rêver toujours. — Dans le rêve, c'est le *corps mystique* 法身 qui se révèle dans l'être. C'est là son entité réelle et vraie. Ce corps mystique existe de toute éternité. A travers les successives renaissances et les vicissitudes des existences, il ne naît ni ne meurt, il ne croît ni ne diminue, il ne se souille pas et n'a pas à se purifier, il n'aime ni ne hait, il ne vient ni ne part ; il n'est ni homme ni femme, ni vieillard ni enfant, ni moine ni laïque ; il n'est ni oui ni non. Il n'est ni un ni multiple, ni saint ni profane. Il n'a ni figure ni facultés. Il ne s'acquiert ni ne se perd. Il pénètre tout, et rien ne peut lui faire obstacle. Il se joue dans les existences successives, dans le flux des décès et des renaissances. Tous les êtres et leurs destinées reposent sur lui. C'est lui que j'ai plus haut appelé *le cœur*. Il ne faut pas le confondre avec le cœur de chair. C'est ce corps mystique, qu'il faut arriver à voir en soi. C'est dans sa lumière, qu'il faut se mouvoir et agir. Il embrasse tous les êtres, comme le Gange tient en suspension les atomes innombrables de son limon. Il ne peut d'ailleurs pas être décrit, ni expliqué, par des paroles. A chacun de le contempler, de le comprendre, pour soi. Entre autres noms, on lui a donné celui de 聖體 *Cheng-t'i* le saint corps. L'appréhender, c'est l'illumination salvifique, qui tire de l'agitation mondaine que Śākyamuni appelait la grande frénésie, et qui fait rentrer dans le repos du néant. C'est son cœur, sa *buddhéité*, que l'on découvre, au point où l'on se trouve à court de paroles et de pensées. — Le corps mystique est immatériel, immuable, indestructible. Il n'y a pas d'autre Buddha que lui, car lui fut dans tous les Buddhas, et il est dans tous les hommes. Donc, encore une fois, pas besoin de prières ni d'aucun culte; pas besoin de rien chercher en dehors de soi, puisqu'on a tout en soi. Tous les êtres extérieurs, ne sont que de vaines apparences. Rien n'est réel, que le corps mystique. Inutile de prier, ce qu'on est soi-même; inutile de vénérer, ce qu'on est soi-même. Le seul souci doit être de se procurer le silence et le recueillement, qui permettront de voir en soi le corps mystique, le Buddha. Toute représentation figurée, a fortiori toute figure matérielle, est une erreur qui retient ou qui replonge dans le flux des renaissances. Il ne faut donc pas vénérer les *images* qui naîtraient en soi, car elles ne sortent pas du cœur mystique; il ne faut vénérer que les *idées*, qui sortent, elles, de la *buddhéité*. Donc toutes les imaginations de *nâgas*, de *yakshas*, de *devas* ou de *prêtas*, d'êtres transcendants quelconques, d'Indra, de Brahma, sont à rejeter comme de vaines fantasmagories; il ne faut manifester aucun respect à ces êtres imaginaires, ni concevoir d'eux aucune crainte. Sont à rejeter, pour la même raison, toutes les apparitions de *Buddhas* ou de *P'ousas*. Toute vision, est vaine fantasmagorie. Rien ne vaut, que les idées abstraites du cœur, lesquelles sortent de la *buddhéité*. La seule vision réelle, est celle du corps mystique en soi. »

— ∘ ∘ —

« 佛 Buddha est un mot indien, qui n'est pas le nom d'un homme, mais qui signifie l'illumination 靈覺 à laquelle tout homme peut prétendre. Cette illumination, c'est le 禪 *tch'an* (*dhyâna*) auquel nous aspirons. Nos contradicteurs ne comprennent pas la valeur que nous donnons à ce terme. Il ne signifie pas une contemplation quelconque. Pour nous le *tch'an* n'est atteint, que quand la vision de sa propre *buddhéité* est acquise. Pour nous un homme qui saurait réciter d'innombrables textes et commentaires, et qui n'aurait pas acquis l'*endovision*, n'est qu'un laïque vulgaire. Notre doctrine est inintelligible pour beaucoup, parce que les mots sont incapables d'en exprimer le fruit, lequel n'est compris que par ceux qui l'ont obtenu. Nous ne pouvons dire à nos adeptes que ceci : « il vous faut arriver à saisir en vous le Buddha, le corps mystique, le corps sacré, qui est en vous ». Comment décrire en paroles ce corps simple et pur, sans mélange ni composition ? C'est impossible... Et du moment que la chose est ineffable, alors tous les textes et les commentaires sont inutiles. Ce sont vains propos, autour de la question. La vision à obtenir, est un acte simple (il y a dans le texte un acte *sphérique*), lequel, n'ayant pas de parties, ne peut ni être enseigné, ni être exercé, par parties. A peu près comme l'acte physique simple et instantané de la déglutition, sur lequel on n'a jamais fait de théories: on sait avaler ou on ne sait pas. — Quiconque imagine une réalité autre que la *buddhéité* interne, et cherche à la fixer, est tombé dans l'erreur. Toute idée autre que celle de la *buddhéité* interne, est un vain fantôme. C'est le cœur qui produit les fantômes et les erreurs, et qui maintient l'homme dans la roue en s'y attachant. L'homme sera délivré, au moment où, les ayant tous reniés, il s'attachera uniquement à la *buddhéité* qui est en lui. Ce moment, cette illumination, cette délivrance, à chacun d'y tendre pour soi. L'enseignement peut seulement aider à s'y préparer; il ne peut pas la donner. Rêver ne s'enseigne pas. Mourir ne s'enseigne pas. Saisir la *buddhéité* en soi, ne s'enseigne pas davantage. — Le corps mystique est si simple, qu'il ne se donne pas: il s'appréhende. Pour celui qui l'a saisi, il n'y a plus ni cieux ni enfers, ni soi ni autrui, ni rien en dehors de lui-même. Or l'acte de le saisir, c'est un acte de foi absolue, sans mélange de l'ombre même d'un doute. Quand il rêve, l'homme ne doute jamais, parce qu'il voit en lui-même. Il faut arriver à la même fermeté de foi dans l'état de veille, malgré les illusions des sens et les erreurs d'imagination qui en sont la suite. Donc, diminuer de plus en plus ses impressions, affaiblir ses passions, concentrer et pacifier son esprit, voilà la préparation. Les prières, les austérités, l'étude, ne sont d'aucune utilité. Quant à l'acte de la vision lui-même, il ne peut pas s'enseigner. — Pourquoi certains, qui s'y préparent soigneusement et qui le désirent ardemment, n'y arrivent-ils pas? Parce que leur *karma* s'y oppose. Leur aveuglement, leur endurcissement, leur incapacité actuelle, est la peine de leurs péchés passés. Leur compte n'est pas encore acquitté. Ils ne sont pas encore assez déféqués pour l'illumination. Et cela peut être le cas chez des moines, tandis que des laïques même mariés obtiendront l'illumination. Affaire, non d'état social, mais de dette morale et d'effort personnel. Le corps mystique n'est souillé par aucun acte du corps physique, chez celui qui en a fait la découverte en soi, et qui n'a plus d'attache à aucune autre chose. Dans cet homme, aucune souffrance ni volupté, n'affecte le corps mystique. Un laïque usant du mariage et exerçant le métier de boucher, peut être un Buddha. Celui qui a saisi en lui sa propre *buddhéité*, ne contracte plus de *karma*, pour aucun acte, parce qu'il est illuminé. Le *karma* ne s'attache qu'au non-illuminé, à cause de son ignorance. C'est cette ignorance qui cause la chaîne des renaissances, infernales, animales et humaines. Tout compte moral cesse, au moment où l'illumination détruit cette ignorance. L'illuminé ne pêche plus, ne peut plus pêcher. Son cœur est scellé du sceau, comme l'ont dit les vingt-sept patriarches mes prédécesseurs. Je suis venu en Chine (c'est *Bodhidharma* qui parle), pour 傳心印 prêcher cette doctrine du *sceau du cœur*, laquelle y est encore inconnue. Le Buddha est dans le cœur d'un chacun. Observances, austérités, prières, études, tout cela ne sert à rien. L'unique but auquel il faut tendre, c'est l'illumination. Qui l'a obtenue, est un Buddha, un avec tous les Buddhas, ne sût-il pas lire un seul caractère. Être Buddha, c'est avoir reconnu en soi la *buddhéité*, son cœur intime, le cœur de son cœur, l'être invisible et impalpable, ténu comme le vide, que tout homme porte en soi. Cœur! cœur!.. toi si grand que tu embrasses le monde, toi si petit que la pointe d'une aiguille ne saurait te piquer, toi mon cœur, toi le Buddha, c'est toi que je suis venu prêcher en Chine. » — Ici finit le discours de *Bodhidharma* à l'empereur *Ou*.

—-◆- ◆-—

Il nous reste d'autres écrits, en très petit nombre, de la même époque; recueils de notes prises par les auditeurs de *Bodhidharma* à *Kien-k'ang*. Tous reproduisent la substance du grand discours dont je viens de donner l'analyse, le confirmant par conséquent, mais sans y rien ajouter d'essentiel. Ils emploient le terme abstrait 菩提 *bodhi*, au lieu du concret *Buddha*, pour désigner la *buddhéité*, cette terminaison, dans chaque être, du 法身 *corps mystique*, l'unique réalité existante. Tous répètent à satiété, que l'endovision ne s'enseigne pas... que, quiconque y tend, peut et doit s'y préparer par le silence, le recueillement, et l'abandon de tout, le renoncement à tout... mais que finalement on obtient ou on n'obtient pas l'illumination, selon son *karma*, selon qu'on est mûr ou pas mûr. Cependant, pour ceux qui n'y arrivent pas en cette vie, leurs efforts n'auront pas été stériles. C'est autant de gagné pour leurs vies suivantes. S'ils persévèrent, ils finiront certainement par arriver à l'illumination. — La foi dans l'infaillibilité de la doctrine et dans la certitude du succès final, est point fondamental dans le système. La direction des aspirants et des novices est exclusivement orale, de cœur à cœur disent les textes, un cœur éveillé cherchant à éveiller un autre cœur qui dort encore.

Arrêtons-nous ici un instant. Qu'est-ce que cette doctrine, ce système?.. *Bodhidharma* a-t-il inventé chose neuve, à laquelle il faille affecter un casier spécial dans la collection des aberrations de l'esprit humain?.. Non! je l'ai déjà insinué plus haut; *Bodhidharma* n'a rien inventé. Il a simplement importé en Chine le Védantisme indien. Son maître *Prajñātara*, le vingt-septième patriarche, fut certainement un Védantiste. Je pense que les patriarches qui le précédèrent, depuis le vingt-quatrième *Basiasita*, et que les vrais Buddhistes ont récusés, furent également des Védantistes. Dans le discours de *Bodhidharma*, mettez *Brahman* en place de Buddha, de *bodhi*, de corps mystique, et vous aurez un *sûtra* védantiste parfait. Inutile de démontrer cela par raisonnement. Il suffira que je cite les points principaux du *Vedanta*, monisme idéaliste dérivé des *Upanishads*, pour rendre l'identité évidente.

—-◆- ◆-—

Il n'existe pas d'autre réalité, que le *Brahman*. Tout, en dehors de lui, est illusion. Un prolongement, un bout du *Brahman*, est pincé dans chaque être, dont il constitue toute la réalité. Le corps dans lequel ce bout est pincé, est irréel. Mais cette fantasmagorie fait rêver la terminaison du corps du *Brahman* pincée dans le corps humain. Dans son rêve, le bout du *Brahman* qui est en l'homme, produit un *karma*, concrétion de connaissances et de volitions illusoires, laquelle cause sa réincarnation successive, jusqu'au jour où, comme réveillé et redevenu conscient, le bout de *Brahman* individué se reconnaît, et par le fait même se délivre, se retire dans le *Brahman* universel.

«Il n'y a pas, dans l'homme, d'âme distincte. Il n'y a en lui, ni un fragment, ni un effet du *Brahman*. Il y a une participation au *Brahman*, qu'on appelle faussement l'âme. Dire que cette âme sort du *Brahman* et rentre en lui, c'est une manière de parler, car elle est Lui; elle ne sort donc, ni ne rentre. L'âme est *Brahman*. Toutes les âmes sont un *Brahman*. Leur multiplicité est aussi illusoire, que celle d'une flamme unique qui se mire dans mille miroirs. L'illusion cessant, le *Brahman* se reconnaissant, la délivrance est opérée. L'intuition du *Brahman* en soi, l'illumination et la délivrance, supposent que le *karma* a préalablement été soldé. On s'y prépare par la foi et le magistère, lequel repose sur une tradition infinie et ininterrompue. De génération en génération le secret a été transmis, par tradition orale. Qui l'a reçu, doit se le répéter sans cesse, pour ne pas l'oublier, jusqu'à sa délivrance. Il doit rejeter toute étude, toute science, et se borner à se dire sans cesse: Il n'y a ni *je* ni *moi*. Je ne suis pas un être distinct. Je suis *Brahman*. Je n'ai jamais été, je ne suis pas, je ne serai jamais, *moi*. Je n'agis pas, je ne pâtis pas, *moi*. — Préparée ainsi par la foi, la vision se produira au moment où le *karma* sera éteint; comme après une éclipse, l'occultation cessant, le soleil apparaît radieux. Le culte et les offrandes, les purifications et les abstinences, la retraite et le silence, n'ont d'efficace qu'en tant qu'ils aident à entretenir et à fortifier la foi. — Une fois l'intuition obtenue, il n'y a plus, pour l'illuminé, ni bien ni mal, ni mérite ni souillure. Il est au-dessus de tout, étant un avec *Brahman*, qui est tout en tout.» *(Vedanta sūtra.)* — L'identité de cette doctrine, avec celle des *Tch'an,* est évidente. Et j'ajoute ceci. Les comparaisons pittoresques qui abondent dans les *sūtra* védantistes, se retrouvent telles quelles, et dans le même ordre, dans les écrits des *Tch'an* chinois, ce qui rend l'emprunt certain, je pense.

Ceci posé, nous pourrons comprendre, phénomène sans cela inexplicable, pourquoi les *Tch'an* agréent, eux non-buddhistes, toutes les formes du Buddhisme, et de plus l'Amidisme, le Tantrisme, etc. Ils les acceptent, comme des systèmes ascétiques préparatoires, pouvant élever l'adepte provisoirement jusqu'au degré compatible avec son *karma* actuel. S'il persévère ensuite, disent-ils, il s'élèvera, d'existence en existence et de doctrine en doctrine, pour aboutir finalement à la doctrine *Tch'an,* la plus élevée de toutes, au moment où son *karma* étant éteint, la *buddhéité* en lui sera mûre pour se reconnaître, et pour être par conséquent délivrée. En d'autres termes, au moment où l'être sera mûr pour le *nirvāṇa*, qui est pour les *Tch'an* la rétraction dans la monère universelle, seul individu existant. — Peu importe aux *Tch'an* dans quelle secte l'adepte aura gravi ses premiers échelons. Ils graduent seulement en gros les diverses sectes, quant à leur capacité de préparer à l'intuition. L'Amidisme est le bas de l'échelle. Puis viennent les observances *hīnayāna*. Enfin les spéculations *mahāyāna*. Eux qui nient l'efficacité des livres et de l'étude pour l'intuition, l'admettent comme préparation éloignée, et le fait n'est pas rare que, à des disciples jugés incapables d'arriver à l'intuition dans leur présente existence, les maîtres *Tch'an* fassent lire et méditer des *sūtra* mahayanistes comme le 楞伽經 *Leng-kia-king* ou le 金剛經 *Kinn-kang-king*, pour les avancer du moins dans leur voie, en vue de leurs existences futures. Mais la réception comme *Tch'an* profés, le 心 印 *sceau du cœur*, n'est accordé qu'à celui qui a obtenu l'intuition ; à celui dont les réponses ont révélé à son Maître, qu'il est, comme dit le texte chinois, 法 器 *un vase de la loi*, ou plus vulgairement, qu'il est 熟 *mûr*.

Donc, dans les couvents *Tch'an*, les candidats sont longuement éprouvés. Si on reconnaît en eux une incapacité karmatique qui ne laisse espérer aucun résultat, ils sont renvoyés dans le siècle avec de bons avis, ou adressés à d'autres sectes buddhiques. — S'ils sont jugés capables, on leur donne, sur l'endovision, les théories bien sobres que j'ai exposées plus haut, et on les oblige à les appliquer. Or, si l'illumination se produit, l'individu étant devenu par cette illumination même indifférent à tout, ne le dira pas. Le Maître suit donc son élève, et l'éprouve de temps en temps par des procédés, qui sont censés révéler si la *buddhéité* est réveillée en lui ou non. Ces procédés, abominablement brutaux, consistent, ou en interpellations inattendues et violentes; ou plus souvent, disons-le, en coups de poing ou de pied. Le premier mot qui échappe à l'adepte ainsi malmené, révèle si le réveil intérieur est accompli ou non. — Exemple: Le fameux Maître 馬 祖 *Ma-tsou*, jugeant qu'un adepte approchait de la maturité, lui donna soudain et inopinément, en pleine poitrine, un coup de pied qui l'étendit évanoui. Quand les sens lui furent revenus, et pendant qu'il se relevait péniblement sur ses mains, le pauvre homme s'exclama en riant aux éclats «ô joie, ô joie, tout tient sur la pointe d'un poil»… On jugea que la *buddhéité* était réveillée en lui. — Quant aux illuminés, leur position dans la congrégation devient tout autre. Ils sont aussi respectés, que les candidats sont maltraités. Toutes leurs paroles, tous leurs gestes, sont sacrés, sont des oracles; car ce n'est pas eux, c'est la *buddhéité* qui parle ou qui agit en eux. De là l'immense littérature des 語 錄 *U-lou*, paroles écrites, de l'école *Tch'an*; nombre d'in-folio remplis de réponses incohérentes, insensées, faites à des questions quelconques et soigneusement enregistrées, sans aucun commentaire ni explication. Ce ne sont pas, comme on l'a supposé, des allusions à des affaires intérieures, qu'il faudrait connaître pour pouvoir comprendre. Ce sont des exclamations échappées à des abrutis, momentanément tirés de leur coma. Oracles du *Brahman*, que leurs pareils scrutent, pour s'occuper.

Les *Tch'an* prétendent que *Bodhidharma* fut le vingt-huitième et dernier patriarche indien, et le premier patriarche chinois. J'ai prouvé, plus haut, que sa descendance du Buddha est un mythe. Quant à sa lignée en Chine, elle est réelle, nombreuse, et a une histoire intéressante, à laquelle je ne puis consacrer ici que peu d'instants. — *Bodhidharma* nomma pour être son successeur 慧 可 *Hoei-k'eue*, un ancien moine qui avait tâté successivement du *hīnayāna* et du *mahāyāna*. La soif de paix intérieure le lui avait amené, et il ne l'avait admis qu'après les plus dures épreuves. Il paraît qu'il n'atteignit pas l'idéal, car *Bodhidharma* lui conseilla de s'en tenir au *sûtra Leng-kia-king* (page 525). — *Hoei-k'eue* passa la charge à 僧 璨 *Seng-ts'an*, qui était venu à lui laïque, à l'âge de quarante ans, pour lui demander la rémission de ses péchés, et en qui il reconnut aussitôt un *vase de la loi*. Celui-ci vécut de foi et prêcha la foi, dit la tradition. — *Seng-ts'an* passa la charge à 道 信 *Tao-sinn*. Voici dans quelles circonstances

Leçon 62. 527

celui-ci fut illuminé. Épris d'idéal, il suppliait son Maître « oh ! déliez-moi ! déliez-moi de grâce ! »... « Qui donc t'a lié ? lui demanda le Maître, et avec quels liens ? »... À ce moment, *Tao-sinn* prit conscience de sa liberté et appréhenda sa *buddhéité*. — Il passa la charge à un certain 宏忍 *Houng-jenn*, auquel l'illumination était venue, de par son *karma*, avant même son entrée au couvent. Quand il se présenta, à la question « quelle est ta famille ? »... la *bodhi*, répondit-il... « Qui es-tu ? »... je suis un vide... On reconnut aussitôt que celui-là était parfaitement *mûr*, et on le fit profès, sans noviciat, sur-le-champ. — Il passa la charge au fameux 慧能 *Hoei-neng*, bûcheron dans sa jeunesse, reçu au couvent comme domestique pour écorcer le riz, et que l'illumination saisit un jour, sans qu'on lui eût rien appris. Le Maître des novices avait affiché pour eux ce thème « le corps matériel est l'arbre de l'illumination... le cœur de chair est le support du grand miroir... il faut essuyer ce miroir souvent... de peur que la poussière ne s'y attache. »... *Hoei-neng* écrivit à côté « l'illumination ne tient à aucun arbre... le miroir n'a pas besoin de support... et, comme rien n'existe, d'où viendrait la poussière ? »... Cette nuit-là même, le patriarche *Houng-jenn* alla trouver le domestique *Hoei-neng* dans le taudis où il dormait, lui expliqua en peu de mots la science ésotérique, ôta et lui passa la robe du Buddha apportée de l'Inde par *Bodhidharma* et qui avait été jusque là l'insigne du patriarcat, puis lui dit « à ton tour de répandre la doctrine »... *Hoei-neng* partit avant le jour. Il erra pendant quinze ans, dans les sauvages provinces du Sud-Ouest. Un jour, à Canton, reçu comme hôte dans un couvent d'une autre secte, où un ouragan venait d'enlever le drapeau de la tour, il y fut consulté par les moines sur la question de savoir si le fait devait être attribué au vent ou au drapeau ? Il répondit en parfait idéaliste « aucun vent n'a soufflé, aucun drapeau n'a bougé ; il n'y a eu de mouvement, que dans votre imagination. »... Sur ce il prêcha le *vedanta*, et fit beaucoup d'adeptes. Sous son patriarcat, la secte devint très nombreuse. — Après lui, elle se partagea d'abord en deux branches, desquelles sortirent finalement cinq rameaux, dont le plus important fut cette fameuse secte 臨濟 *Linn-tsi*, qui couvrit la Chine de couvents, ou plutôt de repaires de fainéants. Les cinq écoles se vantent de posséder la pure doctrine de *Bodhidharma*. Toutes les cinq ne prétendent pas à autre chose, qu'à délivrer, en l'éveillant, « ce roi qui, dans le cœur humain, rêve qu'il est captif, et est captif parce qu'il le rêve »... Et de fait, la doctrine des cinq écoles me paraît être substantiellement la même. Elles se distinguent seulement par l'emploi de certains procédés extérieurs, spéciaux à chacune d'elles. — Les 臨濟 *Linn-tsi*, qui sont sans contredit l'espèce la plus intéressante du genre, s'assurent du progrès de la *buddhification*, en administrant à leurs adeptes, à l'improviste, de grands coups de bâton. On juge de son état intérieur, d'après l'espèce de cri que pousse le patient. Il y a un index, une gamme, de ces cris. Système de percussion mystique, près de mille ans avant Laennec. — Les 潙仰 *Wei-yang* usent d'un jargon technique et de signes graphiques spéciaux, pour exprimer les stades de la *buddhification*. — Les disciples de 曹洞 *Ts'ao-tong* font usage d'un grand miroir comme instrument d'hypnose, et de formules secrètes communiquées aux seuls initiés. — Dans la secte 雲門 *Yunn-menn*, dont le fondateur ne répondit jamais que par une seule syllabe (un caractère) aux questions qui lui furent posées, on cherche à pénétrer l'état interne des adeptes, au moyen de plusieurs petits miroirs. — Enfin, dans la secte 法眼 *Fa-yen*, à la foi aveugle, on ajouta un petit brin de philosophie, ce qui est de la décadence. — Je ne sais si les Védantistes indiens employèrent jamais des procédés semblables à ceux que je viens d'énumérer. S'ils ne le firent pas, l'honneur de leur invention est à attribuer aux Chinois.

-◆- -◆-

Résumons brièvement. Les *Tch'an*, encore nombreux en Chine et au Japon, sont des Védantistes. Ce ne sont pas des Buddhistes. Ils n'observent aucune pratique buddhique. Actuellement, les meilleurs d'entre eux sont des quiétistes oisifs, ou des rêveurs idiots. Les autres s'amusent à proposer ou à deviner des énigmes et des charades, en prose ou en vers. Mieux vaut ne pas parler de leurs mœurs. Le Buddha, ou le Brahman, comme vous voudrez, est impeccable. — On a dit souvent, que les couvents buddhistes sont des repaires d'immoralité. Je ne prétends pas que tous les moines *buddhistes* se conduisent bien, mais je m'inscris en faux contre l'accusation susdite, qui est calomnieuse dans sa généralité. Quant aux *Tch'an védantistes*, je vous les abandonne. Leur conduite scandalisa jadis, devinez qui?.. je vous le donne en cent!.. Elle scandalisa *Gengis-Khan*, qui tenta de les réformer et n'y arriva pas.

Sources. — 魏書 *Wei-chou*, l'Histoire des *Wei*. 梁書 *Leang-chou*, l'Histoire des *Leang*. — Les traités 達磨血脉論 *Ta-mouo hue-mai lunn;* 達磨大師悟性論 *Ta-mouo ta-cheu ou-sing lunn;* 達磨大師破相論 *Ta-mouo ta-cheu p'ouo-siang lunn.* Et nombre d'autres écrits 禪 *Tch'an,* terre vierge.

Soixante-troisième Leçon.

Septième siècle. Sous les 唐 *T'ong*.

A. Buddhisme. — **B**. Mazdéisme. — **C**. Manichéisme. — **D**. Nestorianisme. — **E**. Mahométisme. — **F**. Tantrisme.

A. En chiffres ronds, de 550 à 650, le Buddhisme produisit en Chine deux nouvelles écoles philosophiques ; d'abord une secte d'idéalistes, les 法相 *Fa-siang* ; puis une secte de réalistes, les 華嚴 *Hoa-yen*. Les deux eurent peu de succès et de durée.

Puis le moine 智顗 *Tcheu-k'ai* fonda la fameuse école 天台 *T'ien-t'ai*, un syncrétisme qui devait mettre tout le monde d'accord. — La division du Buddhisme, en *hīnayāna* le vrai vieux Buddhisme athée et égoïste, et *mahāyāna* le faux Buddhisme polythéiste et altruiste, nuisait à la propagande buddhique, les deux doctrines s'anathématisant l'une l'autre, ce qui n'était pas fait pour donner confiance aux adeptes. *Tcheu-k'ai* imagina d'englober le *hīnayāna* et le *mahāyāna* en un seul corps de doctrine, aux aspects divers, que chacun envisagerait du point de vue qu'il préférerait. Il admit des discours du Buddha, qui avaient été prêchés sur la terre aux hommes incapables d'en porter davantage, *hīnayāna*, doctrine exotérique, incomplète, mais acheminant de loin vers le salut. D'autres discours du Buddha, supposés avoir été prêchés dans les cieux aux devas, furent notés comme étant moitié exotériques moitié ésotériques, encore pour cause d'adaptation à l'intelligence imparfaite des auditeurs. Enfin d'autres discours du Buddha, censés avoir été prêchés sur l'imaginaire 靈山 *Montagne transcendante*, à des bodhisattvas très avancés, *Maitreya Mañjuśri* et autres, pur *mahāyāna* phénoméniste, représentent, dit *Tcheu-k'ai*, la vraie doctrine ésotérique du Buddha, son dernier mot, la vraie science illuminatrice et salvifique. Grâce à cette hypothèse des *T'ien-t'ai*, absolument fausse mais très ingénieuse, tout peut être casé dans le Buddhisme. Permis à chacun de croire ce qu'il voudra, ou de ne rien croire du tout, tout en se disant *fils du Buddha* et dévot Buddhiste ; car, en cherchant bien, il finira toujours par trouver dans les textes, un *effatum* exotérique ou ésotérique quelconque, imputé au Buddha, qui lui donnera raison. — Comme ils admirent tous les écrits buddhiques, les *T'ien-t'ai* eurent de grandes bibliothèques, et copièrent beaucoup. De ce chef ils rendirent service à la littérature buddhique, mais lui nuisirent aussi en la classant, non par ordre chronologique, non par ordre de matières, mais dans l'ordre de leur estime subjective à eux, les traités nihilistes modernes étant mis en vedette, et le reste venant derrière pêle-mêle.

Enfin la même époque vit se former, par réaction, une école ritualiste, les 律宗 *Lu-tsoung*, lesquels s'attachèrent presque exclusivement au *vinaya*, morale et discipline, s'occupant peu des textes, écartant les commentaires, abhorrant les discussions philosophiques. Ils rétablirent la stricte observance, et relevèrent le niveau monacal, très compromis par la multiplication des védantistes *Tch'an*. J'estime que 道宣 *Tao-suan*, le fondateur des ritualistes chinois, eut, sur la moralité des moines, et par eux sur la moralité du peuple, une influence étendue et bienfaisante.

La même époque vit s'implanter en Chine plusieurs religions étrangères, dont je vais dire le nécessaire, brièvement.

B. Les Mazdéens étaient établis à la capitale 長安 *Tch'ang-nan*, dès le commencement du sixième siècle. Ils y avaient un temple, consacré à leur 祆神 *Génie du ciel* ou 火祆 *Génie du feu*, disent les Chinois ; et un collège de 隆寶 *Sābā*, prêtres ou anciens. L'Histoire de Chine appelle le fondateur du Mazdéisme 蘇魯支 *Sou-lou-tcheu*, translittération de *Za-ra-dascht*. — D'ailleurs les relations entre la cour de Perse et la cour de Chine, étaient alors assez suivies. La capitale de la Chine vit arriver deux ambassadeurs du roi de Perse *Kobad*, l'une en 518, l'autre en 528. Plusieurs ambassades, sous les règnes de *Khosrou I* et de *Khosrou II*. En 631, un 穆護 *Mogh*, mage authentique, est reçu à *Tch'ang-nan*, et l'empereur ordonne de rebâtir le temple persan de la capitale. En 674, fuyant les Arabes, *Firouz*, le fils du dernier roi Sassanide *Yezdegerd III*, arrive à la cour de Chine et y devient capitaine dans la garde impériale. Il obtint de l'empereur la permission de bâtir, pour son usage, un temple persan particulier, en outre du temple public dont j'ai parlé ci-dessus. Le Mazdéisme paraît n'avoir pas fait de prosélytes parmi les Chinois. Il fut exterminé, en 845, indirectement, comme religion étrangère, par un édit dirigé contre le Buddhisme.

—✦·✦—

C. Le Manichéisme inventé par le Chaldéen 摩尼 *Māni*, mort entre 274 et 276, peut avoir été introduit en Chine, lors des ambassades du roi *Kobad* (ci-dessus), le manichéen *Mazdek* étant le ministre tout-puissant de ce prince. En tout cas l'Histoire mentionne que 二宗經 *le Livre des deux Principes*, traité de fond manichéen, fut expliqué à la cour de Chine, en l'an 694, par un 拂多誕 *fou-touo-tan* (probablement *fur-sta-dān*) persan ; et, en 719, par un autre dignitaire manichéen. Plus tard le Manichéisme fut appelé en Chine 明教 *Doctrine de la Lumière*, probablement parce que son but théorique était la délivrance des atomes de lumière captifs dans la gangue des corps. Souvent persécutés, les Manichéens se répandirent quand même. Ils furent, pour un temps, grands amis des Taoïstes. On peut les suivre, dans l'Histoire de Chine, de siècle en siècle, jusqu'au treizième, époque où ils étaient nombreux dans les provinces maritimes du centre. — Il faut probablement considérer comme un rameau du manichéisme, la secte végétarienne 白雲教 *du Nuage blanc*, fondée vers 1108 par un certain 孔清覺 *K'oung-ts'ingkiao*, prohibée en 1202. Item, certains Végétariens actuels, vulgairement appelés *Mangeurs d'herbe*, paraissent bien être des Manichéens dégénérés. — Il nous reste, en chinois, des textes manichéens rares et précieux. Un surtout, qui est probablement le discours de *Māni* à *Addas*, connu par les *Acta Archelai*, par les *Actes* syriaques des martyrs persans, et par *Photius*, lequel assure que c'est contre ce discours qu'écrivirent *Titus de Bostra* et *Diodore*. Enfin ginal grec est perdu. La science française, représentée par Messieurs Ed. Chavannes et P. Pelliot, a produit une très belle reconstitution de ce texte. (Journal Asiatique 1911-1912.)

-⋄- -⋄-

D. Héritier des erreurs de Cérinthe, Nestorius dogmatisa au cinquième siècle, fut condamné en 431, et mourut vers 439. Sa doctrine fut importée en Chine par le moine *Olopen*, lequel y vint de la Perse en l'an 635, probablement envoyé par le Catholicos *Jesusyab II* de Mossoul. Le Nestorianisme se donna le nom de 景教 *Doctrine de la Splendeur*. En 638, un couvent pouvant loger vingt-et-un moines, fut bâti à la capitale 長安 *Tch'ang-nan*, et toute liberté fut donnée à la propagande nestorienne. Cette religion jouit, sous plusieurs empereurs de la dynastie 唐 *T'ang*, d'une singulière faveur. Elle eut son temple dans presque chaque préfecture. En 742, offrande impériale au temple nestorien de la capitale. En 744, un service nestorien fut célébré à la cour, par sept prêtres. En 745, les Nestoriens sollicitèrent et obtinrent un édit, qui les distingua nettement des Mazdéens et des Manichéens. En 845, ils furent supprimés, avec les Mazdéens, indirectement, comme religion étrangère, par un édit qui visait les Buddhistes. L'édit porte à deux mille, le nombre des moines mazdéens et nestoriens réunis, alors présents en Chine. En 879, quantité de Mazdéens et de Nestoriens périrent au sac de Canton, où ils étaient venus par mer. C'en fut fait du Nestorianisme, jusqu'au onzième siècle. — Ces Nestoriens de la première période, nous ont laissé un précieux document historique, la fameuse stèle dite de 西安府 *Si-nan-fou*, érigée en 781, exhumée en 1625, et qui existe encore intacte. L'inscription que cette stèle nous a conservée, parle du Dieu Un et Trine en des termes très obscurs. L'énoncé de l'Incarnation est dogmatiquement et linguistiquement défectueux. La divinité du Fils de la Vierge n'est pas énoncée. Le dogme de la Rédemption est escamoté. Pas un mot de la Passion. «Après avoir expliqué les trois vertus, inauguré la vie et éteint la mort, en plein midi le Saint (c'est-à-dire Jésus) monta Immortel». Voilà tout. C'est peu. Et, des termes employés pour exprimer ce peu, plusieurs sont taoïstes, et durent être mal compris par les lecteurs. — Concluons: Avant l'arrivée des Nestoriens, aucun vestige historique de Christianisme en Chine. Quand ils furent arrivés, pas davantage de Christianisme vrai. Les Nestoriens gardèrent le silence sur la Croix, et turent le Crucifié qui n'était pour eux que l'homme né de Marie. Ils n'annoncèrent donc pas le Salut, et ne procurèrent pas la Grâce à la Chine. Branche morte de l'arbre de vie, ils ne furent pas une bouture chrétienne, ne poussèrent pas de racines, durèrent autant que la faveur impériale, et disparurent quand celle-ci cessa.

-⋄- -⋄-

E. Du Mahométisme, les Chinois entendirent parler pour la première fois, seize années après l'hégire, en 638, quand le roi de Perse *Yezdegerd III* réfugié à Merw, demanda du secours contre les Arabes à l'empereur de la Chine. Les Chinois connurent les Mahométans très vite et très bien. — En 713, l'émir *Kotaïba ben Moslim*, général du kalife ommiade *Walid*, qui avait poussé jusque dans le

Ferghana, envoya des députés à l'empereur de Chine. — En 756, le kalife abbasside *Abou Djafar el Mançour* prêta à l'empereur chinois 肅宗 *Sou-tsoung* un corps de troupes arabes, avec lesquelles celui-ci reconquit ses deux capitales prises par des rebelles. — En 872, *Ibn-Vahab* de *Bassora*, venu à Canton par mer, alla jusqu'à la cour de Chine, et fut reçu en audience par l'empereur 懿宗 *I-tsoung*, qui lui montra la collection des images des prophètes, Noé, Moïse, Jésus, Mahomet, qu'il conservait dans une cassette, avec les images des Sages de la Chine et de l'Inde. — Le commerce maritime Sino-Arabe, entre *Canton* et *Siref* par Ceylan, était alors très actif et très prospère. En 879, au sac de Canton, près de cent mille Mahométans furent massacrés. Ensuite il ne fut plus question d'eux, jusqu'à l'époque mongole. — En Chine, les Mahométans appellent leur religion 清眞敎 *la Doctrine du Pur et du Vrai*. Il n'y a pas trace que, à l'époque qui nous occupe, ils aient fait des prosélytes parmi les Chinois.

-◆-◆-

F. Enfin le septième et le huitième siècles virent se développer en Chine le *Tantrisme* indien, l'école 眞言 *des formules efficaces*, 眞 étant pris dans le sens taoïste du caractère. C'est une adaptation chinoise du vieux 瑜伽部 yogisme théiste de *Patañjali* (deuxième siècle avant J.-C.), d'abord remanié par 普賢 *Samanta-bhadra*, puis fixé sous forme polythéiste par 無著 *Asamgha* (quatrième siècle après J.-C. probablement). Un traité de ce dernier, traduit en chinois en 647, n'eut que peu de succès. Mais, en 716, l'Indien 善無畏 *Śubhakara* étant venu à la cour de Chine, gagna le célèbre 張遂 *Tchang-soei*, plus connu sous son nom de moine 一行 *I-hing*, auquel il enseigna les sciences indiennes, *I-hing* l'aidant en retour pour ses traductions. — *Śubhakara* se persuada que les moines buddhistes perdaient en Chine leur temps à philosopher; que le peuple chinois n'était pas capable de spéculations abstraites; qu'il suffirait, pour le gagner, de satisfaire son penchant naturel à la superstition. Laissant donc de côté toutes les théories, qu'elles fussent hinayanistes ou mahayanistes; acceptant tous les Buddhas et P'ousas, les dieux hindous et les *chenn* chinois; rejetant tout dogme, toute tradition, toute explication; *Śubhakara* inventa, à l'usage du pauvre peuple souffrant, un panthéon de protecteurs quelconques, et lui apprit à les invoquer par des 眞言 *formules efficaces* en sancrit translittéré, inintelligibles pour le peuple, qui crut d'autant plus à leur vertu. Dans les écrits de la secte, les litanies des Buddhas et P'ousas à invoquer, contiennent plus de mille noms, tous de pure invention. Des dieux empruntés à l'Hindouisme, jouent les rôles principaux. Ce sont: 毗盧遮那 *Vairocana*; *Vajrapāni* protecteur universel et sauveur dans tous les besoins, souvent appelé 祕密主 *le Maître des formules*, ou 金剛手 *la Main de diamant*; puis 毗沙門 *Viśvakarman* qui fit la première image du Buddha; 藥師 *Bheshajyaguru*, par lequel on obtient la rémission des péchés les plus énormes; 地藏 *Kshitigarbha*, qui peut faire commuer les peines infernales; la devi 末利支 *Marīchi*, protectrice des voyageurs; l'ogresse 訶利帝 *Hāritī*, qui secourt les femmes, dans leurs besoins spéciaux. Il va sans dire que *Amitabha* et *Avalokiteśvara* ont aussi leur place dans ce panthéon, mais au même rang que tous les autres. — Ces dieux n'ont pas d'histoire,

Leurs attributions sont mal définies. Peu importe. Śubhakara enseigna seulement que tous les recoins de ce monde sont remplis de lutins malfaisants; qu'au-dessus de ce monde il y a des êtres puissants, capables de protéger ceux qui les invoquent; que le client n'avait qu'à bien choisir, et à réciter la bonne formule. — Les *tantras* 眞 言 *formules efficaces*, sont renforcées par les *mudras* 法 印 *gestes efficaces*, faits avec une main (ou les deux mains) vide ou tenant un objet. Le *mudra* signifie ce que le *tantra* énonce. Il supplée au *tantra*, quand celui-ci ne peut pas être récité, tel geste valant telle formule. Il y a aussi des volumes de *mantras* 神 咒 formules conjuratives. Le tout en sanscrit translittéré.

Deux autres Indiens, de caste brahme, 金 剛 智 *Vajrabodhi* et 不 空 *Amogha*, arrivèrent en Chine en 719, et donnèrent au Tantrisme un nouvel essor. La demande de *tantras* devint telle, que *Amogha* fut député officiellement par le gouvernement impérial, dans l'Inde et spécialement à Ceylan (741-746), pour en rapporter le plus grand nombre possible. Favori de trois empereurs, ayant rang de ministre et comblé de titres, cet homme vécut jusqu'en 774. Il fit du Tantrisme la secte à la mode. — A noter que, dans les nombreux recueils signés par lui, on ne trouve rien de ces choses immondes, que les auteurs compétents reprochent au tantrisme sivaïte indien et tibétain; aucune trace des orgies des dévots et des dévotes *de la main gauche*. — Que reste-t-il, maintenant, des efforts d'*Amogha?* Il reste cette liturgie d'invocations et de conjurations, accompagnées de gestes et de musique, avec lanternes drapeaux et pétards, dont vivent encore aujourd'hui en Chine tant de bonzes de bas étage, appelés dans les familles, pour guérir les malades, pour délivrer les morts, pour procurer à tous bonne santé et bonnes affaires. Ni eux, ni leurs clients, ne savent au juste à qui ils s'adressent; mais le rit est bon; est efficace; cela suffit. — C'est là de la décadence. *Amogha* demandait davantage, de ceux qui lui demandaient l'affiliation. Il les instruisait, les éprouvait, et n'accordait l'initiation qu'à ceux qu'il avait reconnu être 金 剛 種 *de la graine de diamant*. L'initiation se conférait par 灌 頂 le versement d'eau rituelle sur le sommet de la tête, après un acte solennel de contrition et de dévotion semblable à celui des Amidistes. Cette effusion d'eau n'était pas un rit purificatoire. C'était, disent les textes, un sacre, à l'instar du *(murddhaja)* sacre par l'eau des princes indiens, au jour où ils étaient reconnus princes héritiers. L'initiation par l'eau déclarait l'adepte, *fils légitime du Buddha, né de la bouche du Buddha*, dépositaire de sa doctrine. Car, bien entendu, les *tantras* furent censés avoir été tirés de l'enseignement ésotérique de Śākyamuni. Dans les écrits de la secte, c'est toujours lui qui les enseigne. Pauvre homme! que de choses on lui a mises dans la bouche et sur le dos! — Les initiés d'*Amogha* se singularisèrent par leur genre de vie retiré et des pratiques secrètes, qui leur valut le nom de 祕 密 敎 *école du mystère*. Il transpira qu'ils attendaient un sauveur et une ère à venir. Cela les rendit suspects au gouvernement, comme société ayant peut-être un but révolutionnaire. La secte fut interdite. Cela ne la fit pas disparaître, au contraire; car, en Chine, le fruit défendu est le plus délicieux des fruits. Le seul résultat de la proscription, fut que les bonzes musiciens dont j'ai parlé plus haut, renoncèrent à l'initiation et au reste, pour devenir de simples industriels, tolérés comme tels. Les vrais adeptes, au contraire, s'enfoncèrent dans un mystère plus profond. Ils attendent la venue de *Maitreya*, le Buddha à venir, lequel, disent-ils, dicta ou inspira à *Asamgha* la doctrine qu'ils pratiquent. Leur morale est sévère, leur vie très austère. Ils ont une hiérarchie d'instructeurs, qui visitent les familles à intervalles réglés, toujours après la nuit tombée, en instruisent les membres un à un, et repartent avant le jour, ayant perçu une taxe. Chaque famille ne connaît que son instructeur. Défense à tout adepte d'en instruire un autre, fût-ce sa femme, fût-ce son enfant, de peur d'erreur doctrinale. L'instructeur enseigne article par article, tant par séance, l'article suivant n'étant enseigné qu'à celui qui aura pratiqué le précédent. — De nos jours des adeptes de cette secte se convertissent souvent au Christianisme, et deviennent vite d'excellents chrétiens, leurs mœurs ayant été bonnes, et leur croyance au surnaturel étant très vive.

— ❖ ❖ —

Voici quelques fragments de doctrine, tirés de traités tantristes. Ils sont rares et frustes.

L'homme n'est pas, comme la banane, un fruit sans noyau. Son corps contient une âme immortelle 鬼魂, que les Tantristes chinois disent avoir la figure d'un petit enfant. — Après la mort, l'âme descend aux enfers, pour y être jugée. Le pardon des péchés, la préservation des supplices, si souvent promis aux dévots, sont expliqués par les Tantristes, non comme une dérogation à la justice, mais comme l'effet d'un appel interjeté, en faveur de l'âme coupable, par tel protecteur transcendant. Cet appel obtient à l'âme une vie nouvelle, sorte de sursis durant lequel elle pourra se racheter en faisant des bonnes œuvres, en place de l'expiation par les tortures de l'enfer. La secte croit que les juges infernaux préfèrent le rachat comme plus distingué et plus fructueux que l'expiation, et défèrent toujours volontiers à l'appel qui sollicite cette faveur. — Quiconque, ayant été dévot Tantriste, a demandé avant sa mort à renaître dans le domaine de tel ou tel Buddha, est censé en avoir appelé lui-même, et il lui est fait selon sa demande. Quant à ceux qui n'ont rien fait pour se sauver eux-mêmes, pécheurs et mécréants, leurs parents et amis, ou les bonzes, peuvent interjeter appel en leur faveur, même après leur mort. Mais il faut que cet appel soit fait dans les vingt-et-un jours qui suivent le décès. Car l'encombrement des tribunaux infernaux est tel, qu'aucune âme n'est jugée avant le vingt-et-unième jour. Mais, une fois ce terme passé, le jugement étant prononcé et la peine ayant commencé, il n'y a plus moyen d'intervenir. — La dévotion des Tantristes pour le salut des défunts est très grande. C'est elle qui fait vivre les bonzes... Supposé, disent les textes, qu'un membre de votre famille ait été mis en prison, que ne feriez-vous pas pour l'y soulager et pour l'en tirer? Il faut faire de même pour les défunts, qui sont allés dans la grande prison des enfers. Se repentir pour eux, efface leurs fautes. L'aumône faite pour eux, leur est comptée. Surtout il faut obtenir des bonzes qu'ils les délivrent, par l'efficace des rits ad hoc, psalmodie, lanternes, drapeaux, musique, etc.

Voici un échantillon de *tantra* sanscrit translittéré... Après avoir fait avec les mains *(mudra)*, d'abord la roue du feu, puis la roue de l'eau, puis la roue du vide, prononcez distinctement «*Nan-mo san-man-touo pouo-touo nan! Sa-pouo-touo eull-na eull-na, pei-ye-na-tchee-na, cha-ha!*». *Nan-mo* est le sanscrit *namaḥ*; *cha-ha* c'est *svāhā*; etc. — Il y en a de semblables, ai-je dit, contre

Leçon 63.

tous les démons et lutins. Démons des monts, des bois, des steppes, des sables, des champs, des cimetières, du feu, de l'eau, de l'air, des arbres, des chemins. Démons des habitations, de la porte, de la cour, des galeries, du puits, de l'âtre, des latrines. Ames des pendus, des noyés, de ceux qui sont morts de faim ou de froid, des empoisonnés, des tués à la guerre, de tous les cadavres non encore ensevelis, qui cherchent à se venger de leurs anciens ennemis ou de la société, qui bloquent les portes et les fenêtres, qui coupent les chevelures, qui s'attachent aux montures ou aux chars des voyageurs. Démons des rêves, de la folie, du surdi-mutisme, de toutes les maladies, qui sucent le sang ou le sperme, qui épuisent l'esprit vital, qui rongent les os ou les viscères, qui empêchent la conception ou l'accouchement, qui excitent les passions furieuses, qui causent la mélancolie et le désespoir. J'en passe, et des meilleurs. En tout 60049 espèces de démons ou de lutins. Sans compter les objets anciens devenus transcendants, les malédictions subsistantes, les dieux de toutes les religions idolatriques qui sont tous des 邪神 démons impurs, etc. etc. — Il y a aussi des formules contre les bêtes féroces, les voleurs, les brigands, les méchants mandarins, les satellites rapaces. Contre tous ces dangers, et bien d'autres, les formules sont efficaces, pourvu que récitées de cœur et à temps. Mais l'initiation par l'eau vaut mieux encore. Car d'innombrables bons génies entourent l'initié, en tout temps et en tout lieu, si bien qu'aucun malheur ne peut l'atteindre. — Il est bon aussi de porter sur soi, le nom écrit du protecteur auquel on s'est confié, ou son image, dans ses cheveux noués ou dans son sein. Ou quelqu'un de ces signes appelés 神印 *sceaux transcendants*, ou 伏魔印 *sceaux vainqueurs des démons*.

-- ❖ ❖ --

Voici la description du rit de l'initiation. C'est le Buddha qui parle. « De même qu'un prince impérial ayant été reconnu apte à régner est consacré par l'eau, ainsi mes disciples parfaitement formés et éprouvés seront 封印 consacrés par l'eau. On disposera, pour cette cérémonie, sur une hauteur ou du moins sur un tertre, une aire de sept pieds de diamètre, que l'on sèmera de fleurs, et que l'on arrosera d'eau de senteur. Le silence sera gardé tout autour de l'aire. De l'encens de Perse sera brûlé. Un miroir de bronze et sept flèches seront disposés, pour écarter les démons. Préparé par une rigoureuse abstinence et un bain entier, revêtu d'habits fraîchement lavés, le candidat, agenouillé sur l'aire, écoutera d'abord la lecture du 灌頂章句 traité expliquant le sens du sacre par l'eau. Il l'écoutera, l'épaule droite découverte, les deux mains jointes, et formant son intention dans son cœur. Puis le Maître, le tenant ferme de la main droite, versera de la main gauche sur sa tête l'eau rituelle. »

-- ❖ ❖ --

Pour s'exciter à produire des invocations fréquentes, et pour les compter, les Tantristes ont inventé, et portent sur eux, 念珠 ce qu'on a appelé le chapelet buddhique, une enfilade de grains mobiles sur un cordon. Le nombre des grains varie ; 1080, ou 180, ou 54, ou 27 grains. Quand le Tantriste invoque son protecteur

Leçon 63.

ou ses protecteurs, il saisit un grain avec quatre doigts (pouce et index des deux mains) et le serre fortement, tandis que son intention se concentre sur l'invocation qu'il formule. Porté dans le chignon, dans le giron, ou au bras, le chapelet préserve des mauvaises rencontres, et fait surtout que tout ce qu'on dit 成念誦 acquiert le mérite d'une prière.

Sources. — Les deux 唐書 T'ang-chou, Histoires officielles de la dynastie T'ang. — Tantrisme: 大毗盧遮那成佛神變加持經 Ta Pi-lou-tchee-na tch'eng Fouo chenn-pien kia-tch'eu king. — 灌頂經 Koan-ting king. — 金剛頂瑜伽念珠經 Kinn-kang-ting u-kia nien-tchou king. Etc.

Moine Tch'an en contemplation.

Soixante-quatrième Leçon.

Du septième au neuvième siècle de l'ère chrétienne. Confuciisme. Le nouveau Commentaire des Canoniques. Polémique. Culte et hymnes.

La conquête du peuple chinois par l'Amidisme et le Tantrisme, réveilla les Lettrés somnolents depuis le deuxième siècle de l'ère chrétienne. Ils réagirent. Cette réaction fut funeste au peu qui leur restait de doctrine traditionnelle. Sceptiques, ils l'étaient tous depuis longtemps. Beaucoup d'entre eux étaient personnellement matérialistes et athées ; mais la secte comme telle n'avait pas encore fait ouvertement profession de matérialisme et d'athéisme. Elle fit ce pas, à l'époque où nous sommes, par dépit contre les Amidistes pratiquement théistes ; par dépit contre les Amidistes et les Tantristes, qui prêchaient la survivance de l'âme. La caste abandonna les notions primitives du Souverain d'en haut personnel, des Mânes glorieux, pour s'en tenir à un naturisme vague, ciel et *yinn-yang*. Préparée par des siècles de décadence, cette apostasie du vieux théisme se manifesta, à cette époque, dans le nouveau commentaire des Canoniques, et dans les controverses avec les Buddhistes.

1. J'ai dit que le premier commentaire des Canoniques confuciistes, fut écrit au deuxième siècle de l'ère chrétienne, principalement par 鄭玄 *Tcheng-huan* (page 390). Au commencement du septième siècle, parut une nouvelle édition des Canoniques, comprenant le texte, le commentaire de *Tcheng-huan*, plus une glose par 孔穎達 *K'oung-yingta*, un descendant de Confucius à la trente-deuxième génération. Cette glose exprime la mentalité des Confuciistes sous la dynastie 唐 *T'ang*. Elle rectifie parfois le commentaire de *Tcheng-huan* ; mais, systématiquement, elle estompe, atténue, dégrade, dans le but évident de substituer un sec rationalisme à la foi antique. Même sur les textes les plus clairs et les plus forts des Annales et des Odes, ceux que j'ai cités dans mes premières Leçons, *K'oung-yingta* s'exprime en termes évasifs. Influence vague du Ciel sur les choses de ce monde, fusion de l'esprit vital des morts avec l'esprit vital universel, survivance des défunts dans la mémoire de la postérité, et autres fadaises. La décadence est palpable.

2. Quant aux controversistes, ils parlèrent à bouche ouverte, et eurent parfois l'impudeur d'avouer le motif plutôt passionnel que doctrinal qui leur avait fait prendre leur position. Je vais citer quelques fragments.

范縝 *Fan-tchenn* discute avec un spiritualiste. Celui-ci demande : Vous dites qu'à la mort l'esprit s'éteint aussi. Quelle raison en donnez-vous ? — J'en donne cette raison, que l'esprit et le corps sont une même chose ; donc l'esprit dure autant que le corps, pas davantage. — Comment l'esprit intelligent peut-il être une même chose avec le corps ? Cela ne répugne-t-il pas ? — Non, cela ne répugne pas. Le corps est le substratum, l'esprit est son action. Les deux ne font qu'un, une matière active. — Alors, quand la matière n'agit pas, l'esprit n'existe pas ? — Si, il existe, puisqu'il est un avec la matière. — Alors pourquoi deux noms différents ? —

L'esprit est à la matière, ce que le tranchant est au sabre. Tranchant et sabre sont deux noms différents, qui désignent une même chose, un sabre tranchant. On ne peut pas imaginer un sabre sans tranchant, un tranchant sans sabre. Quand le sabre est détruit, le tranchant ne subsiste pas. Ainsi, quand le corps est détruit, l'esprit cesse d'être. — — L'homme diffère du bois; il a quelque chose de plus que le bois, dit le spiritualiste. Le bois est matière sans intelligence; l'homme est matière avec une intelligence. — Pas ainsi, répond *Fan-tchenn*. L'homme ne diffère pas du bois, parce qu'il a quelque chose de plus que le bois, mais parce qu'il est autre que le bois. Le bois est matière non-intelligente; l'homme est matière intelligente. La différence est dans la nature, non dans rien de surajouté. — Alors, si la matière humaine était naturellement intelligente, les ossements des morts seraient encore intelligents. — Non, car les os morts ne sont plus matière d'un homme, comme une bûche de bois à brûler n'est plus matière d'un arbre. Les matières n'ont leur action spécifique que dans le vivant seulement. Un corps vivant, et un cadavre, sont deux êtres différents. Le cadavre fut un corps; il a cessé de l'être. Comme la bûche est le résidu d'un arbre qui a cessé d'être. — — Si le corps vivant était naturellement intelligent, toutes ses parties seraient douées d'intelligence. On penserait avec la main, avec le pied. — Non. Le corps est un; et l'intelligence étant un avec le corps, elle est une. C'est l'homme qui pense; non sa main ou son pied. — — Si l'intelligence était fonction du corps, tous les hommes seraient également intelligents. Or il y a des sages et des sots. — Il y a des sages et des sots, parce que l'affinage de la matière n'est pas uniforme. Une matière plus fine, est plus intelligente; une matière plus grossière, l'est moins. — — Et la conscience, le sens moral, comment expliquerez-vous cela, si vous niez l'âme? — Oh! bien facilement. Les divers organes ont leur sensation propre. L'œil voit, l'oreille entend. La conscience est la sensation propre du cœur de chair. Elle diffère de sensibilité, dans les divers hommes, selon que la matière de leur cœur est plus ou moins affinée, comme je viens de dire. — — Si l'esprit et la matière sont identiques, si tout finit avec le corps, si rien ne survit, alors à quoi bon le culte des Ancêtres sur lequel les Canoniques insistent tant; à quoi bon les offrandes et les prières? — Les Sages ont prescrit ces rits, pour consoler les bonnes gens. Le fait qu'on les accomplit communément, ne prouve pas que l'objet auquel ils s'adressent existe. — — Alors comment expliquez-vous les apparitions historiques de revenants? Ces faits ne renversent-ils pas vos théories? — Non, car ils ne sont pas prouvés. — — Et les Mânes glorieux, dont parlent tant de textes? — J'attends qu'on me les montre... Que les animaux se divisent en quadrupèdes et volatiles, ceci, je l'ai vu, je le crois. Mais que les hommes se divisent en vivants et en mânes, qu'il y ait un monde supérieur et un monde inférieur, pour croire cela, j'attends qu'on me l'ait montré. — — Et croyez-vous que, si vous arrivez à persuader au peuple que l'esprit fluit avec le corps, il résulte de vos efforts quelque avantage? — Il résultera de mes efforts cet avantage, que j'aurai ruiné le Buddhisme, lequel vit de ce que le peuple croit à la survivance. J'aurai ruiné ces moines, qui exploitent les familles et arrachent leur pain aux pauvres, pour enrichir leur Buddha. Ce sera là un bien pour l'humanité. Quand on aura cessé de croire à la survivance et aux sanctions d'outre-tombe, quand on n'ajoutera plus foi qu'aux choses positives et prouvées, alors c'en sera fait du Buddhisme et de ses moines. C'est par amour du bien

Leçon 64.

public, que je combats le dogme fondamental de ces gens-là, la survivance. » (神
滅論)

--◊-◊--

En 626, sous l'empereur 高祖 Kao-tsou des 唐 T'ang, l'Annaliste 傅奕 Fou-i se distingua par la violence de ses attaques contre les Buddhistes. L'empereur lui fit un jour la remarque, qu'il ne connaissait guère leur doctrine. Je veux ignorer ces pernicieuses folies, répondit l'Annaliste, parce que je les abhorre.

Après les extravagances buddhistes de l'impératrice 武 Ou, et ses entreprises contre la dynastie T'ang, les Lettrés devinrent encore plus agressifs. Ils faillirent parfois s'en trouver mal, car, sous les T'ang, la faveur impériale fut inconstante, allant parfois aux Buddhistes, parfois aux Taoïstes, rarement aux Lettrés. — En 820, l'empereur 憲宗 Hien-tsoung s'étant fait apporter au palais une relique du Buddha, le fameux 韓愈 Han-u qui portait aux Buddhistes une haine féroce, trempa son pinceau et apostropha l'empereur en termes tels, que celui-ci parla de l'envoyer au supplice. Des amis haut placés s'entremirent, et dirent à l'empereur que Han-u était à la vérité un peu fou, mais très dévoué à sa personne; qu'en parlant si mal, il avait cru bien faire: qu'il y avait lieu d'user d'indulgence; etc... Han-u fut envoyé comme gouverneur dans le lointain Midi; exil honorable. — L'Histoire annote ainsi : « Vers la fin de la dynastie 周 Tcheou, les Taoïstes commencèrent à faire la guerre aux Lettrés. Vers la fin de la deuxième dynastie 漢 Han, les Buddhistes entrèrent en lice à leur tour. Depuis les 晉 Tsinn, les adeptes de ces deux sectes sont devenus de plus en plus nombreux et entreprenants. Empereurs, rois, officiers, peuple, tout le monde croit ce qu'ils disent. Les petits leur demandent la rémission de leurs péchés, les grands se délectent de leurs spéculations creuses. Seul Han-u a vu, dans ces doctrines, la ruine du pays et la perte du peuple. Il fit ce qu'il put pour les combattre. Ses pamphlets circulèrent par tout l'empire.»

Voici le passage principal de la remontrance faite par Han-u à l'empereur Hien-tsoung, à propos de la fameuse relique... « Quand l'empereur Kao-tsou de la dynastie actuelle, eut recueilli la succession des 隋 Soei, il délibéra s'il n'exterminerait pas le Buddhisme. Malheureusement les ministres qui l'entouraient, hommes à l'esprit étroit, étaient peu versés dans nos traditions nationales. Le projet de l'empereur n'aboutit pas. J'enrage quand j'y pense... Et vous, Sire, perspicace, sage, lettré, brave ; prince comme on n'en a pas vu depuis longtemps ; quand vous montâtes sur le trône, vous commençâtes par interdire aux Buddhistes l'acceptation de nouveaux sujets et l'érection de nouveaux couvents. Je me dis alors, voilà que le projet de l'empereur Kao-tsou va se réaliser, enfin !.. Hélas, vos ordres n'ont pas été exécutés. Le recrutement et les constructions ont continué. Et maintenant, qu'entends-je ? Est-il possible que vous ayez ordonné aux bonzes, de vous apporter processionnellement un os du Buddha ?.. Quoique je sois le plus stupide des hommes, je pense toutefois ne pas me tromper, en supposant que vous ne croyez pas les contes de ces gens-là. Vous avez donné cet ordre, j'imagine, pour manifester votre contentement de l'abondance qui a signalé cette année, ou pour donner un divertissement au peuple. Car enfin, sage et instruit comme vous êtes, comment pourriez-vous ajouter foi aux superstitions buddhistes ? — Mais, hélas ! prenez-y garde ! Le peuple, sot et borné, facile à égarer et difficile à éclairer, n'ira pas au fond des choses. Quand il vous verra faire ce que vous projetez, il croira que vous êtes devenu Buddhiste. Les rustres se diront : voyez le sage Fils du Ciel, comme il sert le Buddha de tout son cœur ! et nous, son petit peuple, nous ne nous y mettrions pas avec ferveur ?!. Tous vont se faire brûler des moxas sur la tête, et s'useront les doigts à offrir de l'encens. Ils vont jeter en foule leurs vêtements laïques, renoncer à leurs biens, et affluer dans les couvents. — Malheur ! ces choses ruinent nos mœurs, et nous rendent ridicules aux yeux des étrangers. Car enfin, c'est un Barbare que nous honorons de la sorte ; un homme qui n'a pas su parler notre langue, qui n'a pas su s'habiller comme nous, qui n'a rien connu des enseignements de nos Sages et de notre tradition nationale, qui a méconnu ses devoirs de fils et de sujet ! S'il vivait encore, cet homme ; s'il venait ici, comme ambassadeur de son roi, vous devriez sans doute le recevoir, mais tout juste, une petite fois, par condescendance ; puis, après lui avoir fait don d'une robe neuve, vous devriez le faire reconduire à la frontière sous bonne garde, pour lui ôter toute possibilité d'infecter votre peuple. Voilà tout ce que vous devriez au Buddha, venu à votre cour vivant et accrédité... Et maintenant que cet homme est mort depuis longtemps, vous laissez, sans recommandation aucune, présenter à Votre Majesté un de ses os décharnés, un morceau malpropre et néfaste de son cadavre, et vous lui donnez accès jusque dans votre palais !.. Confucius n'a-t-il pas dit : respectez les êtres transcendants, mais ne les approchez pas ; tenez-vous à distance ?!. Les Anciens se précautionnaient contre le mauvais influx, chaque fois qu'il leur fallait approcher d'un cadavre. Ils s'entouraient à cet effet de sorciers, lesquels chassaient les influences néfastes, à grands coups de rameaux de pêcher et de verges en jonc (page 103)... Et vous, sans motif plausible, vous faites apporter chez vous, dans vos appartements, un os putride et infect. Vous en approchez, sans aucune précaution, sans rameaux ni verges. Et vos officiers, et les censeurs, ne vous avertissent pas ! J'en rougis pour eux ! — Ah ! je vous en prie, faites remettre cet os au bourreau, pour qu'il le jette à l'eau ou dans le feu, afin d'en finir à jamais avec cette racine de malheur, afin de dessiller les yeux au peuple, afin de préserver les âges futurs de la séduction et de l'erreur. Si le Buddha l'apprend et peut quelque chose, qu'il se venge sur moi, qui endosse bien volontiers l'entière responsabilité de vos actes. Oui, je me dévoue de tout cœur, pour protéger l'empire contre la superstition et la ruine. » (論 佛 骨 表)

Culte officiel. — Si, du septième au neuvième siècle, le Confuciisme fut à peu près sans influence dans une Chine buddhiste et taoïste, le culte officiel resta néanmoins le culte antique, et les hymnes de cette époque répètent l'ancienne tradition. — Phénomène remarquable. Le culte primitif, le culte officiel, le culte chinois, n'appartint jamais à une dynastie, à une secte, à une école. Il resta en dehors de tout, considéré, par tous et toujours, comme invariable et intangible. Aux jours de leur puissance, les Confuciistes n'y ont jamais rien ajouté. Quand ils étaient au pinacle, les Taoïstes et les Buddhistes n'en ont jamais rien retranché. — Hélas ! ce ne fut pas par foi ; ce fut par routine. On chanta ainsi, d'âge en âge, parce que les Anciens avaient chanté ainsi. — Les dynasties 隋 *Soei* et 唐 *T*ang nous ont légué deux riches hymnaires. Le fond des hymnes est le fond ancien; le style est moderne; le manque de foi se trahit par une froideur sensible.

Voici deux spécimens des hymnes des *Soei*.

En vers de quatre caractères, au Ciel:

> Le palais violet (quadrilatère de la Grande Ourse) brille.
> Là réside, invisible et mystérieux, le Suprême Un,
> qui abaisse ses regards vers la terre.
>
> O noble et élevé Suprême Ciel,
> voici alignées les pierres (lapis-lazuli) que nous t'offrons,
> voici les victimes immolées pour toi.
>
> Vois tous ces ministres,
> la musique et les bannières.
> Abaisse tes regards vers ces pierres de ta couleur.
>
> Que vers toi monte la fumée du sacrifice.
> Donne-nous le bonheur,
> pour ces témoignages de vénération.

En vers de trois caractères, aux Génies célestes et terrestres:

> Le cœur ému,
> fixons l'espace,
> dans un espoir sincère,
> avec des sentiments respectueux.
>
> Sortant du mystère,
> les Génies descendent invisibles.
> Avec vénération, l'empereur
> et ses ministres lèvent les yeux (vers eux).
>
> Nous avons fait tout ce qu'on peut faire
> pour ouvrir la voie aux Génies,
> pour faire venir ces intelligences transcendantes,
> pour les régaler avec respect,
> après les avoir évoquées dans les hauteurs azurées,
> et dans les sombres profondeurs.

Voici deux spécimens des hymnes des *T'ang*.

Au Ciel, en vers de quatre caractères, l'an 709:

> Le tertre est prêt.
> Nos cœurs aussi.
> Les flûtes en bambou chantent,
> les cithares en bois vibrent.

Leçon 64.

> Les rits se déploient avec majesté,
> les cloches et les timbres sonnent,
> pour honorer le Souverain d'en haut,
> dans l'espoir qu'il nous bénira.

Au Ciel, en vers de quatre caractères, l'an 723 :

> Adoration au Suprême !
> Vénération dans le sacrifice !
> Abondance et pureté.
> La musique est disposée.
>
> Le Seigneur d'en haut vient s'éjouir.
> Il nous donnera le bonheur,
> bénédiction pour nos offrandes,
> et fera tout tourner à bien pour nous.

—⋄—⋄—

Des documents des *Soei* et des *T'ang* nous apprennent aussi, que les deux fêtes annuelles du 社 *Patron du sol*, se célébraient encore régulièrement sous ces dynasties. Mais, pour le peuple presque entièrement buddhiste, c'étaient jours de liesse populaire, tout simplement. On festoyait et on s'amusait près du tertre.

Sources. — La Collection des Canoniques 十 三 經 注 疏 *Cheu-san king tchou-chou*. — Histoire dynastique 隋 書 *Soei-chou*, chapitres 13 à 16. — Histoire dynastique (l'ancienne) 舊 唐 書 *Kiou T'ang-chou*, chapitres 30 et 31.

Soixante-cinquième Leçon.

Neuvième siècle de l'ère chrétienne. Taoïsme. — I. Historique. — II. L'œuvre de *Kuan-yinn-tzeu*. — III. *Lu-tongpinn*. L'index des mérites et des démérites.

I. Historique.

Le commencement de la dynastie 唐 *T'ang*, vit l'apothéose de 老子 *Lao-tzeu*, événement plutôt politique, et de peu d'importance. Le fondateur de la dynastie, 李淵 *Li-yuan*, était un usurpateur. Il jugea avantageux de s'attacher les Taoïstes, fort maltraités par la dynastie précédente 隋 *Soei*. En 620, un certain 吉善行 *Ki-chanhing* rencontra dans les montagnes un vieillard vénérable, vêtu de blanc, qui lui dit : « Va dire de ma part au Fils du Ciel de la dynastie *T'ang*, que moi 李老君 *Li-laokiunn*, je suis l'ancêtre de sa famille. »... Les Taoïstes informés, comprirent l'intention de l'empereur. *Lao-tzeu*, le vieux philosophe, ne fut pas fait dieu, comme on le dit parfois erronément. On le logea seulement, vaille que vaille, dans la troisième orbe du Taoïsme mystique (page 514). — J'ai dit que ce Taoïsme mystique, me paraît tenir de Basilide. Au huitième siècle, les Nestoriens y ajoutèrent du leur. En 741, *Lao-tzeu* apparut à l'empereur 玄宗 *Huan-tsoung* de la même dynastie, et lui révéla qu'on trouverait sa statue à 鰲屋 *Tcheou-tcheu*. On trouva en effet, dans cette localité, une statue en pierre exotique, haute de trois pieds. Où cela? chez qui? cela n'est pas dit. Or, dans cette localité de *Tcheou-tcheu*, à cent stades de *Si-nan-fou*, se trouvait alors le grand monastère nestorien, dans lequel fut érigée, 40 ans plus tard, en 781, la fameuse stèle commémorative de sa splendeur (page 531). Je me demande si c'est vraiment une statue de *Lao-tzeu* qu'on apporta à l'empereur, ou bien quelque autre effigie? En tout cas, quand il l'eut reçue, c'est un service *nestorien* qu'il fit célébrer dans son palais, par sept prêtres, dit l'Histoire. Aussitôt après, il reconnut le culte nouveau des 九宮貴神 nobles *chenn* des neuf palais célestes, trois classes par orbe, ce qui fait penser aux trois hiérarchies et neuf chœurs des anges. Fort curieux, ces synchronismes, qui ne s'expliquent bien que par des contacts. Tous les contacts étaient d'ailleurs possibles, probables, nécessaires même, puisque nous savons que la capitale de *Huan-tsoung* (*Si-nan-fou*) regorgeait de Brahmanes, de Buddhistes, de Mazdéens, de Manichéens, de Nestoriens, de Mahométans (Leçon 63). C'est précisément en 745, que les Nestoriens sollicitèrent et obtinrent de cet empereur, auprès duquel ils étaient en haute faveur, un décret qui les distingua des autres religions ressemblantes. Et c'est aussi en 745 que, pour la première fois, les écrits taoïstes furent réunis en un corps, base du Canon futur. — L'influence nestorienne me paraît indéniable dans des textes et termes taoïstes comme les suivants, qui datent de cette époque... D'abord, les nouveaux titres des Souverains des trois orbes, sont plus chrétiens encore, si possible, que ceux cités page 511, 天寶君 Seigneur céleste, s'applique bien au Père. 靈寶君 Seigneur Intelligence, convient bien au Verbe. 神寶君 Seigneur Esprit, sied bien au Paraclet. Que les trois sont Personnes d'un même Être, d'une Trinité, cela est dit formellement: 此三號雖殊,本同一也 quoique ces trois noms diffèrent, leur souche (nature) est commune et une. Pour du style chinois, ceci est remarquablement clair. — Ce qui suit, ne l'est pas moins, et prouve que les rédacteurs savaient aussi quelque chose de l'Hindouisme de leur temps : « Durant la période cosmique précédente, 梵氣天尊 le Vénérable céleste Brahma prêcha une doctrine illuminatrice précieuse. Depuis le commencement de la période actuelle, c'est 元始天尊 le Vénérable céleste du commencement primordial, qui communiqua aux hommes la doctrine qui éclaire. Puis, au milieu de la période actuelle, 太上大道君 le très-haut Seigneur de la grande doctrine naquit, 西方綠那玉國 dans l'Occident au pays des *Lou-na-u* (des Romains, je pense), et son nom est 器度 *K'i-tou* (le Christ). De sa naissance date l'ère 開皇 de l'auguste commencement. » — Et cet autre texte : « 三代天尊者 des trois successions de Vénérables célestes, 過去元始天尊 le passé c'est le Vénérable céleste du commencement primordial (le Père) ; 見在太上玉皇天尊 l'actuel c'est le Vénérable céleste très-haut pur Auguste (le Fils) ; 未來金闕玉晨天尊 celui qui n'est pas encore venu, le futur, c'est le Vénérable céleste pure Lumière (aube) sortant du palais d'or (le Paraclet). Or 太上 le Très-haut (le pur Auguste), 即是元始天尊弟子。從上皇半劫以來,元始天尊禪位 c'est le frère-fils du vénérable céleste du commencement primordial (*frère* exprime l'unité de nature, *fils* la filiation), en faveur duquel le Vénérable céleste du commencement primordial (le Père) abdiqua, mettant fin par cette abdication à l'ère 上皇 auguste précédent, et inaugurant l'ère 開皇 auguste commencement. »... Impossible de rendre d'une manière plus chinoise, des textes chrétiens comme ceux-ci : Pater diligit Filium et omnia dedit in manu ejus... Data est mihi omnis potestas... etc. — Et le passage conclut magnifiquement : « Aux trois Vénérables célestes (aux trois Personnes) conviennent également les dix épithètes suivantes. Existant de soi-même. Sans limites. Grande Voie (du salut). Suprême Vérité. Élevé au-dessus de tout. Docteur des hommes. Très-haut auguste. Vénérable céleste. Pur empereur. Souverain universel. »

-*- -*-

Au neuvième siècle, le Taoïsme joua un très grand rôle. Presque tous les empereurs de cette période, furent de fervents adeptes de la secte, et plusieurs payèrent de leur vie la foi qu'ils avaient en ses pratiques. — En 820, l'empereur 憲 *Hien* mourut subitement, et la voix publique attribua sa mort à une dose trop forte de la drogue de pérennité. — Son fils, l'empereur 穆 *Mou*, en prit aussi, et mourut en 824. — Puis le Maître taoïste 趙歸眞 *Tchao-koeitchenn* endoctrina les deux empereurs 敬 *King* et 武 *Ou*. Il obtint de ce dernier, en 845, la proscription du Buddhisme ; puis le drogua si bien, que l'empereur mourut en 846. Son oncle l'empereur 宣 *Suan* qui lui succéda, ne fut pas plus sage, et se laissa empoisonner par le Taoïste 李玄伯 *Li-huan-pai*, en 859.

-*- -*-

Voici le texte de l'édit de proscription qui, en 845, porta au Buddhisme le coup le plus terrible qui lui ait jamais été porté en Chine, et qui extermina indirectement, le Mazdéisme pour toujours, et le Nestorianisme pour longtemps. Les Manichéens avaient été éteints deux ans plus tôt, en 843. — C'est l'empereur qui

Leçon 65.

parle... «Que je sache, au temps des Trois Dynasties, le nom du Buddha était inconnu. C'est depuis les 漢 *Han* et les 魏 *Wei*, que les images et les livres buddhiques se sont introduits en Chine. Dans ces derniers temps, virus pénétrant, herbe traçante, cette superstition s'est propagée, au point de supplanter nos coutumes nationales, et de pervertir les mœurs de nos sujets. Dans les provinces, dans les villes, dans les deux capitales, jusque dans le palais, les Buddhistes se multiplient chaque jour. Les temples buddhiques sont chaque jour plus fréquentés. Le peuple épuise ses forces pour construire ces temples, et ses ressources pour les orner. Bien plus, des hommes désertent leur prince ou leurs parents, pour servir les moines dans ces temples; ou quittent leurs épouses, pour y vivre dans le célibat. Vraiment, jamais rien n'a été aussi contraire aux lois de cet empire et au bien de ses citoyens, que cette religion. Car enfin, dès qu'un homme néglige la culture des champs, la faim se fait sentir à un ménage; dès qu'une femme néglige l'élevage des vers à soie, une famille mal vêtue souffre du froid. Et voilà que, innombrables, les moines et les nonnes, non seulement ne travaillent pas, mais mangent et s'habillent aux frais des autres. Leurs temples et couvents, en nombre incroyable, s'élèvent majestueux et splendides, éclipsant les palais. Ce sont ces gens-là qui ont épuisé les richesses et ruiné les mœurs des dernières dynasties. Les deux premiers empereurs de la nôtre, ont pacifié le pays par les armes, puis l'ont morigéné par l'enseignement. Les armes et l'enseignement, voilà les deux moyens nécessaires et suffisants, pour gouverner la Chine. À quel titre une doctrine méprisable, venue de l'étranger, nous en imposerait-elle? A deux reprises déjà, on a sévi contre elle, mais sans l'exterminer, et le mal a continué. Moi donc, ayant lu tout ce qui a été écrit jadis sur ce sujet, et ayant consulté les conseillers actuels du trône, j'ai résolu fermement d'en finir une fois pour toutes. Tous les ministres et gouverneurs sont de mon avis et me pressent d'agir, disant qu'il faut restaurer les institutions des anciens et restituer son bien au peuple. J'ordonne donc, que 4600 grands temples et couvents soient démolis. Que 200.500 moines et nonnes soient sécularisés, et inscrits sur les rôles des contribuables. Que quarante mille pagodins ruraux, répandus par tout l'empire, soient détruits. Que les millions d'arpents d'excellentes terres, que tous ces temples couvents et pagodins possèdent, soient confisqués. Que leur cent cinquante mille esclaves soient affranchis. — Quant aux moines et nonnes buddhistes venus de l'étranger, qui ont habité jusqu'ici en Chine comme hôtes, et y ont prêché leur doctrine exotique; quant aux Nestoriens et aux Mazdéens; au total, ces gens-là sont au nombre de plus de trois mille. J'ordonne qu'ils soient tous sécularisés, et ne s'avisent plus d'amalgamer leurs coutumes avec celles de la Chine... J'ai donné cet édit, pour extirper un abus. Qu'on accomplisse ma volonté!»

L'édit fut exécuté à la lettre. Les fonctionnaires se gardèrent bien de laisser perdre une si belle occasion de pillage. Tout fut détruit en 845. Puis, l'empereur étant mort, et *Tchao-koeitchenn* ayant été décapité, tout fut relevé en 846. Le Buddhisme, religion du peuple, aux racines profondes et vivaces, se releva ainsi souvent d'un bond, après les pires catastrophes. Tandis que le Taoïsme, religion de quelques intellectuels, eut beaucoup de mal à se remettre, après chaque crise de défaveur.

Un épisode historique encore, instructif et amusant. En 882, 高駢 *Kao-ping*, un des braves généraux de l'empire, gouverneur des Marches de l'Ouest, devint le jouet de deux farceurs taoïstes, qui lui persuadèrent que des revenants quelconques allaient tenter de l'assassiner. Le gouverneur se déguisa en femme et se cacha dans son harem, tandis que les deux compères s'installaient dans son appartement ordinaire. A minuit, grand cliquetis et vacarme. C'étaient les deux farceurs, qui battaient des vases de cuivre. Ils arrosèrent aussi le carrelage avec du sang de porc. Au jour, tout riants, ils firent voir au gouverneur le champ de bataille. Vous l'avez échappé belle, lui dirent-ils. — *Kao-ping* pleura de reconnaissance. — Puis ils lui firent croire qu'il était nommé à une charge importante dans l'empyrée, et que sous peu les grues blanches, monture habituelle des Génies, viendraient le prendre pour l'y porter. Afin de faire bonne figure au jour de cette apothéose, le bon *Kao-ping* se fit faire une grue en bois, qu'il monta désormais chaque jour, enfourchant et démontant avec grâce, par manière d'exercice. — Hélas! il fut massacré par des brigands, pour de bon cette fois.

Il nous reste, de la dynastie 唐 *T'ang*, deux ouvrages taoïstes célèbres. Le traité intitulé 關尹子 *Koan-yinn-tzeu*, et l'index moral de 呂洞賓 *Lutongpinn*.

II. *Koan-yinn-tzeu*.

尹喜 *Yinn Hi*, le préfet *Hi*, vulgo 關尹子 *Koan-yinn-tzeu*, le Maître préfet de la passe, est un personnage taoïste fameux. Contemporain de 老子 *Lao-tzeu*, il était préfet de la passe occidentale conduisant de Chine au Tarim et vers l'Inde. C'est pour lui que *Lao-tzeu* rédigea le sommaire de sa doctrine dit 道德經 *Tao-tei-king* (Leçon 17), au moment de disparaître... Tout cela est de la légende. — En 742, un certain 田同秀 *T'ien-t'oungsiou* fit croire à l'empereur 玄 *Huan*, que *Lao-tzeu* lui avait apparu et révélé que des écrits anciens étaient cachés dans les murs de l'antique maison de *Yinn-hi*. Ceci est un calque de la découverte de certains livres de Confucius, dans l'épaisseur des murs de sa maison. L'empereur envoya un député, qui découvrit en effet dans une cachette le traité *Koan-yinn-tzeu*, que *T'ien-t'oungsiou* y avait mis, très probablement. Il se peut que cet ouvrage soit ancien, et ait été seulement retouché par *T'ien-t'oungsiou*. Il se peut aussi qu'il ait été composé par lui. Dans cette dernière hypothèse, il faudrait ranger *T'ien-t'oungsiou* parmi les grands Maîtres du Taoïsme, car le traité en question est un chef-d'œuvre, approchant des belles pages de 淮南子 *Hoai-nan-tzeu* (Leçon 39). Il n'ajoute d'ailleurs rien aux principes des Pères du Taoïsme, mais les développe magistralement. Voici le sommaire de cet ouvrage, qui n'a pas été traduit jusqu'ici.

--※--※--

«Tout être est ciel, est transcendant, est mystère; parce que tout être est un avec le Principe, en qui tout est un. — Le Principe est aux êtres, ce que la mer est à toutes les eaux, leur origine et leur terme. — Dans le Principe, il n'y a pas d'individus, de *moi* divers. En réalité, il n'y a aucun être. — Dire que le Principe produit les êtres, comme le potier forme ses vases, c'est une image inexacte dans le sens du vulgaire, lequel distingue les vases du potier. L'image est exacte seulement pour le Sage, lequel sait que les vases sont un avec le potier, dans l'unité universelle. »

— ◊ ◊ —

«Tous les êtres sont contenus dans le Principe, sont un avec le Principe, dans lequel leurs mutations ne causent aucun changement. Soit un bassin rond, peu profond, plein d'eau, au milieu duquel un caillou est posé. De tout petits poissons nagent le long du bord du bassin, toujours en rond, autour du caillou. Leur mouvement n'a ni point d'origine, ni terme final. Ils tournent, et rien ne change ; ni le bassin, ni l'eau, ni eux. Tout le mouvement qu'ils se donnent, ne change rien au complexe total. Ainsi en est-il de tous les êtres dans le Principe.»

«C'est à l'immense mer, que le Principe se compare le mieux. L'or et les ordures qu'elle recèle, sont également invisibles. Les petits poissons et les baleines y disparaissent également. Ce qui la caractérise, c'est qu'elle est l'eau universelle. Ce qui en sort ne la diminue pas, ce qui y entre ne l'augmente pas. Elle prête son eau, sans la céder... Ainsi tout dans l'univers est participation du Principe, par le ciel et la terre, et par les cinq agents. Le Principe est l'être unique, primordial et terminal, de qui tout vient, en qui tout retourne. »

«Rien n'*est* en réalité, comme un être distinct. Rien n'*est*, que comme un reflet, une image, une apparence. Comme l'image qui se voit en rêve, ou dans un miroir, ou dans l'eau, n'est qu'un reflet de l'objet; ainsi tous les objets sont des reflets du Principe, n'ayant pas d'autre réalité que la sienne. »

C'est parce qu'ils savent que personne n'existe, que les Sages sont également bienveillants et indifférents pour tout le monde.»

«Coupez l'eau, elle se rejoint. Divisez une flamme, elle se ressoude. Ainsi en est-il des esprits vitaux. — Dire que mon esprit vital est une goutte de l'esprit vital universel, n'est pas exact, car il n'en est pas séparé. Dire qu'il est une étincelle qui s'est allumée un jour, et qui s'éteindra un autre jour, n'est pas exact, car mon esprit vital n'est pas distinct de l'âme cosmique.»

«Ciel et terre, cinq agents, les deux âmes humaines, cinq viscères, esprit vital, vie et mort, tout cela ce sont des entités et des distinctions imaginaires. Comme toutes les eaux sont une eau, comme tous les feux sont un feu, ainsi tous les êtres sont un dans l'unique Principe, dans l'âme de l'Univers. »

«Il n'y a aucun autre *moi,* que ce *moi* universel. Il n'y a pas de devenir, d'agir, de produire, distinct. Tout se passe dans l'être unique. C'est pour cela que l'achillée et la tortue annoncent jusqu'à un certain degré l'avenir. Parce qu'ils sont un avec le cosmos, dont les choses à venir sont des modifications internes, contenues en germe dans la loi d'évolution des cinq agents. Tout est immanent à l'être unique, et mû par lui. Sous son influence, le tambour résonne, l'homme pense. Il n'y a pas plus d'âme préexistante dans l'homme, qu'il n'y a de son préexistant dans le tambour. »

«Ce qui est vu dans l'état de veille, n'est pas plus réel que ce qui est vu en rêve. Et l'homme qui voit, n'est pas plus réel que ses visions. L'homme qui rêve, et l'homme qu'il rêve, ne sont pas plus réels l'un que l'autre. L'état de rêve est un état plus gazeux, l'état de veille est un état plus solide. L'état de vie est un état plus concret que l'état de non-vie. Le tout immanent dans l'être universel, non dans un *moi* particulier. Toutes les dissertations sur le bien de la vie et la crainte de la mort, ne valent donc pas plus que celles qu'on ferait, sur les mains des chevaux et les ailes des bœufs, sujets imaginaires. De même que, dans l'être universel, il y a feu et il y a eau, qui ne sont pas des contraires, puisqu'ils ne se détruisent pas; ainsi, dans l'être universel, il y a vie et il y a mort, qui ne sont pas non plus des contraires, mais des modalités seulement. »

« Et parce qu'il n'y a pas de moi, il n'y a pas d'autrui. Puisqu'il n'y a pas de moi ni d'autrui, il n'y a pas de mien et de tien, il n'y a pas mes pensées et les pensées des autres, il n'y a pas ma peine ma joie et la peine la joie des autres. Toutes choses ne sont que des modifications, des alternances *yinn-yang* dans l'unité universelle. Supposé que deux hommes se rêvent l'un l'autre; les deux rêveurs ne sont pas plus réels que les deux rêvés. Ainsi en est-il de tous les êtres. Ils sont tous des modalités, non des entités. »

« Ne dites pas que l'homme a une personnalité distincte, parce qu'il sait agit parle marche. Une écaille de tortue sait l'avenir, sans être une personne. Un aimant agit, sans être une personne. Un tambour résonne, sans être une personne. Les chars et les bateaux marchent, sans être des personnes. L'homme sait, agit, parle, marche, non comme personne distincte, mais comme terminaison du moi universel. »

« En dehors du Principe, tout est néant. Tout ce qui paraît être, fait partie de l'unité du Principe. Dans cette unité universelle et absolue, il n'y a pas de succession, pas de temps, pas de distances. Dans le Principe, un jour et cent ans, un stade et cent lieues, ne diffèrent pas. Immatériel, le Principe se joue à volonté dans la matière ténue émise par lui et non distincte. Il ne faut donc pas parler de lois naturelles, et de prétendues dérogations à ces lois, comme seraient les changements de figure ou de sexe, l'augmentation ou la diminution du poids (lévigation), les cas où le feu ne brûle pas et où l'eau ne noie pas, les monstres, les prodiges, etc. Il n'y a pas de prédictions, puisqu'il n'y a pas de temps, donc pas d'avenir. Il n'y a pas de translations, vu qu'il n'y a pas d'espace. Le Principe, c'est l'Unité, qui tient en un point, et qui est au présent perpétuel. Moi je suis un avec tous les êtres, et tous les êtres sont un avec le Principe. Tout ce qui paraît, est jeu du Principe, non loi. Qu'un cadavre se lève et marche, qu'on pêche des poissons dans une cuvette, qu'on entre et sorte par une porte peinte sur un mur, et autres choses semblables, ne sont pas des anomalies puisqu'il n'y a pas de norme. Ce sont jeux du Principe dans la matière ténue qui forme son nimbe. Il volatilise ou condense à volonté. De là les phénomènes irréels du devenir et du cesser, de la vie et de la mort. Il n'y a qu'une seule loi, à savoir que, au gré du Principe, sans trêve et sans cesse, le positif et le négatif, l'attraction et la répulsion, alternent en série infinie. Et il n'y a qu'une seule sagesse, à savoir, comprendre qu'une réalité unique subsiste dans et à travers toutes ces apparentes contradictions. »

« Distinguer des causes et des effets, des agents et des produits, c'est illusion, c'est fiction. Le vulgaire s'imagine que le roulement est produit par un tambour, qu'une baguette mue par un homme fait rouler. Or il n'y a, en réalité, ni homme, ni baguette, ni tambour. Ou plutôt, homme-baguette-tambour sont le Principe, qui a produit en lui-même la modalité roulement. Les mots ne signifient rien, vu que les êtres signifiés n'existent pas. Toute pensée centrifuge mène à l'erreur; le penser centripète aboutit à l'Unité, à l'unique réalité. Une seule idée est réelle et vraie, l'idée du Principe qui est *tout;* ou mieux, l'idée du Principe qui est *lui*. »

«De la non-réalité des êtres, dérive naturellement qu'il n'y a ni propriété ni sujétion. Rien ne m'appartient, et je ne relève de personne. — Ne parlez pas d'êtres extérieurs. Ils seraient extérieurs, par rapport à vous. Or vous n'existez pas. Rien n'existe, que le Principe un et simple, à qui appartiennent tous les phénomènes, lesquels se passent tous en lui. »

Le passage suivant est intéressant, les termes employés étant ceux-mêmes qu'employèrent certains Gnostiques… «Jadis, en parlant du Principe, certains l'appelèrent *Silence condensé* (sigé), ou *Abîme mystérieux* (bythos), ou *Esprit pénétrant* (nous), ou *Vide embrassant tout* (pléroma), ou *Ténèbres obscures* (achamoth). A quoi bon ces termes qui font peur? La vérité est plus simple, moins rébarbative; mais aucune idée ne lui est adéquate, aucun terme ne peut l'exprimer. L'être unique ne peut être ni nommé ni pensé, car il est au-dessus de la parole et de la pensée. »

III. *Lu-tongpinn.*

呂嵒 *Lu-yen*, plus connu sous son nom distingué 呂洞賓 *Lu-tongpinn*, naquit en l'an 755. Fin Lettré, Docteur puis fonctionnaire, il se fit initier au Taoïsme, et consacra sa vie à la diffusion de cette secte. Il mourut vers 805 probablement. Son talent et son esprit le rendirent extrêmement populaire de son vivant. Après sa mort, il devint l'objet d'un culte, et a encore ses temples. Il nous reste de lui un traité général sur le Taoïsme, qui se distingue des autres écrits du même genre, par beaucoup de bon sens et de simplicité. La tradition attribue aussi à *Lu-tongpinn* le célèbre traité de morale 功過格 *koung-kouo-keue*, que je vais analyser.

L'auteur part de ce principe, que prier est bon, que se prosterner est bon, que brûler de l'encens est bon… mais que, après tout, l'essentiel étant la vie morale, tout homme doit se rendre un compte exact de sa vie morale. Pour cela, il doit tenir, au jour le jour, le journal écrit de cette vie. Le traité contient toujours, à la fin, un feuillet à deux colonnes, pour trente jours, montrant comment les mérites et les démérites de chaque journée doivent être notés. Un mérite rachète un démérite, un démérite annule un mérite. A la fin du mois, on additionne chaque colonne, on soustrait le chiffre faible du chiffre fort, puis on ajoute le reliquat, positif ou négatif, au report du mois précédent, et l'on constate ainsi exactement ce que l'on vaut pour le moment au point de vue moral. Reste à savoir ce qui est mérite ou démérite. Pour l'apprendre à ses disciples, *Lu-tongpinn* composa une table extrêmement intéressante, car elle révèle comment l'âme païenne pèse les choses morales. Cette table eut en Chine une immense diffusion. Elle sert également aux Taoïstes et aux Buddhistes, et fut souvent réimprimée par des mandarins confuciistes soucieux de moraliser leur peuple. C'est le seul index détaillé d'actes moraux, le seul examen de conscience, qui ait jamais été produit en Chine. Il y a formé les mœurs de millions et de millions d'hommes. Le voici presque en entier. Je conserve l'ordre, ou plutôt le désordre, de l'original.

A l'égard des parents.

Être avec eux amiable, doux et gracieux, un mérite pour un jour. — Les saluer matin et soir, un mérite par jour. — Se bien conduire et bien travailler pour leur faire plaisir, un mérite par jour. — Se fatiguer pour eux, un mérite chaque fois. — Recevoir humblement une réprimande, un mérite. — Leur donner un conseil profitable, trois mérites. — Les apaiser ou les consoler, trois mérites. — Dépenser libéralement pour eux, trois mérites. — Les exhorter discrètement à s'amender, dix mérites. — Leur apprendre à bien agir, dix mérites. — Réparer une faute, ou payer une dette de ses parents, dix mérites. — Aimer et estimer ceux que les parents aiment et estiment, dix mérites chaque fois. — Soigner et veiller ses parents malades, trente mérites. — S'affliger sincèrement de leurs souffrances, cinquante mérites. — Leur procurer une bonne réputation, cinquante mérites. — Faire leurs funérailles avec soin, cinquante mérites. — Supporter des parents fâcheux, cent mérites. — Convertir des parents vicieux, cent mérites. — Ne pas différer leur enterrement, cent mérites. — Constituer un pécule qui leur assure des offrandes annuelles, mille mérites par cent pièces de cuivre du capital placé.

Priver les parents de postérité, en ruinant son corps par la débauche, ou en se faisant exécuter pour crime, cent démérites. — Avantager sa femme et ses enfants, au détriment de ses parents, cent démérites. — Ensevelir ses parents à la hâte et sans soin, cent démérites. — Différer longtemps leurs funérailles définitives, cent démérites. — Ne pas donner aux parents malades les soins nécessaires, cinquante démérites. — Divulguer une faute des parents, cinquante démérites. — Ne pas les avertir de leurs défauts, trente démérites. — Leur apprendre à mal agir, vingt démérites. — Se mettre en colère contre eux et les brutaliser, vingt démérites. — Mépriser ou maltraiter une personne que les parents aiment et estiment, dix démérites. — Manifester du dégoût pour les parents vieux et infirmes, dix démérites. — Faire maudire ses parents, par manière de représailles, par un homme dont on a maudit les parents, dix démérites. — Ne pas faire part de ses biens à ses parents, dix démérites. — Disputer avec eux sur des questions de propriété, dix démérites. — Leur faire des reproches, dix démérites. — Leur faire mauvais visage, dix démérites. — Leur faire de la peine, dix démérites. — Leur causer de la fatigue, dix démérites. — Sortir, en les laissant seuls à la maison, quand ils sont vieux, dix démérites. — Leur manquer une fois, dix démérites. — Les traiter sans respect et sans égards, un démérite chaque jour. — Manger ou boire sans leur offrir une part, un démérite chaque fois.

A l'égard des frères.

Nota: Pour le bien fait à un frère né d'une autre mère (dans une famille polygame), chaque mérite est doublé. Pour les frères nés d'autres parents (c'est-à-dire pour les cousins, qui s'appellent en Chine *frères)*, le mérite est triplé.

Estimer et aimer un frère, et se fatiguer pour lui, un mérite. — Coopérer sincèrement avec lui, un mérite. — L'exhorter à bien agir, l'empêcher de mal faire, dix mérites. — Ne pas ajouter foi aux rapports de sa femme, ou d'un domestique, contre son frère, dix mérites. — Ne pas se disputer entre frères, sur les affaires courantes, dix mérites. — Ne pas tirer à soi les biens communs, dix mérites. — Faire les frais de la noce ou des funérailles d'un frère, cinquante mérites. — Céder de son droit, lors du partage des biens, cinquante mérites. — Reprendre chez soi un frère qui s'est ruiné, cent mérites. — Bonifier ses frères par son bon exemple et ses exhortations, cent mérites.

Désunir la famille, s'intenter des procès entre frères, cent démérites. — Maltraiter ou outrager un petit frère, cent démérites. — Ne pas secourir un frère dans l'infortune, cent démérites. — Détourner un frère de bien faire, l'induire à mal agir, cinquante démérites. — Se disputer un profit entre frères, dix démérites. — Prêter l'oreille aux insinuations des femmes ou des domestiques, dix démérites. — Rebuter un frère moins fortuné, qui demande à emprunter, dix démérites. — Jalouser un frère plus fortuné, deux démérites par jour. — Montrer mauvais caractère, un démérite. — Ne pas donner le nécessaire à ses cadets, un démérite chaque fois. — Tirer à soi plus que ce à quoi l'on a droit, un démérite par cent sapèques de valeur. — Se taire quand on voit un frère mal agir, un démérite. — Mal parler d'un frère devant les étrangers, un démérite.

Nota: Il n'est pas question des sœurs, car elles ne sont pas considérées comme étant durablement de la famille. On les marie le plus tôt possible, et elles n'héritent pas.

Règles de l'épouse et des concubines.

Garder la retraite et la modestie, un mérite pour un jour. — Avertir celle qui serait en faute, un mérite chaque fois. — Bien gouverner les concubines de rang inférieur, un mérite. — Empêcher qu'une femme ou fille n'aille flâner dehors, dix mérites. — Exhorter une jeune femme à respecter ses beaux-parents, et à vivre en bonne intelligence avec ses belles-sœurs, cinquante mérites. — Lui enseigner à se bien conduire, cent mérites.

Répudier son épouse, parce qu'on est devenu riche et noble, cent démérites. — Tolérer que sa femme manque à ses beaux-parents, cent démérites. — Mieux traiter une concubine que son épouse en titre, cent démérites. — Souffrir qu'une de ses femmes en tyrannise une autre, trente démérites. Mal recevoir les justes remontrances de son épouse, dix démérites — Permettre à ses femmes de flâner, dix démérites. — Permettre qu'elles se disent des injures obscènes, cinq démérites. — Tolérer qu'une marâtre maltraite les enfants de l'épouse défunte, un démérite. — Souffrir des discordes dans son harem, un démérite par jour.

Règles des pères et des oncles.

Pour chaque bon avis donné, un mérite. — Pour chaque mal interdit, dix mérites. — Pour chaque larcin empêché, trente mérites. — Pour chaque enseignement sur la piété filiale et l'union familiale, trente mérites. — Pour chaque progrès moral qu'on a fait faire à ses fils ou à ses neveux, cent mérites.

Ne pas leur enseigner les devoirs essentiels, cent démérites. — Les empêcher d'étudier, cinquante démérites. — Induire en erreur un enfant, cinquante démérites. — Abuser d'un innocent, trente démérites. — Leur laisser prendre une mauvaise habitude, trente démérites. — Leur donner un mauvais exemple, dix démérites. — Manifester une préférence déplacée pour quelqu'un de ses enfants, dix démérites. — Les injurier et les battre au lieu de les former, deux démérites.

Règles des disciples et des amis.

Révérer son Maître et mettre en pratique ses enseignements, un mérite pour un jour. — Se lier avec de sages amis, et entretenir ces liaisons, un mérite par jour. — Leur faire part de ses ressources, un mérite par 200 sapèques. — Repousser les sollicitations de mauvaises compagnies, un mérite chaque fois. — Prendre part aux joies et aux peines de ses amis, un mérite chaque fois. — Tenir les promesses qu'on leur a faites, un mérite chaque fois. — Remettre dans le droit chemin un ami qui dévie, dix mérites. — Ne pas rompre avec ses anciens amis pauvres, alors qu'on est devenu riche, trente mérites. — Conserver pieusement la mémoire de ses amis défunts, trente mérites. — Secourir un ami dans un besoin pressant, cent mérites.

Refuser d'aider un ami, alors qu'on pourait le faire, cinquante démérites. — Refuser à un ami qui meurt, ou qui part pour un voyage, de protéger sa femme et ses enfants, cinquante démérites. — Oublier son Maître, ou un ami mort, ou un ami devenu pauvre, cinquante démérites. — Rompre sans raison avec un ancien ami, vingt démérites. — Critiquer son Maître, sa personne ou sa doctrine, dix démérites. — Céder à un ami qui sollicite au mal, trois démérites. — Manquer à la promesse faite à un ami, un démérite.

Règles relatives aux serviteurs et aux servantes.

Leur fournir libéralement la nourriture et les vêtements nécessaires, un mérite par jour. — Les encourager et les consoler dans leur labeur, un mérite chaque fois. — Leur pardonner une petite faute, deux mérites. — Les bien soigner quand ils sont malades, vingt mérites. — Marier entre eux deux de ses esclaves, vingt mérites. — Doter et marier au dehors une de ses esclaves, trente mérites. — Rendre gratis à ses parents un enfant esclave, un mérite par cent sapèques de sa valeur vénale. — Donner à ses serviteurs quelque éducation morale, cent mérites.

Forcer ses esclaves au célibat, cent démérites. — Estropier un ou une esclave, cent démérites. — Vendre une esclave à qui en abusera certainement, cent démérites. — Mal marier un serviteur ou une servante, vingt démérites. — Châtier injustement, vingt démérites. — Gronder injustement, trois démérites. — Les brutaliser, cinq démérites. — Ne pas leur donner le nécessaire, un démérite par journée.

Charité envers les hommes.

Recueillir quelqu'un qui n'a aucun appui, un mérite pour chaque jour. — Donner à manger à un affamé, un mérite. — Donner à boire à dix altérés, un

Leçon 65.

mérite. — Donner un vêtement à celui qui est nu, un mérite par cent sapèques de la valeur. — Prêter une lanterne, un mérite. — Prêter un parapluie, un mérite. — Donner gratis un médicament, un mérite. — Porter à destination une lettre, sans la lire en cachette, un mérite. — Faire l'aumône à un pauvre, un mérite par cent sapèques. — Rapatrier des voyageurs, un mérite par cent sapèques des frais. — Réunir des époux séparés, un mérite par cent sapèques des frais. — Donner à un mendiant une soupe chaude en hiver, un mérite. — Aider, pour une noce, pour des funérailles; un mérite par cent sapèques. — Contribuer à la construction ou à l'entretien d'un pont, d'une route, d'une digue ou d'un puits, un mérite par cent sapèques. — Faire ensevelir un cadavre gisant, un mérite par cent sapèques des frais. — Donner un bol de bouillie, en temps de famine et de cherté, deux mérites. — Secourir un malade en cas d'épidémie, deux mérites. — Aider à racheter un condamné, deux mérites par cent sapèques. — Donner à un vagabond l'hospitalité pour une nuit, deux mérites. — Donner un bon conseil, trois mérites. — Guérir une petite plaie, trois mérites. — Enterrer un os qui traîne, dix mérites. — Protéger la santé ou la vie de quelqu'un, dix mérites. — Aider autrui dans son travail, dix mérites. — Empêcher un avortement, vingt mérites. — Sauver quelqu'un d'un châtiment, vingt mérites. — Guérir quelqu'un d'une maladie grave, trente mérites. — Faire l'aumône d'un cercueil, trente mérites. — Permettre d'enterrer un indigent dans sa terre, trente mérites. — Secourir une veuve ou un orphelin, trente mérites. — Faire rendre justice à un opprimé, trente à cent mérites, selon le cas. — Sauver quelqu'un d'un grand malheur, cinquante mérites. — Sauver une petite fille destinée à la noyade, cinquante mérites. — Amender ou bonifier un pauvre diable, cinquante mérites. — Prendre à sa charge les funérailles d'un indigent, cinquante mérites. — Sauver une vie humaine, cent mérites. — Pourvoir à la perpétuation d'une famille, en moyennant une adoption, cent mérites. — Marier deux personnes qui n'ont pas les fonds nécessaires, cent mérites. — Recueillir un enfant abandonné, cent mérites. — Réunir des époux séparés et leurs enfants dispersés, cent mérites. — Procurer à une famille pauvre un avantage notable, cent mérites.

Tuer un homme, cent démérites. — Ruiner quelqu'un, cent démérites. — Noyer une fille, cent démérites. — Causer l'extinction d'une famille, cent démérites. — Pervertir ou corrompre quelqu'un, cent démérites. — Attenter au cimetière d'une famille, cent démérites. — Violer une sépulture, cent démérites. — Empêcher ou défaire un mariage, cent démérites. — Préparer un poison, cent démérites. — Prescrire à un malade une potion, qui fera gagner le pharmacien, mais qui ne profitera pas au malade, cent démérites. — Ne pas sauver quelqu'un d'un péril, alors qu'on peut le faire, cinquante démérites. — Conseiller ou approuver la pratique de noyer les filles, cinquante démérites. — Conseiller ou approuver la pratique de l'avortement, cinquante démérites. — Nuire à une famille par haine, cinquante démérites. — Obliger quelqu'un, par une fausse inculpation, à errer en fugitif, cinquante démérites. — Jeter n'importe où des ossements humains déterrés dans son champ, cinquante démérites. — Aplanir et faire disparaître une tombe enclavée dans son terrain, cinquante démérites. — Endommager les moissons sur pied d'autrui, trente démérites. — Endommager un pont, un bac, un puits commun, trente démérites. — Faire châtier quelqu'un injustement, trente démérites. — Ne pas se courir une veuve ou un orphelin dans la détresse, alors qu'on le peut, trente démérites. — Ne pas disculper quelqu'un qui est faussement accusé, alors qu'on le peut, trente démérites. — Étant médecin, mal soigner un malade, vingt démérites. — Ne pas venir en aide à un malheur quelconque, vingt démérites. — Ne pas donner un bon conseil, ne pas indiquer un bon moyen, alors qu'on le peut, dix démérites. — Insulter un vieillard, un homme difforme ou estropié, un enfant, dix démérites. — Se réjouir et chercher à profiter du malheur d'autrui, dix démérites. — Empêcher durant un jour le passage dans une ruelle, sur un bac, sur un pont, dix démérites. — Réprimander quelqu'un qui n'est pas coupable, trois démérites. — Lire furtivement une lettre adressée à un autre, trois démérites. — Mal gérer les affaires d'autrui, dont on a la charge, trois démérites. — Intimider, effrayer quelqu'un, trois démérites. — Rebuter le pauvre qui implore assistance, deux démérites. — Appeler quelqu'un par son petit nom (ce qui est en Chine signe de mépris), deux démérites.

Charité envers les animaux.

Sauver la vie à un animal inutile, un mérite. — Sauver la vie à un insecte, un mérite. — Nourrir convenablement les animaux domestiques, un mérite par jour. — Ensevelir une bête morte, un mérite. — Soulager une bête qui souffre, un mérite. — Racheter et libérer de petites bêtes captives, un mérite par cent sapèques dépensées. — Ne pas manger de viande durant un an, cinq mérites. — Sauver la vie à un animal utile, dix mérites.

Conseiller de tuer, ou dissuader de libérer un animal, cent démérites. — Tuer, pour la manger, une grande bête, cent démérites. — Tuer une autre bête utile, vingt démérites. — Tuer une bête inutile, trois démérites. — Tuer un insecte, un démérite. — Enfumer un terrier, détruire un nid, trois démérites. — Encager un oiseau, un démérite. — Ne pas avoir pitié d'une bête qui souffre, un démérite.

Bonnes œuvres et mauvaises actions en général.

Quiconque enseigne à autrui à bien agir, aura, à chaque bonne action que fera l'autre, un mérite égal à la moitié du sien. — Quiconque encourage ou aide autrui à bien faire, aura, à chaque bonne action que fera l'autre, un mérite égal au quart du sien. — Exhorter autrui à contribuer de son argent à une bonne œuvre, un mérite par trois cents sapèques. — Faire imprimer et répandre de bons livres, un mérite par cent sapèques. — Donner un exemplaire d'un traité de morale populaire, dix mérites. — Travailler à faire réussir une bonne entreprise, dix mérites. — Exhorter une famille au bien, trente mérites. — Publier les bonnes œuvres d'un homme de bien, trente mérites. — Quiconque fonde une école publique, aura trente mérites par élève qui y passera. — Convertir un homme au bien, cinquante mérites. — Promouvoir une œuvre d'utilité publique, cent mérites. — Répandre les biographies des hommes dont la vertu fut héroïque, mille mérites.

Empêcher l'enseignement du bien, cent démérites. — Dénigrer un homme de bien, cinquante démérites. — Faire manquer une bonne entreprise, cinq démérites. — Ne pas encourager, ne pas aider, quand on le peut, cinq démérites. — Taire les mérites des méritants, cinq démérites. — Être cause que quelqu'un continue à croupir dans ses vices, cinq démérites. — Exalter des hommes de mauvaise vie, ou louer de mauvaises doctrines, cinq démérites.

Apaiser une dispute, trois mérites. — Éteindre une inimitié, cinq mérites. — Accommoder un procès, cinq mérites. — Détruire en le brûlant un mauvais livre, dix mérites. — Empêcher une conversation sur les femmes et les filles, dix mérites. — Stigmatiser la coutume de noyer les filles, trente mérites. — Prévenir un crime, trente mérites. — Prêcher la concorde, cinquante mérites. — Enseigner la piété filiale, cent mérites.

Quiconque enseigne à autrui à mal faire, encourra, à chaque mauvaise action de l'autre, un démérite double du sien. — Quiconque encourage ou aide autrui à mal faire, encourra le même démérite que s'il avait fait lui-même la mauvaise action. — Attiser la discorde, pousser à un litige, cent démérites. — Patronner un jeune garnement, lui permettant de mal faire, ou lui assurant l'impunité, cent démérites. — Faire graver, ou imprimer, ou répandre un mauvais livre, cinquante démérites. — Rédiger ou écrire des pièces pour un procès injuste, cinquante démérites. — Écrire un acte de divorce, cinquante démérites. — Recommander une personne indigne, trente démérites. — Apprendre à qui ne les connait pas, des procédés immoraux, trente démérites. — Fréquenter un homme vicieux, dix démérites chaque fois. — Ne pas éclairer quelqu'un qui agit mal par ignorance, un démérite. — Ne pas consoler un affligé, un démérite.

Règles relatives aux sentiments intérieurs.

Balayer (sic) une mauvaise pensée aussitôt qu'elle commence à poindre, un mérite. — Se bien conduire toujours, même en secret, un mérite pour une journée. — Ne rien faire qui excite de mauvaises pensées, un mérite pour une journée. — Considérer le bien et le mal d'autrui comme le sien propre, dix mérites. — Avoir passé tout un mois à faire le bien, sans mal faire, cent mérites en plus des autres, comme prime de la constance.

Choyer de mauvaises pensées durant tout un jour, trente démérites. — Vouloir du mal à autrui, dix démérites. — Se réjouir des fautes d'autrui, dix démérites. — Refuser de croire à la vertu d'autrui, deux démérites. — Tourner et retourner (sic) avec complaisance une pensée impure, un démérite à chaque fois. — Item, pour un ressentiment intérieur; et en général pour toute pensée mauvaise. Ne pas repousser les distractions mentales, tandis qu'on récite des textes ou des prières, un démérite chaque fois.

Règles relatives aux actes extérieurs.

Bien faire son devoir durant tout un jour, un mérite. — Agir par devoir, non pour se faire louer, deux mérites. — S'amender dès qu'on est averti, trois mérites. — Imiter un bon exemple, trois mérites — Ne pas rechercher la faveur des riches et des puissants, cinq mérites. — S'abstenir de toute ambition déraisonnable, vingt mérites. — Céder à un homme qui en est digne, vingt mérites. — Persévérer dans ses bonnes œuvres, jusqu'à leur achèvement, sans se refroidir ni se relâcher, vingt mérites. — Accepter de souffrir un dommage pour le bien d'autrui, cinquante mérites. — Vivre en bonne intelligence avec autrui, sans garder mémoire des petites offenses, cent mérites.

Causer du trouble par ses intrigues, cent démérites. — Causer du tort à autrui, pour son propre avantage, cinquante démérites. — Calomnier un homme de grande vertu, cinquante démérites. — S'attribuer le bien qu'on n'a pas fait, trente démérites. — Faire ses propres affaires sous couleur de bien public, par exemple s'approprier le produit d'une collecte, dix démérites. — S'obstiner dans un vice, trois démérites. — Laisser une bonne œuvre inachevée, un démérite. — Agir en égoïste, un démérite. — Refuser son approbation à une action louable, un démérite.

Règles relatives aux paroles.

Parler avec circonspection, conformément à ses sentiments, un mérite par jour. — Dire une bonne parole qui fait du bien, dix mérites. — Exhorter au bien et détourner du mal, en expliquant les sanctions du bien et du mal, dix mérites. — Démontrer l'innocence d'un accusé, cinquante mérites. — Enseigner un traité de morale, cent mérites.

Faire de faux rapports, cent démérites. — Mal parler des Sages, cinquante démérites. — Divulguer une faute secrète, cinquante démérites. — Jaser sur la conduite des femmes, cinquante démérites. — Semer la discorde, trente démérites. — Tromper, duper, dix démérites. — Mal parler du bien, de la vertu, dix démérites. — Chansonner quelqu'un, cinq démérites. — Plaisanter sur l'air ou les manières de quelqu'un, trois démérites. — Aimer à parler des défauts d'autrui, un démérite. — Mentir, un démérite. — Parler de jeu, ou de luxure, un démérite. — Bavarder sans mesure, un démérite.

Par rapport aux Génies et aux Sages.

Servir les Génies du ciel et de la terre, et les Ancêtres du temple familial, avec dévotion, un mérite. — Retirer des ordures un papier écrit ou imprimé, et le brûler, un mérite. (L'idée est que, l'écriture étant la plus belle invention des Sages, la profaner, c'est leur manquer.) — Dépenser pour les temples des Génies ou des Sages, un mérite par cent sapèques. — Faire graver, imprimer, et répandre leurs écrits, cent mérites.

Critiquer les Sages ou leurs écrits, cent démérites. — Porter atteinte à un temple, cinquante démérites. — Détruire un livre canonique, vingt démérites. — Outrager les Génies ou les Ancêtres, vingt démérites. — Citer des textes canoniques, pour plaisanter, dix démérites. — Se parjurer en invoquant le nom des Génies, dix démérites. — Manquer à la décence, en vue de l'un des luminaires célestes, trois démérites. (Par exemple uriner tourné vers le soleil ou vers la lune. Les païens chinois évitent cela avec soin.) — Maudire, cracher, uriner vers le Nord (la Grande Ourse, résidence des Génies), trois démérites. — Maculer un papier couvert de lettres, trois démérites. — Souiller l'âtre ou le puits (qui ont leur petit Génie particulier), un démérite. — Toucher un livre canonique avec des mains

Leçon 65.

malpropres, un démérite. — Se lever la nuit tout nu (manquant ainsi de respect aux Génies qui sont peut-être présents), un démérite.

Domaine sur les passions et maîtrise de soi.

Être poli et déférent, un mérite par jour. — N'être pas tenace et opiniâtre, un mérite. — Supporter une contradiction, un mérite. — Réprimer une saillie d'humeur, trois mérites. — Supporter patiemment une fatigue, trois mérites. — Pardonner une offense, trois mérites. — Endurer une opposition, cinq mérites. — Supporter un contretemps, un accident, sans maugréer contre le ciel et contre les hommes, dix mérites.

Se conduire brutalement, grossièrement, cent démérites. — Se disputer à tout propos, trente démérites. — Récriminer, dix démérites. — Grogner à chaque mécompte, cinq démérites. — Se fâcher et tempêter, cinq démérites. — Humer l'encens de la flatterie, un démérite. — Étant ivre, injurier ou frapper, un démérite.

Des habits, du manger et du boire.

Passer un jour, content du nécessaire, un mérite. — Ramasser des grains tombés à terre, un mérite. — Manger ce qui est servi, sans choisir, un mérite.

Désirer mieux que ce qui convient, dix démérites. — Se vêtir au-dessus de sa condition, cinq démérites. — Gaspiller le grain, un démérite. — Excéder dans sa dépense, un démérite.

Des biens et du commerce.

Faire honnêtement son commerce durant une journée, un mérite. — Partager le profit entre associés exactement, un mérite. — Restituer ou payer au jour d'échéance, un mérite. — Prêter au voisin dans le besoin, un instrument ou un ustensile, un mérite. — Reconnaître une dette, un dépôt; un mérite par cent sapèques. — Mettre le nombre exact, quand on enfile les sapèques en ligatures, un mérite par cent sapèques enfilées. — Payer exactement ses redevances en nature, un mérite par cent sapèques de valeur. — Ne pas trop majorer son grain, une année de disette, un mérite par cent sapèques. — Faire l'aumône convenable au pauvre qui la sollicite, un mérite par cent sapèques. — Ne pas repasser à d'autres le faux argent ou le faux billet qu'on a accepté, mais supporter la perte; un mérite par cent sapèques. — Prêter sans exiger d'intérêt, un mérite par deux-cents sapèques. — Donner bon poids et bonne mesure, dix mérites. — Ne pas presser un débiteur pauvre, dix mérites. — Aider une famille endettée à rétablir ses affaires, cent mérites.

Fabriquer du faux argent ou de fausses sapèques, cent démérites. — Dissiper son patrimoine, cent démérites. — Trop presser un débiteur pauvre, cent démérites. — Empiéter sur la terre d'autrui, cinquante démérites. — Provoquer autrui à jouer de l'argent, dix démérites. — Tromper au jeu, un démérite par cent sapèques de gain injuste. — Extorquer injustement de l'argent, dix démérites par cent sapèques. — Exploiter la misère d'autrui, dix démérites par cent sapèques du profit fait ainsi. — Vendre son grain trop cher, une année de disette, un démérite par jour. — S'adjuger plus que son dû, dans un réglement de compte, cinq démérites par cent sapèques. — Nier une dette ou un dépôt, cinq démérites par cent sapèques. — Obliger quelqu'un, par des menaces, à céder son bien à un prix au-dessous de sa valeur, cinq démérites par cent sapèques gagnées ainsi. — Payer en faux argent, fausse monnaie, faux billets, trois démérites par cent sapèques. — User de faux poids et de fausses mesures, un démérite par cent sapèques de profit injuste. — Voler ou faire tort, un démérite par cent sapèques. — Mal user des dons du ciel, un démérite chaque fois. — S'approprier, à l'insu du propriétaire, fût-ce une aiguille, fût-ce une paille, un démérite.

De la luxure.

Passer un jour et une nuit, sans concevoir aucune mauvaise intention, un mérite. — Ne pas lire un livre obscène, ne pas regarder une image indécente, un mérite. — Éviter une entrevue dangereuse, un mérite. — Refuser de se lier avec un homme corrompu, un mérite. — Faire taire une personne qui tient des propos licencieux, trois mérites. — Parler fortement des suites de l'inconduite; ruine, maladies, et autres; cinq mérites chaque fois. — Ne pas fixer ses yeux sur une jolie personne, cinq mérites. — Mettre en fuite une personne qui sollicite au mal, cinq mérites. — Chez soi, se conduire décemment avec ses femmes, dix mérites. — A chaque occasion dans laquelle on n'a pas failli, dix mérites. — Respecter les servantes de sa maison, cent mérites. — Respecter une femme dont on aurait pu abuser, cent mérites. — Détruire les planches gravées d'un livre obscène, trois cents mérites. — Ecrire un traité contre la luxure, trois cents mérites. — Ramener à domicile une femme ou une fille évadée, trois cents mérites. — Passer toute sa vie sans commettre un seul adultère, mille mérites.

Composer un livre licencieux, ou peindre une image obscène, démérite infini. — Causer, par un adultère, l'assassinat ou le suicide d'une femme, mille démérites. — Mettre le trouble dans une famille, par ses galanteries, mille démérites. — Provoquer un avortement, mille démérites. — Fornication avec une fille, une veuve, une nonne, trois cents démérites. — Adultère avec une femme qui avait été jusque là fidèle à son mari, cent démérites. (Nota, faute moindre que la fornication; voyez page 2 7.). Adultère avec une femme qui a déjà manqué à la foi conjugale, cinquante démérites. — Abuser par force d'une fille servante, de la femme d'un serviteur, d'une nourrice, cent démérites. — Passer la nuit avec une prostituée, dix démérites. (Nota, beaucoup de païens croient qu'il n'y a pas de péché, la chose étant consentie et payée.) — Ruiner son corps par la débauche, jusqu'à priver ses parents de postérité, cent démérites. — Servir de proxénète à une prostituée, à un sodomite; entretenir pour le public des chanteuses ou des mignons; dix démérites pour chaque péché commis par ces gens-là. — Choisir exprès, sur la liste présentée par des comédiens, une comédie licencieuse, dix démérites. — Reluquer une femme ou une fille, cinq démérites. — Plaisanter indécemment sur le sexe, cinq démérites. — Chez soi, être trop libre avec ses femmes, cinq démérites. — Ne pas s'abstenir aux jours anniversaires du décès de ses parents, trois démérites. — Garder en sa possession de mauvais livres, de sales images; un démérite par jour, pour la conservation seulement. — Faire des vers licencieux, un démérite. — Se

Leçon 65.

mettre tout nu, chez soi, pour être plus à l'aise, durant la chaude saison; un démérite. — Prononcer une parole obscène, un démérite. — Dans les rues, ne pas éviter les femmes et les filles, un démérite chaque fois. — Dire à ses servantes de sales injures, un démérite chaque fois.

Note finale: Cet Index ne contient que les cas ordinaires. Les péchés énormes n'y sont pas indiqués. Ceux-là se soldent dans les enfers.

On ne dit pas où se soldent les mérites extraordinaires.

Sources. — Histoires de la dynastie *T'ang*; il y en a deux; 唐書 *T'ang-chou*. — Le traité 關尹子 *Koan-yinn-tzeu*, non traduit. — Le traité 功過格 *Koung-kouo keue*, non traduit.

觀世音 Koan-cheu-yinn féminine, typé indien.

Soixante-sixième Leçon.

Vers le dixième siècle. Triomphe de l'Amidisme. La religion de la Terre Pure.

Le culte d'*Amitabha* (vulgo Amidisme), cette religion du salut par le moindre effort possible, par une simple invocation issue du cœur, est mentionné au long dans les œuvres des Indiens *Asvaghosha* au premier siècle, et *Nāgarjuna* au deuxième siècle de l'ère chrétienne. Quand ce culte fut-il inventé? Est-il issu du Buddhisme, ou fut-ce une religion étrangère, peut-être dérivée du Mazdéisme, que le Buddhisme s'incorpora? Les textes buddhiques chinois ne donnant aucune réponse péremptoire à ces questions, leur solution incombe plutôt aux Indianologues, qui ne l'ont pas trouvée jusqu'ici. Sans prétendre décider, en une partie qui n'est pas la mienne, j'exprimerai simplement mon avis, comme Sinologue et Missionnaire. — A prendre l'abondante littérature mahayaniste chinoise dans son ensemble, rien n'oblige, ce me semble, à considérer l'Amidisme comme ayant été emprunté par les mahayanistes indiens hors de l'Inde. Tout au contraire, il apparaît comme le dernier aboutissement logique, de cette doctrine d'altruisme exubérant, de fièvre salvifique, qu'est le *mahāyāna*, dont les *Buddhas* et les *P'ousas* innombrables luttent entre eux à qui procurera à tous les êtres le salut à meilleur marché. Du moment qu'on accepte les principes de cette école, à savoir que tout particulier qui le désire peut s'élever au rôle de sauveur universel, que le salut qu'il procurera aux êtres sera celui qu'il aura voulu leur procurer, et s'obtiendra au prix fixé par lui... Du moment, dis-je, qu'on aura accepté ces principes, l'enchère de générosité entre *Buddhas* et *P'ousas,* devra aboutir logiquement et inévitablement à l'Amidisme. Donc, à mon humble avis, aucun mystère dans la genèse de ce culte. — On sait que les Indianologues discutent aussi, sans aboutir, sur la genèse du *mahāyāna*, et sur l'époque où ce système prit naissance. L'obstacle auquel ils se butent, me paraît être qu'ils veulent faire de cette genèse un événement extraordinaire, un enfantement phénoménal. Si les textes indiens exigent cela, alors très bien, cherchez la clef. Les textes chinois n'exigent pas qu'on se donne tant de mal. De l'ensemble des textes chinois, souvent plus clairs que les textes indiens, parce qu'ils ont été tassés par les traducteurs, et transposés en une langue moins floue; de l'ensemble, dis-je, de ces textes, il résulte que la pluralité des mondes, la multiplicité des Buddhas; la candidature à l'état de *Buddha* sauveur, et la préparation à cet état comme *P'ou-sa* apprenti-sauveur; la remise volontaire à plus tard de son propre *nirvaṇa* acquis, pour procurer d'abord le salut à d'autres êtres; toutes ces données se trouvent déjà, ou énoncées, ou du moins indiquées, dans des textes *hinayāna* que l'on s'accorde à considérer comme représentant l'enseignement de *Śākyamuni*. Si le fondateur ne les développa pas davantage, c'est parce que la plupart de ses auditeurs occasionnels, même de ses disciples habituels, étaient plutôt de la matière brute à dégrossir, que de la matière fine à perfectionner. Il se peut aussi que, s'il les développa davantage, le rédacteur des *sûtra*, le fidèle *Ananda*, ne les comprit ou ne les retint pas; car il est historiquement certain que, à la mort du Maître, *Ananda*

Leçon 66.

觀世音 Koan-cheu-yinn féminine, type chinois.

était un moine plutôt médiocre comme intelligence et comme pratique, non encore arrivé au degré d'arhan. — Mais peu à peu, dans les communautés buddhiques, parmi les moines, le niveau s'éleva. Comment l'idée de se dévouer pour le salut des autres, ne serait-elle pas venue à quelques-uns au moins de ces hommes, auxquels le Buddha avait imposé d'aimer tous les êtres et de leur vouloir tout bien?! d'autant qu'ils méditaient chaque jour sur les misères de ce monde, et croyaient posséder la panacée capable de remédier à tous ces maux. Quant à la pluralité des mondes, à la gloire des Buddhas qui y règnent; à ce cosmos, champ de lotus immense, dont chaque fleur est une *terre de Buddha;* je pense que la vue du ciel étoilé, et le polythéisme brahmanique, leur fournirent les éléments du système. Un effort d'imagination si médiocre, ne dut pas coûter à quelques fils de la race qui avait inventé les fables des *Védas*, et qui inventera les délires du *Mahā-bhārata*. — Je ne vois donc aucun mystère, dans l'épanouissement graduel du *hināyāna* égoïste en *mahāyāna* altruiste, ce qui fut un progrès .. ni du prolongement du difficile *mahāyāna* en facile Amidisme, ce qui ne fut pas une décadence, car la doctrine mahayaniste élevée resta intacte, à l'usage des esprits qui étaient à hauteur. L'Amidisme fut une branche que ce grand arbre laissa pendre sur le courant boueux du siècle, pour permettre à qui voudrait de s'accrocher. — Quant à l'époque où le *mahāyāna* naquit, aux Indianologues à la déterminer, quand ils en seront capables. Pour moi je pense qu'il n'eut pas de jour de naissance. Il se dégagea des discours du Buddha, et se développa rapidement, j'imagine, aussitôt après son *nirvaṇa* (479), par la force spontanée des choses, le terrain lui étant préparé dans l'Inde par les croyances d'alors. Il serait donc antérieur de plusieurs siècles au Christianisme. — Les textes d'*Aśvaghosha* qui traitent de l'Amidisme comme d'une doctrine courante, au commencement du premier siècle de l'ère chrétienne, font même croire que l'Amidisme est notablement antérieur au Christianisme. — Aucune donnée utile ne peut être tirée des noms des Buddhas des divers mondes, ces noms étant pure fantaisie. Quant aux descriptions de leurs paradis, elles sont toutes des calques d'un même modèle, le paradis d'*Amitabha*. Je pense que la manie de certains couvents ou moines, de se créer une spécialité et d'avoir leur petit dieu particulier, fut pour beaucoup dans la multiplication des Buddhas imaginaires et de leurs règnes; jointe à ce besoin de symétrie cosmique, qui tourmente les Chinois aussi bien que les Hindous.

—◆—◆—

Nous savons que les Taoïstes sont d'habiles organisateurs. Chose curieuse, ce furent des transfuges taoïstes, qui organisèrent l'Amidisme en Chine. Vers la fin du quatrième, ou tout au commencement du cinquième siècle, un Chinois de 雁門 *Yen-menn* dans le 山西 *Chan-si* actuel, commença cette organisation. Cet homme avait lu tous les livres chinois, et prisait fort ceux de *Lao-tzeu* et de *Tchoang-tzeu*, les Pères du Taoïsme. Après des entretiens avec le moine buddhiste 道安 *Tao-nan*, un Amidiste probablement, il alla vivre en ermite dans les montagnes, et s'appela 慧遠 *Hoei-yuan*. Ensuite, pour que 德不孤 la vertu ne restât pas solitaire, comme dit son biographe, il s'affilia cent vingt-trois adeptes, et fonda avec eux, en 386, la société amidique 蓮社 *Tertre du Lotus*, dont le but était

Leçon 66.

觀世音 Koan-cheu-yinn aux enfants.

Leçon 66. 565

d'obtenir la renaissance dans 極樂國 le *Royaume de la félicité*. Il mourut en 416. — Tout au commencement du sixième siècle, un autre Chinois, originaire du même pays, et lui aussi Taoïste, disciple formé à l'école du célèbre *T'ao-houng-king* (page 513), rencontra à la capitale un moine indien, le premier des deux *Bodhiruci*, un Amidiste notoire. Le Taoïste confia à l'Amidiste, qu'il travaillait à devenir Génie. Beaucoup ont désiré cela, lui dit le moine, et personne ne l'a obtenu. Cherchez plutôt à renaître dans une terre heureuse... et il lui communiqua la doctrine du *P'ou-sa Koan-cheu-yinn (Avalokiteśvara)*. Le résultat fut que le Taoïste brûla les livres qu'il tenait de *T'ao-houngking* (taoïsme mystique), et devint le moine 曇鸞 *Tan-loan*, qui déploya, pour la propagation de l'Amidisme, un zèle extraordinaire. Sa mort, arrivée en l'an 600, fut accompagnée de singuliers phénomènes; dais et bannières flottant dans l'air au-dessus du couvent, parfum merveilleux remplissant sa cellule, etc. — Le moine chinois 道綽 *Tao-tch'ao*, entré au couvent à l'âge de quatorze ans, lui succéda à la tête de la secte, laquelle commença alors à donner comme son objectif 淨土 *la Terre Pure*, le paradis d'*Amitabha*, par opposition avec 塵世 ce monde poussiéreux. Ses progrès s'accélérèrent. *Tao-tch'ao* mourut en 645. — Son disciple 善導 *Chan-tao* lui succéda, et vécut jusque vers la fin du septième siècle. Il convertit, dit la légende, toute la capitale *Tch'ang-nan*, et l'empereur 高宗 *Kao-tsoung* des *T'ang* lui-même, par le fait merveilleux qu'une flamme s'échappait de sa bouche, chaque fois qu'il invoquait le nom d'*Amitabha*. — *Tao-tch'ao* et *Chan-tao* décidèrent que les livres canoniques de leur secte, seraient le grand *sûtra* d'Amitabha 無量壽經 *Ou-leang-cheou king*, et son abrégé, le petit *sûtra* 阿彌陀經 *A-mitouo king*. Ils commentaient ces textes, quand ils prêchaient au peuple. Ils lui disaient « toutes les formes de Buddhisme sont bonnes; mais combien il est long et laborieux d'effacer son *karma* au moyen des procédés des autres sectes; tandis que, dans la secte de la Terre Pure, c'est l'affaire d'un instant, le temps d'un acte de repentir et d'un désir sincère. »... Ils déclaraient que le désaveu effaçait immédiatement tous les péchés, même ceux que les autres sectes tenaient pour irrémissibles, comme d'avoir, dans une existence précédente, blessé un Buddha ou tué un arhan. Car, expliquaient-ils, l'acte bon d'avoir approché ce Buddha, d'avoir recherché cet arhan, était une entité positive; tandis que la blessure ou l'assassinat, tout acte mauvais en général, n'avait aucune réalité. Le bien, sortant de l'essence de l'être, est une entité réelle, une extériorisation de la nature. Tandis que la somme du mal qu'il a fait, forme à l'être comme un fourreau extérieur irréel, duquel il se tire en le reniant, en disant simplement de cœur « je ne suis plus celui qui fit cela ».

Aucun mal ne souille l'être en lui-même, soutiennent les Amidistes avec énergie; car aucun mal n'atteint l'essence de l'être, laquelle est, de par sa provenance, toute bonne, toute sainte, et impeccable. En effet, l'essence de tous les êtres, c'est l'essence universelle, l'essence de tous les *P'ou-sas*, de tous les Buddhas; donc l'essence du Buddha *Amitabha* et du *P'ou-sa Avalokiteśvara*. Tous les êtres font partie du *dharma-kâya* 法身 corps mystique universel d'*Amitabha* et d'*Avalokiteśvara*. Ceux-ci envisagent donc tous les êtres, comme des parcelles de leur propre être, qu'ils aiment comme étant leur propre essence, dont ils ont pitié comme de soi-même, quand il leur arrive de pécher par nescience.

Leçon 66.

觀世音 Koan-cheu-yinn tendant son chasse-mouches, à une âme qui demande à renaître dans la Terre Pure.

Leçon 66.

L'acte de désaveu et de retour, détruit le fourreau qui enveloppe ces parcelles du corps mystique, non par suite de leur malice, mais par suite de leur nescience. Il n'y a qu'un péché provisoirement irrémissible, c'est-à-dire qui condamne à une ou plusieurs renaissances subséquentes ; c'est le refus de se reconnaître, de renier son erreur, de revenir à soi et à *Amitabha* (ce qui revient au même). Et ce refus n'indigne pas *Amitabha*, car il est suite du *karma* ; il fait partie provisoirement du fourreau ; il cessera un jour avec celui-ci.

Arrêtons-nous un instant, pour qualifier cette doctrine, qui identifie le mal avec la nescience, et qui fait de la nature une terminaison ou une parcelle divine. Elle est indienne, et fort vieille, commune aux Védantistes et aux Jaïnas. Pour les Védantistes indiens et les Védantistes chinois *Tch'an*, le corps mystique est Brahman ou Buddha, et les âmes n'en étant pas détachées, il s'ensuit un panthéisme parfait. Pour les Jaïnas indiens et les Amidistes chinois, les âmes sont détachées, sont des parcelles. Le système est donc un animisme, avec un Être suprême, pratiquement un Dieu, *Isvara* ou *Amitabha*. Quant à la nature et à la destinée des âmes, il y a entre les Jaïnas et les Amidistes cette différence, que les Jaïnas les tiennent pour créées par *Isvara*, d'une autre nature que lui, et devant subsister en-dehors de lui ; tandis que les Amidistes les considèrent comme émanées de la substance d'*Amitabha*, comme des étincelles jaillies de lui, devant subsister très longtemps en-dehors de lui, mais destinées finalement à rentrer en lui. — Sur ce dernier point, les traités amidistes chinois populaires sont muets ordinairement, les Maîtres jugeant cette doctrine peu intelligible ou moins alléchante pour le vulgaire, auquel ils parlent à pleine bouche des joies du paradis d'*Amitabha* et de sa quasi-éternité. Mais, dans les discussions philosophiques, et aux disciples avancés, ils avouent la non-éternité du paradis de l'Ouest, et enseignent que la rentrée finale en Amitabha est le but suprême. Donc, après tout, un panthéisme pour les intellectuels, mais un théisme pour les simples.

La doctrine morale des Amidistes est très pure. Pas d'hédonisme dans leur paradis. Un seul sexe, le sexe mâle. *Avalokitesvara*, en chinois 觀世音 *Koan-cheu-yinn*, est un P'ou-sa masculin. Si, en Chine, il est très souvent représenté sous des traits féminins, c'est en vertu du pouvoir (*riddhi*) reconnu à tous les P'ou-sas, de prendre à volonté la forme extérieure jugée convenable pour chacune de leurs missions. *Koan-cheu-yinn* se présente donc, en Chine, en femme au culte des femmes, qui lui demandent la fécondité. Et cela, par convenance, par décence ; on ne demande pas cela à un homme, disent les Chinoises. Aucun texte, aucune prière, ne s'adresse à *Koan-cheu-yinn* comme à une femme. Dans les temples, son image est, ou masculine, ou féminine, selon le public auquel le temple est spécialement destiné ; mais, quand l'image est féminine, en signe que la forme n'est fictive, le sein n'est jamais féminin. Dans les principaux temples, il n'y a pas d'image, mais un siège vide, entouré de fleurs et de lumières, *Amitabha* ou *Avalokitesvara* étant invisible. — Les temples amidistes sont, en Chine et au Japon, les seuls dans lesquels le peuple prie, prie vraiment et du fond du cœur, se repent et implore, avec des attitudes si naturelles et si touchantes, que toute idée de simulation doit être écartée. Je n'oublierai de ma vie le sentiment que j'éprouvai en contemplant une jeune mère amidiste, faisant ses dévotions devant le trône illuminé et vide. Elle ferma d'abord les yeux et se recueillit profondément, les lèvres murmurant l'acte de repentir et de demande. Puis elle aligna devant le trône deux petits enfants, dont le second savait à peine marcher, et qui, parfaitement stylés, firent avec le plus grand sérieux ce qu'avait fait leur mère. Enfin elle tira de son giron le troisième, un nouveau-né, lui prit délicatement la tête entre le pouce et l'index, et la fléchit vers le trône. — Et je me permettrai ici une remarque. *Koan-cheu-yinn* l'adjudant d'*Amitabha*, est un personnage absolument indéterminé, sans histoire, sans légende, la pitié et la charité personnifiées, pas autre chose. *Amitabha* est encore moins défini, si possible, par l'histoire ou par la légende. Il est l'Être qui fait être, la lumière qui éclaire, la compassion qui sauve, le recours assuré de tous les cœurs sincères, malheureux ou pécheurs. Il s'est révélé pour eux, à une époque qu'ils ignorent, d'une manière qu'ils ne savent pas, obscurités qui n'empêchent pas ces pauvres gens de croire en lui fermement, et de l'aimer de tout cœur à leur manière. Si bien que je me demande, s'il n'y a pas parmi ces Amidistes dépourvus de philosophie, beaucoup d'âmes qui, à travers les voiles de leur culte, adorent le vrai Dieu, croient, aiment, lui demandent pardon de leurs péchés et secours dans leurs misères? — Je me pose la même question pour ces Tantristes (page 534), eux aussi vierges de philosophie, qui appellent de tous leurs vœux le Messie à venir, qu'ils nomment *Maitreya*, encore un vocable qui ne signifie rien, encore la foi en une révélation obscure, et l'amour du Dieu voilé. — Et pour ces braves paysans chinois, qui vénèrent 老天爺 le *Vieux Maître du ciel*, le Dieu de la conscience, dans l'univers son grand temple. — Beaucoup de ces âmes sont dans une bonne foi absolue, et mènent au milieu du paganisme une vie étonnamment pure. Or la théologie nous apprend que Dieu donne à chaque âme les grâces nécessaires au salut; des grâces telles qu'il dépend de sa libre volonté d'être sauvée ou non. Dès lors, étant données les dispositions psychologiques que nous venons de voir, qui oserait affirmer que tous les païens se damnent, que le grand nombre se damne?.. J'avoue que, après trente années de contact avec l'âme païenne, moi Missionnaire je me suis fait à l'idée de me trouver, au grand jour des manifestations, avoir une foule de frères, prêchés jadis par l'Esprit Saint lui-même, en partant de leurs vieux textes, de leurs frustes traditions. Le recul des âges et la droiture des simples épurent insensiblement les religions faites de vérité et d'erreur, les débarrassant avec le temps de leurs détails erronés, ne laissant subsister que le fond vrai; la notion d'un Dieu juste et bon, la croyance qu'Il s'est fait connaître, une vague idée de Rédemption, la survivance de l'âme, la conscience, la sanction. — Que de savants s'imaginent que tous les païens ont des dogmes précis, les savent, les croient, y tiennent. Fort heureusement pour eux, la religion de l'immense majorité des païens, se réduit à un nom de secte, sous lequel sommeille latent le fond que je viens de dire. Tel un de ces pagodins ruraux, si communs en Chine. Quand on le construisit, on pava le sol, on couvrit le toit, on l'orna d'un frontispice. Le tout semblait être quelque chose. Mais, sous le dallage, une graine dormait, petite, mais graine d'arbre. Elle germa, poussa, sortit entre deux dalles, les disjoignit, grandit, monta; avec le temps, les racines désagrégèrent tout le pavage, la couronne défonça la toiture délabrée, et un grand arbre s'épanouit, son pied dans les débris du pagodin écroulé. Ainsi en est-il des religions païennes. La graine mise par Dieu au fond de la conscience humaine, les disloque quand elle se développe; et si quelque chose

Leçon 66.

s'élève et s'épanouit dans le monde païen, c'est toujours sorti de cette graine.

J'ai dit qu'aucun reflet d'hédonisme ne souille la belle image du paradis de l'Ouest. Pour les Amidistes vrais, ce séjour est *une école*, où *Amitabha* instruit les ignorants, éclaire les avancés, illumine un chacun comme il convient, pour le rapprocher du but, pour l'unir à soi. — Un trait caractéristique de l'Amidisme, c'est son égalitarisme. Dans le paradis d'*Amitabha*, tous sont égaux ; l'âme du pauvre pécheur mort dans le repentir et le désir, et l'âme du moine qui a pratiqué l'observance durant une longue vie. Le degré d'intelligence, d'ouverture intellectuelle, diffère. Mais les âmes sont d'égale valeur. Pourquoi ?. Parce que, comme j'ai dit plus haut, toutes sont des parcelles du corps mystique d'*Amitabha*, des étincelles sorties de son cœur pur (sic). Avant d'entrer au paradis de l'Ouest, toutes ont dépouillé leur fourreau, par un acte de regret. Il n'est donc plus question du mal commis. Reste l'âme, issue d'*Amitabha*, donc sainte, et également sainte en tous, car les étincelles d'un feu sont essentiellement identiques. Le mal fait, fourreau extrinsèque, ne souille pas l'âme essentiellement ; le bien fait, titre à l'avancement, ne la glorifie pas intrinsèquement. Donc, devant *Amitabha*, pas d'humiliés, pas d'exaltés. — Dans leurs discours et leurs écrits, les Amidistes insistent sur la facilité extraordinaire du salut dans leur secte. Les autres écoles, disent-ils, astreignent leurs adeptes à des œuvres pénibles, à des pratiques parfois incompatibles avec les mœurs et usages du temps. Tandis que l'Amidisme ne conseille que des pratiques simples douces et faciles, et n'exige à la rigueur aucun autre acte, que l'acte de repentir et de désir. Ce point est souvent exprimé par la formule concise « 一句佛同生西 par une invocation d'*Amitabha* tous peuvent renaître dans le paradis occidental. » — Les Amidistes promettent de plus à leurs adeptes, que si, à l'heure de la mort, ils renouvellent leur repentir et leur désir de tout cœur, *Amitabha* en personne, et visible à leurs yeux, viendra chercher leur âme, pour la conduire dans son paradis. Cela est promis au pire pécheur, s'il est sincère. Et la chose est expliquée philosophiquement en cette manière : « L'instant indivisible du repentir et du désir, brise la chaine du *karma* précédent, lequel étant irréel, s'évanouit. Et l'âme étant fixée dans son désir unique de voir *Amitabha*, se trouve entièrement pure et parfaitement disposée. Dans cet état, *Amitabha* l'emporte dans la grande école de mysticisme et d'ascèse qu'est son paradis. Tous y voient *Amitabha* face à face. Tous sont instruits par sa bouche. »… Et les bons Amidistes de conclure : « n'est-ce pas que c'est consolant ? et facile ? et possible à tous, en tout temps et en tout lieu ? »… Les Chinois trouvèrent qu'ils avaient raison (佛教初學課本淨土宗). Vers l'an 1000, en Chine, les Amidistes régnaient en maitres sur les âmes.

La très vaste littérature amidiste chinoise, qui diffère de celle de toutes les autres sectes buddhistes chinoises, par son ton de simplicité, de sincérité, de charité, de ferveur, comprend cinq espèces d'écrits ; traités didactiques, dithyrambes, actes, exhortations aux laïques, notices biographiques.

1. Je ne reviendrai pas sur les **traités didactiques**, car j'ai exposé ci-dessus le sommaire de la doctrine qu'ils contiennent. La lecture de ces traités, doit toujours être précédée de l'invocation d'*Amitabha*, et terminée par l'acte de repentir et de

Leçon 66.

désir. Les traités les plus importants, sont naturellement ceux des organisateurs de la secte; surtout le 略論安樂淨土義 L*e*ao-lu*nn* nan-lao tsing-t'ou i de 曇鸞 Tan-loan; et le 安樂集 Nan-lao tsi de 道綽 Tao-tch'ao.

—◇—◇—

2. Les **dithyrambes** décrivent le paradis d'*Amitabha*, exaltent le bonheur qu'on y goûte, louent, invoquent, etc. Ils sont le plus souvent en prose rythmée, et divisés de manière à pouvoir être récités ou chantés en chœur; chaque strophe commençant par l'invocation «Salut à toi, de tout cœur et en toute confiance, ô *Amitabha*»... et finissant par ces mots «Nous désirons que nous, et tous les êtres, nous renaissions dans ton royaume de paix et de bonheur»... La récitation est toujours terminée par l'acte de repentir et de désir amidiste. — Type du genre, le 讚阿彌陀佛偈 *Tsan A-mi-touo Fouo kie*, de 曇鸞 *Tan-loan*.

Voici un échantillon de ces dithyrambes...

«O Amitabha, lumière sans pareille...
O Amitabha, splendeur infinie...
si pure et si calme...
si douce et si consolante...
combien nous désirons renaître chez toi!

Toi dont le pouvoir est sans bornes...
Toi vers qui se tournent les êtres de tous les mondes...
qu'il est beau, ton royaume,
où la brise sème des fleurs sous les pieds des bienheureux...
combien nous désirons renaître chez toi!

Qu'il est beau, ton royaume,
où la plus belle musique résonne,
où les plus précieux parfums fument,
où tous les êtres sont saints...
combien nous désirons renaître chez toi!

Follement, durant des existences sans nombre,
nous avons renouvelé le *karma* qui nous liait à la terre,
O garde-nous désormais, douce lumière,
que nous ne perdions plus la sagesse du cœur!

Nous exaltons ta science et tes œuvres,
nous désirons que tous aillent à toi;
qu'aucun obstacle n'empêche aucun être
de renaître dans la paix et le bonheur chez toi!

Nous t'offrons tout ce que nous avons, tout ce que nous sommes.
En échange accorde-nous de renaître chez toi.
Sois saluée, ô splendeur inscrutable!
De tout cœur et en toute confiance, nous nous prosternons
devant toi.

Un autre chant pareil conclut ainsi :
>Je t'offre mon repentir et mon désir,
>j'espère que tu m'apparaîtras à l'heure de ma mort,
>fixant mon esprit pour qu'il ne vacille plus.
>Puissions-nous, moi et tous les fidèles,
>purifiés par l'apparition de ta splendeur,
>renaître dans ton règne, siège de la sainteté et du bonheur.

—◆—◆—

Voici les actes quotidiens que doit produire un adepte fervent. J'ai vu et entendu un Japonais du plus haut rang, s'en acquitter dans un *sleeping-car* bondé, sans le moindre respect humain.

Le soir, en vers...
>Quel affairage en ce monde!
>Les jours, les ans, la vie, passent ainsi,
>agités comme la flamme d'une lampe exposée au vent,
>dans l'oubli de l'avancement moral.

>Moi qui ne suis pas à l'abri des voies d'expiation,
>serait-il sage que je vive sans crainte.
>Ne dois-je pas travailler, alors que je suis robuste,
>à édifier, à embellir, mon domicile perpétuel?

Puis, en prose...
Je désire, pour moi et pour autrui, la fermeté du cœur à l'heure de la mort. Que rien ne fasse vaciller alors mon désir de quitter ce monde vide et vain, pour renaître dans le règne d'*Amitabha*. Je renouvelle maintenant ce désir, pour le fortifier. De tout cœur et en toute confiance, je me donne à *Amitabha*.

Durant la nuit, quand on s'éveille...
>Ce n'est pas par sensualité que je dors.
>Je renie toute volupté corporelle.
>Je suis un voyageur sur la terre.
>Demain je ferai une étape de plus vers la perfection.

Dès le matin, et souvent durant la journée...
>Un homme qui n'avance pas, est un arbre sans racine.
>Les fleurs cueillies aujourd'hui, seront fanées avant demain.
>La vie s'écoule, instant par instant.
>Voyageur, je veux avancer vers la vérité parfaite.

—◆—◆—

Pour le culte en commun, il y a des exposés doctrinaux et moraux, pieux et pratiques, coupés par paragraphes. On lit cela lentement et distinctement au peuple, qui dit en chœur, à la fin du paragraphe, «donnez-nous votre bonheur sans mesure» ou «donnez-nous de renaître chez vous». Moyen, disent les Maîtres, de rappeler la doctrine au peuple, et de lui faire produire des actes sérieux. — Dans d'autres services religieux, les prières rythmées alternent avec des leçons en prose, souvent très édifiantes et bien rédigées. — Pour les moines, il y a de longues séries liturgiques, la lecture et la psalmodie alternant. — Types du genre, le 禮念彌陀道場懺法 Li-nien Mi-t'ouo tao-tch'ang tch'an-fa de 王子成 Wang-tzeutch'eng; le 依觀經等明般舟三昧行道往生讚 I koan king teng ming pan-tcheou san-mei hing-tao wang-cheng tsan de 善導 Chan-tao.

3. **Les schémas d'actes de repentir et de désir.** — Il y en a de toutes les longueurs, depuis une ligne jusqu'à plusieurs pages. Repentir détaillé, au moyen d'un formulaire, de tous les péchés que l'on *pourrait* avoir commis au cours de ses existences précédentes. Mais il est bien entendu que ces formules détaillées ne sont pas essentiellement nécessaires. Le seul repentir global sincère, fût-il instantané, avec l'appel de cœur à *Amitabha*, suffit pour dépouiller le fourreau des péchés. — Voici la formule de repentir et de recours plus solennelle, que le président prononce au nom de l'assemblée avant tout service…

« Nous ici assemblés pour vénérer et prier, nous confessons avec repentir, devant tous les *Buddhas* et *P'ousas*, devant les Génies du ciel de la terre et des airs, devant les Juges des enfers, que, durant des existences sans nombre, nous avons *peut-être* commis bien des crimes, blessé quelque *Buddha*, tué quelque arhan, maltraité nos parents ou nos proches, péché par luxure ou vol ou médisance. Nous avons *peut-être* encouru les pires supplices, dans les enfers chauds et dans les enfers froids. Épouvantés par cette pensée, nous proclamons maintenant notre repentir. Tous nous voulons que tous nos péchés soient détruits, de telle sorte que rien n'en reste. Tous, et de tout cœur, nous nous donnons à *Amitabha*. »

4. **Les exhortations aux laïques** sont simples, pieuses, parfois pleines d'onction. Dans toutes, le principe du salut possible par un seul acte de repentir et de désir, est énergiquement affirmé. Mais une vie sérieuse, vertueuse, est chaudement conseillée. De peur que le *karma* d'une vie pécheresse, n'empêche, par aveuglement ou endurcissement, la production, à l'heure de la mort, de l'acte final, lequel décide de la renaissance. — L'Amidiste doit se rappeler souvent les points pratiques de sa religion, le but de sa vie. Il doit prier souvent, si possible continuellement. Il doit penser souvent à la mort. Il doit éviter surtout de 醉生夢死 *vivre dans l'ivresse et mourir en rêvant*; cette phrase revient sans cesse. Il doit vivre simplement, sobrement, chastement, méprisant le plaisir et le luxe. Il doit aimer ses parents et ses proches, se dévouer pour eux, se préoccuper de leur salut. Il doit s'efforcer de faire produire aux vieillards, aux malades, aux mourants surtout, l'acte suprême qui fait renaître chez *Amitabha*. La charité, la bonté, la concorde, l'aumône, sont fortement inculquées. En général, la morale amidiste est pure et élevée, plutôt exagérée parfois dans ses exigences. Quand un Amidiste est près de mourir, toute sa famille doit l'entourer et lui répéter jusqu'à la fin l'acte de repentir et de désir. Il est interdit alors, et au mourant, et aux assistants, de prononcer aucune parole profane. — Types de recueils d'exhortations: le 淨土

Leçon 66.

晨鐘 *Tsing-t'ou tch'enn-tchoung* de 彐克復 *Tcheou-k'euefou*; le 清珠集 *Ts'ing-tchou-tsi* de 治兆 *Tcheu-tchao*. Etc. — Voici quelques échantillons de ce genre d'écrits...

«Dans l'être extérieur de l'homme, il y a un être intérieur, invisible mais réel. On ne voit pas le feu qui est dans le bois, et pourtant il y est, puisque le briquet à cheville l'en tire. Ainsi en est-il de l'âme. Elle est dans le corps, invisible mais réelle. — Quoique l'être qui l'a formé ait péri, son *karma* subsiste dans le nouvel être. Tel un moule de cire, dans lequel on a coulé du plâtre. Le moule périt, le moulage subsiste. — L'âme produit les pensées, lesquelles illusionnent l'âme. L'illusion retient dans la chaîne des renaissances. Fixer sa pensée sur *Amitabha*, en l'invoquant, brise la chaîne et délivre l'âme, conduit à la *Terre pure*, à la *Joie suprême*. — On ne monte pas au paradis, on ne descend pas aux enfers, par un escalier, par des degrés. Un acte plonge dans les enfers. Un vouloir fait naître en paradis. — Pour l'homme, tout dépend de l'objet auquel son affection sera attachée, au moment où il expirera. S'il meurt en aimant *Amitabha*, il renaîtra glorieux dans son paradis. S'il meurt en aimant le laitage, il renaîtra ver dans un fromage. — Un tout petit enfant sait choisir entre un caillou et un morceau d'or. Il ne prendra pas le caillou. Et vous hésitez, entre ce monde impur et misérable, et la terre pure et heureuse d'*Amitabha*. Si vous étiez sages, toutes vos pensées, toutes vos affections, devraient aller à elle seule. — Tout le long du jour, le voyageur se préoccupe du gîte à trouver pour la nuit. Que d'hommes hélas! durant l'étape de leur vie actuelle, ne se soucient pas du gîte à trouver pour toujours; du lotus duquel ils pourraient renaître dans la Terre pure, s'ils le voulaient. — Pauvres ou riches, tous les hommes sont également affairés, les pauvres pour leur nourriture, les riches pour leurs plaisirs. Ils meurent affairés, et renaissent, en punition de cet affairage, dans une nouvelle existence plus pleine d'affairage que la précédente. Et ainsi de suite, d'ivresse en ivresse, de rêve en rêve. Sauf ceux qui aspirent à la Terre pure, personne n'est sain d'esprit et bien éveillé. — A quoi vous serviront les dignités et les richesses, dont vous n'emporterez rien; l'amour des femmes et la multitude des enfants, vos riches demeures, vos festins somptueux, et vos concerts, qu'il vous faudra quitter. Que direz-vous au juge infernal pour vous disculper? Comment apaiserez-vous vos victimes, quand elles demanderont justice contre vous? Tenez-vous donc vraiment à passer par les flammes des enfers, à renaître bœuf ou âne? Réveillez-vous et mettez-vous à la tâche. Le temps presse. Le matin personne n'est assuré de vivre encore le soir, ni le soir de vivre encore au matin. Qui peut se garantir un seul quart d'heure? — La pire erreur possible, c'est, étant homme, de ne pas vouloir se sauver, de se mal conduire, et de se replonger ainsi dans les voies d'expiation, pour des temps incalculables. Il touchait au terme, cet être insensé, et voilà qu'il lui faut, par sa faute, reprendre place à la queue, dans la voie des transformations? Depuis combien de temps, ceux qui sont actuellement fourmis, sont-ils à ce degré de l'échelle; et combien de temps et de temps de pénible ascension leur faudra-t-il, avant de renaître intelligents, aptes à être éclairés, capables de produire l'acte de repentir et de recours salvifique?! — L'homme est comme une chrysalide inerte, mais qui contient la vie. Il ne devrait se soucier que peu, de l'enveloppe qui se dépouille d'existence en existence. Il devrait se préoccuper surtout du vivant qui est en lui, et lui procurer la vie heureuse dans la Terre pure. — Être plein de sollicitude pour le corps de chair, et ne pas s'occuper du corps mystique, c'est comme si on s'attachait à observer une bulle d'écume, sans vouloir voir l'océan. Les mondains ne se préoccupent que du corps de chair, et se soucient peu d'amasser un *karma*, qui empêche leur rentrée dans le corps mystique. Quels soins pour ce corps de chair; pour ses aises, sa fortune, son honneur; lui que les fourmis dévoreront un jour. Que de peine on se donne, pour lui épargner un affront, un heurt, la piqûre d'un moucheron, une éclaboussure sur ses vêtements; alors qu'on néglige le soin de renaître dans la Terre pure. N'est-ce pas là renverser les choses, prendre le négligeable pour le principal? Vous devriez rectifier votre jugement, quand vous assistez à un décès, quand vous contemplez un crâne. — Pourquoi dire que *mort* est un mot lugubre, et éviter de le prononcer? La mort est aussi inséparable de la vie, que la nuit l'est du jour. L'âme, c'est le *moi* de l'homme; le corps, c'est un logis temporaire de cette âme. Quand l'âme vient, l'homme naît; quand l'âme s'en va, l'homme meurt. Ce va-et-vient est continuel. Le départ n'est pas plus lugubre que l'arrivée. Et la formule qui préside à ce mouvement incessant, c'est 業 le *karma*. Chaque existence est fonction du *karma* de l'être. Depuis des temps qui n'eurent pas de commencement, cette âme se réincarne, changeant souvent d'habitat, chaque fois pour une période limitée. Seule l'interruption du *karma* pourra arrêter ce mouvement. — Les hommes sur la terre, sont comme un jeu de marionnettes, dont 造物者 *l'Auteur des êtres* manœuvre les fils pour sa pièce, les suspendant au repos quand une pièce est finie, pour les reprendre plus tard dans une autre pièce. Tel homme qui porte tel nom et qui joue tel rôle actuellement, a joué dans le passé, et jouera dans l'avenir, des rôles innombrables sous des noms divers. — Seul le nom d'*Amitabha* sauve. Qui n'a pas appris ce nom, n'a encore fait aucun usage utile de sa raison. Qui ne l'a pas prononcé, est comme un enfant qui n'a pas encore articulé sa première syllabe. Quiconque, l'ayant entendu, ne le reconnaît pas, ne l'aime pas; celui-là est sous le poids d'un *karma* qui l'aveugle et qui l'endurcit. Il lui faudra encore bien du temps et des efforts, pour arriver à sa délivrance. — Invoquer *Amitabha*, n'a de sens et d'efficace, que si l'invocation exprime le désir de s'unir à lui. C'est ce désir d'union qui sauve. Sans cette intention, prononcer le nom d'*Amitabha* ne sert à rien. — Si vous voulez vous tirer du malheur et arriver au bonheur, il vous faut croire les dix articles suivants: 1 que les paroles d'*Amitabha* sont véritables; 2 que l'âme ne meurt pas, mais erre de vie en vie; 3 que, si vous n'arrivez pas à l'illumination en cette vie, il vous faudra en vivre d'autres; 4 que la loi de l'instabilité vous poursuivra encore, même si vous renaissez dans les cieux des devas; 5 que si vous obtenez de renaître dans la Terre pure, l'instabilité cessera pour vous; 6 que, si vous demandez sincèrement à renaître dans la Terre pure, vous y renaîtrez; 7 que, si vous invoquez le nom d'*Amitabha* avec repentir, tous les péchés commis, tous les châtiments mérités, vous seront remis sur le moment; 8 que ceux qui l'invoquent à la mort, *Amitabha* ne les laisse pas perdre, mais leur apparaît dans sa gloire et recueille leur âme; 9 que les *Buddhas* et les *P'ousas* de toutes les régions, aident et protègent les dévots d'*Amitabha;* 10 que la durée du bonheur dans la Terre pure, est sans mesure (sic). — Il faut croire d'*Amitabha* qu'il est la perfection, et de soi qu'on est imparfait, mais non distinct d'*Amitabha*. Qu'on doit revenir à lui, par l'intelligence et le repentir. Que la puissance de la foi et du recours confiant est infinie. Un appel à *Amitabha* sans foi, est un son inefficace; mais tout appel fait avec foi, est suivi de son effet. Il ne faut donc pas se chagriner, comme font certains hommes inintelligents, qui se disent sans cesse «hélas! j'ai perdu ma vie! j'ai vécu en vain!».. Consolez-vous! Vous obtiendrez le fruit entier en un moment. L'important est de se concentrer tout entier dans le moment actuel, chaque fois qu'on se repent, qu'on désire. Car le passé n'est plus, l'avenir n'est pas encore. C'est l'acte présent qui détruit le *karma*, et qui procure la renaissance heureuse. — En ce monde, un criminel qui avoue, n'en est pas moins exécuté; un débiteur qui se livre, n'en est pas moins obligé de payer. Comprenez que, pour le paradis de l'Ouest, il n'en va pas ainsi. Au moment du repentir, la dette n'est pas remise, elle cesse d'être (fourreau irréel). Au moment du désir, le bonheur n'est pas accordé, il est acquis de droit (corps mystique). En réalité, la puissance de l'invocation ne vient pas du cœur humain qui invoque; elle provient d'*Amitabha* (le corps mystique) qui est dans ce cœur.

---

5. **Notices biographiques.** — Enfin les Amidistes enregistrent avec soin les faveurs obtenues par les adeptes, et les morts édifiantes des leurs. Il y a de vastes collections de pièces de ce genre. Je vais en citer un certain nombre, car rien ne fait mieux connaître l'esprit de la secte.

En 414, le moine 慧 永 *Hoei-young* qui avait fondé un couvent, étant gravement malade, disposa soudain ses vêtements et demanda ses souliers. Les assistants lui ayant demandé pourquoi... Ne voyez-vous pas, dit-il, *Amitabha* qui vient me chercher? et il expira. Un parfum inconnu remplit sa cellule durant sept jours.

Le moine 慧 叡 *Hoei-joei*, d'abord disciple de *Kumāra-jīva*, et ayant fait le pèlerinage des lieux saints de l'Inde, se joignit ensuite à la secte de la Terre pure. En 439 il dit soudain à ses compagnons : Voici que je vais partir... Joignant les mains, il se tourna vers l'Ouest et passa. A ce moment plusieurs assistants virent une fleur de lotus en or s'ouvrir devant sa couche et le recevoir, tandis qu'une fumée odoriférante entourait sa cabane.

En 420, le moine 道 敬 *Tao-king*, jadis reçu comme novice par le fondateur à l'âge de dix-sept ans, dit aux autres moines: Feu mon Maître m'a apparu. Je vais partir... Il s'assit, invoqua *Amitabha*, et passa. Une grande lumière remplit sa cellule, et dura assez longtemps.

Quand le moine 慧 恭 *Hoei-koung*, un des fondateurs, fut à la mort, *Amitabha* lui apparut dans sa gloire, entouré des fondateurs défunts, qui dirent au mourant: Venez! une place excellente vous est préparée... Faisant effort pour se soulever. *Hoei-koung* expira.

Le moine 曇 鑒 *Tan-kien* désirait ardemment contempler *Amitabha*. Un jour, tandis qu'il méditait, *Amitabha* lui apparut, tenant un flacon. Il lui aspergea le visage, en disant: Sois entièrement purifié, dans ton corps et dans tes pensées!.. Puis il lui remit une fleur de lotus, qui venait de sortir du flacon. — *Tan-kien* fit part aux autres moines de ce qui venait de lui arriver, passa la nuit à invoquer *Amitabha*, et expira vers le matin, assis, sans bouger.

Leçon 66.

Au commencement du sixième siècle, le moine 道珍 *Tao-tchenn* vivait en ermite sur une montagne. Jeune homme, il avait vu en songe un bateau plein de passagers, qui naviguait en pleine mer. Où allez-vous? leur demanda-t-il? — Au paradis d'*Amitabha*, fut la réponse. — Puis-je aller avec vous? — Non, puisque tu ne l'as pas encore invoqué. — Sur ce le jeune homme se fit ermite, et se distingua par sa ferveur à invoquer *Amitabha*. Une nuit les gens d'alentour virent comme des milliers de torches enflammées qui se promenaient sur la montagne. Étant allé voir, ils trouvèrent *Tao-tchenn* mort dans sa cabane.

En l'an 600, 曇鸞 *Tan-loan* vit un moine indien apparaître dans sa cellule. De mon vivant, lui dit l'apparition, j'eus le même désir que toi, et je renaquis dans la Terre pure. Ton tour est venu. — *Tan-loan* réunit ses disciples. Craignez l'enfer, leur dit-il; appliquez-vous aux bonnes œuvres; donnez-vous du mal!.. Puis il leur demanda d'invoquer à haute voix *Amitabha*. Alors, inclinant la tête sur la poitrine, il expira. — Tous les assistants entendirent la musique d'un cortège céleste, dans la direction de l'Ouest.

Un laïque très dévot étant mort, un ami voulut lui faire les offrandes que l'on fait aux défunts. Alors une voix parlant dans les airs lui dit: Inutile! Je suis dans la Terre de la joie parfaite. Je n'ai plus besoin de rien.

Vers la fin du sixième siècle, le moine 道喻 *Tao-u* invoquait *Amitabha* de jour et de nuit. Il s'était fait une petite statuette haute de trois pouces, qu'il vénérait sans cesse. Un jour, durant sa méditation, *Amitabha* lui apparut et lui dit: Ta statuette est bien petite. — Mon cœur est grand, répondit le moine. — C'est vrai, dit *Amitabha*... Aussitôt, devant les yeux de *Tao-u*, sa statuette grandit, jusqu'à remplir le monde. — Lave ton corps et ton vêtement, lui dit *Amitabha*; car demain, quand les étoiles paraîtront, je viendrai te prendre. — De fait, le lendemain, au moment où les étoiles parurent, *Tao-u* expira assis.

Le laïque 劉通志 *Liou-t'oungtcheu* étant à la mort, dit, comme en rêve: Voilà que le bateau va passer, et je ne suis pas habillé, et je n'ai pas mon chapelet... Ses parents qui l'entouraient, lui passèrent vite ses habits, et lui mirent son chapelet au cou. Il expira aussitôt paisiblement.

Le célèbre 善導 *Chan-tao* page 565), passa toute sa vie dans une ferveur extraordinaire. Dans sa cellule, il invoquait *Amitabha*, ne s'arrêtant que quand il était à bout de forces. Quand il sortait, c'était pour apprendre aux laïques à invoquer *Amitabha*. Jamais il ne souffrit qu'on lui parlât de choses profanes. Il copia de sa main cent mille fois le petit *sûtra* d'*Amitabha*, et l'expliqua à au moins cinq cent mille adeptes. Ceux auxquels il apprit à invoquer *Amitabha*, furent sans nombre. Beaucoup de personnes virent une flamme s'échapper de sa bouche, à chaque fois qu'il prononçait le nom d'*Amitabha*. Souvent aussi les textes qu'il avait écrits étincelaient. Il disait à tous: vous êtes maîtres de votre destinée; il vous arrivera comme vous aurez désiré et demandé. — Un jour il dit à ses disciples : j'en ai assez de cette vie ; je veux aller chez *Amitabha*... Puis, s'étant hissé sur un grand saule, tourné vers l'Ouest, il pria ainsi « O *Amitabha* viens me prendre. O *P'ousas*, protégez jusqu'à ma fin, mon intention de renaître dans la Terre pure. » Cela dit, il se laissa choir, et mourut sur le coup. — Le suicide n'est pas considéré par les Amidistes comme chose défendue. La doctrine de la secte y porte plutôt. Jusqu'à nos jours, des moines amidistes se laissent mourir de

Leçon 66.

faim ou se brûlent vifs parfois. C'est une œuvre méritoire, pour les laïques, de leur fournir le combustible nécessaire.

Au septième siècle, le laïque 康 縉 雲 *K'ang-tsinnyunn* ayant vu à *Lao-yang* un écrit de feu *Chan-tao* étinceler devant ses yeux, dit en lui-même «si mon *karma* est tel que je puisse renaître dans la Terre pure, je demande un signe plus éclatant». Aussitôt une lueur semblable à un éclair l'environna. Désormais, se dit-il, les rochers pourront s'user, mais ma volonté ne changera pas. — Il alla à *Tch'ang-nan*, visiter la chapelle érigée en mémoire de *Chan-tao*. Celui-ci lui apparut dans les airs et lui dit «propage la dévotion à *Amitabha*, et tu renaîtras certainement dans la Terre pure». Depuis lors M. *K'ang* se fit une coutume de réunir les enfants de son pays, et leur faisait invoquer *Amitabha*, donnant une pièce de cuivre à chacun de ceux qui l'avaient invoqué avec respect dix fois. A son exemple, les parents de tout ce pays, apprirent à leurs enfants à invoquer *Amitabha*. Quand M. *K'ang* l'invoquait, beaucoup voyaient, à chaque fois, une image d'*Amitabha* sortir de sa bouche. — Un jour qu'il prêchait à des milliers de personnes, beaucoup virent le phénomène, d'autres ne le virent pas et s'en affligèrent. C'est, leur dit M. *K'ang*, que vous n'êtes pas assez détachés des choses de ce monde. — Quand il fut à la mort, il dit à ceux qui l'entouraient: «Ceux qui vont voir ma lumière, ceux-là sont mes vrais disciples». Cela dit, il passa... A ce moment, plusieurs le virent environné comme de flammes, d'autres ne virent rien.

Un certain 闕 *Keue*, dévot Taoïste, s'exerçait à devenir Génie. Sa femme née 紀 *Ki*, était dévote Amidiste. Un jour, tandis qu'elle tissait, *Amitabha* lui apparut, dans les airs, au-dessus de son métier. Elle le salua, puis le montra à son mari. Celui-ci ne vit que sa gloire, non sa figure. Il quitta le Taoïsme et se fit Amidiste.

Sous les 唐 *T'ang*, le moine 惟 岸 *Wei-nan* brûlant du désir de la Terre pure, les deux *P'ousas Avalokiteśvara* et *Mahasthāma* lui apparurent dans les airs. Beaucoup de personnes les virent. *Wei-nan* demanda à plusieurs dessinateurs de les dessiner, mais aucun n'y réussit. Alors deux inconnus s'offrirent, firent le dessin, et disparurent. — Un jour *Wei-nan* dit publiquement «je vais partir pour la Terre pure; qui veut y aller avec moi?».. Un jeune garçon s'offrit. «Demande la permission à tes parents» lui dit *Wei-nan*. — Croyant à une plaisanterie, les parents consentirent. Le jeune garçon se lava, mit une robe propre, entra dans le temple et mourut. — «Pourquoi es-tu parti le premier?» dit *Wei-nan* en caressant le cadavre; et il expira aussi.

Un brave homme qui vivait de colporter du sucre, reçut un jour révélation que sa délivrance était proche. Il fit donc le tour de ses principaux clients, et les pria de vouloir bien venir chez lui tel jour, pour porter son corps en terre. — Au jour dit, tous arrivèrent, assez incrédules. Je veux encore vous dispenser de me mettre en bière, leur dit le colporteur. Il se coucha lui-même dans son cercueil, invoqua *Amitabha*, et expira aussitôt.

Un certain 馬 *Ma* s'était aventuré dans une profonde caverne, pour y recueillir des stalactites dont un pharmacien avait besoin. Il avait franchi plusieurs précipices et torrents souterrains, quand sa lanterne s'éteignit. Ainsi enseveli vivant, sans espoir de retrouver l'issue de la grotte, il se recommanda avec ferveur à *Amitabha*. Aussitôt une lueur, semblable à un gros ver luisant, se mit à marcher devant lui, et le guida jusqu'à l'entrée. — Une autre fois ayant voulu passer une rivière gelée, la glace céda et il allait être englouti. Vite il invoqua *Amitabha*. Aussitôt il sentit un corps solide soutenir ses pieds, et il arriva heureusement à la rive.

Un jour le dévot laïque 顧源 *Kou-yuan* dit à ses familiers: « Je vois le corps mystique d'*Amitabha* qui remplit l'univers. Tout brille de l'éclat de l'or. Il me couvre de son manteau. Ne me parlez plus de sujets profanes, de peur de distraire mon esprit. »... Cela dit, il s'assit silencieux. A la troisième veille de la nuit, il passa doucement, tandis que sa famille invoquait autour de lui *Amitabha*.

Un certain 張興 *Tchang-hing* et sa femme étaient extrêmement dévots à *Amitabha*. Un jour le mari, faussement accusé par des brigands que le mandarin torturait, dut prendre la fuite. Sa femme fut emprisonnée. Dans son cachot, elle priait avec ferveur. Une nuit elle rêva qu'un moine la poussait du pied en lui disant, fuis! fuis!.. Elle s'éveilla et constata que tous ses liens étaient tombés. Quand elle arriva à la porte de la prison, elle la trouva ouverte et les gardes endormis. A quelque distance, dans la nuit noire, elle rencontra un homme. C'était son mari, revenu pour s'informer d'elle. Tous deux se mirent en lieu de sûreté.

Durant une terrible famine, à 揚州 *Yang-tcheou*, beaucoup de personnes moururent de faim. Un vieux moine fort dévot à *Amitabha*, s'enferma dans une hutte en terre, et mourut ignoré. Plus tard les pluies firent écrouler la hutte, dont il ne resta qu'un tas de terre. L'année suivante, en été, un superbe lotus s'y développa et fleurit sans eau. On supposa quelque mystère dans cet événement insolite. Le tas de terre fut déblayé. On trouva le squelette du vieux moine. Le lotus sortait d'entre les mâchoires de son crâne.

L'invocation d'*Amitabha*, met en fuite les démons, sauve de la mort violente, soulage et guérit, délivre des méchants mandarins et des satellites rapaces, empêche l'eau de noyer et le feu de consumer, retire des enfers, protège contre la tempête et la foudre, prévient la corruption du corps, obtient des enfants du sexe que l'on désire. Etc.

Sources. — Les *sûtras* cités dans le texte, tous non-traduits. De plus le 淨土十疑論 *Tsing-t'ou cheu i lunn*.

Soixante-septième Leçon.

Onzième et douzième siècle. Taoïsme théiste. Le Pur Auguste. Culte du Génie de l'âtre.

Vers l'an mille, l'Amidisme devenu un théisme, a primé toutes les sectes bud-dhiques, a éclipsé le Taoïsme, est la religion, je ne dirai pas de la Chine, mais de ceux qui en Chine ont une religion. Nous allons voir le Taoïsme essayer de rétablir ses affaires, en copiant servilement l'Amidisme, en devenant lui aussi un théisme. Pur plagiat. Il faut bien vivre !.. L'opération se fit sous deux empereurs de la dynastie 宋 *Song*, qui y trouvèrent aussi leur compte. L'Histoire officielle va nous la raconter.

I. L'empereur 眞 *Tchenn*.

Défait par les peuples nomades du Nord, l'empereur *Tchenn* était devenu impopulaire. En 1008, un certain 王欽若 *Wang-k'innjao* lui conseilla de chercher à récupérer, par de fausses révélations, son prestige amoindri. L'empereur, encore honnête, fut choqué de cette proposition. Bah! lui dit le *Wang*, les grands Anciens ne se gênaient pas de recourir à ce moyen, chaque fois que le besoin s'en faisait sentir. Prendriez-vous par hasard pour de l'histoire vraie, ce qu'on raconte des diagrammes de *Fou-hi* et de *U le Grand* (page 56)? Allons donc! Ces Sages ont fait intervenir le Ciel et les Génies, pour accréditer leur politique. C'est précisément en cela, que consista leur sagesse. — Ce discours ouvrit à l'empereur des horizons nouveaux. A quelques jours de là, visitant la bibliothèque impériale, l'empereur demanda à brûle-pourpoint au savant 杜鎬 *Tou-hao*: «ce qu'on dit des diagrammes de *Fou-hi* et de *U le Grand*, est-ce vrai?».. Se rencontrant, sans s'en douter, avec Varron et Sénèque, *Tou-hao* répondit: «Oh! les Sages ont prétendu ces révélations, pour se faire vénérer et obéir.».. A l'instant même l'empereur *Tchenn* prit la résolution de faire comme avaient fait les grands Anciens. Peu après il commençait à avoir des visions et des révélations. Laissons parler l'Histoire...

Au premier mois de l'an 1008, deuxième jour du cycle, l'empereur dit aux officiers assemblés : « Au onzième mois de l'an dernier, vingt-septième jour du cycle, un peu avant le milieu de la nuit, comme j'allais me livrer au sommeil, une lumière éblouissante remplit soudain mon appartement. Un Génie m'apparut. Sa tête était ceinte d'une couronne d'étoiles, et son corps vêtu d'une robe d'écarlate. Il me dit : le mois prochain préparez-vous, car bientôt il vous sera donné un écrit céleste... Très ému, je me levai pour le saluer, mais il disparut à l'instant même. Je gardai donc l'abstinence et la continence, depuis le premier jour du douzième mois, pour me préparer à recevoir le don transcendant promis. Or le gouverneur de la capitale vient de me faire savoir, qu'une écharpe jaune pend à une corniche de la *Porte du Ciel*. Elle paraît, dit-il, contenir une lettre. Ce doit être l'écrit promis, qui sera tombé du ciel.».. Aussitôt, le ministre 王旦 *Wang-tan* donnant l'exemple, tous les officiers présents se prosternèrent pour féliciter. L'empereur se

Leçon 67.

Cour du 玉皇 Pur Auguste. Centre.

rendit à pied jusqu'à la *Porte du Ciel*, leva les yeux vers l'objet qui pendillait à la corniche, et le salua. Puis on fit monter deux hommes, qui le décrochèrent et le descendirent. Une lettre était nouée dans l'écharpe. L'empereur la reçut à genoux, la porta au palais, et la déposa sur l'autel préparé d'avance. Puis l'Annaliste *Tch'enn* fit lecture de la missive à l'empereur agenouillé. Le style de la pièce ressemblait énormément à celui de *Lao-tzeu*. L'empereur était loué, et exhorté à bien gouverner, moyennant quoi sa dynastie durerait longtemps. Quand la lecture fut achevée, l'écrit, enveloppé de l'écharpe, fut déposé dans une cassette d'or. Puis l'empereur se rendit à la salle du trône, reçut les félicitations de la cour, et ordonna un banquet de réjouissance. Des officiers furent députés pour annoncer l'événement aux Patrons du sol et des moissons, et aux Ancêtres. Il y eut amnistie générale, promotions d'officiers, ère nouvelle du *Diplôme transcendant*. Un cérémonial fut créé, en prévision de nouveaux événements du même genre. Par tout l'empire il ne fut plus question que de la grande faveur que le souverain avait reçue du Ciel. Seul un archiviste osa demander « comment le Ciel, qui n'a jamais parlé, écrit-il maintenant ? »... On ne répondit pas à ce malappris. — Le *Diplôme transcendant* ne laissant aucun doute sur la complaisance intense du Ciel pour l'empereur, il fut résolu que celui-ci ferait, sur le mont 泰 山 *T'ai-chan*, la fameuse offrande 封 襌 *fong-chan*, qui n'avait plus été faite depuis l'an 56 de l'ère chrétienne. Des officiers furent envoyés sur les lieux, pour procéder aux préparatifs. Bientôt ils envoyèrent à la capitale une nouvelle lettre nouée dans une écharpe, qu'ils avaient trouvée pendant à un arbre sur le mont *T'ai-chan*. Or l'empereur avait déjà fait à ses officiers la nouvelle confidence que voici : « Au cinquième mois, treizième jour du cycle, j'ai revu le même Génie qui m'a apparu jadis. Il m'a annoncé que le Ciel me ferait bientôt tenir une nouvelle missive au mont *T'ai-chan*. »... Quand la lettre fut arrivée, l'empereur se pâma de bonheur. « Quelle reconnaissance je dois au Ciel, dit-il, pour l'affection avec laquelle il me traite ! »... Le ministre *Wang-tan* et les officiers se prosternèrent pour féliciter. L'annaliste *Tch'enn* lut la missive. « Tu me sers en bon fils, disait le Ciel, et tu fais le bonheur de ton peuple, voilà pourquoi je t'accorde ces témoignages de ma satisfaction. Que la chose soit portée à la connaissance de tous ! Prospérité pour tes états, longévité pour ta personne ! »... Aussitôt les officiers présents acclamèrent l'empereur, et lui décernèrent les titres suivants : *Auguste, Lettré, Guerrier, révérant le Ciel, vénérant la Voie, Honoré de dons extraordinaires, Sage, Éclairé, Bon, Pieux...* Ils durent respirer au moins une fois, j'imagine, durant le débit de cette kyrielle. Donner des titres, fut une manie sous les *Song* ; et plus ces titres étaient abstrus, plus ils étaient cotés. — Les préparatifs étant terminés, l'empereur quitta la capitale, alors 開封府 *K'ai-fong-fou*. Un char magnifique, portant les missives célestes, précédait celui de l'empereur. Le cortège impérial mit dix-sept jours à faire la centaine de lieues qui séparait la capitale du mont *T'ai-chan*. Après s'être préparé par trois jours d'abstinence et de continence, l'empereur gravit la montagne, en partie à pied. Il fit l'offrande *fong* au *Souverain d'en haut du ciel lumineux*, devant un tertre rond, les missives célestes étant étalées durant cette cérémonie. Puis érection d'une stèle commémorative. Enfin offrande *chan* au pied de la montagne, félicitations des officiers, amnistie générale, etc.

Jusque là (1008) les faveurs transcendantes reçues par l'empereur *Tchenn*,

Leçon 67.

Cour du 玉皇 Pur Auguste. Aile droite.

avaient été attribuées au *Ciel*, ou au *Suprême Un*. Nous savons que ce dernier titre est d'origine taoïste. En 1012, dans un édit impérial, elles furent attribuées au 玉皇 *Pur Auguste*, qui jouera désormais un rôle très important, comme dieu suprême du panthéon taoïste, considéré comme l'équivalent du Souverain d'en haut du théisme antique, et de l'Amitabha des Amidistes. Le Taoïsme théiste est constitué. — En 1015, l'empereur *Tchenn* conféra au *Pur Auguste* les titres suivants: *Pur Auguste, Grand Souverain Céleste, Suprême, Auteur du ciel visible et des lois physiques, du Mandat, du Bien, de la Voie*. Il appela à la capitale 張正隨 *Tchang-tchengsoei*, le chef des Taoïstes, qu'il reconnut officiellement. Il lui conféra le titre de 眞靜先生 *Maître du recueillement transcendant*, et lui fit bâtir le temple de 上淸觀 la *Suprême Pureté* qu'il dota richement. — En 1017, par édit, le *Pur Auguste* reçut le droit de trôner, dans tous ses temples, en costume impérial. A cette occasion, l'Histoire dynastique fait la remarque très importante que voici: « C'est ici que commence la légende du *Pur Auguste*. On ne sait absolument rien de ce personnage, inconnu auparavant. Tout ce que la postérité a dit de lui depuis, fut imaginé après cette date. » — En 1022, l'empereur *Tchenn* trépassa. On enterra avec lui toutes ses lettres célestes. Les Lettrés se chargèrent de son oraison funèbre. «Deux lettres du Ciel en six mois! Est-ce possible?! Pourquoi le Ciel aurait-il favorisé ainsi cet incapable? Personne ne s'est jamais moqué du Ciel et des hommes, comme cet empereur *Tchenn*! Dans les titres que ses ministres lui conférèrent, il y a autant de mensonges que de mots. » — L'Histoire raconte que son comparse, le ministre *Wang-tan*, se repentit au lit de mort d'avoir coopéré aux impostures sacrilèges de l'empereur. Il se fit raser la tête et revêtit l'habit des bonzes, ordonnant qu'on l'ensevelît ainsi... L'empereur *K'ang-hi* a ajouté à ce passage l'apostille que voici: «*Wang-tan* commit deux crimes. Il adula l'empereur *Tchenn* durant la vie, et le *Buddha* à la mort. » — En tout cas, le *Pur Auguste* continua à trôner en robe impériale, et devint populaire par toute la Chine, grâce au mouvement que les Taoïstes se donnèrent pour lui, j'ai dit pourquoi.

II. L'empereur 徽 *Hoei*.

En l'an 1112, le ministre 蔡京 *Ts'ai-king*, ennemi juré des Confuciistes, jugea que, pour se maintenir contre eux, la politique serait insuffisante. Il fit donc appel à la religion. Par ses soins, l'empereur *Hoei* devint taoïste. Il appela à sa cour deux visionnaires de la secte, auxquels il donna toute sa confiance. Les affaires furent depuis lors conduites d'après les oracles de ces deux hommes stylés par *Ts'ai-king*. — Au onzième mois de l'an 1113, quand l'empereur alla sacrifier au Ciel dans la banlieue du Sud, 蔡攸 *Ts'ai-you*, le fils du ministre, qui conduisait son char, dit soudain: «Je vois un château assis sur des nuages, et un cortège d'enfants, portant des bannières, qui descendent vers la terre »... Les Maîtres taoïstes qui accompagnaient le char impérial, jugèrent que le château était celui du *Pur Auguste*... Depuis lors l'empereur crut fermement aux fables taoïstes. Il ordonna de les recueillir par tout l'empire, et de les codifier. Il institua, sous le Chef suprême créé par l'empereur *Tchenn*, une hiérarchie taoïste de vingt-six degrés. La cour impériale devint une féerie, officiers et dames jouant des rôles empruntés

Leçon 67.

Cour du 玉皇 Pur Auguste. Aile gauche.

à l'Empyrée des Génies. La Taoïsme eut un regain considérable de popularité. — En 1116, l'empereur devint le jouet du Maître taoïste 林靈素 Linn-lingsou. D'abord novice buddhiste, fustigé pour quelque méfait, celui-ci avait passé chez les Taoïstes, dans l'intention de se venger des Buddhistes, uniquement. Prestidigitateur habile, il prit, sur le faible esprit de l'empereur, un ascendant prodigieux. Les livres canoniques taoïstes furent, à sa demande, reçus dans la bibliothèque impériale. Encore à son instigation, l'empereur décerna au *Pur Auguste* le titre de *Souverain d'en haut du ciel lumineux*, qui l'assimilait au Souverain d'en haut du théisme antique. Trônant dans une chaire, *Linn-lingsou* donnait des conférences, auxquelles l'empereur assistait, assis de côté sur un petit siège. Enfin, pour complaire à son Maître, l'empereur décréta que tous les *Buddhas* et *P'ousas* seraient incorporés dans le panthéon du *Pur Auguste*, et que les bonzes et bonzesses qui ne voudraient pas passer dans les couvents taoïstes, devraient retourner au siècle. — Le triomphe de *Linn-lingsou* ne fut pas de longue durée. Son cortège ayant rencontré dans la rue celui du prince héritier, ne se rangea pas pour lui faire place. Le prince conta le fait à son père, qui se fâcha, disgracia *Linn-lingsou* et l'éloigna. — Aussitôt, revirement complet, comme c'est l'usage en Chine. Tous les honneurs et privilèges concédés aux Taoïstes, furent annulés. Les bonzes furent réintégrés dans tous leurs droits. — Depuis lors le soleil de la faveur n'a plus lui pour les Taoïstes. Leurs doctrines n'ont plus fait aucun progrès. Elles n'ont pas reculé non plus. Figé au douzième siècle, le Taoïsme populaire est resté jusqu'à nos jours un théisme imité de l'Amidisme, assimilé au théisme antique, le *Pur Auguste* trônant seul, au milieu d'innombrables Génies. C'est à lui que le Taoïste chante, au matin de chaque jour: « O Seigneur du palais d'or et de la voûte d'azur, très haut, Pur Auguste, adorable!.. Toi qui es au-dessus de tous les cieux. Toi dont la douce lumière éclaire tout le monde. Maître des Sages et des Saints. Appui des Génies et des hommes. Charitable auteur de la doctrine sublime. Vérité qui montres le chemin aux insensés. Quoique je sois tout à fait indigne, reçois mon hommage pour toujours! »

-◆- -◆-

Il ne faudrait pas croire toutefois, que ce culte nouveau ait fait oublier celui des 三淨 *Trois Purs* du Taoïsme mystique (page 514). Non. Les *Trois Purs* furent et sont encore l'objet du culte des *moines* taoïstes. Mais une trinité, c'est trop compliqué. Le *peuple* taoïste ne connaît que le *Pur Auguste*. Et il l'envisage si bien comme *la divinité*, sans couleur de secte, que, priant le *Vieux Maître du ciel* au fur et à mesure de ses besoins journaliers, quand il éprouve le besoin d'en faire davantage, il porte son encens indistinctement, ou au *Pur Auguste*, ou à *Amitabha*, pratiquement au temple le plus voisin, le plus à sa portée; en s'autorisant de la formule 三教爲一教 *les trois doctrines sont une doctrine*. Et de fait, pour la période entre 1000 et 1200, quant au culte de *la divinité*, cette formule est assez exacte. Trois théismes. Celui des Lettrés, bien malade, que les philosophes néo-confuciistes vont achever. Le théisme amidiste, plein de vie. Le théisme taoïste, dérivant un filet de la vie exubérante du précédent.

-◆- -◆-

La liturgie taoïste du culte du *Pur Auguste*, est calquée sur les belles liturgies amidistes dont j'ai parlé. Séries d'invocations, demandes de purification, vœux et demandes, etc. Quelques termes seulement sont spécifiquement taoïstes. Bon nombre de termes amidistes ont été conservés. Voici quelques fragments d'un service collectif au *Pur Auguste* (玉 皇 宥 罪 錫 福).

Vénérable céleste, Pur Auguste,
Souverain Seigneur siégeant au-dessus de la voûte azurée,
moi (le célébrant) et tous les assistants, nous désirons que chaque mot que nous allons prononcer,
soit un hommage à votre saint nom,
profite à nos ancêtres défunts, à nos parents vivants,
à tous ceux qui vivent dans ce monde poussiéreux,
aux âmes qui sont plongées dans les ténèbres de la longue nuit.

Ô Vous qui resplendissez, brillant de clarté,
dans la cité en jade blanc, dans le palais d'or jaune,
Vous le plus saint et le plus pur de tous les êtres,
Vous qui guérissez tous les maux et sauvez de tous les malheurs...
Lumière éclairante, lumière pénétrante,
lumière purifiante, lumière consolante,
Seigneur invincible du ciel azuré,
Père miséricordieux de tous les êtres...

Oh! que tous comprennent ce qui fait le péché!
Oh! que tous obtiennent leur pardon complet!
Que leurs passions mauvaises soient éteintes!
Que leur circonspection les préserve des enfers!

Préservez-nous de l'incrédulité, du doute,
de la gourmandise, de l'impureté, de l'envie,
des imaginations vaines et des affections frivoles,
de tout ce qui aveugle ou souille!

Que notre esprit soit recueilli, que nos pensées soient pures,
que notre cœur soit vide, que notre corps soit chaste!
Préservez-nous de l'ambition et des convoitises,
faites-nous calmes, patients, persévérants!

Secourez les malades et tous ceux qui souffrent,
protégez les ermites contre les serpents et les fauves,
les navigateurs contre la fureur des flots,
les hommes paisibles contre les voleurs et les brigands!

Éloignez de nous tous les contages,
les chenilles et les sauterelles.
Préservez-nous de la sécheresse, de l'eau et du feu,
de la tyrannie, de la captivité.

Délivrez des enfers ceux qui y sont torturés.
Mettez fin aux souffrances des prêtas faméliques.

Leçon 67.   587

Accordez aux animaux de renaître plus haut dans l'échelle.
Donnez la paix aux peuples sur la terre.

Préservez-nous de la guerre et d'un trépas violent.
Donnez la prospérité aux pays et aux nations.
Éclairez tous les hommes de la doctrine qui sauve.
Faites renaître ce qui est mort, et reverdir ce qui est desséché.

Les Taoïstes théistes ont accaparé et développé l'ancien culte du 竈王 *Génie de l'âtre*. Ils en ont fait le culte domestique de presque toutes les familles chinoises, même buddhistes. Le Génie de l'âtre est un protecteur et un surveillant nommé par le Pur Auguste, auquel il rend compte de ce qu'il a vu et entendu, au bout de l'an. Ce culte a du bon. De petits opuscules, écrits en style très simple, en langage parlé, contenant les instructions et les avertissements du Génie de l'âtre, sont répandus à profusion parmi le peuple par les Taoïstes, et souvent par les mandarins. Voici un échantillon de cette littérature (敬竈經).

« Vous désirez que le Génie de l'âtre soit content de vous, dise du bien de vous et vous obtienne du bonheur. Promettez-lui donc, dès ce commencement de l'année, de ne faire que ce qui lui plaît. Promettez-lui sérieusement, du fond du cœur, que, durant toute cette année, vous vénérerez le Seigneur du ciel et aimerez vos parents. Promettez-lui que vous ne proférerez ni injures ni malédictions, qu'il n'y aura pas de disputes dans la famille, que vous vivrez en paix avec vos voisins. Promettez-lui de faire l'aumône, d'aider ceux qui ont besoin de secours, de ne haïr personne, de ne commettre aucune injustice. Promettez-lui surtout que vous ne commettrez aucun acte indécent, aucun péché de luxure. Promettez cela, puis tenez votre promesse; voilà le vrai moyen d'obtenir prospérité et bonheur. Gardez-vous de faire comme ceux qui accumulent des péchés sans les compter, et qui ont comme étouffé leur conscience. Croyez bien que ceux-là expieront un jour chèrement toutes leurs fautes, et que, si vous faites comme eux, il vous en arrivera autant. Ce sont ces aveugles volontaires, ces impies, ces endurcis, que les Génies de la foudre exécutent parfois; pensez-y quand vous entendrez les roulements du tonnerre. Si vous avez failli jadis, n'attendez pas qu'on vous demande compte; repentez-vous à temps, et rachetez vos démérites en vous conduisant bien. Tous les malheurs, tous les mécomptes, tous les accidents, toutes les souffrances, sont châtiments de péchés passés. Si vous voulez que le bonheur vienne pour vous, cessez de mal agir, conduisez-vous mieux. Le Génie de l'âtre écrit votre compte pour les tribunaux célestes. Le fait que certains mécréants ne veulent pas le croire, n'empêche pas que ce ne soit l'exacte vérité. Ayez pitié de vous-mêmes. Ne vous préparez pas de stériles regrets. Au bout de l'an, et parfois plutôt si des inspecteurs passent, votre compte est transmis aux tribunaux célestes, et il vous arrive, de fois en fois, d'année en année, ce que vous avez mérité, sans préjudice du compte final après votre mort et de sa sanction. Vous voilà avertis! Convertissez-vous! Si vous vous conduisez bien, il n'y aura pour vous que des bénédictions. »

Sources. — L'Histoire officielle 宋史 *Song-cheu*. — Les traités cités dans le texte.

關帝 Koan-ti, Génie taoïste.

Soixante-huitième Leçon.

Folk-lore hybride

La même époque, 1000 à 1200, période de cristallisation, durant laquelle tout mouvement et progrès religieux s'arrêta définitivement dans la vieille Chine, vit aussi ce que j'appelle le *folk-lore hybride* se figer dans sa forme finale. J'appelle *folk-lore*, un ensemble d'anecdotes supranaturelles, nées dans le peuple, imaginaires ou mensongères, mais qui furent consignées comme choses réellement arrivées, d'abord dans les archives des sous-préfectures, ensuite dans des recueils spéciaux. J'appelle ces contes folk-lore *hybride*, parce qu'ils n'ont généralement pas une teinte doctrinale définie, mais contiennent mélangés, des éléments des diverses doctrines alors courantes en Chine, Taoïsme surtout, Buddhisme et Confuciisme. Il y a de plus des éléments, d'invention populaire, étrangers ou même contraires aux doctrines des trois sectes. — J'ai dit et je répète, que rarissimes sont, parmi les simples, ceux qui savent autre chose que le nom de la secte à laquelle ils prétendent appartenir. Interrogez un homme du peuple qui se dit Buddhiste, sur les doctrines fondamentales du Buddhisme; il y a cent à parier qu'il ne vous en énoncera pas une seule proprement; item de celui qui se dit Taoïste. Par contre ce folk-lore hybride est connu de tous et cru partout hélas! C'est lui qui a produit cette atmosphère de crainte superstitieuse, dans laquelle le bas peuple chinois se meut. Un peu comme les enfants d'Europe, auxquels on a raconté trop d'histoires d'ogres et de revenants.

J'ai trié plusieurs centaines de ces contes. J'en ai dégagé une théorie générale, que je vais exposer dans son ensemble. Je citerai ensuite, à titre d'échantillon, un choix d'histoires typiques.

I. Théorie.

Le monde est gouverné par un Être suprême, lequel est appelé *Ciel*, ou *Souverain d'en haut*, ou *Pur Auguste*, ou autrement. En principe, cet Être suprême sait par lui-même tout ce qui se passe sur la terre. En pratique, il fait comme s'il ne savait pas, attend qu'il soit informé par voie administrative, et répond par la même voie, comme faisait l'empereur de Chine au temps de l'empire. Ses ministres et officiers sur la terre, sont, de haut en bas, 關羽 *Koan-u*, un général malheureux du troisième siècle après J.-C., maintenant grand Génie, appelé ordinairement *Koan-koung* ou *Koan-ti*. Puis la hiérarchie des 城隍 Génies tutélaires des villes, gouverneurs, préfets et sous-préfets. Puis 土地 le Génie local de chaque village, équivalent de l'ancien Patron du sol. Enfin, dans chaque famille, 竈君 le Génie de l'âtre. Organisation du monde inférieur 陰 *yinn*, absolument identique à celle du monde supérieur 陽 *yang* Les Génies des villes et des villages, sont des hommes défunts. Ils sont promus, cassés, sujets aux mêmes vicissitudes que leurs congénères vivants. On parle parfois de leurs épouses. Le temple du Génie tutélaire de chaque ville est pour les défunts du district, ce que le prétoire du mandarin local est pour les vivants du même ressort. Ces fonctionnaires infernaux ont à leur service des satellites, lesquels ne valent pas mieux que ceux du monde supérieur.

Leçon 68.

Satellites infernaux, avec mandats et crocs.

Image tirée d'un tract populaire.

Leçon 68.

Dans le cas de crimes énormes, dont la sanction doit être connue des vivants pour les effrayer, le Ciel fait exécuter le criminel par 雷公 le Génie de la foudre. On représente ce génie avec une bouche en bec de perroquet. Il a des ailes aux épaules, ou des roues aux pieds. D'une main il tient un marteau, de l'autre une sorte de gros clou, le carreau, qu'il lance d'un coup de son marteau. La plupart des textes ne parlent que d'un seul génie de la foudre, pour le monde entier, et expliquent ainsi pourquoi la justice d'en haut est parfois si tardive. Il faut au Génie de la foudre, qui fait sa tournée, le temps d'arriver. S'il ne trouve plus le criminel en vie, il foudroie son tombeau. D'autres textes mettent de petits génies de la foudre à la disposition des Génies tutélaires de haut grade. Tout comme les bourreaux officiels du gouvernement chinois.

Le Juge des enfers 閻王 Yen-wang, ou les Juges des enfers (on en énumère jusqu'à dix), lancent les mandats d'amener des âmes, à l'heure écrite sur le livre du destin. Le destin est censé déterminé par le Souverain d'en haut, d'après les existences précédentes. Les âmes sont jugées, châtiées, réincarnées. — A noter, que les juges infernaux traitent avec grand respect les défunts nobles ou lettrés. Tous les mandarins du monde inférieur défèrent aux avis et aux ordres que leur donnent ceux du monde supérieur. Il y a entente et coopération entre les fonctionnaires des vivants et ceux des morts, les uns et les autres se rattachant au même Souverain d'en haut, de qui vient toute juridiction sur les hommes.

A l'heure de la mort, un ou deux satellites infernaux exhibent au mourant leur mandat d'amener, et l'appréhendent. On les représente parfois armés d'un croc, qui leur sert à extraire l'âme. — Sur la descente aux enfers, il y a deux versions principales. — Ou bien l'âme est conduite à la ville de 酆都 Fong-tou au Seu-tch'oan, où un puits descend aux enfers. Ou bien, aveuglée pour un moment par un tourbillon de poussière jaune, l'âme se trouve dans les régions inférieures, sans savoir comment elle y est descendue. Le monde infernal ressemble absolument au monde des vivants. Le trépas se passe sans peine ni douleur, si bien que souvent l'âme ne s'en aperçoit pas.

Tous ceux qui se suicident ou qui périssent de malemort, n'ayant pas été cités et n'étant pas conduits, ne peuvent pas trouver le chemin des enfers, et doivent errer provisoirement, misérables et faméliques. — Il est admis par tous, sans qu'on puisse expliquer cette croyance par aucune théorie, que l'âme de tout suicidé, cherche à tuer ou à induire au suicide un autre homme. Si elle réussit, elle sera réincarnée, et l'autre âme errera à sa place. De là la croyance générale, que tout lieu où quelqu'un s'est pendu ou noyé, est hanté et dangereux. — Les âmes de ceux qui ont été tués, dites 冤鬼 yuan-koei, dénoncent leurs meurtriers aux juges, ou se vengent elles-mêmes sur eux. Ces âmes sont aussi parfois appelées 倀 tch'ang.

Une catégorie spéciale d'êtres malfaisants, sont les 妖怪 yao-koai, spectres plus puissants et plus adroits que les autres. Les 夜叉 ie-tch'a, yakshas buddhiques, jouent aussi un assez grand rôle.

L'homme a deux âmes. Après avoir passé par les enfers, l'âme supérieure 魂 houen ou 神 chenn est réincarnée. Le peuple tout entier croit à la métempsycose. Celle-ci se fait, ou bien dans le fœtus à terme d'une femme enceinte, lequel n'est informé, durant la grossesse, que par une âme inférieure; ou bien dans un

Leçon 68.

Génie du lieu renseignant le Génie de la ville.

Image tirée d'un tract populaire.

Leçon 68.

cadavre encore frais d'homme ou de bête. L'âme peut aussi revenir à son propre cadavre, tant que celui-ci n'est pas décomposé. De sorte que la résurrection d'un mort, est, pour les Chinois, une chose assez naturelle, et qui ne prouve pas grand'-chose. — Une âme supérieure peut aussi se loger pour un temps dans le corps d'un homme vivant, posséder cet homme, parler par sa bouche, agir par ses mains, etc. — Quand l'âme supérieure a quitté le corps, l'âme inférieure 魄 *p'ai* peut conserver celui-ci, durant un temps qui varie selon le degré de sa force, de son énergie; puis elle s'éteint, et le corps tombe en poussière. Quand l'âme inférieure, laquelle est irraisonnable, est très forte, elle conserve le corps très longtemps, et s'en sert à ses fins. Ces corps informés seulement par une âme inférieure, qu'on appelle 僵尸 *kiang-cheu*, sont d'affreux vampires, stupides et féroces, qui tuent et dévorent les hommes, violent les femmes, etc. Pour éviter ces malheurs, tout corps qui ne se décompose pas normalement après la mort, doit être incinéré. — Un squelette décharné, un crâne, un os quelconque, peuvent, du fait de l'âme inférieure qui y adhère encore, commettre, après de longs siècles, toute sorte de méchancetés. De là vient que les ossements sont redoutés, et éloignés des habitations.

Durant le rêve, l'âme supérieure sort du corps par la grande fontanelle au haut du crâne, et va flâner. Les choses rêvées, sont ce qu'elle rencontre et éprouve durant sa flânerie, des réalités objectives vraies. Il est très difficile de persuader les Chinois de la subjectivité des songes. — Tandis qu'elle flâne dehors, l'âme supérieure peut être capturée, ou tellement effrayée qu'elle ne retrouve pas son corps. Dans ce cas, ou bien l'âme inférieure continue à faire vivre le corps, et l'homme reste dément; ou bien l'âme inférieure s'éteint, et le corps se décompose. — Certains individus peuvent aussi envoyer leur âme au loin, à volonté, dans l'état de veille, pour explorer, s'informer, etc.

Presque toujours l'âme supérieure sortie du corps, est représentée comme gardant la figure du corps, costume compris. L'âme inférieure irraisonnable restée dans le corps, est parfois représentée comme raisonnable. De là les cas de *doubles* plus ou moins parfaits, le même individu dédoublé biloquant, agissant en deux lieux, conversant avec soi-même, etc. Ces histoires extraordinaires, sont au fond contraires à la théorie de toutes les sectes. — Parfois l'âme supérieure sortie du corps, apparaît sous une autre forme, mouche, grillon, etc.

Les morts conservent leurs amours et leurs haines. Ils se livrent aux occupations qu'ils aimaient de leur vivant, musique, danse, jeu, chasse. Les armées de jadis, se font encore la guerre. Aucune théorie n'explique ces choses. Rien de plus fantastique, que les scènes macabres du folk-lore chinois. Le trait le plus hideux, le plus exploité, le plus rebattu, ce sont les rapports sexuels entre morts et vivants.

Minuit est l'heure des spectres. Le chant du coq, l'aube du jour, les font évanouir. La présence d'honnêtes gens suffit parfois pour les faire déguerpir. La tisane de gingembre est le remède spécifique contre l'effroi qu'ils ont causé, effroi qui peut faire mourir.

De même qu'une âme peut passer d'un corps dans un autre, de même une partie matérielle d'un corps peut être substituée à la partie correspondante d'un autre corps, une tête à une tête, un cœur à un cœur.

La géomancie, sous toutes ses formes, et avec toutes ses conséquences, est crue et pratiquée par tous. L'influx heureux d'un terrain faste, est dérivé sur les membres d'une famille, par les ossements de leurs ancêtres enterrés dans ce terrain, ces ossements servant comme de conducteurs. L'influx peut être capté à son profit, par celui qui enterre secrètement dans le cimetière un os de l'un des siens. — L'astrologie est moins cultivée que jadis, mais elle a encore ses adeptes.

On peut se procurer des renseignements sur les choses d'outre-tombe, et, dans de certaines limites, sur l'avenir, par le 扶乩 fou-loan, pratique spirite qui consiste à suspendre un pinceau sous un crible, au-dessus d'une feuille de papier ou d'une couche de cendre, de sable ou de grain fin. L'évocateur pose la question. Le pinceau se meut, et écrit la réponse.

Un pouvoir transcendant, mais limité, est reconnu indistinctement par tous, aux bonzes, tao-cheu, et lettrés vertueux. — Les tao-cheu ont la spécialité des 符 fou charmes protecteurs, et de la capture des koei et des yao-koai. Ils les enferment dans des bouteilles, qu'ils scellent d'un sceau, et enferment dans une cave souterraine. — Le texte du livre des Mutations est très efficace contre les revenants et les maléfices. — L'aspersion par le sang de chien, rompt tous les charmes, et ôte leur pouvoir aux magiciens.

Les magiciens 妖人 yao-jenn, sont censés pouvoir faire, par leurs formules, les choses les plus fantastiques. En ce genre, les Chinois ne doutent absolument de rien. Tout est possible, disent-ils, à qui a le mot. — En particulier, les magiciens peuvent extraire l'âme supérieure des vivants, se l'asservir, en abuser. — Ils enlèvent ou changent, à volonté, des parties du corps. — Ils pratiquent toutes les formes de l'envoûtement, dessinent le portrait d'une personne qu'ils font ensuite souffrir ou mourir en y enfonçant des épingles, fabriquent des figurines ou des objets en papier qu'ils lancent contre leurs victimes et qui se changent en agresseurs réels, etc. — Les histoires de ce genre, innombrables, inimaginables, crues par tous, ont causé l'indifférentisme absolu du peuple chinois, pour tous les faits d'ordre surnaturel. Dépourvu qu'il est de critique, à tout récit merveilleux il a tôt fait de répondre « dans nos légendes nous avons plus fort que cela. »

Tout objet antique, devient, avec le temps, transcendant, intelligent, animé, parfois bienfaisant, ordinairement malfaisant. Par exemple, les stèles, les lions et les tortues de pierre, s'animent la nuit, revêtent d'autres formes, et font des choses inimaginables. Item tous les objets renfermés dans les tombeaux. Une vieille corde, un vieux balai, un vieux soulier, un morceau de bois pourri, tout vieil objet, peut devenir un 魅 mei, être transcendant, féroce et homicide. Pour ne pas parler des figurines des pagodes, des sculptures des ponts, des pièces d'un jeu d'échecs, etc. Il faut absolument briser et brûler ces objets néfastes. Ils répandent alors du sang, et une odeur infecte.

Certains animaux peuvent à volonté apparaître sous forme humaine, se conduire en hommes, et avoir commerce avec les hommes. Cela est surtout le cas pour les renards. Ils se transforment en garçons ou en filles, et jouent le rôle des incubes et des succubes des légendes médiévales. Des chiens, des loups, des ânes, des porcs, et autres animaux, en font parfois autant. — Tous les animaux qui creusent des terriers, qui vivent dans des trous, sont un peu transcendants. Parce que, durant le silence des nuits, ils entendent quelque chose de ce qui se passe dans le

Leçon 68.

monde inférieur, dit la théorie. — Les renards relèvent d'une juridiction spéciale, dont le centre est au mont sacré 泰 山 *T'ai-chan*.

II. Histoires.

Dans les *sûtras* buddhiques, il y a plusieurs descriptions fameuses de l'enfer et de ses supplices. Parlons seulement de son entrée, à 酆 都 縣 *Fong-tou-hien*, au 四 川 *Seu-tch'oan*. Un de mes amis, qui a souvent passé par ce pays, m'a raconté qu'il y a là dix tribunaux successifs. Dans le dixième, adossé à la montagne, s'ouvre une caverne, fermée par une forte porte. La nuit, à l'entrée de cette caverne, on entend le bruit des jugements et des supplices infernaux.

Durant la période *Wan-li* 萬 曆 des 明 *Ming* (1573-1619), un gouverneur du *Seu-tch'oan* nommé 郭 *Pouo*, voulut en avoir le cœur net. Il ouvrit la porte close, visita la grotte avec des lanternes, et découvrit un puits vertical, d'où sortait un vent glacial. Ayant fait faire un plateau en bois solide muni d'une suspension, il s'assit dessus, et se fit descendre dans le puits. A vingt toises de profondeur, il toucha le fond. Là s'ouvrait une allée latérale. Muni d'une lanterne, le gouverneur s'y engagea, fit un stade environ, et se trouva dans un monde lumineux nouveau, avec ses villes et ses palais. Étant entré dans un grand prétoire, le gouverneur salua 帝 *Koan-ti*, qui donna ordre de le promener par les divers tribunaux. Au cinquième, le juge le fit asseoir, lui offrit du thé, et causa longuement avec lui des affaires des deux mondes. Puis il le fit reconduire au puits, et le gouverneur remonta sur la terre dans son plateau. Le souvenir de son expédition, fut consigné dans les archives locales.

Un ancien règlement de la sous-préfecture de *Fong-tou*, veut que le peuple fournisse chaque mois dix bottes de verges servant à la fustigation. La veille du premier de la lune, on dépose ces verges neuves devant la fameuse porte, et l'on enlève les verges usées rendues par les 鬼 *koei*. C'est là un usage ancien, notoire. Que ceux qui ont de la difficulté à croire qu'il y a des enfers, aillent s'informer à *Fong-tou-hien*.

— ✧ ✧ —

Derrière la pagode 德生庵 *Tei-cheng-nan*, près de 杭州 *Hang-tcheou*, sont toujours remisés des cercueils pleins par milliers, en attendant que les familles les ensevelissent. Passant une villégiature dans cette pagode, je demandai au bonze: N'arrive-t-il jamais rien ici, où les *koei* ne doivent pas manquer? — Jamais, me dit-il; car tous ces *koei* sont riches; ils restent parfaitement tranquilles. — Comment? dis-je. Ces morts étaient tous de pauvres gens. S'ils avaient été riches, leurs familles ne différeraient pas ainsi leurs funérailles. Ce qu'on dépose ici, c'est la lie de *Hang-tcheou*. — C'étaient jadis de pauvres vivants, reprit le bonze, d'accord; mais maintenant ce sont des *koei* riches. Ils ont du vin, de la viande, du papier-monnaie, des habits, tout ce qu'il leur faut, car on leur fait de continuelles et abondantes offrandes. Aussi, malgré leur grand nombre, pas la moindre manifestation. Étant soûls et repus, ils sont sans malice. Ne savez-vous pas, vous qui êtes mandarin, que quiconque vole ou assassine, le fait parce qu'il a faim ou froid? Les *koei* qui apparaissent aux malades ou qui font de mauvais coups, sont-ce des *koei* bien habillés et bien nourris? Non! Ce sont des malheureux, aux cheveux épars, nus et émaciés. Ils exigent, parce qu'on ne leur a pas donné. — Je pensai en moi-même que ce bonze parlait d'or. Et de fait, durant un mois que je passai à la pagode, ni moi, ni mon personnel, ni mes enfants, personne n'entendit même un sifflement.

-◊- -◊-

Sous les premiers 朱 *Song*, un étudiant était allé au loin pour trouver un maître. Une nuit que ses parents veillaient auprès du feu, le jeune homme leur apparut soudain et leur dit: Je ne suis plus en vie. C'est mon âme que vous voyez et qui vous parle. Tombé malade au commencement de ce mois, je suis mort aujourd'hui, à telle heure. Un certain 任子成 *Jenn-tzeutch'eng* de 琅邪 *Lang-ye*, a pris soin de mon cadavre. Demain il le mettra en bière. Je viens vous chercher pour la cérémonie. — Il y a mille stades d'ici à *Lang-ye*, dirent les parents; comment pourrons-nous arriver à temps? — Un char vous attend à la porte, dit l'âme. Venez! Vous arriverez à temps. — Les parents montèrent dans le char, et s'y assoupirent. Au chant du coq, ils se trouvèrent à *Lang-ye*. Quand ils examinèrent le char qui les avait transportés si loin avec une telle rapidité, ils constatèrent que c'était un de ces chars en papier attelés d'un cheval de papier, que l'on offre aux mourants pour le grand voyage. Ils trouvèrent *Jenn-tzeutch'eng* et pleurèrent leur fils à sa mise en bière. Tous les renseignements que l'âme leur avait donnés, se trouvèrent, vérification faite, scrupuleusement exacts.

-◊- -◊-

Sous le règne de l'empereur 武帝 *Ou-ti* des 晉 *Tsinn* (265-289), à 河間 *Heue-kien*, un jeune homme et une jeune fille s'aimaient et s'étaient promis mariage. Le jeune homme fut pris pour le service militaire, partit, et ne revint pas durant plusieurs années. Les parents de la jeune fille la donnèrent à un autre. Elle protesta. Ses parents la livrèrent quand même. Elle mourut de chagrin. — Le jeune homme étant revenu des frontières, demanda où était sa promise. On lui dit ce qui était arrivé. Il alla pleurer sur sa tombe; puis, ne pouvant résister au désir de la revoir, il démolit le tertre et ouvrit le cercueil. Aussitôt la morte revint à la vie. Il la prit sur son dos et la porta chez lui. Au bout de peu de temps, elle se trouva valide. — Alors celui à qui les parents l'avaient donnée, la réclama par devant le mandarin. Celui-ci n'osa pas décider, et l'affaire fut déférée au Grand-Juge. Le verdict fut: « Ce cas dans lequel une fidélité parfaite a touché le ciel et la terre au point qu'ils ont fait revivre une morte, ne doit pas être décidé d'après les lois ordinaires. Que la fille soit donnée à celui qui ouvrit son cercueil».

-◊- -◊-

Un jeune vaurien avait commis tant de crimes, que ses dossiers judiciaires formaient une montagne de papier. Des mandarins l'avaient fait, à diverses reprises, battre à mort, décapiter, jeter à la rivière. Chaque fois, le troisième jour, il était ressuscité, et avait recommencé, dès le cinquième jour, à commettre de nouveaux crimes. Enfin le gouverneur de la province exaspéré, le fit de nouveau décapiter. On jeta sa tête et son corps en des lieux distants l'un de l'autre. Trois jours après, la tête avait rejoint le corps, et notre homme était encore ressuscité. Il ne lui restait, de ses diverses décapitations, qu'un filet rouge autour du cou. Il se remit aussitôt à perpétrer de nouveaux crimes. — Un jour il battit sa mère. Mal lui en prit. La vieille alla trouver le mandarin, lui remit un bocal, et lui dit: Dans ce vase est contenue l'âme supérieure de mon méchant fils. Quand il se prépare à faire un mauvais coup, il commence par la retirer, et l'enferme dans ce vase. Ce que le mandarin châtie ensuite, ce n'est que son corps (informé par l'âme inférieure). Après le supplice, son âme supérieure ranime son corps, et le troisième jour il ressuscite. Maintenant qu'il m'a battue, il a comblé la mesure de ses forfaits. Prenez ce vase, brisez-le, mettez-le dans un tarare. Quand son âme aura été dissipée par le souffle de la machine, exécutez son corps, et c'en sera fait de lui. — Le mandarin fit comme la vieille venait de dire. Il dissipa l'âme, et fit assommer le corps... Cette fois le vaurien ne ressuscita pas, et, avant dix jours révolus, son cadavre fut en pleine décomposition.

-◊- -◊-

A 淮安 Hoai-nan un certain 李 Li et sa femme vivaient dans la meilleure intelligence. Le mari n'avait pas quarante ans, quand il mourut. Après qu'on l'eut mis en bière, sa veuve inconsolable ne permit pas de clouer le cercueil. Matin et soir, quand elle avait fini de pleurer selon l'usage, elle soulevait le couvercle et contemplait le cadavre de son mari. — La croyance populaire à Hoai-nan étant que, la septième nuit après la mort, le satellite infernal ramène l'âme, personne ne voulut rester dans la maison mortuaire cette nuit-là. La veuve mit ses enfants en sûreté dans une autre chambre, et veilla près du cercueil, assise derrière le rideau de l'alcôve. Vers minuit, un souffle glacial remplit l'appartement, et la lumière des lampes devint blafarde. Bientôt entra, par la fenêtre, un grand diable haut de plus d'une toise, aux cheveux roux, aux yeux ronds. Il tenait d'une main une fourche en fer, et de l'autre une corde par laquelle il traînait l'âme du mari défunt. Dès qu'il eut vu les mets disposés sur la crédence devant le cercueil, il déposa sa fourche, lâcha la corde, s'assit et se mit à manger et à boire goulûment. Cependant le mari palpait en pleurant l'ameublement de son ancienne chambre, puis, s'étant approché de l'alcôve, il entr'ouvrit les rideaux. Sa femme tout en larmes le saisit à bras le corps. Il était froid comme glace. Vite elle le roula dans une couverture, pour le cacher au diable roux. Celui-ci ayant fini de manger et de boire, se mit en devoir de chercher son captif. La femme appela à grands cris ses enfants, qui accoururent dans la chambre. Le diable roux s'éloigna tout décontenancé, oubliant même sa fourche. Alors la femme, aidée de ses enfants, introduisit dans le cercueil la couverture dans laquelle elle avait roulé l'âme de son mari. Bientôt le cadavre commença à respirer. Alors la femme et les enfants le tirèrent du cercueil, le déposèrent sur le lit, lui ingurgitèrent de l'eau de riz. Quand l'aube blanchit, le défunt revint à la vie et reprit ses sens. — On examina la fourche oubliée par le diable roux. C'était une de ces fourchettes, sur lesquelles on brûle le papier-monnaie offert aux morts. — Mari et femme vécurent encore ensemble durant plus de vingt ans.

-◊- -◊-

Leçon 68.

Jadis, à 杭州 *Hang-tcheou*, de jeunes vauriens avaient formé une bande de brigands, qui désolaient les bourgs et les villages. Le Grand-Juge leur donna la chasse. La plupart furent tués, mais le chef, un certain 董 *Tong*, parvint à s'échapper. Durant l'hiver suivant, ceux de sa bande qui avaient été décapités, lui apparurent en songe et lui dirent: l'an prochain, le Ciel vous frappera. — Très effrayé, le *Tong* leur demanda s'il n'y avait plus pour lui aucun moyen de salut. — Ses anciens camarades répondirent: Adressez-vous au bonze qui habite une paillote près de la pagode 保叔塔 *Pao-chou-t'a*, attachez-vous à lui comme disciple, observez bien la règle, et vous serez peut-être sauvé. — Quand il se fut réveillé, le *Tong* alla à l'endroit indiqué. Il y trouva de fait un vieux bonze, assis dans une petite paillote, et récitant ses prières. Le *Tong* se prosterna à ses pieds, pleurant, confessant ses péchés, et le priant de vouloir bien le sauver en l'acceptant pour son disciple. Le bonze chercha d'abord à l'éconduire, en protestant humblement de son incapacité. Mais comme le *Tong* persistait, touché de la sincérité de son repentir, le bonze lui coupa les cheveux et le reçut comme novice. Il lui imposa de réciter des prières durant le jour, et de battre le tambour de bois durant la nuit, en implorant la pitié du Buddha. — Durant le reste de l'hiver et tout le printemps, le novice se donna beaucoup de mal. Au quatrième mois, un jour qu'il revenait de quêter sur le marché, il entra pour se reposer dans le temple du Génie du lieu, et s'y endormit. Ses anciens compagnons lui apparurent de nouveau en songe, et lui dirent: Rentre vite! rentre vite! Ce soir le Génie de la foudre passera par ici. — La frayeur éveilla le *Tong*, qui rentra vite à la pagode. Le jour baissait. On entendit bientôt au loin le roulement du tonnerre. Le novice conta son rêve au vieux bonze. Celui-ci le fit mettre à genoux devant lui, plaça sa tête sur ses genoux, la couvrit de ses longues manches, et se mit à réciter des prières. Bientôt l'orage se déchaîna. La foudre tomba coup sur coup, sept ou huit fois de suite, tout autour de la paillote. Puis la tempête et le tonnerre se turent, le ciel se découvrit et la lune brilla. — Croyant le danger passé, le *Tong* remercia le vieux bonze, se releva et sortit de la paillote. Au même instant, un éclair éblouissant jaillit, accompagné d'un coup de tonnerre formidable. Le *Tong* tomba foudroyé sur le pavé.

—◊—◊—

Le magicien 張奇神 *Tchang-k'ichenn* avait la réputation de pouvoir disposer des âmes pour ses maléfices. Le lettré 吳 *Ou* se permit d'en douter, et insulta de plus le magicien. S'attendant à ce que celui-ci essaierait de se venger, la nuit suivante le *Ou* s'arma du livre des Mutations, et veilla, lampe allumée. Bien lui en prit. Soudain il entendit, autour du toit, le bruit d'un tourbillon de vent. Un cuirassier armé d'une lance entra par la porte, et chercha à le percer de son arme. Le *Ou* l'abattit d'un coup de son livre. Quand il se baissa pour l'examiner, il ne vit à terre qu'un bonhomme découpé dans une feuille de papier. Il le serra entre les feuillets de son livre. — Bientôt arrivèrent deux petits *koei* à face noire armés de haches. Le *Ou* les abattit de deux coups de son livre. C'étaient aussi des figurines en papier, qu'il serra comme la première. — Au milieu de la nuit, une femme frappa à la porte, en pleurant et en se lamentant. Je suis la femme du magicien *Tchang*, dit-elle. Mon mari et mes deux fils se sont mis en campagne contre vous,

Leçon 68.

vous les avez faits prisonniers tous les trois. Je vous prie de vouloir bien leur rendre la liberté. — Je n'ai pris, ni ton mari, ni tes fils, dit le *Ou*. J'ai pris trois figurines en papier. — Les âmes de mon mari et de mes deux fils, sont collées à ces figurines, dit la femme. Vous les avez prises. Si elles ne reviennent pas avant le jour qui approche, leurs corps restés à la maison ne pourront plus revivre. De grâce, rendez-leur la liberté. — Magiciens maudits, dit le *Ou*, n'est-il pas juste que ce que vous avez fait à tant d'autres, vous arrive à votre tour?! Non je ne les lâcherai pas tous. Par pitié pour toi, je vais te rendre un de tes fils. N'en demande pas davantage!.. et il remit à la femme le plus petit des deux *koei* serrés dans son livre. — Le lendemain il fit prendre des renseignements au domicile de *Tchang-k'ichenn*. On lui rapporta que le magicien, et son fils aîné, étaient morts tous deux la nuit précédente. La veuve restait seule, avec son plus jeune fils.

-◆- -◇-

Durant l'hiver, un marchand venant du midi, allait pour ses affaires au 山東 *Chan-tong*. Il avait dépassé 徐州 *Su-tchrou*, et approchait de 符離 *Fou-li*. La nuit vint. A la deuxième veille, le vent du nord se mit à souffler avec violence. Le marchand vit alors, au bord de la route, la lanterne d'une auberge. Il entra, demanda du vin à boire, et un gîte pour la nuit. Les gens de l'auberge parurent contrariés. Cependant un vieillard, le voyant harassé, eut pitié de lui et lui dit: Nous attendons des soldats qui reviennent de loin. Il ne nous reste pas de vin à vous donner. Mais, à droite, il y a un cabinet, où vous pourrez passer la nuit... Cela dit, il conduisit le marchand au lieu indiqué. — Celui-ci souffrant de la faim et de la soif, ne put pas s'endormir. Bientôt il entendit, dans la cour, un bruit confus d'hommes et de chevaux. Piqué de curiosité, il se leva, et regardant par une fente de la porte, il vit la cour de l'auberge et les alentours remplis d'hommes d'armes, qui, assis à terre, buvaient, mangeaient, et parlaient de choses militaires, auxquelles il ne comprit rien. Soudain tous crièrent: le général arrive; et, comme on entendait déjà les appels de son escorte, les soldats qui remplissaient la cour sortirent tous à sa rencontre. Bientôt, précédé par plusieurs dizaines de lanternes en papier, un homme à l'air robuste et martial, à la longue barbe, arriva à la porte de l'auberge, descendit de cheval, entra, et s'assit à la place d'honneur dans la grande salle. Tandis que ses officiers se tenaient à la porte de devant, les gens de l'auberge lui servirent son repas, du vin et des mets. Il mangea et but bruyamment. Quand il eut fini, il appela ses officiers en sa présence, et leur dit: Voici longtemps que vous êtes sortis. Retournez chacun à sa section. Je vais prendre un peu de repos. Quand l'ordre en sera venu, nous nous remettrons en campagne sans retard. — Les officiers répondirent par l'acclamation accoutumée, et sortirent. Alors le général appela *A-ts'i*! Aussitôt un petit domestique sortit de l'appartement latéral de gauche. Les gens de l'auberge fermèrent la porte de devant, et se retirèrent. — *A-ts'i* introduisit le général barbu dans l'appartement de gauche. Les rayons d'une lampe filtraient à travers les fentes. Intrigué, le marchand sortit de son cabinet à droite, et vint épier ce qui se passait dans l'appartement. Il n'y vit qu'un lit de camp en rotin, sans literie. Une lampe était placée sur le sol. — Alors le général barbu prit sa tête à deux mains, l'enleva de dessus ses épaules, et la déposa sur le lit de camp. Puis *A-ts'i* lui enleva les deux bras, et les déposa sur le lit, l'un à droite, l'autre à gauche. Ensuite, le corps étant étendu, A-ts'i défit et disposa de même les membres inférieurs droit et gauche. A ce moment la lampe s'éteignit. — Épouvanté, le marchand s'enfuit dans son cabinet, se coucha, se couvrit les yeux avec ses manches, et ne dormit pas de la nuit. Entre le premier et le second chant du coq, transi de froid il s'enhardit à découvrir ses yeux. L'aube blanchissait. Il était couché dans un hallier sauvage, en pleine lande. Pas trace, ni d'une habitation, ni d'une tombe. Il marcha l'espace de trois stades, et arriva à une auberge, dont on ouvrait justement les portes. Étonné de voir un hôte arriver à une heure aussi matinale, l'aubergiste lui demanda d'où il venait. Le marchand lui raconta son histoire. Vous avez dormi, lui dit l'aubergiste, sur un ancien champ de bataille.

—❦ ❦—

Le lettré 車 *Tch'ee*, assez peu aisé, était un buveur émérite. Pour qu'il pût bien dormir, durant la nuit il lui fallait encore vider trois gobelets. Aussi déposait-il chaque soir un pot de vin à la tête de son lit. — Une nuit, comme il venait de s'éveiller et se retournait, il s'aperçut que quelqu'un était couché à côté de lui. Au toucher, il sentit un être poilu plus gros qu'un chat. Il alluma sa lampe, et vit, couché dans la couverture, un renard ivre-mort. Il examina alors son pot à vin, et le trouva vide .. Il paraît qu'il a les mêmes goûts que moi, se dit-il en riant. Puis il se recoucha, sans rien faire pour réveiller le renard; laissant seulement la lampe allumée, pour voir comment il se transformerait. — Vers minuit le renard bâilla et s'étira... Avez-vous bien dormi? lui demanda le *Tch'ee*, en soulevant la couverture... Un charmant jeune homme sauta du lit, lui fit la révérence, et le remercia de ne l'avoir pas tué durant son sommeil... Revenez quand vous voudrez, lui dit le *Tch'ee*, et ne vous défiez jamais de moi... Puis il se rendormit. Quand il s'éveilla, au matin, le renard avait disparu. — Le soir venu, il prépara quantité double de vin. La nuit, le renard vint le trouver. — Vous n'êtes pas riche, dit-il au *Tch'ee*; il convient que je vous aide à payer notre vin. A sept stades d'ici, vers le sud-est, vous trouverez sur le chemin deux taëls d'argent perdus par un passant; allez les ramasser, au petit jour. Le *Tch'ee* trouva de fait l'argent à l'endroit indiqué... Le soir il prépara un petit extra pour son hôte. — Je n'aime pas à être en reste, lui dit le renard. Au fond de votre propriété, vous trouverez un trésor enfoui... Le lendemain, le *Tch'ee* ayant creusé à l'endroit indiqué, déterra plus de cent ligatures. — Un autre jour, le renard lui dit: Aujourd'hui on apportera au marché une grande quantité de sarrasin. Achetez tout. — Le *Tch'ee* fit ainsi. Il y en avait quarante piculs. Tout le monde se moqua de lui. — Or cette année-là il ne plut pas. On ne put semer que du sarrasin. Le *Tch'ee* revendit ses quarante piculs, comme graine pour les semailles, plus de dix fois le prix d'achat. — Bientôt il fut propriétaire de deux cents acres de terre excellente. Chaque année il demandait au renard ce qu'il fallait semer, aussi récoltait-il chaque année une pleine moisson. — Le renard était l'intime et le protecteur de la famille. Il appelait la femme du *Tch'ee* sa belle-sœur, et ses enfants ses fils et filles. Quand le lettré fut mort, le renard disparut.

—❦ ❦—

Leçon 68.

Un homme du district de 秘陽 Song-yang étant allé couper du bois dans la montagne, s'attarda outre mesure. Deux tigres l'attaquèrent. Il grimpa sur un arbre. L'arbre n'était pas très élevé. Cependant, malgré leurs bonds, les deux tigres n'arrivèrent pas à le happer. — Si 朱都事 Tchou-toucheu était ici, dit l'un des deux tigres, cet homme serait vite décroché. — Va le chercher, dit l'autre; je monterai la garde, en attendant. — Bientôt le premier tigre revint, en amenant un troisième, plus long et plus svelte. La nuit était venue, et la lune brillait. Le troisième tigre bondit, et frôla les vêtements du bûcheron. Celui-ci prépara sa hachette. Quand le tigre bondit de nouveau, d'un coup il lui entailla une patte de devant. Les trois tigres s'enfuirent, en poussant des rugissements formidables. — Le bûcheron se garda bien de descendre de son arbre, avant qu'il fît grand jour. Il raconta dans son village ce qui lui était arrivé. — Tchou-toucheu, dit un villageois; mais c'est le nom d'un homme de ce district, à l'Est; allons voir! — Les villageois y allèrent en nombre. Quand ils demandèrent à parler à Tchou-toucheu, on leur dit: il est alité; étant sorti la nuit dernière, il s'est blessé à la main. — Pas de doute, cet homme pouvait à volonté se transformer en tigre. — Les villageois avertirent le mandarin. Celui-ci arma ses satellites, cerna le logis de Tchou-toucheu, et y fit mettre le feu. Soudain un tigre se précipita hors de la maison en flammes, força le cordon des satellites, et gagna le large. On remarqua qu'il était blessé à une patte de devant. On ne revit jamais Tchou-toucheu.

Dans la province du 山東 Chan-tong, le bachelier 林長康 Linn-tch'ang-k'ang touchait à sa quarantième année. Tous ses efforts pour obtenir le grade de licencié, avaient été vains jusque là. Il se découragea, et songeait à renoncer à la poursuite des grades, quand soudain une voix lui dit: Ne vous découragez pas ainsi. — Qui êtes-vous? demanda le bachelier effrayé. — Je suis un koei, dit la voix. Depuis des années, je vous suis partout; je vous aide et vous protège. — Pourrais-je vous voir? demanda le bachelier. — Le koei refusa d'abord, mais se rendit enfin aux sollicitations réitérées du Linn, et apparut sous la forme d'un homme suppliant, le visage triste et ensanglanté. Je suis, dit-il, un marchand de toile de Lan-tch'eng-hien. J'ai été assassiné par un certain 張 Tchang de 掖縣 Ie-hien, qui a enterré mon cadavre près de la porte de l'Est, et a roulé sur l'emplacement une vieille meule usée. Il m'a été dit que vous deviendrez sous-préfet de Ie-hien, et qu'alors vous me vengerez. Voilà pourquoi je vous suis sans cesse. J'attends ma vengeance. Vous serez reçu licencié en telle année, et docteur en telle année... Cela dit, le koei cessa d'être visible. — A l'époque dite, le bachelier Linn fut reçu licencié. A la session suivante, il fut reçu docteur, et envoyé comme sous-préfet à Ie-hien. — Comme il se promenait dans sa ville, il vit une vieille meule qui gisait sur un terrain vague. Il la fit enlever, et creuser à cette place. On découvrit un squelette. Aussitôt le sous-préfet ordonna d'arrêter le Tchang, lequel, examiné juridiquement, avoua son crime et en reçut le châtiment.

Au nord de la ville de 臨邑縣 Linn-i-hien, devant la tombe d'un Monsieur 華 Hoa, se trouve une tortue en pierre, qui ne porte plus de stèle. Elle en portait une jadis, au temps du royaume hun des 石 *Cheu* de 趙 *Tchao* (quatrième siècle). Les tortues aiment l'eau. Chaque nuit, la tortue de pierre, portant sa stèle, allait prendre son bain dans la rivière voisine. Aussi avait-elle toujours, le matin, le dos couvert d'algues. Une fois, un passant l'effraya. Elle jeta sa stèle et s'enfuit. La stèle fut brisée.

A 柳林村 *Liou-linn-ts'ounn*, la nuit un cheval foulait et broutait les céréales des paysans. Ne réussissant pas à le prendre, ils montèrent la garde avec leurs arcs. Une nuit, le cheval reçut une flèche. Il s'échappa. La trace de son sang conduisit les paysans à un cheval de pierre, érigé devant la tombe d'un noble personnage. Ce cheval était blessé au flanc. On sut ainsi que c'était bien lui l'auteur des déprédations nocturnes.

Près de la porte septentrionale de la ville de 嘉禾縣 *Kia-houo-hien*, s'élève un pont, jadis appelé le pont des enfants, parce qu'il était orné d'enfants en pierre. Ce pont est fort ancien. A force de vieillir, les enfants de pierre devinrent transcendants. Ils couraient les rues la nuit, frappaient aux portes, gambadaient sur le marché. Cela finit par ennuyer les paisibles bourgeois. Une nuit, quelques braves montèrent la garde en armes. Ils virent les enfants de pierre descendre de leurs niches, se jetèrent sur eux, et leur abattirent la tête à coups de sabre. Depuis lors les apparitions nocturnes cessèrent, et la paix fut rétablie.

L'officier 吳宗嗣 *Oû-tsoungseu* avait à son service un ancien valet de son père, qui lui devait deux cents ligatures. Chaque année cet homme refusait de payer sa dette, dont les intérêts s'accumulaient à perte de vue. Un jour, impatienté, *Ou-tsoungseu* l'appela en sa présence et prononça l'imprécation suivante: Je ne sache pas que je te doive quelque chose du fait de mes existences passées; mais toi tu me dois certainement deux cents ligatures, et tu me les rendras comme âne ou comme cheval!.. Ce disant, il brûla la reconnaissance de la dette, et renvoya le débiteur. — Un an plus tard, *Ou-tsoungseu* était assis seul dans son appartement. Soudain le vieux valet se présenta devant lui, revêtu d'une robe blanche, et lui dit: Je viens acquitter ma dette. — Qu'il n'en soit plus question, dit *Ou-tsoungseu*; j'ai brûlé la reconnaissance. — Le valet ne répondit pas, sortit de l'appartement, et alla droit à l'écurie. Un instant après les palefreniers venaient annoncer, qu'une jument venait de donner le jour à un beau poulain blanc. — *Ou-tsoungseu* fit prendre des informations au logis du valet. Il venait de mourir. — Le poulain devint un cheval. *Ou-tsoungseu* le vendit, et en retira juste le montant de la dette.

Un étranger très fort et sans peur, séjournait au 湖廣 *Hou-koang* dans une vieille pagode solitaire. Une nuit qu'il se promenait dehors par un beau clair de lune, il vit entrer dans un massif d'arbres, un homme coiffé d'un bonnet à la mode des 唐 *T'ang*. Comme il voltigeait plutôt qu'il ne marchait, l'étranger se douta que c'était un *koei*. Il le suivit de loin, et le vit disparaître dans une tombe ancienne, située en plein bois. Pas de doute; l'être mystérieux était un vampire. — Or l'étranger avait entendu dire, que le plus mauvais tour qu'on puisse jouer à un vampire, c'est de lui dérober le couvercle de son cercueil. Tout le monde raconte cela, se dit-il; voilà l'occasion d'en faire l'expérience. — La nuit suivante, il se mit en embuscade dans le bois. Un peu avant minuit, le vampire sortit de la tombe. L'étranger le suivit. — Le vampire se rendit à un grand bâtiment à étage. D'une fenêtre, une femme vêtue de rouge lui jeta une corde blanche. Le vampire grimpa à l'étage, et se mit à bavarder avec la femme. — C'est le moment, se dit l'étranger. — Vite, il courut à la tombe, enleva le couvercle du cercueil, et le mit en lieu sûr. Puis il se cacha dans un fourré, pour voir ce qui arriverait. — Vers le matin, le vampire revint. Quand il eut constaté la disparition du couvercle, il manifesta un grand effroi, fureta aux alentours, puis courut à la grande maison, et demanda asile à grands cris. La femme parut à la fenêtre, mais ce fut pour faire des gestes de refus. Le vampire sautait et hurlait de désespoir. Soudain les coqs chantèrent. Il tomba comme foudroyé. La femme s'affaissa aussi à sa fenêtre. — Au matin, des passants trouvèrent le corps d'un homme vêtu à l'antique, gisant devant le temple des ancêtres de la famille 周 Tcheou. A l'étage de ce temple, était remisé le cercueil non encore enseveli d'une femme de cette famille. Le cercueil était ouvert, et la femme vêtue de rouge et ceinte d'un lien blanc, gisait sur le plancher. — L'étranger raconta ce qu'il avait vu la nuit. — On brûla les deux vampires sur le même bûcher.

-◊- -◊-

陳寨 Tch'enn-tchai, un magicien de 晉江 Tsinn-kiang, excellait à guérir les maladies par ses incantations et ses passes magiques. — L'aubergiste 蘇猛 Sou-mong de 澶州 T'an-tcheou, avait un fils atteint d'une folie que personne ne pouvait guérir. Il s'adressa au Tch'enn, qui alla visiter le malade. Celui-ci le frappa et l'injuria. Le Tch'enn dit au père: le siège de cette maladie est dans le cœur; donnez-moi une chambre, et que personne ne vienne observer ce que je ferai. — Quand la nuit fut venue, le magicien prit le malade, le lia, lui ouvrit la poitrine, et le suspendit au mur de l'est, tandis qu'il aérait son cœur sous la véranda du nord. Il rentra un instant dans la chambre, pour réciter ses incantations. Un chien profita de cette absence, pour dévorer le cœur. Quand le Tch'enn constata sa disparition, il fut très ému, prit un sabre, le brandit et sortit de la maison. — Le père du malade pensa que cette sortie faisait partie des passes magiques. Il n'entra pas dans la chambre où le corps de son fils était suspendu. — Au bout du temps qu'il faut pour prendre un repas, le magicien revint, tenant en main un cœur. Il entra dans la chambre, l'introduisit dans la poitrine ouverte, souffla, et l'ouverture se referma. Peu après le fils de Sou-mong revint à lui, et se mit à crier « passez au relais! passez au relais! »... Personne, dans la famille, ne comprit ce qu'il voulait dire... Peu à peu il se calma, et se trouva complètement guéri. — Voici ce qui était arrivé. En ce temps-là, sur la route impériale du midi, les relais se succédaient de vingt en vingt stades. Entre deux relais, un courrier officiel tomba et se blessa mortellement. Le dernier souci de son cœur, fut de faire parvenir ses dépêches. Il tira le paquet et cria « passez au relais! passez au relais! »... Ceci se passait à dix stades environ de T'an-tcheou. Tch'enn-tchai qui cherchait un cœur, pour remplacer celui dévoré par le chien, prit le cœur du courrier, et le plaça dans la poitrine de son client. De là vint que les premiers cris de celui-ci quand il revint à lui, furent l'expression des dernières préoccupations du courrier mourant.

-◆- -◆-

A 徽州 *Hoei-tcheou* le Docteur 戴有祺 *Tai-youk'i* ayant bu copieusement avec des amis, sortit de la ville au clair de la lune, pour prendre l'air. Comme il revenait, il rencontra, près du pont 龍橋 *Loung-k'iao*, un homme vêtu d'habits bleus et portant un parasol, qui venait de l'ouest. Quand il vit Monsieur *Tai*, cet homme parut hésiter. Le Docteur soupçonnant que c'était un voleur, le prit au collet et lui demanda qui il était. — Je suis un satellite chargé de plusieurs arrestations, répondit l'homme. — Un satellite à cette heure, en ce lieu! Tu mens dit le Docteur. D'ailleurs a-t-on jamais vu un satellite venir de la campagne, pour arrêter quelqu'un dans la ville? Le prétoire n'est-il pas en ville, et non à la campagne? — L'inconnu se prosterna devant le Docteur, et dit: Je suis un satellite infernal. Je viens saisir des âmes. — Montre ton mandat, fit le Docteur. — Le satellite exhiba un mandat bien en règle, portant plusieurs noms. Le troisième sur la liste, était un cousin du Docteur. — Celui-ci lâcha le satellite. Cependant, voulant s'assurer de la vérité de cette histoire, et désirant sauver son cousin si possible, il s'assit près du pont, et attendit le retour du satellite. — Vers la quatrième veille, celui-ci revint. — Les as-tu tous pris? demanda le Docteur. — Oui, tous, répondit le satellite. — Où sont-ils? demanda le Docteur. — Dans mon parasol, dit le satellite. — Montre voir! dit le Docteur. — Le satellite, entr'ouvrant son parasol, lui montra cinq mouches vertes, attachées chacune par un fil. Les pauvrettes bourdonnaient de leur mieux. — Le Docteur se saisit du parasol, et lâcha les captives. — Très mécontent, le satellite reprit le chemin de la ville. — Le Docteur attendit jusqu'au jour, mais ne le vit pas revenir. Il alla alors prendre des nouvelles de son cousin. On lui dit: Vers minuit il a été pris d'un mal soudain. On le croyait mort, quand il est revenu à lui. Mais avant l'aube, il est mort pour de bon.

-◆- -◆-

Un paysan avait porté ses poires au marché pour les vendre. Comme elles étaient sucrées et parfumées, il en demandait un bon prix. Un 道士 *tao-cheu*, au bonnet déchiré, à la robe en loques, quêtait sur le marché. Il demanda l'aumône au paysan. Celui-ci le rebuffa. Comme le *tao-cheu* insistait, le paysan se fâcha et lui dit des injures. — Le *tao-cheu* dit: Tes poires sont nombreuses; si tu m'en donnais une, cela ne t'appauvrirait guère. — Les assistants exhortèrent le paysan à sacrifier l'une des moins belles parmi ses poires. Il refusa mordicus. Alors ils se cotisèrent, achetèrent une des poires du paysan, et la donnèrent au *tao-cheu*. — Attendez un instant, leur dit celui-ci; moi je ne suis pas avare; je vais vous faire manger de mes poires à moi. — Cela dit, il dévora la poire à grandes bouchées, recueillant soigneusement les pépins. Puis, détachant un couteau qu'il portait sur lui, il creusa un petit trou dans le sol battu du marché, y sema les pépins, les recouvrit, se fit apporter un peu d'eau et les arrosa. Aussitôt un germe sortit de terre, grandit, devint un beau poirier, fleurit, et se chargea de poires superbes. Le *tao-cheu* les cueillit une à

Leçon 68.

une, et les donna aux assistants, qui les mangèrent jusqu'à la dernière. Alors, d'un coup de son couteau, le *tao-cheu* trancha la tige du poirier, le mit sur son épaule et s'en alla. — Ce spectacle avait naturellement attiré toute la foule du marché. Même notre paysan avait quitté ses poires pour voir. Quand il retourna à sa petite voiture, il constata que toutes ses poires étaient parties, et que le timon brisé avait disparu. Il comprit alors le tour magique du *tao-cheu*. Pour se venger d'avoir été rebuffé, celui-ci avait fait pousser en arbre le bois de sa voiture, avait fait monter ses poires sur l'arbre, les avait distribuées, puis avait emporté le timon. — Furieux, le paysan se mit à la poursuite du *tao-cheu*, pour lui demander raison. Au détour d'une rue, il retrouva son timon, mais ne revit jamais le magicien. — Tout le monde rit de lui, bien entendu.

-◇- -◇-

En 1761, un courrier nommé 張貴 *Tchang-koei* fut expédié de Pékin par un général Il portait une dépêche pressée. Quand il eut dépassé 良鄉 *Leang-hiang*, le soir une tempête s'éleva. Le vent souffla sa lanterne. La nuit devint très noire. Le courrier crut entrevoir, dans l'obscurité, un des abris élevés le long de la grande route. Il s'en approcha. C'était une maisonnette. Une fille de dix-huit ans environ lui ouvrit la porte, attacha son cheval à un poteau, l'introduisit, chauffa le thé, puis lui offrit l'hospitalité pour la nuit. — Le lendemain à l'aube, elle se retira. — Le courrier continua à dormir. — Enfin, piqué par un froid très vif, et chatouillé par des branchages, notre homme se réveilla au petit jour. Il gisait, dans un hallier, sur une tombe. Son cheval était attaché au tronc d'un arbre, à quelques pas de là. — Quand il arriva à destination, sa dépêche se trouva être en retard de cinquante quarts d'heure. L'autorité militaire lui demanda compte. Il raconta son aventure. On examina l'endroit qu'il avait indiqué. C'était la tombe d'une fille *Tchang*, laquelle s'étant mal conduite, et la chose s'étant ébruitée, s'était pendue de honte. Elle avait déjà joué à bien des passants, dirent les voisins, le même tour qu'à ce courrier. — Ordre fut donné de l'exhumer. On trouva, dans son cercueil, son cadavre frais et vermeil. L'autorité le fit livrer aux flammes.

-◇- -◇-

En 1755, à Pékin, quantité d'enfants moururent de convulsions la première année de leur vie. Durant leurs crises, on voyait un volatile semblable à un hibou, voler en rond, dans la chambre, autour de la lampe. Plus son vol s'abaissait et s'accélérait, plus l'état de l'enfant empirait. Quand le petit avait expiré, le sinistre oiseau disparaissait. — Un nouveau cas de convulsions s'étant produit, un certain 郝 *Neue*, excellent archer, prit son arc et son carquois, et alla voir. Le volatile mystérieux ayant paru, il lui décocha une flèche, qui l'atteignit. L'oiseau poussa un cri de douleur, et s'enfuit à tire d'aile. On suivit la trace de son sang. Elle aboutissait à la cuisine de la maison du maréchal 李 *Li*. A côté de la cuisine, dans une chambrette, gisait une vieille aux yeux verts. Elle avait les reins traversés par une flèche. Le sang ruisselait de sa blessure. — C'était une femme du pays des 苗子 *Miao-tzeu*, que le maréchal *Li* avait jadis ramenée captive de la province du 雲南 *Yunn-nan*, où il avait fait campagne. Depuis longtemps on la soupçonnait d'être sorcière. On la tortura, pour la faire parler. — Elle avoua qu'elle savait une formule, qui lui permettait de se transformer à volonté en un oiseau de proie. Elle sortait sous cette forme, vers minuit, pour sucer la cervelle des petits enfants. Elle en avait fait mourir de la sorte plus de cent, dit-elle. — Furieux, le maréchal *Li* la fit lier, entourer de fagots, et brûler vive. Après cette exécution, aucun enfant ne mourut plus d'éclampsie.

—◆—◆—

Au pays de 建安 *Kien-nan*, le bachelier 李明仲 *Li-mingtchoung* habitait dans les montagnes. Un jour qu'il s'était rendu à un village éloigné, à l'occasion d'un marché, il revint ivre, alors qu'il faisait déjà sombre, et sans être accompagné. Il était à mi-chemin, quand un *koei* de montagne le jeta dans un ravin. Son corps y resta évanoui. Son âme, continuant sa route, arriva au logis. Sa mère et sa femme étaient assises, lampe allumée, attendant son retour. Il salua sa mère, mais celle-ci ne l'entendit pas. Il poussa du coude sa femme, qui ne le sentit pas. Alors un vieillard à barbe grise sortit de l'atrium central, le salua et lui dit: Un *koei* de montagne a causé du dommage à votre corps. Si nous n'allons pas vite à son secours, il ne pourra plus revivre... Et prenant le bachelier par la main, le vieillard l'entraîna hors de la maison. Quand ils eurent marché l'espace d'environ dix stades, ils trouvèrent le corps gisant dans le ravin. Poussant de toutes ses forces, le vieillard enfonça l'âme dans le dos du corps, en appelant à grands cris *Li-mingtchoung! Li-mingtchoung!*.. Ces appels tirèrent le bachelier de son profond sommeil. Il s'assit sur son séant, et regarda autour de lui. Le vieillard avait disparu. La lune brillait au firmament. *Li-mingtchoung* courut d'une traite jusqu'à la maison. Minuit était passé depuis longtemps, quand il arriva. Il raconta son aventure à sa mère et à sa femme. Quand le jour fut venu, ils firent des libations et des offrandes aux Pénates, pour les remercier de cette signalée protection (page 97 G).

—◆—◆—

A 杭州 *Hang-tcheou* un certain 馬觀瀾 *Ma-koanlan*, faisait une offrande à la porte de sa maison, quatre fois par an. Je sais bien que, au temps jadis, la porte était comptée et honorée parmi les Pénates; mais il y a longtemps que cet usage s'est complètement perdu. Je demandai donc à Monsieur 馬 *Ma*, pourquoi lui seul s'y conformait encore. A cause du fait suivant, arrivé chez nous, me répondit-il. — Nous avions un esclave, nommé 陳 *Tch'enn*, qui sortait parfois en cachette le soir pour s'enivrer. Une nuit j'entendis du bruit devant la porte. Je regardai, et vis l'esclave ivre étendu par terre. Je le fis ramasser. — Il dit: En rentrant de mon escapade, je trouvai à la porte un homme et une femme. Tous deux étaient décapités, et tenaient leur tête à la main. Je suis ta belle-sœur, me dit la femme. Quand ton frère, mon mari, m'a surprise en adultère et m'a tuée, pourquoi l'as-tu aidé? Lui avait le droit de me faire mourir, mais toi tu ne l'avais pas. Or, comme il s'attendrissait, c'est toi qui l'as excité; comme il faiblissait, c'est toi qui m'as décapitée. Voici du temps, que nous te guettons, mon amant et moi, pour nous venger. Le Génie tutélaire de la porte nous a toujours empêché d'entrer. Cette fois nous t'avons pris dehors, et nous te tenons enfin !.. Ce disant, elle me

Leçon 68.

cracha au visage, tandis que son amant me donnait un coup. Je tombai. Ils disparurent quand ils vous entendirent venir à mon secours. J'ai vraiment commis cette faute dans ma jeunesse. — Porté sur son lit, le *Tch'enn* expira presque aussitôt. — Depuis lors, me dit Monsieur *Ma*, je fais régulièrement des offrandes au Génie protecteur de ma porte, qui garde si bien ma maison contre les *koei* malfaisants.

-◊- -◊-

A 蘷州 *Ki-tcheou* les femmes et les filles de la famille du préfet, éprouvaient d'étranges frayeurs nocturnes, et étaient affligées de singulières maladies. Le préfet consulta le célèbre 管輅 *Koan-lou*. Sous les fondements de votre hôtel, lui dit celui-ci, à l'ouest, sont enterrés les squelettes de deux hommes. L'un des deux tient une pique, l'autre un arc et des flèches. Leur tête est en-dedans du mur, leurs pieds sont en-dehors. Les coups du piquier causent les céphalalgies de vos femmes, les flèches de l'archer sont cause de leurs cardialgies... Le préfet fit creuser la terre à l'endroit indiqué. Les deux squelettes furent découverts et exhumés. Aussitôt les habitants de l'hôtel recouvrèrent la paix et la santé.

-◊- -◊-

陳齊東 *Tch'enn-ts'itong* étant sous-préfet de 上元 *Chang-yuan*, raconta ce qui suit: Dans ma jeunesse, je séjournai avec mon ami 張 *Tchang*, à 太平府 *T'ai-p'ing-fou*. Nous habitions la même chambre. Un jour que nous faisions la sieste, je vis, devant le lit de mon ami, un petit bonhomme pâle, vêtu de bleu, qui le regardait fixement. Bientôt mon ami fut pris d'un accès de fièvre intense. Alors le petit bonhomme se retira. — Une autre fois mon ami m'appela à son secours. Des flegmes l'étouffaient. Devant son lit, je vis le même petit bonhomme, qui dansait de joie. — Je compris alors que c'était un *koei* propagateur de la malaria, et l'empoignai. Un froid glacial paralysa ma main. Il m'échappa avec un bruissement, gagna le vestibule et disparut. — Mon ami guérit. Ma main resta noire, comme enfumée, durant plusieurs jours.

-◊- -◊-

高明經 *Kao-mingking* de 淵川 *Tzeu-tch'oan*, m'a lui-même raconté l'histoire suivante. A partir du jour de son mariage, il commença à souffrir de vertiges, de suffocations et de syncopes. Il entendait sans cesse une voix d'enfant qui balbutiait *lei-lei* (étrangler). Enfin il vit l'enfant, un petit être d'un pied de haut, qui gambadait sur son lit, se sauvait et disparaissait toujours au même endroit quand il se voyait observé. — Cependant *Kao-mingking* dépérissait à vue d'œil, et ses accès devenaient de plus en plus graves. Convaincus qu'il s'agissait d'une obsession magique, ses parents invitèrent un magicien, dont les charmes furent impuissants. Alors ils mirent un sabre sous l'oreiller du malade, et dissimulèrent un grand bassin plein d'eau, à l'endroit où l'enfant disparaissait d'ordinaire. — Un jour que *Kao-mingking* faisait la sieste après midi, l'enfant parut. Le *Kao* brandit son sabre. Le lutin fuyant en toute hâte, tomba dans le bassin et fut pris. — C'était une figurine en bois, vêtue de rouge, avec une ficelle rouge serrée autour du cou, comme pour *lei-lei* l'étrangler. On brûla cette figurine, et le *Kao* recouvra la santé. — Le jour de cette exécution, un menuisier étouffa subitement dans le village. C'était lui qui avait aménagé la chambre nuptiale de *Kao-mingking*. Les

Leçon 68.

Kao l'avaient indisposé, en ne lui payant pas ce qu'il demandait. Il s'était vengé en cachant dans la chambre nuptiale une figurine magique, qui devait étrangler lentement le fils de la famille. Son charme déjoué se retourna contre lui.

—◆ ◆—

Dans sa jeunesse, un certain 賈士芳 *Kia-cheufang*, de la province du 河南 *Heue-nan*, paraissait comme hébété, un peu idiot. Ses parents étaient morts. Son frère aîné, un lettré, le fit travailler aux champs. — L'idée fixe de *Kiu-cheufang*, était d'aller au ciel. Il y pensait sans cesse. Un jour un 道士 *tao-cheu* qui passait, lui dit : J'ai appris que tu désires aller au ciel. Ferme les yeux. Prends mon bras. N'aie pas peur. — Le jeune homme se sentit enlevé dans l'espace. Le vent sifflait, et un bruit de vagues qui déferlent retentissait à ses oreilles. — Après quelques instants, il reprit pied. Ouvre les yeux maintenant, dit le *tao-cheu*. Le jeune homme vit un paysage féerique, des palais et des maisons. — J'ai affaire ici pour quelque temps ; prends ceci pour te soutenir, dit le *tao-cheu*, en lui tendant une coupe de vin. — L'absence du *tao-cheu* ne parut pas longue à *Kia-cheufang*. Quand il fut revenu : Redescendons sur la terre, dit-il. Ferme les yeux et prends mon bras. — *Kia-cheufang* entendit les mêmes sifflements et mugissements qu'à l'aller. Au bout de quelques instants, il reprit pied près de son village. — Quand il parut devant son frère, celui-ci poussa un cri d'effroi. Es-tu un homme ou un *kouei*? demanda-t-il. — Pourquoi serais-je un *kouei*? dit *Kia-cheufang*. Ne suis-je pas allé aux champs ce matin? Un *tao-cheu* m'a mené au ciel pour quelques instants. Me voici de retour. — Ce matin? quelques instants? s'exclama le frère aîné. Voilà des années que tu as disparu, et qu'on te croyait mort.

—◆ ◆—

Lorsque Monsieur 蔣 *Tsiang* était mandarin de 安州 *Nan-tcheou*, il vit là un homme qui mouvait continuellement ses poignets, comme s'il agitait des sonnettes. Il lui demanda d'où lui venait ce tic. L'homme lui raconta l'histoire suivante. — Je suis originaire du petit village de X, adossé à la montagne. Jadis, chaque nuit, un vampire établi dans une caverne voisine, volait jusqu'à mon village, en quête d'enfants à dévorer. Les villageois avaient beau se garder ; le monstre arrivait toujours à faire quelque prise. — Un jour nous apprîmes qu'il y avait en ville un *tao-cheu* très habile. Tout le monde se cotisa. On acheta des présents, et des députés invitèrent le *tao-cheu* à venir délivrer le village. Il accepta, choisit un jour faste, vint, dressa un autel, puis dit : Par mon art, je puis tendre des filets célestes et dresser des pièges terrestres, qui empêcheront le vampire de fuir ; mais c'est à vous de le déloger et de le tuer. Avant tout, il me faut un homme sans peur, pour le rôle principal. — Comme tous hésitaient, je m'offris. — Prends deux sonnettes, me dit le *tao-cheu*. Tandis que les autres formeront une enceinte au dehors, toi tu te tiendras blotti près de l'ouverture de la caverne, épiant la sortie du monstre. Dès qu'il sera sorti, tu entreras dans la caverne, et tu commenceras à sonner. Le son des instruments en cuivre, enlève leur force aux spectres. Il ne pourra pas rentrer, et nous le tuerons dehors. Mais, pas un arrêt dans la sonnerie, ou tu seras immédiatement saisi par le monstre. — Nous disposâmes tout à la chute du jour. Le *tao-cheu* prit position devant son autel. Les villageois formèrent le cercle. Le vampire sortit, et voulut prendre son vol. Derrière lui, je me précipitai dans la caverne, et sonnai à tour de poignets. Arrêté par les filets du *tao-cheu*, cerné par les villageois, le vampire se retourna vers moi. Éperdu, je sonnais sonnais, à perdre haleine. Il me dévorait de ses yeux fulgurants, mais ne put pas me saisir. Nous le contînmes ainsi, sans oser l'attaquer corps à corps, jusqu'aux premières lueurs de l'aube. Alors il tomba mort. Nous le brûlâmes aussitôt. Le tic que vous me voyez, m'est resté de la sonnerie ininterrompue, que j'ai dû exécuter durant toute cette terrible nuit.

-◇-◇-

Le Lettré 張望齡 *Tchang-wangling* de 錢塘 *Ts'ien-t'ang* avait la fièvre. Durant un accès plus grave, un de ses anciens condisciples, un certain 顧 *Kou*, mort depuis longtemps, lui apparut et lui dit: Vous êtes arrivé au terme des années, que le destin vous avait primitivement concédées. Mais, à cause de la petite fille que vous avez sauvée de la noyade, votre vie sera prolongée. Je suis venu tout exprès pour vous en donner la nouvelle. — Quoique le *Kou* fût son ami, le *Tchang* le voyant fort mal vêtu, et de plus maigre et hâve, crut devoir lui offrir un pourboire, pour sa peine. — Le *Kou* refusa. Je n'ai fait que mon devoir, dit-il. Je suis actuellement le Génie de ce lieu. Sans doute, la place est mauvaise, et je souffre cruellement de la misère. Mais je suis fermement résolu à ne pas exploiter mes administrés. Quoique j'aie faim presque tous les jours, je n'accepte pas votre argent. — Le lendemain le *Tchang* fit faire une abondante offrande au pagodin du Génie du lieu. Celui-ci lui apparut de nouveau, pour le remercier. Vous m'avez mis en état, dit-il, de pouvoir attendre jusqu'au terme des permutations périodiques. J'espère qu'alors j'aurai un poste meilleur. Un bon repas permet à un homme de vivre durant trois jours, à un *koei* durant un an. Encore une fois merci.

-◇-◇-

Quand il était jeune encore, le Grand-Juge 李玉鋐 *Li-uhoung*, originaire de 通州 *T'oung-tcheou*, s'adonnait au spiritisme (page 594). Un jour le pinceau écrivit: Honore-moi, et je t'aiderai. — Le *Li* se prosterna, puis fit des libations et des offrandes. A partir de ce jour, le pinceau le renseigna exactement sur tout ce qu'il lui importait de savoir Cela servit beaucoup à l'avancement du *Li*, qui paya son *chenn* de retour en l'honorant de son mieux. Le *chenn* lui rédigeait même ses pièces. — Un jour un connaisseur fit, sur l'une de ces pièces qu'il croyait être du *Li*, l'observation qu'elle était écrite dans le style du célèbre académicien 錢吉 *Ts'ien-ki*. — Seriez-vous *Ts'ien-ki*? demanda le *Li* à son *chenn*. — Oui, répondit celui-ci. — Il accompagna le *Li* dans tous les lieux où celui-ci fut en charge. — Un jour que le *Li* était sorti, son fils insulta le *chenn*. Celui-ci écrivit aussitôt un billet d'adieu. Le *Li* ne put plus jamais l'évoquer.

厲樊榭 *Li-fansie* et son ami 周穆門 *Tcheou-moumenn*, jeunes Lettrés, aimaient à évoquer les *chenn* au moyen du plateau. Un jour un *chenn* écrivit sur le plateau: Appelez-moi «Grue solitaire». Cela me distrairait de causer avec vous. — De ce jour, les deux amis consultèrent leur *chenn* sur toutes leurs affaires. Le pinceau répondait à tout avec précision. Toutes les dates qu'il indiqua se trouvèrent exactes. Toutes les prescriptions qu'il formula furent salutaires. Quand on lui demandait une chose à laquelle il ne voulait pas répondre, le pinceau restait immobile. Le chenn était d'une complaisance inlassable. On n'avait qu'à écrire les mots «Maître Grue solitaire » et à brûler le papier, pour qu'il manifestât immédiatement sa présence. — Cela dura un an entier. Alors le désir de voir leur chenn, tourmenta les deux amis. Ils lui demandèrent une entrevue. Le chenn refusa d'abord. Ils réitérèrent leur demande, tant et si bien que le chenn finit par écrire: Eh bien soit! demain, après midi, sur la colline 孤山 Kou-chan, à la tour des grues. — Les deux amis furent exacts au rendez-vous. Le chenn les fit attendre. Ils commençaient à s'impatienter, quand un tourbillon accompagné d'un sifflement passa. Un instant après, un homme d'une haute stature, à longue barbe, portant le costume des mandarins de la dynastie 明 Ming, parut au sommet de la tour. Il fit le geste de se pendre avec une longue écharpe, puis disparut. — Depuis lors les deux amis ne purent plus évoquer la « Grue solitaire.» Il est probable qu'ils avaient eu affaire à l'âme d'un mandarin, suicidé à la chute de la dynastie Ming.

-✧- -✧-

L'histoire suivante arriva, alors qu'il était encore jeune étudiant, à l'académicien 沈厚餘 Chenn-heou u de 竹墩 Tchou-tounn. Il avait un condisciple nommé 張 Tchang, qu'il aimait beaucoup. Cet ami n'étant pas venu à l'école durant plusieurs jours, Chenn s'informa, et apprit qu'il était gravement malade. Il alla chez lui, pour lui faire visite. Devant le temple des ancêtres de la famille, il remarqua un grand diable, qui vérifiait l'inscription placée au-dessus de la porte. Que faites-vous là? lui demanda-t-il. — Le jeune Tchang doit mourir, répondit le grand diable; j'ai ordre d'avertir les mânes de ses ancêtres. — Sa mère est veuve, dit le Chenn, et lui n'a pas encore d'enfants; ayez pitié et dites-moi comment on pourrait le sauver. — Je n'y puis rien, dit le grand diable. — Le Chenn supplia encore. — Eh bien, tenez! dit l'autre. C'est demain à midi juste, que le jeune Tchang doit mourir. Cinq koei viendront avec moi, pour saisir son âme. Préparez un festin pour six, sous le grand saule, devant la maison. Les koei ont toujours faim et soif. Un tourbillon de vent descendant, vous avertira de leur arrivée. Invitez et servez-les aussitôt. Si vous arrivez à leur faire passer l'heure de midi, le jeune Tchang sera sauvé. — Le Chenn dit tout cela à la famille du Tchang. On fit aussitôt les préparatifs indiqués. Tout se passa comme le grand personnage avait dit. La respiration du jeune Tchang baissa graduellement jusqu'à midi, puis remonta lentement. Les koei avaient laissé passer l'heure. Le jeune Tchang guérit.

-✧- -✧-

A Pékin, la société théâtrale 實和班 Pao-houo-pan était la plus réputée. Un jour un exprès à cheval arriva au bureau de la société, et dit: On vous demande à l'instant, pour chanter la comédie, dans un hôtel hors la porte 海岱門 Hai-tai-menn. — Les comédiens étant inoccupés ce jour-là, firent atteler, et se ren-

Leçon 68.

dirent aussitôt au lieu indiqué. La nuit tombait. Dans un lieu désert, ils virent une grande maison brillamment éclairée, et une foule de monde. — Quand ils furent arrivés, une duègne vint à eux et leur dit: Mademoiselle ordonne qu'on ne chante que des amourettes, et surtout qu'aucun *chenn* ne paraisse sur la scène; pas trop de bruit non plus, s'il vous plaît. — Le régisseur organisa son programme d'après ces données. Les comédiens chantèrent depuis le soir jusqu'à l'aube, sans qu'on leur permît de respirer, sans qu'on leur donnât ni vin ni gâteaux. — Leur auditoire leur parut extraordinaire. Et les dames assises derrière la claire-voie traditionnelle, et les messieurs assis devant la scène, personne ne parlait à voix haute, tous chuchotaient sans qu'on comprît ce qu'ils disaient. — Les comédiens, d'abord étonnés, finirent par se fâcher. Violant la défense faite, soudain 關帝 *Koan-ti* entra en scène, brandissant son épée, et salué par un roulement formidable des tambours et des cymbales. — A l'instant, obscurité et solitude complètes. Les comédiens se trouvèrent dans une brousse, devant une tombe. — Ils plièrent au plus vite leurs effets et bagages, et rentrèrent en ville au jour. Les gens du voisinage ayant été interrogés, dirent que la tombe était celle d'une demoiselle de la grande famille 木 *Móu*, jadis très mondaine.

-◆- -◆-

A 紹興府 *Chao-hing-fou*, dans une riche maison bourgeoise, un appartement séparé était condamné depuis longtemps. Un soir un hôte demanda l'hospitalité. — Il y a bien un appartement, lui dit le maître de la maison; mais oserez-vous y passer la nuit? — Pourquoi pas? fit l'hôte. — On raconte, dit le maître de la maison, que deux voituriers y ayant dormi, s'enfuirent terrifiés à minuit. Ils dirent qu'un nain, haut d'un pied seulement, avait grimpé à leurs rideaux et cherché à escalader leurs lits. Depuis lors personne n'a plus osé coucher dans cet appartement. — Laissez-moi tenter l'aventure, dit l'hôte en souriant. — Voyant qu'il y tenait, le maître de la maison fit épousseter l'appartement, et disposer ce qu'il faut pour passer la nuit. — L'hôte laissa sa bougie allumée, et mit son épée à portée de sa main. A minuit, il entendit un léger bruit. Le petit bonhomme furetait dans la chambre. Il commença par feuilleter les papiers de l'hôte. Puis il ouvrit sa malle, en tira les objets l'un après l'autre, et les examina à la lumière de la chandelle. Au fond de la malle, il découvrit une liasse de pétards de première qualité, vrais pétards de 徽州 *Hoei-tcheou*. Comme il les examinait, la chandelle cracha, et une flammèche tomba sur la tresse des mèches. Tout le paquet fit explosion, avec un bruit formidable. Le 妖怪 *yao-koai* poussa un sifflement aigu et disparut. — L'hôte continua à monter la garde, pour le cas où il reviendrait. Au matin, il raconta au maître de la maison, ce qui lui était arrivé. La nuit suivante, il coucha de nouveau dans l'appartement jadis hanté. Le *yao-koai* ne revint jamais plus.

-◆- -◆-

Un marchand méridional a raconté ceci... J'étais encore jeune, et allais à 嘉興 *Kia-hing* pour mon commerce. Je dus passer un gué très vaseux. J'étais monté sur un buffle. Quand je fus arrivé au milieu du gué, une main noire sortit de l'eau, et chercha à saisir mon pied. Je relevai prestement les jambes. Alors la main noire saisit un des pieds du buffle, qui ne put plus avancer. Très effrayé, j'appelai au secours. De la rive, les passants tirèrent le buffle, sans arriver à le faire mouvoir. Alors l'un d'eux lui brûla la queue. Dans un suprême effort, l'animal se dégagea et sortit de l'eau. On vit alors qu'un vieux balai horriblement puant, était fortement attaché à son ventre. On le détacha à coups de bâton Le balai gémit et saigna. On le hacha menu à coups de sabre, et on le brûla sur un bûcher. Il fallut un mois, pour que l'infection qu'il répandit disparût entièrement. Depuis lors personne ne se noya plus dans ce gué, ce qui arrivait souvent auparavant.

-◊- -◊-

張明府 *Tchang-mingfou* dit avoir rencontré un vieux 道士 *tao-cheu*, qui avait conservé toute la fraîcheur de la jeunesse et portait une chevelure opulente. Mais sur sa tête, l'emplacement de la grande fontanelle, un pouce carré environ, était complètement dénudé. — Pourquoi cela? demanda le *Tchang*. — N'as-tu jamais remarqué, lui répondit le *tao-cheu*, que l'herbe pousse bien à côté des chemins, mais que, sur le chemin lui-même, il n'en pousse pas un brin, à cause du va-et-vient des passants? Ainsi en est-il de mon crâne. Mon âme sort et rentre continuellement par la fontanelle Ce va-et-vient en a dénudé les environs. — Ce même *tao-cheu* ayant un soir demandé l'hospitalité dans une bonzerie, les bonzes lui offrirent de coucher à l'intérieur. Il refusa, et passa la nuit dans la cour. Le lendemain, au moment où le soleil apparaissait à l'horizon, quelqu'un vit le *tao-cheu*, perché sur le mur de clôture. Au-dessus de son crâne, un charmant enfant, dodu et potelé, s'ébattait dans les rayons lumineux, qu'il aspirait et avalait (page 408).

-◊- -◊-

Un certain 殷乾 *Yinn-k'ien*, satellite à 句容 *Kiu-young*, était célèbre pour le zèle et l'audace avec lesquels il prenait les voleurs. Il passait les nuits à l'affût, dans les endroits les plus obscurs et les plus déserts. Une nuit il rôdait aux environs d'un village, quand soudain un individu qui courait, tenant en main une corde, le heurta dans l'obscurité. Cet homme doit être un voleur, se dit *Yinn-k'ien;* et il le fila — L'homme alla droit à une habitation, et escalada le mur. — Bien deviné, se dit *Yinn-k'ien*. Laissons-le faire son coup. Je le cueillerai, à la sortie, avec les pièces de conviction... Mais soudain il entendit les gémissements d'une femme. Alors *Yinn-k'ien* sauta aussi le mur, juste à temps pour voir l'inconnu qui l'avait heurté, juché sur une poutre, prendre avec un nœud-coulant une femme occupée à sa toilette, et la pendre haut et court. *Yinn-k'ien* comprit que son inconnu était l'âme d'un pendu, qui cherchait un remplaçant. Il enfonça la fenêtre, et appela au secours. Les voisins accoururent et dépendirent la femme avant qu'elle n'expirât. Les parents remercièrent *Yinn-k'ien* et le firent boire. Puis il reprit son chemin pour retourner chez lui. — La nuit était encore noire. Soudain il entendit du bruit derrière lui. Il se retourna. C'était le spectre avec sa corde. Pourquoi m'as-tu ravi cette femme que je tenais? cria-t-il. C'est notre droit, à nous suicidés, de nous chercher un remplaçant. Pourquoi m'as-tu empêché de le faire?.. Ce disant, il se mit à frapper *Yinn-k'ien*. Mais celui-ci était intrépide,

Leçon 68.

Il rendit coup pour coup. Le spectre était très froid, et sentait très mauvais. — Enfin l'aube blanchit. Les forces du spectre diminuèrent. Soudain il s'évanouit.

-◊- -◊-

Au 四川 *Seu-tch'oan*, un certain 滇謙六 *Tien-k'ienliou*, gros richard, restait sans enfants. Il lui en était né plusieurs, mais ils étaient tous morts en bas âge. Un astrologue lui dit: Durant deux générations, des constellations femelles régneront sur votre famille; vos descendants mâles mourront donc tous; à moins que vous ne les fassiez passer pour des filles; essayez! — Donc, un enfant mâle étant encore né à *Tien-k'ienliou*, celui-ci lui fit aussitôt percer les lobes des oreilles, mettre un peigne, bander les pieds, et défendit de l'appeler autrement que la petite Septième. Les constellations s'y laissèrent prendre. L'enfant vécut. Quand le temps fut venu, *Tien-k'ienliou* maria son garçon-fille, avec une fille-garçon coiffée en homme et les pieds non bandés. Ce couple travesti eut d'abord deux petits garçons. Oubliant la prédiction de l'astrologue, que la fatalité durerait deux générations, on leur donna des noms de garçon. Ils moururent tous deux en bas âge. Alors on fit pour les suivants, comme on avait fait pour leur père: on les travestit en fausses filles, qu'on maria à de faux garçons. Les constellations n'y virent derechef que du feu. Cette famille fut ainsi sauvée de l'extinction.

-◊- -◊-

Un certain 劉玄 *Liou-huan* de 越城 *Ue-tch'eng* heurta dans l'obscurité un être inconnu. Il alluma une lampe, et vit une forme humaine, de noir vêtue, sans yeux, ni oreilles, ni nez, ni bouche, qui errait à tâtons, se heurtant à tous les obstacles. Il consulta un devin sur cette apparition L'être que vous avez vu, dit le devin, est un objet ancien, datant de vos ancêtres. Il est déjà animé, mais n'a pas encore d'yeux. Quand il en aura, ce sera un 魅 *mei* féroce. Dépêchez-vous de le détruire. — *Liou-huan* prit et lia l'objet, puis le hacha à coups de sabre. Il reprit alors sa vraie forme. C'était le vieux traversin noir de son aïeul défunt.

印岡羅 *Yinn-kanglouo* et quelques autres, de 廬陵 *Lou-ling*, étaient allés se promener le soir près de l'étang 習家湖 *Si-kia-hou*. Ils s'assirent pour manger des prunes marinées, et trouvèrent plaisant d'introduire les noyaux, un à un, dans la bouche d'un crâne qui gisait là par hasard, en lui demandant s'ils étaient salés. Leur pique-nique terminé, ils prirent le chemin du retour. Étant arrivés à un long chemin creux, soudain, au clair de la lune, ils virent comme une boule noire, qui roulait et bondissait derrière eux, en criant: salés! salés!.. Saisis d'une terreur panique, nos hommes coururent d'une traite l'espace de dix stades, le crâne toujours sur leurs talons. Arrivés à 榮村 *Joung-ts'ounn*, ils passèrent un canal en bac. De ce moment ils ne virent et n'entendirent plus rien.

-◊- -◊-

Alors que 王硯庭 *Wang-yent'ing* était sous-préfet de 靈璧 *Ling-pi*, dans un village de son ressort une femme 李 *Li* âgée de trente ans mourut. Son mari alla acheter un cercueil à la ville. Quand il fut revenu, au moment où on allait la mettre en bière, la femme ressuscita. Tout joyeux, son mari s'approcha d'elle. Mais

Leçon 68.

elle le repoussa, et dit en pleurant: Je suis Mademoiselle 王 *Wang* de tel village. Mes parents ne m'ont pas encore mariée. Ne m'approchez pas! — Très effrayé, le *Li* avertit les *Wang* du village indiqué. Ils venaient d'enterrer leur demoiselle, morte de maladie. Ils accoururent. Dès qu'elle les vit, la femme ressuscitée les embrassa en pleurant, et leur dit une foule de choses qui ne laissèrent aucun doute sur l'identité de son âme. — La famille au fils de laquelle la demoiselle *Wang* avait été fiancée, accourut aussi. A leur vue, la ressuscitée rougit. — Alors le *Li*, et la famille du fiancé, se disputèrent cette personne. Le cas fut porté au mandarin. *Wang-yent'ing* l'adjugea au *Li*.

-·-◊-·◊-·-

L'épouse du sous-préfet de 新 嚳 *Sinn-fan* venait de mourir. Une très belle femme se présenta chez lui. Le sous-préfet s'amouracha d'elle, et la garda. Cela dura plusieurs mois. — Un beau jour elle lui dit adieu en sanglotant. — Pourquoi cela? demanda-t-il. — Parce que, dit-elle, mon mari revient; il va m'emmener loin d'ici; conservez ceci en mémoire de moi... et elle donna au sous-préfet un gobelet en argent. — Le sous-préfet lui donna dix pièces de soie. — Elle partit. Le sous-préfet ne fit plus que penser à elle. Le gobelet ne le quittait pas. Où qu'il fût, il le déposait sur la table devant lui. — Cependant le commandant des troupes du district ayant été changé, vint à *Sinn-fan* pour prendre congé du sous-préfet, et pour enlever le cercueil de sa femme qui y était morte. Le sous-préfet lui fit fête. — Les yeux de l'officier se fixèrent sur le gobelet. — Pourquoi cet objet vous intéresse-t-il tant? demanda le sous-préfet. — Ce gobelet, dit le commandant, je l'ai déposé dans le cercueil de ma feue femme; je me demande comment il est venu ici. — Assez ému, le sous-préfet raconta son aventure, décrivit la personne, et finit par l'échange du gobelet contre dix pièces de soie. — Le commandant rentra chez lui furieux. Il ouvrit le cercueil de sa femme. Son corps intact tenait dans ses bras dix pièces de soie. Séance tenante le commandant fit brûler le cercueil avec son contenu.

-·-◊-·◊-·-

A Pékin, carrefour 花兒 *Hoa-eull*, habitent surtout des fleuristes. Une jeune fille de ce quartier, subvenait aux besoins de son vieux père, en exerçant cette industrie. Le vieillard tomba malade, et ne put plus quitter le lit. Le chagrin ôta à sa fille l'appétit et le sommeil. Elle prodiguait à son père toutes les consolations, puis pleurait en secret. — Un jour elle apprit qu'une matrone de ses voisines, allait se rendre en pèlerinage, avec d'autres femmes, au mont 丫嚳 *Ya-ki*. — Si j'allais là, demanda-t-elle, obtiendrais-je la guérison de mon père? — Ceux qui vont y prier d'un cœur sincère, dit la voisine, obtiennent tout ce qu'ils demandent. — Quelle distance y a-t-il? — Cent stades. — Qu'est-ce qu'un stade? — 250 pas. — La jeune fille grava ces chiffres dans sa mémoire. A partir de ce jour, chaque nuit, quand son père était endormi, elle sortait dans la cour, et là, une baguette d'encens à la main, elle allait et venait, comptant soigneusement tous ses pas. Enfin, quand elle n'en pouvait plus de fatigue, prosternée dans la direction du mont *Ya-ki*, elle disait: Veuillez m'excuser de ne pas aller à votre temple.

Leçon 68.

Étant fille, je ne le puis. — Au bout de quinze jours, elle eut fait 25 mille pas. C'était juste le moment où les pèlerins affluaient au mont Ya-ki de toute part, pour vénérer la déesse de l'aube primordiale (une fée taoïste). Il y avait foule. Nobles et gens du peuple se coudoyaient. Dès le chant du coq, c'était à qui pénétrerait dans le temple. Car, disait la tradition, celui qui, le matin, offrait le premier son encens, était certainement exaucé. — Ce jour-là, dès l'aube, un eunuque très riche, venu de Pékin, bloquait la porte du temple, afin d'arriver le premier. Dès que la porte s'ouvrit, il entra. Quelle ne fut pas sa surprise, en arrivant devant l'encensoir, d'y trouver piqué un bâtonnet d'encens fumant. Il se fâcha, et s'en prit au gardien du temple. — La porte était fermée, dit celui-ci; je ne sais qui peut avoir offert cet encens. — Je reviendrai demain matin, dit l'eunuque; fermez mieux votre porte. — Le lendemain, bien avant l'aube, l'eunuque était devant la porte. Quand elle s'ouvrit, il courut vers l'encensoir. Un bâtonnet d'encens y fumait déjà, et, devant l'encensoir, une silhouette de jeune fille était prosternée. La silhouette s'évanouit, au bruit que fit l'eunuque. — Qu'est ceci? demanda celui-ci. Des 鬼 koei ou des 怪 koai offrent-ils de l'encens à cette déesse?.. Et il sortit du temple, pour demander aux pèlerins qui affluaient, ce qu'ils en pensaient. — Ah! s'écria soudain la matrone dont j'ai parlé plus haut, c'est bien sûr la pieuse fleuriste de Pékin. Ne pouvant pas venir en corps, elle aura envoyé son âme, pour impétrer la guérison de son vieux père. — L'eunuque fut très édifié. Dès qu'il fut rentré à Pékin, il alla visiter la jeune fille, la loua de sa piété filiale, et la secourut généreusement. Le vieux père guérit. L'aisance revint dans le pauvre ménage. Enfin la jeune fille épousa un riche négociant.

—⋄—⋄—

A Pékin, un garde impérial passait ses loisirs à courir le lièvre. Un jour son cheval s'emballa. Un vieillard tirait de l'eau d'un puits. Dans sa course folle, le cheval le heurta, et le précipita dans le puits. Quand le garde fut arrivé à maîtriser sa bête, il s'enfuit en toute hâte. — La nuit suivante, le vieillard lui apparut, et lui dit, avec accompagnement d'injures: Je sais bien que c'est ton cheval qui m'a poussé dans le puits. Mais toi, tu n'as rien fait pour m'en retirer. Et ce disant, il se mit à briser la vaisselle, et à lacérer le papier des fenêtres. — Toute la famille prosternée lui fit des excuses et lui offrit des libations. — Cela ne suffit pas, dit le 鬼 koei. J'exige que vous m'érigiez une tablette, portant mon nom, que voici. Vous me ferez les mêmes offrandes régulières qu'à vos ancêtres. A ces conditions, je me tiendrai tranquille. — Il fallut en passer par là. Cela dura plusieurs années. — Depuis le jour de l'accident, le garde avait évité de repasser près du malencontreux puits. Un jour qu'il était de service, le cortège impérial passa par là. Il essaya de se faire dispenser, mais fut rebuffé, et de plus moqué Qu'as-tu à craindre, lui dirent ses camarades, en plein jour, avec tant de compagnons? — Force lui fut donc de s'exécuter Quelle ne fut pas son épouvante! Le vieillard tirait de l'eau. Dès qu'il vit le garde, il se jeta sur lui, en criant: Je te tiens, enfin! Être sans entrailles! Après m'avoir jeté dans le puits, tu n'as rien fait pour me retirer! Attrape ceci!.. et les coups de pleuvoir sur le garde, aussi dru que les injures. — Mais, balbutia celui-ci, ne vous ai-je pas fait des offrandes chaque jour, depuis plusieurs années? Pourquoi revenez-vous sur la parole donnée? — Des offrandes, cria le vieillard. Veux-tu dire que je suis un *koei*? Sans doute ce n'est pas ta faute que je sois encore en vie. Mais après ton départ, un passant plus humain que toi, m'a retiré du puits. Est-ce pour m'insulter, que tu te donnes l'air de me prendre pour un *koei*? — Alors j'ai été mystifié, dit le garde; veuillez venir chez moi. — Il le conduisit à son domicile, et lui dit: Voyez votre tablette! — Ma tablette, dit le vieillard; mais ce n'est pas ainsi que je m'appelle! — Le vieillard comprit alors qu'un *koei* rôdeur, spectateur de la tragédie du puits, l'avait exploitée à son profit, et s'était fait nourrir par le garde durant plusieurs années. Furieux, il brisa la tablette et renversa les offrandes. — Un éclat de rire railleur retentit dans l'air. Le *koei* intrus était parti.

--◇-◇--

A 沂水 *I-choei* un certain 馬 *Ma* vivait avec sa femme née 王 *Wang*. Les deux époux s'aimaient tendrement. Le *Ma* mourut jeune. Les parents de la jeune veuve, la pressèrent de se remarier. Même sa belle-mère, la voyant encore si jeune, lui dit: Votre résolution de garder la viduité, est très louable, il est vrai. Mais songez que, n'ayant pas de fils, vous resterez un jour sans appui. Bien d'autres, qui avaient commencé par des propos très nobles, ont fini par des actes fort honteux. Mieux vaudrait vous remarier, et suivre la voie commune. — La jeune veuve jura qu'elle ne se remarierait pas. — On finit par la laisser tranquille. — Alors elle fit modeler en argile, une image de feu son mari, qu'elle plaça dans sa chambre. À chaque repas, elle servit cette image, comme elle servait jadis son mari, de son vivant. — Un soir, comme elle allait se mettre au lit, elle vit soudain l'image d'argile bâiller, s'étirer, descendre de son socle, et devenir en tout pareille à son défunt mari. — Épouvantée, la jeune femme allait appeler sa belle-mère. Le 鬼 *koei* l'arrêta et lui dit: Tais-toi! Je t'aime tant! La vie aux enfers est si triste! C'est pour une faute commise par mon père, que je suis mort sans postérité. Ta fidélité conjugale a touché le juge des enfers. Il m'a renvoyé, pour te donner un fils. — La jeune veuve pleura de joie. — Ils s'aimèrent comme jadis. Le mari partait au chant du coq, pour revenir la nuit suivante. — Au bout d'un mois, la jeune femme se trouva enceinte. Ma mission est terminée, dit alors le mari en pleurant. Il faut nous séparer, et cette fois pour toujours. — Avec le temps, la grossesse de la jeune veuve devenant apparente, elle dut raconter son histoire à sa belle-mère. Celle-ci n'y crut pas trop. Cependant, elle avait si bien gardé sa bru! Enfin, elle resta dans le doute. — Au terme de sa grossesse, la veuve accoucha d'un fils. Les villageois rirent. Un ancien qui avait des griefs contre les *Ma*, accusa la veuve d'inconduite. Le mandarin la cita. — Aucun témoin n'ayant pu affirmer rien de précis, le mandarin dit: Je vais trancher cette question d'après les règles. Les *koei* ne projettent aucune ombre, leurs enfants pas davantage; qu'on expose l'enfant au soleil!.. Le corps de l'enfant n'intercepta pas la lumière, pas plus que n'aurait fait une fumée légère. — Faisons une autre expérience, dit le mandarin. Les images des parents boivent le sang de leurs enfants, les autres images le repoussent. Qu'on pique le doigt de l'enfant pour le faire saigner! Qu'on frotte de son sang l'image d'argile, et une autre!.. Les satellites exécutèrent cet ordre. L'image d'argile but le sang, l'autre ne l'absorba pas. — Allez en paix, dit le juge à la veuve. — En grandissant, le fils du *koei* devint de tout point tellement semblable au feu *Ma*, que les plus malintentionnés durent renoncer à leurs soupçons.

-◊- -◊-

Sous les 唐 *T'ang*, à l'ouest de 開封府 *K'ai-fong-fou*, il y avait une auberge, appelée l'auberge de la passerelle. Elle était tenue par une femme d'une trentaine d'années, venue, personne ne savait d'où, qu'on appelait 三娘子 Madame la Troisième. On la croyait veuve, sans enfants, sans parents. L'auberge était considérable. La propriétaire était aisée. Elle avait surtout un troupeau d'ânes magnifiques. Elle était aussi avantageusement connue pour sa libéralité. Quand un voyageur se trouvait à court d'argent, elle l'hébergeait à prix réduit ou gratis. Sa réputation étant si bien établie, son auberge ne désemplissait pas. — Un soir un certain 趙季和 *Tchao-kihouo* qui allait à la capitale, descendit à l'auberge de la passerelle, pour y passer la nuit. Il y avait déjà six ou sept hôtes, qui avaient occupé chacun un lit du dortoir commun. *Tchao-kihouo* étant arrivé le dernier, eut le dernier lit, dans le coin, contre le mur de la chambre de l'hôtelière. — La Troisième traita fort bien ses hôtes, à son ordinaire. Quand l'heure du repos fut venue, elle leur versa du vin, et but à leur santé. Seul *Tchao-kihouo* ne but pas de vin, parce qu'il s'en abstenait d'ordinaire. — A la seconde veille, les hôtes s'étant tous couchés, la Troisième rentra dans sa chambre, ferma sa porte, et souffla sa chandelle. — Tandis que tous les autres ronflaient, *Tchao-kihouo* ne put pas s'endormir. Vers le milieu de la nuit, il entendit que la Troisième disposait je ne sais quoi dans sa chambre. Il l'épia par une fente du mur... Elle alluma sa chandelle, puis tira d'une boîte, un bœuf, un bouvier, et une charrue, figurines en bois hautes de six ou sept pouces. Elle les posa devant l'âtre, sur le sol battu de sa chambre, prit un peu d'eau dans sa bouche et la souffla sur les figurines. Aussitôt celles-ci s'animèrent. Le bouvier piqua le bœuf, qui fit avancer la charrue. Allant et venant, sillon par sillon, le singulier équipage laboura environ la superficie d'une natte ordinaire. Quand le terrain fut prêt, la Troisième donna au bouvier un petit paquet de graines de sarrasin. Il les sema. Les graines levèrent aussitôt. Les plantes grandirent à vue d'œil, fleurirent, et donnèrent des grains mûrs. Le bouvier fit la récolte, battit le grain, et en remit à la Troisième sept à huit litres, que celle-ci lui fit moudre dans un petit moulin. Quand l'opération fut terminée, la Troisième remit dans leur boîte le bouvier le bœuf et la charrue, redevenus figurines inanimées et inertes. Puis, avec la farine de sarrasin ainsi obtenue, elle fit des galettes. — Bientôt les coqs chantèrent. Les hôtes se levèrent et firent leurs préparatifs de départ. Vous ne partirez pas à jeun, dit la Troisième; et elle leur servit le plat de galettes. — *Tchao-kihouo* très inquiet, remercia et sortit. Il épia du dehors ce qui allait arriver. — Les hôtes s'attablèrent autour des galettes. A peine en eurent-ils goûté, qu'ils tombèrent tous à terre, se mirent à braire, et se relevèrent devenus ânes superbes, que la Troisième chassa aussitôt à l'écurie. Puis elle s'empara de tous leurs bagages. — *Tchao-kihouo* ne souffla mot de son aventure. Il se promit de s'approprier ce tour magique. Un mois après, quand il eut terminé ses affaires à la capitale, il revint, et descendit un soir à l'auberge de la passerelle. Il avait eu la précaution de se munir de quelques galettes de sarrasin fraîches, de même forme que celles de la Troisième. — Cette nuit, il fut le seul hôte de l'auberge. La Troisième le traita d'autant mieux. Avant le coucher elle lui demanda ce qu'il désirait encore. — Je désirerais, dit-il, prendre quelque chose demain matin, avant de partir. — Vous serez satisfait, dit la Troisième. — Durant la nuit, même manège que la fois précédente. — Au jour, la Troisième se présenta, mit sur la table un plat de galettes, puis s'absenta un instant. Vite, *Tchao-kihouo* prit une des galettes ensorcelées, la remplaça par l'une des siennes, puis attendit que la Troisième revînt. — Quand elle fut rentrée : Vous ne mangez pas, dit-elle. — J'attends, répondit-il, que vous me teniez compagnie. J'ai apporté quelques galettes. Si vous ne goûtez pas les miennes, je ne mangerai pas des vôtres. — Donnez, dit la Troisième. — Le *Tchao* lui passa sa galette, qu'il avait ôtée du plat. A peine y eut-elle mordu, qu'elle tomba à terre, se mit à braire, et se releva, ânesse superbe. *Tchao-kihouo* la harnacha, la monta, et continua son voyage. Il s'était aussi emparé du bouvier, du bœuf et de la charrue ; mais, n'ayant pas la formule, il ne put jamais les animer, ni changer personne en âne. — Quant à la Troisième, ce fut l'ânesse la plus vaillante qu'on pût imaginer. Rien ne l'arrêtait. Elle faisait cent stades par jour. — Quatre ans après sa métamorphose, *Tchao-kihouo* fit sur son dos le voyage de 長安 *Tch'ang-nan*. Comme il passait près du temple du mont 華 *Hoa*, soudain un vieux *tao-cheu* se mit à battre des mains, puis dit en riant : Eh ! la Troisième de la passerelle, comme te voilà faite !.. Puis, saisissant la bride de l'ânesse, il dit à *Tchao-kihouo* : Elle a eu des torts envers vous, c'est vrai ; mais la pénitence qu'elle en a faite est suffisante ; permettez que je la délivre !.. Et saisissant à deux mains la bouche de l'ânesse, il en déchira les commissures. — Aussitôt la Troisième sortit de la peau de l'ânesse, sous son ancienne forme humaine. Elle salua le vieillard et disparut. On n'eut jamais plus de ses nouvelles.

-◆-◆-

Un vieillard originaire de la ville de 陽信 *Yang-sinn* au 山東 *Chan-tong*, s'était établi dans le village de 蔡店 *Ts'ai-tien*, à cinq ou six stades de la ville. Il y tenait, avec ses fils, une auberge pour les marchands de passage, piétons et voitures. Un soir, à la nuit tombante, quatre voyageurs descendirent chez lui. Toutes les chambres de l'auberge étaient déjà occupées. Les quatre hommes fatigués prièrent l'aubergiste de leur trouver à tout prix un gîte quelconque pour la nuit. L'hôte grommela, puis dit : J'ai bien un local, mais pas sûr qu'il vous convienne. — Pourvu que nous puissions nous étendre sur une natte sous un toit, dirent les quatre hôtes, le reste nous importe peu. — Alors venez, dit l'aubergiste. — Or une des belles-filles de l'aubergiste venait de mourir. Son cadavre, non encore enseveli, avait été placé provisoirement dans une dépendance de l'auberge, située de l'autre côté de la rue. Son mari était allé acheter un cercueil. — L'aubergiste conduisit les quatre hommes dans cette dépendance. Dans une grande salle, une lampe brûlait sur une table, devant un rideau. Derrière le rideau, le corps de la morte habillé, gisait sur un lit. Il était couvert de la grande feuille de papier usuelle en pareil cas. Dans la salle, il y avait quatre lits. — Exténués de fatigue, les quatre hommes prirent leur parti de cette mise en scène macabre. Ils se couchèrent, et trois d'entre eux ronflèrent bientôt bruyamment. — Le quatrième n'était pas encore complètement endormi. Soudain il entendit craquer le lit sur lequel reposait le cadavre. Il ouvrit les yeux, et vit, à la lueur de la lampe, que la morte repoussait la couverture de papier, et se mettait sur son séant. Puis elle se leva, et sortant de derrière le rideau, s'avança vers les lits. Elle essuyait avec un chiffon de soie écrue, la sueur jaunâtre et visqueuse qui suintait de son visage. S'approchant des trois hommes endormis, elle souffla successivement trois fois sur chacun d'eux. Épouvanté, le quatrième se glissa sous sa couverture, et retint son haleine. La morte souffla trois fois sur sa couverture, puis se retira. Un instant après, le papier bruissait, le lit craquait. Notre homme s'enhardit à sortir la tête de dessous sa couverture. Le cadavre était recouché, immobile, comme il avait été d'abord. — Il poussa alors du pied ses trois compagnons. Aucun ne bougeant, il comprit qu'ils étaient morts. — Le vampire avait paraît-il entendu ses mouvements, car il se releva, revint souffler plusieurs fois sur sa couverture, puis se retira et se recoucha. — Cette fois, passant en hâte son pantalon, notre homme se précipita dehors. Il n'osa pas frapper à la porte de l'auberge, craignant de la trouver fermée et d'être pris dans l'impasse. Il prit donc sa course, à travers la rue du village, droit vers la ville, en poussant des cris de terreur. Le vampire courait derrière lui. Arrivé au faubourg oriental de la ville, il entendit des bonzes qui chantaient leur office de la nuit, en s'accompagnant du tambour de bois. Il appela, leur demandant asile; mais eux, effrayés de son air, refusèrent de lui ouvrir la porte. Il se retourna, et vit que le vampire allait l'atteindre. Devant la pagode se dressait un grand peuplier. Il se réfugia derrière l'arbre, tournant autour, sautant à droite et à gauche, pour éviter l'étreinte du vampire. Soudain celui-ci fit un bond suprême. L'homme s'effaça, mais tomba épuisé sur le sol. Un grand silence se fit. — N'entendant plus de bruit, les bonzes ouvrirent la porte, et sortirent avec des lanternes. Ils trouvèrent le marchand étendu, et paraissant mort. Le vampire debout et immobile, étreignait à deux bras le tronc du peuplier, qu'il avait saisi dans son élan, croyant saisir l'homme. Les bonzes ranimèrent le marchand, et donnèrent avis au mandarin. Celui-ci étant arrivé, ordonna à ses satellites de détacher le vampire de l'arbre. Ils n'y réussirent pas. Après examen, ils constatèrent que quatre doigts de chaque main étaient enfoncés dans le tronc de l'arbre, de toute leur longueur. On les arracha, en tirant avec force. Chaque doigt avait fait dans le bois un trou semblable à une mortaise taillée au ciseau. — Sur ces entrefaites, le marchand ayant recouvré l'usage de la parole, avait raconté son histoire. Le mandarin envoya ses satellites à l'auberge de *Ts'ai-tien*. Ils trouvèrent l'aubergiste stupéfait de la disparition de sa belle-fille, et de la mort de ses trois hôtes. Les satellites lui dirent ce qui était arrivé. Il alla avec eux au faubourg, pour chercher le cadavre. Quant au marchand, il dit en pleurant au mandarin: Je suis parti de chez moi avec trois associés. Que penseront mes compatriotes, quand ils me verront revenir seul? — Le mandarin lui fit remettre une pièce contenant le récit authentique de l'événement.

-◆-◆-

Le soir du quinze de la première lune, jour de liesse populaire, un jeune lettré nommé 喬 *K'iao*, qui venait de perdre sa femme, regardait l'illumination du seuil

Leçon 68.

de sa porte. Il était minuit passé, et la foule diminuait. Soudain le jeune homme vit une bonne, portant une lanterne sur laquelle étaient peintes deux pivoines, qui éclairait les pas d'une jeune fille, vêtue d'un surtout rouge sur une robe bleue. La jeune fille se dirigeait vers l'Ouest. Au clair de la lune, le jeune homme vit qu'elle était fort jolie, et son cœur prit feu. Il la suivit d'abord par derrière, puis avança pour la considérer par devant. La jeune fille remarqua ce manège. Souriant au jeune homme, elle lui dit: Que, sans nous l'être promis, nous nous rencontrions ainsi au clair de la lune, cela n'est pas fortuit... Le jeune homme la salua et dit: Feriez-vous bien à ma chaumière l'honneur de la visiter ?.. Sans répondre, la jeune fille rappela la bonne qui marchait devant. Revenez, 金蓮 *Kinn-lien*, lui dit-elle; éclairez-nous... Le jeune homme donna la main à la jeune fille, et la conduisit chez lui, très content de sa bonne fortune. Il lui demanda d'où elle était, comment elle s'appelait. Je m'appelle 符麗卿 *Fou-lik'ing*, dit-elle. Mon père était juge à 化州 *Hoa-tcheou*. Mes parents sont morts. Je n'ai pas de frères. Je demeure seule, avec ma bonne *Kinn-lien*, dans le quartier 湖西 *Hou-si*... Le jeune homme la retint pour la nuit. . Elle partit avant l'aube, puis revint le soir, quand la nuit fut tombée... Et ainsi de suite, durant une quinzaine environ. — Cependant un voisin qui avait remarqué ces allées et venues, épia ce qui se passait, par une fente. A la lueur de la lampe, il vit que la personne qui était assise à causer avec le *K'iao*, avait un tête de mort fardée et poudrée... Très inquiet, dès le lendemain il alla trouver le jeune homme, et lui dit : Si vous continuez, il vous arrivera certainement malheur. L'homme vivant est 陽 *yang*, les morts sont 陰 *yinn*. Vous passez les nuits avec une morte, sans crainte de vous souiller à son contact. Elle épuisera votre esprit vital, et vous finirez misérablement, à la fleur de vos années... Le jeune homme effrayé lui dit les références que la jeune fille lui avait données... Allez les vérifier dès aujourd'hui, lui dit le voisin. — Le jeune homme alla donc aux renseignements dans le quartier *Hou-si*. Il eut beau chercher et interroger, personne ne connaissait Mademoiselle *Fou*... Fatigué, il entra dans la pagode 湖心寺 *Hou-sinn-seu*, pour se reposer. Étant allé jusqu'au bout de la galerie latérale occidentale, il arriva à une chambre isolée. La chambre contenait un cercueil, avec cette inscription: *Fou-lik'ing* fille du juge *Fou* de *Hoa-tcheou*. Devant le cercueil pendait une lanterne, ornée de deux pivoines. A côté du cercueil se tenait debout l'image en papier d'une bonne, avec les deux lettres *Kinn-lien*... A cette vue, les cheveux du jeune homme se dressèrent sur sa tête, et une sueur froide inonda tout son corps. Il s'enfuit à toutes jambes, sans regarder en arrière. — N'osant pas passer la nuit chez lui, de peur d'être visité par le spectre, il demanda asile au voisin. Celui-ci lui dit: Les charmes du 道士 *tao-cheu* de la pagode 玄妙觀 *Huan-miao-koan*, sont très puissants. Allez le trouver au plus tôt, pour lui demander secours. — Le lendemain, dès le matin, le jeune homme alla trouver le *tao-cheu*. Avant qu'il eût ouvert la bouche, celui-ci lui dit: Des effluves de malheur s'échappent de tous vos pores. Que venez-vous faire ici ?.. Le jeune homme se prosterna devant le *tao-cheu*, et lui raconta son histoire, en le priant de le sauver... Le *tao-cheu* trempa son pinceau dans le vermillon, et traça deux charmes qu'il lui remit, avec ordre de coller l'un sur la porte de sa chambre, et l'autre dans l'alcôve de son lit. Mais, lui dit-il, gardez-vous de jamais retourner au *Hou-sinn-seu*. — Le jeune homme fit comme le *tao-cheu* lui avait dit. Durant plus

Leçon 68.

d'un mois, il ne reçut aucune visite nocturne. — Un soir il sortit pour visiter un ami, avec lequel il but jusqu'à une heure avancée de la nuit. L'ivresse lui fit oublier les ordres du *tao-cheu*. En revenant, il passa devant le *Hou-sinn-seu*. *Kinn-lien* l'attendait à la porte. Voilà bien longtemps que Mademoiselle vous désire, dit-elle. Comment avez-vous pu l'oublier ainsi? Venez! — Hébété, le jeune homme la suivit machinalement. Elle le conduisit, par la galerie occidentale, jusqu'à la petite chambre. Mademoiselle était assise sur le cercueil. Dès qu'elle le vit, elle le tança, en ces termes: Nous nous sommes rencontrés. Je vous ai plu. J'ai mis à votre disposition toute ma personne. Nous étions si bien ensemble. Faut-il que vous ayez cru les mensonges d'un méchant *tao-cheu*, et ayez essayé de rompre avec moi?! Vous avez mal agi, ingrat! Aussi, maintenant que je vous tiens, je ne vous lâcherai plus. — En disant ces mots, elle se leva et saisit le jeune homme. Le cercueil s'ouvrit de lui-même. Elle y entra, l'entraînant à sa suite. Le lourd couvercle se referma sur eux. Peu d'instants après, le jeune homme était mort étouffé. — Ne le voyant pas rentrer, le voisin conçut des inquiétudes, et se mit à sa recherche. Ne l'ayant trouvé nulle part, il finit par aller voir au *Hou-sinn-seu*. Ayant constaté que le pan d'un habit d'homme était pris entre le cercueil et son couvercle, il avertit les bonzes. On ouvrit le cercueil. Il contenait le cadavre d'une jeune fille en parfait état de conservation, qui étreignait le cadavre tout frais du jeune homme. — Est-il possible, dirent les bonzes, que cette personne se conduise ainsi! C'est la fille du juge *Fou* de *Hoa-tcheou*. Elle mourut à l'âge de dix-sept ans, il y a de cela treize ans révolus. Sa famille changeant de séjour, déposa son cercueil ici provisoirement, et n'a plus, depuis lors, donné de ses nouvelles. Quoi qu'il en soit, ce vampire ne restera pas plus longtemps ici. — Sur ce, on enterra le cercueil contenant la jeune fille et le jeune homme, hors la porte occidentale de la ville. — Depuis lors, durant les nuits sombres et orageuses, on voit parfois le jeune homme et la jeune fille, qui se tiennent par la main, et se promènent précédés par une bonne, qui porte une lanterne ornée de deux pivoines. Ceux qui rencontrent ce trio, sont attaqués de fièvres chaudes. Ils doivent leur faire des offrandes et des libations, sous peine de ne pas guérir.

Sources. — J'ai cité, dans mon *Folk-lore chinois*, plus de 80 recueils de contes et légendes. Le 太平廣記 *T'ai-p'ing koang-ki* du dixième siècle, rend les autres peu nécessaires.

Ouvrages. — J. Doolittle. Social Life of the Chinese. 1867. — J. J. M. De Groot. The Religious System of China. — H. Doré S.J. Recherches sur les Superstitions en Chine. — L. Wieger S.J. Morale et Usages. 1905.

朱熹 Tchou-hi.

Quatrième Période.

Rationalisme et Indifférentisme.
Depuis l'an 1000, jusqu'à nos jours.

Soixante-neuvième Leçon.

Du onzième au treizième siècle de l'ère chrétienne. Sous la dynastie *Song*. Le Néo-Confuciisme philosophique. *Tch'enn-t'oan. Tcheou-tounni. Chao-young. Tchang-tsai.* Les deux frères *Tch'eng-hao* et *Tch'eng-i. Tchou-hi.*

Nous avons vu que, dans l'Inde, une fois que le fidéisme imposé par le Buddha fut ébranlé, les Buddhistes étayèrent leur croyance au moyen d'arcs-boutants philosophiques. Il en advint de même, exactement, en Chine, au Confuciisme. A l'époque où nous sommes, les Lettrés devenus athées et matérialistes, ne peuvent plus faire fond sur l'ancien théisme. Les Mânes glorieux ne leur disent plus rien, la grande tortue est muette. La foi aveugle dans le 子曰 *Magister dixit*, n'est plus de mise. En avant donc les systèmes et les disputes!.. Nous allons voir les Néo-Confuciistes de la dynastie 宋 *Song*, du onzième au treizième siècle, s'efforcer d'étançonner le vieux Confuciisme pragmatique de 荀子 *Sunn-tzeu* qui s'écroule, avec des matériaux philosophiques empruntés à l'Inde, et qui ont déjà servi, pour leurs fins à eux, aux Taoïstes et aux Buddhistes.

Les connaissances mathématiques, cosmologiques et autres, des Indiens et des Arabes, s'étaient répandues en Chine sous la dynastie 唐 *T'ang*, si accueillante pour les étrangers. A cette lumière nouvelle, le Taoïste 陳摶 *Tch'enn-t'oan* (mort vers l'an 990) reprit l'étude de la cosmogonie de *Lao-tzeu*, et de l'antique science chinoise des nombres (*I-king*). Le résultat fut une conception du monde, *athée* puisqu'elle ne recourt à rien qui fût avant 太極 *T'ai-ki* l'être primordial de *Lao-tzeu*, et *matérialiste* puisqu'elle attribue à une formule, 理 *li* la norme, immanente dans l'être primordial, l'émanation de tout ce qui est, de cet être primordial. — Les spéculations du Taoïste *Tch'enn-t'oan*, furent purement philosophiques, absolument indépendantes, sans mélange de religion. Elles plurent à quelques Confuciistes de son temps. Les mêmes frayèrent beaucoup avec des Védantistes de la secte 禪 *Tch'an* (Leçon 62), qui leur apprirent divers systèmes philosophiques grecs et indiens. Le moine 宗本 *Tsoung-penn* nous donne d'intéressants détails sur ces fréquentations, dans son 歸元直指集 *Koei-yuan tcheu-tcheu tsi*. Ainsi se prépara le mouvement Néo-Confuciiste, très modeste dans ses commencements, mais qui gagna de l'importance avec le temps et finit par avoir des conséquences très funestes.

Je ne voudrais pas que l'on m'accusât d'en appeler gratuitement à des influences grecques et indiennes, dans l'évolution de la philosophie chinoise. Le fait que, entre religions et sectes, on échangeait ses idées, est prouvé par des témoins sûrs. Quant au fait que les principales doctrines grecques et indiennes étaient connues en Chine depuis longtemps, il me suffira de citer l'index de celles qui sont traitées dans le 楞伽經 Laṅkāvatāra-sūtra, traduit en chinois dès l'an 443...

1. 小乘外道 diverses écoles buddhistes *hinayāna*.
2. 方論師 maîtres enseignant que tout est produit par l'espace.
3. 時論師 maîtres enseignant que tout est produit par le temps.
4. 口力論師 maîtres enseignant que tout a été tiré du vide par un verbe (Anaximandre).
5. 風論師 maîtres enseignant que le vent a tout produit (Anaximène).
6. 服水論師 maîtres enseignant que tout est sorti de l'eau (Thalès).
7. 本生安荼論師 Brahmanisme ancien, *Prajāpati* et son œuf d'or.
8. 違陀論師 Védisme dégénéré, hindouisme, la *Trimourti*.
9. 伊賖那論師 Védantisme. *Iśvara*.
10. 摩醯首羅論師 Sivaïsme. *Maheśvara* c'est *Śiva*.
11. 女人眷屬論師 une secte sivaïte, attribuant la production de tout à huit filles de *Śiva*.
12. 倮形外道 Gymnosophistes.
13. 苦行論師 Brahmanes forestiers.
14. 利苦行論師 Ascètes *Yogī*.
15. 尼揵子論師 Nirgranthas, sorte de *Yogī*.
16. 摩陀羅論師 Tantristes.
17. 淨眼論師 les Clairvoyants, espèce d'Illuminés.
18. 無因論師 Phénoménisme nihiliste.
19. 毗世師 *Vaiśeṣikas*, matérialisme atomiste.
20. 僧佉論師 *Sāṃkhyas*, animisme athée.

Le premier écrivain de la tendance nouvelle, dont les traités sont considérés encore maintenant comme étant le fondement du système, fut 周敦頤 *Tcheou-tounni* (1017-1073), vulgo 周子 *Maître Tcheou*, qui établit que le système des Anciens manquait de tête; qu'il fallait quelque chose, par delà le binôme ciel-terre, par delà la roue du *yinn-yang* et des cinq agents. Il adopta, pour être ce quelque chose, le 太極 *T'ai-ki* de *Lao-tzeu* et de *Tch'enn-t'oan*. — Maître *Tcheou* fut un mathématicien, un calculateur, plutôt qu'un philosophe. Tout son mérite consiste à avoir mis l'Unité en tête du Dualisme. Il conçut cette Unité, comme la matière universelle ténue, informée par une formule évolutive (plagiat taoïste). Le dernier terme, la fleur de cette évolution graduelle et ascendante, c'est l'homme, dans lequel la matière devient intelligente. Par le moyen des diagrammes et des nombres, l'homme peut connaître quelque chose du jeu de la formule évolutive, par conséquent de ce qui arrivera dans l'avenir rapproché. L'intelligence des hommes n'est pas égale, les degrés d'évolution étant divers. Les hommes les plus intelligents, les meilleurs calculateurs, sont les Sages, dont Confucius fut le premier. La perfection de l'homme, c'est d'être aussi *nature* que possible (exactement la formule des Pères taoïstes). Pour devenir *nature*, l'homme doit pratiquer

Leçon 69.

les cinq règles déterminées par Confucius, humanité, convenance, rits, discernement, loyauté (exactement le contre-pied des Pères taoïstes). Le bien c'est ce qui est conforme, le mal c'est ce qui est difforme, la nature étant la norme.

-◆- -◆-

Le second écrivain de la tendance nouvelle, on ne peut pas encore dire de l'école nouvelle, fut 邵 雍 Chao-young (1011-1077), vulgo 邵 子 Maître Chao, dont le fils 邵 伯 温 Chao-paiwenn acheva les œuvres. Très adonné aux nombres, poète à ses heures, esprit original et indépendant, parfois un peu braque, Chao-young produisit, entre autres, un traité important, le 皇 極 經 世 書 Hoang-ki king-cheu-chou. Le terme Hoang-ki joue, comme nous savons (pag 61 H), un rôle important dans la Grande Règle, où il désigne l'empereur pivot du monde, en tant que Fils du Ciel. Mettant bien en lumière la tendance nouvelle, Chao-young applique ce terme à l'être primordial un de Tch'enn-t'oan et de Tcheou-tounni, à la matière informée par la norme, qui est pour lui le pôle universel. Au traité cité, Chao-young ajouta les deux pièces célèbres 漁 樵 問 對 Dialogue d'un pêcheur et d'un bûcheron, et 無 名 公 傳 Discours d'un Anonyme, qui en développent les points principaux. — Maître Chao ne fut pas disciple de Maître Tcheou. Il dérive directement de Tch'enn-t'oan, par deux intermédiaires connus. Au fond c'est un Taoïste à peine déguisé, qui parle souvent exactement comme Lao-tzeu Lie-tzeu ou Tchoang-tzeu. Voici quelques citations de ses œuvres.

«L'homme est un avec le ciel et la terre, avec tous les êtres de tous les temps. Car la norme universelle est unique. Norme du ciel et de la terre, participée dans tous les êtres, atteignant dans chaque espèce d'être un degré de développement qui constitue la nature spécifique, et dans chaque être individuel un degré de perfection qui le caractérise. L'être premier, duquel est issu tout ce qui est, c'est 道 le Principe, c'est 皇 極 le Pôle auguste, c'est 太 極 l'Apogée. Noms d'emprunt, car l'être primordial est indéfinissable, innommable, ineffable. Le ciel et la terre ne sont pas d'une autre nature que le reste des êtres. Ce sont deux êtres intermédiaires, par lesquels le Principe, l'Apogée, produisit tous les autres.»

«Tout être concret, est tel par sa matière. Sans matière, pas d'être concret. La matière spécifiée est le substratum de l'activité spécifique, et cette activité peut altérer la matière dans laquelle elle se produit. La matière héberge l'esprit vital.»

«La matière universelle est une, participée par tous les êtres. L'esprit vital universel est un, participé par tous les êtres. Les genèses et les cessations, les naissances et les morts, sont pures transformations de ces deux entités.»

«Tous les êtres sont un avec moi. Alors, prenant la question de mon côté, y a-t-il réellement des êtres?.. prenant la question du côté des êtres, y a-t-il réellement mon moi?.. Qui a compris cette incertitude, celui-là sait réellement ce qui en est du ciel et de la terre, des Mânes glorieux, des autres hommes et de soi-même.»

«Le ciel et la terre sont de la matière limitée, qui dérive de la matière illimitée. Le limité vient de l'illimité. Le défini vient de l'indéfini. Le principe vital particulier, tient au principe vital universel.»

Leçon 69.

« Une plante ayant produit sa graine, cette graine semée reproduit une plante. Cette seconde plante n'est pas la plante première. Mais son esprit vital est le même. Car l'esprit vital universel est un. C'est là la loi de toutes les genèses. »

« Le ciel et la terre ont leurs nombres. L'évolution cosmique suit ces nombres. Les diagrammes révèlent ces nombres. Harmonie qui dérive de l'unité universelle, du fait que tout est issu de l'un. — Tout être ayant son nombre, tombe sous le calcul. »

« L'esprit vital de l'homme est un avec celui du ciel et de la terre, avec les esprits vitaux de tous les vivants, avec les esprits vitaux des mânes. Un homme vivant ne constate le bien et le mal d'un autre, que quand il est manifesté en actes. Mais, comme le ciel et la terre, les mânes perçoivent l'altération en bien ou en mal des cœurs. » — Tentative évidente de conserver quelque chose du respect des mânes, base de la morale confuciiste. Effort stérile, hélas!, car *Chaoyoung* n'admet pas de survivance personnelle. Il revient sur ce texte, dans le dialogue du pêcheur et du bûcheron, et explique qu'il n'admet pas l'annihilation, à la mort, des éléments constitutifs de l'homme; parce que son esprit vital se fond avec l'esprit vital universel, et sa matière avec la terre; rien n'est donc détruit... Et il ajoute: je n'admets pas non plus que l'on dise, que les morts sont dépourvus de conscience. Pourquoi? Parce que, ce qui fut leur esprit, est fondu avec l'esprit universel, lequel est conscient. Les mânes sont donc conscients, non pas *en lui*, mais *en tant que lui*. Ils perçoivent les altérations des cœurs, en tant que modifications dans l'unité cosmique... Donc, la rentrée en Brahman, la survivance en Brahman, tout simplement. Nous connaissons cette vieille rengaine.

« L'esprit vital du ciel émane du soleil. L'esprit vital de l'homme émane, du cœur durant l'état de veille, des reins durant l'état de sommeil. — Le Principe est le pôle universel. Le soleil est celui du macrocosme. Le cœur est celui du microcosme. »

« Avant le début de l'activité cosmique, alors que 無 極 l'unité était immobile, le *yinn* repos contenait le *yang* mouvement. Le *yang* sortit du *yinn*. Or le *yang* seul est connaissable, étant acte. Du *yinn*, pure puissance, on ne sait rien, on ne peut rien dire (page 145 B). »

« Ce qui fut avant le ciel et la terre (la matière primordiale informée par la norme), n'est connu que par la spéculation dans le cœur (siège de l'intelligence). Ce qui devint depuis que le ciel et la terre existent, est connu par la constatation objective (au moyen des sens). »

« Beaucoup lisent, mais peu savent lire. Savoir lire, c'est savoir découvrir, dans ce qu'on lit, le jeu de la norme universelle. Alors la lecture délecte, et ce qu'on lit devient lumineux. »

« Dans un être, ce dont on ne peut pas trouver le pourquoi, c'est la nature spécifique de cet être. Et ce qui lui arrive de contraire à sa nature, c'est son destin, disposition individuelle de la norme universelle. »

Il ne faut pas regarder les êtres avec les yeux, mais avec l'esprit, et considérer, non leur apparence extérieure, mais leur norme intime. La norme universelle se prolonge, comme norme individuelle, dans chaque être, constituant sa nature spécifique; avec certaines nuances, déterminations ou limitations propres, qui font le destin particulier. — Le miroir parfait, est celui qui, mirant un objet, le réflé-

Leçon 69.   627

chit en entier, sans en rien garder pour lui. Ainsi, seul le Sage mire exactement les êtres extérieurs, parce qu'il n'en prend rien pour lui-même. Plus on se réduit à sa norme, plus on est sage; plus on réduit les autres à leur norme, plus sainement on en juge. »

«Les relations spéciales, comme celle qui existe entre les parents et les enfants par exemple, sont aussi effets de la norme. Il est faux de dire, comme font les Buddhistes, que parents et enfants sont des êtres, qui se sont rencontrés sur le chemin de la vie, sans qu'il y ait entre eux un lien plus réel qu'entre n'importe quels passants qui se croisent. »

«Les facultés et qualités sont définies et limitées, de par la norme spécifique. Le bûcheron demanda au pêcheur: pourquoi puis-je porter cent livres de fagots, et pas cent-dix?.. Et moi, dit le pêcheur, pourquoi puis-je tirer certains poissons sur le rivage, tandis que d'autres m'entraînent dans l'eau?.. C'est parce que toute énergie est définie et limitée de par 分 *le lot*. On peut tant, et pas davantage.»

«Prier ne sert absolument à rien, car le bonheur ne s'obtient pas et le malheur ne s'évite pas, pour quelques paroles. L'homme doit vivre d'après *son lot*, sa norme spéciale. A ce lot sont attachés la paix et le bien-être compétents. Si un homme qui vit d'après son lot éprouve des malheurs, si un homme qui ne vit pas d'après son lot jouit du bonheur, c'est son 命 destin, une disposition de détail exceptionnelle, dont le sens nous échappe. »

« Le *Pôle suprême*, c'est l'Être dans son état premier d'inaction. Étant *Un*, par une première action il produisit un autre *Un*, la matière ténue. Ensuite, dans cette matière, il produisit *deux*, la double modalité *yinn* et *yang*. Dans la matière, sous cette double modalité, tous les êtres pullulèrent, d'après les lois générales de l'alternance, des mutations. C'est pourquoi les diagrammes révèlent quelque chose des voies particulières des êtres. Et si l'homme est dit être intelligent, à l'exclusion des autres êtres, c'est que lui seul peut faire ces calculs. Calculs d'ailleurs toujours sujets à des erreurs, provenant des dispositions exceptionnelles du destin. »

«L'apogée, dans l'espèce humaine, c'est le Sage, dont la note caractéristique est, qu'il sait considérer tous les êtres, non comme des êtres distincts, mais comme l'être *un* qu'ils sont en effet, par participation à une même norme. Quiconque pense ainsi, sur l'autorité du Sage, participe à sa sagesse. Tandis que toute affirmation d'une multiplicité, par exemple de dire qu'il y a d'autres terres et d'autres cieux *(mahāyāna)*, ne pouvant être prouvée par la raison, ni appuyée par l'autorité des Sages, est pur verbiage, témérité ou erreur.»

«Il n'arrivera jamais que tous les hommes seront des Sages, comme il n'arrivera jamais que toutes les pierres soient du jade. L'ordinaire c'est le lot commun. »

«Il en est de la coexistence du bien et du mal, comme des champs de céréales dans lesquels des herbes folles lèvent. Cela fut toujours, cela sera toujours. Perfection et imperfection, ordre et désordre, rentrent dans les phases de ce monde. Ce sont des alternances qui ne cesseront pas.. Si un jardinier s'imaginait qu'après un sarclage aucune mauvaise herbe ne repoussera plus, ne serait-il pas déraisonnable? Dans l'espèce humaine, il y a deux variétés; les uns qui aiment le bien et détestent le mal, les autres qui aiment le mal et détestent le bien. Les premiers ont toujours été et seront toujours la minorité. Mais aucune des deux variétés ne supprimera jamais l'autre. Seulement, selon la prédominance temporaire de l'une

Leçon 69.

ou de l'autre, il y aura dans les états des phases de prospérité ou de décadence, ce qui rentre encore dans la loi générale de l'alternance. »

Maître *Chao* professa une admiration intense pour la personne de Confucius. Il a écrit : « On dit que Confucius n'eut pas d'apanage. C'est inexact. Un homme du peuple possède cent arpents. Un officier, cent stades carrés. Un prince, une terre seigneuriale. L'empereur possède l'empire. Le domaine de Confucius, c'est le monde entier, et pour tous les temps. »

« Or le même *Chao-young* a composé le quatrain que voici, bien authentique...

> Le Ciel n'a jamais parlé.
> Il ne loge pas dans l'azur.
> Il n'est pas haut, il n'est pas loin.
> L'homme l'imagine dans son cœur.

Confucius pensait-il ainsi ?

-- ✥ ✥ --

張載 *Tchang-tsai* (1020-1067), contemporain de *Chao-young*, ne fut pas moins panthéiste que lui. Mais panthéiste nettement réaliste, tandis que *Chao-young* eut une pente à l'idéalisme. Laissons-le parler.

« C'est du Principe, de la Grande Harmonie immobile, que procéda ensuite le double mouvement d'expansion et de rétraction, le *yinn-yang*, qui produisit tous les êtres.

Tout commença par la condensation de la matière raréfiée. Condensée au point qu'elle tombe sous les sens, vaporeuse, floconneuse, elle s'appelle 氣 *k'i*. Sa quintessence non condensable, invisible et impalpable, s'appelle 神 *chenn*.

Oui, la matière a deux états. Très raréfiée, elle est imperceptible. Condensée, elle devient perceptible. Imperceptible, elle est neutre et inerte. Perceptible, elle est spécifiée, et des propriétés s'ensuivent. Il ne faut pas s'imaginer qu'il y eut jamais un vide parfait. Le terme 太虛 *t'ai-hu* ne signifie pas le vide. Il désigne la matière extrêmement raréfiée.

Depuis que le double mouvement d'expansion et de rétraction commença, la matière ne peut plus s'y soustraire. Elle s'épanouit irrésistiblement en êtres multiples, qui rentrent dans son sein quand elle se contracte. Le double mouvement est sans arrêt. Il se passe dans la matière, sans altérer la matière. Il est semblable au double phénomène de gel et de dégel de l'eau, laquelle reste inaltérée sous ces deux états.

Le pivot de tout être, c'est son esprit vital, fait de matière subtile non condensable. C'est lui qui spécifie la nature de l'être, avec ses propriétés et qualités. À lui aussi sont attachées les nuances qui font le destin particulier de cet être. C'est lui qui est le principe des mouvements. C'est lui qui traverse les transformations. Le cosmos visible est comme un plasma qui fermente, donnant sans cesse naissance à des êtres sans nombre, sous l'action de l'esprit vital universel. Rien ne sort du néant. Tout sort de la matière plus ou moins subtile ou épaisse. Les êtres sont donc réels, et non imaginaires. »

-- ✥ ✥ --

Leçon 69.

Le système fut copieusement développé par 二程 *les deux Tch'eng*, deux frères, 程顥 *Tch'eng-hao* (1032-1085), et 程頤 *Tch'eng-i* (1033-1107), qui en furent les vrais vulgarisateurs. Écoutons-les...

« Ciel, Principe, Apogée, Norme, Mutation, tous ces termes désignent un même être, dont une participation est, dans l'homme, sa nature, son esprit vital. — Les accidents dépendent aussi de lui, non comme règle, mais comme exception. Dans ce sens on l'appelle Destin.

Le mot Ciel est une dénomination pour la Norme existant par elle-même.

Le Ciel-Norme est si bien *un* avec l'homme, qu'on devrait envisager l'homme non comme *extérieur* par rapport à lui, mais comme lui étant *intérieur*, comme contenu en lui.

Par ce qu'on appelle la divination, c'est la norme universelle qui est atteinte, qui se manifeste.

L'homme est fait de matière et de norme. La norme détermine sa nature. Agir conformément à la norme, ou plutôt la laisser agir, voilà le bien. C'est la pente naturelle, le flux constant; voilà pourquoi Mencius a dit que la nature est bonne; non que le bien fût contenu en elle comme un être distinct. Le mal n'est pas non plus un être distinct. C'est un désordre accidentel. Expliquons par une comparaison. Soit un ruisseau qui coule clair et limpide; voilà la nature, le bien. Soudain il soulève de la boue et se trouble; voilà le mal. Ce n'est pas une entité; c'est un excès ou un défaut. — Le mal, excès ou défaut, est toujours la suite d'une appréhension fautive, d'un raisonnement vicieux.

Il n'y a pas de successivité, priorité et postériorité, dans la norme la matière et le destin. Au moment, dans l'instant où l'être est produit, il est norme plus matière plus destin.

Les premiers êtres de chaque espèce, furent produits par condensation de la matière ténue, l'homme étant produit par l'essence la plus pure, les autres êtres par des sortes moins pures. Ensuite ils se multiplièrent par voie de génération. [*Tch'eng-i* semble admettre que la norme-matière produit un type nouveau chaque fois qu'elle produit directement.]

Tout homme, tout être, est un avec le ciel et la terre, avec tous les hommes et tous les êtres. Car ils sont partie intégrante du Tout, comme le mouvement sidéral d'une journée est partie intégrante de la révolution annuelle de l'univers.

Dans l'homme, la norme, en tant que principe immanent de ses déterminations, s'appelle 志 *tcheu* intelligence-volonté. Les déterminations mentales sont les 意 *i* verbes internes, qui s'expriment par les 言 *yen* verbes externes, les paroles et les actes. Tout terme de ce fonctionnement est raisonnable, si la norme a joué librement; il sera déraisonnable au contraire, si la norme a été influencée.

La norme de tous les êtres, est la norme universelle. Ce qui fait l'homme, c'est qu'il reçoit sa norme par l'intermédiaire du ciel [les autres êtres la recevant par l'intermédiaire de la terre, ce que *Tch'eng-i* n'énonce pas expressément]. Le Sage, c'est l'homme qui suit en tout la norme, qui s'identifie avec la norme. L'action de la norme dans le cœur, est délicate, est subtile. Pour la saisir, il faut se retirer de la multiplicité; il faut se recueillir, s'unifier. Toute illusion naît d'une affection. L'esprit humain est *raison*, quand il suit les lois générales; il devient *sens particulier*, quand il se replie sur soi-même et ses intérêts personnels. Les conclusions de la raison sont aussi infaillibles que la norme ; celles du sens particulier errent le plus souvent.

En philosophie, le cœur, ce n'est pas le cœur de chair, c'est la norme qui le gouverne. Comme le ciel et la terre ne sont pas les êtres matériels ainsi nommés, mais la norme qui y adhère. La norme n'habite pas dans le cœur, mais elle agit par le cœur sur l'organisme. C'est elle qui confère à l'homme les cinq qualités qui lui sont propres.

A la mort, l'âme humaine se dissipe. Des fils pieux inventèrent la tablette pour lui servir de lieu rituel, et le Représentant pour avoir à qui faire les offrandes à sa place. Consolation imaginaire ! Ils firent ce qu'ils purent, comme ils l'entendirent.

L'esprit vital universel étant toujours uni à la matière universelle, l'esprit particulier et la matière particulière rentrant dans le réservoir universel à la mort, il n'y a, à vrai dire, aucune distinction essentielle entre l'état de vie et l'état de mort. Dire que, à la mort, l'esprit quitte la matière, est inexact. Dire que, à la mort, un esprit personnel survit et se réincarne, c'est une erreur.

Toute naissance est une condensation, toute mort est une résolution de la matière. A la naissance rien ne vient, à la mort rien ne part. Dans l'individu, la norme céleste est esprit vital ; séparée, elle redevient norme céleste. Condensée, la matière est un être ; raréfiée, elle est le substratum des transformations. Le mot *mânes* signifie seulement que des vivants ont passé par la mort, non que leur personne ait subsisté.

La matière primordiale ténue qui donna naissance à l'être, n'est pas modifiée en lui, mais condensée seulement. C'est elle aussi qui le nourrit, absorbée par lui, soit comme air, soit comme aliments.

Des disciples consultèrent *Tch'eng-i*, sur l'extase taoïste, sur la contemplation buddhiste. Est-il vrai, lui demandèrent-ils, que s'asseoir les yeux fermés, restaure l'esprit ? — Cela l'use au contraire, répondit-il ; car, plus l'esprit est recueilli, plus il pense ; il ne peut pas ne point penser.

Il ne faut enseigner que des sujets jeunes. Quand les cornes poussent au veau, et les dents au pourceau, il est trop tard. — Enseigner un disciple, c'est à peu près comme conduire un ivrogne. Quand on le soutient sous le bras gauche, l'ivrogne penche à droite; quand on le soutient sous le bras droit, il penche à gauche. Impossible de le faire se tenir droit. »

-✦- -✦-

S'ils n'avaient été que philosophes, les hommes dont je viens de parler, et 朱 熹 *Tchou-hi* dont je parlerai tantôt, auraient peut-être passé inaperçus. Mais ils furent aussi des politiques militants, ou impliqués du moins dans le mouvement des partis qui agita la dynastie 宋 *Song*. Cela leur attira bien des malheurs, mais finit par les conduire à la gloire. — Il y avait, au onzième siècle, à la cour des Song, deux partis politiques opposés, que j'appellerai les *Conservateurs* et les *Novateurs*. Les Novateurs, las des méthodes surannées, du vieux rouage qui ne marcha jamais, demandaient un mécanisme administratif plus moderne. Les Conservateurs au contraire, tenaient mordicus à ce qu'aucune pièce de la vieille machine ne fût changée. Inutile de citer ici les noms des porte-étendard des deux partis. Les philosophes dont je m'occupe dans cette Leçon, étaient tous rattachés au parti conservateur. — Le premier conflit des deux partis, eut lieu en 1036. Le gouvernement remercia les Conservateurs, et fit appel aux Novateurs. Depuis lors, jeu de bascule alternatif. Voici comment, vers 1042, le Conservateur 歐陽修 Neouyang-siou travaillait pour Confucius, en combattant les Buddhistes... «Au temps jadis, quand les vrais principes étaient vivants chez nous, le Buddhisme dut rester à la frontière, sans pouvoir la franchir. Plus tard, quand nos principes furent devenus languissants, il pénétra dans le pays. C'est par la porte de notre décadence, qu'il nous a envahis. Cette constatation nous indique la marche à suivre, pour l'expulser de chez nous. Les Anciens veillaient avec la sollicitude la plus paternelle au bien-être matériel du peuple. Mais, en retour, ils exigeaient que le peuple ne suivît pas d'autres principes que ceux de ses gouvernants. Ces principes s'enseignaient dans les écoles officielles. Depuis le Fils du Ciel, jusqu'au dernier homme du peuple, chacun en était imbu. Ils firent, durant des siècles, la force et la prospérité de notre pays. Maintenant, pour nous défaire des erreurs de ce temps, n'employons aucun moyen violent. Recourons à celui qui pénètre le plus profondément dans le peuple, à savoir l'enseignement. Pénétrons de nos principes traditionnels tous les sujets de l'empire, et le Buddhisme ne trouvera plus accès dans le cœur d'aucun d'eux. Depuis que, après la destruction de l'ancienne Chine par les 秦 Ts'inn, on a recommencé le travail de sa restauration, aucun empereur n'eut le courage de rétablir, franchement et intégralement, le *statu quo* antérieur. Et pourtant, c'est là ce qu'il aurait fallu faire, c'est là encore ce qu'il faudrait faire. Depuis plus de mille ans, on tâtonne, on improvise, on vit d'expédients. Voilà ce qui a fait le succès du Buddhisme. C'est depuis que le peuple est détaché de la glèbe, qu'il y a des fainéants, parmi lesquels se recrutent les bonzes. C'est depuis que les rits sont tombés en désuétude, que le peuple se permet de choisir sa religion. Voilà mille ans que le mal dure. Il a pénétré jusqu'à la moelle des os. Le peuple est comme enivré de fausses doctrines. Discuter avec lui, ne mène plus à rien, car il a des formules spécieuses pour répondre à tout argument. Et cependant je le dis, tout n'est pas désespéré. Allons à la racine! Redonnons de l'autorité à la doctrine classique. Que le pouvoir la recommande. Faisons de la propagande en sa faveur... Nos armées viennent d'éprouver des revers; nos soldats ne sont plus braves. Qu'est-ce qui a efféminé ainsi ces hommes? L'habitude de se prosterner devant le Buddha, pas autre chose. C'est le Buddhisme qui les a amollis, qui les a fait lâches, qui les a avilis. Ah! ne courbons plus l'échine. Remettons en lumière la doctrine lumineuse de Confucius. Remettons en vigueur nos anciens principes, nos institutions et nos rits. Bientôt, sans faire campagne, nous aurons contraint le Buddhisme de repasser la frontière. Bientôt notre peuple sera redevenu prospère et valeureux.»

«En 1063, les Conservateurs étaient derechef au pouvoir. Ils en usèrent et en abusèrent, sous le court règne d'un empereur gagné à leur cause. En 1069, déconfiture; les Novateurs sont remis en charge, et leur forte tête 王安世 Wang-nancheu l'ennemi juré des Lettrés ancien système, devient tout-puissant. Reprenant les idées de l'usurpateur 王莽 Wang-mang au commencement du premier siècle de l'ère chrétienne, Wang-nancheu fit promulguer, par le nouvel

Leçon 69.

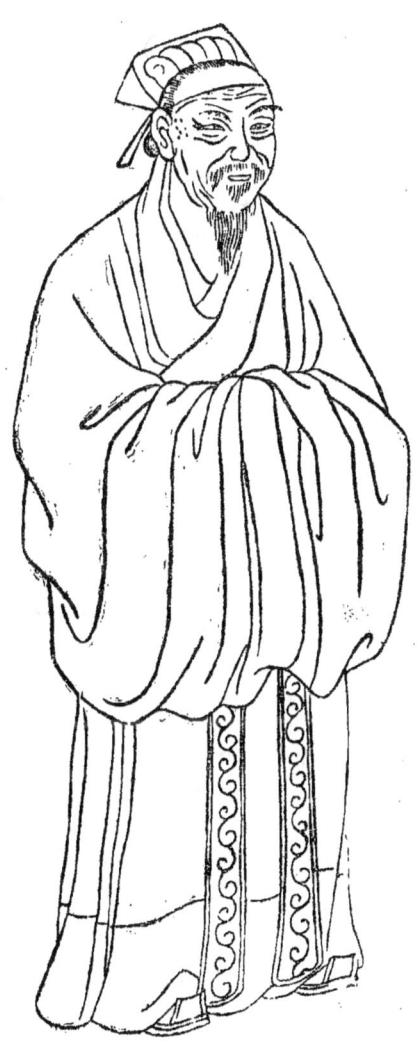

朱熹 Tchou-hi.

Leçon 69.

empereur, quantité de lois fiscales, agraires, et autres, qui devaient améliorer le sort du peuple. En 1071, il obtint un décret, qui eût été le coup de grâce pour les Lettrés, s'il avait été appliqué. De littéraires, les examens pour le choix des fonctionnaires, furent faits économiques et judiciaires. Du coup la porte était fermée aux Lettrés ancien style, qui ne savaient que polir des phrases et tourner des vers. L'édit impérial déclarait formellement, que l'ancien système n'avait produit que des incapables (sic). — Mais les Lettrés ne désespèrent jamais. Ils préparèrent dans les coulisses leur rentrée en scène. En 1074, grande sécheresse et disette. Ils persuadèrent au peuple, que c'était *Wang-nancheu* qui avait provoqué l'ire du Ciel, par ses innovations. Émeute. L'empereur disgracie le ministre. Celui-ci consacre ses loisirs forcés, à composer un commentaire des Canoniques, qui leur faisait enseigner ses théories. L'empereur qui s'est aperçu qu'on lui avait forcé la main, impose aux écoles le commentaire de *Wang-nancheu*, pour faire enrager les Lettrés. Il meurt en 1085. L'impératrice régente appelle les Conservateurs au pouvoir. Machine en arrière! Retour à l'ancien commentaire des Canoniques, et examens plus littéraires que jamais. — Le succès tourna la tête aux Lettrés, qui se disputèrent entre eux et se scindèrent en trois branches. Cela les perdit. En 1094, le jeune empereur donne sa confiance à 蔡京 *Ts'ai-king* un Novateur. Un nouvel édit affirme en propres termes, que les études telles que les Lettrés les pratiquent, aboutissent au crétinisme. Machine en avant! Retour au commentaire de *Wang-nancheu* mort sur ces entrefaites, et examens administratifs. — En 1106, l'apparition d'une comète fait disgracier *Ts'ai-king*. Il revint au pouvoir en 1112. En 1126, les Conservateurs reprirent le gouvernail. Comme les nomades du Nord écrasaient l'empire, les ministres insistèrent pour que la prose et les vers présentés aux examens fussent mieux soignés. Là était le salut, selon eux. — En 1163, 朱熹 *Tchou-hi* (1130-1200) débuta dans le rôle de sermonneur soporatif, qu'il continua jusqu'à sa mort; toujours dépourvu de flair et de tact, prolixe et nul. Son premier mémoire lui coûta la petite place qu'il avait eu bien du mal à obtenir. — Les divisions des Lettrés en vinrent à diviser le peuple. On donna à entendre à l'empereur qu'il fallait interdire ces joutes philosophiques, dans lesquelles, comme dit le rapporteur, deux partis combattaient à coups d'expressions inintelligibles des idées insaisissables; qu'il fallait ordonner aux Lettrés de s'en tenir à la doctrine traditionnelle et de se bien conduire. L'empereur approuva, et, pour frapper les deux partis, il condamna, et *Wang-nancheu* le porte-drapeau des Novateurs, et *Tch'eng-i* celui des Conservateurs. — Les Lettrés de la nouvelle école, dont *Tchou-hi* était maintenant l'âme, payèrent d'audace. Aveuglés par la morgue caractéristique de leur secte, ils s'appelèrent *l'École de la voie*, les *Sages*, et traitèrent leurs adversaires de *Petites gens*. D'où haine intense contre eux, non seulement des Novateurs, mais de tous les Lettrés non-affiliés à la secte. *Tchou-hi* traita tous ses contradicteurs de chiens et de porcs. Cet homme avait un don extraordinaire pour indisposer et s'aliéner quiconque venait en contact avec lui. En 1195, *l'École de la voie* fut officiellement flétrie comme *École de mensonge*, et mise au ban. Défense à ses adeptes de se présenter pour aucune charge. Le gouvernement fit dresser une liste infamante de ses cinquante-neuf principaux membres, qualifiés, dans le document, *clique de vauriens* et *clique rebelle*. Ils furent menacés de la rigueur des lois, s'ils ne se tenaient pas tranquilles. *Tchou-hi* fut placé sous la surveillance de la police. Il mourut, gardé jusque sur son lit de mort, en 1200, à l'âge de 71 ans. — Honni durant sa vie, comme Confucius, *Tchou-hi* fut, comme lui, admiré après sa mort. En 1227, un empereur décadent lui conféra le titre de 太師 *Grand Maître*. En 1238, le Tchouhisme s'implanta à Pékin, alors aux Mongols. En 1241, un édit impérial du même décadent, déclara officiellement, mais faussement, que le Tchouhisme était la fleur du Confucisme, et l'imposa pour les examens des fonctionnaires. Soutenue par des influences dont je parlerai plus tard, cette doctrine resta en possession sous les dynasties suivantes, et empoisonna la Chine jusqu'en 1905. Il n'est même pas certain que son rôle délétère ne se continuera pas.

Voici le sommaire du Tchouhisme... Pas de Dieu, pas de Souverain, pas de Juge, pas de Providence, quoi qu'en aient dit les anciens. L'univers, et tous les êtres qu'il contient, sont composés de deux Principes coéternels, distincts mais inséparables, *li* la norme, et *k'i* la matière. Inhérente à la matière, la norme est le principe de l'être, de la vie, de toutes les actions et évolutions. La matière est le substratum de la norme, le principe de la diversité des espèces et de la distinction des individus. Sous l'impulsion de la norme, la matière évolue en deux phases alternatives *yinn* et *yang*. La norme s'appelle aussi *t'ai-ki*, le grand pôle, parce qu'elle dirige tout; et *ou-ki*, parce qu'elle est imperceptible. La norme est une, infinie, éternelle, immuable, inaltérable, homogène, nécessaire, aveugle, fatale, inconsciente, inintelligente. Restant toujours une, et toujours la même, elle se termine dans tous les êtres. La portion limitée de la matière infinie, qui constitue tel individu, définit, en la retenant pour la durée de son existence, la terminaison de la norme universelle dans cet individu. Cette terminaison se retire dans l'unité, dans le tout, dont elle ne s'était jamais séparée, au moment où l'individu cesse d'être, par suite de l'altération de sa matière. La variété des êtres provient de ce que le lot de matière plus ou moins fine d'un chacun, a offert plus ou moins de perfectibilité, ou opposé plus ou moins d'inertie, à l'influence de la norme. Les êtres sortent du grand tout et y rentrent, comme les godets d'une noria montent du puits et y redescendent, la roue de l'évolution déroulant une chaîne sans fin. — Les deux âmes de l'homme sont toutes deux matérielles, la supérieure aussi bien que l'inférieure. Produites par condensation, elles finissent par se dissiper, comme la fumée se dissipe quand le feu s'est éteint. Dire qu'une âme survit après la mort, c'est une erreur buddhique, a dit *Tchou-hi* cent fois. «Il en est de l'âme comme d'un fruit, qui mûrit, puis blettit, puis se décompose. Quand un homme a été sage, quand il a vécu jusqu'au terme de ses jours et est mort content, son âme déjà blette se décompose aussitôt. Tels les Sages célèbres, qui n'apparurent jamais après leur décès. C'est qu'ils étaient morts à point, fruits blets qui se décomposèrent immédiatement. Tandis que l'âme de ceux qui sont morts avant le temps, n'étant pas mûre; l'âme de ceux qui, comme les bonzes, ont trop médité, étant trop coriace, la dissolution n'est pas immédiate. De là les apparitions, les revenants, survivance éphémère qui ne dure pas... Les âmes des ancêtres n'existent plus, quoi qu'en disent les anciens livres. Le culte que les descendants leur rendent n'est que profession de reconnaissance pour l'acte génératif par lequel les ancêtres leur ont transmis la vie. Il en est des générations des hommes comme des vagues de la mer. Chaque vague est elle-même, mais toutes sont des modalités de la même eau. Moi qui suis aujourd'hui, je suis une modalité de la norme et de la matière universelles. Mon ancêtre fut lui aussi, en son temps, une modalité des mêmes éléments. Il n'est plus. Les éléments restent. Je suis en communion avec lui, par communion de norme et de matière. De même, le ciel, la terre, tous les êtres, étant composés de norme et de matière, le ciel, la terre et tous les êtres sont un avec moi. Je puis appeler le ciel mon père, la terre ma mère, tous les êtres mes frères, car tous me sont unis, tout l'univers est avec moi un être unique. » — La norme est inconsciente, la matière est inintelligente ; mais, dans l'homme, le cœur matériel, mû par la norme, produit l'intelligence, la perception, la moralité. L'intelligence jaillit de la matière, par éclairs, comme le feu du briquet. Ces éclairs d'intelligence causent les émotions, vibrations du composé. Quand l'émotion, et l'action qui suit, se tiennent dans les limites de la convenance naturelle, il y a *bien*. Sinon, il y a, non pas *mal*, car le mal n'existe pas ; mais il y a *pas bien*, parce qu'il y a excès ou déficit. — Dans les êtres divers, la norme manifeste des nuances diverses, qui sont leurs qualités, leurs vertus. Ainsi dans l'homme, la norme s'épanouit en bonté, équité, déférence, prudence, loyauté. Si cet épanouissement est imparfait, c'est que des impuretés de la matière l'ont entravé. — C'est tout. C'est peu. Pas même un panthéisme. Un système fait de matière et de force, assez semblable au matérialisme dynamique de Haeckel.

Voici quelques échantillons du style de *Tchou-hi*...

« Au commencement le ciel et la terre étaient une masse de matière évoluante, tournant comme une meule. Son mouvement de rotation s'accélérant de plus en plus, les parties lourdes se condensèrent au centre et formèrent la terre immobile, tandis que les parties légères furent entraînées vers la périphérie, où elles formèrent le ciel, le soleil, la lune et les étoiles, qui continuent à tourner. La terre est au centre de l'univers, et non au bas, comme certains se l'imaginent.

Le ciel est donc un tourbillon de matière, très raréfiée dans les régions voisines du centre, de plus en plus dense vers la périphérie. La dernière couche est une croûte solide, squelette de l'univers, comme la coquille l'est de l'œuf. Il n'y a pas neuf cieux concentriques comme certains disent, mais neuf volutes de la spirale céleste.

Le ciel, c'est l'azur qui tourne sur nos têtes. Il n'y a pas, dans cet azur, un Souverain du ciel qui gouverne le monde. Il n'y a pas une Personne qui compte les péchés des hommes. On a dit cela. C'est insoutenable. D'un autre côté, il ne faut pas dire que le monde est sans maître, puisque la norme le gouverne (maître inconscient et fatal).

La norme n'existe pas en dehors de la matière qu'elle meut. Elle n'existe pas et ne peut pas exister séparée.

La norme restant immobile, produit dans le monde des manifestations (êtres), lesquelles ne sont pas à proprement parler successives, vu que, par rapport à la norme centrale immobile, elles sont plutôt simultanées, comme les points d'une périphérie. Ce sont sorties de la puissance en acte, passages du non-perceptible au perceptible, et rentrées correspondantes. Les parts de norme multiples des individus, sont comme des bourgeons de la norme universelle une, pas réellement séparés. La norme une, a autant de terminaisons, qu'il y a d'êtres. Les normes particulières sont des participations, des prêts. Comme la lune, étant et restant une, se reflète dans mille et mille flaques d'eau.

L'homme est formé de norme et de matière. Cette matière est double; le *p'ai* solide issu du sperme, et le *hounn* aérien issu de la substance du ciel et de la terre. La norme n'est pas unie substantiellement à la matière. Elle *flotte* à sa surface, sans se *coaguler* avec elle. Elle est un prolongement, pas une portion, de la norme universelle... Le concours de ces éléments fait l'homme; leur séparation le défait. Alors la norme s'étant retirée, la matière se dissocie. Le *hounn* monte et se perd tôt ou tard dans la matière céleste. Le *p'ai* descend et se perd tôt ou tard dans la matière terrestre. Tel un feu qui s'éteint. La fumée monte au ciel, puis se dissipe. Les cendres restent, puis se dispersent. Dire qu'une âme survit après la mort, c'est une erreur buddhique. Il n'y a pas de métempsycose. Chaque fois qu'un homme naît, ses éléments sortent neufs des deux grands réservoirs, norme et matière.

Il en est de l'homme, comme d'un fruit, lequel est d'abord cru, puis mûr, puis blet, puis matière décomposée. Un fruit cru se conserve; un fruit mûr ne se conserve pas... Quand l'homme a vécu jusqu'au terme de ses jours et est mort content, sa matière étant blette se décompose, et tout est fini. C'est là le lot du Sage. Aussi *Yao* et *Chounn* n'ont-ils jamais apparu ni fait de prodiges après leur mort. Ils étaient morts pleins de jours, fruits mûrs qui se décomposèrent immédiatement et normalement... Quand l'homme est mort avant le temps, son *p'ai* étant trop cru, ne peut pas se dissiper aussitôt. De même, chez ceux qui ont trop nourri leur *hounn*, comme font les bonzes par la méditation, le *hounn* étant trop robuste, ne peut pas se dissiper aussitôt. Dans ces cas, le *hounn*, ou le *p'ai*, ou les deux, peuvent survivre pour un temps, peuvent faire des prestiges, peuvent se venger, etc. On peut se rendre ces revenants favorables, par des offrandes, qui prolongent leur survie. A défaut de ces offrandes, ils finissent par se dissiper, et tout est fini.

Il ne faut pas dire des morts, qu'ils ne sont plus, puisque quelque chose d'eux survit dans leurs descendants. Tant qu'ils ont des descendants, ils ne sont pas rien. Eux-mêmes n'existent plus, c'est vrai; mais ce qu'ils ont donné à leurs descendants subsiste. Les descendants sont comme des boutures de l'ancêtre annihilé. Ils font des offrandes, pour manifester leur reconnaissance de l'acte génératif par lequel leur ancêtre leur a procuré la vie. L'acte est passé, l'ancêtre n'est plus, la vie et la reconnaissance demeurent... Parfois, quand l'ancêtre n'a pas été aussitôt dissipé, les offrandes peuvent lui profiter pour un temps. Mais une fois qu'il est dissipé, rien de lui ne se réunit plus pour profiter des offrandes, quoi qu'en disent les anciens livres... Il en est des générations des hommes, comme des vagues de la mer. Chaque vague est elle-même. La première n'est pas la seconde, la seconde n'est pas la troisième. Mais elles sont toutes des modalités de la même eau. Ainsi en est-il de l'homme. Moi qui suis aujourd'hui, je suis une modalité de la norme universelle et de la matière du ciel et de la terre. Mon ancêtre fut, lui aussi, une modalité des mêmes éléments. Il n'est plus. Les éléments restent. Je suis en communion avec lui, par communauté de constitution, de norme et de matière. — Ce sophisme posé, tout le reste s'explique... Ainsi les livres disent que les empereurs anciens servent au ciel le Sublime Souverain. Puisqu'ils le disent, dit *Tchou-hi*, il ne faut pas dire le contraire. Mais il est des choses qu'il ne faut pas vouloir expliquer. Leur norme ayant été la norme universelle, existe encore maintenant. C'est tout ce qu'on peut dire... Et les tablettes, ne devaient-elles pas servir de médiums entre les ancêtres et leurs descendants? Et le représentant du défunt, et les purifications, et les sacrifices? Et cette assertion si souvent répétée dans les livres, qu'un *koei* ne goûte les offrandes que de ses propres descendants? Toujours la même réponse. Si l'ancêtre est bien mort, il a cessé d'être. S'il est mal mort, il existe peut-être encore, et préfère, dans ce cas, la cuisine des siens, pour le temps qu'il survivra. Tous les rits sont pour satisfaire la dévotion des descendants, et s'adressent, somme toute, à eux-mêmes, à la substance de l'ancêtre conservée dans leurs personnes. Car, conclusion finale, il n'y a dans le monde, que norme universelle et matière du ciel et de la terre. Les ancêtres furent, en leur temps, des terminaisons de cette norme, des modalités de cette matière. La norme et la matière demeurent, les terminaisons se sont retirées, les modalités ont cessé, tout est dit. »

Sources. — Le 太極圖 *T'ai-ki t'ou* et le 通書 *T'oung-chou*, de 周敦頤 *Tcheou-tounn i*. — 皇極經世書 *Hoang-ki king-cheu-chou*, 漁樵問對 *U-Ts'iao wenn-toei*, 無名公傳 *Ou-ming-koung tch'oan*, de 邵雍 *Chao-young*. — 正蒙 *Tcheng-mong*, et 西銘 *Si-ming*, de 張載 *Tchang-tsai*. — 二程全書 *Eull Tch'eng ts'uan-chou*, œuvres complètes des deux frères *Tch'eng*. — 朱子全書 *Tchou-tzeu ts'uan-chou*, et 朱子語類 *Tchou-tzeu U-lei*, Oeuvres et Discours de 朱熹 *Tchou-hi*. — 臨川集 *Linn-tch'oan-tsi*, Oeuvres de 王安世 *Wang-nancheu*. — 宋史 *Song-cheu*, l'histoire dynastique des *Song*.

Ouvrages. Le Philosophe *Tchou-hi*, par le P. St. Le Gall S.J. Variétés Sinologiques n° 6. — Étant donné les moyens dont il disposait, 性理 *L'École philosophique moderne de la Chine* de Mgr. Ch. de Harlez (Bruxelles 1890), fut un effort digne d'admiration. Mais celui qui prendrait le contenu de cet ouvrage pour la philosophie des *Song*, ferait fausse route.

歐陽修 Neouyang-siou. Conservateur (page 631).

Soixante-dixième Leçon.

Du treizième au quatorzième siècle de l'ère chrétienne. Cultes sous la dynastie mongole *Yuan*.

En 1206, dans son camp sur l'Onon, *Temudjin* acclamé *Gengis-khan* par ses Mongols, avait déclaré la guerre à toute puissance autre que la sienne. Je n'ai pas à raconter ici les ravages qui s'ensuivirent en Asie et en Europe. Le territoire chinois vit des scènes atroces. L'incapable dynastie 宋 *Song* sombra dans la tourmente, et, en 1280, un descendant de *Gengis-khan*, *Koubilaï*, était empereur de la Chine. Je vais narrer brièvement les gestes religieux de la dynastie mongole 元 *Yuan*, laquelle dura 89 ans.

Koubilaï n'eut aucune religion. Fidèle au programme de *Gengis-khan*, il toléra, par politique, toutes les religions tolérables, et fut aimable pour chacune d'elles, chaque fois que son intérêt l'exigea. En 1289, il créa le 崇福司 *Tch'oung-fou-seu*, un *Directoire des cultes*, chargé des affaires de toutes les religions, excepté le Buddhisme qui avait son directoire particulier.

Il y eut en Chine, sous les *Yuan*, des chrétiens nestoriens, des chrétiens grecs, enfin des chrétiens catholiques.

1. Supprimés jadis, en l'an 845, les Nestoriens rentrèrent avec les Mongols. Profitant de ce que ces conquérants avaient effacé toutes les frontières, en 1266 le patriarche *Mar Denha* de Bagdad, organisa la hiérarchie nestorienne, depuis Bagdad jusqu'en Chine. Par ses soins, 72 évêchés et 25 archevêchés, dont Pékin et *Si-nan-fou*, furent créés. Les églises nestoriennes se multiplièrent dans les villes chinoises. En 1275, un certain *Mar Nestorios* était archevêque de Pékin. En 1280, avènement de la dynastie *Yuan*, un *Marcos Jabalaha* fut installé à la capitale comme archevêque métropolitain du *Cathay*. Un certain *Mar Sargis* se distingua par son zèle pour la propagande nestorienne en Chine. Un document de l'an 1281 nous apprend qu'il y avait, à cette date, douze églises centrales, dont sept bâties par lui.

2. Dans les armées mongoles, des corps entiers étaient composés d'étrangers, chrétiens de divers rits. Les Alains surtout étaient nombreux, tous chrétiens du rit grec, ayant leurs prêtres grecs, d'après le Franciscain *Rubruk*. Marco Polo nous a raconté la triste fin d'une de leurs troupes, qui avait pris la ville de 常州 *Tch'ang-tcheou*. « Si prirent la cité, et y trouvèrent bons vins. Si en burent tant qu'ilz furent yvres, et se coucherent et dormoient comme porceaux. Tantost comme la nuit vint, si les occistrent tous, que oncques n'en eschappa nul. ».. A Pékin seulement, il y eut, dans les camps, jusqu'à trente mille Alains à la fois, dont mille formaient la garde personnelle de l'empereur. — Il y avait aussi des Géorgiens,

chrétiens du rit grec d'après *Benedictus Polonus;* un corps d'au moins dix mille Russes; un autre corps de Criméens de l'obédience du patriarche d'Antioche; etc. Une phrase de *Rubruk* nous apprend, que les Nestoriens de l'empire mongol, n'admettaient dans leur église les chrétiens hongrois, alains, russes, géorgiens, et arméniens, qu'après les avoir rebaptisés. — Peu soucieux de tant de nuances, le gouvernement mongol appela le Christianisme en bloc 十子教 *Religion de la Croix,* et les églises chrétiennes quelles qu'elles fussent 十子寺 *Temples de la Croix.* Les initiés seuls savaient la signification de ce signe; les non-initiés pensaient qu'il figurait les quatre régions de l'espace. — Comme c'est en Perse qu'ils avaient appris à connaître les Chrétiens, les Mongols adoptèrent les désignations usuelles en Perse, et appelèrent les fidèles 迭屑 *Tie-sie* ou 忒爾撒 *Tei-eull-sa,* le persan *Tersa;* et les prêtres ou moines 也里可溫 *Ye-li-k'eue-wenn,* en mongol *ärkägün,* le persan *Arkaun.* Ils appelèrent *Danishmend* les mollahs mahométans, *Senchin* (le chinois 先生 *sien-cheng*) les Maîtres taoïstes, 僧 *Seng* (de *samgha*) les bonzes buddhistes. — En somme le culte chrétien, sans distinction de secte ou rit, fut officiellement reconnu et protégé par les *Yuan.* Ses prêtres étaient partiellement ou entièrement défrayés par le gouvernement. — L'Histoire officielle a conservé la mémoire d'un des membres du Directoire des cultes, le Grec *Esya,* originaire de Constantinople, médecin, astrologue, et linguiste distingué, qui dirigea le Bureau de bienfaisance de Pékin, devint Grand Archiviste et Annaliste, enfin Ministre, et fut chargé de missions importantes. En 1307, l'impératrice lui ayant demandé une opération d'astrologie superstitieuse, il refusa fièrement. Il mourut Duc de l'empire, laissant cinq fils, dont l'aîné *Elia* devint administrateur du Directoire des cultes, le second *Denha* fut académicien, le troisième *Issa* n'eut pas de charge, le quatrième *Georges* gouverna la Monnaie, le cinquième *Luc* dirigea le Bureau de bienfaisance.

3. Enfin, envoyé comme Missionnaire vers les Tartares en 1289, par le pape franciscain Innocent IV, le Franciscain Jean de Monte-Corvino partit de Tauris, alors capitale des Khans de Perse, en 1291, mit treize mois à traverser la Perse et les Indes où il enterra son compagnon de route, et arriva enfin en 1293 à Pékin, où il fonda les Missions Catholiques de Chine, et bâtit deux églises dans la capitale. En 1307, le pape Clément V le préconisa archevêque de Pékin et primat de tout l'Extrême-Orient. En 1308 arrivèrent à Pékin les Franciscains André de Pérouse, Gérard et Pérégrin, tous évêques, qui sacrèrent Jean de Monte-Corvino. En 1312 le Primat érigea en évêché 泉州 *Ts'uan-tcheou,* en persan Zayton, le grand port maritime du 福建 *Fou-kien,* alors centre du commerce international, où une riche Arménienne avait bâti une église et un couvent. Gérard en fut le premier titulaire. Il eut pour successeur, vers 1313, l'évêque Pérégrin, auquel André de Pérouse succéda en 1322. — L'archevêque Jean de Monte-Corvino mourut à Pékin en 1328. Sous son pontificat, beaucoup d'Alains, spécialement ceux de la garde impériale, étaient devenus catholiques. En 1336, le siège de Pékin étant encore vacant, l'empereur *Togan-Timour* envoya au pape Benoît XII à Avignon le Franc *Andrea,* pour demander l'envoi d'un légat qui remplacerait le Primat défunt. En 1342, le Franciscain Jean de Marignoli amène à Pékin un renfort de trente-deux Missionnaires. Il séjourna trois ans, puis alla à Zayton, où il y avait alors trois églises, les étrangers y étant fort nombreux. — Le soulèvement chinois qui

Leçon 70.

renversa la dynastie mongole, commença peu après. En 1362 les insurgés saccagèrent Zayton, et y massacrèrent l'évêque Jacques de Florence, successeur d'André de Pérouse. En 1368, le dernier empereur mongol s'enfuit de Pékin. En 1369, les chrétiens de Pékin, tous étrangers, furent expulsés. C'en fut fait, et du Catholicisme, et du Nestorianisme. Toutes les religions introduites sous le couvert de la protection mongole, n'ayant pas fait de prosélytes chinois à cause de cette protection étrangère détestée, furent balayées avec les Mongols. Il n'en resta absolument rien. Quand le Jésuite Mathieu Ricci arriva à Pékin en 1600, il n'y retrouva aucun vestige, pas même un souvenir, du Christianisme des *Yuan*.

Culte officiel sous les 宋 *Song* et les 元 *Yuan*. — Les *Song*, successivement Taoïstes et Néo-Confuciistes, firent cependant chanter, aux jours officiels, les hymnes rituelles du théisme antique. J'ai expliqué jadis (page 540) ce phénomène. Pure coutume. On sent d'ailleurs que le cœur n'y est pas. Voici trois spécimens de leurs chants sans âme, conservés par l'Histoire dynastique 宋 史 *Song-cheu* chaps 32 à 38.

En l'an 1127... «Auguste est le Souverain d'en haut,
    dont l'influx s'étend à toutes les régions.
A l'occasion de ce commencement de retour du principe lumineux (solstice
        d'hiver),
offrons-lui ce sacrifice, comme c'est l'usage de temps immémorial.

Nos vases sont pleins de dons abondants et purs.
Un parfum de vertu s'exhale de nos offrandes.
Que celui qui guide les bons, daigne les agréer,
et faire descendre sur nous, en échange, de nombreuses bénédictions.»

    «Noble est l'ancêtre de notre race,
    celui qui reçut le mandat du Ciel.
    Il a égalé en vertu les empereurs antiques,
    et rempli toutes les régions de son renom.

    Puis il est monté chez le Souverain d'en haut.
    Prouvons-lui notre piété par ces offrandes,
    afin que la prospérité descende sur nous,
    durant des années sans fin.»

En l'an 1144... «La voûte azurée et lumineuse
        couvre la terre.
    Nous demandons humblement
    ce dont le peuple vit (une bonne moisson).

        Épuisés par la disette,
    nous demandons humblement, par cette cérémonie,
        la pluie favorable,
    qui nous procurera du grain.»

-◆- -◆-

Tout au contraire, la dynastie 元 Yuan nous a laissé des hymnes remarquables, et pour la forme et pour le fond (元 書 Yuan-chou chap. 69). Comment expliquer ce fait singulier? Faut-il l'attribuer à l'influence du monothéisme mongol, ou au contact du christianisme établi dans la capitale? Je ne sais. — Voici trois hymnes de cette dynastie...

« L'auguste Souverain d'en haut
ayant vu avec plaisir ses vertus,
a installé au ciel notre glorieux Ancêtre,
et a assis notre dynastie dans la gloire et la paix.

Il est donc juste que, pensant à ces faveurs avec
une gratitude filiale,
nous lui présentions nos offrandes et notre reconnaissance.
Si le Souverain d'en haut s'incline vers nous,
tous les bonheurs nous viendront ensemble.

Pures sont nos victimes,
abondantes sont les viandes offertes;
les couteaux des découpeurs sont actifs,
le sang et la graisse sont présentés.

Nous offrons, avec révérence, nos salutations et nos soieries,
l'odeur des offrandes s'élève.
Le Souverain d'en haut s'abaisse vers elles,
s'en régale, et se réjouit de nos vertus. »

« Le Ciel est si grand!
Le souverain de l'empire régale Celui d'en haut,
et son Ancêtre qui est avec lui,
demandant respectueusement une bénédiction transcendante.

Vu ses mérites et sa constance,
qu'elle continue à reposer sur lui,
jusqu'à ce que lui aussi monte vers les cieux.
C'est ce que nous demandons, par ces rites figurés. »

« La tablette de l'Ancêtre est dans le temple,
son âme spirituelle est dans les cieux.
(Venue pour le sacrifice), après les offrandes et la musique,
elle retourne dans les invisibles hauteurs.
Mais non sans avoir laissé une bénédiction mystérieuse,
qui fera réussir toutes nos entreprises,
vu la piété de l'empereur, durant des années innombrables. »

« Encensons, vénérons,
les Génies innombrables viennent s'éjouir.

Leçon 70.

Rassasiés de nos offrandes,
les Génies transcendants s'en retournent.
Les saisons seront favorables, l'année sera fertile,
le vent et la pluie viendront à point nommé.
A l'empereur dix mille ans de vie
et bonheur infini.

-⋄- -⋄-

Culte de Confucius. — Pour ce qui est du culte officiel de Confucius, je ferai son histoire dans ma soixante-quatorzième Leçon. Ici je me contenterai de dire ce qui suit. — En 1307, l'empereur 武 *Ou (Kuluk-khan)*, arrivé au trône par la violence, chercha à consolider son autorité sur les Mongols, en s'attachant les Chinois. Dans ce but, il s'adressa aux Lettrés, et caressa leur point sensible, la latrie de Confucius. Il donna donc l'édit suivant... « Les Sages qui furent avant Confucius, ont été sauvés de l'oubli par Confucius. Les Sages qui vinrent après Confucius, ont été formés par Confucius. C'est lui qui a appris aux hommes, sur quels modèles ils devaient se former. Aussi décidé-je qu'il s'appellera désormais le Sage des Sages, Propagateur des lettres, Auteur du Grand Oeuvre; et envoyé-je lui faire, au lieu où il vécut, l'offrande des trois victimes. Oh! puisse la perfection des relations entre parents et enfants, princes et sujets, se perpétuer parmi nous, grâce à la doctrine du grand Sage. »... Cela fait, l'empereur en fit autant pour le Buddha, en vue de gagner le cœur des Chinois buddhistes. Ce qui n'empêcha pas l'Histoire officielle de dire... « De tous les titres et éloges conférés à Confucius au cours des siècles, le plus beau, le plus complet, le seul auquel il ne manque rien et auquel on ne puisse rien ajouter, c'est celui que lui conféra l'empereur *Ou* de la dynastie *Yuan*. Ceux qui voulurent honorer Confucius plus tard, ne purent pas faire davantage. »

-⋄- -⋄-

Les empereurs mongols furent très hostiles au Taoïsme, qu'ils persécutèrent de leur mieux. Ils eurent pour cela de bonnes raisons. Fidèle à ses traditions, le Taoïsme avait en effet enfanté une nouvelle société révolutionnaire, la fameuse société 白蓮會 du *Lotus Blanc*, terreur du gouvernement chinois. Elle fut fondée à 蘇州 *Sou-tcheou*, vers 1133, par un certain 茅子元 *Mao-tzeuyuan*, et se répandit rapidement. Proscrite sous les *Yuan*, en 1308 et en 1322, elle entra en scène en 1351, et eut bientôt mis sur pied cent mille rebelles, pour le compte de l'aventurier qui renversa les *Yuan* et fonda les 明 *Ming*.

Consulter... Le Livre de Marco Polo. — Histoires dynastiques 宋史 *Song-cheu* et 元書 *Yuan-chou*. — J'ai réuni tous les documents pouvant intéresser et être utiles, dans mes Textes Historiques, vol. III, pages 1917 à 2004.

La fée (taoïste) des éclairs.

Soixante-et-onzième Leçon.

Quinzième siècle. Sous la dynastie chinoise Ming. Doctrine des Lettrés.

朱元璋 *Tchou-yuantchang* avait dix-sept ans, quand toute sa famille mourut de la peste. Il entra dans une bonzerie, pour vivre. Quand le soulèvement contre les 元 *Yuan* eut commencé, il en sortit et s'enrôla parmi les rebelles. Il devint chef, puis prétendant au trône, enfin premier empereur de la dynastie 明 *Ming*. — Toute sa vie durant, il favorisa les Buddhistes et persécuta les Taoïstes. — Le troisième empereur de la dynastie, encore plus dévot Buddhiste que le fondateur, éprouva le besoin de caresser les Lettrés, pour se faire pardonner son usurpation du trône. Il fit réunir les écrits des coryphées du Néo-Confuciisme, en un recueil, le 性理大全 *Sing-li ta-ts'uan*, qu'on appelle souvent la *Grande Philosophie*; puis il ordonna, en 1416, que ce livre devînt, avec les cinq Canoniques et les quatre Classiques confuciistes, la base de l'enseignement dans les écoles. — La dynastie *Ming* produisit un nombre assez considérable de Confuciistes de marque, lesquels développèrent la métaphysique des 宋 *Song* et y ajoutèrent de la morale. Les dehors parfois spécieux étant écartés, il se trouve que les deux mots *rationalisme* et *matérialisme* résument leur œuvre. Quoique cette prose soit franchement ennuyeuse, je vais en citer de copieux extraits. Car la doctrine de ces hommes, resta celle des Lettrés jusqu'au commencement du vingtième siècle. C'est là le Confuciisme auquel le Christianisme s'aheurte depuis trois siècles, la pierre d'achoppement de tout progrès en Chine.

«La nature d'un être, c'est la part de la norme universelle qu'il a reçue. Cette part n'est pas à considérer comme séparée, comme individualisée. La norme est reçue dans la matière, dont elle est distincte. La matière existe et évolue de toute antiquité, changeant de forme sans repos et sans cesse, renaissant toujours la même dans mille êtres successifs divers. La matière est l'enveloppe creuse de la réalité des êtres, laquelle réalité est la part de norme logée dans leur matière. La norme meut la matière. C'est elle qui est le principe de ses transformations et renaissances, de son incessante évolution.

La mort, c'est le retrait de la norme, laquelle quitte la matière particulière, pour rentrer dans le tout universel. Elle continue à subsister, mais pas individuelle. Croire que les parts de norme des êtres particuliers soient détachées de la norme universelle, ce serait tomber dans l'erreur des Buddhistes, lesquels croient à une âme individuelle et survivante de chaque être.

Le ciel est notre père, la terre est notre mère, nous vivons entre eux deux. Le ciel et la terre nous ont donné, et notre corps, et notre nature. Tous les hommes sont sortis du même sein que moi, tous les êtres sont en communion avec moi... Le ciel, haut et fort, est père. La terre, basse et douce, est mère. Le ciel m'a donné mon souffle, et la terre ma substance; je suis leur fils. Par ciel et terre, je n'entends pas le ciel visible et la terre palpable; c'est de leur essence et de leur action que je parle. Le ciel puissant agit sans cesse ; c'est lui qui a donné l'être à tout ce qui est. La terre douce agit sans cesse ; c'est elle qui a donné naissance à tout ce qui vit. Ce qui fait la grandeur du ciel et de la terre, c'est qu'ils sont le père et la mère de tous les êtres... Le ciel est *yang*, la terre est *yinn* ; ils m'ont donné, pour être mon corps, une matière capable de ces deux modalités. Ils m'ont donné ma nature, participation à leur norme, à leur nature. Ne suis-je pas véritablement leur fils?.. Tous les autres êtres tiennent aussi leur corps et leur nature du ciel et de la terre. Mais eux sont défectueux, tandis que l'homme est complet. L'homme est le plus parfait des êtres, le plus noble parmi tous les autres qui sont tous ses frères utérins sortis comme lui du sein de la nature. Eux sont imparfaits, moi je suis parfait, mais tous nous sommes fils du ciel et de la terre, et c'est ainsi que je dois les envisager. Tout est sorti du même sein, donc le monde entier est une famille, l'empire entier est une personne... Voilà la doctrine des Lettrés. Tous les vivants font le tiers, une communauté, avec le ciel et la terre. Il faut donc leur faire du bien à tous, et ne faire de mal à aucun.

Les cinq qualités maîtresses de la norme-nature humaine, sont la bonté, la convenance, la politesse, la prudence, la loyauté. Les quatre dernières sont comme les membres de la première, laquelle est comme le corps... La bonté porte à aimer, la convenance porte à agir comme il faut, la politesse porte à céder, la prudence donne le discernement... Ces qualités sont inhérentes à la norme-nature. Elles sont la norme, sous cinq aspects différents. De soi, la norme est imperceptible. Traduite en bonté, convenance, politesse, prudence, loyauté, elle devient manifeste. On appelle parfois ces qualités *vertus du cœur*, le cœur étant le point d'où elles émanent.

—✧ ✧—

鬼 *koei* et 神 *chenn*, sont deux états de la matière, matière unique qui évolue. Si l'on envisage les deux états, *koei* c'est l'apogée de la modalité *yinn*, *chenn* c'est l'apogée de la modalité *yang*. Si l'on envisage la matière une qui évolue, sa progression est *chenn*, mais contient en germe la régression *koei* ; la régression est *koei*, mais contient en germe la progression *chenn*.

Pour ce qui est des deux âmes 魂 *hounn* et 魄 *p'ai*, il faut s'en tenir à ce que 子產 *Tzeu-tch'an* en a dit (page 118). Les deux sont matérielles. Le *hounn* est une matière chaude, le *p'ai* est une matière froide. Le *hounn* est l'énergie du souffle, le *p'ai* est l'énergie du sperme. L'intelligence appartient au *hounn*, la mémoire au *p'ai*. Les yeux et les oreilles apportent au *p'ai*, la bouche et le nez apportent au *hounn*. L'union du *hounn* et du *p'ai* est nécessaire à la vie ; leur séparation cause la mort..... Au commencement de toutes choses, la première union du *yinn* et du *yang* produisit l'eau, qui est le *p'ai* universel. Depuis, dans toutes les genèses, un *p'ai* froid est d'abord produit, auquel s'attache ensuite un *hounn* chaud, par l'action de la respiration. Le *p'ai* précède, le *hounn* suit.

Il ne faut pas distinguer deux matières, mais deux états d'une matière qui évolue, repos et mouvement, *yinn* et *yang*. Dans l'homme, le sperme est *yinn*, le souffle est *yang* ; le *p'ai* (*yinn*) est passif, le *hounn* (*yang*) est actif ; la progression est *chenn* (*yang*), la régression est *koei* (*yinn*). Durant la progression, le *p'ai* obéit, le *hounn* commande ; durant la régression, le *p'ai* domine, le *hounn* cède. Il n'y a qu'une norme et qu'une matière avec un double mouvement... La voie du ciel, la production des êtres, c'est l'action de la norme sur la matière. Dans l'homme la norme est le principe de vie, elle est reçue dans une matière plus ou moins pure, selon les divers individus. Le corps est *yinn*, ses facultés sont *yang* Le *hounn* est la quintessence du *yang*, le *p'ai* est la quintessence du *yinn*... L'homme étant composé, finit nécessairement. Alors le *hounn* monte vers le ciel, le *p'ai* descend vers la terre. C'est la mort... Pourquoi dit-on monter au ciel, descendre en terre? Parce que les exhalaisons chaudes montent, parce que les corps refroidis s'enfoncent. Le dernier soupir chaud *(hounn)* monte, le cadavre *(p'ai)* refroidi descend. La naissance appelle la mort, la fin suit le commencement... Le *hounn* et le *p'ai* sont tous deux matériels. Ils consistent en une matière demi-solide demi-subtile (analogue à la fumée), le subtil l'emportant sur le solide... Le *p'ai* est primitivement un atome de matière spermatique. Quand un souffle s'est attaché à cette matière, le *hounn* subtil s'y développe et se met à agir, produisant la respiration par laquelle il s'alimente. Le *p'ai* tient de l'eau (matière aqueuse). Le *hounn* n'y entre pas du dehors, mais se forme dans le *p'ai*, du souffle. Le *p'ai* est inerte, le *hounn* est actif.

Koei chenn hounn p'ai, ces quatre termes s'appliquent au même être, à une même matière sous ses deux stades; comment les distinguer?.. Pour les distinguer, il faut partir des notions de progression et de régression. *Chenn* c'est la matière en progression, *koei* c'est la matière en régression; *hounn* c'est la matière intelligente, *p'ai* c'est la matière inerte... *Koei* et *chenn*, c'est la même matière qui se contracte ou se dilate. *Chenn* c'est l'apogée du *yang*, *koei* c'est l'apogée du *yinn*. La progression est *yang*, la régression est *yinn*. *Koei* et *chenn* sont la régression et la progression dans la matière universelle, *hounn* et *p'ai* sont la progression et la régression dans l'individu humain. Dans la progression, *chenn* domine; dans la régression, *koei* l'emporte. Quand la matière est usée, le *hounn* monte, le *p'ai* descend, et l'être est *koei*, passé, fini.

Quant aux revenants qui font des prestiges, ce sont des *hounn* qui ne se sont provisoirement pas dissipés, parce que, séparés avant le temps, ils n'étaient pas mûrs. Dans cet état, et jusqu'à leur dissolution, ils peuvent faire des prestiges. Ils sont, provisoirement, dans la nature, ce que sont les grumeaux de la pâte à pain, lesquels disparaissent au cours du pétrissage. Tout évolue. Rien ne dure. Depuis l'origine, à travers les temps, tous les êtres ont été *yinn* et *yang*, régression et progression. (J'ai cité, page 636, ce que *Tchou-hi* a dit des *hounn* des bonzes rendus coriaces par la méditation assidue)... La tradition rapporte que, trois ans après sa mort, on découvrit que 萇 弘, *Tch'ang-houng* s'était métamorphosé en une pierre. Comme il était mort pour son prince, il est clair que son *hounn* indigné, avait cristallisé sous cette forme dans son *p'ai*... Certaines concrétions se forment dans les vivants, par suite d'une maladie, comme les bézoards du bœuf et du chien. Mais d'autres concrétions, comme les aérolithes qui tombent du ciel, comme les *śarîras* recueillis dans les cendres des bonzes après la crémation, sont des concrétions du plus pur *k'i*. Cela n'est pas proprement merveilleux, car toutes les pierres sont des noyaux de *k'i*. On a vu des végétaux, même des animaux, pétrifiés, par les émanations des pierres (incrustations calcaires ou siliceuses). On a vu des hommes pétrifiés, par l'intensité de leur concentration mentale, comme cette femme qui, à force de regarder du haut d'une montagne si son mari revenait, finit par être changée en une statue de pierre, par la concentration de son désir. Maître 程 Tch'eng l'aîné a raconté que, en Perse, une ancienne sépulture ayant été ouverte, dans les cendres d'un cadavre décomposé on découvrit un cœur pétrifié. Quand on l'eut ouvert avec une scie, on y trouva un paysage comme peint. La tombe était celle d'une captive, laquelle, à force d'y penser avec amour, avait ainsi fait figer ce paysage (son pays natal) dans son cœur... On raconte d'un bonze très parfait, que, après son incinération, on recueillit dans les cendres son cœur intact. Quand on l'eut ouvert, on y trouva une statuette du Buddha, faite d'une matière inconnue (méditation cristallisée)... Dans le cœur d'un autre qui avait été aussi fort adonné à la contemplation, on trouva une statuette de *Koan-yinn*.

La naissance c'est la combinaison du sperme avec le souffle. Le sperme est une substance *yinn* analogue au sang, qui imbibe et nourrit tout l'organisme. Le souffle *yang* pénètre tout et donne la conscience. La réunion des deux produit l'homme. Le sperme produit le *p'ai*, auquel appartiennent les sensations. Le souffle donne au cœur la faculté de comprendre et de penser. Dans le langage vulgaire, on appelle souvent l'ensemble des deux *hue-k'i*, sang et souffle, énergie vitale. Durant la jeunesse, cette énergie croît constamment. Vers la vieillesse, elle baisse insensiblement. A la mort, le *hounn* monte au ciel pour se fondre dans le *yang*, le *p'ai* descend en terre pour se confondre avec le *yinn*. Chaque composant revient à son principe. La réunion des deux fait l'être, leur séparation fait cesser d'être. Les anciens faisaient des offrandes et des libations ; offrandes au *yang*, libations au *yinn*. Leur idée était de réunir le *hounn* et le *p'ai* séparés. Les Rits disent que, réunir le *chenn* et le *koei*, c'est la grande chose. Le *chenn* c'est le *hounn* ; le *koei* c'est le *p'ai* ; on les appelle ainsi, parce qu'ils sont les principes des expansions et des contractions... Après la mort, le *hounn* et le *p'ai* séparés se dissipent. A la mort, le cadavre restant encore présent pour un temps, les anciens rappelaient le *hounn*, comme s'ils eussent voulu le réunir au *p'ai*. Ils n'avaient pas l'illusion que le mort revivrait. Ils ne pouvaient se résoudre à la séparation. Voilà pourquoi ils faisaient des offrandes et des libations au *hounn* et au *p'ai*, comme s'ils eussent voulu les engager à se réunir de nouveau (simulacre rituel)... Quand on appelait le mort du haut du toit par son nom, c'est au *hounn* qu'on s'adressait, car c'est le *hounn* qui monte. On l'appelait, pour l'engager à revenir à son corps, si cela se pouvait. Quand on s'était persuadé qu'il ne reviendrait plus, alors seulement on ensevelissait le corps.

Dans l'état de veille *yang*, le *p'ai* est absorbé dans le *hounn*, lequel, sortant par les yeux et les oreilles, acquiert des connaissances nouvelles précises. Dans l'état de sommeil *yinn*, le *hounn* retiré dans le *p'ai*, n'a qu'une mémoire confuse des impressions anciennes. Ces deux espèces de perception diffèrent à peu près comme diffèrent l'éclairage solaire et lunaire... On rêve la nuit ce qu'on a fait le jour, le cœur et les viscères en conservant une impression... Les rêves émanent des viscères comme des vapeurs. L'âme prend ces émanations pour des réalités.

Les rêves naissent de l'attraction ou de l'opposition d'images mentales diverses. Ainsi l'image d'un mouton attirera celle d'un cheval, l'idée d'un cheval attirera celle d'un char. Par opposition, l'idée d'un paisible troupeau pourra évoquer celle d'une tumultueuse bataille. Ce qu'on songe, ce ne sont pas des pensées neuves, mais des choses qu'on a pensées jadis. Le rêve est une espèce de pensée, une reviviscence de la pensée. Un homme qui n'aurait jamais rien pensé, ne pourrait pas rêver.

—◆–◆—

La norme n'est pas consciente-percevante par elle-même. La matière non plus. La norme devient consciente-percevante, par son union avec le cœur de chair. La conscience du moi, perception du reste, jaillit de la matière du cœur, comme la flamme jaillit du suif de la chandelle... La conscience est une émission du cœur... Le cœur est la quintessence de la matière. De son union avec la norme, résulte l'intelligence. Quelle est la nature de cette union? on ne saurait le dire. Ce qui est certain, c'est que la norme n'est consciente-percevante, que dans le cœur.

Le cœur est comme un bassin d'eau pure, dans lequel la norme céleste se mire. Si l'eau est trop basse, le soleil s'y mire mal; si l'eau est trop agitée, il en est de même. Il faut que l'eau soit profonde et calme, pour que le soleil s'y mire bien. Ainsi du cœur.

Vider son cœur et suivre en tout la norme, voilà, en deux mots, le programme du disciple de la sagesse... Vide du cœur et attention à la norme... Pour arriver à voir le fond des choses, il faut d'abord vider son cœur, puis méditer dans le recueillement.

Il en est de l'homme comme d'un vase. Quand le vase est vide, il est capable de recevoir; sinon, non... Pour que le cœur puisse passer intégralement du repos à l'action, il faut qu'il soit absolument vide. Si des impressions s'y sont logées, celles qui sont entrées les premières s'imposent au cœur, et gênent son libre fonctionnement... C'est dans leurs vides (vallées) que les montagnes reçoivent les eaux; c'est dans son vide que le cœur reçoit les impressions... C'est dans leur vide (lit) que les fleuves et la mer reçoivent les eaux. Se vider, se creuser, est le principe de tout progrès... Un vase vide résonne, un vase plein ne rend qu'un son mat. Un appartement vide est lumineux, un appartement encombré est obscur. De là la sentence « c'est dans le vide qu'est l'efficace »... C'est parce qu'ils sont vides, que les tambours et les cloches résonnent. Plus un être est vide, plus il est transcendant. La transcendance du cœur naît de sa vacuité... Le cœur est le siège de l'esprit, le lieu des communications avec le maître (la norme). Il faut donc qu'il soit vide.

Le cœur de l'homme ressemble au grain de blé (matière qui contient un germe de vie et de développement). C'est le réceptacle de la nature, de la norme. C'est le lieu où naissent les émotions, passages de la matière de l'état *yinn* à l'état *yang*, de la puissance à l'acte. Il en est de même (à proportion) pour les autres êtres (animés). — On dit nature (état naturel), quand il y a repos complet. On dit émotion, quand il s'est produit un mouvement. Repos et mouvement, ont tous deux pour lieu le cœur... De l'émotion naît la passion. C'est l'émotion manifestée au dehors... Mettons que le cœur soit eau, l'état naturel sera l'eau tranquille, l'émotion sera l'eau courante, la passion sera l'eau soulevée en vagues... C'est dans le cœur que l'homme pense. C'est dans le cœur que résident les principes qu'il a reçus du ciel.

Leçon 74.

Le cœur tient du feu. Il est lumineux et mobile. Il est matière informée par la norme. En tant que viscère, ses maladies se guérissent par les médicaments, comme celles des autres viscères. Mais il est des maux du cœur, que les drogues ne guérissent pas. Ceux-là tiennent à la norme qui réside dans le cœur... Le cœur est l'organe charnu qui porte ce nom en anatomie. Son influx circule par tout le corps. Quand il est sain, il lui profite; quand il est morbide, il l'affecte. Le cœur réside au centre de la coque corporelle, comme le mandarin au centre de son district, pour le gouverner. Il réside, mais son action s'étend, jusqu'aux pieds, jusqu'aux mains... Que penser du singe (la folle du logis) que les Buddhistes logent dans le cœur? C'est là une manière figurée de parler des folies, dont le cœur est capable. Après tout, les Buddhistes ont assez bien parlé du cœur, mieux en tout cas que les disciples de *Yang-tchou* et de *Mei-ti*.

Quand *Tch'eng* l'aîné et d'autres maîtres, ont conseillé de 靜坐澄心 s'asseoir recueilli pour clarifier son cœur, c'a toujours été dans le sens de ramasser ses pensées, rentrer en soi, se concentrer dans la méditation... Gardez-vous de vouloir faire comme les bonzes!.. La paix, c'est demeurer chez soi, maître dans sa maison. Les émotions proviennent, ou des visites qui sont entrées, ou des promenades qu'on a faites au dehors... Quand il se recueille, le cœur devient lumineux. Gardez-vous de croire qu'il puisse devenir insensible, comme une concrétion, comme un cadavre... Voici d'ailleurs quel était, au juste, l'enseignement de *Tch'eng* l'aîné, en cette matière. Quand vous n'avez aucune raison de sortir, disait-il, restez chez vous, recueillez-vous, pour vous rappeler les principes, qu'on oublie toujours un peu dans l'action. Que votre esprit ait sa demeure. Quand un homme a dû faire quelque tournée, rentré dans le calme de son domicile, il se repose. Que votre esprit ait aussi son chez soi, son lieu de repos, dans le cœur.

Le cœur de l'homme est naturellement pensant et mobile. La paix du cœur, dont on parle tant, n'est pas une chose positive, qu'on puisse produire par effort. C'est une chose négative, à savoir l'absence de mouvement. La conscience ne peut pas être abolie. Tout ce à quoi l'on peut arriver, c'est à supprimer l'excès dans les mouvements des passions, dans les pensées, dans les paroles et les actions... Gardez-vous de croire, avec les Buddhistes, que la paix du cœur soit une sorte de nuit mentale, avec extinction de la conscience du moi.

Plus le corps est paisible, plus l'intelligence est lucide. Le calme de la nuit lui est favorable, l'affairage du jour lui est défavorable. La dissipation du jour se calme durant la nuit. Conserver toujours cette paix mentale lumineuse, conduit à la sagesse.

Le cœur est essentiellement mobile. Durant le jour, quand il n'agit pas il se repose, mais ne s'éteint pas dans son repos. Durant la nuit, quand il ne rêve pas il se repose, mais ne s'éteint pas dans son repos. Même quand le sommeil est si profond, que l'homme devient insensible comme du bois, comme une pierre, comme un cadavre, il n'y a pas extinction. Où sont alors le cœur, l'esprit? Nous l'ignorons; mais ils ne sont pas éteints.

Le recueillement des Buddhistes tend à l'extinction, celui des Lettrés tend à l'action. L'extinction est chose absurde et impossible. Quand il n'éprouve aucun mouvement de passion, le cœur n'est pas éteint, mais simplement en repos... C'est d'ailleurs un fait d'expérience, que la méditation des Buddhistes n'aboutit pas à l'extinction, mais à la divagation, à un délire d'imaginations.

Non, le recueillement des Lettrés n'est pas la contemplation des Buddhistes. Il ne prétend pas supprimer la pensée. Il prétend la concentrer, la modérer, la discipliner. Il vise à rendre à l'esprit un calme, qui le rende ensuite plus apte à s'appliquer de nouveau, à être successivement tout entier à tout ce qu'il doit faire. Ainsi l'empereur *Wenn* des *Tcheou* était successivement affable à la cour, grave dans le temple, présent à tout, parfait en tout. C'est à cette application calme, que les anciens formaient les enfants dès le bas âge. C'est dans ce but que les rits réglaient tous les mouvements, dans les offices domestiques comme le balayage, dans les exercices des écoles comme le chant et la danse, dans le tir à l'arc où tout dépend de l'attention, enfin et surtout dans les études. Le cœur distrait n'est capable de rien faire; il est fermé à l'enseignement. La garde du cœur est le fondement de tout, car d'elle dépend la lumière. Voilà pourquoi maître *Tch'eng* l'aîné la recommandait comme l'exercice fondamental.

Non, encore une fois, la paix n'est pas le farniente. N'allez pas cesser d'agir, pour jouir de je ne sais quelle quiétude, comme font les Taoïstes! Ce à quoi vous devez tendre par le repos, c'est l'action calme et aisée. Devoirs de sujet, de père, d'époux, d'ami; gouvernement d'une maison; tout cela est conciliable avec la paix du cœur. Si vous vous retirez parfois et vous asseyez dans le repos, que ce soit pour être ensuite mieux à même de traiter les affaires, au fur et à mesure qu'elles se présenteront. Être toujours prêt à tout faire conformément à la norme, voilà le but du repos. Confucius l'a dit, cette action ordonnée est elle-même une sorte de repos; on agit sans sortir de son repos intérieur; on n'use pas son énergie. Telle une barque qui avance portée par la marée montante, et qui s'arrête quand le flot se retire. Tel encore l'homme qui respire; il inspire quand il a besoin d'air, puis son thorax se repose. Tel encore le maître qui répond quand on l'interroge, et qui se tait quand on ne lui demande rien. Ainsi le Sage agit quand il y a lieu d'agir, et se repose quand il n'est pas temps d'agir.

Quand la pensée s'applique à la norme céleste, le cœur s'élargit et s'illumine. Quand elle s'applique aux passions humaines, le cœur se rétrécit et s'obscurcit... Quand les passions sont complètement éteintes, la capacité du cœur devient comme infinie; cet état ne peut pas s'exprimer en paroles. — Quand la norme céleste resplendit, le cœur est ferme, tout est lucide... Dans le vide du cœur, l'extérieur et l'intérieur s'unissent... Dans l'eau limpide, un fétu est visible; dans le cœur pur, la norme est perceptible... Quand le cœur est pur, il est large et calme... Les êtres innombrables trouvent tous asile sous le ciel, toutes les idées trouvent place dans le vide du cœur... Le cœur est comme une source. Quand la source est pure, le ruisseau l'est aussi. D'un cœur réglé ne sortent que des pensées justes... Sous prétexte de méditation, divaguer en pensées, fausse le cœur au lieu de le rectifier. Le cœur du sage n'admet pas, dans son calme, les pensées oiseuses... Plus les passions sont soumises, plus le cœur est vide, plus la matière est purifiée, plus la norme est lucide, plus l'esprit est libre dans ses allures, dégagé qu'il est de toute entrave gênante... Dans les tambours et les cloches, c'est le vide qui produit le son; dans le cœur, c'est le vide qui produit l'esprit... Retournez le cœur, et, au lieu d'un sage vous aurez un fou.

Quand le cœur divague, le corps est comme sans maître... Que l'esprit déserte la coque corporelle, c'est chose nuisible... Quand le cœur est si volage, on n'avance pas dans l'étude. Le cœur dirigeant tout, ses divagations, ses absences, ne peuvent être sans inconvénient... Même les disciples de la sagesse souffrent de distractions et de divagations incoercibles du cœur. C'est un mal universel et incurable. Un propos très ferme y remédie en partie.

Quand le cœur est grand, il ne s'affecte pas. Si un malheur arrive, il ne s'effraie pas. Il ne se réjouit pas de la prospérité, et ne s'afflige pas de l'adversité. Car il sait que la roue tourne sans cesse, que le bonheur suit le malheur, l'adversité la prospérité.

On ne peut pas se défaire de son cœur. Il faut le morigéner. Comment cela? En évitant tout mal et suivant tout bien. Bien des hommes savent cela, mais n'agissent pas ainsi. Aussi leur cœur s'en donne-t-il, comme un cheval emballé, comme un treuil déclanché. Il faut traiter le cœur par le calme et la réflexion, de manière à le faire mouvoir régulièrement et paisiblement, comme une porte tourne sur ses gonds.

Le disciple de la sagesse doit supprimer les pensées vagues et flottantes... D'abord faire dans son cœur la paisible lumière, puis étudier. Comme on souffle d'abord la braise, avant d'ajouter du combustible. Si on mettait d'abord le combustible, on étoufferait le feu. Ainsi du cœur... Il n'y a pas de mal dans le cœur; sur ce point nous sommes d'accord avec les Buddhistes. On distingue le cœur morigéné et le cœur passionné, selon que le cœur agit avec ou sans discernement. La différence n'est pas dans le cœur, mais dans son fonctionnement... Le cœur est un objet éminemment vivant et agissant. Avec toutes leurs méditations, les Buddhistes n'arrivent pas à le réduire à l'inaction. Ils arrivent seulement à le recueillir, de sorte qu'il agisse conformément à la norme. Impossible de le contenir dans une stupide inaction. A chaque objet perçu, il se meut spontanément. La garde du cœur consiste uniquement à le tenir calme, pour le disposer à agir avec ordre. On ne peut pas en faire un être immobile... La contemplation ne consiste pas à s'asseoir, froncer les sourcils, fermer les yeux, et faire mourir son cœur. Elle consiste à occuper le cœur des grands principes. Ainsi entendue, la contemplation est une action... Divaguer sans cesse, n'habiter jamais dans la coque du corps, même si l'on ramasse quelques connaissances, c'est sans profit. Tel un marchand qui ferait le commerce en divers lieux, mais qui n'aurait ni famille ni domicile. A quoi lui serviront ses peines?

La pensée fait pénétrer, la pénétration produit la sagesse. Le travail de la pensée ressemble au forage d'un puits. Le puits donne d'abord de l'eau trouble, laquelle se clarifie peu à peu. Ainsi la pensée s'éclaircit au fur et à mesure... La pensée doit réunir et comparer les semblables et les analogues... Elle doit partir du doute initial... Toute science est produite par la pensée. Prolongée, la pensée pénètre. La pénétration fait le sage. Elle s'étend à tout. Elle préserve des fautes... La pensée ne doit pas être forcée, jusqu'à devenir douloureuse. Mais elle doit être approfondie, pour atteindre jusqu'aux principes. Si elle reste superficielle, son résultat, si elle en a quelqu'un, ne durera pas. C'est pour cette raison que bien des gens qui pensent, n'arrivent même pas à réduire leur propre cœur... La suppression de toute pensée, telle que la rêvent les Buddhistes, est une utopie. Ils n'arrivent qu'à un dévergondage sans frein de leurs pensées, à un état de délire imaginatif... Ne laissez pas divaguer vos pensées. Contenez-les. Gardez-les. Conservez leur résultat... Il en est de ceux qui ne sont pas maîtres de leurs pensées, comme de l'habitant d'une maison éventrée, où qui veut pénètre par le côté qu'il lui plaît. Chasser ces visiteurs ne sert à rien; ils sortent et rentrent, la maison étant ouverte... Un vase vide et ouvert reçoit l'eau, un vase vide mais couvert ne la reçoit pas. Fermez votre cœur, soyez-en maître, et rien n'y pénétrera... Les pensées inutiles doivent être retranchées. Quelque nombreuses qu'elles soient, les pensées utiles ne causent aucun tort. Non, le cœur ne peut pas devenir un bois mort, une cendre éteinte. Il ne peut pas ne pas penser.

Le cœur est-il bon, est-il mauvais?.. Par son décret, le ciel donne la norme, qui devient dans l'homme sa nature, laquelle réside dans le cœur par lequel elle gouverne le corps. Le cœur est donc naturellement bon. Mais, parmi ses opérations, les unes sont *bonnes*, les autres *pas bonnes*. La faute en est, non au cœur en soi, mais aux émotions qui s'y sont produites Sous l'empire de ces émotions, l'action du cœur a dévié. Comme une eau qui coule change de cours, et passe de l'est à l'ouest... Le cœur de l'homme est le cœur du ciel et de la terre (étant fait de même matière, contenant une terminaison de leur norme)... Quand on dit que l'adulte doit conserver son cœur d'enfant, cela veut dire qu'il doit rester simple et droit comme il était quand il naquit... Les colères, les craintes, viennent de ce que le cœur est dans un équilibre instable, mal calé... Quand la passion l'emporte, le désordre s'ensuit. Alors le cœur est comme un attelage emballé; comme un miroir exposé, où tout objet se mire... Le cœur ne peut pas être lié. Il bouge et se meut sans cesse, ne restant pas en place... Désirer avidement manger ou boire quand on a faim et soif, c'est passion. Se modérer en mangeant et buvant, c'est raison. La raison doit soumettre la passion. Raison et passion ont le même siège, le cœur. Les passions sont multiples, la raison est simple... La discrétion dans le manger, le boire et la volupté, vient de la raison. Les passions naissent du sang et du souffle.

L'homme est naturellement raisonnable. Quand il ne l'est pas, c'est que la passion humaine a étouffé en lui la norme céleste... C'est de la passion que vient toute obscurité... Plus les passions sont vives, plus la raison s'obscurcit... La norme est innée, la passion ne l'est pas... La passion se mêle à la raison. Pour celui qui s'étudie, l'essentiel est de discerner ce qui en lui est norme, de ce qui est passion... Ce sont les influences extérieures, qui font germer les passions... La démarcation de ce qui est raison, de ce qui est passion, n'est pas toujours facile. Il faut pourtant s'occuper de ce point avec soin, car, dès que la raison cède, la passion empiète... Quand la raison avance, la passion recule; quand la passion avance, la raison recule. Impossible de rester immobile, sans avancer ni reculer. Quand l'homme n'avance pas, il recule. Comme deux armées en présence, si l'une fait un pas en arrière, l'autre fera aussitôt un pas en avant. Aussi celui qui s'étudie, doit-il contrôler soigneusement ses passions. Dès qu'il aura constaté un déficit, si petit fût-il, il devra le combler. S'il avance pas à pas, il triomphera

Leçon 71.

à la longue. — L'homme n'a qu'un cœur, toujours le même. S'il est bon aujourd'hui, et mauvais demain, ce n'est pas qu'il change de cœur. C'est que, ce jour-ci, la raison a prévalu dans son cœur, et ce jour-là la passion. Le cœur lui-même (la norme contenue dans le cœur) est immuable, car il est un avec le ciel et la terre. Tel il a toujours été, tel il sera toujours. — Le grand devoir du disciple de la sagesse, c'est d'éteindre en soi toute passion humaine, de faire cesser les révoltes de la passion contre la raison, d'éviter ainsi les alternances de victoire et de défaite.

Le discernement de ce qui est raison et passion est difficile. C'est vrai... Tout ce qui est passion, ne peut pas non plus s'enlever d'un seul coup. Il faut procéder successivement, comme on pèle un oignon, couche par couche; comme on prépare une colonne, en écorçant un arbre, en le dégrossissant, pour n'en conserver finalement que le cœur en bois dur.

Les sages s'égosillent à répéter qu'il faut éclairer la raison et éteindre la passion. Un brillant immergé dans l'eau trouble ne luit pas; tirez-le de cette eau trouble, et il jettera ses feux. Ainsi la lumière de la raison est obscurcie par le trouble de la passion. Examinez donc bien toutes choses. Scrutez votre intérieur. Que votre raison se défende contre la passion, comme un assiégé se défend contre ceux qui l'assiègent. Soyez vigilant, dit maître *Tch'eng*. Que la vigilance protège la lumière qui est en vous, contre la passion qui menace de l'éteindre.

Au moment où elle naît, toute pensée est ou bonne ou mauvaise. Elle est bonne, si conforme à la norme céleste. Elle est mauvaise, si empreinte de passion. C'est là le critère.

La passion naît imperceptiblement, puis s'enflamme peu à peu... Elle est en opposition directe avec la raison. Une partie de passion détruit une partie de raison. Une partie de raison contrebalance une partie de passion.

Mais d'où proviennent ces penchants, ces passions humaines? Grave question?.. Elles ne sont pas contenues dans la norme, c'est certain. Mais, quand il y a erreur dans l'application de la norme, la passion est produite. Les frères *Tch'eng* ont dit: le bien et le mal dérivent tous deux de la norme céleste. Le mal n'en sort pas comme de sa racine. Il est produit par excès ou par défaut dans l'application. Il n'est, ni dans la norme, ni dans la nature, ni dans l'appréhension.

La différence du bien et du mal, se produit quand le cœur s'émeut. Le cœur étant bon, ce qui en sort est bon. Le mal est produit, quand l'émotion est excessive (dépasse la limite). — En ce monde, il y a bien et mal. Le bien est le produit naturel de la norme céleste, le mal est l'excès dû à la passion humaine. Être vertueux, c'est conserver sa norme céleste. Être vicieux, c'est suivre les mouvements de ses passions. Pour conserver sa vertu et éviter le vice, l'important est de scruter avec soin les premiers mouvements de son cœur... Ces premiers mouvements, sont le moment où le cœur passe du repos à la perception, de la puissance à l'acte. Ils sont extrêmement subtils, presque imperceptibles. Ils sont le point où la raison et la passion bifurquent, le point d'où naîtra le bien ou le mal. Voilà pourquoi les Lettrés ont toujours enseigné, que l'attention à ces premiers mouvements devait être le principal souci. Depuis l'antiquité, tous ont insisté sur l'importance de l'examen de conscience pour reconnaître ses fautes secrètes, et de la vigilance pour juger de la qualité des mouvements intimes au moment où ils se produisent. Car le bonheur suit les bons mouvements, le malheur suit les mauvaises déterminations. Il faut donc étouffer à temps les idées des choses qu'il ne convient pas de faire. Les idées qui resteront étant bonnes, en les suivant on agira bien. C'est là le secret de la prospérité, et pour les particuliers, et pour la société.

Le bien et le mal se distinguent, au moment où le mouvement commence. Car, dans ce mouvement, la norme ou la passion deviennent apparentes. Tout comme le *yinn* et le *yang* se manifestent dans le mouvement... Avant le mouvement, il y avait indifférence. Dès que le mouvement s'est produit, il y a bien ou mal... Il faut une grande vigilance sur ces premiers mouvements, autrement l'on peut mal raisonner sans s'en apercevoir. Les anciens l'ont dit et redit... Quand le mouvement incline au mal, c'est la passion qui en est cause. De là les préceptes des Sages sur la garde de soi. L'essentiel, en morale, ce sont ces mouvements presque imperceptibles du cœur.

Le premier mouvement, c'est le passage du néant à l'être, de l'imperceptible au perceptible... C'est à ce moment, que la norme céleste doit se manifester... C'est à ce moment, que le bien et le mal se distinguent; au moment où l'émotion naît... Les premiers mouvements sont subtils et obscurs... C'est l'examen qui révèle ce qu'ils sont, bons ou mauvais. Aussi le Sage en fait-il une étude approfondie.

Le bien et le mal ne sont pas des espèces distinctes. Le mal sort du bien, comme un rejeton dévié. Il sort du cœur, non par la voie directe, mais par voie détournée. Il est produit de travers. Avant le mouvement, le cœur était tout bon, sans mélange de mal. Il n'y a pas, dans la nature, comme deux germes, le bien et le mal. Tout mal sort d'une bonne racine. Le mal est une déviation. Tel un point de départ unique, mais permettant deux directions; la fin sera très différente, selon qu'on aura pris à droite ou à gauche... La nature n'est pas mauvaise. En soi, la passion n'est pas non plus mauvaise, mais elle mène au mal, en faisant dévier. Le Sage, en qui la raison domine absolument la passion, n'a plus à craindre les emportements de celle-ci... La passion, c'est une affection déplacée, ou excessive. Ainsi la colère sans raison légitime est passion, la colère excessive est passion; la colère légitime et réglée n'est pas passion... Etc.

Le bien et le mal procèdent de la même norme céleste. Au fond le mal n'est pas une entité propre. C'est un excès ou un défaut. — La passion n'est pas contenue dans la norme. Elle est produite par un défaut, excès ou déficit, dans son application. Les frères *Tch'eng* ont fort bien dit, que le mal n'est pas une entité positive, mais un *trop* ou un *trop peu*. — La norme a un endroit et un envers. S'y conformer, c'est le bien. La contrecarrer, c'est le mal. — Tous les actes sortent du même cœur, les mauvais comme les bons. Comment cela est-il possible?.. Comme il est possible de tourner la main. La même main peut prendre deux positions contraires, pronation, supination. — Naturellement la nature se porte au bien; le mal est passion, non nature.

La racine de tous les actes, c'est la norme céleste. Cette norme est parfois retournée par la passion humaine. Alors il y a mal. — Les doctrines des hérétiques *Yang-tchou* et *Mei-ti* sont-elles essentiellement mauvaises?.. Non, elles ne sont pas essentiellement mauvaises, car elles sont issues de la norme céleste, de la bonté et de l'équité, qualités de la norme; mais elles pèchent par excès et défaut.

Elles sortent de la norme céleste *retournée*. — Le bien, c'est le fonctionnement normal de la norme, le mal est le résultat de son fonctionnement anormal. Le bien et le mal sortent de la norme, mais la norme est toute bonne, il serait faux de dire qu'elle contient du mal.

C'est un fait que, dans l'homme, la raison et la passion coexistent. La chose est mystérieuse, la raison seule ayant existé d'abord, sans passion. Tous les Sages enseignent, que le but consiste à supprimer la passion, pour rendre à la raison sa pureté primitive. Déjà *U le Grand* distingua le cœur morigéné du cœur humain, c'est-à-dire la raison de la passion. C'est parce qu'il est enserré, du fait de sa naissance, dans un corps matériel, que l'homme a des passions qui naissent de la chair. C'est parce que sa norme est une participation à la rectitude du ciel et de la terre, qu'il a sa raison. Chaque jour de sa vie, raison et passion coexistent en lui, toujours en lutte, avec des alternatives de succès et de revers. De là le bien et le mal dans l'individu, la prospérité et l'adversité dans la société. Il faut empêcher la passion de contrecarrer la raison, empêcher la raison de se laisser séduire par la passion, et tout ira bien.

Personne ne peut dire l'origine de la norme céleste qui fait l'homme et qui le conserve. La passion humaine sort de la matière, se mêle aux émotions et aux opérations. Elle est difficile à discerner. De là le fait que tant d'hommes semblables agissent d'une manière si dissemblable, que tant d'hommes agissent pareillement alors que leurs sentiments sont tout différents.

Une loi régit tous les êtres, la norme universelle... Ce qui est bien n'est pas mal, ce qui est mal n'est pas bien. Rien ne peut être en même temps mal et bien... Mais qu'est-ce que le mal?... C'est le mal! On ne peut pas le définir, car ce n'est pas une entité positive ; c'est un excès ou un défaut. Le bien procède de la norme, le mal de la passion. Conservez le bien, rejetez le mal, voilà en deux mots toute la morale... Examinez-vous sur le bien et le mal. Ce que vous avez fait aujourd'hui, si votre conscience le considère avec paix et sans trouble, c'est bien. Si votre conscience est inquiète, c'est mal... Quand vous n'avez pas autre chose à faire, employez votre temps à scruter vos pensées. Examinez bien s'il n'y en a pas de mauvaises que vous ayez prises pour bonnes, de bonnes que vous ayez prises pour mauvaises. Voyez si vous n'avez pas haï ce que vous deviez aimer, et aimé ce que vous deviez haïr. Examinez-vous et vous apprendrez à vous connaître.

Je ne saurais définir le bien ; ce que les hommes aiment, je le tiens pour bien. Je ne saurais définir le mal ; ce que les hommes détestent, je le tiens pour mal... Ce qu'on peut dire sans honte à tout le monde, c'est bien ; ce qu'on n'oserait pas dire à autrui, c'est mal.

On peut aussi se rendre compte du bien et du mal dans sa conduite, en l'examinant d'après les principes des Sages.

Certains disent: le *yang* est bon, le *yinn* est mauvais. Comment cela se pourrait-il, les deux étant modalités d'une même matière? Mais il est vrai que, quand le *yang* domine en lui, l'homme est meilleur ; quand le *yinn* domine, l'homme est moins bon. Ce n'est pas que sa nature soit devenue mauvaise. Non. Seulement sa bonté naturelle est oblitérée par l'excès temporaire du *yinn*. C'est un excès de *yinn*, qui fit les tyrans *Koei-kie* et *Tcheou-sinn*. Comme, dans la nature, le vent noir, les tempêtes qui soulèvent le sable, les ouragans qui déracinent les arbres, viennent d'un excès de *yinn*. Tandis que la lueur claire des corps célestes, la brise douce, la pluie bienfaisante, procèdent du *yang*.

—◊— —◊—

C'est par l'étude constante des principes moraux, qu'il faut conserver sa norme céleste. Dès qu'on se relâche dans cette étude, les passions humaines envahissent. Quoiqu'il en ait honte, l'homme ne peut pas supprimer leurs mouvements.

L'étude doit consister à approfondir les principes, à suivre le bien, à éviter le mal... à faire circuler dans son intérieur la saine doctrine... à vider son cœur pour que la norme y règne... à agir ensuite parfaitement. Voilà l'important. Qui n'arrive pas à cela, a étudié en vain. Les artisans travaillent en vue de produire des ustensiles utiles. Ainsi doit faire l'étudiant dans ses études ; il doit viser au pratique.

Les facultés les plus subtiles de l'homme résident dans le cœur. Le cœur est très mobile. Il gouverne tout l'homme. Il ne faut pas le laisser s'absenter, aller flâner au dehors, autrement le corps ne serait plus qu'un logis sans maître... Il faut garder son cœur, le protéger contre l'envahissement des passions, l'appliquer à la méditation des principes, car il ne peut pas rester inactif. Le fruit de l'étude, doit être une vie digne, régie par les principes.

Il faut étudier, jusqu'à les posséder parfaitement, les traités des anciens et les commentaires des modernes, par exemple ceux des frères *Tch'eng*. Les commentaires doivent être aussi bien sus que le texte. Il faut ensuite méditer la doctrine pour s'en pénétrer, et s'examiner pour voir si on la met vraiment en pratique. Quand, par cet exercice prolongé, le cœur du disciple est devenu semblable à celui des maîtres, si ses pensées viennent à s'écarter des leurs, il le sent aussitôt, et se réforme immédiatement. Le but principal de l'étude, doit être d'apprendre à faire le bien et à se défaire du mal.

Quand un point reste obscur et ne se laisse pas pénétrer, il faut y revenir. Il faut y penser le soir, y penser le matin, y revenir le jour suivant. A la fin la lumière se fera. Tandis que l'étude superficielle et inconstante, ne pénètre rien en mille ans.

L'étude doit viser à l'acquisition d'une science solide, non d'une érudition variée ; à morigéner l'homme, non à l'amuser. Que les étudiants y veillent soigneusement... L'étude doit viser à la perfection, non à l'avantage. Le parfait fait le tiers avec le ciel et la terre, l'avantage ne profite qu'à soi... A sa naissance, l'homme reçoit du ciel en germe la faculté de connaître et d'agir. Le développement de cette faculté dépend de lui. Il sera sollicité par les êtres extérieurs. L'étude lui sera nécessaire, pour triompher de ces sollicitations. Par l'étude, les principes lui deviendront si familiers, qu'il les appliquera toujours spontanément dans la pratique. Le ciel agit sans réfléchir, l'esprit imbu des principes est toujours prêt... La contemplation paisible des principes contenus dans les êtres, est le plaisir du cœur du sage. Il apprend par elle à tout comprendre dans un acte unique de bienveillance universelle, ce qui est l'apogée de la perfection du sage.

L'étude exige la méditation intérieure, plus encore que l'application extérieure. L'application extérieure peut suffire au littérateur ; elle ne suffit pas au sage. Le sage s'applique au fond des choses, aux principes. C'est cette étude qui le caractérise. Le littérateur se contente d'assortir des analogies et des ressemblances. Ce genre ne saurait suffire au sage. — Dans l'étude il ne faut pas suivre son sens particulier (préconçu). Le sens particulier est passion humaine. Il faut l'écarter, pour faire place à la norme céleste.

On étudie, directement pour le bien du cœur, indirectement pour le bien du corps. Car, quand les mouvements pervers sont bien réprimés (par l'application à l'étude), la demeure de l'esprit devient pure et lumineuse. Quand le sang et le souffle sont en paix, on est exempt des maladies, et les bons sentiments pénètrent comme l'huile. Alors tout profite. C'est là le sens du texte « quand le cœur s'épanouit, le corps engraisse ».

Mais les forces intellectuelles de l'homme suffisent-elles pour tout approfondir ? Il se peut qu'elles ne suffisent pas, en pratique. Néanmoins il ne faut pas, en théorie, se poser de limites. Il faut s'appliquer toujours, et y revenir sans cesse. Ainsi l'esprit s'éclairera de plus en plus.

Il faut savoir, avant de faire. Tout comme, pour aller à un but, il faut en connaître préalablement le chemin.

Apprendre n'est pas malaisé ; mais pratiquer ensuite, voilà le difficile... Dire et ne pas faire, c'est badiner. L'important c'est la mise en pratique. Les paroles vaines n'ont aucune valeur... Quand on sait ce qui est bien, il faut le faire. A force de le faire, le bien devient naturel. On se l'assimile. Quand on se contente de savoir sans faire, le bien a beau être bien, on reste tel qu'on était, sans se bonifier le moins du monde.

Si bien des hommes, ayant discerné ce qui dans leurs mouvements intérieurs est raison et passion, suivent la passion, c'est qu'ils ne savent pas se maîtriser. Soit deux chemins ouverts devant un homme, un grand et un petit. Au lieu de prendre le grand, il prend le petit, et s'empêtre dans les ronces. Il aurait dû réfléchir avant de s'engager. C'est sa faute s'il s'est empêtré. Précipitation, inconsidération... Il faut agir d'après la norme céleste, non d'après la passion humaine. C'est la considération et la maîtrise de soi, qui distinguent les sages du vulgaire. Si les sages n'errent pas, c'est qu'ils considèrent toujours et soigneusement toutes choses.

Toute étude qui ne produit pas l'amendement du cœur, est vaine. L'étude doit produire le progrès en vertu. Ce progrès suppose une connaissance grandissante du bien, dont il est le résultat pratique. L'apogée du savoir doit coïncider avec l'apogée de la vertu. — On n'a pas ouï dire que quelqu'un se soit nui par l'étude. Et de fait, comment cela pourrait-il arriver, puisque l'étude réforme le cœur, réfrène ses divagations, éclaire ses obscurités, apaise ses émotions. — L'étude doit produire dans le sage renouvellement et progrès quotidien. Quiconque n'avance pas, recule. Personne ne peut rester stationnaire, sans avancer ni reculer. Seul le sage, parvenu à l'apogée, au terme, pourrait y stationner. — On n'aime que ce qu'on connaît, on ne recherche que ce qu'on aime, on n'obtient que ce qu'on a recherché. Donc, étudier, pour produire en soi l'amour, le désir, la recherche, l'obtention de la sagesse. — Avoir honte de son ignorance, et ne pas faire effort pour en sortir, ne sert à rien. La honte doit produire l'effort, l'effort produira la science.

Leçon 71.

Il en est des passions du cœur, comme des inondations des eaux. *U le Grand* canalisa les eaux et les dériva. Ainsi faut-il procurer le libre fonctionnement de la raison. Elle existe toujours, mais est parfois gênée. Il faut l'aider à s'étendre. Il faut réfléchir. Chaque pouce que la raison gagnera sur la passion, sera autant d'avance.

La vigilance ne consiste pas à fermer les yeux pour ne rien voir, et à s'asseoir pour méditer en silence. Elle doit s'exercer au milieu des affaires. Elle doit présider à l'examen des choses, à la décision qui suit cet examen, à l'exécution qui suit la décision, au maintien persévérant de ce qui a été fait ou acquis. Elle exige une application continuelle du cœur. Sans cette application, elle sera certainement défectueuse. Il n'y a garde de soi vigilante, que quand le cœur est présent dans la coque du corps et y gouverne en maître. L'autorité du cœur doit se faire sentir dans l'intérieur, comme un feu qui consume tout mal.

Les refus de la matière d'obéir à la volonté, voilà (in concreto) le terrain sur lequel la passion et la raison combattent.

Les conflits entre la norme et la passion, viennent de ce que la matière ne suit pas la norme... Quand la matière n'est pas en ordre, les sentiments sont aussi déréglés. Une matière dure produit un caractère dur, une matière molle produit un caractère mou. L'amendement doit donc s'adresser à la matière... Il est impossible que l'ouïe, la vue, le goût, l'odorat, le tact, ne donnent pas naissance à des mouvements de passion. Mais l'homme est maître de suivre ces mouvements, ou de ne les pas suivre. Il est maître de son cœur. Le garder, voilà la grande affaire pour le sage.

De toutes les passions, les pires sont la luxure et la gourmandise.

Les deux grands maux du cœur humain, sont le libertinage et la paresse. Les sages étaient au-dessus du libertinage, mais ils craignaient la paresse. Aussi se stimulaient-ils sans cesse.

Il y a égoïsme et altruisme. L'altruisme se communique, comme la norme céleste; l'égoïsme ne s'occupe que de soi, comme la passion le dicte. Ces deux tendances sont opposées, comme glace et feu. Elles se touchent néanmoins. Là où l'altruisme finit, l'égoïsme commence; là où l'égoïsme finit, l'altruisme commence. Tout, en ce monde, est altruisme ou égoïsme. L'égoïsme porte à vouloir pour soi ce que les hommes aiment. C'est une passion funeste. Plus elle se développe, plus les sentiments de charité sont étouffés dans le cœur. Elle est la source des rivalités et des inimitiés. Elle ne se borne pas aux richesses, mais s'étend à toute sorte de biens.

Le bien public, objet du dévouement, est un; les biens particuliers, objets de l'égoïsme, sont multiples, aussi nombreux que les hommes, aussi divers que leurs visages. Naturellement personne n'aime à se dévouer pour le bien commun; chacun avide de son bien particulier, pense et repense aux moyens de se le procurer.

On appelle pudeur, le mouvement du cœur qui a honte du mal. L'homme doit avoir cette qualité. S'il l'a, il est des choses qu'il ne fera jamais... Sans la pudeur, pas de correction des défauts... Quand on se sent en faute, il faut se corriger vite. Je dis *vite*, à dessein; c'est là l'important.

Les sages enseignent tous qu'il faut habiter dans son cœur, et de là gouverner sa personne. Maintenant les hommes se répandent au dehors autant que possible.

Leçon 71.

Or Mencius a dit: l'étude doit délivrer le cœur, le conserver, l'alimenter, afin qu'il puisse servir le ciel. Que les étudiants notent cela!.. Il en est de la méditation, comme d'une graine qui contient une force vitale, un germe de développement. Cultivée, elle déploiera sa vertu, se développera et produira. Ainsi en sera-t-il de l'homme qui médite. Si on ne soigne pas la graine, elle ne donnera rien. Celui qui ne progresse pas, doit s'en prendre à lui-même. Il n'a pas fumé, biné, arrosé... Des trois choses, méditation, résolution, exécution, la méditation est le première, car elle produit la résolution, laquelle produit l'exécution.

Mencius a dit que, pour garder son cœur en bon état, il fallait diminuer ses désirs le plus possible. Cela revient à dire, qu'il faut le bien garder. Le délivrer autant que possible de toute affection déréglée... Confucius a parfaitement défini ce en quoi doit consister la maîtrise de soi. Ne rien regarder, écouter, dire; ne faire aucun mouvement, qui ne convienne. Cette réserve dans les communications avec l'extérieur, préserve l'intérieur. Sage est celui qui l'observe!

Pour ce qui est des mauvaises pensées qui s'élèvent dans le cœur, les plus considérables sont faciles à reconnaître et à réprimer. Mais que faire contre ces mouvements innombrables qui sont presque imperceptibles?.. Il n'y a qu'à ne pas les suivre, quand on les a remarqués. Tel un homme assis. Il veut rester assis. Ses jambes voudraient marcher. Quoique les jambes lui démangent ainsi, il reste assis, et ne marchera que quand il voudra marcher.

Jadis 趙叔平 Tchao-choup'ing usa du moyen que voici. Il mit des fèves blanches dans un vase, des fèves noires dans un autre vase; entre les deux, il mit un vase vide. Chaque fois que dans son cœur une bonne pensée bougeait, il prenait une fève blanche et la jetait dans le vase du milieu. Chaque fois qu'une mauvaise pensée bougeait, il prenait une fève noire et la jetait dans le vase du milieu. La nuit venue, il vidait ce vase, comptait les fèves noires ou blanches, et notait ainsi le nombre de ses pensées bonnes ou mauvaises. Au début, les fèves noires étaient nombreuses, et les blanches rares. Avec le temps, peu à peu, les deux sortes vinrent à se balancer. A la longue, les blanches l'emportèrent sur les noires. Enfin il n'y eut plus que des fèves blanches, et cela dura. Son cœur était purifié, réduit à la simplicité, à l'unité, au bien pur sans mélange de mal.

Il en est qui prient les *koei* et les *chenn*, pour leur demander du bonheur. Cela est-il raisonnable? Cela peut-il avoir quelque résultat?.. Au bien et au mal de l'homme, répondent le bonheur et le malheur du ciel. La voie du ciel, c'est de rendre heureux les bons, et de rendre malheureux les méchants. Les *koei* et les *chenn* ne sauraient rien faire contre cette voie du ciel. Chacun est coupable du mal qu'il a fait. On obtient par les bonnes œuvres d'être exempté des fléaux célestes..... Mais n'est-ce pas un fait que certains, qui n'ont fait que du bien, ont péri misérablement; et que certains, qui ont fait beaucoup de mal, ont été comblés de biens?.. Le fait est vrai. C'est là l'effet du hasard, ce qu'on appelle la chance. La chance est destin pur. Cela ne devrait pas être, mais c'est le lot. Personne n'échappe à son destin, personne ne peut changer son lot.

Depuis que le Taoïsme et le Buddhisme se sont répandus en Chine, l'agriculture et le commerce ont dépéri, les braves ont diminué, les mœurs sont tombées en décadence. Ces deux sectes ont fait plus de mal que toutes les autres réunies. Elles ont recruté des adeptes dans toutes les classes de la société. — On peut diviser les hommes en trois catégories, inférieure, moyenne, supérieure. La promesse d'une rétribution, du malheur évité, du bonheur assuré, fut l'amorce qui séduisit les hommes inférieurs. La promesse d'une certaine perfection morale, de la délivrance des soucis, séduisit la classe moyenne. La promesse d'une pureté parfaite, de comtemplations extatiques, séduisit des hommes supérieurs. — Les petites gens se dirent: j'ai beaucoup péché; en faisant l'aumône aux bonzes buddhistes ou taoïstes, j'éviterai le châtiment, j'obtiendrai du bonheur; c'est dit, je serai généreux, je vénérerai le Buddha ou *Lao-tzeu*... Des hommes de classe moyenne se dirent: dans le Buddhisme ou le Taoïsme, je pourrai échapper à la roue de la métempsycose, je pourrai obtenir la vie perpétuelle exempte de vicissitudes; je veux me tirer de la boue et de la poussière de ce monde; je vivrai sans soucis ma courte vie, comme les champignons, comme les éphémères, en attendant que, comme la cigale, dépouillant ma coque, je prenne mon essor; c'est dit, je serai dévot au Buddha ou à *Lao-tzeu*... Des hommes de classe supérieure, et pas vulgaires, se dirent: Je ne pratiquerai ni le Buddhisme ni le Taoïsme, mais je prendrai leur esprit. Je ne veux pas de leur culte, mais leur doctrine a du bon. Elle est profonde. Elle explique le pourquoi de toutes choses, la vie et la mort. Elle parle du ciel, de la terre, des mânes, mieux que les Mutations, plus clairement que les Lettrés. En l'embrassant, j'aurai remonté à la source, j'aurai des principes pouvant résoudre toutes les difficultés, je me serai tiré des assertions dépourvues de prémisses et de preuves de la doctrine des Lettrés... Voilà les idées et les raisonnements qui jetèrent tant d'hommes de toute classe dans les bras des Buddhistes et des Taoïstes. Hélas! Ils se laissèrent tous prendre à de vains mots! Rétribution, bonheur et malheur d'outre-tombe, affranchissement, pureté, perfection, autant de leurres!.. La doctrine des Lettrés, les Sages l'ont inventée, pour la paix du peuple; elle est positive, solide. Pourquoi vouloir en savoir davantage? Pourquoi scruter la vie et la mort? Les penseurs ne disent rien de ces choses, les parleurs seuls osent les aborder. Les Sages nous ont tous donné l'exemple du silence en ces matières. Si les Buddhistes et les Taoïstes s'en occupent, c'est que les Taoïstes veulent toujours vivre, c'est que les Buddhistes veulent échapper à la métempsycose. Vaines chimères!.. Les Mutations disent, il y a ténèbres et lumière, commencement et fin, vie et mort; la matière constitue l'être, que la norme fait évoluer; puis la norme se retire et se transforme. Voilà tout ce que la raison nous apprend quant à la survivance. S'il y avait autre chose, les Sages qui ont scruté les Mutations à fond, nous l'auraient enseigné. Non seulement ils ne l'ont pas fait, mais ils se sont esquivés, chaque fois qu'on les a pressés sur ce sujet. Confucius refusa à 子 路 *Tzeu-lou* de l'instruire sur la mort et sur l'état des défunts, pour lui apprendre à se tenir dans le positif pratique, et à ne pas chercher au delà. 曾 子 *Tseng-tzeu* mourant fit constater l'intégrité de ses membres afin d'apprendre à ses disciples, que, ce dont il faut se préoccuper, c'est de vivre entier jusqu'au terme de ses jours, et rien davantage. Les Buddhistes et les Taoïstes ne se sont pas contentés de ces sobres notions. Ils ont amassé, sur l'au delà, des fables ineptes. C'est sur ces fables qu'ils ont assis la prétendue supériorité de leur doctrine. Alors qu'ils ne savent pas enseigner à bien vivre, ces hommes promettent que, par eux, on survivra après la mort! Folies! La vie et la mort sont comme le jour et la nuit, deux états divers d'une même chose. L'homme n'a pas pouvoir sur son état de vie; comment aurait-il pouvoir sur son état de mort?... Il ne faut même pas appliquer au Buddhisme et au Taoïsme l'assertion de 子夏 *Tzeu-hia,* qui dit que, même dans un système inférieur, il peut se trouver quelque chose d'estimable. Car, ce que le Buddhisme et le Taoïsme contiennent de raisonnable, ils l'ont emprunté aux Lettrés. C'est avec ces fragments d'emprunt, qu'ils en imposent aux ignorants, avant de leur infuser leurs erreurs. C'est ainsi que, comme j'ai dit plus haut, ils ont séduit même des hommes supérieurs. Si jadis Mencius a accusé avec raison *Yang-tchou* et *Mei-ti* de faire des hommes des bêtes, à combien plus forte raison faut-il dire cela des bonzes buddhistes et des maîtres taoïstes, êtres égoïstes et inutiles. Croyez-moi, ne vous laissez pas séduire, travaillez à désabuser le peuple, et ces bêtes ne dévoreront plus les hommes.

Source. — Le 性理大全 *Sing-li ta-ts'uan,* recueil de textes philosophiques de la dynastie 明 *Ming,* 1416.

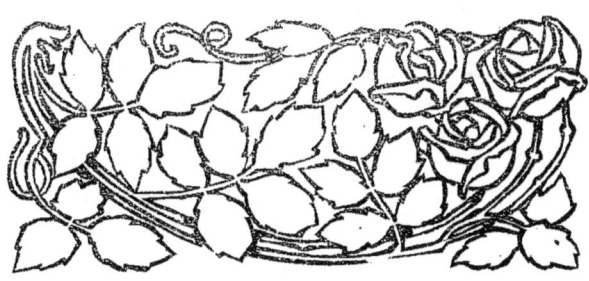

Soixante-douzième Leçon.

Seizième siècle. Confuciisme subjectif, intuitif. — I. *Wang-yangming*. — II. Le Confuciisme au Japon.

Parmi les disciples des frères 程 *Tch'eng* (page 629), tous ne suivirent pas la ligne qui aboutit aux formules matérialistes de 朱 熹 *Tchou-hi*. Certains trouvèrent peu pratique un système qui obligeait à faire, avant toute décision, le point de la révolution du ciel et de la terre, de la giration du *yinn* et du *yang*; une opération de calcul fort compliquée, et qui après tout trompait souvent. Nous n'avons que peu de renseignements sur ces hommes, 謝 上 蔡 *Sie-changts'ai* et 陸 象 山 *Lou-siangchan* sous les 宋 *Song*, 吳 與 弼 *Ou-upi* (mort en 1469), 胡 居 仁 *Hou-kiujenn* (mort en 1484), et 陳 獻 章 *Tch'enn-hientchang*, sous la dynastie 明 *Ming*. Nous savons seulement qu'ils se retirèrent du monde, vécurent en ermites, méditèrent plus qu'ils ne lurent, en vinrent à ressembler tellement aux moines idéalistes 禪 *Tch'an* (Leçon 62), qu'on les soupçonna d'en être; injustement d'ailleurs, car ils furent matérialistes tout autant que *Tchou-hi*, davantage même si possible. Voici en effet le trait qui les caractérise... Nous savons que *Tchou-hi* soutint, que l'intelligence jaillit comme une étincelle, comme une phosphorescence soudaine, dans le cœur de chair informé par la norme; que cette irradiation est le fait de la norme, non du cœur de chair; que le rôle de l'éducation, c'est de rendre le cœur plus souple à l'action de la norme, meilleur conducteur comme diraient les électriciens. Les hommes que j'ai nommés ci-dessus, n'acceptèrent pas ce point du Tchouhisme. Ils paraissent avoir cru que le cœur de chair lui-même était de la norme concrète, battant en harmonie avec le pouls cosmique, et que par conséquent ses actes spontanés de connaissance étaient infaillibles, la nature l'étant. Passe pour l'étude des livres, comme un exercice qui apprendra au jeune âge les conventions usitées entre hommes. Mais la *vraie connaissance* ne vient pas, comme le veulent les Confuciistes en général et les Tchouhistes en particulier, des Sages, par l'enseignement. La vraie connaissance n'est pas traditionnelle; elle est personnelle. Le vrai, c'est dans tous les cas, cet éclair qui jaillit dans le cœur, après que la question lui a été nettement posée. Le bien, c'est ce que le cœur trouve bien; le mal, c'est ce que le cœur juge mal. La détermination qu'il faut prendre, la chose qu'il faut faire, c'est celle à laquelle le cœur pousse. Peu importe que d'autres jugent autrement; moi je dois suivre l'intuition de mon cœur. Donc un subjectivisme absolu. Sentiment et non jugement. Le fameux 我 覺 着 *wo kiaotchao* chinois, je *sens* que c'est bien, je *sens* que c'est mal, que j'ai entendu tant de centaines de fois, et qui ne se raisonne pas, qui ne doit pas se raisonner d'après leurs principes, parce qu'il est infaillible. Un dictamen de la conscience, qui n'est pas un jugement de l'intelligence, mais une impulsion d'une sorte d'instinct moral, que rien ne doit régler, éclairer, corriger. — Ceci étant, les intuitifs en question devinrent naturellement suspects à la masse des Confuciistes de leur temps, traditionalistes ne jurant que par Confucius *Sunn-tzeu Tchou-hi*, et n'admettant le sens particulier d'aucun disciple.

Leçon 72.

Ils ne furent pourtant jamais formellement excommuniés, pour deux raisons: 1º parce qu'ils protestèrent toujours que Confucius était le *Sage par excellence*; 2º parce qu'ils se retranchèrent derrière Mencius, lequel parle lui aussi du 良知 *leang-tcheu, savoir naturel*, comme j'ai dit jadis (page 227). Les Tchouhistes sentirent bien que *Wang-yangming* avait modifié l'idée de Mencius, mais ne purent jamais expliquer clairement en quoi. — Mencius crut que, toujours suivie, la norme assouplit peu à peu le cœur de chair, qui finit par acquérir l'habitude de l'ordre, l'instinct de la convenance *(savoir naturel)*. *Wang-yangming* crut que, norme lui-même, le cœur possède naturellement l'intuition infaillible du bien moral *(savoir inné)*, et y tend spontanément pourvu qu'on ne le gêne pas; à peu près comme la boussole sent le nord et s'oriente vers lui.

I

Le nom le plus célèbre de cette école subjectiviste, fut 王守仁 *Wang-cheoujenn*, de son nom littéraire 王陽明 *Wang-yangming* (en japonais *Oyomei*), qui vécut de 1472 à 1528. Lettré célèbre, noble caractère, fonctionnaire capable et dévoué, Confuciiste orthodoxe vivant de textes et de commentaires, il dut une fois fuir devant une invasion de rebelles, et se trouva longtemps privé de tous ses livres. Alors, dit sa biographie, il eut comme une révélation. Il comprit que, l'étude des Maîtres une fois terminée, l'homme ne devait plus chercher la solution de ses doutes dans les livres; qu'il devait 自求諸心 la tirer de son propre cœur. Qu'il fallait, à chaque doute, chercher, non un vieux *texte* dans sa mémoire, mais un *verbe* vivant dans son cœur. Ce verbe, dit-il, est prononcé par 良知 *leang-tcheu* le *savoir inné*, qu'il définit « ce qu'on sait, sans l'avoir jamais appris, sans y avoir jamais pensé ». Seul le *dictamen* du savoir inné, entendu et suivi par l'homme, lui donne les biens suprêmes, la *vérité* et la *paix*. Une fois cette parole intérieure entendue dans le secret du cœur, il faut y croire fermement, inébranlablement. Car cette parole est *infaillible*, vu qu'elle est prononcée par le cœur, qui est la norme céleste. — *Tchou-hi*, dit-il, avait entrevu la vérité, mais s'était arrêté en route; s'il avait poussé ses déductions jusqu'au bout, il aurait parlé comme lui *Wang-yangming*... Ailleurs il prétend même que, avant sa mort, *Tchou-hi* professa cet intuitionisme moral, mais n'eut plus le temps de l'exposer par écrit... Assertion qu'il n'appuie d'aucune preuve, mais qui contribua aussi à sauver sa réputation de bon Confuciiste... tant et si bien que, en 1584, lui 王守仁 *Wangcheoujenn*, et les deux coryphées de son système 陳獻章 *Tch'enn-hientchang* et 胡居仁 *Hou-kiujenn*, furent logés dans le temple de Confucius, pour avoir part aux offrandes qu'on faisait au Sage. — La nouvelle doctrine fut très en vogue, surtout à la capitale, vers la fin de la dynastie *Ming*. C'est le Confuciisme intuitif de *Wang-yangming*, moins hostile que celui de *Sunn-tzeu*, qui régnait à Pékin, quand le Père Mathieu Ricci et les Jésuites s'y établirent, tout au commencement du dix-septième siècle. Le fait est à noter. Je pense qu'il faut lui attribuer la tolérance, que les Confuciistes eurent pour le Christianisme jusqu'à la chute des 明 *Ming*. — Sous la dynastie mandchoue 清 *Ts'ing*, les tablettes des trois hommes susdits figuraient encore en queue de la série des 先儒 Anciens Lettrés, dans

Leçon 72.

東廡 la salle de l'Est du temple de Confucius, d'après le dispositif rituel de l'an 1657.

—◆—◆—

Wang-yangming a beaucoup écrit, mais pas systématiquement. Homme très actif et très occupé, excellent prosateur et bon poète à ses heures, il a énoncé développé et soutenu son sentimentalisme intuitioniste, dans de nombreuses lettres à ses disciples qui lui soumettaient leurs doutes, et dans des poésies qu'il faisait pour son propre plaisir, à la manière de tous les grands Lettrés.

Commençons par les vers...
L'état neutre, ni bon ni mauvais, c'est l'état de repos du cœur.
Dès que le cœur devient bon ou mauvais, c'est qu'un mouvement s'est produit en lui.
Discerner si ce mouvement est bon ou mauvais, c'est l'office du *savoir inné*.
Faire ce qu'il a décidé être bon, rejeter ce qu'il a jugé mauvais, voilà la sagesse.

———

Je mange quand j'ai faim, je me repose quand je suis fatigué;
la faim et la fatigue, je les sens, je ne les pense pas.
Je juge de même des choses avec mon *savoir inné*.
Quand mon corps mourra, c'en sera fait de ce sens, comme des autres.

———

Le *savoir inné*, c'est la science qu'on a tout seul, de par soi-même...
Il n'y a aucune vraie science en dehors de celle-là...
Et cette vraie science, tout homme la possède naturellement...
mais combien peu arrivent à s'en rendre compte!

Combien peu arrivent à juger par eux-mêmes...
combien demandent toujours à autrui l'explication de ce qui se passe en eux...
avec pas plus de résultat d'ailleurs,
que s'ils demandaient à autrui l'interprétation d'un prurit de leur peau.

Vous tenez tous du ciel votre nature,
alors à quoi bon interroger autrui?..
Fiez-vous donc plutôt à votre sens intime,
que de consulter de vieux papiers.

———

Dans le cœur de tout homme habite un Confucius,
et beaucoup se donnent un grand mal pour le découvrir,
mais n'y arrivent pas parce qu'ils n'emploient pas le vrai moyen.
C'est le *savoir inné* seul qui le révèle, avec une certitude absolue.

Pourquoi vous tourmenter ainsi à longueur de journée?
pourquoi tant lire, tant étudier, tant discuter?
Toutes les incertitudes et les contradictions des Maîtres,
le *savoir inné* les tranche en un moment.

De naissance tout homme a une boussole dans son cœur,
ou mieux, il a dans son cœur même, la racine et la source de tout.
Alors que vous avez tout dans votre trésor,
pourquoi quêtez-vous des miettes de porte en porte?

Voici maintenant quelques extraits des lettres de *Wang-yangming* en prose. Inutile d'en citer beaucoup. Il savait ses formules par cœur, et les répéta, presque mot à mot, des centaines de fois.

Dans son éloge de *Lou-siangchan* dont j'ai parlé plus haut, il affirme avec énergie que tous les anciens Sages ont puisé leur sagesse chacun dans son propre cœur; qu'ils n'eurent pas d'autre Maître; que c'est l'inspiration du cœur qu'ils désignaient par le terme 神 *chenn*, et que ceux qui interprétèrent ce terme autrement les avaient mal compris. (Ceci est absolument erroné.) — Ceux-là n'ont pas non plus compris, qui parlent sans cesse de tirer les principes des faits extérieurs, alors que tous les principes sont contenus dans l'intérieur du cœur.

Il insiste sans fin sur l'obéissance de la volonté, après le verdict du cœur; sur l'exécution de sa détermination, avec une foi absolue, parce qu'elle est infaillible, étant 天理 *la raison céleste*. Sans doute il faut veiller à ce que rien d'humain ne s'introduise dans le cœur, ternissant ou faussant l'intuition. Mais si on s'est conscient d'avoir veillé suffisamment à écarter cette cause d'erreur, alors il faut considérer le verdict de la *science innée* comme absolument certain.

Tchou-hi erra, dit-il, en demandant que l'homme tirât ses principes d'action de l'expérience, de l'étude des êtres extérieurs. L'enfant qui agit avec tant de justesse morale, n'a pas fait cette opération. L'erreur de *Tchou-hi* consista à distinguer 析心與理爲二 le cœur de chair de la norme céleste. Cette distinction est irréelle. Le cœur et la norme sont une même chose. Le cœur est la norme participée. Son verdict est celui de la norme même. Agir toujours conformément à l'intuition, voilà la sagesse. Exhorter les autres à le faire, voilà l'enseignement. Ignorer son cœur, c'est la grande sottise; agir contre lui, c'est la grande erreur.

N'est-il pas étrange que l'homme qui eut la conscience en si haute estime, qui prêcha si fort l'obligation de la suivre, ne soit pas remonté de cette conscience à Celui qui la lui donna, l'ait considérée simplement comme une sorte de fonction vitale, soit resté aussi matérialiste que *Tchou-hi?*

II

Le Confuciisme subjectif de *Wang-yangming (Oyomei)*, eut et a encore une très grande influence au Japon; ce qui m'amène à parler succinctement de l'histoire du Confuciisme dans ce pays.

Leçon 72.

Que la doctrine de Confucius ait été introduite au Japon par les deux Coréens *Ajiki* et *Wani* vers la fin du troisième siécle (284-285), c'est possible, mais ce n'est pas prouvé. Il paraît certain qu'elle n'y fut propagée que vers le septième siècle, par des bonzes coréens, avec les éléments des sciences et des arts chinois. Le grand patron du Buddhisme *Shōtoku-taishi* ayant envoyé en Chine, après 593, les premiers étudiants japonais, ceux-ci en rapportèrent la morale confuciiste, que les bonzes japonais ajoutèrent aux matières qu'ils enseignaient dans leurs écoles. En 645-650, l'empereur *Kōtoku* commença à organiser le Japon, sur le modèle de la Chine des 唐 *T'ang*. L'empereur *Tenchi* (662-671) créa la première école officielle de Confuciisme. L'empereur *Temmu* (673-686) fit de cette école une Académie. Ainsi finit la période de *Nara*, dite *Heijō-chō* (784). — Durant la période suivante dite *Heian-chō*, l'étude des lettres chinoises et du Confuciisme fut poussée avec plus de vigueur encore. *Kyōto* fut bâtie, en 794, sur le modèle de 長安 *Tch'ang-nan* la capitale de la Chine. Les étudiants japonais allèrent en foule étudier en Chine. Les bonzes japonais incorporèrent Confucius dans le panthéon du *mahāyāna*, avec le titre de 儒童菩薩 *Judō-bosatsu*, et enseignèrent la morale confuciiste dans toutes leurs écoles. La piété filiale et la théorie familiale confuciistes, furent prêchées à outrance au peuple, dont les mœurs laissaient encore beaucoup à désirer. C'est durant cette période, que *Sugawara Michizane* (845-903) donna au Confuciisme japonais son trait caractéristique, en exaltant par-dessus toutes les autres, la dernière des vertus confuciistes, 信 la loyauté entendue dans le sens de loyalisme. Il l'apparenta ainsi avec le Shintoïsme. Sous cette forme, le Confuciisme devint le code de la chevalerie japonaise, de la caste des *Samurai*, aveuglément dévoués à l'honneur de leur seigneur, prêts à sacrifier leur vie pour lui à n'importe quel moment. Adorer un Dieu eût paru à ces gens-là une inconvenance, espérer le bonheur après la mort leur eût paru un marchandage honteux. Ils tuèrent et se suicidèrent, pour la pure beauté du geste. Les cas dans lesquels l'honneur exigeait la vengeance ou le suicide, étaient enseignés à leurs enfants encore tout petits, ainsi que le cérémonial de l'ouverture du ventre. C'est à la fusion du Confuciisme avec le Shintoïsme, que le Japon dut ces principes. Ils sont restés les mêmes dans le Japon moderne, avec cette différence, que tout citoyen est censé devoir maintenant à l'empereur, ce que le *samurai* croyait jadis devoir à son prince.

Vers la fin de la période dite de *Kamamura* (1192-1333), temps des guerres féodales et des intrigues politiques, le Tchouhisme fut introduit au Japon par *Kitabatake-Chikafusa* (1293-1354). Les moines de la secte 禪 *Tch'an*, très nombreux au Japon, s'emparèrent des théories des philosophes chinois 宋 *Song*, et les exploitèrent à leurs fins. Deux d'entre eux, 玄惠 *Gen-e* (1269-1352) et 圓月 *Engetsu* (1269-1357), se distinguèrent par leur zèle. — Durant la période des Shōgun *Ashikaga*, dite de *Muromachi* (1392-1490), la suprématie littéraire appartint aux 五山 *Gozan*, les cinq grands couvents de la secte 禪 *Tch'an* à *Kyōto*. Ils firent tout ce qu'ils purent, pour propager la doctrine de *Tchou-hi*. Le bonze 清啓 *Seikei* du couvent *Kennin-ji*, et le bonze 義道 *Gidō* du couvent *Nanzen-ji*, l'expliquèrent et la commentèrent. L'école *Ashikaga-gakkō* devint un centre florissant de Confuciisme.

L'ère des *Shōgun Tokugawa*, dite de *Edo* (1603-1867), vit le Confucisme devenu fort, s'émanciper et rompre avec le Buddhisme. L'auteur de la rupture fut 藤原惺窩 *Fujiwara Seikwa* (1561-1619), qui déclara à sa nation que les principes confuciistes étaient identiques aux principes shintoïstes, et en absolue contradiction avec les principes buddhistes. 林羅山 *Hayashi Razan* (1583-1657) fit du Tchouhisme la doctrine officielle, avec le titre de 正學 *Seigaku*. Les interprétations de *Tchou-hi* furent désormais seules autorisées. Toute autre explication rendait son auteur passible de la prison, de l'exil, de la mort. Toute discussion était même défendue, de par la loi. Tout cela, non par conviction, mais par politique. Le *shōgun Ieyasu* voulait que ses gens pensassent tous de même. L'étude du Tchouhisme officiel devint alors l'unique occupation des *samurai* condamnés aux loisirs de la paix, et les chrétiens furent mis hors la loi, parce qu'ils ne voulurent pas se contenter de cette doctrine. Ce ne furent pas les Buddhistes, comme on le croit généralement bien à tort; ce furent les Confuciistes, qui les envoyèrent au bûcher.

J'insiste sur ce point, qui a une grande importance. Aucune secte ne fut jamais aussi froidement et aussi cruellement persécutrice, que le Confuciisme rationaliste et politique, tel que le firent *Sunn-tzeu* et *Tchou-hi*. C'est le Confuciiste *Hayashi Razan*, son secrétaire, qui inspira et rédigea tous les actes du *shōgun Ieyasu*. L'édit de persécution du 27 janvier 1614, contre les Missionnaires et les Chrétiens, fut l'œuvre de *Hayashi Razan*. Il composa de plus et publia l'ouvrage en trois volumes, *Hi-Yasokyō* 排耶蘇教 *Haro sur les chrétiens!*, contre le 天主實義 *Tenshu Jitsugi* du P. M. Ricci S.J. Il essaya ensuite d'en faire autant aux Buddhistes, mais échoua cette fois piteusement. Cependant, après la mort de *Ieyasu*, il eut toute la confiance de son fils et successeur *Hidetada*, qu'il aida de toute son habileté à exterminer les chrétiens et à fermer le Japon aux étrangers. En 1624, il fut encore nommé secrétaire de *Iemitsu*, fils de *Hidetada*. En 1629, il devint Ministre de l'Intérieur. Il fut également honoré par *Ietsuna*. En 1657, un incendie détruisit sa maison, sa bibliothèque, ses manuscrits. Il mourut de chagrin trois jours après. — La constance des Chrétiens contre lesquels il avait déchaîné la persécution sanglante, l'exaspéra et lui arracha des cris de rage... «Vraiment cette religion a des accents qui ensorcellent!.. Ne se trouvera-t-il personne pour étouffer sa voix?!.. Ah! qui la détruira donc?».. Les auteurs japonais modernes le blâment d'avoir traité les chrétiens comme il le fit. Cependant Mr *Inoue Tetsujirō* lui compte comme circonstance atténuante « qu'il se trompa par excès de zèle pour sa foi confuciiste ». Je souligne l'aveu. Oui, c'est bien *comme Confuciiste*, que *Hayashi Razan* répandit le sang chrétien.

Cependant 中江藤樹 *Nakae Tōju* (1608-1648) osa enseigner la doctrine de 王陽明 *Wang-yangming*, en japonais *Oyomei*, le 陽明派 *Yōmei-gakuha*, et l'opposer à l'école Tchouhiste, le 程朱學派 *Teishu-gakuha*. La doctrine d'*Oyomei* plut extrêmement aux moines védantistes 禪 *Tch'an*, l'idéalisme de cet auteur les servant mieux encore que le matérialisme de *Tchou-hi*. Le grand homme de cette école, fut 熊澤蕃山 *Kumazawa Banzan* (1619-1691). — Mais bientôt le *Yōmei-gaku* novateur fut persécuté par la famille *Hayashi*, chargée de l'enseignement officiel exclusif du Tchouhisme, et cela jusqu'à avoir des martyrs. J'ai dit que *Ieyasu* et ses successeurs voulaient que leurs sujets pensassent tous de même. Y eut-il aussi dans l'introduction de la doctrine nouvelle quelque tendance politique? c'est possible. En tout cas les meneurs de la révolte de l'ère *Keian* (1648-1651), se trouvèrent être presque tous des disciples du *Yōmei-gaku*. C'en fut assez pour vouer leur école à la persécution sanglante. — *Kumazawa Banzan* comprit mieux le Christianisme que *Hayashi Razan*, mais ne le détesta pas moins. Il le mit au-dessus du Buddhisme, mais déclara que la christianisation du Japon serait le reniement des traditions nationales, et la déchéance de la dynastie impériale issue du Ciel. Il constata d'ailleurs très bien, que le Christianisme donnait pleinement au cœur du peuple, et le Buddhisme quelque peu, l'aliment qu'il lui fallait; tandis que le Confuciisme ne lui donnait rien du tout. Il comprit que, laissé libre, le noble et généreux peuple japonais se ferait chrétien en masse. Et finalement il exigea que le Confuciisme employât la violence, et contre le Buddhisme, et contre le Christianisme, coupables de ne pas être des religions nationales. Les Confuciistes Tchouhistes appliquèrent son réquisitoire à sa propre école non autorisée, et la persécutèrent comme étant elle aussi contraire à l'uniformité nationale.

Mais la persécution n'éteignit pas l'école d'*Oyomei*. Peut-être aida-t-elle même à sa diffusion. Car, pour les âmes guerrières, et toutes les âmes japonaises le sont; pour les âmes guerrières, dis-je, la persécution est un stimulant. Et quand le jour vint où le gouvernement retira au Tchouhisme son monopole, *Oyomei* triompha. Et l'homme, et son œuvre, ont en effet quelque chose de noble et d'élevé, fait pour plaire à un peuple chevaleresque. Actuellement la doctrine d'*Oyomei*, est la doctrine préférée des Confuciistes japonais, philosophes ou éducateurs. Elle est surtout la doctrine préférée des successeurs des *samurai*, des braves officiers de l'armée japonaise. Je puis rendre de ce fait peu connu, un témoignage personnel. A *Tōkyō*, un groupe de Lettrés japonais de l'élite la plus haute, me questionna sur le cas qu'on faisait actuellement en Chine de *Wang-yangming*. Je dus répondre qu'il était considéré comme un peu hérétique, à peine connu, et pas lu du tout. Or je reçus immédiatement cette réplique: «Bah! chez nous ses œuvres sont le livre de chevet de tous les officiers».

— ❖ ❖ —

Je conclus. Ceux-là se tromperaient grièvement, qui croiraient que le Confuciisme est, dans le Japon moderne, une antiquaille, un souvenir. Il y est au contraire vivant et agissant, faisant cause commune avec le culte des héros nationaux, le shintoïsme, dont rien ne le sépare; faisant aussi front avec lui, contre le Buddhisme et le Christianisme. Les ouvrages de vulgarisation confuciistes publiés dans ces dernières années, forment une bibliothèque. Citons la préface du *Jukyō tetsugaku gwairon*... «Confucius Shaka et le Christ, sont trois Sages que l'humanité a produits. Mais le Confuciisme diffère fondamentalement d'avec le Buddhisme et le Christianisme. Le Buddhisme et le Christianisme croient à l'existence d'êtres supérieurs à l'homme; ils veulent élever l'homme au-dessus de sa nature, et placent sa fin dans un état idéal à atteindre après la mort. Le Confuciisme au contraire veut faire de l'homme un être parfait, mais pas en dehors de sa nature. C'est dans ce monde-ci, que le Confuciisme veut réaliser l'homme type et l'âge d'or. Le Confuciisme est du haut en bas un rationalisme moral. Il écarte les considérations spéculatives, et se cantonne dans la pratique. Il ne veut que faire suivre à chaque homme la vraie voie de l'homme, obtenant ainsi une société parfaite, une nation unie et forte. — Dans notre pays (au Japon), depuis *Shōtoku Taishi*, c'est-à-dire depuis plus de mille ans, le Confuciisme est devenu la norme des mœurs, la règle qui gouverne nos idées. Il a été la force secrète qui développa notre pays. Il est l'âme même de notre pays. Il est indéracinable, indestructible. En ces derniers temps, le monde intellectuel est bien agité. Beaucoup cherchent leur voie, désirent une foi. Au lieu de chercher au loin, ne vaudrait-il pas mieux se rappeler notre passé?»

Les Missionnaires du Japon actuel, sont du même avis. «Que le Confuciisme forme le tréfonds de l'âme japonaise moderne, c'est là une vérité indiscutable. Il est à l'âme japonaise, ce que le stoïcisme fut à l'âme romaine du temps d'Auguste. Et, comme le stoïcisme romain, le Confuciisme japonais s'oppose au Christianisme, comme au moins inutile à son avis, parce que pas supérieur comme élévation morale.» — — «Toutes les écoles japonaises sont matérialistes, toutes expliquent l'univers sans un Dieu créateur. Pour toutes, l'homme est l'expression la plus parfaite, de ce que la nature peut produire. Il n'a pas d'âme immortelle. Fleur de la nature, il n'a de devoirs qu'envers la société, laquelle est régie par des lois naturelles éternelles. C'est l'enseignement confuciiste qui a, pendant ces trois derniers siècles, inculqué ce matérialisme aux savants comme aux ignorants, et a formé le Japon matérialiste contemporain, où tous font de la vie présente le tout de l'homme, se riant de l'hypothèse d'une survivance.» (J.B. Duthu.)

Que le dernier mot soit à un Japonais... « Grâce à la fusion actuelle en voie de se faire, entre les sciences occidentales et la morale du Sage chinois, le Confuciisme reprendra une vigueur nouvelle, et sa morale acquerra une force encore insoupçonnée» dit Mr *Ōe Bunjō*.

Et moi je pense qu'en Chine il en sera de même. Non à cause d'aucun mérite intrinsèque de la doctrine de Confucius, telle que les siècles l'ont faite. Mais parce que cette doctrine étant un positivisme matérialiste, pour se mettre sur le pied d'égalité avec les matérialistes et les positivistes du monde entier, les Chinois lettrés n'auront aucun effort à faire. Étant Confuciistes, ils sont à hauteur, et peuvent mettre leur main dans la main des plus avancés. Dans les luttes passées présentes et futures du Confuciisme contre le Christianisme, en Chine, l'homme Confucius ne joue aucun rôle C'est la lutte du positivisme contre la révélation, du matérialisme contre le spiritualisme, comme partout ailleurs.

Sources. — 王陽明全書 *Wang-yangming ts'uan-chou*, les Oeuvres complètes de *Wang-yangming (Oyomei)*.

Je dois le meilleur de ma connaissance des choses religieuses japonaises, à Mr A. Villion des Missions Étrangères de Paris, vénérable vétéran des Missions du Japon, que je tiens à remercier ici de tout cœur.

On trouvera bien des choses intéressantes, dans l'excellente revue *Mélanges japonais*, dont la cessation a mis en deuil tous ceux qui s'intéressent au mouvement des idées dans l'Extrême-Orient.

Soixante-treizième Leçon.

Mahométisme chinois.

Les Mahométans établis en Chine, par groupes qui comptent parfois plusieurs milliers d'âmes, descendent probablement tous de soldats musulmans gagés par des empereurs chinois, lesquels, après la campagne finie, acceptèrent de se fixer dans le pays, comme colons militaires formant des garnisons; le système chinois traditionnel. Dès l'an 756, le kalife abbasside *Abou Djafar el Mançour*, procura à l'empereur 蕭 *Sou* des 唐 *T'ang* un corps d'élite arabe. Le fait se renouvela souvent, au cours des âges. Enfin, dans les temps modernes, le Sud et le Nord de la Chine, se remplirent de Mahométans, par contiguïté.

Les Mahométans chinois sont Sunnites. Ils ont deux sortes de livres. Les uns sont des traductions littérales d'ouvrages arabes; je ne m'occuperai pas de ceux-là. Les autres, composés en Chine et pour la Chine, contiennent des pages bonnes à connaître. Je vais en citer un certain nombre.

I. 眞 主 le vrai Seigneur.

«L'auguste vrai Seigneur, unique et sans pareil, a donné naissance au ciel, à la terre, aux hommes, à tous les êtres. Il existait avant que le *yinn* et le *yang* ne fussent. Sa puissance, auparavant latente, s'est manifestée par la production des créatures innombrables. Il n'eut pas de commencement. Il n'aura pas de fin. Sa substance étant 無 體 之 體 spirituelle, est absolument différente de celle des créatures. Il n'a, ni figure, ni lieu, ni étendue, ni parties. C'est lui qui régla les lois et les nombres. C'est lui qui gouverne les cieux et les hommes. Il est immuable, intelligent, puissant, parfait, bon. Ses actes sont instantanés. Il nourrit tous les êtres avec sollicitude, leur donnant sans cesse sans s'appauvrir jamais. Sa vie est la source de toute vie. Ce vrai Seigneur, dit le Coran, est un, est unique. Il n'a ni parents, ni enfants, ni épouse. — Le vrai Seigneur et Maître du ciel et de la terre, les Confuciistes l'appellent le Souverain d'en haut, les Taoïstes l'appellent le Vénérable du ciel; nous Mahométans nous l'appelons le vrai Seigneur. Dans nos Écritures, nous lui donnons le nom d'Allah. Allah gouverne seul le ciel, la terre, les hommes et les esprits. Allah est le seul et unique Seigneur et Maître. — Les rits arabes comprennent diverses manières de saluer. Le salut le plus humble, consiste à prosterner son corps tout entier, y compris la tête. Nous Mahométans réservons ce rit de la prosternation, exclusivement au seul vrai Seigneur. Nous ne nous prosternons devant aucun homme.»

A cette section (du 典 禮) sur la divinité, le Mahométan chinois 劉 智 介 *Liou-tcheukie* (Canton 1710) a ajouté la note suivante... « Je pense que quand les anciens livres chinois, les Odes et les Annales, parlent du Souverain d'en haut, ils parlent de Celui que nous Mahométans appelons le Maître et Seigneur. Les premiers empereurs de la Chine vénérèrent et redoutèrent ce Souverain d'en haut, et le prièrent d'un cœur sincère. On l'appelait aussi Ciel, Auguste Ciel, Splendide

Ciel. On parlait du mandat du Ciel, de la colère du Ciel. Il est clair que le Ciel et le Souverain étaient identiques. Il est clair que ces termes ne désignaient pas le ciel matériel azuré. Mais il est clair aussi que, en définitive, les anciens ne définirent pas suffisamment les attributs de leur Souverain. — Depuis Confucius et Mencius, on cessa de parler du Souverain, pour ne plus parler que du Ciel. De vulgaires imbéciles (sic) n'arrivant pas à pénétrer jusqu'à la cause première, s'arrêtèrent au ciel matériel. Ébranlés par eux, même des hommes intelligents se prirent à douter, et tinrent des propos inconsidérés. De là la perversion de la vérité primitive; de là toutes les erreurs... Sous la dynastie *Song*, le philosophe *Tch'eng-i* commentant les Mutations, écrivit: «Le Souverain, c'est le Seigneur du ciel. Quand on envisage son essence, on l'appelle Ciel; quand on envisage sa puissance, on l'appelle Seigneur». Celui-là vit encore un peu clair. Mais écoutons *Tchou-hi*. Sur un premier texte, il commence par dire «c'est la norme qui a tout produit, et qu'on appelle le Souverain». Sur un deuxième texte, il dit «la norme est stérile; c'est la matière qui a tout produit». Enfin, commentant un texte des Annales, il dit: «*Kao-tsoung* rêva que le Souverain lui donnait un bon ministre. Puisqu'il obtint réellement ce ministre, on ne peut pas nier l'apparition. Mais on ne peut l'expliquer, ni par la norme, ni par la matière.»... Ainsi voilà un auteur qui, en trois textes, explique la raison d'être des choses, d'abord par la norme, puis par la matière, puis reste à quia en niant que ce soit la norme ou la matière. Où est l'homme désireux d'avoir des renseignements sur la vraie voie, sur les origines, qui prendra cet auteur-là pour maître? Est-il étonnant, après cela, que l'erreur ait rempli le monde et étouffé la vérité?.. Les anciens Lettrés disaient: Si la doctrine orthodoxe n'est pas connue, c'est que les doctrines hétérodoxes l'étouffent. Et moi je dis: Si les doctrines hétérodoxes ont tout envahi, c'est parce que vous Lettrés avez corrompu la vraie doctrine. Scrutez vos anciens livres, revenez à l'intelligence de la doctrine primitive, pénétrez les paroles de vos anciens empereurs et sages, et c'en sera fait des doctrines hétérodoxes, et vous verrez que nous Mahométans avons la vérité.»

II. 人 神 l'esprit de l'homme, l'âme et sa destinée.

«Il y a trois sortes d'êtres. Le vrai Seigneur seul n'a pas eu de commencement et n'aura pas de fin. Les anges et les âmes ont eu un commencement mais n'auront pas de fin. Les animaux et les végétaux ont eu un commencement et auront une fin. — L'âme spirituelle de l'homme vient du ciel; son corps matériel vient de la terre. La réunion des deux cause la vie, leur séparation cause la mort. Ce qui est matériel, se décompose à la longue; ce qui est spirituel, dure éternellement. L'âme des bons, pure et sans souillure, monte au ciel pour y jouir dans le paradis d'un bonheur sans fin. L'âme des méchants, souillée par les excès du corps, tombe en enfer pour y souffrir des peines éternelles; la peine du feu, dit le Coran, et divers autres supplices. — Le vrai Seigneur a commis aux anges qui tiennent ses livres, le soin d'inscrire les mérites et les péchés des hommes. — Il est écrit: la vie en ce monde de poussière, est comme un acte d'une comédie. Il est écrit: l'homme droit a quatre ennemis, savoir, ses propres penchants, le démon, les fous, ce monde de poussière. — Ceux qui auront pris le droit chemin de l'obéissance au Seigneur, aboutiront au ciel. Ceux qui auront pris les sentiers de la désobéissance au Seigneur, aboutiront au feu de l'enfer. Il est écrit: l'enfer est un feu dont les pécheurs sont l'aliment. — Quoiqu'aucun homme n'ait vu les peines de l'éternel enfer, nous savons pourtant avec certitude qu'elles existent. Car, si le bien et le mal de cette vie restaient sans sanction après la mort, finalement les bons auraient tort et les méchants auraient raison, ce qui ne peut pas être. »

III. 清 眞 教 la pure et vraie religion.

«L'unique vrai Seigneur créa Adam l'ancêtre des hommes dans 天 方 l'Arabie, pays situé au centre du monde. Il composa pour lui la grande loi. Ce fut là le commencement de la religion. Dans la postérité d'Adam, les saints ne firent jamais défaut. Mais jamais ces saints ne se permirent d'inventer aucun précepte. Tout ce qu'ils enseignèrent, leur était venu par tradition d'Adam, lequel l'avait appris du vrai Seigneur. »

«Ensuite, les hommes s'étant multipliés, s'établirent dans toutes les directions. D'après les traditions arabes, environ mille ans après Adam, une grande inondation noya les hommes. Au bout de trois mois, les eaux se retirèrent. Alors le grand saint Noé reçut mission de remettre le monde en état (aucune mention de l'arche). Il fit canaliser les quatre régions par ses disciples. Toute la terre fut peuplée, environ deux mille ans après Adam (aucune mention de la tour de Babel. — Dans les temps voisins de l'origine, la religion se conserva. Dans les temps subséquents, elle dégénéra. Ainsi les dispositions des premiers empereurs chinois, sont encore conformes aux traditions primitives. Mais quand, vers la fin des 周 Tcheou, on fut loin de l'origine, les philosophes des diverses écoles firent si bien par leurs élucubrations creuses, que chaque homme finit par parler autrement que les autres, que chaque famille finit par avoir sa religion. Leurs erreurs se propagèrent, se transmirent. De là tant d'écoles et de sectes, tant de doctrines si différentes de la religion primitive. Dans notre Arabie seule, les saints conservèrent pure et intacte la religion du vrai Seigneur. Elle fut transmise d'Adam, par Seth, Noé, Abraham, Ismaël, Moïse, David, jusqu'à Jésus. Quand Jésus eut quitté ce monde, la religion ne fut plus prêchée. Par suite elle s'altéra et des hérésies se répandirent. Six siècles après Jésus, 穆 罕 默 德 Mahomet naquit. Il reçut mission de purger le monde des fausses doctrines, et de rendre son ancien éclat à la religion primitive. »

«Depuis que Mahomet a paru, la doctrine est très claire. Car Mahomet a expurgé les Écritures et rétabli les règles. Il remplaça l'Ancien Testament de Moïse, et le Nouveau de Jésus, par un écrit en 6666 versets, dicté par le vrai Seigneur lui-même, et qui s'appelle 甫 爾 加 尼 Al Forkan, le Coran. Auparavant l'Ancien et le Nouveau Testament étaient très vénérables, la vraie parole du vrai Seigneur aux anciens saints. Mais le vrai Seigneur ayant dicté le Coran à Mahomet, abolit par le fait ces anciennes Écritures. Tout ce qu'elles contenaient d'utile, est contenu, aussi bien et mieux, dans le Coran. Mahomet n'innova pas, n'inventa rien. Le Coran contient la vraie religion transmise intacte depuis Adam jusqu'à Jésus, corrompue ensuite, puis remise en état par Mahomet. Tel un arbre qui se développe,

Adam fut la racine; les patriarches furent le tronc, les branches, les rameaux; Jésus fut la fleur, Mahomet le fruit. Désormais c'est fini. Mahomet est le 至 聖 Saint par excellence, après lequel il n'y en aura plus d'autre.»

«Voici le sommaire de sa doctrine: Le Seigneur est l'auteur de toutes choses. Il est spécialement l'auteur de notre nature, de notre cœur. C'est lui qui nous a créés, qui nous a faits intelligents, qui nous a donné tout ce que nous avons. Nous lui devons donc toute notre reconnaissance. Nous devons croire et confesser qu'il est le Seigneur qui a fait le ciel, la terre, et tout ce qui existe. Aucune de nos pensées ne doit s'écarter de lui. Aucune de nos actions ne doit sortir de la voie de ses préceptes. Le Seigneur exige, pour son service, l'action et le cœur. L'action sans le cœur, n'est pas un service. Les yeux, les oreilles, la bouche, les membres, tout doit le servir. C'est dans cette consécration intime, que consiste la consommation, le retour à l'origine, l'union de l'homme avec le ciel. C'est là le seul souci qui doive préoccuper l'homme.»

«Le vrai Seigneur dit: J'étais libre de créer ou de ne pas créer l'homme. Je l'ai créé, afin qu'il me connût. — Le Seigneur était libre de créer ou de ne pas créer le monde. Il l'a créé pour l'homme... Il était libre de créer ou de ne pas créer l'homme. Il l'a créé pour soi, pour être connu de lui. Celui qui connaissant le Seigneur ne lui obéirait pas, serait pire qu'un infidèle. — Le Seigneur et moi, nous sommes l'un à l'autre, comme l'eau au poisson, comme l'air à l'oiseau. Le Seigneur m'a donné la vie. Il me nourrit. Il m'aime. Il me bénit. Je suis comblé des bienfaits du Seigneur.»

«Le vrai Seigneur créa l'âme du premier homme Adam, toute belle et pure, et l'unit à un corps. Quand l'âme d'Adam se fut tournée et retournée dans ce corps, et eut constaté l'étroitesse et l'obscurité de sa demeure, elle se sentit captive et devint triste. Tendant au Seigneur, de toute sa pensée, de tout son amour, elle allait briser la cage de son corps, déchirer son vêtement de boue, pour s'envoler vers son premier nid (le sein de Dieu). Mais le Seigneur lui dit avec autorité et douceur: Pas maintenant. Attends! un jour tu rentreras au ciel, pour y jouir de la félicité. Cette parole ne diminua pas la douleur d'Adam, qui ne trouvait de plaisir à rien. Alors, d'une côte de son flanc gauche, le Seigneur lui fit une épouse qu'il appela Ève. Quand ils se furent unis, le cœur d'Adam commença à s'apaiser. Ensuite, Adam et Ève s'étant laissé séduire par l'ange déchu Eblis, et ayant désobéi au Seigneur, furent exilés sur la terre.»

La doctrine des Mahométans chinois sur Jésus, mélange de Nestorianisme et de Millénarisme, est curieuse... On sait que Mahomet fut disciple du moine nestorien Bahira... «Mahomet dit: Les Juifs prétendent qu'ils ont tué le Messie, Jésus le fils de Marie, l'envoyé de Dieu. Non, ils ne l'ont pas tué, ils ne l'ont pas crucifié. Un autre, qui lui ressemblait, lui fut substitué. Quant à lui, Dieu l'a enlevé. — A la fin des temps, un homme paraîtra, être au visage humain, au cœur de démon, qui prêchera le culte des richesses, et traitera la foi d'erreur. Devant lui, les fidèles seront comme des moutons quand le lion paraît. Ils fuiront de ville en ville, vivront dispersés et errants. Alors Jésus reviendra sur la terre, et exterminera ce monstre, après quoi tout l'univers croira en lui. Il est l'Emmanuel, dont Mahomet a préparé le second avénement, le triomphe final, après son insuccès passager de jadis. — Enfin les anges joueront de la flûte. Toute vie cessera. La terre sera aplanie comme une aire, par un vent terrible. Puis tous les hommes ressusciteront, chacun dans son corps d'autrefois, et seront jugés. Au jour du jugement, Jésus sera le grand témoin, le maître de la vie éternelle. Le bien et le mal faits par chacun durant sa vie, paraîtront aux yeux de tous comme dans un miroir. Enfin viendront le châtiment des méchants, et la récompense des bons. »

«Jadis le Seigneur fit monter Jésus au quatrième ciel. Jésus en redescendra un jour pour recueillir sa race. C'est lui l'Emmanuel. Quarante ans après sa descente, viendra la fin du monde. — Grâces soient rendues au vrai Seigneur, qui nous a fait connaître, par Mahomet et le Coran, les choses à venir, le bonheur du ciel, les peines de l'enfer, la vie sans fin ; qui nous a donné de pouvoir nous préparer à la venue de l'Emmanuel, à retourner avec lui dans le paradis. Grâces soient rendues au vrai Seigneur, qui nous rendra l'Emmanuel, qui nous donnera son ciel éternel, à nous faibles humains. Quelle grâce ! »

L'Annonciation de la Vierge par l'ange Gabriel, est souvent et assez bien racontée. Les Mahométans chinois admettent que Jésus est né d'une vierge. C'est un prophète, le plus grand des prophètes. Les chrétiens ont eu le tort d'en faire un dieu. — « Jésus, un descendant de David, ayant reçu du vrai Seigneur un livre saint, le prêcha aux Juifs sans succès. Voyant que les Juifs ne se convertiraient pas, il les abandonna et s'éleva au ciel, ce qu'ayant vu, des Juifs le déclarèrent fils du Seigneur du ciel, crurent en lui, l'adorèrent, et se constituèrent en Église du Seigneur du ciel ». — En quoi votre religion mahométane diffère-t-elle de la religion catholique ? demande quelqu'un... Le Mahométan répond : «Comme nous, les Catholiques n'ajoutent pas foi aux superstitions buddhistes et taoïstes ; comme nous, ils reconnaissent pour Seigneur celui qui est au ciel. Mais, Jésus étant né d'une mère sans avoir de père, on a prétendu qu'il était le fils du Sublime Ciel, on le représente crucifié, on dit que prier Jésus et prier le Sublime Ciel Vrai Seigneur c'est tout un. Nous Mahométans avons toujours rejeté ces déductions. Le Jésus des Chrétiens est le Eullsa (Issa) de nos livres saints. La doctrine qu'il prêcha est notre doctrine. Mais, après lui, il ne se trouva personne qui fût capable de continuer sa prédication. Ses douze disciples se partagèrent en diverses sectes, qui interprétèrent l'Écriture chacune selon son sens particulier. Les Chrétiens dirent que Jésus avait été le Seigneur du ciel incarné dans le sein de la sainte Mère ; qu'il avait souffert et était mort pour la conversion des hommes. Ils crurent vraiment que Jésus était le vrai Seigneur incarné pour le salut du monde. En cela ils eurent tort... Qu'on vénère Jésus comme un saint, c'est juste. Mais qu'on en fasse le Seigneur, c'est une grande erreur. »

IV. La profession de foi.

«Je proteste que rien (aucune créature) n'est le vrai Seigneur. Il n'y a qu'un seul vrai Seigneur, dont Mahomet est l'envoyé. — Rien n'est le Seigneur. Il n'y a qu'un vrai Seigneur. Mahomet est l'ambassadeur du Seigneur. — Je crois que le Seigneur a naturellement la puissance et la gloire. J'accepte toutes les lois du Seigneur. — Je crois au vrai Seigneur, à ses Anges, à ses Écritures, à ses Saints. Je crois au monde à venir. Je crois qu'il y a, pour le bien et le mal, une sanction fixée par le Seigneur. Je crois à la résurrection après la mort. — Il est pur, le vrai Seigneur. Que toute louange remonte à lui! Aucun être n'est le Seigneur. Lui seul est le Seigneur. Le vrai Seigneur est infiniment grand, éternel, tout-puissant. Adorons le Seigneur! »

V. Les cinq pratiques.

Ce sont, l'adoration mentale, la prière vocale, le jeûne, l'aumône, le pélerinage à la Mecque. — Adorer le vrai Seigneur, dans la paix du corps et du cœur. Prier aux temps fixés, avec attention et pureté. Jeûner durant un mois par an (ramadan), pour asservir ses convoitises. Payer chaque année tribut aux pauvres, en signe de reconnaissance pour les bienfaits reçus du Seigneur. Visiter la Mecque une fois dans sa vie, pour satisfaire sa piété et faire profession de sa foi. Ces observances détachent l'homme des créatures et le ramènent au Seigneur. Elles sont comme une route qui conduit de ce monde au Seigneur.

1. **L'adoration** doit être, autant que possible, continuelle. Elle est la conversation de l'âme avec le Seigneur. Elle est expliquée comme un acquiescement de la volonté humaine à la volonté divine, avec rétractation de tous ses mouvements déréglés. C'est l'hommage de toute l'âme.

2. **La prière vocale** accompagnée de prosternations, est l'hommage du corps. Elle doit être précédée des ablutions rituelles, dont les détails compliqués sont minutieusement définis. La circoncision est rattachée à ces ablutions. Elle se pratique, disent les livres, parce que sans cela une partie du corps ne serait pas atteinte par l'eau des ablutions. Un tract populaire dit crûment que, vers son âge de sept ou huit ans, après avoir examiné les organes de l'enfant mâle, on retranche le prépuce, qui empêcherait l'eau des ablutions de laver une partie du corps. Puis bien vite, pour faire passer la chose, l'auteur s'étend au long sur les inconvénients du phimosis, décrits dans les traités de médecine chinois. — Le croyant prie cinq fois par jour, à l'aube, à midi, après midi, au soir, avant minuit. Quand il prie, il doit se tourner vers l'Occident, vers le temple de la Mecque. Il forme d'abord son intention en se tenant debout, puis il élève les deux mains à la hauteur des oreilles, commence sa récitation, s'incline, se prosterne deux fois, enfin s'accroupit. Le moindre manquement à ces rits, rend la prière vaine. — Tous les sept jours, un jour entier est consacré à la prière, à l'examen et à la purification de ses actions et de ses pensées. — Enfin, chaque année, deux grandes fêtes (bairam), jours de prière publique. La première 開會 *id al fetr*, tombe le jour où on rompt le jeûne après le mois de ramadan. La seconde 祀會 *id al korban*, est le jour du sacrifice en union avec les pélerins de la Mecque. Ce jour-là, après un jeûne préparatoire, les fidèles se réunissent, lavés, ornés, parfumés. Les victimes sont sacrifiées en commun. Chaque offrant immole la sienne, en lui coupant la gorge. Il garde un tiers de la viande pour soi, donne le second tiers aux pauvres, et le troisième à ses parents et voisins.

La prière est la source qui lave les péchés, la colonne qui soutient la religion, l'escalier qui mène au Seigneur. Chaque septième jour est jour de culte, parce que le monde a été créé en sept jours. Pourvu qu'il y ait quatre croyants, il doit y avoir assemblée. Purifiés, lavés, bien vêtus et parfumés, les fidèles vont à la mosquée, où ils font d'abord les révérences rituelles. Ensuite le mollah étant monté en chaire, loue le Seigneur, Mahomet et les Saints, puis exhorte le peuple. L'exhortation finie, élevant la voix, le mollah loue derechef le Seigneur, et invite les fidèles à se prosterner deux fois devant lui. Les fidèles saluent aussi Mahomet. Enfin ils récitent en commun une invocation au Seigneur, dont voici le texte... «O vénérable et grand Seigneur, nous te prions de nous aider à te servir, nous te prions de nous pardonner nos péchés. Nous croyons en toi. Nous mettons toute notre confiance en toi. Nous te louons. Nous sommes pleins de reconnaissance envers toi. Nous proclamons tes bienfaits. O vénérable et grand Seigneur, nous nous prosternons devant toi seul. Nous voulons marcher fidèlement dans tes voies. Nous voulons te servir avec zèle. Nous espérons en ta miséricorde. Nous redoutons tes jugements. »

3. **Le jeûne.** Durant le ramadan, chacun mange son soûl au premier chant du coq; puis aucune nourriture, aucune boisson, ne peut être prise, jusqu'à l'apparition des premières étoiles. Les jours de jeûne sont chômés. Ils doivent être employés tout entiers à examiner sa conduite, à laver ses péchés par le repentir et la prière. Les malades, les femmes enceintes ou nourrices, devront suppléer plus tard les jours de jeûne omis. Tout jour de jeûne omis involontairement, doit être suppléé par un jour de jeûne volontaire. Tout jour de jeûne omis délibérément, doit être suppléé par soixante jours de jeûne continus. Si, durant cette longue pénitence, un seul jeûne est omis, les jeûnes précédents ne comptent pas. Celui qui n'est pas capable de jeûner durant soixante jours continus, peut se racheter en libérant un de ses esclaves; ou bien, s'il n'a pas d'esclaves, en donnant à soixante pauvres une aumône équivalant à la valeur de deux livres de blé ou quatre livres d'orge pour chacun. Tout vieillard que l'âge a rendu incapable de jeûner, doit racheter chaque jour de jeûne par la même aumône faite à un pauvre.

4. **L'aumône.** Chaque fidèle doit aux pauvres le quarantième de son revenu annuel en argent; la dîme du produit de ses terres et jardins; un bœuf sur 30, un mouton sur 45, un mouton par 5 chameaux, un chameau par 25 chameaux; enfin le cinquième du produit des carrières et mines. Les créanciers insolvables sont provisoirement dispensés de l'aumône; ils doivent avant tout payer leurs dettes. L'aumône ne compte, que si elle est faite à des Mahométans, hommes libres, vivants et vraiment pauvres. Les parents et proches doivent passer avant les autres. Un don fait à un esclave, une dépense faite pour un défunt, ne comptent pas comme aumône.

Tout Mahométan doit mépriser les richesses, se loger et se vêtir simplement, vivre sobrement. — La musique est interdite, parce qu'elle énerve ou affole l'âme. — Le vin est prohibé, parce qu'il trouble la raison. — Tout animal qu'on tue pour le manger, doit être égorgé, afin que son sang s'écoule entièrement. Avant de lui ôter la vie, on en demande la permission au Seigneur, qui la lui a donnée. — La viande du porc est prohibée. Item, la chair de tous les carnivores et rapaces. Item, la chair de tout animal mort de maladie ou de vieillesse. Item, la chair de tout animal qui n'a pas été égorgé, spécialement de ceux qui ont été tués au moyen d'une arme à feu, leur sang étant resté dans leur chair.

Je décrirai tout à l'heure en détail les rits funèbres. Les rits nuptiaux semblent avoir été influencés par la coutume chinoise. Ils ne contiennent rien de proprement religieux, l'adoration du ciel et de la terre étant supprimée. Tout se passe avec grande simplicité. — Pour l'enfant nouveau-né, au septième jour qui suit sa naissance, on immole deux moutons si c'est un garçon, un seul si c'est une fille, en action de grâces au Seigneur. Ce jour n'est pas celui de la circoncision, laquelle se pratique fort tard, comme j'ai dit plus haut.

VI. Les 五 典 cinq règles.

Dans l'énumération des relations, identiques à celles des Confuciistes, les époux sont placés en premier lieu.

1. L'époux doit aimer sa femme, la bien traiter, l'aider à être vertueuse, être indulgent pour elle comme pour un être faible, enfin lui être fidèle. — La femme doit être respectueusement et absolument soumise. Elle doit s'efforcer de mériter l'amour de son époux Si elle l'obtient, elle peut croire que le Seigneur l'aime; sinon, elle doit croire que le Seigneur la hait. La femme quitte sa famille pour s'attacher à son mari, au point que, même en cas de maladie ou de mort de ses parents, elle ne peut les visiter qu'avec la permission de son mari.

2. La paternité doit être douce. Le père doit aimer tous ses enfants, également, car ses filles aussi lui ont été données par le Seigneur. — Le fils doit aimer et vénérer ses parents, recevoir leurs instructions avec docilité et reconnaissance. Peuple fidèle, bénis le Seigneur, et bénis tes père et mère, dit le texte.

3. Le prince doit être humain et bon, comme David. Écoute David, dit le Seigneur; c'est moi qui t'ai donné ton mandat; c'est moi qui t'ai fait le roi de ton peuple, pour que tu le gouvernes avec justice; si tu cherches ton intérêt privé, tu auras quitté ta voie; c'est moi le Seigneur qui t'ai nommé. Le prince, dit le texte, est l'ombre du vrai Seigneur, l'appui du peuple. Le prince est le serviteur de son peuple; si un homme pâtit, c'est sa faute. Le prince doit faire siens les intérêts, les sentiments, les joies et les peines de ses sujets. Il doit se garder de l'ambition d'agrandir ses domaines, de perpétuer son pouvoir. Il doit mépriser sa propre grandeur, pour ne se soucier que du bien de son peuple. Il doit tenir sa porte ouverte aux censeurs, fermée aux flatteurs. Qu'il aime le peuple, universellement et gratuitement; comme le ciel qui donne sa lumière, sa pluie et sa rosée, à tous indistinctement, sans exiger de retour. — Les officiers doivent au prince le plus absolu dévouement. Ils doivent lui être fidèles, comme au Seigneur lui-même. S'ils lui manquent, ils ont manqué au Seigneur.

4. Les frères doivent vivre en bonne intelligence, et se traiter avec équité. Les aînés doivent être bons et indulgents pour les cadets; les cadets doivent être très respectueux et très obéissants à l'égard de leurs aînés. Les frères sont rameaux d'un même tronc, grains d'une même grappe; ils doivent donc être très unis. La

supériorité de l'aîné sur le cadet est naturelle, comme celle de la main droite sur la main gauche, la plus forte sur la plus faible; mais aînés et cadets doivent aussi s'entr'aider, comme les deux mains s'entr'aident.

5. Les amis se doivent vérité et fidélité. Un ami véritable, c'est le miroir qui révèle les défauts, c'est le médecin qui guérit les maux secrets. C'est la moitié de soi, c'est un autre soi-même.

VII. Mort et funérailles.

« O hommes, dit le texte, durant votre vie, vous devez préparer votre mort. Car le bien sera récompensé, le mal sera puni. Le vrai Seigneur infiniment juste, récompense ou punit sans retour. Quand l'homme est arrivé à la place du jugement, il est trop tard pour se repentir. »

Le silence le plus complet doit être fait autour d'un moribond. Sauf ses propres enfants, des hommes seuls approchent d'un homme mourant, des femmes seules d'une femme mourante. — Avant qu'il ne perde connaissance, on exhorte le mourant à déclarer ce qu'il doit déclarer et on l'écrit. Le nombre de jeûnes qu'il a omis, ou de prières qu'il est tenu de suppléer; l'argent qu'il doit à autrui; les promesses ou serments qu'il a faits et n'a pas tenus, tout cela est écrit avec soin, afin que les héritiers l'acquittent. — Le lit du mourant est disposé de telle sorte, que son visage soit orienté vers la Mecque. Durant toute son agonie, les assistants doivent l'exhorter à garder sa foi jusqu'au dernier soupir. Car tout pour lui dépend de là. Il faut donc l'assister et l'aider avec dévouement et persévérance. — Quand il a expiré, on lui ferme les yeux, on étend ses bras et ses jambes. Durant la nuit suivante, on lave son corps, puis on l'enveloppe de trois linceuls si c'est un homme, de cinq si c'est une femme. Puis le défunt est ceint avec une bande, et on le dépose dans une bière. Ensuite on le pleure. On donne ordre aussi de creuser sa tombe, car l'enterrement devra se faire obligatoirement le troisième jour. L'usage chinois de la sépulture provisoire, est sévèrement censuré et réprouvé par les Mahométans.

En attendant l'ensevelissement, à la maison mortuaire on s'acquitte des rits funèbres. C'est-à-dire que les visiteurs y vénèrent le Seigneur au nom du mort, et le remercient d'avoir tiré ce croyant de la poussière, pour l'introduire dans la pureté. Puis, le cérémoniaire se tenant debout devant la bière, et toute l'assistance, hommes et femmes séparés, se tenant derrière lui, on honore le mort, mais sans s'incliner, sans se prosterner, sans s'agenouiller; uniquement en pensant à ce qu'il fut, à ses vertus, et en lui donnant des éloges. — Le troisième jour venu, la bière est transportée à la tombe sur une voiture. Les fils du mort suivent la voiture à pied. Les parents et amis sont allés d'avance à la tombe. Tous doivent examiner leur conscience et prier le Seigneur; aucune parole profane ne doit être prononcée. La tombe est creusée, à la mode juive et arabe, en forme de chambre souterraine, à laquelle un couloir en pente donne accès. Quand la bière a été amenée près de la tombe, tout le monde se tient debout. Les pleurs cessent. Le fils aîné descend dans la tombe, pour voir si tout est bien aménagé, et y brûle de l'encens. Ensuite tombe et bière sont entourées d'un grand rideau. A l'abri des regards, le cadavre est retiré de la bière, porté et déposé dans la tombe, les pieds tournés vers l'Occident. On défait la bande qui ceint les linceuls, on découvre le visage du mort et on l'oriente vers la Mecque. Alors le fils dit au cadavre de son père: «au nom du vrai Seigneur, je te dépose ici.» Puis, le fils étant sorti du caveau, la porte est murée avec des pisés, sur lesquels on fixe avec des chevilles une solide natte en bambou, puis le couloir est comblé et un tertre est élevé sur la tombe, tandis que les assistants récitent des prières. Le tertre doit être très bas, et avoir la forme du dos d'un cheval. Clous, briques, chaux, maçonnerie, sont absolument prohibés. Défense d'inscrire sur la tombe le nom du défunt.

Au retour des funérailles, avant le soir, les héritiers se réunissent pour liquider la succession du défunt, et acquitter les dettes qu'il a déclarées avant sa mort. Pour chaque omission d'un jeûne ou d'une prière, chaque héritier est tenu à une aumône de deux mesures de blé, ou à la valeur équivalente en numéraire. Tous les créanciers du défunt doivent être payés ce soir-là même. Si le montant des créances excède ou égale l'avoir, un tiers de la succession est laissé à la famille, les deux autres tiers étant immédiatement livrés aux créanciers. — On continue à prier le Seigneur pour le mort, pour qu'il daigne protéger son âme. On fait aussi, à son intention, des aumônes en argent et en nature, spécialement le septième, le centième, le premier et le troisième jour anniversaire.

Sources. — Les traités 正學 *Tcheng-hiao*, 典禮 *Tien-li*, 釋疑 *Cheu-i*, 指南 *Tcheu-nan*, 敎欵捷要 *Kiao-k'oan tsie-yao*, et autres.

Soixante-quatorzième Leçon.

Temps modernes. — Sous la dynastie mandchoue 清 *Ts'ing*. — Depuis la République.
I. Tchouhisme officiel. — II. Le culte traditionnel du Ciel. — III. Le culte officiel de Confucius.

Montée sur le trône de la Chine par la trahison et la violence, la dynastie mandchoue des 清 *Ts'ing* dut avant tout chercher à se faire accepter. Dans ce but, ces éleveurs de bestiaux nomades, qui pour leur compte personnel pratiquaient le Lamaïsme tibétain un ignoble Tantrisme, adulèrent les Confuciistes et firent tout ce qu'ils purent en faveur du Confuciisme. Le temps que dura cette dynastie étrangère (1644-1912), fut l'âge d'or des Lettrés ; celui durant lequel ils déployèrent à loisir, dans toute sa splendeur, leur morgue et leur imbécillité. Je vais résumer les faits à noter durant cette période.

I. Tchouhisme officiel.

Depuis la fin des 漢 *Han*, la Chine n'eut aucune aristocratie. La ploutocratie n'y joua, socialement parlant, qu'un rôle très effacé. Les puissants du jour, grandeurs éphémères, furent toujours et exclusivement les hauts fonctionnaires, les hommes au pouvoir. Or toutes les charges et dignités s'obtenaient par les examens officiels uniquement, et la matière de ces examens était déterminée par la caste des Lettrés. Pour pouvoir s'y présenter, il fallait être recommandé par des Lettrés. Les seuls Lettrés étaient examinateurs. Ne passait que qui faisait profession de leurs idées. On voit le monopole, et le fait que la Chine était en réalité gouvernée par ces particuliers. — Sous la dynastie mandchoue des 清 *Ts'ing*, le système fut appliqué plus rigoureusement que jamais. On n'arrivait que par les examens. Or les examens roulaient exclusivement sur les Canoniques confuciistes, et l'interprétation tchouhiste de ces livres était obligatoire. En 1715, l'empereur 康熙 *K'ang-hi* fit faire, sous son 欽定 patronage impérial, une édition nouvelle des Canoniques, avec commentaires tchouhistes, pour écarter l'édition des 唐 *T'ang* (page 537). En 1717, le même empereur fit faire, à l'usage des étudiants, 性理精義 un abrégé de la collection des philosophes 宋 *Song* publiée sous les 明 *Ming* (page 645). Tous les autres ouvrages publiés sous la dynastie *Ts'ing*, par ordre ou sous le patronage impérial, portent l'estampille du Tchouhisme, furent faits pour vulgariser le Tchouhisme, la doctrine officielle. De là le positivisme matérialiste uniforme des dernières générations.

Ce n'est pas que les savants aient entièrement fait défaut sous les *Ts'ing*. Plusieurs esprits de haute valeur, 顧炎武 *Kou-yenou*, 胡渭 *Hou-wei*, surtout 閻若璩 *Yen-jaokiu*, et autres, produisirent des travaux d'érudition et de critique très remarquables, sur les anciens livres chinois y compris les Canoniques, sur l'histoire nationale, etc. Mais les Officiels ne prisant que *Tchou-hi* et le genre compilation, ces hommes trop intelligents durent se passer des caresses de la fortune, et il leur fallut attendre que de généreux Mécène (comme 阮 元 *Yuan-yuan*) éditassent leurs mémoires. — Ces travaux d'érudition et de critique, très rares dans les époques antérieures à cause du manque de bibliothèques, datent du temps de l'empereur 成 祖 *Tch'eng-tsou* des *Ming*, période 永 樂 *Young-lao*. Ce prince fit faire en double, en 1407, pour Nankin et Pékin, la collection des ouvrages, opuscules et mémoires rares, recueillis par son ordre dans tout l'empire (le 永 樂 大 典 *Young-lao ta-tien*).

— ❦ ❦ —

Pour l'instruction et l'édification du peuple, la dynastie *Ts'ing* produisit deux séries de documents.

D'abord des collections de vies 列 傳 d'hommes et de 烈 女 femmes qui se distinguèrent par quelque vertu héroïque. Vies, ou plutôt morts, officiellement enregistrées et codifiées. Il ne se peut rien de plus monotone. Des traits de piété filiale exagérée jusqu'à l'absurde. Des fonctionnaires, des officiers, victimes de l'ingratitude de leurs maîtres ou de la basse jalousie de leurs collègues. Des suicides de femmes menacées de viol ou de rapt. Quelques figures honnêtes, bien rares. Beaucoup de gestes stoïques calculés, de poses théâtrales devant la postérité. De vraie vertu, simple et aimable, autant que pas du tout. Du paganisme enfin, sans cœur, sans conscience, sans idéal. — Dans les vies des fonctionnaires, un trait amusant revient souvent. Il s'agit de leur pouvoir sur la nature, dans l'exercice de leurs fonctions, en vertu de leur mandat, comme délégués du Fils du Ciel. Cette idée est aussi vieille que la Chine; mais la voir ressasser par des incrédules notoires, c'est à faire sourire. Voici deux exemples du genre... D'un certain 董 策 *Tong-tch'ai*, sous-préfet de 邯 鄲 *Han-tan*, il est raconté qu'un bœuf cruellement battu et blessé par son maître, se précipita dans son tribunal pour lui demander justice, et qu'il condamna le maître à soigner l'animal jusqu'à guérison (comparez page 471)... Des sauterelles ayant envahi son territoire, le même alla prier le Ciel dans la campagne dévastée. Aussitôt de gros oiseaux arrivèrent par milliers, et dévorèrent les sauterelles. — Un certain 童 恢 *T'oung-hoei* fut fait préfet d'un district, où les tigres faisaient de nombreuses victimes. On en prit deux, qu'on encagea. *T'oung-hoei* les fit comparaître, dans leur cage bien entendu, et leur tint ce discours: «Le Ciel qui a produit tous les êtres, a permis que les tigres mangeassent des bœufs ou des moutons, mais il ne veut pas qu'ils mangent des hommes. Tout tigre qui a tué un homme, doit mourir. Je vous adjure donc. Si vous êtes innocents, dites-le. Baissez la tête, si vous êtes coupables.» Aussitôt l'un des deux tigres se mit à se démener en rugissant, tandis que l'autre s'accroupit en silence et baissa la tête. *T'oung-hoei* donna ordre de tuer celui-ci, et de remettre l'autre en liberté pour qu'il instruisît sa gent. — Il y en a des volumes, de cette force. Je pense que ces deux échantillons suffiront. Ces pièces étaient évidemment destinées à donner au peuple une crainte superstitieuse des mandarins. De fait jadis le bas peuple les tenait tous pour un peu 神 *chenn* (transcendants).

L'autre série de documents produits par la dynastie *Ts'ing* pour l'instruction et l'édification du peuple, ce furent les fameuses exhortations 聖 諭 *cheng-u*, seize compositions faites par l'empereur 雍正 Young-tcheng sur autant de thèmes choisis par son père K'ang-hi. Afin que l'ignorance de ces sermons impériaux ne pût être prétextée par personne, lecture publique dut en être faite, dans toutes les villes, par le mandarin local, le premier et le quinzième jour de chaque mois. Ce compendium de morale tchouhiste aurait peut-être fait beaucoup de mal au *stupide peuple*, comme les Lettrés affectent de l'appeler, s'il avait été vraiment lu et écouté. Mais la Chine impériale fut toujours le pays des édits lettre-morte. Si les instructions de *Young-tcheng* furent lues parfois pour la forme, elles ne furent écoutées sérieusement par personne. Voici le sommaire de leur contenu... Principaux sujets traités, la piété filiale, la concorde entre frères, la concorde entre concitoyens, la nécessité de travailler, l'économie, le soin de conserver sa vie et ses forces, l'utilité de l'étude, le devoir d'instruire ses fils et ses frères cadets, les rits, les sectes, les impôts. Le Ciel est nommé parfois, mais vaguement et en passant, par manière de figure oratoire plutôt que d'argument. Aucune allusion à une vie future, aucune sanction d'outre-tombe. La conformité à une certaine bonté innée, est indiquée théoriquement comme étant le bien; mais pratiquement, c'est à la piété filiale que tout est ramené, comme à la vraie règle des mœurs. Une vie paisible et confortable est promise à ceux qui pratiqueront bien la morale impériale... La paraphrase en langue populaire qui accompagne le texte écrit, est encore plus crûment matérialiste que ce texte. Elle nie formellement l'existence d'un ciel et d'un enfer, traite d'illusion le souci de s'assurer le bonheur dans une existence future, et propose nettement comme objet du culte les parents, et comme fin dernière l'aisance obtenue par le travail. Voici deux échantillons du style de cette paraphrase...

Péroraison de l'instruction sur la piété filiale... « Il y en a qui disent: moi aussi je voudrais bien être un bon fils; mais il n'y a pas moyen; mes parents ne m'aiment pas; mes parents me maltraitent... Est-ce là une excuse? Et même s'il en était vraiment ainsi, cela les dispenserait-il d'être pieux envers leurs parents? Qu'ils sachent bien que les enfants n'ont aucun compte à demander à leurs parents. Il en est des parents comme du Ciel. Quand le Ciel produit une plante, au printemps elle est luxuriante, parce que cela plaît au Ciel ; à l'arrière-saison elle est tuée par la gelée, parce que le Ciel le veut ainsi. A cela il n'y a rien à dire. Qui est-ce qui oserait bien demander compte au Ciel?.. Il en est de même des parents. Tout fils doit à ses parents, ce qu'il est et ce qu'il a. Si tu vis, c'est parce que tes parents t'ont fait vivre; s'ils te faisaient mourir, tu devrais mourir volontiers. De quel front oses-tu te plaindre de tes parents? Les Anciens disaient que les parents n'ont jamais tort ».

Péroraison de l'instruction sur les sectes... « Le pire des maux, ce sont les doctrines dépravées, parce qu'elles corrompent le cœur. La pire des erreurs, c'est vouloir, dans la vie présente, se préparer du bonheur pour une vie à venir. Les espérances des moines buddhistes et taoïstes, qui veulent devenir Buddhas ou Génies, sont de vains rêves, de trompeuses illusions. L'adage dit: Vénérez vos parents dans l'intérieur de votre maison, et n'allez pas au loin pour brûler de l'encens. Persuadez-vous que vos parents sont deux Buddhas vivants; honorez-les et servez-les de votre mieux ; cela vous profitera plus que d'aller faire des offrandes à des statues en bois ou en argile. Comprenez bien que, le ciel, c'est la paix d'un cœur

Leçon 74.

Le Génie du Fleuve Jaune.

vide de passions; et que l'enfer, c'est le trouble d'un cœur plein de remords. Gouvernez votre cœur comme il faut, et vous serez heureux, et les bonzes n'auront plus prise sur vous. Réglez votre maison, et vous prospérerez, et vous obtiendrez du Ciel tous les biens. Ne désirez pas ce qui est au-dessus de votre condition, ne convoitez pas plus que votre lot ne comporte, n'agissez pas contre le dictamen de la raison, ne vous faites pas d'affaires avec le prochain. Soyez content de votre sort, et coulez vos jours en paix. Que les paysans labourent au printemps, binent en été, récoltent en automne, filent et tissent durant l'hiver. Que les soldats prennent les brigands, escortent les voyageurs, fassent des rondes pour tenir le pays tranquille. Que chacun, suivant les règles de sa profession, s'applique à son office. Faites cela, cela seulement, et tout ira au mieux, et personne n'éprouvera plus le besoin de chercher autre chose.»

II. Le culte traditionnel du Ciel.

Parlons maintenant du théisme antique fossile, dont le culte continue, malgré tout, aux jours marqués dans le calendrier de la dynastie (page 540). Il me faut reprendre ce sujet depuis les 元 *Yuan*. — L'hymnaire des 明 *Ming* diffère de ceux des dynasties qui les précédèrent, par ce fait que les hymnes n'accompagnent plus l'offrande d'une manière large, mais en suivent exactement tous les gestes. Voici quatre hymnes des *Ming*, de l'an 1368...

Avant l'offrande, invitation:

«L'azur s'étend en voûte immense, couvrant le monde inférieur.
Ce tertre rond est le point de l'empire où tous les Génies se réunissent.
    Petites fourmis que nous sommes,
      recevons-les avec vénération.
Leurs visages resplendissent comme l'or et le jade.
Leurs chars attelés de dragons courent sur les nuées.
    Ils arrivent à ce tertre.
    A vous, très nobles, vénération!»

Pendant l'offrande;

    «Comme un petit enfant,
moi (l'empereur) j'implore les grâces du Ciel mon père,
je me confie en la charité du Ciel.
Je me suis donné toute la peine que j'ai pu.
Voici des libations odoriférantes,
    voici des mets de choix,
je les ai préparés dans la joie de mon cœur,
    pous vous réjouir, ô Génie (le Ciel).
Après la fin de cette offrande,
    que votre bénédiction demeure sur moi!»

Leçon 74.

Confucius en costume royal.

Pendant que les offrandes sont consumées par le feu :

«Sur le tertre brûlent les victimes et les soieries ;
nous espérons qu'elles monteront jusqu'au palais du Souverain.
Nous lui avons offert le sacrifice du tertre ;
nous espérons qu'il le saura, dans son palais lumineux.»

Renvoi des Génies :

«Que les drapeaux s'agitent !
Les chars attelés de dragons et de phénix s'ébranlent.
Allez, montez vers les hauteurs !
Laissez-nous, avec votre bénédiction, une prospérité durable.»

L'hymnaire de la dynastie *Ts'ing* suit pareillement les phases de l'offrande. En voici quelques échantillons...

Pendant que l'empereur agenouillé offre le traditionnel morceau de lapis-lazuli, le chœur chante en son nom :

«Que cette offrande monte dans l'espace, et soit connue en haut ;
qu'elle nous obtienne ce que nous désirons !
Je suis venu à ce tertre, avec mes officiers,
pour demander à l'Auguste Ciel, d'accorder à la terre
la maturation des céréales, une bonne moisson.»

Ici l'empereur fait, trois par trois, les neuf prostrations solennelles, puis offre des parfums. Le chœur chante :

«Par mes offrandes,
je fais savoir en haut mon respect.
Que suivant le chemin de la foudre,
et les voies des neuf dragons,
cette fumée s'élève dans l'espace,
et que les bénédictions descendent sur le peuple !
C'est ce que moi, petit enfant (l'empereur),
je demande par ces offrandes.»

Pendant que les offrandes sont consumées par le feu, le chœur chante :

«Les trépieds et les encensoirs fument,
les pièces de chair et de soie flambent,
leur fumée va, plus haut que les nuages,
montrer la peine que le peuple s'est donnée.
Que notre musique et nos chants
fassent connaître la dévotion de nos cœurs !»

Leçon 74.

Confucius en costume impérial.

Leçon 74.

III. Le culte officiel de Confucius.

Les Lettrés régnant en maîtres, la dynastie 清 *Ts'ing* poussa à son apogée le culte officiel de Confucius, l'hommage national rendu à la mémoire du Sage, dont je vais résumer ici l'évolution singulièrement tardive, lente et laborieuse. — Les visites que quelques empereurs anciens firent à sa tombe, ne furent pas des pèlerinages, mais des arrêts faits au cours de voyages qui avaient un tout autre but. Ceux qui introduisirent plus tard le culte de Confucius, ceux qui travaillèrent à sa glorification, furent, notons-le bien, ou des empereurs chinois hétérodoxes, ou des conquérants étrangers établis temporairement sur le sol de la Chine. Ils honorèrent Confucius, afin de se faire pardonner par les Lettrés, les uns le péché de superstition, les autres le crime d'usurpation. Ils se prosternèrent devant le Maître, pour gagner le cœur des disciples, et par eux celui du peuple. Politique, non dévotion !... Près de mille ans après sa mort, en 442 après J.-C., un empereur taoïste élève au Sage un temple près de sa tombe. En 473, un roi tongouse fait duc héréditaire le chef de sa postérité. En 505, un empereur buddhiste élève au Sage le premier temple qu'il eut à la capitale. En 637, un ministre qui favorisa tous les cultes, assigna à l'image de Confucius la place d'honneur dans les écoles. En 665, un empereur qui pratiqua toutes les superstitions, lui conféra le titre de Maître suprême. En 739, un empereur taoïste lui accorde le titre de roi, et lui fait une cour de ses disciples. En 932, un empereur turc fait graver ses livres jusque là peu répandus, et procure ainsi la diffusion de sa doctrine. En 1013, un empereur taoïste ayant transféré au dieu Pur Auguste le titre alors porté par Confucius, conféra à celui-ci, par manière d'indemnité, le nom de 至聖 Sage parfait, qu'il porte encore. En 1048, la robe impériale lui fut concédée, un peu en fraude. En 1307, l'empereur mongol *Ou* l'exalta, comme jamais personne n'avait fait, de l'aveu des Lettrés. En 1330, l'empereur mongol *Wenn* anoblit ses ancêtres. Le 6 janvier 1907, en compensation de la modification du système des examens officiels, mesure qui brisait la caste des Lettrés, le gouvernement mandchou éleva le culte de Confucius au rang de culte du premier degré. — Quant à la signification de ce culte, sous la dynastie *Ts'ing*, elle n'est pas douteuse Nous savons que, d'après *Tchou-hi* l'exégète officiel, l'âme d'un homme s'éteint d'autant plus vite après sa mort, que cet homme avait été plus sage durant sa vie. Or Confucius étant le Sage parfait, il s'ensuit que son âme est retournée dans le néant, il y a de cela plus de 23 siècles, et que le culte qu'on lui rend ne s'adresse qu'à son nom et à sa mémoire, que cet hommage doit glorifier et perpétuer... Dans son 教務記略 *Kiao-ou ki-leao*, recueil de documents sur les questions religieuses à l'usage des mandarins peu versés dans cette matière, en 1904 le vice-roi 周馥 *Tcheou-fou* expose d'abord au long une consultation du Tribunal des Rits de l'an 1701, adressée à l'empereur 康熙 *K'ang-hi*, laquelle conclut en ces termes « Nous vos serviteurs ayant délibéré, sommes d'avis que, se prosterner devant Confucius, c'est le vénérer comme le maître et le modèle des hommes, ce n'est pas lui demander fortune, talent ou dignités. »... Puis *Tcheou-fou* affirme avec énergie que cette prosternation est obligatoire, dans certaines circonstances, de par l'autorité du gouvernement « Depuis l'origine des

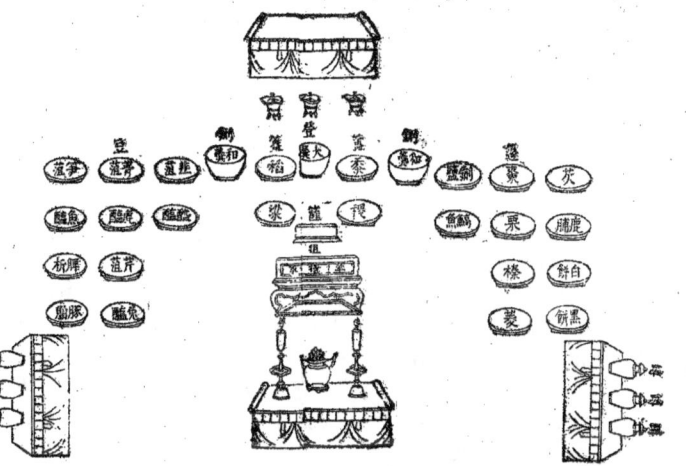

Offrande à Confucius.

Leçon 74.

temps, c'est l'usage en Chine de se prosterner pour honorer. Ce n'est pas Confucius qui a institué cette manière de saluer. On n'en use pas que pour lui. Ce n'est pas un acte de religion, mais un rit déterminé par le gouvernement. C'est un rit des plus importants, qui oblige tous les officiers et gens du peuple. Quiconque le refuserait, serait réfractaire à la loi. »... Les mêmes choses ont été redites, dans de nombreux documents, jusqu'à la fin des *Ts'ing*.

— ❖ ❖ —

La première rafale de la révolution de 1911, faillit emporter le culte officiel de Confucius. Les nouveaux gouvernants furent un instant d'avis de le supprimer net. Puis ils se ravisèrent, et jugèrent plus prudent de différer. Au gouverneur du 浙江 *Tchee-kiang* qui demandait ce qu'il fallait faire, les ministres de l'intérieur et de l'éducation répondirent (et cette réponse fut transmise aux autorités des autres provinces): « En attendant que l'on ait légiféré sur la question générale des rits, on fera au temple de Confucius les offrandes comme par le passé. Mais les prostrations seront remplacées par trois inclinations, et la cérémonie se fera en habits ordinaires ».

Mais la race des Lettrés n'était pas morte. Sidérés un instant, ils reprirent leurs sens... et leurs intrigues. Voici la suite des mesures prises, par l'effet de leurs menées.

La constitution de Nankin (11 mars 1912), avait octroyé à tous les citoyens la liberté de croyance et de pratique religieuse. — Dès le 24 septembre 1912, le ministre de l'éducation prescrit, dans les écoles, une réunion commémorative, pour l'anniversaire annuel de la naissance de Confucius; avec cette remarque additionnelle que, dans cette réunion, des rits religieux ou des prostrations ne seraient pas à propos. — Le 22 juin 1913, le Président 袁世凱 *Yuän-cheuk'ai* annonce que, dans une république l'opinion du peuple étant l'essentiel, il va soumettre la question du culte ou non-culte de Confucius à un plébiscite. (Chose infaisable. Manière de gagner du temps.) — Le 24 septembre 1913, le ministre de l'éducation télégraphie aux provinces, que la fête de Confucius (27 septembre) serait célébrée pour cette fois, par des cérémonies faites à l'école et un congé donné aux élèves. La nature des cérémonies à faire, ne fut pas déterminée.

Cependant le Président qui commençait à rêver du trône, jugea utile de faire des avances aux Lettrés. Le duc 令貽 *Ling-i*, chef des descendants de Confucius, s'étant rendu à Pékin et ayant vu *Yuan-cheuk'ai*, le 26 novembre 1913, dans un mandat qui élève Confucius et sa doctrine jusqu'aux nues, celui-ci déclara que «les rits officiels en l'honneur de Confucius ont une grande importance», et que le *Comité politique* allait s'en occuper. — Le Comité en question ayant fait son rapport, le Président l'approuva, et statua par mandat du 7 février 1914, qu'aux deux jours 丁 *ting* du cycle, au printemps et en automne, suivant l'antique calendrier des 夏 *Hia*, jours fixés jadis pour les offrandes à Confucius, ces offrandes seraient faites comme précédemment, les rits et les costumes étant ceux du sacrifice au Ciel, et le Président de la République en personne étant l'offrant à la capitale... C'était revenir au dernier décret des *Ts'ing* (page 689). — Sentant bien que ce mandat indisposerait et inquiéterait les adeptes des autres cultes, le même jour,

Leçon 74.

Sous les Ts'ing. Mandarin faisant devant la tablette de Confucius les prostrations officielles

Leçon 74. 693

7 février 1914, le Président donna un second mandat, dans lequel il expose que, la République chinoise comprenant cinq races d'hommes dont l'histoire et les mœurs diffèrent, il n'y avait pas à songer à une unité de culte, à une religion chinoise... Tranchant ensuite péremptoirement une question très controversée, il affirme énergiquement que les offrandes faites de temps immémorial à des Sages anciens de premier et de second ordre, ne furent jamais des actes religieux. Que c'étaient de simples témoignages de gratitude envers ces bienfaiteurs de la nation, manifestations qui devaient être continuées. Qu'il ne fallait pas suspecter, dans cette continuation, l'intention d'instituer une religion nationale. Que, quant à la religion, conformément à la Constitution, liberté est laissée à chaque citoyen, d'agir à sa guise. — Cette thèse du gouvernement fut confirmée dans plusieurs mandats subséquents. Ainsi des Mahométans chinois ayant demandé l'insertion de textes du Coran dans les manuels scolaires, pour que leur religion fût aussi connue, le ministre de l'éducation leur répondit, que la doctrine de Confucius exposée dans les manuels scolaires n'est pas une religion, et que les rits accomplis en son honneur ne sont pas des cérémonies religieuses... Ce refus, et l'argument qui l'appuie, approuvés par le Président, furent transmis aux provinces le 12 septembre 1914.

Cependant le 11 février 1914, le *Comité politique* avait décidé la conservation et l'entretien du temple de Confucius existant dans chaque sous-préfecture, et la nomination d'un fonctionnaire local qui aurait charge du temple et des offrandes. — Le 20 février 1914, confirmation, par le Président, du culte spécial de Confucius dans son pays natal. — Le 3 juillet 1914, un Lettré ayant demandé que le titre de *Chef universel de la morale éternelle* fût officiellement conféré à Confucius, sa demande fut rejetée par le Conseil d'État, pour ce motif que « le Confuciisme n'est pas une religion, n'est pas la loi naturelle, n'est pas la doctrine unique en ce monde ». — Le 28 septembre 1914, offrande solennelle du Président au temple de Confucius de Pékin, précédée le 25 septembre par un mandat larmoyant, qui s'apitoie sur la décadence du culte de Confucius, dont la décadence des mœurs est la conséquence pratique. — Un nouveau rituel du culte de Confucius fut élaboré. Il contient cette clause : « Pour ce qui concerne les offrandes à Confucius dans les écoles, le jour de l'ouverture des classes et de l'anniversaire de sa naissance, on observera avec soin le mandat précédemment promulgué, d'après lequel ces offrandes ne sont pas d'obligation »... Cette note délibérément ambiguë, s'applique, je pense, aux particuliers qui refuseraient de participer. — Cependant, pour donner satisfaction à la 孔教會 *Société de la doctrine confuciiste* fondée par les Lettrés, le paragraphe suivant fut ajouté à l'article 19 de la Constitution provisoire, par un tour de main tenant de la prestidigitation : « L'éducation nationale considère la doctrine de Confucius, comme étant la maîtresse racine de la formation morale. »... Donc les livres confuciistes continueraient à être enseignés dans toutes les écoles... Donc la caste des Lettrés continuerait à y régner.

Après la mort du Président *Yuan-cheuk'ai* (30 août 1916), à la chambre, Monsieur 羅永紹 *Louo-youngchao* proposa la séparation absolue de l'état d'avec tout culte. Il demanda spécialement la suppression du culte de Confucius, et parce que le défunt Président en avait fait une machine de restauration monarchique, et parce qu'il excluait les chrétiens des charges. Le projet fut retiré, en vue d'amendements à y apporter. — En 1916, la fête de Confucius fut célébrée, comme en

1912, avec des inclinations seulement, sans prostrations.

Depuis le 5 septembre 1916, les deux Chambres discutent la Constitution provisoire, en vue de sa rédaction définitive. Trois points de cette Constitution intéressent la question religieuse. L'article 4, égalité de tous les citoyens, sans distinction de religion. L'article 11, liberté de conscience pour tous. Le paragraphe 2 surajouté à l'article 19, qui fait du Confucisme au moins la *morale* nationale. — Le 8 septembre 1916, à propos des articles 4 et 11, les parlementaires confuciistes proposèrent l'adoption d'une religion nationale, dont le culte du Ciel et celui de Confucius seraient les pivots. Cette motion fut rejetée. — Restait le paragraphe 2 de l'article 19. Sur ce point, la lutte fut extrêmement violente. Le 27 septembre, le vote donna, 377 voix pour, 200 contre. Pour que le paragraphe fût définitivement maintenu, il aurait fallu les deux tiers des voix, soit 384, les votants étant 577 ce jour-là. Le 13 janvier 1917, un nouveau vote donna, 264 voix contre, 255 pour. — L'affaire n'est pas finie. Elle reviendra, sous une forme ou sous une autre, longtemps encore. Car il est écrit «Je retournerai dans ma maison, d'où je suis sorti» (Luc XI, 24). Peu importe le bonhomme Confucius. Peu importe sa plate morale. La question est celle-ci : «Positivisme matérialiste, ou Religion révélée?»

Le culte national du Ciel, du Souverain d'en haut, non interrompu depuis l'origine, a cessé en 1916.

Notes. — Il me faut placer ici une note sur la religion des 太平 *T'ai-p'ing*, syncrétisme d'idées théistes, juives, chrétiennes et mahométanes. J'ai parlé au long, dans mes *Textes Historiques*, de cette révolution qui dévasta la Chine durant quinze années (1850-1864), et qui coûta la vie, dit-on, à plus de vingt millions d'êtres humains. Je n'en dirai ici que le nécessaire. — Né près de Canton d'une pauvre famille, épileptique, visionnaire, 洪秀全 *Houng-siouts'uan* étudia, échoua aux examens, se fit maître d'école puis diseur de bonne aventure, lut des tracts protestants, entra au service de M. I. Roberts de la *Baptist Mission* de Canton, le quitta après quelques mois, chercha son cas dans la Bible protestante chinoise de Gutzlaff, découvrit qu'il était le second fils de Dieu le Père et le frère cadet de Jésus, prédestiné à établir le royaume de Dieu sur la terre, entreprise dans laquelle son frère aîné le Christ avait échoué. Jugeant que la manière forte était la seule qui pût réaliser ses aspirations, la manière douce ayant mal servi Jésus, il s'attacha d'abord les pirates du pays de Canton, alors désœuvrés, parce que les canonnières anglaises pourchassaient partout leurs jonques. Ce noyau fit boule de neige. Dans l'automne de l'année 1850, *Houng-siouts'uan* déclara simultanément la guerre politique à la dynastie mandchoue des 清 *Ts'ing*, et la guerre sainte à tout paganisme quel qu'il fût. Il fit imprimer sur papier jaune (couleur impériale) une Bible chinoise (version protestante de Gutzlaff, ornée aux bons endroits de notes expliquant sa mission; puis divers écrits religieux tendant tous au même but. Détruits après la répression de la révolte, par les intéressés, comme pièces séditieuses pouvant les compromettre gravement, les livres *T'ai-p'ing* sont très rares en Chine. J'ai eu la bonne fortune d'en trouver un grand nombre au *British Museum*, et de pouvoir les lire à l'aise. Voici, en abrégé, les résultats de cette lecture.

Leçon 74.

Dieu est unique. 天父上主皇上帝 le Père céleste Seigneur suprême, auguste Souverain d'en haut, est 獨一真神 l'unique vrai *chenn*. 天上真神一上帝 au ciel, en fait de vrais *chenn*, il n'y a que le seul Souverain d'en haut. 上帝亚外皆非神也 en dehors du Souverain d'en haut, il n'y a pas de *chenn*. Lui seul donne la vie, nourrit et protège. 無一人不當敬拜 tous les hommes sans exception lui doivent donc hommage. La mission du 天王 *T'ien-wang* (*Houng-siouts'uan*), est d'obliger tous les hommes à rendre au Père céleste Souverain d'en haut cet hommage dû. — Rarement le Père céleste est appelé 上天 Ciel suprême. Parfois il est appelé 爺 *Ye* tout court, abréviation du terme 老天爺 *Lao-t'ien-ye* si populaire en Chine.

Le Père céleste a, de toute éternité, une épouse dont la nature n'est pas expliquée. Elle est appelée 元配 *Yuan-p'ei* l'épouse originale; 天母 *T'ien-mou* 天媽 *T'ien-ma* la Mère céleste; ou plus ordinairement 老媽 *Lao-ma* la Vieille Mère.

Le Père céleste et la Vieille Mère engendrèrent d'abord (naissance céleste) 天兄 le frère aîné céleste 耶穌 Jésus, qui fut envoyé pour être 救主 le Sauveur des hommes, mais qui échoua dans sa mission. Il vit maintenant au ciel, retiré des affaires, avec son épouse 天嫂 la belle-sœur céleste, alias 神羔之妻 l'épouse de l'Agneau spirituel (Apoc. 21, 9). Jadis, quand le frère aîné céleste descendit sur la terre (naissance terrestre), il prit un corps humain dans le sein de 馬利亞 Marie. Lui *Houng-siouts'uan* le frère cadet, naquit comme Jésus, de naissance céleste, 天父上帝真命子⸺同一老媽所生 du Père céleste et de la Vieille Mère; puis il prit un corps humain dans le sein de sa mère terrestre. Il monte au ciel quand il veut, sur un char en forme de coq blanc, et converse avec le Père céleste, la Mère céleste, son grand frère utérin (sic) le Christ, et sa grande belle-sœur céleste. 朕親上高天、見過天父、天媽、胞兄基督、天上大嫂. Tous les cas difficiles qui se présentent, sont tranchés par une révélation censée obtenue au cours d'une de ces ascensions au ciel, à la manière de Mahomet. — Nota Bene. Quoique nés du Père céleste et de la Vieille Mère, Jésus et *Houng-siouts'uan* n'ont rien de divin.

Houng-siouts'uan n'a rien compris à la doctrine de l'Esprit-Saint, qu'il appelle 聖神 Sainte Transcendance ou 聖靈 Sainte Intelligence. Tantôt il l'identifie avec le Père, sous prétexte que Dieu est un. Tantôt il en fait une influence du Père, reposant sur lui *Houng-siouts'uan*, en vue de sa mission.

Les passages de l'Apocalypse (21, 3 et 6, 13-14)... Ecce nova facio omnia... Et cœlum recessit sicut liber involutus... Et stellæ de cœlo ceciderunt super terram, sicut ficus emittit grossos suos cum a vento magno movetur... sont interprétés de la fin de l'ancien ordre de choses terrestre, et de l'avènement du royaume de Dieu par le moyen des *T'ai-p'ing* figurés par la pluie d'étoiles. *Houng-siouts'uan* se donne pour le 禾王 moissonneur de l'Apocalypse 14, 16. La 天朝 dynastie céleste des *T'ai-p'ing* sera la Jérusalem nouvelle (Apoc. 21, 2). Etc.

Dans son manifeste contre les Mandchoux usurpateurs et contre les fausses religions, un superbe réquisitoire, *Houng-siouts'uan* déclare que 天王奉天真命、爲萬國太平真主 lui Roi céleste a reçu du Ciel le mandat d'être le Seigneur de la Paix suprême de tous les pays de ce monde. Tous ses édits se terminent par cette formule : 須知欽此 Vous deviez savoir ceci; conformez-vous-y avec respect.

Les T'ai-p'ing donnèrent à leur 天國 *royaume céleste*, une organisation religieuse. Gouvernement des Anciens. Un corps de prêtres. Sabbat imité du sabbat juif. Un culte public. Prières obligatoires, le matin, le soir, lors des repas. Baptême, au nom du Père, du frère aîné Jésus, et de la Sainte Intelligence reposant sur le frère cadet Roi céleste *Houng-siouts'uan*. Une sorte de Cène. Les prêtres présidaient, lors des noces et des funérailles. Les femmes étaient plus honorées parmi les *T'ai-p'ing*, qu'elles ne le sont parmi les Chinois païens. Défense absolue de bander les pieds des filles, et de se raser la tête. Peines très sévères, pour ceux qui noyaient leurs enfants.

Sources. — Collections 列傳 *Lie-tch'oan* de la dynastie 清 *Ts'ing*. — Les 聖諭 *Cheng-u*. — L'Histoire officielle 明史 *Ming-cheu*, chap. 62. — Le Rituel de la dynastie *Ts'ing*, 大清通禮 *Ta-ts'ing t'oung-li*, chap. 1. — Le 教務紀略 *Kiao-ou ki-leao*, chap. 4, section 2, page 12 verso... et postface, page 3 verso. — Enfin, depuis la République, les édits mandats et circulaires, dans 中華民國臨時新法令 *Tchoung-hoa Minn-kouo linn-cheu sinn fa-ling*, passim.

Les principaux livres 太平 *T'ai-p'ing* (j'en ai relevé plus de trente) sont: 太平天國准頒行詔書 leur grand manifeste... 天情道理書 leur théologie... 舊遺詔聖書 l'Ancien Testament... 新遺詔聖書 le Nouveau Testament, dans lequel l'Évangile selon Saint Jean manque; par hasard ou intentionnellement? je ne sais.

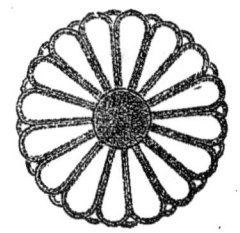

Epilogue.

J'ai exposé, suivant l'ordre historique, ce que les Chinois ont cru et pensé, au cours de quarante siècles. Le lecteur aura remarqué qu'ils ont eu quelque connaissance de presque toutes les vérités, et qu'ils ont entendu parler de la plupart des erreurs. Il me reste à indiquer, dans cet épilogue, la résultante de ces longs siècles de clair-obscur: la mentalité actuelle de la nation chinoise, en face de l'apostolat chrétien qui commence. Les idées générales que je vais énoncer, ne s'appliquent point, cela va sans dire, aux âmes exceptionnelles. En Chine comme partout, on en rencontre, grâce à l'action directe de Dieu.

La nation se divise en deux parties, numériquement très inégales, les lettrés et les illettrés. J'entends par *lettrés*, tous ceux qui, peu ou prou, ont étudié, sous un maître confuciiste, les textes de la secte; un pour cent de la population totale: peut-être quatre à cinq millions d'hommes. J'entends par *illettrés*, tous ceux qui sont restés vierges de cette étude, agriculteurs, artisans, marchands; quatre-vingt-dix-neuf centièmes de la population totale: près de quatre cent millions d'hommes probablement.

I. Les lettrés.

Généralement parlant, chez les lettrés au sens susdit, l'intelligence, la volonté, les inclinations, la sensibilité, sont affectées de graves tares.

1. Pesante indifférence à l'égard de tout dogme, radicale incrédulité à l'endroit de tout le surnaturel, tel est le mal foncier *de l'intelligence*, chez la plupart des lettrés. Lassitude indicible, apathie morbide, une sorte de narcose. Ils ont entendu parler de tout, et n'ont rien voulu croire. A la longue, ils ne peuvent plus croire. «Oh! je sais, disent-ils. Nous avons tout cela dans nos livres. Rien n'est prouvé d'ailleurs. Et puis, à quoi bon vouloir scruter ces choses? Tant de savants ont essayé, qui n'ont pas abouti. 誰知道 *chori tcheu-tao*, qui peut savoir?.. 遠之 *yuan-tcheu*, écartons ces idées!.. a dit Confucius.» — Chez d'autres, moins aveuglés, et qui sont arrivés à entrevoir le vrai, rien ne s'ensuit dans l'ordre pratique. Il semble que l'attache entre l'intelligence et la volonté, fasse défaut chez ces hommes... Soit une locomotive. Le piston joue, la bielle va et vient. Aucun effet n'est produit; les roues restent immobiles. Pourquoi? Parce que, entre la bielle et l'axe, une pièce manque, la manivelle, qui commue le mouvement en travail. De même, semble-t-il, chez nombre de lettrés chinois, un organe essentiel de la vie psychologique s'est atrophié, celui qui change les pensées en actions. Le vrai connu n'aboutit pas au bien pratiqué. Le syllogisme est pour eux un jeu intellectuel, qui s'arrête, avec une certaine sensation d'amusement, à la conclusion théorique. Que cette conclusion entraîne dans certains cas des conséquences pratiques, exige des résolutions, oblige à des actes, cela les dépasse. Ils ont trouvé une locution charmante, pour exprimer ces avortements de leur intelligence. Après y

avoir bien pensé, disent-ils, « 瞎嘆息 *hia t'an-si*, on soupire bêtement un coup », et on en reste là.

2. En second lieu, les lettrés souffrent tous, plus ou moins, *dans leur volonté*, des suites funestes de la *voie moyenne* confuciiste (page 133 G). S'en tenir, dans tous les cas, à l'expédient qui coûte le moindre effort, au truc qui permettra de se tirer vaille que vaille de la difficulté présente, sans utilisation des expériences passées, sans prévoyance des éventualités futures. Un atavisme multiséculaire a fait passer dans le sang de la race, la formule 差不多 *tch'a pou-touo*, de l'à peu près systématique. «Nos anciens s'en sont tirés; nous ferons comme eux; 想法子 *siang fa-ze*, on avisera de fois en fois»... Par suite, en Chine, rien de ce que nous appelons avoir des principes, avoir un plan, suivre une ligne de conduite. Absence, et même inintelligence, de ces idées hautes et saintes, qui ont fait les grandes nations... idéal, religion, patrie, abnégation, générosité, dévouement. Il n'y a pas de mots pour ces choses dans la langue chinoise, et il n'y a pas de place pour elles dans les cœurs chinois qui ne renient pas la *voie moyenne*.

3. Le troisième vice de la caste, c'est la terrible passion que j'appellerai *la manie de l'aléa*. Il faut avoir vécu dans le pays et pratiqué les Chinois, pour se rendre compte du rôle immense que cette psychose joue parmi eux. On sait, dans le monde entier, que les Chinois sont des joueurs. Le jeu de hasard n'est qu'un cas particulier du vice général dont je parle. En Chine, toute la vie nationale, et la vie de chaque particulier, est une partie de jeu. Ailleurs, l'homme politique, l'homme d'affaires, l'homme raisonnable quel qu'il soit, réfléchit, calcule, choisit finalement le parti le plus sûr, celui où il y aura le moins de risques. En Chine, c'est tout le contraire. L'aléa grise, passionne, entraîne le vouloir. Toute entreprise politique, financière, commerciale, plaît d'autant plus, qu'elle se présente plus comme une aventure à courir. Dans la vie la plus ordinaire, délibérément, une part sera faite au hasard. On commencera telle affaire, sans trop savoir ni pourquoi ni comment. On voguera ensuite, au gré du vent. On virera de bord, aussi souvent qu'il sera expédient. Rien de monotone comme une ligne droite, rien d'ennuyeux comme la constance. Si on s'en tire, à force de zigzags et de palinodies, on y gagnera le renom 有本事 d'habile homme. Si on perd la partie, on se sera du moins 熱鬧 bien amusé, et l'on en recommencera une autre... Toute l'histoire nationale de la Chine, depuis l'origine jusqu'en 1917, tient dans ce paragraphe. Sauf de rares exceptions, l'histoire des particuliers de ce peuple immense, y tient malheureusement aussi. Religion, politique, éducation, essais divers de civilisation et de progrès, tout échoue, du fait que le Chinois le mieux formé, le sujet sur lequel on comptait le plus, éprouvera un beau jour le besoin incoercible de tenter un coup de dés, l'uniformité de son bonheur lui étant devenue à charge, et la *manie de l'aléa* s'étant réveillée dans son cœur.

4. Le quatrième vice national, *vice de la sensibilité*, est hélas plus vil que les précédents. C'est la passion irrésistible de la jouissance, sous ses deux pires formes, la gourmandise et la luxure. — On sait comme l'ouvrier chinois sait travailler et peiner quand il lui plaît. Son endurance, son abstinence, sont vraiment extraordinaires. Qu'est-ce qui le soutient? Serait-ce la vision du bien-être des siens, ou d'une

vieillesse assurée? Nullement. C'est la perspective de pouvoir nocer et jouer tout son soûl pour un temps. — Le Lettré tend à la même fin, par ses voies à lui. La vénalité générale, les concussions et malversations en toute occasion, ont pour cause cet hédonisme effréné. Ce sont moyens pour jouir. Quand on voit de l'argent, 眼 紅 了 les yeux s'enflamment, dit l'adage populaire ; non d'amour pour l'argent, mais d'amour pour les plaisirs sensuels que l'argent procurera. Aliments, boissons, alcool, opium, morphine, cocaïne, tabacs fins, café, aphrodisiaques de toute sorte, toniques et stimulants, pratiques innommables, j'aurais beaucoup à dire sur ces sujets, mais ferai mieux de me taire. Je ne citerai qu'un proverbe : « Il n'y eut jamais qu'un seul 柳 下 惠 *Hoei* de *Liou-hia.* »... Cet homme vécut avant Confucius. La tradition rapporte de lui, que, ayant eu une fois une femme à sa disposition, il n'en abusa pas. Confucius le loua comme un être extraordinaire, la postérité affirme que son cas resta unique, et les modernes trouvent qu'il fut plutôt trop prude... Je rappelle (page 227) que, pour les Lettrés, la sodomie n'est pas un péché, mais la fleur de l'amitié ; et que la prostitution masculine est surtout entretenue par la secte.

A ces quatre tares des Lettrés confuciistes de l'école de 荀 子 *Sunn-tzeu,* ajoutez la haine irréductible du Christianisme, parce que cette religion est un idéalisme et une innovation. Puis relisez la parabole du *Semeur,* et jugez quelle chance peut avoir le grain évangélique, de germer grandir et fructifier en pareil terrain. Il serait donc inepte et injuste d'accuser les Missionnaires de Chine, de n'avoir pas converti la classe dirigeante (c'est-à-dire les Lettrés, la Chine n'ayant pas d'autre aristocratie), pour ne s'y être pas pris comme il aurait fallu. Prise en masse, la classe lettrée est inconvertissable, à cause de ses vices honteux, de sa morgue stupide, et de son indifférence blasée. Comment faire entrer dans le bercail, ceux à qui s'adresse le *foris!* de l'Apocalypse? — Je dis ceci de la masse. Dans le détail, il y a peut-être des exceptions. Il se peut qu'il y ait parfois des conversions, même complètes. Mais la règle, si conversion il y a, c'est la conversion imparfaite, un reste du vieux levain demeurant toujours et fermentant à l'occasion. Mon expérience personnelle m'a appris, qu'un converti du Confuciisme, reste pour le moins affligé d'un déficit ; de cette langueur qu'un mélange de rationalisme inflige toujours à la foi. Et le Chrétien chinois qui étudiera les textes de la secte, y brûlera les ailes de son âme, rampera désormais dans la *voie moyenne,* ne volera jamais plus.

Quant à la méthode apostolique à employer avec les Lettrés, la voici : Ce sont des traditionalistes, qui croient leur doctrine 子 曰 sur la foi de leur Maître. Il faut prendre leur système. Leur développer la suite historique de la révélation, remontant, en chaîne ininterrompue, à Jésus, à Adam, à Dieu. Leur exposer le corps de la doctrine chrétienne, sobrement, dans sa majestueuse simplicité, sans surcharge d'accessoires encombrants et de détails inutiles. Leur montrer que seule cette doctrine fit du bien aux hommes même sur la terre, et qu'elle fait le bonheur de chaque fidèle après la mort. A ces thèses proposées à l'intelligence, joindre le tableau des œuvres de la charité chrétienne proposé au cœur... Surtout pas de discussion, pas de controverse. Les Lettrés ne sachant pas argumenter, pour peu que l'on descende sur leur terrain à eux, ils pérorent à la manière de leurs écoles et s'étourdissent du bruit de leur propre verbiage. Le résultat de ces palabres est toujours nul.

II. Les illettrés.

Parlons maintenant du peuple illettré. — Il est plutôt superstitieux qu'incrédule. La doctrine de la *voie moyenne* l'a fait minimiste et impulsif. Lui aussi souffre, hélas, de la manie de l'aléa, de la passion de jouir; moins pourtant que les Lettrés, sa vie généralement dure et besogneuse atténuant l'effet de ces vices, sans les supprimer. — Chez certains, toute aspiration religieuse est étouffée par les soucis de la vie matérielle. — Un petit nombre sont inconvertissables, par suite de leur attachement sincère à une religion hétérodoxe, Mahométisme ou Buddhisme. — L'immense majorité est assez bien préparée à accepter le Christianisme, par un fond de foi théiste et de bonne morale, résultante hybride des diverses religions prêchées en Chine au cours des siècles. Les membres de certaines sectes religieuses, les Amidistes et les Tantristes dont j'ai parlé en son lieu (page 568), sont très bien préparés pour le royaume de Dieu.

En tout cas, pour les illettrés comme pour les lettrés, la conversion n'est jamais à entreprendre par voie de controverse et de réfutation. Montrer qu'on connaît les faiblesses de leurs croyances, humilie les païens et les froisse. Mieux vaut paraître ignorer absolument leurs opinions, n'y faire aucune allusion, et débuter ainsi *« voici ce que je crois »*. Puis présenter le dogme catholique, dans sa simplicité lumineuse, dans sa beauté sereine, comme transmis depuis l'origine, comme révélé pour tous. Ceci va droit à toutes les âmes de bonne volonté, sans causer de malaise à aucune. Cela fait vibrer à l'unisson les cœurs des enfants égarés du Père de famille. Ainsi gagnés avec délicatesse, puis cultivés avec charité, les bons Chinois donnent le trente, le soixante, et même le cent pour un de l'Évangile.

Appendice.

La littérature chinoise. Esquisse.

On prête à Voltaire ce mot: «De tous les peuples, les Chinois sont celui qui a le plus écrit, pour dire le moins de choses.».. Je ne sais si la citation est authentique, mais ce qu'elle affirme est exact. Oui, la littérature proprement chinoise, autochtone, que 莊子 *Tchoang-tzeu* appelait si pittoresquement le *détritus des Anciens*, est un vaste fatras, pauvre d'idées. Le présent volume contient tout ce que la nation a pensé; et les deux tiers de ces pensées sont exotiques, sont importées. Le reste est rabâchage, pastiches cent fois, mille fois reproduits. Jusqu'ici les étrangers ont eu, pour l'ensemble des grimoires chinois, une admiration trop naïve, leur ont accordé trop de confiance, et se sont trop promis de voir sortir, de leur dépouillement, des révélations sensationnelles. Cette esquisse à grands traits, par laquelle je termine, communiquera peut-être au lecteur quelque chose de l'impression que m'ont laissée trente années de sinologie, à savoir que, les livres chinois...

«de loin c'est quelque chose,
et de près ce n'est *presque* rien.»

I. Vicissitudes des livres.

J'ai dit ce qu'il y avait à dire, des anciennes archives; de la destruction des fiches et planchettes, en 213 avant J.-C.; de la restauration et de la classification des débris sauvés, en l'an 6 avant J.-C. (pages 68 D, 261, 319). L'index de la première dynastie *Han*, 藝文志 *I-wenn-tcheu*, rédigé alors, énumère 596 ouvrages en 13269 liasses, divisés en 6 sections et 38 sous-sections. — Cette bibliothèque nationale si laborieusement reconstituée, fut brûlée, à 長安 *Tch'ang-nan*, en l'an 23 après J.-C., lors de l'incendie du palais, à la chute de l'usurpateur 王莽 *Wang-mang*. En l'an 25, deux mille charges de livres soutirés aux particuliers, constituèrent le premier fonds de la bibliothèque de la 後漢 seconde dynastie *Han*, à la nouvelle capitale 洛陽 *Lao-yang*. Les révisions, collations, copies, recommencèrent. En 175, sous la direction de 蔡邕 *Ts'ai-young*, le texte de cinq livres canoniques 漢石經 fut gravé sur des stèles de pierre, dressées sous une galerie, devant la Grande École de *Lao-yang*.

La plus affreuse anarchie régna durant toute la lente agonie de la seconde dynastie *Han*. L'histoire raconte que, dénués de tout, les soldats qui gardaient la capitale, pillèrent la bibliothèque impériale, employèrent les longs rouleaux de soie pour se faire des tentes, et confectionnèrent des chaussettes avec les plus petits. Quand 董卓 *Tong-tchouo* transféra la cour de *Lao-yang* à *Tch'ang-nan*, en l'an 190, soixante et dix charges d'écrits furent emportées (les planchettes et les lattes, probablement). Une moitié dut être abandonnée en route. L'autre fut brûlée, au sac de *Tch'ang-nan*, en l'an 195.

Durant la période des 三 國 Trois Royaumes, les 魏 *Wei* recommencèrent à chercher des livres. Puis les 晉 *Tsinn*, capitale *Lao-yang*, continuèrent. Le fondateur de la dynastie commit la reconstitution de la bibliothèque impériale, à 荀 勗 *Sunn-hu* et 張 華 *Tchang-hoa*, qui réunirent 29945 rouleaux. — En 280, *Tsinn* annexe les livres de 孫 皓 *Sounn-hao*, le dernier roi de 吳 *Ou*, parmi lesquels beaucoup d'ouvrages buddhistes et taoïstes. — Durant les troubles des deux règnes suivants, les nouveaux rouleaux de soie eurent le même sort que les anciens. Le reste périt au sac de *Tch'ang-nan* par les Tongouses en 306, et au sac de *Lao-yang* par les Huns en 311.

Quand les *Tsinn*, ayant passé au sud du Fleuve Bleu, eurent établi leur capitale à 建 康 *Kien-k'ang*, ils obligèrent, à l'ordinaire, les particuliers à leur faire cadeau de leurs livres. Chargé d'inventorier ce premier fonds sur le catalogue de *Sunn-hu*, 李 充 *Li-tch'oung* identifia 3014 rouleaux. — La première dynastie 宋 *Song* ayant remplacé les *Tsinn* en 420, commença avec un fonds de 4000 rouleaux. Le catalogue en quatre sections de 謝 靈 運 *Sie-lingyunn*, en compte 4582 en 431. Le catalogue en sept sections de 王 儉 *Wang-kien*, en énumère 5704 en 473. — Sous la dynastie 南 齊 *Ts'i*, entre 483 et 493, le catalogue en quatre sections de 謝 朏 *Sie-k'ou* et 王 亮 *Wang-leang*, compte 18010 rouleaux. Presque tout périt, une fois de plus, en 500-501, lors de l'incendie du palais de 金 陵 *Kinn-ling*, à la chute de la dynastie.

Les 梁 *Leang* ayant succédé aux *Ts'i* en 502, reformèrent une bibliothèque. Leur catalogue officiel, dressé par 任 昉 *Jenn-fang* et autres, compta 23106 rouleaux, Buddhisme non compris. L'excellent catalogue privé, dressé entre 520 et 526, par 阮 孝 緒 *Yuan-hiaosu*, compta plus de 30000 rouleaux, répartis en sept sections, Buddhisme et Taoïsme compris. Après la mort du rebelle 侯 景 *Heou-king*, les 70000 rouleaux qu'il avait amassés, furent annexés par les *Leang*. Mais, en 554, avant de capituler à 江 陵 *Kiang-ling*, l'empereur, un bibliophile passionné, mit lui-même le feu à la bibliothèque impériale, dont les 140000 rouleaux flambèrent.

Des essais de reconstitution furent tentés, durant l'éphémère dynastie 陳 *Tch'enn*, et dans les pays au nord du Fleuve Bleu, chez les 北 魏 *Wei*; chez les 北 齊 *Ts'i*, chez les 周 *Tcheou*; mais tout périssait, au fur et à mesure, dans les effondrements dynastiques successifs. — Enfin les 隋 *Soei* ayant unifié l'empire en 581, formèrent une nouvelle bibliothèque. Le premier fonds ne dépassa pas 15000 rouleaux. A force de chercher et de copier, en 589 on atteignit le chiffre de 30000 rouleaux. Alors commença la préparation du Catalogue, sous 韋 霈 *Wei-p'ei*, 杜 頵 *Tou-kiunn*, puis 許 善 心 *Hu-chansinn*, aidés par 120 auxiliaires, 柳 顧 言 *Liou-kouyen* y mit la dernière main, entre 605 et 610. — Le catalogue de *Yuan-hiaosu*, servit de base à celui des *Soei*, excellent ouvrage, qui forme, avec l'index des *Han*, le fondement de la bibliographie chinoise. Instruits par l'expérience des siècles passés, les *Soei* eurent deux bibliothèques, l'une à *Lao-yang*, l'autre à *Tch'ang-nan*. Les deux finirent par compter, tous doubles éliminés, 54000 rouleaux. Bibliophile et magnifique, l'empereur 煬 帝 *Yang-ti* fit enrouler les pièces de soie sur des cylindres en verre de couleur. Il ordonna que, de chaque ouvrage rare, cinquante copies fussent tirées. L'installation de la bibliothèque fut somptueuse au possible. L'histoire nous a conservé ce détail : Deux génies ailés, planaient au haut de chaque porte. Quand le porteur de l'encensoir, qui précède l'empereur, marchait sur des ressorts cachés dans le plancher, ces génies descendaient, prenaient le bas des riches portières en soie, et s'élevaient en les relevant, tandis que la porte s'ouvrait d'elle-même.

La chute des *Soei* fut moins meurtrière pour les livres, que n'avaient été les révolutions précédentes. Les livres neufs se multipliaient aussi beaucoup. Dès le début de la dynastie 唐 *T'ang*, la bibliothèque impériale compta 80000 rouleaux, et l'histoire a soin de noter que c'était là le legs des *Soei*, augmenté des livres nouveaux. Cependant 8000 rouleaux de livres anciens périrent malheureusement, dans leur transport par eau de *Lao-yang* à *Tch'ang-nan*, le bateau qui les portait ayant sombré. Des recherches furent faites chez les particuliers, et les livres rares furent copiés, sous la direction de 狐 德 棻 *Hou-teifenn*. C'est ce bibliothécaire qui introduisit définitivement la division restée classique depuis, en 四 部 ou 四 庫 quatre sections, 經 les Canoniques, 史 l'Histoire et ses annexes, 子 les Maîtres c'est-à-dire les écoles, 集 les Belles-Lettres, prose et poésie. En 721 parut le Catalogue des *T'ang* 四 部 錄 二 百 卷 en 200 chapitres, nomenclaturant 53915 rouleaux anciens, et 28469 rouleaux récents. On tira, du grand Catalogue, un abrégé 古 今 書 錄 en 40 chapitres. On résolut de copier tous les ouvrages importants en double, pour qu'un exemplaire fût déposé dans chacune des deux capitales, *Tch'ang-nan* et *Lao-yang*. Refait en 744, le Catalogue fut intitulé 四 庫 書 目. Les deux bibliothèques des deux capitales, furent dispersées ou détruites, par le rebelle 安 祿 山 *Nan-louchan*, en 755-756. Des livres inscrits au Catalogue des *T'ang*, les six dixièmes n'existent plus. — En 837 commença la gravure sur stèles en pierre des Canoniques, série dite 唐 石 經 des *T'ang*, par les soins de 鄭 覃 *Tcheng-t'an* et autres.

Cinq courtes dynasties succédèrent aux *T'ang* écroulés en 907. Si, durant cette période, il ne se fit rien de considérable en fait de littérature, l'imprimerie entrée en scène en l'an 932, changea les conditions de la librairie, du tout au tout. Aux longues pièces de soie succédèrent des bandes de papier, d'abord roulées sur des cylindres, puis pliées en paravent. Enfin on imprima par feuillets doubles, que l'on relia en tomes. Par suite, le prix de revient des livres ayant diminué, les bibliothèques particulières se multiplièrent ; les exemplaires étant nombreux, la disparition totale d'un ouvrage, par suite d'un accident, devint plus rare. Cependant beaucoup périrent encore, de mort naturelle, cette fois. En effet, le papier chinois, même bien conservé, tombe en poussière après peu de siècles. Tout livre non réimprimé de temps en temps, est donc destiné à disparaître, de ce chef. Les anciennes planches sont brûlées, ou taraudées par les insectes, ou s'éclatent par suite des alternances de sécheresse et d'humidité du climat. Regraver les planches d'un ouvrage considérable, coûte si cher, que les particuliers sont rarement capables d'une pareille entreprise.

La seconde dynastie 朱 *Song*, commença en 990 la préparation de son Catalogue 館 閣 圖 籍 目 錄. Il fut achevé, en l'an mil, par les soins de 朱 昂 *Tchou-nang*. Suppléments, en 1004, 1007, 1015. Refonte du Catalogue 崇 文 總 目 en 1041 ; ouvrages classés, 30669 rouleaux ou paravents. En 1127, toute la bibliothèque impériale fut emportée par les Tartares 金 *Kinn*. Elle comptait, à cette date :

ouvrages classés, 3327, en 39142 volumes; ouvrages non classés, 3378, en 34735 volumes; total, 6705 ouvrages, 73877 volumes. — Réfugiés à 杭州 Hang-tcheou, les Song recommencèrent, comme font les fourmis. En 1177, catalogue de 陣騤 Tch'enn-k'oei, intéressant par les détails qu'il donne: livres anciens, 23 83 rouleaux et 6512 paravents; livres nouveaux, 23145 rouleaux et 7456 paravents; 印板書 livres imprimés, 1721 volumes. En 1178, le grand Catalogue raisonné 中興館閣書目 en 70 chapitres, plus un chapitre de préfaces et dispositifs. En 1220, supplément par 張攀 Tchang-p'an. — En 1233, à la reddition de 開封府 K'ai-fong-fou, Souboutaï avait confisqué, pour le compte d'Ogotaï, la bibliothèque des 金 Kinn. En 1276, à 杭州 Hang-tcheou, Bayan mit la main, pour le compte de Koubilaï, sur la bibliothèque des 宋 Song. Le fruit des travaux de cette dynastie, se trouva ainsi réuni, en mains mongoles.

Koubilaï fut bon pour les livres, pour l'amour des Lettrés qui faisaient ses affaires. Après le balayage des Mongols, les 明 Ming en héritèrent. En 1400, ordre impérial, à 王艮 Wang-kenn, de dresser le Catalogue 祕閣書目. En 1407, mieux qu'un catalogue; la collection des opuscules rares 永樂大典 Young-lao ta-tien, en 22927 chapitres. Le commis voyageur impérial 胡瀠 Hou-ying, se distingua dans leur recherche, par toutes les provinces.

La dynastie 清 Ts'ing a produit un Index raisonné, lequel contient de bonnes notes, et des critiques intéressantes. C'est le 四庫全書, publié par édit de l'an 1772, qui cite plus de dix mille ouvrages. Les compilations faites sous cette dynastie, sont très superficielles. — Tout finit, à l'ordinaire, par un incendie. Le 24 juin 1900, le vent soufflant vers les Légations, les Boxeurs mirent le feu à la bibliothèque dite des 翰林 Han-linn. Or il paraît que, pour des raisons d'aménagement, on avait transporté là, plus ou moins toute la bibliothèque impériale. Quand l'incendie fut bien en train, le vent changea. Les Légations s'en tirèrent, les livres chinois y passèrent. Ce qui restait du Young-lao ta-tien, s'en alla en fumée, en ce jour néfaste.

En somme, la manie d'accumuler les livres rares dans la bibliothèque impériale, destinée à périr à chaque changement de dynastie, a été la ruine de la littérature chinoise. Chez les particuliers, qui les emmuraient ou les enterraient, quand la torche révolutionnaire passait, ils étaient plus en sûreté. D'un autre côté, en les copiant et recopiant, les lettrés privés introduisirent dans les livres bien des fautes. — Depuis le commencement du présent siècle, les anciens livres chinois deviennent de plus en plus rares et chers. Si cela continue, ils seront bientôt introuvables et inabordables. Jusqu'ici, il ne s'est pas trouvé d'éditeur, pour tenter leur réimpression en caractères mobiles et sur papier solide. Ce serait techniquement facile, mais financièrement peu lucratif, la demande pour cette marchandise étant très limitée. Résignons-nous donc à voir le temps faire son œuvre. D'ailleurs la Chine nouvelle s'oriente, et avec raison, vers d'autres buts.

Appendice.

II. Inventaire des livres.

D'après l'Index impérial 四庫全書 *Seu-k'ou ts'uan-chou* de 1772-1782.

Quatre grands Départements.

1. 經部 *King-pou*, les Canoniques.
2. 史部 *Cheu-pou*, l'Histoire *et ses annexes.*
3. 子部 *Tzeu-pou*, les Maîtres *et les Doctrines. Écoles. Sciences et arts.*
4. 集部 *Tsi-pou*, les Belles-Lettres, *prose et poésie.*

Premier Département. 經部 les Canoniques.

Section 1. 易類 *I-lei*, le Livre des Mutations 易經 *I-king*, alias 周易 *Tcheou-i*, et son cycle, c'est-à-dire tous les écrits qui ont rapport à lui, commentaires, traités, dissertations, recherches, critique, etc. Dans l'Index impérial, 485 ouvrages cités.

Section 2. 書類 *Chou-lei*, le Livre des Annales 書經 *Chou-king*, alias 尚書 *Chang-chou*, et son cycle; 137 ouvrages cités.

Section 3. 詩類 *Cheu-lei*, le Livre des Odes 詩經 *Cheu-king*, alias 毛詩 *Mao-cheu*, et son cycle; 147 ouvrages cités.

Section 4. 禮類 *Li-lei*, les Rituels et tout ce qui s'y rattache.
Sous-section A. 周禮 *Tcheou-li*, le Rituel des officiers de la troisième dynastie 周 *Tcheou*, alias 周官 *Tcheou-koan*, avec son cycle; 61 ouvrages cités.
Sous-section B. 儀禮 *I-li*, le Rituel des particuliers sous la troisième dynastie, avec son cycle; 37 ouvrages cités.
Sous-section C. 禮記 *Li-ki*, le Mémorial des Rits, avec son cycle; 67 ouvrages cités.
Sous-section D. 三禮通義 *San-li t'oung-i*, concordances des trois Rituels A B C, illustrations, etc.; 26 ouvrages cités.
Sous-section E. 通禮 *T'oung-li*, traités et dissertations sur des sujets rituels spéciaux; 10 ouvrages cités.
Sous-section F. 雜禮書 *Tsa li-chou*, Rituels autres que A B C; par exemple le 夏小正 *Hia siao-tcheng* de la première dynastie; le 大戴禮 *Ta-tai li* de 戴德 *Tai-tei*, dernier siècle avant l'ère chrétienne; le 家禮 *Kia-li* de 朱熹 *Tchou-hi*, douzième siècle; avec la littérature qui s'y rattache; 22 ouvrages cités.

Section 5. 春秋類 *Tch'ounn-ts'iou-lei*, la Chronique de Confucius 春秋 *Tch'ounn-ts'iou*, avec ses trois commentaires
左傳 *Tsouo-tchoan*, récits de 左邱明 *Tsouo-k'iouming*.

公羊傳 *Koungyang-tchoan*, récits de 公羊高 *Koungyang-kao*.
穀梁傳 *Kouleang-tchoan*, récits de 穀梁赤 *Kouleang-tch'eu*.
et la riche littérature historique et critique, qui se rattache à ces importants traités; 233 ouvrages cités. — En appendice, le 春秋繁露 *Tch'ounn-ts'iou fan-lou*, de 董仲舒 *Tong-tchoungchou*, second siècle avant l'ère chrétienne.

Section 6. 孝經類 *Hiao-king-lei*, le Traité de la piété filiale, attribué (?) à Confucius; avec son cycle; 29 ouvrages cités.

Section 7. 五經總義類 *Ou-king tsoung-i-lei*, généralités, non seulement sur les cinq Canoniques, mais aussi sur les collections de 6, 7, 9, 11, 13 Canoniques, faites en divers temps. Analyses, critiques, etc.; 75 ouvrages cités.

Section 8. 四書類 *Seu-chou-lei*, les Quatre Livres, à savoir:
　大學 *Ta-hiao*, la Grande Étude, développement d'un texte de Confucius, par son disciple 曾參 *Tseng-chenn*.
　中庸 *Tchoung-joung*, la Voie Moyenne, par 孔伋 *K'oung-ki*, alias 子思 *Tzeu-seu*, le petit-fils de Confucius.
　論語 *Lunn=u*, les Propos de Confucius, recueillis par ses disciples.
　孟子 *Mong-tzeu*, les Propos de Mencius.
et la littérature considérable qui se rattache à ces traités; 163 ouvrages cités.

Section 9. 樂類 *Yao-lei*, la Musique. L'ancien 樂經 *Yao-king* de Confucius est perdu. Traités et dissertations sur la gamme et la composition, la musique ancienne et les danses figurées; 64 ouvrages cités.

Section 10. 小學類 *Siao-hiao-lei*, la Petite Étude. Cette section est ainsi appelée, parce qu'elle contient les branches qui, dans l'enseignement officiel ancien, étaient enseignées d'abord, et devaient être possédées par l'étudiant avant qu'on lui enseignât 大學 *Ta-hiao*, la Grande Étude, l'histoire, la philosophie, la politique, le gouvernement et l'administration. Toute la Petite Étude part des caractères.
　Sous-section A. 訓詁 *Hunn-kou*, définitions des caractères, explication du sens, leçons de choses. L'ancien dictionnaire 爾雅 *Eall-ya* (pouvant dater du cinquième siècle avant J.-C.), forme la base de cette sous-section; 20 ouvrages cités.
　Sous-section B. 字書 *Tzeu-chou*, étymologie des caractères, leur histoire, leurs tracés corrects et vicieux, diverses écritures, textes sur pierre 石經 *cheu-king* des années 175 et 837, genèse des sens dérivés, etc. Le dictionnaire étymologique 說文解字 *Chouo-wenn kie-tzeu* (vers l'an 200 de l'ère chrétienne), forme la base de cette sous-section. La dynastie 淸 *Ts'ing* y a ajouté ses dictionnaires des langues mandchoue, mongole, turque, etc.; 104 ouvrages cités.
　Sous-section C. 韻書 *Yunn-chou*; sons des caractères, avec leurs variations à travers les âges; tons des caractères, base de la prosodie; rimes anciennes et modernes, composition et versification; 94 ouvrages cités.

Appendice. 707

Second Département. 史部 l'Histoire et ses annexes.

Section 1. 正史類 *Tcheng-cheu-lei*, les 24 Histoires dynastiques officielles, avec leurs appendices. Toutes furent rédigées par les annalistes impériaux, pour le compte du gouvernement. Toutes sont construites de la même manière, chroniques avec monographies connexes, le 史記 *Cheu-ki* de 司馬遷 *Seuma-ts'ien* ayant servi de schéma. Toutes sont truquées, chaque dynastie nouvelle ayant eu pour but de faire croire à la postérité, qu'elle avait bien fait de renverser l'ancienne. Dans l'Index impérial, 45 ouvrages cités.

Section 2. 編年類 *Pien-nien-lei*, les Chroniques et les Exposés suivis par ordre chronologique, tirés des Histoires dynastiques officielles. Cette section contient les célèbres Manuels de 司馬光 *Seuma-koang* et 朱熹 *Tchou-hi*, de 康熙 *K'ang-hi* et de 乾隆 *K'ien-loung*; 75 ouvrages cités.

Section 3. 紀事本末類 *Ki-cheu-penn-mouo-lei*, sortes de Précis, plus serrés que les Exposés de la section précédente, traitant l'histoire générale, des périodes spéciales, des épisodes particuliers. Mais ces précis sont bien inférieurs, comme liaison et comme vie, à leurs congénères européens. — 26 ouvrages cités.

Section 4. 別史類 *Pie-cheu-lei*. Les histoires écrites par des particuliers. — 56 ouvrages cités.

Section 5. 雜史類 *Tsa-cheu-lei*. Fragments et documents historiques de toute nature, anciens et modernes, souvent insignifiants, parfois précieux. Les discours des Royaumes féodaux coudoient l'histoire des origines de l'empire des Mongols, etc. — 201 ouvrages cités.

Section 6. 詔令奏議類 *Tchao-ling tseou-i-lei*. Collections d'édits, décrets, proclamations, mémoires, pétitions, pièces de chancellerie les plus diverses, ayant un intérêt ou une portée historique; 119 recueils cités.

Section 7. 傳記類 *Tch'oan-ki-lei* Cette section contient deux sortes d'ouvrages: 1º les Biographies des hommes fameux à des titres divers. 2º les Journaux d'ambassades, de missions, de sièges, etc. — 410 ouvrages cités.

Section 8. 史鈔類 *Cheu-tch'ao-lei*. Les extraits. Anthologies. Pages choisies des Histoires, d'un intérêt plutôt littéraire qu'historique. Collections volumineuses, mais de médiocre valeur. — 43 ouvrages cités.

Section 9. 載記類 *Tsai-ki-lei*. Documents historiques sur des états qui furent voisins de la Chine, au cours des âges. Provinces du Sud, depuis annexées. Annam, Birmanie, tribus du Sud-ouest, tribus du Nord-ouest, Tarim, Corée, etc. — 42 ouvrages cités.

Section 10 時令類 *Cheu-ling-lei*. Les temps et les saisons. Rapport du calendrier, avec l'agriculture, l'hygiène, les travaux et les occupations des hommes, etc. Petite section, dont les deux numéros les plus vénérables par leur antiquité, le 夏小正 *Hia siao-tcheng* calendrier de la première dynastie, et le 月令 *Ue-ling* du troisième siècle avant J.-C., figurent dans le Département des Canoniques, Section 4 F et C. — 13 ouvrages cités.

Section 11. 地理類 *Ti-li-lei*. La Géographie physique et politique, surtout la dernière. Elle est considérée comme une annexe de l'Histoire, et traitée d'une manière assez intéressante.

    Sous-section A. 總志 *Tsoung-tcheu*, traités généraux; 24 ouvrages.

    Sous-section B. 都會郡縣 *Tou-hoei kiunn-hien*, capitales, provinces, villes, avec leurs chroniques locales; 155 ouvrages.

    Sous-section C. 河渠 *Heue-k'iu*, les voies fluviales, canaux, communications, etc. 75 ouvrages.

    Sous-section D. 邊防 *Pien-fang*, les côtes maritimes, travaux et défense; 23 ouvrages.

    Sous-section E. 山水 *Chan-choei*, les monts et les eaux; 104 ouvrages.

    Sous-section F. 古蹟 *Kou-tsi*, anciens monuments et souvenirs; 51 ouvrages.

    Sous-section G. 雜記 *Tsa-ki*, varia. Fragments parfois précieux; 70 ouvrages.

    Sous-section H. 遊記 *You-ki*. Itinéraires et voyages dans l'intérieur de l'empire; 24 ouvrages.

    Sous-section I. 外記 *Wai-ki*. Notions sur les pays étrangers. Contient des ouvrages du plus haut intérêt, sur les peuples du Tarim et au-delà; sur l'Inde, la Malaisie, l'Indochine, les *Miao-tzeu*, les Lolos, Formose, les *Liou-k'iou*, le Japon, la Corée, la Tartarie, le Turkestan, l'Occident. D'après les rapports de voyageurs chinois, de marchands chinois et étrangers, etc. — 51 ouvrages cités.

Section 12. 職官類 *Tcheu-koan-lei*. Les fonctionnaires et les institutions. Titres et attributions, à travers les âges. Choix des officiers. Qualités requises, etc. — 71 ouvrages.

Section 13. 政書類 *Tcheng-chou-lei*. Contient tout ce qui a trait au gouvernement, à l'administration, à travers les âges.

    Sous-section A. 通制 *Toung-tcheu*, les traités généraux de gouvernement et d'administration, embrassant la série historique entière, depuis les origines jusqu'à nos jours; 26 ouvrages.

    Sous-section B. 典禮 *Tien-li*, le code des Rits, à tous les âges, jusqu'à présent. La religion, le culte, les titres, le cérémonial, l'étiquette, etc. 71 ouvrages.

    Sous-section C. 邦計 *Pang-ki*, l'économie politique. Soin du peuple. Agriculture, exploitation, commerce. La monnaie. La gabelle. Impôts. Etc. 51 ouvrages.

    Sous-section D. 軍政 *Kiunn-tcheng*. L'armée, la guerre; 6 ouvrages.

    Sous-section E. 法令 *Fa-ling*. Législation, jurisprudence. Les codes aux divers âges. 7 ouvrages.

    Sous-section F. 考工 *K'ao-koung*. Les métiers, l'industrie. Série très pauvre; 8 ouvrages.

Section 14. 目錄 *Mou-lou*. Les Catalogues et Répertoires. Deux sous-sections bien distinctes.

Sous-section A. 經籍 *King-tsi*. Les Index littéraires, officiels et privés, des divers âges. La littérature est considérée comme une partie de l'histoire, histoire intellectuelle de l'époque. — 25 ouvrages cités.

Sous-section B. 金石 *Kinn-cheu*. L'épigraphie, rochers, stèles, inscriptions sur métal et sur pierre, estampages, etc. Ces documents sont des matériaux historiques. — 58 recueils cités.

Section 15. 史評 *Cheu-p'ing*. La critique historique. Critique des faits. Critique de la méthode. — 122 ouvrages.

Troisième Département 子部 les Maîtres et les Écoles. Doctrines, sciences et arts.

Section 1. 儒家類 *Jou-kia-lei*, l'école des Lettrés. Oeuvres philosophiques, morales et politiques, des auteurs qu'il a plu aux rédacteurs du Catalogue de 1782, de reconnaître comme 儒 *Jou* orthodoxes. Les Néo-Confucistes, des onzième et douzième siècles, tiennent la place d'honneur. En appendice, les instructions morales des empereurs. — 419 ouvrages.

Section 2. 兵家類 *Ping-kia-lei*. Traités sur l'art militaire, de toutes les époques; 67 ouvrages.

Section 3. 法家類 *Fa-kia-lei*. Les Légistes; 27 ouvrages cités.

Section 4. 農家類 *Noung-kia-lei*. Les Économistes agraires. Agriculture, horticulture, et sujets connexes; 19 ouvrages.

Section 5. 醫家類 *I-kia-lei*. L'art médical chinois, à travers les âges. Médecine, pharmacie, chirurgie. Science du pouls. Acuponcture. Moxas. Hygiène. Ophtalmologie. Gynécologie. Maladies infantiles. Art vétérinaire. Volumineuse littérature, comprenant des emprunts faits à l'étranger. — 196 ouvrages cités.

Section 6. 天文算法類 *T'ien-wenn suan-fa-lei*. Astronomie et Mathématiques. Uranographie, cartes célestes. Cours de la lune, des planètes. Chronologie. Calcul du calendrier. Arithmétique. Géométrie. Trigonométrie. Algèbre. Logarithmes. Emprunts faits aux Arabes et aux Hindous. Oeuvres des Jésuites des 17e et 18e siècles. Le tout divisé en deux parties:
   Sous-section A. 推步 *T'oei-pou*, systèmes, la théorie; 54 ouvrages.
   Sous-section B. 算書 *Suan-chou*, calculs, la pratique; 29 ouvrages.

Section 7. 術數類 *Chou-chou-lei*. Les systèmes reçus, de conjecture et de divination.
   Sous-section A. 數學 *Chou-hiao*, spéculations sur le faste et le néfaste, d'après les *nombres* des diagrammes 河圖 *Heue-t'ou* et 洛書 *Lao-chou*; d'après les *formules* de 洪範 *Houng-fan*, la Grande Règle; d'après les *dia-*

grammes et les gloses du 易 經 *I-king* Livre des Mutations. — 45 ouvrages cités.

Sous-section B. 占 侯 *Tchan-heou*, spéculations astrologiques chinoises et indiennes, sur les temps favorables et défavorables. — 24 ouvrages cités.

Sous-section C. 相 宅 相 墓 *Siang-tchai siang-mou*. Géomancie, aéromancie, hydromancie. Examen des lieux, avant de construire, surtout avant d'installer un cimetière, afin d'éviter les influx néfastes, et de capter les veines fastes. Influx cosmique. — 27 ouvrages cités.

Sous-section D. 占 卜 *Tchan-pouo*. Consultation du sort, par les méthodes anciennes, par la tortue et l'achillée, les dés, le jeu de pile ou face, etc. — 29 ouvrages cités.

Sous-section E. 命 書 相 書 *Ming-chou siang-chou*. Calcul astrologique du destin individuel, au moyen des 八 字 *pa-tzeu*, huit caractères horoscopiques. Système admis par les Lettrés, qui y ajoutent l'examen du visage, des mains et des pieds; la palpation des protubérances du squelette; physiognomonie, chiromancie, etc. — 32 ouvrages cités.

Sous-section F. 陰 陽 五 行 *Ynn-yang ou-hing*. Calcul de la révolution circulaire des deux modalités, des cinq agents, des caractères cycliques. Cet art a été résumé dans le traité officiel de divination de la dynastie 清 *Ts'ing*, 1741. — 31 ouvrages cités.

Sous-section G. 雜 技 術 *Tsa-ki-chou*. Supputation du destin individuel, par dissection des caractères formant le nom du sujet, par l'analyse de ses songes, etc. — 6 ouvrages cités.

Section 8. 藝 術 類 *I-chou-lei*, les arts chinois.

Sous-section A. 書 畫 *Chou-hoa*. La calligraphie. Le dessin et la peinture. Théorie, technique, biographies, etc. Très riche série. — 123 ouvrages cités.

Sous-section B. 琴 譜 *K'inn-p'ou*. L'art de toucher la cithare chinoise. Théorie, technique, morceaux. — 16 ouvrages.

Sous-section C. 篆 刻 *Tchoan-k'eue*. La phragistique. Caractères sigillaires, sceaux, cachets. — 7 ouvrages.

Sous-section D. 雜 技 *Tsa-ki*. Comprend : 1° *la Musique* autre que la classique antique (I S.9), et que la cithare (III S 8 B). Batteries de tambour du Turkestan et de l'Inde. Orchestre et ballets de la dynastie *T'ang*. Etc. — 2° *les Jeux*. Échiquier, échecs, jeu d'échecs. Tir à l'arc. Jeu du 壺 *hou*, et autres. — 15 ouvrages cités.

Section 9. 譜 錄 類 *P'ou-lou-lei*, sujets favoris des collectionneurs, des connaisseurs, des dégustateurs. Dans cette section rentre aussi l'histoire naturelle, les anciens Chinois n'ayant vu, dans la nature, qu'un album de formes curieuses.

Sous-section A. 器 用 *K'i-young*. Ustensiles et objets. Sabres et épées. Bronzes antiques. Miroirs en métal. Bijoux et bibelots. Briques et tuiles anciennes. Pierres à broyer l'encre. Pains d'encre, formes et inscriptions. Toute la numismatique, riche mais peu intéressante. Parfums rares. Pierres rares. Etc. — 56 ouvrages.

Sous-section B. 食 譜 *Cheu-p'ou*. Art culinaire. Aliments et boissons. Conserves. Le thé. Vins et liqueurs. Sucre. — 33 ouvrages.

Sous-section C. 草木鳥獸蟲魚 *Ts'ao mou niao cheou tch'oung u.* Végétaux herbacés et sous-ligneux, pivoines, chrysanthèmes, orchidées. Végétaux ligneux, pyrus spectabilis, orangers, nephelium li-tcheu. Bambous. Champignons. Végétaux utiles. Oiseaux. Quadrupèdes curieux. Insectes. Poissons aux formes bizarres, crabes, etc. — 56 ouvrages.

Section 10. 雜家類 *Tsa-kia-lei.* Varia, miscellanea.

Sous-section A. 雜學 *Tsa-hiao,* enseignements divers. C'est ici que les Confuciistes ont relégué, *odio auctorum,* les œuvres des Maîtres qui ne pensèrent pas comme eux. — 206 ouvrages.

Sous-section B. 雜考 *Tsa-k'ao,* recueils d'épisodes, d'anecdotes; carnets de liseurs, de chercheurs; magasins de faits dont beaucoup ne se trouvent que là. — 103 ouvrages.

Sous-section C. 雜說 *Tsa-chouo,* petits opuscules et tracts, sur des faits divers si variés, qu'ils défient toute classification. — 254 ouvrages.

Sous-section D. 雜品 *Tsa-p'inn,* observations et dissertations sur des catégories de faits, pareillement très variées. — 37 ouvrages.

Sous-section E. 雜纂 *Tsa-tsoan.* Collections de citations, tirées d'ouvrages dont beaucoup ont été perdus depuis. Commencement des 叢書 *ts'oung-chou,* depuis si répandus. Mines qui seraient précieuses, si elles n'avaient ce défaut, que leurs citations sont désormais pour la plupart incontrôlables. — 207 ouvrages.

Sous-section F. 雜編 *Tsa-pien.* Répertoires d'extraits plus longs que ceux de la SS. précédente. — 48 ouvrages.

Section 11. 類書類 *Lei-chou-lei,* les dictionnaires, dans lesquels de courtes citations ont été entassées sous des chefs déterminés. Dictionnaires généraux ou spéciaux, souvent énormes. — 282 ouvrages, comprenant 34549 chapitres.

Section 12. 小說類 *Siao-chouo-lei.* Écrits privés ou transcendants. La critique officielle se défie des premiers, le positivisme chinois récuse les seconds.

Sous-section A. 雜事 *Tsa-cheu.* Varia non autrement vérifiables. — 187 ouvrages.

Sous-section B. 異聞 *I-wenn.* Récits suivis, dans lesquels le merveilleux joue un rôle. Folk-lore, légendes, contes. — 92 ouvrages.

Sous-section C. 瑣語 *Souo-u.* Textes semblables, plus fragmentés. — 40 ouvrages.

Section 13. 釋家類 *Cheu-kia-lei.* Traités relatifs au Buddhisme. L'Index impérial ne cite aucun livre buddhique, des trois mille et plus qui existent en Chine. — 25 ouvrages.

Section 14. 道家類 *Tao-kia-lei.* Traités taoïstes, ou sur le Taoïsme. — 144 en tout, alors que le Canon taoïste énumère 1464 ouvrages.

Quatrième Département. 集 部 Belles-Lettres.
Prose et Poésie.

Section 1. 楚 辭 類 *Tch'ou-ts'eu-lei.* Les poèmes élégiaques, composés à l'instar du 離 騷 *Li-sao* de 屈 原 *K'iu-yuan*, conseiller de 楚 *Tch'ou*, d'où le nom de ce genre spécial, qui fut toujours compté à part. — 23 recueils.

Section 2. 別 集 類 *Pie-tsi-lei.* Collections distinctes, c'est-à-dire contenant chacune les œuvres complètes d'un seul auteur, prose et poésie. Car, en Chine, la poésie n'étant pas affaire d'esprit, mais uniquement de facture, les mêmes écrivains sont généralement poètes et prosateurs. Chaque collection porte un titre de circonstance. L'ensemble de ces collections, qui forment presque toutes les belles-lettres de la nation, est divisé, non par matières (ce qui serait impossible, tous les Lettrés chinois ayant écrit sur tous les sujets), mais par périodes chronologiques. — 2528 collections, 35652 sections. — Cette quantité respectable n'est qu'une faible fraction de ce que les anciens catalogues ont enregistré. C'est que, beaucoup de ces collections n'ayant pas été regravées, ont disparu. Celles qui nous restent ne font pas regretter celles que nous n'avons plus. Sauf de rares pages, l'effet des compositions littéraires chinoises sur l'esprit européen, varie entre l'hébétement simple et l'hypnose profonde.

Section 3. 總 集 類 *Tsoung-tsi-lei.* Collections générales, c'est-à-dire contenant des œuvres ou des morceaux de divers auteurs. Recueils. Anthologies. Choix de proses ou de poésies. Beaucoup d'extraits d'ouvrages disparus, ont été sauvés par ces Collections. — 563 ouvrages, 17081 sections.

Section 4. 詩 文 評 類 *Cheu-wenn p'ing-lei.* Traités critiques sur la poésie et la prose, fond et forme. — 149 ouvrages.

Section 5. 詞 曲 類 *Ts'eu-k'iu-lei.* Compositions rythmées ou rimées, faites pour être déclamées ou chantées. Théorie de ce genre. Textes et airs. — 49 recueils.

Total, 10086 ouvrages, auxquels il faut ajouter : 1° les livres omis ; 2° les livres parus depuis 1782 ; 3° le théâtre et les romans ; 4° la littérature contemporaine qui pullule, mais n'arrive pas à sortir de l'ornière antique.

TABLE

des principales matières.

Nota: Les chiffres renvoient aux pages du présent volume.

Achillée divinatoire: 71 A.
Acuponcture: 316.
Alchimie taoïste: 259. 289. 411. 421.
Aliments disposés auprès des défunts, idée primitive: 101 D E.
Âme double: 13. 99 A. texte capital 118.
Âme apparaît: 107. 117. 596 — capturée: 604 — dissipée: 597 — extériorisée: 598. 612. 614.
Âmes crues, blettes, coriaces: 647.
Âmes chrétiennes au sein du paganisme: 568.
Amidisme: 381. 383. 397. 425. 561 seq. 567. 569. Voyez Koan-cheu-yinn.
Amitabha: Voyez Amidisme.
Amogha vulgarise en Chine le Tantrisme: 533.
Ancêtres: évoqués 13. 52. 53. 116 — leur état: 116 à 120 — nature de leur venue: 14 — ils bénissent: 51. 52 — leur regard: 23. 29 — leur silhouette: 31. 32. 37 — leurs vestiges: 14. 28. 30. 37 — annonces et offrandes aux ancêtres: 13. 24 à 37 — Voyez Mânes Glorieux et Génies.
Ancêtres impériaux nourris et habillés par l'empereur et l'impératrice: 100 B.
An-cheukao, prince parthe, missionnaire buddhiste en Chine. Son œuvre: 365.
Animaux. Leur état d'après les Buddhistes. Leur délivrance par l'instruction: 451.
Animaux transcendants: 351. 594 — Renards 600 — Tigres 601 — Tortue 602 — Cheval 602.
Archives antiques: 68 D — exploitées par Confucius 124, par *Tseou-yen* 271 — détruites 260 — partiellement restaurées 301. 319. 320.
Ascétisme buddhiste: leçon 55.
Astérismes: 299. 613.
Astrologie officielle: 13. 61 G. 69. 96 F. 299 seq.
Avalokitesvara. Voyez Koan-cheu-yinn.
Basilide: 515. 543.
Bienveillance-équité: 228.
Bodhidharma. Son système *tch'an*, un védantisme: 519.
Bodhisattva. Voyez P'ou-sa.
Bûcher allumé pour avertir le Souverain d'en haut: 12.
Buddha-janga: 430.
Buddhisme: premières infiltrations possibles 165. 272. 294 — admis officiellement en Chine 355 — premier *sūtra* 363 — il s'implante 365 seq. — arrivée de nombreux missionnaires et traducteurs 395 — il remplit la Chine 423 — des pèlerins chinois visitent l'Inde 423. 435 — ascétisme 445 seq. — monachisme; initiations 452; réceptions 483; chapitre bimensuel 496 — philosophie de *Harivarman* 455, de *Nâgarjuna* 458 — persécuté 510 — très florissant 517 — la reine *Hou* 517 — l'empereur *Ou*

517 — Bodhidharma 519 — École *t'ien-t'ai* 529 — Tantrisme 532 — Édit de proscription 545 — Triomphe comme Amidisme 561 seq.

Buddhisme, ruina les mœurs, disent les Lettrés : 631. 661.

Calendrier ancien pratique : 265.

Canoniques. Voyez Confuciisme.

Chang-tzeu. Voyez Wei-yang.

Chao-young panthéiste : 625.

Chapelet buddhique : 535.

Charité d'après *Mei-ti* : 210 — travestie par Mencius : 233.

Charmes taoïstes : 415.

Cheu-kiao légiste : 238.

Chrétiens nestoriens : 531. 545. 639 — grecs 639 — catholiques 640.

Christianisme. Le traditionalisme politique de *Sunn-tzeu*, seul obstacle à sa diffusion en Chine : 284. 668. 670.

Chute originelle : aucun vestige.

Ciel identique au Souverain d'en haut : 11. 12. 14 — son culte antique, le bûcher, 12 — Il récompense et punit en cette vie 21 — Il gouverne, prédestine, donne le mandat, le retire, 14. 16. 18. 20. 40 — Sa providence 41 à 43 — Sa justice 46 — Le sacrifice *kiao* 43. 97 H — Il est réjoui par les offrandes 44 — Représentations anthropomorphes 47 — Culte sous la troisième dynastie 91 A — Décadence 105 à 112 — d'après Confucius 125 — d'après ses disciples 137 — sous les *Han* 326 — cérémonie *fong-chan* 255. 291. 326. 581 — notions populaires hybrides 589.

Ciel, sa providence, d'après *Mei-ti* : 213.

Cinq agents : 57. 58 D. 69 — système nouveau de *Tseou-yen* 271.

Cinq relations : 226.

Cinq Souverains : 92 B. 106 seq. 286. 287.

Confucius : 123 seq. — Son culte : 643. 689. depuis la République 691 seq. — Confucius ou le Christ 694.

Confuciisme primitif de Confucius : leçon 15. — Rectitude native 131 F — Voie moyenne 133 G — Piété filiale tenant lieu de religion 134 H. 140 E — Idéal du Sage 135 J — Altruisme froid 134 I — Politique. Peuple domestiqué 135 K.

Confuciisme utopique de *Tzeu-seu* et de *Mong-tzeu* : leçon 26. — pragmatique de *Sunn-tzeu* : leçon 34. — bâtard de *Tong-tchoungchou* : leçon 40. — Fixation du texte des Canoniques : 389. — Commentaire des *Han* 390. — Le Confuciisme devient caste fermée 391. — Commentaire des *T'ang* 537. — Néo-Confuciisme des *Song* 623 seq. — Tchouhisme 634. — Néo-Confuciisme des Lettrés modernes 645 seq. — Confuciisme subjectif intuitif de *Wang-yangming* 663 à 666. — Tchouhisme officiel et obligatoire sous les *Ts'ing*. Commentaire Tchouhiste de cette dynastie 681 seq. — C'est le Confuciisme tel que le firent *Sunn-tzeu* et *Tchou-hi*, qui persécuta le Christianisme au Japon 667. 668... qui s'oppose au Christianisme en Chine, positivisme contre révélation, 670.

Confuciisme ridiculisé par les Taoïstes 195 seq. — jugé par *Keue-houng* 419. — jugé par les Mahométans chinois 671. 672.

Contemplation *samadhi* buddhiste : 384. 417. 437 seq. — Les Lettrés la déclarent impraticable : 650 à 652. — Contemplation confuciiste : 652.

Continu. Action à distance : 192.

Corps célestes, sémaphore céleste :

13 — leur culte 96 F.
Corps mystique : 383. 417. 521 à 524.565.
Culte primitif pur de tout mythe : 11 A. 16 H. 17.
Culture et surveillance de son intérieur : 660.
Déluge universel : aucun vestige.
Diagrammes du Fleuve Jaune et de la rivière *Lao* : 56. 57. 80. — du Livre des Mutations : 79 A seq. 82 D.
Divination chinoise : par les diagrammes 79 A seq. 83 E — par l'écaille de tortue 71 A — par les brins d'achillée 71 A — par les songes 87 A — par les anomalies naturelles 88 B — au temps de Confucius 130 E — après Confucius 139 — Elle ne s'adressa jamais à des esprits, mais prétendit saisir le fil de l'évolution naturelle 89 C.
Dragon : 338.
Drogue de pérennité : 259. 289. 293. 336. 409 G. 544.
Dynastie Tcheou : sa constitution 65 seq. — thèmes administratifs 61 F — manière de traiter les citoyens 62 I — condition du peuple 65 B — son rituel 91 à 104 — rits funèbres 44 G.
Égoïsme de Yang-tchou : 207 F. 233.
Empereur : Fils du Ciel 20 E — mandataire du Ciel, du Souverain d'en haut, 16 — pontife de la nation 11 — pivot universel 57. 61 H — étoile polaire 131 F. 232 — maître et appui des Génies 49 — père du peuple 11. 232 — averti par les astres et les météores 62. 299.
Épicurisme de *Yang-tchou* 205 — de certains Taoïstes 399.
Examen de conscience de *Lu-tong-pinn* : 549 — confuciiste 660.
Exorcismes : 104 G.

Extase de l'offrant : 31.
Extase taoïste : 153 K. 158. 189. 191. 608. 630.
Fan-soei politicien : 248.
Faste et néfaste. Sens de ces mots, dans ce livre : 347 note K.
Fatalisme : de *Lao-tzeu* 148 — de *Teng-si* 238 — de *Yang-tchou* 204 — de *Wang-tch'oung* 329 — de *Pan-kou* 349 — de *Sunn-ue* 351 — de *Chao-young* 627.
Fatalisme combattu par Mei-ti : 212 D.
Fidéisme confuciiste : 337 — buddhiste 455.
Figurines employées dans les funérailles : 101 E.
Fils du Ciel. Les chefs des clans illustres, dans quel sens : 20 E. 39 B. — l'empereur 39 B.
Folk-lore hybride. Le système 589 seq.
Fong-chan, la grande cérémonie en l'honneur du Ciel, d'invention moderne : 255. 291. 326. 581.
Fong-choei. Voyez Géomancie.
Formules efficaces tantristes 385. 430. 532 — taoïstes 413.
Foudre : 335. 591. 598.
Génies, mânes méritants glorifiés ; leur culte dès l'origine 12. 50 C D. 97 G — trois classes, célestes, terrestres, mânes vulgaires, 13. 22 G. 93 C. 95 — préposés aux monts et aux fleuves, 11. 12. 96 E — leur présence possible en tout lieu 51 E — serments en leur présence 94 — leur identification 95 — notions décadentes 113 à 116 — besogneux, périmés, 49 — d'après Confucius 126 C. — Génies domestiques, pénates, 97 G.
Génies taoïstes : théorie de *Hoai-nan-tzeu* 307 — de *Pao-p'ou-tzeu* 405. 546.
Génie du fourneau alchimique, puis de

l'âtre, 290 — son culte moderne, 587.
Géomancie : 345. 346.
Gouvernement à l'origine : 11.
Gouverneur des destins : 349. 403. 415.
Grande Règle, résumé de la sagesse antique : 55 seq. 57. 347 note B.
Guerre : maudite par *Lao-tzeu* 154 L — abhorrée par Confucius 135 K — condamnée par Mencius 233 — Opinion de *Wei-yang* 244 ; de *Lu-pouwei* 269.
Han-fei-tzeu légiste : 255.
Han-u l'ennemi des Buddhistes : 539.
Heue-koan-tzeu légiste : 250.
Hinayana, premiers textes 356. 367. 397 — *Nāgasena* 463 seq. — *Āgamas* 471 seq.
Hoai-nan-tzeu : 301 seq.
Hoang-ti l'empereur : 9. 336.
Hoei-cheu sophiste : 217 C.
Hymnes cultuelles officielles : des *Han* 295 — des *Tsinn* 505 — des *Soei* 541 — des *T'ang* 541 — des *Song* 641 — des *Yuan* 642 — des *Ming* 685 — des *Ts'ing* 687.
Hypocondrie nationale. Son origine 316.
Idéal antique : 62 J.
Identité des contraires dans le devenir : 147 D. 169. 170 — Identité des états de vie et de mort : 162. 163. 171 seq. 177. 178.
Îles des Génies : 258 seq. 289. 292. 293.
Imprécations : 344.
Infiltrations étrangères, indiennes et autres : 144. 165. 177. 272. 293. 294. 343. 395. 530 seq. 624.
Jeûneurs taoïstes : 413.
Jou, économistes officiels, plus tard appelés improprement *Lettrés* ou *Confuciistes* : 69 — leur système vulgarisé par Confucius 135 L, rendu viable par *Sunn-tzeu* 272. 283 —

Politiciens utopistes 255. 256. 333 seq. — leur morgue imbécile 260 condamnée par *Sunn-tzeu* 283.
Keue-houng. Voyez *Pao-p'ou-tzeu*.
Keue-huan : 511. 515. 401.
Kia-i : 287.
Koan-cheu-yinn : 425. 565. 567.
Koan-koung. Voyez *Koan-ti*.
Koan-ti, Génie taoïste : 589.
Koan-tzeu légiste : 253.
Koan-yinn. Voyez *Koan-cheu-yinn*.
Koan-yinn-tzeu, Taoïste : 546.
Koei. Sens de ce terme, les *dépendants*, pas les *retournés* : 53 I. 54 note I — voués à l'extinction 121 — notions populaires 122. 595 etc. — vengeurs 107. 113. 117. 344 591. 601 etc.
Koei-chenn : 53 I. Mânes glorieux, voyez Génies.
Koei-kou-tzeu, voyez *Wang-hu*.
Koung-koung et Niu-wa, légende : 337.
Koungsounn-loung sophiste : 218 D. 219 E.
K'oung-tzeu, voyez Confucius.
Kumara-jiva : 432.
Lao-tan. Voyez *Lao-tzeu*.
Lao-tzeu : archiviste sous les *Tcheou* 196 — sa légende 143 — sa mort 175 — son culte 392. 543.
Lao-tzeu. Son Taoïsme : 143 seq. — le Principe 145 B — son action 146 C — unité cosmique 147 D — entretien de la vie 148 E — le Sage 149 F — le non-agir 149 G — effacement volontaire 150 H — opportunisme, ignorantisme 151 I — culte du naturel 153 J — résumé 154 M.
Légistes : leçons 27 à 30.
Lettrés. Leur origine 69 (voyez *Jou*) — punis par le Premier Empereur des *Ts'inn* 260. 262 — jugés par *Wang-tch'oung* 337 — s'organisent en cas-

te 391 — persécutés 391 — ignorés 395 — leurs luttes intestines sous les *Song* 630 — rationalistes, matérialistes 645. 661 — ne firent florès que sous les dynasties étrangères semi-barbares 681. 689 — maîtres de la Chine par les examens 681 — mentalité et tares 697 — antagonistes du Christianisme en Chine 670.

Libations: 24 — le vin réservé pour cet usage 41.

Li-seu ministre du Premier Empereur des *Ts'inn*: 273. 260.

Livres antiques: détritus des Anciens 197 — détruits 260 — reconstitués 301. 319. 320 — sujets à caution 337.

Lie-tzeu, Père taoïste: 144.

Logique de *Mei-ti*: 215 B.

Lotus Blanc, société révolutionnaire taoïste: 643.

Lou-kia: 287.

Lu-pouwei. Son œuvre politique et morale: 265.

Lu-tongpinn. Son examen de conscience: 549.

Macrocosme universel: 314.

Magie: 290. 292. 594. 604. 607. 617.

Mahayana: premiers textes 377. 443 — son origine 561. 563.

Mahométisme en Chine: 531. 671.

Maléfices, sous l'empereur *Ou*: 292.

Mânes glorieux *koei-chenn*: leur culte depuis l'origine 12. 50 D. 53 I — au temps de Confucius 127 D — après Confucius 138 — existence temporaire seulement 120. 121.

Mânes non-glorieux *koei*: 53 I — voués à l'extinction 121.

Mânes. Foi et culte d'après *Mei-ti*: 213.

Manichéens en Chine: 530. 544.

Manjusri: 383. 529.

Massacres historiques: 235.

Mazdéens en Chine: 530. 544.

Méditation, voyez Contemplation.

Mei-ti, altruiste, chevalier du droit, apôtre de la charité, 209 seq. — calomnié par Mencius 233.

Mei-tzeu, voyez *Mei-ti*.

Mencius. Son système 226 seq. — le *savoir naturel*, intuition de la convenance, règle des mœurs 227 — bonté naturelle 227 — piété filiale tenant lieu de religion 231 — le Sage 230.

Meou-tzeu. Son opuscule sur le Buddhisme: 385.

Métempsycose: 373 à 377. 602.

Météores: leur culte 13. 96 F — Voyez Astrologie.

Métier à tisser cosmique: 162.

Microcosme humain: 315.

Milinda et Nagasena: 463 seq.

Mi-mi-kiao, Tantristes: 533.

Miracles ne prouvent rien en Chine: 421. 594.

Moi buddhiste successif: 364.

Moi taoïste. Le fagot, la flamme: 176.

Monachisme buddhique: initiations 452 — réceptions 483 seq. — chapitre bi-mensuel 496 seq.

Mong-tzeu, voyez Mencius.

Monstres: leur nature d'après les Anciens 88 B — d'après *Wang-tch'oung* 342 — Pronostics à tirer de leur apparition 88 B.

Morale: intuition de la convenance d'après Mencius 227 — purement artificielle d'après *Sunn-tzeu* 275 — pur opportunisme d'après *Tong-tchoungchou* 310 — anecdotique de *Liou-hiang* 320 seq. — non-existante pour les Taoïstes, le bien et le mal étant identiques 167 seq. 399 — item, pour certains Buddhistes 461 — morale matérialiste officielle sous les *Ts'ing* 683.

Multiplication du soi: 417.

Musique, art sacré, servit surtout à évoquer les Mânes: 13. 52 F. 94 — musique néfaste 118.

Mutations: système divinatoire 79 A. 84 note A.

Nature: bonne d'après Confucius 131 — bonne d'après *Tzeu-seu* et Mencius 225 — mauvaise d'après *Sunn-tzeu* 275 — mi-partie d'après *Tong-tchoungchou* 309 — trois sortes d'après *Wang-tch'oung* et *Sunn-ue* 331. 352 — La nature étant bonne, qu'est-ce que le mal? 653 à 656.

Néo-Confuciisme philosophique: 623 seq.

Neouyang-siou: 631.

Nestoriens en Chine. Sous les *T'ang*: 531. 543. 544 — Sous les *Yuan*: 639.

Nombres. Calcul des nombres: 61 G.

Offrandes aux Ancêtres, depuis l'origine, 13. 19 C. 52 — humées par eux 99 A — entretiennent leur survivance 49 A. 99 A. 120 seq. — Symboles graphiques: mets, libations, jade, cauris, poterie, vin, filasse, viande crue, 24 à 31 — Extase de l'offrant 31.

Ostéologie, craniologie: réprouvée par *Sunn-tzeu* 283 — admise par *Wang-tch'oung* 332.

Pan-kou, son œuvre: 348.

Panthéon des *Han* 326 — taoïste 291.

Pao-p'ou-tzeu, l'alchimiste *Keue-houng*: leçon 52.

Patron du sol, son tertre, son culte: 12. 16. 50. 95 D. 101 E. 137. 312. 349. 507. 609.

Patron des moissons: 50. 95 D.

Pénates, petits Génies domestiques: 97 G. 349. 606.

Peuple chinois au début de son histoire: 11.

Phobie de toute innovation, depuis *Sunn-tzeu*: 283.

Physiologie et psychologie antiques: 60 E. 313 seq. 350.

Piété filiale, devant tenir lieu de religion au peuple: 134 H. 231. 683.

Pluralité des mondes: 165.

Poisons, leur emploi héroïque: 316.

P'ou-sas sauveurs, leur *je veux* héroïque et efficace: 443. 444. 561.

Premier Empereur, voyez *Ts'inn Cheu-hoang-ti*.

Prétaoïstes: 69.

Pronostics tirés des météores: 96 F.

Pur Auguste, dieu suprême du Taoïsme théiste: 579 seq. 585.

Quatre dispositions naturelles: 228.

Rappel de l'âme: 100 C.

Règle des mœurs païenne: 227.

Répercussion sur le macrocosme, des défauts du microcosme: 62. 88 B. 96 F.

Représentant de l'Ancêtre: 52. 53. 54 note H. 630.

Respiration rythmée: 380. 407 E. 417.

Résurrection: 596. 597. 606. 613.

Rêve, nature et portée: 88. 189. 477. 593. 648.

Révolution cosmique: 313.

Ritualisme artificiel de Confucius: 196 — ridiculisé par les Taoïstes: leçon 22.

Sanctions du bien et du mal, en cette vie, non dans une autre: 63 notes. 121.

Seconde mort: 120.

Semaine de sept jours, aucun vestige.

Serment, en présence des Génies: 94.

Sièges préparés pour les Ancêtres: 99 A.

Soleil arrêté: 287. 334. 347 note B.

Songes. Divination par les songes: 87 A.

Sophistes : leçon 25 — attaqués par *Sunn-tzeu* 280.
Sorciers et sorcières : 102 F. 104 G.
Spiritisme : 594. 609.
Stèle nestorienne dite de *Si-nan-fou* : 531. 543.
Souverain d'en haut : dès l'origine 11 — aucun texte n'explique sa nature ; identique au Ciel ; Seigneur et Législateur universel 12. 14. — Il gouverne, prédestine, donne le mandat ou le retire 14. 16. 18. 20. 40 — Il récompense ou punit en cette vie 21 — Sa providence 41 — Sa justice 46 — Son culte primitif ; le bûcher 12 — Le sacrifice *kiao* 43 — Il est réjoui par les offrandes 44 — Son culte sous les *Tcheou* 91 A. 97 H — Représentations anthropomorphes 47 — Décadence de sa notion 105 à 112 — Au temps de Confucius 125, de ses disciples 137 — Notions populaires hybrides modernes 589 — Voyez *fong-chan*.
Suicidés : 591. 612.
Su-kan, son œuvre : 352.
Sumeru mont : 337.
Sunn-tzeu auteur du Confuciisme pragmatique : 272 à 284 — rationaliste 278 — éclectique 280 — traditionaliste 282. 285 — ennemi des sophistes 281 — adversaire de toute innovation, partant du Christianisme 284 — importance de l'influence qu'il exerça sur la Chine 283.
Sunn-ue, son œuvre : 351.
Superstitions populaires, leur origine : 350.
Suprême Un, divinité taoïste : 290. 291. 325.
Survivance : crue à l'origine 13 — crue des anciens 19 D — temporaire seulement 120 — entretenue par les offrandes 49 A. 54. 118 — dans l'entourage du Souverain d'en haut 40 — niée par *Wang-tch'oung* 339 H. 344 — niée par *Tchou-hi* et les Tchouhistes 634. 647. 661. 683.
Suttéisme, son origine : 101 E.
Tablettes des Ancêtres 16 — médium d'invocation 51 F. 100 A. pas siège de l'âme 99 A — unique, pas multipliable 116 — 630.
Tablettes d'empereurs admises au sacrifice du tertre 43 E — **de ministres** admises aux offrandes du temple 43 E.
T'ai-p'ing, rebelles. Leur religion : 694 seq.
Tantrisme : 385. 532 seq.
Taoïsme : un monisme importé de l'Inde probablement 69. 143. 145 — de *Lao-tzeu* leçon 17 — des *Pères* leçons 18 à 22 — de *Ts'inn-cheu-hoang* leçon 31 — de l'empereur *Ou* leçon 36 — de *Hoai-nan-tzeu* 301 seq. — mystique de *Keue-huan*, trois orbes, Trois Purs, 511. 514. 543 — alchimique de *Keue-houng* leçon 52 — de *Koan-yinn-tzeu* 546 — moral de *Lu-tong-pinn* 549 — théiste des *Song*, le Pur Auguste, leçon 67 — Canon taoïste 543 — société du Lotus Blanc 643.
Taoïstes : leur indépendance farouche 186 seq. — épicuriens nihilistes 399 — *Tchang-ling* 392. 509 — les Turbans Jaunes 393 — *K'eou-k'ientcheu* 509 — 543. 585.
Tch'an, védantistes : 522.
Tchang-ling, taoïste : 392 D. 509.
Tchang-tsai, panthéiste : 628.
Tch'enn-t'oan, taoïste : 624.
Tcheou-tounni, néo-confuciiste : 624.
Tchoang-tzeu, Père taoïste : 144 — son rêve 175 — mort de sa femme 178 —

Table des matières.

sa propre mort 178.

Tchou-hi, néo-confuciiste: 633 seq. — son matérialisme dynamique 634 — son influence néfaste sur la Chine moderne 681 seq.

Temple des Ancêtres: sanctuaire et niche 29. 30 — les sept tablettes 99 A. 120.

Teng-si, légiste: 235.

Terre Pure, paradis d'Amitabha: 565 seq.

Théisme: chinois antique 16 H. 112. 141 F. 537. 540. 692 — amidiste 567. 568. 570. 579. 585 — taoïste 579. 585. 586. 587.

Tortue, divination par l'écaille: 15. 71. A. 19 D. 21 F — réputée infaillible 52 F — instrument de gouvernement 58 — sous la dynastie *Tcheou*, grillage 71 B, perforation 77 F — oracles divers 72 à 76 — parfois truqués 76.

Traditionalisme exclusif des Lettrés depuis *Sunn-tzeu*: 282.

Transformisme: 162.

Tribus aborigènes fétichistes infectèrent les Chinois de leurs superstitions: 15.

Trois Purs, trinité taoïste: 514. 543. 585.

Tseou-yen, son œuvre: leçon 33.

Ts'inn Cheu-hoang-ti, le Premier Empereur de la dynastie *Ts'inn*: leçon 31. — Il fait détruire les archives 260. 337... et châtie l'insubordination des Lettrés 262. 337.

Tzeu-seu, petit-fils de Confucius. Son œuvre: 225.

U-hoang, voyez Pur Auguste.

Ullambana, fête des morts buddhiste: 429.

Urnes des Tcheou: 259. 286. 290.

Vampires: 346. 593. 603. 605. 608. 614. 618. 619.

Védantisme chinois: 524. 528.

Viandes offertes, part donnée aux parents et amis: 98. 107.

Vie et mort. Voyez Identité.

Vieux objets deviennent transcendants: 594. 612. 613.

Voie moyenne, de Confucius 133, *Tzeu-seu* 225, et *Sunn-tzeu* 282 G. — Effet qu'eut cette doctrine sur la nation 698.

Wang-hu, dit *Koei-kou-tzeu*, légiste. Son opportunisme politique: 247.

Wang-tch'oung fataliste, leçon 44 — controversiste, leçon 45.

Wei-yang légiste, leçon 28.

Yang-hioung: 325.

Yang-tchou, fataliste, égoïste: 203 seq. 233.

Yao-koai, spectres, monstres: 591. 611.

Ying-chao, son œuvre: 350.

Yinn-wenn, légiste: 249.

Yinn-yang, les deux modalités 126 C — leur giration et révolution 136. 137. 144. 148. 157. 168. 173. 182. 314. 333. 348. 624. 626. 628. 634. 646 seq.

Table des Illustrations.

L'empereur Yao. page 4.
L'empereur Wenn. 324.
L'empereur Ou. 38.
Empereur et impératrice de la dynastie Tcheou. 223.
Costume ancien. 7. 188. 214. 223. 294.
Armes antiques. 8.
Char de guerre antique. 48.
Bannière impériale antique. 193.
Sceptres et plaques de créance. 7. 234. 298. 327.
Instruments de musique. 10. 63. 239. 264.
Vases et ustensiles rituels. 23. 78. 85. 89. 98. 122. 201. 208. 273. 312. 332.
Graphies antiques. 24 à 37. 47. 141. 245. 270. 284.
Diagrammes et schémas. 57. 80. 81. 136. 179. 314.

Temple du Souverain d'en haut. 288.
Tablette du Souverain d'en haut. 70.
Terrasse du Ciel. 64.
Offrande au Ciel. 90.
Terrasse de la Terre. 202.
Tertre du Patron du sol. 86.
Offrande au Patron du sol. 166.
Tablette de l'Ancêtre de la dynastie. 180.
Offrande aux Ancêtres de la dynastie. 194.
Tablettes des astérismes. 240.
Tablettes des météores. 246.
Offrande aux monts. 252.
Offrande aux fleuves. 274.
Offrande au soleil. 319.
Offrande à la lune. 328.
Offrande à Confucius. 690.
Prostration devant Confucius. 692.

Confucius 123. 132. 686. 688.
Mencius 224.
Ts'inn Cheu-hoang-ti 257.
Tong-tchoungchou 308.
Tcheng-huan 388.
Tchou-hi 620. 632.
Neouyang-siou 638.
Sou-cheu, frontispice.

Table des Illustrations.

Taoïsme.

Lao-tzeu 142. 412.
Génies taoïstes 414. 422. 503. 559. 418. 454. 504. 588. 684.
Fée Si-wang-mou 420.
Fée des éclairs 644.
Solitaire taoïste 512.
Genèse de l'être transcendant 402. 404. 406. 408. 410.
Multiplication de soi-même 416.
Cour du Pur Auguste 580. 582. 584.
Génie de la ville et Génie du lieu 592.
Satellites infernaux 590.

Buddhisme.

Le Buddha enfant 353.
Le Buddha 354. 358. 360. 362. 462. 470.
Schéma d'un monde buddhique 366.
Enfers buddhiques 368. 370. 372. 374.
Roue de la métempsycose 376. 387.
Mara le Tentateur 396.
Paradis d'Amitabha 382. 424.
Koan-cheu-yinn 426. 428. 560. 562. 564. 566.
Moines buddhistes chinois 482.
Moine buddhiste pèlerin 434.
Moine en contemplation 536. — tenté 438.
Bodhidharma 518.

Errata.

Page 14, ligne 5, date 2202, corrigez 2002.

L'impression de ce Volume a été terminée le 3 Mai 1917.

Œuvres du P. L. Wieger S.J. — Imprimerie de 獻 縣 Sienhsien. — 1917.

Œuvres religieuses.

Catéchèses à l'usage des néo-missionnaires. Texte chinois, figuration, traduction française, appendices, tables de noms et de mots; 630 pages.
Conciones neo-missionariis dicatæ. Tomus primus, Missio. Textus sinicus, figuratio phonetica, summaria latina, elenchus interrogationum; 858 pag. — **Tomus secundus, Festa.** 1251 pag. — **Tomus tertius, Homiliæ.** 519 pag.
耶 穌 受 難 **Yesou cheou nan.** Passio D.N. Jesu-Christi, sinice; 105 pag.
四 末 **Seu mouo.** De Novissimis, sinice tantum; 206 pag.
十 誡 **Cheu kie.** In Decalogum, sinice tantum; 160 pag.
瞻 禮 **Tchan li.** Festa annua, sinice tantum; 295 pag.
敬 慕 聖 體 **Kingmou Chengt'i.** De cultu SS. Eucharistiæ et frequenti Communione, sinice tantum; 72 pag.
日 用 糧 **Jeu young leang.** Breves Meditationes, sinice tantum; 434 pag.

Série à suivre...

Œuvres profanes.

Chinois parlé.

Manuel. Grammaire, phraséologie, etc. 3ᵉ édition, 1146 pages.
Narrations populaires, 3ᵉ édition, 785 pages.

Chinois écrit.

Grammaire, phraséologie. 102 pages.
Étude des Caractères, 3ᵉ édition, 1200 pages.

Choses de Chine.

Textes historiques. Sommaire de l'histoire chinoise, depuis l'origine jusqu'en 1905, avec texte; 2173 pages, 25 cartes, tables, etc.
Textes philosophiques. Sommaire des notions chinoises, depuis l'origine jusqu'à nos jours, avec texte; 550 pages, illustrations.
Morale et Usages, 2ᵉ édition, 548 pages.
Folk-lore chinois, 422 pages.

Religions et doctrines chinoises.

Histoire des Croyances religieuses et des Opinions philosophiques en Chine, depuis l'origine jusqu'à nos jours; 722 pages, illustrations.
Taoïsme. — Tome I. Le Canon taoïste. 336 pages. — Tome II. Les Pères du système taoïste. 521 pages. — Série terminée par l'Histoire ci-dessus.
Buddhisme chinois. — Tome I. Introduction. Monachisme. 479 pages. — Tome II. Les vies chinoises du Buddha. 453 pages, illustrations. — Série terminée par l'Histoire ci-dessus.

S'adresser.

A. Challamel. Éditeur. 17 rue Jacob, à Paris.
Imprimerie de *T'ou-sè-wè* *(Zi-ka-wei)*, près Shanghai. *(Le Directeur.)*
Procure du *Chung-te-tang*, 18 rue St Louis, à Tientsin. *(Le Procureur.)*

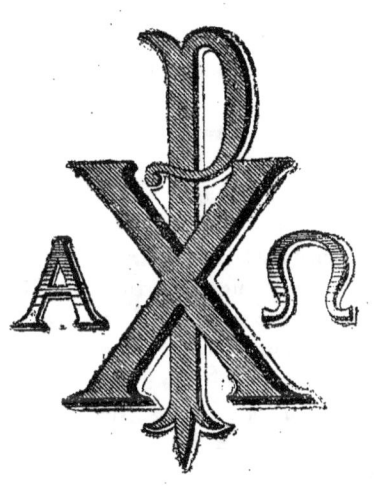

Segreteria di Stato
di Sua Santità

Dal Vaticano,
11 Novembre 1912

Au Révérend Père Léon Wieger S.J.

C'est avec une bienveillance toute spéciale que le Saint Père Pie X a agréé le filial hommage de la collection de vos différentes œuvres composées et publiées en langue chinoise, et sur l'usage de cette langue même.

Continuant les glorieuses traditions, les nobles exemples des missionnaires catholiques, en particulier des Fils de Saint Ignace, qui, à travers les siècles, se rendirent si méritants de l'Eglise et de la société, non seulement par leur héroïque dévouement et leur sublime apostolat, mais encore par la culture des lettres et des sciences, vous avez joint l'étude au ministère sacré, et vous avez eu la consolation d'offrir aux missionnaires et aux fidèles de la Chine les fruits de vos travaux intellectuels et de l'expérience de vos longues années passées dans ce vaste Empire.

Aussi bien l'Auguste Pontife est-Il heureux de vous exprimer ses vives félicitations pour votre zèle et pour les nombreux ouvrages, fort appréciés, que vous avez publiés jusqu'ici, et que vous vous proposez de publier à l'avenir.

Vous avez d'abord procuré aux missionnaires l'avantage et le moyen d'apprendre la langue et les choses de la Chine avec une notable épargne de temps.

Vos recueils de sermons, de catéchèses, vos opuscules ascétiques, offrent ensuite aux prêtres séculiers, aux séminaristes, catéchistes et chrétiens, le moyen d'apprendre et d'exposer la religion avec sûreté et d'une manière conforme aux besoins de leur ministère.

Vous avez ainsi bien mérité de l'Eglise, de vos confrères dans l'apostolat, et des chrétiens qui vous seront reconnaissants de leur avoir fait part des résultats de vos études et de l'ardeur de votre zèle.

Vos ouvrages contribueront à jeter plus abondamment dans les âmes la divine semence; puisse-t-elle y germer, et, avec la grâce de Celui Qui seul donne l'accroissement, y produire surtout des fruits précieux et abondants de vie chrétienne et de salut!

Tels sont les vœux ardents du Souverain Pontife Qui, en priant le Divin Maître de les bénir, et en vous encourageant à poursuivre vos travaux, vous accorde avec effusion de cœur la Bénédiction Apostolique.

Je saisis volontiers cette occasion pour vous exprimer, avec mes félicitations, Mon Révérend Père, mes meilleurs sentiments en Notre Seigneur.

R. Card. Merry del Val.

S. Congregazione
de Propaganda Fide.
                                                                Roma, 23 Dicembre 1915

R. P. Leoni Wieger S.J.

Rev. Pater,

Pervenerunt Emo S. huius Congregationis Praefecto, unum post aliud, tria sacrarum Concionum volumina a Te edita, ipsique humanissime transmissa. Cum in praesenti aegra adhuc valetudine sit, mihi gratissimum munus commisit Tibi referendi grates: operis vero cum summariam cognitionem perceperit, maxima laude cohonestandum duxit propositum tuum rem efficiendi peropportunam, tum missionariis difficillimum Sinensium sermonem non probe callentibus, tum indigenis sacerdotibus per brevem et practicam expositionem praecipuorum thematum ex Evangeliis desumptorum, tum denique fidelibus cunctis plurimum cupientibus ut orali praedicationi doctrinae traditio scripta iungatur. Gratulatur insuper Tibi, quod scientia sinici sermonis et cognitione morum istarum gentium, tanto labore et diuturna commoratione percepta, large utaris ad Dei gloriam et animarum salutem. Rogat imo Deum, ut Tibi vires addat, et labores tuos amplissima sua Benedictione foecundet. Ego vero Tibi fausta cuncta et felicia precor ex corde.

P. T.

Addmus servus.

Pro Emo Card. Praefecto (G.M. Gotti)

C. Laurenti Secretarius

Œuvres du P. L. Wieger S.J. — Imprimerie de 獻 縣 Sienhsien. — 1917.

Œuvres religieuses.

Catéchèses à l'usage des néo-missionnaires. Texte chinois, figuration, traduction française, appendices, tables de noms et de mots; 630 pages.
Conciones neo-missionariis dicatæ. Tomus primus, Missio. Textus sinicus, figuratio phonetica, summaria latina, elenchus interrogationum; 858 pag. — Tomus secundus, Festa. 1251 pag. — Tomus tertius, Homiliæ. 519 pag.
耶穌受難 Yesou cheou nan. Passio D.N. Jesu-Christi, sinice; 105 pag.
四末 Seu mouo. De Novissimis, sinice tantum; 206 pag.
十誡 Cheu kie. In Decalogum, sinice tantum; 160 pag.
瞻禮 Tchan li. Festa annua, sinice tantum; 295 pag.
敬恭聖體 Kingmou Chengt'i. De cultu SS. Eucharistiæ et frequenti Communione, sinice tantum; 72 pag.
日用糧 Jeu young leang. Breves Meditationes, sinice tantum; 434 pag.

Série à suivre...

Œuvres profanes.

Chinois parlé.

Manuel. Grammaire, phraséologie, etc. 3ᵉ édition, 1146 pages.
Narrations populaires, 3ᵉ édition, 785 pages.

Chinois écrit.

Grammaire, phraséologie. 102 pages.
Étude des Caractères, 3ᵉ édition, 1200 pages.

Choses de Chine.

Textes historiques. Sommaire de l'histoire chinoise, depuis l'origine jusqu'en 1905, avec texte; 2173 pages, 25 cartes, tables, etc.
Textes philosophiques. Sommaire des notions chinoises, depuis l'origine jusqu'à nos jours, avec texte; 550 pages, illustrations.
Morale et Usages, 2ᵉ édition, 548 pages.
Folk-lore chinois, 422 pages.

Religions et doctrines chinoises.

Histoire des Croyances religieuses et des Opinions philosophiques en Chine, depuis l'origine jusqu'à nos jours; 722 pages, illustrations.
Taoïsme. — Tome I. Le Canon taoïste. 336 pages. — Tome II. Les Pères du système taoïste. 521 pages. — Série terminée par l'Histoire ci-dessus.
Buddhisme chinois. — Tome I. Introduction. Monachisme. 479 pages. — Tome II. Les vies chinoises du Buddha. 453 pages, illustrations. — Série terminée par l'Histoire ci-dessus.

S'adresser.

A. Challamel. Éditeur. 17 rue Jacob, à Paris.
Imprimerie de *T'ou-sè-wè* *(Zi-ka-wei)*, près Shanghai. *(Le Directeur.)*
Procure du *Chung-te-tang*, 18 rue Sᵗ Louis, à Tientsin. *(Le Procureur.)*

www.ingramcontent.com/pod-product-compliance
Lightning Source LLC
Chambersburg PA
CBHW070747020526
44115CB00032B/1259